경 제 법

COMPETITION & CONSUMER LAW

전정 제8판

정 호 열 · 안 병 한

박영사

전정 제 8 판 머리말

이번 제 8 판부터 안병한 박사와 공저로 이 책을 간행하게 되었다. 안박사는 공정거래 등 여러 분야에서 뛰어난 활약상을 보이는 변호사이며, 성균관대 법전원을 비롯하여 여러 대학에서 겸임교수를 역임하면서 경제법 분야의 교육과 연구에 열정을 쏟아오고 있다. 무엇보다 원저자의 경제법 연구실 출신으로 이념적 지향이나 정책적 성향 면에서 원저자와 깊이 또 오랫동안 교류하여 왔다. 연부역강하고 시장의 궁극적 치유력을 깊이 신뢰하는 안박사의 참여를 통해 이 책이 생명력을 더하고 이 땅의 시장경제가 더욱 창달되기를 소망한다.

공정거래법 전면 개정을 반영하였던 제 7 판 발간 이후 4년 동안 소소한 공정거래법의 개정이 거듭 이루어졌다. 이를 요약하면, 2023년 신설된 공정거래 자율준수제도(CP)를 비롯하여 2024년 시장지배적사업자의 추정 규정, 기업결합의 신고 기준의 일부 변화, 분쟁조정협의회의 설치 및 구성의 개선, 공정위의 동의의결과 시정조치의 이행관리 위탁업무를 포함하여 공정거래조정원과 한국소비자원의 역할 확대 등이다. 이들 입법사항의 변화와 더불어, 제 7 판 간행 이후 선고된 중요한 판결례(서울고판 포함)를 빠짐없이 추적하여 그 내용을 개정에 반영하기 위해 심혈을 기울였다. 현재 범세계적으로 생성형 AI 기반 정보 시장이 폭발하고 있다. 이와 더불어 온라인플랫폼 경제, 디지털 기반 알고리즘 매개의 반경쟁적 행위, 데이터 독점의 문제와 온라인 디지털 시장에서의 시장지배력 평가 문제 등 경쟁법의 집행과 연구에 있어서도 패러다임적 국면전환을 맞이하고 있다. 해외의 관련 입법이나 정책으로는 2023년 12월 발표된 미국 Merger Guideline의 개정, EU의 DMA, DSA 등이 대표적인바, 이들의 핵심을 또한 개정판에 소개하였다.

소비자법 분야에서는 약관분쟁조정협의회의 구성 변경, 선불식 할부거래업자에 관한 정보 공개 절차 개선 내용을 추가하였고, 집단분쟁조정 및 집단소송 관련의 개선 방안 내용을 보완하였다. 특히 전자상거래법에서는 눈속임 상술("다크패턴")에 대한 규제 등이 추가된 내용이 있는데, 앞으로 AI 관련 소비자 피해 예방을 위한 세부 금지행위 유형 설정 등을 통해 정책적 개선이 뒤따를 것으로 예상된다.

끝으로 오프라인 출판의 여건이 날이 갈수록 어려워지는 상황 속에서 제8판의 간행을 계속 맡아 준 도서출판 박영사의 후의에 감사한다. 개정판을 기획하고 편집을 맡아 준 고마운 손길들 위에 하나님의 은혜가 더하시길 삼가 기원한다.

2026년 1월

공저자

전정 제 7 판 머리말

2020년 12월 공정거래법의 조문배열을 전면적으로 바꾸는 개정이 이루어졌다. 금지청구제가 도입되고, 정보교환이 담합유형으로 추가되면서 동시에 추정사유가 되었으며, 경제력집중억제 관련 규제가 강화되거나 추가되었다.

주목되는 것은 기업결합이나 고전적인 불공정거래행위에 대한 형사처벌 조항이 처음으로 삭제된 사실이다. 각종 경제법규에 산재하는 형벌조항의 집행을 통하여 우리나라 검찰권력은 비대해졌고, 허다한 기업인이 온갖 사유로 범죄자가 되어왔다. 독일과 프랑스로 상징되는 유럽연합 경쟁법이 경쟁사안의 형사범죄화를 한사코 반대하는 것은 민사와 형사의 준별, 공법관계와 사법관계의 구분이 시민사회의 자유를 지키는 요체라고 보기 때문이다. 민사와 형사의 구분을 알지 못한채, 무조건 사람을 잡아 가두고 고문하고 처벌하는 일을 능사로 했던 동아시아적 전근대의 오랜 질곡을 거쳐온 우리가 유의해야 할 대목이 아닐 수 없다.

미국 연방대법원이 거듭 말하는 바와 같이, 공정거래법은 자유기업을 위한 마그나 카르타다. 공정성을 빌미로 한 공권력의 자잘한 간섭이 아니라 시장을 열고 기업활동의 자유를 진작하는데 그 본령이 있다. 개별 단위기업의 형태를 취하면서 다양한 영업분야를 아우를 것인가 아니면 여러 기업을 거느리는 기업집단 체제로 갈 것인가, 외부에서 아웃 소싱을 할 것인가 혹은 계열사간 거래를 통해 내부화할 것인지 여부는 열린 시장에서 기업들이 행하는 자율적 경영판단에 속한다. 그리고 기업집단 차원의 경영을 부인하는 나라는 이 세상에 없다.

제 7 판을 위한 작업에서 중심이 된 것은 전면개정을 반영하는 것이었으나, 새로 나온 판례를 추적하고 해석론의 추이 또한 살폈다. 오래된 판결례는 대체하고, 소비자법 분야도 조금씩 손을 보았다. 정성이 깃든 편집과 교정 작업에 깊이 감사하며, 전정 제 7 판의 간행을 도와 준 따뜻한 손길들 위에 하나님의 가호가 더 하시길 삼가 기원한다.

2022. 1.

저　자

전정 제 6 판 머리말

2017년 기준 우리나라의 식량자급률은 23.4%다. 이 수치는 극명한 사실을 우리에게 알린다. 대외교역을 닫고 우리끼리 사는 세상이라면 국민의 4분의 3이 먹거리를 구할 수 없다는 것이다. 구한말과 비교할 때, 우리는 엄청나게 많은 것을 누린다. 이 편익과 부는 1948년 건국 이래 피와 땀으로 일군 대외개방형 시장경제가 만들어낸 후생을 바탕으로 하는 것이다.

오늘날 우리 사회의 저변에는 반시장적, 반기업적 정서가 적지 않게 증폭하고 있다. 목하 공정거래법의 화두도 자유가 아니라 공정이다. 고도성장 시기 치열한 경쟁에 지친 한국인이 적지 않고, '우리끼리 사이좋게 골고루'를 내세우는 전체주의의 미망(迷妄)도 혼재할 것이다. 그렇지만 큰 틀로 보면, 우리 사회가 보다 개방되고 더 개성적으로 분화된 자율적 사회로 이행하는 과정, 즉 시민적 가치가 더욱 심화되고 성숙한 시장경제로 가는 과정일 것이다.

이번에 상재하는 제 6 판은 2016년 이후 2018년 말까지의 공정거래법과 소비자법의 개정을 모두 반영하였다. 공정거래법을 중심으로 법리의 변화나 새로운 논의를 수렴하였고, 2010년 이후의 판례를 전반적으로 검토하면서 교재에 인용한 판결을 업데이트하고 덜어내는 작업을 진행하였다. 돌이켜 보면 지난 5월 '시장리버럴의 시점'이라는 에세이집을 간행하였는데, 이제 다시 경제법 제 6 판 작업을 의뢰하게 되었다. 기획과 편집을 맡아준 박영사의 따뜻한 손길들 위에 하나님의 가호가 더하시길 삼가 기원한다.

2018. 12. 23

저 자

전정 제 5 판 머리말

우리의 근대화는 식민지시대의 단절과 외세가 개입된 내전을 거친 후 거칠게 점화되었다. 사유재산과 신앙의 자유에 뿌리를 둔 시민사회 자체가 우리에게는 생소한 박래품(舶來品)이었고, '공권력으로부터 자유'나 '이성적이고 주체적 인간'이라는 시민사회의 핵심 가치가 우리 속에 충분히 체화될 여유가 없었다. 오늘날에도 가부장적 지도자를 그리워하는 전근대적 대중정서가 강고하고, 이를 이용하는 후진적 정치행태도 여전하다.

간절히 바라기는 이 땅의 정치가 시민적 가치를 체화시키면서, 권력의 억제, 자율과 분권, 개방과 국제화의 길을 대중에게 지속적으로 설득하는 것이다. 그러나 현실정치는 그저 정파적 소용에 따라 그때 그때의 대중영합에 골몰하는 듯하다. 그러기에 야당시절에 한사코 반대하던 법안을 여당이 된 후 아무렇지 않게 처리하고 여당시절에 추진하던 법안을 야당이 된 후 돌연히 반대한다. 무엇보다 안타까운 것은 시장과 국민경제에 엄청난 파장을 미칠 법안들이 충분한 숙고없이 이리 묶고, 저리 끼우고, 대량으로 바꿔치기 하는 상황이다.

너무나 당연한 말이지만, 공동체의 유지와 관리에는 큰 비용이 든다. 그리고 이 비용은 시장경제가 창출하는 후생이 전적으로 부담하는 것이다. 그리스나 베네주엘라 사례에서 보듯이, 시장이 망가지고 경제가 무너지면, 복지나 연금은 물론 구성원의 인간적인 삶 자체가 모두 무망한 일이 되고 만다. 대중민주주의 하에서 시장과 가격기능을 보전하고 시장주의자의 길을 걷는 것이 얼마나 어려운 일인지 다시 한 번 통감한다.

이번의 개정은 이 책이 출간된 후 가장 큰 개편이다. 활자와 편집을 바꾸고, 판을 새로 짰다. A4 약 60면의 원고가 추가되었고, 경쟁법총론, 공정거래법, 소비자법 등 거의 모든 부분에 대한 보정과 대체가 이루어졌다. 책의 부피가 커지는 것이 큰 문제여서, 매 행의 글자 수를 조금 늘리고 기존의 내용 중 상당한 부분을 QRL로 처리하였다. 독자들은 '시장의 세가지 축', '공정거래법의 연혁', '법집행의 실제', '미국법의 적용면제', '배타조건부 리베이트의 위법성' 등의 주제에 관해서는 이 책의 QRL 코드에 따라 검색하시기 바란다. QRL 처리는 상당히 유용하여, 앞으로 판결문이나 심화된 논의들을 그때 그때 수습할 것이다.

또 여러 유형에 걸친 많은 판결례를 새로이 분석하였고, 주요 사건의 판결문은 크게 실으면서 원심과 공정위 심결의 전거를 밝히기도 하였다. 플랫폼이나 유통업 관련 시장획정, 모자회사간 결합과 경제적 공동체, 가격이나 거래조건에 관한 정보교환, 수직적 담합, SEP과 NOE 등의 새로운 논의나 제4판 보정쇄 이후의 공정거래법과 할부거래법 등의 개정도 물론 반영하였다. 글을 쓰고 책을 꾸미는 것은 의당 선비가 기쁘게 감당해야 할 몫이지만, 국제적 정합성을 겨냥하면서 독창적으로 발전하는 우리나라 경쟁법 커뮤니티의 새로운 면모를 확인할 수 있었던 것은 큰 보람이었다.

이번 전정 제5판의 출간에도 고마운 손길이 있었다. 성균관대 대학원 박사과정을 수료한 송석은 변호사는 강추위 속에 제1교의 전반부의 교정을 맡아 주었고, 전미롱 조교는 기업법저널의 편집을 전담하여 나의 일을 덜었다. 서울대 미대에 재학 중인 정재동 군은 '비상하는 정신'을 형상화한 표지화를 그려 책의 모습을 바꾸었다. 박영사 편집부의 김선민 부장은 편집과 제작의 전 과정을 총괄하였고, 경쟁법연구회 출신 강상희 과장은 밝은 얼굴로 연락을 맡았다. 깊은 감사를 드리고, 큰 발전이 있기를 삼가 기원한다.

2016. 1. 23.

저 자

제 4 판 서문

불과 한 세기 전만 하더라도 이 땅은 교역과 상행위를 억압하고 제대로 된 교환단위, 즉 통화를 갖지 못한 전근대적 사회였다. 자급자족적 농경사회를 이상으로 하는 전제군주제는 교조화된 유교를 통해 백성들을 강상(綱常)의 신분질서로 속박하였고 사회 전체는 정체적 순환론, 숙명론에 깊이 침윤되었다. 이기론(理氣論)으로 고착된 유교이념은 신분사회를 지배하는 절대적 사회규범이었으며, 이의 도식적 해석에 의문을 품거나 적용에 이의를 제기하는 자는 사문난적(斯文亂賊)으로 몰려 설 곳을 잃었다.

그러던 이 땅에 민간의 자율에 바탕을 둔 동적인 시장경제가 들어섰고, 민권과 개성이 꿈틀거리는 시민사회가 정착되고 있다. 불과 50년 사이에 우리는 근대성의 두 징표, 즉 산업화와 민주화라는 과제를 달성하고, 이를 시장경제와 자유민주주의라는 두 가지 틀로 제도화할 수 있었다. 이 두 제도는 개인주의와 자유주의라는 이념적 기초를 공유하고, 인간과 권력에 대한 회의적 시각, 그리고 국가공권력으로부터 자유로운 사적 영역(private Raum)의 필수적 가치에 대해 인식을 같이 한다. 정치와 경제 운용의 틀 면에서 우리는 서구사회와 이념과 가치를 같이하게 된 것이다.

그러나 우리의 정체성을 이루는 시장경제는 새로운 도전에 직면하고 있다. 재벌문제나 대중소기업 관계와 같은 구조적 내부문제가 재부상하고, 여기에 개방화와 정보화의 가파른 흐름이 야기하는 사회의 양극화나 고용없는 성장과 같은 세계적 난제가 교착하고 있는 것이다. 주지하다시피 자유민주주의나 시장경제는 한국사회가 내재적으로 발전하면서 쟁취한 산물이 아니다. 이념적 동요로 사회통합의 구심점 자체가 흔들리는 상황이라면 그 누구도 시장에 대한 궁극적인 신뢰를 변함없이 대중에게 설득하기는 어렵다. 여기저기서 터져 나오는 포퓰리즘이 시장경제의 원칙을 흔들면서 전체주의의 그림자마저 어른거리는 듯하다.

제 4 판의 개정 포인트는 다음의 몇 가지다.

첫째, 일반 경쟁정책에 관한 한 본서에서 규제라는 용어를 제거하고 이에 갈음하여 금지나 통제라는 표현을 사용하였다. 독점금지 혹은 일반적 경쟁정책은 시장의 내재적 질서 그 자체이며, 시장에 대한 정부의 인위적 간섭으로서 제거의 대상이 되는 행정규제와는 그 성격이 판이하게 다르다. 또 이러한 방식의 표현이 영미는 물론 독일이나 일본에서도 일반적이다.

둘째, 제 3 판 이후 이루어진 법개정을 반영하였다. 2010년 초 할부거래법이 상조업규제를 위한 장을 새로 마련하였고, 2011년 12월 한미FTA 관련 입법으로서 공정거래법에 동의의결제가 도입되었으며, 다시 방문판매법 전면개정안을 비롯한 약관법, 전자상거래소비자법 등의 개정안이 2011년 12월 28일 국회를 통과하였다. 작년 말 통과된 소비자법의 경우 시행령이 개정되지 아니한 상태에서 제 4 판 작업이 완료되었다는 점을 독자들께서는 유의하기 바란다.

셋째, 교과서 전반을 살피면서 문맥을 다듬고 내용을 보완하였다. 특히 시지남용행위나 부당지원행위의 위법성판단에 관한 최근의 판결례를 비판하면서 의견을 개진하였다. 또 저자가 공정위에서 경쟁정책과 소비자정책을 집행하면서 얻은 실무적 관점을 군데군데 반영하였다. 그저 이론적 지평에서 추론만 했던 문제들, 예컨대 전속고발제의 폐지나 시정조치가 확정되지 않은 상태에서의 형사고발 등이 가져올 실무적 혼란과 문제점들을 지적하게 된 것이다. 나아가서 오래된 각주들을 정리하면서 새로운 논의를 소개하였고, 진부한 외국문헌이나 판례 또한 제거하였다.

이제 마무리 인사를 드린다. 공정위 시절 위원장실을 찾아주시고 또 본서의 개정작업에 지속적인 관심을 보이신 박영사 안종만 회장님께 먼저 감사의 말씀을 드린다. 그리고 제 4 판 출판작업을 총괄한 심성보 편집위원과 연락을 담당한 기획부의 김원국 대리, 그리고 초교 이후 교정작업을 맡은 연구실 조교 김재성 법학석사에게 깊은 감사를 드린다.

2012. 1. 25.
저　자

증쇄의 기회에 그 간의 법률 개정을 반영하고 약간의 오탈자를 바로잡았으며 몇 곳에 서술을 보충하였다. 2013. 1. 30.

제 3 판 서문

구판이 간행될 즈음 새 정부가 출범하였고 2008년 하반기에는 미국발 경제위기가 전 세계로 파급되었다. 정치경제적 상황변화는 경제헌법으로 불리우는 공정거래법과 관련 법령의 개편을 동반하게 된다. 2009년 3월 출총제가 폐지되었고, 지금도 두 건의 공정거래법 개정안이 국회에 계류중이다. 할부거래법 등 소비자법의 반열에 속하는 법률들도 개정되거나 개정을 추진중에 있다.

제 3 판은 그간의 법령개정은 물론 2009년 말까지 나온 판례를 반영하고 있다. 음미의 가치가 있는 판결이나 심결 중에서 이 책이 소개하지 않는 것은 없다고 할 정도로 정밀하게 작업하였다. 또한 인텔이나 퀄컴 사건에서 다루어진 배타조건부 리베이트 법리 등 새로운 논의를 군데군데 보충하는 대신, 부록의 법령은 이를 제거하였다.

로스쿨 교육이 본격화하면서, 판례를 교과서에 어떻게 또 어느 정도로 반영할 것인지에 대해 다시 한번 숙고하게 된다. 우리나라에서는 공정위 심결례나 판례를 담은 공공 데이터베이스에 대한 접근이 무료일 뿐만 아니라 대단히 편의롭다. 판결문을 교과서에 장황하게 소개하는 미국의 로북(law book)은 제한된 지면을 잘 활용하는 것이 아니며, 이 책과 같은 편집이 여전히 효과적일 수 있다고 생각한다. 보정과 편찬에 도움을 준 따뜻한 손길들을 기억하면서, 개정작업을 도와주신 박영사 관계자 여러분에게 깊은 감사를 드린다.

2010. 2. 2.

저 자

제 2 판 서문

초판이 간행된 지 어느 덧 2년이 흘렀다. 그 사이 공정거래법도 두 차례에 걸쳐 개정되면서 지주회사 규제와 출자총액 규제가 대폭 완화되었다. 소비자법도 개정되어 소비자원이 공정거래위원회 산하로 이관되었다. 또한 약관법이나 방문판매법, 전자상거래소비자법 등의 부분적 개정이 있었고, 기업결합심사기준도 전면 개정되었다. 이와 같은 제도의 개편과 더불어 공정거래위원회의 법집행은 더욱 활성화되었고, 사업자들도 공정위의 시정조치나 과징금부과처분에 대해 매우 적극적으로 다투고 있다. 법학도나 법실무가의 관점에서 공정거래법 관련시장(relevant market) 또한 활성화된 셈이다.

공정거래법은 시장의 개방성과 시장참가자들의 자유로운 경쟁을 촉진함으로써 자유주의에 바탕을 둔 시민사회의 경제적 기반을 형성하는 기축적 제도이다. 우리나라는 개도국 중 최초로 또 자발적으로 독점금지법제를 도입하여 이를 열심히 운용해 왔다는 점에서 매우 특별하다. 공정거래법제와 이의 활성적 운영은 헌법재판제도와 더불어 전세계에 대하여 한국법과 법문화의 지평을 새롭게 각인시키고 있다고 할 것이다.

제 2 판은 초판에 비해 본문이 50여면 늘었다. 그러나 부록의 법령을 상당히 줄였다. 판례를 다수 추가하고 법이론을 보완하였고, 보다 reader friendly한 편집이 되도록 노력하였다. 소비자법 관련 자료의 정리를 도와준 제자들, 즉 금감원 동경사무소의 양진태 선임검사역, 한국소비자원의 고광엽 부장, 그리고 박사과정에 재학중인 박인원 석사의 노력에 고마운 정을 표한다. 개정작업을 도와주신 박영사의 김양형 편집위원과 송창섭 대리에게 또한 깊은 감사를 드린다.

2008. 1. 6.
저 자

머 리 말

이 책은 표준적인 경제법 교재로서 편찬되었다. 책의 편제는 3편으로 되어 있다. 서술의 핵심은 경쟁법 내지 독점금지법에 관한 것이어서, 경쟁법 일반이론을 제 1 편에 그리고 실정 공정거래법에 관한 해석과 법집행의 실제는 제 2 편에 묶었다. 그리고 제 3 편은 소비자법의 반열에 속하는 단행법 중 사법시험의 범위에 속하는 5가지 법률들에 대하여 그 체제와 내용을 간결하게 요약하고 있다. 제 1 편과 제 2 편의 경쟁법 그리고 소비자법에 속하는 제 3 편 사이에 이론적 연계는 없다.

본서 제 1 편 경쟁법 총론은 그 체제와 내용 면에서 종래의 경제법 교재와 상당히 다르다. 첫째 경제법의 개념에 관한 독일식의 논란을 버리고, 독점규제와 불공정거래규제를 묶어 통일적으로 경쟁법의 개념을 구성하는 논의를 시도하였다. 둘째 경쟁법의 연혁 부분에서 독점규제와 불공정거래를 나누어 이를 별도로 상론하였다. 양자의 연혁이 너무나 다르다는 사실이 그 동안 간과되었기 때문이며, 이러한 접근은 국내외의 교재에서 처음으로 시도되는 것이다. 경쟁법의 개념이나 연혁에 관한 차별적 인식은 시장지배적지위남용, 기업결합, 카르텔 그리고 불공정거래 등에 대한 규제 사이의 상호관계를 해명함에 있어 도움이 될 뿐만 아니라 향후의 입법정책을 위해서도 필요하다고 생각된다. 셋째 시장과 경쟁에 관한 경쟁법적 기본모형을 제시하고 이를 촌평하였다. 산업조직론에서 전개되는 시장과 경쟁에 관한 여러 가지 논의를 경쟁법적 차원으로 수습하기 위한 것이나, 저자의 독서량이나 문제의식 그리고 서술내용이 미흡함은 스스로 자인한다. 넷째 하버드학파와 시카고학파의 논쟁을 비중있게 다루었다. 독점금지정책의 형성과 집행에 있어서 두 학파는 사실상 양 극단을 대변하고 있는 셈이어서, 실정 독점금지법을 가지고 있든 혹은 가지고 있지 않든 일국의 경쟁정책은 두 학파의 대립하는 주장과 주장 사이, 즉 그 연결선 위의 어느 점에서 결정될 수밖에 없다고 보기 때문이다. 특히 정신병자의 헛소리 정도로 치부되던 새로운 아이디어들을 하나씩 쌓아 올려 주류적 견해의 기본적 전제와 주장 전반을 뒤집는 시카고학파의 등장 그리고 이에 대한 격렬한 재비판의 전체 과정이 미국 자본주의의 창조성과 생명력 그리고 연방 독점금지정책의 탄력성을 여실하게 반증한다고 생각된다.

그러나 이제 서문을 적는 마당에서 돌이켜 보니 자괴와 부끄러운 마음이 앞설 따름이다. 공정거래법이 제정되기 이전부터 외국의 독점금지법제와 이론을 연구하여 이 땅에 소개하면서 경제법학의 터전을 만들고 일구어 온 소수의 선배 교수님들의 피땀어린 노력과 연구에 비추어 볼 때, 이 책이 기여하는 것은 너무나 적고 앞선 분들의 연구에 의지하는 바는 너무나 크기 때문이다. 또 한편 이 책을 쓰면서 기뻐하는 바는 독점금지 관련 우리나라 문헌의 종류와 수가 이제 상당히 풍부하고 전문적 연구인력과 법조실무가의 군(群)이 형성되고 있다는 사실이다. 게다가 25년여에 걸쳐 공정거래법을 활발하게 운용한 결과 대단히 많은 수의 심결례와 상당한 수의 판결례가 축적되어 있다. 남의 나라 이야기가 아니라 이 땅의 시장에서 실제로 일어난 분쟁에 대해 판단한 우리나라 경쟁당국의 결정례가 풍부하게 쌓여 있는 것이다. 그리하여 본서의 집필, 특히 제 2 편 공정거래법 이하에서는 외국문헌, 특히 외국사건의 인용은 무조건 절제하고 우리나라의 실제를 소개하기 위해 최대한 노력하였다.

이 책을 쓰면서 늘 마음속에 생각하였던 것은 어떻게 하면 법학도들에게 경쟁법의 이론과 실제를 알기 쉽게 소개하면서 이에 대한 지적 호기심을 불러일으킬 수 있을 것인가 하는 점이었다. 주지하다시피 경쟁법은 자본주의, 즉 사시장경제체제를 지탱하는 기본법이자 정책적 접근과 규범해석론이 교착하는 그야말로 흥미진진한 법이다. 이타적이 아니라 이기심에 불타는 인간, win or lose의 냉혹한 시장현실 속에서 살아남기 위하여, 상대방을 제압하기 위해, 혹은 시장을 제패하기 위해 조직적으로 경쟁하면서 먹고 먹히는 기업들, 그리고 그 과정에서 절묘한 질서가 형성되고 자원의 효율적 배분이 이루어지는 것을 극명하게 확인할 수 있다. 대학에 입학하자마자 사법시험에 매달려 도무지 곁눈질할 겨를이 없는 오늘의 법학도들에게 시장과 경쟁, 재벌, 그리고 국가경쟁력 등의 빅 이슈에 대한 시야를 열어주고 문제의식을 키워줄 수 있는 과목이 또한 경쟁법인 것이다. 그리하여 본문의 시작을 그림에서 출발하고 자유로운 문투로 쉽고 명료하게 풀어나가고자 하였으나, 저자 역시 딱딱한 문투와 틀에 갇힌 채 헤어나지 못함을 다시금 확인하게 된다. 그러나 번거로운 각주는 가능한 한 줄이고, 각주내용에 있어서도 '면'이나 'p.' 등의 표기를 생략하였고, 공정위의 심결례나 국내외 판결례의 표시도 최대한 간소화하였다. 인용이나 사건번호의 표기 등에 관한 본서의 기재가 표준적인 예와 다른 것은 바로 이러한 동기에 기인한다.

이 책의 편찬에는 많은 분들의 도움과 지원이 있었다. 원고의 대부분은 동경대학 홍고 캠퍼스의 연구실과 시로가네다이 인터내셔널 롯지에서 집필되었다. 체류계획이 급하게 변경되었음에도 불구하고 아름다운 시로가네다이에 연구의 거점을 계속 제공해 주신 동경대학의 야마시타 도모노부 선생(山下友信 先生)에게 깊은 감사를 표한다. 성균관대 대학원의 제자들, 즉 채수영 변호사, 양진태 조사역, 유춘화 조사역, 신진희 과장, 박인원 조교, 안창현 조교 등은 소비자법의 법령을 편집하는 데 많은 애를 써 주었다. 특히 금융감독원의 이현열 수석검사역과 양진태 선임검사역은 바쁜 업무 중에서도 제 1 차 교정을 세심하게 보면서, West Law에 접근하여 본문에서 인용된 미국법령에 대해 일일이 proof-reading을 해 주었다. 현재 연구실 조교를 맡고 있는 윤민섭 군은 목차를 뽑고 여러 가지 잡무를 돌보았으며, 본인의 동경 체류중 연구실을 관리해 준 안창현 군의 수고를 또한 잊을 수 없다. 이미 한국사회를 지키는 중추적 인물이거나 인물로 성장해 나갈 이들에게 하나님의 보살핌이 같이 하기를 기원한다. 이 책의 간행을 맡은 박영사의 황인욱 전무님에게는 이제야 약속을 지키는 송구함을 애써 감추고자 하며, 저자의 다급한 독촉 속에서 편집과 교정에서 애써 주신 허유협 님에게 또한 감사한다.

이 책은 여러모로 미진하다. 더구나 초판본으로서 본의 아닌 오류와 중복, 탈자와 오자 등도 남아 있을 것으로 생각된다. 판을 거듭하면서 보완하고 가다듬을 것을 약속하면서, 선배 및 동료연구자들의 질정과 독자 여러분의 비판을 기다린다.

2006. 2.

저 자

목　　차

제 1 편　경쟁법 총론

제 1 장　서　　론

제 2 장 경쟁법의 연혁

제 3 장 시장, 경쟁 그리고 독점금지정책

제 4 장 경쟁법의 기초개념

제 2 편 독점규제 및 공정거래에 관한 법률

제 1 장 총 설

제 2 장 시장지배적지위의 남용금지

제 3 장 기업결합의 통제

제 4 장 경제력집중의 억제

제 5 장 부당한 공동행위

제 7 장 사업자단체와 역외적용

제 3 편 소비자법

제 1 장 소비자기본법

제 2 장 약 관 법

제 3 장 할부거래법

제 4 장 방문판매법

제 5 장 전자상거래소비자보호법

제 1 편
경쟁법 총론

• 제 1 장 •
서 론

제 1 절 시장경제와 경쟁질서

오늘 우리가 사는 세상은 영국과 프랑스, 그리고 신대륙의 각성한 인간들이 쟁취한 시민혁명(civil revolution)의 산물이다. 혁명의 대열에 나선 시민들은 절대권력으로부터 해방된 자유로운 사회를 추구하였고, 반혁명과 시행착오, 대공황, 전체주의의 허다한 도전을 겪어낸 시민사회는 자유민주주의와 시장경제라는 두 축으로 구동되고 있다. 지구촌 여러 곳에서 시민적 가치(civil value)는 신분과 권력의 속박으로부터 인간을 해방시켜 왔고, 과학기술의 발전과 산업화의 흐름을 탄 시장경제는 생산성의 폭발적 증대를 통해 만성적 기근과 대량아사의 참극으로부터 인류를 구원하고 있다.

사적자치와 자유경쟁에 바탕을 두는 시장경제 체제는 '공권력의 간섭으로부터 자유'라는 자유주의 이념과 스스로 결정하고 스스로 책임지는 자주적 인간에 대한 믿음을 전제로 가동되는 매우 정교한 경제질서다. 시장경제의 효과적인 작동을 위해서는 인격평등, 계약자유, 과실책임에 바탕을 둔 민법, 상법, 형법 등 시민법(civil law) 체계가 정비되어야 하고, 각자의 권리가 소송법을 통해 마련된 구제절차를 통해 신속하고 공정하게 실현될 수 있어야 한다. 법의 지배가 정착된 사회에서 개인의 경제활동은 자유롭고 예측가능하며 거래비용(transaction cost)은 최소화된다. 그리고 당해 국민경제의 경쟁력은 제고된다.

시장경제는 시민사회의 경제질서다. 여기서 시장경제란 열린 시장에서 수요와 공급이 만나 형성되는 가격을 통해 구성원에게 재화를 배분하는 경제체제를 의미한다. 물론 국민경제의 어떠한 부분을 시장기능에 맡길 것이며 또 국가의 간섭은 어느 정도로 할 것인지는 그 사회를 지배하는 체제와 이념에 따라 달라질 수 있고, 규제자로서의 정부의 기능과 역할도 나라마다 또 시대에 따라 큰 차이가 있다. 그렇지만 시장경제체제를 취하는 주요 국가에서 시장과 경쟁에 관해 개입하는 공통적 항목들이 있고, 이를 간추리면 다음과 같다.

첫째, 각종의 사업자가 다른 사업자와의 경쟁관계에서 보이는 여러 가지 남용적 행태를 금지하는 것이다. 이는 기업이 수요자 혹은 고객을 놓고 다른 기업과의 경쟁관계에서 보이는 각종의 불공정한 행위를 금지하여 경쟁의 공정성을 확보하기 위함이다. 즉 덤핑 혹은 부당염매, 인력의 부당스카우트, 비방적이거나 오인유발적 광고, 끼워팔기 등의 거래강제, 집단보이코트 등이 이와 관련하여 문제되는 전형적인 기업행태들이다. 이들은 가장 좁은 의미의 경쟁관계에서 나타나는 사항들로서, 이들을 규율하는 법질서 혹은 법을 일컬어 가장 좁은 의미의 경쟁법이라고 할 수 있다.

둘째, 특정한 거래분야에 대한 사적인 독점 혹은 독점화를 금지함으로써 시장의 개방성을 유지하고 다수의 경쟁사업자를 확보하기 위한 통제를 가하게 된다. 여기에는 사업자들이 서로 담합하는 것을 금지하는 카르텔금지와 합병 등의 수단을 통해 인위적 독점력을 형성하는 기업결합에 대한 통제, 그리고 독과점사업자가 자신이 가지고 있는 독점력을 남용하는 행태에 대한 금지가 여기에 속한다. 이는 수요자를 놓고 서로 경쟁하는 기업들이 독점적 지위를 형성하거나 이를 강화하여 시장구조를 악화시키는 것을 막기 위함이다. 다시 말해 이 금지는 경쟁의 자유를 확보하기 위한 것으로서, 이에 관한 법질서 혹은 법을 일컬어 독점금지법 혹은 반독점법으로 부를 수 있다.

셋째, 시장과 기업에 대한 정부의 규제 또한 경쟁질서와 관련이 있다. 규제자로서 정부가 기업에 대해 가하는 규제와 간섭이 극단화한 것이 소위 공적규제(public regulation) 분야이다. 이는 시장실패(market failure)가 예상되거나 시민의 생존배려의 차원에서 특정한 공기업 혹은 사기업에 대하여 독점적 지위를 부여하는 한편, 요율을 통제하고 상품 및 서비스의 공급을 강제하고 주무관청의 인허가라는 진입장벽을 설정하는 영역이다. 전통적으로 전력·가스 등의 에너지, 통신, 도시공중운송, 상하수도 공급 등의 분야가 대표적인 공적 규제산업에 속한다. 소위 사회적 시장경제 혹은 제3의 길을 이념적으로 지향하는 경우 정부기능과 규제산업의 규모가 팽창하는 경향이 있으나, 오늘날 공기업의 민영화를 추진하고 각종 규제산업에 대한 규제를 풀고 이를 경쟁질서로 이관하는 것이 세계적 흐름이다.

개별 분야의 산업정책을 담고 있는 산업법은 독점금지와 상반된 이념과 취지를 가진다. 이들 법규가 사전적 규제조항을 통해 자유로운 시장진입을 막고, 영업활동에 대해 정부가 인위적 제한을 가하는데 비해, 독점금지법은 열린 시장에서 자유로운 경쟁을 촉진하기 위해 사업자의 독점화나 담합을 사후적 심사를 통해 개별적으로 금지한다. 다시 말해 정부의 시장간섭을 위한 각종 규제법과 달리, 독점금지법은 시장의 내재적 질서 그 자체로서 규제법과 그 성격을 달리하는 것이다. 여기에서 우리나라 '독점규제 및 공정거래에 관한 법률'의 법명에서 '규제'라는 문언이 다분히 오도적임을 알 수 있다.

넷째, 지적재산권, 즉 특허, 상표, 실용신안, 의장 등 지적 창안에 대해 주관적 권리성을 인정하고 이를 보호하는 사권보호법 또한 경쟁질서와 일정한 관련이 있다. 지적인 발견 혹은 창안에 대해 독점적 혹은 배타적 지위를 인정함으로써, 타인의 모방과 복사를 통한 경쟁을 제한하기 때문이다. 매우 폭넓게 경쟁법의 개념을 설정할 때에는 이들 지적재산 보호질서도 여기에 편입될 수 있다.

제2절 경제법, 독점금지법 그리고 경쟁법

1. 경제법과 독점금지법

경제법이라는 용어는 우리나라, 일본, 독일 등지에서 사용되는 용어이며, 사회주의적 시장경제를 지향한다는 중국에서도 이 용어가 사용된다. 이 용어는 나라에 따라 또 논자에 따라 매우 다양한 의미로 사용된다. 현재 우리가 사용하는 경제법이라는 용어는 독일의 경제법, 즉 Wirtschaftsrecht라는 용어를 번역한 것이다. 그러나 독일에서도 이 용어의 의미, 내용 또는 포섭범위를 매우 다르게 사용한다. 예컨대 독일의 법전간행사인 Neue Wirtschafts-Briefe사의 "중요 경제법률"은 상법, 민법, 주식법, 유한책임회사법, 어음수표법, 공동결정법, 증권법 기타 금융법 등을 수록하고 있다. 그리하여 경쟁질서를 전반적으로 규율하는 법을 지칭할 때에는 경쟁법(Wettbewerbsrecht)이라는 용어를 사용하고, 특히 미국의 연방독점금지법에 대응하는 경쟁제한금지법을 지칭할 때에는 카르텔법(Kartellrecht)이라는 용어를 많이 사용한다.

미국에서는 경제법이라는 용어 자체가 존재하지 않는다. 독점금지법(獨占禁止法) 혹은 반독점법(反獨占法)으로 번역되는 Antitrust 또는 Antitrust Law라는 용어가 일반적이며, 경쟁법이라는 용어의 사용도 상대적으로 적다. 부정경쟁 혹은 불공정경쟁법도 매우 제한적인 의미를 가질 뿐이다. 부정경쟁법 혹은 불공정경쟁법(Unfair Competition Law)이라는 개념은 20세기 초반 이래 사칭통용(詐稱通用: passing off) 등 소수의 불공정한 행태를 지칭하기 위해 미국에서 사용되기 시작하여 거꾸로 영국에 파급되었다.[1] 그러나 이는 불법행위에 관한 보통법의 일부일 따름이고, 여기서 논하는 경제법 혹은 경쟁법과는 크게 다르다.

한편 법경제학(Law and Economics)은 법학의 영역에 속하는 것이 아니라 법적 현상, 특히 독과점과 관련되는 법현상을 경제학적 기법을 이용하여 설명하는 미시경제학의 한 분야로 발전되어 온 것이다.

2. 경제법과 경쟁법

20세기 초반 이래 독일에서 사용되어 온 경제법이라는 용어[2]는 그 포섭범위가 지극히 막연한 데다가 영역확정이 각인각설의 상황이다. 경제법의 개념에 관하여는 방법론설, 집성설, 대상설, 기능설 등 다양한 주장이 있으나, 우리나라에서 환영받는 견해는 기능설이다. 예컨대 F. Rittner는 경제법을 "국민경제 전체를 정당하게 질서지우기 위한 법규범과 법제도의 총체"로 파악하며, 이 견해는 우리나

1) Charles R. McManis, Unfair Trade Practices, 3rd ed., 1993, 6.

2) 독일에서 경제법이라는 용어가 처음으로 등장한 것은 제 1 차 세계대전 말이다. 즉 1918년 들어 R. Kahn은 전쟁경제법(Kriegswirtschaftsrecht)이라는 용어를 사용했고, 곧이어 A. Nußbaum이 경제법(Wirtschaftsrecht)의 개념을 본격적으로 논하게 된다. 1918년은 제 1 차 세계대전이 종료한 해로서, 패전국 독일의 경제는 붕괴하여 그 혼란은 극에 달하였다. 독일의 경제법이란 미국처럼 독점대기업을 통제하기 위한 것이 아니라, 전쟁수행을 위해 혹은 패전으로 인한 경제적 혼란을 수습하기 위해 공권력이 사경제에 광범하게 개입하는 상황을 배경으로 한 것이다.

라에서 많은 지지를 받고 있다. 그러나 경제에 대한 국가공권력의 간섭, 통제에 관한 규범의 총체라는 의미에서 경제법을 거론할 경우 경제와 관련되는 모든 공사법이 경제법에 편입되는 결과를 가져온다. 이 경우 학문적인 의미가 있는 혹은 실효성이 있는 경제법의 영역획정 그리고 그 결과로서의 경제법의 학문적 독립성의 확보는 어렵게 될 것이다.

현재 개방된 시장의 존속 그리고 그 안에서의 자유롭고 공정한 경쟁을 담보하는 법역으로서 경쟁법(Competition Law, Wettbewerbsrecht)이라는 용어가 세계적으로 통용되고 있다. 또한 용어의 차원을 떠나서 OECD국가를 비롯한 주요 국가의 경우 독점사업자가 자신의 지위를 남용하는 것을 금지하며, 경쟁제한적 기업결합(M&A)을 통제하고, 다수의 사업자들이 경쟁제한을 위해 담합하는 행위를 금지하며, 각종 불공정거래행위를 통제하는 것을 핵심으로 하는 법역, 즉 경쟁질서를 규율하는 법규를 묶어 이를 하나의 독자적 법역으로서 인식하고 있다. 또한 경쟁법은 지구촌시장의 형성을 배경으로 그 내용에 있어서도 조약이나 협정 혹은 역외적용 법리 등을 통해 국제적으로 통일되는 경향을 보이고 있다.

자유로운 경쟁이 이루어지는 시장의 존속을 보장하고(사시장경제의 확보 및 독과점의 방지, 독점금지법), 공정한 경쟁을 확보하기 위한(경쟁의 공정성 확보, 불공정경쟁방지법 또는 공정거래법) 법규의 총체를 일컬어 이를 경쟁법이라고 부르는 것은 여러모로 합리적이다. 즉 경쟁법이란 사시장의 개방성을 확보하고 시장 내에서 경쟁이 자유롭고 공정하게 이루어지도록 담보하는 시장경제의 내재적 질서 또는 시장의 근본규칙이라고 할 수 있다.

3. 경쟁법의 개념

3.1. 협의의 경쟁법

협의의 경쟁법은 공정거래 내지 불공정경쟁방지에 관한 법으로서, 여기에는 일반적인 불공정한 경쟁수단과 방법, 덤핑 등에 관한 사항 등이 포함된다. 공정거래 혹은 불공정경쟁을 방지하기 위한 법규들은 기업의 경쟁과 관련한 행태 전반을 규율하는 일반적인 기업행태법(Unternehmensverhaltensrecht)으로서, 경쟁의 품질, 즉 경쟁의 공정성 확보를 그 이념으로 한다.

독일의 경우 불공정성(Unlauterkeit)을 띠는 일체의 영업상의 경쟁행위가 금지되고 있다(독일 불공정경쟁방지법 제3조 제1항). 그 결과 1896년의 불공정경쟁방지법이 제정된 후 1957년에 경쟁제한금지법이 제정될 때까지 독일에서는 불공정경쟁방지법을 경쟁법(Wettbewerbsrecht)으로 칭하는 것이 보통이었다. 그러나 미국이나 우리나라와는 달리, 독일의 불공정경쟁방지법은 사법(私法)으로서 이에 관한 분쟁에 대해 경쟁당국인 연방카르텔청은 관여하지 않고 일반 민사재판이 이루어진다.

참고로 독일에서 경쟁법과 관련하여 논란되는 것은 두 단행법이다. 첫째는 1957년 미국 연방독점금지법의 영향하에 제정된 경쟁제한금지법(Gesetz gegen Wettbewerbsbeschränkungen. 약칭은 GWB)이며, 둘째는 1896년에 제정되고 1909년에 대폭 개편된 불공정경쟁방지법(Gesetz gegen unlauteren Wettbewerbs. 약칭은 UWG)이다. 흔히 카르텔법으로 불리우는 경쟁제한금지법은 경쟁질서의 기축을 형성하는 법으로서, 이 법의 기본적 집행자는 연방카르텔청(Bundeskartellamt)이다.[3)]

3.2. 일반적 의의의 경쟁법

일반적 의의의 경쟁법은 불공정경쟁방지법에 독점금지법을 더한 것이다. 독점금지법 혹은 독점규제법은 첫째 사업자들의 협정을 통한 경쟁제한 즉 카르텔행위를 금지하고, 둘째 경쟁제한적인 기업결합을 방지함으로써 인위적인 독점력의 형성을 막으며, 셋째 이미 존재하는 독점사업자(established monopoly)가 자신이 가진 시장지위를 남용하는 것을 금지한다. 이러한 경쟁법의 개념이 가장 보편적이다. 현재 독점규제 관련 법제의 지도적 모델이라고 할 미국의 연방독점금지법제는 이 양자를 포섭하며, 우리나라나 일본의 공정거래법도 양자를 하나로 포섭하고 있다. 법집행 절차면에서의 차이는 독일의 경우가 가장 극단적이며, 우리나라의 경우 독점금지나 불공정거래금지에 있어 절차법적 차이는 존재하지 않는다.

그러나 독일에서는 불공정경쟁방지법과 카르텔법의 성격과 이념의 차이, 양법의 이율배반적 긴장관계와 법집행면의 차이, 즉 일반법원에 의한 심사의 대상인지 여부 혹은 연방카르텔청의 공법적 구제가 개입하는지 등의 차이 등을 감안

---

3) 불공정경쟁방지법은 지금까지 부정경쟁방지법으로 번역되어 온 법으로서, 우리나라도 일본법의 의용(依用)을 거쳐 1962년에 제정한 부정경쟁방지법(현재의 명칭은 '부정경쟁방지 및 영업비밀보호에 관한 법률')을 가지고 있다. 우리나라 부정경쟁방지법은 독일의 불공정경쟁방지법을 답습한 것이나, 1980년에 '독점규제 및 공정거래에 관한 법률'(약칭은 공정거래법)을 제정할 때 이 법의 존재가 간과되어 부정경쟁방지법은 경쟁법과 무관한 법으로 오인되고 있다. 독일의 불공정경쟁방지법은 우리나라의 불공정거래행위 금지에 대응하는 것이다.

하여, 양법을 별개로 다루어 왔다. 그리고 양자를 묶어 일반적 의의의 경쟁법(Wettbewerbsrecht im allgemeinen Sinne)을 구성하자는 논의도 뚜렷하지 않다.

독점금지법의 직접적인 목적은 경쟁 그 자체를 보호하는 것이고, 이를 통해 궁극적으로는 시장경제 자체 혹은 사시장경제 체제를 지탱하게 된다. 그러므로 시장과 그 기능에 대한 기본적 신뢰, 즉 시장에서의 자유로운 경쟁이 자원을 가장 효율적으로 배분하며, 소비자 후생증대에 장기적으로 이바지한다는 믿음을 전제로 하는 것이다. 그러나 개별적 소비자에 대한 구체적, 개인적 보호는 독점금지법의 목적이 아니다. 이 점에서 경쟁법은 소비자법과 현저하게 다르다.

3.3. 광의의 경쟁법

광의의 경쟁법은 협의의 경쟁법에 산업재산권 관련 법규를 추가한 것으로서, 과거 독일에서 이와 같은 입론이 있었다. 산업재산권 관련 법규로는 특허법, 상표법, 실용신안법, 디자인보호법(구 의장법) 등이 대표적이고, 영업비밀법, 컴퓨터프로그램보호법, 데이타베이스법 등 신종 산업재산권법이 계속 등장하고 있다. 산업재산권법은 지적 발명이나 창안에 대해 등록 등 공시절차를 거친 후 일정한 기간 동안 법률상의 독점적, 배타적인 사용권을 인정하여 타인의 경쟁을 제한한다. 발명자에게 배타적 지위를 인정할수록 자유경쟁의 여지는 줄어들고 그만큼 경쟁제한적인 속성을 가지게 된다. 즉 지적 발견이나 창안에 대한 배타적 사용수익권 부여는 독점금지의 정신과 정면으로 충돌한다고 할 수 있는 것이다. 그러나 지적재산권법이란 지적 발견 혹은 창안에 대해 일정한 공시방법을 갖추게 한 후 이를 무체재산으로서 보호하는 배타적인 사권보호의 체계이므로, 이에 관한 법질서를 경쟁법에 포섭하는 것은 유체재산 보호법규를 경쟁법규로 보는 것과 마찬가지의 문제점을 가진다고 할 수 있다.

여하튼 독점권이라는 인센티브를 통하여 각종의 발명, 창안, 아이디어의 개발을 장려하는 지적재산권 정책을 구체화한 것이 바로 산업재산권법 혹은 지적재산권법이다. 개별 기업은 물론 국민경제 전체의 경쟁력은 기술개발에 달려 있다고 해도 과언이 아니다. 그러나 각종의 발명이나 창안은 과거처럼 우연한 기회에 우연한 천재의 발휘에 의하는 것이 아니라 막대한 연구인력과 대규모의 자금투자를 통해 계획적, 조직적으로 이루어진다. 여기에서 보상체계의 정립을 통해 연구개발(R&D)의 장려가 필요한 것이고, 지적재산권법은 바로 이러한 기능을 가진다. 산업조직론상의 논의에 의하면 발명이나 창안에 대한 일정한 기간에 걸친 배타적 전용권의 부여가 특히 큰 의미를 지니는 분야는 전통적으로 의약품과 화학분야 등이었으나, 오늘날에는 전자, 컴퓨터 그리고 통신이나 정보분야가 주목되고 있다.

제 3 절 시장경제와 헌법

1. 경쟁법의 배경

경쟁법은 자유사시장경제의 존속을 보장하고 시장에서의 공정하고 자유로운 경쟁을 보장하는 법의 체계다. 따라서 경쟁법은 사시장경제질서 혹은 자본주의 체제를 그 배경으로 한다. 자유롭고 공정한 경쟁은 신분적 속박 혹은 국가의 중앙집권적 계획으로부터 개인의 영업활동이 해방된 자본주의 체제하에서만 가능한 것이다. 자본주의는 자본과 생산수단의 사적 소유를 바탕으로 사기업이 생산과 유통활동을 주도하는 체제로서, 이들 기업의 활동무대가 되는 곳이 바로 시장이다.[4)]

이에 반해 신분에 의해 직업이 세습되고, 신분에 의해 영업활동의 종류와 범주가 결정되던 중세 봉건체제 그리고 국가의 중앙집권적 계획이 시장과 경쟁의 기능을 대체하는 사회주의 체제에서는 진입과 탈퇴가 자유로운 사시장 자체가 형성될 수 없다. 그 결과 사인(私人) 사이의 자유로운 경쟁이나 영업활동도 개념상으로 들어설 여지가 없게 된다.

그러나 모든 자본주의 국가에서 독점금지법 혹은 경쟁법이 당연히 전개되는 것은 아니다. 독점금지법은 자본주의의 고도화가 낳은 부산물의 하나다. 자본주의가 전개되면서 치열한 경쟁 그 자체의 산물로서 혹은 대자본의 인위적 노력의 결과로 시장은 특정한 기업에 집중되고, 이에 수반하여 많은 기업들이 독과점체제로 편입되거나 병탄되는 양상을 보이게 된다. 그리고 독점력(monopoly power) 혹은 시장지배력을 얻은 독점기업들은 주어진 가격에 순응하는 것이 아니라 오히려 시장가격을 스스로 형성하거나 가격형성에 영향을 미칠 수 있는 지위를 장악하게 된다. 그 결과 정상적인 경쟁체제 하에서는 불가능한 독점가격을 통해 독점기업들은

---

4) 시민법 차원에서 자유경쟁을 뒷받침하는 원칙들이 사유재산권 보장, 사적자치, 과실책임 등이며, 기업법에서는 기업형성 및 활동의 자유가 이를 표현한다.

초과이윤을 거두게 되고, 이로 인한 피해는 중소기업과 노동자, 농민 등 사회적 약자에게 전가되는 것이다.

특히 독점대기업의 시장지배는 경쟁 자체를 정지시키고, 진입과 탈퇴가 자유로운 사시장체제, 나아가서는 견제와 균형을 바탕으로 한 민주주의 체제에 대한 심각한 위협요인으로 인식되기도 하였다. 이는 보통법적 전통과는 거리가 먼 제정법(statute)의 형태로 미국의 연방 독점금지법들이 제정된 연혁, 즉 노동자와 농민들의 민중주의운동(populist movement)의 결과로서 연방독금법이 제정된 역사적 경험을 통해 확인할 수 있다.

2. 헌법이 지향하는 경제질서

2.1. 경제체제의 유형

국가공권력이 경제에 개입하는지 또 어느 정도로 개입하는지를 기준으로 각국의 경제를 분류할 때, 순수한 자유시장경제와 완전한 계획경제를 양 극점으로 하는 연결선 위에 각국의 현실경제들이 그 자리를 매김하게 된다.

우선 사유재산권과 계약법질서 자체가 정착되지 않은 상황에서 사경제 내지 시장 자체가 제대로 형성되지 않는 저개발국이 있을 수 있다. 또한 공권력이 조직적으로 사경제에 간섭하고 심지어 가격기능까지 통제하는 혼합경제 혹은 무늬만 시장경제도 있을 수 있고, 시장기능에 국민경제의 대부분이 맡겨져서 민간의 자율과 이니셔티브가 주도하는 경우도 있다. 여기에서 같은 시장경제라 하더라도 우파나 좌파 혹은 제 3 의 길을 지향하는 수많은 선택이 나오게 된다.

그러면 개인주의와 자유주의에 바탕을 두면서 공권력이 사경제현상에 일체 개입치 않는 순수한 모형의 자유사시장경제(free, private market economy)와 국가의 중앙집중적 계획이 시장기능을 전면적으로 대체하는 순수한 계획경제라는 가상적 두 모형을 잇는 하나의 연결선을 상정할 때, 우리나라의 경제는 이 연결선 위 어디에 서 있을까. 그리고 정보화와 글로벌화의 큰 흐름 속에서 국민경제의 대외의존도가 80%를 상회하는 우리나라가 중장기적으로 설정하여야 할 시장경제의 모형은 이 연결선의 어디에 서야 할 것인가.

규범적으로 볼 때, 이 문제는 시장경제의 헌법적 기초에 관한 물음이다. 그러나 이 물음은 공정거래법의 운영을 위한 가장 근본적인 관심사가 된다. 공정거래법은 경제헌법으로서 개방된 시장에서 자유롭고 공정한 경쟁을 창달하는 것을 그 이념으로 하기 때문이다.

2.2. 소위 '사회적 시장경제론'의 내용적 허무

우리나라 경제질서의 헌법적 기초로 언급되는 것은 헌법의 경제조항, 그 중에서도 특히 헌법 제119조가 지목된다. 동조 제1항은 개인과 기업의 경제상의 자유와 창의를 존중하는 질서, 즉 시장경제질서를 우리나라가 지향함을 밝힌다. 그런데 동조 제2항은 경제의 민주화라는 불확정개념뿐만 아니라, 적정한 소득의 분배, 경제주체간의 조화, 균형성장 등의 췌사를 사용하여 시장기능에 대한 공권력의 광범한 간섭과 통제를 가할 수 있는 헌법적 근거를 제공하고 있다. 제119조의 경제조항을 읽는 관점에 따라서는 시장경제의 원칙을 선언하는 제1항이 아니라 시장기능에 대한 공권력의 간섭과 통제에 대한 형식적 적법성을 제공하는 제2항에 실증적 의미가 더 실려 있는 것처럼 보이기도 한다.

헌법학자들은 우리나라가 자본주의 혹은 시장경제를 지향한다는 점에서는 기본적 인식을 같이 한다. 그러나 헌법이 지향하는 시장경제의 구체적 모형에 관해서는 진지한 담론이 결여되어 있다. 종래 독일의 통설인 사회적 시장경제론을 그대로 원용하면서 이를 답습하는 것이 다수설이었으나, 최근에는 우리나라가 독일보다도 더욱 사회주의적이라거나 더욱 통제경제적이라는 주장도 있고 입법자인 국회에 구체적 시장경제의 모형을 설정할 수 있는 권한을 포괄적으로 위임하였다는 견해도 있다.[5)]

그러나 종래의 주류적 견해는 우리나라의 경제질서가 소위 사회적 시장경제(soziale Marktwirtschaft, sozialverpflichtete Marktwirtschaft)를 채택하는 것으로 풀이하여 왔고, 헌법재판소도 이를 되풀이하면서 헌법 제119조 제1항과 제2항의 관계에 관하여 개인과 기업의 자유와 창의가 기본이 되고 공권력의 시장간섭을 보충적

5) 우리나라 헌법학에서 사회적 시장경제론은 퇴조하는 듯한 느낌을 준다. 즉 독일의 사회적 시장경제는 자본주의 체제의 성숙을 그 전제로 하는 시장규제적 개입인데 반하여 우리는 시장형성적 개입을 규정하고 있다는 주장도 있고, 우리 헌법은 사회적 시장경제에서는 수용할 수 없는 계획적·조정적 요소를 포함하며 헌법 제119조 제1항과 제2항의 관계도 반드시 원칙과 예외의 관계만은 아니라는 견해도 있다. 그리고 우리 헌법의 여러 경제조항들은 초기 독일의 사회적 시장경제보다 국가의 계획, 조정, 규제의 여지를 넓게 인정하고 있으며, 특히 제119조 제2항은 질서정책을 넘어 총량적 조정정책까지 포함되어 있으므로 혼합경제의 범위 내에서 장래의 정책에 넓게 개방하는 질서를 의미한다는 주장도 있다.

인 것으로 보고 있다.[6)]

헌재 1989.12.22, 88헌가13

현행헌법이 제23조 제1항, 제119조 제1항에서 추구하고 있는 경제질서는 개인과 기업의 경제상의 자유와 창의를 최대한으로 존중, 보장하는 자본주의에 바탕을 둔 시장경제질서이므로, 국가적인 규제와 통제를 가하는 것도 보충의 원칙에 입각하여 어디까지나 자본주의 내지 시장경제질서의 기초라고 할 수 있는 사유재산제도와 아울러 경제행위에 대한 사적자치의 원칙이 존중되는 범위내에서만 허용될 뿐이라고 할 것이다.

헌법 제119조 제2항은 헌법이 자본주의적 생산양식이라든가 시장메커니즘의 자동조절기능이라는 골격은 유지하면서 근로대중의 최소한의 인간다운 생활을 보장하기 위하여 소득의 재분배, 투자의 유도·조정, 실업자구제 내지 완전고용, 광범한 사회보장을 책임있게 시행하는 국가, 즉 민주복지국가의 이상을 추구하고 있음을 의미하는 것이다.

한편 사회적 시장경제의 내용에 대하여는 '자본주의적 시장경제를 기본으로 하면서 복지와 사회정의 원리를 도입한 수정자본주의의 사회적 시장경제질서'라고 풀이하거나, 사시장경제를 전제로 하되 이로 인한 폐해를 수정하고 복지국가의 이념을 달성하기 위해 국가가 경제에 개입하는 '사회적 시장경제질서'를 표방하는 것, 즉 자유시장 경제질서를 기본으로 하면서 사회국가원리를 수용하는 것으로 본다.[7)]

그러나 사회적 시장경제질서로 요약되는 이러한 결론은 헌법 조문을 동어반복적으로 되풀이하는 수준으로 보인다. 공권력이 시장기능에 개입하기 위한 헌법적 요건과 한계에 대한 규범논리적 차원의 진술이 결여되어 있을 뿐만 아니라, 한국 시장경제의 현실 내지 가격기능의 구체적 작동에 대한 성찰이 없다.

사실 독일의 '사회적 시장경제'도 그 논의가 매우 다양하고 독일 경제 역시 지속적으로 변화해 왔다. 주요 논자로 지목되는 Walter Eucken은 사회적 시장경제의 세 가지 강령으로 개인적 자유, 체계적 경제정책, 강한 정부의 세 가지를 들고, Müller-Armack은 사회정책과 조화를 이루는 시장경제질서로 이를 개념화하면서 공동결정, 독점금지, 경기변화에 대응한 고용정책, 양극화방지와 소상공인 보

6) 헌재 1998.5.28, 96헌가4; 헌재 2001.6.28, 2001헌마132 등.
7) 김철수, 판례학설 헌법학, 2008, 307-309; 권영성, 헌법학원론 개정판, 2004, 170 이하.

호, 노동자의 권익 보호 등을 강조한다. 그러나 오늘날 세계 주요 국가는 모두 체계적 산업경제정책을 구사하고, 경기순환과 고용 그리고 독점과 환경문제에 깊게 개입하고, 중소기업과 소상공인을 나름대로 보호하며, 노동조합을 제도적으로 보장하는 적극국가다. 개별 국민경제의 연혁과 전통에 따라, 공권력의 시장개입과 규제, 자본시장이나 대기업 지배구조, 노동조합의 구체적 모습은 천차만별인 것이다.[8)]

즉 '사회적 시장경제질서'를 논하는 헌법학의 다수설은 피상적일 뿐만 아니라, 독일의 논의를 우리나라 국민경제의 발전과정이나 시장의 실제에 대한 성찰없이 그대로 차용하는 점에서 근본적 한계가 있다. 기독교문화의 바탕 위에 봉건분권사회를 거쳐 자유주의 운동, 고도자본주의의 폐해, 바이마르 공화국 시절의 혼합경제의 혼란과 나찌 총통경제의 총체적 파탄을 경험하고 난 후 독일이 전개한 자본과 노동의 협치(協治)를 강조하는 특유의 사회적 시장경제론을 우리 헌법조항의 해석에서 맹목적으로 답습하는 것은 비현실적인 담론이 될 소지가 크다.

2.3. 시장경제의 전거로서 각종 기본권

생각건대 시장경제의 헌법적 기초를 헌법 제9장의 경제조항에서만 찾는 것은 적절하지 않다. 헌법 제119조의 실천적 의미는 오히려 동조 제2항, 즉 공권력의 시장개입 혹은 시장기능의 제약사유를 열거하는데 있다. 시장경제를 채택하는 국가들 중 성문헌법이 없거나 성문헌법에 경제조항을 두지 않는 것이 일반적이고 (경제중립성의 원칙) 개인주의와 자유주의적 가치관을 배경으로 하는 대의민주제 정치질서와 맞물린 사시장경제질서는 다수의 기본권과 여러모로 연결되는 대한민국이라는 국민국가의 핵심적 원리로 여겨지기 때문이다.

사시장경제질서와 관련되는 기본권 조항들로 거론되는 것은 여러 가지이다. 헌법 제10조의 행복추구권에 포함된 일반적 행동자유권, 제23조의 재산권보장, 제15조의 직업선택의 자유(영업의 자유), 제21조의 결사의 자유, 제14조의 거주이전

8) 독일인들은 ICT와 금융을 중시하는 미국이나 영국의 경제를 자유시장경제(liberal market economy)로 부르면서 자국의 경제질서를 사회적 시장경제(soziale Marktwirtschaft; coordinated market economy)로 차별화한다. 이 배경에는 독일예외주의 혹은 독일 고유의 길(Eigenweg)이라는 독일의 전통적 민족주의가 놓여 있다. 한스 쿤드나니 저/ 김미선 옮김, 독일의 역습(The Paradox of German Power), 2015, 28-31 및 119-120.
제조업과 수출에 치중하는 독일의 경우 자본시장이 발달하지 않았고, 가족 소유의 중견기업이 고용의 60퍼센트와 GDP의 약 절반을 담당하고, 기업지배구조도 자본과 노동의 공동결정 등 특유의 면모가 있다. 국민경제에서 자본시장의 비중이 크고 미국식 기업지배구조와 대기업집단 중심의 산업조직을 가진 우리나라는 수출 의존성을 제외하고는 독일과 크게 다르다.

의 자유 등의 조항이 자본주의 체제 내지 시장경제질서와 직결되는 조항들이다. 따라서 개인주의와 자유주의를 기반으로 하는 시장경제질서는 헌법 전문의 자유민주적 기본질서의 핵심 구성요소이거나 혹은 이와 직결되어 있는 제도로서 기본권적 가치와 결부되어 있음은 분명하다. 헌법 경제조항에서 국가권력이 사경제에 개입할 수 있는 사유를 명시적으로 언급하는 그 자체가 자유로운 사시장체제가 헌법이 상정한 경제적 근본질서임을 방증한다고 할 것이며, 이러한 정신은 사영기업의 국공유화에 대한 엄격한 통제를 가하는 헌법 제126조에서도 다시 나타난다.[9]

여기에서 시장기능 자체를 제약하는 결과를 수반하는 입법이나 각종 조치들의 헌법적합성과 관련해서는 단순히 헌법 제119조 제 2 항의 기술적·형식적 해석에 그칠 것이 아니라, 기본권제한의 법리에 따른 심사가 다방면에서 이루어져야 한다. 다시 말해 헌법 제119조 제 2 항이 공권력이 사경제에 개입할 수 있는 헌법적 기초, 즉 형식적 적법성을 제공하지만, 각종 경제통제와 관련된 국회의 입법이나 기타 행정상의 입법은 비례평등의 원칙이나 과잉금지의 원칙, 재산권이나 직업선택의 자유에 대한 본질적 가치 훼손금지,[10] 보충성의 원리[11] 등 기본권보장에 관한 헌법적 원리의 통제 하에 놓이는 것을 의미한다.

2.4. 시장경제 모형설정의 과제

우리나라는 일제(日帝)의 군국주의적 경제운용에서 벗어나면서 또 북한과 이데올로기적으로 대립하는 상황 하에서 헌법을 제정하였다. 그리고 1960년대 이후의 압축적 산업화는 정부의 시장에 대한 개입을 수반하였다. 정부가 주도적으로 자본을 모아 배분하면서 시장과 경쟁과정에 깊숙이 개입하였다. 해방 후 수십년간 우리나라는 헌법조문이 수식하는 바와 같은 복지국가나 사회적 법치국가가 아니라 관리경제 혹은 개발독재의 모형을 따랐던 것이다.

우리나라 경제가 근대적 의미의 시장경제의 모습을 갖추게 되는 것은 1980년

9) 사경제에 공권력이 개입할 수 있는 명분을 다양한 불확정개념을 통하여 제공하는 헌법 제119조 제 2 항은 개별 경제법규에 대해 무한대의 형식적 적법성을 제공할 수 있다. 여기에서 기본권법리, 즉 재산권보장이나 직업선택의 자유, 비례형평, 과잉금지의 법리 등에 의거하여 검증된 입법과 판례를 통하여 시장경제질서를 구체적으로 형성해 나가는 것이 중요하다. 요컨대 헌법의 경제조항은 실증규범으로서의 가치가 의심스럽고, 그 필요성 여부가 논란될 수 있다.

10) 국회도 헌법이 행한 수권의 범위를 넘는 자의적인 입법을 할 수 없으며, 사유재산권의 본질적 내용을 침해하는 입법을 할 수 없다(헌재 1989.12.22, 88헌가13).

11) 국가적 규제와 통제는 사유재산제도와 사적자치에 대한 보충적 원리로서 이는 헌법적합성 통제의 대상이 된다(헌재 1989.12.22, 88헌가13).

대 들어서부터이다. 즉 경제운영을 민간주도형으로 바꾸고 경제의 각 부분에 만연해 있던 규제를 거두면서 비롯된 것이다. 특히 1997년 말의 외환위기는 경제운용에서 소위 글로벌 스탠더드를 따르게 하는 결정적 계기를 제공하였다. 이 당시 IMF와의 양해각서 하에 수많은 경제관련 법규와 제도를 친시장적으로, 경우에 따라서는 주요국의 법제보다 더 민간과 시장의 자율을 강조하는 방향으로 개편하였던 것이다.

그리고 보이지 않는 연성법(軟性法, soft law)이 광범하게 작동하는 독일이나 일본과 달리, 한국의 시장경제는 경성법(硬性法, hard law)에 대한 의존도가 높고 시장참가자들은 가격 기타 거래조건에 매우 민감하며 매우 경쟁지향적이며 변화에 대한 반응이 매우 빠르다. 우리나라 헌법이 소위 '사회적 시장경제질서'에 관한 다수설과 헌재의 논의를 그대로 받아들이더라도 그 실체적 구조와 내용은 여전히 공소(空疎)한 것이 사실이다. 헌법재판소 또한 한국의 시장경제의 모형을 적극적으로 펼치면서 그 정신에 배치되는 개별 경제통제법규를 적극적으로 통제하고 있지도 않다.[12)]

즉 우리나라 시장경제의 모형과 그 내용 부여는 이제부터라고 할 것이며, 각종 산업정책에 관한 국회의 입법과 이들 경제통제법규에 대한 헌법적합성 심사를 통하여 한국형 시장경제의 모델이 창출되어야 할 것이다. 유의할 것은 시장경제의 실제는 공정위의 경쟁정책이나 반경쟁행위에 대한 위법성심사를 통하여 그 구체적인 모습을 드러내게 된다는 사실이다.

3. 경쟁법의 헌법적 기초

3.1. 독점금지와 헌법

헌법 제119조 제 2 항은 "시장의 지배와 경제력의 남용을 방지하며, 경제주체간의 조화를 통한 경제의 민주화를 위하여 경제에 관한 규제와 조정을 할 수 있다"라고 정한다. 이는 독점금지를 위해 공권력이 사경제에 개입할 수 있는 헌법적

12) 헌법재판소법이 본격 시행된 1988년 9월 이후 시장경제의 운영 혹은 구체적 모습과 관련된 많은 사안에서 헌재는 대부분 합헌판단을 내렸고, 극소수의 사례에서 위헌판단을 행하고 있다. 즉 재무부장관의 국제그룹해체명령(헌재 1993.7.29, 89헌마31), 주세법의 자도소주(自道燒酒) 구입명령(헌재 1996.12.26, 96헌가18), 의료법상의 의료광고 금지(헌재 2005.10.27, 2003헌가3) 사건 등이다.

기초, 즉 형식적 적법성을 제공한다. 이와 아울러 독점금지를 위한 국회의 입법이나 기타 행정상의 입법은 비례평등의 원칙이나 기본권의 본질적 가치 훼손금지 등 헌법적 원리에 의한 통제를 받게 된다.

경쟁법의 사명은 시장 자체를 보호하고 시장 안에서 공정한 경쟁이 촉발되도록 하는 것이다. 독점규제 및 공정거래에 관한 법률은 경쟁법의 기본적 법원(法源)으로서 헌법이 상정하는 우리나라 경제질서를 직접적으로 지탱하는 법률이다. 그리하여 이 법을 일컬어 경제헌법이라고 칭하기도 한다.

대부분의 나라에서 반독점법의 제정은 커다란 정치적 사건이었다. 특히 세계 최초로 반독점법이 제정된 미국에서는 엄청난 정치적 논란을 동반하였다. 이 법의 제정을 비판적으로 바라보는 주된 논거는 시장경제질서와 보통법적 전통에 부합하지 아니하는 민중주의적 입법이라는데 있었다. 우리나라에서도 독점을 금지하기 위한 입법작업이 여러 차례 전개되었으나, 시기상조론 등의 이유로 지연되다가 독점규제 및 공정거래에 관한 법률은 1980년에 비로소 전격적으로 제정된다. 전격적인 이 법의 제정 역시 정치적 함의를 빼놓을 수 없다. 즉 권력의 정통성이 약했던 제 5 공화국 정권이 대기업 혹은 재벌을 규제하는 법을 제정함으로써 민심에 부응하고자 하는 동기가 없지 않았던 것이다.

3.2. 공정거래 관련 제도의 헌법적합성

독점규제 및 공정거래에 관한 법률은 고유의 규범논리가 작동하는 민법이나 형법과는 달리 정책적 성격이 매우 강할 뿐만 아니라 금지의 체계나 법집행의 절차 면에서도 독특한 점이 많다. 여기에서 공정거래법의 제도 중 헌법적합성이 논란되었거나 향후 논란될 소지가 있는 것이 적지 않다. 그리고 이에 관한 학설이나 판례는 우리나라 시장경제제도의 구체적 모습과 이를 둘러싼 규범적 환경을 결정하게 될 것이다.

한편 공정거래법과 관련하여 헌법적합성이 다투어지는 사례들은 다른 법률에서 유사한 상황을 찾을 수 있다. 예컨대 헌법재판소에 의하면, 헌법 제13조 제1항에서 금지하는 이중처벌은 국가 형벌권을 거듭 행사하는 것을 금지하는 것일 뿐이고, 형벌권행사에 덧붙여 일체의 제재나 불이익처분을 부가할 수 없는 것이 아니다.[13] 형벌과 보호감호의 병과도 이중처벌이 아니며,[14] 부당이득환수와 제재

13) 헌재 1994.6.30, 92헌바38; 헌재 2001.5.31, 99헌가18.

벌의 성격을 더불어 가지는 부동산실권리자명의등기에관한법률상의 과징금을 형사처벌과 동시에 병과하는 것과 관련해서도 이는 이중처벌금지의 문제가 아니라 과잉금지의 문제로 위헌성을 다루어야 한다고 보았다.[15] 그리고 대법원판결도 행정질서벌인 과태료와 형사처벌은 그 성질이나 목적이 다른 별개의 것이므로, 과태료 납부 후에 다시 형사처벌을 가한다고 하여 이것이 일사부재리 원칙에 위배되는 것이라고 할 수 없다고 본다.[16] 이하에서는 공정거래법 소정의 제도와 관련하여 헌법적합성이 다투어진 사례들을 정리한다.

가. 헌재 2003.7.24, 2001헌가25(과징금제도)

▶사　실

공정위가 12개 SK계열사의 행위를 부당지원행위로 판단하고 이에 대하여 시정명령, 법위반사실 공표, 과징금납부명령을 의결(공정위의결 1998.8.10, 9806조일0978)하자, 이들 회사가 시정조치 등이 위법하다는 이유로 서울고등법원에 그 취소를 구하는 소송을 제기하였다(98누13159). 서울고등법원은 과징금 부과처분의 근거인 공정거래법 조항이 위헌이라고 인정할 상당한 이유가 있다고 보아 직권으로 2001년 9월 11일 위헌 여부의 심판을 제청하여 2003년 7월 24일 헌법재판소가 5대 4로 동 제도의 합헌성을 인정한 사건이다.

▶다수의견의 요지

[이중처벌금지 및 무죄추정의 원칙 관련]

행정권에는 행정목적 실현을 위하여 행정법규 위반자에 대한 제재의 권한도 포함되어 있는 것이므로, '제재를 통한 억지'는 행정규제의 본원적 기능이라고 볼 수 있는 것이고, 따라서 어떤 행정제재의 기능이 오로지 제재(및 이에 결부된 억지)에 있다고 하여 이를 헌법 제13조 제1항에서 말하는 국가형벌권의 행사로서의 '처벌'에 해당한다고 할 수 없는바, 구법 제24조의2에 의한 부당내부거래에 의한 과징금은 그 취지와 기능, 부과의 주체와 절차 등을 종합할 때 부당내부거래 억지라는 행정목적을 실현하기 위하여 그 위반행위에 대하여 제재를 가하는 행정상의 제재금으로서의 기본적 성격에 부당이득환수적 요소도 부가되어 있는 것이라고 할 것이고, 이를 두고 헌법 제13조 제1항에서 금지하는 국가형벌권 행사로서의 처벌에 해당한다고는 할 수 없으므로, 공정

14) 헌재 1991.4.1, 89헌마17.

15) 헌재 2001.5.31, 99헌가18. 헌법재판소가 시장경제나 공정거래 관련 제도들의 헌법적합성을 다룬 사례들을 추가하면, 사적자치(헌재 2001.5.31, 99헌가18), 주세법상 자도주 구입강제(헌재 1996.12.26, 96헌가18), 국민연금 제도(헌재 2001.2.22, 99헌가365), 신문고시(헌재 2002.7.18, 2001헌마605) 등이 있다.

16) 대판 1996.4.12, 96도158.

거래법에서 형사처벌과 아울러 과징금의 병과를 예정하고 있더라도 이중처벌금지원칙에 위반된다고 볼 수 없으며, 이 과징금 부과처분에 대하여 공정력과 집행력을 인정한다고 하여 이를 확정판결 전의 형벌집행과 같은 것으로 보아 무죄추정의 원칙에 위반된다고 할 수 없다.

다만 형벌적 제재와 비형벌적 제재의 병과 또는 비형벌적 제재 간의 병과를 인정하더라도 그 제재의 총합이 법 위반행위에 비하여 지나치게 과잉된 것이어서는 아니된다는 헌법적 견제원리는 여전히 유효하다. 이와 관련하여 입법자는 필요한 경우 여러 제재수단간의 선택가능성을 열어 놓되 그 병과를 금지함으로써 부당한 과잉제재로부터 국민을 보호할 수 있는 법적 장치를 마련할 수도 있다.[17)]

[비례성원칙에 반한 과잉제재 여부]

위 과징금은 부당내부거래의 억지에 그 주된 초점을 두고 있는 것이므로 반드시 부당지원을 받은 사업자에 대하여 과징금을 부과하는 것만이 입법목적 달성을 위한 적절한 수단이 된다고 할 수 없고, 부당지원을 한 사업자의 매출액을 기준으로 그 2%의 범위 내에서 과징금을 책정하도록 한 것은, 부당내부거래에 있어서 적극적·주도적 역할을 하는 자본력이 강한 대기업에 대하여도 충분한 제재 및 억지의 효과를 발휘하도록 하기 위한 것인데, 현행 공정거래법의 전체 체계에 의하면 부당지원행위가 있다고 하여 일률적으로 매출액의 100분의 2까지 과징금을 부과할 수 있는 것이 아니어서, 실제 부과되는 과징금액은 매출액의 100분의 2를 훨씬 하회하는 수준에 머무르고 있는바, 그렇다면 부당내부거래의 실효성 있는 규제를 위하여 형사처벌의 가능성과 병존하여 과징금 규정을 둔 것 자체나, 지원기업의 매출액을 과징금의 상한기준으로 삼은 것을 두고 비례성원칙에 반하여 과잉제재를 하는 것이라 할 수 없다.

[과징금부과절차의 적법절차원칙과 권력분립원칙 위반 여부]

법관에게 과징금에 관한 한 결정권한을 부여한다든지, 과징금 부과절차에 있어 사법적 요소들을 강화한다든지 하면 법치주의적 자유보장이라는 점에서 장점이 있겠으나, 공정거래법에서 행정기관인 공정거래위원회로 하여금 과징금을 부과하여 제재할 수 있도록 한 것은 부당내부거래를 비롯한 다양한 불공정경쟁행위가 시장에 미치는 부정적 효과 등에 관한 사실수집과 평가는 이에 대한 전문적 지식과 경험을 갖춘 기관이 보다 바람직하다는 정책적 결단에 입각한 것이라 할 것이고, 과징금의 부과 여부 및 그 액수의 결정권자인 공정거래위원회는 합의제 행정기관으로서 그 구성에 있어 일정한 정도의 독립성이 보장되어 있고, 과징금 부과절차에서는 통지, 의견진술의 기회 부여 등을 통하여 당사자의 절차적 참여권을 인정하고 있으며, 행정소송을 통한 사법적

17) 환경범죄의 단속에 관한 특별조치법 제12조 제5항은 동일한 행위에 대하여 벌금이 병과된 경우에는 과징금을 부과하지 않도록 한다. 또한 비형벌적 제재 간의 중복 부과를 금지한 예로는 식품위생법 제102조, 전기통신사업법 제54조 등이 있다.

사후심사가 보장되어 있으므로, 이러한 점들을 종합적으로 고려할 때 과징금 부과절차에 있어서 적법절차원칙에 위반되거나 사법권을 법원에 둔 권력분립 원칙에 위반된다고 볼 수 없다.

[3인 반대의견: 자기책임의 원리 및 적법절차 위반]

과징금은 부당하게 다른 회사를 지원한 기업에게 가해지는 제재금으로서 부당지원자에게 부과되는 것이지, 피지원자에게 부과되는 것이 아니므로 비록 형벌은 아니라고 하더라도 부당지원행위에 대한 응징 내지 처벌로서의 의미를 가지고 있는바, 비록 기업의 부당지원행위를 응징하고 처벌하는 것이 필요하다고 하더라도 위법행위와 그에 대한 처벌 내지 제재 사이에는 정당한 상관관계가 있어야 한다는 헌법상 자기책임의 원리는 지켜져야 하는바, 매출액의 규모와 부당지원과의 사이에는 원칙적으로 상관관계를 인정하기가 곤란하므로, 부당지원행위에 대하여 매출액을 기준으로 과징금을 부과할 수 있도록 하는 것은 부당지원이라는 자기의 행위와 상관관계가 없는 매출액이라는 다른 요소에 의하여 책임의 범위를 정하는 것이 되어 자기책임의 원리에 위배된다.

한편 공정거래위원회는 행정적 전문성과 사법절차적 엄격성을 함께 가져야 하며 그 규제절차는 당연히 '준사법절차'로서의 내용을 가져야 하고, 특히 과징금은 당해 기업에게 사활적 이해를 가진 제재가 될 수 있을 뿐만 아니라 경제 전반에도 중요한 영향을 미칠 수 있는 것임을 생각할 때, 그 부과절차는 적법절차의 원칙상 적어도 재판절차에 상응하게 조사기관과 심판기관이 분리되어야 하고, 심판관의 전문성과 독립성이 보장되어야 하며, 증거조사와 변론이 충분히 보장되어야 하고, 심판관의 신분이 철저하게 보장되어야만 할 것인데도, 현행 제도는 이러한 점에서 매우 미흡하므로 적법절차의 원칙에 위배된다.

[1인 반대의견: 적법절차, 이중처벌금지, 무죄추정 등의 원칙 위반]

과징금조항이 적법절차의 원칙에 위배된다는 점에서는 위 재판관 3인의 반대의견과 입장을 같이하며, 나아가 위 과징금은 부당이득환수적 요소는 전혀 없이 순수하게 응보와 억지의 목적만을 가지고 있는 실질적 형사제재로서 절차상으로 형사소송절차와 전혀 다른 별도의 과징금 부과절차에 의하여 부과되므로 행정형벌과는 별도로 거듭 처벌된다고 하지 않을 수 없어 이중처벌금지의 원칙에 위반되고, 위반사실에 대한 확정판결이 있기 전에 이미 법위반사실이 추정되어 집행되고, 집행정지를 신청할 수 있는 당사자의 절차적 권리도 배제되어 있으므로 무죄추정원칙에도 위배된다.

나. 헌재 2003.7.24, 2001헌가25(전속고발제도)

이 제도는 공정거래법 위반행위에 대한 형벌은 가능한 한 위법성이 명백하고 국민경제와 소비자 일반에 미치는 영향이 특히 크다고 인정되는 경우에 제한적으로 활용되어야 한다는 점을 고려하여 독립적이고 전문적인 공정거래위원회로 하여금 상세한 시장분석을 통하여 위반행위의 경중을 판단하고 그때 그때의 시장경제상황의 실상에 따라 시정조치나 과징금 등의 행정조치만으로 이를 규제함이 상당할 것인지 아니면 더 나아가 형벌까지 적용하여야 할 것인지의 여부를 결정하도록 함으로써 공정거래법의 목적을 달성하고자 하는데 그 취지가 있는 것으로서(헌재 1995.7.21, 94헌마136), 이 제도를 통하여 단순한 경제법 위반행위의 경제범죄화, 남소로 인한 기업활동의 위축을 방지할 수 있는 것이다.

다. 헌재 1995.7.21, 94헌마136(공정위의 고발권불행사)

▶사 실

일방적인 대리점계약의 해지와 관련된 불공정거래행위 사건에서 공정위가 시정명령은 내렸으나 전속고발권은 행사하지 않은 건이다.

▶결정요지

공정거래법 위반행위는 기업의 영업활동과 밀접하게 결합되어 있거나 영업활동 그 자체로서 행해지기 때문에 그에 대하여 무분별하게 형벌을 선택한다면 관계자나 관계 기업은 기업활동에 불안감을 느끼게 되고 자연히 기업활동이 위축될 우려가 있고, … 공정거래법 위반행위에 대한 형벌은 가능한 한 위법성이 명백하고 국민경제와 소비자 일반에 영향이 큰 경우에만 제한적으로 활용되지 않으면 아니된다. … 전속고발제도는 … 독립적으로 구성된 공정거래위원회로 하여금 … 상세한 시장분석을 통하여 위반행위의 경중을 판단하고 그때 그때의 시장경제상황의 실상에 따라 시정조치나 과징금 등의 행정조치만으로 이를 규제함이 상당할 것인지 아니면 더 나아가 형벌까지 적용할 것인지의 여부를 결정하도록 함으로써 공정거래법의 목적을 달성하고자 하는데 그 취지가 있다.

라. 대판 2010.5.27, 2009두1983(법 제3조의2 제1항 5호 후단과 명확성원칙)

법치국가원리의 한 표현인 명확성의 원칙은 기본적으로 모든 기본권제한입법에 대하여 요구된다. 규범의 의미내용으로부터 무엇이 금지되는 행위이고 무엇이 허용되는 행위인지를 수범자가 알 수 없다면 법적 안정성과 예측가능성은 확보될 수 없게 될 것이고, 또한 법집행 당국에 의한 자의적 집행을 가능하게 할 것이기 때문이다. 다만, 기본권제한입법이라 하더라도 규율대상이 지극히 다양하거나 수시로 변화하는 성질의 것이어서 입법기술상 일의적으로 규정할 수 없는 경우에는 명확성의 요건이 완화되어야 할 것이다. 또 당해 규정이 명확한지 여부는 그 규정의 문언만으로 판단할 것이 아니라 관련 조항을 유기적·체계적으로 종합하여 판단하여야 할 것이다(헌재 1999.9.16,

97헌바73 등 참조).

이 사건 규정의 규율 대상은 '시장지배적사업자의 소비자 이익을 저해하는 남용행위'로서 그 내용이 지극히 다양하고 수시로 변하는 성질이 있어 이를 일일이 열거하는 것은 입법기술적으로 불가능한 점, 이 사건 규정은 앞서 본 바와 같이 '시장지배적사업자의 소비자 이익을 저해할 우려가 있는 행위의 존재', '소비자 이익 저해 정도의 현저성' 및 '그 행위의 부당성'이 인정될 경우 적용되는바, 위 요건에 관한 판단은 공정거래법의 입법 목적을 고려하고, 공정거래법 제 3 조의2 제 1 항이 규정한 여러 유형의 시장지배적지위 남용행위 등과 비교하는 등 체계적·종합적 해석을 통하여 구체화될 수 있는 점, 이 사건 규정의 수범자는 시장지배적사업자로서 일반인에 비하여 상대적으로 규제대상 행위에 관한 예측가능성이 크다 할 것인 점 등을 고려하면, 이 사건 규정이 헌법상 법치주의원리에서 파생되는 명확성 원칙을 위반한다고 볼 수 없다.

그리고 공정거래법 제 3 조의2 제 2 항은 남용행위의 유형 또는 기준을 대통령령으로 정할 수 있다고 규정하였을 뿐, 관련 대통령령의 기준이 있어야만 같은 조 제 1 항의 남용금지 규정이 효력이 있다는 취지는 아니다.

4. 경쟁법의 체계와 법원

4.1. 경쟁법에 속하는 실정법규들

가장 중요한 법은 역시 1980년에 제정된 '독점규제 및 공정거래에 관한 법률'이며, 여기에 이 법의 부속법령이라고 할 표시광고의 공정화에 관한 법률, 하도급거래 공정화에 관한 법률 그리고 대규모유통업에서의 거래 공정화에 관한 법률, 대리점거래의 공정화에 관한 법률, 가맹사업거래의 공정화에 관한 법률 등이 추가된다. 그리고 이 법이 제정되기 이전부터 반독점 그리고 각종 불공정한 관행을 금지하는 내용을 부분적으로 포함하는 경제통제법규나 개별 영업법 혹은 영업감독법규가 상당히 많았고, 현재도 다수의 관련규정이 존치되고 있다. 금융법(banking law)으로 불리는 법규, 즉 은행법, 신탁업법, 자본시장과 금융투자업에 관한 법률, 보험업법 등이 대표적이다. 이 중 보험업법의 예를 살펴 보면, 공동행위의 제한, 임원의 겸직제한, 다른 회사에 대한 출자제한, 각종 불공정행위의 규제(보험설계사에 대한 불공정행위 금지) 등에 관한 규정을 두고 있다. 이 밖에 대외무역법이나, 약사법, 식품위생법 등과 소비자법의 반열에 속하는 약관법, 할부거래법이나 방문판매법 등에도 사업자들의 구체적인 불공정 관행에 대한 금지를 담은 조항들이 많이 발견된다. 이 역시 경쟁법의 반열에 포섭시킬 수 있는 조항들이다.

이와 관련하여 빠뜨릴 수 없는 것이 1962년에 제정된 부정경쟁방지법이다. 원래 이 법은 독일의 불공정경쟁방지법(UWG)의 정신과 체제를 답습한 법으로서, 이미 1930년대에 제정된 일본의 동법이 해방 후 의용되어 온 것이다. 그러나 이 법은 일본이 '공업소유권 보호를 위한 파리조약' 상의 의무를 이행하기 위해 마지못해 제정한 법으로서, 타인의 영업상의 표지와 동일하거나 유사한 표지를 사용하여 혼동을 초래하거나 소비자의 오인을 유발하는 표시와 광고 등을 제한적으로 금지하였다. 그 결과 불공정경쟁에 대한 일반법으로서의 기능은 매우 제약된 것이었고, 게다가 1980년에 공정거래법을 제정할 당시 입법자는 부정경쟁방지법의 존재 그 자체를 간과하고 있었다. 그러나 이 법이 공정한 경쟁을 담보하기 위한 법으로서, 연혁과 법체계상으로 중요한 의미를 지닐 수 있음은 분명하다.

그러나 경쟁법은 각종 산업규제법과는 확연하게 구분되어야 한다. 에너지, 방송·통신, 금융 등에 대한 감독법규는 당해 산업을 육성하기 위한 산업정책적 목적하에 사업자의 시장진입을 제한하고 각종 영업행위를 규제하게 된다. 그러나 경쟁법은 사업자들의 영업활동을 제한하는 것이 아니라 거꾸로 영업행위에 대한 제한을 금지함으로써 경쟁을 촉진하는 데 목표를 둔다. 불공정거래행위에 대한 금지도 규제 차원이 아니라 경쟁이 보다 원활하게 이루어지기 위한 시장의 내적질서를 확보하기 위한 것이다.

4.2. 현행 법체계의 문제점

본격적인 경쟁법인 공정거래법은 1980년에 비로소 제정되었다. 여기에서 경쟁관련 법규들이 단일한 법령에 집대성되지 못하고 많은 법규에 다양한 모습으로 산재하고 있다. 이미 지적한 바와 같이 공정거래법과 부정경쟁방지법은 서로 무관하게 제정되어 독자적으로 운용되고 있는 것도 비정상적이다. 부정경쟁방지법과의 관계와 관련해서 공정거래법은 독점금지기능만을 담당하고 불공정거래행위 내지 부정경쟁행위에 관한 규율을 부정경쟁방지법으로 이관하는 독일식을 채택하거나, 부정경쟁방지법의 경쟁관련 조항을 삭제하여 부정경쟁방지법을 영업비밀보호법으로 전문화하여 지식재산권법의 일환으로 만드는 방법 등이 있다.

여기에서 유의할 점은 독점금지와 불공정거래에 대한 금지는 이념을 달리하는 면이 있어서 양자가 소위 이율배반적 긴장관계를 보일 수 있다는 사실이다. 즉 독점금지법은 경쟁의 자유를 촉진하여 시장에서 보다 풍성한 경쟁이 이루어지도록 하는 데 비해, 불공정경쟁방지법은 시장 내에서 경쟁이 공정하게 이루어지도록 함이 그 사명이다. 다시 말해 기업의 특정한 경쟁행태가 불공정하다고 판단되면 그만큼 시장에서의 경쟁은 위축되는 측면이 있는 것이다. 그렇지만 경쟁질서를 이루는 두 축으로서 독점금지와 불공정거래 금지는 상호보완적인 성격을 가지도록 입법이나 해석론에서 조율되어야 한다.

• 제 2 장 •

경쟁법의 연혁

제 1 절 서　　설

독점금지 혹은 반독점에 관한 법은 19세기 말 미국에서 오하이오 주 출신 상원의원 셔먼의 발의에 따라 최초로 제정되었고, 영미 보통법적 전통에서나 대륙법의 전통적 체계에 미루어 볼 때 이 법의 제정은 입법사적 대사건이었다.[18] 독점금지는 대기업 또는 자본집중에 관한 입법정책의 하나라고 할 것인바, 대기업과 결합기업 그리고 기업들 사이의 담합에 대해서는 나라에 따라 또 시대에 따라 이를 바라보는 관점이 매우 달랐다.

제 2 차 세계대전에서 전승국이 된 미국은 자신의 시장경제 그리고 독점금지 정책을 패전국인 일본과 독일에 이식하고자 하였고, 그 결과 일본에서는 1947년 그리고 독일에서는 1957년에 미국 독점금지법의 영향을 크게 받은 독점금지법의 체계가 등장한다. 이후 많은 나라들이 경쟁제한적 기업결합과 독점사업자가 시장

18) 1890년의 셔먼법 제안이유서는 동법이 영미법의 전통과 무관한 새로운 제정법이 아니라 종래의 보통법에서 다투어진 문제들을 더욱 실효적으로 다루기 위해 제정된 것이라고 설명하고 있다(Areeda/Kaplow/Edlin, Antitrust Analysis - Problems, Text, and Cases, 6th ed., Aspen, 2004, 37). 그러나 이와 같은 부연설명 자체가 셔먼법에 대한 그 당시의 의구심을 방증하는 것이며, 이후 법원의 셔먼법에 대한 보통법적 해석이 동법의 실효성을 위축시키는 소극적 법운용으로 귀착한 것도 같은 맥락이다.

지배력을 남용하는 것을 금지하는 법을 제정하게 되고, 우리나라도 1980년에 반독점법으로서 독점규제 및 공정거래에 관한 법률을 제정하였다.

독점금지법은, 미국법이 발견한, 민법과 상법 그리고 형법으로 구축되는 전통적인 시민법질서의 보충적 법역이라고 할 수 있다. 미국 연방독점금지법의 체계는 셔먼법, 클레이튼법, 그리고 연방거래위원회법 등 세 가지 법률을 중심으로 구성된다. 그리고 미국 독금법의 경우 연방거래위원회법 제 5 조에 의거하여 연방거래위원회가 행정적 구제수단을 통해 불공정거래관행에 대해 광범한 관할권을 행사하는 특색이 있다. 이 경우 독점금지와 불공정거래행위에 대한 금지가 동일한 법제에서 수습되어 동일한 경쟁당국에 의해 집행되는 결과로 된다.

이에 반해 불공정거래에 대한 법적 규율의 역사는 매우 오래된 것이다. 영국과 프랑스 그리고 독일 등지에서 불법행위법의 일환으로 이미 15세기부터 발전되기 시작하였고, 그 뿌리를 찾을 경우 멀리 로마법의 노예타락소권과 중세의 봉건경제하에서의 각종 불공정관행에 대한 길드법에 이르게 된다. 또한 불공정거래행위는 독점대기업에 의해서만 자행되는 것이 아니다. 약소기업도 얼마든지 불공정거래행위 내지 부정경쟁의 주체가 될 수 있다. 그러므로 불공정거래행위법 혹은 부정경쟁방지법은 독점 대기업을 수범자로 하는 법이 아니며, 경쟁의 공정성을 그 이념으로 하는 점에서 대기업을 주된 표적으로 삼아 경쟁의 자유를 진작하고자 하는 독점금지법과 이념적으로 또 현실적으로 다른 것이다.

요컨대 불공정경쟁방지 혹은 불공정거래행위에 관한 법은 서구에서 이미 15, 6세기부터 불법행위법의 일환으로 정립되기 시작하였고, 19세기 말 내지 20세기 초반부터 경쟁질서를 규율하는 법으로서 재조명되기에 이르렀다. 그리하여 이제는 독점금지법과 더불어 경쟁법을 구축하는 양대 지주의 하나로 혹은 경쟁법의 본질적 구성부분으로 파악되고 있는 것이다. 이하에서는 불공정거래행위 혹은 부정경쟁방지에 관한 법과 19세기 후반 미국에서 시작된 독점금지에 관한 법을 각각 독점금지법과 불공정거래법으로 이원화하여 그 발전을 정리한다.

제 2 절 독점금지

1. 총 설

1.1. 자유방임과 그 결과

초기자본주의 체제에서 경제활동은 개인의 이기심과 자유경쟁에 맡겨져 있었다. 이 당시 공권력이 국가경제를 조직적으로 관리한다는 개념 자체가 생소하였고, 그 결과 경제는 시장기능 혹은 가격의 자율조절기능에 방임되었던 것이다. 자유방임의 현실적인 결과는 독점자본의 급격한 성장으로 나타났다. 독점자본의 대두는 1870년 이후 미국에서 현저하였던바, 독점체제의 등장으로 인해 시장에서의 경쟁은 정지되었다. 대자본에 의한 소자본의 병탄으로 인한 기업의 집중, 경쟁사업자 상호간의 상호협정(카르텔), 자본참가나 임원겸임 또는 합작회사의 설립으로 인한 기업결합 등 경쟁이 정지되는 모습은 실로 다양하였다. 이러한 인위적인 시장의 재편 이외에 규모의 경제를 갖춘 대기업들이 대량생산을 통해 생산비 인하가 가능하게 되어 약소기업들은 이들과의 가격전쟁에서 살아남기 어려웠다.

다양한 모습으로 지배적 지위를 취득한 기업, 즉 독점사업자들은 가격을 일방적으로 결정함으로써(공급자의 시장) 가격의 자율조절기능이 무너지고 독점기업은 과다한 이윤을 추구하게 되면서 이로 인한 폐해는 중소기업, 소비자에게 전가되었다. 이와 더불어 사시장경제체제의 기반이 약화되고 국민경제는 왜곡된 모습을 띠게 된다.

1.2. 독점금지법의 등장과 확산

독점금지법은 사회법과 더불어 초기자본주의가 가져온 폐해를 시정하기 위한 노력의 산물이라고 할 수 있다. 특히 자본집중과 시장독점을 통제의 표적으로 하는 미국의 셔먼법 제정에 대해서는 사적자치라는 영미법의 전통에 어긋난다는 많은 반대가 있었다. 그럼에도 불구하고 이 법이 제정된 것은 점점 더 그 세력이 커져가는 독점대기업으로부터 불이익을 당하던 노동자, 농민들이 표출한 민중주의 운동의 결과일 뿐만 아니라, 이들이 민주주의와 사회의 세력균형(balance of power)에 대한 심각한 도전이 된다는 점이 인식된 결과이기도 하다.[19)]

19) Gellhorn/Kovacic/Calkins, Antitrust Law and Economics, 5th ed., 2004, 18-9.

[표 1] 독점금지법의 등장과 파급

	20세기 초반까지	대공황 이후	1980년대
지도적 이념	고전적 자유주의	민주사회주의	신자유주의
국가의 역할	야경국가	적극국가	작지만 강한 정부
경제의 운용	자유방임	경제의 관리	규제완화
독점금지	미국 특유	1950년대 일본, 독일로 파급	대다수 국가로 확산

그리고 무제한의 이윤추구와 자유방임은 독과점체제의 광범한 등장으로 이어졌고, 독점자본은 자유경쟁의 기반을 파괴하고 사시장경제체제의 존속을 위협하게 되었다. 여기에서 독점자본의 폐해를 적극적으로 시정하여 시장경제를 위기에서 구출하고 자유경쟁의 정신을 회생시키기 위한 제도적 방편을 찾게 되었다. 그 결과로 독점금지법은 국가공권력의 사경제에 대한 적극적인 개입의 한 표현으로 이해되는 것이다.

그러나 독점금지법은 약소기업이나 노동자, 농민을 직접적으로 보호하는 법은 결코 아니다.[20] 다시 말해 독점금지법은 중소기업의 생존이나 경제적 약자의 생존을 배려하는데 목적을 두는 것이 아니라, 자유로운 경쟁 그 자체를 보호하는 법이다. 사시장경제 내지 경쟁질서 그 자체에 대한 보호를 목적으로 하는 것이지, 경쟁사업자를 보호하기 위한 법이 아니다(Antitrust protects competition itself, not competitors). 여기에서 독점금지법은 사권보호를 핵으로 하는 사법이나 노동자나 경제적 약자의 생존배려를 직접적인 목적으로 하는 사회법과는 그 성질을 결정적으로 달리하는 것이다.

오늘날 독점금지법제는 동구권 등 종전의 사회주의 국가들의 경우는 물론이고, 사회주의적 시장경제를 지향한다는 중국에서도 2008년 도입되었다(反垄断法, Anti-Monopoly Law, AML).[21] 글로벌 마켓의 대두를 배경으로 독점금지법제는 이제

20) 독점금지법과 사회법을 묶어 이를 소위 '제3의 법'으로 추상화하는 경향이 있다. 국가법체계는 공법과 사법으로 이원화할 수 있는 것이지만, 그 중간에 사회법(sozialen Recht) 혹은 사회경제법이라는 제3의 법을 유형화하기도 한다. 개인주의적 법으로부터 사회본위의 법으로 법사상의 기조가 바뀐다는 독일의 법사상가 라드브루흐의 설명도 덧붙여진다. 그러나 제3의 법이라는 관념은 실익이 없다. 공법도 아니며 사법도 아닌 제3의 법이란 없으며, 사회법과 독점금지법을 묶어서 제3의 법 또는 사회경제법으로 포섭하는 것도 이해하기 어렵다. 독점금지법은 사경제 혹은 경쟁기능을 확보하기 위한 것인데 비해, 사회법은 경제적 약자의 구체적 생존을 보장하기 위한 법으로서 그 성격이 너무나 다르다.

21) 중국의 '반농단법(反垄断法)'은 외형상 일반적인 경쟁법 체계와 유사해보이지만, 국가 산업정책·

모든 국가들이 자국의 경제를 운용하는 기본적 준거틀이 되고 있는 것이다. 시장경제체제 하에서 독점금지법의 등장과 그 확산을 사상적 배경, 국가체제 등의 표제어를 통하여 정리하면 다음의 표와 같다.

2. 미 국

2.1. 세계 최초의 독점금지법제

가. 배 경

남북전쟁 이후 미국 자본주의는 극적으로 발전하게 된다. 특히 전신과 전화 등의 통신수단의 발명 그리고 철도와 증기선 등 운송수단의 혁명으로 인해 지리적으로 분할되었던 수많은 지역시장이 하나로 통합되면서 거대한 경쟁의 장이 새로이 펼쳐졌다. 경쟁은 격화되었고, 투자기회를 얻기 위한 금융기관들의 적극적 개입으로 인해 종전에 볼 수 없었던 거대자본이 속속 등장하게 되었다.

특히 스탠다드 오일 트러스트를 효시로 한 트러스트 형태[22]의 독점자본의 등장과 그 행태는 민중들의 비난의 대상이었다.[23] 이들 트러스트는 사회적 견제나 양심으로부터 벗어났으며 무제한적이고 무책임한 악마적 권력으로 지탄을 받게 되었다. 거대자본으로의 세력집중은 민주주의의 교란요인이자 사회 내의 세력균형의 파괴요인으로 인식되어 의혹과 경계의 대상이 되었다.

각종 트러스트들이 독점적 지위를 남용하는 행태는 매우 다양하였다. 상대방을 파멸시키기 위한 약탈적 가격형성(predatory pricing), 경쟁기업에 산업스파이를 심어 교란하는 등의 수법으로 경쟁자와 서민들을 괴롭혔으며, 이 밖에 주식물타

국가안보와 결합되어 훨씬 정부 주도성이 강한 구조라는 점이 특징이라고 할 수 있다. 중국은 세계의 공장을 자처하며 막대한 노동력의 저임금 기반 제조업의 급성장을 통해 시장경제를 운용·발전해왔지만, 포용적이지 못한 '착취적인 정치체제'로 인해 비정상적, 지속불가능한 경제시스템으로 전락할 것이라는 비판받는다. 2024년 노벨경제학상을 수상한 Kamer Daron Acemoğlu, James Alan Robinson의 저서 Why Nations Fail: The Origins of Power, Prosperity, and Poverty, Crown Publishers, 2012 참조.

22) 스탠다드 오일의 변호사들이 창안한 기업결합 형태로서, 이들은 주주들이 가진 의결권신탁(voting trust) 법리를 동원하여 세계 최초의 트러스트를 만들었으며, 트러스트라는 명칭의 유례가 여기에 있다. 주주들은 자신들이 가진 여러 회사의 주식을 일정한 수탁자(trustees)에게 넘기는 대신에 공동으로 경영되는 회사들로부터 나오는 이익의 풀로부터 일정한 비율의 배당을 약속하는 증서를 받았다.

23) 기업집중의 진전과 더불어 금융지배의 양상이 뚜렷하게 나타나게 된다. Howard Zinn, A People's History of the United States(Harper Perennial, 2005), 321-3.

기, 무차별적 공장폐쇄와 대량해고, 공무원에 대한 뇌물제공, 방화, 가짜회사, 소송을 통한 경쟁자 위협 등 다양한 수법을 무차별적으로 이용하였다. 예컨대 스탠다드 석유는 일정한 지역에 석유를 원가 이하의 가격으로 공급하여 경쟁자를 모두 소멸시키고, 그 후에는 높은 가격을 부과하여 독점초과이윤을 거두었다. 이로 인한 피해는 중소기업과 노동자, 그리고 서부 농민의 몫이었으며, 이들은 민중당(Populist Party)을 형성하여 트러스트에 대항하게 된다.

나. 트러스트 금지에 대한 찬반론

트러스트라는 초유의 현상은 극심한 논란을 불러왔다. 대다수의 경제학자와 회사법학자들은 입법을 통해 트러스트를 금지하는 것을 반대하였다. 대자본에 대한 통제는 불필요하며, 금지를 도입하더라도 실효성이 없을 것이며, 생산성을 저해할 우려가 있다는 것, 그리고 트러스트 그 자체는 경쟁의 자연적 결과물이라는 것이 주된 반대이유였다. 미국 사법사(司法史)에서 위대한 반대자로 칭송되는 홈즈 대법관(Oliver Wendel Holms, Jr.)도 셔먼법에 대해 이를 경제에 대한 무지와 무능에 기초한 엉터리법으로 비판하였다.[24)]

제정법을 통한 통제에 긍정적인 입장을 보인 것은 입법자들이었다. 이들의 주장에 의하면 대다수의 독점은 시장에서의 경쟁으로 인한 자연적 결과나 산물이 아니라 경제에 대한 비자연적 간섭의 결과, 예컨대 획일적 요율표(tariff)나 카르텔 협정에 의거하여 형성 혹은 유지되는 것이었다. 이들에 의하면 보통법적 규율이 적절하지 않거나 비효율적인 독점현상에 대해서는 인위적인 입법을 통한 대처가 유일한 방안이었던 것이다.

다. 연방의회의 개입

거대기업들의 반경쟁적인 각종의 남용행태에 대하여 무효와 손해배상 등 사후적 구제를 중심으로 하는 보통법적 규율은 부적절하였고, 연방의회는 특히 철도회사[25)]에 대한 규제와 각종의 트러스트[26)]를 금지하기 위해 주간통상법(州間通

24) Gellhorn/Kovacic/Calkins, 앞의 책, 21.

25) 자연독점 혹은 인가제한을 통해 독점화한 철도회사들이 거대화물주에 대해서는 정상요금으로부터 리베이트를 해주고 농민이나 노동자 등에 대해서는 과다한 요금을 징구하거나 혹은 독점지역에서 부당요금을 거두면서 경쟁지역에서는 덤핑을 하는 등의 부당한 요금차별을 자행하였다. 여기에서 연방의회는 주간통상법을 제정하여 주간통상위원회(ICC)에 요율형성 및 부당차별에 대한 규제권을 부여하였다.

26) 록펠러에 의해 1879년 스탠다드 오일 트러스트가 최초로 출현하였으며, 이후 석유·설탕·면화·면실유·납·위스키 등 1890년대에 이르러 트러스트가 창궐하기에 이른다.

商法, Interstate Commerce Act of 1887)과 셔먼 반독점법(Sherman Antitrust Act of 1890) 등의 제정법(statute)을 만든다.

사경제에 대한 이례적 간섭을 내용으로 하는 이들 제정법들은 그 후 계속 보완된다. 특히 1890년의 셔먼 반독점법의 해석과 적용에 대해 연방법원은 소극적인 태도를 보였고, 이에 대해 민중들의 불만은 높아 갔다. 그리하여 독점금지의 문제가 1912년 미국 대통령선거에서 이슈의 하나가 되었고, 이 선거에서 당선된 윌슨 대통령 정부는 1914년에 클레이튼법과 연방거래위원회법을 제정하여 연방독점금지법 체계를 보완하게 된다.

2.2. 제정법의 전개

가. 1890년 셔먼법

셔먼법(Sherman Act)은 세계 최초의 반트러스트 법으로서, 전문 8개조 중 실체적 조항은 제 1 조와 제 2 조의 두 조문에 불과하다. 제 1 조는 복수의 사업자들의 거래제한적 공동행위(collective acts)에 대한 규제가 그 핵심이고, 제 2 조는 독점화 또는 독점화를 시도하는 대기업의 계약과 단독행위(unilateral acts)를 표적으로 한다.

이 법은 단일한 사업자의 시장독점에 대한 금지가 아니라, 다수의 사업자들이 가격을 담합하고 생산량을 제한하며 시장을 분할하거나 기타 경쟁자를 배척하기 위한 공동행위에 대처하는데 제 1 차적인 목적을 두었다.[27] 그리고 이것이 미국 연방독점금지법에서 합병에 비해 카르텔을 더욱 엄격하게 금지해 온 원인의 하나이기도 하다.

이 법의 법제사적 의의는 대단한 것이어서 연방독점금지법의 핵을 이룰 뿐만 아니라 범세계적인 모델이 되고 있다. 이 법을 제정한 동기로는 독점자본에 의하여 정지된 시장기능의 복원 필요성, 거대기업에 대한 민중들의 반감의 희석, 민주주의와 세력균형에 대한 도전자로서 독점대자본에 대한 대응, 손해배상이나 무효에 그치는 보통법적 구제의 한계극복 등을 들 수 있다.

나. 1914년 연방거래위원회법

연방거래위원회법(Federal Trade Commission Act)은 셔먼법을 보충·강화하기 위한 법으로서, 특히 경제 혹은 행정전문가 5인으로 구성되는 준입법적·준사법적

---

27) 카르텔 금지의 제정법적 근거는 셔먼법 제 1 조의 거래제한을 위한 합의와 제 2 조의 독점화를 위한 음모의 규정이다.

권능을 가진 독립행정위원회인 연방거래위원회(FTC)를 설치하여 독점금지법의 효율적 집행을 도모하였다. 특히 이 법 제 5 조는 불공정한 경쟁방법과 불공정하거나 기만적인 행위나 거래관행을 포괄적으로 금지할 권한을 연방거래위원회에 부여함으로써, 독점과 무관한 부당거래관행에 대해서도 통제의 길을 열었다.[28] 다만 이 법은 형벌법적 성격은 없고, 또 이 법의 집행은 연방거래위원회 소관으로서 연방법무성은 이 법을 집행할 수 없다.

다. 1914년 클레이튼법

클레이튼법(Clayton Act)은 전문 24개조로 구성된 단행법으로서 이 역시 셔먼법을 보충하기 위한 것이다. 특히 부당한 가격차별, 끼워팔기 기타 배타조건부거래, 기업결합, 임원겸임 등에 관해 개별규정을 둠으로써 사업자들에게 구체적인 행위기준을 제시하고 법관에 대해서도 위법성판단을 손쉽게 할 수 있도록 하였다. 그러나 이들 행위유형은 위법하지만(illegal), 범죄를 구성하지는 아니한다(not criminal). 연방법무부와 연방거래위원회 모두 클레이튼법의 집행자가 된다.

라. 그 후의 전개

연방독점금지법의 축을 이루는 셔먼법, 클레이튼법, 연방거래위원회법이 제정된 이후, 그때 그때의 정치경제적 상황 그리고 연방정권의 성격에 따라 독점금지정책은 후퇴와 전진을 거듭하면서 오늘에 이르고 있다. 그러나 연방독점금지법의 기본적 골격은 변함이 없다.

독점금지정책을 강화하기 위한 법들로는 1938년의 휠러-리법(Wheeler-Lea Act), 1939년의 로빈슨-패트먼법(Robinson-Patman Act), 오마호니, 키포버-셀러법(O'Mahoney, Keafauver-Celler Act), 1974년의 독점금지절차 및 처벌법(Antitrust Procedures and Penalty Act), 그리고 미국 독점금지법의 큰 특색의 하나로서 손실전보(equitable damage)를 넘어 3배손해배상(treble damages) 제도를 도입한 하트-스코트-로디노 독점금지개선법(Hart-Scott-Rodino Antitrust Improvements Act of 1976) 등이 있다.

반대로 독점규제를 완화하기 위해 제정된 법으로는 1916년의 해운법(Shipping Act), 1918년의 웹-포머린법(Webb-Pomerene Act), 1937년의 밀러-타이딩스법(Miller-Tydings Act), 그리고 1952년의 맥가이어법(McGuires Act) 등이 있다.

특히 1980년에 레이건 공화당 정권이 보수적인 시장이론에 따라 경제를 운용

28) 연방거래위원회법 제 5 조 위반을 구성하는 많은 행위가 클레이튼법 위반을 경합적으로 구성한다. 연방거래위원회의 심판 중 많은 수가 연방거래위원회법 제 5 조를 적용한 것이다.

하면서 독점금지가 완화되는 경향을 보였고, 특히 일본과 유럽 경제에 비해 미국 경제의 경쟁력이 상대적으로 약화된 80년대 말과 90년대 초반에 초국적기업간의 활발한 제휴, 미국 사업자의 연구기술개발의 촉진 등을 위해 독점금지법을 완화하고자 하는 논의가 많았으며, 2001년의 부시정부 역시 시장과 기업을 선호하는 공화당 정권이었다.

그러나 2009년 취임한 오바마 대통령은 부시정부의 경쟁법 집행이 최근 반세기에서 가장 미약한 수준이었으며 그 결과 의료, 제약, 보험 등의 분야에서 경쟁원리가 작동하지 않아 소비자후생이 크게 저하되었음을 지적하고 기업결합 심사강화, 농업, 의료, 보험 등의 분야에서 경쟁법 집행을 강화할 것임을 천명하였다. 2021년 발족한 바이든 민주당 정부 역시 Google이나 Amazon 등 FAANG으로 불리우는 IT 거대기업에 대한 독금법 집행의 강화를 주장해왔다. 2025. 1. 20. 출범한 트럼프 2기 정부는 FTC와 DOJ의 역할 변화를 내세우면서 기업경쟁력 강화와 규제의 최소화 중심으로의 방향 전환을 표방하면서, 경쟁법의 엄격한 집행 강화 방향을 택하기보다는 정책 가이드라인 제공 및 합병 심사 완화 등을 중심으로 시장의 효율성을 우선시하는 특징을 보인다. 반면 외국 기업에 대하여는 중국 등 전략적 경쟁국 규제 등을 강화하는 차원에서 경쟁법 집행을 강화하려는 입장이다.

2.3. 요 약

미국의 여러 주(State)가 작은 독금법(petit antitrust)로 불리는 주(州) 독점금지법을 가지고 있으나, 중요한 것은 역시 연방독점금지법의 체계다. 연방독점금지법의 기본골격은 1890년에 제정된 셔먼법과 이를 실체적으로 혹은 절차적으로 보완하기 위해 제정된 클레이튼법, 연방거래위원회법 등으로 구성된다. 이 체계에서 핵심을 이루는 것은 셔먼법 제 1 조[29]와 제 2 조[30]의 두 조문으로서 양자는 공히 간

29) 제 1 조. Every contract, combination in the form of trust or otherwise, or conspiracy, in restraint of trade or commerce among the several States, or with foreign nations, is to be declared illegal. Every person who shall make any contract or engage in any combination or conspiracy declared by sections 1 to 7 of this title to be illegal shall be deemed guilty of a felony, and, on conviction, thereof, shall be punished by fine not exceeding $100 million if a corporation, or, if any other person, $1 million, or by imprisonment not exceeding, ten years, or by both said punishments, in the discretion of the court.[15 U.S.C.A. § 1]

30) 제 2 조. Every person who shall monopolize, or attempt to monopolize, or combine or conspire with any other person or persons, to monopolize any part of the trade or commerce among the several States, or with foreign nations, shall be deemed guilty of a felony, and, on

결한 법문으로 되어 있다. 두 조문은 연방법관들에게 독점금지에 관한 보통법, 예컨대 규제의 대상과 위법성 심사기준 등을 정립할 수 있는 광범한 재량권을 부여하는 근거가 된다. 거래제한과 독점화를 금지하는 셔먼법 제 1 조와 제 2 조에 대한 위반은 민사적으로 위법할 뿐만 아니라 형사범죄를 구성하는바(illegal and criminal), 이를 비교하면 다음과 같다.

첫째 제 1 조는 수인에 의한 공동행위 내지 집합적 행위(collective acts)를 전제로 하는 데 비해 제 2 조는 단독행위(unilateral acts)에 적용된다. 그 결과 제 1 조 사건에서는 피고들 사이의 협정 또는 합의사실 그리고 제 2 조 사건에서는 시장의 구조, 즉 독점이 제 1 차적 관심사가 된다.

둘째 제 1 조는 부당하게 거래를 제한하는 협정(improperly restrictive agreements)을 표적으로 하는 데 비해, 제 2 조는 부당하게 배제적인 수단(wrongfully exclusive means)을 통해 독점력을 형성하거나 이를 남용하는 행위(creation or misuse of monopoly power)를 표적으로 한다. 법문의 형식상 제 2 조는 독점 그 자체를 당연히 금지하는 것이 아니라 독점화(monopolization) 그리고 독점화의 시도(attempt to monopolize)를 금지하는 것이므로, 제 2 조의 적용을 받는 사업자는 기본적으로 독점력을 가져야 한다. 그리고 제 2 조 사건에서는 사업자의 독점 그 자체가 중요한 것이 아니라 어떠한 방법과 수단으로 사업자의 독점적 지위가 획득 또는 유지되는지가 초점이 된다.

이러한 셔먼법의 해석과 운용에 있어 연방대법원은 초기에 대단히 소극적인 태도를 보였는바, 극단적인 축소해석을 통해 적용범위를 제한하였고 위법성 판단과 관련하여 합리의 원칙(rule of reason)을 채택하였다.[31] 법원의 이러한 태도에 대해 민중과 기업 모두 불만이 컸고, 1912년 출범한 윌슨 정부는 연방거래위원회법과 클레이튼법을 제정하여 셔먼법을 보완하게 되었음은 앞에서 언급한 바와 같다.

그리하여 1914년의 클레이튼법(15 U.S.C.A. §§12-27)은 가격차별, 끼워팔기 및 배타조건부 거래, 기업합병, 임원겸임 등의 네 가지 관행이 경쟁을 실질적으로 제한하는 효과를 가지거나(the effect may be substantially to lessen competition) 또는 여하한 거래분야에서든 독점을 형성할 경우(tend to create a monopoly in any line of

---

conviction thereof, shall be punished by fine not exceeding $100 million if a corporation, or, if any other person, $1 million, or by imprisonment not exceeding ten years, or by both said punishments, in the discretion of the court.[15 U.S.C.A. § 2]

31) 1911년의 Standard Oil Co. v. United States 사건.

commerce) 이를 위법하지만 범죄는 아닌 것(illgal, but not criminal)으로 개별화하였다. 1914년 제정 후 1938년과 1975년에 거듭 개정된 연방거래위원회법(15 U.S.C.A. §§41-58) 제 5 조는 '불공정한 경쟁방법과 불공정하거나 기만적인 행위나 관행'을 불법(unlawful)으로 선언하고 있는바, 동 제 5 조는 셔먼법이나 클레이튼법 위반행위는 물론 이들에 대한 전단계적 행위 혹은 맹아적 행위(incipiency)를 광범하게 포섭한다. 그러나 FTCA 제 5 조는 형벌법이 아니고 또 연방거래위원회가 장래에 대하여 금지명령을 하는 것으로 제한하고 있다.

요컨대 부당공동행위, 즉 카르텔에 대해서는 기본적으로 셔먼법 제 1 조가 적용된다. 그리고 좁은 의미의 독점규제의 기축은 셔먼법 제 2 조인바, 이에 관한 판례는 1940년대 이래 대체로 안정적이다. 즉 사업자의 위법한 독점화행위가 인정되기 위해서는, 첫째 사업자가 관련시장에서 독점력을 가져야 하고, 둘째 독점력을 획득 또는 유지하기 위해 부당하게 배타적인 조치(improperly exclusionary acts)를 취했어야 한다. 독점력의 판정에 있어서는 성과기준(performance criteria), 경합기준(rivalry test), 그리고 구조기준(structural criteria) 등이 더불어 사용된다. 독점화행위 내지 독점력의 사용요건은 셔먼법 제 2 조가 독점 그 자체를 부인하거나 배격하는 것이 아니라 독점화행위(conducts which monopolizes)를 금지하는 것임을 보여준다.

절차법적 측면에서 보면 클레이튼법의 경우에는 DOJ(연방법무성)와 FTC(연방거래위원회)가 병행적 집행주체이지만, DOJ는 연방거래위원회법을 집행할 수 없다. 셔먼법의 경우 DOJ가 전속관할권을 가지나, 피고의 행태가 셔먼법 위반을 구성함과 아울러 FTCA 제 5 조에 해당될 경우 FTC가 집행권을 가질 수 있다. 여기에서 FTCA 제 5 조 구성요건의 광범성과 더불어 동조의 실무적 중요성을 확인할 수 있다.[32)]

FTC 절차의 경우 그 제재는 민사적인 데 그치고 형벌이 수반되지 아니하며, 원고는 공익을 대변하는 국가기관에 한하고, 동법 제 5 조 위반을 이유로 3배손해배상 소송을 제기할 수도 없다. 이에 비해 셔먼법이나 클레이튼법 사건의 경우 피

32) 이상을 제외하고, FTC와 DOJ의 업무분장에 대해 법률이 별도로 정하는 바는 없다. 여기에서 두 기관은 법집행의 중복을 회피하기 위하여 업무분장에 관한 메모랜덤을 제정하여 운용하고 있다. 그렇지만 새로운 산업이나 종래와 다른 영업행태가 나타나거나 중요사건에 대해서 여전히 관할경합이 일어날 수 있고, 이러한 경우에는 학계의 중재에 따라 처리하고 있다. 2025년 기준 FTC의 직원은 약 1,221명이고, 법무성 반독점부는 약 784명의 직원이 근무하고 있다.

해를 입은 사인은 손해의 3배 그리고 변호사비용을 포함한 소송비용의 배상을 청구할 수 있고, DOJ가 제기한 민사 혹은 형사소송에서 승소판결이 내려지면 이 판결은 사인이 제기한 손해배상소송에서 일응의 증거(prima facie evidence)가 된다.

3. 독　　일

독일의 산업혁명은 영국, 프랑스, 미국 등에 비해 늦었으나 19세기 후반에 급속하게 진행되었다. 그리고 19세기 말부터 영국과 미국이 주도하는 제국주의 질서에 맞서 '독일 고유의 길'을 걸어갔으나, 그 결과는 두 차례에 걸친 세계대전의 주도와 참담한 패전이었다. 이 과정에서 독일 특유의 경제법 개념이 등장한다. 즉 제1차 대전의 주축국으로서 전쟁을 수행하기 위해 그리고 패전 후에는 파탄된 경제의 회복을 위해 많은 수의 경제간섭법규를 제정하였고, 이를 총칭하여 경제법(Wirtschaftsrecht)으로 불렀다. 그러므로 독일의 경제법은 시장경제의 진전에 따른 독점기업의 출현과 이를 통제하기 위한 미국의 연방독점금지법과는 그 배경과 성격을 달리한다.[33)]

또한 19세기 후반 이래 독일은 카르텔을 관대하게 다룬 전통이 있었다.[34)] 그러나 1923년 경제력남용방지령을 제정하여 카르텔을 금지하기 시작하였다. 1930년대에 출현한 나찌정부는 지도자경제 혹은 국가사회주의 이념 하에 경제를 운용하였는바, 이는 사시장경제와는 거리가 먼 것이었다. 또한 1933년의 '강제카르텔창설에 관한 법률'을 배경으로 강제카르텔을 통하여 경제를 통제하고 효율화함으로써 카르텔금지와는 정반대의 길을 걸었다.

제2차 세계대전 패전 후 서방연합국이 점령한 독일, 즉 서독에 있어서는 철강, 석탄, 기계 등의 콘체른을 해체하여 미국식 사시장경제를 도입하기 위한 정책을 추구하였고, 이와 더불어 미국식 독점금지법 체계의 이식을 시도하였다. 미군정 하에서 자유시장경제가 복귀하였고 드디어 1957년 7월 신경제정책의 일환으로 경쟁제한금지법(Gesetz gegen den Wettbewerbsbeschränkungen, 즉 GWB)을 제정하여 다음 해인 1958년 1월부터 시행하기에 이르렀다. 이를 위해 1957년 말 이 법의 집행기관이자

---

33) 이러한 상황은 1960년대 이후 압축적 공업화를 위해 사경제에 간섭하는 입법을 대거 등장시킨 우리나라의 경험과 비교할 수 있다.

34) 제국법원은 카르텔에 대해 사적자치의 범주 내에 있는 사업자들 사이의 합의로서 이를 허용하는 자세를 유지하였다. Volker Emmerich, Kartellrecht, 9.Aufl., 11.

기본적 경쟁당국인 연방카르텔청(Bundeskartellamt)이 베를린에서 창설되었다(통일 후 Bonn으로 이전). 흔히 카르텔법이라고 불리는 이 법은 미국법과 상당히 다른 면모를 가지고 있다. 그러나 이 법은 독일의 전통적인 법사상에서 출현하여 기존 법질서를 보완하는 차원의 법이 아니라, 점령당국의 입법프로그램과 연계된 것이었다.[35)]

1957년에 제정된 이 법은 전문 109개조로 구성되었으며, 이 중 실체적인 규정은 제 1 장에 집중되어 있는바, 제 1 절 카르텔금지, 제 2 절 수직적 거래제한, 제 3 절 시장지배와 경쟁제한, 그리고 제 7 절은 기업결합을 통제하는 조항을 두고 있다. 특히 유럽시장 통합과 관련하여 유럽연합법제의 독일내 수용을 위해 연방의회를 통과한 제 6 차 개정(1998. 9.)은 총 6장 131개조로 구성되어 있는바, 기업결합 관련 심사대상 기업결합규모의 상향조정, 외국 관련 기업결합에 대한 적용기준을 명시하는 제도의 개편과 아울러, 매출액 산정방식, 연방카르텔청의 업무수행절차, 과징금 부과 등의 분야의 개정 내용을 담았다. 그리고 유럽경쟁법과의 조화 그리고 이에 준하는 독일 경쟁법의 완화를 쟁점으로 하였다.

그리고 이후 2005년 7월에 제 7 차 개정법이 발효되었다. 제 7 차 개정의 주된 목표는 유럽이사회규칙 No. 1/2003이 2004년부터 발효되는 것과 아울러 유럽경쟁법과의 조화를 도모하기 위한 것이다. 개정법은 수평적 제한은 물론 수직적 제한을 포함하는 경쟁제한에 관한 일반적 금지조항을 도입하였고, EC위원회에 대한 통지와 적용면제 신청제도를 폐지하고 이에 갈음하여 면제제도가 직접 적용될 수 있도록 하였고, EC조약 제81조 제 3 항처럼 제한적 거래관행 금지에 대한 일반적 적용면제 제도를 도입하여 종래의 개별적 적용면제 제도를 대체하였다. 한편 시장지배적지위 남용행위에 대하여는 회원국은 유럽경쟁법보다 더욱 엄격한 통제를 가할 수 있고, 독일도 종전의 엄격한 규정을 부분적으로 강화하였다. 그리고 카르텔에 대한 사소를 활성화하기 위한 조치를 도입하고, 벌금액을 상향조정하였다.

그리고 2011년 12월과 2012년 12월에 이루어진 경쟁제한금지법 개정도 유럽경쟁법과의 조화를 더욱 제고하기 위한 것이었다.[36)] 최근까지의 개정은 2023년

---

35) 질서자유주의(order-liberalism)는 1930년대부터 경제헌법(Wirtschaftsverfassung)이라는 개념을 통해 경제와 정치 사이의 관계를 구명하는데 집중하였고, 이를 대표하는 학자가 Franz Böhm과 Walter Eucken이다. 이들은 열린 시장의 자유경쟁을 신뢰하고 국가의 경제에 대한 간섭을 반대하였는데, 이러한 노력이 전후 독일의 사회적 시장경제 입론과 1957년 경쟁제한금지법 제정의 이론적 바탕이 되었다. Hannah Buxbaum, German Legal Culture and the Globalization of Competition Law, Berkeley Journal of International Law, Vol.23, Iss.2(2005), 478-9.

36) 독일 경쟁법의 상세에 대해서는, 이봉의, 독일경쟁법, 법문사, 2016 참조.

제11차 개정으로 불공정행위로 얻은 이익의 회수(반환명령) 권한 강화 등 독일 연방카르텔청의 권한 확대를 특징으로 하며, 디지털 기업('게이트키퍼')에 대한 규제의 강화 정책이 큰 흐름이다. 2025년 기준 연방정부는 "혁신 촉진, 절차 간소화, 디지털 시장에 대한 법 집행 강화"를 중심으로 한 경쟁정책을 표방하고 있으며, 12차 개정안에 대한 논의가 진행 중에 있다.

4. 일 본

제 2 차 세계대전 종전 후 미국은 일본의 군국주의가 재벌 중심의 산업자본과 결탁되어 있으며, 일본 경제가 미국의 시장경제와 매우 다르다는 인식을 가지고 있었다. 그리하여 맥아더 점령당국은 일본의 민주화와 시장경제화를 위해 강력한 재벌해체 작업과 더불어 미국식 독점금지법제의 이식을 시도하게 된다. 그리하여 경제력의 또 다른 집중을 예방하고 개혁의 성과를 정착시킨다는 의도 하에서 "사적독점금지 및 공정거래의 확보에 관한 법률"을 1947년에 제정한다.[37] 이 법은 동법의 운용기관으로서 공정위를 창설함과 아울러, 거대기업의 분할(제정법 제 2 조 제 5 항·제 8 조), 카르텔금지 및 방지(제 4 조, 제 5 조), 회사의 주식보유의 원칙적 금지(제10조), 합병의 인가제(제15조) 등을 정하고 있었다. 또한 1948년에 제정된 사업자단체법도 정보교환 및 사업자단체의 활동에 대해 매우 엄격한 것이었다.

이러한 규제는 모법인 미국 연방독점금지법 보다 훨씬 더 강력한 것이었고, 제 2 차대전 후 괴멸된 일본경제의 현실과는 큰 거리가 있었다. 한편 냉전의 와중에서 한국전쟁이 시작되면서 미국의 대일본정책은 경제의 신속한 부활로 바뀌게 된다. 그리하여 1949년과 1953년의 개정을 통해 위에서 거론한 항목을 대부분 삭제하였고, 불황카르텔이나 재판매가격유지 등에 대해 일정한 조건하에 독금법의 적용을 면제하는 규정(현행법 제23조, 구법 제24조의3과 제24조의4)을 도입하였다. 나아가서 통산성이 주도하는 산업정책을 토대로 적용제외 입법과 행정지도에 의거한 카르텔이 횡행하는 실정이어서, 1950년대 후반 공정위의 활동은 극히 저조하고 독금법은 그 기능을 사실상 상실하였다. 이처럼 독금법의 집행이 전반적으로 후퇴한 가운데 소비자문제가 새로이 부상하게 되었다. 이리하여 1962년 경표법(景

37) 일본의 경우 법제정 당시에는 미국 독점금지법의 압도적인 영향을 받았으나, 그 후 공정거래법의 내용이 약화되고 법집행도 강력하지 않았다.

表法)이 제정되고, 물가대책으로서 카르텔과 재판매가격유지에 대한 규제문제가 대두하였다. 1960년대 들어 일본정부는 국제경쟁력을 강화한다는 명분하에 대기업 사이의 대형합병을 적극적으로 추진하였고 경제의 과점화가 오히려 촉진되었다.

그러나 1969년 공정위가 야하다제철과 후지제철 사이의 합병건에 대해 최초로 중지권고를 행한 것을 계기로 경쟁정책과 독과점문제에 대한 국민들의 주의가 환기되었고, 1970년대의 석유위기에 기승한 석유회사들의 대규모 카르텔사건, 은행과 상사(商社)를 중심으로 하는 기업집단의 경제력남용과 투기행위가 사회문제로 되어 독금법의 강화를 요구하는 여건이 형성되었다. 이리하여 1977년 기업분할규정이 신설되고(제 2 조 제 7 항, 제 8 조의4), 카르텔에 대한 과징금 제도의 도입(제 7 조의2, 제 8 조의3), 주식보유규제의 강화(구법 제 9 조의2, 제11조), 가격동조인상의 보고(제18조의2) 등 기업집단과 카르텔에 대한 금지가 강화되었다.

1980년대 들어서는 일본시장의 폐쇄성을 규탄하는 국제여론, 행정규제의 완화에 대한 요청, 1990-91년 사이의 미·일구조문제협의 등 독점금지정책의 필요성을 인식시키는 요인이 누적되었다. 공정위의 심결 건수도 크게 늘어나고, 다시 1991년의 과징금 강화, 1992년과 2002년의 형사처벌 강화, 1996년의 공정위 조직 강화, 2000년의 사법상 금지청구제도 도입 등 법집행의 실효성을 제고하기 위한 개정이 이루어졌으며, 적용제외규정이나 제외입법이 축소되거나 정비되었다. 또한 과징금과 형사처벌의 강화, 법집행 협력자에 대한 처벌경감(leniency) 제도, 확약제도, 행정명령을 통한 다양한 수단을 통한 실효성 있는 법집행 절차를 정비했으며, 동시에 위반 예방을 위한 기업 대상 컴플라이언스 프로그램이나 상담 제도와 같은 사전 예방의 균형도 도모하고 있다. 그러나 우리나라에 비해 공정거래법의 집행실적과 그 강도가 상대적으로 낮은 것으로 평가된다. 2019년(令和元年). 6. 29. 개정에서는 과징금 제도의 개선(조사협력 감산 제도 도입) 및 과징금 산정 방식 개선(매출 등을 산정 기준에 포함할 수 있는 범위를 확대하고, 산정기간 연장), 벌칙 강화 및 변호사 의뢰인 간 비밀보호 강화를 통해 카르텔 등에 대한 제재를 강화함과 동시에 적법절차 원칙을 보강하였다. 2025년 기준 최종 법 개정은 2022년(令和4年 6월 17일)의 개정 내용으로, 과징금 산정률 상향(6%에서 10%) 및 과징금 부과 대상 행위 확장(가격·공급량 카르텔 외에 구입량·시장점유율·거래상대 제한 카르텔 등도 포함), 경쟁당국의 범칙조사권 신설 등 조사권 강화 등을 특징으로 하며, 최근에는 AI 알

고리즘 기반 가격 책정, 디지털 시장에서의 반경쟁적 현상에 대한 관심을 높이고 있다(2024. 9. 상장 기업을 대상으로 AI·알고리즘 사용에 따른 경쟁법 리스크 조사 실시).

5. EU

1957년 3월에 체결되어 1958년부터 발효한 '유럽경제공동체의 설립에 관한 조약'(EEC조약. 로마조약으로 부르기도 함)은 반독점을 핵심으로 하는 경쟁관련조항들을 가지고 있었다. 이 조약은 1992년에 다시 "유럽공동체에 관한 조약"으로 개정되었고, 2009년 12월 1일 리스본 조약(The Lisbon Treaty)이 공식 발효됨에 따라 기존 EC조약은 EU의 목적과 원칙을 정한 "EU조약"(TEU, the Treaty on European Union)과 EU의 조직과 기능을 규정한 "EU의 기능에 관한 조약"(TFEU, the Treaty on the Functioning of the European Union)으로 대체되었다. EU 경쟁법은 전체 가맹국의 사업자에 대하여 직접 적용되는바(이사회규칙 2003년 제1호), 그 체계는 사업자간의 경쟁제한적 협정과 협조적 행위를 규제하는 TFEU 제101조(구 EC조약 제81조)와 시장지배적지위를 남용하는 행위를 금지하는 TFEU 제102조(구 EC조약 제82조)를 기본으로 한다.[38] 그리고 합병 등 기업결합에 관해서는 개정된 합병통제규칙(이사회규칙 2004년 제139호)이 시행되고 있다.[39] 이러한 체계는 카르텔금지, 기존의 독점에 대한 금지, 그리고 M&A에 대한 통제 등 독점금지의 3대축을 포섭하는 것이다. EU조약에는 이 밖에 가맹국 정부에 대하여 경쟁제한적 정책의 시행을 금지하는 규정이 있는바, 즉 공기업에 대한 경쟁제한적 통제를 금지하는 TFEU 제106조(구 EC조약 제86조) 그리고 특정한 기업이나 상품에 대하여 경쟁을 왜곡하는 보

38) 리스본조약의 발효에 따라 기존 EC조약 제81조와 제82조는 각각 "EU의 기능에 관한 조약"(TFEU) 제101조와 제102조로 조항의 항번이 변경되었다. 다만 그 내용에는 변화가 없다.

39) TFEU 제101조(구 EC조약 제81조)는 가맹국 사이의 거래에 영향을 미칠 우려가 있고 공동시장 내에서의 경쟁기능을 방해, 제한 또는 왜곡을 목적으로 하거나 또는 그러한 효과를 초래하는 사업자간의 협정, 사업자단체의 결정 및 협조행위 등을 금지하며, 이 금지는 수평적 협정은 물론이고 제조업자와 판매업자 사이의 수직적 협정에도 적용된다. TFEU 제102조(구 EC조약 제82조)는 공동시장 혹은 그 실질적 부분에서 지배적 지위를 점하는 하나 이상의 사업자에 의한 지위남용이 가맹국 사이의 거래에 영향을 미칠 경우 이를 금지하는바, 불공정한 가격 또는 거래조건, 수요자에 불리하게 되는 생산, 판매, 기술개발의 제한, 거래의 상대방을 경쟁상 불리하게 하는 차별적 취급, 끼워팔기 등이 여기에 해당된다. 또한 합병 등 기업결합통제는 원칙적으로 유럽공동체 차원에서 의미있는 것에 한해 적용되는바, 이에 따라 특유의 기술적 기준이 필요하게 된다. 즉 당해 기업결합에 참여한 사업자들이 세계시장, 공동체시장, 그리고 특정 가맹국시장에서의 매출액에 관한 기술적 기준을 설정하여 당해 행위의 허용 여부를 심사하게 된다.

조행위를 하는 것을 금지하는 TFEU 제107조(구 EC조약 제87조)가 있다.[40)]

EU의 경쟁정책에 관한 입법기관으로는 EU의회와 각료이사회가 있다. EU의회는 가맹국 국민의 대표로서 직접 선거되는 임기 5년의 의원 732인으로 구성되어 있다. 종전에는 법안에 대한 의견을 제시하는 자문기관에 지나지 않았으나, 이제는 유럽연합 입법의 약 7할에 대해 각료이사회와 더불어 공동결정권을 행사한다. 각료이사회는 9개 분야의 가맹국 담당 각료에 의하여 구성되며, EU집행위원회(European Commission)가 제안한 법안과 정책을 검토하여 채택한다. 각료이사회의 결의방법은 사항별로 조약이 정하는 방법, 즉 단순과반수, 특수다수결, 전원일치 등이 있으나, TFEU 제101조와 제102조 관련사항은 전원일치 사항이다.

집행기관은 EU집행위원회(임기 5년의 27명의 위원으로 구성)이며, 실무 담당부서로는 사무국 내에 경쟁총국(DG)[41)]이 설치되어 있다. EU집행위원회는 이사회의 수권의 범위 내에서 경쟁법에 관한 규칙을 제정하며, TFEU 제101조와 제102조 위반사항을 조사하고 위반행위에 대한 제거조치를 결정하며, 합병 등 기업결합을 규제한다. 또한 경쟁제한행위에 대한 금지명령과 제재금을 부과할 수 있다.

EU사법부는 EU사법재판소(Court of Justice for the European Union)와 여기에 부속되는 제 1 심법원(General court)이 있다. EU사법재판소는 25인의 판사로 구성되는데, 경쟁관계를 포함하여 EU집행위원회의 결정을 심사하며 가맹국의 국내법원의 청구 하에 EU법의 해석과 관련하여 선결적인 판결을 내린다. 25인의 법관으로 구성되는 제 1 심법원은 1989년 이사회결정으로 설치되었고, 경쟁법위반에 관한 위원회 결정의 취소소송 등에 대해 사실심으로서 기능하며, 1994년부터는 덤핑 및 보조금 등의 무역보호조치에 관한 소송도 취급하고 있다.[42)]

최근 EU는 디지털 경제의 급성장에 따른 다국적 플랫폼 빅테크 기업의 유럽

---

40) 현재 EU의 경쟁정책은 EU의 기능에 관한 조약(TFEU) 제101조에서 제106조까지 집약되어 있고, 동 조약 제107조에서 제108조는 정부보조금에 관한 규정이다. 이호선, 유럽연합의 법과 제도, 세창출판사, 2006, 189 이하.
'EC 합병규칙'(Regulation 139/204)은 2004년 발효되어 27개 EU회원국과 아이슬란드, 리히텐슈타인, 노르웨이 등 3개 EEA 국가에 적용되고 있다. EC의 합병통제의 특징은 소위 '한번 통제'(one-stop-shop)의 구조이다. 즉 공동체 차원의 집중에 대해서는 동 규칙의 적용을 받으나 공동체 차원의 집중에 이르지 못하는 합병은 회원국 경쟁법에 의한 통제를 받게 된다.

41) 2009년 9월 말 기준 9국 45과, 총원 738명.

42) EU의 경쟁관련 분쟁해결절차를 요약하면, 집행기관인 EU위원회의 배제명령이나 제재금 부과처분에 대해 사업자가 취소청구가 있으면 제 1 심법원을 거쳐 EU법원에 상소하는 체계에 의한다. 이와 별도로 EU법원은 가맹국법원의 요청에 따라 EU법 해석에 대한 선행판결(先行判決)도 선고한다.

내 시장 장악 상황을 고려하여, 기존 TFEU 제101조, 제102조의 내용만으로는 효과적인 경쟁제한 행위의 규제 관리에 한계가 있음을 자각하고, 디지털시장에서의 공정하고 자유로운 경쟁의 보호를 위한 환경 조성, 온라인서비스제공자에 대한 책임 강화와 투명성 제고를 위해 2022년 11월 디지털시장법(Digital Markets Act, DMA)와 디지털서비스법(Digital Service Act, DSA)을 제정하였다. 2023년 5월 시행된 DMA는 TFEU의 기본 체제와 달리 사전규제(ex ante regulation)를 기본으로 한다. 즉, ① 사업자가 EU 시장에서 중대한 시장영향력을 보유한 경우, ② 최종이용자에게 접근하기 위한 중요한 관문인 핵심 플랫폼서비스를 제공하는 경우, ③ 시장에서 확고하고 지속적인 시장지배적 지위를 갖거나 가까운 장래에 그와 같은 지위를 갖게 될 것으로 예상되는 경우 이들을 '게이트키퍼'(gatekeeper)로 지정하고(DMA §3), 이들이 준수해야 할 법정 의무사항과 금지내용[43]을 규정한 것이다.[44] 2024년 2월부터 시행되고 있는 DSA는 디지털 서비스 제공자에 대한 책임성과 투명성의 제고를 위해 일정한 책임과 주의의무에 관한 내용을 담고 있다. 구체적으로, 온라인서비스의 내용에 따라 ① 중개 서비스 제공자, ② 호스팅 서비스 제공자, ③ 온라인 플랫폼 제공자로 구분하고, 온라인 플랫폼은 다시 규모에 따라 의무와 책임을 차등적으로 규정한다. 이들 중 특히 대규모 온라인 플랫폼에 대하여는 더욱 강화된 의무를 부과함과 동시에 상대적으로 규모가 작은 소규모 플랫폼에 대하여는 온라인 플랫폼 규제를 완화하거나 면제하는 방법으로 디지털 시장 생태계 안에서의 올바른 성장환경을 조성하려는 의도를 담고 있다. 국내에서도 EU의 DMA와 DSA와 같은 유사한 제도의 도입과 법 체계 강화를 주장하는 입법론이 나타나고 있지만, EU와 우리의 온라인플랫폼 시장 상황의 차이점을 치밀하게 파악하여 규제 강화의 입법에 있어서는 신중함을 우선할 필요가 있다.[45]

43) 대표적으로 자사우대, 끼워팔기(결합판매), 최혜대우 요구 등의 금지와 법정 의무사항으로 부당한 개인정보결합 금지, 이용사업자의 판매자율권 방해 금지, 광고서비스의 정보제공 및 게시의무 등을 담고 있다.

44) 양지원, EU 온라인플랫폼 규제 - 디지털시장법(DMA)의 주요 내용과 쟁점, 유럽연구 제42권 제1호, 49-80.

45) 안병한, 생성형 AI의 고도화에 따른 경쟁환경의 변화와 대응, 인터넷 · 정보보호 법제연구, 인터넷법제도포럼, 2024.

제3절 불공정거래 금지

1. 배 경

경쟁관계를 규율하는 법으로서 공정거래법 혹은 불공정경쟁방지법이 등장하기 위해서는 우선 그 사회에 자유로운 경쟁질서가 존재하여야 한다. 불공정경쟁이나 경쟁제한행위는 경쟁이 허용되는 경제체제 내에서만 문제될 수 있기 때문이다. 예컨대 중세의 봉건경제에서는 시장이 개방되지 않아서 길드구성원, 즉 동업조합원 사이에서만 분할되었으며, 이에 관한 규율은 길드규약(Zunftordnung)이 담당하여 근대적 의미의 경쟁법이 들어설 여지가 없었다.

물론 사업자가 경쟁자의 노예를 통해 영업상의 비밀을 누설시키거나 도면을 훔친 경우 인정되던 로마의 노예타락소권(奴隷墮落訴權)이나 중세 독일의 영업비방, 비밀누설, 고객부당유인을 금지하던 길드규약 등이 있었고, 이들은 현재의 공정경쟁 혹은 불공정경쟁방지법리의 전사(前史)를 구성한다. 그러나 오늘날 자유경쟁시장을 전제로 한 경쟁법리와는 이념상 구별되는 것이다.

근대적 의미의 불공정거래법 혹은 불공정경쟁방지법제는 자본주의 체제의 정립 내지 산업혁명의 개시와 더불어 전개되며, 그 바탕에는 영업의 자유가 깔려 있다. 예를 들어 프로이센에서 영업의 자유를 인정하는 1810년의 프로이센의 영업세칙령 그리고 독일제국 전역에서 영업의 자유를 일반적으로 인정하는 1869년의 제국영업법(帝國營業法, Reichsgewerbeordnung)의 공포와 더불어 독일의 산업화는 본격화되었고, 이와 더불어 독일에서 근대적 의미의 불공정경쟁방지법이 탄생하게 된다. 독일에 앞서 봉건제도가 종식되고 산업화가 진전된 영국이나 프랑스의 경우 불공정경쟁을 방지하는 법리가 먼저 발달한 것도 당연한 일이다. 이 법리의 전개는 영국이나 프랑스처럼 판례법의 형태로 발전하는 경우와 독일처럼 성문 단행법의 제정을 통해 입법적으로 접근하는 경우 등 두 갈래가 있다.

2. 두 갈래 전개

2.1. 판 례 법

불법행위법의 체계 내에서 일련의 판례를 통해 관련법리가 형성되는 예는 영국과 프랑스에서 볼 수 있다. 그러나 그 구체적인 모습은 물론 차이가 있다. 우선 프랑스의 경우는 불공정경쟁이라는 개념을 확립하고 이 개념하에 불공정경쟁의 여러 유형을 포섭시킨다. 이러한 판례법의 배후에는 나폴레옹 민법전 제1382조와 제1383조 등의 불법행위에 관한 일반조항이 있다. 불공정경쟁에 관한 통일적 법리가 일찍부터 전개되어 별도의 법영역을 형성한다는 면에서 프랑스는 공정경쟁법 혹은 불공정거래법의 모법국가로 볼 수 있다. 프랑스 판례가 확인한 불공정경쟁행위의 유형으로는 상품 및 영업의 혼동초래행위, 영업비방, 비밀누설, 피용자매수, 계약파기에의 유인, 불실광고, 가격덤핑 등이 있다. 그리고 이러한 판례법을 보완하는 단편적인 성문법들이 제정되어 있는바, 1951년의 경품법(사행심조장의 금지), 1963년의 재정법(매입가격 이하의 판매금지) 등이 그 예이다. 그리고 프랑스법제의 영향을 받은 나라로는 벨기에, 이탈리아, 네덜란드, 알제리, 칠레, 아르헨티나 등이 있다.

한편 영국에서는 불공정경쟁이라는 통일적 관념의 형성이 없었다. 다만 15세기 이래 축적된 불법행위법을 구성하는 단편적인 판례의 덩어리가 오늘날의 관념에 의하면 불공정경쟁으로 파악되는 것이다. 현재 이들 판례법의 일부는 공정거래법(Fair Trading Act) 등의 제정법으로 수용되었고, 그 나머지는 여전히 불법행위에 관한 보통법의 일환, 예컨대 명예훼손이나 영업비방(trade disparagement) 등으로 존속하고 있다. 다시 말해 영미법의 경우, 불법행위법의 일반조항 혹은 특별법의 일반조항에 의거하는 대륙법과는 달리, 불공정경쟁에 대한 일반적인 금지가 없고 불법행위의 개별 유형으로 전개된 것이다. 20세기 중반 이후 미국법에서 형성되어 영국으로 파급된 불공정경쟁법(unfair competition law)은 사칭통용(詐稱通用, passing-off)을 중심으로 한 매우 제한적인 개념이며, 여기서 논하는 포괄적인 불공정거래법과는 그 내용이 다르다.

2.2. 성문 제정법

성문법, 예컨대 불공정경쟁방지법을 제정하여 불공정경쟁을 규율하는 방식을 채택한 효시는 독일제국이다. 이 예를 따른 나라들로는 오스트리아, 스위스, 일본, 한국, 대만 등이 있다.46) 독일에서 성문 불공정경쟁방지법이 제정된 것은 1896년이다. 의회가 인위적인 성문법을 제정하게 된 것은 제국법원이 불법행위법의 일반조항을 통하여 불공정경쟁행위를 금지하는 것을 계속 거부하였기 때문이다.47)

1896년에 제정된 독일의 불공정경쟁방지법은 그 내용면에 있어서 프랑스법의 영향이 대단히 컸다. 그러나 동법이 금지하는 불공정경쟁행위의 유형이 매우 적었고 일반조항도 없었기 때문에, 시장에서 나타나는 각종의 불공정경쟁 현상을 다스리는 데는 어려움이 많았다. 그리하여 1909년의 대대적인 법개정에서 유명한 일반조항이 도입되었고, 그 후 여러 차례의 개정을 통해 동법의 성격과 위상이 정립되고 있다. 독일의 불공정경쟁방지법에 대하여 이를 불법행위법의 일환이 아니라 사회경제법으로 인식하고, 동법의 보호법익도 경쟁자의 사적이익이 아니라 객관적 법질서의 보호로 풀이하는 적극적 견해도 있다.48) 이하 대표적인 법제라고 할 수 있는 독일과 미국의 경우를 살펴본다.

3. 독일의 불공정경쟁방지법

독일의 불공정경쟁방지법제에 속하는 개별 법령들을 살펴보면, 1896년의 불공정경쟁방지법(Gesetz gegen den unlauteren Wettbewerbs, 약칭은 UWG), 1932년의 경품령(Zugabeordnung), 1933년의 가격할인법(Rabattgesetz),49) 1935년의 특별기획전에 관한 제국경제장관 명령, 1950년의 여름대매출과 겨울대매출에 관한 연방경제장관 명령 등이 여기에 속한다.

1896년의 불공정경쟁방지법이 제정된 경위는 다음과 같다. 1869년의 영업법에 의거한 영업의 자유를 계기로 독일은 급속한 산업화가 이루어지고, 경쟁의 격화와 더불어 카르텔행위와 불공정경쟁행위가 대량으로 발생하였다. 그러나 독일제국법원은 이러한 카르텔행위와 불공정경쟁행위를 묵인하였다. 그 이유는 상표

46) 우리나라나 일본은 독일식 불공정경쟁방지법, 즉 부정경쟁방지법을 제정하였으나 그 기능은 매우 제한적이고, 이후 미국식 독점금지법제를 도입하면서 불공정거래에 대한 금지도 공정거래법에 의하고 있다. 이러한 점에서 우리나라의 법제는 독일과 크게 다르다.

47) Volker Emmerich, Unlauteren Wettbewerb, 9.Aufl., 2012, 2f.

48) Emmerich 저/정호열 역, 앞의 책, 37-44.

49) 2001년 폐지.

법과 상호법을 통하여 소비자는 불공정경쟁으로부터 완벽하게 보호되며, 프랑스식의 불공정경쟁의 개념은 독일법의 경우에는 필요하지 않다는 반시대적인 자세로 일관하였다. 여기에서 입법자의 개입이 요구되었고, 그 결과 1896년의 불공정경쟁방지법이 제정된 것이다.

그러나 이 법은 일반조항을 두지 않았으며, 오인유발행위, 신용훼손행위, 영업표지의 모용행위, 비밀누설행위 등 소수의 행태만을 제한적으로 금지하고 있었다. 그 결과 불공정경쟁 현상 전반을 규율하기 위해서는 독일 민법전 제826조의 불법행위 일반조항을 원용할 필요가 있다는 논란이 끊이지 않았다. 그후 1909년 동법에 대한 대대적 개정이 이루어졌던바, 오늘날 우리가 보는 독일법의 모형은 바로 이 1909년 법이다. 이 법 제 1 조는 "영업상의 거래에서 경쟁의 목적으로 선량한 풍속에 반하는 행위를 한 자에 대해 당해 행위의 중지와 손해배상을 청구할 수 있다"라는 유명한 일반조항이다. 이 조항은 독일 경쟁법 전반을 지도하는 왕좌적인 규정으로서, 사업자의 미세한 경쟁행태까지 상세하게 규율하는 광범한 판례법을 거느리고 있었다.

이 독일 불공정경쟁방지법 제 1 조는 통상적인 일반조항과 크게 달랐다. 우선 동조는 동법 내의 개별규정과 경합적으로 적용된다(경합적 적용). 흔히 보는 일반조항과 현저하게 다른 점이다. 둘째 동조는 개별규정이 마련되지 아니한 사항에 대해 보완적으로 적용되며(보완적 적용), 이는 동조가 새로이 출현하는 부정경쟁수단에 대한 대책이 되게 한다. 셋째 동조는 수권규범으로서 법관의 법창조권능을 인정하는 결과를 가져 온다.

독일 불공정경쟁방지법을 상징하던 일반조항 중심주의는 2004년 이후 거듭된 법개정을 통해 그 내용과 체계가 크게 바뀌었고 B2C 거래에 관해서는 한정적 열거주의로 사실상 옮겨가게 되었다. 이들 개정은 불공정행위 관련 여러 가지 유럽연합의 지침(2005년 B2C 불공정 영업관행 지침, 2006년 오인유발적 비교선전 지침, 2002년과 2009년의 인적정보 처리 및 전자통신 사적영역 보호에 관한 지침 등)을 국내법적으로 채용하기 위한 것이었다. 제 1 조 일반조항은 제 3 조로 자리를 옮겼고, 위법성심사도 선량한 풍속(die gute Sitte)이란 오랜 잣대를 버리고 '불공정한 영업행위는 허용되지 아니한다(동법 제 3 조 제 1 항)'라는 단순한 법문으로 귀착되었다. 특히 소비자 관련 불공정행위에 대해서는 별도의 위법성심사기준을 둔 원칙규정을 도입하되 부속규정(Anhang)에 30개의 유형을 한정적으로 열거하면서 불공정성을 의제하는 규정을 도입하였다(동법 제 3 조 제 2 항 · 제 3 항).

1909년법은 이후 여러 차례 개정되었다. 이 중에서도 1965년의 법개정은 소비자보호면에서 획기적인 의미를 지니는바, 동법의 보호법익에 소비자보호가 추가되고 단체소송(Verbandklage) 제도를 도입하였다. 단체소송 제도는 설명과 상담을 통하여 소비자의 권익을 보호하는 것을 정관상의 목적으로 하는 소비자단체에 대해 제소권을 부여하는 획기적인 입법이었다.[50] 이후 1969, 1970, 1975, 1986, 1987, 1994, 2004, 2009, 2021년에 추가 개정이 이루어졌다. 특히 2004년 개정에서 제 1 조가 제 3 조로 자리를 옮기고, 제 2 조에 정의규정이 도입되었으며, 일반조항의 내용이 크게 바뀌었다("spürbare", "spürbare Beeinträchtigung" 개념 등 새로운 기준을 도입, 불공정 행위 판단 기준을 조정). 2009년 개정에서는 특히 소비자신용, 원격판매, 통신 판매 등 현대적 유통 형태와 관련한 규제가 강화되었으며, 약관, 정보제공, 경고 통지 등을 조정하는 조항을 포함하였다. 2021년 개정되어 현재 시행중인 개정법은 EU 'Omnibus Directive'(2019/2161) 이행의 차원에서 소비자 보호 강화, 현대 디지털 경제에의 적응을 추가하고, 소비자가 불공정 행위에 대해 UWG에 근거한 자체 손해배상청구권을 인정하는 내용을 담고 있다(소비자 손해배상권 도입). 그 외 온라인 마켓플레이스 운영자 등에 대해 판매자가 사업자인지 여부, 고객 리뷰의 진위 여부 등 정보를 소비자에게 제공해야 하는 규정의 도입과 리뷰 조작, 허위 후기 등의 행위를 블랙리스트에 추가해 명시적으로 불공정 행위로 금지하는 내용의 금지 등 디지털 시장 관련 내용이 대폭 반영되었다.

남소의 방지를 위해 소송자격 제한 강화조치도 이루어졌다. 즉, 경쟁자(기업) 및 협회(Verband)의 소송 제소권 요건이 엄격해졌고, 남용을 방지하기 위한 등록된 자격 협회(qualifizierter Verband) 제도를 도입하였다.

4. 미국의 불공정거래관행 규율

4.1. 법의 소재

불법행위에 관한 영국의 보통법을 계승한 위에, 1890년 셔먼 반독점법 등 연방 독점금지법제에 의한 불공정거래관행에 대한 금지가 전개되었다. 특히 1914년에 제정된 연방거래위원회법 제 5 조를 중심으로 비약적 발전을 이루고 있으며, 이

50) 스위스법처럼 개별 소비자에게 제소권을 인정하는 예도 있다.

법제의 운용은 현재 세계 여러 나라에 큰 영향을 미치고 있다. 즉 미국의 불공정경쟁방지법은 공사법 양면에서 전개되고 있으나, 특히 불공정거래관행법(law of unfair trade practices)의 이름으로 준입법적, 준사법적 권능을 가진 독립행정위원회인 연방거래위원회를 통해 공법적인 면에서 큰 발전을 보이고 있다. 미국에서도 불법행위법적 피해자 보호로부터 공정한 경쟁 혹은 소비자보호를 위한 공법적 관점으로 이행하고 있는 것이다.

이에 관한 법원(法源)은 불공정거래관행에 관한 보통법과 제정법으로 나눌 수 있다. 불공정거래관행에 관한 보통법은 상사불법행위법(commercial tort law) 또는 불공정경쟁에 관한 보통법(common law of unfair competition) 등으로 불리는 전통적인 판례법이다. 불공정경쟁에 관한 보통법을 일별하면, 불법방해(nuisance), 명예훼손(defamation), 영업비방(trade disparagement), 비밀 침해(invasion of confidential relation), 프라이버시 침해(invasion of privacy), 사칭통용(詐稱通用, passing-off or palming-off), 도용(盜用, misappropriation), 약탈적 행위(predatory conduct) 등이 있다. 물론 이들은 여전히 불법행위법의 일부를 구성하고 있다.

그러나 시장에서 새로이 출현하는 교묘하고 복잡한 경쟁수단과 행태를 고답적인 불법행위 법리만으로 대처하는 데는 근본적인 한계가 있었다. 특히 19세기 후반에 이루어진 급격한 독과점화를 배경으로 독점대자본이 자행하는 각종의 불공정거래관행을 만족스럽게 규율하기 위해서는 공법적 성질을 지니는 제정법에 의한 해결이 요청되기에 이른다. 여기에서 연방법과 주법 차원에서 정립된 많은 법규들은[51] 보통법상의 사적 구제수단을 보완하여 불공정거래관행에 관한 공적금

51) 미국의 경우 연방법과 주법의 관계는 다음과 같이 정리된다(McManis, 앞의 책, 19 이하).
첫째, 연방법이 주법에 대해 선결적(先決的, preemptive)인 경우로서 특허, 저작, 노동관계에 관한 법규가 여기에 속한다. 예컨대 주법은 연방법이 정하는 저작과 발명에 대해 특허권과 저작권적 보호를 부여할 수 없으며, 이들 사항에 관해서는 연방헌법이 연방법에 의한 규율을 선언하고 있다. 일례로 불공정경쟁에 관한 주법은 연방법이 특허권과 저작권을 인정하지 않는 사항에 대해 추가적인 보호를 줄 수 없다. 특허권과 저작권으로 보호되지 아니하는 것은 만인이 이를 공유할 수 있도록 허용하는 것이 헌법과 연방제정법의 정신이기 때문이다.
그런데 1970년대 들어 연방대법원은 Kewanee 사건에서 그 태도를 부분적으로 수정하였다(Kewanee Oil Co. v. Bicron Corp, 1974). 그리고 다수의 유사 판결례가 그 뒤를 이었다. 이에 의하면 특허가 가능한 영업비밀에 대해 주법이 영업비밀로서 보호하는 것은 연방 특허정책에 위배되지 아니하므로, 주의 영업비밀법은 연방 특허법에 저촉되지 아니한다. 여기에서 선결적이면서 병행적(concurrent)인 유형이 등장하게 된다.
둘째, 연방법이 주법에 비선결적(非先決的, non-preemptive)인 경우로서 상표법과 독점금지법이 여기에 속한다. 즉 연방 상표법과 연방 독점금지법은 비선결적인 효력을 가지므로 이들은 단지 주법을 보완하는 의미만을 지닌다. 그리하여 연방법은 주간(州間) 또는 국제거래에서 사용

지를 대대적으로 도입하게 된다.

4.2. 연방거래위원회법 제5조

불공정거래관행의 규율과 관련하여 연방거래위원회법 제5조는 매우 중요하다. 즉 상거래상의 불공정한 경쟁방법과 불공정하거나 기만적인 행위 또는 관행을 금지할 권한을 연방거래위원회에 부여하는 동조에 의하여 독점과 무관한 부정한 경쟁행위에 대한 최소한의 기준이 확립되었다. 그리고 사법적 구제가 불가능하거나 실효성이 없는 불공정한 거래관행, 즉 원산지허위표시, 허위광고, 영업비방 등을 규제하는데 동조는 결정적으로 기여하였다.

한편 연방거래위원회법 제5조 사건에 대해 연방거래위원회는 제소권을 가지는바, 이 제소권은 피해자의 사적 이익의 구제가 아니라 공익을 증진하기 위한 것으로서 연방거래위원회는 제소 여부에 관해 광범한 재량권을 행사한다. 물론 FTC법 제5조의 '불공정한 경쟁방법'(unfair methods of competition) 그리고 '불공정하거나 기만적인 행위 또는 관행'(unfair or deceptive acts or practices)의 의미와 내용을 종국적으로 판단하는 것은 법원이다. 그러나 법원은 연방거래위원회의 불공정성에 관한 판단을 수용하는 경향을 보인다.

여기서 FTC법 제5조 소정의 불공정한 경쟁방법을 구체적으로 살펴 보면, 다른 경쟁사업자를 표적으로 하는 영업관행 중 배신이나 기만적 혹은 억압적 성격을 가지는 것, 그리고 셔먼법이나 클레이튼법에 저촉되어 공익에 반하는 것 등이 있다. 이 두 유형이 연방거래위원회 사건의 대부분을 점한다. 또한 셔먼법이나 클레이튼법에 위반되지 않는 경우에도 연방거래위원회법 제5조 위반이 성립할 수 있으며, 이는 연방대법원의 입장이기도 하다. 예컨대 1972년의 FTC v. Sperry & Hutchinson사건에서 대법원은 독점금지법에 의해 보호되는 경쟁질서를 전혀 위협하지 않는 관행에 대해서도 연방거래위원회가 불공정한 경쟁수단 혹은 기타 불공정하거나 기만적이라고 판단할 경우에는 연방거래위원회법 제5조 위반을 구성할 수 있음을 판시하였다.

독점금지법에 위배되지 않고 또 기만적이지도 아니한 관행에 대해 불공정성을 인정하기 위해 추가적으로 고려되는 사항으로는, 첫째 당해 관행이 제정법이나 보통법 등에 의해 확립된 공공의 질서(public policy)를 침해하는지 여부, 둘째 그

되거나 영향을 미치는 상표만을 규율하게 된다.

관행이 부도덕하거나 비윤리적이거나 억압적이거나(oppressive) 혹은 비양심적인지(unscruplous)의 여부, 셋째 이 관행이 소비자나 다른 사업자에 대해 실질적인 손해를 야기하는지 여부 등이다.

그 다음, FTCA 제 5 조가 정하는 '불공정하거나 기만적인 행위'란 일반적으로 소비자를 속이고 이들의 구매결정에 실질적인 영향을 미칠 수 있는 일체의 판촉활동을 가리킨다. 이를 구체적으로 살펴 보면 다음과 같다. 첫째 상품의 출처 또는 품질·내용·성분이나 효능 그리고 가격 등에 관해 허위의 표시를 하는 행위, 둘째 다른 사업자의 것과 동일하거나 유사한 영업상의 명칭이나 표장 혹은 디자인을 사용하는 행위, 셋째 부정확한 라벨이나 표시를 사용하는 행위, 넷째 기만적인 유인전술, 다섯째 소비자의 오인을 유발하는 설명, 여섯째 기만적인 수금관행, 일곱째 상품판매에 있어 경품이나 도박적 수단을 사용하는 행위 등이다. 결국 평균적인 소비자의 오인이나 혼동을 초래할 수 있는 행위가 이에 속한다.

제 4 절 한국 경쟁법의 발전

1. 서 설

한국경제는 1960년대 이후 선도 기업집단 중심의 불균형성장전략을 통해 급성장해 왔으며, 정치사회적으로도 격변을 겪어 왔다. 이 와중에서 독점금지법을 제정하고자 하는 논의 또한 자연스럽게 일어났으며 실제로도 여러 차례의 입법작업이 있었다. 그러나 산업화와 대자본화라는 독점금지의 선결조건이 성숙되지 않은 상태에서의 입법논의는 시기상조론 등에 밀릴 수밖에 없었다.[52)]

그러나 주식회사 형태의 보급 그리고 대자본화의 현상이 폭넓게 진전되고 소수 대기업집단이 국민경제를 주도하는 현상이 더욱 뚜렷해지면서, 정치적 격변기였던 1980년에 '독점규제 및 공정거래에 관한 법률'이 전격적으로 제정되기에 이른다. 1980년법은 제정법임에도 불구하고 현대적인 독점금지법의 면모를 전반적

52) 1976년의 '물가안정 및 공정거래에 관한 법률'은 전혀 독점금지와 무관한 것은 아니었다. 그러나 물가안정을 위해 정부가 중요 물품의 최고가격지정, 공공요금의 규제, 긴급수급조정조치 등을 통해 사업자의 자율적인 가격형성 등을 규제하는 반시장적(反市場的) 성격이 강한 법으로서 제대로 된 독금법과는 거리가 멀다.

으로 갖추고 있었으며, 그 체계와 내용도 시장지배적지위남용의 금지, 경쟁제한적 기업결합의 금지, 공동행위의 등록과 등록되지 않은 공동행위의 무효, 불공정거래행위의 금지, 사업자단체의 불공정거래행위 등의 금지, 부당한 국제계약의 금지 등으로 조직화되어 있었다.

돌이켜 보면 이 법의 제정은 1980년대 이후 분권화와 자율화 등 전반적 민주화의 길을 걷는 한국사회의 변모와 결코 무관하지 않다. 시장과 기업에 대한 각종 규제가 완화되고 반독점정책을 통해 사적 부문의 실질적 민주화가 진행되는 큰 흐름에서 살펴 볼 때, 본격적인 독점금지법이 제정된 것은 그 자체로 하나의 이정표적 사건이라고 할 것이다. 역설적인 것은 권위주의 체제의 표상이라고 할 신군부세력이 주도한 제 5 공화국 정부가 이 법을 전격적으로 제정하였다는 점이다. 권위주의 체제 하에서도 실질적 민주화의 흐름이 한국사회 내에서 진행되었던 것이지만, 정상적인 헌정질서가 지속되었다면 이 법의 제정이 이처럼 용이하지는 않았을 것으로 생각된다. 그 당시 비선진국으로서 체계적인 독점금지법을 가진 유일한 나라가 한국이었으며, 개발도상국이 무역파트너 혹은 후견적 국가에 의해 강제된 것이 아니라 자발적으로 독점금지법을 제정하여 적극적으로 운용한 사실은 세계 독점금지법 역사에서도 특기할만한 일이다.

제정 이래 2020년 말 공정거래법의 전면개정을 포함하여 지난 40여 년간 한국의 경쟁법은 꾸준한 개정을 통해 크고 작은 변화를 보여왔다. 이 중에서 특히 재벌규제 제도를 도입한 1986년의 개정, 공정위를 독립경쟁당국으로 개편한 1990년의 개정, 재벌규제를 강화한 1992년의 개정과 1995년의 개정, IMF구제금융 이후의 구조조정을 돕고 재벌에 대한 규제를 보완하는 차원에서 이루어진 1998년의 개정과 1999년의 개정 등이 두드러진다. 1990년 후반 이후에는 동법의 개정은 연례적인 사업이 되고 있으며, 2020년 전면개정에서는 조문의 전체 편제의 변화와 함께 내용적으로도 대기업집단 소유지배에 대한 규제 확대와 사인의 금지청구권 제도의 신설, 과징금 부과 한도의 상향, 정보교환행위의 부당한 공동행위 명문화, 디지털 시장 변화에 대한 대응 강화, 형사 제재 체계의 변화 등을 담아냈다. 2023년 6월 20일 개정에서의 공정거래 자율준수제도(Compliance Program)의 법제화, 2024년 1월 25일 개정에서는 기업집단 내부거래 공시기준의 강화와 시장지배적사업자 추정 제외 기준의 상향(40억 원 → 80억 원)을 특징으로 하고, 2025년 1월 21일 개정에서는 이행강제금 부과 규정의 정비와 공정위의 조직 및 감독 역량 강화,

상호출자제한기업집단 내 순환출자에 대한 의결권 제한 규정의 강화 등을 포함하고 있다.

2. 독점금지

2.1. 법제정과 경쟁당국의 출범

1980년 제정법은 최초의 독점금지법임에도 불구하고 독점금지와 불공정거래행위에 대한 전반적 통제를 담은 현대적인 법이었다. 즉 기존의 독점사업자에 대한 통제로서 시장지배적지위 남용에 대한 금지, 인위적 독점화에 대한 통제로서 기업결합에 대한 제한, 복수의 사업자들의 담합행위 내지 카르텔에 대한 금지, 그리고 불공정거래행위에 대한 포괄적 금지 등 독점금지법의 기본골격을 모두 갖추었다. 그러나 이 당시 우리나라의 산업계의 실정이 제반 독점금지가 본격적으로 시행될만한 여건은 아니었고, 시정조치는 주로 불공정거래행위에 대한 것이었다. 그리고 1986년에는 우리나라 경쟁법의 큰 특색이라고 할 대규모기업집단, 즉 재벌에 대한 규제제도가 도입된다. 이후 1989년에 전면개정이 이루어지는바, 이 때 동법의 주무관청을 경제기획원에서 공정거래위원회로 바꾸면서 공정위의 위상이 대폭 높아졌다.

2.2. 전반적 입법동향

이후 공정거래법은 지속적으로 경쟁정책을 보완해 왔고, 그때 그때 정치사회적 요구에 따라 재벌정책의 조율, 중소기업 및 소상인 보호를 위해 거의 매해 개정되어 왔다. 중요한 개정경과를 살펴보면, 1999년 1월의 지주회사 설립금지 완화와 출자총액규제 폐지, 1999년 12월의 출자총액 규제 복고, 2002년 1월의 30대 기업집단 일괄지정제도의 폐지, 2009년 4월의 출자총액 규제 폐지, 2011년의 동의의결제 도입, 2013년 8월의 부당지원행위 규제강화, 2014년 1월의 순환출자 금지, 체제와 편장을 개편한 2020년의 전면개정 등을 들 수 있다.

입법경과를 돌이켜 보면, 공정거래법의 거듭된 개정에는 몇 가지 흐름이 보인다. 첫 번째 공정거래법은 일반적 경쟁정책이 그 핵심이다. 또 경쟁법은 국제적인 정합성이 강하게 요구되는 분야이다. 리니언시나 동의의결제의 도입 등에서 보는 바와 같이, 일반적 경쟁정책에 관한 한 공정거래법은 세계표준에 따라서 지속적인 보완이 이루어지고 있다. 두 번째, 재벌규제 제도의 전반적 강화이다. 주지하다시피 주요 국가에는 이 제도가 존재하지 아니한다. 그러나 우리나라에서 재벌은 산업조직의 근간을 이루면서도 상반된 평가의 대상이 된다. 1986년의 제도 도입 이래, 정권의 성향에 따라서 재벌규제가 강화되거나 완화되기도 하였고 정권 초와 말에 다른 경향을 보이기도 하였으나, 전체적으로는 규제가 지속적으로 강화되는 양상을 보인다. 2012년 대통령 선거에서 여야를 막론하고 재벌규제 강화를 핵심으로 하는 경제민주화가 주요 공약이었고, 부당지원행위 강화나 순환출자 금지 등의 입법이 이루어졌다. 세 번째로 주요국의 경쟁법은 경쟁제한성에 관한 사후적 개별 심사를 위한 일반적 기준(standard) 몇 가지로 구성되어 있는 반면, 우리나라 공정거래법은 재벌규제나 부당지원행위에 대한 다양한 금지 등 구체적 사항에 대한 사전적 규제조항(rule)이 대거 포함되어 있다. 특히 불공정거래행위 특수유형에 대한 규제를 위해 개별 단행법, 즉 하도급거래 공정화에 관한 법률, 대규모유통업에서의 거래공정화에 관한 법률, 가맹사업 공정화에 관한 법률, 대리점거래 공정화에 관한 법률이 속속 제정되고 있다. 이들 법규에는 사실상 부당성에 대한 심사없이 규제를 가능케 하는 조항들이 산재하여, 사적자치와 경쟁의 수호자인 공정위를 유사 규제기관으로 만드는 면이 있다. 또한 2017년에는 기업집단 지정을 공시규제기업집단과 상호출자제한기업집단으로 이원화하였고, 공정위의 조사를 거부, 방해하는 행위에 대해 형사처벌하는 조항을 신설하였다. 하도급법의 기술탈취에 2010년 처음으로 도입되었던 징벌적 손해배상은 대리점법, 가맹사업법, 제조물책임법의 부당반품, 구입강제, 부당거래거절 등의 행위로 일차 확장되었고, 다시 2018년 8월 말에는 공정거래법에도 반영되어 사업자들의 가격담합과 공정위 신고에 대한 보복조치에 대해서도 확대되었다.

요컨대 공정위는 경쟁당국으로서 기본책무에 더해 재벌규제당국으로서 경제력집중 규제와 중소기업과 소상인 보호의 업무를 부하받고 있고, 10여개의 소비자 관련 법률을 관장하는 소비자당국의 복합적 위상을 가지게 되었다. 순수하게 경쟁정책만을 집행하는 다른 나라 경쟁당국에 비해, 우리나라 공정위는 다양한 업무를 관장하는 경제부처의 속성도 가지는 것이다.

3. 불공정거래 금지

3.1. 개 관

사업자의 불공정거래 혹은 불공정경쟁 등의 남용적 영업행태를 통제하는 우리나라의 법규는 대단히 많다. 즉 독점규제 및 공정거래에 관한 법률, 표시광고의 공정화에 관한 법률, 하도급거래공정화에 관한 법률, 부정경쟁방지법, 상법 중 상호에 관한 규정, 특허법과 상표법, 실용신안법, 의장법과 저작권법 등의 지적재산권법, 대외무역법, 금융관련법률 등 각종 영업감독법과 보건위생관련 법규나 각종 경찰법규에도 불공정경쟁을 금지하는 단편적 조항들이 산재한다.[53] 그러나 경쟁법 차원에서 불공정거래행위 혹은 불공정경쟁을 논할 때에는 역시 1980년에 제정된 독점규제 및 공정거래에 관한 법률 제45조 소정의 불공정거래행위와 하위법령이 압도적 비중을 점한다.

3.2. 독점규제 및 공정거래에 관한 법률과 부속법령

불공정경쟁 혹은 부정경쟁에 관해서는 이를 규율하는 부정경쟁방지법이 이미 1963년부터 시행되고 있었으나, 이 법의 성격과 위상, 특히 경쟁법을 구성하는 축이라는 인식은 없었다. 오히려 부정경쟁방지법의 주무관청이 지식재산처(구 특허청)인 사실과 더불어 이 법이 지적재산권법의 일환인 것처럼 이해되고 있었고, 특히 1992년에 동법에 영업비밀보호조항이 포섭되면서 이러한 경향은 더욱 심화되었다. 또한 부정경쟁방지법이 독일의 불공정경쟁방지법(UWG)을 모법으로 함에도 불구하고, 일반조항을 통하여 불공정경쟁 전반을 포괄적으로 규율해 온 독일법의 상황과도 크게 달랐다.

53) 현실적으로 법 집행기관이 분화되면, 결국 규범의 (유권)해석에 있어서도 일관성 있는 결과를 도출하기 어려운 상황이 만들어질 수 있다. 심지어는 “예술인의 직업적 지위와 권리를 법으로 보호하고, 예술인 복지 지원을 통하여 예술인들의 창작활동을 증진하고 예술 발전에 이바지하는 것을 목적”으로 제정된 「예술인 복지법」에도 불공정행위의 금지 규정이 존재하는데(법 제6조의2), 그 내용의 실질은 공정거래법상의 거래상지위 남용금지 규정을 그대로 답습한 내용에 해당하는 것이다. 이 법률의 주무부처인 문화체육관광부가 법 규정을 집행함에 있어서는 당연히 경쟁정책적인 측면 보다는 개개인 예술인의 ‘복지’와 관련된 관점에서 당사자들의 사적 개별적 불이익에 대한 시정 차원에서만 법을 운용할 것이 분명한데, 이는 법규정 자체의 태생 및 본질과는 다른 성격으로 변질된 법 집행 선례가 축적될 수 있음을 의미하는 것이다(소위 ‘금보개발’사건을 통해 우리 대법원이 불공정거래행위에 대한 경쟁법 개입을 위해 시장거래질서와의 관련성을 추가로 요구하는 해석과도 괴리된 것이고, 점차 다른 내용으로 분화하고 있는 전체 불공정거래행위 관련 입법 내용을 다시 재정돈할 필요가 있다).

그 결과 불공정경쟁에 대해 포괄적인 통제를 가하면서 행정적 구제가 본격적으로 도입되는 것은 1980년 '독점규제 및 공정거래에 관한 법률'에 불공정거래행위에 관한 포괄적 금지조항(현행법 제45조)이 포함된 때부터이다. 1980년의 이 법은 미국의 연방독점금지법을 모델로 한 것이다. 그리고 독점금지와 불공정거래에 관한 포괄적 규제가 동일한 법률에서 수습되고, 불공정거래행위를 공정위의 행정적 구제의 대상으로 삼고 또 이것을 주된 구제수단으로 하는 것도 미국법과 크게 닮았고 독일법과는 현저하게 다르다.

현행법 제45조는 불공정거래행위에 관한 기본유형을 10가지로 열거하고 있다. 공정거래법에 의한 불공정거래행위 금지는 모든 시장, 모든 사업자를 적용대상으로 하는 일반불공정거래행위와 특수한 분야 혹은 특수한 영업행태를 표적으로 하는 특수불공정거래행위로 나누어지는바, 일반 불공정거래행위의 유형 및 기준은 다시 30여개의 세부유형으로 나누고 있다. 일반불공정거래행위의 유형 중 부당지원행위는 다른 나라에서는 찾을 수 없는 불공정거래행위의 유형으로서 실질적으로는 대규모기업집단의 규제를 목적으로 한 것이다. 한편 소비자를 표적으로 하는 각종의 오인유발적 표시광고는 표시광고의 공정화에 관한 법률로 이관되었으나, 이 역시 기본적인 불공정거래행위의 유형임은 물론이다. 또한 하도급거래 공정화에 관한 법률 역시 하도급거래와 관련한 불공정거래관행을 폭넓게 금지한다. 이 밖에 대리점이나 가맹점, 입점업체나 납품업체에 대한 공급업자나 대규모유통업자 그리고 가맹본부 등의 거래상 지위를 남용하는 행위를 단속하는 단행법규가 거듭 제정되고 있으며, 부당지원행위 관련 규제도 계속 강화되고 있다.

우리의 공정거래법 체계의 뚜렷한 특징 중의 하나는 모법에 해당하는 공정거래법과 별도로 규제 대상 산업 영역별 별도의 단행법으로 분화하여 제정된 실질적 의미의 공정거래법이 상당히 많다는 점이다. 소관부처 또한 동일하다는 점에 비추어 보면 굳이 특별법 제정까지 필요한 상황이었는지는 반성적으로 살펴볼 필요도 있다고 본다. 이미 공정거래법 내에 관련 내용들이 완비되어 규제의 사각지대가 없었다는 점에 비추어보면, 법 집행에 어려움이 전혀 없는 상황임에도 꾸준하게 "불공정거래행위를 근절하겠다"는 정치적 선전과 이에 따른 입법취지에 따라 현재 또는 과거에 정하고 있었던 공정거래법상의 불공정거래행위의 유형들(특수불공정거래행위 포함)을 하나씩 특별법의 성격을 취하면서 분화시켜왔던 것이다. 이는 '갑질논란'과 같은 사회적 여론이 들끓었을 때마다 이에 편승한 정치적 고려와 국회의원들의 입법 치적 필요, 정당의 정책선전, 법질서 전체에 대한 이해 부족이 합쳐진 결과이기도 한데,[54] 경쟁법을 운용하는 주요국의 입법상황과 비교하면 사실상 동일한 내용들이 지나치게 분화되고 중복되어 입법된 점이 없지 않아 다소 기형적인 법체계로도 평가하고 싶다. 특히 이러한 현상은 공정거래법 제45조 제1항 제6호가 규정하는 불공정거래행위의 내용 중 동조 제1 항 제4호가 정하는 '거래상지위 남용행위'에 해당하는 내용들을 중심으로 두드러진다(소위 '갑질방지법').[55]

3.3. 부정경쟁방지법

우리나라가 부정경쟁방지법을 제정한 것은 1961년이다. 법률 제911호로 제정된 이 법은 입법근대화 작업의 일환으로 제정되었으나, 의용(依用)하던 일본법과 큰 차이가 없었다.[56] 그리하여 부정경쟁행위의 유형이 영업상의 표지침해, 허위과대표시와 선전, 영업비방행위 등 실질적으로 3개에 불과하였고, 1986년의 개정

---

54) 2014년 대리점에 대한 강압적인 제품 '밀어내기'와 관련된 '남양유업 갑질' 논란으로 비난여론이 형성되자, 국회는 대리점거래에서의 불공정거래관행을 근절시키겠다면서 2015. 12. 22.「대리점거래의 공정화에 관한 법률」을 제정하였다. 그러나 실제로는 위와 같은 불공정거래관행은 법률의 부재로 인한 것이 아니었다. 즉, 별도의 개별 입법이 없더라도 이미 공정거래법상 거래상 지위 남용 행위유형 중 구입강제와 불이익제공으로 얼마든지 규율이 가능한 내용이었고, 심지어는 그 문제를 촉발시킨 당사자인 남양유업의 경우 동일한 사유로 2006. 12. 6. 공정위로부터 시정명령 등을 받았던 선례도 있었다(공정위 의결 제2006-379, 남양유업의 거래상지위 남용행위에 대한 건). 또한, 대리점거래에서 빈번하게 발생하는 구입강제행위 등에 대하여는 이미 공정위의 유사 의결 선례도 충분한 상황이었다. 갑질근절에 대한 여론에 편승하여 대리점법 제정을 마친 후 어느 정당은, 마치 과거에는 불가능했던 대리점거래에서의 '갑질근절'이 이제야 자신들의 노력으로 특별법의 제정이 이루어져 가능하게 되었으며, 이는 모두 자신들의 업적이라고 설명하기도 하였는데, 이는 공정거래법에 대한 무지이거나 대중 호도이다(안병한, 지식재산권 관련 공정거래법 집행에 관한 법적 연구, 성균관대학교 박사학위 청구논문, 2019, 196 참조).

55) 예를 들면,「하도급거래의 공정화에 관한 법률」은 원사업자의 수급사업자에 대한 거래상지위 남용행위의 시정을 위한 것으로, 구 공정거래법 제15조 제4호 및 동법 시행령 제21조의 규정에 의하여 1982년 12월 경제기획원고시 제59호로「하도급거래상의 불공정거래행위지정고시」로 지정하여 운영하던 것을 1984. 12. 31. 별도의 단행법(법률 제3779호)으로 제정한 것이고, 이와 같은 맥락에서「표시광고의 공정화에 관한 법률」은 과거 오인 유발적 표시광고와 같은 불공정거래행위 유형을,「대규모유통업에서의 거래 공정화에 관한 법률」,「가맹사업의 공정화에 관한 법률」,「대리점거래의 공정화에 관한 법률」은 각 거래상지위 남용행위의 세부유형으로서 규제되었던 대규모소매업고시나 과거 가맹사업고시 등의 내용을 개별 법률로 승격시켜 제정한 것이다.

56) 일본은 독일의 1909년 불공정경쟁방지법의 정신과 내용을 모방한 1911년 법안, 1926년 법안 등을 마련한 바 있었으나, 후발 자본주의국가가 선진국과 대등하게 부정경쟁을 규제하는 것은 시기상조라는 반대론에 거듭 밀렸다. 그 후 1934년에 다시 법안이 작성되고 이것이 부정경쟁방지법으로 제정되었다. 그러나 이 법은 의도적으로 불구화된 법으로서, 공업소유권 보호를 위한 파리조약상의 의무를 이행하는 차원에서 마지못해 제정된 것이다.

을 통해 영업비방행위마저 삭제되었다. 이 중 법규정이 현실적으로 운용되는 것은 영업상의 표지모용 사건과 영업비밀침해 관련 규정 등이며, 이와 관련하여 불공정거래 혹은 불공정경쟁 관련 판례법의 형성을 논할 수 있다.

한편 일반조항은 처음부터 존재하지 않았고, 따라서 불공정거래 혹은 불공정경쟁 일반에 대한 금지에는 크게 미치지 못하였다. 그후 1991년의 제 2 차 개정에서는 미국의 요구에 따라 광범위한 영업비밀조항이 이 법에 삽입되었으며, 다시 산업스파이에 대한 형사처벌을 강화하기 위한 1998년의 개정에서 법명이 '부정경쟁방지 및 영업비밀보호에 관한 법률'로 개칭되었다. 이 법의 주무관청이 지식재산처(구 특허청)인 사실과 더불어 이 법을 지적재산권법의 일환으로 보는 인식이 더욱 강화된 것이다. 한편 이 법은 공정거래법과의 관계에 대한 규정(부정경쟁방지및영업비밀보호에관한법률 제15조 제 2 항)을 두고 있으나, 이 조항은 여전히 논란의 여지가 많다.

제 3 장

시장, 경쟁 그리고 독점금지정책

제 1 절 총　설

경쟁법은 기본적으로 사시장경제체제를 배경으로 정립되는 법이다. 시장경제가 아닌 곳에서는 자유로운 경쟁이 있을 수 없다. 예컨대 사회주의처럼 개인의 경쟁 대신에 국가의 중앙집권적인 계획과 통제에 따라 자원의 배분이 이루어지거나, 중세의 봉건경제처럼 시장진입과 영업활동이 신분제도에 의해 제약되는 곳에서는 근대적 의미의 경쟁법이 정립될 수 없는 것이다.

경쟁법의 핵심은 사적독점의 금지에 있다. 즉 법률의 근거 하에 공행정이 담당하는 급부, 혹은 정부기관이나 공법인에게 공적인 독점을 허용하는 분야에 대해서는 독점금지법은 전면적 혹은 부분적으로 적용되지 아니한다. 여기에서 정부부문과 민간부분 혹은 정부기능과 시장기능의 구획과 조정이 커다란 정책적인 문제로 제기된다. 오늘날의 경향은 정부기능을 가능한 한 시장으로 이관하여 시장기능을 확대하여 작은 정부를 지향하고, 사경제부문에 대해 존재하던 각종의 규제, 특히 행정규제를 제거 내지 완화하는 것이다. 우리나라에서도 1980년대 이후 공행정이 수행해 왔던 정부기능을 시장기능으로 이관하거나, 공기업 민영화를 가속하는 것이 정책의 큰 줄거리가 되어 왔다. 특히 1997년 말 경제위기 이후 이러한 경향이 두드러지고 있고 정부의 역할에 대해서는 작지만 강한 정부를 선호하고 있다.

광의의 산업정책 차원에서 공적부문과 사적부문을 조정하고, 사적부문에서 어느 정도의 경쟁을 도입하고 경쟁법의 적용면제를 인정할 것인가 하는 것은 기본적으로 입법자의 몫이다. 질서자유주의자(Gruppe der Ordo- Liberalen)들은 경쟁정책이 다른 산업정책에 비하여 우위에 있다고 논하기도 한다. 그러나 우리나라의 실정법 체계상 이를 일반적으로 받아들이는 것은 어렵다.

제 2 절 경쟁법이 이루고자 하는 시장

1. 경쟁정책과 시장모형

독점금지법을 문자 그대로 읽으면, 독점력의 형성과 그 결과로서의 시장의 지배, 즉 하나 혹은 소수의 사업자에 의한 시장의 지배 자체가 전면적으로 금지되는 것처럼 들린다. 그러나 독점금지법은 독점 그 자체를 금지하는 법이 아니며, 또 이를 전면적으로 금지할 수도 없다.

시장에서의 치열한 경쟁을 통해 살아남은 기업이 경쟁의 자연스러운 결과로서 독점력을 형성하기도 하고, 또 새로운 시장이 형성되는 경우 이 시장에 처음으로 진입한 사업자는 당연히 독점사업자의 지위를 얻게 된다. 새로운 시장에서 처음 등장한 독점력을 부인한다면 시장 자체의 형성이 불가능한 것이고, 경쟁을 통해 형성되는 독점력을 부인한다면 경쟁 그 자체를 제한하는 속성을 가지게 된다. 또 시장에서 형성되는 독점은 새로운 시장진입이 있을 때까지 잠정적으로 존재하는 하나의 경과로 보기도 한다.

그러나 독점금지법이 독점을 부정적으로 바라보고, 시장의 개방성과 다수 사업자의 존속 그리고 사업자들 사이에 경쟁이 보다 풍부하게 일어나도록 촉진하는 것이 사명임은 그 누구도 부인할 수 없다. 여기에서 독점금지법 혹은 독점금지정책이 어떤 유형의 시장을 그 이상으로 설정하여야 할 것인가의 문제가 제기된다. 독점금지법의 본령이 독과점 규제에 있다면, 독점금지법이 달성하고자 하는 시장은 자동적으로 완전경쟁시장이 되는지, 아니면 또 다른 유형의 시장을 그 목표로 설정할 것인지의 문제가 등장하는 것이다.

2. 완전경쟁

Adam Smith 이래로 경쟁시장(competitive market) 내지 완전경쟁(perfect competition)은 이상적 시장으로서 몇 가지 전제를 깔고 있다.[57] 첫째, 사시장이 존재하고 이 시장에의 진입과 탈퇴가 무제한으로 자유로워야 한다. 즉 경쟁에 참여하려는 의사와 능력을 가진 모든 사업자에 대하여 시장이 완전히 개방되어 있어야 한다. 특히 제도적인 진입장벽, 영업허가나 인가의 규제가 없어야 함은 물론, 시장진입에 대한 사실상 혹은 관행상의 장벽도 없어야 한다. 둘째, 시장 안에서 경쟁을 제한하는 법과 제도는 물론이고 카르텔이나 기업결합 등의 경쟁제한적인 관행이 전혀 존재하지 아니하여야 한다.

즉 완전경쟁시장이란 제한없이 경쟁이 자유롭게 이루어지는 개방된 시장으로서, 가격의 매개변수적인 기능을 중심으로 한 무한의 기업 사이에 무한의 경쟁이 존재하는 곳이다. 즉 누가 더욱 값싸고 질이 좋은 상품을 소비자에게 제공하는가에 따라 승패가 결정되는 시장으로, 무제한의 경쟁을 통해 살아남는 사업자만이 존재하게 된다.

그러나 이러한 완전경쟁은 하나의 가상적 시장으로서 현실에서 이와 같은 조건을 모두 구비하기는 어렵다. 첫째, 시장에의 진입과 탈퇴 그리고 영업활동에 대한 제도적인 장애요인이 거의 모든 상품과 서비스에 대해 존재한다. 예컨대 회사설립에 대한 인허가 혹은 등기, 영업허가, 영업감독을 통한 영업활동에 대한 제한이 많은 시장에 여전히 존재하며, 가격과 급부내용에 대한 법적·행정적 규제와 통제가 가해지는 재화와 서비스가 여전히 많다. 둘째, 무한의 사업자·기업이 존재한다는 전제는 허구적인 것이며, 대부분의 의미있는 시장진입에는 상당한 설비투자가 필요하고, 자본은 항상 제한되어 있다. 그 결과로서 시장에서의 공급과 수요는 결코 무한하지 않고 유한하다. 또한 상품 또는 용역의 종류에 따라서는 성질상 또는 시기상의 공급제한이 존재하기도 하다. 셋째, 기업과 상품에 대한 완벽하고 자유로운 정보의 유통이 이루어지고 있지 않으며, 사업자와 소비자 사이에는 정보의 불평등 내지 비대칭이 항상 문제된다. 넷째, 모든 시장참가자는 이성적 주체이

57) Adam Smith, The Wealth of Nations, Bantam Classic Edition/March 2003, 79-82. Adam Smith는 1733년 스코틀란드에서 태어나 프랑스대혁명이 진행되던 1790년에 사망하였다. 시장경제를 체계화한 대작 국부론은 미국혁명의 해인 1776년에 출판되었다.

며 특히 사업자는 이윤극대화를 목적으로 한다는 전제도 비현실적인 점이 있다. 그러나 시장참가자들이 항상 비용-편익 분석의 동기하에 움직이는 것도 아니고 사업자가 단기적으로 시장선점이나 점유율제고에 집중하는 것은 시장에서 흔히 보는 일이다.

요컨대 현실의 시장은 완전경쟁과는 거리가 멀다. 어느 시대, 어떤 나라에서도 완전경쟁의 요소를 모두 구비한 시장을 찾기 어렵다. 특히 우리나라의 경우 국민경제적으로 중요한 시장은 대부분 독과점화되어 있는 실정이다. 근대 자본주의의 경험이 일천하고, 시장의 규모 자체가 작고, 산업화가 1960년대 중반부터 단기에 걸쳐 집약적으로 이루어졌기 때문이다. 여기에서 독과점을 전면적으로 금지하고, 시장구조를 완전경쟁시장으로 이행시킨다는 것은 비현실적인 이상이 될 수밖에 없다.

3. 유효경쟁과 가쟁시장론

완전경쟁시장을 경쟁정책의 목표로 삼는 것이 부적절하다는 인식 하에서 제시된 것이 유효경쟁론이다. 미국의 전통적인 독점금지법 이론에서는 완전경쟁의 비현실성을 전제로 하여, 독점금지법의 이상을 유효경쟁(workable competition 또는 effective competition)을 확보하는 데 두고 있다.[58]

실제로 미국의 독점금지당국, 즉 연방대법원, 연방거래위원회(FTC), 연방법무성(DOJ) 등이 독점을 통제해 온 과정을 보더라도 수많은 사업자가 난립하여 무제한의 경쟁을 벌이는 완전경쟁을 지향하는 것이 아니라, '중간 규모'의 '상당한 수'의 사업자가 경합하는 시장을 만들기 위해 노력해 왔다. 대체로 유효경쟁의 개념에 대해서는 경쟁이 가져오는 긍정적 기능을 제대로 살릴 수 있는 정도의 경쟁이라고 규정하는바, 이러한 경쟁이 이루어지고 있는 시장이 유효경쟁시장이다.

한편 1970년대 이후에는 시카고-UCLA학파를 비롯한 수정주의 이론이 다수 등장하였다.[59] 즉 잠재적 진입자가 언제든지 시장에 진입하여 경쟁이 이루어질 수 있는 시장, 소위 가쟁시장론(可爭市場; contestable market)[60]이나 거래비용-경제학

58) Hay, Market Power in Antitrust, 60 Antitrust L.J. 807-8(1992).

59) William G. Shepherd, The Economics of Industrial Organization, 3rd ed., 455-6.

60) 경제학에서는 이를 경합시장(競合市場) 혹은 경합적 시장으로 번역한다. 그러나 당해 시장에서 현실적으로 경합이 이루어지는 것이 아니라 사업자가 언제든지 진입해서 다툴 수 있다는 것이

(transaction cost economics) 등이 그 예이다.

가쟁시장론은 시장에서의 현실적 경쟁의 존재나 사업자의 수보다는 시장진입에 대한 장벽의 존재 여부를 중시하고, 독점금지정책의 목표는 완전가쟁시장(完全可爭市場, perfectly contestable market)의 달성이어야 한다고 주장한다. 즉 진입과 탈퇴에 아무런 비용이 들지 않고 또 제한이 없는 시장상황이라면, 높은 점유율을 가진 거대기업이라고 할지라도 상당한 정도의 판매위축 없이는 경쟁적 수준 이상으로 가격을 인상할 수 없다. 즉 완전히 가쟁적인 시장이라면, 비록 소수의 사업자만이 존재하는 시장도 고도로 가쟁적이며(highly contestable) 또 고도로 경쟁적일 수 있다(highly competitive). 그러므로 경쟁당국은 사업자의 수나 점유율보다는 진입조건에 보다 큰 비중을 두고 합병이나 배타적 관행들의 위법성심사를 하여야 한다는 결론에 이르게 된다.[61]

거래비용론이나 가쟁시장론 등은 시장상황이 완전경쟁의 모델에서 벗어날 경우 그 자체가 반경쟁적이고 유해하다는 추론을 깨뜨리는데 기여하고 있으며, 유효경쟁(effective competition)은 다양한 시장구조 하에서도 가능하다는 것을 보여주고 있다.[62] 1980년에 제정된 우리나라 공정거래법은 유효경쟁론을 배경에 깔고 있으며, 경제법적 논의의 대다수 역시 이러한 유효경쟁론을 논의의 기초로 삼고 있다고 생각된다. 결국 경쟁법은 원칙적으로 공개된 시장을 확보하고, 그 시장 안에서 상대적으로 자유롭고 공정한 경쟁이 이루어지거나 이루어질 수 있도록 담보함을 목적으로 하며, 즉 유효경쟁 상태 혹은 가쟁적 시장의 확보가 독점금지법의 이상이라고 할 수 있다.

제3절 촉진대상으로서의 경쟁

1. 총 설

실정 경쟁법제 중 적극적으로 경쟁의 개념이나 유형을 설정한 후 특정한 유

므로, 가쟁시장이라는 용어가 더욱 적합한 점이 있다.

61) 진입장벽이 매우 낮기 때문에, 무려 50%의 시장점유율을 가져오는 합병을 허용한 바도 있다. United States v. Waste Management, Inc.(2nd Cir. 1984).

62) Gellhorn/Kovacic/Calkins, 앞의 책, 102.

형의 경쟁을 촉진하고자 하는 예는 없고, 이러한 경쟁정책의 입안과 추진은 법기술적으로도 어렵다. 그리하여 대부분의 법제는 경쟁을 제한하거나 거래를 제한하는 사업자 혹은 사업자들의 행태를 금지함으로써 간접적으로 경쟁을 촉진하는 접근방법을 따른다.[63]

그러나 경쟁법의 본령이 경쟁의 촉진에 있다면, 가격경쟁과 기술개발경쟁 그리고 정적 경쟁과 동적 경쟁 중 어느 것이 경쟁정책에 보다 친밀한가 하는 문제는 별개의 차원에서 거론될 수 있다. 한걸음 더 나아가서 경쟁법이 상정하는 경쟁의 모형이 개별 단위기업 상호간의 경쟁을 근간으로 하는 것이라면, 기업집단과 집단 사이의 경쟁 혹은 집단과 개별기업 사이의 경쟁도 경쟁정책상 무방한 것인가 하는 문제가 또한 논란될 수 있다.

2. 가격경쟁과 기술경쟁

미국의 연방독점금지법을 비롯한 대부분의 경쟁법제가 암묵적으로 전제하는 경쟁은 개별 단위기업에 의한 가격경쟁이라고 할 수 있다. 다시 말해 개별적 기업 사이의 가격경쟁 또는 가격할인경쟁의 촉진이 기본이다. 한편 독일법에서 논하는 급부경쟁(Leistungswettbewerb)[64]이란 급부의 품질에 의한 경쟁을 말하는바, 급부의 품질은 가격을 떠나서는 말할 수 없는 것이므로 결국 급부경쟁 역시 가격경쟁의 다른 표현이 될 수 있다. 능률경쟁론에 의하면 사업자들이 급부 그 자체가 아니라 홍보나 서비스 경쟁을 벌이는 것은 경쟁의 본령을 벗어난 것으로 평가할 소지가 있다.

이에 대하여 가격경쟁 보다는 오히려 기술경쟁 혹은 기술개발경쟁의 촉진이

63) 양명조 교수는 '경쟁은 소수의 기업이 시장지배력을 가지지 않는 상태 또는 시장지배력을 행사할 수 없는 상태를 가리키며, 경쟁제한은 시장지배력이 형성되거나 시장지배력을 행사할 수 있는 상태'로 보면서, Robert Bork의 경쟁관련 설명을 다음과 같이 부연한다. 첫째 많은 고객을 확보하거나 매출을 늘리기 위한 경쟁활동의 과정 또는 대립(rivally), 둘째 개인이나 기업의 경제활동이 타인에 의해 구속되거나 제한되지 아니하는 상태, 셋째 개개의 매수인이나 매도인이 자신의 구매 또는 공급을 통해 당해 상품의 가격에 영향을 미칠 수 없는 시장상태, 넷째 활성적이며 소규모이고 특정한 지역의 투자자가 소유하고 있는 기업들의 보호를 통해 유지되는 쪼개어진 산업분야와 시장의 존재, 다섯째 법원의 판결로 다른 상태로 전환되더라도 더 이상 소비자의 복지를 향상시킬 수 없는 상태, 즉 독점이나 거래제한은 소비자복지가 법원의 개입으로 향상될 수 있으며 독점화행위는 소비자복지에 유해한 행위를 한다는 의미 등이다(양명조, 경제법강의, 제6판, 62-4).

64) 능률경쟁(能率競爭)으로 번역하는 예가 많고, 기여경쟁(寄與競爭)으로 번역하기도 한다.

독점금지법의 목표가 되어야 한다는 반론이 있다. 이 견해는 기술혁신에 의해 촉발되는 경쟁이 가격삭감에 초점을 둔 경쟁에 비해 일반적으로 경쟁을 자극하고 경제적 후생을 훨씬 더 효과적으로 촉진한다고 본다. 그러나 기술개발은 결국 제품화로 이어지고, 이 제품은 일정한 가격형성을 통해 시장에서 경쟁에 임한다는 점을 생각할 때, 기술경쟁의 촉진을 경쟁법의 과제로 삼는 견해는 독점금지법의 운용을 위한 법기술적 대안 차원에서는 충분하지 아니한 면이 있다.

3. 정적경쟁과 동적경쟁

전통 독점금지법 이론이나 시카고학파에서 기본적으로 상정하는 경쟁의 모습은 신고전파적 완전경쟁이다. 이 체제하에서 기업은 동일한 기술을 이용하면서 가격에 관해 경쟁하는 것으로서, 독점사업자는 생산을 감축하고 경쟁적인 수준 이상으로 가격을 책정함으로써 경제적 후생의 손실을 가져오는 것으로 입론된다. 그러나 이 이론은 생산과 가격에 관해 시장의 바람직한 모습을 제시하는 것이지만, 경쟁과정의 중요한 요소를 간과하고 기업의 효율성을 저해할 수도 있다는 점이 지적된다.

독점금지법의 목적을 경제적 후생의 증대에 둔다면, 새로운 상품과 새로운 공정(工程)의 도입을 통해 촉발되는 동적경쟁(動的競爭, dynamic competition)이 참으로 중요한 것이고, 정적경쟁(靜的競爭, static competition)보다는 동적경쟁을 촉진하는데 경쟁법의 목적을 두고 관련제도를 개편할 것을 주장하게 된다.[65] 전통적인 분석방법이 특정한 시점을 기준으로 소급적으로 시장을 분석하는 관점을 가졌다면, 동적분석은 상당한 기간에 걸친 분석 그리고 미래지향적인 관점을 강조하기도 한다. 이 동적경쟁론은 앞에서 말한 기술경쟁촉진론과 연결되는 경향이 있다.[66]

---

65) Jorde/Teece ed., Antitrust, Innovation, and Competitiveness, Oxford, 1992, 4. 이러한 견해는 연구기술개발을 위한 카르텔이나 기업결합 혹은 전략적 제휴관계에 대해 독점금지법의 적용을 완화하여야 한다는 주장으로 이어진다. 그러나 독점적 시장, 즉 개별 기업 내의 연구기술개발(inside track)보다 시장의 경쟁구조가 연구기술개발의 촉진에 더욱 기여하였다는 것이 인류의 역사적 경험이다.

66) Jorde/Teece, 앞의 책, 5.

4. 기업집단에 의한 경쟁과 재벌문제

전통적인 독점금지법 운영모델에 있어서는 개별 단위기업 상호간의 경쟁이 그 전제로 깔려 있다. 또 복합적 기업결합의 경쟁제한성에 관해서는 1960년대에 잠재적 경쟁이론(potential competition doctrine), 참호론(entrenchment theory), 교차지원론(cross-subsidization), 진입방해론 등의 논의가 있었지만, 오늘날 미국에서의 일반적 동향은 시장독점을 위해서가 아니라 효율성 제고를 위해 복합적 기업결합이 이루어지는 것으로 평가한다. 그 결과 1980년대 이후 복합적 기업결합은 독점금지법의 통제 밖에 놓여 있는 것이 미국의 실정이다.

여기에서 대규모기업집단 혹은 재벌에 대한 공정거래법의 간섭은 동법의 고유적 과제가 아니라고 말하게 된다. 그러나 우리나라의 현실에 있어서는 거대 기업집단의 형성이 다른 나라에 비해 특히 두드러진다는 인식이 강하고, 재벌의 지배구조가 총수를 정점으로 조직화되어 있으며, 게다가 국민경제적으로 의미가 있는 시장들은 재벌의 계열사들에 의해 독과점화되어 있다. 과거 재벌 계열사들은 다른 계열사의 채무보증을 통해 공금융에 쉽사리 접근할 수 있었고, 기업집단 내에서의 자금, 자산, 그리고 인력지원을 통해 특정한 시장에서 경쟁상의 우위를 손쉽게 점할 수 있었다. 즉 우리나라의 경우 개별 단위기업에 의한 경쟁이 아니라, 기업집단 대 기업집단의 경쟁, 혹은 기업집단 대 개별기업 사이의 경쟁을 흔히 보아 왔다.

이러한 상황 하에서 복합적 기업결합체의 한국적 형태라고 할 수 있는 재벌은 한국 경쟁법 혹은 경쟁정책의 중요한 과제로 부상하였다. 경쟁법이 전제하는 경쟁이 개별 단위기업에 의한 가격 혹은 급부경쟁이라면, 계열사 상호간의 교차지원과 부당한 내부거래를 배경으로 경쟁상의 우위를 확보한 우리나라의 재벌과 그 계열회사에 대한 경쟁법적 규율은 결과적 산물로 생각될 수 있다.

제4절 독점금지정책의 대상

1. 서 설

독점금지법은 시장경제가 고도로 발전하면서 시장집중이 심화된 나라에서 제정되었으며, 그 과정에서 입법의 필요성과 통제의 강도에 대하여 격렬한 논쟁이 수반되었다. 독점금지법은 대기업과 대자본을 통제하기 위한 법이나, 대기업은 국력과 그 나라 경쟁력의 원천인 것도 사실이다. 여기에서 독점금지가 그 나라의 대외경쟁력을 저해한다거나 국민경제의 현실에 미루어 시기상조이거나 지나친 금지라는 논란이 나오는 것도 당연하다. 뿐만 아니라 하이에크나 슘페터와 같이 시장에 대한 국가의 개입을 혐오하거나 독점기업이 축적한 자본은 다시 연구개발에 투입되어 기술개발과 경제발전에 동적 계기가 된다는 주장도 있다.[67] 반독점정책의 필요성 그리고 그 강도에 대해서는 근본적인 논란이 끊임없이 지속되고 있는 것이다.

한편 성문 독점금지법을 제정한 미국이나 우리나라에 있어서도 독점화행위나 카르텔행위, 불공정거래행위 등에 관한 기본적 규정들은 매우 추상적이어서 소위 개방적인 구성요건에 해당된다. 여기에서 법을 해석하고 집행하는 공정위나 법원 등은 상당한 재량권을 가지게 된다. 또한 우리나라의 재벌규제제도는 주요 입법례에서 그 예를 찾기 어려울 뿐만 아니라, 1998년 2월에 삭제되었다가 1999년 12월에 부활한 출자총액규제와 같이 그때그때의 정권의 성향과 움직이는 국민정서에 따라 더불어 동요하고 있다. 여기에서 독점금지법리는 선험적인 당위성이나 순수한 규범논리 차원으로 일관하기 어렵고, 제반 정황을 감안하여 공정위 등 경쟁당국에 의한 보완적 입법을 통해 법현실이 결정되는 것이다. 이러한 속성은 조문의 체계와 문언에 매달리는 일반 법해석학과 크게 다른 독점금지법의 특성이자 흥미로운 점이기도 하다.

다시 말해 독점금지정책의 목적을 경제적 효율성, 즉 소비자후생의 증대(consumer welfare; Vermehrung der allgemeinen Wohlfahrt)에 집중할 것인가 혹은 중소기업에 대한 정책적 보호와 같은 산업정책적 목적을 포섭할 것인가, 그리고 경

67) F. A. 하이에크 저/서병훈 역, 법, 입법 그리고 자유Ⅲ, CFE, 1997, 134-7.

쟁의 궁극적 치유력과 정부의 인위적 개입 사이에 어떠한 입장을 취할 것인가에 따라 각국의 그때그때의 경쟁정책은 큰 차이를 보이게 된다.[68] 여기에서 주어진 성문법의 문언 하에서도 단일 사업자의 기업행태, 혹은 복수 사업자 사이의 협약이나 기업결합행위 중 어떠한 것이 금지대상이 되어야 할 것인지에 관해서 격렬한 논쟁이 벌어질 수 있는 것이다. 그 대표적 예가 독점금지의 목적과 필요성을 두고 벌어진 하버드학파와 시카고학파 사이에 벌어진 논쟁이며, 그 결과는 1980년대 이후 연방대법원의 판례를 통해 광범하게 수렴되었다.

2. 하버드학파와 시카고학파

독점금지정책에 있어 1890년 셔먼법 제정 이래 전통적인 입장을 견지하는 주류적 견해, 특히 유효경쟁론을 바탕으로 하는 하버드학파의 주장을 광범하게 비판하는 일군의 학자들이 1950년대부터 등장하기 시작하였고, 이들을 일컬어 시카고학파[69] 혹은 수정주의자(reformist)라고 한다.[70]

시카고학파의 기본 이론은 1950년대 Aaron Director에 의해 구축된 후, 그의 동료나 제자들인 George Stigler, Bowman, Robert Bork, John McGee, Frank Easterbrook, Richard A. Posner 등의 학자에 의해 계승·발전되었다. 이들 시카고학파는 보수적 시장경제론자, 즉 시장에 대한 정부의 개입을 혐오하는 일단의 자유주의자들과 인적 그리고 이론적인 영향을 주고 받았다. 특히 디렉터 등은 가격이론(응용가격이론; applied price theory)에 입각하여 독점금지정책을 설명하였는바, 특히 다음의 전제 하에서 이론을 전개하였다. 첫째, 사업자는 이윤 극대화를 목적

68) 시카고학파는 정부의 인위적인 시장개입을 혐오하며 자유경쟁의 옹호자로서 장기적 관점에서 기업의 이윤동기가 빚어내는 시장의 효율성을 신봉한다. 그 결과 기업결합이나 수직적 거래제한 등도 일반적으로 개별 기업의 효율성을 제고하며 소비자의 일반적 후생을 증대시킨다고 평가하게 된다. Volker Emmerich, Kartellrecht 9.Aufl., C.H.Beck, 9f.

69) 시카고-UCLA학파라고도 부른다. 또 시카고학파에 관해서도 이를 다시 전통학파(diehard Chicagoan; Bork, Bowman)와 수정학파(reformed Chicagoan; Richard Posner)로 나누기도 한다. 이하의 논의는 Richard A. Posner, The Chicago School of Antitrust Analysis, University of Pennsylvania Law Review [Vol. 127: 925 1979]에서 다룬 내용을 요약한 것이다.

70) 이론상의 대립뿐만 아니라 현실 정책에 있어서도 연방 독점금지법 130년의 역사는 주기적 파동을 그리면서 발전해 왔다. 즉 연방정권의 주체가 보수적인 공화당인가 혹은 민주당인가, 경제가 호황인가 불황인가의 정황에 따라 그때그때의 독점금지정책은 큰 영향을 받았다(William G. Shepherd, 앞의 책, 457-8). 독점금지정책이 각국의 정치경제적 사정과 시대상황의 제약 하에 있다는 사실을 말하는 것이다.

으로 하고 또 이를 위해 합리적인 태도를 취한다. 둘째, 가격이 오르면 수요가 줄어든다. 셋째, 보다 많은 이윤을 획득할 수 있는 업종으로 자원이 몰리게 된다. 시카고학파의 이러한 기본전제는 근대경제학의 기본전제들과 일치한다.[71]

독점금지정책의 운용(필요성과 강도)과 관련하여 하버드학파와 시카고학파의 대립은 1980년대 이후 연방 독점금지정책에 매우 큰 영향을 미쳐왔고, 이와 더불어 새로운 수정주의이론, 예컨대 거래비용이론이나 기타 효율성강조 이론이 등장하고 있다.[72]

3. 시카고학파의 주장

3.1. 전통이론에 대한 비판

시카고학파는 정통 산업조직론자들이 근대경제학의 기본이론에 맞지 않는 비이론적인 주장을 하며, 통계수치를 맹목적으로 나열하는 등 기술적이며(descriptive), 우발적인 기업행태에 지나친 의미를 부여하는 것과 같이 직관적이고(intuitive), 심지어는 근거없는 이론을 맹신하는 형이상학적(metaphysical) 태도를 보인다고 비판한다.

한편 시카고학파의 다양한 주장들은 하나의 통일적으로 정리된 철학에 입각하여 일관된 논리로 전개된 것은 아니다. 구체적인 독점금지법 사건에 관한 논의에서 제기된 개별적 문제점을 숙고하는 과정에서 파생된 산물들이 집적되면서 독점금지정책에 관한 하나의 일반이론을 구성하게 된 것이다.

3.2. 개별적 검토

가. 끼워팔기[73]

시카고학파에 의하면, 끼워팔기는 독점이윤을 얻기 위한 합리적인 방법이 되

71) George Stigler는 완전경쟁시장이 작동하기 위한 요건에 대해 완전한 정보, 다수의 공급자와 수요자, 상품의 동질성, 그리고 생산의 가분성 등 네 가지를 든다.

72) 전통이론에 입각하여 시카고학파를 광범하게 분석하고 비판한 문헌으로는 Harry First, Eleanor M. Fox, and Robert Pitofsky, Revitalizing Antitrust in its Second Century - Essays on Legal, Economic, and Political Policy, Quorum Books, 1991.

73) 우리나라에서는 일반불공정거래행위의 한 유형인 구입강제의 세부항목으로서 끼워팔기가 금지되고 있고, 끼워팔기는 시장지배적지위를 전제로 하는 것이 아니다. 미국법의 경우 불공정거래관행은 표시광고를 제외하고는 기본적으로 독점화와 결부되어 있다.

지 못한다. 연계상품에 대한 가격이 포함됨에 따라 소비자가 주된 상품(피연계상품)에 대해 지급할 수 있는 금액을 감소시키기 때문이다. 그러나 끼워팔기는 가격차별의 수단으로서 의미는 있는바, 즉 연계상품의 매수비용은 소비자들을 분리시켜 주된 상품의 수요자를 다소간 탄력적으로 만들기 때문이다.[74] 이리하여 가격차별로 인해 독점사업자는 초과이윤을 거두지 못하고, 경쟁시장에서의 매출에 가깝게 된다. 요컨대 가격차별은 독점을 심화시키는 것이 아니므로 이를 금지할 필요가 없다.

이에 대해 하버드학파는 지렛대이론(leverage theory)[75]에 의거하여 혹은 진입장벽이론을 원용하여 끼워팔기에 대한 금지의 필요성을 주장하여 왔다. 그러나 시카고학파에 의하면 지렛대이론은 이론상으로 부당하다고 한다. 왜냐하면 소비자는 하나의 포괄적인 서비스를 구입하는 것이므로 제품이나 서비스의 전체가격을 중요하게 생각하며, 부품가격을 올릴 경우 소비자는 이를 전체 서비스나 재화에 대한 가격인상으로 받아 들이기 때문이라는 것이다. 또한 하버드학파의 진입장벽이론, 즉 신규 진입자가 주상품뿐만 아니라 피연계상품도 동시에 생산하여야 하므로, 일종의 진입장벽을 구성한다는 주장에 대해서도 시카고학파는 동의하지 않는다. 즉 끼워팔기의 동기가 가격차별에 있다면 주상품의 생산자가 종된 상품의 생산과정에 통제력을 가질 이유가 없으며, 하물며 이를 스스로 생산할 이유는 전혀 없다는 것이다. 신규 진입자는 기존의 연계판매자가 종된 상품을 구입하는 사업자로부터 종된 상품을 마찬가지로 구입할 수 있다는 것이다.

시카고학파는 끼워팔기에 대한 규제불필요론을 다시 수직적 기업결합에 유추적용한다. 즉 제조단계의 독점사업자가 유통단계에 있어서의 독점이윤을 더하기 위하여 유통업을 결합하는 것은 무의미한바, 제조와 유통은 서로 보완적인 것이고 유통비용의 증대는 제품에 대한 수요를 감소시킬 것이기 때문이다. 생산비와 유통비용이 고정된 비율로 책정되고 또 가격차별 분석이 적용될 수 없다고 한다면, 수직적 기업결합은 독점을 위해서가 아니라 효율성의 증대를 위해 이루어진다고 주장한다.

74) 가격차별이 없을 경우 설정되는 단일한 독점가격으로는 상품을 구입하지 아니할 보다 탄력적인 수요를 가진 소비자에 대해 가격차별은 독점사업자가 서비스하는 수단이 된다.

75) 공급자가 주된 상품을 독점공급하고 있을 경우, 더 많은 독점이윤을 거두기 위해 주된 상품의 부품이나 소모품, 예컨대 복사기와 복사기용 잉크와 같은 종된 상품에 대해서도 이를 끼워서 팔아 주된 상품에 대한 독점력을 종된 상품시장으로 확대, 전이시킨다는 이론이다.

나. 재판매가격유지행위

시카고학파에 의하면, 제조업자가 유통사업자들에게 독점이윤을 주기 위해 재판매가격유지를 하는 것은 합리적인 유통방법이 되지 못한다. 재판매가격의 동결로 인해 판매업자 사이의 가격경쟁은 방지되지만, 판매업자들은 소비자들에게 판매 전후의 서비스, 즉 광고, 카탈로그, 진열장, 고급 판매원의 채용 등을 통해 서비스경쟁을 하게 된다. 그리고 판매업자들의 서비스경쟁은 추가적으로 제공하는 서비스의 비용이 제조업자가 지정한 가격에 이르기까지 이루어질 것이기 때문이다. 또한 상품의 가치를 제고시키는 이들 서비스경쟁을 가격경쟁과 비교하여 부정할 이유는 없다고 한다.

또한 시카고학파는 재판매가격유지행위가 경제적 합리성이 있으며 이를 독점금지의 대상으로 할 필요가 없다는 자신의 이론을 판매지역제한(exclusive territories)과 배타적 판매(exclusive outlet) 등 배타조건부거래 일반으로 확대한다.

한편 전통적인 독점금지법이론에서는 재판매가격유지행위를 수직적 거래제한 혹은 시장단계를 달리하는 사업자 간의 수직적 가격카르텔로 보아 이를 금지하여야 하며, 특히 재판매가격유지행위는 수평적 가격카르텔과 결합할 가능성이 높다는 점에서 이를 엄격하게 금지하여야 한다고 주장한다.

다. 약탈적 가격형성

원가 이하의 판매[76] 혹은 상대방 경쟁자를 시장에서 말살하기 위한 의도 하에서 이루어지는 덤핑 등에 대해서도 시카고학파는 이를 통상적인 가격경쟁과 달리 취급할 이유가 없다고 본다. 약탈자는 덤핑을 행하는 기간 동안 손해를 보는 것이고, 경쟁자를 말살한 후 가격을 인상하여 손해를 보전하려 할 경우 신규사업자가 시장에 진입하여 다시 가격이 종전의 경쟁적인 시장에서 형성된 수준으로 내려가게 될 것이기 때문이다. 그러므로 대부분의 덤핑사건들은 경쟁자를 제거하기 위해서가 아니라, 다른 이유 때문에 이루어지는 것이라는 결론에 도달하게 된다. 즉 경쟁사업자를 시장에서 몰아내기 위해 생산비 이하로 상품을 판매하는 것은 장기적인 관점 하에서도 이득이 되지 못하는 것이고, 다만 말살대상인 경쟁자가 가격전쟁을 수행하는데 소요되는 자금을 조달함에 있어 약탈자보다 불리한 경

76) 독일에서는 원가 또는 구입비 이하의 판매를 유통상인을 보호하기 위해 할인법(Rabattgestez)을 통하여 엄격하게 금지해 왔으나, 이의 반경쟁성에 대해 비난이 높았다. 그 결과 이 법은 2000년대 초반 폐지되었다. Volker Emmerich, Das Recht des unlauteren Wettbewerbs, 5.Aufl., 63f.

우는 예외이지만, 그러나 이러한 예외는 비현실적이라고 한다.

이 이론은 사업자가 스스로 손해를 감수함으로써 경쟁자에게 손해를 가하려는 행위에 대해 일반적으로 유추된다. 예컨대 경쟁자와의 거래를 막기 위해 수요자에게 장기간의 공급계약을 체결할 것을 강요하는 경우, 합리적인 수요자는 이러한 불리한 조건을 만회하기 위한 적절한 보상을 요구하게 된다는 것이다.

3.3. 독점금지정책이 필요한 사항

첫째, 명시적 가격담합(explicit price fixing)은 금지의 대상이다. 그러나 묵시적 담합행위(tacit collusion)에 대한 금지는 필요하지 않다고 본다. 다만, 죠지 스티글러에 의하면 암묵적 동조행위는 집중도가 대단히 높은 이례적인 경우에 한해 문제가 될 수 있으나, 이 경우에도 클레이튼법 제 7 조나 셔먼법 제 2 조에 의한 구제조치를 시행할 필요가 있는지 여부에 대해서는 회의적이다. 암묵적 동조로 인한 카르텔이 궁극적으로 성공하는 일은 드물고 또 이로 인한 비효율을 시정하는데 막대한 절차비용이 소요되기 때문이라고 한다.

둘째, 대규모의 수평적 기업결합, 즉 합병을 통해 독점을 형성하는 경우이다. 대규모의 수평적 기업결합이란 카르텔 결성의 직접적 효과로서 독점이 형성되는 경우이거나 혹은 경쟁에 참여하는 의미있는 사업자의 수를 격감시킴으로써 시장의 카르텔화를 이루는 경우를 말한다.

한편 사업자들이 영업상의 이익을 포기하고 독점적인 지위를 얻으려는 비합리적인 태도를 취하지 않는 한 자신의 일방적인 행위(unilateral act)를 통해 독점적 지위를 취득하거나 그 지위를 강화할 수 없다는 것이다. 그러므로 가격차별이라든가 덤핑 등의 일방적 행위는 독점금지법의 금지대상이 되어서는 아니된다고 한다.[77)]

4. 하버드학파의 이론에 대한 비판

시카고학파에 의하면, 굴절수요곡선(kinky demand curve), 유효경쟁(workable competition), 지렛대이론(leverage), 관리가격(administered prices) 등 하버드학파의 이론은 경제학 이론에 부합하지 않는다. 이러한 이론은 특정한 시장, 예컨대 항공,

77) First/Fox/Pitofsky, 앞의 책, 171-2.

주석 캔, 알루미늄, 레이욘, 더글라스 전나무 등의 개별 시장에서 나타나는 사업자들의 행태에 대한 비조직적, 단편적 그리고 피상적인 관찰을 성급하게 일반화한 것으로서, 근대경제학의 기본전제, 즉 합리적 인간 그리고 사업자의 이윤극대화의 동기를 바탕으로 도출된 것이 아닐 뿐만 아니라, 이러한 전제와 조화를 이루지 못한다고 한다.

특히 경쟁 내지 경쟁시장을 설명할 때 전통적으로 활용되는 진입장벽론에 대하여도 시카고학파는 전혀 다른 주장을 펼친다. 예컨대, 10년간의 영업을 위해 10억원 상당의 공장건설을 한 후 시장에 진입해야만 제대로 경쟁에 가담할 수 있는 경우 이 10억원의 설비투자비용이 진입장벽을 구성하는가 여부에 관해 시카고학파는 이의 진입장벽적 성격을 부정한다. 그 이유는 기존의 진입자도 동일한 비용을 투입하였으며, 감가상각기간이 10년이라면 기존사업자도 매해 1억원을 적립하여 새로운 설비구입을 준비하여야 한다는 것이다. 또한 신규사업자가 10억원을 투입하여 10년간 사용한다면, 매해 1억원을 투입하는 것이고 또 이는 기존사업자와 마찬가지의 금액이 된다고 설명한다.

진입장벽론과 관련하여 전통이론은 광고비용을 신규 진입자에 대한 하나의 진입장벽으로서 파악한다. 신규 진입자는 자신이 시장에서 신인(信認)되기 위해 막대한 비용을 들여 광고하여야 하고, 또 광고의 효과는 1년 또는 단시일 내에 발휘되지 않으므로 광고에 막대한 자금지출이 필요하다는 것이다. 그러나 시카고학파에 의하면, 기존의 사업자도 소비자의 관심을 유지하기 위해 광고비를 지출하여야 하고, 연간 광고비가 신규 진입자에 비해 낮다는 증거가 없으며, 광고의 효과는 단기간에 사라질 뿐만 아니라 공장설비의 감가상각 속도보다 더 빠르다고 한다. 그러므로 광고는 공장과 같은 유형적 설비투자에 비해 훨씬 미약한 진입장벽을 구성한다고 주장된다.

마지막으로, 재판매가격유지와 관련하여 거론되는 무임승차론[78]에 대해서도 전혀 상이한 입장을 취한다. 즉 하버드학파는 재판매가격유지를 통해 무임승차를 막고 소매상이 소비자에게 각종의 사전 서비스를 제공하는 것은 사회적 편익이 아니라고 본다. 이러한 서비스는 광고의 한 형태로서 자신의 브랜드를 다른 브랜

78) 예컨대 대형 양판점이 특정한 유명브랜드 상품을 대폭 할인판매한다는 광고를 통해 소비자를 끌어 모은 뒤, 다른 상품의 판촉을 기함으로써 수익성을 제고하려는 유인염매(loss leader)의 행태가 대표적이다. 고가 브랜드 제조업자는 오랜 기간에 걸친 홍보와 고품질 고가전략을 통해 형성된 제품의 신인도가 양판점의 무임승차를 통해 훼손되고 희석되는 불이익을 입게 된다.

드와 효과적으로 차별화시키고, 그 결과 진입장벽으로 조성하거나 이를 강화하기 때문이라는 것이다.

이에 대해 시카고학파는 하버드학파의 이러한 주장은 소비자가 비합리적이며 광고를 통해 소비자의 의사결정을 비합리적으로 몰 수 있다는 사실을 전제로 하는 것이어서, 시장경제이론상 부당하다고 비판한다. 시카고학파에 의하면 합리적인 소비자는 광고가 상품의 선정과 비교를 위한 비용을 절감하는 범위 내에서만 광고비용을 부담하게 된다. 그러므로 광고를 통해 제공된 서비스는 실제적인 서비스인 것이고, 이는 보다 나은 상품을 제공함으로써 확보하는 차별력과 다르지 않으며, 보다 품질이 우수하고 싼 가격의 상품을 내놓는 것을 진입장벽으로 주장할 수 없는 것과 같다고 한다.

5. 두 이론의 교착과 새로운 주장

5.1. 두 이론의 교착과 반독점정책의 동요

1950년대에 이루어진 Aaron Director의 최초의 주장은 정신병자의 헛소리 정도의 취급을 받았다. 그러나 1980년에 이르러 조지 스티글러 등에 의한 분석방법의 고도화를 통해 전통적인 이론들에 대한 비판이 강화되었고, 근대경제학의 전제와 이론에 입각한 시카고학파의 주장이 연방대법원의 판례에서도 폭넓게 수용되었다. 특히 수직적 거래제한(vertical distribution restraints)에 관한 연방 독점금지법의 집행은 사실상 중단되기에 이르렀다. 1950년대 이후 약 20여년에 걸쳐 독점금지법 집행에서 강력한 무기가 되었던 당연위법론도 크게 후퇴하였다.

그러나 1990년대 이후 전통이론은 이론적인 면에 있어서나 실무적인 면에서 시카고학파의 주장을 반박하면서 새로운 전개를 보이고 있다. 우선 반독점정책의 목적을 오로지 경제적 효율성으로 상정하는 시카고학파에 대해 맹렬한 비판이 있으며, 시카고학파가 채용하는 신고전주의적 가격이론과 그것이 채용하는 모델에 대해서도 많은 비판이 있다. 나아가 시카고학파의 기본전제에서 출발하여 전혀 다른 결론을 유도하는 적극적 비판론도 있다.

5.2. 시카고학파의 한계

시카고학파의 주장에도 많은 문제가 있다. 무엇보다 주장의 전제들이 현실의 시장모습과 동떨어져 있다. 예컨대 사업자는 이윤극대화를 위해 합리적인 태도를 취한다는 전제는 분석대상이 되는 시간적 범위에 따라 동일한 행태에 대해 상이한 결론이 내려질 수 있는 것이다. 덤핑처럼 현시점의 정적분석 상으로는 비합리적이라고 할지라도 시장의 선점 혹은 석권이 장기적 관점에서 보다 유리할 수 있다. 또한 현실의 시장은 완전경쟁시장이 아니며, 수요자는 시장의 모든 조건과 정보에 정통하지 않고, 사업자와 상품에 관한 모든 정보가 무제한으로 접근, 이용될 수 있는 것도 아니다.

즉 포즈너가 제시한 시카고학파의 이론적인 전제, 특히 응용가격이론이 비현실적이고, 현실의 시장은 고전경제학에서 거론하는 완전경쟁시장 내지 시장의 조건과는 거리가 멀다. 특히 우리나라 시장의 현실여건은 시카고학파의 이론적 전제와는 더욱 거리가 있다.[79] 특히 독점금지정책이 본질적으로 단기적인 경과에 지나지 아니하는 완전경쟁을 시장의 암묵적 모델로 채택하는 것도 비판의 대상이 된다.

시카고학파의 응용가격론에 대한 대안으로서 경쟁에 개입하는 개별 기업을 단순한 생산단위로 파악할 것이 아니라, 하나의 관리단위로 파악하여 거래비용(transaction cost)분석에 입각하여 효율성을 강조하는 흐름도 뚜렷하다. 예컨대 경쟁에 개입하는 기업의 본질을 주목할 것을 강조하는 R. Coase나 시카고학파의 응용가격이론에 갈음하여 거래비용경제학(transaction cost economics)을 주장하는 Oliver Williamson 등의 학자가 특히 그러하다.[80] 윌리암슨의 설명에 따르면, 시카고학파의 응용가격이론과 거래비용이론의 주요 차이점은 다음과 같다.

[표 2] 응용가격론과 거래비용론의 주요 차이점

	응용가격이론	거래비용론
기초자료	가격과 생산량	거래 및 관리구조
기업의 본질	생산단위	관리단위
기업의 자연적 한계	기술	계약적 의존관계
조직의 목적	독점	경제화

79) 우리나라의 주요 시장은 완전경쟁과는 거리가 멀고, 경제력집중이 단순한 경쟁정책 차원에서 문제되는 것이 아니다. 정부주도형 경제운용의 잔재도 여전히 강력하고, 경제민주화 등을 이유로 한 시장개입이 늘어나고 있다. 시장의 자율적 메커니즘과 완전경쟁을 암묵적 모델로 하는 시카고학파의 이론은 우리의 현실과 더욱 거리가 있을 수 있다.

80) Oliver E. Williamson, Antitrust Lenses and the Uses of Transaction Cost Economics, 'Antitrust, Innovation, and Competitiveness,' Oxford, 1992, 137.

5.3. 다른 수정주의 이론

시카고학파는 특정한 기업의 현 시점에서의 시장점유율을 기준으로 정태적 분석(static analysis)을 하며, 기간 혹은 시차(time lag)의 문제를 고려하지 않고 있다. 예컨대 말살적 가격경쟁이 시행되어 독점사업자의 횡포가 쌓인 후에 비로소 신규사업자의 의미있는 경쟁참여가 가능한 것이다.

그러나 정태적 분석에 의하는 것은 하버드학파도 마찬가지이다. 즉 독점금지정책의 시행과 관련하여 특정한 시점에서 특정 기업의 점유율을 기준으로 하는 정태적 분석에 의할 경우 장래의 소비자가 아니라 현재의 소비자의 후생에 대한 영향만을 고려하게 되고, 이는 독점금지정책의 목적이 경제적 후생의 증대에 있다는 점을 고려할 때 의당 비판의 대상이 된다는 것이다.

여기에서 수정주의이론은 특정 시점에서의 정태적 분석에 갈음하여 상당한 기간 동안의 시장경과를 분석하여야 하고(즉 通時的 分析, intertemporal analysis), 또 과거지향적 분석이 아니라 장래를 향한 분석을 행할 필요성이 있다고 주장한다. 이러한 동태적 분석론(dynamic analysis)에 따르면, 전통적인 독점금지정책은 기업의 연구기술 개발노력에 족쇄를 채우고 시장상황에 대한 기업의 효율적 대처를 방해하여, 그 결과 소비자의 후생을 감소시킨다는 비판을 받게 된다.

• 제4장 •

경쟁법의 기초개념

제1절 서　　설

주요국의 경쟁법은 독점금지와 불공정거래의 금지를 양대축으로 하여 운용된다고 함은 앞에서 설명한 바와 같다. 그리고 실체규정의 핵심은 역시 독점금지, 즉 기존의 독점사업자가 자신의 독점적 지위를 남용하는 행위에 대한 금지, 시장에서 경쟁을 실질적으로 제한하는 기업결합에 대한 통제, 그리고 사업자들이 법적·경제적 독립성을 유지하면서 일정한 영업행태 면에서 다른 사업자와 담합하여 경쟁을 제한하는 행위인 부당공동행위에 대한 금지 등이 그 중심에 있다.

여기에서 독점금지법 혹은 경쟁법 운용의 기초가 되는 중요한 개념들이 등장한다. 즉 경쟁법의 수범자인 사업자, 적용면제의 법리, 시장지배력 혹은 독점력(monopoly power), 독점력 판단의 전제로서 관련시장의 획정, 경쟁의 실질적 제한, 그리고 위법성 판단을 위한 법리로서 당연위법과 합리성의 원칙 등이다. 이하 각각의 사항에 관하여 우리나라와 외국에서의 논의를 수렴하고 필요한 경우 사견을 제시한다.

제2절 적용범위

1. 수 범 자

1.1. 관련규정의 변천

독점규제 및 공정거래에 관한 법률 제2조 제1호는 '사업자란 제조업, 서비스업 또는 그 밖의 사업을 하는 자를 말한다. 이 경우 사업자의 이익을 위한 행위를 하는 임원, 종업원(계속하여 회사의 업무에 종사하는 사람으로서 임원 외의 사람을 말한다. 이하 같다), 대리인 및 그 밖의 자는 사업자단체에 관한 규정을 적용할 때에는 사업자로 본다.'라고 정한다.

이 규정은 공정거래법의 적용범위, 즉 적용대상이 되는 산업분야와 수범자(受範者)를 동시에 획정하는 의미를 지니고 있는바, 이 조항은 여러 차례의 개정을 거쳤다. 즉 1980년의 제정법에서는 '제조업, 도소매업, 운수, 창고업, 기타 대통령령이 정하는 사업을 영위하는 자'로 정한 후, 시행령에서 적용대상인 업종을 한정적으로 추가 열거하였다. 그리고 1990년 제2차 공정거래법 개정시에는 법률 제2조 제1호에서 직접 한정적으로 동법의 적용대상인 업종 혹은 개별 산업을 일일이 열거하고 필요할 경우 시행령에서 업종을 추가할 수 있는 것으로 정하였다.[81]

이러한 한정적 열거주의가 법적용대상을 명료하게 밝히는 반면에 공정거래법의 적용범위를 불필요하게 제한한다는 비판이 있었다. 특히 농업, 어업, 목축업 그리고 광업과 같은 제1차 산업 전반이 동법의 적용대상에서 배제되었던 것이다. 그리하여 1999년의 공정거래법 개정에서 현재의 입법방식을 채용하였고, 이는 동법을 모든 산업에 대해 예외없이 적용하며, 동법이 정하는 사업자는 예외규정에 해당되지 않는 한 일률적으로 동법의 수범자가 된다는 것을 선언하게 된 것이다.

그러나 현행법 제2조 제1호의 규정을 살펴보면, 사업자에 관하여 이를 '사업을 하는 자'로 정의하여 의미가 없는 동어반복의 수준에 머물고 있다. 여기에서 사업자의 의미를 어떻게 새기고 그 내용을 부여할 것인가의 문제가 대두한다.

---

81) 1999년 2월 개정 이전의 구법은 "제조업, 전기/가스/수도사업, 건설업, 도소매업 및 소비자용품 수리업, 음식 숙박업, 운수/창고/통신업, 금융/보험, 부동산임대/사업서비스업, 교육서비스업, 보건 및 사회복지사업, 사회 및 개인서비스업, 가사서비스업 및 연탄제조업(법 제2조 제1항)" 등을 제한적으로 열거하였다.

1.2. 사 업 자

가. 사 업

현행 공정거래법은 사업에 관한 적극적 개념을 두고 있지 않다. 수범자에 관하여 이를 사업을 하는 자라고 규정하여, 사업자의 개념을 동어반복적으로 규정하고 있을 따름이다. 그러나 경쟁법상 사업이라 함은 상법 소정의 영리사업은 물론이고, 경제상의 수지계산 위에서 지속적으로 또 반복적으로 행하는 일체의 경제활동을 포함한다. 즉 경제적 경쟁관계에서 수행되거나 이를 수반하는 모든 사업, 다시 말해 경쟁법적 규율이 요구되는 일체의 사업이 금지대상인 사업에 해당된다. 공정거래법의 사업이란 상법 소정의 영업개념과 다르며, 이보다 훨씬 폭이 넓다.

그리하여 상업, 공업은 물론이고, 병원, 약국, 학원 등의 경영, 법률사무소, 디자인사무소, 학술이나 기술의 진흥을 목적으로 하는 사업, 사회복지나 문화활동상의 사업 등 경제적 경쟁관계를 수반하는 모든 사업을 포괄한다.[82] 과거와는 달리 농업, 임업, 수산업과 광업 등 제1차 산업도 포함되며, 소위 자유직업인, 즉 변호사, 의료업 종사자(의사, 치과의사, 한의사, 수의사, 약사, 조산원 포함), 공인회계사, 세무사, 설계사, 예술가 등의 업무 내지 사업도 공정거래법 소정의 사업에 해당된다.

나. 개별사업자

사업자란 이상과 같은 사업을 자신의 계산으로 영위하는 자이다. 당해 경제활동을 자기의 계산으로 수행하면 충분하고 그 법적 명의는 묻지 아니한다. 경쟁법은 법률관계의 형식적 귀속에 관심이 있는 것이 아니라, 자유롭고 공정한 경쟁질서의 창달을 위해 당해 법률관계의 실질적 귀속에 관심을 가지기 때문이다. 또한 사업자의 법적 형태, 즉 자연인과 법인, 공법인과 사법인, 영리법인과 비영리법인, 법인격 없는 사단, 조합 등도 이를 묻지 아니한다.

공정거래법에 명문의 규정은 없으나, 동법의 적용과 관련하여 사업자를 절대적 사업자와 상대적 사업자로 나눌 수 있다.[83] 절대적 사업자란 상법상의 회사처럼 모든 면에서 사업자로 간주되어 공정거래법의 일반적 적용을 받는 자를 말하고, 상대적 사업자란 일정한 국면에 있어서만 사업자로서 공정거래법의 수범자가 되는 자를 말한다. 예컨대 국가나 지방자치단체와 같은 일반공법인은 사경제의 주

---

82) 독일 경쟁법의 정설. Emmerich, 앞의 책, 24.

83) 권오승/서정, 독점규제법 제6판, 법문사(2023), 75.

체로서 경쟁에 개입하는 경우에만 공정거래법의 적용을 받고, 이들의 고권적(高權的) 활동에 대해서는 적용되지 않는 것이다.

사업자(Unternehmer)는 가계에 대응하는 개념이므로, 사인의 개인생활상의 수요활동 혹은 최종소비자로서의 경제활동에 대해서는 공정거래법의 적용이 없다. 또한 순수한 자선행위 그리고 노동조합이나 소비자단체의 활동은 공정거래법의 규제 밖이다. 반대급부를 고려하고 경제활동을 지속적으로 수행하는 등 경제적 수지계산 관계가 존재하지 않기 때문이다.[84] 또한 자신의 계산으로 사업을 영위하지 않는 종업원이나 대리인 등의 경우도 사업자성이 부인된다. 영업주가 수지계산의 주체로서 사업자성을 취득하면 족하기 때문이다.

다. 사업자단체

복수의 사업자가 공동의 이익을 위해 조직한 사업자단체도 공정거래법의 수범자가 된다. 사업자단체라 함은 그 형태 여하를 불문하고 2 이상의 사업자가 공동의 이익을 증진할 목적으로 조직한 결합체 또는 그 연합체를 말한다(법 제 2 조 제 2 호). 이를 분설하면 다음과 같다.

첫째, 복수의 사업자로 구성되어야 한다. 사업자들의 단체이므로 구성원인 사업자는 최소한 2 이상이어야 하나, 이들이 동종의 업종에 종사할 필요는 없다. 따라서 대한변호사협회, 서적상연합회, 한국야구위원회(KBO)[85] 혹은 손해보험협회나 은행연합회처럼 동종 업종에 종사하는 자들 사이의 단체는 물론, 상공회의소나 전국경제인연합회 등 다양한 업종을 영위하는 사업자들의 단체도 무방하다. 다양한 업종의 사업자로 구성된 단체가 특정 시장에서 경쟁제한행위의 주체가 되거나 소속 사업자들에게 경쟁제한행위를 하도록 할 수 있기 때문이다. 그리고 단체 구성 사업자들이 동일한 지리적 권역에 있는 경우는 물론 전국적으로 포진하여도 좋고, 구성원의 사업 규모도 중소기업이든 대기업이든 상관이 없다. 그러므로 동대문시장번영회와 같은 특정 상가번영회는 물론, 전국적인 망을 가진 중소기업연합회나 전국경제인연합회 등도 사업자단체에 포함된다.

둘째, 공동의 이익증진을 그 목적으로 하여야 한다. 국내외 시장의 조사, 시장

84) 단순한 자선행위나 기부행위는 비사업적 행위이나, 이들이 경제상의 경쟁에 영향을 미칠 경우 경쟁법의 규제대상이 될 수 있다. 그러나 소비자단체가 소비자문제에 대한 대책으로서 집단적 구매거부(혹은 보이콧)를 행하는 경우 이는 물론 규제 밖이다.

85) 안병한, 프로야구 FA선수에 대한 연봉상한제 도입 논란 - 공정거래법 및 약관규제법 위반 가능성을 중심으로, 스포츠엔터테인먼트와 법 제21권 제 4 호, 2018.

정보의 공유, 행정관청이나 입법부에 대한 로비, 시장의 자율적 정서(整序) 혹은 공정경쟁규약의 집행, 과당경쟁의 억제 등 사업과 관련된 이익을 폭넓게 증진하기 위한 것으로 충분하다. 경조사 참여 등 상호부조 혹은 건강 기타 친목도모를 내세운다고 하더라도 실제로 사업상의 이익과 관련되어 활동한다면, 이 역시 사업자단체로서 규율대상이 된다. 경쟁법적 관점에서 문제가 되는 것은 특히 가격조정이나 시장분할 등 반경쟁적인 목적을 가진 사업자단체들이다. 그러나 순수한 친목도모나 경조사 참여, 혹은 학술연구를 목적으로 하는 것이라면 이는 사업자단체에서 말하는 공동의 목적이 아니다. 단체설립의 목적을 판단함에 있어서는 정관이나 규약 등 형식적 외형에만 국한하지 않고, 실질적인 관점에서 추구하는 내용을 기준으로 살펴야 한다.86)

셋째, 사업자들의 결합체 혹은 그 연합체로서 그 법적형태는 묻지 아니한다. 즉 단체의 명칭, 설립의 근거나 과정, 조직형태, 법적 실체 등에 대해서는 전혀 제한이 없으며, 당해 단체의 설립에 법적 근거가 있는 법정단체이든 혹은 순수한 임의단체이든 상관이 없다. 사업자단체의 명칭은 조합, 공제, 공제조합, 협회, 협의회, 회의소, 연합, 연합회, 연맹, 공제회, 친목회 등 매우 다양하며, 대한소아과학회와 같은 학술단체도 그 활동과 관련하여 사업자단체의 성격을 가질 수 있다. 또한 법적형태를 불문하는 것이므로, 법인이든 법인격이 없는 사단이든 혹은 조합이든 상관이 없다. 즉 민법상의 사단이나 조합, 상법상의 익명조합 혹은 합명회사나 주식회사 등 각종 회사의 형태를 취하더라도 상관없다.

문제가 되는 것은 사업자단체가 지회나 지부 등의 망을 거느리고 있는 경우

86) "대한소아과학회 서울특별시지회는 소아과학에 관한 학술연구 및 소아보건의 향상 등을 주목적으로 하여 설립된 단체이나, 동 단체의 회원은 소아과 병·의원을 개원하고 있는 사업자들이 대부분을 차지하고 있고, 수년간에 걸쳐 구성사업자인 소아과 개원의들의 공동의 이익을 도모하는 행위를 사실상 수행하여 왔다는 점 등을 감안할 때 구성사업자들의 공동의 이익을 증진할 목적으로 조직된 결합체로 보아야 할 것이므로 공정거래법 제2조 제4호의 규정에 의한 사업자단체로 인정된다(1992.5.12. 공정위의결)." 또한 대구유치원연합회의 사업자단체 금지행위 건에서도 "그 구성원들이 유아교육이라는 공익적 임무를 수행하고 기본적 속성에 비영리적인 점이 있다고 할지라도 입학금 등을 받고 그 대가로 교육에 임하는 기능 및 행위와 관련하여서는 사업자로서의 특성 및 측면이 있다."고 판시하였다(대판 2007.4.27, 2007두3985).
대판 2008.2.14, 2005두1879(공동의 이익의 의미) '공동의 이익'이란 구성사업자의 경제활동상의 이익을 말하고 단지 친목, 종교, 학술, 조사, 연구, 사회활동만을 목적으로 하는 단체는 이에 해당하지 않는다. 또한, 사업자단체에 참가하는 개별 구성사업자는 독립된 사업자이어야 하므로, 개별 사업자가 그 단체에 흡수되어 독자적인 활동을 하지 않는 경우에는 사업자단체라고 할 수 없고, 사업자단체로 되기 위해서는 개별 구성사업자와 구별되는 단체성, 조직성을 갖추어야 한다.

이다. 즉 사업자단체의 분회나 지소, 지부, 지역회의소 등이 그 자체 독자적인 사업자단체가 될 것인가 혹은 대규모 혹은 전국적 사업자단체의 구성부분이 되는데 그치는가 하는 점이다. 이 문제는 사업자성을 취득하는 시점과 이를 상실하는 시점에 관한 판단과 마찬가지로 기본적으로 사실판단의 문제가 된다. 즉 지역단체나 분회, 지부 등이 중앙회나 전국회의 총괄적인 지휘관리 하에 움직이는가 혹은 독자적으로 활동하는지 여부가 구별기준이 될 것이다. 단일한 단체 혹은 법인격의 부분적 구성요소라고 하더라도 독자적인 활동의 주체라면, 분회나 지회 등도 사업자단체로서 공정거래법의 수범자가 될 수 있고 또 이것이 합리적이다. 대한소아과학회 서울특별시지회에 대해 공정위는 이를 공정거래법 소정의 사업자단체로 본 바 있다.[87]

라. 의제사업자(제 2 조 제 1 호 후문)

"사업자의 이익을 위한 행위를 하는 임원·종업원(계속하여 회사의 업무에 종사하는 사람으로서 임원 외의 사람을 말한다)·대리인 및 그 밖의 자는 사업자단체에 관한 규정의 적용할 때에는 사업자로 본다"(법률상 간주규정). 이 규정의 취지는 현실적으로 회사의 임원, 종업원 등이 개인 이름으로 임의단체를 구성하거나 사업자단체의 구성원으로 활동하면서 실제로는 사업자의 각종 경쟁제한적인 활동을 하는 경우가 많기 때문에 규제의 실효성을 높이기 위한 것이다. 이 경우 임원 등은 자연인에 불과하기 때문에 원칙적으로 사업자단체에 관한 규정을 직접 적용하기 어렵다는 문제가 발생할 수 있기 때문이다. 이러한 문제를 해결하기 위해 사업자의 이익을 위한 행위를 하는 임원 등을 사업자로 의제(법률의 규정에 의한 간주)하여 사업자단체에 대한 금지규정을 적용할 수 있도록 법적 근거를 명확히 한 것이다.[88]

1.3. 국가, 지방자치단체, 기타 공법인

국가나 지방자치단체 등 일반공법인이 사인의 자격, 즉 사경제의 주체로서 전

87) 공정위의결 1992.5.12, 9204단143.

88) 사업자단체에 관한 규정에 있어서만 사업자의제 규정이 적용된다. 그 외 부당한 공동행위, 불공정거래행위 등 다른 규정의 적용에 있어서 임원·종업원·대리인 기타의 자를 사업자로 의제하는 명문규정은 없다. 공정위의 처분은 "침익적 행정행위"에 해당하므로 명문의 근거 없이 처분 또는 침익범위를 함부로 넓힌다면 이는 위법한 처분으로 행정소송의 대상이 될 수 있다. 더욱 공정거래법 위반행위에 대해서는 형사처벌과도 관련되어 있다. 형사처벌의 문제에서는 죄형법정주의와 관련 가벌성의 범위를 명문의 규정 없이 유추해석을 통하여 확장해서는 안 된다(죄형법정주의).

개하는 법률관계에 관해서도 특칙이 없는 한 동법이 적용된다. 1999년 개정 이전의 구법 하의 사업자와 관련하여, 대법원은 "국가나 지방자치단체도 사경제의 주체로서 타인과 거래행위를 하는 경우, 예컨대 서울시가 전동차제작회사와 전동차제작납품계약을 체결하는 때에는 그 범위 내에서 독점규제 및 공정거래에 관한 법률 소정의 사업자가 된다"고 판단한 바 있다.[89]

한편 국가나 지방자치단체의 고권적 활동 혹은 공행정관계에 대해서는 공정거래법이 적용되지 않는다. 독점금지법은 사업자의 사적인 독점을 금지하는 것이기 때문이다. 그러나 사경제에 대한 간섭의 전통이 깊고 또 정부의 규모가 큰 우리나라에서는 고권적 활동이나 행정지도를 통해 공권력이 경쟁질서에 큰 영향을 미치게 된다. 특히 실질적으로 사경제주체로서의 활동임에도 불구하고 이를 공행정의 형태로 급부관계를 수행할 경우 공정거래법은 현실적으로 적용되지 않는 반면, 당해 거래분야의 경쟁질서는 이로 인해 결정적 영향을 받게 된다. 여기에서 공행정의 주체로서의 개입이냐 혹은 사경제의 주체로서의 개입이냐에 따라 경쟁법 적용 여부를 달리한다는 것은 경우에 따라 매우 불합리한 결과를 야기할 수도 있다.

1.4. 경제적 동일체의 문제

공정거래법상 사업자 여부를 판별할 때 기준이 되는 것은 권리와 의무의 귀속점이라는 법적 형식이 아니라 경제적 실질 그 자체이다. 여기에서 모회사와 자회사와 같이 법률형식상으로는 별개 독립의 사업자이지만 이들이 단일한 경제적 주체로서 행위를 하였다면, 이들을 하나의 사업자로 다룰 것인지, 이 중의 하나를 수범자로 볼 것인지, 혹은 이들 각자를 개별적 수범자로 다룰 것인지의 문제가 공정거래법의 집행과정에서 논란되고 있다.

형식과 실질의 괴리에서 비롯되는 이 문제는 민법이나 상법, 형사법에서도 존재하고 또 이들 법역에서는 전통적 해법이 마련되어 있다. 법리가 유동적으로 분기하고 있는 공정거래법에서는 이 문제가 경제적 동일체(single economic entity. 경제동일체 혹은 경제적 단일체라고도 함)라는 이름으로 논의되고 있다. 가장 대표적인 사례는 모회사와 100% 자회사가 담합을 하였을 때 이를 담합으로 보아 제재할 것인지 여부이다. 기업결합 분야에서도 이 문제가 논란될 수 있다. 예컨대 모자관계

89) 대판 1990.11.23, 90다카3659.

에 있는 회사 사이의 합병이나 기업집단으로 묶여 있는 사업자들, 즉 계열회사들 사이의 합병 기타의 기업결합을 어떻게 심사할 것인지의 문제이다. 나아가서 별개 독립의 경제적 주체인 사업자들이 일치하여 혹은 사업플랫폼을 통해 가격결정 기타 행위를 조율하였을 때, 이들을 단일한 사업자로 보아 시장지배적지위 남용행위 금지규정을 적용할 수 있는지 여부도 논란거리이다.[90]

이와 관련하여 공정위는 여러 가지 실무를 전개하고 있고, 학설이나 판례도 모회사와 100% 자회사 사이의 담합은 이를 금지할 필요가 없다는 방향으로 의견을 모으고 있다. 예컨대 공정위의 기업결합심사기준은 동일한 기업집단에 속하는 계열회사 사이의 기업결합을 간이심사의 대상으로 규정하고, 공동행위심사기준은 자회사 발행지분 100%를 보유하는 모회사와 자회사 사이의 담합에 대해 공정거래법 제40조의 적용을 유보한다(다만 모회사가 자회사를 들러리로 내세우는 것과 같은 입찰담합의 경우에는 경제적 동일체의 항변을 허용하지 아니함). 또한 자회사 지분을 100% 보유하지 않는 모자회사 사이의 담합이나 직접적 모자관계가 존재하지 않는 동일한 기업집단에 속하는 계열회사 사이의 담합에 대해서도 금지 여부가 논란될 여지가 있다. 이들이 독립한 경제적 주체로서 독자적인 경영상의 판단을 행하였는지 여부와 관련하여 담합을 위한 독립된 경제적 실체(economic entity)인지 여부가 얼마든지 논란될 수 있기 때문이다. 시장지배적지위 남용행위 금지와 관련하여 공정거래법은 시장지배적 사업자 추정제도를 두고 있는바, 동일한 기업집단에 속하는 계열회사들은 이 추정과 관련하여 하나의 사업자로 의제된다는 점에서 이 이론과의 관련성을 찾을 수 있다. 한편 공정거래법 제45조 제1항 제9호 소정의 부당지원행위 금지는 사실상 기업집단 소속 계열회사 상호간의 지원행위에 대한 규제에 초점을 두고 있는 제도이므로, 이들에 대해 경제적 동일체 이론을 원용하는 것은 입법의 취지에 어긋나게 된다.[91]

독점금지법 영역에서 경제적 동일체 이론은 탄력적으로 발전할 가능성이 적지 않다. 공정거래법은 사업자 단독의 혹은 공동의 행태를 금지하는 몇 가지 일반규정을 중심으로 운영되고 있으며, 특히 우리나라에서는 실체규정이나 절차규정을

90) 법원은 12개의 은행이 BC카드사를 설립하여 BC카드라는 브랜드를 공유하면서 카드발급과 전산망을 같이 이용하는 관계에서 수수료를 공동으로 결정한 사건에서 이들이 손익분배를 공통으로 하지 않았다는 점을 강조하여 이들을 하나의 사업자로 볼 수 없다고 판단하였다. 대판 2005.12.9, 2003두6283 참조.

91) 대판 2006.12.7, 2004두11268 등.

묻지 않고 일체의 공정거래법 위반행위가 엄중한 형사처벌의 대상이 된다. 그러므로 경제적 동일체 이론을 빙자하여 예컨대 시장지배적 사업자에 대한 제재와 처벌을 그 자회사와 계열회사에까지 확대하고 가중하는 수단으로 삼아서는 아니되고, 어디까지나 공정거래법 소정의 금지나 처벌을 면제하거나 완화하는 이론적 틀이 되어야 할 것이다.

2. 공정거래법의 적용면제

2.1. 총 설

가. 적용면제의 유형

공정거래법의 적용면제는 크게 두 가지다. 첫째는 공정거래법 그 자체의 규정에 의하는 적용면제인바, 여기에는 공정거래법 제116조 이하의 적용유보조항에 의한 것과 기업결합이나 카르텔금지에서 당해 제도와 관련하여 일정한 예외사유를 두는 경우가 있다. 두 번째는 공정거래법과 대등한 효력을 가지는 별개의 단행법률에서 공정거래법의 적용을 전면적으로 혹은 일부조항에 대해 명시적으로 적용을 유보하거나 혹은 공정거래법과 충돌되는 조항을 규정함으로써 그 해석을 통하여 공정거래법의 적용이 배제되는 경우이다. 농협경제지주회사 및 그 자회사가 수행하는 사업 중 농업협동조합을 위한 구매나 판매행위 등에 대해 부당공동행위나 부당지원행위에 대해 공정거래법 제40조와 제45조의 적용을 제외하는 것(농업협동조합법 제12조 제8항·제9항)은 명시적 적용제외의 대표적 사례이며, 보험회사들이 보험업법 제125조에 의거하여 금융위원회의 인가를 얻은 상호협정을 통해 행하는 공동행위는 묵시적 적용면제(혹은 해석에 의한 적용면제)의 사례에 해당된다.

그러나 이 두 가지 면제사유는 실질적으로 중복된다. 다른 법률에서 명시적으로 공정거래법의 적용을 유보하거나 공정거래법의 개별 제도와 충돌되는 조항을 규정하는 경우 이에 따른 사업자들의 행위는 공정거래법 제116조 소정의 법률에 따른 정당한 행위로 평가되어야 할 것이기 때문이다. 다만 공정거래법 제116조는 다른 법률 또는 법률에 의한 '정당한' 행위에 한하여 동법의 적용을 유보한다. 여기에서 우리나라의 경우 다른 법률의 해석을 통한 공정거래법의 묵시적 적용면제는 법리적으로 제한될 소지가 있다. 판례 또한 여기에서 다른 법률이라 함은 '당해 사업의 특수성으로 경쟁제한이 합리적이라고 인정되는 사업 또는 인가제 등에 의하여 사업자의 독점적 지위가 보장되는 반면 공공성의 관점에서 고도의 공적규제가 필요한 사업 등에 있어서 자유경쟁의 구체적 예외를 인정하고 있는 법률'로 제한적으로 해석하고 있다.[92)]

나. 규제산업

규제산업(regulated industries), 즉 전기 가스 등 에너지산업, 도시공중여객운송업, 통신방송산업, 금융보험업 등은 전통적으로 정부의 시장간섭이 강력하게 이루어져 왔고, 이 중 일부는 가격기능에 따른 시장경쟁이 비효율적인 소위 시장실패(market failure)나 자연독점(natural monopoly)이 거론되기도 한다.[93)] 이들 분야에서는 분야별 산업법 혹은 영업규제법(전기사업법, 도시가스사업법, 석탄산업법, 여객자동차운수사업법, 항공법, 해운법, 전기통신사업법, 방송법, 은행법, 보험업법, 자본시장법 등)이 인허가 등 높은 진입장벽을 설정하여 독과점체제를 인정하고, 이와 더불어 요율규제, 체약강제, 보편적 서비스규제 등 사업활동에 대해 강력한 규제를 가하게 된다.

그러나 이러한 분야별 규제(sector specific regulation)가 공정거래법의 적용을 배제하는 것이 아니다. 공정거래법은 일반적 경쟁정책으로서 분야별 규제와는 그 성격이 다르며, 해당 행정관청의 허가나 인가가 당해 사업활동에 대한 공정거래법의 전면적 적용면제를 묵시적으로 허용하는 것은 결코 아니다.[94)] 즉 이들 산업분야 역시 특별한 규정이 없는 한 공정거래법의 적용대상이다. 예컨대 발전 및 송전과 배전 그리고 전기판매사업을 사실상 독점하는 한국전력공사에 대하여 한국전력공사법이 특별한 규정을 두지 않는 한 한전의 시장지배적지위 남용이나 불공정거래행위가 있을 경우 공정거래법은 여전히 적용되는 것이다.[95)]

이처럼 분야별 규제와 일반 경쟁법의 집행은 그 성격을 달리하므로 법리상 중복제재로 볼 것은 아니다.[96)] 그러나 현실적으로 두 당국이 거듭해서 제재를 가

92) 대판 1997.5.16, 96누150; 대판 2006.11.23, 2004두8323 등.

93) 인터넷 서비스 관련 시장실패와 규제도입에 관하여는, 정호열/이상민, 망중립성 논쟁과 관련규제 소고, 성균관법학 24권 3호(2012), 736-8.

94) 그렇지만 동일한 사업자의 행태에 대해 분야별 규제당국과 경쟁당국이 이중으로 조사하고, 과징금을 중복해서 부과하는 것은 바람직하지 않다. 규제당국과 경쟁당국 사이에 법집행 차원의 협력이 필요하며, 이러한 노력을 통해 이중규제의 논란을 피할 필요가 있다. 정호열/송석은/안현중, 은행업분야의 전문규제와 경쟁정책의 조화에 관한 연구, 금융연구원 2013.5, 73-79.

95) 보증보험 분야의 경쟁촉진에 관하여는, 정호열/안병한, 보증보험시장의 공정경쟁 촉진에 대한 연구, 성균관법학 24권 2호(2012), 589-593. 또한 서울고판 2008.12.18, 2007누29842 참조.

96) 서울고판 2014.10.29, 2012누22999 및 서울고판 2014.2.6, 2012누24734.

하는 것은 수범자의 법감정상 바람직한 것이 아니고, 과잉금지라는 헌법가치의 관점에서 논란의 대상이 될 수 있다. 예컨대 전기사업법 제21조 제1항 소정의 금지행위 중 전기사업자의 부당차별에 대하여 주무관청인 산자부장관이 시정명령을 내리고 과징금을 부과하였는데, 동일한 사안에 대하여 일반 경쟁당국인 공정위가 다시 시정명령을 내리고 과징금을 부과하는 것과 같다. 경쟁사항에 대하여 각종 규제법이 시정조치나 과징금 조항을 두는 것은 기본적으로 바람직하지 않다. 그러나 분야별 당국과 경쟁당국이 동일한 사안에 대해 중복해서 조사하고 제재를 가하는 것은 피할 필요가 있다. 이를 위해 두 기관이 양해각서를 체결하여 법집행을 서로 조율하는 것도 하나의 방법이 될 수 있다.

다. 공적독점

공적독점(public monopoly)은 법률에 의거하여 일정한 거래분야를 공행정이나 공기업의 제도적 독점하에 두고 일반 사기업의 진입을 일체 허용하지 않는 것으로서 적용면제와는 그 얼개가 다르다. 예컨대 신서의 송달 등의 우편사업이나 우편환 업무 등은 우편법이나 우편환법의 규정에 의하여 국가가 독점하도록 되어 있다(우편법 제2조). 공적독점은 당해 사업의 공익적 성격이나 국가의 재정확보를 위해 법률이 인정하는 것이다. 우편사업 등의 순수한 공적독점에 대해서는 공정거래법이 적용될 여지가 없고, 오히려 국가의 사업독점권을 침해한 자는 형사처벌을 받는다(우편법 제46조).

한편 1990년대 말 홍삼의 제조, 가공 등 종래 공적독점으로 분류되던 상당수의 사업들이 민영화되었고, 이와 더불어 인삼사업법과 한국담배인삼공사법 등은 폐지되었으며 담배인삼공사는 상법상의 주식회사로 전환된 바 있다. 담배사업법은 아직 존치되어 있으나, 담배제조업에 대한 허가요건이 명기되었고(동법 제11조) 소매인에 한해 담배를 소비자에게 판매할 수 있으며 담배에 대한 전자거래나 우편판매는 금지되며(동법 제12조), 담배판매가격의 형성과 신고에 대한 규제가 있다(동법 제18조). 이하에서는 공정거래법 제116조 이하의 일반적 적용면제조항을 살펴본다.

2.2. 법령에 따른 정당한 행위

가. 일 반 론

법 제116조는 법령에 따라 행하는 정당한 행위에 대해서는 동법의 적용을 제외하는바, 이에 따른 공정거래법의 적용면제를 일컬어 법령에 따른 정당한 행위라고 부른다.

이 '다른 법령에 따라 하는' 정당한 행위라는 문언은 구법의 '다른 법률 또는 법률에 의한 명령에 따라 행하는'이란 문언이 수정된 것이다.[97] 일반적으로 법령이라 함은 법률과 시행령, 시행규칙 등 법규명령을 지칭하는 용어이다. 따라서 다른 법률 그 자체나 모법이 정한 위임의 범위 내에서 시행령이나 시행규칙, 고시 등의 법규명령이 정하는 바에 따라 사업자가 행하는 작위나 부작위에 대해서 공정거래법의 집행이 일괄적으로 유보된다.

문제는 법규명령에 의거하여 행정관청이 구체적으로 행한 행정처분에 따른 사업자들의 행위이다. 이에 대해서는 구법시절부터 법률에 의한 명령이란 법규명령을 말하고 행정처분은 이에 포함되지 않는다는 견해와 이를 포함하여야 한다는 견해로 나뉘고 있었다.[98] 법령에 따른 정당한 행위와 관련하여 가장 많은 논란이 이루어지는 것은 행정관청의 행정지도에 따른 사업자의 행위인데, 통설은 물론 공정위의 실무도 일정한 경우 행정지도의 사실상의 구속력을 감안하여 공정거래법의 집행을 유보하고 있다. 법치행정의 원칙상 행정처분은 수권의 범위 내에서 이루어져야 하고, 상위법에 어긋나거나 권한의 유월이나 남용이 없는 한 행정처분은 행정지도와 달리 규범적으로 사업자를 구속하는 힘이 있다. 그러므로 적법한 행정처분에 따른 사업자의 작위나 부작위도 법령에 따른 정당한 행위로 평가되어야 할 것이다. 물론 모법에서 경쟁제한적 속성을 지닐 수 있는 개별적 행정처분을 제한하는 것은 바람직한 일이다.

예컨대 보험업법 제125조는 주무관청인 금융위원회의 인가를 받아 보험회사들이 상호협정을 체결하고 이에 따른 행위를 할 수 있도록 허용한다(동조 제1항). 금융위원회는 나아가서 보험사업자에게 상호협정의 체결을 명하거나 이에 따르도록 명령, 즉 행정처분을 행할 수 있다(동조 제2항). 금융위원회가 상호협정의 체결을 명하거나 이에 따르도록 강제하는 조치가 이례적인 것은 분명하나, 이들 상호

97) 이와 같은 취지로 대법원은 "다른 법령에서 경쟁제한을 허용하고 있는 모든 경우에 대하여 동법을 적용하지 않는 것이 아니라, 정당한 행위 즉 경쟁제한을 인정해야 할 합리적인 이유가 있는 행위에 대해서만 필요최소한의 범위에서 동법의 적용을 제외해야 할 것"이라고 판시한 바 있다(대한법무사협회의 사업자단체금지행위 건 - 대판 1997.5. 16, 96누150, KT 등 시내전화요금담합사건 - 대판 2009.6.23, 2007두19416 등 참조).

98) 개별적 처분을 제외하여야 한다는 견해는 이호영, 독점규제법 제5판, 홍문사, 21-2 그리고 포함한다는 견해로는 김형배, 공정거래법의 이론과 실제, 삼일, 142.

협정의 인가나 체약강제 등은 법령에 근거하여 행정관청이 개별적 처분을 행하는 것으로서 보험사업자들은 당연히 이에 규범적으로 구속된다. 그러므로 보험사업자들이 상호협정에 따라 행하는 행위 혹은 금융위원회의 명령에 따라 행하는 행위는 공정거래법 제116조 소정의 법령에 따른 행위로 평가되어야 할 것이다.

다른 법률의 명시적 적용면제는 당해 조항이 헌법에 위배되지 않는 한 일반 경쟁법의 집행을 배척하게 된다. 그러나 묵시적 적용면제 내지 해석에 의한 적용면제의 경우는 이를 공정거래법 제116조의 다른 법령에 따른 정당한 행위로 운용하는 것이 옳다고 생각된다.[99] 이를 공정거래법과 무관한 별개 차원의 적용면제로 풀이하는 것은 다양한 분야에서 경쟁제한 상태를 쉽사리 초래할 수 있고, 공정거래법이 제116조의 일괄적용면제를 도입한 제도적 취지가 몰각되기 때문이다. 다른 법률과 공정거래법의 조화는 법령상 정당한 행위에 대한 공정거래법의 적용면제 뿐만 아니라, 앞의 규제산업에 관한 설명에서 본 바와 같이 부당하거나 위법한 행위에 대한 분야별 당국의 제재와 경쟁당국의 제재 사이에서도 마찬가지로 요청되는 것이다.

문제가 되는 것은 행정관청의 행정지도에 사업자가 따랐을 경우, 이것이 법률에 의한 정당한 행위가 될 것인지 여부이다. 원론적으로 행정지도는 법률에 의한 명령에 포함되지 않으며, 판례 역시 마찬가지의 태도이다.[100] 공법학의 일반적 설명에 의하면, 행정지도는 비권력적 사실행위로서 수범자에 대하여 구속력이 없으며 지도에 따를 것인지 여부를 수범자는 자유롭게 판단할 수 있는 것이다. 따라서 당해 행정지도에 따라 사업자가 행한 행위가 공정거래법에 위반될 경우에는 공정거래법 소정의 제재가 의당 수반되어야 한다고 할 수 있다. 그러나 이와 같은 설명은 행정지도의 실제, 즉 사실상의 구속력과 사뭇 거리가 있다. 여기에서 사업자가 행정지도에 따른 행위에 대하여 공정거래법 제116조를 적용 혹은 유추적용할 것인지, 아니면 이를 당해 행위의 책임성판단에서 고려할 것인지 여부가

99) 대판 2006.6.2, 2004두558 및 대판 2009.7.9, 2007드22078 참조.

100) 대법원판례는 물론 하급심에서도 행정지도에 따른 행위를 공정거래법 제116조의 법률에 따른 정당한 행위로 본 예가 없고, 부당공동행위 사건에서 사업자들이 행정지도에 따른 행위에 대하여 이를 동법 제40조 제5항의 운용에 있어 추정의 복멸사유로 파악하는 독특한 법리를 전개한다. 행정지도가 흔한 일본에서는 적법한 행정지도에 사업자가 협력한 행위에 대하여 위법성을 조각한 판결례(석유가격협정 관련 형사사건에 관한 1984년 최고재판소 판결)가 있다. 그러나 행정청의 판단을 독점금지법 위에 놓았다는 점에서 학설은 이 판결에 대해 비판적이며, 행정지도에 따른 행위에 대하여 대체로 책임조각 혹은 책임경감을 주장하고 있다. 이황, 보험산업에 대한 공정거래법의 적용과 그 한계, 경쟁법연구 제18권, 2008. 11, 각주 87(387-8).

특히 형벌조항의 적용에서 문제될 수 있다.[101] 이에 대해서는 별도로 상론한다.

한편 규제분야에 대한 주무관청의 허가나 인가가 공정거래법 제116조 소정의 법령에 따른 정당한 행위임을 자동적으로 인증하는 것이 결코 아니다. 행정관청의 허가 혹은 인가는 경찰법상의 목적하에 이루어지는 것이며, 인허가 대상이 공정거래법 위반을 구성하는지 여부는 별개 차원의 문제이다. 법 제116조 소정의 정당한 행위란 직접 법률의 규정에 따라 혹은 행정처분에 따른 정당한 행위인 까닭에 당해 행위가 가지는 경쟁제한성에도 불구하고 공정거래법의 적용면제를 받는 것을 의미하는 것이다. 예컨대 감독관청의 허가를 받은 사업자의 행위라고 할지라도 당해 행위는 불공정거래행위를 구성할 수 있고, 요율인가의 대상인 행위라도 사업자들이 그 전제인 사실과 관련하여 담합을 하였다면 부당공동행위로서 금지되어야 하는 것이다. 다만 법령의 근거 하에 행정관청이 인가의 부관으로 사업자들 사이의 협의나 조정을 요구하고 이에 따라 사업자들이 합의한 경우라면, 이는 법령에 따른 정당한 행위가 될 것이다. 인가사항과 관련하여 행정관청이 사전적인 행정지도에서 사업자들 사이의 협의 또는 조정을 거치도록 한 경우는 행정지도에 따른 행위의 문제가 된다.

또 다른 문제는 법령에 따라 행하는 행위에 대한 '정당성'의 평가 혹은 이를 위한 해석기준이 무엇인가 하는 점이다. 이에 대하여는 공정거래법의 관점에서 당해 행위의 정당성을 판단하여야 한다는 견해와 다른 법률 자체의 기준으로 평가하여야 한다는 견해로 나뉘어 있다. 그러나 공정거래법과 대등한 효력을 가진 다른 단행법률 혹은 그 법률에 따른 명령에 의거한 사업자의 행위에 대하여 공정거래법 제116조가 동법의 적용을 면제한다는 것은 당해 행위의 경쟁제한성 혹은 공정거래저해성에도 불구하고 그 행위에 대한 공정거래법 소정의 잣대에 따른 위법성판단을 유보한다는 것이다. 그렇지만 다른 법령에 구체적으로 근거를 두고 또 여기에서 사업자에게 구체적으로 허용한 범위 내에서만 공정거래법의 적용이 유보되는 것이고, 그 범위를 벗어나는 경우에는 공정거래법 소정의 정당한 행위가 될 수 없음은 물론이다.

101) 특히 부당공동행위(법 제40조), 재판매가격유지행위(법 제46조) 그리고 기업결합금지의 예외사유(법 제9조) 등은 법문의 구조상 합리의 원칙에 따른 위법성판단이 어려운 면이 있다. 여기에서 행정지도에 따른 행위를 공정거래법 제116조에 문의할 현실적 필요성이 제기된다.

대판 2006.11.23, 2004두8323

보험사업자에게 그 사업에 관한 공동행위를 하기 위한 상호협정을 허용한 취지는 보험사업자가 자율적으로 건전한 보험거래질서를 확립할 수 있도록 하기 위함이므로 위 상호협정의 특별이익 제공금지에 관한 세부적용기준에 의거한 공동행위라 하더라도 이러한 보험업법의 취지에 부합하지 않는 공동행위는 허용되지 않는다 할 것이므로, 원고들의 '기타 응급조치' 서비스 폐지의 합의가 특별이익 제공에 해당하지 않는 보험계약의 거래조건에 관한 것으로서 자동차손해보험의 거래조건에 관한 경쟁을 제한하는 행위에 해당하는 이상 보험업법 제17조에 따라 행하는 정당한 행위로서 법 제58조에 해당한다고 할 수 없다.

나. 행정지도에 따른 경우

(1) 행정지도와 법령에 따른 정당한 행위

행정지도란 행정관청이 사업자 기타 수범자의 임의적 협조와 순응을 통해 행정목적을 달성하기 위해 행하는 각종 지도와 권유 등의 비권력적 사실행위를 말한다. 경직된 행정처분에 비해 수범자의 반발이나 정서적 부담을 제거하면서 원만하게 행정목적을 달성케 하는 점에서 현대행정의 요구에 부응하는 면이 있고, 각종 사업자단체 또한 자율준수프로그램의 제정 등을 통하여 행정지도가 겨냥하는 목적실현의 매개체가 되는 경우도 있다. 행정지도는 규제가 많고 주무감독관청에 의한 선단행정의 전통이 강한 우리나라와 일본에서 특히 현저한 현상이다.

문제는 행정지도에 따른 사업자들의 행태가 카르텔행위나 불공정거래행위를 구성할 경우 이의 위법성문제를 어떻게 처리할 것인가에 있다. 공법학의 표준적 논의에 따르면, 행정지도는 비권력적 사실행위에 지나지 않고, 이를 위해서 법적 근거가 반드시 필요한 것이 아니다. 또 수범자의 임의적 협력과 순응을 기대하는 사실행위에 지나지 아니하므로, 행정지도는 법적 구속력이 없고 또 사업자가 이에 따르지 아니하더라도 법적 제재가 가해지지 아니한다. 이러한 논의에 의하면, 행정지도를 따를 것인지 여부는 사업자 스스로의 판단에 일임되는 것이고, 따라서 사업자가 행정지도에 따라 행한 각종의 행위는 공정거래법 제116조 소정의 법령에 따른 정당한 행위를 구성할 수 없는 것이다. 이러한 원칙론에 입각한 1992년도 하급심판결이 있다.

서울고판 1992.1.29, 91구2030

행정지도는 비권력적 사실행위에 불과한 것이어서 그에 따름이 강제되는 것이 아니므로 사업자단체로서는 독점규제및공정거래에관한법률 위반 여부를 판단하여 행동하여야 하고, 위 법의 운영은 행정부 내에서 독립된 지위를 가진 공정위의 권한으로 되어 있으므로, 사업자단체가 주무관청인 상공부의 행정지도에 따라 시정명령의 대상이 되는 행위를 하게 된 것이라 하더라도 그것만으로 위법성이 조각된다거나 또는 그 시정을 명함이 금반언의 원칙에 반한다고 할 수는 없다.

한편 주무관청의 적법한 행정지도에 따른 사업자의 공동행위에 대해 이를 '부당한' 것으로 볼 수 없다는 2009년도 대법원 판결례가 있다. 그러나 이 판결은 행정지도에 따른 사업자의 행위를 법령에 따른 정당한 행위로 보는 것이 아니라, 공정거래법 제40조 소정의 부당성으로 접근한 것이다. 그러나 이 판결의 입론은 매우 이례적이어서 받아들이기 어렵다.

대판 2009.7.9, 2007두26117

어떠한 공동행위가 공정거래법 제40조 제1항이 정하고 있는 경쟁제한성을 가지는지 여부는 당해 상품의 특성, 소비자의 제품선택 기준, 당해 행위가 시장 및 사업자들의 경쟁에 미치는 영향 등 여러 사정을 고려하여, 당해 공동행위로 인하여 가격·수량·품질 기타 거래조건 등의 결정에 영향을 미치거나 미칠 우려가 있는지를 살펴, 개별적으로 판단하여야 한다. 한편, 사업자들이 공동으로 가격을 결정하거나 변경하는 행위는 그 범위 내에서 가격경쟁을 감소시킴으로써 그들의 의사에 따라 어느 정도 자유로이 가격 결정에 영향을 미치거나 미칠 우려가 있는 상태를 초래하게 되므로 원칙적으로 부당하고(대판 2009.3.26, 2008두21058 참조), 다만 그 공동행위가 법령에 근거한 정부기관의 행정지도에 따라 적합하게 이루어진 경우라든지 또는 경제전반의 효율성 증대로 인하여 친경쟁적 효과가 매우 큰 경우와 같이 특별한 사정이 있는 경우에는 부당하다고 할 수 없다.

그러나 이 사건 합의 중 컨테이너 운임적용률에 관한 부분은 이 사건 기록에 의하여 알 수 있는 다음과 같은 사정들, 즉 2003. 5.경 화물연대가 전면 파업에 돌입하자 정부가 이를 수습할 목적으로 2003. 5. 15. 화물연대의 주요 요구안을 수용하여 '화물운송노동자 단체와 운수업 사업자단체 간에 중앙교섭이 원만히 이루어질 수 있도록 적극 지원하고, 화주업체의 협조가 필요한 부분이 있는 경우에는 적극 참여하도록 지원한다'는 내용의 '노·정합의문'을 발표한 데 이어, 2003. 8. 22.에는 원고들 및 소외 회사 임원들로 하여금 '화물연대 관련 컨테이너운송업자 임원 대책회의'를 개최하게 하였고, 2003. 8. 25.에는 '하불료 13% 인상' 등의 후속조치를 취하도록 촉구하는 등 강력한 행정지도를 펼친 사실이 인정되는바, 그 과정에서 원고들 및 소외 회사들이 화주로부터 지급받는 컨테이너 운임의 적용률을 인상하는 내용의 이 사건 합의에 대하여도 위와 같은 정부의 행정지도가 있었다고 볼 여지가 있는 점, 화물연대의 요구사항 중의 하나인 하불료를 인상해 주기 위하여는 원고들이 화주들로부터 받는 운송료가 인상되어야 하는 등 어느 정도의 수익 증가가 원고들에게 필요하다고 보이는 점, 피고는 원고들이 화주들로부터 지급받는 운임적용률을 공동으로 결정한 행위만을 문제삼고 있고, 화물차주들에게 지급할 하불료를 공동으로 결정한 행위에 대하여는 아무런 문제를 제기하고 있지 아니한 점, 원고들 및 소외 회사들이 이 사건 합의를 하게 된 경위는 위와 같이 하불료를 인상하는 데 필요한 재원 마련에 있었는데, 우리나라 육상화물 운송시장의 특성상 하불료는 지입차주들의 소득과 직결되어 있어 정부가 컨테이너 운임의 덤핑을 방치할 경우 출혈가격경쟁이 발생하여 이로 인한 전국적인 산업 분규, 물류의 차질 및 교통안전 위해 등의 문제가 발생할 수 있고, 이를 해결하기 위하여 추가되는 사회적 비용은 육상화물 운송시장에서의 가격경쟁으로 인한 소비자 후생 증대효과에 비교하여 적다고 볼 수 없는 점 등에 비추어 볼 때, 친경쟁적 효과가 매우 커 공동행위의 부당성이 인정되지 않을 여지가 있다.

위의 대법원판결의 파기환송심(서울고판 2010.4.29, 2009누21019)은 행정지도를 법률에 따른 정당한 행위의 관점에서 다루면서 이 사건에서 콘테이너적용률에 관한 주무관청의 행정지도가 없었다고 보았고, 공정거래법 제40조의 부당성과 관련하여 이를 경쟁제한성과 구별하면서 경쟁제한 효과를 상쇄하는 효율성의 점을 주로 다루고 있다. 행정지도에 따른 면책 여부를 법률에 따른 정당한 행위로 살피면서, 부당공동행위의 위법성 판단에서 표준적인 태도를 견지한 것이다. 그 결과 이 사건의 대법원판결보다 파기환송심의 판단이 보다 표준적이다.

서울고판 2010.4.29, 2009누21019

이 사건 공동행위는 정부의 하불료 인상요청에 따라 화물연대와 하불료의 인상에 관하여 합의한 것이 아니라, 이를 기화로 원고들이 화주들로부터 받는 운송료 및 자가운송업자들로부터 받는 운송관리비에 관하여 합의한 것이며 정부가 원고들에 대하여 컨테이너운임 적용률을 인상하는 합의에 이르도록 요청하거나 행정지도를 하였음을 인정하기에 부족하고 달리 이를 인정할 증거가 없으며, 원고들이 하불료를 인상해 주기 위하여는 컨테이너운임 적용률을 어느 정도 인상할 필요가 있었다는 사정이 있다고 하여 달리 볼 것은 아닌 점 등을 더하여 보면, 이 사건 합의는 어느 모로 보나 공정거래법 제58조 소정의 법령에 따른 정당한 행위라고 할 수 없다.

하불료 인상률은 당초 정부가 제시한 최대 13%의 하불료 인상률에 크게 미치지 못할 뿐 아니라 원고들이 이 사건 공동행위에 의하여 실행한 평균운임 인상률에도 미치지 못하는바, 원고들이 컨테이너 운임적용률의 인상을 통하여 하불료를 인상해 줌으로써 국내 화물운송시장의 안정을 통한 소비자후생이 현저하게 증가하였다고 보기 어렵고 달리 이를 인정할 증거가 없다. 결국 이 사건 공동행위는 부당하다고 할 것이다.

따라서 이 사건 공동행위에는 경쟁제한성이 존재한다고 봄이 상당하고 부당성도 있다고 할 것이므로 원고의 주장은 이유 없다.

(2) 행정지도 유형에 따른 차별화

이상의 원칙론은 행정지도의 사실상의 강력한 구속력을 외면하고 감독행정의 실태와 배치되는 점이 있다. 여기에서 행정지도의 주체와 그 법적근거를 감안하여 이를 차별화할 필요가 있다. 즉 행정지도의 법적 근거가 전혀 없는 경우, 조직법상의 근거 즉 일반적 감독권만 있는 경우, 그리고 행정활동법상의 구체적 근거 즉 영업감독법규에 당해 행정지도에 관한 구체적 근거가 있는 경우 등으로 나눌 수 있다. 매우 드문 일이지만 행정작용법상의 근거 하에 주무관청이 행한 구체적 행정지도에 따른 공동행위는 법 제116조를 준용할 여지가 있다고 할 것이다. 행정조직법적 근거 하에 이루어진 행정지도의 경우 그 내용이 구체적이며 사업자에 대해 사실상의 구속력이 있다고 하더라도 이러한 행위에 대하여 위법성을 조각하기는 어렵다. 법 제116조의 엄격한 취지에 어긋날 뿐만 아니라, 공권력의 법적 근거 없는 가격지도나 시장간섭에 대해 면죄부를 주는 결과를 빚어낼 것이기 때문이다.

행정관청이 법적 근거 없이 또는 위법하게 행한 행정지도에 따른 행위에 대해서는 공정거래법의 적용을 피할 수 없다. 그 본질이 사실행위인 행정지도의 경우 법적 근거가 전혀 없다면, 이를 법령에 따른 정당한 행위로 볼 수 없기 때문이다.[102] 다만 행정지도의 사실상의 구속력과 당해 산업의 상황, 법위반행위의 정도

102) 법원도 KT 등 4개사의 시외전화요금 공동결정행위 사건에서 행정지도의 범위를 벗어나는 별도의 내용으로 합의한 것이므로 제116조의 정당한 행위에 해당하지 않는다고 보았다.
"이 사건 시외전화 사업이 그 특수성으로 인하여 경쟁제한이 합리적이라고 인정되는 사업 또는 인가제 등에 의하여 사업자의 독점적 지위가 보장되는 사업이라고 할 수 없는 점, 원고가 행정

와 반경쟁성의 정도를 감안하여 공정위가 그 책임을 부분적으로 경감하는 것은 가능하다고 할 것이다.

(3) 판례의 동향

구법하의 판례에서 다루어진 것은 주로 부당공동행위 사건인바, 이에 대해서는 독특한 법리가 전개되고 있었다. 즉 행정지도에 따른 행위이므로 법령에 의한 정당한 행위가 된다는 것이 아니라, 행정지도에 따라 한 행위가 결과적으로 일치된 것에 지나지 아니하므로 공정거래법 제40조 제 5 항의 추정조항[103)]이 적용되기 위해 필요한 사업자들 사이의 일치된 행위가 아니라는 것이다. 이 논리는 합의의 추정을 깨뜨릴 뿐만 아니라, 종국에는 부당공동행위의 기본요건인 합의 그 자체의 부인으로 이어진다.

사업자들이 감독관청의 행정지도에 따라 행한 행위가 부당공동행위의 외관(즉 행위의 일치)을 만든 경우, 법 제40조 제 5 항의 합의의 추정이 복멸될 수 있는지 여부가 여러 차례 다투어졌다. 우선 행정지도가 행정작용법의 근거 하에 사업자들의 행위의 일치를 초래하는 것이라면 합의의 추정이 복멸될 수 있다.[104)] 나아가서 행정작용법상의 근거가 없는 행정지도에 따라 행한 공동행위에 대해서도 추정이 복멸될 수 있다. 즉 사전협의를 하거나 사전승인을 얻도록 하는 법령의 명시적 규정은 없지만 재정경제원과 국세청이 정한 인상률에 따라 맥주가격을 인상한 사건에서 대법원은 공동행위의 추정을 복멸한 것이다.[105)] 그러나 행정관청이 행정지도를

지도의 근거로 들고 있는 전기통신사업법 제34조 제 2 항이 자유경쟁의 예외를 구체적으로 인정하고 있는 법률에 해당한다고 볼 수 없는 점, 원고는 정보통신부 담당공무원으로부터 접속료 부담문제에 관한 행정지도를 받게 되자 이를 이용하여 위 행정지도의 범위를 벗어나는 별도의 내용으로 이 사건 2002년 합의를 한 점 등을 볼 때, 이 사건 합의가 공정거래법 제58조의 정당한 행위에 해당하지 않는다"(대판 2008.12.24, 2007두19584).

103) 2007년 개정 이전의 공정거래법 제19조 제 5 항은 "2 이상의 사업자가 일정한 거래분야에서 경쟁을 실질적으로 제한하는 제 1 항 각호의 1에 해당하는 행위를 하고 있는 경우 동 사업자간에 그러한 행위를 할 것을 약정한 명시적인 합의가 없는 경우에도 부당한 공동행위를 하고 있는 것으로 추정한다"고 규정하고 있었다.
한편 2007년 8월의 개정을 거친 현재의 법문은 추정의 요건으로서 외관 내지 행위의 일치 이외에 이를 증거하는 정황증거를 요구하고 있는바, 추정의 대상에 대한 증거를 추정의 요건으로 삼는 것은 이례적이다.

104) 대판 2002.5.28, 2000두1386. 이 사건은 자동차보험의 손해보험사들이 부가보험료 인상률을 동일하게 하였으나 금융감독원이 보험업법 소정의 보험료 변경인가권을 기초로 보험료의 산정, 인상률, 시행시기 등에 대해 광범한 행정지도를 한 사안이다. 이 사건에 대한 대법원판결(2005.1. 28, 2002두12052)도 마찬가지의 결론이다.

105) 대판 2003.2.28, 2001두946·1239; 동 2003.3.14, 2001두939.

통하여 구체적인 가격인하율이나 인하시기를 정해 준 것이 아니라 원자재가격의 인하로 인한 원가하락요인을 자율적으로 제품가격에 반영하도록 하였다면 이는 행정지도에 의한 가격동조로 볼 수 없고 또 추정의 복멸도 인정되지 않는다.[106]

대판 2005.1.28, 2002두12052

금융감독원이 행정지도를 통하여 사실상 부가보험료 결정에 관여하였고, 그 결과 보험료가 동일하게 유지되었다면 위와 같은 사정은 공동행위의 합의추정을 복멸시킬 수 있는 정황으로 참작될 수 있다. 위 행정지도에 앞서 원고들 사이에 기본보험료에 대한 별도의 합의를 하였다거나 또는 위 행정지도를 기화로 기본보험료를 동일하게 유지하도록 하는 별도의 합의를 하였다고 볼 자료도 없으므로, 원고들의 행위는 원고들 사이의 의사연락에 의한 것이 아니라고 할 것이니 공동행위의 합의가 있다는 추정은 복멸되었다.

이상과 같은 추정복멸의 법리는 현행법 제40조 제5항 사건에도 그 논리가 원용될 수 있을 것이다. 그러나 이제는 합의사실에 관한 상당한 정황증거가 추정을 위해 반드시 필요하다. 그 결과 현행법 제40조 제5항의 추정의 요건을 갖춘 사안이라면, 제40조 제5항이 아니라 제1항으로 바로 가는 것이 간명하고 또 현재의 공정위의 실무도 그러하다.

2.3. 무체재산권[107]의 행사행위

공정거래법 제117조는 무체재산권의 행사행위에 대해 동법의 적용을 제외한다. 동조는 '이 법의 규정은 저작권법, 특허법, 실용신안법, 디자인보호법 또는 상표법 등에 의한 권리의 행사라고 인정되는 행위에 대해서는 적용되지 아니한다'고 선언하고 있다. 법문은 저작권, 특허권, 실용신안권, 디자인이나 상표권의 정당한

106) 대판 2002.5.28, 2000두1386. 가격형성에 관한 구체적인 행정지도가 존재하지 않았다.

107) 국가가 이미 2011.5.19. 「지식재산 기본법」을 제정하여 IP를 지칭하는 용어를 "무체재산권"이 아닌 "지식재산권"이라는 정의로 공식화하였음에도 공정거래법은 여전히 과거의 "무체재산권"이라는 용어를 그대로 답습하고 있다. 특히 공정위는 「지식재산권의 부당한 행사에 대한 심사지침」을 제정하면서 이미 '지식재산'이라는 용어를 공식적으로 사용하고 있다. 법문의 통일성을 고려하여 '지식재산권'의 개념으로 통일하는 것이 바람직하다. 공정거래법 제26조 제3호, 제29조 제2호 다목, 제45조 제9호, 제117조에는 여전히 '무체재산권'의 용어가 그대로 남아 있는 상황이다(안병한, 지식재산권 관련 공정거래법 집행에 관한 법적 연구, 성균관대학교 박사학위 청구논문, 2019, 132).

행사를 열거하고 있으나, 상법상의 상호권이나 기타의 지적재산권의 정당한 행사도 마찬가지로 보아야 한다. 공정거래법 제117조는 적용제외라는 조문 명에도 불구하고 실제로는 지식재산권에 대한 공정거래법 개입의 기준을 정한 적극적 의미를 갖는다. 특히 배타적 보호와 독점적 권리를 내용으로 하는 지식재산권의 행사라고 할지라도 무조건 공정거래법의 적용이 배제되는 것이 아니라는 것과 그 권리를 인정하는 정당한 목적 범위를 벗어나는 남용행위에 대하여는 동법을 적용한다는 기본원칙을 천명한 것이라고 하겠다. 원래 이 규정은 2007.8.3. 공정거래법의 개정 이전에는 "이 법의 규정은 저작권법, 특허법, 실용신안법, 디자인보호법 또는 상표법에 의한 권리의 행사라고 인정되는 행위에 대하여는 적용하지 아니한다."라고만 규정되어 있던 것을 '무체재산권 행사에 대한 법 적용제외 범위의 명확화'를 위해 법 개정이 필요하다는 개정 이유에 따라 "정당한"이라는 문구가 추가되어 오늘에 이르고 있다. 그러나 당시의 법 개정 이유에서 밝힌 것과는 달리 "정당한"이라는 문구가 추가되었다고 하여 지식재산권 행사에 대한 공정거래법 적용의 기준의 모호성이 일거에 모두 명확하게 정리된 것은 아니었다. "정당한 권리행사"라는 개념의 범위 그 자체가 이미 해석을 필요로 하는 포괄적인 개념이어서 결국 정당한 행사에 대한 판단기준이 무엇인지에 대한 논의가 다시 필요했기 때문이고, 이는 결국 "정당한"이라는 문구가 추가되기 이전의 원점으로 다시 돌아와 있음을 의미한다.108)

결론적으로 이 조문은 실제상 불필요한 조문이다.109) 특허법이나 상표법 등이 지적 발견 혹은 창안에 대해 특허권이나 상표권 등의 권리를 인정한 경우, 권리의 귀속자는 당해 법이 허용하는 범위 내에서 그 권리를 배타적으로 사용실시하고 또 이를 처분할 수 있음은 너무나 당연한 일이다. 마치 독점사업자가 자신이 소유한 부동산이나 물건에 대해 소유권의 범위 내에서 권리를 행사하고 배타적으로 사용수익하는 것이 보장됨과 하등 다를 바 없다.

---

108) 안병한, 지식재산권 관련 공정거래법 집행에 관한 법적 연구, 성균관대학교 박사학위 청구논문, 2019, 117.

109) 일본 공정거래법(私的独占の禁止及び公正取引の確保に関する法律) 제21조는 "이 법률의 규정은 저작권법, 특허법, 실용신안법, 의장법 또는 상표법에 의한 권리의 행사로 인정되는 행위에 대하여는 이를 적용하지 아니한다"고 규정하여 법상황이 우리와 같다. 지적재산권 행사에 대한 공정거래법 적용과 관련하여, 일본의 학설은 공정거래법 전면적용설, 부분적용설(예외적 상황에만 적용하고, 정당한 권원 내의 행위에 대해서는 적용되지 않는다는 견해) 등으로 나뉘어지나, 동조의 무용설을 제기하는 견해도 유력하다.

그러나 독점사업자가 소유권을 행사하는 행위 혹은 다른 사업자와 이용계약을 체결하는 것이 경쟁제한적 속성을 지니는 경우 공정거래법의 통제대상이 되는 것처럼, 지적재산권의 소유자 역시 마찬가지 차원의 통제를 받음은 물론이다. 예컨대 독점사업자가 시장진입에 필요한 특허권을 선점하여 다른 사업자의 시장진입을 방해한다든지, 혹은 지적재산권 소유자가 실시계약(license)과 관련하여 자신의 지위를 남용하거나 불공정한 행태를 보인다든가 하는 것은 독점금지의 대상이 되는 것이다. 여기에서 소유권의 행사 혹은 계약의 자유와 관련하여 공정거래법에 유보조항을 둘 필요가 없는 것처럼, 지적재산권의 행사와 관련해서 독점금지법에서 적용 혹은 적용유보 조항을 둘 필요는 없다. 카르텔협정도 기본적으로 계약자유 혹은 사적자치의 범주에 속하는 것이지만, 이것이 남용되어 경쟁제한성을 지닐 때 독점금지법이 개입하는 것과 동일하다. 표준적 법제에서 이러한 적용제외조항은 없으나 지적재산권의 처분·실시와 관련하여 경쟁법이 개입할 필요성과 그 여지가 점점 커지고 있는 것 또한 사실이다.

다만 이 조문은 연혁적 차원 혹은 발상적 차원의 의미는 있다고 하겠다. 즉 지적 발견이나 창안이 지적재산권으로서의 요건을 구비한 경우 타인이 이를 모방하거나 복사하여 경쟁하는 것이 금지된다는 점에서, 지적재산권법은 독점금지의 정신에 중대한 예외를 이루기 때문이다.[110] 다시 말해 독점금지법은 지적재산권의 정당한 행사에 대해서는 적용되지 아니하는 것이며, 이는 입법에 의한 경쟁정책과 지적재산권정책의 조정인 셈이다. 이와 관련하여 공정위는 '지식재산권의 부당한 행사에 관한 심사지침' (2000.8.30.제정. 2021.12.30.개정)을 제정하여 운용하고 있다.[111] 「지식재산권의 부당한 행사에 대한 심사지침」에서는 남용행위의 구체적 유형을 다음과 같이 예시하고 있다. ① 특허권의 취득,[112] ② 소송을 위한 특허권 행사,[113] ③ 실시허락,[114] ④ 특허풀(patent pool)[115] 및 상호실시허락(cross license),[116]

110) 안병한, "지적재산권남용에 대한 공정거래법상 규제 활성화에 관한 연구", 월간 법제, 법제처, 2015.

111) 공정거래위원회 지식재산권의 부당한 행사에 관한 심사지침의 입법정책적 개선방안에 대한 구체적인 논의는 안병한, 앞의 박사학위 청구논문, 2019, 200-205면; 안병한, "지식재산권의 부당한 행사에 대한 심사지침의 문제점과 개선방안", 경쟁저널 211호, 2022. 5. 참조.

112) 예) '주요 영업부분'에 해당하는 특허권의 양도·양수 계약을 체결하거나, 배타적 실시허락 계약 등을 통해 실질적으로 양도·양수 계약과 동일한 효과를 발생시키는 경우에는 경제적 실질의 관점에서 기업결합의 제한 규정을 적용할 수 있다.

113) 남용행위의 예) ① 특허가 기만적으로 취득된 것임을 알면서도 기만적으로 취득한 특허에 근거하여 특허침해소송을 제기하는 행위, ② 특허침해가 성립하지 않는다는 사실(해당 특허가

⑤ 표준기술 관련 특허권(SEP, Standard Essential Patent)의 행사,[117] ⑥ 특허분쟁과정의 합의,[118] ⑦ 특허관리전문회사(NPE, Non-Practicing Entity)의 특허권 행사[119]

무효라는 사실 등)을 특허권자가 알면서도 특허침해소송을 제기하는 행위, ③ 특허침해가 성립하지 않는다는 사실이 사회통념상 객관적으로 명백함에도 불구하고 특허침해소송을 제기하는 행위 등

114) 특허권자의 입장에서 추가적인 실시허락을 위해 발생되는 거래비용이 크지 않음에도 불구하고, 특허 취득 과정에서 이미 지출한 비용을 회수한다는 명목으로 독점력을 남용하여 지나치게 높은 실시료를 부과하는 경우가 많다. 물론 특허권자가 이룩한 기술적 성과에 대해 정당한 보상을 제공하고 새로운 기술혁신을 유도할 필요가 있다는 점에서, 일반적으로 이러한 실시료 부과 행위는 원칙적으로 특허권에 의한 정당한 권리 행사로 볼 수 있겠지만, 실시허락의 대가를 부당하게 높게 요구하는 행위는 특허권의 정당한 권리범위를 벗어난 것으로 판단할 수 있다는 의미이다. 또한 부당한 '패키지 실시허락(package licensing)'과 같은 행위는 공정거래법이 금지하는 '끼워팔기(tying)'와 무관하지 않다(거래강제의 측면에서 거래상대방의 선택권 침해).

115) 특허풀이란 복수의 특허권자가 각각 보유하는 특허를 취합하여 상호 간에 또는 제3자에게 공동으로 실시하는 협정을 의미한다. 특허풀은 보완적인 기술을 통합적으로 운영함으로써 관련 기술 분야에 대한 탐색비용, 복수의 특허권자에 대한 교섭비용 등을 절감하고, 침해소송에 따른 기술이용의 위험을 감소시켜, 관련 시장의 효율성을 제고하고 기술의 이용을 촉진시키는 친경쟁적 효과를 발생시킬 수는 있다. 그러나 특허풀이 구성 기술, 실시 형태, 운영 방식 등 권리 행사 내용에 비추어 특허권의 정당한 행사의 의미를 넘게 된다면, 공정거래법이 규제를 가할 수 있다.

116) 상호실시허락이란 복수의 특허권자가 각각 보유하는 특허에 대하여 서로 실시를 허락하는 협정으로, 특히 특허 분쟁과정의 합의 수단으로 이용되는 경우가 많다. 이러한 상호실시허락은 특허풀에 비해 연관된 사업자의 수가 적고, 운영방식 또한 덜 조직적인 특성을 갖는다. 그러나 기술이용의 촉진과 거래비용 절감 등의 친 경쟁적 효과에도 불구하고 사업자 간 공동행위, 제3의 경쟁사업자 배제 가능성 등으로 인해 경쟁을 저해할 우려가 있다는 점에서 특허풀과 상당한 공통점이 있다.

117) 표준필수특허(SEP)는 기술 간 호환성을 높여 경제적 효율성을 창출하고, 관련 기술의 이용과 개발을 촉진시킨다는 점에서 산업 정책적으로 그 필요성이 강조된다. 그러나 표준화된 기술은 관련 시장에서 막대한 영향력을 행사할 수 있게 되고, 일단 표준으로 선정된 기술을 다른 기술로 대체하는 것은 상당한 전환비용이 소요되어 이러한 영향력은 장기간 지속될 수 있다. 특히 표준기술이 배타적·독점적 특성을 갖는 특허권으로 보호받는 경우에는 관련 시장에 심각한 경쟁제한 효과를 초래할 수도 있다. 이러한 문제를 해결하기 위해 많은 표준화 기구들은 표준기술 선정에 앞서 관련된 특허 정보를 미리 공개하도록 하고, 표준기술로 선정될 기술이 특허권으로 보호받는 경우에는 "공정하고, 합리적이며, 비차별적인(FRAND, Fair Reasonable And Non-Discriminatory) 조건으로 실시 허락할 것"을 사전에 '협의'하도록 하고 있다(이른바 FRAND 확약). 이와 같은 특허 정보 공개와 실시조건 협의 절차는 표준필수특허권의 남용을 사전에 방지한다는 측면에서 그 필요성이 강조되며, 해당 절차의 이행 여부는 표준필수특허권 행사의 부당성을 판단할 때 중요한 고려사항이 된다. 특히 표준필수특허권자의 침해금지청구와 관련하여 금지청구가 아무런 제한 없이 이루어진다면 표준필수특허권자가 경쟁사업자를 시장에서 배제하거나 사업활동을 방해하기 위하여 또는 잠재적 실시권자에게 과도한 실시료를 부과하거나 실시허락 시 부당한 조건을 부과하기 위하여 금지청구를 악용하는 '특허억류(patent hold-up)'가 발생할 수 있다. 따라서 FRAND 조건으로 실시 허락할 것을 확약한 표준필수특허권자가 실시허락을 받을 의사가 있는 잠재적 실시권자(willing licensee)에 대하여 침해금지청구를 하는 행위는 특허권의 정당한 권리 범위를 벗어난 것으로서 관련 시장의 경쟁을 제한할 우려가 있는 행위로 판단할 수 있다.

등 지식재산권의 행사과정에서 나타날 수 있는 남용행위의 유형을 제시하고 있다.

대판 2014.2.27, 2012두24498

독점규제 및 공정거래에 관한 법률 제59조는 "이 법의 규정은 저작권법, 특허법, 실용신안법, 디자인보호법 또는 상표법에 의한 권리의 정당한 행사라고 인정되는 행위에 대하여는 적용하지 아니한다"고 규정하고 있으므로, '특허권의 정당한 행사라고 인정되지 아니하는 행위'에 대하여는 공정거래법이 적용되고, 이는 '정당한'이란 표현이 없던 구 독점규제 및 공정거래에 관한 법률 제59조의 경우도 마찬가지이다. '특허권의 정당한 행사라고 인정되지 아니하는 행위'란 행위의 외형상 특허권의 행사로 보이더라도 실질이 특허제도의 취지를 벗어나 제도의 본질적 목적에 반하는 경우를 의미하고,

118) 특허권자와 이해관계인은 소송 등의 법적 절차 이외에도 당사자 간 합의를 통해 특허의 효력, 특허침해 여부에 대한 분쟁을 해소할 수 있다. 일반적으로 이러한 합의는 소송비용과 기술이용의 위험을 감소시킬 수 있다는 점에서 특허권자의 권리보장을 위한 효율적 분쟁 해결 수단으로 인정될 수 있다. 그러나 특허분쟁과정의 부당한 합의는 무효인 특허의 독점력을 지속시키고 경쟁사업자의 신규진입을 방해함으로써 소비자후생을 저해하는 결과를 초래할 수 있다. 따라서 특허무효심판, 특허침해소송 등의 특허분쟁 과정에서 부당하게 시장 진입을 지연하는 것에 합의하는 등의 행위는 특허권의 정당한 권리 범위를 벗어난 것으로 판단할 수 있다. 특히 합의 당사자가 경쟁관계에 있는 경우, 합의의 목적이 관련 시장의 경쟁제한과 관련되는 경우, 특허권이 만료된 이후의 기간까지 관련 사업자의 시장 진입을 지연시키는 경우, 특허와 직접적으로 관련되지 않은 시장에서 관련 사업자의 진입을 지연시키는 경우, 분쟁의 대상이 된 특허가 무효임을 합의 당사자가 인지한 경우 또는 무효임이 객관적으로 명백한 경우 등에는 해당 특허분쟁과정의 합의를 부당한 것으로 판단할 가능성이 크다.

119) 특허관리전문사업자(NPE)는 제3자로부터의 특허권 매입을 통해 강력한 '특허포트폴리오'를 구축하고 이를 기반으로 다른 기업에 대한 실시허락이나 특허소송을 통해 수익을 실현하는 것을 주된 사업방식으로 한다. 이러한 특허관리전문사업자는 개인, 중소기업, 연구기관과 같이 특허권을 행사할 역량이 부족하거나 스스로 특허를 상업화할 의사가 없는 자의 특허를 매입 또는 관리하는 등의 방법으로 이들이 정당한 보상을 받을 수 있도록 함으로써 발명의 유인을 제공하고, 특허를 필요로 하는 자에게 특허권이 이전될 수 있도록 중개인의 역할을 함으로써 특허기술의 거래를 활성화하고 특허권의 자본화, 유동화에 기여할 수는 있다. 그러나 이러한 친 경쟁적 효과에도 불구하고 특허관리전문사업자(NPE)는 제조활동을 하지 않는 관계로 상대방과 특허권의 상호실시허락을 할 필요성이 없고 상대방으로부터 반대소송을 당할 위험도 낮기 때문에 일반적인 특허권자보다 특허권을 남용할 유인이 크다고 볼 수 있다. 부정적인 표현으로 특허괴물(patent troll)로도 불리는 이들의 남용행위는 특히 ① 통상적인 거래관행에 비추어 볼 때 현저히 불합리한 수준의 실시료를 부과하는 행위, ② 제3자로부터 취득한 특허권에 대해 통상적인 거래관행에 비추어 볼 때 불합리한 수준의 실시료를 부과하면서 종전 특허권자에게 적용되던 FRAND 조건의 적용을 부인하는 행위, ③ 컨소시엄을 통해 특허관리전문사업자를 설립한 복수의 사업자들과 함께 컨소시엄에 참여하지 않은 사업자들에게 특허의 실시허락을 부당하게 거절하거나 차별적인 조건으로 실시계약을 체결하기로 합의하는 행위, ④ 상대방이 특허관리전문사업자의 특허권 행사에 대응하는 데 필요한 중요한 정보를 은폐 또는 누락하거나 오인을 유발하는 등의 기만적인 방법을 사용하여 특허소송을 제기하거나 특허침해 경고장을 발송하는 등의 행위 등은 특허권의 정당한 권리범위를 벗어난 것으로서 관련 시장의 경쟁을 제한할 우려가 있는 행위로 판단할 수 있다.

여기에 해당하는지는 특허법의 목적과 취지, 당해 특허권의 내용과 아울러 당해 행위가 공정하고 자유로운 경쟁에 미치는 영향 등 제반 사정을 함께 고려하여 판단해야 한다.

따라서 의약품의 특허권자가 자신의 특허권을 침해할 가능성이 있는 의약품의 제조·판매를 시도하면서 특허의 효력이나 권리범위를 다투는 자에게 행위를 포기 또는 연기하는 대가로 일정한 경제적 이익을 제공하기로 하고 특허 관련 분쟁을 종결하는 합의를 한 경우, 합의가 '특허권의 정당한 행사라고 인정되지 아니하는 행위'에 해당하는지는 특허권자가 합의를 통하여 자신의 독점적 이익의 일부를 상대방에게 제공하는 대신 자신의 독점적 지위를 유지함으로써 공정하고 자유로운 경쟁에 영향을 미치는지에 따라 개별적으로 판단해야 하고, 이를 위해서는 합의의 경위와 내용, 합의의 대상이 된 기간, 합의에서 대가로 제공하기로 한 경제적 이익의 규모, 특허분쟁에 관련된 비용이나 예상이익, 그 밖에 합의에서 정한 대가를 정당화할 수 있는 사유의 유무 등을 종합적으로 고려해야 한다.

* 이 판결은 제약업자 사이에 이루어진 역지불합의(reverse payment agreement)에 대해 공정거래법 제40조 제1항 제4호, 제9호의 적용을 논란한 최초의 사례임

대판 2024.11.28, 2020두36892 (지멘스 사건)

구 공정거래법 제59조의 반대해석상 저작권의 정당한 행사라고 인정되지 아니하는 행위에 대하여는 구 공정거래법이 적용된다. 이때 '저작권의 정당한 행사라고 인정되지 아니하는 행위'란 행위의 외형상 저작권의 행사로 보이더라도 그 실질이 저작권 제도의 취지를 벗어나 제도의 본질적 목적에 반하는 경우를 의미하고, 여기에 해당하는지는 저작권법의 목적과 취지, 해당 저작권의 내용과 아울러 그 행위가 공정하고 자유로운 경쟁에 미치는 영향 등 제반 사정을 함께 고려하여 판단하여야 한다(대법원 2014.2.27, 2012두24498 참조). 따라서 저작권자가 저작물에 대한 접근 및 사용에 대하여 대가를 받는 것이 정상적인 거래관행에 비추어 타당성이 없는 조건 제시에 해당하는지를 판단할 때에는 저작권자로서 갖는 정당한 권리의 내용과 그 한계를 충분히 고려하여야 한다. … (중략) … 원고들이 이미 판매한 CT, MRI의 경우 그 판매계약상 매매목적물에 서비스 소프트웨어 사용권이 포함되어 있지 않아 보증기간 종료 후에는 유상으로 서비스 소프트웨어에 대한 사용 허락을 받아야 한다고 규정된 점은 앞서 본 것과 같다. 이와 같은 상황에서 이 사건 서비스키의 무상제공이 바람직한 경쟁질서에 부합하는 거래관행이라고 할 경우 실질적으로 원고들에게 이미 판매된 CT, MRI와 관련하여 자신의 저작물인 서비스 소프트웨어의 무상 제공을 강제하는 결과가 초래된다. 저작권자가 자신의 저작물 사용에 대하여 그 대가를 지급받을 권리는 저작권자의 가

장 기초적인 권리로서 원고들이 이 사건 서비스키 발급에 대한 대가를 수취한 것을 두고 저작권자의 정당한 권리의 범위를 넘어섰다고 보기 어렵다. 앞서 본 것과 같이 바람직한 경쟁질서에 부합하는 정상적인 거래관행을 판단할 때에는 저작권자의 정당한 권리의 범위를 고려하여야 한다는 점에서, 이 사건 서비스키 무상 제공을 바람직한 경쟁질서에 부합하는 정상적인 거래관행이라고 보기 어렵다.

* 저작권의 정당한 권리행사라고 인정한다면, 법 제117조(구법 제59조)에 비추어 처음부터 법 적용 자체가 제외되어야 한다는 결론에 이르러야 한다. 그러나 대법원은 저작권의 정당한 행사라고 인정한 이 사건 행위에 대하여 추가로 관련시장 획정 문제와 그 행위의 부당성 여부를 판단하고 있다.

2.4. 일정한 조합의 행위

공정거래법 제118조 본문은 "이 법은 다음 각 호의 요건을 갖추어 설립된 조합(조합의 연합체를 포함한다)의 행위에 대해서는 적용하지 아니한다."라고 정한다.[120] 그리고 이에 따른 적용제외를 흔히 '일정한 조합의 행위'로 부른다.

이 제도의 뿌리는 농민과 축산업자 등이 협동조합을 결성하여 일정한 행위에 대해 셔먼법의 적용제외를 인정하는 미국 Clayton법 제6조 그리고 이를 보완하는 Capper-Volstead 법이다. 농업인을 비롯한 소규모사업자들이 협동조합을 결성하는 행위와 이들 조합의 일정한 행위에 대해 공정거래법의 적용을 면제하는 것은 영세한 사업자나 소비자의 상호부조적 활동을 진작할 수 있다. 또한 독점금지법은 근본적으로 독점력을 가진 사업자의 경쟁제한행위를 표적으로 삼는 것이다. 그러므로 독점기업에 대항하여 소규모사업자들이 힘을 모아 시장의 유력한 참가자가 되는 것은 바람직할 뿐만 아니라, 이와 같은 행위에 대해 독점금지법의 적용제외를 인정하는 것은 자연스럽다. 또 이들 협동조합이 독점기업의 견제세력으로 등장하는 것은 경쟁을 활성화하고 경쟁당국의 법집행을 위한 노력과 비용을 절감케 하는 면이 있다.

미국에서는 노동조합과 농업협동조합을 이러한 조합의 전형으로 들고 있으나, 우리나라의 경우 노동조합에 대해서는 공정거래법 제2조의 사업자성 자체를

120) 협동조합기본법에도 이와 유사한 적용면제 조항이 있다. 동법 제13조 제3항은 '대통령령으로 정하는 요건에 해당하는 협동조합 및 사회적 협동조합 등의 행위에 대해서는 독점규제 및 공정거래에 관한 법률을 적용하지 아니한다. 다만 불공정거래행위 등 일정한 거래분야에서 부당하게 경쟁을 제한하는 경우에는 그러하지 아니하다'라고 규정한다.

부인하는 것이 보통이다. 결국 소비자들로 구성된 소비자협동조합이나 영세한 원시생산업자들로 구성된 농업협동조합, 축산업협동조합, 수산업협동조합, 그리고 소규모 상공업자로 구성된 중소기업협동조합 등이 공정거래법 제118조 소정의 소규모사업자의 조직체에 해당될 수 있다.

공정거래법 제118조의 적용 면제를 위해서는 당해 조합이 일정한 요건을 갖추어야 하는바, 이들 요건은 19세기 이후 국제협동조합 운동을 통해 역사적으로 검증된 협동조합의 구성 원칙에 부응하는 것이다. 동조가 정하는 요건은 다음 네 가지다. 첫째 소규모의 사업자 또는 소비자의 상호부조를 목적으로 하고, 둘째 임의로 설립되고 조합원이 임의로 가입 또는 탈퇴할 수 있어야 하고, 셋째 각 조합원이 평등한 의결권을 가져야 하고, 넷째 조합원에 대하여 이익분배를 하는 경우 그 한도가 정관으로 정해져 있어야 한다.

이 중 크게 논란되는 요건은 조합원의 자격에 대한 것이다. 우선 조합원 중 단 한 사람이라도 소규모사업자가 아닌 자가 포함될 경우에는 동조의 적용면제를 누릴 수 없다는 것이다(하나의 썩은 사과 이론, one bad apple theory).[121] 그 다음으로 어느 정도의 매출액을 기준으로 소규모사업자 여부를 판단할 것인지에 대해서는 일반적 이론이 없다. 이와 관련하여 중소기업협동조합 조합원의 매출액이 논란되었는데, 연간매출액 58억원(서울고판 2004.7.21, 2003누14071) 그리고 50-60억원의 매출액(서울고판 2002.6.4, 2001누12804; 대판 2002.9.24, 2002두5672)을 가진 협동조합의 구성원은 소규모사업자의 범주를 벗어나는 것으로 판단되었다. 소규모사업자의 범위에 관해서는 사실상 예측가능성이 없는 형편이며, 농축협중앙회나 중소기업중앙회는 물론 개별 지역조합이나 단위조합도 공정거래법 제118조 본문의 조합이 되기 어려울 것으로 보인다.

이 제도의 운용을 한걸음 더 제약하는 것은 공정거래법 제118조 단서이다. 즉 위의 네 가지 요건을 구비한 조합 또는 조합연합회의 행위라고 하더라도 그것이 불공정거래행위에 해당되거나 부당하게 경쟁을 제한하여 가격을 인상하게 되는 경우에는 적용면제를 누릴 수 없고, 이에 대해서는 공정거래법의 통상적 집행이 이루어져야 한다. 비교법적으로 또 입법기술적 차원에서 이 단서는 문제가 있는 것으로 보인다. 우선 미국의 클레이튼법 제6조나 캐퍼-볼스테드 특례가 명백한

121) 정호열/양화진/김재성, 소규모사업자 조합에 대한 공정거래법의 적용면제, 성균관법학 제26권 제3호(2014), 340면.

적용제외를 인정하는데 비해, 공정거래법 제118조는 단서를 통해 적용제외가 실질적으로 무력화되는 것이다. 그 다음으로 불공정거래행위는 공정거래법이 금지하는 행위 중 상대적으로 비중이 낮고 경쟁제한성과 무관하게 운영될 수 있다. 그런데 불공정거래행위에 대해서는 동조의 적용면제가 사실상 전면 부인되는데 비해, 시지남용행위나 부당공동행위 혹은 경쟁제한적 기업결합행위에 대해서는 경쟁제한성에 대한 입증 위에 당해 행위로 인해 가격인상이 있었다는 사실을 경쟁당국이 입증할 경우에 한해 적용면제가 부인되도록 규정되어 있다. 이 단서조항은 입법기술적 차원에서 보다 정교하게 다듬을 필요가 있다.

대판 2009.7.9, 2007두22078

사업자조합이 법 제118조에 정한 법 적용제외 조합에 해당하기 위하여는 소규모의 사업자들만으로 구성되어야 하고 소규모 사업자 이외의 자가 가입되어 있어서는 안되며, 법 제118조에 정한 소규모사업자는 대기업과 대등하게 교섭할 수 있게 하기 위하여 단결할 필요성이 있는 규모의 사업자라야 할 것인데, 이 사건의 경우 원고 회원은 지역조합, 품목조합 및 품목조합연합회로 이루어져 있어 소규모의 사업자 또는 소비자에 해당하지 않고, 원고는 농업협동조합법에 의하여 설립된 법인으로서 그 단결을 촉진하여야 할 필요성이 있는 임의로 설립된 조합에 해당되지 아니하므로, 법 제118조의 적용대상인 조합에 해당하지 않는다.

위의 판결은 여러 가지 비판의 소지가 있는 것으로 보인다. 우선 공정거래법 제118조가 말하는 소규모사업자의 범주에 대해 조합원의 매출액을 단편적으로 논란한 것, 농협중앙회와 지역조합이 농협법 소정의 법정단체라는 점을 들어 가입탈퇴의 임의성을 부인하는 것, 그리고 지역조합의 연합회인 중앙회에 대해 소규모사업자로서 구성된 조합인지 여부를 논란하는 것은 합리적인 접근이 아니다. 이와 같은 해석의 결과, 농협은 물론 협동조합 일반에 대해 비교법적으로 통용되는 특례가 실질적으로 부인되고 있다. 당초 공정거래법 제118조가 충분히 숙려를 거쳐 성안된 법조문이 아니므로 제도의 취지를 감안해서 탄력성 있게 해석할 필요가 있다.

제 3 절 경쟁제한 관련개념

1. 관련시장

1.1. 관련시장 범위획정의 의미

독점적 지위의 존재 여부를 판단하기 위해서나 혹은 일정한 행위의 경쟁제한성을 판단하자면, 그 전제로서 관련시장의 획정(definition of relevant market)이 필요하다. 우리나라 공정거래법은 이를 '일정한 거래분야'로 표현하고 있는바(법 제 2 조 제 4 호), 관련시장의 범위획정은 경쟁법의 운용에 있어 기축적 쟁점(pivotal issue)이 된다.

즉 동일한 관련시장을 많은 종류의 상품과 넓은 지역을 포괄하여 이를 폭넓게 획정할 경우 한 사업자가 그 시장에서 독점적 지위를 얻기는 어렵게 되고 그만큼 독점금지정책의 집행강도는 낮아지게 된다. 반대로 관련시장의 범위가 좁으면 좁을수록 그 시장 내에서 특정 사업자가 독점적 지위를 얻기는 쉬워지고 그만큼 규제의 개연성도 높아지는 것이다.

가상적인 예이지만, 생수, 과즙음료, 탄산음료, 식혜나 수정과 등의 전통음료, 맥주나 포도주 등을 묶어 하나의 음료수시장으로 획정할 경우 이 거래분야는 유효경쟁의 정도를 넘어 완전경쟁에 가까운 시장이 되고, 특정한 사업자의 시장지배적지위 남용행위는 문제삼을 여지가 없다. 그러나 탄산음료시장을 다시 콜라, 사이다, 데미소다 등의 시장으로 미세하게 세분한다면, 코카콜라나 롯데칠성 사이다는 의당 독점사업자로서 공정거래법 소정의 시장지배적지위 남용 금지조항의 적용대상이 되는 것이다.

1.2. 획정의 기준

공정거래법은 관련시장을 일정한 거래분야로 표현하는바, 동법 제 2 조 제 4 호는 일정한 거래분야란 거래의 객체별, 단계별 또는 지역별로 경쟁관계에 있거나 경쟁관계가 성립될 수 있는 분야라고 정한다. 그리고 공정위가 제정한 기업결합심사기준과 시장지배적지위 남용행위 심사기준은 관련시장 획정에 관한 공정위 차원의 지침을 제공하고 있는바, 양자는 기본적으로 그 내용이 같으나 부분적으로 일치하지 않는다. 공정위 고시에 의하면, 일정한 거래분야란 경쟁관계가 성립되어 있거나 성립될 수 있는 거래분야로서, 거래대상(상품시장) 그리고 거래지역(지역시장) 등의 항목으로 관련시장의 범위획정 기준을 제시하고 있다.[122] 이 밖에 구체적 경우에 따라서는 거래상대방 별로 혹은 대규모 박람회나 스포츠행사 기간별로 시장이 획정될 수도 있다.

그러나 관련시장은 상품별, 거래단계별, 지역별로 각각 별개로 획정되는 것은 아니다. 문제되는 사업자의 특정한 사업활동과 관련하여 경우에 따라서는 상품만을 기준으로, 또 경우에 따라서는 상품별, 단계별, 그리고 지역별 기준을 모두 동원하여 관련시장을 획정하게 된다. 예컨대 교통과 통신수단이 매우 발달하여 전국이 하나의 생활권으로 통합된 우리나라와 같은 경우에는 주요 공산품의 경우 원칙적으로 단일한 하나의 지리적 시장이 형성되는 것으로 볼 수 있고, 또 유통혁명이 진행되어 제조업자가 최종 수요자에게 직판하거나 도소매단계를 통합한 대형양판점이 대거 등장한 이 즈음에는 제조단계, 도매단계, 소매단계별 시장구획이 항상 일반적으로 통용되기는 어렵다.

시장획정은 매 사안마다 개별적으로 이루지는 것이 원칙이며, 단독행위나 공동행위, 기업결합 등 행위유형별로 일률적인 획정이 이루어지는 것도 아니다.[123] 예컨대 동일한 상품에 대한 공동행위라고 할지라도 지리적 권역이나 유통단계에 따라서 구체적인 시장이 얼마든지 달라질 수 있고, 다수의 상품을 취급하는 소매업에서는 사업자별로 취급상품이 다소 다르다고 하더라도 동일한 시장을 이룰 수 있다. 또한 동일 상품에 대한 동일한 사업자의 시장지배력 남용이라고 하더라도 그때 그때의 시장상황에 따라 대체재가 다를 수 있다. 그리고 획정된 시장에서 경쟁제한성을 심사하는 수단과 방법이 항상 동일하여야 하는 것도 아니다.[124]

결국 개별 사안마다 상품 혹은 서비스를 기준으로 관련시장을 획정하되, 사업자들의 영업활동을 지역적으로 그리고 단계별로 제한하는 법령 등 특별한 사정이

122) 도소매 유통단계가 급격하게 생략되고 여러 유통채널이 혼재하는 양상을 보이기 때문에 거래단계별 시장이 관련시장에서 별도로 거론되는 경우는 드물다. 다만 인텔사의 시지남용행위 사건(공정위의결 2008.11.5, 2008-295)에서 공정위는 CPU 제조사들의 마케팅전략, 수급의 안정성, 구매회사 직원들의 인식, 양 채널간의 가격차이 등을 종합적으로 고려하여 국내 CPU 유통채널을 직판채널과 대리점 채널로 구분한 뒤 이 사건에서 거래단계 및 거래상대방에 따른 시장을 직판시장으로 획정한 바 있다.

123) 우리나라 제약분야 제약시장 획정의 특수성 및 제약시장 획정 사례 등에 관한 법적 연구로는, 송석은, 제약분야 경쟁법 집행에 관한 연구, 성균관대학교 법학박사학위 청구논문, 2020.

124) 이와 관련하여 대판 2013.2.14, 2010두28939 등 일련의 판결은 가격카르텔에서도 관련시장을 섬세하게 획정한 후 경쟁제한성을 엄격하게 심사해야 하는지에 관한 논란을 야기하고 있다.

존재하는 경우에 지역 또는 거래단계 등의 추가적 기준을 동원하여 관련시장의 범위를 획정하게 된다.[125] 그 후에 당해 사업자의 시장지위를 분석하고 경쟁제한행위 여부를 심사하게 된다. 이하에서는 상품시장과 지리적 시장을 보다 상세하게 살펴본다.

1.3. 관련상품시장과 양면시장의 문제

관련상품시장(propduct market) 혹은 상품별시장은 용도와 기능이 비슷한 상품, 즉 대체성을 지닌 상품과 서비스를 어디까지 묶어 하나의 관련시장으로 획정할 것인가 하는 문제이다.

공정위의 기업결합심사기준에 의하면, 관련상품시장은 거래되는 특정한 상품 또는 용역의 가격이 상당한 기간에 걸쳐 어느 정도 의미 있는 수준으로 인상될 경우 그 상품의 구매자 상당수가 구매를 전환할 수 있는 상품의 집합이다(동 기준 Ⅴ.1.가). 그리고 동일한 상품시장에 속하는지 여부를 판단함에 있어서 고려하여야 할 사항으로는 상품의 기능과 효용의 유사성, 가격의 유사성, 구매자들의 대체가능성에 대한 인식 및 그와 관련한 구매행태, 판매자들의 대체가능성에 대한 인식 및 그와 관련한 경영의사의 결정행태, 그리고 통계법 제17조 제 1 항의 규정에 의하여 통계청장이 고시하는 한국표준산업분류, 거래단계와 거래상대방 등이다.

기업결합심사기준의 이 규정은 SSNIP(Small but Significant and Non-Transitory Increase in Price) 테스트와 취지를 같이한다. SSNIP 기준은 미국 연방법무부의 1982년 합병심사기준에서 도입되어 EU로 전파되었고, 우리나라의 시지남용행위 심사기준 그리고 기업결합심사기준에서도 채용되었다. 이에 따르면, 어느 기업이 공급하는 상품에 대하여 작지만 의미있는 정도, 대체로 5%의 가격인상이 상당한

---

125) 대법원(대판 2024.11.28, 2020두 36892)은 지멘스가 판매한 CT, MRI에 대한 유지·보수 서비스 시장을 별도로 획정한 후, 여기에서의 높은 점유율을 근거로 지멘스가 자신의 CT, MRI 유지·보수 서비스 시장(대표적인 애프터마켓인 'MRO 시장')에서 시장지배적지위가 있다고 판시하였다. 이어서 소프트웨어 접근에 대한 대가 취득과 관련하여 이윤압착 법리를 설시하면서, 지멘스는 상류시장인 서비스 소프트웨어 라이선스 시장과 하류시장인 지멘스 판매 CT, MRI에 대한 유지·보수 시장을 수직적으로 통합한 시장지배적사업자에 해당한다고 판단하였다. 애프터마켓에서의 경쟁 이슈는 1차 상품을 위한 부품 또는 MRO 서비스가 다른 브랜드의 1차 상품을 위한 부품 혹은 MRO 서비스와 서로 대체되지 않을 때 발생한다. 이처럼 2차 시장이 특정 브랜드 시장이고, 1차 상품이 고가의 내구재인 경우, 1차 상품을 바꾸는 데 많은 비용이 소모되므로, 구매자는 수직통합된 2차 상품의 공급자에게 고착될 수 있다. 지멘스 사건에 대한 대법원 판결을 비판적으로 논증한 연구로는 박세환, 애프터마켓에서의 시장지배력남용행위, 경쟁법연구 제52권(2025. 9), 65-95.

기간, 즉 1년 내외의 기간에 걸쳐 이루어질 경우 동 상품의 대표적 구매자가 다른 상품 혹은 다른 사업자의 구매상대방을 바꿀 수 있다면, 이들 상품들의 집합 그리고 구매선의 전환이 가능한 지역을 각각 관련상품시장과 관련지역시장으로 판정하는 것이다.[126)]

상품시장획정에 관한 공정위의 기준은 결국 상품의 용도와 효용면의 근사성과 대체성, 가격을 기준으로 한 구매자와 공급자의 대체가능성 등을 기준으로 삼고 있는바, 이는 미국 연방대법원이 전개해 온 이론과 큰 차이가 없다. 즉 미국의 연방대법원은 용도상의 합리적 대체가능성(interchangeability)[127)]과 가격변화에 대한 수요의 교차탄력성(cross elasticity of demand)[128)]의 두 요소를 고려해 왔다. 즉 수요자가 문제의 상품과 다른 상품을 동일한 용도를 위해 합리적으로 대체할 수 있거나 혹은 두 상품이 수요 면에서 높은 교차탄력성을 보인다면, 두 상품은 하나의 상품시장을 구성하게 된다. 그리고 특정한 상품의 가격이 의미있는 기간 동안 의미있는 정도로 상승할 경우 다른 상품을 생산하던 사업자가 그 설비를 전용하여 그 상품의 생산에 뛰어들 수 있다면, 이 역시 동일한 관련상품시장을 형성하게 된다. 결국 수요 및 공급의 교차탄력성이 상품시장 획정의 기준이 되는 것이다. 여기서 합리적 대체가능성 혹은 수요의 교차탄력성의 판단은 당해 시장에서의 평균적 혹은 대표적 수요자의 통상적 판단을 기준으로 하는 것이다.

획정된 상품시장 내에서 다시 그것을 세분하여 경쟁제한성을 심사할 필요가 있는 경우, 하부시장(submarket)이나 후속시장(aftermarket)이 추가로 논란될 수 있다.[129)] 예컨대 구두시장 내에서 남성용 구두시장과 여성용 구두시장(미국 연방대

126) 대법원은 산업고무용 카본블랙의 가격이 상당한 기간 의미 있는 수준으로 인상될 경우에 구매자는 이에 대응하여 타이어용 카본블랙으로 구매를 전환할 수 있고, 반대로 타이어용 카본블랙의 가격이 인상될 경우에도 구매자는 동일하게 산업고무용 카본블랙으로 구매를 전환할 수 있으므로, 비록 타이어용 카본블랙과 산업고무용 카본블랙 사이에 용도, 수요자, 운송 및 포장방법에 다소 차이가 있다고 하더라도, 타이어용 카본블랙과 산업고무용 카본블랙을 함께 하나의 고무용 카본블랙 시장으로 획정한 바 있다(대판 2009.9.10. 2008두9744).

127) 합리적 대체가능성이란 두 상품의 용도와 효용, 외형과 특성, 가격 등을 고려하여 평균적 수요자의 통상적 판단에 기초하여 그 여부를 판단하게 된다. 대체가능성을 판단하는 가장 중요한 요소는 상품의 용도이지만, 가격 또한 기준이 될 수 있다. 예컨대, 동일한 기능의 상품이라도 특수한 수요자권을 대상으로 통상적 가격의 10배 혹은 20배의 가격형성이 된 상품은 양자 사이에 합리적 대체가능성이 없을 수 있다.

128) 수요의 교차탄력성이란 한 상품의 가격이 오를 경우 수요자가 다른 상품의 구매로 방향을 바꾸는 속성을 의미하는바, 수요자들이 약간의 가격상승에도 예민하게 반응하여 보다 낮은 가격의 상품으로 구매선을 바꾼다면 교차탄력성이 매우 높은 것이다.

129) 김형배, 공정거래법의 이론과 실재, 삼일(2019), 93-101.

법원의 1962년의 Brown Shoe Co. 사건), 그리고 남성의류시장에서 성인용 신사복과 청소년용 캐주얼의류의 구분이 있을 수 있다. 그러나 이는 끼워팔기 사건에서 주된 상품과 종된 상품의 구별과는 다르다. 예컨대 마이크로소프트 사건에서 공정위는 관련상품시장을 주된 상품인 PC서버 운영체제와 종된 상품인 미디어 서버 운영프로그램으로 나눈 바 있다.

종래에는 시장획정시 단면시장만을 고려하였으나, 최근에 들어서는 양면시장의 특성을 고려하여 시장획정을 하는 경우가 있다. 양면시장(two-sided markets 또는 two-sided platforms)이란 대체로 네트워크를 통하여 두 개 또는 그 이상으로 구분되는 집단(end user)을 상호 연결될 수 있도록 하는 시장을 의미한다.[130] 이 이론은 구매자와 판매자의 중개, 가맹점과 카드고객을 잇는 신용카드, 남성과 여성을 잇는 결혼정보, 비디오 게임 등의 시장에서도 적용이 가능하지만, 논의가 집중되는 것은 방송통신분야와 소프트웨어 관련 플랫폼들이다. 예컨대 방송정보콘텐츠에 대한 편집 및 통제기능을 가진 인터넷포털, SO, IPTV 등과 더불어, 방송통신 관련 네트워크사업자로부터 독립적인 모바일 플랫폼사업자들, 즉 구글, 애플, SNS 사업자(YouTube, Meta Platforms, X, 카카오, Line) 등이 특히 그러하다.

일반적으로 양면시장이 성립하기 위해서는 다음과 같은 요건들이 충족되어야 한다.[131] 첫째 양면성으로, 상호 연결을 필요로 하는 둘 이상의 구분되는 고객군(two distinct groups)이 존재해야 하며, 둘째 적어도 한 면(side)의 고객군은 다른 면(the other side)의 고객군 규모가 클수록 더욱 높은 효용을 얻을 수 있어야 한다.[132] 셋째 높은 거래비용 등으로 서로 다른 고객군들이 자체적인 노력(직접 거래)으로 교차 네트워크 외부성을 내면화하기 어렵고 이를 용이하게 하기 위해 플랫폼을 이용하여야 한다. 이를 결혼정보회사의 사례에 적용해 보면, 미혼남녀가 존재하고, 이 경우 '만남'(즉 거래)은 미혼남자와 미혼여자가 반드시 동시에 참가하는 경우에만 성사되어야 하며, 미혼남자 입장에서는 등록 여자회원이 많은 결혼정보

130) 플랫폼은 정의상 다수의 집단이 모여드는 곳으로 다면(multi-sidedness)이 본질적인 특성이나 일반적으로 양면 플랫폼(two-sided platform, 이하 "2SP"라 함)이라 부르기도 하는데, 2SP 사업자의 역할은 서로를 필요로 하는 고객 집단에게 거래가 성사되도록 기회를 제공하는 것이며, 2SP 사업자가 수익모델을 가지고 활동하는 공간이 양면시장(two-sided markets)이라고 할 수 있다.

131) David S. Evans, The antitrust economics of multi-sided platform markets, 2003.

132) 이를 '교차 네트워크 효과'(cross network effect) 또는 '간접 네트워크 효과'(indirect network effect)라고 하는데, 자신이 속해 있는 면의 네트워크의 크기에 의해 효용이 증가되는, 즉 '직접 네트워크 효과'(direct network effect) 또는 '동일면 네트워크 효과'(same-side network effect)가 반드시 존재할 필요는 없다고 한다.

회사일수록 선호하고, 미혼여자 입장에서도 등록 남자회원이 많을수록 해당 결혼정보회사를 선호하고, 스스로 이성과 '만남'의 기회를 만들기 어려워서 결혼정보회사가 필요한 상황 즉, 네트워크 외부성을 내면화하기 어려운 상황인 경우 양면시장이 형성된다는 것이다.

공정위는 NHN의 시장지배적지위 남용행위 건[133]에서 관련시장을 획정함에 있어 인터넷포털서비스 이용자시장과 동영상콘텐츠 유통시장으로 구성되는 양면시장으로 파악하였으며, eBay와 G마켓의 기업결합 건[134]에서는 오픈마켓이 소비자와 판매자를 연결하는 양면 플랫폼 비즈니스의 성격을 갖고 있어 소비자측 시장(인터넷 쇼핑 시장)과 판매자측 시장(인터넷 오픈마켓 판매서비스 시장)을 별도로 획정한 바 있다.

양면시장론은 ICT 분야 플랫폼사업에 대한 논의를 심화하고 있으나, 이것이 종래의 시장획정 이론과 충돌하는 것으로 볼 필요는 없다. 즉 다면시장의 각 면에서 경쟁제한이 논란될 수 있다면, 당해 면은 별도의 관련시장을 이루게 된다.[135] 다만 시장지배력의 판단에서 네트워크 효과나 고착효과가 추가적 고려요인이 될 수 있다. 한편 다면적 플랫폼에 의거한 사업이지만 특정한 면에서만 유상으로 서비스를 제공하고 다른 면은 무상으로 제공되어 거래적 요소가 없다면 결국 하나의 단면시장이 되는 셈이다. 무상서비스는 사업성이 없는 것이므로 플랫폼사업자가 제공하는 유상서비스에 포함되거나 이와 연계된 서비스로 파악하게 될 것이다. 여기에서 무상서비스와 관련된 플랫폼 사업자의 남용행위도 유상서비스와 관련된 행태로서 공정거래법의 규율대상이 된다.

다시 말해 양면시장론은 종래의 시장획정 기법을 수정하는 새로운 이론이 아니다. 그 실질은 ICT에 기반을 둔 다양한 on-line 플랫폼에서 사업자들이 보이는 새로운 영업행태와 관련하여 공정거래법 위반행위의 개별화 혹은 단위화와 관련된 논의라고 할 것이다.

133) 공정위의결 2008.8.28, 2008-251호.
134) 공정위의결 2009.6.25, 2009-146호.
135) 대판 2008.12.11, 2007두25183 참조.

대판 2007.11.22, 2002두8626(전원합의체, 포스코 사건)

관련상품시장은 일반적으로 시장지배적 사업자가 시장지배력을 행사하는 것을 억제하여 줄 경쟁관계에 있는 상품들의 범위를 말하는 것으로서, 구체적으로는 거래되는 상품의 가격이 상당기간 어느 정도 의미 있는 수준으로 인상 또는 인하될 경우 그 상품의 대표적 구매자 또는 판매자가 이에 대응하여 구매 또는 판매를 전환할 수 있는 상품의 집합을 의미하고, 그 시장의 범위는 거래에 관련된 상품의 가격, 기능 및 효용의 유사성, 구매자들의 대체가능성에 대한 인식 및 그와 관련한 구매행태는 물론 판매자들의 대체가능성에 대한 인식 및 그와 관련한 경영의사결정 형태, 사회적·경제적으로 인정되는 업종의 동질성 및 유사성 등을 종합적으로 고려하여 판단하여야 할 것이며, 그 외에도 기술발전의 속도, 그 상품의 생산을 위하여 필요한 다른 상품 및 그 상품을 기초로 생산되는 다른 상품에 관한 시장의 상황, 시간적·경제적·법적 측면에서의 대체의 용이성 등도 함께 고려하여야 할 것이다.

원심이 관련상품시장에 관하여 '원고가 생산하고 있는 열연코일 중 자동차냉연강판용 열연코일을 구분하여 이를 거래대상이 아닌 공정중에 있는 물품이라고 할 수 없다'고 보는 한편, 나아가 '열연코일의 기능 및 효용의 측면, 수요대체성의 측면, 공급대체성의 측면 및 한국산업표준산업분류 등을 참작하여 열연코일 전체를 거래대상으로 삼는 이외에 이를 세분하여 그 중 자동차냉연강판용 열연코일만을 거래대상으로 삼는 별도의 시장을 상정할 수는 없다'고 인정한 것은 정당하다.

공정위의결 2006.2.24, 2006-042(마이크로소프트 사건)

(가) 이 사건의 주된 상품 시장은 'PC 서버 운영체제 시장'이다. PC 서버 운영체제와 가장 인접한 상품으로는 클라이언트용 PC 운영체제와 중대형 서버 운영체제를 들 수 있으나, 이들 상품들은 PC 서버 운영체제와 다음과 같이 대체성이 거의 없어 PC 서버 운영체제의 관련 상품시장에 포함되지 않는다.

첫째, PC에 보통 탑재되는 클라이언트용 PC 운영체제는 PC 서버 운영체제와 기능·효용 및 가격이 뚜렷이 구별되고, 수요자와 공급자가 양 제품을 구분하여 인식하고 있어 서로 대체하기 어려우므로 본 건의 관련 상품시장에 포함되지 않는다. PC 서버 운영체제는 '서버/클라이언트'라는 두 개의 컴퓨터 사이에 이루어지는 역할관계에서 서버쪽 컴퓨터 운영체제임에 비해, 클라이언트용 PC 운영체제는 서버에게 서비스를 요청하는 컴퓨터에 탑재되는 운영체제를 나타내므로 수행하는 기능 및 효용의 차이가 매우 뚜렷하고, PC 서버 운영체제는 클라이언트용 PC 운영체제에 비해 3배가 넘는 고가[136]로

136) 피심인들의 경우 PC 서버 운영체제가 100만원 이상인데 비해 클라이언트용 PC운영체제는 30만

서 가격 면에서의 유사성이 없으며, 클라이언트용 PC 운영체제의 수요자가 일반 최종 사용자인데 반하여 PC 서버 운영체제의 수요자는 대부분 인터넷이나 네트워크를 통하여 고객에게 서비스를 제공하는 개인 또는 사업자라는 점에서 수요가 특정되어 양자가 구분되고, 공급자들도 위와 같은 차이를 인식하고 양자를 구분하여 공급하고 있으므로, PC 서버 운영체제의 가격이 상당기간 어느 정도 의미있는 수준으로 인상된다고 하더라도 PC 서버 운영체제 소비자들이 클라이언트용 PC 운영체제로 구매를 전환할 가능성이 없어 클라이언트용 PC 운영체제는 PC 서버 운영체제의 관련 상품 시장에 포함되지 않는다.

둘째, 중대형 서버 운영체제는 PC 서버 운영체제를 대체하기 어렵다. PC 서버 운영체제와 중대형 서버 운영체제는 기능 및 효용의 차이가 크고, PC 서버 운영체제와 중대형 서버 운영체제는 가격이 유사하지 않고, 소비자들은 PC 서버 운영체제 및 중대형 서버 운영체제를 구분하여 인식하고 소비하고, 판매자들은 양 서버 운영체제에 대한 판매 전략 등 경영 계획을 구분하여 수립하고 실행하기 때문이다.

(나) 이 사건의 종된 상품 시장은 '미디어 서버 프로그램 시장'이다. 웹 서버 프로그램, 메일 서버 프로그램 등은 미디어 서버 프로그램과 기능 및 효용에서 차이가 존재하고, 이러한 차이로 수요자가 미디어 서버 프로그램과 여타의 서버 프로그램을 구분하여 인식하므로, 미디어 서버 프로그램의 가격이 상당기간 어느 정도 의미 있는 수준으로 인상된다고 하더라도 미디어 서버 프로그램의 수요자가 이에 대응하여 웹 서버 프로그램, 메일 서버 프로그램 등으로 구매를 전환하지는 않을 것이므로 웹 서버 프로그램 등은 미디어 서버 프로그램의 관련 상품시장에 포함되지 않는다.

미디어 서버 프로그램은 스트리밍 미디어 서비스의 핵심으로서, 서버에 저장된 디지털 콘텐츠[137]를 최종사용자가 원할 때 언제든지 제공해 주거나 PC로부터 전달받은 스트리밍 데이터를 최종사용자에게 실시간으로 제공하는 기능 등을 수행하는 점에서 웹페이지가 들어있는 파일을 사용자에게 제공하는 웹 서버 프로그램이나 전자메일의 송·수신 등의 관리를 담당하는 메일 서버 프로그램 등의 다른 서버 프로그램과 기능 및 효용에서 차이가 크다. 특히 디지털 콘텐츠를 다운로드 방식으로 사용자에게 서비스할 수 있는 웹 서버프로그램은 디지털 콘텐츠를 스트리밍 방식으로 서비스할 수 있는 미디어 서버 프로그램과 그 기능 및 효용에서 뚜렷한 차이가 있다.[138] 따라서, 웹 서버

원 수준이다.

137) 부호·문자·음성·음향·이미지 또는 영상 등으로 표현된 자료 또는 정보로서 그 보존 및 이용에 있어서 효용을 높일 수 있도록 전자적 형태로 제작 또는 처리된 것이다.

138) 미디어 서버 프로그램을 이용한 스트리밍 방식은 사용자의 하드 디스크에 저장할 필요가 없어 실시간으로 콘텐츠를 재생하여 볼 수 있고, 자유로운 화면이동이 가능하며, 불법복제가 어려운데 비하여 웹 서버 프로그램을 이용한 다운로드 방식은 다운로드를 받아 하드디스크에 저장하여야 콘텐츠를 볼 수 있어 실시간 재생이 불가능하고, 다운로드를 받기 전에는 자유로운 화면

프로그램 등은 미디어 서버 프로그램과 기능 및 효용에서 차이가 크고, 수요자 및 공급자도 이를 알고 제품을 소비 및 공급하고 있는바, 미디어 서버 프로그램의 가격이 상당기간 어느 정도 의미 있는 수준으로 상승한다고 하더라도 수요자가 다른 웹 서버 프로그램 등으로 구매를 전환할 가능성은 거의 없다.

대판 2014.4.10, 2012두6308(군집시장, 현대모비스 사건)

원심판결 이유 및 원심이 적법하게 채택한 증거 등에 의하면, ① 원고와 그 경쟁부품업체들은 각 대리점과 비대리점을 구분하여 다품종 거래관계를 계속적으로 유지하면서 차량 정비용 부품을 공급하는데, 원고 대리점이 아닌 경우 원고로부터의 순정품 구매가 사실상 어렵고, 원고 대리점의 경우도 개별 품목별로 정비용 부품을 공급받는 것이 아니라 일련의 정비용 부품 전체에 관한 수급권을 부여받는 형태로 원고와 거래하는 점, ② 부품도매상들이 정비용 부품 수요자인 차량정비업체에 정비용 부품을 판매할 때는 그들 사이에 개별 품목별로 경쟁관계가 성립할 수 있지만, 원고 등 정비용 부품업체들 사이의 경쟁은 부품도매상들을 놓고서 '원고로부터 현대·기아차 전체 부품의 수급권을 가지는 대리점이 되는 방법'과 '개별 부품별로 경쟁부품업체들로부터 구매하는 업체가 되는 방법'을 각 제시하여 도매상들로부터 선택받는 형태로 이루어진다고 볼 수 있는 점, ③ 현대·기아차용 정비용 부품이 100만 종이 넘어 원고 등과 그 부품도매상 사이에서 각 부품별로 개별적인 거래가 이루어진다고 보기 어려운 점 등의 사정을 알 수 있다.

이와 같은 사정들을 앞서 본 법리에 비추어 보면, 이 사건 관련상품시장을 전체 차량 정비용 부품시장 또는 현대·기아차용 전체 정비용 부품 시장으로 정할 수 있다고 할 것이다.

1.4. 관련지역시장

관련지역시장 혹은 지리적 시장(geographical market)은 당해 상품의 공급자와 수요자가 하나의 단위로 묶이는 지리적 권역(圈域)을 의미한다. 즉 관련지역시장이란 어느 상품의 가격이 상당한 기간에 걸쳐 의미있는 수준으로 인상될 경우 평균적 구매자가 자신의 공급자를 교체할 수 있는 공간적 혹은 지역적 범위를 가리킨다. 다시 말해 교통 및 운송비 요인을 감안하여 수요와 공급의 대체가능성이 인정되는 하나의 권역으로서 다른 권역과 구분되는 독립한 지역적 공간이다.

이동도 할 수 없다.

대판 2007.11.22, 2002두8626(전원합의체, 포스코 사건)

관련지역시장은 일반적으로 서로 경쟁관계에 있는 사업자들이 위치한 지리적 범위를 말하는 것으로서, 구체적으로는 다른 모든 지역에서의 가격은 일정하나 특정 지역에서만 상당기간 어느 정도 의미 있는 가격인상 또는 가격인하가 이루어질 경우 당해 지역의 대표적 구매자 또는 판매자가 이에 대응하여 구매 또는 판매를 전환할 수 있는 지역 전체를 의미하고, 그 시장의 범위는 거래에 관련된 상품의 가격과 특성 및 판매자의 생산량, 사업능력, 운송비용, 구매자의 구매지역 전환가능성에 대한 인식 및 그와 관련한 구매자들의 구매지역 전환행태, 판매자의 구매지역 전환가능성에 대한 인식 및 그와 관련한 경영의사결정 행태, 시간적·경제적·법적 측면에서의 구매지역 전환의 용이성 등을 종합적으로 고려하여 판단하여야 할 것이며, 그 외에 기술발전의 속도, 관련 상품의 생산을 위하여 필요한 다른 상품 및 관련 상품을 기초로 생산되는 다른 상품에 관한 시장의 상황 등도 함께 고려하여야 할 것이다.

그리고 무역자유화 및 세계화 추세 등에 따라 자유로운 수출입이 이루어지고 있어 국내 시장에서 유통되는 관련 상품에는 국내 생산품 외에 외국 수입품도 포함되어 있을 뿐 아니라 또한 외국으로부터의 관련 상품 수입이 그다지 큰 어려움 없이 이루어질 수 있는 경우에는 관련 상품의 수입 가능성도 고려하여 사업자의 시장지배 가능성을 판단하여야 한다. 따라서 이와 같이 현재 및 장래의 수입 가능성이 미치는 범위 내에서는 국외에 소재하는 사업자들도 경쟁관계에 있는 것으로 보아 그들을 포함시켜 시장지배 여부를 정함이 상당한바, 이러한 경우에는 위에서 본 관련지역시장 판단에 관한 여러 고려 요소들을 비롯하여 특히 관련상품시장의 국내외 사업자 구성, 국외 사업자가 자신의 생산량 중 국내로 공급하거나 국내 사업자가 국외로 공급하는 물량의 비율, 수출입의 용이성·안정성·지속성 여부, 유·무형의 수출입장벽, 국내외 가격의 차이 및 연동성 여부 등을 감안하여야 할 것이다.

원심 판시와 같은 사유로 국내에서 열연코일의 가격이 상당기간 어느 정도 인상되더라도 이에 대응하여 국내 구매자들이 동북아시아 지역으로 열연코일의 구매를 전환할 가능성은 없다는 이유에서 열연코일에 관한 동북아시아시장을 관련지역시장에 포함시킬 수 없다고 인정한 결론은 옳다.

지리적 시장을 획정함에 있어서는 부패나 파손 등과 관련된 상품의 특성, 사업자의 생산능력과 판매망의 지역적 범위, 교통 및 가격요인을 고려한 수요자의 구매지역 전환가능성과 공급자의 공급지역 전환가능성 등이 고려된다. 특히 중요한 것이 운송비와 보관비 요인이다. 가격에 비해 부피와 무게가 매우 크거나 신선도 기타 품질 유지를 위해 특수한 운송수단이나 고도의 방부처리기술이 요구되는 상품이라면, 우리나라 내에서 별개의 지역시장이 형성될 수 있다.

그러나 공산품의 경우 전국적 유통망과 교통통신수단이 정비되어 있고, 또한 사업자들이 운송비 요인을 고려하여 지역별로 차별적 가격형성을 하지 않는 것이 우리나라의 실정이다. 결국 대다수 공산품의 경우 우리나라 전역이 하나의 지리적 시장을 형성하는 셈이며, 특히 신선도나 보관이 중요한 농산물이나 해산물의 경우에도 특수운송, 보관방법과 방부처리기술의 고도화로 전국이 하나의 권역으로 포섭되는 경향이다. 또한 WTO체제 하에서 각국의 관세장벽이 낮아지고, 운송 및 보관기술이 발달함에 따라 전세계가 하나의 단일한 지구촌시장을 지향하는 경향도 나타나고 있다. 다만, 최근 미국의 관세정책(기본 10%의 reciprocal 관세 부과) 변화는 이러한 경쟁환경에 영향을 미치고 있다. 특히 철강·알루미늄, 자동차, 구리 등 전통적인 전략 산업과 첨단산업의 필수 원자재인 희토류 거래시장은 안보를 이유로 한 섹터별 관세의 확대로 이어지고 있는 상황이다. 아직까지는 다자무역체제에 대한 근본적인 신뢰의 약화를 초래하는 상황은 아니지만, 글로벌 산업 재편 및 경쟁구조의 변화는 새로운 무역장벽의 등장에 따라 피할 수 없는 결과로 이어질 것이다.

유통권역을 나누는 약사법이나 주세법과 같은 경쟁제한적 법령이 개입하는 때에도 관련지역시장이 세분될 수 있다. 또 거래단계별 차원에서는 지역시장의 광협이 상당히 달라질 수 있다. 예컨대 제조단계의 지역시장이 전국에 걸쳐 형성된다고 하더라도 도매단계나 소매단계의 경우는 이보다 훨씬 좁게 형성될 수 있다. 소매단계라면 지방의 작은 도시와 같은 일정한 지역 등이, 그리고 도매단계라면 하나의 군이나 시 혹은 도 단위로도 형성될 수 있는 것이다. 부당공동행위에 관한 공정위 심결례에서 우리나라 내의 일정한 지역을 기준으로 경쟁의 실질적 제한 여부를 고려한 것이 다수 있다.

공정위의 심사기준에 의하면 거래지역 혹은 지역시장이란 다른 모든 지역에서 당해 상품의 가격은 일정하나 특정 지역에서만 상당기간 어느 정도 의미있는 가격인상이 이루어질 경우 당해 지역의 대표적 구매자가 구매를 전환할 수 있는 지역 전체이다(기업결합심사기준 Ⅴ.2.가). 그리고 동일 지역시장 여부를 판단함에 있어서는 부패성, 변질성, 파손성 등 상품의 특성, 생산능력이나 판매망과 같은 판매자의 사업능력, 구매자의 구매지역 전환가능성에 대한 인식과 이와 관련한 구매지역 전환행태, 판매자의 구매지역 전환가능성에 대한 인식과 이와 관련된 경영의

사결정 행태, 그리고 시간적, 경제적, 법제적 측면에서의 구매지역 전환의 용이성 등을 고려하도록 되어 있다.

공정위의결 2006.2.24, 2006-042

PC 서버 운영체제는 소프트웨어라는 제품의 특성상 국가간 그 운송 및 거래비용이 미미하고, 국내에 거주하는 공급자 또는 소비자가 PC 서버 운영체제의 판매 또는 구매를 외국의 제품으로 전환하는데 별다른 장애가 없으며, PC 서버 운영체제 사업자들은 대부분 세계적으로 동일한 제품을 원칙적으로 동일한 가격 및 거래조건에 판매하고 있고, 제품의 개발 및 판매 전략을 비롯한 중요한 사업전략을 세계시장에서 유사하게 수행하고 있는 점 등을 고려하면 PC 서버 운영체제 시장의 관련 지리적시장은 세계시장이다.

그러나 종된 상품인 미디어 서버 프로그램은 주로 국내 솔루션업체들을 통하여 공급되고, 판매 후에도 신속한 기술지원, 지속적인 사후관리 등이 필요한 점, 국내 미디어 서버 프로그램 시장은 세계시장과 달리 WMS의 점유율이 매우 높은데 반해 세계시장에서 상당한 점유율을 가지고 있는 리얼네트웍스나 애플의 시장점유율은 거의 없거나 미미하다는 점을 고려하여 볼 때 미디어 서버 프로그램의 관련 지리적시장은 국내시장이다.

공정위의결 2008.11.5, 2008-295(인텔 건)

피심인들의 제품 판매구조와 판매전략, 실제 내부직원들의 인식, 지역이나 국가간 가격차이 등을 종합적으로 고려할 때 국내시장을 별도의 지역시장으로 획정할 수 있다.

인텔 등의 경우 전세계에 지역별(북중미 및 남미, 유럽·중동·아프리카, 아시아·태평양·일본)로 4개의 판매회사를 통해 CPU 등 제품을 판매하고 있다. 또한 국가별 판매서비스 제공 및 시장정보 수집을 위해 각국에 별도의 법인을 두고 있다. 피심인들은 이러한 판매구조를 활용하여 지역별 경쟁상황, 소비자 선호 등을 감안하여 지역별·국가별로 다른 판매전략을 가지고 접근하고 있다. 피심인들은 각 나라 또는 지역을 기준으로 시장을 분할하고 분할된 시장에 맞는 판매전략을 운영하고 있는 것이다.

이러한 상황에서 국내 컴퓨터 제조회사 등 국내 구매자들은 국내에서 판매되는 CPU의 가격이 의미있는 수준으로 인상되어도 이에 대응하여 해외의 다른 시장에서 CPU를 구매하는 것이 사실상 불가능하다. 시장을 분할하여 통합관리하고 있는 CPU 제조회사들은 차익거래(arbitrage)를 불가능하게 하기 위해 국내 구매자들에게는 국내가 아닌 다른 지역에서 CPU를 판매하지 않기 때문이다. 피심인들 내부 직원 사이에 주고받은 이메일의 내용을 보더라도 피심인들이 실제로 각 국가를 기준으로 시장을 분할하여 지역별로 가격을 책정하고 있다는 사실(local pricing)을 확인할 수 있다.

실제로 피심인들이 전세계 시장을 분할하여 관리하고 있는지 여부와 실제로 그러한 분할이 제대로 기능하고 있는지 여부를 확인해 볼 수 있는 방법 중 하나가 각 지역간 가격을 비교하여 유의미한 차이가 존재하는지 여부를 확인해 보는 것이다. 가격자료를 비교하여 보았을 때 각 지역별 또는 각 국가별로 상당한 가격차이가 존재한다면 이는 각 지역이나 국가를 별도의 지역시장으로 획정할 수 있음을 나타내는 실증적 증거가 될 수 있다.

CPU는 구매지역에 관계없이 품질이 동일하고 다른 지역으로의 운송비 등 지역간 거래비용도 미미한 수준이다. 따라서 관련 지리적 시장이 세계시장이라면 구매지역에 관계없이 가격은 단일가격(uniform price)으로 유지될 것이다. 만약 지역간 가격차이가 존재하면 차익거래(arbitrage)가 발생하여 지역이나 국가간 경쟁압력(competitive constraint)으로 작용할 것이기 때문이다. 따라서 지역이나 국가간에 상당한 가격차이가 존재한다면 이는 각 지역이나 국가를 별도의 지역시장으로 획정되어야 함을 의미한다.

본 건의 경우 피심인들의 국내가격과 세계가격 사이에는 상당한 격차가 있음을 알 수 있다. 2001년과 2003년에는 국내가격과 세계가격 차이가 미미한 수준이었지만 2004년 이후 격차가 커져 2005년에는 격차가 20달러 이상으로 벌어지고 있다. 이는 지역간 가격차이에도 불구하고 국내 PC 제조회사들이 구매처를 해외로 전환하지 못하고 있는 것으로 이해할 수 있다.

공정위의결 2009.12.30, 2009-281(퀄컴 건)

특허기술과 관련된 지리적 시장은 국내시장이다. 피심인들이 국내에서 자신이 보유한 특허기술의 사용가격을 상당기간 어느 정도 의미있는 수준으로 인상한다고 하더라도 국내 구매자들이 이에 대응하여 해외의 다른 지역으로 구매를 전환할 수는 없다. 해외의 다른 지역에 피심인들의 특허기술을 대체할 수 있는 기술이 존재하는 것이 아니고 피심인들과 특허기술 사용계약을 체결한 해외의 다른 지역의 제3자로부터 해당 특허기술의 사용권을 구매할 수도 없기 때문이다.

CDMA2000 방식 모뎀칩과 관련된 지리적 시장은 국내시장이다. 첫째, 국내에서 CDMA 2000 방식 모뎀칩 가격이 상당기간 어느 정도 의미있는 수준으로 인상되는 경우에도 해외로의 구매 전환이 곤란하다. 모뎀칩 시장은 모뎀칩 제조사와 거래상대방인 휴대폰 제조사간의 직거래 시장이다. 통상적인 상품시장과는 달리 대리점이나 중개상 등 중간 유통조직이나 국제 (현물)시장이 존재하지 않아 수요자들은 다른 대체공급선을 찾을 수 없다. 이런 점은 수요자가 기본적으로 장기공급계약을 통해 상품을 공급받지만 이와는 별도로 국제 현물시장이 존재하여 일시적으로 수급상 불균형이 발생하거나 국제현물가가 싼 경우 일부 수요를 국제 현물시장으로 전환할 수 있는 원유 등 다른 상품과는 크게 차이가 있다.

둘째, 모뎀칩 제조사와 휴대폰 제조사간 기술적 고착관계가 존재한다. 모뎀칩 제조사와 휴대폰 제조사 사이에는 기술적 고착관계가 형성되기 때문에 모뎀칩의 수요자인 휴대폰 제조사 입장에서는 쉽게 모뎀칩의 구매를 해외의 다른 사업자로 전환할 수 없다. 휴대폰의 설계는 출시를 계획하는 휴대폰의 기능 및 컨셉에 맞는 부품을 선정하고 각 부품을 기능적으로 결합하는 작업이다. 만약 해외의 다른 사업자 모뎀칩을 사용하려는 경우 새로운 휴대폰을 개발하는 절차를 거쳐야 한다. 따라서 개발이 진행 중인 휴대폰의 모뎀칩은 물론이고 이미 상품화까지 완료되어 양산에 들어간 모델의 모뎀칩을 해외의 다른 사업자의 상품으로 교체하는 것은 사실상 어렵다.

셋째, CDMA2000 방식 모뎀칩의 가격이 지역별로 차이가 존재한다. 피심인들은 지역별로 CDMA2000 방식 모뎀칩 가격에 유의미한 가격 차이가 존재하지 않는다고 주장하고 있다. 그러나 미국, 일본 등의 모뎀칩 가격과 비교해 볼 때 지역별로 상당한 가격 차이가 있는 것을 확인할 수 있고 구매량이 유사한 해외의 다른 업체들과 가격을 비교해 보아도 상당한 가격 차이가 있는 것을 확인할 수 있으므로 피심인들의 주장과 같이 지역별로 가격 차이가 존재하지 않는다고는 보여지지는 않는다.

1.5. 소매유통업의 경우

양면시장, 경성카르텔 사건에서의 관련시장 획정과 더불어, 특히 많은 논의가 이루어진 것이 소매유통업 분야의 상품시장과 지리적시장이다. 소매유통업의 경우에는 취급하는 상품이 매우 다양하고 지리적 권역의 판정도 특별한 점이 있어서, 이에 대해 단일한 유형재화를 대상으로 하는 SSNIP 테스트를 그대로 원용하는 것은 실제상으로 어렵다. 특히 온라인 쇼핑몰의 성장 및 전국적인 신속 배송의 일상화에 따라 물리적 지리적 거리는 사실상 무의미해지고 있으며, 온라인 유통의 확대는 소매유통업 관련시장의 획정과 경쟁구조 분석 자체를 전통적인 오프라인 중심 접근에서 플랫폼·멀티채널 경쟁을 고려한 확장된 틀로 전환시켜야 할 필요성을 높이고 있다. 그 동안 백화점, 대형마트, SSM(super super market), 대형할인점, 중소형할인점, 면세점 등으로 분화되는 국내 유통업분야는 구조조정이 활발하게 이루어졌고, 이들 기업결합에 대해 공정위는 관련시장 획정을 기초로 경쟁제한성 심사를 진행하였다. 대표적인 사례가 신세계-월마트 기업결합 사건(서울고판 2008.9.3, 2006누30036; 공정위의결 2006.11.14, 제2006-264호), 삼성테스코 기업결합(공정위의결

2008.10.27, 제2008-285호), 롯데쇼핑의 SSM 기업결합(공정위의결 2012.5.14, 제2012-80호) 등이다.

소매유통업의 시장획정과 관련해서는 통계법상 한국표준산업분류의 참조는 물론이고, 무엇보다도 유통산업발전법, 대중소기업 상생협력 촉진에 관한 법률, 관세법, 광역자치단체의 관련 조례 등 법제도상의 세부분류와 제도적인 진입장벽 등을 감안할 필요가 있다. 그리고 해당 유통업자들이 보통 다루는 여러 가지 상품을 묶어서 이를 관련 상품시장으로 획정하게 되고(상품군시장 혹은 묶음시장, cluster market), 사업자에 따라 혹은 시기에 따라 일부의 품목이 다르더라도 상관없다. 소매업은 그 특성상 매우 다양한 상품들을 다루는데다가 계절적 요인 기타의 사정에 따라 취급품목이 얼마든지 달라질 수 있다. 여기에서 모든 취급품목의 비중을 골고루 헤아려 이를 종합적인 지수로 만들고 다시 이를 기초로 경쟁제한성을 논란하는 실증적인 경제분석은 매우 어렵고 설사 가능하다도 하더라도 그 결과가 실제성을 얻기 어렵다. 다시 말해 SSNIP 테스트를 실제 사건에서 구체화하는 임계 매출손실 분석(critical loss analysis)이나 전환율 분석(aggregate diversion ratio analysis) 기법을 소매업에 대해서는 그대로 적용할 수 없으므로, 취급품목의 유사성과 일괄구매 가능성, 점포에 대한 접근성, 특히 유통서비스에 대한 구매자들의 인식이나 행태 등을 종합적으로 고려하여 거래대체성 또는 거래적 보완성(transactional complementarity)의 유무와 정도를 판단할 수 있다.[139]

그리고 지리적시장 획정에 있어서는 중첩원의 합집합(union of overlapping circles) 기법이 활용되고 있다. 예컨대 특정한 기업결합 당사회사의 개별 점포를 중심으로 일정한 반경(대도시에서는 1~5 킬로미터, 지방의 경우에는 5~10 킬로미터 이상 등. 면세점, 대형할인점, SSM, 면세점 등에 따라 또 사안에 따라 적용하는 반경은 개별적으로 판단)에 따라 원을 그린 후,[140] 이 원에 포함된 모든 점포를 기준으로 각각 원을 그리고, 다시 이들 원을 포괄하는 지리적 범위를 설정한다. 그리고 이 지리적 권역을 기초로, 행정구역, 교통편과 접근성, 그리고 수요자들의 인식과 행태를 감안하여 적절한 가감을 행하여 최종적인 지리적 시장을 획정하게 된다.

---

139) 서울고판 2008.9.3, 2008누30036.
140) 공정위의결 2012.5.14, 제2012-80호; 공정위의결 2013.4.29, 제2013-78호.

서울고판 2008.9.3, 2006누30036(신세계의 월마트코리아 인수 건, 고법 확정)

공정위는 (주)신세계가 월마트코리아(주)의 발행주식 전부를 인수하기로 한 계약이 관련 지역의 대형할인점 시장에서 경쟁을 실질적으로 제한하는 행위로 보고 신세계가 인수한 월마트의 점포 16개 중 4개 또는 5개 점포에 대한 자산매각명령을 부과하였다(공정위의결 2006.11.14, 제2006-264호).

서울고등법원은 이 사건에서 3개 지역(인천·부천, 안양·평촌, 포항 지역)은 경쟁제한성이 인정되지 않고, 1개 지역(대구·경산 지역)만 경쟁제한성이 인정된다고 보았다. 우선 관련시장획정 부분에서 공정위가 할인점의 특성, 소비자들의 이용현황 및 인식, 관련사업자의 인식 등을 종합적으로 고려하여, 상품시장을 3,000m² 이상의 매장면적을 갖추고 식품 의류 생활용품 등 One-Stop Shopping이 가능한 다양한 구색의 일상 소비용품을 통상의 소매가격보다 저렴하게 판매하는 유통업태인 대형할인점 시장으로 획정하고, 지역시장을 대도시권의 경우에는 피취득회사의 지점을 중심으로 반경 5km, 대도시권이 아닌 경우에는 반경 10km의 원에 포함된 모든 할인점을 기준으로 다시 동일한 거리의 원을 중첩시켜 이 중첩원에 포함된 지역으로 획정(중첩원의 합집합 접근법[141]) 한 것은 정당하다고 보았다. 그러나 인천·부천, 안양·평촌의 경우 이 건 기업결합으로 인하여 시장집중도에 커다란 변화가 있다고 보기 어렵고, 공동행위의 가능성 등에 대한 공정위의 입증도 충분하다고 볼 수 없으며, 포항지역의 경우는 신규출점으로 시장집중도의 완화 정도가 상당하고, 원고가 독점지역에서 시장지배력을 남용해 왔다고 인정할 만한 뚜렷한 자료가 없으므로 경쟁제한성 추정은 복멸되었다고 판단하였다.

남원지역 주류도매업자의 공동행위 사건[142]

전북 남원지역에서 주류도매업을 영위하는 총 5개의 사업자 중 4개의 사업자들이 남원지역을 4개 구역으로 분할하여 한 사업자가 한 구역을 15일 주기로 순환판매하기로 합의하고 이를 실행한 사건이다. 시장분할에 가담한 4개 사업자의 남원지역에서의 시장점유율은 1993년 5월말 현재 약 72%이었으며, 이 당시의 주세법 및 하위규정에 의하면 주류도매업의 영업지역은 도 단위로 되어 있었으나 남원지역의 사업자들은 남원지역 내에서만 그리고 남원지역 밖의 사업자들은 남원지역 밖에서만 영업을 하고 있었다. 이 사건에서 공정위는 이들의 남원지역 주류판매에 관한 사실상의 독점지위를 바탕으로 경쟁의 실질

141) 관련 상품시장에 속하는 사업자들을 중심으로 상권의 개념에 해당하는 일정한 반경(radius)을 그린 다음, 중첩되는 원들이 있고 그 중첩의 정도가 상당한 경우 이를 동일한 지리적 시장으로 판단하는 방법이다. EU는 2005년 Tesco-까르푸 기업결합 건에서 이 방법을 사용하였고, 공정위도 위 사건 외에 2008년 홈플러스-홈에버 기업결합 심사시(공정위의결 2008.10.27, 2008-285) 이 방법을 활용하였다.

142) 공정위의결 1993.8.25, 93-169.

적 제한을 인정하고, 이들의 행위를 거래지역제한으로 보았다. 이 사건은 관련시장의 획정에 있어, 상품별, 단계별, 지역별 기준이 모두 동원된다. 특히 지역별 시장의 획정에 있어 경쟁제한적인 법령이 있었다.

2. 시장지배적지위와 경쟁의 실질적 제한

2.1. 시장지배적지위

가. 의 의

시장지배적지위라는 개념은 기존의 독점사업자의 지위남용을 금지하는 한국과 독일의 경쟁법에서 정면으로 등장한다. 이 개념은 독점 혹은 과점적인 시장지위를 지칭하는 면에서는 독점력(monopoly power) 혹은 시장력(market power)과 이어지며, 하나 또는 다수의 사업자에 의한 경쟁제한행위가 성립하기 위한 전제조건인 까닭에 경쟁의 실질적 제한에 대한 선행개념으로서의 의미를 가진다.

현행법상 시장지배적지위란 일정한 거래분야(관련시장)의 공급자나 수요자로서 단독으로 또는 다른 사업자와 함께 상품이나 용역의 가격, 수량, 품질 기타의 거래조건을 결정, 유지 또는 변경할 수 있는 시장지위이다(법 제2조 제3호). 다시 말해 특정한 사업자가 특정한 시장에서 경쟁가격 이상의 수준으로 가격을 형성하거나 가격인하요인이 있음에도 불구하고 종전의 가격을 그대로 유지하거나 혹은 정상적인 가격변화요인보다 훨씬 적게 인하시키거나 혹은 훨씬 더 많이 인상시킬 수 있는 시장에서의 지위 또는 힘을 의미한다.

우리나라 공정거래법의 시장지배적지위라는 개념은 독일법의 시장지배적 지위(marktherrschende Stellung)에 대응하고, 미국에서 거론되는 독점력(monopoly power) 혹은 시장력(market power) 등의 개념과도 중첩된다.[143] 미국법의 경우 시장지배력이란 '새로운 시장진입 또는 생산확장으로 시장을 잠식당함이 없이 상당한 기간 동안 경쟁시장에서 형성되었을 가격 수준보다 상당히 높게 가격을 형성할 수 있는 능력'으로 풀이하는 것이 표준적이다.[144] 이는 가격을 통제하거나 혹은 경쟁을 배제할 수 있는 능력으로 정의되고, 연방법무부와 연방거래위원회가 공동으로 작

143) 미국의 판례는 독점력과 시장지배력을 모호하고 경우에 따라서는 일치하지 않는 개념으로 규정해 왔다. 그러나 양자는 서로 구별되는 별개의 개념이 아니며 동일한 현상, 즉 사업자가 경쟁적 수준 이상으로 가격을 형성할 수 있는 능력을 지칭한다. 그 결과 독점력과 시장력의 개념은 서로 교환적으로 사용되고 있다.

144) Areeda/Hovenkamp, Fundamentals of Antitrust Law, vol.1, 132-3.

성한 미국의 수평적합병지침은 '가격을 상당한 기간 동안 경쟁적 수준 이상으로 유지할 수 있는 능력'으로 정의하고 있다. 현실적 혹은 개연적인 시장지배력(actual or probable monopoly power)을 갖지 못하는 기업의 행위에 대해 독점금지법이 개입할 이유가 없기 때문이다. 또 셔먼법 제 2 조의 독점화행위의 두 요건 중의 하나가 독점력의 보유(possession of monopoly power)인 까닭에, 시장지배력의 개념은 미국의 반독점소송의 수행에서 매우 중요하다.

독점력 혹은 시장지배력은 특정한 사업자가 시장에서 형성되는 가격에 순응하는 것이 아니라 오히려 거래조건의 형성에 영향을 미치거나 미칠 수 있는 시장상황과 관련된다. 즉 특정한 사업자가 자신의 생산량을 줄임으로써 가격을 끌어올릴 수 있는가, 끌어올린 가격이 상당한 기간 지속될 수 있는가, 그리고 이와 같은 가격인상이 수익성, 즉 당해 기업의 종국적 이윤의 증대로 귀착하는가[145] 등이 핵심 포인트가 된다. 완전경쟁 혹은 이에 가까운 시장상황이라면, 개별 기업이 자신의 생산량을 감축시키더라도 다른 기업이 그만큼 더 생산하거나 새로운 사업자의 시장진입이 일어날 수 있고, 또 제품의 가격을 인상한다면 자신의 고객이 다른 사업자의 상품구매로 방향을 돌리게 되며, 그 순간 문제의 기업은 종래의 가격으로 회귀하고 생산량도 복원하게 될 것이다. 결국 독점력 혹은 시장지배력이란 당해 사업자가 그 시장에서 독점 혹은 과점적 지위를 가지는 것을 의미한다.

나. 법 규 정

공정거래법 제 2 조 제 3 호는 일정한 거래분야의 공급자나 수요자로서 단독으로 또는 다른 사업자와 함께 상품이나 용역의 가격, 수량, 품질 기타의 거래조건을 결정, 유지 또는 변경할 수 있는 시장지위로 규정하면서, 이러한 시장지위를 가진 자를 시장지배적 사업자로 본다.

이 규정은 공정거래법이 순수한 독점은 물론 복점 기타의 과점도 규제대상으로 하고 있으며, 나아가서 공급독점은 물론 수요독점, 즉 수요력의 남용 역시 동법의 규제항목임을 명시적으로 밝히고 있다. 그리고 시장지배력 혹은 시장지배적 지위의 구체적 판단과 관련해서는 시장점유율, 진입장벽의 존재 및 정도, 경쟁사업자의 상대적 규모 등을 종합적으로 고려하여 판단하게 된다(법 제 2 조 제 3 호 후문).

법문은 시장지배력의 판단에 대해 매우 개방적인 태도를 취하고 있는바, 공정

145) 종국적 이윤으로 귀착하지 않는다면, 이윤극대화를 궁극적 목적으로 하는 기업이 그와 같은 행태를 보일 리가 없다.

위의 실무, 궁극적으로는 대법원 판례가 시장지배력의 구체적인 판단기준을 정립하게 된다. 앞서 언급하였듯이 수평적 기업결합과 관련하여 우리나라 공정위는 허핀달·허쉬만 인덱스에 의한 시장집중도 분석을 일반적으로 시행하고, 법원도 이를 그대로 채용하고 있다.

2.2. 경쟁의 실질적 제한

가. 의 의

실정 독점금지법들은 모두 경쟁제한행위 혹은 거래제한행위를 규제함으로써 반사적으로 경쟁을 촉진하는 방식에 의한다. 우리나라 공정거래법도 관련시장에서 경쟁을 실질적으로 제한하는 기업결합을 금지하고(동법 제 9 조 제 1 항 본문), 부당하게 경쟁을 제한하는 사업자들의 합의를 금지한다(법 제40조 제 1 항). 그리고 기업결합 금지나 카르텔금지의 핵심적 구성요건은 경쟁을 실질적으로 제한하는 행위 혹은 '경쟁의 실질적 제한'이다.

경쟁의 실질적 제한이라는 문언은 다른 나라의 법제에서도 광범하게 등장한다. 즉 미국 클레이튼법의 '경쟁의 실질적 감소'(substantial lessening of competition)(동법 제 3 조와 제 7 조),[146] 일본법(私的独占の禁止及び公正取引の確保に関する法律)의 '경쟁을 실질적으로 제한하는 것'(제 2 조 제 5 항 · 제 6 항),[147] 미국 셔먼법 제 1 조의 '거래의 제한'(in restraint of trade) 그리고 독일 경쟁제한금지법의 기본 구성요건에서도 '경쟁의 제한'(Wettberwerbsbeschränkungen)이라는 문언이 들어 있다.

'경쟁의 실질적 제한'의 의미에 대해서는 경쟁의 실효성 있는 제한, 즉 유효경쟁론(workable competition)을 배경으로 하여 실효적인 경쟁을 기대하는 것이 거의 불가능한 상태를 말하는 것으로 봄이 일반적이다. 이를 달리 표현하여, 동일한 시장의 다른 사업자가 경쟁기능을 자유롭게 발휘하는 것이 제한되는 상태 또는 시장지배력의 형성으로 인정되는 상태라고도 한다. 공정거래법 제 2 조 5호는 "일정한

---

146) 이 요건은 경쟁의 현실적 감소를 의미하는 것이 아니라 경쟁이 위축될 합리적 개연성(reasonable probability)을 뜻한다.

147) "5 이 법률에서 "사적독점"이란 사업자가 단독으로 또는 다른 사업자와 결합 또는 통모하거나, 그 밖에 어떤 방법으로 하는지를 묻지 아니하고, 다른 사업자의 사업활동을 배제하거나 지배함으로써 공공의 이익에 반하여 일정한 거래분야에서 경쟁을 실질적으로 제한하는 것을 말한다. 6 이 법률에서 "부당한 거래제한"이란 사업자가 계약, 협정 및 그 밖에 어떤 명의로 하는지를 묻지 아니하고, 다른 사업자와 공동으로 대가를 결정, 유지 또는 인상하거나 수량, 기술, 제품, 설비나 거래의 상대방을 제한하는 등 상호 사업활동을 구속하거나 수행함으로써 공공의 이익에 반하여 일정한 거래분야에서 경쟁을 실질적으로 제한하는 것을 말한다."

거래분야의 경쟁이 감소하여 특정사업자 또는 사업자단체가 그 의사로 어느 정도 자유로이 가격, 수량, 품질 및 기타 조건의 결정에 영향을 미치거나 미칠 우려가 있는 상태"라고 표현한다.

요컨대 경쟁을 실질적으로 제한하는 행위란 그 행위로 인해 당해 시장의 집중도가 높아지고 유효경쟁 상태가 파괴되어 시장이 독과점화되는 것을 말한다. 따라서 당해 행위가 유효경쟁에 미치는 영향 혹은 당해 행위로 인한 시장집중도의 변화를 분석하는 기법 내지 법리가 필요하게 된다.

나. 유효경쟁의 존부를 판단하는 기준

행태기준(behavioral criteria) 혹은 경합기준(rivalry test)은 경쟁을 보호하기 위해 실정법이 오랫동안 채택해 온 기준으로서, 사업자는 가격과 생산량에 관한 의사결정을 다른 경쟁자와 담합함이 없이 독립적으로 내려야 하며, 능률경쟁을 제외한 다른 방법으로 자신의 경쟁자를 시장에서 축출하거나 이의 제거를 기도하는 행태를 보여서는 아니된다는 것이다.148)

행태기준의 난점은 경쟁자를 겨냥한 약탈적 행태와 왕성한 경쟁을 구별하기 어렵다는데 있다. 그리하여 당해 시장이 유효경쟁 상태인지 여부를 판단하기 위해 현실적 성과기준(actual performance criteria)이 제시된다. 특히 다음과 같은 사항들은 시장이 유효경쟁 상태에 있지 않다는 징표가 된다. 즉 통상적인 투자대가에 비해 이를 지속적으로 상회하는 수익, 사업자들의 규모가 최적상태에서 현저하게 벗어나 있는 사실, 현저한 규모의 만성적인 초과설비의 존재, 과다한 판매비용, 생산비를 감소시키는 신기술의 채용이 지속적으로 외면되거나 구매자에게 편의로운 신상품개발이 계속 억제되는 사실 등이다.

성과기준의 구체적 지표들은 이를 다른 정황과 더불어 종합적으로 고려하여야 한다. 예컨대 높은 수익성 자체는 유효경쟁 상태에 있는 당해 시장의 급속한 확대나 당해 사업자의 뛰어난 기술이나 관리능력에 기인할 수 있는 것이다. 여기에서 사업자의 행태는 물론 시장의 구조적 변수(structural variables) 혹은 구조기준(structural criteria), 예컨대 사업자의 수와 규모 그리고 다른 사업자의 시장진입조건 등을 또한 고려하게 된다. 성과기준은 궁극적 판단기준이 되는 것이나, 사후적 판단기준이고 또 현실적 적용에 있어 어려움이 있다. 여기에서 구조기준을 동원하여 심사를 개시하는 것이 현실이며, 미국법의 경우 수평적 기업결합 15%, 수직적

148) Areeda/Kaplow/Edlin, 앞의 책, 30.

기업결합은 단계별 점유율 20%가 법집행의 일응의 기준이 되나, 물론 여기에는 조리상의 예외가 인정된다. 그러나 당해 시장에 한 사업자만이 존재한다고 하더라도 시장진입에 대한 장벽이 매우 낮다면 유효경쟁의 개연성이 높은 것이다.

다. 시장지배력과 '경쟁의 실질적 제한'의 관계

시장지배력(혹은 독점력)과 경쟁의 실질적 제한은 밀접한 관련성이 있다.[149] 경쟁제한행위, 즉 사업자 또는 사업자들이 경쟁을 실질적으로 제한하는 행위를 한 결과로서 당해 시장의 경쟁제한상태, 즉 시장지배적지위 혹은 독과점상태가 창출될 수 있는 것이다. 예컨대 점유율이 높은 사업자들 상호간의 합병은 시장집중도를 매우 악화시키는 경쟁제한행위로서 공정거래법은 이를 원인적으로 금지하는 것이며, 시장을 분할하고 있는 사업자들이 독립성은 유지하면서 생산이나 판매 등 영업의 일정한 분야를 서로 조절하여 경쟁을 제한하는 담합을 할 경우 이 역시 원인무효가 되는 것이다.

반대로 이미 시장지배력을 가지고 있는 사업자, 즉 기존의 독점사업자는 자신의 시장지위를 통하여 실효적으로 경쟁제한을 하여 시장의 구조를 악화시키거나 경쟁제한적인 상태를 지속시킬 수 있게 된다. 이 때 시장지배력 혹은 독점력은 경쟁제한행위의 성립을 위한 전제조건이 되는 면을 가지게 된다.

여기에서 시장지배적지위와 경쟁의 실질적 제한은 논리적 연계 하에 통일적으로 해석·운용될 필요가 있다고 생각된다. 우리 법문상 '시장지배적지위'는 '단독으로 또는 다른 사업자와 함께 상품이나 용역의 가격, 수량, 품질, 기타의 거래조건을 결정, 유지 또는 변경할 수 있는 시장지위'로 규정되고, '경쟁을 실질적으로 제한하는 행위'란 '일정한 거래분야의 경쟁이 감소하여 특정 사업자 또는 사업자단체의 의사에 따라 어느 정도 자유로이 가격, 수량, 품질 기타 거래조건 등의 결정에 영향을 미치거나 미칠 우려가 있는 상태를 초래하는 행위'로 규정되고 있다.

라. 법리의 적용

기업결합은 시장의 전후 단계를 고려하여 수평적, 수직적, 혼합적 결합으로 나뉘어진다. 1980년대 이후 미국 독점금지법 사건에서 혼합적 결합사례는 거의

149) 사업자들의 인위적인 경쟁제한행위가 아니라 경쟁의 자연스러운 진행을 통해 소수의 혹은 단일한 사업자가 살아남고 그 결과 시장이 독과점적 구조로 변모할 수 있음은 물론이다. 이 경우 당해 사업자의 시장지배적지위는 위법한 경쟁제한행위의 산물이 아니며, 이 자체에 대한 부인은 불가능하다. 경쟁 그 자체 혹은 경쟁의 과정을 부인하는 것이기 때문이다.

사라지고 수직적 기업결합 사건도 매우 드문 것이 현실이다. 그러나 우리나라 공정위의 기업결합심사지침은 수직적 기업결합은 물론, 혼합적 기업결합 역시 통제의 대상으로 열거하고 있다.

수평적 기업결합의 경우 당해 결합이 가져올 시장구조 혹은 시장점유율의 변화에 대한 분석을 통해 경쟁의 실질적 제한에 관한 판단이 가능하다. 즉 양적 평가가 가능한 것이다. 그러나 수직적 기업결합이나 혼합적 결합의 경우는 일정한 기업결합이 특정한 단계의 시장이나 당사자가 속한 시장에서의 구조를 직접적으로 변화시키지 아니하고, 여기서 당해 결합이 가져올 시장의 봉쇄효과나 경쟁의 잠재적 제한가능성 등에 대한 분석에 의지할 수밖에 없는 것이다.

부당공동행위 금지와 관련하여 공정거래법의 기본적 구성요건이 1999년에 수정되었다. 즉 종전에는 기업결합과 마찬가지로 '일정한 거래분야의 경쟁을 실질적으로 제한하는' 경우 금지의 대상이었으나, 1999년의 개정에서 '부당하게 경쟁을 제한하는'이라는 문언으로 기본적 구성요건이 바뀌었다. 이 개정과 관련하여 당시의 공정위 문건은 경성카르텔(hardcore cartel)을 그 자체 위법한 것으로, 즉 당연위법의 법리를 채용하기 위한 것으로 설명하고 있다. 그러나 독금법은 경쟁제한행위를 통제하기 위한 법이므로, 경쟁제한성이 전혀 없는 담합행위는 이를 금지할 이유가 없다. 또 개정법의 법문 자체가 '부당하게 경쟁을 제한하는'이라는 요건을 달고 있어서 경쟁제한성은 부당공동행위에 있어서도 여전히 요구된다고 할 것이다.

문제는 기업결합금지의 요건인 '경쟁의 실질적 제한'과 제40조의 '경쟁의 부당한 제한'을 달리 규율할 것인가 혹은 동일하게 파악할 것인가, 차별적으로 본다면 부당한 경쟁제한의 의미를 어떻게 새길 것인가에 있다. 궁극적인 측면에서 말할 때, 카르텔의 시장지배력이 없는 경우이거나 경쟁을 제한할 개연성이 전혀 없는 경우라면 이를 금지할 필요가 없다. 그렇지만 입법자가 의도적으로 종전의 문언, 즉 관련시장에서의 경쟁의 실질적 제한에 갈음하여 '경쟁의 부당한 제한'이라는 요건으로 대체한 이상, 양자의 차별화는 불가피하다고 생각된다.

결국 기업결합의 경우 당해 결합이 가져올 시장지배력에 대한 예측이 중심이 되는 반면, 가격담합 등 카르텔은 그 자체가 구성원들 사이의 경쟁제한을 위한 것이라는 속성 때문에 특히 경성 카르텔의 위법성 심사에 있어서는 경쟁제한성에 대한 사실상의 추정이 이루어진다. 또한 경쟁제한성 심사의 구체적 모습에 있어서는 개별적 카르텔의 위법성심사와 관련하여 미국 판례법이 전개한 당연위법(per se illegal)과 합리성의 원칙(rule of reason)의 차별화의 경험과 그 결과가 상당한 의미를 가질 수 있다고 생각된다.

3. 시장집중도 분석기법

독점력 혹은 시장집중도 분석은 이미 독과점화되어 있는 시장에서 일정한 시점을 기준으로 한 정적분석이 될 수도 있고, 시장에서 경쟁상 의미있는 지위를 가진 사업자들이 합병 기타 인위적인 기업결합을 할 경우 이것이 가져올 시장집중도의 변화를 미리 예측할 수도 있다. 이와 관련하여 다음과 같은 여러 가지 기법들이 발전하여 왔다.

3.1. 상위사 점유율 누계치를 사용하는 방법(CRk)

시장지배력 측정에 있어 광범하게 사용되어 온 방법으로서 관련시장에서의 상위 3개사 혹은 4개사의 시장점유율 누계치를 이용하는 방법이다. 종래의 미국 판례는 상위 4대 기업의 점유율 누계치를 가지고 시장집중도를 분석하여 왔다(CR4 방식). 1968년 연방법무부의 합병지침도 CR4 방식을 채용하였고, 이 수치가 75%를 넘는 시장은 시장집중도가 높은 것으로 보아 엄격한 기준을 적용하고 이 수치에 미달하는 경우에는 보다 완화된 기준을 적용하였다. 우리나라 공정거래법 제6조의 시장지배적지위 추정조항은 상위 1개사의 시장점유율이 50% 이상이거나 상위 3개사 이하의 점유율의 누계치가 75% 이상인 경우(이 경우 시장점유율이 10% 미만인 사업자는 제외한다) 당해 사업자의 시장지배적지위를 추정하고 있다(제6조).

3.2. 허핀달·허쉬만 지수(HHI)

HHI(Herfindahl Hirshmann Index)는 특정한 시장에 속하는 모든 사업자의 점유율의 제곱을 합산한 수치이다[HHI = Σ^2(각사의 시장점유율의 제곱)]. 예컨대 A, B, C 세 사업자가 각각 점유율 50%, 30%, 20%를 가지고 있는 과점시장이라면, HHI = (50 × 50) + (30 × 30) + (20 × 20), 즉 3,800이 된다. 미국에서는 이 지수를 활용하여 수평적 기업결합에서의 시장집중도를 평가해 왔으며, 1992년과 2010년 지침을 거쳐 2023년 12월 18일 발표된 2023 Merger Guidelines으로 최신화되었다.[150)]

---

150) https://www.ftc.gov/system/files/ftc_gov/pdf/2023_merger_guidelines_final_12.18.2023. pdf

2023 지침은 HHI를 여전히 핵심적 지표로 사용하면서, 합병 후 HHI가 1,800을 초과하면 '고도로 집중된 시장(highly concentrated market)', HHI가 100을 초과하면 경쟁에 의미 있는 증가(significant increase)로 본다. 또한 합병 후 결합시장 점유율이 30%를 넘고 HHI가 100을 초과하는 경우, 경쟁제한적 효과의 구조적 추정(structural presumption)이 적용될 수 있다. 따라서 2010 지침에서 제시되던 '1,500/2,500 기준'과 HHI 100~200/200 이상 세분 구간은 2023 지침에 따라 변경되었다.

이 지침은 연방법무성(DOJ)와 연방거래위원회(FTC)가 합병의 경쟁제한 가능성을 내부적으로 판단하기 위한 지침일 뿐, 규범적 구속력은 없으나 법원과 시장참여자에게 사실상 법적 기준으로 작용한다. 수직적 합병이나 혼합적 합병의 경우에는 여전히 1984년 정부지침(49 Fed. Reg. 26823)이 참고된다.

2023 지침은 수평적 합병을 시장집중도와 HHI 변화에 따라 분석하며, 안전항(safe harbour)을 설정한다. 구체적인 내용은, 합병 후 HHI＜1,500인 경우 : 집중되지 않은 시장(unconcentrated market)으로, 반경쟁적 영향이 거의 없으며 통상 추가 분석이 필요 없다. 합병 후 HHI 1,500~1,800(또는 HHI≤100)인 경우 : 다소 집중된 시장(moderately concentrated market)으로, 반경쟁적 효과가 없을 가능성이 높다. 합병 후 HHI＞1,800 또는 HHI＞100인 경우 : 고도로 집중된 시장(highly concentrated market)으로, 합병이 경쟁에 미칠 잠재적 영향과 구조적 위험을 평가해야 하며, HHI가 클수록 반경쟁적 가능성이 높다.

미국 판결례는 1980년대 후반 이후 HHI를 CR4 방식보다 우월한 시장집중도 평가 지표로 인정하고 있으며, 수평적 합병 심사 및 소송에서 널리 활용되고 있다.

주의할 점은 지침의 이러한 유형화는 절대적인 것이 아니라, 하나의 추정을 제공하는 데 지나지 아니한다는 점이다.[151] 예컨대 합병후 HHI 1,500 이하의 시장에서의 합병에 대해서도 집행당국은 지침이 정하는 바와는 달리 이를 조사할 수 있으며, 또 반대의 상황도 얼마든지 있을 수 있다.

HHI에 의한 분석을 CR_4 방식과 비교하면, HHI는 당해 시장의 모든 사업자를 배려하여 총체적인 점유율에서 상위기업의 비중, 즉 기업규모 내지 점유율의 크기에 예민하게 반응한다는 점에서 시장의 전반적 구조와 상위사들의 반경쟁적 행태의 개연성을 보다 정확하게 설명한다. 그러나 HHI는 모든 사업자의 점유율을 산정하여야 하므로 집중도의 측정과정이 복잡한 데다가 선두 사업자의 점유율 측정

151) Areeda/Hovenkamp, Fundamentals of Antitrust Law, Vol. 1, 398-402.

에 오류가 있을 경우 지수가 지나치게 과장되거나 과소하게 나타날 수 있는 위험이 있다. 나아가서 매우 큰 회사가 아주 작은 회사를 인수하는 때에도 지수의 큰 변화를 가져오는 문제점이 있다. 예컨대 점유율 50%의 회사가 점유율 1%의 회사를 인수하는 경우 이는 시장구조를 크게 변화시키지 않는 것이지만, 고도로 집중된 시장에서 HHI의 증가치가 100에 이르는 것으로 된다.

초창기에는 1992년 지침에 따른 HHI 분석을 거부한 판결도 있었으나, 1980년대 후반 이후 미국 판결례의 대다수는 HHI를 CR4보다 더 정밀하고 우월한 시장집중도 분석 도구로 인정하고 있다. 2023 Merger Guidelines도 이러한 관행을 이어가며, HHI와 HHI 수준을 종합적으로 평가하여 합병의 경쟁제한 가능성을 판단하고 있다.

3.3. 우리나라의 경우

공정위는 이미 1990년대 후반부터 기업결합 사건에서 HHI에 의한 분석을 일반적으로 채용하고 있었으며,[152] 판례 역시 이를 존중하여 왔다. 그리고 2007년 말에 개정된 공정위의 기업결합심사기준[153]은 그 동안 기본적으로 채용해 왔던 CRk 분석을 버리고, HHI에 의한 분석을 일반적으로 채용하였다.

우선 기업결합 심사대상 선정과 관련하여 안전지대(safe harbor) 기준을 HHI로 재설정하였다. 즉 수평적 기업결합의 경우에는 결합 후 HHI가 1,200미만인 경우, HHI가 1,200 이상 2,500 미만이고 증가분이 250 미만인 경우, 또는 HHI가 2,500 이상이고 증가분이 150 미만이 경우 등이 여기에 해당된다. 수직결합과 혼합결합의 경우에는 당사회사가 관여하는 시장에서 HHI가 2,500 미만이고 당사회사의 점유율이 25% 미만인 경우 또는 당사회사가 4위 이하의 사업자이거나 10% 미만의 시장점유율을 가진 경우로 개정되었다.

그리고 수평, 수직, 혼합형 기업결합의 경쟁제한성 심사에 있어서도 종래의 CRk 기준은 가능한 한 이를 버리고, 예컨대 수평결합의 경우 시장집중도 등이 안전지대 요건에 해당되지 않을 경우 경쟁을 실질적으로 제한할 가능성이 있는 것으로 하고 이와 더불어 결합당사회사 단독의 경쟁제한가능성을 신설하고 공동행

152) 공정위의결 1998.5.13, 98-84; 공정위의결 1998.5.23, 98-282; 공정위의결 1998.11.20, 98-269 등.
153) 이 기준은 최종적으로 2024. 8. 7.에 개정되었는데, 최근의 개정은 신고의무가 면제된 '기관전용 사모집합투자기구의 설립'을 간이심사 대상에서 삭제하는 등 간이심사 대상을 정비하였다(공정위 고시 제2024-15호).

위 가능성과 해외경쟁 도입 관련 판단기준을 보완하고 있다.

4. 위법성심사 이론

4.1. 위법성심사의 의미

사업자의 특정한 행태 혹은 행위에 대해 민사적, 행정적, 형사적 제재가 가해지려면, 당해 행위가 공정거래법 소정의 적극적 구성요건을 충족할 뿐만 아니라 나아가서는 소극적 요건, 즉 당해 행위를 정당화하거나 위법성을 조각하는 사유가 존재하지 아니하여야 한다. 예컨대 공정위에 의하여 부당공동행위가 성립하기 위한 적극적 요건에 해당하는 사실들이 모두 주장·입증되고, 또 피고 측이 자신의 담합행위가 예외사유의 하나에 해당된다는 사실을 입증하지 못할 경우, 당해 담합행위는 사법적 차원과 공법적 차원에서 위법할 뿐만 아니라(illegal), 형사범죄를 구성하게 된다(criminal).

넓은 의미로 생각할 때, 공정거래법 위반과 관련된 위법성심사(illegality test)는 당해 행위에 대한 민사적, 공법적 그리고 형사적 차원에서 이루어지는 규범적 평가의 전체 과정을 의미하는 것이다. 그러나 공정거래법 적용과 관련하여 위법성 판단의 기초 혹은 그 대상이 되는 행위를 규정하고 이를 단위화하는 행위론(行爲論)과 당해 행위의 중간적 혹은 종국적 법위반성의 심사와 관련된 법리가 정치하게 전개되어 있지 않다. 특히 우리나라 공정거래법의 경우 동법의 모든 실체조항에 대한 위반이 형사범죄를 구성하도록 되어 있기 때문에, 죄형법정주의의 엄격한 기준이 적용되어야 한다. 그러므로 대상행위의 개별화, 기본적 구성요건의 충족과 예외사유(혹은 정당화사유)의 관계, 동일한 사실이 여러 가지 유형의 법위반행위에 해당될 때 이를 처리하는 문제 등에 대한 정밀한 법기술이 필요한 것이다.

4.2. 당연위법과 합리의 원칙

미국 연방독점금지법, 즉 1890년 셔먼법이 제정된 이래 연방독점금지법리의 전개과정에서 독특한 위법성심사 이론이 전개되고 있는바, 하나는 합리성의 원칙 혹은 조리의 원칙(rule of reason)이고 또 다른 하나는 당연위법의 원칙(per se rule)이다. 주지하다시피 연방독금법의 기축을 이루는 법으로서 가장 먼저 제정된 것이 셔먼법인바, 동법에 있는 두 개의 실체조항, 즉 제1조와 제2조는 매우 막연한 규정, 즉 개방적인 구성요건을 가지고 있다. 그 결과 법원은 이 법의 운용에 있어 사법정책적 재량권을 행사할 수 있는 여지가 매우 크며, 이 와중에서 특유의 위법성심사론이 전개되었다고 할 수 있다.

합리의 원칙이 확립된 것은 유명한 1911년의 Standard Oil 사건이다.[154] 이 사건에서 연방대법원은 법문상 일체의 거래제한행위를 금지하는 셔먼법 제 1 조와 관련하여 거래를 제한하는 합의라고 하더라도 그것이 불합리한(unreasonable) 경우에 한해 위법성이 인정된다고 판단하면서, 합리성의 기준(standard of reason)은 보통법상으로 통용되어 왔고 또 셔먼법 하에서도 여전히 타당한 위법성의 잣대(measure of illegality)라고 보았다. 이 판결 이후 특정한 행위의 위법성 여부를 판단함에 있어서 당해 행위의 동기와 목적, 행위자의 시장에서의 지위와 당해 행위의 사회적 상당성, 당해 행위가 시장에 미치는 영향, 당해 행위를 정당화하는 사유의 존재 등 일체의 제반사정을 심사하게 되었고, 합리성의 원칙이라는 명칭 자체가 관련 사실과 제반정황을 폭넓게 고려한다는 뉘앙스를 내포하고 있다. 이 원칙은 미국 판례법의 위법성심사의 기본적인 방법으로서 기업결합 사건, 경성카르텔을 제외한 거래제한사건, 기타 광범한 독금법 사건에 적용되어 왔다.

한편 가격카르텔이나 시장분할 혹은 입찰담합과 같은 경성카르텔에 대해서 일정한 사실의 존재 자체로 위법성을 인정하는 당연위법론(per se rule)이 전개되어 왔다. 당연위법론의 효시로서 거론되는 것은 1898년 제 6 항소법원의 Addyston Pipe 사건[155]이다. 가격카르텔을 다룬 이 사건에서 Taft 판사는 거래제한을 노골적 제한(naked restraint)과 부수적 제한(ancillary restraint)으로 나누고, 전자 즉 적나라하게 경쟁을 제한하는 합의로서 경쟁제한 이외에 다른 어떤 목적에도 부응하지 않는 거래제한에 대해서는 그 자체로서 당연히 위법한 것(per se illegal)으로 보았다. 이후 미국 판례는 1세기에 걸쳐 셔먼법 제 1 조 소정의 거래제한과 관련하여, 가격고정, 시장분할, 집단적 거래거절, 끼워팔기 등의 여러 가지 경성카르텔에 대해 당연위법론을 적용하여 왔다.

그러나 per se라는 표현은 미국 독금법의 운용상 매우 다양한 맥락에서 사용된다. 예컨대 일정한 사실이 존재하는 경우 더 이상 당해 행위의 합리성과 관련되

---

154) Standard Oil Co. on New Jersey v. United States, 221 U.S. 1 (1911).

155) United States v. Addyston Pipe & Steel Co.(6th Cir. 1898). 이 사건을 담당한 William H. Taft 판사는 그 후 대통령, 연방대법원 대법관 등을 지냈다.

는 사실들을 검토하는 것을 중단하고 그 자체로서(per se) 위법성을 인정하거나, 혹은 독점력이나 실질적 거래제한에 관한 추가적 입증을 배제하는 차원의 증거법칙으로 이용되거나, 선례구속력(stare decisis)의 법리를 배경으로 일정한 행위의 경우 당해 행위자의 정당화사유 혹은 항변사유의 주장을 배척하는 의미에서 사용되기도 하며, 또 다단계적 요건과 관련하여 경우를 나누어 일정한 단계의 요건사실이 충족될 경우 더 이상의 요건을 논할 필요 없이 그 자체로서 법규위반을 인정하는 경우 등과 같다.

이 두 원칙의 전개와 관련하여 최근 여러 가지 논의가 있다. 즉 1980년대 이후 합리의 원칙과 관련하여 일부 판결은 이를 다시 일별 합리의 원칙(quick look rule of reason)과 정식 합리의 원칙(full-blown rule of reason)으로 나누기도 하고, 단계화된 합리의 원칙(structured rule of reason 또는 truncated rule of reason)[156]도 거론되고 있다. 또한 당연위법론과 관련해서도 수정당연위법론(revised per se)이 운위되고, 시카고학파의 부상이 두드러졌던 1980년 전후에 나온 다수의 판결례를 통해 당연위법의 법리는 소수의 카르텔 사건을 제외하고는 사실상 사망(passing of per se rule)하였다는 주장, 또는 오늘날 미국 판례는 종전의 2원적 체계를 버리고 새로운 합리의 원칙(new rule of reason)으로 단일화되었다는 주장도 있다.[157]

단계화된 합리의 원칙이나 일별 합리의 원칙을 극단화한다면 당연위법론, 특히 수정당연위법론과 직결되거나 그 자체 당연위법론과 구별되지 아니하는 면이 인지될 수 있다. 또 판례 자체가 당연위법 사건에서 정당화사유나 항변사유를 고려하기도 하며 가격담합 사건에 대해서 항변사유를 고려하여 위법성을 인정하지 않는 사건도 있다. 여기에서 당연위법과 합리성의 구획에 의문을 제기할 뿐만 아니라 이의 구분을 부인하는 견해도 있다.[158] 그러나 당연위법론의 내용적 독특성

156) 보통 일별 원칙(quick look rule)으로 불리운다. 즉 거래제한의 혐의가 짙은 일부 사건의 경우 피고에게 당해 거래제한이 실질적 편익을 만든다거나 혹은 피고가 시장력을 결여한다는 사실에 대한 소명기회가 주어진다. 피고가 이 소명에 실패하면 당연위법이 되고, 성공하면 합리의 원칙에 따른 위법성심사가 이루어진다. California Dental Ass'n v. F.T.C., 526 U.S. 756, 119 S.Ct. 1604(1999).
그리고 네트워크 산업(network industry)이란 시장이 형성되기 위하여 혹은 효과적으로 작동하기 위해서 시장참가자의 일정한 합의가 필요한 산업이며, 공동행위나 조인트 벤처와 관련하여 위법성이 논란될 수 있다. 이에 대해서는 기본적으로 합리의 원칙에 의한 위법성심사가 이루어진다. Herbert Hovenkamp, Antitrust 5th Ed., 14-5.

157) Timothy J. Muris, The New Rule of Reason, 57 Antitrust L.J. 859(1989).

158) Areeda/Hovenkamp, 앞의 책, 560-581 참조.

과 그 법리의 역사적 경과, 특히 소송실무와 관련하여 유형적 접근의 현실적 실익을 감안할 때,[159] 그리고 일부 경성카르텔에 관한 확립된 판례를 볼 때, 당연위법론이 사망하였다거나 합리의 원칙의 일부로 편입되었다는 주장은 아직 적절한 주장이 아니라고 할 것이다. 게다가 장차 당연위법론이 1960년대와 70년대 초반의 성세를 복원하거나 다른 단계로 발전할 여지가 전혀 없다고 판단할 이유도 없다.

4.3. 우리나라의 당연위법론

우리나라 공정거래법의 주요 실체조항들은 부당성 혹은 정당화사유의 부존재 등의 요건을 가지고 있으며, 기업결합규제에서 보듯이 다양한 예외사유를 두고 있기도 하다. 예컨대 시장지배적지위 남용행위나 불공정거래행위의 구체적 유형을 설정하는 규정에서는 '정당한 사유없이', '부당하게' 혹은 '정상적인 관행에 반하여' 등의 요건을 달고 있다. 따라서 일정한 사실의 존재 자체로 위법성을 인정한다는 당연위법론은 우리나라 공정거래법 법문구조상 인정되기 어렵다.

다만 공정거래법 제40조의 부당공동행위의 경우 '일정한 거래분야에서 경쟁을 실질적으로 제한하는'이라는 종전의 요건이 1999년 '부당하게 경쟁을 제한하는'으로 개정되면서, 이와 관련하여 경성카르텔에 대해 당연위법론이 적용될 여지를 만들었다고 보는 주장도 있다. 그러나 현행 법문의 구조 하에서는 당연위법론이 정면으로 채용되기 어렵고, 법 제40조는 당연위법론의 산실이라고 할 셔먼법 제1조가 거래를 제한하는 일체의 계약이나 담합 등을 그 자체로서 이를 평면적으로 금지하는 법문을 가진 것과도 크게 다르다. 우리나라 공정거래법 제40조상 가격카르텔이든 연성카르텔이든 당해 공동행위는 경쟁제한성이 있어야 하고 특히 부당성이 입증되어야 하며, 나아가서 공정거래법 제40조 제2항이 정하는 공동행위의 인가사유도 이와 연결시킬 수 있다. 지금까지 판례나 공정위의 실무에서 당연위법을 정면으로 거론한 예가 없고, 경성카르텔 사건에서도 여전히 사업자의 시장점유율을 중심으로 시장지배력을 형성하였는지 여부를 분석하고 이에 따라 부당한 경쟁제한 여부를 심사하고 있다.

---

159) 두 원칙이 적용되는 사건을 유형화할 경우, 당연위법 사건에서는 문제의 행위가 가져오는 경쟁촉진적 효과나 경쟁에 미치는 영향 등을 별도로 고려할 필요가 없다. 즉 유형적 접근방법에 의할 경우 당연위법 사건에서 원고는 담합에 대한 입증으로 그 책임을 다하고 또한 법원에 약식판결(summary judgment)을 청구할 수 있다.

거래제한적 공동행위를 예외 없이 금지하는 셔먼법 제 1 조를 배경으로 최고법원의 판례가 선례로서 규범적 구속력을 가지는 미국법의 전통과 우리의 법전통이 다른 점도 감안되어야 할 것이다. 즉 노골적 가격담합 등에서 개별적인 정당화 사유 혹은 항변사유에 대해 심사를 배제하고 그 자체로서 위법임을 인정한 연방대법원의 판례가 그 후의 사건에서 규범적 구속력을 보이는 미국과는 달리, 우리나라의 법원은 성문법 규정에 좇아 소정의 요건이 충족되었는지 또 예외사유가 존재하는지 여부를 구체적으로 또 개별적으로 심사하여 위법성 여부를 판단하여야 한다. 물론 경성카르텔과 연성카르텔의 구분에 따라 카르텔의 경쟁제한성에 관한 입증의 구체적 모습은 판례를 통해 차별화될 수 있고 경우에 따라서는 증명책임이 사실상 전환될 수도 있다. 이러한 차원에서 당연위법론의 취지와 그 결과가 우리나라 공정거래법의 운영에 반영될 수 있음은 물론이다.

제 2 편

독점규제 및 공정거래에 관한 법률

제 1 장

총 설

제 1 절 법률의 체제

1. 서 설

표준적 독점금지법제가 포섭하는 것은 크게 독과점, 카르텔, 그리고 불공정거래 등 세 가지다. 이 중에서 독과점금지는 기존의 독점(established monopoly)에 대한 금지와 합병 등 기업결합수단을 통한 인위적인 독점력 형성(M&A)에 대한 금지로 세분할 수 있다. 독과점금지는 카르텔금지와 더불어 독점금지의 핵을 구성하며 시장구조의 악화를 방지하기 위한 소위 구조통제에 해당된다.

한편 불공정거래에 대한 금지는 독점사업자 그리고 독점의 전단계(Vorfeld: incipient position)에 있는 사업자는 물론이고, 완전경쟁 혹은 이에 가까운 시장에서 거래조건을 형성할 수 있는 능력을 갖지 못하는 일반적 사업자에 대해서도 적용된다. 이 제도는 독점력 혹은 시장지배적지위를 전제로 하는 것이 아니고 오로지 시장구조의 악화를 방지하기 위한 것도 아니다. 사업자들이 경쟁과 관련하여 보이는 불공정한 행태 일반을 금지하는 행태통제의 속성을 지닌다.

우리나라 공정거래법은 전형적인 독점금지는 물론 불공정거래에 대한 금지까지 포섭할 뿐만 아니라, 일반집중억제라는 차원에서 재벌문제를 다루어 왔다. 실체법적 차원에서 매우 강력한 내용을 담고 있음은 물론, 법집행면에 있어서도 공정위에 의한 행정구제를 중심으로 하는 특색을 보이고 있다.

2. 공정거래법의 구조

2.1. 관련 법규들

독점규제 및 공정거래에 관한 법률과 동법 시행령을 기축으로 하여, 하도급거래공정화에 관한 법률, 표시·광고 공정화에 관한 법률, 가맹사업거래의 공정화에 관한 법률, 대규모유통업에서의 거래 공정화에 관한 법률, 대리점거래의 공정화에 관한 법률 등 편제상으로는 별개이나 실질적으로 단일한 법역을 구성하는 여러 법률들이 있다.

그러나 현실적인 법집행의 준거가 되는 것은 준입법기관으로서 공정위가 제정한 수많은 지침과 기준, 고시, 그리고 심사요령 등이다. 이들 고시, 지침, 기준 등의 법적 성격, 즉 법규명령인지 혹은 재량준칙인지 여부에 대하여는 당해 문서와 각 조항의 내용에 따라 개별적으로 판단하여야 할 것이다. 즉 법률이 금지하는 행위의 유형을 세분화, 구체화하는 것과 같이 규범내용을 구체화하는 조항은 법률보충적 행정규칙으로서 법규명령의 성격을 가질 것이며, 법규의 효과 혹은 사례를 예시하는 규정으로서 공정위의 재량권행사의 준칙에 불과한 소위 재량준칙은 법규명령이 아니다. 예컨대 '시장지배적지위 남용행위 심사기준'은 공정거래법 제5조 제2항의 위임에 따라 공정위가 제정한 소위 법률보충적 행정규칙으로서 이는 법규명령의 효력을 가진다.[1)] 단순한 행정내부의 지침이 아니라 법규명령의 속성을 지니는 이러한 규정들은 공정위 중심의 경쟁정책수립과 집행을 반영하는 것이며, 법집행에 있어서 행정구제주의 그리고 직권주의의 이념이 반영되어 있다.

여기서 공정위가 제정한 고시나 지침의 성격을 개괄적으로 분류하면, 시장지배적지위 남용행위 심사기준(공정위고시 제2021-18호), 불공정거래행위의 유형 또는 기준(시행령 별표 2) 등이 대체로 법률보충적 행정규칙인 반면, 과징금부과 세부기준 등에 관한 고시(공정위고시 제2024-21호)[2)]와 불공정거래행위 심사지침(공정위예규

1) 대판 2001.12.24, 99두11141.

제477호, 2024. 12. 30. 일부개정)이나 노무제공자에 대한 거래상 지위남용행위 심사지침(공정위예규 제437호, 2023. 7. 1. 제정) 등은 재량준칙에 속한다. 그러나 재량준칙으로서 내부의 사무처리 기준에 불과하다고 하더라도 공정위로서는 이들 지침이나 기준을 지켜야 하고, 이를 어길 때에는 재량권의 일탈, 남용의 문제가 발생한다.[3] 그러므로 법규명령인가 재량준칙인가의 구분은 사실상 실익이 없다.

서울고판 2002.8.27, 2001누5370(포스코 사건)

법 제3조의2 제2항에서 위임하고 있는 것은 제1항 각 호에 규정되어 있는 행위의 유형과 기준이다. 즉 제1항 각 호의 행위가 불명확한 개념이거나 개념상 공백이 있어서 그 확정을 시행령에 위임한 것이 아니라 그 기준을 더욱 명확하게 하고 예측가능성을 높이기 위하여 그 유형과 기준을 시행령에 위임토록 한 것이다. 따라서 시행령이 구체적인 유형 중 전형적인 것을 특정하여 규정하고 이에 포함되지 않는 것을 포괄하는 규정을 두면서 이를 다시 피고의 고시에 의하여 정하도록 위임하는 것은 가능하다고 할 것이므로 이를 백지 재위임이라고 할 수는 없다.

또, 피고의 고시인 심사기준 Ⅳ. 3. 다. (1)의 규정내용을 살펴 볼 때, 법 및 시행령에서 열거하고 있는 내용과 전혀 무관하게 새로운 행위를 창출하여 규제한 것이라고 볼 수도 없으므로, 그 규정내용이 위임의 범위를 일탈하였다거나 재산권의 제한은 법률에 의하여야 한다는 헌법규정에 위반하였다고 볼 수도 없다. 그러므로 심사기준 Ⅳ. 3. 다. (1)은 무효의 규정으로서 아무런 대외적 구속력을 가지지 못한다는 원고의 주장은 이유 없다.

2.2. 공정거래법의 편제

공정거래법의 규정은 크게 실체규정과 절차규정으로 나눌 수 있다. 이 중에서 실체규정에 속하는 것으로는 제1장의 총칙, 제2장의 시장지배적지위 남용금지, 제3장의 기업결합제한, 제4장의 경제력집중억제, 제5장의 부당한 공동행위의 제한(카르텔금지), 제6장의 불공정거래행위 금지 등이 기축을 이룬다. 이 밖에 제7장의 사업자단체, 제12장의 금지청구 및 손해배상, 제13장의 적용제외 등도 실체규정이나 법집행과 밀접한 관련이 있다.

2) 서울고판 2011.6.2, 2010누21718.
3) 서울고판 2004.11.24, 2003누9000.

공정거래법의 집행기구와 시행절차에 관한 규정들은 다음과 같다. 즉 제 8 장은 전담기구로서 공정위의 조직과 운영, 제10장은 조사 등의 절차, 제11장은 과징금의 부과와 징수, 제14장은 보칙, 제15장은 형사처벌조항(벌칙)이다.

2.3. 실체규정의 분류

현행법은 기존의 독점에 대한 금지, 독점력의 형성과 일반집중의 억제, 부당한 공동행위(카르텔)금지, 불공정거래행위의 금지로 크게 네 가지 항목으로 구성되어 있다. 미국법에서는 연방독점금지법의 체계 안에 이상의 모든 사항이 포섭되나, 독일법의 경우는 독점금지와 불공정경쟁금지가 서로 다른 단행법으로 커버될 뿐만 아니라 법집행의 절차와 성격도 크게 다르다. 예컨대 불공정경쟁은 연방카르텔청의 행정조치의 대상이 되지 않고 민사소송의 대상이 될 따름이다. 이 점에서 우리 법은 미국법과 기본적 태도가 같고, 특히 공정거래법이 금지하는 모든 사항에 대해 공정위의 행정조치의 대상이자 형사처벌이 가능하도록 정하고 있는 점에서 매우 특별하다.

공정거래법의 규율사항을 두 가지로 나눈다면, 독점금지와 불공정거래금지로 재편할 수 있다. 이때 전자에는 시장지배적지위 남용금지, 기업결합의 제한, 경제력집중의 억제, 부당한 공동행위의 제한 등이 포섭되며, 후자에는 불공정거래행위의 금지, 재판매가격유지행위의 제한, 부당한 국제계약의 체결제한 등이 포섭될 수 있다.

제 2 절 공정거래법의 특색

공정거래법은 1980년에 제정된 이래 여러 차례의 개정을 거듭하면서 발전되어 왔다. 독립행정위원회인 공정위가 주무관청이 된 이래 공정거래법의 집행은 더욱 적극적이 되었다. 물론 법제 도입 당시부터 주요 선진국의 입법례와 법집행의 실제를 참조해 왔지만, 공정거래법의 실체조항이나 절차조항 그리고 공정위의 법집행 강도 면에서 우리나라는 매우 특별한 위치를 점하고 있다. 이는 시장경제와 경쟁질서가 고도화되지 아니한 개발도상국은 물론 주요 선진국의 법제나 법집행의 실제와 비교해 볼 때에도 그러하다.

1. 실체법적 특색

1.1. 경제력집중억제

일반집중의 억제라는 관점에서 복합적 기업결합체에 대해 경쟁법에서 규제를 가하고 있는 나라는 매우 드물다. 일본 공정거래법의 이와 관련된 제도가 주요국 중 유일한 예외라고 할 것이다. 즉 제2차 세계대전 중 전시경제를 지탱한 일본의 미쓰비시(三菱), 미쓰이(三井), 스미토모(住友) 등의 군수재벌과 관련하여 맥아더 점령당국은 이들이 중심이 된 경제구조를 해체하고 미국식 시장경제를 도입하는 것을 목표로 삼았다. 그 결과로 일본의 제정 공정거래법에 경제력집중억제 제도가 도입되었던 것이다. 그러나 실제로는 세제 등을 통해 기업결합을 오히려 촉진하는 정책을 구사해 왔고, 현재 일본에서 경제력집중억제 제도는 거의 유명무실한 상태에 있다. 같은 패전국인 독일의 경우에는 경쟁제한금지법에 일반집중 억제와 관련된 제도가 없고, 이 곳에서도 법인세제의 개편을 통해 기업결합을 오히려 촉진하는 정책을 시행한 바 있다.

우리나라는 1986년에 제도를 도입한 이래 관련 규제는 강화 또는 완화의 과정을 거쳐왔다. 경제력집중억제는 단순한 경쟁정책 차원의 문제가 아니라 한국사회 전반을 관통하는 정치사회적 쟁점의 성격을 가진다. 앞에서 언급하였듯이 일반집중 억제는 전형적인 독점금지법제가 알지 못하는 것이며, 복합적 기업결합의 경쟁제한성에 대한 논란도 1980년대 이후 미국에서 사실상 소멸하였다. 그러나 이 문제에 대한 접근과 관련해서는 경쟁법적 접점 혹은 연결고리를 모색하는 것이 가장 합리적이며, 공정거래법과 공정위의 집행 이외의 대안은 사실상 고려의 대상이 되기 어렵다. 문제의 핵심은 일반집중 그 자체에 있는 것이 아니라 특정한 가문이 대규모의 기업집단에 대한 소유 및 지배를 세습하는데 대한 부정적 국민정서에 있으나, 최근에는 이 문제가 기업집단의 지배구조개선과 중첩되는 점이 있다.

1.2. 단독행위에 대한 통제

우리나라는 사업자의 단독행위(unilateral act or single firm conduct)에 대해 두 가지의 금지체계를 가지고 있다. 즉 공정거래법 제5조는 시장지배적지위의 남용금지를 통해 기존의 독점력(established monopoly) 남용을 금지하고 있고, 이와 별도로 동법 제45조는 불공정한 거래행태를 광범하게 금지한다. 후자는 미국의 연방거래위원회법 제5조와 유사한 취지를 가졌으나 독일이나 유럽연합의 법제와는 크게 다르다.

이와 관련하여 아직도 우리나라의 많은 교재가 독점금지법제의 유형을 폐해규제주의(Mißbrauchsprinzip)와 원인금지주의(Verbotprinzip)의 두 갈래로 크게 나눈 뒤, 전자에는 우리나라와 독일이 그리고 후자에는 미국, 일본, 캐나다 등이 속한다고 설명하고 있다. 즉 독점이나 경쟁제한행위를 당연위법(當然違法)으로 보아 원인적으로 이를 금지하는 입법주의가 원인금지주의요, 독과점 그 자체는 이를 허용하되 독점이 공공의 이익에 반하여 폐해를 초래하는 경우에 한해 이를 규제하는 입법주의를 폐해규제주의(弊害規制主義)라고 설명하는 것이다.

원인금지주의와 폐해규제주의에 관한 이와 같은 설명은 기본적으로 문제가 있다. 그 이유는 독과점 그 자체를 원인적으로 모두 금지하는 것은 사실상 불가능할 뿐만 아니라 그러한 입법례도 실재하지 않기 때문이다. 예컨대 원인금지의 모델로 지목되는 미국법의 경우도 독점화(monopolizing) 혹은 독점화의 시도(attempt to monopolize)를 금지하는 것이고(셔먼법 제2조), 독점 그 자체를 부인하지는 않는다. 또한 독과점 체제를 원인적으로 금지할 경우 경쟁 그 자체를 제한하는 속성을 가질 수 있을 뿐만 아니라, 현실적으로 원인적 금지 자체가 불가능한 점도 있다. 독과점은 우수한 기술과 새로운 통찰력을 가진 사업자가 치열하게 경쟁한 결과로서 얻는 지위일 수도 있고, 또 새로운 시장이 형성될 때 최초로 출현하는 사업자는 항상 독점일 수밖에 없기 때문이다.

여하튼 우리나라 공정거래법은 기존의 독점사업자가 그 지위를 남용할 경우 이를 시장지배적지위 남용행위로서 금지하고 있다(법 제5조). 그리고 지위를 남용한 독점사업자에 대해 공정위가 기업분할명령 등을 통해 시장지위의 해체를 명할 수 있는지 여부를 검토할 경우, 폐해규제 차원에서는 이것이 허용되지 않으나 원인금지적 차원에서는 이것이 허용된다는 도식적 설명은 한계가 있다. 폐해가 장래에도 계속될 우려가 있을 경우 영업의 일부양도 혹은 회사의 분할명령이 그러한 폐해를 미연에 방지하는 수단이 될 수 있기 때문이다. 그러나 공정거래법 제2장의 체제와 취지 전반을 감안할 때, 기존의 독점 그 자체를 전면적으로 부인하거나 이러한 결과를 수반하는 공정위의 시정조치는 법 제7조가 정한 시정조치의 한계를 넘는다고 할 것이다.

2. 절차법적 특색

2.1. 행정구제 중심

공정거래법은 독과점 및 불공정거래의 모든 사항에 대해 민사적, 행정적, 형사적 구제절차를 병행시키고 있으며, 이는 우리나라 법의 큰 특색의 하나이다. 그러나 법집행에 있어서 공정위가 주도적 지위를 장악하고, 공정위의 절차를 배경으로 혹은 공정위의 고발을 전제로 피해자, 검찰, 그리고 법원이 개입하도록 되어 있는 점 또한 한국법의 특색이다.[4] 즉 독점금지의 모든 절차, 다시 말해서 행정절차와 민사구제 그리고 형사처벌에 있어서 절차진행의 주도권이 공정위에 집중되고 있다(다만, 전속고발권 제도는 점차 완화되고 있는 추세이며, 법 제129조 제2항 내지 제4항에서는 중대위반에 대한 공정위의 고발의무 및 검찰총장 등의 고발 요청권 등을 규정하고 있다). 특히 독점이나 카르텔 등과 관련된 공정거래법의 집행은 준입법적, 준사법적 권한을 지닌 공정위에 의한 행정절차, 즉 시정명령과 과징금의 부과 등의 시정조치에 의한 행정적 구제절차가 사실상 기본으로 되어 있다.

사법절차는 이들 행정절차의 위법성을 다투는 차원에서 인정되어, 기본적으로 행정소송의 성격을 지닌다. 물론 독점으로 인해 피해를 입은 사업자가 독점사업자에 대해 손해배상을 요구하는 민사소송을 제기할 수도 있다. 종래에는 이 손해배상소송의 제소에 있어서도 공정위의 시정조치가 전치절차로서 요구되었으나(구법 제57조 제1항), 1996년의 법개정을 통해 피해자가 민법에 의거하여 손해배상청구를 하는 경우에 한해 전치절차를 배제하였다(구법 제57조 제1항 단서). 그러나 사소 확대 차원에서 2004년 12월의 법개정을 통해 공정거래법에 의거한 손해배상소송에 있어서도 전치절차가 전면 폐지되었고, 법위반 사업자 측이 무과실을 입증하여야 하며 또 손해액인정에 관한 제도를 통해 손해배상의 추궁을 보다 손쉽게 할 수 있도록 개편되었다. 2020.12.29. 공정거래법 전부개정에서는 사적 집행의 활성화 차원에서 사인의 금지청구권제도를 추가로 도입하였다(법 제108조).

---

4) 행정구제주의에 대응하는 것이 소위 사법구제주의(司法救濟主義)인바, 독점 그리고 경쟁제한행위에 대한 위법성의 판단을 기본적으로 법원에 맡기고 그 구제도 법원에서의 소송절차가 중심이 되는 것을 말한다. 미국에서는 연방 법무성이 독점금지 관련 민형사소송에서 제소권을 가지는 것은 물론, 피해 사업자가 독점사업자를 법원에 제소하는 사소(私訴), 특히 1976년에 도입된 3배 손해배상제도가 매우 활발하게 운용되고 있다. 독일도 불공정거래행위 내지 부정경쟁행위에 관해서는 사인간의 사법적 권리투쟁에 전적으로 일임하고(민사소송, 법원에 의해 구제), 연방카르텔청은 개입하지 아니한다.

공정거래법 위반자에 대한 형사처벌은 원칙적으로 공정위의 고발이 있어야 검찰의 소추가 가능하다(법 제129조). 다만 공정거래법 소정의 형벌규정(법 제124조, 제125조) 위반이 객관적으로 명백하고 중대하여 경쟁질서를 현저하게 저해한다고 인정될 경우 공정위는 의무적으로 이를 검찰총장에게 고발하여야 하고(1996년 개정. 제129조 제 2 항), 또 그러한 경우 검찰총장은 공정위에 고발을 요청할 수 있으며(동조 제 3 항), 공정위가 제 2 항에 따른 고발요건에 해당하지 아니한다고 결정하더라도 감사원장, 중소벤처기업부장관, 조달청장은 사회적 파급효과, 국가재정에 끼친 영향, 중소기업에 미친 피해 정도 등 다른 사정을 이유로 공정위에 고발을 요청할 수 있다(동조 제 4 항).[5] 공정위는 제 3 항 또는 제 4 항에 따른 고발요청이 있을 때에는 검찰총장에게 고발하여야 하며(동조 제 4 항), 공소가 제기된 후에는 고발을 취소할 수 없다(동조 제 5 항).

2.2. 공정위 행정절차의 직권주의

공정위의 조사결과 사안의 위법성이 확인될 경우 이에 대한 법집행은 시정권고, 시정명령, 과징금부과처분 등으로 귀착하게 된다. 공정위는 준사법적 권능을 가진 합의제 행정부처이므로 공정위의 처분은 사법부의 1심기능을 대체한다. 공정위의 시정명령이나 과징금부과처분은 그 본질이 행정처분이며, 따라서 이를 위한 절차도 본질적으로 행정절차에 속한다. 그러나 공정위의 심리와 의결은 공개하고 심리는 구술심리에 의함이 원칙이며(공정거래법 제65조), 특히 전원회의 심판정에서는 피심인과 심사관 사이의 구두변론이 본격적으로 진행되는 것이 관례이다.

공정위의 구제에서 절차의 개시와 종료, 구두변론의 시행과 횟수, 증거의 취사선택, 위법성의 판단, 그리고 시정명령과 시정권고의 선택 등에 대해 성질상 직권주의적 절차진행이 이루어진다. 피해사업자나 소비자는 공정위에 법 위반사실을 신고할 수 있으나(제80조 제 2 항. 1996년 개정을 통해 조사결과의 당사자에 대한 서면

5) 법 개정을 통하여 확대된 고발요청권 제도는 공정위의 전속고발권을 견제 제한하고자 하는 분명한 입법취지를 담고 있다. 그러나, 감사원, 중소벤처기업부, 조달청과 같은 기관이 공정위와 같은 충분한 조사역량이 있는지, 반경쟁행위에 대한 면밀한 위법성 평가를 주도할 수 있는지에 대하여는 의문이 있다. 특히 공정위의 전원회의 결정에 따른 고발면제 결론에 대해서까지도 이들 기관의 수장이 행하는 고발요청에 따라 다시 결론이 번복되는 현행 절차는 과도한 측면이 있다. 또한 고발요청권의 확대는 형사처벌의 과잉을 초래할 수 있고, 그 외 리니언시제도와의 부조화도 발생할 수 있다. 제도의 안정성과 예측가능성을 강화하는 차원에서 현행 고발요청권의 확대 내용을 다시 한번 재점검할 필요가 있다.

통보절차가 제80조 제3항에 도입됨), 불공정거래행위에 대한 금지청구와 손해배상청구를 제외하고는 일반 법원에 대한 제소권은 부정된다(법 제80조 제2항). 공정위의 처분에 대해 피심인은 처분통지를 받은 날 혹은 이의신청의 재결서의 송달이 있은 날로부터 30일 이내에 불복의 소를 서울고등법원(전속관할)에 제기할 수 있다(법 제99조, 제100조).

그러나 피해자에 의한 민사상 손해배상소송과 금지청구소송의 경우는 당사자주의와 변론주의에 입각하여 그 절차가 진행되며, 그 외 공정위의 처분을 다투는 행정소송과 공정위의 고발에 기초하여 검찰이 공소를 제기한 때의 형사소송은 제한적 당사자주의와 법원의 직권조사의 보충적 요소를 반영한 절차에 따른다.

현행 공정거래법이 행정규제주의를 채택한 것은 경쟁정책의 수립 및 집행에 대해 법원과 검찰의 개입을 최소화하고 전문적인 경쟁당국인 공정위에게 주도적인 법집행을 담당하도록 한다는 의미가 있다. 공정거래법은 법 개정을 통해 사인의 금지청구 등 사법적 구제를 더욱 활성화하면서, 공정위의 법집행을 사인의 직접적인 권리구제 허용을 통하여 보완하고자 하는 방향을 택하였다.[6] 앞으로 공정위 심결절차의 대심구조(對審構造)를 더욱 실질화하고 강화할 필요가 있다.

제3절 구제절차 개관

우리나라 공정거래법은 동법 위반행위의 성질과 경중의 차이를 막론하고 일률적인 구제체계를 구사한다. 모든 법위반행위는 공정위의 행정조치의 대상이 되고, 민사소송이나 형사소추 등의 구제절차는 공정위에 의한 행정적 구제를 보완하거나 혹은 이에 부수하는 절차로서의 기능을 가진다. 벌칙이 규정된 법위반행위의 경우 형벌법의 집행을 위해서는 원칙적으로 공정위의 고발이 있어야 한다. 또한 공정거래법 위반행위의 사법적 함의(含意)가 문제된다. 당해 행위가 법률행위일 경우 공정거래법 위반이 당해 행위의 무효화를 가져올 것인지 또 동법 위반행위는 일반적으로 불법행위를 구성할 것인지 여부가 문제된다.

6) 미국의 독점금지 관련 집단소송의 동향에 대해서는, 송석은 외, 반독점집단소송에 있어 지배성 요건의 판단기준, 성균관법학 27권 4호(2015.12), 129 이하.

1. 행정적 구제

공정거래법은 처음부터 지금까지 강력한 행정구제주의적 경향을 보이고 있는바, 이는 미국에서 연방거래위원회 제도가 셔먼법 제정 20여년 후에 비로소 도입된 것과 반대의 현상이다. 현재 공정거래법 사건에 관한 한 공정위는 주도적 지위를 점하고 있으며, 공정위는 준입법적, 준사법적 권능을 가진 독립행정위원회로서 상당한 재량권을 행사한다.[7] 또 공정위의 심결절차는 기본적으로 직권주의적 성향이 있다.

1.1. 공정위의 시정조치

공정위는 법위반행위를 저지른 사업자 혹은 법위반행위자에 대해 법위반행위의 특성에 따라 차별화된 구제방법, 예컨대 가격인하(법 제7조), 주식의 처분, 영업의 전부 혹은 일부의 양도, 임원의 사임(법 제14조), 채무보증의 취소(법 제37조), 계약조항의 삭제(법 제49조) 등을 명하는 이외에, 당해 행위의 중지, 시정명령을 받은 사실의 공표, 기타 시정을 위하여 필요한 조치를 단독으로 혹은 병행적으로 명할 수 있다(법 제7조, 제14조, 제42조, 제49조 등). 당해 행위의 중지, 시정명령을 받은 사실의 공표 기타 시정을 위해 필요한 조치는 모든 법위반행위에 대해 공통되는 구제조치이다.

또한 이 시정조치는 이미 구체적인 법위반행위에 대한 사후적 구제수단으로 규정되는 것이 보통이나(법 제7조),[8] 법위반의 우려가 있는 경우에 대한 사전적인 구제의 성격을 가지는 때가 있다(법 제37조). 그러나 법문이 구체적인 행위를 전제로 법위반과 위반의 우려를 차별하여 규정하는 까닭에, 구체적인 행위가 이루어지기 전에 법위반의 우려가 명백하거나 법익침해가 임박한 경우에 행해지는 소위 예방적 금지명령(preventive injunction)이 일반적으로 허용되는 것은 아니라고 할 것이다.

또한 당해 사업자(법 제7조, 제42조, 제49조)는 물론이고, 법위반행위자도 시정

---

7) 대판 2008.5.29, 2006두6659.

8) 법 제45조의 불공정거래행위는 '공정한 거래를 저해할 우려가 있는 행위'로 규정되어 있는바, 이는 공정거래저해성이 있는 구체적인 행위를 의미한다. 법 제40조의 '부당하게 경쟁을 제한하는'이라는 요건도 '부당하게 경쟁을 제한할 가능성이 있는'으로 해석하여야 하는바, 그 이유는 사업자들 사이의 합의 자체가 금지되는 것이고 합의를 실행하는 행위까지 요구하는 것이 아니기 때문이다.

명령의 대상인지(법 제37조)에 관해서도 입법이 나누어지고 있다. 그리고 법문이 말하는 '기타 시정을 위해 필요한 조치'에는 법위반행위의 결과를 회수하거나 법위반상태를 제거하기 위한 각종 조치나 정보교환 금지명령이 포함될 수 있다.

대판 2019.9.26, 2014두15047

'기타 시정을 위한 필요한 조치'에는 위반행위의 중지뿐만 아니라 그 위법을 시정하기 위하여 필요하다고 인정되는 제반 조치가 포함된다. 따라서 공정거래위원회는 개별 구체적인 위반행위의 형태나 관련시장의 구조 및 특성 등을 고려하여 위반행위의 위법을 시정하기 위하여 필요하다고 인정되는 조치를 할 수 있다. 다만 이러한 조치는 위반행위를 시정하기 위해 필요한 경우에 한하여 명할 수 있는 것이므로, 그 내용은 위반행위에 의하여 저해된 공정한 경쟁질서를 회복하거나 유지하기 위해서 필요한 범위로 한정되고, 위반행위와 실질적 관련성이 인정되지 않는 조치는 허용되지 않으며, 나아가 해당 위반행위의 내용과 정도에 비례하여야 한다.

1.2. 중지명령

공정위가 당해 법위반행위의 현시점에서의 중단과 향후의 금지를 명하는 행정처분(cease and desist order)이다. 장래의 법위반에 대해서도 중지를 명할 수 있는지 여부에 관하여 판례도 이를 긍정한다. 즉 "시정명령이 지나치게 구체적인 경우 매일 매일 다소간의 변형을 거치면서 행해지는 수많은 거래에서 정합성이 떨어져 결국 무의미한 시정명령이 되므로, 그 본질적인 속성상 다소간 포괄성, 추상성을 띨 수밖에 없다고 할 것이고, 한편 시정명령 제도를 둔 취지에 비추어 시정명령의 내용은 과거의 위반행위에 대한 중지는 물론 가까운 장래에 반복될 우려가 있는 동일한 유형의 행위의 반복금지까지 명할 수 있는 것으로 해석함이 상당하다"고 본다.[9] 특히 시정명령과 관련하여 대법원(대판 2009.5.28, 2008두549)은 "시정명령은 속성상 다소간 포괄성·추상성을 띨 수밖에 없다 하더라도, 해당 금지명령은 법위반행위가 일어나지 않도록 금지되어야 하는 내용이 무엇인지 알 수 있게 명확하고 구체적이어야 하며, 당해 위반행위의 내용과 정도에 비례하여야 한다."고 판시하였다. 시정명령은 사업자에 대한 침익적 성질을 갖는 행정처분으로 명확한 법적 근거가 필요하다.

9) 대판 2003.2.20, 2001두5347(전원합의체).

중지명령은 사전적 예방조치의 성격을 가질 수 있는 구제수단으로서, 특히 손해액의 산정이 어렵거나 일단 법위반상태가 초래되면 회복이 어려운 경우에 매우 중요한 의미를 지닌다. 한편 피해자가 민사소송에서 법원에 대해 금지명령을 구하는 것, 즉 사법절차상의 금지청구권은 2020년 법개정을 통해 불공정거래행위(제 9 호 부당지원행위를 제외)와 법 제51조 제 1 항 제 4 호 사업자단체의 금지행위에 따른 불공정거래행위를 대상으로 법 제108조로 도입되었다.

1.3. 시정명령을 받은 사실의 공표

종래 법위반사실의 공표명령으로 불리우던 것이나, 공정위의 시정명령이 피심인의 법위반을 확정짓는 것이 아니며 피심인은 이를 소송으로 다툴 수 있다. 그리하여 2004년의 법개정에서 시정명령을 받은 사실의 공표로 그 표현이 수정되었다.

종전의 법위반사실 공표명령에 대해서는 이것이 양심의 자유의 본질을 침해하는지 혹은 기본권에 대한 과다한 제한에 해당되는지 여부가 논란되었다. 이에 대해 헌법재판소[10]는 "경제규제법의 성격을 가진 공정거래법에 위반하였는지 여부에 있어서도 각 개인의 소신에 따라 어느 정도의 가치판단이 개입될 수 있는 소지가 있고 그 한도에서 다소의 윤리적 도덕적 관련성을 가질 수도 있겠으나, 이러한 법률판단의 문제는 개인의 인격형성과는 무관하며, 대화와 토론을 통하여 가장 합리적인 것으로 그 내용이 동화되거나 수렴될 수 있는 포용성을 가지는 분야에 속한다고 할 것이므로 헌법 제19조에 의하여 보장되는 양심의 영역에 포함되지 아니한다"고 보아 양심의 자유와는 일단 무관한 것으로 보았다.[11] 그러나 헌법재판소는 동일한 결정에서, '법위반으로 인한 시정명령을 받은 사실의 공표'에 의할 경우 입법목적을 달성하면서도 행위자에 대한 기본권침해의 정도를 현저히 감소시키고 재판 후 발생가능한 무죄로 인한 혼란과 같은 부정적 효과를 최소화할 수 있는 것이므로, 법위반사실을 인정케 하고 이를 공표시키는 이 사건과 같은 명령형태는 기본권을 과도하게 제한하는 것이며, 나아가서 법위반사실의 공표명령은

10) 헌재 2002.1.31, 2001헌바43.

11) 헌재의 이 판단은 대법원의 입장(대판 1994.3.11, 93누19719)과 같다. 동 판결에 의하면, 법위반사실 공표명령은 법위반으로 인해 공정위로부터 시정명령을 받았다는 객관적인 사실을 신문에 게재하라는 명령으로서 시정명령의 근거법률이 헌법 제19조의 양심의 자유에 위반되지 아니한다.

공소제기조차 되지 아니하고 단지 고발만 이루어진 수사의 초기단계에서 아직 법원의 유무죄에 대한 판단이 가려지지 아니하였는데도 관련 행위자를 유죄로 추정하는 불이익한 처분이 된다고 판단하였다.

공정위는 시정명령을 받은 사실을 공표하도록 명함에 있어서 공표수단과 공표의 구체적 방법에 대해 상세한 기준을 제시하는 것이 보통이다. 즉 공표수단은 매우 다양한바, 사업장에의 게시, 신문이나 잡지 기타 정간물에의 광고, 피해사업자나 기타 관련자에 대한 서면에 의한 통지나 보고, 상품 자체나 상품의 용기 또는 포장지에의 표시 등이다. 또한 공정위는 위반행위의 내용, 정도, 기간, 회수 등을 고려하여 공표 수단, 회수, 지면의 크기 등을 구체적으로 제시한다(령 제12조).

공정위의 피심인에 대한 시정명령을 받은 사실의 공표명령은 재량행위이다. 따라서 공정위가 재량의 한계를 일탈하거나 이를 남용하면 위법한 처분이 된다. 대법원이 공정위의 법위반사실의 공표명령과 관련하여 재량의 한계를 일탈하였거나 남용하였다고 판단한 사례는 많다.[12] 또한 사업자가 공표명령을 이행하지 않는 경우 공정위가 사업자의 이름으로 공표를 한 후, 그 비용을 사업자로부터 징수할 수 있을 것인지가 문제된다. 시정명령을 받은 사실에 대한 공표명령의 대집행 여부에 관해서는 공표를 대체적작위의무로 보아 대집행이 허용된다는 견해가 있다.[13]

1.4. 과징금부과

가. 과징금의 의의와 성격

과징금은 원래 경제적 동기로 각종 행정법규를 위반한 자에 대해 가하는 금전적 제재이다. 이 제도는 사업자가 법위반으로 인해 얻을 경제적 이득을 박탈함으로써 법위반에 대한 경제적 유발요인을 억제하는 기능 이외에, 영업허가의 취소나 정지 등 전통적인 행정제재가 가져오는 파국적인 결과를 피하면서 효과적으로 법위반에 대한 사후적 구제를 확보할 수 있도록 한다. 과징금제도는 다양한 규제목적을 달성하기 위해 활용되고 있으며, 최근 금융감독분야에도 과징금제도가 도

12) '공연입장권의 취득과 배부경위 등에 비추어 보면, 피고가 원고에게 심판시와 같은 내용의 사과광고문을 2개의 중앙일간지에 '2단×10cm'의 크기로 각 1회 게재하고 그 결과를 피고에게 보고하도록 한 이 사건 처분은 너무 가혹하여 재량권의 범위를 일탈하였거나 재량권을 남용한 위법이 있다'(대판 1989.11.10, 89누3137).

13) 박상용/엄기섭, 경제법원론 제 5 판, 52.

입되었다.

공정거래법은 경쟁제한적 기업결합의 경우를 제외하고 동법 위반행위 전반에 걸쳐 시정조치와는 별도로 과징금을 부과할 수 있도록 규정하고 있다.[14] 그 결과 과징금은 시정조치의 이행을 확보하기 위한 것이 아니라 이와는 독립한 별개의 행정제재의 성격을 가지는 것으로 볼 수 있다. 과징금부과의 독립성을 강조할 경우 법위반행위의 중지 기타 시정명령과 더불어 부과되는 것은 물론 시정조치 없이 과징금만 부과할 수 있다. 그러나 지금까지의 공정위의 실무에서 과징금처분만을 별도로 행한 예는 찾기 어렵다.

과징금부과명령은 이의신청 혹은 행정소송의 대상이 되는 행정처분으로서 재량행위에 해당된다. 과징금의 부과액수는 당해 법위반행위의 구체적 태양 등에 기하여 판단되는 그 위법성의 정도나 기타 사정으로 조사에의 협조 여부, 종전의 위반 횟수뿐만 아니라, 위반행위로 인한 이득액의 규모와도 상호 균형을 이룰 것이 요구되고, 이러한 균형을 상실할 경우에는 비례의 원칙에 위배되어 재량권의 일탈·남용에 해당할 수 있다는 것이 대법원의 판례이다.[15] 공정위는 과징금 부과기준으로 「과징금부과 세부기준 등에 관한 고시」를 제정하여 운용하고 있다.[16] 사업자가 과징금 부과처분을 받게 된 경우 실무상 과징금 납부기한의 연기 또는 분할납부를 별도로 신청하는 경우가 많다(법 제103조).

나. 과징금의 성질

과징금과 관련된 공정거래법의 조항은 개정을 거듭하고 있으며, 과징금의 성질과 관련된 것도 마찬가지다. 즉 1980년 제정법에서는 시장지배적 사업자에 대한 공정위의 가격인하명령에 응하지 아니한 경우 사업자가 이 명령에 불응한 기간 동안 얻은 부당한 수입액에 상당하는 과징금을 부과할 수 있도록 하였다(1980년 제정법 제6조). 과징금에 대해 부당이득환수의 성격을 강력하게 부여하는 이 규정은 배상액환급조항, 즉 과징금을 납부한 사업자가 피해자에게 손해배상을 한 때

14) 과징금제도는 시장지배적지위 남용행위와 관련하여 1980년 법에서 국내 최초로 도입된 이래, 부당공동행위, 경제력집중억제, 불공정거래행위 그리고 기업결합위반에 대해서도 부과할 수 있도록 확대되었다(기업결합위반에 대해서는 1999년 법개정에서 이행강제금 제도로 대체됨). 공정거래법상 지속적으로 과징금부과대상행위가 확대되고, 다른 법률에도 이 제도가 도입되는 것은 그만큼 과징금제도의 실효성이 강한 것을 방증한다.

15) 대판 2008.8.11, 2007두4919 등.

16) 과징금 고시의 법적 효력에 대하여 대법원은 "공정위의 내부의 사무처리준칙을 규정한 것으로, 대외적으로 국민이나 법원을 기속하는 효력이 없고, 당해 처분의 적법 여부는 관계 법령의 규정 내용과 취지에 따라 판단되어야 한다(대판 2007.9.20, 2007두6946 등)."고 판시하였다.

에는 과징금 중 그 배상액에 상당하는 금액을 환급하도록 하는 규정과도 맞물려 있었다. 그러나 1996년의 법개정에서 배상액환급조항은 모두 삭제되었고, 그 결과 부당이득환수설은 법제면에서 그 명시적 근거가 상당히 약화되었다.

과징금의 본질론 역시 입법적 상황과 연계되어 있음은 물론이다. 그러나 과징금의 성격에 대해서는 사업자가 법위반행위를 통해 얻은 부당한 이익을 박탈하는 것이라는 부당이득환수설, 공법상의 의무이행을 확보하고 법위반행위의 재발을 막기 위한 금전적 제재의 일종이라는 행정제재벌설, 양자의 성격을 모두 가지고 있다는 겸병설, 그리고 법위반행위의 유형에 따라 개별적으로 판단하여야 한다는 개별결정설 등으로 그 갈래를 요약할 수 있다.

현재 다수설과 판례는 겸병설을 채택하는 것으로 평가할 수 있다. 그러나 과징금의 본질과 관련된 해석론적 그리고 입법정책적 과제는 여전히 많다. 우선 행정벌설이나 겸병설을 취할 경우 법위반사업자의 피해자에 대한 손해배상과 과징금은 일단 별개로 인정되어 양 제도는 병행할 수 있는 것이나 그 한계나 양자의 관계를 엄밀하게 획정하는 것은 여전히 논란거리다. 예컨대 법위반자가 이로 인한 부당이득을 전혀 얻지 못한 경우에도 과징금이 부과될 수 있는지, 부당이득이 발생한 경우 법령의 한도 내에서 이를 전부 환수하여야 하는지 등의 문제가 남아 있다.[17)]

과징금의 본질과 관련하여 판례를 살펴본다. (주)대우자동차판매의 사원판매사건에서 대법원[18)]은 "과징금 부과는 비록 제재적 성격을 가진 것이기는 하여도 기본적으로는 같은 법 위반행위에 의하여 얻은 불법적인 경제적 이익을 박탈하기 위하여 부과되는 것"으로 보아, 행정제재보다 부당이득환수의 면을 강조하고 있다. 이 판결은 나아가서 "과징금을 부과함에 있어서는 위반행위의 내용과 정도, 기간과 횟

17) 금전적 제재의 기본원리에 대해 R. Posner는 E(C)=PF라는 공식을 제시한다. 여기서 E(C)는 법위반으로 인해 공동체가 입은 피해액, P는 법위반 사실이 적발되어 제재를 받을 확률, F는 금전적 제재액을 의미한다. 적발 확률이 10%라면 가해액의 10배를 배상하여야 사회 전체 차원의 형평이 복원된다는 것이다. 우리나라에서는 동일한 법위반행위에 대해 행정 과징금, 형사벌인 벌금, 복구적 혹은 징벌적 손해배상, 과태료 등이 거듭해서 부과될 수 있다. 이 공식은 이들 모두가 부과될 경우 그 상한을 설정하는 이론적 틀이 될 수 있다. 이들 금전적 구제절차는 그 성격이 서로 다르므로 중복해서 집행하더라도 중복처벌금지(double jeopardy)의 원칙에 저촉되지 아니하나, 법위반행위와 금전적 제재의 총량 사이에 비례의 원칙과 상당성의 원칙이라는 헌법가치는 여전히 존중되어야 한다.

18) 대판 2001.2.9, 2000두6206. 또한 과징금이 위반행위로 인하여 얻은 순이익보다 많다고 하더라도 그러한 사정만으로 그 과징금이 지나치게 과중하다고 할 수 없다고 본 판결례도 있다(대판 2017.4.26, 2016두32688).

수 외에 위반행위로 인하여 취득한 이익의 규모 등도 아울러 참작하도록 규정하고 있으므로, 불공정거래행위에 대하여 부과되는 과징금의 액수는 당해 불공정거래행위의 구체적 태양 등에 기하여 판단되는 그 위법성의 정도뿐만 아니라 그로 인한 이득액의 규모와도 상호균형을 이룰 것이 요구되고, 이러한 균형을 상실할 경우에는 비례의 원칙에 위배되어 재량권의 일탈, 남용에 해당할 수 있다"고 한다.

이와 반대로 헌법재판소[19]는 행정상의 제재금으로서의 기본적 성격에 부당이득환수의 요소도 가미되어 있다고 보면서, 국가형벌권 행사로서의 '처벌'에 해당되지 않는다고 본다.

다. 과징금과 이중처벌금지, 적법절차 및 권력분립과의 관계

공정거래법 위반행위는 사법적 혹은 행정법 차원에서 위법할 뿐만 아니라(illegal) 많은 경우 형사처벌의 대상이 된다(criminal). 우리나라 공정거래법은 심지어 일부 불공정거래행위자에 대해서도 징역이나 벌금 등의 형벌을 부과하고 있다. 여기에서 공정위가 법위반사업자에 대해 이와 병행하여 과징금을 부과하는 것의 헌법적합성이 논란된다. 특히 과징금의 성격을 부당이득환수적 요인이 없이 순수하게 제재적 성격으로 파악할 경우 이러한 논란은 더욱 커질 수 있다.

불공정거래행위 유형의 하나인 부당지원행위에 대하여 형사처벌과 더불어 매출액의 2%의 범위 내에서 과징금을 부과할 수 있도록 한 1999년 개정전 공정거래법 제24조의2와 관련하여, 헌법재판소는 이것이 이중처벌금지, 과잉금지, 사법권을 법원에 귀속시킨 권력분립, 그리고 지원주체의 매출액을 과징금 부과기준으로 삼은 것이 방법의 적절성을 요구하는 비례의 원칙에 위배되는지 여부를 각각 다룬 바 있다.[20]

라. 부과대상 및 부과기준

원칙적으로 법위반행위를 한 사업자가 과징금의 부과대상이지만 사업자단체의 법위반의 경우는 당해 사업자단체는 물론 법위반행위에 참여한 개별 사업자도 제재의 대상이다. 또한 하나의 법위반행위에 대한 과징금 부과처분과 관련하여 공정위가 새로운 사실이나 자료의 발견을 이유로 과징금을 추가하여 부과한다든가 혹은 부과처분을 내리면서 과징금액의 변경을 유보하는 것은 허용되지 않는다.

---

19) 헌재 2003.7.24, 2001헌가25.
20) 헌재 2003.7.24, 2001헌가25.

대판 1999.5.28, 99두1571

법이 규정한 범위 내에서 그 부과처분 당시까지 부과관청이 확인한 사실을 기초로 일의적으로 확정되어야 할 것이고, 그렇지 아니하고 부과관청이 과징금을 부과하면서 추후에 부과금 산정기준이 되는 새로운 자료가 나올 경우에는 과징금액이 변경될 수 있다고 유보한다든지, 실제로 추후에 새로운 자료가 나왔다고 하여 새로운 부과처분을 할 수는 없다고 할 것이다.

대판 2015.2.12, 2013두987

[1] 공정거래위원회가 부당한 공동행위를 행한 사업자로서 구 독점규제 및 공정거래에 관한 법률(2013.7.16. 법률 제11937호로 개정되기 전의 것) 제22조의2에서 정한 자진신고자나 조사협조자에 대하여 과징금 부과처분(선행처분)을 한 뒤, 독점규제 및 공정거래에 관한 법률 시행령 제35조 제3항에 따라 다시 자진신고자 등에 대한 사건을 분리하여 자진신고 등을 이유로 한 과징금 감면처분(후행처분)을 하였다면, 후행처분은 자진신고 감면까지 포함하여 처분 상대방이 실제로 납부하여야 할 최종적인 과징금액을 결정하는 종국적 처분이고, 선행처분은 이러한 종국적 처분을 예정하고 있는 일종의 잠정적 처분으로서 후행처분이 있을 경우 선행처분은 후행처분에 흡수되어 소멸한다. 따라서 위와 같은 경우에 선행처분의 취소를 구하는 소는 이미 효력을 잃은 처분의 취소를 구하는 것으로 부적법하다.

[2] 부당한 공동행위에 가담한 사업자가 구 독점규제 및 공정거래에 관한 법률 제22조의2에서 정한 자진신고자 등에 대한 감면조치를 받기 위하여 공정거래위원회에 적법하게 자진신고를 하였다면, 신고 후 정당한 사유 없이 공동행위를 중단하지 않거나 조사에 성실하게 협조하지 않는 등으로 인하여 자진신고자 지위확인이 취소되는 등의 특별한 사정이 없는 이상, 자진신고를 부당한 공동행위에서 탈퇴하는 의사표시와 함께 합의에 반하는 행위가 있었던 경우에 준하여 볼 수 있다. 따라서 위와 같은 적법한 자진신고 사업자에 대하여는 감면대상 순위에 해당하는지 여부와 상관없이 자진신고일 시점이 공동행위의 종기가 된다.

대판 2019.1.31, 2013두14726

공정거래위원회가 위반행위에 대한 과징금을 부과하면서 여러 개의 위반행위에 대하여 외형상 하나의 과징금 납부명령을 하였으나 여러 개의 위반행위 중 일부의 위반행위에 대한 과징금 부과만이 위법하고 소송상 그 일부의 위반행위를 기초로 한 과징금액을 산정할 수 있는 자료가 있는 경우에는, 하나의 과징금 납부명령일지라도 그 일부의 위반행위에 대한 과징금액에 해당하는 부분만을 취소하여야 한다.

과징금의 부과한도는 매출액의 4%에서 20%로 차별화되어 있다(매출액이 없는 경우에는 개별 조항에서 정한 범위에서 정액과징금 부과). 즉 시장지배적지위 남용은 6%(법 제8조), 부당공동행위는 20%(법 제43조), 불공정거래행위는 4%(법 제50조. 다만 부당지원행위는 10%임), 사업자단체의 법위반행위는 사업자단체는 10억원 그리고 당해 행위에 참가한 개별 사업자에 대해서는 20% 또는 10%(법 제53조) 등이다. 이 과징금 부과상한은 2020년 법개정에서 일률적으로 2배 인상된 것이다.

과징금 산출의 기초가 되는 매출액에 대해서는 시행령에 근거하여 제정된 과징금부과 세부기준 등에 관한 고시(공정위고시 제2024-21호)에 상세한 기준이 마련되어 있다(령 제13조 제1항). 즉 여기서 매출액이란 당해 법위반사업자가 위반기간 동안 일정한 거래분야에서 판매한 관련 상품이나 용역의 매출액 또는 이에 준하는 금액, 즉 관련매출액을 말한다. 다만, 위반행위가 상품이나 용역의 구매와 관련하여 이루어진 경우에는 관련 상품이나 용역의 매입액을 말하고, 입찰담합 및 이와 유사한 행위인 경우에는 계약금액을 말한다. 그러나 불공정거래행위 중 부당지원행위에 관해서는 당해 사업자의 직전 3개 사업연도의 평균매출액을 말한다. 다만 당해 사업연도 초일 현재 사업을 개시한 지 3년이 되지 아니하는 경우에는 그 사업개시후 직전 사업연도말까지의 매출액을 연평균 매출액으로 환산한 금액으로 하고, 또 당해 사업연도에 사업을 개시한 경우에는 사업개시일로부터 위반행위일까지의 매출액을 연 매출액으로 환산한 금액이 된다(령 제56조 제2항).

매출액이 없거나 매출액을 산정하기 어려운 경우 등에는 시장지배적지위남용의 경우는 20억원(법 제8조), 카르텔행위는 40억원(법 제43조), 그리고 불공정거래행위와 재판매가격의 유지행위 등의 경우는 10억원(법 제50조 제1항), 사업자단체의 금지행위 위반의 경우는 사유별로 구분하여 10억원에서 20억원, 40억원을 초과하지 않는 범위 안에서 과징금을 부과할 수 있다(법 제53조). 여기서 매출액이 없는 경우라 함은, 첫째 영업을 개시하지 아니하거나 영업중단 등으로 인하여 영업실적이 없는 경우, 둘째 재해 등으로 인하여 매출액산정자료가 소멸 또는 훼손되는 등 객관적인 매출액의 산정이 곤란한 경우, 셋째 위반기간 또는 관련 상품이나 용역의 범위를 확정할 수 없어 관련매출액의 산정이 곤란한 경우를 말한다(령 제13조 제3항).

한편 경제력집중억제 관련 법위반행위는 당해 행위와 매출의 인과관계를 연결지우기 어렵고, 그 결과 법위반행위와 관련되는 행태의 구체적 내용, 예컨대 법위반 주식취득의 경우는 주식취득가액 그리고 법위반채무보증의 경우는 보증액의 20% 등으로 그 기준이 구체화되어 있다(법 제38조).

그러나 과징금 부과의 실제에 있어서 공정위는 '과징금부과 세부기준 등에 관한 고시'를 제정, 운용하고 있는바, 이에 의하면 기본과징금과 조정과징금(의무 및 임의)의 산정을 거쳐 최종적으로 부과과징금을 결정하게 된다.

마. 기업결합제한위반과 이행강제금 제도

기업결합제한 위반의 경우는 원래 과징금 부과대상이었으나, 일회적 성격의 과징금부과가 법위반에 대한 실효적인 구제수단이 되지 못하는 한계가 있었다. 여기에서 과징금에 갈음하여 이행강제금을 부과하도록 1999년에 법을 개정하여, 시정조치를 받은 후 정해진 기간 내에 시정조치에 응하지 아니하는 자에 대하여 매 1일당 법 소정의 기준금액의 1만분의 3 이내에서 이행강제금을 부과할 수 있도록 하였다(법 제16조 제1항). 이행강제금 제도는 기업결합제한위반, 보고 또는 자료나 물건 제출명령 불이행, 사업자의 동의의결 불이행에 대해서 적용된다(법 제86조, 법 제92조).

1.5. 동의의결

가. 의의와 성격

동의의결(consent order, consent decree)은 경쟁법 위반행위에 대하여 공식적인 심결절차를 거치지 아니하고 경쟁당국과 신청인(피조사자 혹은 피심인) 사이의 합의에 의해 경쟁제한상태를 해소할 수 있는 제도이다. 즉 신청인이 문제의 행위에 대하여 시정방안을 제안하고 경쟁당국이 그 타당성을 심사한 후 의결의 형태로 동의하여 문제의 사안을 궁극적으로 해결하는 것이다.

동의의결은 경쟁당국과 피심인 사이의 합의의 국면이 있고 바로 이 점에서 공법상의 계약이라는 성격이 논란될 소지가 없는 것은 아니나, 그 본체는 역시 경쟁당국의 유권적 명령이다. 즉 법위반혐의와 관련된 사건을 동의의결로 처리할 것인지 여부에 관한 최종적인 판단은 공정거래위원회의 몫이며, 동의의결 자체는 시정조치나 과징금부과처분과 마찬가지로 그 성질이 행정처분이다. 그리고 동의명령의 불이행에 대해서도 이행강제금이라는 행정처분이 수반된다(법 제92조).

이 제도의 도입에는 두 가지 배경이 있었다. 첫째는 대내적 요인으로서 공정거래위원회에 의한 일방적 행정조치 이외에 다양한 사건처리 절차를 도입하여 시장기능의 제한이나 경쟁제한 상태를 신속하게 구제할 필요가 있었다는 점이다. 두 번째는 대외적 요인으로서 2007년 타결된 한미자유무역협정에서 우리나라가 동의의결의 도입을 합의하여 경쟁질서가 신속하게 회복될 수 있는 제도적 기반을 정비하도록 합의하였던 것이다.

이에 따라 2006년 하반기부터 제도 도입을 위한 노력이 이루어졌으며, 다시 2008년 4월 입법예고(공정위 공고 제2008-10호)를 거쳐 2008년 7월에 동의명령 도입을 담은 공정거래법 개정안이 국회에 제출되었고, 드디어 2011년 12월 동의명령을 동의의결로 그 표현을 바꾼 공정거래법 개정안이 국회를 통과하였다.

나. 제도의 취지

이해관계자의 신고나 직권인지를 기초로 공정위가 사건을 성숙시키고 심의를 거쳐 최종적인 결정을 내리기까지에는 상당한 시간과 비용의 투입이 요구된다. 이 과정에서 경쟁제한상태는 지속되며, 공정위의 처분이 있다고 하더라도 피해사업자 등이 피해를 보상받기 위해서는 별도의 절차가 필요하게 된다.

여기에서 동의의결제는 여러 가지 순기능을 가질 수 있다. 첫째, 법집행당국의 입장에서는 경미하거나 위법성 판단이 애매한 사안에 대하여 신속하고 저렴한 사건해결이 가능하게 된다. 공정위의 한정된 예산과 역량을 보다 중요한 사건에 집중할 수 있고, 시정명령이나 과징금부과처분에서 담을 수 없는 그때그때의 적절한 구제수단을 동의의결의 형태로 채용하여 구제방법의 시의성과 탄력성을 제고할 수 있다.

둘째, 피심인의 입장에서는 공정위의 처분과 이에 대한 행정쟁송의 과정이 진행되는 과정에서 겪어야 하는 불확실성을 합의와 절충을 통하여 단기간에 해소할 수 있다. 그리고 공정위의 조사·심의과정과 그 후의 행정소송에서 소요되는 각종 비용과 노력을 절감할 수 있고, 무엇보다 문제의 행위의 위법성이 공식적으로 판단되지 아니하는 혜택을 누리게 된다.

셋째, 피해를 입은 경쟁사업자나 거래상대방 등의 입장에서는 공정위의 행정처분을 통한 구제절차나 사소(private litigation)에서 기대하기 어려운 신속하고 저렴한 피해구제가 가능하다. 그리고 시장경제질서 전체의 차원에서도 피심인 사업자의 자발적 동의나 확약을 통하여 신속하게 경쟁제한상태의 해소가 가능하다. 특히 급변하는 시장상황 속에서 기민하게 처리되어야 하는 기업결합(M&A) 사건에서 동의의결이 기여할 여지가 적지 않다. 즉 동의의결을 통하여 경쟁제한성 혐의에 대한 구조적 혹은 행태적 보완장치를 강구하여 구조조정의 수요에 신속하게 대처할 수 있게 된다.

요컨대 동의의결제는 구제절차의 다원화, 효율화의 측면에서 바람직한 면이 많고, 금전적 구제방안을 담을 경우 사적구제의 활성화에 갈음하는 기능도 기대할 수 있다.[21)]

다. 동의의결의 대상, 요건, 효과 등

제도의 핵심을 요약하면, 공정위의 조사 또는 심의를 받는 사업자 또는 사업자단체가 당해 행위사실, 당해 행위의 중지 기타 구제조치, 거래상대방이나 소비자의 피해를 구제 혹은 예방하기 위한 방안을 담은 서면을 공정위에 제출하고, 공정위가 이 방안의 적절성을 인정할 경우 기존의 조사 및 심의절차를 중단하고 사업자가 제출한 시정방안과 같은 조치, 즉 동의의결을 행하는 것이다(법 제89조 제 1 항·제 2 항).

이 제도는 다음의 경우에는 적용되지 아니한다. 즉 공정거래법 제40조 제 1 항의 부당공동행위, 공정거래법 제129조 제 2 항 소정의 의무적 고발사항, 그리고 동의의결이 있기 전 신청인이 신청을 취소한 경우 등에 대해서는 동의의결을 하지 아니하고, 공정거래법에 따른 심의절차를 진행하여야 한다(법 제89조 제 1 항 단서).

또한 신청인이 제시한 시정방안을 수용하여 공정위가 동의의결을 하기 위한 요건은 두 가지다. 첫째, 해당 행위가 위법한 것으로 판단될 경우에 예상되는 시정조치, 기타의 제재와 균형을 이루어야 하고, 둘째, 시장질서를 회복시키거나 소비자와 다른 사업자 등을 보호하는 데 적절하여야 한다. 그러므로 공정위는 신청인과의 협의를 거쳐 신청인이 제시한 시정방안을 수정하여 의결할 수 있다(법 제89조 제 3 항 참조).

그러나 공정위의 동의의결은 해당 행위가 공정거래법에 위반된다고 인정하는 것이 아니며, 또 누구도 신청인이 동의의결을 받은 사실을 들어 해당 행위가 공정

---

19) 현재 미국에서 경쟁당국의 심사대상이 된 독점금지법 사건의 7할, 그리고 정부 측에 유리하게 전개되는 소송사건의 약 9할이 동의명령 절차에 따라 해결되는 것으로 집계되고 있다. FTC가 조사대상으로 삼은 기업결합 건수의 반을 훨씬 상회하는 사건이 동의명령으로 종결되고 있고, 이 밖에 가격담합, 시장분할, 보이콧 등의 사건에서도 빈번하게 활용되고 있다. 신영수, 미국 독점금지법상의 동의명령 제도에 관한 고찰, 기업법연구 제19권 제 4 호, 491-2.

거래법에 위반된다고 주장할 수 없다(법 제89조 제4항). 또한 전원회의 또는 소회의의 심의·의결을 거친 공정위의 동의의결을 받은 신청인은 동의의결의 이행계획과 이행결과를 공정위에 제출하여야 하고, 신청인이 정당한 이유없이 동의의결을 이행하지 아니하는 경우에는 의결이 이행되거나 취소되기 전까지 1일당 200만원 이하의 이행강제금을 부과할 수 있다(법 제90조 제5항, 제92조 제1항).

2. 형벌 및 과태료

2.1. 형벌의 유형

법 제정 이래 공정거래법 위반행위는 일률적으로 형사처벌의 대상으로 삼아왔으나, 2020년 들어 중요한 정책선회가 이루어졌다. 자연범을 다스리는 형사법과는 달리, 공정거래법은 경쟁제한행위를 금지하는데 법의 기본목적이 있다. 공정거래법 사안은 경제분석을 통해 당해 행위의 경쟁제한성 여부를 판단하고 과징금이나 민사적 구제수단으로 일반억제의 효과를 달성할 수 있는 경우가 많다. 그리하여 기업결합행위, 고전적인 불공정거래행위, 재판매가격유지행위, 그리고 일부 사업자단체금지행위에 대한 벌칙조항이 2020년 전면개정에서 삭제되었다. 이러한 벌칙조항 삭제는 다양한 경제사안에 대해 양벌조항을 통해 과잉 형사처벌하는 각종 규제법의 상황을 재검토하는 새로운 입법동향의 신호가 될 수 있다. 이러한 형사처벌 조항 축소 입법동향은 국제적인 경쟁법 집행 추세와도 부합한다. 대부분의 선진국에서는 경쟁법 위반행위에 대해 형사처벌보다는 행정제재와 민사적 구제를 중심으로 법을 집행하고 있기 때문이다. 즉 미국의 경우에는 셔먼법 위반에 한하여 중죄(felony)로 규정할 따름이며, 독일에서는 불공정거래행위가 민사소송의 대상이 되는데 그치고 이에 대해서는 행정조치의 개입마저 없다. 유럽 대륙법은 민사와 형사의 구분을 선험적으로 보고, 경제사안에 대한 형사처벌에 대해 이념적인 차원에서 반대하는 경향을 보인다. 공정거래법 사건에서 유럽연합과 그 회원국은 과징금을 주로 활용하고 형사처벌은 전혀 하지 않거나 프랑스처럼 일부 처벌조항이 있는 경우에도 그 처벌에 매우 소극적이다. 영국도 공정거래법 사안에 대한 형사처벌이 매우 드물다.[22)]

공정거래법 사안에 대한 검찰의 현실적 소추의 여부 그리고 그 강도와는 별

22) 임영철/조성국, 앞의 책, 9.

개로, 법 소정의 처벌수준은 높고 특히 벌금액수는 형법전에 비해 매우 높다. 즉 법위반행위의 유형에 따라 3년 이하의 징역 또는 2억원 이하의 벌금으로부터 2년 이하의 징역 또는 1억 5천만원 이하의 벌금, 또는 1억원 이하의 벌금형[23]을 받게 된다(법 제124조, 제125조, 제126조). 한편 법관이 발행한 압수수색 영장에 의거한 검찰의 강제수사와는 달리, 공정위의 조사는 피조사자의 자발적 협조에 따른 임의조사의 법적 성격을 가진다. 조사대상 기업의 현장진입 지연이나 접근 거부 등에 대해 조사의 거부, 방해, 기피로 형사처벌을 행하는 것은 공정위 조사의 본질은 물론 영장주의를 채택한 헌법정신을 훼손할 수 있다(법 제124조 1항 13호 및 법 제125조 7호 참조).

가. 3년 이하의 징역 또는 2억원 이하의 벌금(징역과 벌금은 병과 가능, 법 제124조)

- 제 5 조의 시장지배적지위 남용행위를 한 자[24]
- 제13조, 제36조를 위반하여 탈법행위를 한 자
- 제15조, 23조, 제25조, 제39조의 의결권행사제한에 위반하여 의결권을 행사한 자
- 제18조의 지주회사 등의 행위제한 등에 관한 제 2 항 내지 제 5 항에 위반한 자
- 제19조의 상호출자제한기업집단의 지주회사 설립제한 규정에 위반하여 지주회사를 설립하거나 지주회사로 전환한 자
- 일반지주회사의 벤처금융사 소유 관련 행위제한(법 제20조 제 2 항이나 제 3 항)을 위반한 자
- 제21조(상호출자의 금지), 제22조(순환출자의 금지)를 위반하여 주식을 취득하거나 소유하고 있는 자
- 제24조(채무보증의 금지)에 위반하여 채무보증을 하는 자
- 제40조(부당공동행위) 제 1 항을 위반하여 부당공동행위를 한 자 또는 이를 행하도록 한 자

23) 신고의무 등 절차규정 위반자에 대해서는 1억원 이하의 벌금에 처한다(법 제126조).

24) 징역 등 형벌은 그 성질상 범죄행위를 현실적으로 수행한 자연인을 대상으로 하는 것이고, 사업자인 법인이나 개인사업자에 대해서는 양벌규정에 따라 벌금이 부과된다(법 제70조). 그리하여 징역 등 형벌적용과 관련하여 시장지배적지위 남용행위를 한 자란 회사의 경우에는 대표이사(주식회사), 이사(유한회사), 무한책임사원(합명회사나 합자회사) 그리고 법인격 없는 사단의 경우에는 대표기관 등 실제 위법행위를 저지른 자연인을 말한다. 대판 1997.1.24, 96도524.

- 제45조(불공정거래행위의 금지) 제 1 항 제 9 호, 제47조(특수관계인에 대한 부당한 이익제공 등 금지) 제 1 항 또는 제 4 항을 위반한 자
- 제48조(보복조치의 금지)를 위반한 자
- 제51조(사업자단체의 금지행위) 제 1 항 제 1 호에 위반하여 사업자단체의 금지행위를 한 자
- 제81조 제 2 항에 따른 조사시 폭언·폭행, 고의적 현장진입 저지·지연 등을 통해 조사를 거부·방해 또는 기피한 자

나. **2년 이하의 징역 또는 1억5천만원 이하의 벌금**(징역과 벌금의 병과 불가, 법 제125조)

- 공정위의 시정조치(제 7 조, 제14조, 제37조, 제42조, 제49조, 제52조 등에 의거함) 불응자
- 제31조 제 4 항에 따른 자료요청에 대하여 정당한 이유 없이 자료 제출을 거부하거나 거짓의 자료를 제출한 자
- 제31조 제 5 항을 위반하여 공인회계사의 회계감사를 받지 아니한 자
- 제45조 제 1 항 소정 일부 불공정거래행위를 한 자(거래거절, 차별취급, 경쟁자배제, 구속조건부거래는 처벌에서 제외. 부당지원행위는 법 제124조에 따른 벌칙의 대상)
- 제51조 제 1 항 제 3 호(구성사업자의 사업활동제한) 관련 사업자단체의 금지행위를 한 자
- 제81조 제 1 항 제 3 호 또는 제 6 항에 따른 보고 또는 필요한 자료나 물건을 제출하지 아니하거나 거짓의 보고 또는 자료나 물건을 제출한 자
- 제81조 제 2 항에 따른 조사시 자료의 은닉·폐기, 접근거부 또는 위조·변조 등을 통하여 조사를 거부·방해 또는 기피한 자

다. **1억원 이하의 벌금**(법 제126조)

- 제17조(지주회사의 설립·전환의 신고)에 위반하여 지주회사의 설립 또는 전환의 신고를 하지 아니하거나 허위의 신고를 한 자
- 제18조 제 7 항을 위반하여 당해 지주회사 등의 사업내용에 관한 보고를 하지 않거나 허위보고를 한 자
- 제30조 제 1 항 및 제 2 항에 위반하여 주식소유 현황 또는 채무보증 현황의 신고를 하지 아니하거나 허위의 신고를 한 자
- 제81조 제 1 항 제 2 호에 위반하여 허위의 감정을 한 자

2.2. 행위자와 사업자에 대한 양벌

법인이나 법인격 없는 사단의 대표자, 그리고 법인이나 개인의 대리인, 사용인 기타 종업원이 그 법인 또는 개인의 업무에 관하여 제124조, 제125조, 제126조의 위반행위를 한 경우 행위자 개인을 처벌하는 외에 그 법인 또는 개인에 대하여도 해당 조문이 정하는 벌금형을 부과한다(법 제128조).

법인 혹은 법인격 없는 사단에 대해서는 징역형이 그 성질상 적절하지 아니한 점을 반영한 것으로서, 법인인 사업자는 물론 개인사업자(자연인 사업자)도 벌금형의 병과대상이다. 이와 관련하여 공정거래법 소정의 사업자만이 범할 수 있는 사업자한정형 범죄를 형법상의 신분범으로 볼 것인가의 논란이 있다. 행정형벌에도 형법이론과 원칙이 적용되어야 한다는 관점에서 사업자한정형 범죄는 일종의 신분범으로 보아야 한다는 견해[25]와 이를 신분범으로 보지 않는 견해로 나뉘어진다. 후자에 따르면 각 처벌규정으로 언제든지 직접적 행위자를 처벌할 수 있으며 법인은 양벌규정과 각 처벌규정을 근거로 처벌된다고 간명하게 파악한다. 또한 현행 법문의 구조상 직접적 행위자를 처벌하지 않고 사업자인 법인 혹은 개인에 대해서만 벌금을 부과하는 것은 곤란한 것처럼 보인다.

그러나 공정위 실무에 의하면 형사고발 자체가 이례적이며, 고발을 하더라도 법인에 대한 고발이 흔하고 자연인 고발은 드물다. 비록 미국을 비롯한 영미법계에서 카르텔행위를 실행한 자연인에 대한 형사처벌이 강화되고 있으나, 대륙법계에서는 경제사안의 형사범죄화(criminalization of economic offense)에 대해 강하게 반대하는 경향을 보이고 있다. 공정위의 고발 관련 현행 실무는 국민들의 법감정에 부합하는 면이 있다고 생각된다.

2.3. 공정위의 전속고발권

가. 전속고발제도

공정거래법 제124조와 제125조 소정의 범죄는 공정위의 고발이 있어야 검찰

25) 신분범설에 의하면, 공정거래법을 준수할 의무는 사업자가 지고 형벌규정에 의한 처벌대상은 직접적 행위자이기 때문에 법인사업자의 경우에는 법률상의 의무자인 법인과 직접적 행위자가 일치하지 않고 각 형벌법규와 양벌규정을 병합할 때 비로소 이들을 처벌할 수 있는 것으로 구성되는바, 양벌규정은 공정거래법 위반범죄의 구성요건을 수정하고 행위주체를 확대하는 의미가 있다고 설명한다. 이호영, 독점규제법, 홍문사, 451-2.

은 공소를 제기할 수 있다(법 제129조 제1항). 고발은 공정위가 검찰에 대하여 형벌권행사를 요청하는 행정기관 상호간의 행위로서 항고소송의 대상이 되는 행정처분이라고 할 수 없고, 고발에 관한 공정위의 의결도 행정청 내부의 의사결정일 뿐 대외적인 최종 처분은 아닌 것이어서 이 역시 행정처분이 되지 못한다.26)

법 제129조에 의한 공정위의 고발은 범죄수사의 단서에 불과한 일반적인 고발과는 달리 형사소추의 요건이 된다. 즉 공정거래법 제124조와 제125조 위반행위에 대해서는 공정위의 고발이 없는 한 검찰은 이를 소추할 수 없고, 고발 없이 제기된 공소는 기각의 대상이다.27)

한편 공정위의 고발에 검찰이 구속되는 것은 물론 아니다. 기소편의주의 원칙상 공정위의 고발을 기초로 검찰은 고유의 판단에 입각하여 기소 여부를 결정하는바, 실제로 기소하지 않은 사례가 상당한 수에 이르고 또 기소하더라도 벌금형을 요구하는 예가 많다. 반면에 공정거래법 제126조 소정의 범죄에 대해서는 공정위의 고발이 없더라도 검찰은 이를 소추할 수 있는 것처럼 보이나, 이는 입법의 잘못이라고 할 것이다. 이에 대한 형사처벌은 제124조와 제125조의 범죄와 형평상의 문제가 있고 검찰이 이를 바로 기소한 사례도 찾을 수 없다.

공정위가 시정조치를 내리지 아니한 사항에 대하여 바로 검찰에 고발할 수 있는지 여부도 문제될 수 있다. 실무상으로는 이러한 사례 역시 찾기 어렵다. 행

---

26) 대판 1995.5.12, 94누13794.

27) 공정위는 삼양사, 대한제당, CJ 등 3개 제당업체가 내수용 설탕의 출고량 및 가격을 공동으로 결정하였다는 혐의로 시정명령과 과징금을 부과하는 한편, 1순위 자진신고자인 삼양사에 대하여는 형사고발을 면제하고 공동 2순위 자진신고자인 대한제당과 CJ에 대하여 법인만을 고발하였는데, 검찰은 고발된 2개 법인에 추가하여 삼양사 및 이 사건에 관여한 3개사의 임원도 함께 기소하였다.
서울중앙지법(형사2단독)은 이에 대하여 공소기각 판결(서울중앙지판 2008.2.12, 2007고단6909)을 하였고 검사의 항소에 대하여 서울중앙지법 제5형사부는 "공정위의 전속고발권은 법률에 의하여 처벌의 필요성에 대한 판단의 우선권을 전문적 기관인 공정위에 주는 취지인바, 이와 같이 공정거래법상 고발은 형사소송법상 고소와 소송조건이라는 점만 일치할 뿐 입법취지, 주체 등 여러 가지 면에서 다르고, 또한 공정거래법상 고발의무가 생기는 기준인 법 위반의 중대명백성 및 경쟁질서의 저해 정도는 같은 범죄사실에 참여한 각 사업자라도 시장점유율, 참여정도 등에 따라 달라질 수 있으므로, 같은 부당한 공동행위에 참가한 여러 사업자별로 고발의무가 달라질 수 있고, 위와 같은 법 규정의 취지에 비추어 보면, 공정위가 고발하지 않을 권한에는 공범 중 일부에 대해서만 고발을 면제할 권한도 포함된다고 보이므로, 형사소송법상 '고소불가분'에 관한 규정을 공정거래법상 고발에 유추적용할 수는 없다"고 판단하면서 마찬가지로 공소기각 판결(서울중앙지판 2008.6.13, 2008노842)을 하였다. 합성수지 담합 사건에서도 마찬가지의 판결이 선고되었다(서울중앙지판 2008.2.12, 2007고단7030; 서울중앙지판 2008.5.16, 2008노734).

정구제주의를 기조로 하는 우리나라 법제 하에서 공정위가 심결절차를 개시하지 아니한 채 혹은 절차가 완료되지 않아 위법성의 확인이 없는 상태에서 고발을 통해 당해 사안을 형사사건화한다는 것은 기본적으로 적절하지 않다. 공정거래법 위반행위에 대한 가장 강력한 제재수단이 시정명령과 과징금부과처분인 점을 감안할 때, 공정위가 시정조치를 피하고 형사고발을 한다는 것은 직무유기의 측면도 없지 않다. 게다가 공정위의 심결절차를 거치지 않고 형사처벌이 되었다면, 이 사건은 다시금 공정위의 법집행의 대상이 되어야 한다. 이 경우 피심인은 거꾸로 된 이중절차의 부담을 피할 수 없고, 경쟁사안에 대한 전문적 경험과 분석능력을 가진 공정위의 판단없이 형사절차가 진행되는 점도 법집행의 안정성을 저해하는 요인으로 작용할 수 있다.

또한 검찰이 일단 공소를 제기한 이후에는 공정위가 고발을 취소하지 못한다(법 제129조 제6항). 물론 공소를 제기할 때까지는 공정위가 자신이 행한 고발을 취소할 수 있다.

나. 취 지

전속고발제도는 형사처벌 여부에 관해 경쟁당국으로서 공정위의 판단을 선행시키고, 사법기관인 검찰의 개입을 부수적으로 만드는 의미가 있다. 특히 공정거래법이 모든 법위반행위를 범죄로 규정하고 있는 점을 감안할 때, 전속고발제도는 공정위의 선결적 판단을 통해 형사처벌의 대상을 합리적으로 제한하는 의미가 있다. 예컨대 불공정거래행위에 대해 형사처벌을 가하는 것은 비교법상 유례가 없는 것이다.

이 전속고발제에 대해서는 여러 가지 논란이 제기되고 있다. 유럽연합이나 독일, 프랑스 등 대륙법계 국가와는 달리, 미국을 비롯한 영미권 국가의 경우에는 경성카르텔에 대해 형사처벌을 가하고 있다. 미국에서는 1890년 셔먼법 제정 당시 연방 법무부가 민형사소송을 통해 동법을 집행하였으나, 1914년에 연방거래위원회가 창설되면서 행정적 구제를 통해 연방거래위원회법과 클레이튼법의 집행이 가능하게 되었다. 다시 말해 연방법무부 독점금지부(Antitrust Division)는 일반형사부와 구별되는 전문적인 경쟁당국으로서 미국의 경우 경쟁당국이 연방거래위원회와 법무부 독점금지부로 이원화되어 있는 것이다. 우리나라는 독일이나 일본, 프랑스와 마찬가지로 준사법적 기능을 가지는 독립행정관청이 단일 경쟁당국으로 창설되어 행정구제를 중심으로 법집행을 전담하고 있다. 전속고발제를 폐지한다면, 검찰이 또 다른 경쟁당국으로 떠올라 경쟁당국이 이원화되는 결과로 된다. 담합을 포함하여 공정거래법 위반사안에 대한 형사처벌을 불허하는 대륙법계 국가의 입법례와 정책을 여기서도 참조할 필요가 있다.

주지하다시피 우리나라 공정거래법은 대부분의 실체조항 위반에 대해 형사처벌 규정을 두고 있다. 이러한 입법은 매우 이례적이며, 공정위의 전속고발제는 형사처벌의 남용을 억제하는 완충대를 이루고 있는 것이다. 예컨대 현재의 벌칙체계 하에서 전속고발제가 폐지된다면, 불공정거래행위와 같이 사소하지만 시장에서 편만한 사안을 조사하기 위해 사법경찰관리들이 기업현장을 무제한으로 출입할 수 있게 된다. 이렇게 되면 기업의 영업활동의 자유가 크게 침해될 뿐만 아니라 사소한 경제사범들이 형사범죄자로 전락할 개연성을 키우게 된다.

2.4. 의무적 고발과 검찰총장, 감사원장 등의 고발요청

공정거래법 제124조 및 제125조 소정의 행위에 대한 고발 여부는 공정위의 재량사항이며, 실제로 고발율은 매우 낮다. 공정위의 고발권 불행사는 이의신청이나 행정쟁송의 대상이 되는 부작위로서의 요건을 갖추지 못하나 고발권불행사에 대한 헌법소원심판청구는 가능하다고 하는 헌법재판소 결정이 있다. 헌법재판소(헌재 1995.7.21, 94헌마136)는 "고발권불행사는 행정심판 내지 행정소송의 대상이 되는 부작위로서의 요건을 갖추지 못하였다고 할 것이므로 이러한 경우에도 청구인에게 위와 같은 행정소송절차의 사전 경유를 요구한다면 이는 무용한 절차를 강요하는 것으로 되어 부당하다고 아니할 수 없다. 따라서 청구인이 이 사건 심판대상 행정부작위에 대하여 위와 같은 행정쟁송절차의 경유없이 곧바로 헌법소원심판청구를 한 것은 보충성의 예외로서 적법하다"고 보았다.

그러나 공정거래법 제124조 및 제125조의 죄 중 법위반의 정도가 객관적으로 명백하고 중대하여 경쟁질서를 현저하게 저해한다고 인정될 경우에는 의무적으로 검찰총장에게 고발하여야 한다(법 제129조 제2항). 또한 의무적 고발요건이 충족되었음에도 불구하고 공정위가 고발하지 아니하는 것은 행정관청의 작위의무에 위반한 고발권 불행사를 구성할 수 있다. 행위의 위법성과 가벌성이 중대하고 피해의 정도가 현저하며 형벌을 적용하지 아니하면 법목적 실현이 불가능하다고 봄이 객관적으로 상당한 사안에 있어서는 공정위는 그에 대하여 당연히 고발하여야 할 의무가 있고 이러한 작위의무에 위반한 고발권의 불행사는 자의적인 것으로서 당해 위반행위로 인한 피해자의 평등권과 재판절차진술권을 침해한다(헌재 1995.7.21, 94헌마 136).

한편 검찰총장도 의무적 고발요건에 해당되는 사실이 있음을 통보하여 공정위에 고발을 요청할 수 있다(법 제129조 제 3 항). 공정거래법 제129조 제 2 항에 따른 의무적 고발사항이 아니라고 공정위가 판단한 때에도 감사원장, 조달청장, 중기부장관은 사회적 파급효과, 국가재정에 끼친 영향, 중소기업의 피해 등을 이유로 공정위에 고발을 요청할 수 있다(동조 제 4 항). 검찰총장이나 감사원장 등의 고발요청이 있으면 공정위는 당해 사안을 의무적으로 고발하여야 하는바(동조 제 5 항), 이 조항은 법리면에서 비합리적이어서 사소한 사안을 전문적 심사없이 성급하게 형사사건화할 여지가 적지 않다. 특히 공정위가 전원회의를 열어 불기소를 의결한 후에도 중기부장관 등이 고발을 요청하는 것은 법집행의 절차적 안정성을 크게 훼손하는 일이 된다.

2.5. 과 태 료

가. 과태료의 부과와 불복, 그리고 강제징수

행정질서벌에 속하는 이 과태료를 부과하고 징수하는 주체는 물론 공정위이다(법 제130조 제 3 항). 이미 살펴 본 바와 같이, 독과점규제의 실체조항 위반에 대해서는 과징금과 징역이나 벌금 등의 형벌이 부과되도록 되어 있고, 과태료의 부과대상은 주로 신고나 공시 관련 법위반이나 각종의 조사방해 등 절차규정 위반과 관련되어 있다.

과태료의 부과·징수, 불복과 재판 그리고 집행 등의 절차에 관한 사항은 질서위반행위규제법이 정하는 바에 따른다(동법 제 5 조).

나. 과태료의 유형(제130조 제 1 항, 제 2 항)

① **1억원 이하**(사업자나 사업자단체) **또는 1천만원 이하**(임원 또는 종업원 기타 이해관계인)

- 제11조에 따른 기업결합의 신고를 하지 아니하거나 거짓의 신고를 한 자
- 제20조 제 3 항 제 2 호·제 3 호를 위반하여 금융업 또는 보험업을 영위한 자
- 제20조 제 4 항·제 5 항에 따른 보고를 하지 아니한 자 또는 주요내용을

누락하거나 거짓으로 보고를 한 자
- 제26조부터 제29조의 경우 이사회의 의결을 거치지 아니하거나 공시를 하지 아니한 자 또는 주요 내용을 누락하거나 거짓으로 공시한 자
- 제32조 제3항의 자료제출 요청에 대하여 정당한 이유 없이 자료를 제출하지 아니하거나 거짓의 자료를 제출한 자
- 제81조 제1항 제1호를 위반하여 정당한 이유 없이 출석을 하지 아니한 자
- 제87조 제2항의 경우 정당한 이유 없이 자료를 제출하지 아니하거나 거짓의 자료를 제출한 자

② 100만원 이하
- 제66조(심판정의 질서유지)에 의한 질서유지 명령에 따르지 아니한 자

3. 사법적 구제

피해자에 의한 사법적 구제수단으로는 당해 행위로 인한 피해의 전보, 당해 행위에 대한 금지청구, 그리고 당해 행위의 사법적 효력 등이 문제될 수 있다.

3.1. 손실전보-손해배상의 원칙

가. 과실책임 그리고 전치주의의 폐지

사업자 혹은 사업자단체의 공정거래법 위반행위로 인해 피해를 입은 사업자, 사업자단체, 그리고 소비자는 손해배상을 청구할 수 있다(법 제109조 제1항). 소비자도 원고적격을 가진다.

원래 공정거래법 소정의 손해배상책임은 무과실책임이었으나 2004년 개정법은 이를 증명책임이 전환된 과실책임으로 바꾸었다.[28] 따라서 피해자는 법위반행위와 손해 사이에 상당인과관계가 있다는 사실만 증명하면 되고, 시장지배적 사업자, 카르텔 가담자 혹은 불공정거래행위를 저지른 사업자 측에서 귀책사유, 즉 고의·과실이 없음을 증명하여야 한다. 또한 2004년의 개정에서 사소의 활성화와 법집행의 효율성 제고를 위해 공정위의 시정조치 전치주의도 폐지되었다.

28) 사업자 또는 사업자단체 측에서 고의 또는 과실이 없음을 증명하도록 되어 있다(제109조 제1항 단서).

2004년의 법개정 이전의 구법 하의 피해자는 공정거래법에 의한 손해배상청구와 민법 제750조에 의거한 손해배상청구를 선택적으로 행사할 수 있었다. 다만 민법 제750조에 의거한 손해배상청구의 경우에는 당해 행위의 위법성과 귀책사유를 청구자가 입증하여야 했다. 또 민법 제750조에 의거하여 손해배상을 청구함에 있어서는 공정위의 시정절차를 거칠 필요가 없지만, 공정거래법에 의거한 손해배상의 청구에 있어서는 반드시 공정위의 시정절차를 거쳐야 했다. 시정조치 전치주의가 채용된 결과, 공정위에서 무혐의 혹은 경고조치가 내려진 경우에는 공정거래법에 의한 손해배상청구가 불가능하게 되는 문제가 있었고, 또 공정위의 시정조치와 관련하여 이의신청이나 행정소송이 제기된 경우에 시정조치가 확정되는 시점의 확정과 관련되는 기술적 논의가 필요하였다.

나. 1배배상과 손해산정 관련 특례

손해배상의 범위는 민법의 일반원칙에 따른다. 따라서 공정거래법위반과 상당인과관계가 있는 손해 중 통상손해에 해당하는 것이 배상의 대상이 된다. 즉 공정거래법 위반으로 인한 손해배상의 경우에도 손실 그 자체의 보전이라는 손실전보 내지 1배배상(equitable damage)의 원칙이 기본적으로 유지된다. 민사손해배상에 징벌의 개념을 배제하고 손실전보의 원칙을 견지하는 것은 대륙법계의 굳센 전통이다. 다만 경성카르텔을 중심으로 영미의 징벌적 손해배상 제도가 2018년 제한적으로 도입된 것은 후술하는 바와 같다.

한편 피해자 측이 공정거래법 위반으로 인한 손해액이나 인과관계를 구체적으로 입증하는 것은 어려운 일이다. 게다가 사업자를 상대로 소송을 수행하는 데에는 큰 비용이 들 수 있다. 여기에서 공정거래법은 동법 소정 손해배상청구와 관련하여 손해액의 산정이나 입증과 관련하여 민사소송의 일반원칙에 예외를 설정하는 여러 가지 특례를 거듭 도입하였다.

첫째는 공정위에 의한 행정적 구제가 선행될 경우, 공정위의 심결과정에서 축적된 자료나 증거는 피해자 측을 위해 요긴하게 사용될 수 있다. 여기에서 공정거래법 제110조는 손해배상청구의 소가 제기되었을 경우 법원은 공정위에 대하여 해당 사건의 기록(사건관계인, 참고인 또는 감정인에 대한 심문조서, 속기록, 기타 재판상 증거가 되는 모든 것)의 송부를 요구할 수 있도록 하였다.

두 번째는 법원의 자료제출명령이다(법 제111조). 민사소송법에 의거한 문서제출명령에 대하여 해당 기업은 영업비밀을 이유로 문서의 제출을 거부할 수 있고,

전자문서나 동영상 등 서류 이외의 자료는 제출대상에서 제외되며, 법원의 제출명령에 불응하더라도 당사자는 사실의 의제라는 불이익을 입지 않는다. 공정거래법은 2020년 개정에서 미국의 증거개시(discovery) 제도의 취지를 감안하여 동법상의 손해배상청구 소송에 있어 중대한 예외를 도입하였다. 즉 부당공동행위와 불공정거래행위(부당지원은 제외함)로 인한 손해배상청구의 경우 법원이 해당 기업에 대하여 손해의 증명 또는 손해액 산정에 필요한 여러 가지 자료(담합 자진신고와 관련된 자료는 제외)의 제출을 명할 수 있도록 하고(동조 제1항), 문제의 자료가 영업비밀에 해당하더라도 손해액의 산정이나 증명에 필요한 경우 자료제출을 거부할 수 없도록 하고(동조 제3항), 정당한 이유없이 자료제출명령에 따르지 아니한 경우 자료의 기재에 관한 상대방의 주장을 진실한 것으로 인정할 수 있도록 되었다(동조 제4항·제5항). 한편 이러한 자료제출명령에 따른 상대방의 영업비밀보호를 위해 법원은 비밀유지명령을 내릴 수 있다(법 제112조 이하).

세 번째는 법원에 의한 손해액 인정제도이다(법 제115조). 즉 공정거래법 위반으로 인한 손해배상소송에서 법위반행위와 손해발생 사이의 인과관계는 인정되나 손해액을 입증하는 것이 당해 사실의 성격상 극히 어려운 경우 법원은 변론 전체의 취지와 증거조사의 결과에 의지하여 상당한 손해액을 인정할 수 있다. 또한 개정법은 손해배상청구권의 시효를 3년으로 정하던 규정(구법 제57조 제2항)도 이를 폐지하고, 일반원칙으로 되돌아갔다.

다. 공정위의 사실판단과 법원의 소송절차

공정위의 심결절차와 법원의 소송절차는 별개의 것이며, 공정위의 시정조치의 당부를 다투는 소송절차는 기본적으로 공정위 처분의 적법성에 대한 사법적 심사를 의미하는 것이다. 그러나 공정위는 전문적 경쟁당국이므로 법원은 공정위에 의한 시장구조의 분석 기타 전문적 판단에 대해 이를 적절하게 존중하는 것이 합리적이다. 즉 시정조치에서 공정위가 인정한 사실은 손해배상소송 기타 사법절차에서 법원을 법적으로 구속하는 것은 아니나 사실상의 추정력은 인정하는 것이 바람직하다. 공정거래법에 의거한 손해배상소송이 제기된 경우, 법원은 공정위에 대하여 당해 사건의 기록의 송부를 요청할 수 있는바, 여기에는 사건관계인, 참고인 또는 감정인에 대한 심문조서, 속기록 기타 재판상 증거가 되는 일체의 자료가 포함된다(법 제110조).

미국의 경우 연방거래위원회의 결정에 대한 연방항소법원의 심사는 기록에 첨부된 증거의 충분성 여부만을 심사하고, 우리나라 고등법원처럼 모든 것을 다시 심사하는 것이 아니다. 물론 FTC는 형벌이나 민사손해배상액에 관한 판정권한은 없고 중지명령(cease and desisit order)을 내릴 권한만 가진다. 그러나 행정판사(Administrative Law Judge)의 결정에 대하여 피심인의 이의신청을 전제로 행한 연방거래위원회의 의결도 사법심사의 대상이 되고 이에 대해서는 연방항소법원에서 다시 다툴 수 있다. 그렇지만 연방항소법원의 심사는 FTC의 결정 전체가 아니라 기록에 첨부된 증거가 FTC의 결정을 실질적으로 뒷받침하는지 여부에 한정된다.[29)]

대판 1999.12.10, 98다46587

공정거래위원회의 시정조치가 확정되었다고 하여 곧바로 사업자 등의 행위의 위법성이 인정되는 것은 아니고 그 시정조치에 있어서 공정거래위원회의 인정사실 및 판단은 그 시정조치에서 지적된 불공정거래행위에 의하여 입은 손해를 배상받고자 제기한 민사소송에서 법원을 구속하지 못한다.

라. 민법상의 손해배상청구

구법 제56조에 의한 손해배상책임은 법률에 의한 무과실손해배상책임으로서 불법행위책임의 성격을 지닌다고 풀이되었다. 그러나 구법은 시정조치 전치주의를 유지하였고, 그 결과 공정거래법에 의한 손해배상청구권이 민법 제750조에 의한 손해배상청구를 제한하지 아니한다는 명문규정을 도입하여(구법 제57조 제 1 항) 피해자에게 양법에 의한 선택적 청구를 가능하도록 하였다.

그러나 2004년 개정법상으로는 공정거래법 위반으로 인한 피해의 구제에 관한 한 민법 제750조에 의거한 손해배상청구를 인정할 실익이 없다.[30)] 과실책임으로 바뀌는 대신, 전치주의가 제거되고 손해액인정제도가 도입되었기 때문이다. 그러나 피해자가 공정거래법 위반이 아니라 민법이나 특별사법 등의 규정에 의거하여 불법행위책임을 묻는 것은 이를 부인할 이유가 없다.

공정거래법 위반행위에 대한 손해배상의 범위는 민법 상의 원칙에 따라 통상손해를 한도로 하지만, 중대한 법 위반행위에 대하여는 예외적으로 징벌적 손해배상 책임을 인정하고 있다. 즉 부당한 공동행위(법 제40조, 제51조 제 1 항 제 1 호)나

29) Hovenkamp, 앞의 책, 356-7.
30) 손해배상청구권의 시효기간을 3년으로 하던 특칙도 폐지하고, 일반원칙으로 돌아왔다.

공정위 신고를 이유로 보복조치(법 제48조)를 한 사업자 또는 사업자단체에 대하여는 자신의 고의 또는 무과실을 입증하지 않는 한 손해의 3배를 넘지 않는 범위에서 배상책임을 인정하고 있다(법 제109조 제2항). 자세한 내용은 별도의 항에서 후술한다.

마. 공정거래법 위반 관련 손해배상 사례

담합사건을 중심으로 공정거래법 관련 손해배상 사례들이 축적되고 있다.[31]

대표적인 예가 군납유류 입찰담합사건이다. 이 사건은 1998년에서 2000년 사이 국방부가 실시한 군납유류 구매입찰에 참가한 5개 정유사들이 낙찰예정업체, 투찰가, 투찰물량 등을 합의한 것인데, 이에 대해 공정위는 총 1,901억원의 과징금을 부과하고 3개사를 고발하였다.[32] 담합으로 피해를 본 정부는 5개 정유사를 상대로 손해배상소송을 제기하였고, 이에 대해 1심은 약 800억원, 2심은 1,960억원, 대법원의 파기환송후 서울고등법원에서 이중차분법에 따라 연대손해배상액이 1,355억원으로 최종 조정되었다. 이 사건의 해결에는 2001년 2월 소제기후 재판확정시까지 약 12년의 기간이 소요되었다.[33]

담합으로 인한 손해액을 산정하는 방법으로는 표준시장비교법(yardstick method), 전후비교법(before and after method), 그리고 이 두 가지를 모두 적용하여 손해액을 산정하는 이중차분법(difference in difference method) 등이 있다. 표준시장비교법은 유사시장의 가격과 비교하는 방법, 즉 담합이 없었던 유사시장에서의 가격과 담합이 이루어진 시장가격의 차액을 기준으로 손해액을 산정하는 방법이며, 전후비교법은 동일한 시장에서의 전후가격, 즉 담합이 없었던 시점, 즉 담합 이전 혹은 이후의 가격과 담합시의 가격의 차액을 기준으로 손해액을 산정하는 방식이다. 위의 군납유류 담합사건에서 제1심은 이중차분법을 채택하였으나 항소심은 이를 버리고 표준시장비교법에 의하여 손해액을 산정하였다. 그러나 대법원은 다시 싱가포르 현물시장과의 비교를 채택한 항소심을 파기하고 이중차분법으로 되돌아갔다. 이 과정에서 각급 법원이 인정한 손해액이 큰 변동을 보였음은 앞에서 언

---

31) 교복 담합사건에서 3개 교복업체는 학부모 3,500여명에게 1인당 평균 58,000원을 지급하게 되었고(서울고판 2007.6.27, 2005나109365), 시내전화요금 담합사건에서 KT와 하나로텔레콤은 가입자 482명에게 1인당 12,000원을 배상하게 되었다(서울고법 2009년 12월 선고), 이 밖에 밀가루 담합사건(공정위의결 2006.4.13, 2006-079)과 설탕 담합사건(공정위의결 2007.8.20, 2007-408)에서 피해자인 삼립식품이 담합당사자를 상대로 한 손해배상소송이 제기되었다.

32) 공정위의결 2000.10.17, 2000-158.

33) 서울고판 2009.12.30, 2007나25157; 서울중앙지판 2007.1.23, 2001가합10682.

급한 것과 같다.

대판 2011.7.28, 2010다18850

[1] 위법한 입찰 담합행위로 인한 손해는 담합행위로 인하여 형성된 낙찰가격과 담합행위가 없었을 경우에 형성되었을 가격(이하 '가상 경쟁가격'이라 한다)의 차액을 말한다. 여기서 가상 경쟁가격은 담합행위가 발생한 당해 시장의 다른 가격형성 요인을 그대로 유지한 상태에서 담합행위로 인한 가격상승분만을 제외하는 방식으로 산정하여야 한다. 위법한 입찰 담합행위 전후에 특정 상품의 가격형성에 영향을 미치는 경제조건, 시장구조, 거래조건 및 그 밖의 경제적 요인의 변동이 없다면 담합행위가 종료된 후의 거래가격을 기준으로 가상 경쟁가격을 산정하는 것이 합리적이라고 할 수 있지만, 담합행위 종료 후 가격형성에 영향을 미치는 요인들이 현저하게 변동한 때에는 그와 같이 볼 수 없다. 이러한 경우에는 상품의 가격형성상의 특성, 경제조건, 시장구조, 거래조건 및 그 밖의 경제적 요인의 변동 내용 및 정도 등을 분석하여 그러한 변동요인이 담합행위 후의 가격형성에 미친 영향을 제외하여 가상 경쟁가격을 산정함으로써 담합행위와 무관한 가격형성 요인으로 인한 가격변동분이 손해의 범위에 포함되지 않도록 하여야 한다.

[2] 정유업체들이 수년간 군납유류 입찰에 참가하면서 일정 비율로 입찰물량을 나누어 낙찰받기로 결의하고 유종별 낙찰예정업체, 낙찰단가, 들러리 가격 등을 사전에 합의한 후 입찰에 참가하여 계약을 체결함으로써 국가에 손해를 입힌 사안에서, 담합기간 동안 국내 군납유류시장은 과점체제하의 시장으로서 완전경쟁시장에 가까운 싱가포르 현물시장과 비교할 때 시장의 구조, 거래 조건 등 가격형성 요인이 서로 다르므로 전반적으로 동일·유사한 시장이라고 볼 수 없고, 정부회계기준에서 정하고 있는 부대비용은 이러한 양 시장의 가격형성 요인의 차이점을 특히 염두에 두고 군납유류의 가격 책정 시 차이점을 보완하기 위하여 마련된 것이 아니므로, 단순히 담합기간 동안의 싱가포르 현물시장 거래가격에 정부회계기준에 의한 부대비용을 합산한 가격을 가상 경쟁가격이라고 단정할 수 없음에도, 이를 담합기간 동안의 가상 경쟁가격으로 보아 담합행위 손해액을 산정한 원심판단에는 위법한 입찰 담합행위로 인한 손해액 산정에 관한 법리오해 등의 위법이 있다.

[3] 불법행위를 원인으로 한 손해배상청구소송에서 손해의 범위에 관한 증명책임이 피해자에게 있는 점에 비추어, 담합행위 전후에 특정 상품의 가격형성에 영향을 미치는 요인들이 변동 없이 유지되고 있는지가 다투어지는 경우 그에 대한 증명책임은 담합행위 종료 후의 가격을 기준으로 담합행위 당시의 가상 경쟁가격을 산정하여야 한다고 주장하는 피해자가 부담한다.

[4] 국방부가 당초 내수가연동제 방식으로 군용유류 입찰을 실시하였다가 정유업체들의 담합으로 수회 유찰되자 업체들이 요구하는 연간고정가 방식으로 유류구매계약을 체결함으로써 그 후 환율 및 국내 유가가 하락하였는데도 구매가격을 감액조정하지 못하여 국가가 손해를 입은 사안에서, 국방부가 연간고정가 방식을 채택한 것은 정유업체들의 담합으로 수회 입찰이 유찰된 것이 하나의 계기가 되었다고 볼 수 있지만, 당초 입찰 당시 담합행위만으로 연간고정가 방식이 계약조건으로 곧바로 편입되는 효과가 발생하는 것은 아니고 입찰을 실시하는 국방부의 내부 검토와 결정 절차를 거쳐야 했던 점, 당시 국방부는 연간고정가 방식을 채택하는 대신 월별 분할입찰을 실시하는 등의 대안이 있었음에도 연간고정가 방식으로 당초 입찰 당시보다 예정가격을 낮추어 입찰을 실시한다면 유류의 조기구입이 가능할 뿐만 아니라 예산도 절감할 수 있어 환율하락 정도와 시기를 감안하더라도 수용가능하다는 판단하에 연간고정가 방식을 수용한 것인 점, 이러한 연간고정가 방식의 계약 체결로 인하여 국방부가 손해를 입게 된 원인은 당초 예상과 달리 환율이 급격하게 하락하고 그에 동반하여 국내 유가가 급격하게 하락한 외부적 사정에 기인하는 점 등을 고려할 때, 정유업체들이 당초 입찰 당시 담합하여 유찰시킨 행위와 국방부가 연간고정가 방식의 계약을 체결한 행위 또는 당초 국방부의 예상과 달리 환율 및 국내 유가의 하락이 발생하였음에도 연간고정가 방식 때문에 유류구매가격 전액을 내수가연동제 방식으로 감액조정을 할 수 없게 됨으로써 국가가 입게 된 손해 사이에 상당인과관계가 없다.

[5] 입찰담합에 의한 부당한 공동행위에 대하여 독점규제 및 공정거래에 관한 법률에 따라 부과되는 과징금은 담합행위의 억지라는 행정목적을 실현하기 위한 제재적 성격과 불법적인 경제적 이익을 박탈하기 위한 성격을 함께 갖는 것으로서 피해자에 대한 손해 전보를 목적으로 하는 불법행위로 인한 손해배상책임과는 성격이 전혀 다르므로, 국가가 입찰담합에 의한 불법행위 피해자인 경우 가해자에게 입찰담합에 의한 부당한 공동행위에 과징금을 부과하여 이를 가해자에게서 납부받은 사정이 있다 하더라도 이를 가리켜 손익상계 대상이 되는 이익을 취득하였다고 할 수 없다.

그리고 공정거래법 위반으로 인한 손해배상 사건의 원고적격 문제도 매우 까다롭다. 담합으로 인한 피해를 주장할 수 있는 자는 담합사업자와 직접 거래한 상대방으로 한정되는가 혹은 간접거래자도 포함되는가 그리고 직접구매자의 경우 담합사업자가 얻은 초과이득 전부를 배상청구할 수 있는가 혹은 직접구매자가 자신의 거래상대방에게 전가한 부분을 제외한 자신의 실제 손해액만을 청구할 수 있는지 등의 어려운 문제가 남아 있다. 미국의 클레이튼법 제 4 조에 의거한 3배배상소송에서는 독점화로 피해를 입은 직접구매자만이 원고적격을 가지고 또 직접

구매자는 자신이 제3자에 전가한 피해를 포함하여 독점화피해액 전액을 청구할 수 있다(소위 direct purchaser rule). 그러나 미국의 3배배상소송은 국가후견소송의 성격을 가지는 데다가 클레이튼법 규정의 해석과 결부된 점이 있어서 이를 우리나라 공정거래법의 해석에 직접적으로 원용하는 것은 적절치 않은 점이 있다.

3.2. 징벌적 손해배상의 제한적 도입

우리나라의 손해배상제도는 대륙법계의 전통에 따라 1배배상 혹은 손실전보(equitable damage)의 원칙을 지켜왔다. 대륙법의 전통은 민사와 형사, 공법관계와 사법관계를 준별하고, 민사적 손해배상에 징벌적 제재의 개념을 혼입시키지 않는다. 독점금지법의 영역에 있어서도 징벌적 손해배상 대신에 행정상 과징금 제도(administrative surcharge)를 도입하여 운영한다. 한편 영국 보통법은 오랜 세월에 걸쳐 민사 손해배상에서 징벌적 배상(punitive damage)을 제한적으로 인정하는 판결례를 생산해 왔고, 미국은 1976년의 Hart-Scott-Rodino 독점금지개선법을 통해 3배배상(treble damage) 제도를 제정법상으로 도입하였다. 그 결과로 셔먼법이나 클레이튼법 사건의 경우 피해를 입은 자는 손해액의 3배와 변호사비용을 포함한 소송비용의 배상을 청구할 수 있다.

우리나라는 2010년 하도급법의 개정을 통해 자신의 기술이 탈취된 협력업체 등에게 징벌적 손해배상(3배)의 청구를 최초로 인정한 이래, 2024년 8.부터는 하도급법 상 기술자료 유용행위에 대하여는 더욱 강화된 5배의 징벌적 손해배상 제도로 확대하였다. 하도급법 상의 징벌적 손해배상 제도는 순차적 개정을 통하여 기술자료 유용행위뿐만 아니라 부당한 대금결정, 부당한 발주취소, 부당반품, 부당단가 인하 등의 여러 불공정하도급거래에 대하여까지 그 범위가 확대되어 왔다. 이 제도는 대리점법, 가맹사업법, 제조물책임법의 부당반품, 구입강제, 부당거래거절 등의 행위로 일차 확대된 후, 2018년 8월말에는 공정거래법에도 반영되어 사업자들의 가격담합과 공정위 신고에 대한 보복조치에 대해서도 적용되게 되었다(법 제109조 제2항). 그 결과 공정거래법 위반과 관련된 금전적 제재는 형벌로서의 벌금, 행정벌로서의 과징금에 더하여 징벌적 손해배상이 추가되기에 이르렀다. 헌법재판소의 결정에서 보는 바와 같이,[34] 이들 금전적 제재의 총합이 법위반행위에 비하여 지나치게 과잉이 된다면 과잉금지 혹은 비례형평의 헌법가치에 저촉되

34) 헌재 2003.7.24, 2001헌가25.

는 것이다. 그리고, 민사소송에서 실질적 의미의 처벌을 의미하는 "징벌적"의미와 관련된 책임을 인정한다는 것은 "징벌"의 "죄책" 관점에서 볼 때 형사책임에서의 '엄격한 증명'과의 괴리와 형평에 반하는 결과를 초래할 수 있다. 징벌적 손해배상 제도의 확대는 일반 대중에게 어필하는 감성적 호소력이 상당하기에 이를 정치권이 과도하게 편승하여 입법화하는 경향을 보이고 있다. 그러나 기업에게 부과되는 과도한 부담의 가중은 결국 시장의 경직성을 가져올 수 있고, 궁극적으로 소비자에게 그 책임이 전가된다는 악순환의 부작용도 피할 수 없을 것이다. 남소의 우려를 포함하여 보다 치밀한 검토하에 사회적 부작용까지 살펴 신중한 범위 안에서 운용될 필요가 있다고 본다. 도입된 제도 안에서의 법의 해석과 판결에 있어서도 법원은 징벌적 손해액의 인정에 있어 신중을 기하여야 할 필요가 있다.[35)]

현행법상 징벌적 손해배상 청구는 다음과 같은 유형의 사건으로 제한된다. 공정거래법 제40조 소정의 담합 사건, 불공정거래행위나 재판매가격유지행위에 대한 공정위 신고나 조사협조 그리고 분쟁조정신청에 대한 보복 사건(법 제48조), 그리고 사업자단체가 공정거래법 제40조 제1항의 담합행위를 하는 경우(법 제51조 제1항 제1호)에 한해 징벌적 손해배상의 청구가 가능하다.

다만 부당공동행위에 대한 자진신고자나 조사협조자는 피해자가 입은 피해액의 범위 내에서 손해배상의 책임을 진다(법 제109조 제2항 단서). 자진신고자나 조사협조자는 손해액의 범위 내에서 담합에 가담한 다른 사업자와 더불어 민법 제760조에 따른 공동불법행위자의 책임을 질 수 있다(동조 제4항). 이 특례는 자진신고를 권장함과 아울러, 자진신고자에 대해 형사상, 행정상의 제재를 면제하는 것과 균형을 기하려는 뜻이 있다.

징벌적 손해배상도 그 성격은 과실책임이다. 다만 입증책임이 전환되어, 사업

---

35) 대판 2022.3.11, 2018다231550은 징벌적 손해배상(3배배상)을 명한 외국판결(미국 하와이주 법원)에 근거하여 국내 강제집행을 승인해달라는 청구를 내용으로 하는 집행판결 사건이다. 원심(서울고등법원)은 실손해(20만 달러) 이상의 금액은 강제집행을 불허한다고 판결하였으나, 대법원은 당해 위반행위가 우리나라에서 손해전보의 범위를 초과하는 손해배상을 허용하는 개별법률의 규율 영역에 속하는 경우에는 그 외국재판을 승인할 수 있다면서, 하도급법이나 공정거래법에 징벌적 손해배상제도가 도입된 사정을 이유로 들어 원심판결을 파기하고 사건을 서울고등법원으로 환송하였다. 그러나, 우리 공정거래법 상 불공정거래행위에 대하여는 3배 손해배상이 인정되지 않음에도, 대법원은 "개별법률의 규율 영역"이라는 모호한 기준을 들어 결과적으로 징벌적 손해배상의 범위를 확대하고 있다(하와이주 법원이 손해배상을 명한 근거는 계약관계 방해 및 불공정한 경쟁방법을 이유로 한 것이어서, 불공정거래행위 범위에서의 피해 주장이었다). 손해배상 제도 전반의 형평과 공정거래법에서의 제한적 허용 범위를 고려할 때 대법원의 집행판결은 바람직하지 못하다.

자는 자신에게 고의 또는 과실이 없었음을 입증하여야 그 책임을 면하게 된다(동조 제2항 단서). 법원이 징벌적 손해배상액을 결정함에 있어서는, 고의 또는 손해 발생의 우려를 인식한 정도, 법위반 사업자가 얻은 경제적 이익과 피해자가 입은 피해의 규모, 위반행위에 따른 벌금 및 과징금, 위반행위의 기간·횟수, 사업자의 재산상태와 피해구제를 위한 노력의 정도 등을 감안하여야 한다(동조 제3항).

3.3. 사법상의 금지청구권

종래 우리나라 공정거래법은 사법절차(司法節次)를 통한 사법적(私法的) 금지청구권을 인정하지 않았다. 법위반행위에 대한 금지 혹은 부작위의 청구는 공정위의 시정조치 중 법위반행위에 대한 중지와 장래에 향한 금지로 대체하고 있었던 셈이다. 그러나 부정경쟁방지 및 영업비밀보호에 관한 법률에 있어서는 법위반자에 대한 피해자의 사법적 금지청구제도, 즉 당해 행위의 금지 또는 예방의 청구는 물론 법위반결과에 대한 제거청구도 가능하였고(동법 제4조 제1항·제2항), 이를 기반으로 각종 부정경쟁행위에 대한 단행적 가처분 절차가 활발하게 운용되어 왔다.

금지청구의 소를 비롯한 사적집행의 활성화는 우리나라 공정거래법의 정책적 과제의 하나로 거론되어 왔다. 그리하여 2020년 법개정을 통해 고전적인 불공정거래행위 유형에 한하여 사적 금지청구 제도를 도입하게 되었다. 이제 피해자는 공정위가 신고에 움직이지 아니하거나 무혐의 결정을 하는 경우는 물론, 공정위를 거치지 아니하고 바로 법원에 불공정거래행위에 대한 금지를 청구할 수 있게 되었다. 2020년 법 개정을 통한 제도 도입 이래 5년여 시간이 지났음에도 현재까지 사인의 금지 청구에 대하여 법원이 이를 직접 인용하거나 기각한 중요 판례를 확인하기 어렵다. 개별 사건에서의 적극적 청구가 있어야만 법원의 판단이 축적될 수 있기 때문인데, 제도의 활성화는 아직 요원한 상황이다.

법 제108조가 정하는 사적 금지청구의 요건을 정리하면 다음과 같다.

첫째, 사업자가 일반 불공정거래행위(법 제45조 제1항 제1호에서 제8호까지)에 해당하는 행위를 하거나 사업자단체가 구성사업자로 하여금 불공정거래행위를 하도록 하여야 한다(법 제51조 제1항 제4호). 그리고 금지청구의 본질은 행위자에 대하여 향후의 부작위를 청구하는 것이므로, 문제의 행위가 거듭될 개연성 혹은 진정한 가능성(ernstliche Möglichkeit)이 있어야 한다.[36] 이들 불공정거래행위나 사

36) Emmerich 저/정호열 역, 부정경쟁법, 삼지원, 374.

업자단체의 금지행위에 대한 사업자나 사업자단체의 고의, 과실, 혹은 위법성의 인식은 필요하지 않고, 공정거래법 위반이라는 객관적 사실로 충분하다.[37] 그러나 부당지원행위는 우리나라에만 있는 불공정거래행위 유형으로 사적 금지청구의 대상에서는 제외되며, 재판매가격유지행위도 금지청구의 대상에서 법문상 명시적으로 제외된다.

둘째, 청구의 상대방은 사업자 또는 사업자단체에 한한다. 불공정거래행위나 사업자단체의 금지행위를 임직원이나 수임인이 실행하는 경우에도 사업자나 사업자단체가 부작위의무의 주체로서 청구의 상대방이 된다. 사업자가 임직원이나 수임인이 그러한 행위를 하도록 지시, 교사, 방조한 경우는 물론이고, 종업원이나 수임인의 법위반행위를 인식하지 못하거나 인식할 개연성이 없는 경우도 마찬가지이다.[38]

셋째, 청구자는 불공정거래행위 등으로 인하여 피해를 입거나 입을 우려가 있는 자이다. 현실적으로 피해를 입은 경우는 물론 임박하게 피해를 입을 객관적 우려가 있는 경우도 포함된다. 피해 혹은 이에 대한 우려에 대한 입증책임은 물론 원고가 부담하며, 법문이 '침해행위의 금지 또는 예방을 청구할 수 있다'고 명문으로 규정하므로 법위반행위가 진정으로 임박한 경우의 예방적 금지청구도 허용된다.[39] 한편 우리나라에서는 공정거래법상의 금지청구에 대해 단체소송이 인정되지 아니하므로, 독일 불공정경쟁방지법(UWG)과는 달리 소비자단체나 사업자단체 등의 제소권은 인정되지 않는다.

사인의 금지청구는 손해배상청구와 달리 귀책사유나 손해액에 대한 입증의 필요가 없어 불공정거래행위에 대한 효과적인 억제책이 될 수 있다. 그러나 성급한 청구로 인하여 상대방 사업자가 불이익을 입을 소지도 그만큼 크다. 여기에서 법원은 금지청구의 소가 제기될 경우 피고의 신청이나 직권으로 원고에게 상당한 담보의 제공을 명할 수 있다(법 제108조 제3항). 남소의 방지를 위한 규정이다. 이 금지청구의 소의 관할권은 민사소송법에 따른 지방법원 이외에 해당 지방법원 소재지를 관할하는 고등법원이 있는 곳의 다른 지방법원도 가진다(동조 제2항).

---

37) Volker Emmerich, Unlauterer Wettbewerb, 9.Aufl.(2012), S.354.

38) 정호열 역, 앞의 책, 377-382.

39) 그러나 법위반으로 인한 위법한 결과에 대한 제거청구권(Beseitigungsanspruch)은 명문의 근거가 없으므로 인정되지 않는 것으로 풀이한다. 한편 부정경쟁방지법 제4조 제2항은 명시적 규정을 통해 이를 인정하고 있다(물건의 폐기, 설비의 제거, 도메인이름의 등록말소 등).

3.4. 법위반행위의 사법상의 효력

가. 법률행위의 사법상 효력

공정거래법 위반행위는 그 법적 성격이 경우에 따라서 단편적인 법률행위 혹은 준법률행위, 사실행위, 불법행위, 범죄행위를 구성하거나 이들의 조합일 수 있다. 그리고 시장지배적지위 남용행위 기타 공정거래법 위반행위 자체가 단일한 법률행위 혹은 사실행위만으로 구성되어야 하는 것은 아니고, 일련의 행태가 일정한 기간 동안 계속되는 것이 사실상 필요한 경우도 있다.

여기서 법위반행위 그 자체 혹은 법위반 행태의 구성부분이 법률행위 혹은 준법률행위인 경우 이 행위의 사법상 효력이 문제된다. 이에 관해서는 공정거래법의 입법취지를 감안하고 실효성을 제고하기 위해 당해 행위가 무효가 된다는 무효설,[40] 공정거래법 소정의 행정적 그리고 형사적 구제만 적용될 뿐 당해 행위의 사법상 효력은 영향받지 않는다는 유효설, 그리고 원칙적으로 무효이나 선의의 제3자가 개입하거나 법위반행위를 기초로 새로운 법률관계가 형성된 경우에는 유효가 된다는 상대적 무효설,[41] 그리고 당해 행위의 성격과 공정거래법의 규정을 고려하여 개별적으로 결정하여야 한다는 개별결정설[42] 등이 있다.

이에 관하여는, 우선 공정거래법 자체가 법위반행위의 사법상의 효력에 관해 명시적 규정을 두는 경우에는 그에 따르게 된다. 예컨대 부당공동행위에 속하는 합의나 계약은 당사자 사이에서는 무효이다(법 제40조 제4항). 그리고 기업결합제한에 위배되는 합병이나 위법한 지주회사의 설립의 경우는 당해 합병계약이나 정관작성행위가 당연 무효가 되는 것이 아니라, 합병무효의 소 혹은 설립무효의 소의 제소사유가 되는데 그친다(법 제14조 제3항).

문제는 당해 행위의 사법상 효력에 관해 명시적 규정이 없는 경우인바, 경쟁법적 위법성 판단과 사법상의 유효성 심사는 그 차원을 달리하며, 공정거래법 위반 그 자체로 당해 행위가 무효가 되는 것은 아니라고 하겠다. 따라서 시장지배적지위 남용행위나 불공정거래행위가 법률행위의 속성을 가지는 경우 당해 행위가 무효로 되기 위해서는 민법 제103조에 따른 유효성 심사를 거쳐야 하고, 무효의

40) 시장지배적지위 남용행위의 사법상 효력에 관한 무효설로는, 이기수/유진희, 경제법 제6판, 95.
41) 상대적 무효설의 갈래는 여러 가지다.
42) 서울고결 1995.1.12, 94라186.

의미나 효력 등에 관해서도 사법 일반의 원칙이 그대로 타당하다고 할 것이다.

나. 일반 불법행위와의 관계

공정거래법 위반행위로 인해 피해를 입은 사업자나 소비자는 법위반사업자에 대해 공정거래법 제109조에 의거하여 손해배상청구를 할 수 있다. 이 손해배상책임은 증명책임이 전환된 과실책임으로서, 그 성격은 불법행위책임이다. 그러므로 사업자의 공정거래법 위반행위는 불법행위의 일반적 구성요건, 즉 가해행위의 위법성 그리고 가해행위와 손해 사이의 인과관계 등이 인정되어야 한다.

다시 말하여 공정거래법 위반행위가 그 자체로 민법 제750조 소정의 불법행위를 일반적으로 성립시키는 것은 아니며, 불공정거래행위의 위법성 판단(즉, 불공정성)과 불법행위의 위법성 판단은 원래 별개의 것이다. 특히 우리나라의 경우 불공정거래행위는 매우 폭넓고 다양한 행태를 포섭하고 있어 부당경품[43]처럼 불공정거래행위는 성립될 수 있으나 특정한 피해자에 대한 가해와는 무관한 경우가 얼마든지 존재할 수 있다. 그렇지만 공정거래법 제109조는 동법 위반행위로 인해 피해가 발생한 경우 이로 인한 손실의 전보를 위해 특례를 베푼 것이다. 그러므로 공정거래법에 대한 위반은 불법행위의 구성요건으로서 위법성을 충족시키는 것으로 평가되어야 하고, 바로 이 점에서 공정거래법 제109조의 의미가 있다고 생각된다.

---

43) 경품고시는 2016년 공정위 고시 제2016-8호로 폐지되었다.

• 제 2 장 •

시장지배적지위의 남용금지

제 1 절 총　　설

1. 독점금지의 기축

공정거래법 제 5 조는 기존의 독점사업자에 대한 기축적 금지를 담고 있다.[44] 이 시장지배적지위 남용금지는 우리나라 공정거래법의 특징 중의 하나이다. 즉 불공정거래행위에 대한 금지와 더불어 독점사업자의 지위남용을 별도의 항목으로 금지하고, 또 이것을 독점금지를 위한 실체조항의 출발점으로 삼고 있는 것이다. 이러한 입법방식은 독일법과 유사하고,[45] 미국법이나 일본법과는 다르다. 이 금지는 독점사업자의 행태를 통제한다는 면에서 소위 행태규제로 볼 수 있으나 통제의 궁극적 목적은 독점에 대한 금지를 통해 시장구조의 악화를 막기 위한 것

44) 미국에서 기존의 독점에 대한 금지는 셔먼법 제 2 조에 의거하여 이루어지는바, 시장점유율이 대체로 60% 이상이고, 시장진입에 강력한 장애가 있고, 높은 수익률이 확보되는 때에 제소될 수 있다. 이 때 법원은 독점력의 정도, 위법판결이 전체 주주에게 미칠 영향, 규모의 경제 등 제반사정을 형량하게 된다.

45) 우리나라와 독일은 시장지배적지위 추정제도를 두는 점도 비슷하다. 그러나 추정의 구체적 요건에 있어서는 차이가 있다. 독일법은 단일한 사업자의 경우는 3분의 1, 그리고 3 이하의 사업자의 경우는 점유율 합계 50%, 그리고 5 이하의 사업자의 경우는 점유율 합계 3분의 2를 각각의 요건으로 한다(경쟁제한금지법 제19조 제 3 항).

이다.

특정한 사업자가 시장지배적지위를 남용하였는지 여부는 원칙적으로 사후적 개별심사에 의해 판단되어야 한다. 즉 관련시장을 획정한 후 당해 시장에서 문제의 사업자가 독점력을 가지는지, 그리고 그 지위를 남용하였는지 여부를 심사하여야 하는 까닭에, 신속하고 실효성 있는 법집행을 기하기 어렵다는 우려가 있었다. 여기에서 공정거래법은 오랫동안 사전지정제도를 채용하였다.

즉 공정위가 매해 말 시장지배적 품목과 사업자를 사전에 지정고시하여 이들에 한해 통제하는 방식(사전지정고시 제도)을 오랫동안 채용하였다. 즉 구법 하에서는 대체로 연 130~150 품목에 대해 약 300~450여 사업자가 시장지배적 상품과 사업자로 지정되었다. 그러나 장기간에 걸친 사전지정제도 하에서 독과점품목과 사업자의 수가 줄어들지 않았으며, 시장점유율 만을 기초로 하여 시장지배력을 인정하는 것 그리고 문제의 사업자가 행위시에 시장지배력을 가지고 있을 것인지 여부에 관한 법리상의 문제점이 있었다. 여기에서 1999년 법개정을 통해 사전지정제도는 폐지되고 사후적 개별심사의 원칙으로 돌아오게 되었다. 그리하여 현재는 개별 사업자마다 행위시를 기준으로 시장지배력의 존부를 판단하는 사후적 그리고 소급적 심사에 의하게 된다.

2. 다른 제도와의 관계

시장지배적지위 남용금지는 독과점사업자의 구체적인 행위 또는 행태를 문제삼는 것으로서, 공정거래법 소정의 다른 제도와의 관계가 문제된다. 특히 법 제5조는 기본적으로 사업자의 단독행위 혹은 일방적 행위를 표적으로 한다는 점에서 법 제45조의 불공정거래행위와 광범하게 경합할 수 있다. 경우에 따라서는 법 제5조는 카르텔금지에 관한 제40조나 기업결합금지에 관한 제9조 등과도 경합할 수 있다.

가장 핵심적인 문제는 역시 시장지배적지위 남용행위와 불공정거래행위와의 관계이다. 양자를 별개의 법역에 속하는 것으로 본다면, 단일한 행위에 대해 불법행위법과 형사법을 별개의 차원에서 적용하는 것처럼 두 제도를 병행시킬 수 있다. 연혁적 혹은 이론적으로는 이와 같은 풀이가 가능할 뿐만 아니라 보다 합리적인 면도 있다. 그러나 현행 공정거래법 체제하에서는 동일한 단행법에서 양자를 금지하고 있으며 제재의 체계와 수단도 기본적으로 같다는 점을 감안한다면, 양자를 중복하여 거듭 적용하는 것은 입법자의 의도가 아닐 뿐더러 이중처벌의 소지가 크다. 결국 단일한 행위에 대해 시장지배적지위남용행위와 불공정거래행위에 관한 규정이 모두 적용될 수 있는 경우 전자를 적용하는 것이 합리적이다. 그러나 양자를 전형적인 특별법과 일반법의 관계로 단순화할 수는 없고, 시장지배적지위 남용행위가 모두 불공정거래행위의 속성을 가지는 것도 아니라고 생각된다. 일반 불공정거래행위로서 위법성, 즉 불공정성이 인정되지 아니하는 경우라고 할지라도 독점사업자의 행태로서는 법 제 5 조에 의해 금지될 수 있고, 보다 근본적으로는 양자의 위법성 요소가 경쟁제한성과 공정거래저해성으로 차별화되어 있기 때문이다. 여기에서 양자의 관계를 배타적으로 파악할 것이 아니라 법집행자는 양 규정 중 하나를 선택해서 적용할 수 있다고 해석하는 것이 바람직하다(선택적용설).46)

선택적 적용을 허용하는 이러한 해석은 시장지배적지위 남용과 부당공동행위 혹은 기업결합금지의 관계에서도 마찬가지라고 할 것이다. 한편 불공정거래행위를 사법(私法)의 성격을 가진 별개의 실정법, 즉 불공정경쟁방지법(UWG)을 통해 규율하는 독일법의 경우에는 구체적 사실에 대해 불공정경쟁방지법과 경쟁제한금지법의 규정이 경합하는 경우 양법은 중복해서 적용된다고 보는 중복적용설이 일반적이다.47)

공정위의결 2006.2.24, 2006-042

이 사건 피심인들의 윈도우 서버 운영체제에 WMS를 결합하여 판매한 행위는 이미 살펴본 바와 같이 공정거래법 제 5 조 제 1 항 제 3 호, 같은 법 시행령 제 9 조 제 3 항 제 4 호에서 규정하고 있는 다른 사업자의 사업활동을 부당하게 방해하는 행위 및 같은 조항 제 5 호 후단의 소비자 이익을 현저히 저해할 우려가 있는 행위, 같은 법 제45조 제 1 항 제 3 호 후단, 제 2 항, 같은 법 시행령 별표 2) 불공정거래행위 유형 및 기준 제 5 호 가. 목의 끼워팔기 행위에 각 해당한다.

시장지배적지위 남용행위와 불공정거래행위를 금지하는 입법목적이나 보호법익이 각기 다르고, 불공정거래행위의 행위태양이 시장지배적지위 남용행위의 행위태양에

46) 독일 불공정경쟁방지법 제 3 조의 일반조항과 개별 규정의 관계는 통상적인 일반법, 특별법의 관계처럼 배타적으로 운용되는 것이 아니라 양자가 경합적으로 적용되고 있다.

47) Emmerich, Das Recht des unlauteren Wettbewerbs, 5.Aufl., 51.

모두 포섭될 수 있는 것은 아니므로 양 규정은 원칙적으로 경합적용될 수 있다 할 것이다.

다만 여러 법규정이 경합하여 적용된다 할지라도, 법위반 행위의 기초가 되는 사실이 하나인 것을 감안하여 법정 과징금 부과비율이 보다 중한 시장지배적지위 남용금지 규정에서 정한 바에 따라 과징금을 부과하기로 한다.

대판 2007.11.22, 2002두8626

거래거절행위가 독점규제 및 공정거래에 관한 법률 제 5 조 제 3 호의 시장지배적 사업자의 지위남용행위에 해당하려면 그 거래거절행위가 다른 사업자의 사업활동을 부당하게 어렵게 하는 행위로 평가될 수 있어야 하는바, 여기에서 말하는 '부당성'은 같은 법 제45조 제 1 항 제 1 호의 불공정거래행위로서의 거절행위의 부당성과는 별도로 '독과점적 시장에서의 경쟁촉진'이라는 입법목적에 맞추어 독자적으로 평가·해석하여야 하므로, 시장지배적 사업자가 개별 거래의 상대방인 특정 사업자에 대한 부당한 의도나 목적을 가지고 거래거절을 한 모든 경우 또는 그 거래거절로 인하여 특정 사업자가 사업활동에 곤란을 겪게 되었다거나 곤란을 겪게 될 우려가 발생하였다는 것과 같이 특정 사업자가 불이익을 입게 되었다는 사정만으로는 그 부당성을 인정하기에 부족하고, 그 중에서도 특히 시장에서의 독점을 유지·강화할 의도나 목적, 즉 시장에서의 자유로운 경쟁을 제한함으로써 인위적으로 시장질서에 영향을 가하려는 의도나 목적을 갖고, 객관적으로도 그러한 경쟁제한의 효과가 생길 만한 우려가 있는 행위로 평가될 수 있는 행위로서의 성질을 갖는 거래거절행위를 하였을 때에 그 부당성이 인정될 수 있다.

제 2 절 시장지배적 사업자와 그 판단

1. 의 의

시장지배적 사업자란 일정한 시장에서 시장지배적지위를 가진 사업자, 즉 가격, 판매량, 공급량 기타의 거래조건을 주어진 것으로서 수용하는 것이 아니라, 시장에서의 거래조건을 스스로 결정하고 좌우하는 사업자를 말한다. 따라서 특정한 사업자의 시장지배적지위 여부를 판단하기 위해서는 먼저 관련시장의 범위가 획정되고, 다시 이 시장에서 지배력 혹은 지배적 지위를 가질 것을 요한다. 관련시장은 개별 상품이나 서비스와 관련하여 판단하되, 필요한 경우 거래단계별 그리고 거래지역별 기준을 고려하여 개별적, 구체적으로 획정하게 된다.

그 결과 관련시장에서 독점력 내지 시장지배력을 가진 사업자에 한해 공정거래법 제 5 조 이하의 규정이 적용되며, 시장지배력이 없는 일반적 사업자가 보이는 각종의 남용적 행태에 대해서는 공정거래법 제45조 이하의 불공정거래행위에 관한 규정이 적용될 수 있다.

2. 적용범위와 제외

시장지배적지위 남용에 관한 규제는 공급독점 뿐만 아니라 수요독점의 경우에도 적용된다. 그러나 진정한 의미의 수요독점 사례는 매우 드물고 시장지배적지위 남용은 대부분 공급독점과 관련된 것이다. 그러나 일정한 거래분야에서 공급을 독점하는 사업자가 원재료나 부품의 구입과 관련하여 자신이 가진 우월적 지위를 남용하는 사례는 흔하다. 예컨대 철도운송사업을 독점하는 철도청은 철도차량에 대한 구매와 관련하여 자신의 지위를 남용할 수 있다. 그리고 수요독점의 지위에 이르지 아니하는 백화점이나 기타 대규모소매업자의 경우는 납품업자나 입점업자에 대해 거래상지위의 남용 등 각종 불공정거래행위의 주체가 되는 일이 많다. 이에 관하여는 '대규모유통업에 있어서 거래공정화에 관한 법률'이 제정되어 운용되고 있는 바, 불공정거래행위에 관한 일반법리(standard)를 대규모유통업 분야에서 구체적 사전규제(rule)로 대체하는 경향을 보인다. 부당공동행위의 금지도 수요자들 사이의 합의에 대해서 적용된다. 예컨대 고철 수요자들 사이의 구매가격의 합의가 당해 거래분야의 경쟁을 제한하는 것이라면 공정거래법 제40조 소정의 금지가 적용되어야 하는 것이다(서울고판 2000.11. 16, 99누5919).

또한 금융기관, 즉 보험업을 포함하는 금융사업자나 정부투자기관법의 적용을 받는 정부투자기관이 공정거래법 수범자가 됨은 물론이고, 지방자치단체나 국가 등의 일반공법인도 조달행위와 관련하여 시장지배적지위 남용의 주체가 될 수 있다.

2007년의 법개정 이전에는 일정한 거래분야에서 연간 매출액 또는 구매액이 10억원 미만인 사업자는 시장지배적 사업자에서 제외되었다(구법 제 2 조 7호 3문).

즉 시장지배적지위 남용에 관한 규제는 연 10억원 미만의 영세한 시장에 대해서는 적용되지 않도록 한 것이다. 그러나 현행법은 소규모 사업자에 대한 적용제외 제도를 동법 제6조의 시장지배적 사업자 추정제도에 대한 예외로 바꾸면서 그 기준을 80억원으로 상향하였다(법 제6조 본문 참조). 즉 연간매출액 또는 구매액 80억원 미만의 사업자에 대해서는 공정거래법 제6조의 추정제도가 적용되지 않는 것으로 한 것이다. 그러나 이 제외기준은 당해 시장의 전체 규모를 기준으로 하는 것이 아니라, 특정한 사업자의 당해 시장에서의 연간 매출액 혹은 구매액을 기준으로 한다. 또한 자신의 연간 매출액이 80억원을 넘더라도 특정한 시장, 즉 당해 거래분야에서의 매출액이 80억원 미만인 사업자에 대해서 이 규제는 적용되지 않는다.[48]

연간 매출액 혹은 구매액이란 당해 사업자가 시장지배적지위를 남용한 혐의를 받는 행위가 종료한 날(당해 행위가 인지된 날이나 신고일까지 계속되는 경우에는 인지일이나 신고일을 당해 행위의 종료일로 봄)이 속하는 사업연도의 직전 사업연도 1년 동안에 공급하거나 구매한 상품 또는 용역에 대해 간접세를 제외한 금액을 말한다(령 제11조 제2항). 그러므로 직전사업년도 매출액 또는 구매액이 없는 사업자는 시장지배적 사업자에서 제외되는바, 이는 새로이 형성되는 시장 혹은 새로이 진입한 사업자에 대한 독점규제, 즉 시장지배적지위 남용규제는 최소한 1년씩 유보되는 결과를 가져온다(확대 유추해석 금지).

3. 시장지배적지위의 판단기준

공정거래법 제2조 제3호는 시장지배적 사업자에 관해 '일정한 거래분야의 공급자나 수요자로서 단독으로 또는 다른 사업자와 함께 상품이나 용역의 가격, 수량, 품질 기타의 거래조건을 결정, 유지 또는 변경할 수 있는 시장지위를 가진 사업자'라고 정의한 후, 시장지배적 사업자 또는 당해 사업자의 시장지배적지위에 관해서는 '시장점유율, 진입장벽의 존재 및 정도, 경쟁사업자의 상대적 규모 등을 종합적으로 고려'하여 그 여부를 판단하도록 한다.[49] 법 제2조 제3호가 예시하고

48) 연간 매출액 혹은 구매액이 80억원 미만의 사업자에 대해 불공정거래행위(특히 거래상 지위남용)에 관한 규정은 물론 적용될 수 있다.

49) 대법원은 "시장지배적 사업자인지 여부를 판단함에 있어서는 시장점유율, 진입장벽의 존재 및 정도, 경쟁사업자의 상대적 규모 등을 종합적으로 고려하여 판단하여야 하고, 특정 사업자가 시

있는 기준들은 주로 구조적 사항들이다. 그러나 문제의 사업자가 지속적으로 높은 평균수익률을 보인다거나 생산비의 인하가 상품가격의 인하에 미치는 영향이 매우 미미하다거나 당해 사업자가 경쟁사업자에 비해 과다하게 높은 일반관리비를 지출한다는 등의 시장성과적 기준(performance criteria)들을 아울러 고려할 수 있다.

또한 법 제 2 조 제 3 호의 "단독으로 또는 다른 사업자와 함께"라는 문언의 해석에 있어 독점의 공유(shared monopoly) 또는 공동의 시장지배력(collective dominance)에 관한 논란이 있다. 즉 각 사업자가 단독으로는 독점 또는 과점사업자에 해당되지 않더라도 다른 사업자와 더불어 집단적으로 시장지배적지위를 가질 수 있는 경우 이를 독점의 공유로 보아 이들에 대해 시장지배적 사업자로서 통제할 수 있을 것인가 여부가 문제된다. 공정거래법의 수범자는 원칙으로 독립하여 자신의 계산으로 사업을 수행하는 자이며, 각 사업자들이 기본적으로 경제적 독립성을 유지하면서 영업의 특정한 분야나 사항에 대해 다른 사업자와 제휴하는 것은 부당공동행위로 금지되어야 할 것이다. 여기에서 시장지배적 사업자의 경우에도 각 사업자가 그 자체로서 독점이나 과점의 형태로 시장을 지배하고 있는 경우에 한한다고 할 것이다.50)

서울고판 2003.5.27, 2001누15193

공정법 시행령 제 4 조 제 3 항에 규정된 당해 사업자와 그 계열회사와 같이 별도의 독립된 사업자로서 각기 자기의 계산으로 사업을 하고 있더라도 실질적으로는 단일한 지휘 아래 종속적으로 경제활동에 참가하고 있어 독자성을 갖추지 못하고 있는 경우에는 이를 하나의 사업자로 해석할 여지도 있다고 할 것이나, 더 나아가 독자적으로 경제활동을 하는 개별 사업자들이 시장에서 그 활동과 관련한 각종 결정을 사실상 동

장지배적지위에 있는지 여부를 판단하기 위해서는 경쟁관계가 문제될 수 있는 일정한 거래 분야에 관하여 거래의 객체인 관련 상품에 따른 시장과 거래의 지리적 범위인 관련 지역에 따른 시장 등을 구체적으로 정하고 그 시장에서 지배가능성이 인정되어야 한다."고 판시하고 있다(포스코의 시장지배적 지위 남용행위 건, 대판 2007.11.22, 2002두8626).

50) 대판 2005.12.9, 2003두6283 판결도 별도의 독립된 사업자들이 각기 자기의 책임과 계산하에 독립적으로 사업을 하고 있을 뿐 손익분배 등을 함께 하고 있지 않은 경우, 그 사업자들을 통틀어 독점규제 및 공정거래에 관한 법률 제 2 조 제 3 호에서 규정하고 있는 하나의 사업자로 볼 수는 없다고 판단하였다. 12개 시중은행들이 카드사업 수행과 관련하여 공동으로 (주)BC카드를 설립한 후 카드발급 및 전산망이용을 공유하면서 각각 카드사업을 수행하였던바, BC카드사와 12개 회원사의 점유율 누계치가 35.5%에 이르렀던 사건이다. 결과적으로 이 사건의 경우 피심인들이 시지남용의 성립을 위한 단일한 경제적 주체(single economic entity)가 아니라는 사실이 확인된 셈이다(원심은 서울고판 2003.5.27, 2001누15193).

일 또는 유사하게 함으로써(피고는 이를 하나의 경제적 행위 동일체라고 한다) 영향력을 행사하는 경우까지 하나의 사업자에 해당한다고 볼 근거는 없으므로, 독자성을 갖춘 사업자들이 연합하거나 단체를 구성하여 시장에서 사업과 관련한 각종 결정을 사실상 동일 또는 유사하게 하였다고 하더라도 이러한 행위가 부당공동행위 또는 사업자단체의 금지행위 위반에 해당할 수 있음은 별론으로 하고 위 사업자들을 통틀어 하나의 사업자로 볼 수는 없다.

"단독으로 또는 다른 사업자와 함께 … 거래조건을 결정, 유지 또는 변경할 수 있는 시장지위를 가진 사업자"라 함은, 그 문언이나 앞서 본 현행 공정법의 체계 및 제반규정 등에 비추어 볼 때 시장을 독점의 형태로 지배하고 있거나 과점의 형태로 지배하고 있는 개별 사업자를 의미하는 것이지, 이와 달리 개별적으로는 시장을 독점 또는 과점의 형태로 지배하고 있지 아니한 여러 사업자들이 집단적으로 통모하여 독과점적 지위를 형성한 경우 이들 사업자들도 시장지배적 사업자에 포함된다는 취지로 볼 수는 없다.

한편 공정위가 제정한 시장지배적지위 남용행위 심사기준(공정위고시 제2021-18호)은 판단기준과 관련하여 보다 상세한 기준을 제시하고 있다. 즉 시장점유율, 진입장벽의 존재, 경쟁사업자의 상대적 규모 등 법률이 제시한 기준은 물론이고, 나아가서 경쟁사업자의 공동행위 가능성, 유사품 및 인접시장의 존재, 시장봉쇄력, 자금력 등을 종합적으로 고려하여 판단하도록 하고 있다(동 기준 Ⅲ. 본문). 즉 당해 시장의 진입장벽의 존재 여부 및 그 정도, 당해 사업자의 점유율, 사업자의 수와 점유율의 분포, 경쟁사업자의 상대적 규모, 유사품 및 인접시장의 존재 등의 구조적 사항들을 중심으로 하지만, 경쟁사업자가 원재료시장에 접근하는 것을 봉쇄하는 힘(시장봉쇄력)이 강할수록 그리고 당해 사업자가 가진 자금력과 기술력 등의 상대적 우위가 클수록 시장지배적 지위가 인정될 개연성이 높아진다.

4. 시장지배적 사업자의 추정

4.1. 추정의 기준

시장지배력의 판단은 매우 어려울 뿐만 아니라 소송에서 이를 증명하기도 어렵다. 여기에서 공정거래법은 시장점유율을 기준으로 시장지배적 사업자 추정제도를 도입하고 있다(법률상 추정).

즉 일정한 거래분야에서 한 사업자의 시장점유율이 50% 이상인 경우의 그 사업자 그리고 3 이하의 사업자의 점유율의 합계가 75% 이상인 당해 사업자 전원을 시장지배적 사업자로 추정한다(법 제 6 조). 다만 3 이하의 사업자의 점유율의 합계가 75% 이상인 경우에 점유율이 10%에 미치지 아니하는 사업자는 시장지배적 사업자로 추정되지 아니한다(법 제 6 조 제 2 호 단서).

여기서 시장점유율이란 시장지배적지위 남용의 혐의를 받는 행위의 종료일이 속하는 사업연도의 직전 사업연도 1년 동안 국내에서 공급 또는 구매된 상품 또는 용역의 금액 중에서 당해 사업자가 국내에서 공급 또는 구매한 상품 또는 용역의 금액이 점하는 비율을 말하는바, 다만 시장점유율을 금액기준으로 산정하기 어려운 경우에는 물량기준 또는 생산능력기준으로 산정할 수 있다(령 제 2 조 제 1 항).

4.2. 추정의 성질과 효과

법 제 6 조는 의제조항이 아니라 추정조항이다. 그리고 이 추정은 법률상의 추정으로서 증명책임의 전환을 가져온다. 그러므로 이 조항이 정하는 요건을 충족하는 사업자가 시장지배적지위를 가지는지 여부는 여전히 다툼의 대상이 된다. 다만 증명책임이 전환되는 까닭에 독점의 혐의를 받는 문제의 사업자가 스스로 자신에게 시장지배력이 없다는 사실을 증명하여야 한다. 그 결과 당해 시장의 점유율이 50%를 훨씬 상회하는 사업자도 시장지배력이 없다는 사실을 입증하여 법 제 5 조의 적용을 벗어날 수 있다.

또한 동조가 정하는 추정요건을 충족시키지 못하는 사업자들의 시장지배력이 전면적으로 부인되는 것도 아니다. 이론상으로는 독점을 공격하는 자 측에서 문제의 사업자의 시장지배력을 증명할 경우 점유율이 50%에 미치지 못하는 사업자도 법 제 5 조의 적용을 받을 수 있다.

4.3. 기업집단 소속 계열회사에 대한 추정

시장지배적 사업자 추정조항을 적용함에 있어서 당해 사업자와 그 계열회사는 이를 하나의 사업자로 본다(령 제 2 조 제 2 항). 이는 추정조항이 아니라 간주규정으로서 반증을 허용하지 아니한다. 즉 특정한 기업집단에 속하는 둘 이상의 사업자들의 점유율의 합계가 50% 이상이라면, 이들 전원이 시장지배적 사업자로 추정된다.

이 규정은 기업집단 소속 계열사에 대해 적용제외나 추정조항의 운용에 있어 규제의 강도를 높이는 결과를 가져온다. 우선, 당해 기업집단 소속 회사들의 일정한 거래분야에서의 연간 매출액 혹은 구매액의 합계가 80억원 이상이라면 연간 매출액이나 구매액이 80억원 미만인 계열사도 시장지배적 사업자로서 더불어 규제를 받게 된다. 또한, 3 이하의 사업자의 점유율의 합계가 75% 이상이고 이 중 한 사업자의 점유율이 10% 미만이더라도 이 사업자와 다른 사업자가 동일한 집단에 속할 경우 10% 미만의 점유율을 가진 사업자도 하나의 사업자로 간주되기 때문에 결국 시장지배적 사업자로서 추정된다.

제 3 절 시장지배적지위 남용행위의 유형

1. 총　　설

1.1. 법 제 5 조의 기본유형

시장지배적 사업자는 독점력 혹은 시장지배력을 가진 사업자로서, 공정거래법은 이 사업자의 시장지배적지위 자체를 문제삼는 것이 아니라 이 지위를 남용하는 것을 금지한다. 이들 또한 자신의 설비증설, 기술 및 신공정개발, 상품화, 상품의 가격형성, 거래상대방의 선택과 유통루트의 형성, 다른 사업자와의 경쟁 등과 관련하여 기본적 자유를 누리며, 이는 헌법이 보장하는 영업의 자유의 일환을 이룬다. 그러나 이들이 자신의 시장지위를 이용하여 수요자들에게 독점가격을 강제하거나 경쟁사업자의 시장진입 기타 영업활동을 방해하고 또 전후방 단계의 거래상대방에 대해 각종의 부당한 행위를 자행한다면, 이는 시장구조를 악화시키고 소비자의 후생을 침해할 뿐만 아니라 경우에 따라서는 자유사시장체제 그 자체를 위협할 수도 있다.

여기에서 공정거래법 제 5 조는 시장지배적 사업자의 각종 남용행위를 한정적으로 열거하되, 남용행위의 유형과 기준의 구체적 세목은 시행령에서 정할 수 있도록 하고 있다(동조 제 2 항). 공정거래법 제 5 조 제 1 항이 열거하는 5종의 행위(제 5 호는 실질적으로 두 가지 유형)는 독점사업자가 자신이 가진 시장지위를 이용하는 행위이어야 하되, 시장지배적 상품이나 용역 그 자체의 거래행위는 물론 이와 관련되는 일체의 법률행위 혹은 사실행위를 망라한다. 다시 말해 지위남용행위는 반드시 적법한 법률행위일 필요는 없으며, 사실행위는 물론이고 당해 행위가 민법상의 불법행위 혹은 형법상의 범죄를 구성하더라도 상관이 없다.[51] 또한 지위남용행위가 사법상 혹은 형법상의 행위 개념이나 단위에 묶이는 것도 아니어서, 일련의 법률행위 혹은 다수의 법률행위와 사실행위의 조합 혹은 일련의 사실행위들에 대해 법 제 5 조의 적용대상인 지위남용행위로 판단할 수 있다.[52]

1.2. 시지남용행위의 분류

공정거래법 제 5 조가 열거하는 기본적 행위유형들은 여러 가지 기준으로 이를 분류할 수 있다. 첫째, 부당한 가격결정을 통한 독점초과이윤의 획득이 독점사업자의 궁극적 목적이라는 점에서 가격남용행위와 기타의 남용행위로 나눌 수 있다. 그러나 가격결정의 부당성을 뒷받침할 원가분석이 쉬운 일이 아니며, 또 경쟁당국이 사업자의 가격형성에 대해 쉽사리 위법성을 인정한다면 시장기능을 존중하여야 할 경쟁당국이 거꾸로 새로운 형태의 물가통제기관으로 전락할 위험도 있다. 지금까지 부당한 가격결정 관련 좋은 사례가 출현하지 않는 것도 이와 관련이 없지 않다.

또 다른 분류는 소위 배제남용(exclusionary abuse)과 착취남용(exploitative abuse)으로 나누어 위법성 판단에서 사실상 차별적으로 접근하는 것이다. 배제남용은 독점사업자가 자신의 경쟁자를 배제하기 위한 남용행위를 지칭하는 것이고, 착취남용은 독점사업자가 자신의 거래상대방인 수요자나 소비자의 이익을 착취하는 것에 표적을 맞추는 것이다.[53] 그리하여 배제남용의 위법성판단은 직접적인 경쟁제

---

51) 경쟁법적 위법성 판단과 일반사법 혹은 형법상의 위법성판단은 별개의 것이다. 다만 현행 공정거래법은 대다수 위반행위를 범죄로 규정하고 있으므로(제124조에서 제128조), 형사처벌과 관련해서는 이중처벌의 금지나 죄형법정주의의 정신이 원용되어야 하고, 여기에서 형법의 죄수론(罪數論)을 원용할 필요가 있다.

52) 예컨대 부당한 가격형성에 관한 법조의 적용을 위해서는 상당한 기간에 걸쳐 높은 가격으로 당해 상품을 판매하는 것이 필요하며, 유통사업자와의 각종 거래장치의 정비 등도 이와 관련된다.

53) 배제남용과 착취남용 구분은 독일의 영향을 받은 것으로서, 미국 셔먼법 제 2 조의 독점화행위는 원래 배제남용을 의미하고 착취남용은 별도로 논란되지 않는다(임영철/조성국, 앞의 책, 44-5). 우리나라의 시지남용 사건은 거래거절이나 배타조건부 거래 등 소위 착취남용이 압도적으로 많고, 또 이들 사건 중 상당수가 모법인 법률과 시행령에서 정형적으로 규정된 유형이 아니라 공정위 고시로 추가된 세목을 적용한 사건이다. 한정적 열거주의의 정신이나 시지남용행위가 형사처벌의 대상이 될 수 있다는 점을 감안할 때, 이러한 상황은 바람직하지 않고 입법적 보완이 이루어져야 할 것이다.

한성의 입증이 과제가 되고, 착취남용은 거래상대방이나 수요자로부터 부당한 이익을 착취(margin squeeze)하여 경쟁제한적인 결과를 초래하는지 여부에 대한 입증이 과제로 된다. 배제남용과 착취남용을 구분하여 행위의 표적이 다름에 따른 차별적인 접근은 바람직한 면이 없지 않다. 그러나 이것이 소위 착취남용에서 경쟁제한성에 대한 입증을 실질적으로 면제시키는 것으로 귀착한다면 그 입론의 일반성과 실정법적 근거의 면에서 진지한 검토가 있어야 할 것이다.

소위 착취남용의 경우 시장지배적 사업자의 전후방 거래상대방에 대한 남용적 행태가 제1차적 포착점이 되는 것이지만, 이와 더불어 당해 사업자가 속한 시장에서의 경쟁제한성이 더불어 검토되어야 할 것이다. 경우에 따라서는 독점력 혹은 시장지배력의 전이이론이 전개될 필요가 있다고 생각된다.

대판 2008.12.11, 2007두25183(티브로드강서방송 사건)

이 사건 관련 상품시장 및 관련 지역시장에 관한 원심판결 이유를 위 법리 및 기록에 비추어 보면, 원심의 이유설시에 일부 모순되는 듯한 점은 있으나, 원심이 결론적으로 이 사건 관련 상품시장은 프로그램 송출시장과는 별개의 시장으로서 원고와 같은 플랫폼사업자가 TV홈쇼핑사업자 등으로부터 수수료를 지급받고 송출채널을 통해 프로그램의 송출서비스를 제공하는 프로그램 송출서비스시장이고, 이 사건 관련 지역시장의 범위는 전국이라고 본 것은 옳은 것으로 수긍할 수 있다.

그러나 원심이 스스로 인정한 바와 같이 별개의 시장인 프로그램 송출시장에서의 시장지배적 사업자가 곧바로 프로그램 송출서비스시장에서도 시장지배적 사업자가 되는 것이 아니며, 또한 위 양시장의 거래내용, 특성, 시장지배적 지위남용행위의 규제목적, 내용 및 범위 등을 비롯한 여러 사정을 종합적으로 고려하면, 프로그램 송출시장에서 시장지배적 사업자인 원고의 시장지배력이 프로그램 송출서비스시장으로 전이된다고 볼 만한 근거를 찾아 볼 수도 없다. 따라서 이 사건 채널변경행위가 이루어진 이 사건 관련 시장에서 원고가 시장지배적 사업자의 지위에 있다고 볼 수는 없다 할 것이다.

1.3. 시지남용행위의 위법성판단

2007년 11월 선고된 포스코판결은 독점사업자의 다른 사업자에 대한 사업활동 방해 여부를 다룬 사건이었고, 이 판결에서 법원이 구사한 입론과 당해 사안에 대해 법원이 내린 최종적 결론에 대해서는 여전히 논란이 많다. 그러나 이 판결은 시지남용행위 일반에 관한 위법성이론을 국내에서 본격적으로 전개시키는 중요한 계기를 제공하고 있다. 이 문제는 시지남용행위에 관한 부당성과 불공정거래행위에 관한 부당성이 동일한 것인지 여부 그리고 공정거래법 제 5 조와 제45조가 특별법과 일반법의 관계에 서는지 등의 문제와도 연결된다.

먼저 모든 유형의 시지남용행위에 대해 기본적으로 동일한 위법성판단 이론이 전개되어야 한다는 점, 그리고 시지남용행위는 독점금지의 기축적 제도로서 당해 행위의 경쟁제한성 심사가 위법성판단의 기초가 된다는 점에 대해서는 특별한 논란이 없는 상황이다.

문제는 시지남용행위에 대한 위법성판단과 관련하여 경쟁제한성은 물론 보다 널리 공정거래저해성까지 포섭하여 당해 행위의 부당성 내지 남용성을 폭넓게 판단하여야 할 것인지 여부이다. 이에 대해서는 시장지배력을 가진 사업자의 남용행위를 강력하게 견제하여야 한다는 취지에서 이를 긍정하는 다수설과 이에 반대하는 부정설[54]로 나뉘고 있다. 부정설은 시지남용행위와 불공정거래행위는 그 침해하는 법익과 금지의 근거가 서로 다르다는 점에서 양자를 구별하고 시지남용행위의 부당성은 경쟁제한성 심사로 국한되는 것이라고 본다.[55]

우리나라 공정거래법이 개별 사업자의 남용적 단독행위(single firm conduct)에 관해 이를 시지남용행위와 불공정거래행위로 나누어 동법 내에서 이원적으로 다루는 것이 법제면에서 매우 특별한 것임은 이미 언급한 바 있다.

즉 공정거래법 제45조 본문은 불공정거래행위의 위법성 징표에 대해 '공정한 거래를 해칠 우려'로 규정하면서 다시 개별 행위유형에서는 모두 '부당하게'라는 문언을 사용한다. 그리고 불공정거래행위의 유형과 기준을 정하는 시행령 별표 2에서는 행위세목별로 '정당한 사유없이'와 '부당하게'로 차별화되어 있다. 그러나 공정거래법 제 5 조는 시지남용행위 일반에 대한 개념을 규정하지 않고, 개별 행위유형을 한정적으로 열거하면서 위법성징표에 대해서는 모두 '부당하게'로 표현하고 있다. 시행령 제 9 조에서 구체화된 개별 유형들은 위법성 요소와 관련하여 '정당한 이유없이'와 '부당하게'로 차별화되어 있고, 그 결과 불공정거래행위에 대해

54) 대판 2007.11.22, 2002두8626 전원합의체.

55) 이와 관한 전반적 논의로는, 공정거래위원회, 공정거래위원회 심결사례 30선, 15-9(이황 평석) 참조.

시행령 별표가 정하는 행위유형들의 위법성징표와 유사한 구조로 되어 있다.

그러나 공정거래법 제5조는 독점사업자가 보이는 영업행태에서 불공정하거나 기만적인 행위까지 포섭하여 이를 금지하는 것이 아니라, 이들 사업자가 자신이 가진 시장지배력을 이용하여 시장구조를 악화시키는 행위, 즉 경쟁제한적 행위를 금지하는 것이 동조의 입법목적이다.[56] 즉 법 제5조가 정하는 '부당하게'라는 위법성징표는 개별 사업자의 단독행위의 효과로서 구체적 경쟁제한성, 즉 단기간 내에 유효경쟁시장이라면 불가능한 가격 기타 거래조건의 남용으로 인해 소비자의 후생이 침해될 임박한 개연성이 존재해야 한다. 그리고 시행령에서 '정당한 이유없이'라는 징표를 부여한 시지남용행위의 유형의 경우에는 공정위가 기타의 요건을 충족시키는 사실을 입증하면 피심인 측이 당해 행위의 정당화사유를 주장·입증하여야 하고, 그 결과 부당성에 대한 입증책임이 사업자에게 사실상 전환되는 의미를 가지는 것이다.

한편 경쟁제한성의 판단은 당해 행위의 유형과 사건의 개별성을 전제로, 당해 시장의 구조, 사업자들의 수와 그 점유율, 사업자의 거래행위의 목적과 태양, 경쟁사업자의 시장진입 및 확대기회의 봉쇄정도 및 비용 증가 여부, 당해 시장에서의 가격 및 산출량 변화 여부와 그 정도, 유사품 및 인접시장의 존재 여부, 혁신저해 및 다양성 감소 여부, 당해 사업자의 종전의 행태, 특히 거래상대방에 대한 방해사실 등 수많은 요소들을 종합적으로 고려하여 판단하게 된다.

또 다른 문제는 경쟁제한의 의도나 목적이 시지남용행위가 성립하기 위한 별도의 요건이 되는 것인지 여부이다. 포스코판결 이래로 시지남용 사건에 대한 다수의 대법원판결들은 객관적 요건으로 경쟁제한의 우려, 그리고 주관적 요건으로서 경쟁제한의 의도와 목적을 별도로 요구하는 듯한 수사를 되풀이하고 있다.[57]

---

56) 독점금지법은 경쟁 그 자체를 보호하는 것이지 경쟁사업자나 거래상대방의 사적 이익을 보호하기 위한 법이 아니다(Antitrust protects competition itself, not competitors). 그러나 불공정거래행위법은 그 뿌리가 불법행위에 있으며, 불공정거래행위의 유형을 피침해법익을 기준으로 이를 경쟁자의 이익침해 유형, 수요자의 이익침해 유형 그리고 공익침해 유형으로 나누어 살피는 것도 유력한 방법이다. 그리하여 독일법(UWG)은 불공정거래행위 사건을 순수한 민사사건으로 처리하고 있으며, 영미법도 불공정거래 관련 상사불법행위(business tort)의 반열을 가지고 있는 것이다. 여기에서 시지남용행위와 불공정거래행위는 그 요건과 효과를 달리하는 별개의 제도로 보아야 하고, 경우에 따라 특정 사안에 대해 양자가 경합하는 일이 있다고 하여 이를 특별법과 일반법의 관계로 설명할 일은 아니다.

57) 예컨대 농협중앙회의 시지남용행위(경쟁사업자 배제) 사건에 대한 대판 2009.7.9, 2007두22078. 특히 티브로드 강서방송 사건(대판 2008.12.11, 2007두25183)에서 주관적 요건에 관한 이 논리를 부당한 사업활동 방해의 세부유형 중 불이익강제에도 그대로 원용하고 있으며, 2025. 10.

그러나 공정거래법 제 5 조 법문에서 경쟁제한의 의도나 목적은 언급된 바가 없고, 독일이나 EU에서도 경쟁제한의 의도나 목적을 시지남용행위의 성립을 위한 독립적 요건으로 다루고 있지 않다. 또 미국판례가 셔먼법 제 2 조의 독점화 사건에서 독점을 만들거나 유지하려는 의도를 별개의 요건으로 삼는 것(소위 intent test)을 법계(法系)가 다른 우리가 공정거래법 제 5 조 해석에서 추수할 것은 아니라고 생각된다. 시지남용행위에 관한 우리 법제는 미국과 다르고, 형법과 달리 경쟁법은 객관적 법제도로서 특정한 행위의 반경쟁적 효과를 억제하여 시장기능을 복원하는 데 주된 목적이 있지 행위자가 특정한 주관적 의도를 가졌는지 여부를 별도로 논란할 필요는 없다.[58] 여기에서 법령을 개정하여 시지남용행위의 위법성판단에서 경쟁제한의 의도 내지 목적이 다른 제반요소들과 더불어 종합적으로 고려되는 하나의 사실이 될 수 있다는 점을 명기하는 것도 좋은 방법이 될 수 있다고 생각한다.

대판 2007.11.22, 2002두8626(전원합의체)[사업활동방해 중 거래거절 사건]

[1] 공정거래법 제 5 조 제 1 항 제 3 호의 시장지배적 사업자의 거래거절행위와 공정거래법 제45조 제 1 항 제 1 호의 불공정거래행위로서의 거래거절행위는 그 규제목적 및 범위를 달리하고 있으므로 공정거래법 제 5 조 제 1 항 제 3 호가 규제하는 시장지배적 사업자의 거래거절행위의 부당성의 의미는 공정거래법 제45조 제 1 항 제 1 호의 불공정거래행위로서의 거래거절행위의 부당성과는 별도로 독자적으로 평가·해석하여야 한다.

[2] 공정거래법 제 5 조 제 1 항 제 3 호의 시장지배적 사업자의 지위남용행위로서의 거래거절의 부당성은 '독과점적 시장에서의 경쟁촉진'이라는 입법목적에 맞추어 해석하여야 할 것이므로, 시장지배적 사업자가 개별 거래의 상대방인 특정 사업자에 대한 부당한 의도나 목적을 가지고 거래거절을 한 모든 경우 또는 그 거래거절로 인하여 특

---

26. 선고된 2023두32709 사건(네이버가 시장지배적 지위를 남용하여 스스로 운영하는 스마트스토어를 우대한 것이 시장지배적 지위 남용에 의한 차별행위에 해당하는지 여부)에서도 대법원은 특정 사업자가 사업활동에 곤란을 겪게 되었다거나 곤란을 겪게 될 우려가 발생하였다는 것과 같이 특정 사업자가 불이익을 입게 되었다는 사정만으로는 부당성을 인정하기에 부족하고, 이에 더하여 그중에서도 특히 시장에서의 독점을 유지·강화할 의도나 목적, 즉 시장에서의 자유로운 경쟁을 제한함으로써 인위적으로 시장질서에 영향을 가하려는 의도나 목적을 갖고, 객관적으로도 그러한 경쟁제한의 효과가 생길 만한 우려가 있는 행위로 평가될 수 있는 행위로서의 성질을 갖는 차별행위를 했을 때에 부당성이 인정될 수 있다는 취지로 판시하여 여전히 주관적 의도를 중요한 요건으로 들고 있는 입장을 유지한다.

58) Rinck/Schwark, Wirtschaftsrecht, 6.Aufl., Rdnrn. 685ff; Baumbach/Herfermehl, Wettbewerbsrecht, Kurz-Kommentar, 14.Aufl, Einl. Rdnrn.47ff. 권오승/서정, 앞의 책, 110.

정 사업자가 사업활동에 곤란을 겪게 되었다거나 곤란을 겪게 될 우려가 발생하였다는 것과 같이 특정 사업자가 불이익을 입게 되었다는 사정만으로는 그 부당성을 인정하기에 부족하고, 그 중에서도 특히 시장에서의 독점을 유지·강화할 의도나 목적, 즉 시장에서의 자유로운 경쟁을 제한함으로써 인위적으로 시장질서에 영향을 가하려는 의도나 목적을 갖고, 객관적으로도 그러한 경쟁제한의 효과가 생길 만한 우려가 있는 행위로 평가될 수 있는 행위로서의 성질을 갖는 거래거절행위를 하였을 때에 그 부당성이 인정될 수 있다 할 것이다.

그러므로 시장지배적 사업자의 거래거절행위가 그 지위남용행위에 해당한다고 주장하는 피고로서는 그 거래거절이 상품의 가격상승, 산출량 감소, 혁신 저해, 유력한 경쟁사업자의 수의 감소, 다양성 감소 등과 같은 경쟁제한의 효과가 생길 만한 우려가 있는 행위로서 그에 대한 의도와 목적이 있었다는 점을 입증하여야 할 것이고, 거래거절행위로 인하여 현실적으로 위와 같은 효과가 나타났음이 입증된 경우에는 그 행위 당시에 경쟁제한을 초래할 우려가 있었고 또한 그에 대한 의도나 목적이 있었음을 사실상 추정할 수 있다 할 것이지만, 그렇지 않은 경우에는 거래거절의 경위 및 동기, 거래거절행위의 태양, 관련시장의 특성, 거래거절로 인하여 그 거래상대방이 입은 불이익의 정도, 관련시장에서의 가격 및 산출량의 변화 여부, 혁신 저해 및 다양성 감소 여부 등 여러 사정을 종합적으로 고려하여 거래거절행위가 위에서 본 경쟁제한의 효과가 생길 만한 우려가 있는 행위로서 그에 대한 의도나 목적이 있었는지를 판단하여야 할 것이다. 그리고 이때 경쟁제한의 효과가 문제되는 관련시장은 시장지배적 사업자 또는 경쟁사업자가 속한 시장뿐만 아니라 그 시장의 상품 생산을 위하여 필요한 원재료나 부품 및 반제품 등을 공급하는 시장 또는 그 시장에서 생산된 상품을 공급받아 새로운 상품을 생산하는 시장도 포함될 수 있다고 할 것이다.

[반대의견1] 독점규제 및 공정거래에 관한 법률 제5조 제1항 제3호를 해석할 때에는, 시장지배적 사업자가 다른 사업자에 대하여 거래를 거절함으로써 외형상 그 사업자의 사업활동을 어렵게 하는 행위를 한 경우에 그 행위는 시장지배적 사업자가 자신의 시장지배적 지위를 남용하여 시장에서의 공정하고 자유로운 경쟁을 저해할 우려가 있는 '부당한 행위'를 한 것으로 추정된다고 해석하는 것이 합리적이다. 따라서 시장지배적 사업자가 위 추정에서 벗어나기 위해서는 그 거래거절행위가 실질적으로 다른 사업자의 사업활동을 방해하는 행위가 아니라거나 그와 같은 의도나 목적이 없어 공정하고 자유로운 경쟁을 저해할 우려가 있는 '부당한 행위'가 아니라는 점을 주장·입증하거나, 그와 같은 행위에 해당한다고 하더라도 거래를 거절할 수밖에 없는 정당한 사유가 있다는 점을 주장·입증하여야 한다. 이때 시장지배적 사업자의 거래거절행위가 합리적이고 사업상 불가피하였다는 등 정당한 사유가 있는지 여부는 거래를 거

절하게 된 목적과 경위, 당사자의 거래상 지위 및 경영상태, 경영상 필요, 거래거절 대상의 특성, 시장상황, 거래거절의 결과 등을 종합적으로 고려하여 판단하여야 한다.

[반대의견2] 다수의견과 같이 독점규제 및 공정거래에 관한 법률 제5 조 제 1 항 제 3 호의 시장지배적 사업자의 거래거절행위의 '부당성'의 의미를 주관적·객관적 측면에서 '경쟁제한의 우려'가 있는 행위로만 파악하는 것은 시장지배적 사업자가 그 시장지배력을 남용하는 것을 규제함으로써 독점을 규제하고자 하는 우리 헌법의 정신 및 독점규제 및 공정거래에 관한 법률의 입법목적에 반하므로, 독점규제 및 공정거래에 관한 법률 제 5 조 제 1 항 제 3 호의 시장지배적 사업자의 지위남용행위로서의 거래거절행위의 부당성은 같은 법 제45조 제 1 항 제 1 호가 규율하는 불공정거래행위로서의 거래거절행위의 부당성과 같은 의미로 평가·해석하여야 하고, 결국 시장지배적 사업자의 거래거절이 지위남용행위로서 행하여진 경우에는 '독점규제' 측면에서 경쟁제한의 우려 여부와 관계없이 이를 규제하여야 한다.

대판 2013.4.25, 2010두25909

독점규제 및 공정거래에 관한 법률 제 5 조 제 1 항 제 5 호 전단, 독점규제 및 공정거래에 관한 법률 시행령 제9 조 제 5 항 제 2 호에서 시장지배적 사업자의 지위남용행위로 규정하고 있는 배타조건부 거래행위의 '부당성'과는 달리 공정거래법 제45조 제 1 항 제 5 호 전단, 구 독점규제 및 공정거래에 관한 법률 시행령 [별표 2] 제 7 호 (가)목에서 불공정거래행위로 규정하고 있는 배타조건부 거래행위의 '부당성'은 당해 배타조건부 거래행위가 물품의 구입 또는 유통경로의 차단, 경쟁수단의 제한을 통하여 자기 또는 계열회사의 경쟁사업자나 잠재적 경쟁사업자를 관련시장에서 배제하거나 배제할 우려가 있는지를 비롯한 경쟁제한성을 중심으로 그 유무를 평가하되, 거래상대방인 특정 사업자가 당해 배타조건부 거래행위로 거래처 선택의 자유 등이 제한됨으로써 자유로운 의사결정이 저해되었거나 저해될 우려가 있는지 등도 아울러 고려할 수 있다고 보는 것이 타당하다. 여기서 배타조건부 거래행위가 부당한지를 판단할 때에는 당해 배타조건부 거래행위로 인하여 대체적 물품구입처 또는 유통경로가 차단되는 정도, 경쟁사업자가 경쟁할 수 있는 수단을 침해받는지 여부, 행위자의 시장점유율 및 업계 순위, 배타조건부 거래행위의 대상이 되는 상대방의 수와 시장점유율, 배타조건부 거래행위의 실시기간 및 대상이 되는 상품 또는 용역의 특성, 배타조건부 거래행위의 의도 및 목적과 아울러 배타조건부 거래계약을 체결한 거래당사자의 지위, 계약내용, 계약체결 당시의 상황 등을 종합적으로 고려하여야 한다.

대판 2019.1.31, 2013두14726(퀄컴의 배타조건부 리베이트)

[1] 독점규제 및 공정거래에 관한 법률(이하 '법'이라 한다) 제 5 조 제 1 항 제 5 호 전단은 시장지배적 사업자의 지위 남용행위로 '부당하게 경쟁사업자를 배제하기 위하여 거래하는 행위'를 규정하고, 독점규제 및 공정거래에 관한 법률 시행령 제 9 조 제 5 항 제 2 호는 그 행위의 하나로 '부당하게 거래상대방이 경쟁사업자와 거래하지 아니할 것을 조건으로 그 거래상대방과 거래하는 경우'를 들고 있다.

여기서 '경쟁사업자와 거래하지 아니할 조건'은, 시장지배적 사업자에 의하여 일방적·강제적으로 부과된 경우에 한하지 않고 거래상대방과의 합의에 의하여 설정된 경우도 포함된다. 또한 '경쟁사업자와 거래하지 아니할 것을 조건으로 거래하는 행위'는 그 조건의 이행 자체가 법적으로 강제되는 경우만으로 한정되지는 않고, 그 조건 준수에 사실상의 강제력 내지 구속력이 부여되어 있는 경우도 포함된다. 따라서 실질적으로 거래상대방이 조건을 따르지 않고 다른 선택을 하기 어려운 경우 역시 여기에서 당연히 배제된다고 볼 수는 없다. 그 이유는 다음과 같다.

먼저 법령 문언이 조건 준수에 법적·계약적 구속력이 부여되는 경우만을 전제한다고 보기는 어렵다. 나아가 당연히 배타조건부 거래행위의 형식적 요건에 해당된다고 널리 인정되는 이른바 '전속적 거래계약'처럼 경쟁사업자와 거래하지 않기로 하는 구속적 약정이 체결된 경우와, 단순히 경쟁사업자와 거래하지 아니하면 일정한 이익이 제공되고 반대로 거래하면 일정한 불이익이 주어지는 경우 사이에는 경쟁사업자와 거래하지 않도록 강제되는 이익의 제공이 어느 시점에, 어느 정도로 이루어지는지에 따른 차이가 있을 뿐이고, 그와 같은 강제력이 실현되도록 하는 데에 이미 제공되었거나 제공될 이익이나 불이익이 결정적으로 기여하게 된다는 점에서는 실질적인 차이가 없다.

그러므로 여기에 더하여 경쟁제한적 효과를 중심으로 시장지배적 지위 남용행위를 규제하려는 법의 입법 목적까지 아울러 고려하면, 결국 조건의 준수에 계약에 의한 법적 강제력 내지 구속력이 부과되는지에 따라 배타조건부 거래행위의 성립요건을 달리 보는 것은 타당하지 않다. 따라서 경쟁사업자와 거래하지 않을 것을 내용으로 하는 조건의 준수에 이익이 제공됨으로써 사실상의 강제력 내지 구속력이 있게 되는 경우라고 하여 '경쟁사업자와 거래하지 아니할 것을 조건으로 거래하는 행위'에 형식적으로 해당되지 않는다고 볼 수는 없다.

[2] 관련지역시장은 일반적으로 서로 경쟁관계에 있는 사업자들이 위치한 지리적 범위를 말하는 것으로서, 구체적으로는 다른 모든 지역에서의 가격은 일정하나 특정 지역에서만 상당 기간 어느 정도 의미 있는 가격 인상 또는 가격 인하가 이루어질 경우 그 지역의 대표적 구매자 또는 판매자가 이에 대응하여 구매 또는 판매를 전환할 수 있는 지역 전체를 의미한다.

원고 퀄컴의 조건부 리베이트 제공행위의 관련지역시장을 CDMA2000 방식 모뎀칩의 국내 공급시장 및 RF칩의 국내 공급시장으로 획정한 피고의 조치에 위법이 없다고 보면서, 설령 관련지역시장을 세계시장으로 획정하더라도 그 시장에서 원고 퀄컴의 시장지배적 지위를 인정하는 데에 아무런 문제가 없고, 그 지위 남용행위를 통해 봉쇄하려는 표적인 시장이 모뎀칩 및 RF칩에 관한 국내 공급시장인 이상 그 시장을 기준으로 경쟁제한성 유무를 평가하면 족하다

[3] 독점규제 및 공정거래에 관한 법률 제 5 조 제 1 항 제 5 호 전단의 '경쟁사업자를 배제하기 위하여 거래한 행위'의 부당성은 독과점적 시장에서의 경쟁촉진이라는 입법목적에 맞추어 해석하여야 하므로, 시장지배적 사업자가 시장에서의 독점을 유지·강화할 의도나 목적, 즉 시장에서의 자유로운 경쟁을 제한함으로써 인위적으로 시장질서에 영향을 가하려는 의도나 목적을 갖고, 객관적으로도 그러한 경쟁제한의 효과가 생길 만한 우려가 있는 행위로 평가할 수 있는 행위를 하였을 때에 부당성을 인정할 수 있다. 이를 위해서는 그 행위가 상품의 가격상승, 산출량 감소, 혁신 저해, 유력한 경쟁사업자의 수의 감소, 다양성 감소 등과 같은 경쟁제한의 효과가 생길 만한 우려가 있는 행위로서 그에 대한 의도와 목적이 있었다는 점이 증명되어야 한다. 그 행위로 인하여 현실적으로 위와 같은 효과가 나타났음이 증명된 경우에는 그 행위 당시에 경쟁제한을 초래할 우려가 있었고 또한 그에 대한 의도나 목적이 있었음을 사실상 추정할 수 있지만, 그렇지 않은 경우에는 행위의 경위 및 동기, 행위의 태양, 관련시장의 특성 또는 유사품 및 인접시장의 존재 여부, 관련시장에서의 가격 및 산출량의 변화 여부, 혁신 저해 및 다양성 감소 여부 등 여러 사정을 종합적으로 고려하여 그 행위가 경쟁제한의 효과가 생길 만한 우려가 있는 행위로서 그에 대한 의도나 목적이 있었는지를 판단하여야 한다. 다만 시장지배적 지위 남용행위로서의 배타조건부 거래행위는 거래상대방이 경쟁사업자와 거래하지 아니할 것을 조건으로 거래상대방과 거래하는 경우이므로, 통상 그러한 행위 자체에 경쟁을 제한하려는 목적이 포함되어 있다고 볼 수 있는 경우가 많다.

여기에서 배타조건부 거래행위가 부당한지를 앞서 든 부당성 판단 기준에 비추어 구체적으로 판단할 때에는, 배타조건부 거래행위로 인하여 대체적 물품구입처 또는 유통경로가 봉쇄·제한되거나 경쟁사업자 상품으로의 구매전환이 봉쇄·제한되는 정도를 중심으로, 그 행위에 사용된 수단의 내용과 조건, 배타조건을 준수하지 않고 구매를 전환할 경우에 구매자가 입게 될 불이익이나 그가 잃게 될 기회비용의 내용과 정도, 행위자의 시장에서의 지위, 배타조건부 거래행위의 대상이 되는 상대방의 수와 시장점유율, 배타조건부 거래행위의 실시 기간 및 대상이 되는 상품 또는 용역의 특성, 배타조건부 거래행위의 의도 및 목적과 아울러 소비자 선택권이 제한되는 정도, 관련 거래

의 내용, 거래 당시의 상황 등 제반 사정을 종합적으로 고려하여야 한다.

[4] 다양한 형태의 조건부 리베이트 제공행위를 배타조건부 거래행위로 의율하여 그 부당성을 판단할 때에는, 리베이트의 양면적 성격과 배타조건부 거래행위의 부당성 판단 기준을 염두에 두고, 리베이트의 지급구조, 배타조건의 준수에 따라 거래상대방이 얻게 되는 리베이트의 내용과 정도, 구매전환 시에 거래상대방이 감수해야 할 불이익의 내용과 정도, 거래상대방이 구매전환이 가능한지를 고려하였는지 및 그 내용, 리베이트 제공 무렵 경쟁사업자들의 동향, 경쟁사업자의 시장진입 시도 여부, 리베이트 제공조건 제시에 대한 거래상대방의 반응, 거래상대방이 리베이트가 제공된 상품 내지 용역에 관하여 시장지배적 사업자에 대한 잠재적 경쟁자가 될 수 있는지, 배타조건부 거래행위로 인하여 발생할 수도 있는 비용 절감 효과 등이 최종소비자들에게 미치는 영향 등을 아울러 고려하여야 한다.

조건부 리베이트 제공행위로 인한 부정적 효과와 그러한 행위가 반드시 소비자 후생증대에 기여하지는 않는 점, 장기간의 배타조건부 거래계약을 체결함으로써 부당한 배타조건부 거래행위에 해당하게 되는 경우에도 계약체결을 위하여 반대급부로 제공된 이익이 비용 이하에 해당하는지 여부를 반드시 고려해야 한다고 볼 수는 없는 점과의 균형 등을 고려하면, 이른바 '약탈 가격 설정(predation)'과 비교하여 그 폐해가 발생하는 구조와 맥락이 전혀 다른 조건부 리베이트 제공행위를 그와 마찬가지로 보아 약탈 가격 설정에 적용되는 부당성 판단 기준을 그대로 적용할 수는 없다. 따라서 이러한 부당성 인정의 전제조건으로, 리베이트 제공이 실질적으로 비용 이하의 가격으로 판매한 경우에 해당하여야 한다는 점이나 시장지배적 사업자와 동등한 효율성을 가진 가상의 경쟁사업자 또는 실제 경쟁사업자들이 리베이트 제공에 대하여 가격 및 비용 측면에서 대처하는 데 지장이 없었다는 점 등에 관하여 회계적·경제적 분석(이하 '경제분석'이라 한다) 등을 통한 공정거래위원회의 증명이 필수적으로 요구되는 것은 아니다.

한편 사업자는 조건부 리베이트 제공행위의 사실상 구속력이나 부당성 증명을 위하여 위와 같은 경제분석을 사용하여 그 결정의 신뢰성을 높이는 것은 권장될 수 있다. 나아가 통상의 경우 사업자는 경제분석의 기초가 되는 원가자료나 비용 관련 자료, 리베이트의 설계방식과 목적·의도와 관련한 자료 등은 보유하고 있으므로, 경제분석의 정확성이나 경제분석에 사용된 기초자료의 신뢰성·정확성과 관련한 모호함이나 의심이 있는 상황에서는, 사업자가 그 기초자료나 분석방법 등의 신빙성을 증명함으로써 조건부 리베이트 제공행위의 사실상의 구속력이나 부당성에 관한 공정거래위원회의 일응의 합리적 증명을 탄핵할 수는 있다.

2. 부당한 가격형성

2.1. 의 의

부당한 가격형성이란 시장지배적 사업자가 '상품의 가격이나 용역의 대가를 부당하게 결정, 유지, 또는 변경하는 행위'를 말한다(법 제5조 제1항 제1호). 공정거래법 시행령은 이에 대해 '정당한 이유없이 상품의 가격이나 용역의 대가를 수급의 변동이나 공급에 필요한 비용(동종 또는 유사업종의 통상적 수준에 한함)의 변동에 비하여 현저하게 상승시키거나 근소하게 하락시키는 경우'로 부연설명하고 있다(령 제9조 제1항).

부당하게 높은 가격을 형성하여 독점이윤을 거두거나 혹은 원가의 변화나 수요공급의 변화에 따른 자연스러운 가격변화를 통제하여 인위적으로 가격을 유지하거나 변경하는 행위는 독점사업자의 가장 대표적인 횡포이며, 소비자의 후생을 직접적으로 제약하는 남용적 행태이다. 또한 사업자들은 궁극적으로 이윤극대화의 동기를 가지는 것이므로, 다른 유형의 남용행위도 궁극적으로는 이 유형으로 이어질 가능성이 있다. 그러나 이 유형에 대한 법집행은 사업자의 가격형성에 대한 통제를 결과적으로 가져온다는 점에서 매우 조심스럽고, 그 부당성에 대한 입증 또한 용이한 것이 아니다.

즉 공정거래법은 독점기업의 모든 가격결정이 아니라 '부당한' 가격결정만을 금지한다. 문제는 부당성의 판단기준과 그 증명에 있다. 시행령이 보다 구체화한 규정에서도 '정당한 이유없음,' 수급변동이나 원가변동에 비하여 '현저하게' 올리거나 덜 내리는 것을 문제삼고 있는바, 정당성의 결여나 현저성의 판단기준과 관련하여 법리의 전개가 필요하게 된다. 그러나 가격형성의 부당성을 증명하는 것은 매우 어려운 일로서, 공정위는 가격남용행위가 있다고 볼 만한 상당한 이유가 있을 경우 관계행정기관의 장이나 다른 공공기관에 대하여 가격조사를 의뢰할 수 있다(령 제10조). 게다가 시장지배적지위 남용행위와 관련하여 위법성판단기준에 관한 이론이 정치하게 전개되어 있지 않다. 여기에서 공정위는 보다 법집행이 용이한 불공정거래행위로 몰아가는 경향을 보이고 있다.

2.2. 사 례

가. 공정위의결 1992.1.15, 92-1

이 사건은 시장지배적 사업자와 품목에 대한 사전지정이 이루어지던 구법하의 사건이다. 해태제과(주)는 한국표준산업분류의 세분류상 빵, 과자, 국수제조업에 속하는 업을 영위하는 자로서 1991년 비스켓 품목의 시장지배적 사업자로서 지정되었다. 1991년 피심인은 비스켓 제품인 에이스, 사브레, 오예스 등 제품의 가격은 그대로 둔 채, 용량을 줄여 생산판매하였다. 공정위가 인정한 사실에 의하면, 각 제품의 가격은 에이스는 5.2%, 사브레는 0.8%, 오예스는 3.3%씩 원가상승요인에 비하여 더 올랐다.[59)]

공정위는 제품의 용량을 감소시켜서 간접적으로 가격을 인상한 행위에 대해 비스켓류 시장에서의 시장지배적지위를 남용하여 가격을 인상한 행위로 인정하여 제품의 가격을 인하하거나 가격의 인하에 상응하는 수준으로 제품의 용량을 증량하도록 명하면서, 가격의 인하 또는 증량수준 및 그 시행일자는 공정위와 협의하도록 하였다. 용량표시와 관련해서는 용량변동사실을 은폐하거나 기만적인 방법으로 소비자를 속이거나 속일 우려가 있는 표시행위로 인정하고, 공정거래법 제5조와 제24조의 규정을 각각 적용하였다.

나. 대판 2005.12.9, 2003두6283(BC카드 사건)

이 사건은 사후심사제가 도입된 이후의 사건으로서 BC카드의 시장지배적지위 남용사건으로 불리우는 건이다. (주)BC카드는 신용카드업무를 공동으로 처리하기 위해 12개 은행이 공동으로 설립한 회사로서 회원은행들은 BC카드라는 브랜드와 전산망을 공동으로 사용하며 이사회 구성에 참여하고 있었다. 개별 회원들이 시장지배적지위를 가지고 있지 아니하나 BC카드와 12개 회원 은행들(회원사 중 가장 높은 점유율은 7.9%)이 가진 점유율을 합할 경우 약 35.5%에 이르러 이는 당해 시장 제1위에 해당되었던바, 이에 대해 공정위는 단일한 시장지배적 사업자로 보고 15개 은행이 현금서비스 수수료율, 할부수수료율 및 연체이자율을 인상한 뒤, 자금조달금리와 연체율, 대손율이 상당한 기간에 걸쳐 하락하였음에도 불구하고 이를 더 높이거나 비슷한 수준에서 유지한 행위에 대해 시장지배적지위 남용행위로 보아 시정조치를 내렸다(공정위의결 2001.3.28, 2001-040).

이에 대해 서울고등법원(2003.5.27, 2001누15193)은 공정거래법상 사업자라 함은 자신의 계산으로 재화나 용역을 공급하는 경제활동을 하면서 그 활동과 관련된 각종 결정을

59) 이 사건에서 해태제과는 용량을 변경하면서 제품의 용기나 포장에 변경된 용량을 표시하였으나, 활자의 크기나 표시의 상태가 소비자들이 쉽게 식별할 수 없었고 표시의 내용에 주의를 기울이지 아니하는 소비자들의 일반적인 행태에 비추어 용량이 변경된 사실을 소비자들이 쉽사리 인식할 수 없었다. 이에 대해 공정위는 불공정거래행위에 관한 공정거래법 제52조를 별도로 적용하여 일반소비자들이 쉽게 식별할 수 있도록 표시를 개선하도록 명하고, 표시의 방법에 관해서는 공정위와 협의하도록 하였다.

독자적으로 할 수 있는 자로 풀이하면서, 이 사건의 BC카드의 회원사들은 각자 자신의 책임과 계산하에 독립하여 영업을 수행하되 카드발급이나 가맹점관리 등의 사무만을 BC카드에 대행시키는 관계에 지나지 아니하므로 이를 각각 독립된 별개의 사업자로 보아야 하고 단일한 시장지배적 사업자가 아니라고 판단하였다.

대법원(2005.12.9, 2003두6283) 또한 별도의 독립된 사업자들이 각기 자기의 책임과 계산하에 독립적으로 사업을 하고 있을 뿐 손익분배 등을 함께 하고 있지 않은 경우, 그 사업자들을 통틀어 독점규제 및 공정거래에 관한 법률 제2조 제3호에서 규정하고 있는 하나의 사업자로 볼 수는 없다고 보았다.

3. 부당한 출고조절

3.1. 의의와 세부유형

부당한 출고조절이란 시장지배적 사업자가 상품의 판매나 용역의 제공을 부당하게 조절하는 행위이다(법 제5조 제1항 제2호). 흔히 매점매석(買占賣惜)이라고 부르는 독점사업자의 행태 중 매석(賣惜)에 해당하는 것으로서, 제조업자는 물론 도매상이나 소매상 등의 유통사업자도 이 행위의 주체가 될 수 있다.

상품의 생산이나 제품의 출하는 원재료 조달이나 생산비의 변화 그리고 수급상황에 따라 변하게 되어 있다. 공정거래법은 시장의 수급상황이나 원자재 조달의 차질로 인한 통상적인 출고조절을 문제삼는 것이 아니라, 독점사업자가 상품의 가격상승을 위해 혹은 생산비 인하로 인한 자연스러운 가격인하를 통제하기 위해 행하는 현저한 출고량의 조작을 말한다. 출고량의 조절로 수급에 차질이 빚어지고, 이로 인해 초과이윤을 거두게 되는 것이다.

출고조절은 출고를 제한하는 행위와 출고를 늘리는 행위를 모두 포함하는 것이나, 시행령은 출고를 줄이는 두 가지 세목만을 정한다(령 제9조 제2항 제1호 및 제2호). 즉 정당한 이유없이 최근의 추세에 비추어 상품 또는 용역의 공급량을 현저하게 감소시키는 경우와 정당한 이유없이 유통단계에서 공급부족이 있음에도 불구하고 상품 또는 용역의 공급량을 감소시키는 경우 등이다.

그리하여 출고를 대폭 늘려 다른 사업자의 시장진입을 막거나 기존의 경쟁사업자의 말살을 꾀하는 경우는 부당한 경쟁사업자배제행위(령 제9조 제5항 제1호) 혹은 일반불공정거래행위에 포섭될 수 있다.[60]

---

60) 시장지배적지위 남용행위 중 부당한 사업방해나 부당한 진입방해에 해당될 수 있으나, 시행령

3.2. 사 례

대판 2002.5.24, 2000두9991(제일제당 대두유 출고조절 사건)

1997년 말 외환위기시 원화가 폭락함에 따라 원재료를 수입에 의존하고 있던 식료품에 대해 소비자들의 사재기가 횡행했다. 콩으로 만든 유제품의 경우도 마찬가지였고, 제일제당은 대두유에 대한 수요가 급증한 상황이었음에도 불구하고 그 출고를 줄이고 재고량을 늘이는 조치를 취하였다.

이에 대해 공정위는 부당한 출고조절행위로 보아서 시정조치를 내렸다(의결 1998.11.4, 98-251). 이 처분에 대한 행정소송에서 서울고등법원(2001.11.14, 99누4008)은 제일제당의 출고조절 사실 자체는 인정하였으나 이의 위법성은 인정하지 아니하였다.[61] 대법원은 원심의 판단을 모두 인정하여 상고를 기각하였다.

서울고등법원 판결이 고려한 주요한 사실은 다음과 같다. 첫째 출고조절기간인 1997.12.8.부터 20일간의 출고량을 비교기간인 같은 달 1일부터 6일의 기간과 비교할 때, 수치상 현저하게 감소한 것도 아니고 비교기간 자체가 외환위기로 인해 수요가 급증한 시점의 것이어서 그 타당성이 의심스럽고, 둘째 위 출고조절기간은 국가부도위기라는 초유의 비상상황 하에서 원료의 수급전망 자체가 불투명하였고 원고의 대두보유량은 한달치에 불과하여 폭발적인 가수요에 부응하면 재고가 소진되어 설 명절기간 동안 사용될 대두유가 수입되지 아니하면 공장가동이 중단되고 공급부족 파동에 직면할 수 있었으므로, 원고가 연초 계획물량의 한도 내로 출고량을 조절하고 재고를 약간 증대시킨 것은 최악의 상황에 대비한 합리적인 기업경영행위로 볼 여지가 있고, 셋째 이 당시의 가수요는 원고의 행위로 야기된 것이 아니라 물가불안심리에 편승한 유통업자의 악덕 매점매석행위와 일반 소비자의 사재기에 기인한 것이어서 영리를 목적으로 하는 원고에게 증산에 따른 손실확대를 감수하면서 그 가수요에 응하여 생산, 출고를 증대할 것을 기대하기는 사회통념상 어렵고, 넷째 출고조절기간이 속한 12월에 대두유 매출로 인한 경상이익은 대폭의 적자를 기록하고 그 다음 1월에는 소폭의 경상이익 흑자를 시현하였으며, 원고의 3회에 걸친 대두유 가격인상을 앞두고 가격인상효과를 극대화하거나 가격인상후의 대량출고를 목적으로 출고를 조절하였다고 단정할 만한 충분한 수치상의 자료도 없다는 등이다.

의 세목에는 이에 해당되는 요건을 찾기 어렵다.

61) 그러나 동일한 시기, 동일한 품목에 대해 이루어진 (주)신동방의 유사한 출고조절에 대한 공정위의 시정조치(공정위의결 1998.11.4, 98-252)를 다투는 행정소송에서 서울고등법원은 공정위의 판단을 받아들였다(서울고판 1999.10.6, 99누3524). 대법원도 원심의 판단을 모두 인정하여 상고를 기각하였다(대판 2000.2.25, 99두10964).

4. 부당한 사업활동 방해

4.1. 의의 및 세목

부당한 사업활동 방해란 시장지배적 사업자가 자신의 시장지위를 이용하여 다른 사업자의 사업활동을 부당하게 방해하는 행위이다(법 제 5 조 제 1 항 제 3 호). 이 유형은 공정거래법 제45조의 불공정거래행위와 광범하게 경합할 소지가 있고, 따라서 양자를 조율하는 해석이 필요하다고 생각된다.

법문에서 말하는 다른 사업자에는 당해 거래분야에서 시장지배적 사업자와 경쟁하거나 이 시장에 진입하려는 사업자는 물론이고, 전후방 단계의 거래분야에 속하는 사업자, 예컨대 시장지배적 사업자에 대한 원재료나 부품 공급사업자 혹은 유통사업자 등도 여기에 포함되는 것으로 봄이 정설이자 실무의 태도이다. 독점사업자가 경쟁사업자를 궁극적 표적으로 삼더라도 그 과정에서 전후방단계의 거래상대방을 압박하는 경우가 많고, 또 이들이 거대한 독점사업자가 자행하는 각종 남용적 행태로부터 보호받을 필요가 있음도 사실이다.[62)]

예컨대 독점사업자가 자신의 독점적 지위를 유지·강화하기 위해 경쟁사업자를 표적으로 함에도 불구하고, 그 수단으로서 전후방단계의 사업자들을 압박하는 경우가 얼마든지 있을 수 있고, 또 이러한 사례는 거래의 실제에 있어 매우 흔하게 발견된다. 통설은 이러한 경우 경쟁사업자와 전후방단계의 거래상대방에 대해 중층적인 시장지배적지위 남용행위를 인정하는 것이고, 이 경우 불공정거래행위와의 경합문제도 필연적으로 제기된다.

그런데 특정한 시장에서 공급을 독점하는 사업자가 원재료 구입과정에서 자신의 거래상대방을 괴롭히는 행위를 시장지배적지위 남용으로 금지하자면, 원재료구매시장에서 수요독점적 지위를 가져야 함이 논리적이다. 통설에 따를 경우, 수요력의 남용을 별도로 문제삼을 여지가 없고 또 사업활동방해와 관련하여 공급독점과 수요독점이 충돌되는 결과를 야기하는 면이 있다. 또한 특정시장에서 독점적 지위를 가진 사업자가 전후방단계의 시장에서 비중이 있는 시장참여자가 아니거나 소

62) 독일 경쟁제한금지법 제26조 소정의 방해행위의 경우에도 경쟁사업자는 물론 전후방단계의 거래상대방, 즉 원료공급자와 상품구매자가 행위의 객체가 된다. 그러나 독일법의 경우 방해행위의 주체가 시장지배적 사업자 이외에 카르텔, 가격구속자 기타 등으로 확장되어 있으며 불공정경쟁방지법은 경쟁제한금지법과 별도로 운용된다는 점에서, 우리나라의 경우와 크게 다르다. 리트너 저/권오승 역, 독일경쟁법, 361, 379, 380.

속 시장에서의 독점력을 전이할 여지가 전혀 없는 시장에서 보이는 행태에 대한 통제는 독점금지와는 거리가 먼 것이다. 이러한 점에서 해석론은 물론이고,[63] 남용행위의 유형에 관한 법령과 공정위의 관련 심사기준을 재검토할 필요가 있다고 생각된다.

사업활동방해와 관련하여 시행령은 네 가지를 정한다(령 제9조 제3항). 첫째 정당한 이유없이 다른 사업자의 생산활동에 필요한 원재료 구매를 방해하는 경우(제1호), 둘째 정상적인 관행에 비추어 과도한 경제상의 이익을 제공하거나 제공할 것을 약속하면서 다른 사업자의 사업활동에 필수적인 인력을 채용하는 경우(제2호), 셋째 정당한 이유없이 다른 사업자의 상품 또는 용역의 생산·공급·판매에 필수적인 요소의 사용 또는 접근을 거절, 중단하거나 제한하는 행위(제3호), 넷째 제1호 내지 제3호 이외의 부당한 방법으로 다른 사업자의 사업활동을 어렵게 하는 행위로서 공정위가 고시하는 행위(제4호) 등이다.

제3호의 세목은 소위 필수설비 이론(essential facility theory)을 받아들인 것인바, 이 이론의 전제는 당해 사업자가 필수설비 또는 필수요소를 독점적으로 소유 또는 통제하는 사실이다. 여기의 필수설비 혹은 필수적 요소는 유무형의 것을 막론하며, 전기와 통신, 가스, 철도망 등의 네트워크나 항만이나 공항 또는 철도역, 경기장이나 방송국 등의 기간설비가 대표적이다. 필수설비가 되기 위해서는 첫째 특정사업자가 문제의 설비를 독점적으로 소유 또는 통제할 것, 둘째 당해 요소를 사용하지 않고는 사업활동이나 시장진입이 불가능하다는 사용의 불가피성, 셋째 이를 이용하는 자가 당해 요소를 생산하거나 다른 요소로 대체하는 것이 경제적 혹은 법률적으로 불가능하다는 신설의 불가능성 등 세 가지 요건이 충족되어야 한다.[64]

특허권에 대해서도 필수설비 이론의 원용이 가능하다. 즉 어느 기술이 특정한 상품을 생산하는데 필수적이라면, 당해 기술시장과 당해 기술을 채용한 제품시장

63) 앞의 포스코 사건에 대한 대법원 판결(대판 2007.11.22, 2002두8626)도 "경쟁제한의 효과가 문제되는 관련시장은 시장지배적 사업자 또는 경쟁사업자가 속한 시장뿐만 아니라 그 시장의 상품 생산을 위하여 필요한 원재료나 부품 및 반제품 등을 공급하는 시장 또는 그 시장에서 생산된 상품을 공급받아 새로운 상품을 생산하는 시장도 포함될 수 있다고 할 것이다"라고 보았다. 그러나 이 판결을 가지고 사업자가 특정한 시장에서 가진 독점력을 다른 단계시장에 레버리지하여 그 다른 시장에서의 자신의 독점력을 새로이 형성하거나 독점화를 시도하는 경우에 한해 시지남용행위로서 위법성을 인정하겠다는 취지로 새기기는 어렵다.

64) 서울고판 2003.4.17, 2001누5851. 표준필수특허와 관련된 다양한 이슈에 대해서는 김형배, 앞의 책, 294-309.

을 별도로 획정할 수 있다. 특히 논란되는 것은 표준필수특허(SEP, Standard Essential Patent)인바, 표준필수특허에 대해서는 특허법 고유의 차원에서 FRAND(Fair, Reasonable And Non-Discriminatory) 조건에 의한 무차별적 라이센스를 보장하는 법리가 전개되고 있다. 여기에서 특허괴물(patent troll)이나 특허 기타 지식재산권만 보유하고 스스로 독자적인 영업을 수행하지 않는 사업자(NPE, Non-Practicing Entity)의 과다하거나 교묘한 로얄티산정에 대한 독점금지 차원의 통제가 중요한 문제로 등장하고 있다.[65)]

대판 2005.8.19, 2003두5709

이 사건 공동이용망과 같은 필수설비적 성격을 가진 시설의 보유자들에게 경쟁상대방도 그 시설을 이용할 수 있도록 강제하는 것은 그 거래분야에서의 공정한 경쟁을 촉진하고 그러한 시설에 대한 불필요한 중복투자를 방지하여 소비자후생을 기하고 국민경제의 균형 있는 발전을 도모하고자 함에 있는 것이므로 이러한 시설은 그 독점적 이익이 배제된 적정한 가격에 이용할 수 있도록 해 줄 필요가 있기 때문이고, 따라서 가입신청을 하는 자가 그 시설을 구축한 사업자들과 같은 조건으로 이용하기 위하여 지급하여야 할 적정한 가입비는, (1) 신용카드 가맹점을 상호 공동으로 이용할 수 있도록 하는 시스템 자체를 구축하는 데 소요된 비용과 그 시설 내의 가맹점 망과 유사한 가맹점 망을 구축하고자 할 경우 소요되는 비용을 합한 금액에 신청인의 그 시설에 대한 이용의 정도, 신청인의 자체 가맹점이 그 시설 내의 가맹점 망 형성에 기여할 것으로 예상되는 정도 등을 고려한 적정한 분담비율을 곱하여 산정한 금액과 (2) 신청인도 그 시설을 구축한 사업자들과 공동으로 시설을 이용할 수 있도록 하는 데 소요되는 추가비용을 합산한 금액이 일응의 기준이 될 수 있을 것이다.

* 이상은 한국여신전문금융업협회 등의 공정거래법 제51조 소정의 사업자단체금지행위 사건에서 법원이 행한 필수설비 관련 언급이다.

65) 이상주, 특허괴물, 나남출판(2010), 제 4 장. 삼성전자 대 애플코리아 사건에서 삼성전자가 보유한 표준필수특허(서울중앙지판 2012.8.24, 2011가합39562)와 신용카드사들이 공동으로 구축한 가맹점망(대판 2005.8.19, 2003두5709)의 필수설비성이 인정된 반면, 서울 노원지역 부동산거래정보망의 필수설비성은 부인되었다(대판 2007.3.30, 2004두8514).

대판 2023.4.13, 2020두31897(퀄컴의 시장지배적지위 남용행위 사건)[66)]

구 독점규제 및 공정거래에 관한 법률(2017. 4. 18. 법률 제14813호로 개정되기 전의 것, 이하 '공정거래법'이라 한다) 제3조의2 제1항 제3호·제2항, 구 독점규제 및 공정거래에 관한 법률 시행령(2017. 9. 29. 대통령령 제28352호로 개정되기 전의 것) 제5조 제3항 제4호, 시장지배적 지위 남용행위 심사기준(2015. 10. 23. 공정거래위원회고시 제2015-15호) Ⅳ. 3. 라. (2), (3)항의 규정 내용에 따르면, 시장지배적 지위 남용행위로서의 '거래상대방에게 정상적인 거래관행에 비추어 타당성이 없는 조건을 제시하는 행위'(이하 '타당성 없는 조건 제시행위'라 한다)는 '시장지배적 사업자가 거래상대방에게 정상적인 거래관행에 비추어 타당성이 없는 조건을 제시함으로써 그 사업자의 사업활동을 부당하게 어렵게 하는 행위'를 말한다. 여기서 '정상적인 거래관행'이란 원칙적으로 해당업계의 통상적인 거래관행을 기준으로 판단하되 구체적 사안에 따라 바람직한 경쟁질서에 부합하는 관행을 의미하며 현실의 거래관행과 항상 일치하는 것은 아니다. 이에 해당하는지는 시장지배적 지위의 남용을 방지하여 공정하고 자유로운 경쟁을 촉진함으로써 창의적인 기업활동을 조성하고, 궁극적으로는 국민경제의 균형 있는 발전을 도모하고자 하는 공정거래법의 입법 취지를 고려하여 규범적으로 판단해야 한다.

또한 시장지배적 지위 남용행위로서의 '부당하게 거래상대방에게 불이익이 되는 거래 또는 행위를 강제하는 행위'(이하 '불이익강제행위'라 한다)는 '시장지배적 사업자가 부당하게 거래상대방에게 불이익이 되는 거래 또는 행위를 강제함으로써 그 사업자의 사업활동을 어렵게 하는 행위'를 말한다.

타당성 없는 조건 제시행위, 불이익강제행위와 같은 사업활동방해행위가 시장지배적 지위 남용행위에 해당하려면 그 행위가 다른 사업자의 사업활동을 부당하게 어렵게 하는 행위로 평가될 수 있어야 한다. 여기에서 말하는 부당성은 '독과점적 시장에서의 경쟁촉진'이라는 입법 목적에 맞추어 해석하여야 하므로, 시장지배적 사업자가 개별 거래의 상대방인 특정 사업자에 대한 부당한 의도나 목적을 가지고 사업활동을 방해한 모든 경우 또는 그 사업활동방해행위로 인하여 특정 사업자가 사업활동에 곤란을 겪게 되었다거나 곤란을 겪게 될 우려가 발생하였다는 것과 같이 특정 사업자가 불이익을 입게 되었다는 사정만으로는 그 부당성을 인정하기에 부족하고, 그중에서도 특히 시장에서의 독과점을 유지·강화할 의도나 목적, 즉 시장에서의 자유로운 경쟁을 제한함으로써 인위적으로 시장질서에 영향을 가하려는 의도나 목적을 갖고, 객관적으

66) 시장지배적 사업자가 FRAND의무를 인지하면서도 표준필수특허 시장 및 모뎀칩셋 시장에서 독점적 지위를 유지·확장하기 위해 반경쟁적 사업구조를 구축하고, 이러한 사업구조가 관련시장에서 경쟁제한 효과를 야기하여 시장구조를 독점화하는 것이 위법하다는 것을 분명히 밝혔다는 점에서 중요한 의미가 있는 판결이다.

로도 그러한 경쟁제한의 효과가 생길 만한 우려가 있는 행위로 평가될 수 있는 행위로서의 성질을 갖는 사업활동방해행위를 하였을 때에 그 부당성이 인정될 수 있다. 그러므로 시장지배적 사업자의 사업활동방해행위가 그 지위 남용행위에 해당한다고 주장하려면, 그 사업활동방해행위가 상품의 가격상승, 산출량 감소, 혁신 저해, 유력한 경쟁사업자의 수의 감소, 다양성 감소 등과 같은 경쟁제한의 효과가 생길 만한 우려가 있는 행위로서 그에 대한 의도와 목적이 있었다는 점을 증명하여야 한다. 사업활동방해행위로 인하여 현실적으로 위와 같은 효과가 나타났음이 증명된 경우에는 그 행위 당시에 경쟁제한을 초래할 우려가 있었고 또한 그에 대한 의도나 목적이 있었음을 사실상 추정할 수 있지만, 그렇지 않은 경우에는 사업활동방해의 경위 및 동기, 사업활동방해행위의 태양, 관련시장의 특성, 사업활동방해로 인하여 거래상대방이 입은 불이익의 정도, 관련시장에서의 가격 및 산출량의 변화 여부, 혁신 저해 및 다양성 감소 여부 등 여러 사정을 종합적으로 고려하여 사업활동방해행위가 위에서 본 경쟁제한의 효과가 생길 만한 우려가 있는 행위로서 그에 대한 의도나 목적이 있었는지를 판단하여야 한다. 그리고 이때 경쟁제한의 효과가 문제 되는 관련시장은 시장지배적 사업자 또는 경쟁사업자가 속한 시장뿐만 아니라 그 시장의 상품 생산을 위하여 필요한 원재료나 부품 및 반제품 등을 공급하는 시장 또는 그 시장에서 생산된 상품을 공급받아 새로운 상품을 생산하는 시장도 포함될 수 있다.

한편 제 4 호와 관련하여 공정위가 고시한 세목은 다음과 같다[시장지배적지위 남용행위 심사기준 Ⅳ.3.라].

가. 부당하게 특정사업자에 대하여 거래를 거절하거나 거래하는 상품 또는 용역의 수량이나 내용을 현저하게 제한하는 행위(포스코 사건)

나. 거래상대방에게 정상적인 거래관행에 비추어 타당성이 없는 조건을 제시하는 행위나 자사 또는 다른 거래상대방 대비 가격 또는 거래조건을 부당하게 차별하는 행위(퀄컴, 인텔 사건)

다. 부당하게 거래상대방에게 불이익이 되는 거래 또는 행위를 강제하는 행위(MS 사건)

라. 거래상대방에게 사업자금을 대여한 후, 정당한 이유없이 대여자금을 일시에 회수하는 행위

마. 다른 사업자의 계속적인 사업활동에 필요한 소정의 절차(관계기관 또는 단체의 허가, 추천 등)의 이행을 부당한 방법으로 어렵게 하는 행위

바. 지식재산권과 관련된 특허침해소송, 특허무효심판 기타 사법적 행정적 절

차를 부당하게 이용하여 다른 사업자의 사업활동을 어렵게 하는 행위, 예컨대 특허매복 또는 특허괴물행위

4.2. 사 례

가. 공정위의결 2006.2.24, 2006-042(마이크로소프트 사건)[67]

마이크로소프트사와 한국마이크로소프트(유)는 주된 상품인 'PC서버운영체제'와 종된 상품인 '미디어 서버 프로그램'(관련지리적 시장은 PC서버운영체제의 경우는 전세계 그리고 미디어 서버 프로그램의 경우에는 국내)에서 높은 시장점유율로 인하여 시장지배적 사업자로 추정되며 또 당해 시장에 대한 기술적, 경제적 진입장벽이 높다는 점 등을 고려할 때 시장지배적 사업자에 해당된다.

피심인들은 윈도우 서버 운영체제에 WMS를 결합하여 판매하였다. 이 행위에 대해 공정위는 첫째, PC 서버 운영체제 시장에서의 시장지배력을 부당하게 이용하여 별개 제품인 WMS를 거래상대방인 소비자에게 강제로 구입하게 한 것으로 이는 종된 상품인 미디어 서버 프로그램에 대한 소비자의 상품선택권을 침해하고 미디어 서버 프로그램 시장에서 WMS의 편재성 및 쏠림현상을 가중시켜 경쟁을 저해하고 그 결과 공정거래법 제5조 제1항 제3호, 같은 법 시행령 제9조 제3항 제4호에 해당된다고 보았다. 둘째, 주된 상품인 PC 서버 운영체제 시장에서의 지배적 지위를 이용하여 종된 상품인 미디어 서버 프로그램 시장에서 경쟁을 제한함으로써 소비자의 상품선택권을 침해하는 등 소비자후생을 감소시키며 기술혁신을 저해하여 사회적 손실을 야기하므로 소비자이익을 현저하게 저해할 우려가 있고 그 결과 공정거래법 제5조 제1항 제5호 후단에 해당된다고 보았다. 셋째, 별개 독립의 상품인 WMS의 구입 없이는 윈도우 서버 운영체제를 구입할 수 없도록 하는 것은 거래상대방인 소비자의 상품선택의 자유를 침해할 뿐만 아니라 가격과 품질에 의한 경쟁을 제한하는 것이므로 불공정거래행위의 기본유형에 속하는 거래강제 중 끼워팔기에 해당하여 공정거래법 제45조 제1항 제3호 후단, 동 시행령 별표 2 불공정거래행위의 유형 및 기준 제5호 가.목에 해당된다고 보았다.

그리고 공정위는 구제수단으로서 윈도우 서버(Windows Server) 운영체제에 윈도우 미디어 서비스(Windows Media Service, 즉 WMS)를 결합하여 공급하는 것을 금지하고, WMS를 윈도우 서버 운영체제와 독립된 방법으로 판매·배포하도록 하고, WMP 및 피심인 메신저 판매·배포의 독립성을 저해할 우려가 있는 행위 등을 금지하였다. 이와 더불어 WMS의 결합판매 부분, WMP 및 피심인 메신저의 결합판매 부분 등에 대하여 마이크로소

67) 이 사건에서 MS측은 공정위에 대한 이의신청을 거쳐 행정소송을 제기하였으나 2007년 10월 이를 취하하여 사건은 법원의 판결없이 종결되었다. 이 심결문에서 다루어진 다양한 법적 판단과 법리들은, 미국 연방법원의 MS판결 및 유럽연합법원의 판결과 더불어, 우리나라 독점금지법리의 전개에 있어 상당기간 이정표적 역할을 할 것으로 예측된다.

프트사와 한국마이크로소프트사에 대하여 각각 26,604백만원 그리고 3,593백만원의 과징금을 부과하였다.

나. 서울고판 2008.4.16, 2007누16051

현대자동차(주)는 ① 노조와의 협정을 통하여 대리점의 판매거점 이전을 해당 대리점이 소재하는 지역노조와 협의하도록 하는 등의 방법으로 대리점들의 거점 이전을 제한하였는데, 이에 따라 대리점들은 기존 건물의 철거, 과도한 임대료 요구, 건물주의 퇴거 요구 등에 따라 이전이 불가피하게 되었음에도 이전 협의 또는 승인이 거부되거나 지연되어 사업활동에 많은 불이익을 당하게 되었다. 또한 현대자동차는 ② 지역 노조의 반대 등을 이유로 판매직원을 채용하고자 하는 대리점들의 인원채용에 대하여 승인을 불허하거나 지연하여 대리점의 사업 활동에 지장을 초래하였으며, 대리점이 승인(등록)을 받지 않은 인력으로 차량을 판매한 경우에는 경고, 지원금 삭감, 재계약 거부 등의 제재를 하였다. 아울러 현대자동차는 ③ 대리점들에게 과도한 판매목표를 부과하고, 매월 및 매분기별로 실적을 평가하여 부진한 대리점들에게 경고장 발송, 자구계획서 요구, 재계약 거부 등의 다양한 방법으로 제재하였으며, 이에 대리점들은 과다한 밀어내기식 판매목표를 달성하기 위하여 마감일에 임박하여 선출고를 통하여 판매량을 증가시키는 등의 방법을 사용할 수밖에 없었다.

이러한 행위에 대하여 공정위는 판매대리점에 대한 사업활동 방해(법 제 3 조의2 제 1 항 제 3 호)로 판단하여, 시정명령과 과징금을 부과하였다.

서울고등법원은 대리점 판매거점 이전 제한행위 및 인원채용 제한행위에 대하여는 원고의 청구를 기각하고, 판매목표 강제 부분에 대하여는 원고의 청구를 받아들였다. 서울고등법원은 원고는 국내 자동차 판매시장 및 5톤 이하 화물차 판매시장에서 시장지배적 사업자에 해당된다고 전제한 후, ① 판매대리점의 거점이전 제한행위에 대하여는, "원고가 거점이전 필요성이나 적정성 등에 대한 합리적인 검토보다는 노동조합의 의견을 반영하여 승인을 지연·거부한 것으로 보이는 점, 판매대리점이 거점을 이전해야 하는 상황에서 상당한 기간 이전이 지연되면 동일한 지역 내에서 경쟁하고 있는 직영판매점에 비하여 경쟁력이 약화될 수밖에 없는 점 등을 고려하면, 원고의 행위는 직영판매점과의 경쟁을 제한함으로써 그 부당성이 인정된다"고 판단하였다. 또한 ② 대리점의 인원 채용을 제한하는 행위에 대하여, "원고가 뚜렷한 기준 없이 노동조합의 의견을 거의 일방적으로 반영하여 판매대리점의 판매인원 등록을 지연하거나 거부하여 온 점, 판매인원의 신규채용 문제는 다른 직영판매점과의 경쟁관계에 영향을 미칠 수 있는 중대한 요소인 점 등을 고려하면, 원고의 행위는 직영판매점과의 경쟁을 제한함으로써 부당성이 인정된다"고 보았다. 그러나, ③ 판매목표 강제 부분에 대해서는, "원고가 판매목표의 설정을 통하여 달성하고자 했던 것은 매출신장으로 인한 이윤의 극대화이고, 판매대리점에 대한 압박을 통한 판매대리점의 퇴출이나 경쟁력 약화는 아니었던 것으로 보이는 점, 판매대리점들에 대한 판매목표가 직영판매점에 비하여 지나치게 높게 설정되어 판매대리점들이 직영판매점에 비하여 불리한 위치에서 영업을 하였다고 볼 만한 뚜렷한 자료가 없는 점 등을 고려하면, 원고가 직영판매점과의 자유로운 경쟁을 제한함으로써 인위적으로 시장질서에 영향을 가하려여는 의도나 목적 아래 판매대리점에게 판매목표를 설정하여 이를 강요하였다고 보기 어렵다"고 판단하였다(대판 2010.3.25, 2008두7465 상고기각).

다. 대판 2011.10.13, 2008두1832(SKT멜론 사건)

[1] 이동통신서비스 업체인 갑 주식회사가 자신의 MP3폰과 자신이 운영하는 온라인 음악사이트의 음악파일에 자체 개발한 DRM(Digital Rights Management)을 탑재하여 갑 회사의 MP3폰을 사용하는 소비자로 하여금 위 음악사이트에서 구매한 음악파일만 재생할 수 있도록 하고, 다른 사이트에서 구매한 음악은 위 음악사이트에 회원으로 가입한 후에 별도의 컨버팅 과정 등을 거치도록 한 행위에 대하여, 독점규제 및 공정거래에 관한 법률 제3조의2 제1항 제3호에서 정한 '다른 사업자의 사업활동을 부당하게 방해하는 행위'에 해당한다며 공정거래위원회가 시정명령 및 과징금 납부명령을 한 사안에서, 갑 회사가 자신의 MP3폰과 음악파일에 DRM을 탑재한 것은 인터넷 음악서비스 사업자들의 수익과 저작권자 보호 및 불법 다운로드 방지를 위한 것으로서 정당한 이유가 있다고 보이는 점, 소비자가 갑 회사 MP3폰으로 음악을 듣기 위해서 겪어야 하는 불편은 MP3파일 다운로드서비스 사업자들에게 DRM을 표준화할 법적 의무가 있지 않은 이상 부득이한 것으로 현저한 이익 침해가 되거나 부당하여 불법한 것으로 보이지 않는 점, 위 행위로 인해 현실적으로 경쟁제한 효과가 일정 정도 나타났지만 DRM의 특성과 필요성 및 개발경위 등에 비추어 갑 회사의 행위에 경쟁제한 효과의 의도나 목적이 있었다고 단정하기 어려운 점 등을 종합할 때, 갑 회사의 행위가 '다른 사업자의 사업활동을 방해하는 행위'에 해당하더라도 그 부당성을 인정할 수 없다.

[2] 이동통신서비스 업체인 갑 주식회사가 자신의 MP3폰과 자신이 운영하는 온라인 음악사이트의 음악파일에 자체 개발한 DRM(Digital Rights Management)을 탑재하여 갑 회사 MP3폰을 사용하는 소비자로 하여금 위 음악사이트에서 구매한 음악파일만 재생할 수 있도록 하고, 다른 사이트에서 구매한 음악은 위 음악사이트에 회원으로 가입한 후에 별도의 컨버팅 과정 등을 거치도록 하는 행위에 대하여, 독점규제 및 공정거래에 관한 법률 제3조의2 제1항 제5호 후단에서 정한 '부당하게 소비자의 이익을 현저히 저해할 우려가 있는 행위'에 해당한다며 공정거래위원회가 시정명령 및 과징금 납부명령을 한 사안에서, 소비자의 이익을 현저히 저해할 우려가 있는 행위를 판단하는 방법에 관한 법리와 제반 사정에 비추어 갑 회사의 행위가 '현저한 침해'에 해당하지 않는다.

* 원심: 서울고판 2007.12.27, 2007누8623.

라. 공정위 시정권고 1990.7.6, 90-14

대한항공은 1988-1990년도 국내 항공여객운송시장에서 시장지배적 사업자로 지정되었고, 국제선의 경우에도 1989년까지 국내 유일의 국제선 취항 항공사이었다. 대한항공의 대구지점은 자신과 대리점계약을 체결하고 항공권판매업무를 대행하던 대구지역 8개 여행사들이 경쟁사업자인 아시아나와 복수대리점계약을 체결하자, 이들에 대해 양자 택일을 종용하였고 그 결과 3개 여행사는 아시아나항공에 대해 대리점계약의 해약을 요청하였다.

대한항공의 이 사건 행위에 대해 공정위는 경쟁사업자인 아시아나에 대한 시장지배적지위 남용 중 부당한 사업활동방해를 인정하면서, 자신의 거래상대방인 대구지점 산하 8개 여행사에 대한 불공정거래행위, 즉 거래상지위남용을 인정하였다.

5. 부당한 시장진입방해

5.1. 의의 및 세목

부당한 시장진입방해란 시장지배적 사업자가 새로운 경쟁사업자의 시장진입을 부당하게 방해하는 행위(법 제 5 조 제 1 항 제 4 호)를 말한다. 여기서 말하는 시장진입방해는 새로이 시장진입을 하려는 사업자에 대한 제반 방해행위뿐만 아니라, 이미 시장에 진입하였으나 아직 영업을 개시하지 아니한 사업자에 대한 방해를 포함하는 것이다. 진입 후의 방해에 대해서는 원칙적으로 사업활동방해 및 경쟁사업자 배제에 관한 규정이 적용될 수 있다.

한편 시행령 제 9 조 제 4 항은 시장진입방해에 관해 다음과 같이 세분하고 있다. 첫째 정당한 이유없이 거래하는 유통사업자와 배타적 거래계약을 체결하는 행위(제 1 호), 둘째 정당한 이유없이 기존사업자의 계속적인 사업활동에 필요한 권리를 매입하는 행위(제 2 호), 셋째 정당한 이유없이 새로운 경쟁사업자의 상품 또는 용역의 생산, 공급, 판매에 필수적인 요소의 사용 또는 접근을 거절하거나 제한하는 행위(제 3 호), 넷째 기타 공정위가 고시하는 행위(제 4 호).

5.2. 시장지배적지위 남용행위 심사기준 Ⅳ.4.라

시행령 제 9 조 제 4 항 제 4 호 소정의 기타 공정위가 고시하는 행위와 관련하여 고시된 세목은 다음과 같다.

첫째, 정당한 이유없이 신규진입사업자와 거래하거나 거래하고자 하는 사업자에 대하여 상품의 판매 또는 구매를 거절하거나 감축하는 행위.

둘째, 경쟁사업자의 신규진입에 필요한 소정의 절차(관계기관 또는 단체의 허가, 추천 등)의 이행을 부당한 방법으로 어렵게 하는 행위.

셋째, 당해 상품의 생산에 필수적인 원재료(부품, 부자재 포함)의 수급을 부당하게 조절함으로써 경쟁사업자의 신규진입을 어렵게 하는 행위.

넷째, 지식재산권과 관련된 특허침해소송, 특허무효심판 기타 사법적 행정적 절차를 부당하게 이용하여 경쟁사업자의 신규진입을 어렵게 하는 행위.

6. 부당한 경쟁사업자 배제 혹은 소비자의 이익을 침해하는 행위

6.1. 부당한 경쟁사업자 배제행위

시장지배적 사업자가 부당하게 경쟁사업자를 배제하기 위하여 거래하는 행위이다(법 제5조 제1항 제5호 전단). 여기에는 시장지배적 사업자 스스로의 경쟁사업자를 표적으로 하는 것뿐만 아니라 시장지배적 사업자가 자신의 계열회사에 대한 경쟁사업자를 표적으로 하는 행위가 모두 포함된다.

이와 관련하여 시행령은 두 가지 세목을 설정하고 있다(령 제9조 제5항). 즉 첫째 부당하게 상품 또는 용역을 통상거래가격에 비하여 낮은 대가로 공급하거나 높은 대가로 구입하여 경쟁사업자를 배제시킬 우려가 있는 행위(제1호), 둘째 부당하게 거래상대방이 경쟁사업자와 거래하지 아니할 것을 조건으로 그 거래상대방과 거래하는 경우(제2호) 등이다.

첫째의 유형은 시장지배적 사업자가 상대방 경쟁자를 시장에서 도말하기 위하여 행하는 약탈적 가격형성(predatory pricing)을 금지하는 것으로서, 공정거래법은 불공정거래행위에 있어서도 '경쟁사업자배제'를 기본유형으로 다루고 있다.[68]

대판 2009.7.9, 2007두22078(농협중앙회 사건)

배타조건부 거래행위의 '부당성'은 '독과점적 시장에서의 경쟁촉진'이라는 입법 목적에 맞추어 해석하여야 할 것이므로, 시장에서의 독점을 유지·강화할 목적, 즉 시장

---

68) 경쟁사업자 배제 중 부당염매란, 자기의 상품 또는 용역을 공급함에 있어서 정당한 이유없이 그 공급에 소요되는 비용보다 현저히 낮은 대가로 공급하거나 기타 부당하게 상품 또는 용역을 낮은 대가로 공급함으로써 자기 또는 계열회사의 경쟁사업자를 배제시킬 우려가 있는 행위를 말하고, 부당고가매입이란 부당하게 상품 또는 용역을 통상거래가격에 비하여 높은 대가로 구입하여 자기 또는 계열회사의 경쟁사업자를 배제시킬 우려가 있는 행위로 규정된다.

에서의 자유로운 경쟁을 제한함으로써 인위적으로 시장질서에 영향을 가하려는 목적을 가지고, 객관적으로도 그러한 경쟁제한의 효과가 생길 만한 우려가 있는 행위로 평가될 수 있는 배타조건부 거래행위를 하였을 때에 그 부당성이 인정될 수 있다.

그러므로 시장지배적지위 남용행위로서의 배타조건부 거래의 부당성은 그 거래행위의 목적 및 태양, 시장지배적 사업자의 시장점유율, 경쟁사업자의 시장 진입 내지 확대 기회의 봉쇄 정도 및 비용 증가 여부, 거래의 기간, 관련시장에서의 가격 및 산출량 변화 여부, 유사품 및 인접시장의 존재 여부, 혁신 저해 및 다양성 감소 여부 등 여러 사정을 종합적으로 고려하여 판단하여야 한다. 다만, 시장지배적지위 남용행위로서의 배타조건부 거래행위는 거래상대방이 경쟁사업자와 거래하지 아니할 것을 조건으로 그 거래상대방과 거래하는 경우이므로, 통상 그러한 행위 자체에 경쟁을 제한하려는 목적이 포함되어 있다고 볼 수 있는 경우가 많을 것이다.

대판 2011.6.10, 2008두16322(인터파크 지마켓 사건)

[1] 구 공정거래법 제 3 조의2 제 1 항 제 5 호 전단은 시장지배적 사업자의 지위남용행위로서 '부당하게 경쟁사업자를 배제하기 위한 행위'를 규정하고 있고, 구 공정거래법 시행령 제 5 조 제 5 항 제 2 호는 그 유형의 하나로서 '부당하게 거래상대방이 경쟁사업자와 거래하지 아니할 것을 조건으로 그 거래상대방과 거래하는 경우'를 규정하고 있다. 여기서 '부당성'은 '독과점적 시장에서의 경쟁촉진'이라는 입법 목적에 맞추어 해석하여야 할 것이므로, 시장에서의 독점을 유지·강화할 목적, 즉 시장에서의 자유로운 경쟁을 제한함으로써 인위적으로 시장질서에 영향을 가하려는 목적을 가지고, 객관적으로도 그러한 경쟁제한의 효과가 생길 만한 우려가 있는 행위로 평가될 수 있는 배타조건부 거래행위를 하였을 때에 그 부당성이 인정될 수 있다 .

그러므로 시장지배적 지위남용행위로서의 배타조건부 거래의 부당성은 그 거래행위의 목적 및 태양, 시장지배적 사업자의 시장점유율, 경쟁사업자의 시장 진입 내지 확대 기회의 봉쇄 정도 및 비용 증가 여부, 거래의 기간, 관련시장에서의 가격 및 산출량 변화 여부, 유사품 및 인접시장의 존재 여부, 혁신 저해 및 다양성 감소 여부 등 여러 사정을 종합적으로 고려하여 판단하여야 한다(대판 2009.7.9. 2007두22078 판결 참조).

[2] 원심은 다음과 같은 사정을 주요 근거로 삼아, 시장지배적 사업자인 원고가 그 지위를 남용하는 이 사건 행위를 함으로써 후발사업자가 결국 매출부진을 이기지 못하고 시장에서 퇴출되기에 이르러 유력한 경쟁사업자를 배제하는 효과를 거두었을 뿐만 아니라, 다른 신규 사업자의 시장진입에도 부정적인 영향을 미쳐 오픈마켓 운영시장에서 자신의 시장지배적 지위를 유지·강화시켰다고 보고, 이 사건 행위가 '부당하게 거래상대방이 경쟁사업자와 거래하지 아니할 것을 조건으로 그 거래상대방과 거래하

는 경우'에 해당한다고 판단하였다.

① 엠플온라인은 2006.4.경 오픈마켓 운영시장에 후발사업자로 진입하여 공격적인 사업전략으로 빠르게 성장하고 있었는데, 원고가 2006.10. 중순경 이 사건 행위 등의 방법으로 엠플온라인과의 거래중단을 요구하였다. 이러한 원고의 행위는 오픈마켓 운영시장에서의 자신의 독과점적 지위를 유지·강화할 의도나 목적을 가지고 행하여진 것으로 보인다.

② 오픈마켓에 입점한 판매자들로서는 인지도·신뢰도가 높은 오픈마켓을 통해 소비자들에게 자신의 상품을 효과적으로 노출시키는 것이 판매량 증대와 직결되므로, 원고의 요구를 거절하기는 어려울 것으로 보이고, 실제로 7개 사업자들은 원고의 위와 같은 요구에 강한 불만을 가지면서도 불이익을 우려하여 원고보다 더 유리한 조건으로 거래하고 있던 엠플온라인과의 거래를 중단하게 되었다.

③ 7개 사업자들은 매출이 상대적으로 높은 우량 판매자들로 보인다.

④ 후발사업자인 엠플온라인이 원고의 이 사건 행위로 인하여 우량한 판매자들과 거래를 확대하여 매출을 늘릴 수 있는 기회를 상실하였다.

[3] 그러나 원심이 인정한 사실관계에 의하면, ① 원고의 이 사건 행위로 인하여 7개 사업자들이 엠플온라인과 거래를 중단한 기간은 주로 1, 2개월이고, 짧게는 14일, 길게는 7개월 보름 남짓에 불과한 점, ② 그 기간 국내 오픈마켓 시장의 시장점유율 2위 사업자인 원고가 7개 사업자들로부터 얻은 판매수수료 총액이 약 2,500만 원에 불과하여, 원고보다 시장점유율이 훨씬 낮은 엠플온라인에게는 7개 사업자들과 위 기간 거래중단이 없었으면 얻을 수 있었던 판매수수료가 그보다 더 낮았을 것으로 보이는 점, ③ 이 사건 행위의 상대방은 7개 사업자들로서 G마켓에 입점한 약 23만 개의 판매업체를 기준으로 하더라도 그 비율이 극히 미미하고, 국내 오픈마켓 전체 시장을 기준으로 하면 그 비율은 더 낮았을 것으로 보이는 점, ④ 2006년 기준 7개 사업자가 G마켓을 통하여 상품 등을 판매한 거래금액의 비중은 G마켓의 전체 상품판매 거래금액의 0.24%에 불과하고, 오픈마켓 시장 전체를 기준으로 볼 때에도 이에 크게 벗어나지 않을 것으로 보이는 점 등을 알 수 있는바, 이러한 사정에 비추어 보면, 과연 엠플온라인이 원고의 이 사건 행위로 인하여 매출 부진을 이기지 못하고 오픈마켓 시장에서 퇴출된 것인지, 나아가 이 사건 행위가 다른 신규 사업자의 시장진입에도 부정적인 영향을 미쳤는지 명백하지 아니하다.

그렇다면 원심으로서는 오픈마켓 운영시장의 진입장벽이나 시장진입 초기 우량 판매자 확보의 중요도, 상품 구성의 영향 등의 제반 특성과 엠플온라인의 재무구조의 건전성이나 영업전략의 현실성 등을 심리하여 이 사건 행위가 엠플온라인의 전체 사업활동이나 매출에 어떠한 영향을 미쳤는지 등을 우선적으로 살핀 다음, 이를 전제로 엠플온라인이 이 사건 행위로 인하여 매출 부진을 이기지 못하고 오픈마켓 시장에서 퇴출된 것인지 여부와 이 사건 행위로 나타난 신규 사업자의 시장진입을 봉쇄한 정도나 기간 등을 종합적으로 고려하여 이 사건 행위를 객관적으로 오픈마켓 시장에 경쟁제한의 효과가 생길만한 우려가 있는 행위로 평가할 수 있는지 여부 등을 판단하였어야 할 것이다.

그럼에도 원심은 그 판시와 같은 이유만을 들어 이 사건 행위가 '부당하게 거래상대방이 경쟁사업자와 거래하지 아니할 것을 조건으로 그 거래상대방과 거래하는 경우'에 해당한다고 판단하고 말았으니, 이러한 원심판결에는 시장지배적 사업자의 배타조건부 거래행위의 부당성에 관한 법리를 오해한 나머지 필요한 심리를 다 하지 아니한 잘못이 있고, 이러한 잘못은 판결에 영향을 미쳤음이 명백하다. 이를 지적하는 이 부분 상고이유의 주장에는 정당한 이유가 있다.

* 원심 서울고판 2008.8.20, 2008누2851. 이 판결에 따른 파기환송심 서울고판 2012.1.19, 2011누19200.

서울고판 2013.6.19, 2010누3932(퀄컴 사건)

이 사건(공정위의결 2009.12.30, 2009-281. 대판 2019.1.31, 2013두14726)에서 다루어진 쟁점은 여러 가지다. 첫째 퀄컴의 로얄티 차별지급(법 제 3 조의2 제 1 항 제 3 호의 사업활동방해), 모뎀칩에 대한 조건부 리베이트와 RF칩에 대한 조건부 리베이트(법 제 3 조의2 제 1 항 제 5 호 전단의 경쟁사업자배제), 사업활동방해 등의 경쟁제한성이 다투어졌는데, 법원은 모두 위법성을 인정하였다. 퀄컴의 삼성전자, LG전자, 팬택 등에 대한 배타조건부 리베이트와 관련된 경쟁제한성 심사에서는 로얄티차별 및 리베이트 제공시기와 기간, 가격할인의 정도, 시장봉쇄 정도, 퀄컴의 시장점유율, 유력 경쟁사업자의 퇴출, 소비자선택기회 및 다양성 감소 등에 관한 판단이 이루어졌다. 이하에서는 서울고등법원 판결문 중 표준필수특허의 FRAND 조건이 논란된 로얄티의 차별 관련 부당성판단을 전재한다.

[로얄티의 차별적 부과행위에 관한 부당성 판단]

위와 같은 인정사실 및 그에 의해 알 수 있는 다음과 같은 사정에 비추어 보면, 원고 퀄컴은 2004년 라이선스 수정계약으로 국내 휴대폰 제조사에 로열티를 차별적으로 부과함으로써 CDMA2000 방식 모뎀칩에 관한 다른 사업자의 사업활동을 어렵게 하여 국내 CDMA2000 방식의 모뎀칩 시장에서 경쟁을 제한할 의도나 목적이 있었던 것으로 인정된다(이 사건 로열티 차별적 부과행위가 CDMA2000 방식의 모뎀칩에 한정된 것은 아니었으나, 피고는 이에 대해서만 부당성을 인정하고 있으므로, 그에 따라 판단한다).

이를 다투는 원고들 주장은 받아들이지 않는다.

① 2004년 라이선스 수정계약을 체결할 무렵 국내 휴대폰 제조사는 원고 퀄컴이 아닌 다른 사업자가 공급하는 모뎀칩의 구매량을 점차 증가시키고 있었다.

② 비록 이 사건 부품가격공제 조항이 표준기술도입계약서에 따라 1993년 최초 라이선스 계약 때부터 도입된 것이었기는 하나, 이후 1996년 원고 퀄컴의 특허권을 바탕으로 우리나라 CDMA 이동통신 표준이 제정되고 그에 따라 원고 퀄컴이 로열티의 차별적 부과를 금지하는 FRAND 확약서를 제출함으로써 그 무렵 원고 퀄컴은 원고 퀄컴 부품의 사용 여부에 따라 로열티를 차별적으로 부과하는 이 사건 부품가격공제 조항이 FRAND 확약에 위반되어 허용될 수 없는 것임을 알 수 있었던 것으로 보인다. 그런데도 원고 퀄컴은 2004년 라이선스 수정계약 체결 시 이를 그대로 유지하였다.

③ 또한, 당시 국내 휴대폰 제조사는 외국 휴대폰 제조사보다 높은 로열티가 부과되고 있는 점 등을 고려하여 단순히 로열티를 인하해 달라고 한 것뿐이었는데, 원고 퀄컴은 이를 기화로 원고 퀄컴의 모뎀칩을 장착한 경우로 한정하였을 뿐 아니라 일정 비율 및 일정 수량 이상을 구매하지 않을 경우 계약을 해지할 수 있는 조건까지 부가하였다.

④ 다음에서 보는 것처럼 로열티 차별적 부과행위는 국내 CDMA2000 방식의 모뎀칩 시장에서 경쟁을 제한하거나 제한할 우려가 있는 행위에 해당한다.

공정위의결 2008.11.5, 2008-295(인텔 사건)

인텔코퍼레이션, 인텔세미콘덕터리미티드 및 (주)인텔코리아의 피심인의 관련 시장(국내 CPU시장)점유율은 5년간(2001-2005년) 평균 91.3%이며, CPU시장의 경우 제품 생산을 위한 대규모 시설 구축에 필요한 최소한의 자금 규모, CPU 생산을 위한 여러 가지 기술조건(특허권, 현재 CPU에서 통용되는 소프트웨어와의 관계) 등으로 진입장벽이 존재하는 점 등을 고려할 때, 시장지배적 사업자에 해당된다.

피심인들은 CPU시장에서의 시장지배력을 이용하여 경쟁사업자인 AMD를 배제하기 위해 국내 PC시장의 1, 2위 사업자인 삼성전자, 삼보컴퓨터에게 AMD사가 제조한 CPU를 구매하지 않는 조건으로 각종 리베이트를 제공하였다. 구체적으로 살펴보면, 피심인들은 '02년 5월에 삼성전자에게 AMD 제조 CPU 구매를 중단하는 조건으로 리베이트를 제공하기로 합의한 후, 삼성전자는 실제로 '02년 4/4분기부터 AMD CPU 구매를 중단하고, 그 이후 '05년 2/4분기까지 인텔사 CPU만 구매하는 조건으로 각종 리베이트를 수령하였다. 또한 피심인들은 '03년 3/4분기부터 '04년 2/4분기까지 국내 PC 2위 회사였던 삼보컴퓨터에게도 홈쇼핑 채널에서 AMD CPU를 인텔사 CPU로 전환하는 조건으로 리베이트(약 260만 달러)를 제공하였는바, '03년부터 홈쇼핑 채널에서 AMD CPU 탑재 PC가 호조를 보이자 동

채널에서 영향력이 큰 삼보컴퓨터를 대상으로 리베이트를 제공하고, '04년 4/4분기부터 '05년 2/4분기까지는 삼보컴퓨터에게 국내 판매 PC에 대한 MSS 70% 유지를 조건으로 리베이트(약 380만 달러)를 제공하였으며, '03년 9월에는 시장지배력 및 리베이트를 이용하여 삼보컴퓨터가 AMD의 데스크탑용 64비트 CPU의 국내 출시를 방해하였다.

피심인들이 제공한 리베이트는 경쟁사업자의 제품을 사용하지 않는 조건으로 지급된 것으로 국내 PC 제조회사들의 거래상대방 선택의 자유를 제한함으로써 관련 시장에서의 경쟁을 저해한 것이었다. 공정위와 외부 전문가가 실시한 경제분석 결과 AMD가 인텔사의 리베이트를 감안하여 가격경쟁을 하기 위해서는 PC 제조회사들에게 자신의 CPU를 무료로 공급해도 불가능할 정도였으며, 실제로 인텔사와 경쟁사업자인 AMD의 시장점유율 수준 및 추이를 보면 인텔사의 행위는 경쟁사업자의 시장점유율을 크게 하락시키는 등 경쟁을 현저하게 제한하는 결과가 초래되었다.

공정위는 피심인들의 위와 같은 행위에 대하여 "경쟁사업자와 거래하지 아니할 것을 조건으로" 거래상대방에게 각종 리베이트를 제공한 행위에 대한 것으로서 공정거래법 제 3 조의2 제 1 항 제 5 호 전단, 동법 시행령 제 5 조 제 5 항 제 2 호 및 시장지배적지위 남용행위의 심사기준 Ⅳ.5.나.에 해당하는 것으로 판단하고, 피심인들에 대하여 조건부 리베이트를 제공하는 행위를 금지하는 내용의 시정명령과 26,616백만원의 과징금 납부명령을 부과하였다.[69]

대판 2021.6.30, 2018두37700, 2018두37960

"시장지배적 사업자가 공급망의 연쇄를 따라 두 개의 서로 다른 생산단계에서 모두 사업을 영위하는 수직 통합된(vertically integrated) 사업자로서 상류시장(upstream market, '상위시장'이라고도 한다)에서 하류시장(downstream market, '하위시장'이라고도 한다) 사업자의 생산 활동에 필수적인 원재료나 투입요소 등(이하 '원재료 등'이라 한다)을 공급함과 동시에 하류시장에서 원재료 등을 기초로 상품 또는 용역(이하 '완제품'이라 한다)을 생산·판매하는 경우 시장지배적 지위 남용행위의 한 유형으로서 이윤압착이 문제 될 수 있다.

이윤압착이란 위와 같이 수직 통합된 상류시장의 시장지배적 사업자가 상류시장 원재료 등의 판매가격(이하 '도매가격'이라 한다)과 하류시장의 완제품 판매가격(이하 '소매가격'이라 한다)의 차이를 줄임으로써 하류시장의 경쟁사업자가 효과적으로 경쟁하

69) 이 사건은 2005년 6월 공정위가 조사에 착수한 이후 3년에 걸쳐 조사 및 자료수집, 국내외 경제·법학자들과의 상당한 논쟁 등을 거쳐 최종 결론을 내린 것으로, 특히 피심인측 전문가로는 Carl Shapiro, Herbert Hovenkamp 등이 의견을 제출하였다. 이 처분은 서울고등법원 2013.6.19, 2008누35462 판결(원고패소)로 확정되었다.

기 어려워 경쟁에서 배제되도록 하는 행위를 가리킨다."

시장지배적 사업자의 이윤압착행위가 '부당하게 상품 또는 용역을 통상거래가격에 비하여 낮은 대가로 공급하여 경쟁자를 배제시킬 우려가 있는 거래'로 평가될 수 있다면, 법 시행령 제 9 조 제 5 항 제 1 호가 금지하는 시장지배적 지위 남용행위로 보아 규제할 필요가 있다는 취지의 판시이다.

6.2. 소비자이익을 현저하게 침해하는 행위

적극적으로 평가할 경우, 이 행위유형은 한정적 열거주의를 취하는 공정거래법 제 5 조 제 1 항을 예시주의적으로 운용할 수 있도록 하는 의미가 있다. 그러나 구체적 또는 개별적인 소비자보호는 독점금지법의 고유의 사명이 아니므로, 시장지배적 사업자가 가격기능을 왜곡시킴으로써 소비자후생을 현저하게 침해하는 기타의 행태를 말하는 것으로 풀이되어야 한다.[70] 이 유형에 대해서는 현재의 시행령에 관련 규정이 없고, 공정위의 고시에서도 관련세목이 준비되어 있지 아니하다.

대판 2010.5.27, 2009두1983

이 규정의 규율대상은 '시장지배적사업자의 소비자 이익을 저해하는 남용행위'로서 그 내용이 지극히 다양하고 수시로 변하는 성질이 있어 이를 일일이 열거하는 것은 입법기술적으로 불가능한 점, 이 사건 규정은 앞서 본 바와 같이 '시장지배적사업자의 소비자 이익을 저해할 우려가 있는 행위의 존재', '소비자 이익 저해 정도의 현저성' 및 '그 행위의 부당성'이 인정될 경우 적용되는바, 위 요건에 관한 판단은 공정거래법의 입법 목적을 고려하고, 공정거래법 제 3 조의2 제 1 항이 규정한 여러 유형의 시장지배적지위 남용행위 등과 비교하는 등 체계적·종합적 해석을 통하여 구체화될 수 있는

---

70) 서울고결 2008.8.20, 2007아335. "이 사건 법률조항에 사용된 소비자의 이익을 현저히 해할 우려가 있는 행위"의 개념이 불명확하여 다소 광범위한 해석의 여지를 두고 있으나, 다종 다양한 시장지배적 사업자의 지위남용행위를 일일이 구체적·서술적으로 열거하는 것은 입법기술상 불가능하거나 현저히 곤란하고, 시장지배적 사업자는 가격결정이나 출고조절 이외의 비가격적인 수단으로 소비자의 이익을 현저하게 저해하는 행위를 할 여지가 있으므로, 이러한 행위도 규제할 필요성이 있는 점, 이 사건 법률조항은 모든 사업자의 소비자 이익저해행위를 규제하고 있는 것이 아니라 시장지배적 사업자의 관련시장에서의 행위를 규제하고 있는바, 시장지배적 사업자들은 일반 사업자에 비해 자신의 행위가 소비자의 이익을 현저하게 저해할 우려가 있는 행위인지 여부를 쉽게 판단할 수 있는 점, 시장지배적 사업자의 행위가 소비자의 이익을 현저하게 저해할 우려가 있는 행위에 해당하는지 여부는 공정거래법의 입법목적, 이 사건 법률조항의 입법취지, 그리고 관련조항 전체를 유기적·체계적으로 종합하여 판단할 수 있고, 향후 시행령 등의 제정으로 이러한 불명확성이 치유될 수 있는 점 등을 종합적으로 고려하면, 이 사건 법률조항이 명확성 원칙에 반하여 위헌이라고 할 수는 없다."

점, 이 사건 규정의 수범자는 시장지배적사업자로서 일반인에 비하여 상대적으로 규제대상 행위에 관한 예측가능성이 크다 할 것인 점 등을 고려하면, 이 사건 규정이 헌법상 법치주의원리에서 파생되는 명확성 원칙을 위반한다고 볼 수 없다.

그리고 공정거래법 제 3 조의2 제 2 항은 남용행위의 유형 또는 기준을 대통령령으로 정할 수 있다고 규정하였을 뿐, 관련 대통령령의 기준이 있어야만 같은 조 제 1 항의 남용금지 규정이 효력이 있다는 취지는 아니다. 따라서 원심이, 이 사건 규정이 헌법에 위배되지 아니할 뿐만 아니라, 하위 법령에 구체적인 행위유형 및 기준이 마련되어 있지 않더라도 유효하게 적용될 수 있다는 전제에서, 이 사건 행위가 이 사건 규정의 시장지배적지위 남용행위에 해당하는지 여부의 판단에 나아간 것은 정당하다.

대판 2010.2.11, 2008두16407(CJ헬로비전 사건[71])

독점규제 및 공정거래에 관한 법률 제 3 조의2 제 1 항 제 5 호 후단은 '부당하게 소비자의 이익을 현저히 저해할 우려가 있는 행위'를 시장지배적 사업자의 지위남용행위의 한 유형으로 규정하고 있는바, 그 요건으로서는 시장지배적 사업자의 소비자이익을 저해할 우려가 있는 행위의 존재, 소비자이익 저해 정도의 현저성 및 그 행위의 부당성이 증명되어야 하고, 그러한 요건에 대한 증명책임은 시정명령 등 처분의 적법성을 주장하는 공정거래위원회에게 있다.

이때, 소비자의 이익을 '현저히' 저해할 우려가 있는지 여부는 당해 상품이나 용역의 특성, 이익이 저해되는 소비자의 범위, 유사 시장에 있는 다른 사업자의 거래조건, 거래조건 등의 변경을 전후한 시장지배적 사업자의 비용 변동 정도, 당해 상품 또는 용역의 가격 등과 경제적 가치와의 차이 등 여러 사정을 종합적으로 고려하여 구체적·개별적으로 판단하여야 한다.

위 법리 및 기록에 비추어 살펴보면, 원심이 이 사건 채널편성 변경에 의한 거래조건을 유사 시장에서의 다른 사업자의 거래조건과 비교 등을 하지 아니한 채 단순히 그 정도가 현저하지 않다고 판단한 것은 적절하지 아니하나, 이를 인정할 아무런 자료가 없는 이상 이 사건 채널편성 변경행위에 소비자이익 저해행위의 현저성이 인정되지

71) 공정위는 동 사업자가 자신의 독점적 지위를 이용하여 2006월 4월 채널편성 변경을 통해 보급(기본)형 상품에 포함되어 있던 시청점유율 상위 인기채널인 KBS드라마 및 SBS드라마 등 4개 채널을 고급형 이상의 고가형 상품으로 변경함으로써, 소비자들로 하여금 고급형 이상의 상품을 구매하도록 사실상 강제하여 88~109%까지 수신료를 더 부담해야 하는 등 소비자들의 경제적 부담이 증가되었다고 보고 시정명령을 부과하였다. 피심인은 이에 불복하여 서울고등법원에 행정소송을 제기하는 한편, 공정거래법 제 5 조 제 5 호 후단이 헌법상 명확성 원칙에 위배된다고 주장하면서 위헌심사를 신청하였으나, 서울고법은 이를 기각하였다(서울고결 2008.8.20, 2007아335). 다만, 서울고법은 본안소송에서 공정위의 처분을 취소하였고, 본문의 판결은 공정위 상고에 대한 대법원의 판단이다.

않는다고 본 원심의 결론은 결과적으로 정당하므로, 원심판결에는 상고이유로 주장하는 바와 같은 판결에 영향을 미친 법리오해 등의 위법이 없다.

공정위의결 1994.10.5, 94-307(한국방송광고공사의 경쟁제한사건)

한국방송광고공사는 한국방송광고공사법에 의거하여 1981년에 설립되어 방송광고업무를 독점적으로 대행하고 있는 사업자로서 TV 및 라디오방송 분야에서 1993년과 1994년 시장지배적 사업자로 지정된 사업자이다. 방송광고시장의 구조를 살펴 보면, 광고주는 광고회사에 광고대행을 위탁하고 광고회사는 다시 한국방송광고공사에 재위탁하고, 방송광고공사는 최종적으로 KBS나 MBC 등 방송국에 광고를 의뢰하게 된다. 이 과정에서 피심인은 수탁수수료로서 광고수입료의 20%를 징수하여 일부는 광고회사에 대행수수료로 지급하며 그 나머지는 피심인의 운영경비 및 공익자금조성 등의 용도로 사용하였다. 그리고 1989년부터 광고회사의 자격요건이 완화되어 그 수가 크게 늘어 1994.8.1 현재 등록업체는 128개로서 이 중 계열회사가 40개사이고 비계열사는 88개였다.

한국방송광고공사는 자신의 정관을 통하여 광고회사에 지급하는 대행수수료율을 텔레비전의 경우는 계열사 신탁분 7%, 비계열사 신탁분 11%, 그리고 라디오의 경우는 계열사 신탁분 9%, 비계열사 신탁분 11%로 차별화하여 실행하였다. 또한 광고회사와의 방송광고업무대행계약서 조항을 통하여 광고주들이 계약기간 동안 2개 이상의 광고회사와 광고대행계약을 체결할 수 없도록 하였다.

이러한 행위에 대해, 공정위는 첫째 광고업무 대행서비스에 대한 대가를 지급함에 있어서 계열사 신탁분과 비계열사 신탁분에 따라 정당한 이유없이 차등지급함으로써 전문성이 떨어지고 경쟁력이 약한 비계열광고회사를 보호하여 광고업무대행시장에서 퇴출을 제한한 것에 대해 자신의 시장지배적지위를 남용하여 방송광고시장에서의 경쟁을 실질적으로 제한하는 행위로 판단하였다. 둘째 광고주가 광고대행계약을 체결할 수 있는 광고회사를 2개 이내로 제한하는 것은 다양한 전문광고회사를 선택할 수 있는 길을 원천적으로 봉쇄하고 광고회사 간의 자유로운 경쟁을 제한하는 행위로서, 자기의 시장지배적지위를 남용하여 방송광고시장에서의 경쟁을 실질적으로 제한하는 행위로 판단하였다. 한국방송광고공사의 이러한 행위에 대해 공정위는 구법 제3조 제5호의 기타 경쟁을 실질적으로 제한하는 행위로 보았다.

보론 : 시장지배력 전이이론

시장지배력 전이이론(monopoly leverage theory)은 일반적으로 서로 다른 시장에 모두 참가하고 있는 사업자가 어느 한 시장에서 보유한 독점력을 인접시장(adjacent market)

으로 확장하여 그 시장에서의 독점력 부재에도 불구하고 상당한 독점력을 행사하는 경우를 의미한다.[72] 대개의 경우 한 시장에서 공급자로서 지배적 지위를 가지고 다른 시장에서 자신의 판매나 공급에 영향을 미치고 있거나 미칠 수 있는 경우에 이 논리가 적용되며, 주로 끼워팔기나 결합판매, 혹은 수직적 협정(수직결합이나 배타조건부거래)이 독점력을 전이시키는 수단으로 사용된다. 아울러 끼워팔기 등의 우려를 발생시키는 기업결합도 시장지배력의 전이를 차단하기 위한 목적에서 제재될 수 있다. 나아가 공정거래위원회는 최근 인텔, 퀄컴 사건에서 loyalty rebate의 위법성을 판단함에 있어서 비경합부분의 독점력을 경합부분으로 전이시키는 지렛대 효과를 고려한 바 있다.

미국 대법원은 1948년 Griffith 사건에서 A시장에서 얻은 독점력을 이용하여 B시장에서 다른 경쟁기업에 비해 '경쟁적 우위'(competitive advantage)를 얻었다면, B시장에서 독점화 의도가 없었더라도 Sherman Act 제2조 위반이라고 판단하였다.[73] 이러한 입장은 같은 해 Paramount Pictures 판결에서도 마찬가지로 확인된다.[74] 그러던 중 2004년 Trinko 판결[75]이 선고되었는데, 이 판결은 1993년 Spectrum Sports 판결[76]을 인용하면서, 연방하급심이 독점력 레버리지 이론을 '두번째 시장의 독점화 성공 확률이 위험할 정도로 높음'(dangerous probability of success in monopolizing a second market)을 요구하지 않는 것으로 보는 한, 이는 법리오해라고 판단하였다. 즉, A시장의 독점력을 이용하여 B시장에서 경쟁우위를 얻었더라도, B시장의 독점화 의도 및 위험할 정도로 높은 독점화 성공 확률이 없다면, 셔먼법 위반이 아니라는 것이다.[77]

Trinko 판결을 계기로 미국 학계의 주류는 독점력 레버리지 이론을 비판하고 있다. Areeda 교수는 A시장의 독점력을 이용한 행위가 B시장에 '높은 시장점유율과 함께 가격인상 또는 생산량 감소'(또는 품질 저하)라는 경쟁제한 효과가 초래됨으로써 B시장을 위협하는 경우에만 Sherman Act 위반으로 판단할 수 있다고 하고,[78] Hovenkamp 교수는 독점

---

72) Louis Kaplow, Extension of monopoly power through leverage, 85 Columbia Law Review, April, 1985, 516.

73) United States v. Griffith, 334 U.S. 100(1948).

74) United States v. Paramount Pictures, 334 U.S. 131(1948).

75) Verizon Communications, Inc. v. Law Offices of Curtis V. Trinko, LLP, 540 U.S. 308.

76) Spectrum Sports v. McQuillan, 506 U.S. 447(1993). 이 판결에서 연방대법원은 ① 어떤 시장을 독점화하고자 하는 '특정 의도'(specific intent) 및 ② 그러한 의도의 결과로서 그 시장에서의 '독점력 획득 확률이 위험할 정도로 높음'(dangerous probability of achieving monopoly power)이 증명되지 않는 한 셔먼법 위반으로 볼 수 없다고 판단하였다.

77) 원문을 인용하면 다음과 같다; The Court of Appeals also thought that respondent's complaint might state a claim under a "monopoly leveraging thoery"(a theory barely discussed by respondent, see Brief for Respondent 24, n. 10). We disagree. To the extent the court of appeals dispensed with a requirement that there be a "dangerous probability of success" in monopolizing a second market, it erred, Spectrum Sports Inc. v. McQuillan, 506 U.S. 447, 459(1993).

력 레버리지 이론이 문제점이 많은 이론이라고 하면서 Trinko 판결을 계기로 동 이론은 폐기되어야 한다고 주장한다. 설사 A시장의 독점력 이용으로 인해 B시장에서 경쟁기업이 피해를 입었다고 하더라도, B시장에서 경쟁제한 효과가 발생하지 않는 한, 이는 '상사 불법행위'(business tort) 문제로 다루어야 하며 독점금지법 위반문제로 다루어져서는 안된다고 한다.[79)]

우리의 경우 대판 2008.12.11, 2007두25183(티브로드 강서방송 판결)에서 처음으로 시장지배력 전이가 언급되었다. 즉 위 판결은 "별개의 시장인 프로그램 송출시장에서의 시장지배적 사업자가 곧바로 프로그램 송출서비스시장에서도 시장지배적 사업자가 되는 것이 아니며, 또한 위 양 시장의 거래내용, 특성, 시장지배적지위 남용행위의 규제목적, 내용 및 범위 등을 비롯한 여러 사정을 종합적으로 고려하면, 프로그램 송출시장에서 시장지배적 사업자인 원고의 시장지배력이 프로그램 송출서비스시장으로 전이된다고 볼 만한 근거를 찾아 볼 수도 없다. 따라서 이 사건 채널변경행위가 이루어진 이 사건 관련시장에서 원고가 시장지배적 사업자의 지위에 있다고 볼 수는 없다 할 것이다"라고 하였다. 이러한 대법원의 입장은 관련시장 획정과 관련하여 이 사건에서 시장지배력 전이 이론이 적용되지 않는다는 판단일 뿐 대법원이 일반적으로 시장지배력 전이 이론을 배척한다는 취지는 아니다.

또한 서울고판 2009.10.8, 2008누27102(NHN 판결)는 시장지배력의 남용 여부에 관하여 "피고는 원고가 인터넷 포털서비스 이용자시장에서의 시장지배력을 남용하여 CP에게 부당한 불이익을 강제하였다는 것이고, 그와 같이 보는 이유는 인터넷 포털서비스 이용자시장에서의 시장지배력이 CP에 대한 측면에서의 시장으로 전이되었다는 것이나, 그와 같은 전이가 있었다고 볼 근거가 부족하다"고 판단하였다.

EU의 경우 시장지배력 남용에 있어서 시장지배력이 인정되는 시장과 남용이 이루어지는 시장은 다르게 획정될 수 있다는 것이 일반적으로 받아들여지고 있다. 최근 EC조약 제82조를 적용한 EC Commission 결정의 대부분은 1개의 시장이 아닌 2개의 시장이 문제되는 사안에 관한 것이다.[80)] 그 중 'Telemarketing' 사건은 벨기에 국내법에 따라 독점적 지위를 가지는 TV 방송사가 자사의 방송채널에서 행하는 홈쇼핑 광고에 반드시 자신의 자회사가 제공하는 전화번호를 사용하도록 하는 행위가 문제되었는데, 유럽사법재판소는 지배적 사업자가 그 지위를 가지는 시장과 수직적으로 연결된 부수적인 시장에서 경쟁상 우위를 획득하기 위한 전형적인 독점력 전이행위라고 본 바 있다.[81)]

최근에는 시장지배력 지위 남용에 있어서의 시장획정과 관련하여 중요한 판결(British Airways 사건)이 선고되었다.[82)] 동 건은 EC Commission이 British Airways가 여행사들에

78) Phillip Areeda & Herbert Hovenkamp, Antitrust Law, 1996, 60.
79) Herbert Hovenkamp, Federal Antitrust Policy, 3rd ed., Thomson West, 2005, 322-3.
80) Richard Whish, Competition Law(5th ed.), Oxford, 2005, 202.
81) Telemarketing v. CLT and IPB Case 311/84 [1985] ECR 3261.

대하여 BA 항공권을 더 판매하는 만큼 수당율이 높아지는 새로운 판매수당 시스템을 구축하여, 경쟁사업자의 항공권을 덜 판매하도록 한 사건에서 British Airways는 '항공권 판매시장'에서의 시장지배력을 바탕으로 '항공운항시장'에서 경쟁을 저해하는 부당한 남용행위를 하였다고 결정하였고, 이러한 결정은 유럽 1 심재판소(CFI; Court of First Instance)에서 지지되었고, 2007년 유럽사법재판소(ECJ: European Court of Justice) 또한 EC Commission의 결정이 정당하다고 판단하여 확정된 것이다.

제 4 절 지위남용에 대한 제재

시장지배적 사업자가 그 지위를 남용할 경우 이에 대해서는 공정거래법의 기본적 구제체제, 즉 행정조치, 형사처벌, 사법적 구제 등이 그대로 시행될 수 있다. 구제 전반에 대해서는 이미 설명하였으므로, 이하에서는 행정적 구제와 관련하여 시장지배적지위 남용금지에 특수한 사항만 언급한다.

1. 시정조치와 가격인하명령

공정위는 시장지배적지위를 남용한 사업자에 대해 가격인하, 당해 행위의 중지, 시정명령을 받은 사실의 공표, 기타 시정을 위해 필요한 조치를 단독으로 혹은 병행적으로 명할 수 있다(법 제 7 조 제 1 항). 시정조치에는 시정명령과 시정권고의 두 종류가 있으며, 이들 조치는 당해 사업자를 수범자로 하는 것으로서 위반행위를 실행한 회사의 기관이나 임직원 등 자연인에 대해서는 이를 명할 수 없다.

시정조치의 내용에 포함된 가격인하는 현행법상 시장지배적지위 남용행위에 관해서만 규정되어 있다. 가격인하명령의 실제 운용에 관해서 몇 가지 검토할 점이 있다. 우선 공정위가 구체적인 인하금액이나 구체적 가격대 혹은 범위를 지정할 수 있는가, 아니면 당해 사업자에 대해 가격형성을 다시 하되 이를 적정한 수준으로 하도록 명령하는데 그쳐야 할 것인지 여부가 문제된다. 원칙적으로 사업자는 가격형성의 특권을 가지고 있으며, 공정위가 사업자를 배제하고 이를 전적으로 갈음하는 것은 바람직하지 않다고 할 것이다. 실무상으로는 사업자가 다시 가격을

82) British Airways v. EC Commission, ECJ 2007.3.15. C-95/04 P. 2007 ECR I-2331.

형성하는 과정에서 공정위와 협의하도록 함으로써 이 문제를 절충하고 있다.[83)]

또한 가격인하명령에 갈음하여 이를 대체하는 조치, 예컨대 가격은 그대로 둔 채 용량을 대폭 줄인 경우 용량을 원상으로 회복하거나 증량하도록 명령하는 것도 가능하다. 법기술상 이는 '기타 필요한 조치'에 포섭될 수 있을 것이다. 또 시장지배적 사업자가 덤핑을 통해 법 제5조를 위반하는 경우 통상적인 수준으로 자신의 상품의 가격을 인상하도록 하는 명령도 가능하다고 할 것이다.

이와 관련하여 공정위는 시장지배적 사업자가 상품 또는 용역의 가격을 부당하게 결정, 유지 또는 변경하였다고 볼 만한 상당한 이유가 있을 때에는 관계행정기관의 장이나 물가조사업무를 수행하는 공공기관에 대하여 상품 또는 용역의 가격에 관한 조사를 의뢰할 수 있다(령 제10조).

2. 과징금의 부과와 그 기준

시장지배적 사업자가 지위남용행위를 한 경우 공정위는 당해 사업자에 대하여 매출액(대통령령이 정하는 사업자의 경우에는 영업수익)의 6%를 초과하지 않는 범위 안에서 과징금을 부과할 수 있다(법 제8조 본문).

여기서 매출액이란 당해 법위반사업자가 위반기간 동안 일정한 거래분야에서 판매한 관련 상품이나 용역의 매출액 또는 이에 준하는 금액, 즉 관련매출액을 말한다. 다만, 위반행위가 상품이나 용역의 구매와 관련하여 이루어진 경우에는 관련 상품이나 용역의 매입액을 말하고, 입찰담합 및 이와 유사한 행위인 경우에는 계약금액을 말한다(령 제13조 제1항).[84)]

매출액이 없거나 매출액 산정이 곤란한 경우로서 대통령령이 정하는 경우에는 20억원을 초과하지 않는 범위 내에서 과징금을 부과할 수 있다(법 제8조 단서). 여기에는 첫째 영업을 개시하지 아니하거나 영업중단 등으로 인하여 영업실적이 없는 경우, 둘째 재해 등으로 인하여 매출액산정자료가 소멸 또는 훼손되는 등 객관적인 매출액 산정이 곤란한 경우, 셋째 위반기간 또는 관련 상품이나 용역의 범위를 확정할 수 없어 관련매출액의 산정이 곤란한 경우의 세 가지가 있다(령 제13

83) 해태제과 사건에서 공정위는 가격인하 혹은 용량증대를 명하면서 가격의 인하 또는 증량의 수준 및 그 시행일자는 공정위와 협의하도록 명하고 있다(공정위의결 1992.1.15, 92-1).

84) 매출액에 관한 이 기준은 부당공동행위, 부당지원행위를 제외한 불공정거래행위, 사업자단체의 금지행위, 재판매가격유지행위 등에 과징금이 부과되는 경우에도 그대로 통용된다.

조 제3항).

3. 시정명령을 받은 사실의 공표명령

이 제도는 오랫동안 '법위반사실의 공표'로 통용되어 왔다. 그러나 공정위의 판단, 즉 시정조치가 당해 사업자의 공정거래법 위반을 확정짓는 것이 아니라 그 후의 소송에서 다투어질 수 있다는 점을 고려한 것이다. 여기에서 2004년의 개정법은 '법위반사실의 공표'라는 법문을 '시정명령을 받은 사실의 공표'로 수정하였다. 시정명령을 받은 사실의 공표는 사죄광고와 다른 것이며,[85] 시정명령을 받은 사실을 공표하라는 공정위의 명령은 재량행위로서 재량권의 한계를 일탈하거나 이를 남용하면 위법하게 된다.[86]

공정위가 시장지배적지위를 남용한 사업자에 대하여 시정명령을 받은 사실의 공표를 명하고자 할 때에는 위반행위의 내용과 정도 그리고 위반행위의 기간과 횟수를 참작하여 공표의 내용, 매체의 종류와 수, 그리고 지면크기 등의 공표방법을 정하여 이를 명하여야 한다(령 제12조).[87] 공표의 수단으로는 일간신문에 대한 광고와 피해사업자나 기타 관련자에 대한 서면통지가 일반적이다. 그러나 잡지 기타 정기간행물의 광고, 사업장에서의 게시, 상품 그 자체나 용기에의 표시 등도 가능하며, 이들 수단을 선택적으로 혹은 병행적으로 실시하도록 할 수 있다.[88]

---

85) 구법하에서 법위반사실 공표명령이 헌법이 보장한 양심의 자유를 침해한다는 주장과 관련하여, 대법원은 법위반사실 공표명령은 법위반으로 인해 공정위로부터 시정명령을 받았다는 객관적인 사실을 신문에 게재하라는 명령으로서, 시정명령의 근거법률이 헌법 제19조의 양심의 자유에 위반되지 아니한다고 보았다(대판 1994.3.11, 93누19719).

86) 대판 1989.11.10, 89누3137.

87) 공표방법에 관한 이 기준은 기업결합, 부당공동행위, 불공정거래행위, 사업자단체의 금지행위, 재판매가격유지행위의 주체인 사업자에 대해서도 적용된다.

88) "독점규제 및 공정거래에 관한 법률이 시정조치의 하나로서 시정명령을 받은 사실의 공표를 규정하고 있는 목적은 일반 공중이나 관련 사업자들이 법위반 여부에 대한 정보와 인식의 부족으로 피고의 시정조치에도 불구하고, 위법사실의 효과가 지속되고 피해가 계속되는 사례가 발생할 수 있으므로 조속히 법위반에 관한 중요 정보를 공개하는 등의 방법으로 일반 공중이나 관련 사업자들에게 널리 경고함으로써 계속되는 공공의 손해를 종식시키고 위법행위가 재발하는 것을 방지하고자 함에 있는바, 이러한 제도목적과 기록에 나타난 여러 사정에 비추어 보면, 원고에 대하여 피고로부터 시정명령을 받은 사실을 공표하도록 한, 피고의 공표명령이 비례원칙상의 한계를 벗어났다거나 재량권을 일탈·남용하였다고 볼 수 없다"(대판 2006.5.12, 2004두12315).

제 5 절 독과점적 시장구조의 개선

공정위는 중앙 행정부처의 하나이자 준입법적, 준사법적 권능을 가진 독립행정위원회이다. 흔히 공정위의 실제기능과 관련해서 준사법적 측면이 강조되나, 경쟁정책과 재벌정책 그리고 소비자정책을 아우르는 다양한 법률을 관장하는 중앙 행정부처로서 고유의 정책적 기능을 수행한다. 준입법적 권능은 공정거래법 실체조항의 운용과 주로 관련된 것이다. 그러나 공정위가 각종 산업분야에 대한 경쟁정책을 수립하고 이를 시행하는 것은 당해 영업분야에 대한 주무감독관청의 감독권 및 입법 관련 권한과 중첩될 개연성이 대단히 높다.

그럼에도 불구하고 주요공산품시장에 일반화된 독과점구조를 개선하기 위해서는 기본적 경쟁당국인 공정위로 하여금 각 분야의 경쟁질서와 관련한 제반 자료와 정보를 수집하며 대책을 강구하도록 할 필요가 있다. 여기에서 공정거래법 제 4 조는 공정위로 하여금 독과점적 시장구조의 개선과 관련하여 특정 산업의 경쟁상황과 규제현황 분석 및 경쟁촉진 방안의 마련, 시장구조의 조사와 공표, 관계 행정기관의 장에 대한 의견제시 등을 정하여 적극적인 경쟁촉진기관으로서의 위상을 부여하고 있다.

즉 공정위는 독과점적 시장구조가 장기간 유지되고 있는 상품이나 용역의 공급 또는 수요시장에 대하여 경쟁촉진시책을 수립하여 이를 시행하여야 하고(법 제 4 조 제 1 항), 이를 위하여 필요한 경우 관계행정기관의 장에게 경쟁의 도입 기타 시장구조의 개선 등에 관하여 필요한 의견을 제시할 수 있다(제 2 항). 또한 경쟁촉진시책을 수립, 추진하기 위하여 시장구조를 조사하여 공표하며(제 3 항), 시장구조의 조사와 공표를 위하여 필요한 자료의 제출을 사업자 및 사업자단체에게 요청할 수 있다(제 4 항). 시장구조의 조사와 공표 그리고 필요한 자료의 수집 등의 사무는 시행령[89]이 정하는 다른 기관에 위탁할 수 있다(제 5 항).

---

89) 법 시행령 제 8 조(시장구조 조사 또는 공표사무의 위탁) ① 공정거래위원회는 법 제 4 조제 5 항에 따라 다음 각 호의 사무를 관계 행정기관의 장이나 「정부출연연구기관 등의 설립·운영 및 육성에 관한 법률」에 따른 정부출연연구기관의 장에게 위탁할 수 있다.

1. 법 제 4 조제 3 항 제 1 호에 따른 시장구조의 조사 및 공표에 관한 사항
2. 법 제 4 조제 4 항에 따른 자료의 제출 요청

② 법 제 4 조제 5 항에 따라 시장구조의 조사 또는 공표사무를 위탁받은 기관의 장은 위탁사무의 처리내용을 공정거래위원회에 통보해야 한다.

• 제 3 장 •

기업결합의 통제

제 1 절 총　　설

1. 기업결합과 파생적 개념

1.1. 기업결합, 기업집단, 계열회사의 의의

기업결합(Zusammenschluss; Merger)이란 동적 혹은 결과적 개념으로서, 법적으로 독립한 다수의 기업들이 자본적, 인적, 혹은 조직적인 결부(combination)를 통해 단일한 경제적 관리체제로 통합하는 과정 또는 그 결과를 말한다. 기업결합으로 인해 다수의 기업이 단일한 경제적 관리체제하에 통합되고, 그 결과 기업집단 혹은 결합기업체(verbundenen Gesellschaften)가 형성된다. 이 기업집단 혹은 결합기업의 개념은 특유의 법적 규율을 위한 중요한 연결고리가 된다. 예컨대 공정거래법의 대규모기업집단 규제나 연결재무제표 작성 규제, 혹은 독일 주식법의 결합기업 규율 등과 같다.

현행 공정거래법은 기업집단에 대해 동일인이 사실상 그 사업내용을 지배하는 회사의 집단으로 규정한다(법 제 2 조 제11호 본문; 령 제 4 조). 즉 기업집단이란 동일인이 회사인 경우 동일인과 동일인이 지배하는 하나 이상의 회사의 집단을 말하고, 동일인이 회사가 아닌 경우에는 동일인이 지배하는 2 이상의 회사의 집단을 말한다(법 제2조 제11호). 그리고 계열회사라 함은 2 이상의 회사가 동일한 기업집단에 속할 경우 이들 회사는 서로 상대방의 계열회사가 된다(법 제2조 제12호).

그러나 기업결합의 결과 반드시 기업집단이 형성되는 것은 아니다. 합병이나 영업 전부의 양수의 경우에는 경제적으로는 물론 법적인 측면에서도 당사자인 기업들의 단일화가 이루어진다. 여기에서 기업결합의 다른 수단과 구별하여 합병을 기업집중으로 부르기도 한다. 이처럼 합병은 가장 대표적이며 완결적인 기업결합 수단이지만, 합병을 위해서는 흡수회사 또는 존속회사 측이 보다 큰 비용을 지출하는 단점이 있다.

기업결합의 유사개념 중에 카르텔이 있다. 양자의 구별점은 당사자인 기업들이 경제적 독립성을 상실하는지 여부이다. 즉 기업결합의 경우 사업자들이 단일한 지휘관리 체제에 편입되어 그 경제적 독립성을 상실하나, 카르텔의 경우에는 당사자인 기업들이 법적, 경제적 독립성은 유지하면서 영업의 특정사항, 예컨대 출고나 판매가격·시장분할·연구기술개발 등에 있어서 동조행위를 통해 경쟁을 제한하게 된다. 그 결과 카르텔은 규모의 경제(economy of scale)를 달성하는 순기능이 없고 동조자들 사이의 경쟁을 제한하는 것을 노골적인 목적으로 하기 때문에, 전통적으로 기업결합 보다 엄격한 규제를 받아 왔다. 그러나 기업결합은 종국적으로 시장구조를 악화시키는 반면 카르텔은 언젠가는 붕괴된다는 점에서 양자에 대한 규제가 균형을 잃었으며 기업결합에 대한 규제를 강화해야 한다는 주장도 있다.

1.2. 경제적 기능

일반적으로 기업결합은 기업구조조정의 불가결한 수단이다. 예컨대 흡수합병으로 소멸되는 기업이나 분할합병에서 다른 기업에 매각되는 영업부분의 경우 소유와 지배구조의 근본적 변화가 야기된다. 또 적대적 인수·합병의 가능성은 기업주들의 방만한 경영을 시정하는 계기가 된다. 둘째, 기업결합은 규모의 경제를 확보케 할 수 있다. 생산비의 절감, 중복투자의 생략, 불필요한 인원의 절감, 필요한 산업재산권의 공유 등을 통해 경영합리화를 기하게 된다. 셋째, 파탄이 임박하거나 재무상황이 나쁜 기업들이 합병교부금이나 신주발행을 통해 회생을 도모하고 대량해고를 막기도 한다. 주무관청의 종용으로 이루어지는 중요한 기업결합에 대해 공적자금이나 정책금융이 지원되는 예도 있으며, 1997년 외환위기 이후의 구조조정에서 이러한 예가 많았다. 최근의 대표적 기업결합으로는 대한항공과 아시아나항공의 사례를 들 수 있는데, 공정위는 슬롯(slot) 반납 및 운수권 재배분, 운임 인상 제한 및 좌석 공급 축소 금지, 서비스 품질유지(마일리지 정책 포함) 등의 준수를 조건으로 승인한 바 있다.

이러한 기업결합에는 여러 가지 역기능이 있다. 가장 대표적인 것은 시장의 독과점화에 대한 위험이다. 두번째는 소수 기업집단으로의 경제력집중이 촉발될 수도 있다. 셋째 기업결합이 자유롭고 적대적 인수·합병이 허용될 경우, 경영자들이 단기적인 경영성과에 치중하여 중장기적인 안목을 상실하기 쉽고 또 자신의 경영권방어에 매달리는 단점이 있다. 넷째 기업매수 세력이 기업결합을 빌미로 지배권을 장악한 후 배당이나 이전거래 등을 통해 건실한 회사를 허구화할 가능성도 없지 않다.

1.3. 기업결합 및 기업집단 차원의 경영에 관한 입법정책

기업집단의 형성 그리고 집단 차원의 경영에 대하여 영미법과 대륙법은 상당한 차이를 보인다. 기업집단의 형성과 그 관리를 시장의 판단에 맡길 것인가, 이를 긍정적으로 보되 국가가 일정한 방향으로 유도할 것인가에 대해서는 시장경제제도를 채택하는 나라 사이에서도 기본철학이 다르고 입법도 상당한 차이를 보이는 것이다. 널리 시장과 정부 사이의 역할조정이라고 할 이 문제와 관련하여 주요국 중에서 기업집단 차원의 경영을 부인하는 나라는 없다. 그러나 우리나라는 공정거래법의 경제력집중억제 규제를 통해 기업집단에 대해 부정적인 입법과 정책이 거듭되고 있다.

사적자치의 전통이 강하고, 개별 단위기업 중심의 산업조직을 가졌으며, 지배주주가 존재하지 아니하고 주식의 분산이 고도화한 미국이나 영국에서는 소수주주 보호나 독점화금지 등 미시적 접근에 맡기고 집단 차원의 경영을 특별하게 보호 또는 금지하거나 조장하지 않는다. 그러나 독일이나 프랑스, 이태리의 경우에는 지배주주가 뚜렷하게 존재하고 대를 이어 경영하는 패밀리형이 많은데, 이들 국가에서는 기업집단 차원의 경영을 긍정하고 이를 입법적으로 혹은 판례를 통해 배려하고 있다. 독일은 1960년대 이래 연결기준으로 법인세를 부과하는 세제 개편을 통하여 기업집단화를 지속적으로 유도하였으며, 모회사의 자회사에 대한 지시권을 주식법 제308조에 명문으로 규정하여 집단 차원의 경영을 입법적으로 보장하고 있다.

특히 국가가 주요 기업의 제2 대주주가 되어 국가자본주의의 이미지를 주기도 하는 프랑스의 경우에는 모회사가 기업집단 전체의 이익을 위해 자회사에게 그 이익을 희생시키는 조치가 가능하되, 다만 이를 위해서는 집단구조가 안정적이고, 모회사가 일관성이 있는 그룹정책을 펼치고, 비용과 수익의 공정한 배분이 있을 것 등의 요건을 요구한다(Rozenblum 판례). 우리나라와 비슷한 가문형 기업집단을 가진 이태리의 경우에도 모회사가 자회사를 하나의 영업단위로 삼아 그룹차원의 경영을 할 수 있도록 한다.[90)]

우리나라는 기업집단에 대해서 회사법상의 단편적 규율(예컨대 상호출자 금지, 업무지시자의 책임 등)을 넘어 공정거래법에서 경제력집중 억제를 위해 실체법과 절차법적 차원에서 강력한 규제를 가하고 있으며, 이는 규제산업에 대한 전형적 규제와는 차원이 다른 우리나라 특유의 규제에 속한다. 기업결합 관련 우리나라 법제의 윤곽을 살펴보면 다음과 같다.

합병이나 주식취득 등 각종 기업결합수단에 관해서는 여러 가지 법규가 다양한 관점으로 개입하며, 세제의 영향이 매우 크다. 기업조직법적 차원에서 살펴보면, 기업결합은 시장의 현실에 부응하여 복수의 기업들이 그 조직형태를 바꾸는 것으로서 기본적으로 경영판단사항이다. 예컨대 상법은 합병의 자유를 인정하면서, 채권자 보호 또는 이해당사자 사이의 이익조정이라는 가치중립적인 입장을 견지한다. 영업 전부 또는 일부의 양도나 주식취득 혹은 신주발행, 임원겸임 등에 대해서도 마찬가지이다. 회사법에서는 특히 경영자와 주주, 지배주주와 소수주주, 주주와 채권자의 관계에서 나타나는 대리인비용(agency cost)을 통제하기 위해 대표소송제기권, 주식매수청구권 등의 제도를 강화하고 있다.

둘째 상장회사가 당사자인 기업결합 혹은 상장을 앞두고 있는 기업들 사이의 결합에 대해서는 자본시장법의 규제가 있다. 주식거래의 공정성, 투자자보호, 내부자거래 방지의 관점에서 이루어지는 개입이다.

셋째 기업결합이 초래할 시장구조의 악화와 관련하여 독점금지법이 개입한다. 독점금지법은 경쟁촉진 내지 시장구조적인 관점에서 기업결합을 통제하는 것이고, 상법과는 달리 기본적으로 기업결합 현상을 부정적인 관점에서 바라본다. 기업결합은 독점금지법의 전통적인 규제항목이라고 할 수 있으며, 경쟁제한성이

---

90) Kraakman et al., The Anantomy of Corporate Law, 3rd Ed., Oxford, 2017, 133-4.

있고 이를 정당화하는 사유가 없는 기업결합에 대해서는 이를 금지하게 된다.

2. 기업결합의 유형

2.1. 거래제한 기준

기업결합이 시장에 미치는 효과 또는 거래단계와의 관계에서 기업결합을 분류하는 것으로 경쟁제한성 심사방법과도 관련된다. 여기에는 수평적 결합, 수직적 결합, 혼합적 결합 등이 있다. 우리나라에서는 복합적 기업결합이 매우 많았으나 최근에 그 비중이 줄고 있다.

수평적 결합(horizontal merger)은 동일한 시장에서 경쟁하는 사업자 사이의 결합이다. 자동차제조회사 상호간 혹은 자동차판매회사 상호간의 결합처럼 제조단계나 유통단계에서 수평적 결합이 가능하다. 수평적 결합은 당해 시장에서의 사업자의 수를 줄이고 결합체의 점유율을 끌어 올려 시장구조를 직접적으로 악화시킨다.

수직적 결합(vertical merger)은 다른 거래단계에 속하는 사업자 사이의 결합, 즉 원재료 의존관계에 있는 사업자 사이의 결합이나 특정 제품의 제조업자와 유통업자 사이의 결합을 말한다. 이 결합은 수직적 거래제한의 속성을 지니는 것으로서, 특정한 거래분야에서의 경쟁을 직접적으로 제약하는 것이 아니라 경쟁사업자의 다른 거래단계에 대한 접근성을 봉쇄하거나 제약한다.

복합적 결합(conglomerate merger) 혹은 혼합결합이란 동일한 시장에서 경쟁하는 사업자 사이의 결합도 아니고 수직적 관계에 놓인 기업들 사이의 결합에도 해당되지 않는 기업결합이다. 즉 비관련 기업들 사이의 결합, 예컨대 주류제조업자가 김치제조업을 인수하는 경우와 같다.

2.2. 결합수단 기준

현행 공정거래법의 분류방법으로서, 피결합회사의 주식 내지 지분의 취득, 임원겸임 또는 임원파견(인적결합), 합병 또는 영업양수(고정자산의 양수 포함), 신회사의 설립 등이 있다. 이 분류는 결합시점의 포착, 사후신고와 사전신고 등의 절차적 통제, 그리고 시정조치의 차별화 등에 실익이 있으나, 이는 기업결합 그 자체의 분류라기보다 기업결합을 위한 여러 가지 법적수단이라고 할 수 있다. 공정위 신고를 기준으로 살펴 볼 때 주식취득에 의한 결합이 가장 많았고 그 다음으로 회사 신설, 합병 등의 순이다. 임원겸임이나 영업양수의 비중은 낮다.

2.3. 결합형태 기준

기업집단 혹은 결합기업체의 조직형태는 지주회사(holding company)를 중심으로 한 다단계의 피라미드 형태, 의결권의 신탁적양도를 통한 트러스트(trust), 모회사의 자본참여를 통해 형성되는 모자회사 관계 등으로 나눌 수 있다. 카르텔도 기업들 사이의 느슨한 결합체로서 기업연합이라고 부르기도 하나 이를 별도로 다루는 것이 보통이다. 우리나라에서는 1997년 외환위기를 계기로 구조조정과 지배구조 개편의 필요성이 제기되면서, 1999년을 기점으로 지주회사 제도가 조건부 허용되기 시작하였고, 이후 수차례의 공정거래법 개정과 규제완화를 거쳐 현재는 지주회사 체제가 국내 기업집단의 대표적인 조직형태로 자리잡았다. 2025년 현재, 국내에는 177개의 지주회사가 존재하며 이들은 자·손자·증손회사를 포함해 약 2,462개 회사를 지배하고 있다. 또한 최근 상법 개정으로 이사의 충실의무를 회사가 아니라 모든 주주에게 확대하는 규정이 도입되었고, 일반지주회사가 CVC(기업형 벤처캐피탈)를 자회사로 둘 수 있도록 허용되는 등 제도적 변화가 진행 중이다.

3. 기업결합에 대한 통제 동향

1960년대 미국의 법원은 수평적 결합을 엄격하게 제한하는 경향을 보였다. 1962년의 Brown Shoe 사건은 두 당사회사의 점유율 합계가 5%이었고 1966년의 Von's Grocery 사건은 합병당사자의 점유율 합계가 7.5%이었음에도 불구하고 법원이 이를 금지하였던 것이다. 법원의 이러한 동향은 M&A에 대한 사실상의 당연위법적 금지로 평가되었고, 사법부가 소상인이나 중소기업을 정치적으로 보호하기 위해 시장의 자율적 판단에 지나치게 개입한다는 비판이 높았다. 여기에서 연방의회는 1976년 Hart-Scott- Rodino 법을 제정하여 합병에 대한 사전신고제를 도입하였고, 연방법무부 독점금지부도 1982년 수평적 합병 심사지침을 제정하여 대응하였다. 1980년대 이후 시카고학파의 주장이 연방대법원에서 채택되면서 혼합결합이나 수직결합은 사실상 독점금지법의 통제 밖으로 벗어났고, 수평적 결합도 사후적 사법심사가 아니라 경쟁당국이 사전적으로 행하는 행정적 통제로 그 성격이 사실상 바뀌게 되었다.

우리나라는 기업결합의 경쟁제한성 여부에 대해 사후적 개별심사를 원칙으로 하고 있으나, 대규모회사가 당사자인 주식취득, 합병, 영업양도, 합작회사의 설립 등에 대해 공정위에 대한 사전신고를 의무화하고 있다(법 제11조 제 6 항). 또 사전신고 대상이 아닌 기업결합도 공정위의 사전심사를 받을 수 있는 길이 일반적으로 열려 있다. 물론 우리나라에서 공정거래법의 집행은 처음부터 공정위가 주도하는 행정구제주의에 따르고 있으며, 이는 기업결합 심사에 있어서도 마찬가지이다.

제 2 절 절차적 통제

기업결합에 대한 공정거래법의 통제는 경쟁제한적 기업결합의 금지를 기축으로 하면서, 이와 더불어 일정한 기업결합의 경우 이를 공정위에 신고하도록 하는 절차적 통제를 도입하고 있다. 즉 공정거래법 제 9 조는 경쟁제한적 기업결합을 금지하면서 그 요건과 예외사유 등 실체적 통제의 줄거리를 정하는 반면, 법 제11조는 기업결합에 대한 절차적 통제로서 신고제도, 즉 일정한 요건에 해당하는 기업결합은 경쟁제한성과 상관없이 결합 후 30일 이내에 이를 신고하도록 한다. 법 제11조는 사후신고를 원칙으로 하지만, 일정한 경우에는 기업결합을 완결적으로 실행하기 이전의 중간 단계에서 신고하도록 한다(동조 제 6 항).

기업결합의 신고제도는 공정위로 하여금 기업결합을 효율적으로 감시할 수 있게 함과 아울러 결합당사회사로 하여금 경쟁제한적 효과를 가져오는 기업결합을 스스로 자제하게 하는 기능도 있다. 현행법의 기업결합통제 제도는 경제력집중 억제 제도와 뒤섞여 있고 법률의 편제에 있어서도 실체적 통제가 신고제도에 앞서 있으나, 이해의 편의상 기업결합에 대한 절차적 통제를 먼저 서술한다.

1. 신고의무자와 신고대상

1.1. 신고의무자

신고의무자는 원칙적으로 자산총액 또는 매출액의 규모(계열회사의 자산총액 또는 매출액을 합산함)가 3천억원 이상인 회사(기업결합신고대상회사)[91] 또는 그 특수관계인이다(령 제18조 제1항). 신고의무자가 2 이상인 경우에는 공동으로 신고하여야 하나, 공정위가 신고의무자가 소속된 기업집단에 속하는 회사 중 하나의 회사를 기업결합신고대리인으로 정하여 그 대리인이 신고한 경우에는 그러하지 아니하다(법 제11조 제11항).

1.2. 신고의 대상

기업결합신고대상회사 또는 그 특수관계인이 자산총액 또는 매출액 300억원 이상의 회사(상대회사)에 대하여 행하는 기업결합으로서(령 제18조 제2항), 첫째 의결권 없는 주식을 제외하고 다른 회사의 발행주식 총수 100분의 20 그리고 상장법인 또는 협회등록법인의 경우에는 100분의 15 이상을 소유하게 되는 경우, 둘째 제1호에 따라 기업결합신고를 한 후 당해 회사의 주식을 추가로 취득하여 최다출자자가 되는 경우, 셋째 임원겸임의 경우(계열회사의 임원을 겸임하는 경우, 겸임하는 임원 수가 임원이 겸임되는 회사 임원 총수의 3분의 1 미만이면서 대표이사가 아닌 임원을 겸임하는 경우는 제외), 넷째 합병이나 영업양수의 경우(상법 제342조의2에 따라 모회사와 자회사 간에 합병하거나 영업양수하는 경우는 제외), 다섯째 새로 설립되는 회사의 최다출자자가 되는 경우 공정위에 대한 신고의무가 발생한다(법 제11조 제1항 각호). 여기서 주식의 소유 또는 인수의 비율을 산정하거나 최다출자자가 되는지 여부를 판단함에 있어서는 당해 회사의 특수관계인이 소유하고 있는 주식을 합산한다(법 제11조 제5항).

2020년 개정법은 규모는 작으나 성장잠재력이 큰 벤처기업이나 스타트업, 즉 소규모 피취득회사를 대기업이 거액으로 인수하는 때도 일정한 요건을 충족하는 경우 신고대상에 추가하였다(법 제11조 제2항). 또한 기업결합신고대상회사 이외의 회사가 기업결합신고대상회사에 대하여 기업결합을 하는 경우 이 신고대상회사 이외의 회사 역시 신고의무를 부담하며, 결합당사자가 서로 특수관계인에 해당되는 경우에도 신고의무가 있다.

---

91) 기업결합신고대상회사 및 상대회사의 자산총액 또는 매출액의 규모는 각각 기업결합일 전부터 기업결합일 후까지 계속하여 계열회사의 지위를 유지하고 있는 회사의 자산총액 또는 매출액을 합산한 규모이다. 다만 영업양수의 경우에 영업을 양도(영업의 임대, 경영의 위임 및 영업용 고정자산의 양도를 포함한다)하는 회사의 자산총액 또는 매출액의 규모는 계열회사의 자산총액 또는 매출액을 합산하지 아니한다(법 제9조 제5항 제2호).

1.3. 신고의무의 면제

임원겸임에 의한 기업결합의 경우는 자산규모 2조원 이상의 대규모회사와 그 특수관계인에 한해 신고의무가 있으며, 대규모회사 이외의 회사가 임원겸임을 하는 경우는 신고할 필요가 없다(법 제11조 제1항 전단). 그리고 기업결합 신고규정은 관계중앙행정기관의 장이 다른 법률의 규정에 의하여 미리 당해 기업결합에 관하여 공정위와 협의한 경우에는 이를 적용하지 아니한다(법 제11조 제4항).[92] 또한「벤처투자 촉진에 관한 법률」제2조 제10호 또는 제11호에 따른 벤처투자회사 또는 벤처투자조합이「중소기업창업 지원법」제2조 제3호에 따른 창업기업 또는「벤처기업육성에 관한 특별법」제2조 제1항에 따른 벤처기업의 주식을 제1항 제1호에 따른 비율 이상으로 소유하게 되거나 창업기업 또는 벤처기업의 설립에 다른 회사와 공동으로 참여하여 최다출자자가 되는 경우,「여신전문금융업법」제2조 제14호의3 또는 제14호의5에 따른 신기술사업금융업자 또는 신기술사업투자조합이「기술보증기금법」제2조 제1호에 따른 신기술사업자의 주식을 제1항 제1호에 따른 비율 이상으로 소유하게 되거나 신기술사업자의 설립에 다른 회사와 공동으로 참여하여 최다출자자가 되는 경우, 기업결합신고대상회사가 ①「자본시장과 금융투자업에 관한 법률」제9조 제18항 제2호에 따른 투자회사, ②「사회기반시설에 대한 민간투자법」에 따라 사회기반시설 민간투자사업 시행자로 지정된 회사, ③ 나목에 따른 회사에 대한 투자목적으로 설립된 투자회사(「법인세법」제51조의2 제1항 제6호에 해당하는 회사로 한정한다), ④「부동산투자회사법」 제2조 제1호에 따른 부동산투자회사 중 어느 하나에 해당하는 회사의 주식을 법 제1항 제1호에 따른 비율 이상으로 소유하게 되거나 다음 각 목의 어느 하나에 해당하는 회사의 설립에 다른 회사와 공동으로 참여하여 최다출자자가 되는 경우, 기업결합신고대상회사가「자본시장과 금융투자업에 관한 법률」제9조 제19항에 따른 사모집합투자기구의 설립에 다른 회사와 공동으로 참여하여 최다출자자가 되는 경우에는 신고의무를 면제하고 있다(법 제11조 제3항).

92) 금융산업의 구조개선에 관한 법률 제24조에서는 금융기관이 다른 회사 의결권 있는 발행주식 총수의 100분의 20 이상을 소유하게 되는 경우 등에는 금융감독위원회의 승인을 얻도록 하고 있으며, 금융감독위원회가 동 승인을 함에 있어서 당해 주식소유가 관련시장에서의 경쟁을 실질적으로 제한하는지의 여부에 대하여 미리 공정위와 협의하여야 한다고 규정한다.

1.4. 신고절차의 특례

「방송법」 제15조 제 1 항 제 1 호에 따른 법인(같은 법 제 2 조 제 3 호 나목에 따른 종합유선방송사업자인 법인으로 한정한다. 이하 이 조에서 "종합유선방송사업자"라 한다)의 합병과 「방송법」 제15조의2 제 1 항에 따라 종합유선방송사업자의 최다액출자자가 되려고 하거나 종합유선방송사업자의 경영권을 실질적으로 지배하려는 경우의 법인의 설립이나 합병 또는 최다액출자자 변경 등에 관한 승인·변경승인 등을 신청하는 자는 법인설립등이 법 제11조 제 1 항 및 제 2 항에 따른 신고대상에 해당하는 경우에는 승인등의 주무관청(방송미디어통신위원회를 포함)에 승인등을 신청할 때 기업결합 신고서류를 함께 제출할 수 있다. 이 경우 그 서류가 주무관청에 접수된 날을 제11조 제 1 항 및 제 2 항에 따른 신고를 한 날로 본다. 주무관청은 이에 따라 기업결합 신고서류를 제출받았을 때에는 지체 없이 공정위에 기업결합 신고서류를 송부하여야 한다. 법 제11조 제 6 항 각 호 외의 부분 단서에 따라 기업결합 신고를 하여야 하는 자는 공정위에 기업결합 신고를 할 때에 법인설립등의 승인등에 관한 서류를 함께 제출할 수 있으며, 공정위는 제 4 항에 따라 법인설립등의 승인등에 관한 서류를 제출받았을 때에는 지체 없이 법인설립등의 승인등에 관한 서류를 주무관청에 송부하여야 한다(법 제12조).

2. 신고시기

2.1. 사후신고의 원칙

기업결합의 신고는 당해 기업결합일로부터 30일 이내에 하는 것이 원칙이다(법 제11조 제 6 항). 신고는 서면으로 하되 신고의무자와 상대방 회사의 명칭, 매출액, 자산총액, 사업내용과 당해 기업결합의 내용 및 관련시장 현황 등을 기재하고 이를 입증하는 서류를 첨부하여야 한다(령 제18조 제 6 항). 서류가 미비한 경우 공정위는 보정명령을 내릴 수 있다.

여기서 기업결합일이란 다음과 같다(령 제17조). 첫째 주식취득의 경우를 보면 주식양수시에는 주권교부일, 신주유상취득시에는 주금납입기일의 익일, 주식회사 이외의 회사의 지분양수시에는 지분양수의 효력이 발생한 날, 이 밖에 감자나 주식소각 등으로 주식소유비율이 증가하는 때에는 증가가 확정된 날이다. 둘째 임원겸임의 경우에는 주주총회나 사원총회에서 선임이 의결된 날이며, 셋째 영업양수의 경우에는 양수대금의 지급완료일(다만 체약일로부터 90일을 지나 대금지급이 완료되는 경우에는 당해 90일이 지난 날), 넷째 합병의 경우는 합병등기일, 다섯째 신회사 설립참여의 경우에는 배정된 주금납입기일의 다음날이다(령 제20조 제 1 항).

2.2. 사전신고

공정거래법은 '기업결합의 당사회사 중 하나 이상의 회사가 자산총액 또는 매출액 2조원 이상의 대규모회사로서 임원겸임 이외의 방법에 의한 기업결합의 경우'와 '기업결합신고대상회사의 소규모피취득회사를 상대로 한 기업결합(법 제11조 제 2 항)'의 경우에는 예외적으로 당해 기업결합을 완료하기 전의 소정의 날로부터 기업결합일 전까지의 기간내에 이를 신고하여야 한다고 규정하고 있다(법 제11조 제 6 항). 이 신고는 기업결합에 착수한 후 결합이 완료되기 전의 중간적 성질의 신고이지만, 넓은 의미에서는 사전신고라고 할 수 있다.

여기에서 신고기일 30일의 기산점이 되는 대통령령 소정의 날은 각각 다음과 같다(령 제20조 제 3 항). 첫째 주식을 취득·소유하기로 계약·합의 등을 하거나 이사회 등을 통해 결정된 날(자본시장과 금융투자업에 관한 법률, 즉 자통법에 따른 공개매수의 경우에는 공고일)이다. 둘째 합병이나 영업양수의 경우에는 당해 계약을 체결한 날, 셋째 신회사설립참여의 경우에는 설립참여에 관한 주주총회 또는 이에 갈음하는 이사회 결의일 등이다.

2.3. 사전신고시 기업결합실행행위 제한

사전신고를 해야 하는 경우 신고의무자는 공정위의 심사결과를 통지받기 전까지 각각 주식소유, 합병등기, 영업양수계약의 이행행위 또는 주식인수행위 등을 하여서는 아니된다(법 제11조 제 8 항). 공정위는 신고일로부터 30일 안에 심사하는 것이 원칙이나 90일까지 연장할 수 있다(법 제11조 제 7 항).

기업결합 실행행위를 30일간 유보한 것은 기업결합이 대규모회사에 의해 실행된 이후에 공정위가 당해 기업결합을 금지한다면, 원상회복이 어려울 뿐만 아니라 기존의 법률관계가 번복되는 등 경제적으로 큰 비용이 발생하기 때문이다. 여기에서 공정위가 당해 결합의 적법성을 심사한 후에 비로소 결합을 실행하도록 한 것이다. 그러나 증권시장에서 경쟁매매의 방법에 의한 주식취득의 경우에는 결합실행행위의 유보제도가 적용되지 아니한다(령 제20조 제 2 항).

기업결합 실행행위에 대한 제한규정을 위반하여 이루어진 합병 또는 회사의 설립에 대해서 공정위는 합병무효의 소 또는 설립무효의 소를 제기할 수 있다(법 제14조 제 3 항).

3. 경쟁제한성의 사전심사

기업결합을 하고자 하는 자는 신고기간 이전이라도 당해 결합이 경쟁을 실질적으로 제한하는 행위에 해당하는지 여부에 대하여 공정위에 사전심사를 요청할 수 있다(법 제11조 제 9 항). 이 사전심사 제도는 사후신고의 원칙과 조화를 이루면서 기업결합에 대한 사후적 위법성심사로 초래될 수 있는 사회경제적 비용을 대폭 절감할 수 있다. 위의 규정에 의하여 심사를 요청받은 경우 공정위는 30일 이내에 그 심사결과를 요청한 자에게 통지하여야 하되, 기간경과 후 90일의 범위 안에서 이를 연장할 수 있다(동조 제10항).

제 3 절 실체적 통제

1. 총 설

1.1. 금지의 뜻과 체계

공정거래법은 첫째 경쟁제한적 효과를 가져오는 기업결합, 즉 일정한 자가 일정한 거래분야에서 경쟁을 실질적으로 제한하는 기업결합을 행하는 것을 원칙적으로 금지한다(법 제 9 조). 그리고 기업결합 제한규정의 적용을 면탈하려는 행위, 즉 탈법행위 역시 금지된다(법 제13조).

기업결합의 금지는 사업자들이 합병 등의 수단을 통해 인위적으로 새로운 독점력을 형성하는 행위를 차단하는 것이므로, 기존의 독점사업자가 그 지위를 남용하는 행태를 금지하는 시장지배적지위 남용행위에 대한 통제와 짝을 이룬다. 여기에서 독점력을 형성하는 기업결합이나 그 시도에 대해 이를 원인적으로 금지하는 것이 법의 취지라고 보기도 한다. 그러나 현행법은 기업결합이 진행된 후 사후심사를 통해 당해 결합의 경쟁제한적 효과를 제거하기 위한 구조적 혹은 행태적 통제를 가하는 것을 기본으로 하고, 결합실행 이전에 미리 경쟁제한성 여부를 심사하는 것은 예외이다. 여하튼 기업결합 통제는 시장에 대한 전문적 분석과 예측을 바탕으로 경쟁당국의 정책적 기능이 매우 돋보이는 분야로서 당국의 판단은 당해 산업과 국민경제에 결정적인 영향을 미치기도 한다.

기업결합통제는 경제력집중억제에 관한 규제와 비교할 때 매우 안정되어 있다. 기업결합에 관한 통제는 1996년 법개정을 통해 크게 강화되었는바, 동 개정에서 경쟁제한성 추정규정을 도입하였고 금융업과 보험업을 영위하는 사업자에 대한 적용제외와 일정 규모 이하의 사업자(납입자본금 50억원 이상 또는 총자산 200억원 이하의 사업자)에 대한 적용제외를 폐지하였다. 그 결과 모든 사업자에 의한 경쟁제한적 기업결합이 금지된다. 다만 신고 등 절차규정은 일정한 규모 이상의 기업결합에 한해 적용된다.

1.2. 수범자, 즉 기업결합의 주체

가. 누구든지

공정거래법 제 9 조는 기업결합의 주체에 관하여 '누구든지 직접 또는 대통령령이 정하는 특수한 관계에 있는 자를 통하여'라고 규정한다. 법 제 9 조의 규율대상이 되는 자는 공정거래법의 일반적 수범자인 사업자이지만, 기업결합을 현실적으로 추진함에 있어서 사업자는 자신과 긴밀한 관계에 있는 자를 내세울 수 있다. 여기에서 공정거래법은 사업자가 그 스스로 또는 특수관계인을 통해 행하는 기업결합을 동법의 금지대상으로 삼고 있다.

법 제 9 조의 '누구든지'는 사업자를 지칭하는 것이고, 여기에는 회사(합명, 합자, 주식, 유한회사)와 회사 외의 자, 즉 자연인이나 법인격없는 사단이 모두 포함된다. 다시 말해 사업자의 법적 형태와 규모는 묻지 않는다. 외국 사업자 상호간의 기업결합도 역외적용 법리에 따라 우리나라 법의 금지대상이 될 수 있다.

그러나 임원겸임의 방법에 의한 기업결합으로서 계열회사의 자산총액 또는 매출액을 합산하여 대통령령이 정하는 규모에 해당하는 회사[93] 이외의 회사, 즉

---

93) 이러한 회사를 법령은 대규모회사로 부른다. 여기서 자산총액이라 함은 기업결합일이 속하는 사업연도의 직전 사업연도 종료일 현재의 재무상태표에 표시된 자산총액을 말하되, 다만 금융업이나 보험업을 영위하는 회사의 경우에는 직전 사업연도 종료일 현재의 재무상태표에 표시된 자본총액과 자본금 중 큰 금액이다(령 제15조 제 1 항). 또한 매출액이라 함은 기업결합일이 속

자산총액 또는 매출액의 규모가 2조원 미만인 회사가 행하는 기업결합은 통제에서 제외한다(법 제 9 조 제 1 항 단서; 령 제15조 제 3 항).

나. 특수관계인

특수관계인이란 기업결합의 주체인 사업자, 즉 '누구든지'에 해당하는 회사 또는 회사 이외의 자와 다음의 하나에 해당하는 자를 말한다(령 제14조).

① 동일인, 즉 당해 회사를 사실상 지배하고 있는 자
② 동일인 관련자.[94] 다만 시행령 제 6 조 제 1 항 및 제 2 항에 따라 동일인 관련자로부터 분리된 자는 제외된다.
③ 경영을 지배하려는 공동의 목적을 가지고 당해 기업결합에 참여하는 자

1.3. 기업결합금지의 요건

공정거래법 제 9 조가 정하는 기업결합금지의 요건은 크게 두 가지다.

첫째, 법 소정의 수단에 의한 기업결합이 있어야 한다. 공정거래법 제 9 조가 한정적으로 열거하는 수단에 의한 기업결합이 있어야 하고, 당해 결합의 결과로 취득회사가 피취득회사에 대해 지배권을 취득하여야 한다.

둘째, 일정한 거래분야에서 경쟁을 실질적으로 제한하여야 한다. 이 경쟁제한성 요건은 기업결합금지의 핵심요건으로서, 이의 심사에 있어서 관련시장의 범위 획정과 경쟁제한성 심사가 필요하다.

현실적으로 기업결합심사는 공정위의 고시인 기업결합심사기준(공정위고시 제

하는 사업연도의 직전 사업연도의 손익계산서에 표시된 매출액을 말하되, 금융업이나 보험업을 영위하는 회사의 경우에는 직전 사업연도의 손익계산서에 표시된 영업수익을 말한다(령 제15조 제 2 항).

94) 령 제 4 조 제 1 호에서 열거하는바, 그 내용은 다음과 같다.
- 배우자, 6촌 이내의 혈족, 3촌 이내의 인척, 동일인이 지배하는 국내 회사 발행주식총수의 100분의 1 이상을 소유하고 있는 5촌·6촌인 혈족이나 4촌인 인척, 동일인이 「민법」에 따라 인지한 혼인 외 출생자의 생부나 생모(이하 '친족'이라 함)
- 동일인이 단독으로 또는 동일인관련자와 합하여 총출연금액의 100분의 30 이상을 출연한 경우로서 최다출연자이거나 동일인 및 동일인관련자 중 1인이 설립자인 비영리법인 또는 단체(법인격이 없는 사단 또는 재단으로 한정)
- 동일인이 직접 또는 동일인관련자를 통해 임원의 구성이나 사업운용 등에 지배적인 영향력을 행사하고 있는 비영리법인 또는 단체
- 동일인이 사실상 사업내용을 지배하는 회사
- 동일인, 그리고 위의 단체와 회사의 사용인(법인인 경우에는 임원, 개인인 경우에는 상업사용인 및 고용계약에 따른 피고용인을 말한다)

2024-15호)에 따라 이루어진다. 동 심사기준은 기업결합심사와 관련하여 이를 간이심사대상 기업결합과 일반심사대상 기업결합으로 나누고, 후자의 심사에 집중하고 있다. 간이심사대상 기업결합은 결합당사자가 서로 특수관계인인 경우, 동 심사기준에 의한 지배관계가 형성되지 아니하는 기업결합, 대규모회사(령 제15조 제 3 항)와 그 특수관계인이 아닌 자가 혼합형 기업결합을 하는 경우 등이다. 간이심사대상 기업결합은 경쟁제한성이 없는 것으로 추정하며 원칙적으로 신고한 내용이 사실인지 여부만을 심사한다(동 심사기준 Ⅲ). 이하 두 요건을 법령과 심사기준을 기준으로 상세하게 살펴본다.

2. 기업결합이 있을 것

2.1. 결합의 수단

공정거래법 제 9 조는 '다음 각호의 1에 해당하는 행위로서' 일정한 거래분야에서 경쟁을 실질적으로 제한하는 행위를 해서는 아니된다고 규정한다. 즉 동법이 한정적으로 열거하는 수단, 즉 주식취득, 임원겸임, 합병, 영업양수, 신회사설립참여 등에 의한 기업결합만이 동조의 금지대상이다.

가. 주식취득

주식취득이란 '다른 회사의 주식의 취득 또는 소유'를 말하며, 주식취득에 의한 기업결합은 가장 흔히 사용되는 결합방법이다. 여기서 주식이라 함은 주식회사의 사원권인 주식 이외에 합명회사나 합자회사, 그리고 유한회사의 지분을 포함하며(법 제 2 조 제 7 호 참조), 취득 또는 소유라고 함은 법률형식상의 소유, 즉 명의의 주체를 말하는 것이 아니고 실질적인 소유, 즉 당해 지분의 계산의 주체가 되는 것으로 충분하다(법 제10조).

주식을 취득하는 방법에 대한 제한은 없다. 따라서 지배권을 형성하는 주식의 양수나, 증권시장 안팎의 특정승계, 주식공개매수 등의 승계취득은 물론, 신주인수나 선의취득 등의 원시취득도 가능하다. 상속이나 증여를 통한 것도 물론 가능하다. 그러나 합병이나 영업양수에 따른 주식소유권 승계에 대해서는 합병이나 영업양수의 규정이 적용된다.

나. 임원겸임

임원겸임이란 '임원 또는 종업원에 의한 다른 회사의 임원지위의 겸임'을 말하는바, 여기에서 종업원은 '계속하여 회사의 업무에 종사하는 자로서 임원 이외의 자'를 지칭한다(법 제9조 제1항 제2호).

대표적 인적결합 수단으로서의 임원겸임에는 임원파견도 포함되나, 지배회사, 즉 취득회사의 임원이나 종업원이 피지배회사, 즉 피취득회사의 종업원 지위를 겸하는 것은 임원겸임에 해당되지 않는다. 임원겸임이나 파견은 경우에 따라 불공정거래행위 중 부당지원행위를 구성할 수 있고 상법상 경업피지의무 위반이나 노동법상의 문제가 교착될 수 있다.

임원겸임은 그 자체 독립한 기업결합수단이라기 보다는 자본적 혹은 조직적 수단에 의한 기업결합을 보충하는 면이 강하다. 여기에서 공정거래법은 자산총액 또는 매출액이 2조원 미만의 회사가 행하는 임원겸임과 파견에 대해서는 기업결합으로서 금지하지 아니한다(법 제9조 단서).

다. 합 병

합병이란 복수의 회사가 법정의 절차에 따라 하나 이상의 회사가 소멸하고 소멸하는 회사의 법인격과 영업은 해산이나 청산절차를 거치지 아니하고 존속회사나 신설회사로 포괄승계되는 회사법상의 법률요건으로서 합병에는 흡수합병과 신설합병의 두 형태가 있다. 1999년의 회사법 개정으로 도입된 분할합병(상법 제530조의2 제2항·제3항·제4항) 또한 유력한 기업결합의 수단이며, 따라서 공정거래법 제9조 제1항 제3호의 합병에는 분할합병이 포함된다(단순분할은 제외).

합병은 상법상의 회사 상호간에 이루어지는 법현상이며, 회사 이외의 사업자의 법인격과 영업 전부를 한꺼번에 흡수, 통합시키는 법기술은 현행법상 존재하지 아니한다. 합병과 마찬가지의 경제적 효과를 발생시키는 여러 가지 사실상의 합병에 대해서도 통제할 필요가 있으나, 이에 관해서는 제1차적으로 영업양도, 영업의 임대차 그리고 영업용 주요자산의 양도에 관한 규정이 적용된다.

라. 영업양수

기업결합수단으로서 영업양수는 매우 폭넓은 개념이다. 상법상의 영업양도는 영업 전부의 양도와 영업의 주요부분의 양도를 말하는 것이나, 여기에서는 영업의 임대차, 경영의 수임, 다른 회사의 영업용 고정자산의 전부 혹은 주요부분의 양수 등이 포괄된다(법 제9조 제1항 제4호).

영업의 임대차란 영업의 전부 또는 일부를 일정한 기간 타인에게 대여하는 계약으로서 임차인은 기업주체로서 자신의 명의로 영업을 수행하고 손익의 귀속주체가 되는 것이다. 영업의 임대차는 임차인이 기업규모를 확대하거나 결합기업의 유지관리수단으로 이용하는 법기술이다. 또한 경영수임에는 협의의 경영위임은 물론 경영관리계약도 포함된다. 경영위임이란 기업의 경영을 타인에게 위임하는 계약인바, 영업소유자인 위임자가 대외적으로 영업자로 나타나는 점에서 영업의 임대차와 다르다. 즉 위임자의 명의로 영업을 수행하나 실질적으로는 수임인이 경영을 담당하게 되는데, 내부관계에서 손익의 귀속점을 위임자로 할 때에는 협의의 경영위임이 되고 이를 수임자로 할 때에는 경영관리계약으로 칭하는 것이 보통이다.

마. 새로운 회사설립에의 참여

새로운 회사의 탄생은 일반적으로 시장구조를 개선한다. 새로운 시장참가자가 나타나, 기존의 시장집중이 완화될 가능성을 열기 때문이다. 그러나 신회사설립이 경쟁제한을 위해 이루어지는 경우도 있는바, 둘 이상의 회사가 출자하여 원재료의 공동구매나 제품의 공동판매, 혹은 기술의 공동개발을 위해 합작회사를 설립하는 경우가 여기에 속한다.

그러나 복수의 회사가 참여하는 신회사 설립 중에서 특수관계인[95] 이외의 자는 참여하지 아니하는 경우나 상법 제530조의2 제 1 항의 규정에 의하여 분할에 의한 회사설립에 참여하는 경우에는 금지대상에서 제외된다(법 제 9 조 제 1 항 제 5 호 단서).[96] 상법 제530조의2 제 1 항은 회사의 단순분할을 말하는데 단순분할이란 기존의 회사가 영업부분만을 떼내어 판매회사를 설립하는 것과 같이 기존의 피분할회사가 복수의 회사로 분할하는 법현상을 말한다. 특수관계인 이외의 자는 참여하지 아니하는 회사설립이나 단순분할은 시장구조에 악영향을 미치지 않기 때문이다. 이는 기존의 회사가 필요한 부품생산을 위해 단독으로 자회사를 설립하는 것이 시장구조를 악화시키지 않는 것과 마찬가지이다.

2.2. 지배관계의 형성

기업결합의 결과, 결합의 당사자인 사업자들 사이에 지배관계, 즉 지배복종의 관계가 형성되어야 한다. 기업결합이란 복수의 기업을 단일한 지휘관리체제로 편

95) 령 제14조 제 1 항 제 3 호 소정의 '경영을 지배하려는 공동의 목적을 가지고 당해 기업결합에 참여하는 자'는 여기의 특수관계인에서 제외된다(령 제14조 제 2 항).

96) 실체적 통제의 대상에서 제외하고 있을 뿐, 기업결합신고의무가 면제되는 것은 아니다.

입시키는 것이므로, 결합의 효과로서 기업결합을 주도하는 사업자, 즉 취득회사와 결합당하는 사업자, 즉 피취득회사 사이에 지배관계가 형성되어야 하는 것이다. 지배관계의 형성 여부는 사실에 관한 판단으로서 사후적 개별심사에 의하며, 공정위가 심리를 마치는 시점을 기준으로 판단한다. 그 후의 사정은 행정처분 이후의 사정변경에 불과하며 처분 당시의 지배관계에 관한 판단에 영향을 미칠 수 없다.[97] 이에 대한 증명은 공정위 혹은 사소(私訴)의 경우에는 원고가 행하여야 한다.

기업결합심사기준은 지배관계의 형성 여부와 관련하여 구체적 기준을 제시하고 있는데(동 심사기준 Ⅳ), 결합의 법적수단에 따라 차이가 있다. 즉 합병과 영업양수의 경우에는 피취득회사의 기업실체가 취득회사에 흡수되어 기업이 단일화되므로, 지배관계의 형성에 관해서는 이를 별도로 거론할 필요가 없다. 주식취득의 경우에는 취득회사 등의 피취득회사의 주식소유 비율이 50% 이상인 때와 주식소유 비율이 50% 미만이더라도 이에 준하는 사유가 있는 때이다. 그리고 임원겸임의 경우에는 첫째 취득회사의 임직원으로서 임원겸임자가 피취득회사의 임원 총수의 3분의 1이 넘고 취득회사 등이 피취득회사의 경영을 실질적으로 장악하는 때, 둘째 임원겸임자가 피취득회사의 대표이사 등 경영 전반에 실질적인 영향력을 행사할 수 있는 지위를 겸하는 경우 등이다. 한편 새로운 회사설립에의 참여의 경우에는 주식취득의 경우에 준하여 지배관계의 형성 여부를 판단한다.

3. 경쟁의 실질적 제한

기업결합의 경쟁제한성 여부를 판정하기 위해서는 관련시장의 범위획정이 선행되어야 한다. 그 다음에 당해 기업결합이 경쟁을 실질적으로 제한하는지 혹은 제한할 가능성이 있는지 여부를 심사하게 된다.

3.1. 관련시장의 획정

일정한 거래분야 혹은 관련시장이란 거래의 객체별, 단계별 또는 지역별로 경쟁관계에 있거나 경쟁관계가 성립될 수 있는 분야를 말하며(법 제 2 조 제 4 호), 관련시장 획정에 관한 일반론에 대해서는 이미 상세하게 살펴본 바 있다(기업결합심사기준 Ⅴ참조).

97) 서울고판 2004.10.27, 2003누2252.

이하 기업결합에 관한 공정위의 심결례를 몇 가지 살펴본다. 단계별시장을 다룬 사례는 보이지 않고 지리적 시장에 관해서는 한국 전체로 본 것이 대부분이다. 이들 심결례는 관련시장의 획정이라는 독금법 특유의 법기술뿐만 아니라, 개별 시장의 구조와 대체재 등에 대한 분석을 수반하여 그 내용이 매우 흥미롭다.

공정위의결 2000.5.16, 2000-76(에스케이텔레콤 사건)

이 사건 기업결합에 있어서 일정한 거래분야, 즉 관련시장은 동종 서비스를 제공하는 사업자간에 상호 경쟁관계가 성립될 수 있는 이동전화의 국내시장으로 획정한다. 이동전화란 이용자가 단말기를 휴대하고 이동중에 전화서비스를 이용할 수 있는 것으로서, 동 시장에는 셀룰러 이동전화(아날로그 및 디지털 방식이 있다) 및 PCS(Personal Communication Services) 이동전화가 포함된다. 유선전화(시내, 시외, 국제)와 이동전화는 사용용도, 사업자의 투자설비 및 통신망 이용수단, 통화요금, 경쟁 사업자 등에서 큰 차이가 있으므로 시장이 구분되며, 주파수를 할당받아 제공하는 역무로서 이동전화와 유사한 기능을 가진 것으로 무선호출, 시티폰(CT-2), 주파수공용통신(TRS), 무선데이타서비스가 있으나 이들은 기능과 효용 등에서 이동전화와 차이가 있으므로 별도시장으로 구분된다.

공정위의결 2000.4.26, 2000-70

이 사건 기업결합에 있어서 일정한 거래분야, 즉 관련시장은 동종 상품을 취급하는 경쟁사업자간에 상호 경쟁관계가 성립될 수 있는 「과실음료」, 「탄산음료」의 국내시장으로 획정한다. 과실음료와 탄산음료는 주원재료, 제조방법, 소비자선호도 등에서 차이가 있다.

국내 음료시장(1998년)의 전체 규모는 약 2조2,970억원으로 롯데칠성음료, 해태음료, 한국코카콜라 등 3사의 시장점유율이 71.4%에 달하고 있다. 이 중 과실음료 시장의 규모는 약 6,603억원으로 약 18개의 업체가 참여하고 있고, 탄산음료 시장의 규모는 약 9,157억원으로 약 9개의 업체가 참여하고 있다. 과실음료 시장은 97년 이후 그 규모가 상당부분 줄어들고 있으며 세부현황은 과실음료의 세부 내역을 보면 오렌지쥬스 45.6%, 배 음료 18.1% 및 포도 음료 14.9%의 비중을 보이고 있다. 탄산음료 시장은 97년 이후 그 규모가 다소 늘어나는 추세에 있으며, 콜라 54.5%, 사이다 24.9%가 대부분을 차지하고 있다. 유통조직으로는 회사의 직원에 의한 직접판매체제와 대리점을 통한 판매체제가 병행되고 있는데, 롯데칠성음료와 해태음료의 직판/대리점 판매비율은 롯데칠성 78:22, 해태음료 65:35로 직판 비율이 높은 편이다. 롯데칠성음료와 해태음료는 직판조직을 통해 캔제품 등을 공급하고 대리점 조직으로는 주로 병쥬스 등 고가고품질 제품을 판매하는 이원적 체제를 형성하고 있다. 경쟁업체 중 한국코카콜라, 동아오츠카는 직판 위주로 제품을 판매하고 있으며, 제일제당 등 나머지 회사들은 대리점 위주의 유통조직을 구성하고 있다.

공정위의결 2003.1.28, 2003-027(무학 사건)[98)]

이 사건 기업결합에 있어서 경쟁제한적 효과가 문제시되는 일정한 거래분야, 즉 관련시장은 동종상품을 취급하는 사업자간에 상호 경쟁관계가 성립할 수 있는 희석식 소주의 부산지역 및 경남지역(울산지역 포함) 시장으로 획정한다.

관련 지역시장에 대하여 피심인 측은 부산 및 경남 이외의 지역에서 소주사업자의 경쟁상황, 수요자인 도매업체의 구매전환 용이성 및 다른 지역업체의 공급가능성 등을 이유로 전국시장을 관련 지역시장으로 획정해야 할 것이라고 주장한다. 그러나 다음과 같은 점에서 피심인측의 주장은 타당성이 없다고 판단된다.

당사회사 중 대선주조는 부산 및 경남지역에만 매출이 발생하고 있으며, 피심인인 무학만이 매출의 일부(1.1%)를 서울·경기지역에 판매하고 있는 등 부산 및 경남 이외의 지역에서는 실제 당사회사의 경쟁이 이루어지고 있지 않은 상황이고 부산 및 경남지역에서는 오히려 이들 지역 소주업체의 점유율이 최근 수년간 증가 또는 높은 수준을 유지하고 있는 상황이다.

구매전환가능성은 유통업체가 아닌 최종소비자의 입장에서 분석해야 할 것인바, 종합주류도매업체 등 유통업체들은 상품의 생산자와 최종소비자를 연결해주는 역할을 하고 있으며, 유통업체들의 수요라는 것은 최종소비자에 의하여 유도되는 파생적 수요로서 최종소비자의 수요를 반영하고 따라가는 것이라고 할 수 있다. 따라서 최종소비자 측면에서 구매지역 전환가능성을 검토해 보아야 할 것인바, 부산 및 경남지역의 소비자들이 소주가격이 인상된다고 해도 해당지역을 벗어나 구매하기는 어렵다고 할 것

98) (주)무학과 특수관계인이 대선주조 주식을 취득한 사건은 지리적시장의 획정이 집중적으로 논란된 매우 의미있는 사건이다. 피심인 측은 지리적시장을 전국 소주시장으로 주장한 데 비해, 공정위는 부산 및 경남지역으로 파악하였다. 주세법상의 자도주 구입제도에 대해 헌법재판소가 위헌결정을 내렸으나(헌재 1996.12.26, 96헌가18), 소비자들이 자도주에 대해 강한 선호도를 여전히 보이고, 다른 지역의 소주제조업체가 유통조직을 확보하는 것이 어렵고, 무학은 경남지역에서 그리고 대선주조는 부산지역에서 매출이 높은 점을 고려하였던 것이다. 이 사건에 대한 행정소송에서 서울고법은 자도주 제도의 폐지를 포함한 국내 소주시장의 변화, 부산 및 경남지역 소주시장의 현황 등을 검토한 결과 지리적시장을 부산 및 경남지역 소주시장으로 보았다(서울고판 2004.10.27, 2003누2252). 이 사건의 소송수행과정에서 관련시장 획정과 관련하여 SSNIP(small but significant, non-transitory increase in price) 기준이 우리나라에서 처음으로 논란되었다[서울고판 2004.10.27, 2003누2252. 고법 확정].

이다.

다른 지역 소주업체의 공급가능성을 보더라도 기존 유통조직의 확대나 신규 유통조직 확보의 어려움, 강력한 소비자 선호도 등의 이유로 부산 및 경남지역의 소주가격이 인상된다고 해도 후술(4.다. 신규진입가능성)하는 사실상 및 제도적 진입장벽으로 인해 타지역의 소주업체가 해당지역에 공급을 증가시키거나, 새로이 진입하기는 어려울 것으로 판단된다.

피심인 측이 2002.6.10. 게재한 공개매수 공고문은 "당사가 대선주조의 경영권을 인수하는 것은 생존권 차원입니다. 당사와 대선주조는 부산, 경남의 한정된 시장에서 수십년간의 치열한 마케팅경쟁을 해왔습니다. 당사와 좁은 시장을 양분하고 있는 대선주조가 부실한 재무구조 때문에 경쟁회사, 대기업, 외국계 기업 등에 인수된다면 당사는 영업기반이 근본적으로 붕괴되어 회사 존립에 심각한 타격이 예상됩니다. 따라서 당사가 대선주조를 인수하는 것은 당사의 생존권을 확보하기 위한 최후의 결단입니다"라고 밝히고 있는 데서도 알 수 있듯이, 피심인측에서도 관련시장의 범위를 부산, 경남지역으로 한정하고 있는 것으로 볼 수 있다.

3.2. 경쟁을 실질적으로 제한할 것

"경쟁을 실질적으로 제한하는 행위"라 함은 일정한 거래분야 즉, 관련시장의 경쟁이 감소하여 특정사업자 또는 사업자단체의 의사에 따라 어느 정도 자유로이 가격·수량·품질 등의 결정에 영향을 미치거나 미칠 우려가 있는 상태를 초래하는 행위를 말한다(법 제 2 조 제 5 호).

이를 기업결합에 적용하여 "경쟁을 실질적으로 제한하는 기업결합"이라 함은 당해 기업결합에 의해 일정한 거래분야에서 경쟁이 감소하여 특정한 기업 또는 기업집단이 어느 정도 자유로이 상품의 가격·수량·품질 기타 거래조건 등의 결정에 영향을 미치거나 미칠 우려가 있는 상태를 초래하거나 그러한 상태를 상당히 강화하는 기업결합을 말하고, "경쟁제한성" 또는 "경쟁을 실질적으로 제한한다" 함은 그러한 상태를 초래하거나 그러한 상태를 상당히 강화하는 것을 뜻한다(기업결합심사기준 Ⅱ.6).

특정한 기업결합이 실질적으로 경쟁을 제한하는지 여부는 제한된 소수의 전제사실이 존재하면 그 자체로서 당연히(per se) 경쟁제한성이 추단되는 것이 아니라, 기업결합의 동기나 추진과정 등 당사자의 행태적 요인은 물론, 시장의 구조와 성과의 측면을 총체적으로 고려하여 개별적으로 또 사후적으로 판단하게 된다. 이 과정에서 당해 결합으로 인한 시장구조의 악화 혹은 그 개연성, 당사자의 기업결합 전후의 행태, 관련시장의 구조, 시장성과적 측면 등 제반정황에 대한 분석과 검토가 이루어지게 된다. 그러나 현행 법문상의 위법성 심사구조에서는 경쟁제한성에 대한 심사와 효율성증대에 대한 심사는 별개의 단계로 설정되어 있고, 그 결과 경쟁제한성과 효율성의 비교형량 혹은 비용편익 분석은 예외사유에서 다루어지게 된다. 그러나 심사의 실제에 있어서는 이를 두 단계로 나누어 진행하는 것은 적절하지 아니하고 경쟁제한성 심사에서 제반사정을 종합하여 편익과 비용을 비교형량하게 된다. 물론 공정위 심결문에서는 파탄기업의 항변이나 효율성 항변을 별도의 항목으로 작성하고 있다.

경쟁의 실질적 제한에 관한 증명책임은 당해 기업결합의 적법성을 부인하는 측이 진다. 이는 사소(私訴)를 제외하고 공정위가 그 증명책임을 부담하게 됨을 뜻하는데, 공정위는 기업결합심사기준에 따라 당해 결합에 대해 광의의 위법성을 심사하게 된다. 현행 기업결합심사기준은 수직결합은 물론 혼합결합도 심사대상으로 하고 있으며, 기준이 정하는 심사항목과 내용을 보면 객관적 사실 이외에 기업결합의 목적과 동기 등도 포함되어 있다. 이하 기업결합심사기준이 정하는 경쟁제한성 판단기준들을 정리한다.

가. 수평적 기업결합의 경우

경쟁을 실질적으로 제한하는지 여부에 대해서는 기업결합 전후의 시장집중상황, 단독효과 즉 결합당사회사 단독의 경쟁제한 가능성, 협조효과 즉 경쟁사업자간의 공동행위 가능성, 원재료시장과 같은 상부시장에서의 지배력강화로 인한 경쟁제한가능성, 즉 당해 결합에 따른 구매력 증대에 기인한 효과 등 제반사정을 종합적으로 고려하여 개별적으로 판단하되, 일반적으로 시장집중도가 중요한 고려요인이 된다(기업결합심사기준 Ⅵ.1).

즉 기업결합 후 HHI가 1,200 이상 2,500 미만이고 결합으로 인한 증가치가 250 이상인 경우, 또는 결합 후 HHI가 2,500 이상이고 증가치가 150 미만인 경우에는 당해 기업결합으로 인해 경쟁이 실질적으로 제한될 가능성이 있다. 다만 시장집중도 분석은 기업결합이 경쟁에 미치는 영향을 분석하는 출발점으로서의 의미를 가지며, 경쟁이 실질적으로 제한되는지 여부는 시장의 집중상황과 함께 여러 가지 사항들을 종합적으로 고려하여 판단하게 된다. 시장집중도를 평가함에 있어서는 최근 수년간의 시장집중도의 변화추세를 고려한다. 최근 수년간 시장집중도가 현저히 상승하는 경향이 있는 경우에 시장점유율이 상위인 사업자가 행하는 기업결합은 경쟁을 실질적으로 제한할 가능성이 높아질 수 있다. 이 경우 신기술개발, 특허권 등 향후 시장의 경쟁관계에 변화를 초래할 요인이 있는지 여부를 고려한다.

또한 경쟁제한성 완화요인으로 검토해야 할 사항으로는 해외경쟁의 도입과 국제적 경쟁상황, 신규진입의 가능성, 유사품 및 인접시장의 존재, 강력한 구매자의 존재 여부 등이 있다.

우선 해외경쟁의 도입과 관련해서는 수입이 용이하거나 당해 거래분야에서 수입품이 차지하는 비율이 증가하는 추세에 있는 경우에는 기업결합에 의해 경쟁을 실질적으로 제한할 가능성이 낮아질 수 있다. 이 경우 당해 상품의 국제가격 및 수급상황, 우리나라의 시장개방의 정도 및 외국인의 국내투자현황, 국제적인 유력한 경쟁자의 존재여부, 관세율 및 관세율의 인하계획 여부, 기타 각종 비관세장벽 등을 고려할 필요가 있다.

또한 당해 시장에 대한 신규진입이 가까운 시일 내에 용이하게 이루어질 수 있는 경우에는 경쟁을 실질적으로 제한할 가능성이 낮아질 수 있고, 신규진입의 가능성을 평가함에 있어서는 법적·제도적인 진입장벽의 유무, 필요최소한의 자금규모, 특허권 기타 지적재산권을 포함한 생산기술조건, 입지조건, 원재료조달조건, 경쟁사업자의 유통계열화의 정도 및 판매망 구축비용, 제품차별화의 정도 등을 고려하여야 한다.

대판 2008.5.29, 2006두6659(삼익악기 사건)

[관련시장의 획정 등]

관련 상품시장은 일반적으로 서로 경쟁관계에 있는 상품들의 범위를 말하는 것으로서, 구체적으로는 거래되는 상품의 가격이 상당 기간 어느 정도 의미 있는 수준으로 인상될 경우 그 상품의 대표적 구매자가 이에 대응하여 구매를 전환할 수 있는 상품의 집합을 의미하고, 그 시장의 범위는 거래에 관련된 상품의 가격, 기능 및 효용의 유사성, 구매자들의 대체가능성에 대한 인식 및 그와 관련한 구매행태는 물론, 판매자들의 대체가능성에 대한 인식 및 그와 관련한 경영의사의 결정행태, 사회적·경제적으로 인정되는 업종의 동질성 및 유사성 등을 종합적으로 고려하여 판단하여야 할 것이며, 그 이외에도 기술발전의 속도, 그 상품의 생산을 위하여 필요한 다른 상품 및 그 상품을 기초로 생산되는 다른 상품에 관한 시장의 상황, 시간적·경제적·법적 측면에서의 대체의 용이성 등도 함께 고려하여야 한다.

원심은 채택 증거를 종합하여 판시와 같은 사실을 인정한 다음, 공급측면의 경우 중고 피아노는 신품 피아노와 달리 가격이 상승하더라도 공급량이 크게 증가될 수 없다고 보이는 점, 수요측면의 경우에도 가격과 구매수량에 더 민감한 수요층(중고 피아노)과 제품 이미지, 품질, 사용기간 등에 더 민감한 수요층(신품 피아노)으로 그 대표적 수요층이 구분되어 신품 피아노의 가격이 상승하더라도 신품 피아노를 구입하려는 소비자들이 그 의사결정을 바꿔 중고 피아노로 수요를 전환할 가능성은 크지 않다고 보이는 점, 원고들이 그 동안 신품 피아노의 가격결정, 마케팅 등과 같은 영업전략을 수립함에 있어 중고 피아노의 시장규모 등을 고려했다는 자료가 없는 점 등에 비추어 중고 피아노는 신품 피아노와 상품용도, 가격, 판매자와 구매자층, 거래행태, 영업전략 등에서 차이가 있고 상호간 대체가능성을 인정하기 어렵다는 이유로, 피고가 이 사건 기업결합의 관련 시장을 국내의 업라이트 피아노, 그랜드 피아노, 디지털 피아노의 각 신품 피아노 시장으로 획정한 것은 정당하다고 판단하였으며, 아울러 거래의 지리적 범위인 관련 지역시장의 획정 문제와 실질적 경쟁제한성 판단의 한 요소인 해외 경쟁의 도입수준 등의 문제를 별도로 판단하였다.

위 법리와 기록에 비추어 보면, 원심의 이러한 조치는 정당하고, 거기에 상고이유와 같은 관련 상품시장의 획정에 관한 법리오해, 관련 지역시장의 획정과 실질적 경쟁제한성 판단의 한 요소인 해외 경쟁의 도입수준 등의 오인·혼동으로 인한 법리오해 등의 위법이 없다.

[실질적 경쟁제한성이 존재하는지 여부]

법 제2조 제8호의2에서 규정한 '경쟁을 실질적으로 제한하는 행위'라 함은 일정한 거래분야의 경쟁이 감소하여 특정 사업자 또는 사업자단체의 의사에 따라 어느 정도 자유로이 가격·수량·품질 기타 거래조건 등의 결정에 영향을 미치거나 미칠 우려가 있는 상태를 초래하는 행위를 의미하며, 법 제7조 제4항에서는 기업결합이 그 각 호의 1에 해당하는 경우에 일정한 거래분야에서 경쟁을 실질적으로 제한하는 것으로 추정하고 있는바, 수평적 기업결합에서 이러한 실질적 경쟁제한성을 판단함에 있어서는 기업결합 전후의 시장 집중상황, 해외 경쟁의 도입수준 및 국제적 경쟁상황, 신규진입의 가능성, 경쟁사업자 간의 공동행위 가능성, 유사품 및 인접시장의 존재 여부 등을 종합적으로 고려하여 개별적으로 판단하여야 한다.

원심은 채택 증거를 종합하여 판시와 같은 사실을 인정한 다음, 이 사건 기업결합으로 인한 원고 주식회사 삼익악기 및 영창악기제조 주식회사(이하 '영창악기'라 한다)의 시장점유율 합계는 이 사건 관련 시장에서의 실질적 경쟁제한성 추정요건에 해당할 뿐만 아니라, 신규진입의 가능성이 거의 없으며, 해외 경쟁의 도입 가능성이나 인접시장 경쟁압력의 정도 역시 매우 적고, 특히 이 사건 기업결합으로 인하여 국내의 양대 피아노 생산·판매업체는 사실상 독점화되고 직접적인 대체재 관계에 있던 두 제품이 하나의 회사 내에서 생산·판매되므로 소비자의 입장에서는 제품선택의 폭이 줄어들고 생산자의 입장에서는 이를 이용하여 가격인상을 통한 이윤증대의 가능성이 커지게 되므로, 이 사건 기업결합은 관련 시장에서의 경쟁을 실질적으로 제한하는 행위에 해당한다고 판단하였다.

위 법리와 기록에 비추어 보면, 원심의 이러한 조치는 정당하고, 거기에 상고이유와 같은 실질적 경쟁제한성에 관한 법리오해, 심리미진 등의 위법이 없다.

[효율성 증대를 위한 기업결합인지 여부]

법 제 7 조 제 2 항에서는 당해 기업결합 외의 방법으로는 달성하기 어려운 효율성 증대효과가 경쟁제한으로 인한 폐해보다 큰 경우(제 1 호)에 해당한다고 공정거래위원회가 인정하는 기업결합에 대하여는 법 제 7 조 제 1 항의 규정을 적용하지 아니하며, 이 경우 해당요건을 충족하는지에 대한 입증은 당해 사업자가 하여야 한다고 규정하고 있는바, 이러한 당해 기업결합으로 인한 특유의 효율성 증대효과를 판단함에 있어서는 기업의 생산·판매·연구개발 등의 측면 및 국민경제의 균형발전 측면 등을 종합적으로 고려하여 개별적으로 판단하되, 이러한 효율성 증대효과는 가까운 시일 내에 발생할 것이 명백하여야 한다.

원심은 채택 증거를 종합하여 판시와 같은 사실을 인정한 다음, 원고들 주장의 효율성 증대효과 대부분이 이 사건 기업결합으로 인한 특유의 효율성 증대효과에 해당한다고 보기 어려울 뿐만 아니라, 국내 소비자 후생 등과 관련이 없으므로 효율성 증대효과로 인정하기에 부족하고, 달리 이 사건 기업결합의 효율성 증대효과가 경쟁제한으로 인한 폐해보다 큰 경우로 볼 수 없다는 이유로, 이 사건 기업결합이 효율성 증대를 위한 기업결합에 해당한다는 원고들의 이 부분 주장을 배척하였다.

위 법리와 기록에 비추어 보면, 원심의 이러한 조치는 정당하고, 거기에 상고이유와 같은 효율성 증대를 위한 기업결합에 관한 법리오해, 채증법칙 위배 등의 위법이 없다.

[회생이 불가한 회사와의 기업결합인지 여부]

법 제 7 조 제 2 항에서는 상당 기간 대차대조표상의 자본총계가 납입자본금보다 작은 상태에 있는 등 회생이 불가한 회사와의 기업결합(제 2 호)으로서, 법 시행령 제12조의4에서 규정하고 있는 요건인 '기업결합을 하지 아니하는 경우 회사의 생산설비 등이 당해 시장에서 계속 활용되기 어려운 경우, 당해 기업결합보다 경쟁제한성이 적은 다른 기업결합이 이루어지기 어려운 경우'에 해당한다고 공정거래위원회가 인정하는 기업결합에 대하여는 법 제 7 조 제 1 항의 규정을 적용하지 아니하며, 이 경우 해당요건을 충족하는지에 대한 입증은 당해 사업자가 하여야 한다고 규정하고 있다.

원심은 채택 증거를 종합하여 판시와 같은 사실을 인정한 다음, 이 사건 기업결합 당시 영창악기의 자금사정이 열악하였다고 보이기는 하나 영창악기가 지급불능 상태에 있었거나 가까운 시일 내에 지급불능 상태에 이르러 회생이 불가한 회사라고 단정하기 어려운 점, 영창악기가 국내외에서 높은 브랜드 인지도를 보유하고 상당한 판매실적을 기록하고 있는 사정 등에 비추어 영창악기가 관련 시장에서 퇴출될 것이라고 보기는 어려워 '생산설비 등이 당해 시장에서 계속 활용되기 어려운 경우'라고 단정하기 어려운 점, 실제로 원고들 이외의 다른 회사들이 영창악기에 대하여 증자참여 내지 인수를 제안했던 사정 등에 비추어 제 3 자의 인수가능성이 없어 '이 사건 기업결합보다 경쟁제한성이 적은 다른 기업결합이 이루어지기 어려운 경우'이었다고 단정하기 어려운 점 등을 종합하여, 이 사건 기업결합이 회생이 불가한 회사와의 기업결합에 해당한다는 원고들의 이 부분 주장을 배척하였다.

위 법리와 기록에 비추어 보면, 원심의 이러한 조치는 정당하고, 거기에 상고이유와 같은 회생이 불가한 회사와의 기업결합에 관한 법리오해, 채증법칙 위배 등의 위법이 없다.

[재량권의 일탈·남용과 관련된 상고이유에 대하여]

관계 법령과 기록에 비추어 보면, 피고는 법에서 규정한 범위 내에서 시정조치를 명하는 이 사건 처분을 하였을 뿐만 아니라, 원고들이 상고이유에서 내세우고 있는 사정을 참작하더라도, 피고가 이 사건 처분을 함에 있어 평등의 원칙, 비례의 원칙에 위배되는 등의 방법으로 재량권을 일탈·남용하였다고 할 수 없다.

같은 취지의 원심의 판단은 정당하고, 거기에 상고이유와 같은 재량권의 일탈·남용에 관한 법리오해, 심리미진의 위법이 없다.

나. 수직적 기업결합의 경우

수직형 결합의 경우 당해 결합으로 인해 시장점유율이 직접 변동하는 것이 아니고 거래하고 있던 경쟁회사가 거래에서 배제되거나 배제될 가능성으로 인하여 부분적인 시장의 봉쇄효과(market foreclosure effect)가 일어날 수 있다는 점에서 경쟁제한성이 문제로 된다.[99] 즉 수직형 기업결합이 경쟁을 실질적으로 제한하는지 여부는 시장의 봉쇄효과와 협조효과 즉 경쟁사업자간 공동행위 가능성 등을 종합적으로 고려하여 판단하게 된다(기업결합심사기준 Ⅵ.3).

시장의 봉쇄효과는 당해 기업결합이 경쟁관계에 있는 사업자의 구매선 또는

99) 윤세리, 기업결합규제에 관한 사례연구, 공정거래법강의 Ⅱ(법문사, 2000), 141.

판매선을 봉쇄하거나 다른 사업자의 진입을 봉쇄할 가능성을 의미한다. 시장의 봉쇄효과를 판단함에 있어서는 당사회사의 시장점유율 이외에 기업결합의 목적, 경쟁사업자가 대체적인 공급선·판매선을 확보할 가능성, 경쟁사업자의 수직계열화 정도, 당해 시장의 성장전망 및 당사회사의 설비증설 등 사업계획, 사업자간 공동행위에 의한 경쟁사업자의 배제가능성, 당해 기업결합에 관련된 상품과 원재료의존관계에 있는 상품시장 또는 최종산출물 시장의 상황 및 그 시장에 미치는 영향, 당해 결합으로 인한 진입장벽의 증대 등을 고려하여야 한다.

협조효과와 관련해서는 결합 이후 경쟁사업자의 사업활동에 관한 가격정보 등 정보입수가 용이해지는지, 결합당사회사가 원재료구매시장의 공급자들 사이의 협조를 견제하는 유력한 사업자인지, 당해 거래분야에서 과거 사업자간 협조사실이 있었는지 등을 종합적으로 고려하게 된다.

현행 기업결합심사기준상 경쟁제한성 완화요인은 수평, 수직, 혼합결합이 동일하게 규정되어 있다. 즉 해외경쟁의 도입 및 국제적 경쟁상황, 신규진입의 가능성, 유사품 및 인접시장의 존재, 강력한 구매자의 존재 여부 등이다.

공정위의결 2007.7.3, 2007-351(포스코와 포스코아의 기업결합 사건)

[기초사실과 관련시장] 취득회사 중 (주)포스코는 철강제품을 제조·판매하는 사업자이며 (주)포스틸은 철강제품의 내수판매·수출·수입 등 유통업을 하는 사업자다. 피취득회사 (주)포스코아는 전기강판을 이용한 코어(Core)제품의 제조·판매를 업으로 하는 사업자이다. 포스코는 2007. 4. 2. 자신의 계열회사인 포스틸을 통하여 세운철강(주), (주)평산, 신동수가 소유하고 있던 포스코아의 주식 중 발행주식의 51%에 해당하는 주식을 취득하는 계약을 체결하고, 같은 날 이러한 사실을 공정거래위원회에 신고하였다.

포스코는 국내 유일의 전기강판 생산업체로서 국내 전기강판시장에서 판매공급량의 약 92%를 차지하는 실질적인 독점사업자이다. 포스코가 공급하는 전체 전기강판의 약 51% 정도가 코어제조·판매업체들에게 공급되고 있는바, 포스코는 코어제조·판매업체를 대상으로 한 국내 전기강판 시장에서 전기강판 판매공급량 기준으로 98.24%('06년 기준)의 시장점유율을 차지하고 있다.

이 사건 기업결합은 생산과 유통과정에 있어서 원재료 의존관계에 있는 회사간의 결합인 '수직형 기업결합'에 해당하며, 관련 상품시장은 결합 당사회사가 사업활동을 영위하고 있는 "코어제조·판매업체들을 대상으로 한 국내전기강판시장"과 "개별 코어

제품 시장"으로 그리고 관련 지리적 시장은 "국내시장"으로 획정되었다.

[지배관계] (주)포스코는 자신의 계열회사로서 특수관계인에 해당하는 피심인 (주)포스틸을 통하여 피심인 (주)포스코아의 주식 51%를 취득하였고, 그 결과 취득회사의 주식소유비율이 50/100 이상인 경우에 해당되어 지배관계가 형성되었다.

[경쟁제한성] 첫째, 중소기업시장에서 대규모회사의 기업결합으로 경쟁제한성이 법률상 추정된다(법 제 7 조 제 4 항 제 2 호). 피심인 (주)포스코는 자산총액 등의 규모가 2조원 이상인 "대규모회사"에 해당되며, 제조업체인 코어시장에서의 1위 사업자인 피심인 (주)포스코아를 비롯하여 다른 코어업체들은 상시종업원수가 300인 미만이거나 자본금 80억 이하인 사업자들로 중소기업기본법에서 규정한 '중소기업'에 해당한다. 따라서 이 사건 건 기업결합의 거래분야인 코어시장에는 중소기업의 시장점유율이 100%인 시장에 해당한다. (주)포스코아의 개별 코어시장에서의 시장점유율은 제품별로 12%~69%의 시장점유율을 차지하고 있어, 피심인 (주)포스코는 본 건 기업결합을 통해 국내 코어시장에 직접 진입하게 되어 본 건 기업결합을 통한 피심인 (주)포스코의 시장점유율은 개별제품별로 12%~69%에 이르게 된다. 따라서 본 건 결합은 시장점유율 5% 이상의 요건을 충족하고 있다.

둘째, 시장봉쇄효과에 있어서는 당사 회사의 시장집중도, 기업결합의 목적, 경쟁사업자의 대체 공급선·판매선 확보 가능성 여부, 경쟁사업자의 수직계열화 정도, 당해시장의 성장전망 및 당사회사의 설비증설 등 사업계획, 사업자간 공동행위에 의한 경쟁사업자의 배제가능성, 이 기업결합이 최종 완제품 시장에 미치는 영향 등을 모두 종합하여, 이 사건 기업결합으로 인하여 국내 코어업체를 대상으로 한 전기강판시장 및 국내 (개별)코어시장에서 원재료인 전기강판 수급과 관련한 시장봉쇄효과가 발생하게 될 것으로 판단되었다. 또한 이로 인하여 개별 코어제품시장에서 피심인 (주)포스코아의 시장지배력이 더욱 강화되어 동 시장에서의 경쟁이 제한될 뿐만 아니라 최종 완제품 시장에서의 전기강판 및 코어제품 수급에도 영향을 미치게 될 것으로 예상되었다.

셋째, 진입장벽 증대 효과에 관한 판단은 다음의 세 가지 점이 고려되었다. 즉 i) 전기강판 제조업은 막대한 초기 투자비용이 소요되는 장치산업이며, 대부분의 코어제조에 사용되는 일반재 전기강판은 현재 피심인 (주)포스코의 생산량만으로도 공급초과 상태에 있으므로 다른 사업자가 국내 일반재 전기강판 시장에 신규 진입하는 것은 사실상 어려울 것인 점, ii) 전기강판시장에 새로운 사업자가 진입한다 하더라도 이 사건 기업결합으로 당사회사의 시장지배력 및 시장봉쇄효과가 높아진 상태에서 온전한 구매처를 확보하는 것이 매우 어려울 것으로 판단되는 점, iii) 코어시장은 전기강판에 비해 신규 진입 비용이 상대적으로 적다고 할 수 있으나, 대부분 주문생산 방식에 의해 거래되는 개별 코어제품시장의 특성상, 이 사건 기업결합으로 피심인 (주)포스코아가 국내 코어시장을 사실상 지배하게 될 경우 다른 사업자의 신규진입 가능성은 매우 낮다고 판단되는 점 등이다.

[경쟁제한성 종합판단] 이 사건 기업결합은 법 제7조 제4항 제2호에 해당할 뿐만 아니라 이 사건 기업결합으로 인해 국내 코어업체 대상으로 한 전기강판 시장 및 국내 코어시장에서 투입물 봉쇄 및 고객 봉쇄 효과가 나타나는 등으로 양 시장에서의 경쟁이 실질적으로 제한될 것으로 판단되었다.

다. 혼합적 기업결합

혼합형 기업결합에 대해서는 규제의 필요성 여부에 관해 논란이 있으며, 혼합결합은 그 성격상 두 당사회사가 속한 거래분야의 경쟁을 직접적으로 제한할 수 없다. 그 결과 당해 결합의 잠재적 경쟁의 저해효과, 경쟁사업자 배제효과, 진입장벽 증대효과 등을 종합적으로 고려하여 판단하되, 잠재적 경쟁의 저해가 가장 중요한 항목이다(기업결합심사기준 Ⅵ.4).

잠재적 경쟁저해성의 판단에 있어서는 피취득회사가 속한 시장에 진입하려면 특별히 유리한 조건을 갖추어야 하는지 여부, 취득회사가 당해 결합 이외의 보다 경쟁제한성이 작은 방법으로 시장에 진입할 수 있었거나 취득회사의 존재로 말미암아 해당 분야 사업자들의 경쟁제한행위가 억제되고 있었는지 여부, 당사회사의 시장점유율과 집중도, 당사회사 이외의 유력한 잠재적 진입자의 존재 여부 등을 종합적으로 고려하여 판단하게 된다. 나아가서 당해 기업결합으로 인하여 당사자의 자금력, 원재료 조달능력, 기술력, 판매력 등 종합적 사업능력이 현저히 증대되어 상품의 가격과 품질 외의 요인으로 경쟁사업자를 배제할 수 있을 정도가 되는지 여부(경쟁사업자 배제), 당해 기업결합으로 시장진입을 위한 필요최소자금 규모가 현저히 증가하는 등 다른 잠재적 경쟁사업자가 시장에 새로 진입하는 것이 어려울 정도로 진입장벽이 증대하는지 여부(진입장벽의 증대) 등이다.

1980년 이후 혼합결합으로서 금지된 사례는 국내외를 통틀어 드물다. 우리나라에서는 하이트맥주(주)의 주식회사 진로의 인수와 관련하여 공정위는 이를 혼합결합으로 판단하고 경쟁제한의 우려를 인정하여 네 가지 시정조치를 내린 바 있다.[100)]

100) 이 사건은 혼합결합에 대한 유일한 심결문인바, 공정위는 소주와 맥주 사이의 혼합결합이 유통망지배를 통해 시장지배력을 크게 강화하여 소주와 맥주의 가격인상 우려가 있고, 끼워팔기 등을 통한 기존 주류 제조회사들의 배제가능성, 신규진입의 어려움 등 경쟁이 실질적으로 제한될

공정위의결 2006.1.24, 2006-069(하이트와 진로의 기업결합 사건)

[당사회사와 시장획정] 취득회사인 하이트맥주는 맥주 및 먹는 샘물 제조업 등을 영위하며, 피취득회사인 진로는 소주 및 먹는 샘물 제조업 등을 영위한다. 하이트 맥주는 진로의 주식 52.1%를 2005.8.4. 취득하고 이러한 사실을 공정거래위원회에 2005.8.5. 신고하였다(이 사건에서 먹는 샘물과 소주시장에서 수평형 기업결합도 발생하나, 샘물과 소주 부분 결합의 경쟁제한성은 부인되었다. 이 부분에 관한 사실과 판단은 이하에서는 제외함).

한편 소주와 맥주는 상품특성, 소비패턴, 가격변경이 기업이윤에 미치는 범위 등에 대한 계량분석, 국내외 심결사례 등을 종합하여 서로 다른 별개의 상품시장으로 획정되었고, 특히 다음의 사유가 심결문에서 명시되었다. 첫째, 상품특성 면에서 소주는 주정을 원료로 하여 알콜도수가 21~25도인 비교적 고도주인 반면, 맥주는 맥아, 홉 등을 원료로 하여 알콜도수가 4~5도인 저도주로 원료, 맛, 도수 등에서 상당한 차이가 존재한다. 둘째, 연령, 성별, 계절별 소비양태 면에서도 뚜렷한 차이가 있다. 셋째, 계량적 시장획정 도구인 임계매출감소분석(Critical Loss Analysis)에서도 소주와 맥주는 별개의 상품시장으로 획정되는 것으로 나타난다. 임계매출감소분석은 각국 경쟁당국이 기업결합심사 목적의 시장획정 기준으로 일반적으로 채택하고 있는 'SSNIP(Small but Significant and Non-transitory Increase in Price) Test'를 실제 사건에서 적용하기 위해 개발된 분석방법으로서, 가상적 독점기업이 '작지만 의미있고 일시적이지 않은 가격인상'을 시도할 경우 그에 따른 실제매출감소율과 임계매출감소율(이윤감소를 야기하지 않는 매출감소율 중 최대치를 의미함)을 비교하여 이윤이 증가하는 최소의 상품범위 또는 지리적 범위를 찾는 방법이다.

이 사건에서 소주의 관련지리적 시장이 부산, 경남, 경북, 전남, 제주를 제외한 국내 소주시장으로 획정되고, 맥주는 상품특성상 부패, 변질 등의 우려가 크지 않고 전국적 판매를 제한하는 지역간 법적, 경제적 장벽이 존재하지 않아 전국 맥주시장으로 획정되었다.

[기업결합의 유형 및 지배관계] 하이트맥주(주)와 (주)진로는 맥주와 소주를 생산·판매하고 있는데, 맥주와 소주는 동일한 상품시장에 속하지 아니하므로 혼합형 기업결

우려가 있다고 보았다. 이에 대한 시정조치는 첫째 합병사가 생산하는 소주와 맥주의 출고가격 인상폭을 5년간 소비자물가 상승률 이내에서만 허용하고, 둘째 끼워팔기 등 거래상지위 남용을 방지하기 위한 구체방안을 마련하여 5년간 이를 시행하며, 셋째 하이트와 진로의 영업관련 조직과 인력을 5년간 분리·운영하고, 넷째 결합회사의 주류도매상에 대한 물품출고 내역을 5년간 반기별로 공정위에 보고하는 것 등이다. 소주와 맥주의 대체성 여부에 대해 맛, 도수, 수요패턴 등 여러 면에서 차이가 있을 뿐만 아니라, 두 주류 간에 어느 정도 대체성은 있으나 동일시장으로 볼 정도의 긴밀한 대체관계는 없는 것으로 인정하여 소주와 맥주시장을 별개의 시장으로 판단하였다.

합이다. 또 하이트맥주(주)는 (주)진로의 주식 52.12%를 취득하여 최대주주가 되므로 기업결합심사기준에 의거 지배관계가 형성된다.

[경쟁제한성] 첫째, 기업결합으로 당사회사의 주류유통망에 대한 영향력이 매우 커져 경쟁사업자 배제가능성이 증대된다. 결합당사회사는 주류도매상과 거래함에 있어 끼워팔기 등을 통해 판매력 등 종합적 사업능력이 현저히 증대될 우려가 존재하고, 이 경우 가격과 품질 외의 요인으로 경쟁사업자를 배제할 가능성이 증대된다.

둘째, 기업결합이 이루어질 경우 결합당사회사의 주류도매상에 대한 영향력이 더욱 커짐에 따라, 주류시장에 신규로 진입하려고 하는 사업자는 주류도매상을 확보하는 것이 그만큼 어려워지게 된다. 신규진입 사업자는 기업결합 당사회사와 경쟁할 수 있을 정도의 규모를 갖추어야 하고, 주류유통망을 확보하는데 더 많은 시간과 비용이 소요되게 되므로 이 건 기업결합이 맥주시장에서의 진입장벽을 증대시켜 경쟁을 제한한다.

셋째, 기업결합심사기준이 정하는 잠재적 경쟁 저해가능성에 관한 네 가지 요건을 모두 충족한다. 즉 하이트맥주(주)는 계열회사를 포함하여 자산총액이 2조원을 초과하는 대규모회사로서 진로의 경쟁사업자에 비하여 월등하게 큰 규모를 가지고 있으며, 피취득회사인 진로의 시장점유율이 50% 이상이다. 그리고 하이트맥주(주)는 과거 소주업체인 보배(현 하이트주조)와 백학주조(현 충북소주)를 인수한 사례가 있고, (주)진로를 인수하려는 등 소주시장에 진입하려는 시도를 지속적으로 하고 있는 점, (주)진로는 소주가격을 인상할 경우 맥주가격과의 유사성 여부 등 맥주가격을 고려하고 있고 하이트맥주(주)는 맥주시장의 가격선도업체이므로 결국, 하이트맥주(주)는 소주시장의 가격선도업체인 (주)진로가 가격인상 등 시장지배력을 행사하는데 일정한 제약요인으로 작용하고 있다.

넷째, 하이트맥주(주)와 (주)진로는 제반정황을 고려할 때, 이 건 기업결합 후 맥주와 소주의 가격을 인상할 것으로 예상된다.

보론 : 혼합결합의 경쟁제한성에 관한 논의

혼합결합의 경쟁제한적 효과에 관해서는 논란이 많고 이를 긍정하는 주요한 이론은 다음과 같다.

첫째, 잠재적 경쟁이론(potential competiton doctrine)이 있다. 이를 잠재적 진입자 이론으로 부르기도 하며, 이는 다시 '인식된 잠재적 진입자 이론'(perceived potential entrant theory)과 '실제 잠재적 진입자이론'(actual potential entrant theory)으로 나누기도 한다. 즉 유사한 제품을 생산하거나 계열화된 연관제품을 생산하는 회사 사이에서는 인접시장에 진입할 수 있는 잠재적 경쟁관계가 있고, 이러한 상황 하에서 혼합결합은 취득회사나 피취득회사의 잠재적 경쟁을 제거하는 효과를 가져 올 수 있다. 예컨대 잠재적 진입자가 당해 시장에서 지배력을 가진 회사를 취득하는 경우에는 잠재적 경쟁자가 없어지는 면에서 반경쟁적이고, 지배력이 없는 작은 회사를 취득하거나(거점취득, toehold acquisition) 그 스스로 시장에 진입한다면 경쟁이 촉진되기 때문이다. 잠재적 경쟁이론은 1964년 미국 판결례에서 나타난 것으로 분석되나,[101] 1970년대 후반 엄격한 입증요구를 통해 법원은 혼합결합을 통제하고자 하는 FTC의 결정을 번복하게 된다.[102] 한편 우리나라 기업결합심사기준은 혼합결합의 경쟁제한성 판단과 관련하여 잠재적 경쟁제한에 초점을 두어, 잠재적 경쟁자이론을 닮았다.[103]

둘째는 참호이론(entrenchment theory)으로, 결합당사회사의 규모가 매우 큰 경우 당해 회사가 참호를 파고 다른 경쟁자의 접근을 막음으로서 경쟁을 제한하는 효과가 있다는 입론이다. 이 이론은 1967년 미국 연방대법원이 Procter & Gamble Co. 사건[104]에서 채택하였으나, 이후 비판의 대상이 되어 1970대 이후 배척되었다. 그러나 EU에서는 2001년 GE/Honeywell 사건에서 range effect 혹은 portfolio effect 등을 이유로 수직결합과 혼합결합을 통제함으로써 참호이론이 부활하는 것처럼 보였으나, EU 1심법원은 이 사안의 수직결합과 혼합결합의 경쟁제한성을 인정하지 않았다.[105] 이 이론은 억지효과론(disciplinary effect)[106] 혹은 정착이론으로 부르기도 한다.

셋째는 교차보조에 의한 시장집중론이다. 혼합결합의 경우 교차보조(cross- subsidization)를 통해 시장집중을 꾀하고, 우량기업이 적자기업을 보조함으로써 전략가격의 형성이 가능하고, 호혜적 거래를 통해 계열기업을 보호하여, 혼합결합 내의 기업에 대한 시장논리에 따른 퇴출을 방해한다는 것이다.

여하튼 복합적 결합의 경쟁제한성에 대해서는 논란이 많고, 미국의 경우 1980년 레이건 정부 출범 이래 이에 대한 통제는 사실상 사라지고[107] 이는 1980년대 말 M&A 붐의 법적 배경이 되었다. 한편 우리나라에서 혼합결합 문제는 대규모기업집단, 즉 재벌문제와 교착되는 면이 있다. 공정위에 신고된 기업결합의 압도적 다수를 점하는 것이 혼합결합이나, 혼합결합에 대해 통제를 가한 것은 2005년 7월의 하이트맥주와 진로소주 사이의 혼합결합 사건이 유일하다.

---

101) United States v. El Paso Natural Gas Co.(S.Ct. 1964); Areeda/Kaplow, 앞의 책, 제4판, 883-4.

102) BOC International Ltd. v. FTC(2nd Cir. 1977).

103) 신영수, 잠재적 경쟁이론의 내용과 실제 적용, 경쟁법연구 제10권(2004.3), 149-150.

104) FTC v. Procter & Gamble Co.(S.Ct. 1967).

105) 정경택, 기업결합의 규제, 자유경쟁과 공정거래(법문사, 2002), 180.

106) 자금력이 강대한 대기업이 혼합결합을 통해 상대적으로 작은 시장에 진입할 경우, 기존의 기업들은 대기업의 잠재적 보복의 위협으로 인하여 스스로 혼합결합기업과의 경쟁을 자제하게 되며, 신규진입을 시도할 수 있는 잠재적 경쟁자에 대해서도 진입을 억제하게 된다는 것이다.

107) Areeda/Hovenkamp, Fundamentals of Antitrust Law Vol. 1, 431.

3.3. 경쟁제한성의 추정

경쟁제한성 추정제도는 효율적인 법적용, 특히 경쟁제한성에 관한 증명상의 어려움을 경감시키고, 기업결합의 허용 여부에 관한 예측가능성을 제고하기 위한 것이다. 공정거래법은 수평적 기업결합에 대해 시장점유율을 기준으로 하는 추정과 대규모회사가 수직적 혹은 혼합적 기업결합을 하는 경우에 적용될 수 있는 추정 등 두 가지의 추정제도를 두고 있다.

우선 기업결합 당사회사의 시장점유율의 합계가 시장지배적 사업자의 추정요건(한 사업자 50% 이상, 혹은 3 이하 사업자의 점유율 누계 75% 이상)에 해당하고, 둘째 시장점유율의 합계가 당해 거래분야에서 제 1 위이고, 셋째 시장점유율의 합계와 점유율 2위인 회사의 점유율 차이가 결합기업의 점유율의 25% 이상인 경우 등 세 요건을 모두 구비한 경우, 당해 기업결합은 경쟁제한성이 있는 것으로 추정된다(법 제 9 조 제 3 항 제 1 호). 사업자 측의 반대사실의 주장과 증명이 가능함은 물론이다.

그 다음으로 대규모회사(자산총액 또는 매출액이 2조원 이상인 회사. 시행령 제18조)가 행하는 기업결합으로서, 첫째 중소기업기본법에 의한 중소기업의 점유율이 3분의 2 이상인 시장에서의 기업결합이고 둘째 당해 기업결합으로 인한 시장점유율이 5% 이상인 경우, 경쟁제한성이 추정된다(법 제 9 조 제 3 항 제 2 호). 점유율이 5% 정도이며 결합으로 인해 사업자의 수가 감소하는 것도 아니라는 점에서 경쟁제한성의 추정이 무리한 면이 없지 않다. 그러나 이 추정은 공정거래법 내의 중소기업보호정책을 내포하고 있으며, 경제력집중억제 제도와도 연결시킬 수 있다.

4. 금지의 예외

관련시장에서 경쟁을 실질적으로 제한하는 기업결합은 금지되는 것이 원칙이나 여기에는 두 가지 예외, 즉 정당화사유가 인정된다. 즉 공정위가 당해 기업결합으로 인하여 효율성 증대 효과가 경쟁제한으로 인한 폐해보다 크다고 인정하는 경우 또는 회생이 불가능한 회사와의 결합으로서 일정한 요건에 해당된다고 인정하는 경우에는 이를 예외적으로 허용하고 있다(법 제 9 조 제 2 항). 여기서 예외사유의 존재는 공정위가 이를 인정하여야 하나, 이는 재량사항이라고 할 것이다. 이 요건의 충족 여부에 대해서는 사업자 측이 이를 증명하여야 한다.

구법은 산업합리화와 국제경쟁력의 강화라는 예외사유가 있었으나, 그 개념이 불명확할 뿐만 아니라 그때 그때의 산업정책 또는 통상정책이 기본적 경쟁정책을 좌우할 수 있는 문제가 있었다. 1999년의 법개정을 통해 효율성증대 및 도산기업의 구제로 예외사유를 제한한 것은 우리나라 기업결합규제의 국제적 정합성을 제고하였다고 평가된다.

현행법상 효율성증대 및 도산기업의 구제는 기업결합규제의 예외사유의 형태로 규정되어 있다. 이론적으로는 이러한 사유의 존재가 기업결합의 위법성 자체를 성립시키지 아니하는지 혹은 일단 긍정된 위법성을 조각하는 사유인지 등에 관한 논란이 있을 수 있다. 그러나 지배관계의 형성이나 경쟁의 실질적 제한이 기업결합금지의 적극적 성립요건이라면, 효율성증대나 도산기업의 구제 등의 사유에 대하여 이를 당해 사유의 부존재를 요구하는 소극적 성립요건으로 보는 견해는 보이지 않는다.

기업결합의 허용 여부와 관련된 법적 다툼에서 예외사유에 관한 논란은 일반적으로는 당해 기업결합이 경쟁제한적이라는 판단이 내려진 후에야 문제될 것이나, 그렇다고 하여 반드시 경쟁제한성 심사가 선행하고 정당화사유에 대한 심사가 그 뒤를 이어야 할 이유는 없다고 생각된다. 한편 정당화사유, 즉 효율성증대 또는 도산기업의 구제에 관한 증명책임은 당해 사업자에게 있으며(법 제 9 조 제 2 항), 이는 법문의 규정이 없다고 하더라도 마찬가지라고 할 것이다.

4.1. 효율성증대

당해 기업결합 이외의 방법으로는 달성하기 어려운 효율성증대 효과가 경쟁제한으로 인한 폐해보다 큰 경우이다(법 제 9 조 제 2 항 제 1 호). 이 항변이 성립하기 위해서는 두 가지 요건이 필요하다. 첫째, 당해 기업결합으로 인한 효율성의 증대가 경쟁제한으로 인한 폐해보다 커야 한다. 다시 말해 기업결합에 수반되는 비용보다 이로 인한 편익이 크고 또 이 편익이 상당한 기간 내에 가시화될 수 있어야 할 것이다.[108] 둘째, 효율성 증대효과는 당해 기업결합 이외의 방법으로는 얻을 수 없어야 한다. 앞의 요건이 비용편익분석을 요구하는 것이라면, 두 번째 요건은 보다 효율적인 대체수단의 부존재를 요구하는 보충성 요건인 셈이다. 즉 효율성증

108) 기업결합심사기준은 이에 관해 "가까운 시일 내에 발생할 것이 명백하여야 한다"라고 규정한다 (Ⅷ.1.나).

대 효과는 당해 기업결합 이외의 방법으로는 달성하기 어려운 것이어야 하며, 이에 대한 판단은 설비확장, 자체기술 개발 등 기업결합이 아닌 다른 방법으로는 효율성증대를 실현시키기 어려울 것, 생산량의 감소, 서비스 질의 저하 등 경쟁제한적인 방법을 통한 비용절감이 아닐 것 등의 기준에 의한다. 또한 보다 덜 경쟁적인 기업결합이 가능할 것인지 여부가 검토될 필요가 있다.

기업결합심사기준은 효율성항변과 관련하여 생산, 판매, 연구개발 등에서의 효율성과 국민경제 전체에서의 효율성 두 가지를 인정하고 있다.

첫 번째의 효율성은 개별 기업을 기준으로 한 경제적 효율성(efficiency), 즉 보다 적은 비용으로 보다 많이 혹은 보다 양질의 제품을 생산케 하는 생산·판매·연구개발 등에서의 효율성을 말한다. 다시 말해 당해 기업결합으로 인해 규모의 경제가 이루어지는지, 설비의 통합이나 공정의 합리화 등을 통해 비용을 절감할 수 있는지, 판매조직 내지 유통망의 통합과 정비를 통해 판매비용을 줄이고 판매를 촉진할 수 있는지, 운송이나 창고설비를 공동으로 사용하여 물류비용을 절감할 수 있는지, 기술의 상호보완 또는 기술인력·조직·자금의 공동활용 또는 효율적 이용 등에 의하여 생산기술 및 연구능력을 향상시키는지, 기타 비용을 현저히 절감하게 되는지 여부 등을 종합적으로 고려하게 된다(기업결합심사기준 Ⅷ.1 참조).

두 번째는 국민경제 차원의 효율성 증대인데, 이는 사회정책이나 환경 및 에너지 정책 기타 산업정책적 목적과 관련되어 있다. 심사기준이 구체적으로 열거하는 것은 고용증대, 지방경제의 발전, 전후방 관련산업의 발전, 에너지의 안정적 공급, 환경오염의 개선 등인바, 이들은 효율성항변이 상정하는 원래 의미의 경제적 효율성과는 거리가 있으며 경쟁정책적 목적과 배치되는 면이 적지 않다. 이러한 목적은 사회정책 혹은 산업정책을 추구하는 별도의 법령에서 공정거래법에 대한 적용제외 조항을 통해 접근할 수 있다. 또한 이러한 정책의 추진과 관련된 기업결합에 대해 공정위가 종국적인 허용 여부를 판단하는 것은 경쟁정책 주관자로서의 공정위의 기능에 부합하지 않는 면이 있으며, 경우에 따라서는 주무감독관청의 감독권과 충돌될 개연성도 없지 않다. 종래 예외인정과 관련하여 공정위는 주무장관과의 협의를 하도록 되어 있었으나, 제 7 차 공정거래법 개정에서 삭제되었다.

공정위의결 2000.5.16, 2000-76(SK텔레콤 사건)

이 사건에서 공정위는 기존 통신망 통합의 효과, 잉여장비 수출의 효과, 통신망 관련 효율성 증대 효과, 판매조직 공동활용의 효과, 단말기 구입가격 인하의 효과, 연구개발의 공동활용 효과, 요금인하의 효과, 주파수자원 활용의 효과, 정보화촉진 효과, 산업연관 효과, 국제경쟁력 증대 효과 등을 검토한 후, 종합적인 효율성 증대 효과를 최대 10년간 27,776억원(연간 2,777억원) 인정하였다. 이와 더불어 세계적인 통신산업의 대형화 추세에 부응하고, 국제 경쟁력 강화에 기여할 수 있으며, 세계적인 콘텐츠업체의 서비스 이용시 이용 대가의 저렴화 등 계량화할 수 없는 효율성 증대 효과를 또한 인정하였다(1999.4.15 개정 기업결합심사기준 적용사건).

공정위의결 2000.4.26, 2000-70

롯데칠성음료(주)와 해태음료(주)가 결합하더라도 해태음료(주)의 천안 및 안성공장을 별도 가동하여야 하므로 두 업체 공장을 전문화된 단일 생산체제로 통합할 수 없으므로 규모의 경제를 기대하기 곤란하고, 피심인 측은 인수조건으로 3년간 고용을 보장하고 있으므로 단기간 내의 인건비 절감은 없으며, 본건 결합회사의 수출이 미미하므로 결합후 수출을 확대할 가능성도 크게 기대하기 어려운 것으로 판단된다. 이상을 종합할 때, 이 사건 기업결합은 법 제7조 제2항 제1호에서 규정하는 예외인정요건(효율성 증대 효과가 경쟁제한의 폐해보다 큰 경우)에도 해당되지 않는다.

4.2. 파탄기업의 구제

상당기간 재무상태표[109]상의 자본총계가 납입자본금보다 적은 상태에 있는 등 회생이 불가능한 회사와의 기업결합의 경우이다(법 제9조 제2항 제2호). 이 예외는 미국에서 전개된 파탄회사 이론(failing company doctrine)과 연결되는바, 그 핵심은 경쟁제한적인 기업결합이라고 하더라도 기업결합이 당해 기업의 도산에 따른 시장퇴출을 막기 위한 유일한 대안이라면 일정한 요건 하에 금지의 예외를 인정하자는 것이다.

이 예외사유와 관련하여 시행령이 정하는 요건은 두 가지다. 첫째 기업결합을 하지 아니하는 경우 회사의 생산설비 등이 시장에서 계속 활용되기 어렵고, 둘째 당해 기업결합보다 경쟁제한성이 적은 다른 기업결합이 이루어지기 어려운 경우

109) 2025. 1. 21. 법 개정으로 기존 "대차대조표"를 "재무상태표"로 변경하였다. 그러나, 여전히 시행령 제15조 제1항 등에서는 기존의 "대차대조표" 용어가 그대로 남아 있는 상황이다. 법률의 문언에 맞도록 수정해야 한다.

에 해당되어야 한다(령 제16조).

법문이 말하는 회생이 불가능한 회사 혹은 파탄회사라 함은 회사의 재무구조가 극히 악화되어 지급불능의 상태에 처해 있거나 가까운 시일 내에 지급불능의 상태에 이를 것으로 예상되는 회사를 말하는바, 이는 다음 사항을 고려하여 판단한다. 즉 상당기간 재무상태표상의 자본총액이 납입자본금보다 작은 상태에 있는 회사인지 여부, 상당기간 영업이익보다 지급이자가 많은 경우로서 그 기간중 경상손익이 적자를 기록하고 있는 회사인지 여부, 채무자회생 및 파산에 관한 법률에 따른 회생절차개시의 신청 또는 파산의 신청이 있는 회사인지 여부, 당해회사에 대하여 채권을 가진 금융기관이 부실채권을 정리하기 위하여 당해회사와 경영의 위임계약을 체결하여 관리하는 회사인지 여부 등을 고려하여 한다(기업결합심사기준 Ⅷ.2).[110]

따라서 화의나 회사정리절차와 같은 재건절차를 통하여 자력으로 갱생할 수 있는 경우라면 파탄기업 이론의 적용대상이 되기 어렵다. 그러므로 기업갱생절차의 개시신청이 있다는 점만으로는 회생이 불가능한 회사로 바로 단정하기에 부족하고 그 밖에 재건 혹은 갱생의 가망성이 없다는 증명이 또한 필요할 것이다.

또한 기업결합의 예외로 인정받기 위하여는 회생이 불가능한 회사로 판단되는 경우에도 다음의 두 요건이 충족되어야 한다. 즉, 기업결합을 하지 아니하는 경우 회사의 생산설비 등이 당해 시장에서 계속 활용되기 어렵고, 또한 당해 기업결합보다 경쟁제한성이 적은 다른 기업결합이 이루어지기 어려워야 한다.[111]

공정위의결 1999.12.10, 99-252

[기업결합이 없다면 생산설비 등이 계속 활용되기 어려운 경우인지 여부] 진로쿠어스맥주(주)는 회사정리법 제30조에 의한 회사정리절차의 신청이 있었으며(1998. 5.4), 그 후 법원에 의해 회사정리절차 개시결정(1998.12.29)이 있은 회사로서, 상당기간 동안 자본총액이 납입자본금보다 작은 상태로서 완전 자본잠식 상태에 있는 회사이다.

110) 2005년중 파산법, 화의법, 회사정리법 등은 폐지되고, 채무자회생 및 파산에 관한 법률이 2006년 4월 시행되었다.

111) 1999년 현대자동차의 기아자동차 주식취득사건에서 기업결합이 없을 경우 기아자동차의 생산시설은 관련시장에서 퇴출될 것이며, 기아자동차는 법정관리 상태에서 자생적으로 회생하기 곤란하고, 제 3 자의 신주인수방식으로 국제경쟁입찰에 붙여졌음을 고려할 때 기업결합 이외에는 기아자동차의 회생을 위한 다른 방법이 있다고 보기 어렵다고 보았다(공정위의결 1999.4.7, 99-43).

또한, 상당기간 동안 영업이익보다 지급이자가 많은 경우로서 그 기간중 경상손익이 적자를 기록하고 있는 회사이므로, 법 제7조 제2항 제2호 및 「기업결합심사기준(공정위 고시 제1999-2호, 1999.4.15)」에 규정된 회생이 불가능한 회사로 인정된다. 진로쿠어스맥주는 단독으로 회생이 어려워 제3자 매각을 추진하도록 결정되었고, 회사정리절차개시결정(1998.12.29) 후 매각이 추진중인 회사이다. 법원에서 인정한 정리채권은 8,285억원으로서(상거래채권 259억원 포함), 자산총액 5,662억원보다 2,623억원 많은 상태이다. 따라서 동시행령 제12조의4 제1호에 규정된 기업결합을 하지 아니하는 경우, 회사의 생산설비 등이 당해시장에서 계속 활용되기 어려운 경우에 해당되는 것으로 인정된다.

[경쟁제한성이 적은 다른 기업결합의 가능성] 한편, 동 시행령 제12조의4 제2호에 규정된 당해 기업결합보다 경쟁제한성이 적은 다른 기업결합이 이루어지기 어려운 경우에 해당되는지 여부를 살펴 보기로 한다. 당해 기업결합보다 경쟁제한성이 적은 미국 쿠어스가 진로쿠어스맥주(주)를 인수하기 위해 1차입찰(1999.6.25)에 참석한 후 동 1차입찰과정의 불공성을 이유로 1999년 7월 14일 청주지방법원에 1차입찰 유찰결정의 무효 및 재입찰절차중지를 위한 가처분신청을 제기하였으며, 동 가처분신청에 대하여 1999년 7월 29일 기각결정이 나자, 1999년 8월 6일 대전고등법원에 항고를 제기하는 등 진로쿠어스맥주를 인수하기 위해 상당한 노력을 한 것이 인정된다. 따라서 미국쿠어스가 최종입찰(2차입찰, 1999.7.30)에는 참석하지 않았다 해도 진로쿠어스맥주를 인수하려는 의사가 없는 것으로 보기는 어렵다. 피심인은 미국 쿠어스의 1차입찰 제시가격(4,228억원)이 오비맥주(주)의 2차입찰 제시가격(4,800억원)에 비해 572억원 낮으며, 진로쿠어스맥주(주)에 대한 실사과정에서 652억원의 자산가치가 낮아진 것으로 평가되었던 점 및 진로쿠어스맥주(주)의 정상화 지연으로 인한 시장점유율 하락 등을 고려할 때, 미국쿠어스가 새로운 인수자로 선정될 경우 매각금액이 1차입찰 제시가격보다 크게 하락할 위험이 없다고 판단하는 근거로 삼는 것은 적합하지 않다.

이상과 같은 점을 고려할 때 이 사건 기업결합 보다 덜 경쟁제한적인 기업결합이 이루어지기 어려운 경우에 해당된다고 볼 수 없으며, 따라서 이 사건 기업결합은 법 제7조 제2항 제2호에서 규정하는 예외인정 요건(회생이 불가한 회사와의 기업결합)에 해당된다고 보기에는 어려움이 있다.

대판 2008.5.29, 2006두6659(삼익악기 등의 영창악기 주식취득 건)

이 사건 기업결합 당시 영창악기의 자금사정이 열악하였다고 보이기는 하나 영창악기가 지급불능 상태에 이르러 회생이 불가한 회사라고 단정하기 어려운 점, 영창악기가 국내외에서 높은 브랜드 인지도를 보유하고 상당한 판매실적을 기록하고 있는 사정 등에 비추어 영창악기가 관련시장에서 퇴출될 것이라고 보기는 어려워 "생산설비 등이 당해시장에서 계속 활용되기 어려운 경우"라고 단정하기 어려운 점, 실제로 원고들 이외의 다른 회사들이 영창악기에 대하여 증자참여 내지 인수를 제안했던 사정 등에 비추어 제 3 자의 인수가능성이 없어 이 사건 기업결합보다 경쟁제한성이 적은 다른 기업결합이 이루어지기 어려운 경우이었다고 단정하기 어려운 점 등을 종합하여 이 사건 기업결합이 회생이 불가한 회사와의 기업결합에 해당되지 않는다.

서울고판 2004.10.27, 2003누2252(고법 확정, 무학의 대선주조 주식취득 건)

대선주조가 상당기간 자본총계가 납입자본금보다 작은 상태에 있다고 하더라도 1998년부터 2001년까지 영업이익이 지급이자를 지속적으로 상회하고 있으며 2001년에는 859억원의 경상이익을 달성하고, 대선주조의 영업이익규모는 2001년 동종업계 2위를 기록하고, 매출 영업이익율도 1999년부터 2001년까지 연속 1위를 기록하는 등 활발한 영업활동을 벌이고 있어 회생불가한 회사로 보기 어렵다고 할 것인바, 결국 본건 기업결합은 공정거래법 제 7 조 제 2 항 제 2 호 동법 시행령 제12조의4의 규정에 의한 기업결합의 예외적 허용사유에 해당되는 것으로 볼 수 없다. 아울러 주식매각명령의 내용은 본질적으로 공정위 재량에 속하는 사항이고 본 건 기업결합은 경쟁사업자에 대한 적대적 인수로서 대선주조측에 대한 경영간섭을 통하여 경쟁관계를 보다 유리하게 이끌고 가려는 부당한 목적이 있으며, 무학이 적은 지분으로도 다른 주주와의 연합방식을 통해 대선주조에 대한 경영참가가 가능하고 위 경영참가를 통하여 소주시장에 대한 정보공유 및 그로 인한 독점력을 행사할 가능성은 여전히 존재한다는 점에서 무학이 대선에 대하여 소유하고 있는 주식 전부를 처분하도록 한 것은 재량권남용·일탈에 해당되지 않는다.

제 4 절 법위반의 효과와 구제

1. 법위반행위의 사법상의 효과

1.1. 원 칙

경쟁제한적 기업결합의 사법상 효력 일반에 관해서는 명문의 규정이 없다. 다만 합병 또는 신회사설립에 대해 공정위가 합병무효 또는 설립무효의 소를 제기할 수 있다고 규정할 따름이며(법 제14조 제 3 항), 기타의 경우에 대하여는 법은 언급이 없다.

기업결합행위는 두 당사자 사이의 사법적 차원의 법률행위, 예컨대 합병의 경우에는 합병계약과 정관의 작성 혹은 변경, 임원겸임의 경우에는 주총 혹은 사원총회에서의 선임결의와 위임의 성질을 가지는 취임계약, 영업양도의 경우에는 채권행위의 성격을 가지는 양도계약과 이에 수반한 파생계약들이 있고, 이들 계약이 공정거래법 제 7 조에 위반될 경우 당해 행위가 그 자체로 당연무효가 되는지 여부가 논란될 수 있는 것이다. 이에 관련하여 공정거래법의 취지를 존중할 때 이를 무효로 보아야 한다는 견해, 거래의 안전을 고려할 때 이를 유효로 보아야 한다는 견해, 기업결합행위를 무효로 보되 무효의 효과를 제한하는 견해 등이 있다.

그러나 합병이나 신회사의 설립을 당연무효로 하지 않고 이를 설립무효의 소제기사유로 정하고 부당한 공동행위의 사법상의 효력에 대해서 명문의 규정을 두고 있는 점(법 제40조 제 4 항) 등을 고려할 때, 주식취득에 의한 기업결합이나 임원선임 등과 같은 행위에 대해서는 이를 행정조치와 형사구제에 일임하는 취지로 보는 것이 합리적이다. 한계적인 사례에서는 이러한 행위에 대해 민법 제103조나 신의칙에 따른 유효성심사가 이루어질 수 있을 것이나, 이 때에도 소급효제한 등이 필요할 것으로 생각된다.

1.2. 합병과 신회사설립의 경우

공정거래법 제 9 조 위반의 합병이나 신회사설립에 대해 공정위는 무효의 소를 제기할 수 있다(법 제14조 제 3 항). 법문은 이 소송의 제소권자에 관해 공정위를 들고 있으나, 이 밖에 상법상의 제소권자들도 제소할 수 있는지 여부가 논란된다. 이에 대해서는 긍부 양설이 있으나, 경쟁정책 집행과 관련한 행정구제주의의 취지를 감안할 때 공정위만이 제소권을 가진다고 생각된다.

또한 합병무효의 소나 설립무효의 소의 제소기간에 관한 상법의 규정, 즉 등기일로부터 6개월의 제한이 공정위가 제기한 무효의 소에도 적용되는지 여부도 논란된다. 긍정설은 법률관계의 안정을 중시하는 것이고, 부정설은 제소기간의 제한이 기업결합규제의 취지에 반할 수 있으며 특히 등기 후 6월이 지나 경쟁제한적으로 변한 경우에도 공정위가 이를 제소할 수 있어야 한다고 주장한다. 회사법상의 소는 원고승소판결의 위력뿐만 아니라 제소 자체가 증권시장이나 관련 거래분야에 미치는 파급효가 매우 크다. 공정위의 제소를 특별하게 다루어야 할 근거가 없다고 생각된다. 그 밖에 상법의 합병무효의 소나 설립무효의 소에 관한 규정, 즉 전속관할, 소의 공고, 판결의 효력 등은 공정위가 제기한 소송에 대해서도 그대로 적용된다.

또한 기업결합에 대한 사전신고 후 기업결합실행행위 유보기간, 즉 신고 후 30일이 경과하기 전에 행한 주식인수절차나 합병등기 등 합병이나 신회사설립절차를 실행한 경우에도 공정위는 당해 회사의 합병 또는 설립무효의 소를 제기할 수 있다(법 제14조 제3항).

2. 공정위의 시정조치

공정위는 제9조 제1항(경쟁제한적 기업결합의 금지) 및 제13조(탈법행위의 금지)의 규정에 위반하거나 위반할 우려가 있는 행위가 있는 때에는 기업결합 당사회사 또는 위반행위자에 대하여[112] 당해 행위의 중지, 주식의 전부 또는 일부의 처분, 임원의 사임, 영업의 양도, 시정명령을 받은 사실의 공표, 기업결합에 따른 경쟁제한의 폐해를 방지할 수 있는 영업방식 또는 영업범위의 제한, 기타 법위반상태를 시정하기 위하여 필요한 조치를 명할 수 있다.

한편 공정거래법 제11조 제6항 단서의 규정에 의한 신고(기업결합의 사전신고)를 받아 시정조치를 명하는 때에는 기업결합실행행위 유보기간, 즉 신고 후 30일 이내에 행하여야 한다(법 제14조 제1항 후문).

2.1. 시정조치의 내용

당해 행위의 중지, 시정명령을 받은 사실의 공표, 그리고 기타 법위반상태를 시정하기 위하여 필요한 조치는 기타의 경우에도 일반적으로 인정되는 내용들이다.

기업결합의 가장 대표적인 수단은 주식의 취득인바, 이와 관련하여 공정위는 주식의 전부 또는 일부의 처분명령을 내릴 수 있다. 이는 주식을 취득하기 전 상

112) 시정조치는 현실적 법위반뿐만 아니라 법위반의 우려가 있는 때에도 가능하다. 사전신고에 의한 기업결합실행 이전에 공정위가 당해 결합의 적법성을 심사할 수 있기 때문이다. 또한 시정조치의 상대방은 일반적으로는 사업자 또는 법위반행위자이지만, 주식취득이나 신회사설립참여의 경우는 기업결합당사회사와 위반행위자가 된다(법 제14조).

태로의 원상회복을 명하는 것이 아니라, 일정한 기간을 정하여 제3자에게 주식을 처분하도록 하는 것이 보통이다. 영업양도 명령 또한 영업의 전부 또는 중요한 일부, 영업용 고정자산이나 산업재산권 등을 제3자에게 처분하도록 명하는 것으로서, 영업양도를 전면적으로 무효화시키거나 원상회복을 명하는 사례는 보이지 아니한다. 인적결합, 즉 임원겸임이나 파견에 의한 경우에는 당해 사업자에게 임원을 사임시키도록 명할 수 있는바, 이는 공정위에 의한 임원선임행위의 소급적 무효처분도 아니며 해임명령, 즉 공정위가 직접 그 임원을 해임시키는 것도 아니다.

특히 주목되는 시정조치는 기업결합에 따른 경쟁제한의 폐해를 방지할 수 있는 영업방식 또는 영업범위의 제한이다. 이 조치는 기업결합의 위법성이 인정됨에도 불구하고 당해 결합을 용인할 뿐만 아니라, 나아가 그로 인한 폐해를 시정하는 다양한 수단을 선택할 수 있는 재량권을 공정위에 부여하는 의미가 있다.

심결례를 살펴보면, 일정한 기간 동안 가격인상이나 변경을 제한하면서 이와 더불어 가격변경시 공정위와 협의하도록 하는 것, 일정한 기간 동안 원재료 구매처를 정당한 이유없이 바꾸지 못하도록 하거나 구매처 결정에 공개입찰을 거치도록 하는 것, 일정한 기간 시장점유율을 일정한 수준 이하로 유지하도록 명한 사례도 있다. 시정조치의 취사선택, 그 구체적 내용과 관련하여 공정위는 광범한 재량권을 행사하고 있으며, 심지어 시장점유율을 일정한 수준까지 인위적으로 내리라는 이례적인 조치를 취하기도 한다. 그러나 이러한 시정조치는 그 자체가 반시장적이어서 경쟁을 촉진하여야 할 공정위가 오히려 경쟁제한에 앞장서는 면이 없지 않다.

기업결합이 위법할 때, 주식매각명령을 내려 원인적으로 시정한 사례는 지금까지 삼익·영창악기 사건, 대선·무학 사건 그리고 프록터 앤 갬블 사건 등 소수에 불과하다. 물론 사전심사에서 공정위가 국내의 기업결합을 불허한 사례는 상당수가 있고, 2010년 BHPB사와 Rio Tinto사 사이의 합작회사 설립 시도처럼 국제기업결합을 통제한 사례도 있다. 이와 관련하여 기업결합을 원인적으로 교정하는 차원에서 원상회복명령이나 이에 갈음하는 기업분할명령이 가능할 것인지 여부가 문제된다. 기업결합의 반대현상은 기업분할이라고 할 것이며, 상법상으로 회사분할제도가 도입되어 있다. 여기에서 법 제14조 제1항 제7호의 기타 필요한 조치에 원상회복명령이나 기업분할명령이 문제될 여지가 있다. 그러나 법 제14조는 구체적인 구제수단을 열거하고 있으므로, 기업결합으로 형성된 법률관계를 송두리째 뒤집는 원상회복명령이나 회사분할명령 보다는 경쟁제한성을 제거하는 기타의 구조적 혹은 행태적 조치를 우선적으로 강구할 필요가 있다.

대판 2009.9.10, 2008두9744

결합회사의 시장점유율 합계가 매출액 기준 63.0%로서 1위이며, 그 시장점유율의 합계와 2위인 KCB의 점유율 차이가 위 시장점유율 합계의 25% 이상에 해당되는바, 공동행위 가능성이 증가하거나, 가격인상과 같은 시장지배적지위 남용행위를 할 가능성이 높다고 판단한 것은 정당하고, 원고의 주장과는 달리 고무용 카본블랙의 경우 해외경쟁의 도입가능성이 높지 않으며, 효율성 증대효과가 경쟁제한으로 인한 폐해보다 크다고 인정하기 어렵다(위 효율성 증대효과액은 2005년 기준 연간 국내 고무용 카본블랙 시장의 매출액 규모 2,695억원에 비하여 3.3% 정도에 불과). 아울러 공정위의 주식처분명령 혹은 자산매각명령 등 구조적 시정조치는 경쟁제한성을 시정하기 위하여 적절한 조치이므로, 시정조치의 선택에 관한 재량권의 범위를 일탈 남용한 위법이 없다. 공정거래법 제16조에 따라 공정위는 어떠한 시정조치를 명할 것인지에 관하여 비교적 폭넓은 재량을 부여받았으며, 이미 실현된 기업결합으로 인한 경쟁제한의 폐해를 시정하기 위하여는 결합 전의 상태로 원상회복을 명하거나, 일부 생산설비를 매각하는 등의 방법으로 새로운 경쟁사업자를 출현시키는 것이 가장 효율적인 수단이고, 원고들로 하여금 CCK 주식에 대한 매각을 통한 원상회복조치 이외에 원고의 포항공장 또는 광양공장 중 한 곳의 카본블랙 설비 일체를 제3자에게 매각할 수 있도록 선택권을 부여하였으며, 카본블랙의 가격상한 설정방식은 유효적절한 시정조치로 보기 어렵고 다른 행태적 조치도 시장여건 변화에 탄력적으로 대응할 수 없다.

2.2. 시정조치의 예

가. 공정위의결 2000.2.25, 2000-38

피심인 벡튼디킨슨코리아홀딩잉크 대표이사 유제니요 네콜드는 신동방의료(주)의 정맥내유지침 영업과 관련된 기계설비를 이 시정명령을 받은 날로부터 1년 이내에 피심인의 국내 특수관계인의 범위에 속하지 아니하는 제3자에게 매각하거나 폐기처분하여야 하며, 또한 피심인의 국내 특수관계인의 범위에 속하는 자는 동 설비를 매각하거나 폐기처분한 날로부터 3년간은 내수 시장의 판매를 위한 기계설비의 신·증설을 하여서는 아니된다. 다만, 수출을 위한 기계설비의 신·증설은 허용하되 어떠한 경우에도 국내판매를 위한 용도로 사용되어서는 아니된다.

피심인은 위의 기계설비를 매각 또는 폐기 처분한 날로부터 3년간은 정맥내유지침 영업과 관련하여 국외에서 생산된 제품을 피심인의 국내 특수관계인을 통하여 국내에 수입하거나 판매하여서는 아니된다.

위의 시정명령 중 정맥내유지침의 영업과 관련된 기계설비의 매각 또는 폐기 처분의 이행은 매각 또는 폐기 처분하고 이를 공정위에 보고한 날에 이행된 것으로 간주하며, 매각 또는 폐기가 이행된 날로부터 3년간은 매 1년마다 피심인의 국내 특수관계인의 정맥내유지침과 관련된 기계설비의 변동현황을 공정위에 보고하여야 한다.

나. 공정위의결 2000.5.16, 2000-76(SK텔레콤 사건)

피심인 에스케이텔레콤 주식회사는 피심인의 이동전화시장 가입자기준 시장점유율과 피심인이 인수하는 신세기통신의 시장점유율의 합계를 점진적으로 축소하여 2001년 6월 30일까지 50% 미만이 되도록 하여야 하며, 2001년 6월 30일 이전에 50% 미만이 된 경우에도 2001년 6월 30일까지 50% 미만으로 유지하여야 한다.

피심인은 에스케이텔레텍(주)을 통해 피심인 및 피심인이 인수하는 신세기통신이 공급받는 셀룰러단말기가 2000년 1월 1일부터 2005년 12월 31일까지 연간 120만대를 초과되도록 하여서는 아니된다.

다. 공정위의결 1999.12.10, 99-252

피심인 오비맥주 주식회사는 이 시정명령일로부터 2년이 되는 날까지 피심인 및 피심인이 인수하는 진로쿠어스맥주 주식회사가 생산·판매하는 맥주중에서 OB Lager 및 Cass 상표의 병맥주 및 생맥주의 출고가격을 인상할 때에는 다음 산식에 의한 인상한도를 초과하지 않도록 하여야 한다. 다만, 이 시정명령일로부터 2년이 경과하기 전에 피심인 등의 국내 맥주 시장점유율(2001.1.1.~2001.6.30.의 매출액 기준)이 50% 이상이 되는 경우에는 이 시정명령을 1년간 연장하여 적용한다.

산식 : 가. 병맥주 가격 인상한도 = 1999년 10월의 병맥주 가격 × 가격인상 직전에 확인 가능한 최근 월의 소비자물가지수/120.0 × 1.088

산식 : 나. 생맥주 가격 인상한도 = 1999년 10월의 생맥주가격 × 가격인상 직전에 확인 가능한 최근 월의 소비자물가지수/120.0 × 1.109

피심인 등이 위의 기간중 제조방식, 맛, 원재료의 구성요소 및 가격 등의 측면에서 위의 제품과 현저히 다른 새로운 제품을 생산·판매하는 경우에는 동 제품에 대하여 이 시정명령을 적용하지 아니한다.

피심인은 환율의 급격한 변동, 원재료 가격의 급격한 상승, 천재지변 등 이 시정명령 당시에는 예측하기 어려운 경제적 사정의 변화가 있을 경우에는 공정위와 이 시정명령의 이행에 관하여 사전에 협의할 수 있다.

2.3. 시정조치의 실효성을 확보하기 위한 기타 수단들

기업결합의 금지 및 신고 규정에 위반한 회사의 합병 또는 설립이 있는 경우 공정위는 당해 회사의 합병 또는 설립무효의 소를 제기할 수 있고(법 제14조 제3항), 공정위로부터 주식처분명령을 받은 자는 그 명령을 받은 날부터 당해 주식에 대하여는 의결권을 행사할 수 없다(법 제15조).

3. 이행강제금

3.1. 이행강제금의 취지

1999년 공정거래법 개정시 이행강제금제도를 도입하였는데, 이는 시정조치의 이행을 보다 효과적으로 확보하기 위한 것이다. 공정위가 명하는 시정조치는 매우 다양하며 그 이행기간을 일률적으로 정하기는 어렵다. 그 결과 공정위는 개별 사건에서 시정조치 이행기간을 정하게 되는데, 사업자가 소정의 기간 내에 시정조치를 이행하지 아니하는 경우 종전에는 형사고발 이외에 적절한 구제방법이 없었다. 과징금의 부과는 일회적이고 시정조치와 더불어 부과되는 것이 일반적이기 때문이다. 여기에서 기업결합제한의 경우 과징금 제도를 폐지하고, 시정조치의 기간내 이행을 확보하기 위해 이행강제금 제도를 도입하게 되었다.

3.2. 부과상대방 및 부과기준

공정위로부터 시정조치를 받은 후 그 정한 기간 내에 이행을 하지 아니하는 자에 대하여 매 1일당 다음 각각의 금액의 1만분의 3을 곱한 금액을 초과하지 않는 범위 내에서 부과한다. 즉 주식취득과 신회사설립의 경우는 취득 또는 소유한 주식의 장부가격과 인수하는 채무의 합계액, 합병의 경우는 합병의 대가로 교부하는 주식의 장부가격과 인수하는 채무의 합계액, 영업양수의 경우는 영업양수금액 등이 기준이 된다. 다만 임원겸임에 의한 기업결합을 한 자에 대하여는 매 1일당 200만원의 범위 안에서 부과한다(법 제16조 제1항). 공정위는 이행강제금의 금액을 정함에 있어 시정조치의 이행노력, 불이행의 정도·사유·결과 등을 고려하여야 한다(시행령 별표 1).

3.3. 이행강제금의 부과와 납부

공정위는 시정조치에서 정한 기간의 종료일 다음날부터 시정조치를 이행하는 날까지의 기간에 대하여 이행강제금을 부과하는바, 원칙적으로 시정조치에서 정한 기간의 종료일로부터 30일 이내에 이를 부과하여야 한다(령 제23조 제1항·제3항). 여기서 시정조치를 이행하는 날이란 주식처분의 경우는 주권교부일, 임원사임의 경우는 등기일, 영업양도의 경우는 관련 부동산 등의 소유권이전등기일 등을 말한다.

공정위가 이행강제금을 부과하는 때에는 1일당 이행강제금의 금액, 부과사유, 납부기한 및 수납기관, 이의제기방법과 이의제기기관 등을 명시하여 서면으로 이를 통보하여야 한다(령 제23조 제5항). 납부의무자는 납부통지를 받은 날로부터 30일 이내에 납부하여야 하되, 천재지변 기타 부득이한 사유가 있는 경우에는 그 사유가 없어진 날로부터 30일 이내에 납부하여야 한다. 이행강제금 징수와 관련하여 공정위는 시정조치에서 정한 기간의 종료일로부터 90일이 경과하도록 시정조치의 이행이 이루어지지 아니하는 경우 그 종료일로부터 기간하여 매 90일이 경과하는 날을 기준으로 이행강제금을 징수할 수 있다. 이행강제금의 부과·납부·징수·환급 등에 필요한 사항은 시행령 제23조에서 정하고 있으며, 공정거래법에서 규정한 사항 외에 이행강제금의 부과·징수에 관하여는 「행정기본법」 제31조 제2항부터 제6항까지에 따른다. 공정위는 이행강제금의 징수 또는 체납처분에 관한 업무를 시행령 제25조에서 정하는 바에 따라 국세청장에게 위탁할 수 있다.

4. 벌 칙

4.1. 형사처벌

경쟁제한적 기업결합을 한 자에 대한 형벌조항은 2020년 개정에서 삭제되었다. 그러나 탈법행위를 한 자 그리고 주식처분명령을 받은 자가 당해 주식에 대해 의결권을 행사한 경우에는 3년 이하의 징역 또는 2억원 이하의 벌금이 부과되며, 징역형과 벌금형은 병과가 가능하다(법 제124조 제1항 제2호·제3호). 그리고 공정위의 시정조치에 응하지 아니한 자에 대하여는 2년 이하의 징역 또는 1억5천만원 이하의 벌금에 처하는바, 양자의 병과는 불가능하다(법 제125조 제1호).

4.2. 과 태 료

기업결합 신고의무자가 신고를 하지 아니하거나 허위의 신고를 한 경우, 사전신고시 기업결합실행행위 유보기간을 지키지 아니한 경우 등에는 사업자에 대하여는 1억원 이하 그리고 임원이나 종업원 등에 대하여는 1천만원 이하의 과태료를 부과한다(법 제130조 제1항 제1호). 과태료는 사업자와 임원, 종업원 등에 병과할 수 있다.

• 제 4 장 •

경제력집중의 억제

제 1 절 총 설

1. 경제력집중과 재벌

경제력집중은 경제적 힘 그리고 이에 수반하는 여러 가지 사회적 영향력이 특정한 기업 또는 기업집단에 쏠리는 현상, 즉 소위 일반집중(general concentration)을 가리키는 말이다. 그런데 이 일반집중은 독점금지의 기본적 전제가 되는 시장집중(market concentration)과 다르며, 특정한 기업의 소유지분(equity)이 특정인 또는 특정한 기업으로의 집중되는 현상을 가리키는 소유집중과도 다르다.

우리나라 산업조직론자들은 경제력의 집중에 관해 이를 경제적 자원과 수단을 소유·지배함에 따라 발생하는 경제력이 소수의 경제주체에게 집중되어 이들이 다른 경제주체들의 선택과 국민경제의 자원 배분에 영향을 미칠 수 있는 경제적인 상태라고 하면서, 한국의 재벌에 있어서는 ① 개별시장에서의 생산집중, ② 여러 시장에 걸친 업종다변화 혹은 문어발, ③ 소유의 집중이라는 세 가지 징표를 추려내기도 한다.[113)]

우리나라는 1960년대 이래 약 30여 년에 걸친 고도성장기에 제한된 자본과

113) 이와 다른 시각으로는, 최정표, 공정거래정책 허와 실(해남, 2011), 150-5.

[표 3] 주요국의 대기업 소유지배구조

	한국	미국	일본	독일·프랑스·이태리
대표적 기업조직	가족형 기업집단	개별 대기업	6대 기업집단	가족형 기업집단
지배주주의 존재 여부	○	×	×	○
다수지분의 귀속형태	다수의 계열사	다수의 기관투자자	계열사간 상호출자	지배주주, 모회사
경영권의 귀속·승계	지배주주 가업승계	전문경영인	내부승진 사장·임원	지배주주 가업승계

인력을 소수의 선도 기업에 몰아주는 정부주도형 불균형성장정책을 추진하였다. 이러한 정부정책과 시장경제의 급속한 발전을 배경으로 현대, 삼성, LG, SK, 롯데 등의 속칭 재벌들이 국민경제를 선도하는 기업집단으로 부상하게 된다.114)

이와 같이 부상한 한국형 재벌의 특징으로는 첫째 다양한 업종을 영위하는 다수의 계열기업을 거느리는 복합적 기업결합체(문어발체제)라는 점, 둘째 총수 혹은 그 일가의 계열사 지분에 대한 소유집중도가 대단히 높고115) 이를 배경으로

---

114) 재벌은 학문적으로 정착된 엄밀한 개념은 아니나, 대기업이나 일반적 기업집단과는 구별된다. 즉 대기업이란 단위기업의 규모가 거대한 경우를 말하며, 일반적 기업집단(corporate complex)은 총수에 의한 인적지배가 없는 기업결합체를 지칭한다. 일본의 경우 미쓰비시, 미쓰이, 스미토모 등의 기업집단은 보험회사를 중심으로 자본적으로 결합되어 있으며, 최대주주의 지분율이 1.5% 내외에 불과하여 특정한 총수가 존재하지 아니하고, 조직면에서는 사장단회의를 통해 느슨하게 연결되고 있다. 이러한 기업집단을 중심으로 하는 일본의 산업조직형태를 일컬어 '법인형자본주의'라고도 하는바, 특정한 기업집단 소속 계열회사 상호간의 지분참여를 통해 결합하는 면을 강조한 것이다. 한편 우리나라에서 보이는 가문형 기업집단은 독일, 프랑스, 이탈리아, 스웨덴 등지에서도 흔하다.

115) 동일인(총수), 동일인의 특수관계인, 그리고 계열회사 등의 전체 계열회사에 대한 지분보유율, 즉 내부지분율은 대체로 50% 정도에 이른다. 과반수 지분에 대한 현실적 장악을 통해 계열사 주주총회를 일사불란하게 지배하는 것을 의미한다. 2025년 5월 기준, 공시대상기업집단(총수가 있는 81개 집단)의 내부지분율(계열회사 포함)은 평균 62.4%로 집계되었다. 이 가운데 총수일가 지분율은 약 3.7% 수준으로, 지난 몇 년간 3.5~3.7% 구간에서 비교적 안정적으로 유지되고 있다. 반면 계열회사 등 내부 법인 및 기타 특수관계인이 보유한 지분 비중은 증가 추세를 보이며, 2021년 약 51.7%였던 계열회사 지분율은 2025년 약 55.9%로 상승했다. 이러한 구조는 과거 2019년 통계에서 보였던, 총수가 1.9% 지분에 불과하다는 점과 유사하게, 실제 지배권은 계열회사 및 내부 지분집단을 통한 구조적 지배에 의존하고 있음을 보여준다. 다만 최근 일부 순환출자 고리 해소 움직임이 관찰되는 것은 주목할 만하다. 또한, 학계 연구 결과에 따르면 지배주주 지분율이 상대적으로 높은 기업집단에서는 내부자본시장의 투자 효율성이 높아지고 과잉투자 유인이 줄어드는 경향이 확인된 바 있다. 이는 단순한 '승수효과'로만 설명되기 어려운, 보다 복합적인 지배구조 및 자본시장 작동의 현실을 반영한다.

기업집단 전반에 대한 경영을 장악하는 점(소유와 경영의 일치), 셋째 여러 가지 법적 장치를 동원하여 기업집단에 대한 지배권이 세습하고 있는 점 등이다. 여기에서 한국형 재벌에 대한 개념을 정의한다면, 총수(공정거래법상의 동일인) 및 그 가족에 의해 봉쇄적으로 소유, 지배되는 복합적 기업결합체라고 할 수 있다. 다음의 표는 대기업 혹은 기업집단의 소유 및 지배구조와 관련하여 포착되는 특징을 단순화하여 이를 유형화한 것으로서, 우리나라의 대표적 재벌들도 사항별로 상당한 차이를 보이기도 한다.

그러나 현행법상의 경제력집중억제 제도는 다양한 업종을 영위하는 기업들을 봉쇄적으로 지배하는 재벌규제에 국한되는 것이 아니라, 대규모의 경제력을 가진 기업집단 일반에 대한 것이며 단위 대기업도 탈법행위의 적용과 관련하여 규제대상이 될 수 있다. 총수가 없는 민간기업집단은 물론, 수직적으로 계열화되어 문어발이 아닌 기업집단(과거의 기아그룹, 현대자동차 그룹)도 마찬가지다. 즉 '지나치게 큰 규모는 나쁘다'(Big is ugly)라는 발상이라고 비판되기도 하며, 현행법의 경제력집중억제 제도는 재벌규제가 아니라 대규모 결합기업체 일반에 대한 규제의 성격을 가진다.

2. 경제력집중의 순기능과 역기능

1970년대의 고도성장기를 거치면서 우리나라의 기업들은 특정인 내지 특정가문에 소유와 경영이 집중된 이른바 오너(owner)지배체제를 유지·강화하여 왔다. 공권력이 시장에 깊숙하게 개입하는 정부주도형 경제운용을 배경으로 정치권과 밀착된 재벌들은 국민경제적으로 중요한 투자나 영업부분을 선점하고 금융 기타 자원을 과점하였고, 그 결과 기업집단의 규모가 급격하게 팽창하면서 수많은 업종을 영위하는 다수의 계열사들을 거느리게 되었다.

과거 30대 대규모기업집단을 지정하던 시절 30대 기업집단이 국민경제에서 점하는 위상은 대체로 생산과 수출의 약 3분의 1, 고용의 약 20%, 제도권금융의 30% 내외를 점하였고, 특히 상위 4대 기업집단의 매출액이 GNP 대비 50% 이상 그리고 국내 제조업생산의 약 20%를 점하였다. 1990년대 말의 경제위기를 거치면서 30대 기업집단의 과반수가 파탄되었고, 이 과정에서 선두 2~3개 기업집단으로의 경제력집중은 오히려 심화된 것으로 보인다.

현행 공정거래법은 경제력의 집중 내지 소수 기업집단으로의 일반집중에 대해 원칙적으로 부정적인 입장을 취하고 있다.116) 재벌의 역기능으로 거론되는 것을 열거하면 다음과 같다. 첫째, 재벌은 이윤극대화가 아니라 사회적 패권을 추구하는 와중에서 각종 경제적 비효율을 만들어 낼 뿐만 아니라, 정치발전을 저해하며 경제민주화에 장애요인이 된다. 둘째, 경쟁정책 차원에서는 기업집단에 의한 경쟁을 통해 시장구조를 왜곡하고 재벌계열사만 살아남는 현상이 초래되어 산업구조의 파탄과 중소기업을 위축시킨다. 셋째, 인력과 금융, 그리고 토지 등 생산요소시장을 독과점하여 자원배분을 왜곡하는바, 특히 금융자원의 배분과 관련해서는 계열회사 사이의 상호보증 등을 통해 지나친 차입경영(借入經營)을 하게 되고 이로 인한 위험은 국민경제 전체가 부담하게 된다. 넷째, 정경유착을 배경으로 시장기능 또는 가격의 매개변수적 기능을 허구화시키고 국민경제를 로비와 특혜에 의한 운용시스템으로 바꾸어 거래비용을 증가시키고 시장경제의 기반을 무너뜨린다는 것이다.

이상의 역기능을 살펴보면, 경제력집중에 따르는 정치사회적 이슈가 대종을 이루며 재벌체제 내지 혼합결합의 반경쟁성에 관한 주장은 드물다. 또한 경제력집중억제 제도에 비판적인 견해들은 경제력집중의 정도와 관련하여 우리나라가 특별히 심각하다고 볼 통계적 근거도 정확하게 제시된 바 없으며,117) 이에 관한 경쟁법상의 규제도 일본의 경우를 제외하고는 찾기 어려워 국제적 정합성을 결여하

116) 우리나라 일부 기업집단이 세계적 경쟁력을 보이는 사실은 재벌체제 자체의 효율성과 떼놓기 어렵다고 생각된다. 첫째 재벌은 내부화전략(internal track)을 통하여 조직의 경제화, 즉 전후방의 관련사업을 연계시킴으로서 조직관리비용과 거래비용을 절약할 수 있다. 둘째 다각화전략을 통해 집단 전체의 위험을 분산하고 평준화할 수 있으며, 단일한 지휘관리체제를 통해 자금과 인력의 합리적 조정이 가능하다. 셋째 대규모 자금력과 우수인력의 확보를 통해 막대한 설비투자와 연구개발비용이 필요한 새로운 산업분야에 대한 진출이 가능하다. 첨단하이테크 분야나 중화학, 자동차, 전자 분야 등 세계적 기업들과 경쟁을 위해서 필요한 대규모 설비투자, 첨단기술과 경영노하우의 축적을 개별 단위기업이나 중소기업들에게 기대하기는 어렵다. 넷째 총수와 그 측근에 의한 중앙집중적 경영권의 행사를 통해 신속한 경영판단과 장기적 투자 그리고 계열기업들의 지배구조에 대한 효율적 관리가 가능하다. 공기업 등에서 대표적으로 나타나는 조직적 비효율이 오너 체제를 통해 불식될 수 있는 것이다.

117) 일반집중은 미국이나 일본, 독일 등 대규모 주식회사를 중심으로 자본을 집중시키면서 혼합결합을 특별히 규제하지 아니하는 나라에서는 일반적인 현상이다. 이미 1905년에 미국 100대 기업은 자국 산업자본의 40%를 지배하였고 동일한 시기 독일의 카르텔들은 전체 산업생산의 25%를 장악하여 이 수치는 한때 50%에 이르기도 하였다[Leslie Hannah, Mergers, Cartels and Concentration: Legal Factors in the US and European Experience(Antitrust and Regulation, An Elgar Reference Collcetion, 1992), 6-10]. 경험적 자료로서 일본의 6대 기업집단이나 미국의 선도 200대 혹은 500대 기업에 관한 수십 년간의 통계를 참조할 수 있다.

는 규제라고 비판한다. 결국 재벌문제의 핵심은 한국을 대표하는 소수의 기업집단에 대한 특정한 가문의 지배권의 세습이라고 할 것이며, 이에 대한 일반 국민의 부정적 정서와 민중주의적 흐름이 전통적인 경쟁정책과 혼재되어 있는 것이 오늘의 상황이다.[118)]

3. 연 혁

경제력집중을 실정법에서 정면으로 규제한 예로는 일본의 사적독점금지 및 공정거래에 관한 법률을 들 수 있다. 전체주의적 군국주의(軍國主義) 체제 하에 제2차 세계대전을 경제적으로 지탱한 것이 미쓰비시(三菱), 미쓰이(三井), 스미토모(住友) 등의 재벌들이었고, 맥아더 점령당국은 정경유착 속에서 창업주 일가가 문어발 형태의 기업집단을 통할하는 일본의 산업조직을 미국식으로 개편하는 것이 전후 일본사회의 민주화를 위해 반드시 필요한 것으로 보았다. 그 결과 강도높은 재벌해체작업이 진행되는 와중에 입안된 일본 공정거래법이 경제력집중억제 제도를 도입하게 된 것이었다.

전후 독일에서도 철강, 기계, 석탄, 화학 등을 망라하는 거대 콘체른을 해체하는 작업이 점령당국의 주도하에 진행되었다. 그러나 냉전체제가 급속하게 심화되면서 미국의 점령정책이 일본과 독일 경제의 신속한 부흥으로 바뀌게 되었다. 그 결과 1957년에 제정된 독일 경쟁제한금지법은 일반집중에 대한 규제를 알지 못한다. 독일에서는 연결기준으로 법인세를 부과하는 조세우대를 배경으로 1950년대와 1970년대에 오히려 기업집단화가 촉진되었고,[119)] 전후 일본에서도 기업결합이 역시 정책적으로 유도되어 자국의 산업조직을 견고히 하였다.

---

118) 엄밀한 의미에서 재벌규제는 독점금지와 관련이 없다. 여기에서 공정거래법에서 이를 제거하거나 특별법을 통해 이를 규제하여야 한다는 주장이 제기된다. 그러나 공정거래법에서 규제하는 것이 가장 합리적이며, 혼합결합과 연계하는 등 경쟁정책과 연결짓는 노력이 요구된다.

119) 독일의 산업조직을 징표적으로 정리하면, 대부분이 가족기업이며, 50% 이상의 지분을 장악하는 뚜렷한 지배주주가 있고, 모회사 또는 지주회사를 정점으로 많은 수의 자회사로 구성되는 수직적 기업집단이라는 점이다. 라인-베스트팔렌 전기주식회사의 자회사는 3천이 넘고, 독일은행(주)의 자회사는 4천이 넘는다(Klaus Hopt, Group of Companies, ECGI Working Paper, 2면 이하; Jan Lieder, Der Aufsichtsrat im Wandel der Zeit, 2006, 484 이하). 독일의 주요 주식회사와 유한책임회사들은 은행 기타 금융기관과 강하게 결부되어 있고, 은행의 여신에 의지하는 독일 기업들은 증권시장에서의 직접금융이 필요하지 않는 전통을 가지고 있다. 여기에서 독일의 자본주의를 일컬어 금융자본주의 또는 라인(Rhein)자본주의라고 칭하기도 한다.

우리나라의 경우 1980년 제정 공정거래법에는 재벌규제가 포함되지 않았다. 그러나 재벌문제는 한국사회를 관통하는 주요한 정치사회적 이슈로서 다양한 측면에서 끊임없이 문제가 제기되었다. 특히 경쟁정책과 지배구조 면에서는 업종다각화를 지칭하는 문어발, 소유의 집중을 배경으로 하는 총수의 전단, 그리고 선단식 기업경영으로 인한 폐해가 지적되어 왔다. 이에 따라 공정거래법에 대한 1986년 12월의 제 1 차 개정에서 각종 경제력집중억제 제도를 도입하여 재벌문제를 법적 규제의 대상으로 삼았다. 그리하여 공정거래법상의 규제수단은 재벌에 대한 제도적 논의의 출발점이 되어 입법적 결론을 선도하여 왔다.

공정거래법 개정에서 가장 변화가 많은 분야가 경제력집중억제인바, 제도의 변화를 살펴보면, 1986년 재벌규제제도를 도입하면서 지주회사의 설립금지, 주식상호보유의 금지, 출자총액제한 제도가 도입되었다. 1992년 개정에서는 계열회사간 채무보증제한 제도를 통하여 금융집중을 막을 수 있는 장치를 도입하였고, 이 채무보증제한은 점차 강화되어 이제는 전면적으로 금지되고 있다. IMF 외환위기 이후 1999년 개정은 재벌규제를 이례적으로 후퇴시킨 것으로서 지주회사의 설립을 제한적으로 허용하고, 계열사를 위한 신규 채무보증을 전면 금지하고, 출자총액 규제를 삭제하였으나 출자총액 규제는 그해 연말의 법개정에서 복고되었다. 2004년 개정에서는 사소의 활성화를 위한 여러 조치, 계열 금융기관이 가진 계열사 지분에 대한 의결권제한이 강화되었다. 그러나, 2007년부터는 재벌에 대해 '사전규제는 완화하되 사후감시는 강화'하는 방향으로 규제방식이 변화하기 시작하였다. 2007년에 이루어진 두 차례의 개정에서는 지주회사에 대한 규제와 출자총액규제가 크게 완화되었으나, 주식소유현황 등의 정보공개제도가 도입되고, 대규모내부거래 이사회 의결 및 공시대상에 상품·용역거래가 추가되었다. 법개정 과정에서 출자총액 규제에 갈음하여 순환출자금지 제도의 도입 여부가 크게 논란되었다. 출자총액제한제도는 출자총액제한기업집단에 속하는 회사에 대하여 순자산(자기자본에서 계열사에서 출자한 금액을 공제한 것)의 일정비율을 넘어 다른 국내회사에 출자하지 못하도록 제한하는 제도를 말한다. 이 제도는 상호출자금지를 보완하는 의미도 있으나, 상호출자 규제와는 그 내용이 상당히 다르다. 즉 상호출자는 규제대상 기업집단에 속하는 계열사 사이에서 일방적 출자는 허용하되 상호출자는 이를 금지하는 것인데 비해, 출자총액규제는 이 규제를 받는 기업집단에 속하는 회사가 소속 계열사는 물론 다른 국내회사에 출자할 수 있는 상한을 설정하는 사전적 총량규제에 속하는 것이다. 출자총액제한제도는 일본의 예를 따라 우리나라 공정거래법이 채택했던 제도로서 경제력집중 억제를 상징하는 의미가 컸었다. 이 제도는 정책적 타당성과 국제적 정합성, 순자산 대비 40% 혹은 25% 등의 규제기준의 합리성, 민간자본 동원이 요청되는 제반 산업정책과의 충돌 가능성 등을 둘러싸고 많은 논란이 있었으며, 1999년 이 제도를 폐지한 후 다시 부활했다가 졸업제도 도입, 적용제도 및 예외인정제도 도입, 출자한도 완화 및 적용대상 축소 등 여러 번의 법개정을 거쳐 결국 2009년 3월에 폐지되었고, 그에 대한 보완대책으로 기업집단현황 공시제도가 도입되었다. 그리고 2014년에는 상호출자제한기업집단에 속하는 계열사 사이에 새로운 출자고리를 만들거나 기존의 출자를 강화하는 소위 신규 순환출자 금지 제도가 도입되었는데, 이는 복합적 지분참여에 의지해 온 우리나라 재벌의 소유지배구조에 큰 변화를 몰아오게 되었다. 이와 더불어 총수 일가의 사익편취를 금지하는 제도도 크게 강화되었다. 그 후 2017년 4월 18일 법 개정을 통해 기존의 대규모기업집단 지정제도가 "공시대상기업집단"과 "상호출자제한기업집단"으로 이원화되었다. 2020. 12. 29. 개정된 공정거래 법(2021. 12. 30.시행)은 기존 자산 기준(예: 자산 10조 원 이상)을 고정하는 방식에서 벗어나, 경제 규모 변화를 반영하는 방식으로 전환되었다. 구체적으로, 상호출자제한기업집단 지정 기준이 "국내총생산액(GDP)의 0.5% 이상"인 기업집단으로 변경되었다.

이에 따라 2024년 5월 지정에서도 이 기준이 적용되었으며, 공시대상기업집단은 자산총액 5조 원 이상, 상호출자제한기업집단은 GDP 연동 기준으로 결정되었다. 이러한 변화는 단순한 규모 기준을 넘어서, "경제 전체 규모 대비 기업집단의 상대적 경제력 비중"이라는 더 본질적인 지표로 규제 대상을 선정하려는 시도로 볼 수 있다. 또한, 순환출자 및 지분의결권 제한 규제가 유지·강화되었다. 상호출자제한기업집단에 속하는 회사가 신규 순환출자를 만들거나 순환출자를 강화하는 것은 금지된다. 동시에, 2020년대 전반의 기업집단 지정·공시 체계도 정비되었는데, 지정 대상 집단의 범위, 친족·계열사 범위, 공시 의무 대상 등을 재정비한 것이다.

4. 기업집단 지배구조 규제

1986년 이래 우리나라에서는 경제력집중억제와 관련하여 여러 규제가 지속적으로 추가되어 왔다. 이론적으로는 미국 독점금지법 실무에서 1960년대에 나타났던 일반집중 또는 과도한 경제력의 집중(excessive concentration of economic power)의 해체라는 사회정치적 관념이 깔려 있다.[120] 기업집단 소유지배구조 규제라는 방향을 의식하게 된 것은 2000년대 초반으로 보이는데, 공정거래법은 이제 회사법에 갈음하여 기업집단 지배구조에 관한 근거법 역할을 하고 있다. 돌이켜 보면, 지주회사 규제, 상호출자와 순환출자 규제, 금융보험사와 공익법인 의결권행사 제한, 계열사 채무보증 금지, 부당지원행위 금지 등 경제력집중억제 관련 핵심 제도들이 모두 기업집단의 소유지배구조나 집단경영과 관련된 것이다.

주지하는 바와 같이, 우리나라는 대기업집단 중심의 산업조직을 가졌다. 그러나 지배권 세습에 대한 대중정서는 부정적이고, 나아가서 총수에 의한 집단 차원의 경영 그 자체도 그때 그때 비판의 대상이 되어 왔다. 정권 교체기에 기획조정실, 구조조정본부, 미래전략실 등 집단 차원의 경영을 위한 조직이 거듭 폐지되었던 사실이 이를 반증한다. 기업집단 지배구조에 관한 법리가 우리나라에서 아직 정돈되지 못하였고, 회사법은 물론 공정거래법 차원에서 이에 관한 학문적 논의가 충실하게 전개되지 못한 탓이 크다고 할 것이다.

세계적으로 기업집단 차원의 경영을 부정하는 나라는 없다. 미국을 제외한다면, 오히려 그룹화를 촉진하고 집단 차원의 경영을 제도적으로 보장하는 것이 주된 흐름이다. 독일, 프랑스, 이탈리아가 그러하고, 일본도 지배주주는 없으나 생명보험사를 중심으로 상호출자나 행렬식 교호출자를 통하여 소유구조를 집단적으로 완성하고 있다. 뚜렷한 지배주주 없이 개별 단위기업 중심의 산업구조를 전통적으로 유지하고 있는 미국은 소수주주 보호나 대리인비용 통제 등 회사법상의 개별적 규율을 둘 뿐 집단 차원의 경영을 금지하거나 권장하는 정책은 없다. 그러나 독일의 경우에는 연결기준으로 법인세를 과세하는 방법으로 기업의 그룹화를 제도적으로 유도하고 있으며, 주요기업의 전형적인 모습은 지배주주가 분명한 집단화된 가족기업이다.[121] 독일 주식법(Aktiengesetz)은 기업집단의 지배구조를 성문법

---

120) E. D. Cavanagh, Antitrust Law and Economic Theory: Finding a Balance, Loyola University Chicago Law Journal Vol. 45(2013), 129,137. 중소기업 보호, 집중억제의 사회정치적 경향을 드러내는 대표적 판결로는, Brown Shoe Co. v. Unites States, 370 U.S. 294(1962).

121) Jan Lieder, Ownership and Governance of Business Group – Discussions in Germany and Europe, 한국비교사법학회 국제심포지움(2016.8.) 발표문, I.1.. Klaus J. Hopt, Corporate Governance in Europe: A Critical Review of the European Commission's Initiatives on Corporate Law and Corporate Governance, 12 N.Y.U. J.L. & Bus. 139 (2015-2016) 외.

으로 규율하는 회사법으로서, 모회사의 자회사에 대한 지시권(Leitungsrecht) 규정을 통해 자회사에 불리한 경우에도 그룹의 전체의 이익을 도모할 수 있도록 한다(독일 주식법 제308조). 프랑스나 이탈리아의 경우도 주주총회에서 다수의결권을 장악하는 지배주주가 뚜렷하고 전통적으로 패밀리형 집단기업이 많다. 프랑스 상법은 2년 이상 주식을 보유하는 주주에게 2배의 의결권을 인정하는데, 프랑스 정부가 2배의 의결권을 통해 주요 기업 지배주주의 지배권을 보완하는 경우가 많다. 프랑스는 독일과는 달리, 기업집단 차원의 경영을 성문법이 아니라 판례를 통하여 보장하고 있고 이 모델이 유럽연합에서 유력한 상황이다. 즉 Rozenblum 판례[Cour de Cassation(Ch. Crim.) 4 February 1985, 1985 Revue des Sociétés 648]는 그룹 총수가 기업집단 전체의 이익을 위하여 자회사의 이익을 희생시키도록 지시하는 행위를 허용하고 이와 관련하여 세 가지 요건을 제시한다. 첫째 기업집단의 구조가 안정될 것, 둘째 모회사가 일관성이 있는 기업집단 정책을 펼칠 것, 셋째 이로 인한 비용과 수익을 그룹 내에서 공정하게 배분할 것 등이다.[122)]

기업집단 차원의 경영과 관련하여, 소수주주의 권익은 보장되어야 하고 특수관계인이나 제3자에게 기업재산을 부당하게 이전하거나 터널링하는 일은 민형사적 수단을 통해 엄격하게 금지되어야 한다. 그러나 기업집단 지배구조 문제는 다른 차원에서 접근할 필요가 있다. 우리나라 공정거래법은 그 동안 교환적 상호출자의 전면 금지, 순환출자의 금지나 의결권휴지, 계열 금융보험사나 공익법인의 의결권행사 제한, 지주회사 행위규제 강화 등 상호출자제한기업집단의 소유구조를 공격적으로 다루어 왔다. 공정거래법이 기업집단 지배구조를 맡는 것은 특수한 입법적 요청의 결과라고 하더라도, 지주회사 시스템의 규제나 순환출자의 금지 그리고 금융보험사나 관련 공익법인의 의결권을 휴지시키는 입법례는 우리나라 밖에서는 찾기 어렵다. 독일이나 일본 그리고 프랑스 등지에서 자국 기업집단의 소유구조를 안정시켜 미국계 헷지펀드 등 외부세력의 적대적 기업인수 공세를 제도적으로 차단하는 정책을 참조할 가치가 있다.

---

122) Kraakman et al., The Anatomy of Corporate Law – A Comparative and Functional Approach, 3rd. Ed.(2017, Oxford), 133-4. 집단 차원의 경영을 비교법적으로 분석한 유럽연합 차원의 보고서로는, European Commission Informal Company Law Expert Group, Report of the Recognition of the Interest of the Group, Section 2.2(2016).

5. 규제의 한계

현행 경제력집중억제 제도는 업종다각화나 인적지배 등의 특징을 가진 재벌에 한해 적용되는 것이 아니라, 대규모의 경제력을 가진 기업집단 일반에 대한 것이다. 또한 출자총액규제의 급격한 변천에서 보듯이, 경제력집중억제 관련 규제는 법개정의 진폭이 크고 또 개정이 잦은 분야이다. 이 규제와 관련하여 규범논리적 필연성이나 국제적 정합성 그리고 경쟁정책과의 연결고리를 확보하고 이를 순화하기 위한 노력이 계속되어야 할 것이다.

현행 공정거래법이 규정하는 경제력 집중억제 관련 제도로는 지주회사의 설립·전환에 대한 신고 및 지주회사의 행위제한, 상호출자금지, 채무보증금지, 금융·보험회사와 공익법인의 계열회사 주식에 대한 의결권 행사 제한, 주식소유현황 신고, 대규모 내부거래에 대한 이사회 의결 및 공시 의무 등이 있다. 또한 불공정거래행위의 하나인 부당지원행위(사익편취 규제) 역시 재벌 계열사 간 부당한 지원을 억제하는 데 초점이 맞추어져 있으며, 기업결합 심사 또한 경제력 집중억제와 긴밀히 관련되어 있다.

아울러 지주회사의 행위제한, 상호출자 금지, 계열회사에 대한 채무보증 금지, 금융·보험사의 의결권 제한 등과 관련하여, 현행법은 이러한 규정의 잠탈을 목적으로 하는 각종 탈법행위를 광범위하게 금지하고 있다(법 제36조).

'경제력집중의 억제'는 주요 법제에서 찾을 수 없는 우리나라 특유의 규제이다. 이 규제와 관련 입법 역시 사유재산권보장, 기업활동의 자유, 과잉금지와 비례형평, 그리고 보충성의 원칙(헌법 제119조)과 같은 헌법가치의 통제를 받는다. 시장경제는 각종 형태의 사업자가 개별적으로 또는 다른 사업자와 제휴하여 자유로이 시장에 진입하고 사업자들 사이의 자유로운 경쟁을 보장하는데 그 근간이 있다. 그러므로 이 규제가 기업집단의 형성 자체를 막거나 적법하게 그 경제적 역량을 키우는 것을 제한해서는 아니된다. 기업집단의 구조조정이나 수직계열화를 통한 효율성 제고도 이를 불합리하게 제한할 수 없고, 특히 기업집단 차원의 경영이 보장되어야 한다. 주요국가 중 기업집단 차원의 경영을 부인하는 법제는 없으며, 독일 주식법은 모회사의 자회사에 대한 지시권 제도를 통해 그리고 프랑스는 판례법을 통해 총수가 기업집단 전체의 이익을 위하여 자회사의 이익을 희생시키는 조치를 제도적으로 보장하고 있다.

일반 경쟁법과 그 성격을 현저하게 달리하는 이 규제와 관련하여, 공정위는 법령이 정하는 범위 내에서 기업조직의 위법한 확장이나 계열사업자의 남용적 행태를 금지하고 통제할 수 있다. 그러나 기업지배구조는 개별 기업이든 기업집단 차원이든 회사법이 관할하는 것이 주요국의 법제이다. 지주회사의 조직과 행태에 대한 법령의 규제나 계열사간 출자제한의 구체적 내용과 한계를 넘어서서 경쟁당국이 대기업집단의 소유지배구조 일반에 관여하거나 기업집단이나 개별 계열사의 구조조정의 방향이나 구체적 수단에 대해 행정지도 등을 통해 개입하는 것은 그 부작용은 물론이고[123] 나아가서 적법성 논란을 야기할 소지가 없지 않다.

제 2 절 상호출자제한기업집단 등의 지정 및 신고

1. 기업집단의 획정과 제외

1.1. 기업집단의 획정

현행 공정거래법은 기업집단에 대해 동일인이 사실상 그 사업내용을 지배하는 회사의 집단으로 규정한다(법 제 2 조 제11호 본문). 즉 동일인이 회사인 경우 동일인과 동일인이 지배하는 하나 이상의 회사의 집단을 말하고, 동일인이 회사가 아닌 경우에는 동일인이 지배하는 2 이상의 회사의 집단을 말한다.[124] 그리고 계열회사라 함은 2 이상의 회사가 동일한 기업집단에 속할 경우 이들 회사는 서로 상대방의 계열회사가 된다(법 제 2 조 제12호).[125]

동일인이 사실상 그 사업내용을 지배하는 회사란 다음의 두 회사를 말한다(령 제 4 조). 첫째, 동일인이 단독으로 또는 동일인관련자[126]와 합하여 당해 회사의 발

123) 임영철/조성국, 앞의 책, 290-2.

124) 자연인이나 회사뿐만 아니라 비영리법인과 법인격없는 사단이나 재단도 동일인이 될 수 있다. 2019년도에 지정된 34개의 상호출자제한기업집단의 경우, 동일인은 이재용(삼성), 정몽구(현대자동차), 최태원(에스케이) 등 자연인과 포스코, 농협중앙회, 케이티 등 법인이 동일인인 경우가 있다. 법인 동일인은 공기업이 민영화된 경우가 상당부분을 차지하고 있으나, 일부 민간기업집단이나 외국계 기업집단(에스오일 등)도 있다.

125) 상호출자제한기업집단 소속 계열사의 주식소유현황 신고규정 위반 사건에서 하급심은 기업집단 및 계열회사의 정의에서 국내회사로 한정하거나 외국회사가 배제되는 것은 아니라고 보았다(서울고판 2017.5.24, 2016누70279. 고법확정).

126) '동일인 관련자'의 유형은 다음과 같다(령 제 4 조 제 1 호).

행주식 총수의 100분의 30 이상(무의결권 주식은 제외)을 소유하는 경우로서 최다출자자인 회사이다.

둘째, 다음 중 하나에 해당하는 회사로서 당해 회사의 경영에 대하여 지배적인 영향력을 행사하고 있다고 인정되는 회사이다.

① 동일인이 다른 주요 주주와의 계약 또는 합의에 의하여 대표이사를 임면하거나 임원의 50% 이상을 선임하거나 선임할 수 있는 회사

② 동일인이 직접 또는 동일인관련자를 통하여 당해 회사의 조직변경 또는 신규사업에의 투자 등 주요 의사결정이나 업무집행에 지배적인 영향력을 행사하고 있는 회사

③ 동일인이 지배하는 회사와 당해 회사간에 인사교류가 있는 회사

④ 동일인 또는 동일인관련자와 해당 회사 간에 통상적인 범위를 초과하여 자금·자산·상품·용역 등의 거래 또는 채무보증이 있는 회사, 그 밖에 해당 회사가 동일인의 기업집단의 계열회사로 인정될 수 있는 영업상의 표시행위를 하는 등 사회통념상 경제적 동일체로 인정되는 회사

즉 공정거래법상 기업집단이란 동일인이 단독 또는 친족이나 직접 통제 하에 있는 관련자와 합하여 당해 회사의 무의결권주식을 제외한 발행주식 총수의 30% 이상을 소유하고 있는 최다출자자이거나 기타 임원의 임면 등으로 사실상 당해 회사의 사업내용을 지배하는 경우 그러한 회사의 집단을 말한다(령 제 4 조).

1.2. 기업집단의 제외

가. 사외이사독립경영회사

법 제 4 조 제 1 항 제 1 호 라목에도 불구하고 동일인과 같은 호 마목의 관계에 있는 자 중 「상법」 제382조 제 3 항에 따른 사외이사가 경영하고 있는 회사로

---

① 친족(배우자, 6촌 이내의 혈족, 4촌 이내의 인척)

② 동일인이 단독으로 또는 동일인 관련자와 합하여 총출연금액의 30% 이상을 출연한 경우로서 최다출연자가 되거나 동일인 및 동일인 관련자 중 1인이 설립자인 비영리법인 또는 단체(법인격없는 사단 또는 재단을 말함)

③ 동일인 직접 또는 동일인 관련자를 통하여 임원의 구성이나 사업운용 등에 대하여 지배적인 영향력을 행사하고 있는 비영리법인 또는 단체

④ 동일인이 시행령 제 3 조 제 1 호 또는 제 2 호의 규정에 의하여 사실상 사업내용을 지배하는 회사

⑤ 동일인 및 동일인과 ②, ③, ④의 관계에 해당하는 자의 사용인(법인인 경우는 임원, 개인인 경우는 상업사용인 및 고용계약상의 피용자)

서 제5조 제1항 제3호 각 목의 요건(독립경영요건)을 모두 갖춘 회사는 동일인이 지배하는 기업집단의 범위에서 제외한다. 기업집단 계열회사가 최다출자자가 되는 등의 기준을 충족하는 경우 그 계열회사의 임원이 지배하는 회사는 기업집단의 범위에 속하게 되지만, 그 임원 가운데 사외이사가 지배하는 회사로 일정한 독립경영요건을 충족할 경우라면 동일인의 영향력이 미치기 어려워 사전규제의 필요성이 적다는 취지를 고려한 것이다.

나. 공정위의 제외결정

기업집단으로부터 제외, 제외의 취소 등 기술적인 사항들에 관하여 시행령은 상세한 규정을 두고 있다. 즉 기업집단에 속하는 요건을 구비한 회사들로서 동일인이 그 사업내용을 지배하지 않는다고 인정되는 경우 또는 기업집단에 속하는 요건을 구비하고 동일인이 지배하는 일정한 경우에도 공정위는 이해관계자의 요청에 의하여 기업집단의 범위에서 제외할 수 있다(령 제5조 제1항·제2항).

기업집단의 범위에서 제외된 회사가 그 제외요건에 해당하지 아니하게 된 경우에는 공정위는 직권 또는 이해관계자의 요청에 의하여 그 제외결정을 취소할 수 있다(령 제5조 제3항). 다만, 시행령 제5조 제1항 제2호에 따라 동일인이 지배하는 기업집단의 범위에서 제외된 회사의 경우에는 그 제외된 날부터 3년(같은 호 마목의 경우에는 5년) 이내에 제외 요건에 해당하지 않게 된 경우에만 그 제외 결정을 취소할 수 있다(령 제5조 제3항).

2. 상호출자제한기업집단과 공시대상기업집단

규제대상 기업집단의 지정은 정책적으로 매우 큰 의미가 있다. 2016년 공기업집단을 지정에서 제외한 사례에서 보듯이, 이 지정의 구체적 방법에 따라 재벌정책의 대상과 강도를 현저하게 조절할 수 있다. 그 동안 자연인 총수가 있는 기업집단으로 규제의 대상을 한정하자는 견해, 4-5개의 소수의 선도 기업집단을 지정대상으로 삼고 여타의 기업집단은 규제에서 풀어 기업집단 사이의 경쟁을 활성화해야 한다는 주장이 제기되었다. 지금까지는 자산총액이나 매출총액이 일정한 기준을 넘는 기업집단에 대해 일률적으로 지정해 왔으나, 단순한 매출총액이 아니라 해당 기업집단이 GDP에서 점하는 순가치 비중이나 자본시장 상장기업들의 자본총액에서 특정한 기업집단의 계열사가 점하는 비중을 기준으로 규제대상을 획정하는 것이 보다 합리적이다.

즉 1986년의 개정 공정거래법은 경제력집중의 억제를 위한 매개개념으로서 대규모기업집단 지정제도를 채용하였다. 처음에는 자산총액을 기준으로 그 금액이 4,000억원 이상인 기업집단을 대규모기업집단으로 지정하였으나, 국민경제의 규모가 팽창하고 기업집단의 자산규모가 지속적으로 증대함에 따라, 1992년부터는 자산총액을 기준으로 1위부터 30위까지에 해당하는 기업집단으로 변경하였다. 그러나 자산규모를 기준으로 상위 30개 기업집단을 지정하는 것은 선도 기업집단과 하위 기업집단 사이에 존재하는 규모와 역량의 엄청난 차이를 간과하고 일률적인 규제를 가하여, 오히려 선도집단으로의 경제력집중을 심화시킬 뿐만 아니라 머릿수 맞추기 지정이라는 혹평마저 있었다.

이에 따라 2002년 공정거래법 개정을 통해 기업집단 지정방식을 '순위기준'에서 '자산기준'으로 변경하면서, 상호출자제한기업집단 및 채무보증제한기업집단은 자산규모 2조원 이상으로 변경하고 동 기업집단에 속하는 회사는 기업집단 지정통지를 받은 날부터 각각의 규제가 적용되도록 하였다. 이후에도 기업집단의 지정기준은 경제규모의 성장에 맞추어 지속적으로 상향조정되었다. 상호출자제한기업집단 및 채무보증제한기업집단 지정기준은 2008년에 자산규모 2조원 이상에서 5조원 이상으로 변경한 후, 2016년에 다시 10조원으로 상향 조정되었다.

다시 2017년 4월의 법개정을 통해 기업집단 지정제도는 큰 변화를 가져왔다. 즉 경제력집중억제에 관한 일체의 실체적, 절차적 규제의 대상이 되는 상호출자제한 기업집단과 기본적으로 공시규제의 대상으로 삼는 공시대상 기업집단으로 이원화하게 된 것이다. 이 이원화는 재계 순위 1위 그룹과 60위 그룹에 대해 동일한 실체적 규제를 가하던 불합리를 보완하고, 상대적으로 덩치가 작은 기업집단에 대해서는 각종 공시와 신고에 대한 시장의 자율적 반응을 통해 경제력집중 문제에 접근하겠다는 취지가 반영된 것이다. 물론 공시대상 기업집단 소속 계열사도 일반불공정거래행위의 성격을 가지는 공정거래법 제45조 제1항 제9호의 부당지원행위의 규제대상이 되고, 특히 공정거래법 제47조가 정하는 특수관계인에 대한 부당이익제공 금지는 공시대상 기업집단 계열사에 대해서도 적용된다는 것이 명문화되어 있다.

2020년 말 공정거래법 전부개정법은 상호출자제한기업집단의 지정을 GDP 대비 기준으로 변경하였다. 즉 공시대상기업집단의 지정은 자산총액 5조원 이상으로 그 기준을 그대로 유지하되, 상호출자제한기업집단의 지정은 공시대상기업집단 중 자산총액이 국내총생산액의 1천분의 5(0.5%)에 해당하는 금액 이상인 기업집단으로 변경하였다(법 제31조 제1항). 이는 우리나라 GDP가 2천조원을 초과한 다음 해인 2022년부터 시행되었다(2020. 12. 29. 법률 제17799호 전부개정법 부칙 제4조).

그러나 금융업 또는 보험업만을 영위하는 기업집단, 금융업 또는 보험업을 영위하는 회사가 동일인인 경우의 기업집단, 회생절차가 진행 중이거나 관리절차가 진행 중인 회사의 자산총액의 합계액이 기업집단 전체 자산총액의 50% 이상인 기업집단 등은 제외된다(령 제38조 제1항).

3. 기업집단의 지정과 계열회사의 편입

3.1. 지정과 지정제외

상호출자제한기업집단 등의 지정은 공정위가 매년 1회 행하는데, 그 지정시기는 대다수 법인의 결산기 회계감사가 끝나는 때를 감안하여 매년 5월 1일(부득이한 경우에는 5월 15일)로 하고 있다(령 제38조 제3항). 이 지정은 일괄적으로 행해지는바, 그 반사적 효과로서 지정에서 벗어난 기업집단에 대한 지정제외가 이루어진다. 공정위는 지정하거나 변경 지정하는 경우 또는 지정 제외하는 경우 즉시 그 사실을 해당 기업집단에 속하는 회사와 그 회사를 지배하는 동일인의 특수관계인인 공익법인에 서면으로 알려야 하고, 지정 후에 해당 기업집단에 속하는 회사에 변동이 있는 경우 해당 회사에 서면으로 그 사실을 알려야 한다(령 제38조 제7항·제8항).

일정한 시기에 이루어지는 일괄지정의 특성상 연도 중에 상호출자제한기업집단 등에 대한 신규추가지정은 허용되지 아니한다. 그러나 지정제외의 경우는 연도 중 그 사유가 발생한 때에 이를 지정에서 제외할 수 있다(령 제38조 제6항). 즉 상호출자제한기업집단 혹은 공시대상기업집단의 제외사유로는, 첫째 지정일 이후 회생절차 혹은 관리절차가 진행중인 회사의 자산합계액이 기업집단 전체 자산총액의 50% 이상이 된 경우(다만, 해당 회사를 제외한 회사의 자산총액 합계액이 3조 5천억원 이상인 경우에는 공시대상기업집단에서 제외하지 않고, 그 합계액이 국내총생산액의 1만분의 35에 해당하는 금액 이상인 경우에는 상호출자제한기업집단에서 제외하지 않는다), 둘째 소속회사의 변동으로 해당 기업집단에 소속된 국내 회사들의 자산총액 합계액이 공시대상 기업집단은 3조 5천억원 미만, 상호출자제한 기업집단은 국내 총생산액의 1만분의 35에 해당하는 금액 미만으로 감소한 경우 등이다(영 제38조 제6항).

3.2. 계열회사의 편입과 편입의제

공시대상 기업집단 등의 국내 계열회사로 편입하거나 국내 계열회사에서 제외하여야 할 사유가 발생한 경우에는 공정위는 해당 회사(해당 회사의 특수관계인을 포함한다) 혹은 공익법인의 요청에 의하거나 직권으로 국내 계열회사 또는 특수관계인에 해당하는지 여부를 심사하여 국내 계열회사 또는 특수관계인으로 편입하거나 국내 계열회사 또는 특수관계인에서 제외하고 그 내용을 해당 회사 또는 공익법인에 통지하여야 한다(법 제32조 제1항·제2항). 여기서 계열회사란 2 이상의 회사가 동일한 기업집단에 속하는 경우 이들은 서로에 대하여 계열회사가 된다.

공정위는 이를 위해 필요하다고 인정하는 경우 해당 회사 또는 공익법인에 대하여 주주 및 임원의 구성, 채무보증관계, 자금대차관계, 거래관계 기타 필요한 자료의 제출을 요청할 수 있고, 심사를 요청받은 경우 공정위는 30일 이내에 그 심사결과를 요청한 자에게 통지하여야 한다. 다만, 공정위가 필요하다고 인정할 경우에는 60일의 범위에서 그 기간을 연장할 수 있다(법 제32조 제3항·제4항).

공정위는 자료제출 요청을 받은 자가 정당한 이유없이 자료제출을 거부하거나 거짓의 자료를 제출함으로써 공시대상기업집단의 국내 계열회사 또는 공시대상기업집단의 국내 계열회사를 지배하는 동일인의 특수관계인으로 편입되어야 함에도 불구하고 편입되지 아니한 경우에는 일정한 날에 그 공시대상기업집단의 국내 계열회사 또는 특수관계인으로 편입·통지된 것으로 본다(법 제33조). 여기서 일정한 날이란 공시대상기업집단의 지정 당시 그 소속회사로 편입되어야 함에도 불구하고 편입되지 않은 회사의 경우에는 그 공시대상기업집단의 지정·통지를 받은 날이고, 공시대상기업집단의 지정 이후 그 소속회사로 편입되어야 함에도 불구하고 편입되지 않은 회사의 경우에는 그 공시대상기업집단에 속해야 할 사유가 발생한 날이 속하는 달의 다음 달 1일이다(령 제39조).

4. 지정의 효과

공정위가 공시대상기업집단과 상호출자제한기업집단을 지정한 경우 동 기업집단에 속하는 회사에 이를 통지하도록 하였고, 기업집단에 대한 공정거래법상의 규제는 지정통지를 받은 날로부터 적용된다(법 제31조 제1항·제2항).[127] 또한 상호출자제한기업집단 등에 대하여는 주식회사등의외부감사에관한법률(이하 외감법으로 약칭)에 의하여 결합재무제표 작성의무가 부과되며, 그 밖에도 업종 진입규제 등 약 20여 개의 법률에 의한 규제가 있다.

즉 상호출자의 금지(법 제21조), 순환출자의 금지(법 제22조), 채무보증의 금지(법 제24조), 금융보험사의 의결권제한(법 제25조), 주식소유현황의 신고(법 제30조), 대규모내부거래의 이사회의결 및 공시(법 제28조), 기업집단현황 등에 관한 공시(법 제35조), 특수관계인에 대한 부당한 이익제공 등 금지(법 제47조) 또한 통지받은 날로부터 적용된다. 부당지원행위는 일반불공정거래행위의 하나로서 금지되어 지정통지와 무관하게 운용된다.

공시대상기업집단에 속하는 국내 회사(청산 중에 있거나 1년 이상 휴업 중인 회사는 제외한다)는 공인회계사의 회계감사를 받아야 하며, 공정위는 공인회계사의 감사의견에 따라 수정한 재무상태표를 사용하여야 한다(법 제31조 제5항).

그러나 상호출자제한기업집단에 속하는 국내 회사로 통지를 받은 회사 또는 상호출자제한기업집단의 국내 계열회사로 편입되어 상호출자제한기업집단에 속하는 국내 회사로 통지를 받은 회사가 통지받을 당시에 이미 법규를 위반하고 있는 경우에는 법적용에 일정한 유보를 두어야 한다(법 제31조 제3항). 즉, 상호출자금지조항(법 제21조 제1항 또는 제3항)에 위반한 경우(취득 또는 소유하고 있는 주식을 발행한 회사가 새로 국내 계열회사로 편입되어 법 제21조 제3항을 위반하게 되는 경우를 포함한다)는 지정일 또는 편입일부터 1년간 적용을 유보하며, 채무보증의 금지규정(법 제24조)을 위반하고 있는 경우(채무보증을 받고 있는 회사가 새로 계열회사로 편입되어 위반하게 되는 경우 포함)는 지정일 또는 편입일부터 2년간 유보한다. 다만, 해당 회사에 「채무자 회생 및 파산에 관한 법률」에 따른 회생절차가 개시된 경우

---

127) 또한 상호출자제한기업집단 등에 대하여는 주식회사외부감사에관한법률(이하 외감법으로 약칭)에 의하여 결합재무제표 작성의무가 부과되며, 그 밖에도 업종 진입규제 등 약 20여 개의 법률에 의한 규제가 있다.

에는 회생절차의 종료일까지, 해당 회사가 회생절차가 개시된 회사에 대하여 채무보증을 하고 있는 경우에는 그 채무보증에 한정하여 채무보증을 받고 있는 회사의 회생절차의 종료일까지는 법 제24조를 적용하지 아니한다(법 제31조 제 3 항).

5. 법위반에 대한 제재

기업집단의 지정, 지정제외와 관련한 위법행위는 절차규정에 대한 위반이지만 그 제재는 더욱 강화되고 있다. 즉 법 제31조 제 5 항에 위반하여 공인회계사의 감사를 받지 아니한 자는 2년 이하의 징역 또는 1억5천만원 이하의 벌금에 해당하고(법 제125조 제 3 호), 기업집단 지정 등과 관련하여 자료제출을 거부하거나 거짓의 자료를 제출하여 법 제31조 제 4 항을 위반한 자도 마찬가지이다(법 제125조 제 2 호).

과태료 부과의 대상이 되는 행위로는 계열사의 편입 또는 제외와 관련하여 자료제출의무를 위반한 경우 등으로서 공정위는 사업자에 대하여는 1억원 이하, 그리고 임원이나 종업원 기타 이해관계자에 대하여는 1천만원 이하의 과태료를 부과할 수 있다(법 제130조 제 1 항 제 5 호).

6. 신고의무와 공인회계사의 감사를 받을 의무

6.1. 각종 신고의무

공시대상 기업집단에 속하는 국내 회사는 해당 회사의 주주의 주식소유 현황·재무상황 및 다른 국내 회사 주식의 소유현황을 매년 5월 31일까지(새로이 공시대상기업집단으로 지정된 기업집단에 속하는 회사의 경우에는 시행령 제38조 제 7 항에 따른 통지를 받은 날부터 30일 이내) 공정위에 서면으로 신고하여야 하고(법 제30조 제 1 항 및 령 제37조 제 1 항), 상호출자제한기업집단에 속하는 국내 회사는 채무보증 현황을 국내 금융기관의 확인을 받아 공정위에 신고하여야 한다(법 제30조 제 2 항 및 령 제37조 제 4 항). 신고서 기재사항은 ① 해당 회사의 명칭·자본금 및 자산총액 등 회사의 개요, ② 계열회사 및 특수관계인이 소유하고 있는 해당 회사의 주식수, ③ 해당 회사의 국내 회사 주식소유 현황 등이다(령 제37조 제 1 항).

공시대상 기업집단 등에 속하는 회사는 주식취득 등으로 법 제31조 제 1 항 전단에 따라 지정된 공시대상기업집단에 속하는 국내 회사에 변동사유가 발생한 경우 시행령 제37조 제3항 각 호의 구분에 따른 날부터 30일 이내에 그 변동내용이 포함된 신고서를 공정위에 제출하여야 한다(령 제37조 제3항). 또한 공정위는 회사 또는 해당 회사의 특수관계인에게 기업집단 등의 지정을 위하여 회사의 일반 현황, 회사의 주주 및 임원 구성, 특수관계인 현황, 주식소유 현황 등 대통령령으로 정하는 자료의 제출을 요청할 수 있다(법 제31조 제4항).

이와 같은 신고의무를 위반하는 행위, 즉 법 제30조 제1항 및 제2항을 위반하여 주식소유 현황 또는 채무보증 현황의 신고를 하지 아니하거나 거짓으로 신고한 자 그리고 공정위의 자료제출 요청에 대해 정당한 이유 없이 자료 제출을 거부하거나 거짓의 자료를 제출하여 법 제31조 제4항을 위반한 자에 대하여는 법 제126조 제3호 및 법 제125조 제2호에 따라 각각 1억원 이하의 벌금 또는 2년 이하의 징역이나 1억5천만원 이하의 벌금에 처한다. 그러나 이들 행위는 공정위의 시정조치나 과징금의 부과대상은 아니다.

한편 공정위는 법 제21조부터 제25조까지 또는 제30조부터 제32조까지의 규정을 시행하기 위하여 필요하다고 인정하는 경우 국세청, 금융감독원이나 국내 금융기관, 자본시장법상의 명의개서대행기관, 신용정보법에 의한 신용정보집중기관 등에 대하여 공시대상 기업집단의 국내 계열회사 주주의 주식소유 현황, 채무보증 관련 자료, 가지급금·대여금 또는 담보의 제공에 관한 자료, 부동산의 거래 또는 제공에 관한 자료 등 필요한 자료의 확인 또는 조사를 대통령령으로 정하는 바에 따라 요청할 수 있다(법 제34조).

6.2. 공인회계사의 감사를 받을 의무

공시대상기업집단에 속하는 국내 회사(청산 중에 있거나 1년 이상 휴업 중인 회사는 제외한다)는 상법상의 감사에 의한 감사 외에 공인회계사의 회계감사를 받아야 하며, 공정위는 공인회계사의 감사의견에 따라 수정한 재무상태표를 사용하여야 한다(법 제31조 제5항). 공인회계사의 회계감사를 받지 아니한 자에 대하여는 2년 이하의 징역 또는 1억5천만원 이하의 벌금에 처한다(법 제125조 제3호).

제3절 지주회사의 규제

1. 총　설

1.1. 지주회사의 뜻

기업집단을 형성하는 법적 수단의 하나로서 지주회사(holding company)란 다른 회사의 주식이나 지분의 소유를 통해 그 회사의 사업활동을 지배 또는 관리하는 회사를 말하며, 지배당하는 회사를 일컬어 자회사라고 한다.

지주회사는 그 스스로의 사업을 영위하지 아니하고 오로지 다른 회사의 지배만을 사업내용으로 하는 순수지주회사와 그 스스로 독자적인 사업을 영위하면서 동시에 주식소유를 통해 다른 회사의 사업내용을 지배하는 사업지주회사로 분류된다. 또한 순수한 모형의 일단계지주회사 이외에 자회사가 다시 손회사들을 거느리는 다단계체제를 일컬어 피라미드형 기업집단이라고 한다. 다단계적 구조가 전개되면 손회사, 증손회사 등이 차례로 나타나며, 기업집단의 현실적 모습은 이러한 다단계적 지주회사 체제가 다른 요소와 복잡하게 얽혀있는 경우가 많다.

지주회사는 기업집단을 형성하는 법적 수단의 하나로서 기본적으로 기업조직 법적 관심의 대상이 된다. 지주회사 체제는 구조조정의 수단으로도 이용되며, 그 자체로서 경쟁제한성을 내포하는 것이 아니다. 그러나 다단계적 구조를 통해 많은 수의 대규모 사업회사를 거느리는 경우 지주회사 체제는 영세한 자본으로 대규모 기업집단을 형성하는 방법이 되고, 차입금에 크게 의지하는 지주회사 체제의 경우 처음부터 재무구조가 매우 취약한 기업집단을 만들어내며, 강고한 지주회사 체제 하에서는 부당한 이전거래나 분식회계 등을 통해 자회사 소수주주와 채권자의 권익을 침해할 우려도 있다.

1.2. 규제의 변천

지주회사의 설립이나 지주회사로의 전환을 금지하는 입법례는 드물며, 일본 공정거래법이 오랫동안 이를 금지하였으나 1998년에 '사업지배력이 과도하게 집중된 회사의 설립금지' 규제로 대체하였다. 우리나라는 1986년 경제력집중억제 제도의 일환으로 이를 전면적으로 금지하였으나, 우리나라 대기업집단은 상호출자 형태의 소유구조에 의하고 있었기에 지주회사 금지는 사실상 무용의 제도에 지나지 않았다. 그러나 IMF 경제위기 이후 부실한 기업집단의 구조조정이 급박한 사안이 되면서 지주회사 제도가 비주력사업의 분리와 매각을 통한 기업집단의 업종 전문화, 외자도입을 통한 재무구조의 건실화 등을 추진하는 유력한 법적 수단으로 투영되었다. 특히 친인척이나 비영리법인 등을 동원하여 복잡한 출자관계로 얽혀 있는 재벌의 소유 및 지배구조를 지주회사 체제를 통해 일단 투명하게 만들면서 핵심분야로 집중하도록 유도하는 것이 바람직하다는 주장도 있었다.

그리하여 1999년의 법개정(지주회사의 제한적 허용)을 통해 지주회사의 설립 및 전환을 부분적으로 허용하였던바,[128] 이는 대규모기업집단의 경영의 투명성, 금융기능의 정상화, 기업경영에 대한 외부적 감시가 정상화될 때까지 제한적으로 허용하기 위한 것이었다. 여기에서 경제력집중억제를 위해 부채비율이나 자회사지분율 등을 통제하면서 지주회사나 자회사에 대해 여러 가지 행위를 제한하였고, 2001년의 개정에서는 사전신고를 사후신고로 바꾸어 지주회사의 설립이나 전환을 용이하게 하였다. 그러나 2004년의 개정(규제강화)에서는 투명성 제고를 위해 지주회사가 비계열회사의 지분을 5% 이상 소유하는 것을 금지하고, 자회사에 대하여도 사업관련 손자회사에 대한 지분율 요건을 적용하였으며, 자회사 상호간의 출자를 금지하는 등 전반적인 규제를 강화하였다.

2007년 4월의 개정(규제완화)에서는 자회사 및 손자회사의 지분율 요건이 완화되었고(상장사는 30%에서 20%로, 비상장사는 50%에서 40%로), 지주회사 부채비율 한도를 100%에서 200%로 완화하였다. 그리고 2007년 8월의 개정에서는 자회사가 손자회사를 보유하기 위한 사업관련성 요건을 폐지하고, 손자회사가 100%의 지분을 보유한 경우 증손회사를 허용하였으며, 지주회사가 비계열사의 지분을 5% 초과하여 소유하는 것이 금지되고 있으나 지주회사의 SOC법인 출자는 비계열사 지분 5% 초과소유 금지대상에서 이를 제외하였다.

한편 2020년 개정(규제의 이원화)에서는 지주회사 규제가 엇갈리는 양상을 보

128) 1999년 규제완화의 기본적 배경은 재벌의 업종전문화와 외자유치를 위한 법적 수단을 제공하기 위한 것이었다. 이 밖에 기업결합형태에 대한 선택은 자유로워야 하며, 비교법상 지주회사를 금하는 예가 드물고, 지주회사 설립금지가 내국기업에 대한 역차별이 될 수 있다는 점 등이 고려되었다. 지주회사는 기업문화가 상이한 기업들 사이의 합병이 초래하는 부작용을 완화하는 방법이자 각 사업 부문의 전문성을 확보하는 방법이 될 수 있다는 주장도 있다.

인다. 즉 지주회사의 자회사나 손자회사의 지분율 규제는 상장사 30%, 비상장사 50%로 강화되는 반면, 벤처투자를 유도하기 위해 벤처지주회사의 요건을 완화하고 일반지주회사가 기업형 벤처캐피털을 소유할 수 있도록 규제를 완화하였다(법 제18조와 제20조).

2025년 1월 21일 개정된 공정거래법은 지주회사의 자회사 및 손자회사 지분율 규제를 다시 조정하였다. 개정법은 자회사주식보유기준을 자회사가 상장법인인 경우, 국외상장법인인 경우 또는 공동출자법인인 경우에는 100분의 30으로, 벤처지주회사의 자회사인 경우에는 100분의 20으로 규정하였다(법 제18조 제2항 제2호). 이는 2020년 개정에서 상장사 30%, 비상장사 50%로 강화되었던 규제를 일부 조정한 것으로, 상장법인 등에 대해서는 30%의 지분율을 유지하되, 비상장법인에 대한 지분율 규제는 50%를 유지하는 방식으로 이원화하였다.

또한 손자회사의 경우에도 손자회사가 상장법인 또는 국외상장법인이거나 공동출자법인인 경우에는 100분의 30으로, 일반지주회사의 자회사인 벤처지주회사의 자회사인 경우에는 100분의 20으로 규정하여(법 제18조 제3항 제1호), 자회사 지분율 규제와 동일한 구조를 적용하였다.

1.3. 지주회사의 현황

1999년 지주회사 설립·전환이 허용된 이래, 2024년 말 기준 공정거래법상 지주회사는 총 177개사에 이르며, 이 중 일반지주회사가 대다수를 차지하고 금융지주회사는 상대적으로 소수이다. 상호출자제한기업집단 소속 지주회사는 약 50개 집단 중 30개 내외의 집단이 지주회사를 보유하고 있으며, 각 집단이 보유한 지주회사의 수는 총 40여 개 수준이다. 또한 기업집단에 속하는 일반지주회사의 경우 모든 계열회사가 지주회사 체제에 편입되어 있는 것은 아니며, 평균적으로 약 70~80% 수준의 계열회사가 지주회사 체제에 소속되어 있는 것으로 파악된다. 한편 지주회사 1개사는 평균적으로 약 14개 내외의 자회사·손자회사를 지배하고 있으며, 지분율 또한 공정거래법상 의무지분율을 상회하는 약 70% 이상 수준을 유지하고 있다.

지주회사를 설립 또는 전환하는 방법은 과거와 마찬가지로 회사분할 방식이 가장 많이 활용되고 있으며, 이 밖에도 현물출자, 지주회사 자산감소, 주식이전, 자회사 주식가액 증가, 주식취득 등의 방식이 사용되고 있다. 특히 2022년 이후 일반지주회사의 기업형 벤처캐피탈(CVC) 보유가 허용됨에 따라, 지주회사 체제를 활용한 벤처투자와 신성장사업 편입이 확대되고 있다는 점도 특징으로 지적된다.

2. 공정거래법상의 지주회사와 자회사의 개념

2.1. 일반지주회사와 금융지주회사

지주회사란 주식 또는 지분의 소유를 통해 다른 국내회사의 사업내용을 지배하는 것을 주된 사업으로 하는 회사로서, 직전년도 종료일의 자산총액이 5,000억원 이상인 회사(벤처지주회사의 경우에는 300억 이상 5,000억 미만)를 말한다(법 제 2 조 제 7 호; 령 제 3 조 제 1 항). 여기서 지분이란 비주식회사의 지분을 포함한다.

첫째, 지주회사는 그 본질상 '다른 회사를 지배하려는 목적'을 가져야 하나, 이 주관적 요건을 엄격하게 볼 것은 아니다. 그러므로 투자 기타의 목적을 위해 다른 회사의 지분을 취득하면서 지배에 관심이 없는 경우라면 이는 지주회사가 아니며, 여기서 지배라 함은 지배의 개연성 혹은 가능성으로 충분하고 현실적 지배에 대한 증명이 필요한 것은 아니다. 둘째, 주식소유의 방법으로 다른 국내회사를 지배하여야 한다.[129] 2025년 개정법에 따르면, 자회사주식보유기준은 자회사가 상장법인인 경우, 국외상장법인인 경우 또는 공동출자법인인 경우에는 100분의 30으로 하고, 벤처지주회사의 자회사인 경우에는 100분의 20으로 한다. 그 결과 임원겸임 등 지분 소유 이외의 방법으로 다른 회사를 지배하거나 국외회사의 지배를 목적으로 하는 경우는 규제의 대상이 아니다. 셋째, 다른 국내회사를 지배하는 것을 '주된 사업'으로 하여야 한다. 여기에서 주된 사업이란 지주회사가 소유하고 있는 자회사의 주식의 합계액이 당해 지주회사의 자산총액의 50% 이상인 경우를 말한다(령 제 3 조 제 2 항). 넷째, 지주회사의 자산총액이 직전 사업연도 종료일 현재 대차대조표[130]상 자산총액이 5,000억원 이상이어야 한다(령 제 3 조 제 1 항). 지주회사로 통할되는 소규모 기업집단에 대해 경제력집중억제 장치를 가동하는 것은 적절하지 않기 때문이다. 당해 사업연도에 설립되었거나 합병 또는 분할, 분할합병, 물적분할을 한 회사의 경우는 각각 설립등기일, 합병등기일 또는 분할등

129) 지배를 위한 주식소유와 관련하여 그 비율, 즉 자회사주식보유기준은 지주회사의 행위제한에 관한 조항에서 이를 규제하고 있다(법 제18조 제 2 항 제 2 호).

130) 시행령 법문에는 여전히 '대차대조표'로 명시되어 있다. IFRS도입을 고려하여 2025.1.21. 법 개정으로 재무상태표로 명칭이 변경되었다.

기일을 기준으로 자산총액을 산출한다.

지주회사로서의 적격성을 얻은 후 사업연도 중 소유주식의 감소, 자산의 증감 등의 사유로 인하여 자산총액 기준 또는 주된 사업 기준에 해당하지 않게 된 사실을 공정위에 신고할 경우 당해 사유가 발생한 날로부터 이를 지주회사로 보지 아니한다(령 제26조 제 4 항). 이 신고를 한 회사는 그 사유가 발생한 날을 기준으로 한 재무상태표 및 주식소유현황을 공정위에 제출하여야 하고, 공정위는 신고를 받은 날로부터 30일 이내에 그 결과를 통지하여야 한다.

자회사의 사업내용을 지배하는 것을 주된 사업으로 하면 지주회사가 되는 것이므로, 순수지주회사와 사업지주회사 모두 허용된다. 또한 제조업이나 서비스업을 영위하기 위한 일반지주회사는 물론, 금융업 또는 보험업을 영위하기 위한 금융지주회사도 허용되나, 단일한 지주회사가 금융업과 비금융업을 영위하는 자회사를 동시에 거느리는 것은 원칙적으로 통제된다(법 제18조 제 2 항 제 4 호 · 제 5 호). 금융지주회사의 설립 또는 전환에 관해서는 금융지주회사에 관한 법률이 2000년 10월에 제정되었고, 그 후 개정된 상법에서도 주식의 포괄적 교환, 이전 제도를 도입하여 보다 손쉽게 지주회사 체제로 전환할 수 있게 되었다.

2.2. 자회사, 손자회사 그리고 증손회사

자회사라 함은 지주회사에 의해 사업내용을 지배당하는 국내회사를 말한다(법 제 2 조 제 8 호). 자회사가 되기 위한 시행령 소정의 요건은 다음의 두 가지다(령 제 3 조 제 3 항). 첫째 지주회사의 계열회사여야 한다. 둘째 지주회사가 단독으로 소유하는 주식이 동일인 또는 동일인관련자 중 최다출자자가 소유하는 주식과 같거나 많아야 한다.

손자회사란 자회사에 의해 사업내용을 지배받는 국내회사를 말하며(법 제 2 조 제 9 호), 종래 일반지주회사의 자회사는 사업관련손자회사만을 거느릴 수 있도록 한 사업관련성 요건이 2007년 개정법에서 폐지되었다. 나아가서 손자회사가 국내계열회사(금융업 또는 보험업을 영위하는 회사는 제외)의 발행주식 총수를 보유하는 것을 허용함으로써 증손회사를 제한적으로 인정하게 되었고(법 제18조 제 4 항 제 4 호), 이로써 3단계의 일반지주회사 체제가 가능하게 되었다.

2.3. 벤처지주회사와 중간지주회사

신기술분야 벤처기업 활성화를 위해 공정거래법은 벤처기업이나 중소기업을 거느리는 벤처지주회사 제도를 도입하고(법 제18조 제1항 제2호), 벤처지주회사와 그 자회사에 대해서는 일반 지주회사에 대한 행위제한 규제를 대폭 완화하고 있다(법 제18조 제2항에서 제4항). 특히 2020년 개정을 통해 일반지주회사가 벤처분야 금융을 담당하는 벤처투자회사나 신기술사업금융전문회사를 거느릴 수 있도록 하여 일반지주회사가 금융자회사를 소유하는 길을 열었다(법 제20조 제1항). 다만 일반지주회사는 벤처금융자회사의 주식을 100% 소유하여야 하고, 이들 자회사는 다양한 행위제한 규제를 받는다(법 제20조 제2항에서 제5항).

또한 2020년 법은 벤처지주회사의 경우 일반지주회사의 자회사나 손회사 단계에서 중간지주회사의 형태로 둘 수 있음을 명문으로 규정하고 있다(법 제18조 제3항 제1호, 동조 제4항 제5호).

벤처지주회사에 대한 특례를 개관하면, 벤처지주회사의 자회사 지분보유 요건은 2020년 법개정 및 2025년 법개정에도 불구하고 여전히 20%로 유지되고 있다(법 제18조 제2항 제2호). 일반지주회사가 벤처지주회사를 자회사 또는 손회사 단계에서 설립하는 때에는 벤처지주회사와 자회사 지분보유 특례를 적용하고, 벤처지주회사의 경우에는 일반지주회사와는 달리 비계열사 주식취득 제한을 폐지하였다. 2025년 개정법은 벤처지주회사의 자회사 지분율을 20%로 유지하면서도, 일반지주회사의 자회사인 벤처지주회사의 손자회사에 대해서도 동일하게 20%의 지분율을 적용하도록 명확히 하였다(법 제18조 제3항 제1호). 이는 벤처지주회사를 통한 벤처투자 활성화를 지속적으로 지원하기 위한 것으로 평가된다.

3. 지주회사의 설립 및 전환

3.1. 설립 및 전환의 신고, 그 시기와 방법

지주회사를 설립하거나 기존의 회사를 지주회사로 전환한 자는 공정위에 이를 신고하여야 하는 바(법 제17조), 이 신고는 사후신고에 속한다. 즉 지주회사 설립시에는 설립등기일로부터 30일 이내, 합병이나 회사분할에 의해 지주회사로 전환한 경우는 합병등기 또는 분할등기일로부터 30일 이내, 그리고 주식취득이나 자산의 증감을 통해 지주회사로 전환하는 경우에는 당해 사업년도 종료일로부터 4개월 이내에 서면으로 신고하여야 한다(령 제26조 제2항).

또한 신고서에는 신고인의 성명, 지주회사와 자회사, 손자회사와 증손회사의 명칭, 자산과 부채, 주주의 주식소유현황, 사업내용을 기재하여야 하며, 지주회사의 설립참여자가 2 이상인 경우에는 공동으로 신고하여야 하고 대리신고도 가능하다(령 제26조 제1항·제3항).

3.2. 상호출자제한기업집단의 지주회사 설립제한

상호출자제한기업집단에 속하는 회사를 지배하는 동일인 또는 당해 동일인의 특수관계인이 지주회사를 설립하거나 지주회사로 전환하고자 하는 경우 계열회사의 채무보증으로서 다음에 해당하는 채무보증을 먼저 해소하여야 한다(법 제19조).

- 지주회사와 자회사 사이의 채무보증
- 지주회사와 다른 국내계열회사(당해 지주회사가 지배하는 자회사는 제외함) 사이의 채무보증
- 자회사 상호간의 채무보증
- 자회사와 다른 국내계열회사(당해 자회사를 지배하는 지주회사 및 당해지주회사가 지배하는 다른 자회사를 제외함) 사이의 채무보증

4. 지주회사의 행위제한

4.1. 부채비율의 제한

지주회사는 자본총액, 즉 자산총액에서 부채액을 뺀 금액의 2배를 초과하는 부채액을 보유해서는 아니된다(법 제18조 제2항 제1호 본문). 즉 자본총액 대비 부채비율을 200% 이하로 통제하는 매우 엄격한 규제다. 지주회사의 재무건전성을 확보하고, 특히 재벌이 공금융을 동원하여 지주회사 체제를 형성하거나 무리하게 계열기업을 확장하는 것을 막기 위한 것이다.

다만 지주회사로 전환하거나 설립될 당시에 자본총액의 2배를 초과하는 부채액을 보유하고 있는 때에는 지주회사로 전환하거나 설립된 날로부터 2년간은 자본총액의 2배를 초과하는 부채액을 보유할 수 있다(법 제18조 제2항 제1호 단서).

4.2. 자회사주식보유기준 제한

자회사의 주식을 당해 자회사 발행주식 총수의 50% 미만으로 소유하는 행위가 금지되는바, 이 기준은 자회사가 상장법인, 국외상장법인 혹은 공동출자법인인 경우는 30% 그리고 벤처지주회사의 자회사인 경우는 20%로 인하된다(법 제18조 제2항 제2호). 여기서 "공동출자법인"이라 함은 경영에 영향을 미칠 수 있는 상당한 지분을 소유하고 있는 2인 이상의 출자자(특수관계인의 관계에 있는 출자자 중 대통령령이 정하는 자 외의 자는 1인으로 봄)가 계약 또는 이에 준하는 방법으로 출자지분의 양도를 현저히 제한하고 있어 출자자간 지분변동이 어려운 법인을 말한다(법 제18조 제1항 제1호).

또한 "벤처지주회사"란 벤처기업 또는 시행령이 정하는 중소기업을 자회사로 하는 지주회사로서(법 제18조 제1항 제2호) 그가 소유하고 있는 벤처기업의 주식가액 합계액이 당해 지주회사가 소유하는 전체 자회사의 주식가액 합계액의 50% 이상(일정한 경우에는 30% 이상)이 되는 경우이다(령 제27조 제3항).

그러나 다음의 사유로 인하여 자회사주식보유기준에 미달하게 된 자회사의 경우는 예외로 한다(법 제18조 제2항 제2호 각목).

1. 지주회사로 전환하거나 설립될 당시에 자회사의 주식을 자회사주식보유기준 미만으로 소유하고 있는 경우로서 지주회사로 전환하거나 설립된 날로부터 2년 이내인 경우
2. 상장법인 또는 국외상장법인이거나 공동출자법인이었던 자회사가 그에 해당하지 않게 되어 자회사보유주식기준에 미달하게 된 경우로서 그 해당하지 아니하게 된 날부터 1년 이내인 경우
3. 벤처지주회사이었던 회사가 그에 해당하지 아니하게 되어 자회사주식보유기준에 미달하게 된 경우로서 그 해당하지 아니하게 된 날부터 1년 이내인 경우
4. 자회사가 주식을 모집하거나 매출하면서 자본시장법에 따라 우리사주조합에 우선 배정하거나 당해 자회사가 상법에 따라 발행한 전환사채 또는 신주인수권부사채의 전환이 청구되거나 신주인수권이 행사되어 자회사주식보유기준에 미달하게 된 경우로서 그 미달하게 된 날부터 1년 이내인 경우

5. 자회사가 아닌 회사가 자회사에 해당하게 되고 자회사주식보유기준에 미달하는 경우로서 당해 회사가 자회사에 해당하게 된 날로부터 1년 이내인 경우
6. 자회사를 자회사에 해당하지 아니하게 하는 과정에서 자회사주식보유기준에 미달하게 된 경우로서 그 미달하게 된 날부터 1년 이내인 경우
7. 자회사가 다른 회사와 합병하여 자회사주식보유기준에 미달하게 된 경우로서 그 미달하게 된 날부터 1년 이내인 경우

4.3. 계열회사 이외의 국내회사 등의 주식보유 제한

지주회사는 계열회사가 아닌 국내회사(사회기반시설에 대한 민간투자법 제4조 제1호부터 제4호까지의 규정에서 정한 방식으로 민간투자사업을 영위하는 회사는 제외한다)의 주식을 당해 회사 발행주식 총수의 5%를 초과하여 소유하는 행위(벤처지주회사 또는 소유하고 있는 계열회사가 아닌 국내 회사의 주식가액의 합계액이 자회사의 주식가액의 합계액의 100분의 15 미만인 지주회사에는 적용하지 아니한다) 또는 자회사 이외의 국내계열회사의 주식을 소유하는 행위가 제한된다(법 제18조 제2항 제3호 본문).

그러나 다음의 경우는 예외다(법 제18조 제2항 제3호 각목).

1. 지주회사로 전환하거나 설립될 당시에 위 본문에서 규정하고 있는 행위에 해당하는 경우로서 지주회사로 전환하거나 설립된 날로부터 2년 이내인 경우
2. 계열회사가 아닌 회사를 자회사에 해당하게 하는 과정에서 위 본문에서 규정하고 있는 행위에 해당하게 된 날부터 1년 이내인 경우(같은 기간 내에 자회사에 해당하게 된 경우로 한정한다)
3. 주식을 소유하고 있지 아니한 국내계열회사를 자회사에 해당하게 하는 과정에서 그 국내계열회사 주식을 소유하게 된 날부터 1년 이내인 경우(같은 기간 내에 자회사에 해당하게 된 경우로 한정한다)
4. 자회사를 자회사에 해당하지 아니하게 하는 과정에서 그 자회사가 자회사에 해당하지 아니하게 된 날부터 1년 이내인 경우

4.4. 금융지주회사 및 일반지주회사의 자회사 업종 제한

은행법이나 보험업법 등의 금융법규는 금융업과 비금융업의 겸영을 금지하며, 특히 은행업에 대한 일반 산업자본의 진입을 매우 엄격하게 제한한다. 또한 단일한 사업자가 은행, 증권, 보험, 신탁 등의 영업분야를 겸영하는 것도 강력하게 금지되어 왔다(專業主義). 그러나 1990년대 이후 금융지주회사 체제를 통한 금융통합(universal banking), 즉 다양한 분야를 영위하는 다수의 금융기관들을 지주회사 체제로 통합하도록 허용하는 것이 세계적 추세로 되었다. 여기에서 공정거래법 역시 금융지주회사가 여러 갈래의 금융업을 영위하는 자회사를 보유하는 것을 허용하여 금융통합의 추세에 부응하되, 하나의 지주회사가 금융업과 비금융업을 영위하는 자회사를 동시에 거느리는 것은 이를 금지하고 있다.[131)]

즉 금융업 또는 보험업을 영위하는 자회사의 주식을 소유하는 지주회사, 즉 금융지주회사는 금융업 또는 보험업을 영위하는 회사(금융업 또는 보험업과 밀접한 관련이 있는 등 대통령령으로 정하는 기준에 해당하는 회사를 포함한다) 이외의 국내회사의 주식을 소유할 수 없다(법 제18조 제2항 제4호 본문). 다만, 금융지주회사로 전환하거나 설립될 당시에 금융업 또는 보험업을 영위하는 회사 외의 국내 회사 주식을 소유하고 있을 때에는 금융지주회사로 전환하거나 설립된 날부터 2년간은 그 국내 회사의 주식을 소유할 수 있다(법 제18조 제2항 제4호 단서). 마찬가지로 금융지주회사 외의 지주회사("일반지주회사")는 금융업 또는 보험업을 영위하는 국내 회사의 주식을 소유하는 행위가 금지된다(법 제18조 제2항 제5호 본문). 다만, 일반지주회사로 전환하거나 설립될 당시에 금융업 또는 보험업을 영위하는 국내 회사의 주식을 소유하고 있을 때에는 일반지주회사로 전환하거나 설립된 날부터 2년간은 그 국내 회사의 주식을 소유할 수 있다(법 제18조 제2항 제5호 단서).

4.5. 일반지주회사의 자회사에 의한 행위제한

구법은 일반지주회사의 자회사가 지배목적으로 다른 회사의 주식을 소유하는

131) 2009년 7월에 산업자본이 은행지주회사의 발행 주식을 보유하는 규제를 완화하고, 은행을 자회사로 지배하지 않는 금융지주회사, 즉 비은행지주회사에 대하여 금융기관이 아닌 회사의 지배를 허용하는 등 비은행지주회사 관련 규제를 완화하는 금융지주회사법의 개정이 이루어졌다. 금융지주회사법의 개정에 상응하여 공정거래법의 지주회사 관련 규정도 개정될 필요가 있으나, 이 개정은 여전히 이루어지지 않고 있다.

것을 금지하였다. 다단계구조의 지주회사에 대하여 근본적인 제한을 가한 것이다. 그러나 2007년 개정법은 이를 수정하여 손자회사를 일반적으로 허용하되, 그에 대한 주식보유기준을 제시한다.132)

가. 손자회사 주식보유기준 제한

일반지주회사의 자회사는 손자회사의 주식을 당해 회사 발행주식 총수의 100분의 50[그 손자회사가 상장법인 또는 국외상장법인이거나 공동출자법인인 경우에는 100분의 30으로 하고, 벤처지주회사(일반지주회사의 자회사인 벤처지주회사로 한정한다)의 자회사인 경우에는 100분의 20으로 한다] 미만으로 소유하는 행위를 제한한다(법 제18조 제 3 항 제 1 호 본문). 이 행위규제에 대해 법률은 이하의 7가지의 예외를 인정한다(법 제18조 제 3 항 제 1 호 각목).

가) 자회사가 될 당시에 손자회사의 주식을 손자회사주식보유기준 미만으로 소유하고 있는 경우로서 자회사에 해당하게 된 날부터 2년 이내인 경우
나) 상장법인 또는 국외상장법인이거나 공동출자법인이었던 손자회사가 그에 해당하지 아니하게 되어 손자회사주식보유기준에 미달하게 된 경우로서 그 해당하지 아니하게 된 날부터 1년 이내인 경우
다) 일반지주회사의 자회사인 벤처지주회사였던 회사가 벤처지주회사에 해당하지 아니한 자회사가 됨에 따라 손자회사주식보유기준에 미달하게 된 경우로서 그 해당하지 아니한 자회사가 된 날부터 1년 이내인 경우
라) 손자회사가 주식을 모집하거나 매출하면서 자본시장과 금융투자업에 관한 법률에 따라 우리사주조합에 우선 배정하거나 그 손자회사가 상법에 따라 발행한 전환사채 또는 신주인수권부사채의 전환이 청구되거나 신주인수권이 행사되어 손자회사주식보유기준에 미달하게 된 경우로서 그 미달하게 된 날부터 1년 이내인 경우
마) 손자회사가 아닌 회사가 손자회사에 해당하게 되고 손자회사주식보유기준에는 미달하는 경우로서 그 회사가 손자회사에 해당하게 된 날부터 1년 이내인 경우

132) 공정거래법상 금융지주회사의 경우에는 손자회사에 대한 금지가 없으며, 금융지주회사의 자회사는 비보험업이나 비금융업을 영위하는 회사의 주식소유에 관해서 제한을 받지 않는다. 그러나 은행법 등 금융관련법규에 의한 규제는 별개이다.

바) 손자회사를 손자회사에 해당하지 아니하게 하는 과정에서 손자회사주식보유기준에 미달하게 된 경우로서 그 미달하게 된 날부터 1년 이내인 경우(같은 기간 내에 손자회사에 해당하지 아니하게 된 경우로 한정한다)

사) 손자회사가 다른 회사와 합병하여 손자회사주식보유기준에 미달하게 된 경우로서 그 미달하게 된 날부터 1년 이내인 경우

나. 손자회사가 아닌 국내계열회사 주식소유 금지

손자회사가 아닌 국내계열회사의 주식을 소유하는 행위는 금지된다. 이 규제에 대해서도 법은 6가지의 예외를 허용하는데, 이와 같은 광범한 예외는 이 규제의 적실성을 되새기게 하는 점이 있다(법 제18조 제3항 제2호 각목).

가) 자회사가 될 당시에 주식을 소유하고 있는 국내계열회사의 경우로서 자회사에 해당하게 된 날부터 2년 이내인 경우

나) 계열회사가 아닌 회사를 손자회사에 해당하게 하는 과정에서 그 회사가 계열회사에 해당하게 된 날부터 1년 이내인 경우(같은 기간 내에 손자회사에 해당하게 된 경우로 한정한다)

다) 주식을 소유하고 있지 아니한 국내계열회사를 손자회사에 해당하게 하는 과정에서 그 국내계열회사의 주식을 소유하게 된 날부터 1년 이내인 경우(같은 기간 내에 손자회사에 해당하게 된 경우로 한정한다)

라) 손자회사를 손자회사에 해당하지 아니하게 하는 과정에서 그 손자회사가 손자회사에 해당하지 아니하게 된 날부터 1년 이내인 경우(같은 기간 내에 계열회사에 해당하지 아니하게 된 경우로 한정한다)

마) 손자회사가 다른 자회사와 합병하여 그 다른 자회사의 주식을 소유하게 된 경우로서 주식을 소유한 날부터 1년 이내인 경우

바) 자기주식을 보유하고 있는 자회사가 회사분할로 다른 국내 계열회사의 주식을 소유하게 된 경우로서 주식을 소유한 날부터 1년 이내인 경우

다. 금융업 · 보험업 손자회사 지배 금지

금융업이나 보험업을 영위하는 회사를 손자회사로 지배하는 행위가 금지된다(법 제18조 제3항 제3호 본문). 다만 일반지주회사의 자회사가 될 당시에 금융업이

나 보험업을 영위하는 회사를 손자회사로 지배하고 있는 경우에는 자회사에 해당하게 된 날부터 2년간 그 손자회사를 지배할 수 있다(법 제18조 제3항 제3호 단서).

대판 2014.7.24, 2012두20007

위반행위에 대한 과징금 부과 근거 법령의 규정 체계, 형식 및 내용과 이 사건 금지규정의 개정 경위 등에 비추어 보면, 공정거래법 제17조 제4항이 위 제8조의2 제3항 위반행위에 대하여 과징금을 부과할 수 있도록 규정하고 있으나, 그중 이 사건 금지규정의 위반행위에 대하여는 과징금 부과의 상한과 기준에 관한 규정이 흠결된 것으로 볼 수 있다. 이와 같이 이 사건 위반행위에 대하여는 행정상 제재처분의 근거규정 중 법률요건에 해당하는 금지규정과 제재의 종류에 관한 규정은 존재하나, 제재 범위에 관한 규정이 존재하지 아니하여 구체적 과징금을 산정하기 위한 기본과징금이 어떠한 기준으로 산정되는지 또는 구체적 과징금이 어떠한 한도 내에서 산정되는지 등에 관하여 행정청뿐 아니라 이 사건 금지규정의 적용대상인 당사자도 전혀 알 수 없게 되어 있다.

따라서 이 사건 위반행위에 관한 과징금 부과 기준의 흠결은 단순히 과징금 산정기준에 관한 규정이 불충분하다는 데 그치는 것이 아니라, 과징금 부과처분의 근거규정의 일부가 존재하지 않는 것으로 보아야 한다. 이와 같이 이 사건 위반행위에 대하여 과징금을 산정·부과하기 위한 기준에 관한 근거규정 자체가 존재하지 않으므로, 법규정의 문언이 지닌 통상적인 의미를 벗어나지 않는 한도 내에서만 이루어질 수 있는 목적론적 해석은 처음부터 불가능하다.

또한, 과징금 부과와 같은 침익적 행정처분의 근거가 되는 법규는 엄격하게 해석·적용되어야 하고 그 처분의 상대방에게 불리한 방향으로 지나치게 확장해석하거나 유추해석하여서는 아니 된다. 이 사건 금지규정은 금융업이나 보험업을 영위하는 회사를 손자회사로 '지배하는 행위'를 금지하는 것으로서, 공정거래법 제8조의2 제2항 제3호 내지 제5호, 같은 조 제3항 제2호, 같은 조 제4항 또는 같은 조 제5항이 '주식의 소유'를 금지하고 있는 것과 금지되는 행위의 내용과 취지가 같다고 볼 수 없어 그 위반행위에 따른 과징금 산정 방법도 달리 정하여야 할 것으로 보인다.

따라서 공정거래법 제8조의2 제3항 제2호 등 위반행위에 관하여 공정거래법 제17조 제4항 제3호가 과징금의 상한을 계산하는 데 기초가 되는 금액으로 정한 '위반하여 소유하는 주식의 기준대차대조표상 장부가액의 합계액'이라는 규정을 이 사건 금지규정의 위반행위에 대하여 과징금을 산정할 때 유추하여 적용할 수 없다.

4.6. 일반지주회사의 손자회사의 주식소유 제한

일반지주회사의 손자회사는 국내계열회사의 주식을 소유하여서는 아니된다(법 제18조 제 4 항 본문). 다만 다음의 경우에는 그러하지 아니한데, 특히 100%의 지분을 취득하는 경우에는 증손회사를 일반적으로 가질 수 있다(법 제18조 제 4 항 각호).

1. 손자회사가 될 당시에 주식을 소유하고 있는 국내계열회사의 경우로서 손자회사에 해당하게 된 날부터 2년 이내인 경우(법 제18조 제 4 항 제 1 호)
2. 주식을 소유하고 있는 계열회사가 아닌 국내회사가 계열회사에 해당하게 된 경우로서 당해 회사가 계열회사에 해당하게 된 날부터 1년 이내인 경우(법 제18조 제 4 항 제 2 호)
3. 자기주식을 소유하고 있는 손자회사가 회사분할로 인하여 다른 국내계열회사의 주식을 소유하게 된 경우로서 주식을 소유한 날부터 1년 이내인 경우(법 제18조 제 4 항 제 3 호)
4. 손자회사가 국내계열회사(금융업 또는 보험업을 영위하는 회사는 제외) 발행주식총수를 소유하고 있는 경우(법 제18조 제 4 항 제 4 호)
5. 손자회사가 벤처지주회사인 경우 그 손자회사가 국내 계열회사(금융업 또는 보험업을 영위하는 회사는 제외) 발행주식총수의 50% 이상을 소유하는 때(법 제18조 제 4 항 제 5 호)

4.7. 일반지주회사의 증손회사의 주식소유 제한

일반지주회사의 증손회사는 국내계열회사의 주식을 소유하여서는 아니된다(법 제18조 제 5 항 본문). 다만, 다음 각 호의 어느 하나에 해당하는 경우에는 그러하지 아니하다(법 제18조 제 5 항 각호).

1. 증손회사가 될 당시에 주식을 소유하고 있는 국내계열회사인 경우로서 증손회사에 해당하게 된 날부터 2년 이내인 경우(법 제18조 제 5 항 제 1 호)
2. 주식을 소유하고 있는 계열회사가 아닌 국내회사가 계열회사에 해당하게 된 경우로서 그 회사가 계열회사에 해당하게 된 날부터 1년 이내인 경우(법 제18조 제 5 항 제 2 호)

3. 일반지주회사의 손자회사인 벤처지주회사였던 회사가 법 제18조 제 1 항 제 2 호에 따른 기준에 해당하지 아니하게 되어 같은 조 제 4 항 제 5 호의 주식보유기준에 미달하게 된 경우로서 그 해당하지 아니하게 된 날부터 1년 이내인 경우(법 제18조 제 5 항 제 3 호)

4.8. 지주회사의 사업보고서 제출의무

지주회사는 지주회사, 자회사, 손자회사 및 증손회사의 주식소유현황, 재무상황 등 사업내용에 관한 보고서를 공정위에 제출하여야 한다(법 제18조 제 7 항). 즉 당해 사업연도 종료 후 4개월 이내에 지주회사 등의 명칭이나 소재지 등의 일반현황, 주주, 주식소유 현황, 자본총액과 부채총액 그리고 자산 등 재무현황 등을 보고하여야 하며, 재무제표와 감사보고서 등의 증빙자료가 첨부되어야 한다(령 제29조). 구체적으로 보고서에는 다음 각 호의 사항이 포함되어야 한다(령 제29조 제 1 항).

가. 일반 현황
  명칭 및 대표자의 성명, 소재지, 설립일, 사업내용
나. 재무 현황
  납입자본금, 자본총액, 부채총액, 자산총액
다. 계열회사 현황
라. 주주 및 주식소유 현황
마. 특수관계인을 상대방으로 하거나 특수관계인을 위한 거래행위로서 법 제26조 제 1 항 각 호의 거래행위

또한 보고서에는 다음 각 호의 서류를 첨부해야 한다(령 제29조 제 2 항).

가. 지주회사등의 직전 사업연도의 대차대조표[133]·손익계산서 등 재무제표 주식회사 등의 외부감사에 관한 법률에 따라 연결재무제표를 작성하는 기업의 경우에는 연결재무제표를 포함한다(령 제29조 제 2 항 제 1 호).

133) 2025. 1. 21. 법 개정으로 기존 “대차대조표”를 “재무상태표”로 변경하였다. 그러나, 여전히 시행령 제29조 제 2 항 등에서는 기존의 “대차대조표” 용어가 그대로 남아 있는 상황이다. 법률의 문언에 맞도록 수정해야 한다.

나. 재무제표에 대한 감사인의 감사보고서

법 제31조 제1항 전단에 따라 지정된 공시대상기업집단에 속하는 회사 및 주식회사 등의 외부감사에 관한 법률에 따라 외부감사의 대상이 되는 회사로 한정한다(령 제29조 제2항 제2호).

다. 자회사, 손자회사 및 증손회사의 주주명부(령 제29조 제2항 제3호)

공정위는 제출된 보고서 또는 첨부서류가 미비한 경우 기간을 정하여 해당 서류의 보완을 명할 수 있다(령 제29조 제3항).

5. 법위반의 효과와 제재

5.1. 합병 또는 설립무효의 소

상호출자제한기업집단의 경우 법 제19조에서 정하는 채무보증을 해소하지 아니한 채 이루어진 회사의 합병이나 설립에 대하여 공정위는 합병 또는 설립무효의 소를 제기할 수 있다(법 제37조 제2항). 이는 절차적 하자에 속하는 무효사유에 해당한다.

5.2. 공정위의 시정조치

공정위는 지주회사 등의 행위제한, 상호출자제한기업집단의 지주회사 설립제한, 또는 탈법행위의 금지에 위반하거나 위반할 우려가 있는 행위가 있는 때에는 당해 사업자 또는 위반행위자에 대하여 당해 행위의 중지, 주식의 전부 또는 일부의 처분, 시정명령을 받은 사실의 공표, 기타 법위반상태를 시정하기 위하여 필요한 조치 등을 내릴 수 있다(법 제37조 제1항). 공정위로부터 주식처분명령을 받은 자는 그 날로부터 당해 주식에 대한 의결권을 행사할 수 없다(법 제39조 제1항).

5.3. 과징금의 부과

공정위는 지주회사 등의 행위제한 규정을 위반한 자에 대하여 법위반 부채액 등 기준금액의 100분의 20의 범위 안에서 과징금을 부과할 수 있다(법 제38조 제3항).

5.4. 벌 칙

지주회사의 행위제한을 위반한 자, 채무보증을 해소하지 아니한 채 지주회사를 설립하거나 전환한 자, 주식처분명령으로 의결권이 휴지된 주식에 대해 의결권을 행사한 자 등에 대하여는 3년 이하의 징역 또는 2억원 이하의 벌금에 처한다(법 제124조 제 1 항).

또한 법 제37조 제 1 항 소정의 공정위의 시정조치에 응하지 아니한 자는 2년 이하의 징역 또는 1억5천만원 이하의 벌금에 처한다(법 제125조 제 1 호). 한편 지주회사의 설립 또는 전환의 신고를 하지 아니하거나 허위의 신고를 한 자, 그리고 지주회사 등에 관한 사업보고를 하지 않거나 허위로 보고한 자 등에 대해서는 1억원 이하의 벌금에 처한다(법 제126조 제 1 호 · 제 2 호).

제 4 절 상호출자 및 순환출자의 금지

1. 의의와 취지

상호출자란 다수의 회사가 서로 상대방의 주식 전부 또는 일부를 취득, 보유하는 현상을 말한다. 그 형태를 유형화하면, 첫째 두 회사가 서로 맞교환하는 형태로 주식을 소유하는 교환형(직접적 상호보유)이 있고, 둘째 간접적 상호보유로는 3 이상의 회사가 고리모양으로 돌아가면서 주식을 보유하는 형태인 순환형과 3 이상의 회사 사이에서 어느 한 회사가 다른 회사 전원의 주식을 보유하는 형태인 매트릭스형(복합형)의 두 가지가 있다. 이 세 유형은 기본적인 것으로 다양한 변형이 가능하며, 기업집단에서 실제로 확인되는 것은 이 세 가지 형태가 다양한 정도로 섞여 있는 모습이다.

상호출자는 기업들이 자본적으로 결부하는 대표적 수단으로서 기업집단의 소유 및 지배구조를 손쉽게 강화한다. 그러나 실질적 자본투자 없는 가공자본의 창출과 계열사의 수 늘리기, 이로 인한 회사지배구조의 왜곡, 기업공개를 우회하는 위장분산, 상대방의 주식사주기를 통해 주식시가를 인위적으로 조작하기 등 회사법과 자본시장법의 이념에 배치되는 여러 행태의 원천이 될 뿐만 아니라, 특히 유력한 거래기업에 대하여 거래단절 등으로 타격을 가한 후 상호출자의 방식으로 빼앗는 수단이 되는 등 불건전한 경제력집중의 수단이 되기도 한다.

우리나라에서 상호출자는 1972년 기업공개촉진법에 따른 기업공개를 우회하는 수법, 즉 주식의 위장분산수단으로 상호보유가 이용된 것이 그 시초이지만, 현실적 자본투자 없이 계열사의 수를 늘리며 재무상태표상의 자본을 분식한 후 이를 기초로 은행여신을 얻는 등 대규모의 기업집단이 그 규모를 키우고 공금융을 손쉽게 얻는 유력한 방편이 되었다.

그러나 1986년에 상호출자를 규제하는 공정거래법상의 제도가 도입된 이후 대규모기업집단 내의 교환적 상호보유는 사라지고, 순환형이나 매트릭스형 혹은 이들의 복합형, 또는 사실상의 지주회사 방식 등 매우 복잡한 지분참여 양상을 보여 왔다. 우리나라 기업집단의 구조적 특색은 개별 기업집단 내에서 복잡한 양상으로 자본적 결부가 이루어져 있다는 사실이다. 이는 자국의 경제를 대표하는 대규모 주식회사나 유한책임회사들이 증권시장이 아니라 은행이나 보험회사 등의 금융기관을 통해 기업자금을 조달하는 독일의 금융자본주의, 그리고 기업집단 소속 계열회사들이 보험회사를 중심으로 상호출자의 방식으로 연결되어 있는 일본의 소위 법인형 자본주의와 다르다.

한편 경쟁법 차원에서 기업집단의 소유지배구조에 개입하는 예는 우리나라를 제외하고는 이를 찾기 어렵다. 그러나 기업간의 상호출자, 특히 기업집단 계열회사 사이의 상호출자는 소수주주의 의결권을 희석화하고 기업지배구조를 왜곡할 개연성이 높다(대판 2009.1.30, 2006다31269). 여기에서 주요 국가의 회사법은 강행규정을 통해 교환형 상호출자를 통제하고 있다. 독일은 주식법 소정의 자회사가 모회사의 주식을 취득하는 행위를 금지하고 있으며(동법 제71조d), 상당수의 국가, 즉 프랑스, 이태리, 일본, 영국, 미국 델라웨어주는 자회사가 모회사 주식을 취득하는 것은 허용하되 이 주식에 대한 의결권행사를 금지한다. 나아가서 이태리, 프랑스, 독일의 회사법은 일정한 비율 이상 보유하는 주식에 대해서는 비모자회사 사이에서도 의결권휴지 제도를 두고 있다. 그러나 순환형 상호출자에 대한 통제규정은 이들 회사법에서도 보이지 않는다.[134]

134) Kraakman et. al., op. cit.(2nd Ed.), 59 각주 20.

2. 규제의 연혁

상호출자에 대해 최초로 규제를 가한 것은 1982년의 증권거래법이다. 동법은 상장회사 상호간의 직접적 상호보유를 규제하였고(구 증권거래법 제189조. 1998년말 폐지), 그 후 1984년 상법이 모자관계의 개념을 법정한 후 자회사가 모회사의 주식을 취득하는 것을 전면적으로 금지하게 된다(상법 제342조의2). 모회사가 되기 위한 기준은 자회사 발행주식의 40% 이상을 보유하는 것이었으나, 이 기준은 2001년의 상법개정으로 50%로 강화되었다. 한편 모회사에는 해당되지 아니하나 자신의 주식 10% 이상을 보유한 회사의 주식은 이를 취득할 수는 있으나 의결권의 행사는 제한된다(상법 제369조 제 3 항).[135]

공정거래법은 1986년 경제력집중억제 제도를 도입하면서 대규모기업집단 계열사 상호간의 주식상호보유를 전면적으로 금지하였으나, 간접적 상호보유는 규제의 대상으로 삼지 아니하였다. 그리고 금융·보험회사의 경우 처음에는 상호출자 금지대상에 포함되지 아니하였으나 1990년부터 포함되었고, 1990년 개정에서 규제의 실효성을 높이기 위해 과징금제도를 신설하였다. 한편 이 규제의 적용범위를 정하는 기업집단의 획정기준이 바뀜에 따라 2003년 이후에는 상호출자제한기업집단으로 지정된 기업집단에 대해 적용되고 있다.

그리고 2014년 1월 '경제민주화' 입법의 일환으로 순환형 상호출자에 대한 금지조항이 공정거래법 제 9 조의2에 신설되어 2014년 7월부터 시행되었다. 이 고리형 상호출자의 금지는 노무현정부 말기에 추진되었던 것인데, 2013년에 '경제민주화' 입법의 하나로서 입법이 이루어진 것이다. 다만 금지가 경제계에 미치는 파장을 감안하여 기존의 순환출자는 용인하되 신규 순환출자와 기존의 고리를 강화하는 추가 출자를 금지하게 되었다. 그리고 2020년 개정에서 상호출자제한기업집단 지정 전에 보유하던 기존의 순환출자 부분에 대해 주식보유는 인정하되 의결권을 휴지하도록 하여 규제를 강화하였다(법 제22조 제 3 항). 2025년 개정에서는 순환출

135) 상법상의 주식상호보유 금지와 비교하면, 상법은 50%의 지주비율에 의하여 모자회사가 인정되는 경우 상호보유를 금지하는데 비하여, 공정거래법은 상호출자제한 기업집단에 해당하는 경우에만 이를 금지한다. 따라서 공정거래법의 규제는 그 범위가 제한적이나 지주비율에 관계없이 기업집단 내 모든 계열회사에 대하여 주식상호보유를 금지하므로 규제의 정도는 매우 강하다. 그리고 상법의 경우 그 위반에 대하여는 2천만원 이하의 벌금에 처하나(상법 제625조의2), 공정거래법의 경우에는 행정상·형사상의 제재가 부과된다.

자 금지 규정의 실효성을 더욱 강화하기 위하여 순환출자 해소 유예기간 및 의결권 제한 등에 관한 규정을 보완하였다.

3. 교환형 상호출자의 금지

3.1. 원　　칙

상호출자제한기업집단에 속하는 회사는 자기의 주식을 취득 또는 소유하고 있는 계열회사의 주식을 취득 또는 소유할 수 없다(법 제21조 제1항). 취득 또는 소유가 금지되는 주식의 수나 비율에 대하여는 아무런 규정이 없으므로 자신의 주식을 소유하고 있는 계열회사의 주식은 단 1주라도 취득하거나 이를 소유해서는 아니된다.

상호출자금지는 상호출자제한기업집단의 지정통지를 받은 날부터 적용된다(법 제31조 제2항). 그러나 통지를 받을 당시 이미 금지규정을 위반하고 있는 경우와 새로 상호출자제한기업집단의 계열회사로 편입된 회사가 통지받을 당시 이미 금지규정을 위반하고 있는 경우에는 지정일 또는 편입일부터 1년간 적용이 유예된다(법 제31조 제3항 제1호).

이 상호출자금지는 직접적인 상호출자의 경우에만 적용되는 것이나, 2014년 1월 신설된 순환출자의 금지를 통해 전형적 순환출자는 물론 복합형(Matrix형) 출자도 사실상 금지되는 결과가 되었다. 그 다음으로 상호출자 당사회사가 모두 주식회사인 경우에 한해 적용되는 것인지 혹은 주식회사와 비주식회사 그리고 비주식회사 상호간의 직접적인 상호지분참가도 규제의 대상이 되는지 여부가 논란될 수 있다. 그러나 공정거래법은 기본적으로 주식회사의 주식과 기타 회사의 사원권, 즉 지분을 대등하게 다루고 있으며(법 제2조 제7호), 탈법행위를 광범하게 규제한다. 그러므로 해당 회사가 주식회사 이외의 경우에도 적용된다고 할 것이다.

3.2. 예　　외

가. 합병, 영업전부의 양수 등

회사의 합병, 영업전부의 양수, 담보권의 실행 및 대물변제의 수령 등의 사유로 인한 주식의 상호보유에 대해서는 예외적으로 이를 허용한다(법 제21조 제1항 단서).

여기에서 말하는 합병은 흡수합병은 물론 신설합병도 포함된다. 합병으로 소멸하는 일방당사회사가 제3의 회사의 주식을 가지고 있고 또 제3의 회사가 또 다른 소멸회사의 주식을 소유하고 있는 경우 신설되는 회사와 제3의 회사 사이에 상호보유 관계가 발생하기 때문이다. 그러나 영업양수의 경우에는 법문 자체가 영업전부의 양수에 한해 예외를 인정하고, 영업일부의 양수나 영업임대차 등의 경우는 이를 배제하고 있다. 또한 담보권의 실행은 계열사의 주식이 입질 혹은 양도담보의 목적이 된 경우 담보권의 실행으로 인하여 상호보유 상태가 발생할 수 있으나, 여기서 말하는 담보권에 저당권은 포함되지 아니한다. 주식은 저당권의 목적이 될 수 없기 때문이다. 나아가서 채무이행에 갈음하여 채무자가 제공하는 계열사의 주식을 취득함으로써 발생하는 상호보유, 즉 대물변제에 대해서도 예외가 인정된다.

이러한 예외의 경우에도 당해 주식을 무제한으로 소유할 수 없고, 취득 또는 소유한 날부터 6월 이내에 이를 처분하여야 하나(법 제21조 제2항), 누가 주식을 처분하여야 하는지에 관해서는 정함이 없다. 따라서 상호보유의 당사회사 중 어느 한 회사가 자신이 가지고 있는 상대방 회사의 지분을 처분하면 족하고, 반드시 자회사가 모회사의 지분을 처분해야 하는 것은 아니다. 또한 주식처분의 상대방이 동일한 기업집단에 속하는 계열회사라고 하더라도 주식취득으로 새로운 상호보유 상태가 발생하는 것이 아니라면, 계열회사도 주식취득자가 될 수 있다. 즉 주식처분의 상대방과 방법에 대해서도 원칙적으로 제한이 없으나, 취득일로부터 6개월 이내에 주식소유권을 제3자에게 완결적으로 넘겨야 하므로 주권의 교부가 필요한 경우라면 이 기간 내에 주권의 교부가 이루어져야 한다.

대판 2006.5.12, 2004두312

공정거래법 제9조 제2항에서 말하는 '처분'이란 회사의 합병 등으로 취득 또는 소유하게 된 계열회사의 주식에 대하여 그 의결권행사를 잠정적으로 중단시키는 조치를 취하거나 그 주식을 다른 금융기관 등에 신탁하는 것만으로는 부족하고, 상호출자의 상태를 완전히 해소할 수 있도록 그 주식을 다른 사람에게 실질적으로 완전히 소유권 이전하여 주는 것을 의미한다고 할 것이다.

나. 벤처투자회사의 경우

상호출자제한기업집단에 속하는 회사로서 벤처투자 촉진에 관한 법률에 의한 벤처투자회사는 국내 계열회사의 주식을 취득 또는 소유할 수 없다(법 제21조 제 3 항).

이 규제는 벤처투자회사와 그 계열사 사이의 상호출자를 규제하는 것이 아니라, 벤처투자회사가 자기가 속한 기업집단의 계열회사의 주식을 취득·소유하는 것 그 자체를 금지하는 것이다. 특별법 소정의 투자목적을 가진 벤처투자회사가 자신의 계열사에 대한 자본참여 또는 주식인수를 통해 금융을 지원하는 것을 막고, 거대 기업집단이 벤처투자회사를 앞세워 중소기업시장을 잠식하는 것을 또한 방지하고자 하는 뜻이 있다.

이 경우에도 상호출자제한기업집단 지정일 또는 편입일부터 1년간 법적용이 유예된다(법 제31조 제 3 항 제 1 호).

4. 순환형 상호출자의 금지

4.1. 신규 및 추가 순환출자의 금지

이 규제는 2014년 1월 신설된 것인데, 공정거래법은 이를 순환출자의 금지로 부르고 있다(법 제22조). 이 고리형 상호출자는 기본적으로 셋 이상의 사업자들이 물고 물리는 형태의 출자관계로 얽힐 때 성립한다. 그 결과 공정거래법은 상호출자제한기업집단에 속하는 셋 이상의 계열회사들이 서로 물고 물리는 형태의 출자를 금지하게 된다.

즉 법 제22조가 금지하는 순환출자란 3개 이상의 계열출자로 연결된 계열회사 모두가 계열출자회사 및 계열출자대상회사가 되는 계열출자 관계이다. 여기에서 계열출자라 함은 상호출자제한기업집단 소속 회사가 계열회사의 주식을 취득 또는 소유하는 행위를 말하고, 계열출자회사란 계열출자를 통하여 다른 계열회사의 주식을 취득 또는 소유하는 계열회사이고, 계열출자대상회사는 계열출자를 통하여 계열출자회사가 취득 또는 소유하는 계열회사 주식을 발행한 계열회사를 말하고, 순환출자회사집단이란 상호출자제한기업집단 소속 회사 중 순환출자 관계에 있는 계열회사의 집단을 의미한다(법 제 2 조 제12호에서 제16호).

그 동안 상호출자제한 규제를 받아오지 아니한 기업집단은 물론이고, 상호출자제한기업집단들도 소유지배구조를 고리형 상호출자와 복합형 상호출자에 크게 의지해 왔다. 여기에서 법 제22조는 전면적인 순환출자의 금지가 아니라, 기존의 고리형 출자관계는 용인하되 새로운 고리의 형성이나 기존의 고리를 강화하는 것을 금지하게 되었다.136)

즉 상호출자제한기업집단에 속하는 국내 회사는 새로이 순환출자를 형성하는 국내 계열회사에 대한 계열출자를 하여서는 아니되고, 순환출자회사집단에 속하는 계열회사의 계열출자대상회사에 대한 추가적인 계열출자 또한 더불어 금지된다. 다만 계열출자회사가 상법 제418조 제1항에 따른 신주배정 또는 제462조의2 제1항에 따른 주식배당에 의하여 취득 또는 소유한 주식 중에서 신주배정 등이 있기 전 자신의 지분율 범위의 주식, 순환출자회사집단에 속하는 계열회사 간 합병에 의한 계열출자에 한해 이를 추가적인 계열출자로 보지 아니한다. 기존의 순환출자에 기초한 지분율 강화에 대해 최소한도로 이를 허용하고 있다.

공정위의결(제1소회의) 2016-145, 2016집단0295

[사실] 현대자동차 주식회사와 기아자동차 주식회사는 2015.7.1. 현대제철 주식회사와 현대하이스코 주식회사 간 합병에 따라 현대제철 주식을 각각 5,745,741주 및 3,062,553주씩 추가로 취득하였다. 이들은 현대제철과 현대하이스코 합병에 따라 합병 전에 소유하고 있던 소멸회사 현대하이스코 주식에 대한 대가로 존속회사 현대제철이 발행한 합병신주를 배정받았다. 그 결과 현대자동차의 현대제철 소유주식은 합병 전 9,173,595주에서 합병 후 14,919,336주로 5,745,741주만큼 증가하였고, 기아자동차의 현대제철 소유주식은 합병 전 23,049,159주에서 합병 후 26,111,712주로 3,062,553주만큼 증가하였다.

현대자동차와 기아자동차는 현대제철과 현대하이스코간 합병 후 7개월이 지난 2016.2.5. 합병으로 추가 취득한 현대제철 주식 5,745,741주 및 3,062,553주를 전량 매각하였다.

136) 고리형과 복합형의 지분참여가 수십개의 계열사를 종횡으로 엮고 있는 대표적 재벌의 경우, 순환출자 규제는 계열사간 구조조정이나 기업결합의 중대한 변수가 되고 특히 계열사간 합병이나 인적분할, 조인트벤처의 설립 등을 사실상 어렵게 할 것으로 보인다.

【참고도. 순환출자 구조의 변화】

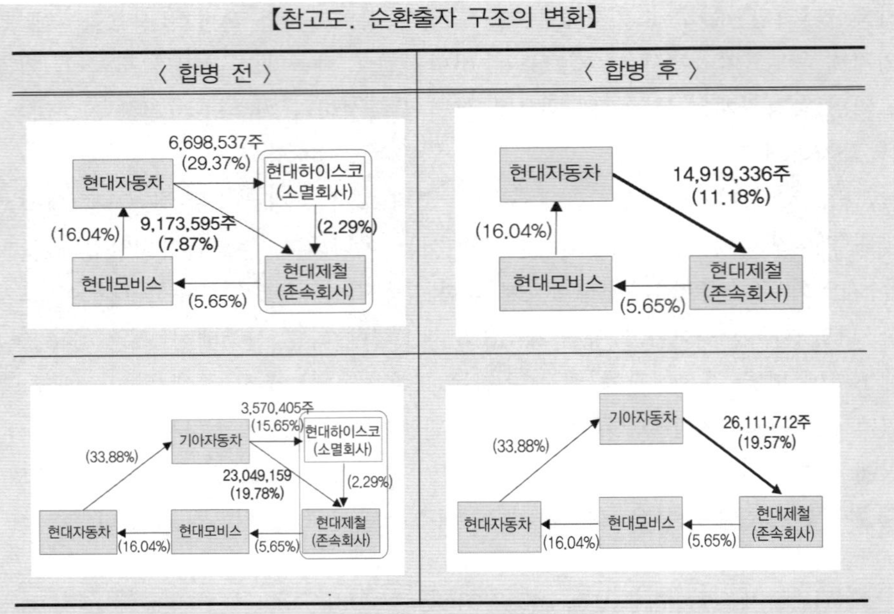

[경고사유] 피심인들은 순환출자회사집단에 속하는 회사로서 독점규제 및 공정거래에 관한 법률 제 9 조의2 제 2 항 및 제 3 항에 따라 합병으로 순환출자회사집단에 속하는 계열출자대상회사의 주식을 추가적으로 취득 또는 소유한 경우 해당 주식을 취득 또는 소유한 날부터 6개월 내인 2016.1.4.까지 처분하여야 함에도 불구하고 2016.2.5. 추가 취득한 주식을 처분하였으므로 2016.1.5.부터 2016.2.5.까지 추가적인 계열출자를 함으로써 법 제 9 조의2 제 2 항을 위반하였다.

따라서 피심인들의 추가적인 계열출자행위는 법 제 9 조의2 제 2 항 위반으로 시정조치 대상에 해당되나, 이 사건 추가적인 계열출자가 합병을 통한 경영효율성 증대 및 시너지효과 창출 목적에서 이루어진 것으로 보이는 점, 순환출자금지제도 시행 이후 첫번째 사례로서 위원회의 유권해석 전까지 추가적인 계열출자로서 해소대상인지 여부가 확정되기 곤란한 측면이 있었던 점, 피심인들이 법위반 예방을 위해 상당한 주의를 기울였던 점, 법 위반기간이 길지 않은 점, 피심인들이 심사관의 안건상정일 이전에 이 사건 추가적인 계열출자에 해당하는 현대제철 주식을 전부 처분하여 사건의 심사 과정에서 당해 위반행위를 스스로 시정한 점 등을 종합적으로 고려할 때, 법 위반의 정도가 경미하고 당해 위반행위를 스스로 시정하여 시정조치의 실익이 없다고 인정되므로 공정거래위원회 회의운영 및 사건절차 등에 관한 규칙 제50조에 따라 경고한다.

4.2. 금지의 예외

고리형 상호출자 금지에 대해서도 구조조정이나 권리의 실현 등과 관련하여 일정한 예외가 인정된다. 첫째 회사의 합병·분할, 주식의 포괄적 교환·이전 또는 영업전부의 양수, 둘째 담보권의 실행 또는 대물변제의 수령, 셋째 계열출자회사가 신주배정 등에 의하여 취득 또는 소유한 주식 중에서 다른 주주의 실권 등에 의하여 신주배정 등이 있기 전 자신의 지분율 범위를 초과하여 취득 또는 소유한 계열출자대상회사의 주식이 있는 경우, 넷째 기업구조조정 촉진법에 따라 부실징후기업의 관리절차를 개시한 회사에 대하여 금융채권자협의회가 의결하여 동일인의 재산출연 또는 부실징후기업의 주주인 계열출자회사의 유상증자 참여를 결정한 경우, 다섯째 기업구조조정 촉진법의 금융채권자가 부실징후기업과 기업개선계획의 이행을 위한 약정을 체결하고 금융채권자협의회의 의결로 동일인의 재산출연 또는 부실징후기업의 주주인 계열출자회사의 유상증자 참여(채권의 출자전환 포함)를 결정한 경우 등이다(법 제22조 제1항 단서).

한편 이 금지의 예외는 주식보유를 무제한으로 허용하는 것이 아니다. 즉 제1항 단서에 따라 계열출자를 한 회사는 일정한 기간 내에 취득 또는 소유한 해당 주식(제1항 제3호부터 제5호까지의 규정에 따른 경우는 신주배정등의 결정, 재산출연 또는 유상증자 결정이 있기 전 지분율 초과분)을 처분하여야 한다(법 제22조 제3항). 다만, 순환출자회사집단에 속한 다른 회사 중 하나가 취득 또는 소유하고 있는 계열출자대상회사의 주식을 처분하여 제1항에 따른 계열출자로 형성되거나 강화된 순환출자가 해소된 경우에는 그러하지 아니하다(법 제22조 제2항).

- 제1항 제1호 또는 제2호에 따라 계열출자를 한 회사 : 해당 주식을 취득 또는 소유한 날부터 6개월
- 제1항 제3호에 따라 계열출자를 한 회사 : 해당 주식을 취득 또는 소유한 날부터 1년
- 제1항 제4호 또는 제5호에 따라 계열출자를 한 회사 : 해당 주식을 취득 또는 소유한 날부터 3년

4.3. 순환출자에 대한 의결권제한

종래의 순환출자 규제는 상호출자제한기업집단 소속 국내 계열사 사이의 기존의 순환출자는 이를 그대로 인정하였다. 즉 계열회사 사이의 순환형 주식보유가 인정될 뿐만 아니라 이들 주식에 대해서도 의결권을 행사할 수 있다. 그런데 2020년 법개정에서 순환출자 주식에 대한 의결권휴지 제도가 새로이 도입되었다.

즉 상호출자제한기업집단에 속하는 국내회사가 상호출자제한기업집단 지정당시에 소유하고 있던 순환출자회사집단 내의 계열출자대상회사의 주식에 대하여 의결권을 행사할 수 없다(법 제23조 제 1 항). 이 규제는 기존의 순환출자와 관련하여 주식보유는 여전히 허용하되 해당 주식에 대한 의결권행사를 제한하는 것이다. 이 규제의 성질은 의결권휴지이므로 이 주식의 의결권이 박탈되는 것이 아니라 순환출자의 고리를 완성시키는 주식에 한하여 순환출자 상태에 머무는 기간 동안 의결권의 행사를 잠정적으로 제한하는 것이다. 순환출자회사집단에 속하는 국내회사의 하나가 어느 단계이든 순환출자의 고리를 해소하면, 그 때부터 의결권휴지 규제 또한 사라진다(법 제23조 제 2 항).

5. 법위반의 효과

5.1. 공정위의 시정조치와 과징금

금지에 위반하거나 위반할 우려가 있는 사업자나 위반행위자에 대하여 공정위는 그 시정조치로서 당해 행위의 중지, 주식의 처분, 영업의 양도, 시정명령을 받은 사실의 공표, 기타 필요한 조치 등을 명할 수 있다(법 제37조 제 1 항).

금지에 위반하여 상호출자 또는 순환출자를 한 주식에 대하여는 시정조치의 명령을 받은 날로부터 법위반상태가 해소될 때까지 당해 주식 전부에 대하여 의결권을 행사할 수 없다(법 제39조 제 1 항).[137] 물론 공정위의 시정조치로서 주식처분명령을 받은 자는 그 명령을 받은 날로부터 당해 주식에 대하여는 의결권을 행사할 수 없는 것이나(법 제39조 제 2 항), 금지위반시의 의결권휴지는 주식처분 명령

137) 공정거래법 제39조 제 1 항은 상호출자제한기업집단 계열사가 상호출자금지를 위반하여 주식을 취득하는 행위는 일단 유효하지만 그 의결권은 휴지상태에 빠진다는 취지로 해석함이 논리적이다. 그러나 상법상 자회사에 의한 모회사의 주식취득은 이를 무효로 보는 것이 통설이다.

이외의 시정조치를 받은 경우에도 해당된다. 여기에서 당해 주식 전부라 함은 상호보유의 당사자인 두 회사가 보유하는 상대방 회사의 주식 전부를 말하는가 혹은 어느 일방 회사가 보유하는 타방의 주식 전부를 말하는가의 문제가 있다. 이와 같은 문제는 상법 제369조 제 3 항의 의결권휴지의 경우에도 있다. 그러나 공정거래법은 기업집단의 형성 자체를 금지하는 것이 아니며 또 계열사 사이의 주식 상호보유를 금지하는 것이지 일방보유는 금지하는 것이 아니므로, 상호보유가 발생한 회사의 일방이 타방에 대하여 보유하는 주식의 의결권만 휴지된다고 할 것이다. 이를 위해 양자의 관계를 조율하는 기술적 해결책이 필요하다.

5.2. 과징금과 벌칙

상호출자금지에 위반하여 주식을 취득 또는 소유한 회사에 대하여 그 취득가액의 20% 범위 내에서 과징금을 부과할 수 있다(법 제38조 제 1 항). 또한 상호출자금지규정에 위반하여 주식을 취득 또는 소유한 자 그리고 공정거래법 제39조에 위반하여 의결권이 정지된 주식에 대하여 의결권을 행사한 자에 대하여는 3년 이하의 징역 또는 2억원 이하의 벌금형이 부과될 수 있다(법 제124조 제 1 항). 또한 공정위의 시정조치에 응하지 아니한 자에 대하여는 2년 이하의 징역 또는 1억5천만원 이하의 벌금이 부과될 수 있다(법 제125조 제 1 호).

제 5 절 채무보증의 금지

1. 의 의

공정거래법상 채무보증이란 은행, 한국산업은행, 한국수출입은행, 중소기업은행, 보험회사, 투자매매업자, 투자중개업자, 종합금융회사, 자산총액 3천억원 이상인 여신전문금융회사와 상호저축은행 등 국내 금융기관의 여신(대출, 채무보증 또는 인수)과 관련하여 상호출자제한기업집단에 속하는 회사가 국내의 계열회사에 대하여 행하는 보증을 말한다(법 제 2 조 제18호·제19호, 령 제 7 조).

대기업집단들은 금융기관으로부터의 차입에 크게 의지하면서 덩치를 키워왔고, 우리나라의 금융기관들은 신용있는 제 3 자의 인적담보나 물적담보를 기초로 법인금융(corporate banking)을 제공하는 관행에 의존하여 왔다. 그 결과로 국내 금융기관들의 재벌에 대한 여신편중은 심화되었으며, 1997년 말의 경제위기에서 보듯이 일부의 부실한 대기업집단들의 파탄은 금융산업의 위기로, 나아가서 국민경제 전체의 위기로 번져나갔다.

여기에서 대기업집단 소속 계열사가 다른 계열사를 위해 채무보증을 하는 것을 제한하는 것은 경제력집중억제 차원에서 뿐만 아니라, 금융자원의 효율적 배분, 기업금융의 합리화, 나아가서 대기업집단들의 지나친 차입경영을 제어하기 위해서도 필요한 것임이 증명되었다.[138] 요컨대 1992년부터 도입된 채무보증규제는 경제력집중억제와 관련하여 합리성을 보일 뿐만 아니라, 금융산업의 불합리한 여신관행을 수정하는데도 기여하였다.[139]

2. 연 혁

1992년 계열사 상호간의 채무보증제한이 도입될 당시의 채무보증한도는 자기자본의 200%이었다. 그러나 계열사간 상호채무보증으로 인한 기업집단 전체의 동반부실화 우려와 금융자원의 편중배분 등의 폐해가 있었고, 1997년말 구제금융을 제공한 IMF는 기업집단의 상호채무보증 관행을 변화시킬 수 있는 조치를 요구하였다. 이에 따라 1997년에는 채무보증 한도를 100%로 축소하였고, 1998년 4월부터는 신규채무보증을 전면 금지하고 기존 채무보증에 대하여 2000년 3월말까지 완전 해소하게 되었다.

공정거래법상 계열사에 대한 채무보증이 전면금지된 후 그 해소시한인 2000년 3월말을 기준으로 당시의 30대 기업집단의 채무보증은 대부분 해소되었고, 일부 해소가 연장된 부분도 2001년을 기하여 사실상 완전해소되었다. 그리하여 이제는 상호출자제한기업집단에 새로 지정되거나 또는 새로이 동 집단에 편입되는

138) 계열사 상호간의 채무보증은 첫째 중소기업에 대한 국내금융기관의 여신의 여지를 제한하고, 둘째 부실한 계열사를 다른 계열사의 보증으로 연명시킴으로서 당해 시장의 경쟁질서를 왜곡하고 시장기능에 의한 기업퇴출을 방해하며, 셋째 채무보증으로 얽힌 기업집단이 경우 단위 계열사의 위기가 전체 기업집단의 위기로 확산되는 등의 문제를 가지고 있다.

139) 이 규제는 차입경영에 대한 가장 효과적이고 강력한 규제일 뿐만 아니라 금융기능을 통한 제한이라는 점에서 사시장체제의 이념에도 부합한다. 로비와 보증제공에 의해서가 아니라 신용에 대한 평가를 바탕으로 하는 정상적인 여신기능의 복원시키는 측면도 인지된다. 정치권력의 비호를 받는 재벌에 대한 여신에 치중하는 금융기관은 도덕적 해이의 장본인이라고 비판되기도 하였다.

회사에 한해 문제가 될 따름이다.

3. 규제와 그 예외

3.1. 원 칙

상호출자제한기업집단에 속하는 회사는 다른 국내계열회사가 국내금융기관으로부터 얻는 여신(與信), 즉 대출 및 회사채무의 보증이나 인수에 대하여 채무보증을 할 수 없다(법 제24조, 제2조 제19호).

이 규제는 상호출자제한기업집단으로 지정된 기업집단에 속하는 회사에 대해서만 적용되고, 기타의 기업집단 소속 회사에 대해서는 이러한 규제가 없다. 기타의 기업집단 소속 회사가 다른 계열사를 위한 채무보증이나 어음의 배서 등은 자유롭다. 그리고 상호출자제한기업집단의 소속 금융기관이나 보험회사에 대해서는 사업목적과 성질상 이 규제가 적용되지 아니한다. 금융보험기관의 경우 채무보증 또는 이와 대등한 효과를 가져오는 행위는 금융기관의 고유적 영업활동의 하나이기 때문이다.

규제의 대상이 되는 보증은 국내금융기관이 국내계열사에 대해 행하는 여신에 대한 것이다. 따라서 외국금융기관으로부터의 여신에 대한 보증이나 국내계열사가 계열 밖의 회사와 행한 거래에 대한 보증, 국내계열사 이외의 회사에 대한 보증에 대해서는 이 규제가 적용되지 아니한다. 여기에서 국내금융기관이라 함은 은행법에 의한 일반 민영은행은 물론, 한국산업은행, 한국수출입은행, 중소기업은행 등 특별법에 의해서 설립된 소위 국책은행, 보험업법에 의한 보험회사, '자본시장과 금융투자업에 관한 법률'상의 투자매매업자·투자중개업자 및 종합금융회사, 그리고 여신전문금융업법에 의한 여신전문금융회사와 상호저축은행법에 의한 상호저축은행 중 자산총액 3,000억원 이상인 것(령 제7조) 등이다(법 제2조 제18호). 중앙은행인 한국은행은 사기업에 대한 여신이나 이를 위한 보증 등을 행하지 아니한다.

마지막으로 국내금융기관으로부터의 여신에 대한 채무보증이 금지되는바, 여기에는 연대보증 등의 인적담보에 한정되고 물적담보의 제공은 포함되지 않는다고 할 것이다. 또한 국내계열사를 위한 건설공사이행보증과 같은 계약이행보증 등의 행위는 국내금융기관의 여신과 직결되지 않는 한 규제의 대상이 아니라고 할 것이다. 법문이 금융기관으로부터의 여신에 대한 채무보증임을 명시하고 있을 뿐만 아니라, 이 규제가 금융의 편중을 막고 중소기업들이 국내금융기관으로부터 여신을 얻을 수 있는 여지를 넓힌다는 의미가 있기 때문이다. 물론 이러한 행위는 경우에 따라 불공정거래행위 중 부당지원행위를 구성할 수 있다.

탈법행위 또한 금지된다. 첫째 국내금융기관에 대한 자기 계열사의 기존의 채무를 면하게 함이 없이 동일한 내용의 채무를 새로 부담하는 행위(일종의 중첩적 채무인수), 둘째 다른 회사로 하여금 자기의 계열회사에 대해 채무보증을 하게 하는 대신 그 다른 회사 또는 그 계열사에 대하여 채무보증을 하는 행위(소위 교차보증), 셋째 이에 준하는 행위로서 공정위가 지정고시하는 행위 등이 이에 속한다(법 제36조 제 1 항; 령 제42조).

3.2. 예 외

첫째, 조세특례제한법에 의한 합리화기준에 따라 인수되는 회사의 채무와 관련하여 행하는 보증이다(법 제24조 제 1 호). 여기에서 "인수되는 회사의 채무와 관련하여 행하는 보증"이라 함은 주식양도 또는 합병 등으로 인수되는 회사의 인수시점의 채무나 인수하기로 예정된 채무에 대하여 인수하는 회사 또는 그 계열회사가 행하는 보증, 인수되는 회사의 채무를 분할인수함에 따라 인수하는 채무에 대하여 계열회사가 행하는 보증 등을 말한다(령 제31조 제 1 항).

둘째, 국제경쟁력강화를 위하여 필요한 경우로서 시행령이 정하는 다양한 대출이나 채무에 대한 보증이다(법 제24조 제 2 호; 령 제31조 제 2 항). 후자는 자본재 기타 상품의 생산 또는 기술의 제공과정에서 필요한 자금을 지원, 해외에서의 건설 및 산업설비 공사의 수행, 수출선박의 건조, 용역수출 등, 국내의 신기술 또는 도입된 기술의 기업화와 기술개발을 위한 시설 및 기자재의 구입 등 기술개발사업, 인수인도조건수출 또는 지급인도조건 수출어음의 국내금융기관 매입 및 내국신용장 개설, 해외 직접투자 · 외국에서의 건설 및 용역사업, 공정위가 인정하는 국내 금융기관의 해외지점이 행하는 여신, 회생절차개시를 법원에 신청한 회사의 제 3 자 인수, 「사회기반시설에 대한 민간투자법」에 의한 민간투자사업을 영위하는 계열회사에 출자하는 여신, 「공기업의 경영구조 개선 및 민영화에 관한 법률」 제 2 조에 따른 회사가 구조개편을 위하여 분할되는 경우 등의 경우 관련 보증을 말한다(령 제31조 제 2 항).

3.3. 신고 기타 절차적 규제

상호출자제한 대규모기업집단이 지주회사를 설립하거나 기존 회사를 지주회사로 전환하고자 하는 경우에는 지주회사와 자회사 및 또 다른 국내 계열회사간, 자회사 상호간, 자회사와 다른 국내 계열회사간 채무보증을 해소하여야 한다(법 제19조).

한편 공시대상 기업집단에 속하는 회사는 국내 계열회사에 대한 채무보증현황을 금융기관의 확인을 받아 매년 4월말까지 공정위에 신고하여야 한다(법 제30조 제 2 항). 이는 채무보증제한의 사전조치로 그 현황을 파악하기 위한 것이다.

4. 법위반의 효과와 구제

공정위는 채무보증 금지규정을 위반하거나 위반할 우려가 있는 행위를 한 사업자 또는 당해 위반행위자에 대해 채무보증의 취소 등의 시정조치를 내릴 수 있고, 당해 법위반 채무보증액의 20% 이내에서 당해 회사에 대해 과징금을 부과할 수 있다(법 제38조 제 2 항). 또한 법위반 채무보증을 하고 있는 자와 시정조치에 응하지 아니하는 자에 대해 형사상 처벌이 부과될 수 있다(법 제124조 제 1 항 제 8 호, 제125조 제 1 호).

제 6 절 금융·보험회사 및 공익법인의 의결권 제한

1. 취 지

일본과 독일의 예에서 보듯이 금융기관이나 보험회사는 그 성격상 복합적 자본참가의 연결고리가 되기 쉽고, 특히 대규모 기업집단의 경우 금융보험회사를 통해 계열회사를 확장·지배함으로써 경제력집중을 도모할 개연성이 높다. 금융·보험회사의 경우 고객의 예탁금 또는 보험료로 구성된 자산을 관계법령에 따라 운용하여 주식을 취득하는 것으로서 일반 투자자와는 투자의 목적을 달리한다. 즉 금융·보험회사는 고객으로부터 수령한 금융자산을 운용하여 수익을 얻는 방편으로 주식 기타 증권투자를 행하는바, 이와 같이 취득한 주식에 대하여 의결권을 인정하면 고객자산으로 계열회사를 지배하게 되는 결과가 되기도 한다. 여기에서 공정거래법은 일정한 기준을 통해 그 의결권을 제한하고 있다.

한편 2020년 법개정을 통하여 상호출자제한기업집단의 특수관계인에 해당하는 공익법인이 보유하는 국내 계열회사의 주식에 대한 의결권 행사제한이 신설되었다. 계열회사가 출연한 공익법인이 동일인, 즉 기업집단 총수의 소유지배구조 강화에 기여하는 것을 막기 위한 것이다. 이 규제는 비교법적으로 희귀한 데다가 대기업의 공익법인 설립이나 운영에 향후 영향을 미칠 수 있다.

2. 규제의 내용

2.1. 금융·보험회사

상호출자제한기업집단에 속하는 금융기관 또는 보험회사는 취득 또는 소유하고 있는 국내 계열회사의 주식에 대하여 의결권을 행사할 수 없다(법 제25조 제1항). 즉 상호출자제한기업집단에 속하는 금융·보험회사는 다른 계열사의 주식을 취득 또는 소유할 수 있고, 다만 의결권의 행사가 제한되는 것이므로 그 외의 주주권은 모두 인정된다. 상호출자제한기업집단이 아닌 기업집단에 속하는 금융보험사는 자신이 소유하는 다른 계열사의 주식에 대한 의결권의 행사를 제한받지 않음은 물론이다. 그리고 상호출자제한기업집단에 속하는 금융·보험회사와 계열사 사이의 상호출자는 금지되므로, 의결권제한에 관한 규정은 상호출자관계에 있지 아니한 계열회사의 주식을 금융·보험회사가 취득·소유하는 경우에 적용된다.

그러나 여기에는 세 가지 예외가 있다(법 제25조 제1항 단서). 첫째는 금융업 또는 보험업을 영위하기 위해 주식을 취득 또는 소유하는 경우이고, 둘째는 보험회사가 보험자산의 효율적 운용을 위하여 보험업법에 의한 승인 등을 얻어 주식을 취득 또는 소유하는 경우이다. 셋째의 예외는 2004년 말 의결권 행사한도가 종래 30%에서 15%로 축소된 사유인바, 즉 당해 국내 계열회사(상장법인에 한함)의 주주총회에서 임원의 선임이나 해임, 정관변경, 그리고 그 계열회사의 다른 회사로의 합병, 영업의 전부 또는 주요부분의 다른 회사로의 양도 등을 결의하는 경우이다. 그리하여 계열회사 발행주식의 15%를 초과하지 않는 범위 내에서만 의결권을 행사할 수 있는데, 이때 그 계열회사의 특수관계인들이 행사할 수 있는 주식의 수를 합산하여 15%를 계산한다.

대판 2005.12.9, 2003두10015

대규모기업집단에 속하는 회사로서 금융업 또는 보험업을 영위하는 회사가 취득 또는 소유하고 있는 국내계열회사 주식에 대한 의결권 행사를 금지한 구 공정거래법 제11조 본문의 예외사유의 하나인 같은 조 단서 후단의 '보험자산의 효율적인 운용·관리를 위하여 관계법령에 의한 승인 등을 얻어 주식을 취득 또는 소유하고 있는 경우'라 함은 관계법령에 의한 승인 등을 얻어 주식을 취득 또는 소유하고 있고 그것이 보험자산의 효율적인 운용·관리를 위한 것인 경우를 의미하며, 보험업을 영위하는 회사와 사업내용 면에서 밀접하게 관련된 사업을 영위하는 회사가 발행한 주식을 취득 또는 소유하고 있는 경우에 한하는 것은 아니다.

무상증자 또는 주식분할로 취득한 주식에 대하여 상법 제461조에 의한 무상증자는 준비금이 자본에 전입되어 자본이 증가하는 경우 주주에 대하여 그가 가진 주식의 수에 따라 발행되는 것으로서 회사재산의 증가없이 주식의 수만 증가하게 되므로 주주가 보유하는 주식(무상증자로 발행된 주식 포함)의 경제적 가치에는 변화가 없는 점, 상법 제329조의2에 의한 주식분할은 자본의 증가없이 발행주식 총수를 증가시키는 것으로서 이에 의하여 회사의 자본 또는 자산이나 주주의 지위에 실질적인 변화가 없는 점 등에 비추어 보면, 구 공정거래법 제11조 단서에 해당되어 의결권을 행사할 수 있는 주식에 대한 무상증자로 취득한 주식 또는 그러한 주식의 분할로 취득한 주식은 그 의결권을 행사할 수 있는 주식과 동일하게 보아야 할 것이다.

2.2. 공익법인

상호출자제한기업집단을 지배하는 동일인의 특수관계인에 해당하는 공익법인은 자신이 소유하고 있는 주식 중 동일인이 지배하는 국내 계열회사의 주식에 대하여 의결권을 행사하는 것이 제한된다(법 제25조 제 2 항). 여기서 동일인은 자연인이거나 법인일 수 있으며, 동일인의 지배 또한 현실적 지배를 말하는 것이 아니라 지배의 개연성으로 충분하다. 공익법인이 소유하고 있는 당해 상호출자제한기업집단 소속 국내 계열회사의 주식 전부가 의결권 행사제한의 대상이 되는 것이다.

이 규제에도 예외가 있다(동조 제 2 항 단서). 우선 공익법인이 해당 국내계열회사 발행주식 총수를 소유하고 있는 경우에는 당해 주식 전부에 대한 의결권의 행사가 가능하다. 두번째는 해당 국내계열회사가 상장법인인 경우 주주총회에서 임원의 선임이나 해임, 정관의 변경, 합병이나 영업의 전부 또는 주요부분의 양도를 결의하는 때이다. 이 때에는 특수관계인이 행사할 수 있는 주식의 수를 합하여 당해 계열회사 발행주식 총수의 15%까지만 의결권을 행사할 수 있다.

3. 법위반의 효과

의결권행사제한을 위반하거나 위반할 우려가 있는 행위를 한 사업자 또는 위반행위자에 대해 공정위는 당해 행위의 중지, 시정명령을 받은 사실의 공표, 기타 필요한 조치를 내릴 수 있고, 제한을 위반하여 의결권을 행사한 자는 3년 이하의 징역 또는 2억원 이하의 벌금에 처하며(법 제124조 제1항 제3호), 또 시정조치에 응하지 아니한 자에게는 2년 이하의 징역 또는 1억5천만원 이하의 벌금에 처한다(법 제125조 제1호). 이러한 제재는 제한을 위반하여 의결권이 행사된 주주총회 결의의 무효 혹은 취소가 판결로 확정된 경우에도 마찬가지이며, 대리인에 의한 의결권의 행사에 대해서도 같다.

그러나 금융기관이나 보험회사 또는 공익법인이 제한에 위반하여 의결권을 행사한 주주총회의 효력에 대해서는 공정거래법은 정하는 바 없고, 따라서 공정위는 결의취소의 소 등을 통해 당해 결의의 효력을 다투지 못한다. 또한 이 제한위반에 대한 과징금의 제재도 없다.

제7절 각종 공시규제

1. 개 관

기업집단 소속 계열사 사이의 거래는 분식이전 혹은 기타 불법적인 목적을 위해 이루어지는 경우도 있고 또 그 결과가 소수주주나 채권자의 이익을 해치는 경우도 있다. 이전거래의 문제는 우리나라에 국한한 문제가 아니고, 대부분의 나라에서 문제로 되는 사항이다. 공정거래법은 이사회의 결의를 거친 후에 이를 공시하도록 함으로서 회사내부의 절차적 통제와 정보공시를 통한 소수주주 기타 이해관계자의 감시와 견제를 촉발하고 있다.

경제력집중억제와 관련하여 공시규제가 도입된 것은 1999년이다. 이 때 계열사간 거래가 일정한 규모 이상에 달할 때 이사회 결의를 거치도록 하고 이를 공시하는 제도가 처음으로 도입되었다. 다시 2004년 법개정을 통해 비상장회사에 대해 회사의 소유지배구조 관련사항, 재무구조 및 경영활동 등에 중요한 변동을 초래하는 사항을 공시토록 하였다.

2007년 4월에는 법개정을 통해 상호출자제한기업집단에 속하는 회사에 대한 정보공개제도를 시행하였고, 2009년 3월에는 법개정을 통해 출자총액을 일률적·사전적으로 규제하던 출자총액제한제도를 폐지하는 대신 이에 대한 보완방안으로 기업집단현황 공시제도를 도입하였다. 기업집단현황 공시제도는 상호출자제한기업집단에 속하는 회사가 기업집단의 일반현황, 주식소유현황, 특수관계인과의 거래현황 등을 공시토록 함으로써 시장의 정보이용자들이 기업집단의 전체 현황정보를 일목요연하게 파악할 수 있도록 하려는 취지에서 도입된 제도이다.

대규모기업집단에 대한 정보의 공시 및 공개제도는 경영자와 당해 기업의 궁극적 소유자인 주주 내지 투자자 사이, 경영자와 당해 기업의 거래상대방 및 채권자 사이의 정보의 비대칭을 해소할 뿐만 아니라, 시장기능이 원활하게 작동하기 위한 기본적 전제를 충족시키는 순기능을 가진다. 경제력집중억제 제도의 중장기적인 개편과 관련하여 정보공시규제는 하나의 좋은 방향타가 될 것으로 생각된다.

2. 대규모내부거래의 이사회 의결 및 공시제도

2.1. 규제대상

공시대상 기업집단에 속하는 모든 회사가 대규모 내부거래를 하는 경우 또는 거래의 목적·상대방·규모·조건 등 그 주요내용을 변경하는 경우에는 미리 이사회의 결의를 거친 후 이를 공시하여야 한다(법 제26조 제1항).

상장회사에서는 이사회의 결의를 이사회내 부속위원회의 결의로 갈음할 수 있다. 즉 상장법인이 상법의 규정에 따라 설치한 이사회의 부속위원회 중 사외이사가 3인 이상 포함되고 사외이사의 수가 위원 총수의 3분의 2 이상인 경우에는 이 부속위원회에서 의결한 경우에는 이사회의 의결을 거친 것으로 의제한다(법 제26조 제5항).

여기서 대규모내부거래라 함은 특수관계인을 상대방으로 하거나 특수관계인을 위하여 자금·유가증권·자산을 제공 또는 거래하는 행위 또는 일정한 계열회사를 상대방으로 하거나 동 계열회사를 위하여 상품 또는 용역을 제공 또는 거래하는 행위[140]로서, 당해 회사의 자본총계 또는 자본금(이사회 결의일의 직전일 납입자본금) 중 큰 금액의 5% 이상이거나 50억원 이상을 거래하는 행위를 말한다(령 제33조 제 1 항). 그 유형은 다음과 같다(법 제26조 제 1 항).

1. 가지급금 또는 대여금 등의 자금을 직접 제공 또는 거래하는 행위
2. 주식 또는 회사채 등 유가증권을 직접 제공 또는 거래하는 행위
3. 부동산 또는 무체재산권 등의 자산을 제공 또는 거래하는 행위
4. 계열회사를 상대방으로 하거나 동 계열회사를 위하여 상품 또는 용역을 제공 또는 거래하는 행위

시행령 제33조 제 2 항은 다음과 같이 정하고 있다.

"법 제26조(대규모내부거래의 이사회 의결 및 공시) 제 1 항 제 4 호에서 '대통령령으로 정하는 계열회사'란 동일인이 단독으로 또는 동일인의 친족[제 6 조(기업집단으로부터의 제외) 제 1 항에 따라 동일인관련자로부터 분리된 자는 제외]과 합하여 발행주식 총수의 100분의 20 이상을 소유하고 있는 계열회사 또는 그 계열회사의 「상법」 제342조의2(자회사에 의한 모회사주식의 취득)에 따른 자회사인 계열회사를 말한다. 다만 동일인이 자연인이 아닌 기업집단에 소속된 회사는 제외한다."

2.2. 예 외

공시대상 기업집단에 속하는 회사 중 금융업 또는 보험업을 영위하는 회사가 약관에 따라 정형화된 거래로서 다음의 요건을 모두 갖춘 거래행위에 해당하는 대규모내부거래의 경우에는 이사회의 의결을 거치지 아니하여도 된다(법 제26조 제 4

140) 공정거래법 시행령 제33조 제 2 항은 다음과 같다.
"법 제11조의2(대규모내부거래의 이사회 의결 및 공시) 제 1 항 제 4 호에서 "대통령령으로 정하는 계열회사"란 동일인이 단독으로 또는 동일인의 친족[제 6 조(기업집단으로부터의 제외) 제 1 항에 따라 동일인관련자로부터 분리된 자는 제외]과 합하여 발행주식 총수의 100분의 20 이상을 소유하고 있는 계열회사 또는 그 계열회사의 「상법」 제342조의2(자회사에 의한 모회사주식의 취득)에 따른 자회사인 계열회사를 말한다. 다만 동일인이 자연인이 아닌 기업집단에 소속된 회사는 제외한다.

항, 령 제33조 제4항).

첫째, 「약관의 규제에 관한 법률」에 따른 약관상의 거래행위일 것, 둘째, 금융업 또는 보험업을 영위하는 과정에서 발생하는 일상적인 거래행위일 것이다. 금융보험사가 일상적으로 또 약관에 의해 정형화된 해당 금융거래(예컨대 보험회사의 약관대출, 증권사의 회사채 중개, 은행이나 증권사의 수익증권판매 등)에 대해서 이를 일일이 이사회의 의결을 거치도록 하는 것은 비효율적일 뿐만 아니라 거래제한적 성격을 가질 수 있기 때문이다. 그러나 당사자 사이의 개별적 계약에 의한 사모사채 인수 등 특정 거래조건을 부기한 금융거래는 약관에 의한 정형적 거래가 아니고 따라서 예외에 해당되지 아니한다.

그러나 이때에도 거래내용에 대한 공시는 필요하다. 즉 분기별로 당해 분기 종료 후 다음 달 10일까지 거래대상, 거래상대방, 거래금액, 거래조건 등 거래의 주요내용은 이를 공시해야 한다(법 제26조 제4항, 령 제33조 제5항).

2.3. 공시의 방법과 내용

공정위는 대규모내부거래의 공시에 관한 업무를 「자본시장과 금융투자업에 관한 법률」 제161조에 따라 보고서를 제출받는 기관을 통하여 할 수 있으며, 이 경우 공시의 방법, 절차 및 그 밖에 필요한 사항은 해당 기관과의 협의를 거쳐 공정위가 정한다(법 제26조 제3항).

공시의 주요내용에는 거래의 목적 및 대상, 거래의 상대방(특수관계인을 위한 거래인 경우에는 그 특수관계인을 포함함), 거래의 금액 및 조건, 거래의 상대방과의 동일 거래유형의 총거래잔액, 그 밖에 이에 준하는 것으로서 대규모내부거래의 이사회 의결 및 공시를 위해 필요하다고 공정위가 정하여 고시하는 사항이 포함된다(법 제26조 제2항, 령 제33조 제3항). 공시사항이 「자본시장과 금융투자업에 관한 법률」상의 신고·공시사항과 중복되는 경우 자본시장법에 따라 신고·공시하면 공시의무를 이행한 것으로 본다.[141]

3. 비상장회사 등의 중요사항 공시

공시대상기업집단에 속하는 국내 회사 중 자산총액 등이 대통령령으로 정하

141) 대규모내부거래에 대한 이사회 의결 및 공시규정 제10조.

는 기준에 해당하는 회사(금융업 또는 보험업을 영위하는 회사는 제외한다)로서 상장법인을 제외한 회사는 지배구조, 재무구조, 그리고 기업조직의 변화를 초래하는 사항에 대해 이를 공시하여야 한다(법 제27조 제1항).

구체적으로 직전 사업연도말 현재 자산총액이 100억원 이상인 회사, 또는 직전 사업연도말 현재 자산총액이 100억원 미만인 회사로서 특수관계인(자연인인 동일인 및 그 친족만을 말한다)이 단독으로 또는 다른 특수관계인과 합하여 발행주식총수의 100분의 20 이상의 주식을 소유한 회사 또는 그 회사가 단독으로 발행주식총수의 100분의 50을 초과하는 주식을 소유한 회사가 해당된다. 다만, 청산 절차가 진행 중이거나 1년 이상 휴업 중인 회사는 제외한다(령 제34조 제1항).

상장법인의 경우에는 「자본시장과 금융투자업에 관한 법률」에 따른 공시규제를 이미 받고 있으며, 대규모내부거래로서 이미 공시되는 사항(법 제26조) 역시 다시 이를 공시할 필요가 없다(법 제27조 제1항 단서).

공시대상은 다음의 세 가지다.

가. 소유지배구조 관련 중요사항

대통령령으로 정하는 최대주주와 주요주주의 주식소유 현황 및 그 변동사항 등 회사의 소유지배구조와 관련된 중요사항(임원 현황 및 그 변동사항은 제외한다)으로서 대통령령으로 정하는 사항(법 제27조 제1항 제1호, 령 제34조 제3항)

나. 재무구조 관련 중요사항

자산·주식의 취득, 증여, 담보제공, 채무인수·면제 등 회사의 재무구조에 중요한 변동을 초래하는 사항으로서 시행령이 정하는 사항(법 제27조 제1항 제2호, 령 제34조 제4항)

다. 경영활동 관련 중요사항

영업양도·양수, 합병·분할, 주식의 교환·이전 등 회사의 경영활동에 중요한 변동을 초래하는 사항으로서 대통령령으로 정하는 사항(법 제27조 제1항 제3호, 령 제34조 제5항)

4. 기업집단현황 등에 관한 공시

공시대상기업집단에 속하는 국내 회사 중 자산총액 등이 대통령령으로 정하는 기준에 해당하는 회사는 그 기업집단의 일반현황, 주식소유 현황, 지주회사등이 아닌 국내 계열회사 현황, 상호출자 현황, 순환출자 현황, 채무보증 현황, 의결권 행사 여부, 특수관계인과의 거래 현황 등을 공시하여야 한다(법 제28조 제1항, 령 제35조 제1항).

구체적으로 직전 사업연도말 현재 자산총액이 100억원 이상인 회사가 공시의무를 부담한다(령 제35조 제1항).

또한 공시대상기업집단에 속하는 회사를 지배하는 동일인은 다음 각 호의 어느 하나에 해당하는 사항을 공시하여야 한다. 다만, 동일인이 의식불명 등 대통령령으로 정하는 사유로 공시할 수 없는 경우에는 그러하지 아니하다(법 제28조 제2항).

가. 국외 계열회사의 주주 구성 등
특수관계인(자연인인 동일인 및 그 친족만을 말한다)이 단독으로 또는 다른 특수관계인과 합하여 발행주식총수의 100분의 20 이상의 주식을 소유한 국외 계열회사의 주주 구성 등 대통령령으로 정하는 사항(법 제28조 제2항 제1호, 령 제35조 제3항)

나. 국외 계열회사의 주식소유 현황 등
공시대상기업집단에 속하는 국내 회사의 주식을 직접 또는 대통령령으로 정하는 방법으로 소유하고 있는 국외 계열회사의 주식소유 현황 등에 관한 사항으로서 대통령령으로 정하는 사항 및 그 국외 계열회사가 하나 이상 포함된 순환출자 현황(법 제28조 제2항 제2호, 령 제35조 제4항·제5항)
공시의 방법·절차 등에 관하여는 대규모내부거래의 이사회 의결 및 공시에 관한 규정이 준용된다(법 제28조 제3항).

5. 특수관계인인 공익법인의 이사회 의결 및 공시

공시대상기업집단을 지배하는 동일인의 특수관계인에 해당하는 공익법인은 일정한 거래를 하거나 그 주요 내용을 변경하려는 경우에는 미리 이사회 의결을 거친 후 이를 공시하여야 한다(법 제29조 제 1 항). 공시의 대상은 크게 두 가지다. 첫째는 공시대상기업집단에 속하는 국내 회사 주식의 취득 또는 처분이다(국내 회사 주식의 취득 또는 처분), 두 번째는 해당 기업집단의 특수관계인(국외 계열회사는 제외)을 상대방으로 하거나 특수관계인을 위하여 행하는 시행령이 정하는 규모 이상의 다음의 거래이다(특수관계인과의 대규모 거래).

- 가지급금 또는 대여금 등의 자금을 제공 또는 거래하는 행위
- 주식 또는 회사채 등의 유가증권을 제공 또는 거래하는 행위
- 부동산 또는 무체재산권 등의 자산을 제공 또는 거래하는 행위
- 주주의 구성 등을 고려하여 대통령령으로 정하는 계열회사를 상대방으로 하거나 그 계열회사를 위하여 상품 또는 용역을 제공 또는 거래하는 행위

이 규제도 2020년 개정을 통해 추가된 것으로서, 구체적인 공시내용이나 공시를 수행하는 기관에 대해서는 대규모내부거래 공시에 관한 공정거래법 제26조 제 2 항 및 제 3 항이 준용된다(법 제29조 제 2 항).

6. 공정위 신고 및 공정위의 정보공개

공정위는 과도한 경제력 집중을 방지하고 기업집단의 투명성 등을 제고하기 위하여 공시대상기업집단에 속하는 회사에 대한 정보를 공개할 수 있다(법 제35조 제 1 항).

공개의 대상이 되는 정보는 크게 두 가지다(법 제35조 제 1 항, 령 제41조). 첫째, 공시대상 기업집단에 속하는 회사의 일반현황, 지배구조현황 등에 관한 정보이다. 둘째, 공시대상 기업집단에 속하는 회사간 또는 이에 속하는 회사와 그 특수관계인 사이의 출자, 채무보증, 거래관계 등에 관한 정보이다.

이상의 정보의 효율적 처리 및 공개를 위하여 공정위는 eGroup이라는 기업집단포털 사이트(https://egroup.go.kr)를 운영하고 있다(법 제35조 제 2 항).

한편 이사회결의 및 공시라는 일반적 공시의무에 더하여, 공시대상기업집단에 속하는 국내회사는 대통령령으로 정하는 바에 따라 해당 회사의 주주의 주식소유 현황·재무상황 및 다른 국내회사 주식의 소유현황을 공정위에 신고하여야

하고(법 제30조 제 1 항, 령 제37조 제 1 항), 상호출자제한기업집단에 속하는 국내회사는 대통령령으로 정하는 바에 따라 채무보증 현황을 국내 금융기관의 확인을 받아 공정위에 신고하여야 한다(법 제30조 제 2 항, 령 제37조 제 4 항).

7. 법위반의 효과

이상의 공시규제 중 대규모내부거래의 이사회 의결 및 공시(법 제26조), 비상장회사 등의 중요사항 공시(법 제27조), 기업집단현황 등에 관한 공시(법 제28조), 특수관계인인 공익법인의 이사회 의결 및 공시(법 제29조) 위반에 대해 공정위는 시정조치를 명할 수 있다(법 제37조 제 1 항).

그러나 공정위의 시정조치를 따르지 아니한 경우를 제외하고(법 제125조 제 1 호), 일체의 공시규제 위반에 대해 과징금이나 형벌의 제재는 없다.

다만 공시대상기업집단의 주식소유 현황 등의 신고(법 제30조 제 1 항 및 제 2 항)를 위반하여 주식소유 현황 또는 채무보증 현황의 신고를 하지 아니하거나 거짓으로 신고한 자에 대해서는 1억원 이하의 벌금이 부과될 수 있다(법 제126조 제 3 호).

• 제5장 •

부당한 공동행위

제1절 서　　설

1. 기업의 공동관계

동업을 포함한 기업의 공동관계(joint venture)는 기술개발, 생산, 구매 및 판매 등의 다양한 사업활동과 관련하여 여러 가지 법적 수단에 의해 또 대단히 다양한 모습으로 이루어지고 있다. 심지어 적과의 동침으로 불리는 경쟁사업자 상호간의 전략적 제휴(strategic alliance)도 범세계적인 현상이다.[142] 예컨대 상대방의 기술을 서로 공유하는 것(R&D Pool), 다른 기업의 국내 또는 외국에서의 판매망의 이용, 합병의 대체수단으로서 합작회사의 설립, 지역적 분할구도를 배경으로 사업자들 사이의 기술, 인력, 자본의 공유 등 공동관계는 그것이 목적으로 하는 사항이나

142) 기업간의 전략적 제휴 내지 협조적 시장관계가 대폭적으로 증대하고 있는바, 이를 지칭하는 용어는 strategic alliances, cooperative collaboration, networks, hybrids, joint venture 등 매우 다양하다. 특히 많이 사용되는 용어가 joint venture인바, 이는 합작회사라는 특정한 의미가 아니라 전략적 공동관계 전반을 지칭한다. 한편 경쟁법의 관점에서는 이를 두 가지로 나눌 수 있다. 즉 경쟁제한적 공동행위는 이를 카르텔(cartel)이라고 하고, 적법한 영업관행, 즉 친경쟁적인 공동행위는 이를 통칭하여 joint venture라고 부르는 것이다. 미국의 셔먼법은 collaboration이라는 용어를 사용한다. Areeda/ Kaplow/Edlin, 앞의 책, 196-7 참조.

형태는 물론, 그것이 이루어지는 차원, 즉 수평적, 수직적, 복합적 관계 등 매우 다양하게 이루어지고 있다.

기업 사이의 공동관계 또는 제휴가 광범하게 이루어지는 것은 그것이 경제적 효율성을 제고하기 때문이다. 기업은 그때그때의 시장상황을 감안하여 R&D, 원재료나 상품의 생산, 혹은 유통에 관해 이를 기업 내의 과정(internal track)으로 편입할 수도 있고, 혹은 계약 기타의 법적수단을 통해 외부의 기업에 의존할 수도 있다. 후자의 길을 선택할 경우 필연적으로 기업 사이의 공동관계 혹은 제휴가 발생하게 되는 것이며, 이는 기본적으로 당해 기업의 경영판단(business judgment) 혹은 사적자치에 맡겨진 사항이다.

그러나 기업간의 제휴나 공동관계가 거래제한 혹은 경쟁제한적 속성을 지니는 것이라면 문제가 된다. 즉 기업의 공동관계는 이윤극대화를 위한 기업의 경제적 동기에서 출발하는 것이지만, 관련시장 내에서 경쟁제한의 효과를 초래한다면 이는 의당 독점금지의 대상이 될 수 있다. 거래단계의 측면에서 기업 사이의 공동관계는 수평적 제휴와 수직적 제휴, 그리고 혼합적 제휴로 나눌 수 있고, 이 중 관련시장에서 경쟁제한을 직접적으로 초래하는 것은 수평적 제휴이다. 우리나라 공정거래법은 수평적 제휴를 중심으로 한 입법을 가지고 있는바, 즉 동법 제40조는 사업자가 다른 사업자와 공동으로 가격결정 기타의 행위를 할 것을 합의하여 부당하게 경쟁을 제한하는 것을 금지하고 있는 것이다.

부당공동행위는 흔히 카르텔(cartel, Kartell) 또는 카르텔행위라고 하는바, 이와 관련된 법규와 법리를 일컬어 카르텔법으로 부르기도 한다. 그러나 미국에서는 이를 거래제한(restraints of trade)으로 금지하는바(셔먼법 제1조), 이러한 접근방식에 의하면 수평적 거래제한은 물론 수직적 거래제한도 의당 금지의 대상이다. 미국에서는 가격고정, 시장분할, 집단배척 등의 경성카르텔에 대해서는 그 규모나 참가자들의 시장점유율 등을 묻지 않고 당연위법으로 처리하여 엄격하게 금지하는 판례법이 형성되어 있다. 여기에서 미국의 사업자들은 공동관계의 필요를 충족시키는 방안으로 카르텔보다 통제가 상대적으로 느슨한 합병으로 흘러가는 경향이 있고, 여기에서 카르텔과 합병에 대한 통제가 균형을 상실하였다는 비판이 제기되기도 한다.

또한 독일에서는 자본주의가 급속하게 발전하던 19세기 말까지 전체 산업분야에 걸쳐 카르텔이 광범하게 출현하였으나, 이의 합법성을 제국법원이 상당한 기간에 걸쳐 시인하였던 연혁이 있다. 그러나 경쟁제한금지법이 제정된 1957년 이후에는 카르텔에 대해 광범하고 엄격한 금지를 가하고 있으며, 제 1 조의 카르텔금지에서 시작하는 독일 경쟁제한금지법을 흔히 카르텔법으로 부른다.143)

2. 카르텔행위의 특성

카르텔행위는 복수의 사업자 사이의 공동행위(collusive acts)라는 점에서 단독행위(unilateral act)인 불공정거래행위나 시장지배적지위 남용행위와 다르다. 또한 개별 사업자의 행위가 아니라 복수의 사업자들이 힘을 모아 경쟁을 제한한다는 점에서 시장에 미치는 효과가 파괴적일 수 있고, 당해 시장에 협정체제를 도입한다는 점에서 구조적인 폐해를 초래한다. 여기에서 가격카르텔 등 일부 카르텔은 특히 엄격한 금지의 대상이 된다.

그 다음으로 합병 내지 기업결합과는 달리 카르텔행위는 규모의 경제(scale of economy)를 확보하는데 기여하지 못한다. 카르텔이 기업결합에 비해 부정적으로 인식되어 보다 엄격한 금지를 받는 이유가 바로 이것이다. 특히 경성카르텔을 전면적으로 금지할 경우 사업자들의 카르텔화 시도에 대하여 일반예방적 억지효과가 있으며, 전체 국민경제 차원에서는 사업자들이 카르텔을 형성하는데 소요되는 비용(이해조정의 비용), 그리고 카르텔을 시행하는 비용(협정위반자에 대한 감시와 그에 대한 제재에 드는 비용)을 절감할 수 있다.

3. 카르텔의 순기능과 역기능

카르텔의 긍정적 기능들은 기업의 공동관계가 가지는 순기능들이며, 이는 카르텔 금지에서 정당화사유로 반영되기도 한다. 첫째 당사자인 기업은 공동행위를

143) 독일 경쟁제한금지법(GWB) 제 1 장은 카르텔에 관한 금지이며, 제 2 장(제14조에서 제18조)은 수직적 합의를 금지한다. 동법은 카르텔이라는 용어를 수평적 거래제한(Kartellvereinbarungen, Kartellbeschlüsse und abgestimmtes Verhalten)에 국한하여 사용하고 있으며, 수직적 거래제한(Vertikalvereinbarungen)은 제 2 장에서 용어를 달리하여 금지한다. 제 1 장은 총 13개조로 구성되어 있는바, 제 1 조의 카르텔에 대한 원칙적 금지에서 시작한다, 제 2 조에서 제 7 조까지의 사전신고 카르텔의 예외가 있고 제 8 조는 인가카르텔에 관한 규정이다. 전체적으로 미국에 비해 카르텔에 대한 금지의 강도가 약하다고 할 수 있다. Volker Emmerich, Kartellrecht, 9.Aufl., 24f.

통해 사업활동의 효율성을 제고하여 이윤극대화를 도모할 수 있다. 즉 기술개발, 생산, 구매 및 판매 면의 공동행위 혹은 제휴를 통해 중복투자를 회피하고, 원활한 기술개발을 가능케 하고, 생산과 판매과정의 효율성을 증대시킬 수 있는 것이다. 둘째, 공동행위를 통해 사업자들 사이의 과당경쟁 내지 파멸적 가격경쟁을 방지할 수 있다. 좁은 시장을 두고 사업자들이 원가 이하의 덤핑을 통해 출혈경쟁에 매달리는 경우 당해 산업의 안정성이 훼손되고 상품이나 서비스의 질이 저락되는 등 소비자의 후생을 해칠 수 있다. 셋째 방어카르텔(Abwehrkartell)을 들 수 있다. 독점사업자에 대해 원재료나 부품을 공급하는 다수의 사업자 혹은 독점사업자로부터 상품을 공급받는 다수의 수요자들이 독점사업자의 지위남용에 대응하는 하나의 방법은 이들 사업자들이 카르텔을 만들어 대항하는 것이다. 즉 공급독점자나 수요독점자에 대해 이와 거래하는 사업자들이 제휴를 통해 자신의 거래상의 지위를 제고하여 독점세력을 견제하는 방편이 될 수 있다. 그러나 방어를 위한 카르텔이 일반적으로 허용되는 것은 아니다.

한편 카르텔의 역기능은 다음과 같다. 첫째, 카르텔은 사업자들이 담합하여 시장기능, 특히 가격기능에 대해 인위적으로 또 집단적으로 손을 대는 행위이다. 시장경제는 가격의 매개변수적 기능에 의하여 자원을 배분하는 시스템이므로, 담합은 시장경제의 암 혹은 주적이라는 비난의 표적이 된다. 둘째, 카르텔행위는 협정당사자인 사업자들이 동조행위를 통해 시장구조를 악화시키며, 이를 바탕으로 독점적 가격을 형성할 수 있는 힘을 얻게 된다. 즉 카르텔의 내재적 동기는 독점이윤의 획득에 있고, 따라서 대부분의 경우 카르텔은 인위적으로 가격을 상승시키거나 유지시키는 경향을 보인다. 셋째, 소비자의 이익을 해친다. 카르텔이 형성되어 시장을 지배할 경우 가격이나 품질 등에 관한 능률경쟁의 여지가 배제되기 때문에, 카르텔 참가자들은 원가절감이나 기타 경영합리화를 위한 노력을 게을리하고, 결국 소비자들이 피해를 입게 된다. 넷째, 협정유지를 위한 계약상의 통제와 비계약상의 통제를 통해 카르텔은 자체 결속을 유지, 강화시키고 국외자의 영업활동에 대항함으로써, 잠재적 경쟁자의 시장진입을 막고 국외자의 시장에서의 말살을 기도한다.

요컨대 카르텔을 방치할 경우 시장기능이 왜곡되고, 자원의 효율적 배분이 저해되고, 진입과 퇴출이 보장되는 사시장체제의 기반 자체가 훼손될 수 있다. 여기에서 카르텔은 가장 대표적인 경쟁제한행위로 대부분의 국가에서 엄격한 규제의 대상이 된다.

제 2 절 부당공동행위의 의의와 연혁

1. 의의와 입법주의

부당한 공동행위란 사업자가 다른 사업자와 공동으로 부당하게 경쟁을 제한하는 가격협정 기타의 행위를 할 것을 합의하는 것을 말하며, 그 형태는 계약, 협정, 결의 기타 어떠한 모습이어도 무방하다(법 제40조). 부당공동행위는 이를 카르텔행위 또는 담합행위로도 부르며, 사업자는 스스로 이와 같은 합의를 하지 않아야 할 뿐만 아니라 다른 사업자로 하여금 합의하도록 교사해서도 아니된다.

카르텔은 단일한 지휘체제 안에 편입되지 아니한, 즉 경제상으로 독립한 사업자들 사이의 협정체제이다. 그러나 이 체제의 형성수단, 즉 공동행위의 근거에 대해서는 제한이 없다. 즉 사업자는 계약, 협정, 결의 기타 어떠한 방법으로든 다른 사업자와 공동으로 경쟁을 제한하는 합의를 해서는 아니된다. 카르텔협정의 주체는 둘 이상이어야 하나, 당해 시장에 참여하고 있는 모든 사업자 혹은 대다수 사업자이어야 할 필요는 없다(대판 1999.2.23, 98두15849). 강고한 카르텔이 형성될 경우 협회 등의 사업자단체가 매개자의 역할을 하는 경우가 많고, 이러한 경우에는 사업자들 사이의 규약이나 결의의 형태로 협정이 성립되기도 한다. 그러나 카르텔행위는 중대한 위법행위로서 범죄를 구성하는 까닭에 크든 작든 협정체제는 비밀리에 기획되고 또 은밀한 모습으로 존재하는 경우가 많다. 협정체제의 근거 또는 형태에 대해 제한을 두지 않는 이유는 바로 여기에 있다.

또한 공정거래법은 카르텔에 대해 한정적으로 이를 열거하여 금지하는 입법주의를 채택한다. 즉 법문은 다음 각호의 1에 해당하는 행위, 즉 가격카르텔, 거래조건카르텔 등 8개의 카르텔을 한정적으로 열거한 후 여기에 해당하는 행위를 할 것을 합의하는 행위를 금지하고 있다. 그러나 법 제40조 제 1 항 제 9 호는 기타의 행위로서 다른 사업자의 사업활동 또는 사업내용을 방해·제한하거나 일정한 정보를 주고받음으로써 일정한 거래분야에서 경쟁을 실질적으로 제한하는 행위를 또한 금지하고 있는바, 이 조항은 운용에 따라서는 작은 일반조항으로 기능할 수도 있다.

2. 금지의 연혁

1980년 제정법은 카르텔에 대해 폐해규제주의를 채택하고, 6가지의 유형의 공동행위에 대한 일괄등록제를 시행하였다. 그러나 공동행위 일괄등록제는 사업자에게 무거운 부담을 주었을 뿐만 아니라(경쟁제한성이 없는 공동행위도 등록의 대상), 등록이 없는 공동행위는 당연위법이고 또 무효이므로 이에 대해 공정위가 시정조치를 통해 개입하기 껄끄러운 점이 있었다. 또 이를 검찰에 고발하여 위법을 구제하는 데는 절차와 시간이 소요되는 비효율이 있었다.

여기에서 1986년 개정법은 종전의 일률적 등록제에서 경쟁제한적 공동행위에 대한 인가제로 전환하였고, 카르텔인가의 범위를 넓히고 이해관계인의 이의제출 절차를 도입하였으며, 규제의 실효성을 올리기 위해 공동행위에 대한 추정규정을 도입하였고, 공동행위에 대한 시정조치와 과징금제도를 도입하였다. 또한 1994년 12월의 개정에서는 부당공동행위의 유형을 추가하여 상품구매 관련 공동행위까지 규제할 수 있는 근거를 도입하였고, 과징금의 부과한도를 매출액의 1% 이내에서 3% 이내로 상향하였다.

특히 법리 면에서 주목되는 것은 1992년의 개정과 1999년의 개정이다. 우선 1992년 개정은 '다른 사업자와 공동으로 경쟁을 실질적으로 제한하는 행위를 하여서는 아니된다'라는 기본요건을 '다른 사업자와 다음 각호의 1에 해당하는 행위를 할 것을 합의해서는 아니된다'라고 수정하여, 객관적 실행행위에 나아가지 아니한 상태의 사업자들의 합의 자체를 카르텔금지의 대상으로 삼았다. 그리고 1999년의 개정에서는 경쟁제한성 관련 요건이 수정되었다.[144] 종전의 규정은 '일정한 거래분야에서 경쟁을 실질적으로 제한하는'이었으나, 이것이 '부당하게 경쟁을 제한하는'으로 바뀐 것이다. 이 두 차례의 개정은 부당공동행위가 성립하기 위한 기본요건과 관련되어 있는 중요한 변화였다.

144) 이 개정은 한정적 열거주의를 폐기하는 대신에 일반조항을 도입하고, 경성카르텔(가격고정, 입찰담합, 생산량제한, 시장분할)에 대해서는 당연위법의 원칙을 적용하고 연성카르텔에 대해서는 종전대로 합리의 원칙을 적용하자는 1998년 민관합동위원회 개정권고안을 배경으로 한 것이다. 그러나 1999년 개정에서 권고안을 대폭 수정하였을 뿐만 아니라, 경쟁제한성 요건이 변형된 형태로 남아 있다.

2007년 8월의 개정에서도 큰 변화가 있었다. 즉 논란이 많았던 부당공동행위 추정제도와 관련하여, 종래에는 공동행위의 외관과 경쟁제한성이 있을 경우 부당한 공동행위를 추정하던 것을 공동행위의 외관과 아울러 사업자 간의 회합 등 정황사실이 있는 경우에 한하여 사업자 간의 합의를 추정하도록 한 것이다. 또한 입찰담합을 카르텔의 한 유형으로 명시하고 공사발주 공공기관 등에 입찰관련 자료제출을 요청할 수 있도록 하였고, 자진신고자 감면제도(leniency) 활성화를 위하여 소송상 필요한 경우 외에는 자진신고자의 신원이나 제보내용 등에 대한 비밀보호를 강화하였다. 그리고 2020년 개정에서 정보교환을 카르텔 유형으로 추가하고, 이를 추정사유의 하나로도 추가하였다.

제3절 부당공동행위의 성립

부당공동행위가 성립하기 위해서는, 첫째 사업자 사이의 일치된 행위를 위한 합의가 있어야 하고(합의 요건), 둘째 경쟁제한성이 있어야 한다(경쟁제한성 요건). 이 두 요건은 여러 차례의 법개정을 통해 그 내용이 바뀌었음은 이미 언급한 바와 같다. 이하에서는 부당공동행위의 성립과 관련된 논의를 공동행위 요건과 경쟁제한성으로 묶어 살펴본다.

한편 현행법은 부당공동행위 성립에 있어서 소극적 성립요건, 즉 개별적 혹은 포괄적 정당화사유를 알지 못한다는 것이 정설이다. 즉 위의 두 요건이 충족되면 부당공동행위는 바로 성립하고 담합을 정당화하는 사유는 위법성심사 단계에서 고려될 수 없다. 그러므로 산업합리화나 연구기술개발, 불황극복, 산업구조조정, 거래조건의 합리화, 중소기업보호 등의 사유는 부당공동행위의 성립과 관련하여 심사할 사항이 되지 못한다. 산업합리화나 연구기술개발 등 법 소정의 사유가 존재하고 공정위의 인가를 얻은 경우 금지의 예외사유로 처리되고 있다.

1. 합의 요건

1.1. 합　　의

가. 합의, 즉 공동행위

구법하의 부당한 공동행위란 사업자들이 상호간의 경쟁을 제한하기 위하여 일정한 합의를 행하고, 이 합의에 기초하여 실행된 공동행위가 경쟁을 실질적으로 제한하는 것을 의미하였다. 그리하여 부당공동행위가 되기 위해서는 주관적 요건으로서 사업자들 사이의 경쟁제한에 관한 합의(의사의 연락 혹은 공동의 인식)가 있어야 하고, 객관적 요건으로는 사업자들이 이 합의에 기초하여 경쟁을 제한하는 일치된 행위를 하는 것이 요구되었다.

그러나 1992년의 법개정을 통해 경쟁제한을 위한 합의 그 자체가 부당공동행위를 구성하는 것으로 바뀌면서, 공동행위 요건에 관한 법리는 근본적으로 변화하게 되었다. 즉 경쟁제한을 노리는 합의 그 자체만으로 부당공동행위를 구성함에 따라 공동행위 요건에서 객관적 요건은 불필요하게 되었다. 그 결과 합의에 기초한 실행행위에 나아가지 않더라도 부당공동행위가 성립될 수 있고, 공동행위를 실행한 결과 이득을 얻어야 할 필요는 더더구나 없다.[145] 또한 합의가 실행되지 아니한 상태에서 위법성이 평가되어야 하는 까닭에 현실적으로 '부당하게 경쟁을 제한하는' 합의가 아니라 '부당하게 경쟁을 제한할 가능성이 있는' 합의로 풀이될 수 밖에 없다. 경쟁제한성 요건도 그 내용이 변화하게 된 것이다.

대판 2001.5.8, 2000두10212
(포스틸 등 4개 강판제조업체의 운송비 공동결정행위 건)

공정거래법 제40조 제1항에 의한 부당한 공동행위는 사업자가 다른 사업자와 공동으로 일정한 거래분야에서 경쟁을 실질적으로 제한하는 법 제40조 제1항 각호의 1에 해당하는 행위를 할 것을 합의함으로써 성립하고, 합의에 따른 행위를 현실적으로 하였을 것을 요하는 것은 아니다.

---

145) 대판 2001.5.8, 2000두6510. 부당공동행위가 형사범죄를 구성함은 주지하는 바와 같고(법 제124조 제1항 제9호), 여기에서 실행행위는 물론 실행의 착수마저 없는 상태에서도 처벌의 대상이 된다.

나. 합의와 그 주체

법문은 '사업자가 다른 사업자와 공동으로 다음 각호의 1에 해당하는 행위를 할 것을 합의'하는 것을 금지한다. 부당공동행위의 명칭에서 보듯이 종전에는 '공동으로'라는 문언에 비중이 실려 있었으나, 이제는 '공동으로'라는 문귀를 삭제하고 읽더라도 의미의 전달에 지장을 주지 아니한다. 즉 사업자 사이의 경쟁제한적 합의 그 자체가 부당공동행위를 구성하는바, 이 합의의 목적은 합의의 당사자에 대하여 일정한 사업활동 또는 상호간의 경쟁을 제한하는 것이다. 즉 카르텔이란 원래 협정체제 안에 들어 온 내부자(insider)를 거래제한의 표적으로 하는 것이지, 외부자 혹은 국외자(outsider)를 표적으로 하는 것이 아니다.

여기에서 합의라 함은 사업자들 사이의 의사의 합치(meeting of minds)와 관련된 대단히 광범한 행태를 지칭한다. 계약의 요체로서 서면 또는 구두의 정형적 합의는 물론, 경쟁제한과 관련된 사업자 사이의 의사의 연락을 통한 공감대의 형성이나 공동의 인식을 망라하는 것이다. 즉 각자의 사업활동을 제한한다는 사실에 대한 의사의 연락을 통한 공감대의 형성이나 공동의 인식이 명시적 혹은 암묵적으로 존재하면 충분하다. 법문 자체가 합의의 태양과 관련하여 이를 계약, 협정, 결의, 규약 기타 어떠한 방법도 가능함을 명시하고 있다. 합의는 사업자들이 한자리에 모여 한꺼번에 할 필요가 없고, 공구별 입찰에 들러리로 사후에 추가 참여하더라도 부당공동행위의 당사자가 될 수 있다.[146)]

서울고판 2023.8.31, 2021누60610
(24개 원심력콘크리트(PHC)파일 제조 · 판매사업자의 부당한 공동행위에 대한 건)

"후발업체들 사이의 명시적, 묵시적 합의 또는 양해에 따른 결과인 경우에는 이들 상호 간의 공동행위가 문제될 수 있다(대판 2002.5.28, 2000두1386 취지 참조). 그런데 앞서 본 것처럼 원고를 비롯한 초고강도 파일 제조사들 사이에 이 사건 공동행위가 성립하고, 파일의 규격이 다르더라도 원재료가 동일하여 일반구경 파일의 단가가 올라가면 초고강도 파일의 단가도 같이 올라가는 등 가격이 서로 연동되기 때문에 이에 관하여 따로 논의할 필요가 없었던 점 등을 고려하면, 초고강도 파일 가격 역시 위 제조사들 간 명시적, 묵시적 합의 또는 양해에 따른 결과에 해당한다고 봄이 타당하다. 따라서 초고강도 파일 제조사들이 설령 삼표이앤씨가 정한 가격을 모방, 추종하였다고 하더라도 그러한 사정만으로 초고강도 파일이 이 사건 공동행위의 관련 상품에 포함되

146) 서울고판 2016.7.22, 2014누7482.

지 않는다고 보기 어렵다."

후발업체들이 선발업체의 가격을 모방, 추종한 경우라고 하더라도 그것이 후발업체들 사이의 명시적, 묵시적 합의 또는 양해에 따른 결과인 경우에는 이들 상호 간의 공동행위가 문제될 수 있음을 인정한 판결이다.

협정체제 혹은 카르텔이 성립하기 위해서는 둘 이상의 사업자 사이의 합의가 필요하다. 그러나 특정한 시장의 참여자 전원 또는 당해 시장의 50% 혹은 75% 이상을 점하는 사업자들이 합의에 가담하여야 하는 것은 아니다. 물론 소수의 사업자가 있는 과점시장의 경우 전원이 협정체제에 가담할 수 있고, 또 이때 협정체제가 쉽사리 형성되고 또 강고하게 작동할 수 있다. 그러나 당해 시장의 참여자 중 극히 일부만이 가담한 협정체제라고 하더라도 이 카르텔이 '부당하게 경쟁을 제한할 가능성'이 있다면 금지의 대상이 된다.[147] 가격카르텔을 비롯한 경성카르텔에 대해 당연위법 유사의 금지가 필요하다는 입장에 의한다면, 비록 두 사업자 사이의 가격담합이고 협정 당사자들의 점유율이 미미한 경우라고 할지라도 금지의 대상이 된다.

합의는 공급자 사이는 물론 수요자 사이의 합의, 나아가서 공급자와 수요자 사이의 합의도 법 제40조의 합의에 해당될 수 있다.[148] 서로 단계를 달리하는 시장에 속한 자, 즉 전후방 단계시장에 속한 자 사이의 합의도 공정거래법 제40조에 따라 금지의 대상이 되는 것인지 여부는 소위 수직담합에 관한 문제가 된다. 이와 관련하여 판례는 제조업자가 매매를 위탁하여 판매를 스스로 담당하지 않더라도 담합에 직접 참여한 사실이 있다면 법 제40조 제1항의 담합을 구성하는 것으로 보았다.[149]

또한 2004년의 법개정에 따라 사업자가 다른 사업자로 하여금 부당한 공동행위를 행하도록 하는 것도 더불어 금지된다. 단순한 방조행위를 넘어 다른 사업자로 하여금 공동행위를 하도록 교사하는 행위, 즉 교사범에 대한 처벌근거를 명문으로 도입한 것이다.[150] 여기에서 다른 사업자란 당해 공동행위에 참가하는 사업

147) 대판 1999.2.23, 98두15849.

148) 서울고판 2000.11.16, 99누5919; 대판 2014.9.4, 2012두22256.

149) 대판 2014.9.4, 2012두22256.

150) 대법원은 "위 법률조항의 입법취지 및 개정경위, 관련 법률조항의 체계, 이 조항이 시정명령과 과징금 납부명령 등 침익적 행정행위의 근거가 되므로 가능한 한 이를 엄격하게 해석할 필요가 있는 점 등에 비추어 보면, 위 제40조 제1항 후단의 '다른 사업자로 하여금 부당한 공동행위를

자이면 충분하고 그 공동행위에 참여하는 모든 사업자일 필요는 없다.151)

서울고판 2021.12.9, 2019누40101

"앞서 든 증거에 변론 전체의 취지를 종합하여 인정할 수 있는 다음과 같은 사정, 즉 ① 이 사건 공동행위에 가담한 원고 제이피모간체이스은행 서울지점은 미국에 본점을 둔 외국법인인 원고 제이피모간체이스은행이 대한민국에서 영업을 하기 위해 상법 제614조, 은행법 제59조에 따라 설치한 외국법인의 국내지점인 점, ② 법인의 지점은 법인격이 없는 것으로서 소송에 있어 당사자능력이 없는 것인바(대판 1982.10.12, 80누495 참조) 원고 제이피모간체이스은행 서울지점은 별개의 법인격을 가지는 사업자가 아닌 점 등에 비추어 보면, 이 사건 통화스왑거래는 원고 제이피모간체이스은행이 국내 영업소인 원고 제이피모간체이스은행 서울지점을 통해 포스코와 체결한 것으로 볼 수 있다. 그렇다면 이 사건 통화스왑거래의 당사자는 원고 제이피모간체이스은행과 포스코이므로, 원고 제이피모간체이스은행은 국내 영업소를 통해 이 사건 통화스왑거래를 하는 과정에서 이 사건 공동행위에 가담하였다고 할 것이다."

외국계은행과 외국계은행 서울지점은 별개의 독립된 사업자이고, 외국계은행 서울지점이 이 사건 공동행위를 한 자에 해당된다고 하더라도 외국계은행은 국내 영업소를 통해 이 사건 공동행위에 가담하였다고 본 판결이다.

서울고판 2012.10.11, 2012누3028
(글락소스미스클라인 및 동아제약의 부당한 공동행위 건)

"공정거래법 제40조 제 1 항 본문 전단은 사업자가 '다른 사업자'와 공동으로 부당하게 경쟁을 제한하는 행위를 할 것을 합의하여서는 아니 된다고 규정할 뿐, 그들 사이에 수평적 경쟁관계가 있을 것을 요건으로 하지 않고 있다. 또한 수평적 경쟁관계에 있지 않은 사업자들의 공동행위라 할지라도 그것이 시장에서 부당하게 경쟁을 제한하거나 제한할 우려가 있다면 규제의 필요성이 인정된다. 따라서 공정거래법상 부당한 공동행위가 성립하기 위해 반드시 공동행위 참여자들 사이에 수평적 경쟁관계가 있어야 한다고 볼 수는 없다."

공정거래법 상 부당한 공동행위가 성립하기 위해 반드시 공동행위 참여자들 사이에 수평적 경쟁관계가 있어야 한다고 볼 수는 없다는 취지로 판결한 사건이다.

행하도록 하는 행위'는 다른 사업자로 하여금 부당한 공동행위를 하도록 교사하는 행위 또는 이에 준하는 행위를 의미하고, 다른 사업자의 부당한 공동행위를 단순히 방조하는 행위는 여기에 포함되지 않는다"고 보았다(대판 2009.5.14, 2009두1556).

151) 대판 2017.9.12, 2016두55551.

다. 정보교환, 특히 가격정보의 교환

시장상황이나 경쟁사업자의 영업활동과 관련된 사업자의 일방적 정보취득은 그것이 반사회적 수단에 의한 것이 아닌 이상 원칙적으로 자유롭다. 그러나 경쟁자 사이의 정보교환(information exchange), 특히 가격정보의 교환은 담합과 관련된 중요한 쟁점으로 국내외에서 부상하고 있다. 사업자의 가격과 생산량에 대한 정보의 자유로운 유통은 시장이 효과적으로 작동하는데 기여하는 것이지만, 경쟁자 사이의 가격정보의 교환은 민감한 행위로서 반경쟁적일 개연성이 높다. 경쟁자 사이의 정보교환은 담합의 전단계일 수 있고 특히 과점시장의 사업자 사이의 가격정보교환은 경쟁제한으로 이어질 개연성이 높다.

판례는 가격정보의 교환에 대하여 부당공동행위의 성립요건인 사업자들 사이의 합의를 추단케 하는 유력한 간접증거의 하나로 보아 왔다. 가격정보의 교환은 물론 정보교환의 합의도 형식논리상으로는 그 자체가 공정거래법 제40조 소정의 합의에 해당하거나 사업자 사이의 합의를 대체하는 것이 아니다. 그러나 구체적 정보교환이나 교환을 위한 합의가 사업자들 사이에 존재하는 합의의 실행행위일 수 있으며, 특히 가격정보의 교환은 사업자 사이의 의사연락의 상호성을 뒷받침하는 중요한 사실이 될 수 있다.

여기에서 2020년 법개정으로 가격이나 생산량 등에 대한 정보교환에 관한 합의를 부당공동행위의 개별 유형으로 규정하고(법 제40조 제 1 항 제 9 호 후단), 이 유형에 대해서는 관련시장에서의 경쟁의 실질적 제한이라는 경쟁제한성 요건을 유지하고 있다. 나아가서 법 제40조 제 1 항이 열거하는 각종 부당공동행위를 위한 정보교환행위를 합의의 추정사유로 추가하였다(법 제40조 제 5 항 제 2 호).

대판 2014.7.24, 2013두16951

가. 독점규제 및 공정거래에 관한 법률 제40조 제 1항 이 금지하는 '부당한 공동행위'는 '부당하게 경쟁을 제한하는 행위에 대한 합의'로서 이때 '합의'에는 명시적 합의뿐 아니라 묵시적 합의도 포함된다고 할 것이지만(대판 2003.2.28. 2001두1239 등 참조), 이는 둘 이상 사업자 사이의 의사의 연락이 있을 것을 본질로 하므로 단지 위 규정 각 호에 열거된 '부당한 공동행위'가 있었던 것과 일치하는 외형이 존재한다고 하여 당연히 합의가 있었다고 인정할 수는 없고 사업자 간 의사연결의 상호성을 인정할 만한 사정에 대한 증명이 있어야 하며, 그에 대한 증명책임은 그러한 합의를 이유로 시정조치

등을 명하는 피고에게 있다고 할 것이다(대판 2013.11.28. 2012두17421 등 참조).

그리고 경쟁 사업자들이 가격 등 주요 경쟁요소에 관한 정보를 교환한 경우에, 그 정보 교환은 가격 결정 등의 의사결정에 관한 불확실성을 제거하여 담합을 용이하게 하거나 촉진할 수 있는 수단이 될 수 있으므로 사업자 사이의 의사연결의 상호성을 인정할 수 있는 유력한 자료가 될 수 있지만, 그렇다고 하더라도 그 정보 교환 사실만으로 부당하게 경쟁을 제한하는 행위에 대한 합의가 있다고 단정할 수는 없고, 관련 시장의 구조와 특성, 교환된 정보의 성질·내용, 정보 교환의 주체 및 시기와 방법, 정보 교환의 목적과 의도, 정보 교환 후의 가격·산출량 등의 사업자간 외형상 일치 여부 내지 차이의 정도 및 그에 관한 의사결정 과정·내용, 그 밖에 정보 교환이 시장에 미치는 영향 등의 모든 사정을 종합적으로 고려하여 위 합의가 있는지를 판단하여야 한다.

나. 원심은 (1) 원고 등 16개 보험회사가 2001년부터 2006년까지 공동으로 가격을 결정·유지 또는 변경하는 행위를 하기로 합의하였음이 인정되지 않는 이상, 원고 등 16개 생명보험회사 사이에 미래의 예정이율 및 공시이율 등에 관한 정보교환행위가 있었다는 사정만으로 막바로 부당한 공동행위를 한 것이라고 볼 수는 없고, (2) 원고 등 16개 생명보험회사가 2001년부터 2006년까지 정보교환행위를 통해 각자의 이율을 결정하여 왔다는 사정만으로 그들 사이에 '공동으로 예정이율 등을 결정'하기로 하는 합의가 있었다고 인정할 증거가 부족하다는 등의 이유를 들어, 원고가 다른 15개 생명보험회사와 부당한 공동행위를 하였음을 전제로 하는 피고의 시정명령 및 과징금부과처분은 나머지 점에 관하여 더 살펴볼 필요 없이 위법하다고 판단하였다.

앞서 본 법리와 기록에 비추어 살펴보면, 원심의 위와 같은 판단은 정당하고, 거기에 상고이유 주장과 같이 정보교환과 부당공동행위의 관계, 동조적 행위와 부당공동행위의 관계, 묵시적 담합의 추인 등 부당공동행위의 성립, 부당공동행위의 대상 등에 관한 법리를 오해하거나 논리와 경험의 법칙을 위반하여 자유심증주의의 한계를 벗어나는 등의 위법이 없다.

* 참조 판결로는, 대판 2017.3.30, 2015두46666.

대판 2015.12.24, 2013두25924

원고 등이 오랜 기간 가격정보 등 다양한 정보를 서로 교환하고 이를 각자의 의사결정에 반영해 온 것은 경쟁제한의 효과가 있었다고 볼 수도 있겠으나, 이에 관하여 공정거래법상 정보 교환 합의를 부당한 공동행위로 의율할 수 있는지는 별론으로 하고, 정보 교환행위 자체를 곧바로 가격을 결정·유지하는 행위에 관한 합의로 인정할 수는 없다.

대판 2022.5.26, 2017두47229

11개 배합사료 제조·판매사업자의 부당한 공동행위 건에서 가격 등에 대한 정보교환은 담합을 용이하게 하는 수단으로서 사업자간 의사연결의 상호성을 인정할 수 있는 유력한 자료가 될 수는 있지만 정보 교환행위 자체를 곧바로 가격을 결정·유지하는 행위에 관한 합의로 인정할 수는 없고, 관련시장의 구조와 특성, 교환된 정보의 성질·내용, 정보교환의 주체·시기·방법, 정보교환의 목적과 의도, 외형상 행위의 일치 여부 등을 종합적으로 고려하여야 한다고 판시하였다.

위의 2013두25924판결과 동일한 취지의 판시인데, 공정거래법 개정(2020.12.)으로 정보교환 그 자체도 부당한 공동행위로 규율할 수 있게 되었으므로, 이제는 구법 하의 법원 판결이라는 의미로 이해해야 한다. 다만, 공동행위의 종기가 신법 시행일(2021. 12. 30.) 이전인 사건에 대해서는 여전히 구법이 적용되므로 참고할 수 있는 법원 판결이다.

라. 모회사와 자회사 사이의 합의

모회사가 자회사의 지분을 100% 소유할 때, 이들 사이의 가격 관련 합의를 위법한 행위로 보는 것은 문제가 있다. 이들 두 회사가 법형태 면에서는 별개의 존재이나 경제적으로는 동일체(경제적 동일체 이론)이기 때문이다. 즉 모회사와 100% 자회사 사이의 합의를 단일 법인내 영업부문 사이의 합의와 마찬가지로 취급할 것인지 여부가 논란되는 것이다.

이에 대해 미국 판례는 이들 두 회사는 셔먼법 제1조상의 합의의 주체가 아니라고 판단하고 있다.[152] 그러나 이 경우에도 이들 사이의 합의와 이에 따른 실행행위는 대외적 단독행위(single firm conduct)로서 문제될 수 있다. 한편 모회사가 자회사의 지분을 모두 보유하고 있지 않고 각자 고유의 영업을 수행하고 있을 경우에는 상황이 다르다. 이들은 경제적으로 또 법적으로 독자적 실체로서 이들 사이의 경쟁제한적 합의가 현실적으로 가능하다. 합작회사 출자기업 사이의 합의도 마찬가지이다.

공정위의 실무도 대체로 비슷하다. 공정위의 공동행위심사기준(공정위 예규 제390호, 2021.12.28. 개정)은 다수의 사업자들이 '사실상 하나의 사업자'인 경우에는 이들 사이의 합의에 대해 공동행위의 성립을 부인한다.[153] 물론 제3자가 합의에

152) Copperweld Corp. v. Independence Tube Corp., 467 U.S. 752, 104 S.Ct. 2731(1984).

153) 공동행위 심사기준은 입찰담합에 대해서는 경제적 동일체 이론의 적용을 명문으로 배제한다(동 기준 Ⅱ.1.). 법원(대판 2016.4.12, 2015두50061)도 입찰담합의 경우에는 입찰 자체의 경쟁제한

참여한 경우는 사정이 다르다. 사실상 하나의 사업자인지 여부를 판단하는 기준으로는, 첫째 모회사가 자회사의 주식을 전부 소유한 경우, 둘째 주식소유비율, 회계의 통합, 일상적 지시, 영업의 독자적 결정 가능성 등 제반사정을 감안하혀 사업자가 다른 사업자를 실질적으로 지배하여 이들이 상호 독립적으로 운영된다고 할 수 없는 경우 등 두 가지를 제시한다.

마. 합의의 상호구속력 문제

원래 카르텔은 구성사업자들 사이의 경쟁을 제한하기 위한 체제이므로, 당사자들이 합의를 지키지 않는다면 카르텔은 그 목적을 달성할 수 없을 뿐만 아니라 협정체제 자체가 존립기반을 상실하게 된다. 또한 당사자 일방만을 구속하고 타방에 대해서는 구속력이 없다면, 이는 공동행위가 아니라 일방적 구속관계에 지나지 아니한다. 여기에서 합의는 당사자 전원을 구속하는 힘, 소위 상호적 구속력이 있어야 한다는 주장도 있다.

그러나 협정체제의 구속력에 대해서는 이를 엄격하게 풀이할 필요는 없다. 가격카르텔의 가담사업자들이 시차를 두고 가격을 올리거나 가격인상률에서 차이가 있는 것처럼, 합의를 시행하는 시점이나 준수의 정도에서 차이가 있더라도 무방하다. 심지어 입찰담합의 경우 당사자 중 하나가 처음부터 합의를 지키지 아니할 의도하에 담합을 한 후 실제로 합의와 달리 응찰하였다고 하더라도 부당공동행위가 성립하는데 지장이 없다.[154] 상대방이 협정을 지킬 것이라는 기대하에 다른 사업자들이 담합에 따랐고, 그 결과 경쟁제한적 효과가 발생하였기 때문이다.

대판 1999.2.23, 98두15849

"부당한 공동행위는 합의에 따른 행위를 현실적으로 하였을 것을 요하는 것이 아니고, 또 어느 한 쪽의 사업자가 당초부터 합의에 따를 의사도 없이 진의아닌 의사표시에 의하여 합의한 경우라고 하더라도 다른 쪽 사업자는 당해 사업자가 합의에 따를 것이라고 신뢰하고 당해 사업자는 다른 사업자가 합의를 위와 같이 신뢰하고 행동할 것이라는 점을 이용함으로써 경쟁을 제한하는 행위가 되는 것이며, 원고가 당초부터 위

뿐만 아니라 입찰에 이르는 과정에서의 경쟁을 함께 보호한다고 보아서, 담합 주체들이 경제적 동일체인지 여부의 심사에 나아가지 않은 상태에서 경쟁제한성을 인정하였다. 이 판결은 입찰담합에 대해 동일체 이론의 적용을 배제하는 공동행위 심사기준을 존중하는 결과가 되었다. 이민호/김수련, 경제적 동일체 이론과 입찰담합, 경쟁저널 191호(2017.5), 20-4.

154) 대판 1999.2.23, 98두15849.

합의를 이행할 의사로 합의를 하였는지, 또 위 합의를 이행하였는지 여부는 그 성립에 영향이 없다고 할 것이므로 비록 원고가 내심으로는 금 530억원에 응찰하여 낙찰을 받을 의사를 가졌었고 그 후 합의와 달리 응찰하였다고 하더라도 이러한 사정은 부당한 공동행위의 성립에 방해가 되지 아니한다."

어느 한쪽 사업자가 진의 아닌 의사표시에 의하여 합의한 경우에도 다른 쪽 사업자가 이를 신뢰하고 해당 사업자는 이를 이용함으로써 경쟁제한 행위가 되는 것은 마찬가지라는 취지의 판결이다.

서울고판 2014.2.13, 2011누46417

"비진의 의사표시의 사업자에게 부당한 공동행위를 인정한 것은 자신은 합의를 이행할 의사가 없으나, 적어도 관련된 상대방을 묶어두기 위한 방편으로 계약을 체결할 적극적인 의사가 있었고, 그 경우에는 경쟁제한성이 인정되므로 부당한 공동행위를 인정한 것이다. 그러나 이 사건에 있어 원고들은 이 사건 공동행위 관여 직원을 비롯한 전체 직원들에게 자진신고 사실을 고지하지 못하는 관계로 담당자인 S가 관성적으로 다자회의에 참석하는 것을 방치하는 수준으로서, 그와 같은 과정에서의 합의는 계약을 체결할 의사가 없이 단순히 외관만을 작출하겠다는 의사로 보인다 할 것이므로, 이를 경쟁제한성이 인정되는 부당한 공동행위로 볼 수 없다."

자신은 합의를 이행할 의사가 없으나, 적어도 관련 상대방을 묶어두기 위한 방편으로 계약을 체결할 적극적인 의사가 있었고, 그 경우에는 경쟁제한성이 인정되므로 부당한 공동행위가 인정되나, 계약을 체결할 의사가 없이 단순한 외관만을 작출하겠다는 의사로 보이는 경우에는 부당한 공동행위로 볼 수 없다는 취지의 판결이다. 진의 아닌 의사표시에 의한 합의에 대하여 보다 구체적인 내용 및 경위를 살펴 구체적 타당성을 기한 판결로 이해된다(엘지디스플레이 외 2 사업자의 TFT-LCD패널가격 및 생산량·공급량 공동행위 건). 대법원 상고심에서 심리불속행 기각되어 원심 판결이 그대로 확정되었다.

여기에서 카르텔의 상호적 구속은 경쟁제한적 합의가 시행되는 과정 또는 양상에 불과하고 이를 카르텔이 성립하기 위한 또 다른 요건으로 논할 필요가 없다고 할 것이다. 특히 현행법은 합의에 기초한 실행행위를 요구하고 있지 않으므로, 상호적 구속력에 관한 논의는 더욱 의미를 잃게 되었다. 여하튼 상호적 구속은 합의가 시행되는 과정에서 나타나는 경쟁제한성 문제라고 할 것이며,[155] 원고는 합

155) 체제 유지를 위한 감시와 위반자에 대한 제재는 카르텔의 사활을 결정한다. 위약금의 약정과 같

의의 존재와 내용 그리고 당해 합의의 '부당한 경쟁제한성'을 증명하면 충분하다. 결국 합의의 상호구속성은 카르텔이 성립하기 위한 파생적 요건이 아니며 원고는 이를 별도로 증명할 필요도 없다.

1.2. 합의의 추정

공정거래법 제40조 제5항은 부당공동행위에 관한 추정조항을 두고 있다. 즉 둘 이상의 사업자가 카르텔행위의 유형에 속하는 행위를 하는 경우로서, 첫째 당해 시장 또는 상품·용역의 특성, 해당 행위의 경제적 이유 및 파급효과, 사업자간 접촉의 회수·양태 등 제반사정에 비추어 그 행위를 사업자들이 공동으로 한 것으로 볼 수 있는 상당한 개연성이 있는 때, 두 번째 법 제40조 제1항이 열거하는 부당공동행위의 각 유형(제9호 중 정보교환 행위유형은 제외)에 필요한 정보를 주고받는 때 등 두가지 추정사유를 규정한다.

이 추정은 입증책임의 전환을 가져오는 법률상의 추정이다. 추정의 요건은 두 가지인데, 하나는 공동행위의 외관이 존재할 것이고, 다른 하나는 합의에 대한 개연성의 입증 또는 정보교환 사실이다. 이 두 요건이 충족되면 합의의 존재가 추정되고(추정의 대상), 다시 법 제40조 제1항으로 돌아가서 부당한 경쟁제한성 여부를 심사하여 카르텔의 성립 여부를 판단하게 된다. 경성카르텔의 경우에는 경쟁제한성이 사실상으로 추정되기 때문에, 일단 합의가 추정되면 사업자들은 사실상 제재를 피할 수 없다. 특히 2020년 개정을 통해 추가된 추정사유인 정보교환의 경우, 무고한 사업자로서는 소위 '없는 사실'에 대한 입증, 즉 자신이 합의하지 않았다는 사실을 입증하는 것은 사실상 불가능한 일이다. 결국 개정법은 정보교환 자체를 처벌하는 결과가 될 개연성이 높다.

이 추정조항은 1986년부터 도입되었다. 증명의 어려움을 구제하고 금지의 실효성을 높이기 위한 것이다. 카르텔은 중대한 범죄를 구성하는 까닭에 당사자들은 이를 은닉하고 증거를 은폐하게 된다. 특히 과점시장이나 카르텔이 관행화된 시장의 경우 카르텔의 형성이나 유지를 위한 사업자 사이의 교섭이나 흥정이 은밀하게 증거를 남기지 아니하고 이루어지기 쉽고 상대방의 행위에 대한 예측도 손쉽

은 명시적이고 유형적인 제재는 물론이고, 왕따와 같이 배신자를 소외시키는 사업자들의 집단적 행태는 매우 강력한 사실상의 제재로 작용할 수 있다. 즉 카르텔의 구속력을 뒷받침하는 것은 명시적 약정과 무관하게 이루어지는 사실상의 무형적 제재일 수도 있다.

다. 여기에서 경쟁당국의 증명책임을 완화시키면서 효율적인 법집행을 도모하기 위해 도입한 제도가 이 합의의 추정이다.

2007년 개정 이전의 법문은 직접증거를 남기지 아니하는 담합의 적발과 제재를 효과적으로 하겠다는 취지를 살려, "2 이상의 사업자가 일정한 거래분야에서 경쟁을 실질적으로 제한하는 제 1 항 각호의 1에 해당하는 행위를 하고 있는 경우 동 사업자간에 그러한 행위를 할 것을 약정한 명시적인 합의가 없는 경우에도 부당한 공동행위를 하고 있는 것으로 추정한다"라고 규정하고 있었다.

그러나 이 조항은 무고한 사업자에 대하여 합의를 하지 아니하였다는 사실, 즉 없는 사실을 입증해야 하는 어려운 부담을 지우고, 입증책임의 전환을 수반하는 법률상의 추정이 아니라는 주장, 추정의 대상이나 구조 등에 관해 많은 논란을 유발하였다. 그렇지만 약 20여년의 제도 운용을 통하여 다수의 쟁점들이 정리되었고 특히 행정지도가 개입한 공동행위에 대해서는 합의추정의 복멸이라는 독특한 판례법이 형성되기도 하였다.

그런데 2007년 개정을 거친 현재의 법문은 추정의 요건으로 외관 내지 행위의 일치 이외에 합의를 증명하는 정황증거를 요구하고 있다. 그러나 합의에 대한 정황증거를 추정의 요건으로 삼는 것은 이례적이다. 전형적인 추정제도는 일정한 선행사실이 있으면 후행사실을 추단하는 것이고 그 결과로 입증책임의 전환이 이루어지게 된다. 그런데 개정법문은 추정의 대상인 합의에 대한 정황증거를 요구하는 것이어서 추정제도로서는 매우 이례적일 뿐만 아니라, 합의에 대한 정황증거가 요구된다면 구태여 제40조 제 5 항의 추정조항을 거치지 않고 바로 제 1 항으로 가는 것이 간명하다. 그리하여 이제는 공정위의 실무에서도 첫번째 추정사유를 적용한 담합사건을 찾기 어렵게 되었다.

한편 사업자들이 감독관청의 행정지도에 따라 행위의 일치를 가져온 경우, 이 행위에 대한 법 제40조 제 5 항의 합의의 추정이 복멸될 수 있는지 여부가 2007년 법 개정 이전의 구법시대에 문제되었다. 행정지도가 행정작용법의 근거하에 사업자들의 행위의 일치를 초래하는 것이라면 의당 공동행위의 추정이 복멸될 수 있는바,[156] 행정지도에 따라 사업자들이 합의를 하고 경쟁제한행위로 나아간 경우

156) 대판 2005.1.28, 2002두12052. 이 사건은 손해보험사들이 부가보험료 인상률을 동일하게 하였으나 금융감독원이 보험업법 소정의 보험료 변경인가권을 기초로 보험료의 산정, 인상률, 시행시기 등에 대해 광범한 행정지도를 한 사안이다.

공정거래법 제116조의 법령에 따른 정당한 행위로서 당해 행위의 위법성 자체를 조각하여야 한다는 견해도 있다. 한편 판결례 중에는 사업자들이 행정작용법상의 근거 없이 관련 행정관청이 행한 행정지도에 따라 시행한 공동행위에 대해서도 추정을 복멸한 사례가 있다. 즉 사전협의를 하거나 사전승인을 얻도록 하는 법령의 명시적 규정은 없지만 재정경제원과 국세청이 정한 인상률에 따라 맥주가격을 인상한 사건에서 대법원은 공동행위의 추정을 복멸하였다.[157] 그러나 행정관청이 행정지도에 즈음하여 구체적인 가격인하율이나 인하시기를 정해 준 것이 아니라 원자재가격의 인하로 인한 원가하락요인을 자율적으로 제품가격에 반영하도록 하였다면 추정의 복멸이 인정될 수 없다.

대판 2005.1.28, 2002두12052

금융감독원장이 자동차손해배상보장법 시행령의 개정에 따라 2000.8.1.자로 책임보험요율 조정이 예정되어 있는 점과 보험료의 잦은 조정으로 보험계약자의 혼란이 초래될 수 있다는 점 등을 이유로 2000.8.1.까지 부가보험료 자유화조치를 유예하고 순보험료도 종전 보험료에 대한 예정손해율(73%) 수준으로 유지하기로 방침을 정하여, 보험개발원으로 하여금 위 예정손해율에 해당하는 만큼의 순보험료만을 분리하도록 하였고 원고들에게는 보험개발원이 제시하는 참조순보험요율에 따른 순보험료와 종전 예정사업비율에 따른 부가보험료를 책정하여 이를 합산한 금액을 기본보험료로 신고하도록 행정지도한 사실을 알 수 있으며, 달리 위 행정지도에 앞서 원고들 사이에 기본보험료에 대한 별도의 합의를 하였다거나 또는 위 행정지도를 기화로 기본보험료를 동일하게 유지하기로 하는 별도의 합의를 하였다고 볼 자료도 없으므로, 원고들의 판시 행위는 원고들 사이의 의사연락에 의한 것이 아니라고 할 것이니 공동행위의 합의가 있었다는 추정은 복멸되었다.

이상과 같은 추정복멸의 법리는 현행법 제40조 제5항 사건에도 그 논리가 원용될 수 있을 것이다. 그러나 당해 법리가 형성된 구법과는 달리 이제는 합의사실에 관한 상당한 정황증거가 추정을 위해 반드시 필요하다. 그 결과 현행법 제40조 제5항의 추정의 요건을 갖춘 사안이라면, 제40조 제5항이 아니라 제1항으로 바로 가는 것이 간명하다. 그 결과 추정사건에서 합의의 복멸을 논할 사안 자체가 없어지는 셈이다.

157) 대판 2003.2.28, 2001두946, 1239; 동 2003.3.14, 2001두939.

한편 공정거래법 제40조 제1항이 적용되는 사안에서 행정지도가 개입된 경우 이와 같은 추정복멸의 법리가 당해 합의 자체를 복멸하는 논리로 원용될 수 있을지 여부를 생각해 볼 수 있다. 그렇지만 행정지도가 개입된 사업자 사이의 합의에 관해서는 이를 공정거래법 제116조에 따른 위법성조각 혹은 책임의 전면적이거나 부분적 조각이 가능한지 여부에 따라 검토하는 것이 가장 바람직한 접근방법이다. 다시 말해 행정지도가 개입되었다고 하여 합의의 존재 자체를 부인할 수는 없는 것이므로, 추정복멸론이 합의복멸론으로 이어질 수는 없다.[158]

대판 2014.2.13, 2011두16049

주세법과 그 시행령에는, 국세청장이 주세보전을 위하여 필요하다고 인정하면 주류제조자 등에게 가격 등에 필요한 명령을 할 수 있고, 주세보전, 주류 유통관리를 위하여 주류제조자 등에 대하여 주류 출고가격 및 가격변경 신고 등에 관하여 명령을 할 수 있도록 규정되어 있다. 그런데 국세청은 물가안정 및 주세보전 등의 목적을 위해 위와 같은 법령 등의 규정을 넘어서 뚜렷한 근거 없이 소주 출고가격을 관리하는 행위까지도 하였는데, 구체적으로는 소주시장에서 가장 지배적인 영향력을 가진 원고 진로로 하여금 소주 출고가격 인상률 등을 사전에 국세청과 협의하도록 하고 그 가격 인상 여부, 인상률 및 인상 시기를 국세청으로부터 승인을 받도록 하였다. 이는 국세청이 전국의 모든 소주 업체를 상대하는 대신 지역별 과점이 이루어지고 있는 소주시장에서 모든 지역에 소주를 판매하면서 전국 시장점유율이 50%를 상회하는 원고 진로에 대하여만 가격을 규제하면, 나머지 소주 업체들은 원고 진로에 대한 가격 인상 승인내용을 국세청의 의사인 것으로 파악하여 그와 별 차이 없는 범위 내에서 각자 인상률과 인상 시기를 결정하게 될 것이므로 기대하는 목적을 달성하기에 충분하다고 판단한 데 따른 것이다.

또한 소주시장은 지역별 과점시장이라는 특성에 따라 대개 지역별로 원고 진로와 해당 지역 업체가 그 지역시장 대부분을 분점하면서 서로 경쟁관계에 있기도 하였다. 이와 같은 여러 이유로 원고 진로 이외의 소주 업체들에게는 원고 진로에 대한 국세청의 가격 인상 승인 내용에 대하여 정보를 수집하는 것이 중요한 경영활동의 하나였고, 이를 위해 이들은 주로 주류도매상 등을 통해 원고 진로의 가격 인상에 관한 정보를

158) 선단식 행정지도는 흔히 개발독재 혹은 관치행정의 잔재로 지목된다. 행정관청이 법적 근거없이 시장과 기업활동에 간섭하는 고질적인 관행으로 정착된 행정지도는 강력한 사실상의 구속력을 가지며, 금융 등의 규제산업은 물론 산업 전분야에 널리 퍼져 있다. 여기에서 공정위는 행정지도에 따른 사업자들의 공동행위를 다루기 위해 2006년 이래 '행정지도가 개입된 부당한 공동행위에 대한 심사지침'(공정위예규 제391호 2021.12.28. 개정)을 운용하고 있다.

수집해왔으나, 그 반면 이들 업체가 원고 진로 이외의 다른 업체들의 가격 인상계획에 관심을 가지거나 나아가 서로 가격을 담합할 유인은 대부분 지역에서 거의 없는 상황이었다.

위와 같은 여러 사정을 종합하여 보면, 비록 원고들이 사장단 모임에서 가격 인상에 관하여 논의한 사실이 있었고, 원고 진로의 가격 인상 후 곧이어 나머지 원고들도 가격을 인상하였으며, 그 인상률이나 인상 시기가 원고 진로와 유사하여 가격 인상에 관한 합의가 있었던 것처럼 보이는 외형이 존재하지만, 이는 각 지역별로 원고 진로와 해당 지역업체가 시장을 과점하는 시장구조에서, 국세청이 원고 진로를 통하여 전체 소주업체의 출고가격을 실질적으로 통제·관리하고 있는 소주시장의 특성에 따라 나머지 원고들이 국세청의 방침과 시장상황에 대처한 정도에 불과한 것으로 볼 수 있으므로, 위와 같이 겉으로 드러난 정황만으로 원고들 사이에 공동행위에 관한 합의가 있었다고 단정하기는 어렵다 할 것이다. 피고가 1, 2차 가격 인상에 관한 합의의 증거라고 제출한 그 밖의 자료들을 살펴보아도 원고들 등 주요업체 사이에 소주 출고가격의 인상 여부, 인상률, 인상 시기 등에 관하여 합의하였음을 추단할 만한 내용을 발견하기 어렵다.

1.3. 인식있는 병행행위와 동조적 행위

소수의 사업자들이 오랫동안 할거해 온 과점시장의 경우 사업자들은 상대방의 영업전략과 행태에 대해 친숙하며, 또 시장의 구조도 안정적인 상태를 유지하는 경우가 많다. 이러한 경우 다른 사업자도 자신의 영업행태를 따를 것이라는 예측 하에 어느 사업자가 일정한 행태를 보이면, 다른 사업자들도 그 후 병행적인 영업행태를 보일 수 있다. 인식있는 병행행위(conscious parallelism. 의식있는 평행행위 또는 의식적 동조행위라고도 함)란 바로 이러한 행태를 지칭하는 용어인바, 주로 과점기업들 사이에서 가격선도자(price leadership)와 다른 기업의 모방이 문제로 된다.

인식있는 병행행위론은 과점시장의 규제와 관련하여 미국에서 개진된 특별한 이론이다[Interstate Circuit v. U.S., 306 U.S. 208(1939)]. 원래의 뜻은 사업자들 사이에 명시적이든 암묵적이든 의사의 연락이 존재하지 않는 경우에도 이를 카르텔로 금지하자는 것이나, 이를 그대로 적용하는 것은 각국 카르텔법이 요구하는 기본적 요건인 합의의 존재를 무시하는 결과가 된다. 여기에서 인식있는 병행행위 자체로는 독금법 위반을 구성하지 아니하고, 여기에 합의를 추단시키는 추가적 사실에 대한 정황증거를 요구하는 것이 미국에서의 흐름이다. 추가적 요소(plus factor)로는, 공동행위에 대한 강력한 동기가 있다는 사실, 공동행위의 결과라고 설명하는 이외에 달리 행위의 일치를 합리적으로 설명할 수 없는 경우, 공동행위가 아니라면 그와 같이 자신의 이익에 배치되는 행위를 할 이유가 없는 경우 등이다.[159)]

우리나라의 경우에도 사업자들 사이의 합의가 전혀 존재하지 않는 경우인 인식있는 병행행위에 대해 공정거래법 제40조를 그대로 적용하는 것은 어렵다. 부당공동행위의 준별은 한계적 사건에 있어서도 역시 담합(또는 의사의 연락)이 있었느냐, 아니면 독자적인 경영판단의 결과로서 우연의 일치인가 라는 기준에 따라야 하기 때문이다. 묘한 이론과 법기술의 수용이 능사는 아니나, 인식있는 병행행위 이론은 그 나름의 의미가 있다. 그러나 우리나라에서는 법 제40조 제5항의 추정을 둘러싼 증명을 통해 그 취지가 반영될 수 있고, 또 이것이 바람직한 태도라고 생각된다. 법원은 상호의존성이 강한 과점시장에서 경쟁사업자의 영업정책을 예측하거나 경쟁사업자의 영업정책을 주어진 상황으로 보고 이에 대응하여 독자적으로 자신의 행위를 결정한 결과 우연히 외형상 일치가 일어나는 이른바 인식 있는 병행행위에 대해서는 부당한 공동행위의 성립을 부정할 수 있다는 취지로 판단하고 있으며(서울고판 2012.3.21, 2011누18719[160)]), 일부 대법원 판결의 경우는 전형적인 인식 있는 병행행위와 관련된 사안에 대해 이를 합의의 추정과 복멸의 관점으로 접근하여 판단한 사안도 있다. 즉 인식있는 병행행위 유사의 상황을 합의의 추정과 관련하여 언급하는 판결례[161)]가 그것이다. 이 판결은 "과점적 시장구조 하에서 시장점유율이 높은 선발업체가 독자적인 판단에 따라 가격을 결정한 뒤

159) 홍탁균, 부당한 공동행위 합의입증의 문제, 경쟁법연구 제23권(2011.5), 44 이하 및 83 이하는 plus factor의 유형화를 통해 간접증거의 증명력을 분석하고 있다.

160) 서울우유, 남양유업 등 12개 업체의 우유 및 발효유 가격인상 공동행위 건. 다만, 이 사안의 경우 서울고등법원은 "원고 등은 시유와 발효유를 제조·판매하는 사업자로서 그 원재료인 원유의 가격 인상을 전후로 가진 ○○회 모임에서 먼저 원유가격 인상에 따른 시유와 발효유가격 인상 여부 및 그 시기와 정도를 논의하여 시유시장과 발효유시장에서 각 시장점유율 1위의 선도업체인 ○○우유와 원고가 먼저 시유 또는 발효유가격을 인상하면 이에 따라 후발업체도 비슷하게 가격을 인상한다는 것에 의견을 같이하고 이에 따라 회원사의 기업 비밀로서 핵심적 경쟁요소인 가격 인상시기와 정도 등에 관한 구체적인 정보를 ○○○를 통해 교환하여 서로 간에 공유함으로써 시유와 발효유가격을 함께 인상하기로 하는 이 사건 담합을 하고 이에 따라 시유와 발효유가격을 인상하였다. 따라서 원고의 시유와 발효유가격 인상이 경쟁사의 그것과 우연히 일치하였다거나 원고의 단순한 의식적 병행행위의 결과에 불과하다고 볼 수 없다."는 취지로 부당한 공동행위를 인정하였다(대법원 상고포기로 확정됨). 현재의 개정법으로는 새로운 행위유형으로 추가된 정보교환 공동행위로도 직접 의율 가능한 사실관계에 해당한다.

161) 대판 2002.5.28, 2000두1386.

후발업체가 일방적으로 이를 모방하여 가격을 결정하는 경우에는, 선발업체가 종전의 관행 등 시장의 현황에 비추어 가격을 결정하면 후발업체들이 이에 동조하여 가격을 결정할 것으로 예견하고 가격결정을 하였다는 등의 특별한 사정이 없는 한, 공동행위의 합의의 추정은 번복된다"라고 보고 있다. 이 판결은 인식있는 병행행위 그 자체 혹은 이와 유사한 특별한 사정이 있을 경우에는 후발업체에 의한 일방적 가격모방의 경우에도 합의의 추정이 유지될 수 있음을 부수적으로 언급하고 있다.

한편 유럽연합 경쟁법은 사업자간 합의 이외에 동조적 행위(concerted practice) 또한 카르텔 금지의 대상임을 명문으로 규정하고 있다(TFEU 제101조 제 1 항). 우리나라에서도 동조적 행위가 공정거래법 제40조 제 1 항의 합의에 해당될 수 있는지 여부가 논란되고 있다. 공정거래법 제40조 소정의 합의에 동조적 행위가 포섭될 수 있다는 주장, 개념상 불필요한 혼란을 초래할 수 있다는 입장, 입법론으로는 고려할 수 있다는 견해 등 여러 가지 주장이 분출하고 있다. 동조적 관행의 본질이 사업자간의 일치된 행태 혹은 조율된 행위 사실을 의미하는 것이라면, 기타 추가적인 간접증거를 통해 합의의 존재를 추단하는 것이 현행 법문에 따른 충실한 해석으로 생각된다. 앞서 살펴 본 판결례(대판 2014.7.24, 2013두16951)에서 보는 바와 같이, 판례 또한 동조적 행위에 대해 이를 합의의 등가물이나 대체적 개념으로 보지 않는다.

2. 경쟁제한성 요건

2.1. 1999년 법개정의 취지

부당공동행위가 성립하기 위한 두 번째 요건은 사업자들 사이의 합의가 부당하게 경쟁을 제한하는 것이다. 즉 법 제40조 제 1 항에서 열거된 유형에 해당하는 합의가 있고, 다시 이것이 부당하게 경쟁을 제한하는 속성이 있어야 하는 것이다. 여기서 말하는 경쟁제한의 속성이 현실적이고 구체화된 것일 필요는 없다. 현행 법문상 합의 그 자체가 금지의 대상이며, 모든 사업자의 합의의 준수 또는 일부 사업자의 실행착수는 부당공동행위의 주된 혹은 파생적 성립요건이 아니기 때문이다.[162] 그러나 합의가 실행되고 있지 않는 한 합의의 경쟁제한성은 현실적인 것

162) 대판 2001.5.8, 2000두6510.

이 아니라 잠재적 개연성 혹은 가능성의 의미로 읽게 된다.

법 제40조의 '부당한 경쟁제한'이라는 문언은 1999년의 법개정을 통해 도입된 것이다. 이 개정은 관련시장에서의 경쟁의 실질적 제한을 요건으로 하는 기업결합이나 관련시장에서 독점력의 형성을 요구하는 시장지배적지위 남용행위와 차별하기 위하여 종전의 문언인 '일정한 거래분야에서 경쟁의 실질적 제한'을 삭제하고 이에 갈음하여 '부당한 경쟁제한'을 도입한 매우 의도적 것이었다.

이 개정의 배경에는 경성카르텔(hardcore cartel)과 연성카르텔(softcore cartel)의 구별, 그리고 가격협정, 시장분할협정, 입찰담합 등과 같은 경성카르텔에 대해서는 그 자체로서 위법성을 인정하는 당연위법론의 부분적 채용을 주장하는 견해가 있었다. 현재에도 당연위법론의 취지를 이 문귀의 해석에서 이모저모로 반영할 필요가 있다는 데 대해서는 많은 사람들이 공감하고 있다. 여하튼 구법에서 요구되던 관련시장의 획정과 당해 시장에서의 경쟁의 실질적 제한에 대한 엄격한 심사, 예컨대 카르텔가담 사업자의 수와 당해 시장에서 점하는 점유율, 그리고 카르텔시행 이후의 당해 사업자들의 행태와 시장에서의 성과 등에 대한 분석은 경성카르텔 사건에서는 덜어줄 필요가 있다.

대판 2009.3.26, 2008두21058

어떠한 공동행위가 구 독점규제 및 공정거래에 관한 법률 제40조 제 1 항이 정하고 있는 '경쟁제한성'을 가지는지 여부는 당해 상품의 특성, 소비자의 제품선택 기준, 당해 행위가 시장 및 사업자들의 경쟁에 미치는 영향 등 여러 사정을 고려하여, 당해 공동행위로 인하여 일정한 거래분야에서의 경쟁이 감소하여 가격·수량·품질 기타 거래조건 등의 결정에 영향을 미치거나 미칠 우려가 있는지를 살펴, 개별적으로 판단하여야 한다.

한편, 사업자들이 공동으로 가격을 결정하거나 변경하는 행위는 그 범위 내에서 가격경쟁을 감소시킴으로써 그들의 의사에 따라 어느 정도 자유로이 가격의 결정에 영향을 미치거나 미칠 우려가 있는 상태를 초래하게 되므로, 그와 같은 사업자들의 공동행위는 특별한 사정이 없는 한 부당하다고 볼 수밖에 없다(대판 2005.8.19, 2003두9251; 대판 2007.9.20, 2005두15137 등 참조).

서울고판 2017.7.12, 2016누57474

(한국수출포장공업 등 16개 골판지상자 제조판매사업자의 부당한 공동행위에 대한 건)

이 사건 납품업체들은 자신들이 점유율 약 100%를 차지하는 이 사건 수요처들에 대하여 골판지 가격 인상률 및 인상시기 등에 대하여 사전합의 및 실행을 한 것으로 이 사건 공동행위가 대항카르텔이라고 보기 어렵고, 이 사건 공동행위가 대항카르텔에 해당한다고 보더라도 대항카르텔이 반드시 경제적 효율성을 가진다거나 소비자 후생 증대 효과를 발생시킨다고 보기도 어렵다고 판단하였다. 오히려 이는 장기적으로 원가절감을 위한 기술개발 유인을 약화시키고 산업경쟁력을 저하할 가능성이 있다(원고의 주장과 같이 수요독점시장에서 공급자들의 손실을 방지하기 위하여 카르텔을 허용하는 경우 수요독점시장에서는 카르텔이 공공연하게 이루어지고, 이는 필연적으로 가격 상승 효과를 발생시켜 궁극적으로 소비자 후생을 저해할 가능성이 있음).

2.2. 부당한 경쟁제한의 의미와 입증

부당한 경쟁제한과 경쟁의 실질적 제한은 그 내용에 있어 질적인 차이가 있는 것인가, 혹은 경성카르텔과 연성카르텔을 구분하고 이에 대해 증명책임의 법률상의 전환 혹은 사실상의 전환을 가져오는 의미만을 가지는 것인가, 아니면 경쟁제한의 질적인 차이와 증명책임의 전환 모두를 의미하는 것인지 등은 논란거리다.

이에 대해서는 1999년 개정 취지를 충실하게 반영하여, 경쟁제한이 실질적인 것에 이를 필요는 없고[163] 부당하게 경쟁을 제한하는 속성으로 충분하며, 나아가서 이의 심사에 있어서도 관련시장의 획정이 필요적인 선결과제가 아니라고 하는 주장도 가능하다. 이 해석은 부당경쟁제한과 경쟁의 실질적 제한을 제한의 질적인 면에서 차별화하는 것이다.

그러나 이러한 해석은 법문의 동어반복에 지나지 아니하는 면이 있다. 부당한 경쟁제한이 무엇을 의미하며 또 어떠한 기준으로 이를 심사하고 증명할 것인가의 문제가 여전히 남아 있기 때문이다. 경쟁의 실질적제한과 구별되는 기준과 내용을 가진 부당경쟁제한성이라는 개념은 비교법상 생소할 뿐만 아니라, 규범논리적으로 정합성이 있는 내용을 개진하기 어렵다. 현행 법문도 부당공동행위의 기본요건으로서 여전히 경쟁제한성을 요구하고, 또 법문 자체는 경성 혹은 연성카르텔을 차별하고 있지 않다. 게다가 경쟁제한성이 도무지 없는 담합이라면, 독점금지법의 양대축의 하나인 카르텔금지가 개입할 이유가 없으며, 논리적으로 관련시장의 획정 없이는 경쟁제한성에 관한 심사 자체가 곤란한 점도 있다.

---

163) 법 제2조 제5호는 "경쟁을 실질적으로 제한하는 행위"라 함은 일정한 거래분야의 경쟁이 감소하여 특정 사업자 또는 사업자단체의 의사에 따라 어느 정도 자유로이 가격, 수량, 품질 기타 거래조건 등의 결정에 영향을 미치거나 미칠 우려가 있는 상태를 초래하는 행위로 규정한다.

법문 개정 이후 각종 카르텔에 관한 공정위 심결례와 법원의 판결례에서 카르텔 당사자의 점유율을 합산하고 이것이 시장지배력의 형성을 의미하는지를 심사하는 것도 바로 이러한 이유 때문이라고 할 것이다. 또한 1999년 법개정에서 배경으로 작용한 당연위법론도 경쟁제한성이나 시장지배력의 개념이나 내용 그 자체를 건드리는 것이 아니라, 일정한 전제가 충족되면 그 자체로서 거래제한성 내지 위법성을 인정하는 것이 요체로 보인다. 여기에서 부당한 경쟁제한은 입법자의 의도적 차별화에도 불구하고 일정한 거래분야에서의 경쟁의 실질적 제한과 내용면에서 구별되기 어렵다고 생각된다.[164]

그러나 효율성제고와 경쟁제한이 뒤섞여서 나타나는 기업결합에 비해, 카르텔은 해당 사업자들의 특정한 영업행태 혹은 거래를 직접적으로 제한하는 속성이 있다. 특히 가격고정, 입찰담합, 시장분할 등의 경성카르텔은 국내자(局內者; insider) 사이의 경쟁을 제한하기 위해 체결되고 또 노골적으로 이들의 영업활동, 나아가서 당해 시장에서의 경쟁을 실질적으로 제한하는 속성을 가질 수 있다. 여기에서 부당한 경쟁제한의 문언은 카르텔의 유형에 따라서 증명책임의 사실상의 차별화를 가져올 수 있다. 그러므로 경성카르텔을 공격하는 측은 합의의 존재와 내용을 제시하면 되고 별도로 경쟁제한성에 관한 주장과 증명을 할 필요가 사실상 없고, 오히려 사업자 측이 오로지 카르텔의 편익이 비용을 압도하는 등 경쟁제한의 정당성 혹은 부당하지 아니함을 적극 증명하여야 할 것이다. 결국 카르텔의 위법성심사에서 증명책임의 차별화에 그 핵심이 있다고 하겠다.

2.3. 부당경쟁제한이냐, [경쟁제한 + 부당성]인가

이 문제는 '부당성'을 어떻게 풀이할 것인가 하는 점에 관한 것이다. 현재 학계나 실무계의 일반적 동향은 부당경쟁제한을 하나로 묶어 경쟁제한성만을 따지는 것이 보통이고, 경쟁제한과 부당성을 나누어 풀이하는 예는 찾기 힘들다.[165]

공정거래법은 카르텔의 소극적 요건으로서 정당화사유를 인정하지 않고, 일정한 사유를 전제로 공정위가 인가한 카르텔에 대해 금지의 예외를 인정할 따름이다. 또한 법이 열거하는 금지의 예외사유는 합리성의 원칙에서 고려되는 제반사

---

164) 이호영, 앞의 책, 177은 1999년의 법개정은 공동행위의 성립요건 자체를 완화한 것이 아니라, 경쟁제한성을 평가하는 방법이 행위의 유형이나 성격에 따라 달라질 수 있다는 취지로 본다.
165) 권오승/서정, 앞의 책, 111~2면은 경쟁제한성은 사실인정의 문제이고 부당성은 규범적 판단의 문제이므로 이를 분리해서 판단해야 한다고 본다.

항이 추상화된 것이 아니라, 중소기업정책이나 구조조정 등 특정한 산업정책과 이에 대한 공정위의 개입을 염두에 둔 면도 있다. 현행법 하에서는 결국 경쟁제한성 요건을 통하여 제반정황, 그리고 효율성과 경쟁제한성과의 비교형량 등이 고려될 수밖에 없다고 생각된다.[166)]

입법정책적으로는 독일 경쟁제한금지법이 카르텔의 예외사유와 요건을 가능한 한 차별화하고 또 카르텔의 유형에 따라서도 이를 차별하는 것은 참조할 만하지만, 이는 국제적 정합성이 있는 입법이 되기 어렵고 또 법집행의 실제에 있어서도 어려움이 예상된다. 카르텔을 강력하게 금지하기 위해서도 규범논리적 정합성을 갖춘 카르텔법의 존재가 요구되며, 예외인정과 관련된 광범한 재량권은 공정위로 하여금 경쟁정책의 충실한 집행자가 아니라 산업정책의 판단자가 되도록 하는 면도 없지 않다.

대판 2013.11.14, 2012두19298

당해 공동행위가 독점규제 및 공정거래에 관한 법률 제40조 제1항이 정하고 있는 경쟁제한성을 가지는지 여부는 당해 상품의 특성, 소비자의 제품선택 기준, 당해 행위가 시장 및 사업자들의 경쟁에 미치는 영향 등 여러 사정을 고려하여, 당해 공동행위로 인하여 가격·수량·품질 기타 거래조건 등의 결정에 영향을 미치거나 미칠 우려가 있는지를 살펴 개별적으로 판단해야 한다. 특히 당해 공동행위가 경쟁제한적 효과 외에 경쟁촉진적 효과도 함께 가져오는 경우에는 양자를 비교·형량하여 경쟁제한성 여부를 판단해야 하는데, 경쟁제한적 효과는 공동행위에 가담한 사업자들의 시장점유율, 공동행위 가담 사업자들 사이의 경쟁제한의 정도 등을 고려하고, 경쟁촉진적 효과는 당해 공동행위로 인한 효율성 증대가 소비자 후생의 증가로 이어지는 경우를 포괄적으로 감안하되 당해 공동행위가 그러한 효과 발생에 합리적으로 필요한지 여부 등을 고려해야 한다.

166) 법 제40조 본문의 부당한 경쟁제한이라는 문귀는 당연위법을 반영하겠다는 입법의도와 결과적으로 배치되는 아이러니한 면이 있다. 공정거래법 소정의 부당성이란 일체의 제반정황에 대한 심사를 거쳐 당해 행위가 합리성을 결여하는 경우를 지칭하는 것으로서, 당연위법은 물론 '정당한 사유 없음' 보다도 폭넓은 개념이기 때문이다. 즉 시장지배적지위 남용행위나 불공정거래행위 등 공정거래법의 기본제도들은 '부당성'을 일반적 요건으로 하되, 시행령이나 공정위의 고시나 지침들을 통해 이를 정당한 이유없음, 정상적인 상관행에 배치됨, 협의의 부당성 등으로 다시 세분한다. 일반적으로 부당성에 관한 증명은 정당한 사유없음에 비해 보다 어렵고, 당해 행위는 원칙적으로 정당하고 예외적으로 위법하다는 함의를 가진다.

2.4. 판례와 공정위의 실무

법 제40조에 부당한 경쟁제한성의 요건이 도입된 이후의 공정위의 문건[167]은 경성카르텔의 경우에는 경쟁에 미치는 해악이 크고 명백하므로 이를 미국이나 EU 등 국제적 기준에 맞추어 당연위법으로 금지하기 위한 것으로 설명하고 있다. 그리고 공정위의 '공동행위 심사기준'(공정위 예규 제390호)도 경성카르텔과 연성카르텔의 위법성심사를 구별하고 있다. 즉 경쟁제한적 효과만 발생시키는 것이 명백한 가격협정, 생산 및 출고협정, 시장분할 등의 경성카르텔의 경우 특별한 사정이 없는 한 시장상황에 대한 개략적인 서술 후 부당공동행위로 인정하고, 연성카르텔에 대해서는 경쟁제한성과 관련하여 추가적 심사를 하도록 한다. 이 추가심사에서는 먼저 관련시장을 획정한 후, 협정참여자들의 시장점유율이 20% 이하인 경우는 안전항(safe harbor)을 설정하여 심사를 종결시키고, 20%를 초과하는 경우에는 당사자들의 점유율의 크기, 해외경쟁의 도입, 진입장벽 등을 감안하여 시장지배력을 심사하여 경쟁제한성을 판단한다.

그러나 1999년의 법개정 이후에도 법원의 판결이나 공정위의 심결문에서 나타난 경쟁제한성 관련 심사는 종전과 다르지 않다. 즉 대표적인 경성카르텔인 가격카르텔의 경쟁제한성 심사에 있어서도 법원이나 공정위는 여전히 관련시장을 획정한 후 당해 시장에서 카르텔 가담사업자의 점유율을 분석하는 등의 심사를 행한 다음에, 경쟁제한성 여부를 판단하는 단계를 거친다. 나아가서 부당한 경쟁제한의 의미 내용에 관해서도 종전의 '경쟁의 실질적 제한'과 차별을 두는 판결례는 보이지 아니한다.[168] 여하튼 경쟁제한의 '부당성'이란 하나의 불확정개념이자 문제의 출발점에 불과하고, 여기에서 이 요건의 운용은 판례와 학설에 맡겨져 있다고 할 것이다.

한편 부당성을 일반적인 경쟁제한성과 구분하여 별도로 입론하는 듯한 판결례가 있으나, 이 판결례는 주류적 흐름과는 동떨어진 것이다.

---

167) 공정위, 공정위 20년사, 2001, 174.

168) 한편 구법하의 사건에서 법 제40조 제5항의 합의의 추정이 정하는 '경쟁의 실질적 제한'에 대해서는 이를 법 제2조 제5호가 정하는 바에 따른 시장지배력의 형성으로 보고, 이의 형성 여부는 해당 업종의 생산구조, 시장구조, 경쟁상태 등을 고려하여 개별적으로 판단한다고 본다(대판 2002.3.15, 99두6514).

대판 2009.7.9, 2007두26117

어떠한 공동행위가 공정거래법 제40조 제 1 항이 정하고 있는 경쟁제한성을 가지는지 여부는 당해 상품의 특성, 소비자의 제품선택 기준, 당해 행위가 시장 및 사업자들의 경쟁에 미치는 영향 등 여러 사정을 고려하여, 당해 공동행위로 인하여 가격·수량·품질 기타 거래조건 등의 결정에 영향을 미치거나 미칠 우려가 있는지를 살펴, 개별적으로 판단하여야 한다. 한편, 사업자들이 공동으로 가격을 결정하거나 변경하는 행위는 그 범위 내에서 가격경쟁을 감소시킴으로써 그들의 의사에 따라 어느 정도 자유로이 가격 결정에 영향을 미치거나 미칠 우려가 있는 상태를 초래하게 되므로 원칙적으로 부당하고(대판 2009.3.26. 2008두21058 참조), 다만 그 공동행위가 법령에 근거한 정부기관의 행정지도에 따라 적합하게 이루어진 경우라든지 또는 경제전반의 효율성 증대로 인하여 친경쟁적 효과가 매우 큰 경우와 같이 특별한 사정이 있는 경우에는 부당하다고 할 수 없다. 유사한 취지의 하급심판결로는, 서울고판 2017.1.26, 2016누60678 참조.

2.5. 담합과 관련시장의 획정

경쟁제한성이 쟁점이 되는 사건에서는 관련시장의 획정이 매우 중요한 의미를 지닌다. 획정된 시장에서 당해 시장의 구조나 문제의 사업자의 점유율 또는 점유율의 변화를 통해 간접적으로 경쟁제한성을 증명할 수 있기 때문이다. 시장지배력 남용 사건의 경우 당해 사업자의 시장지배력의 존재 여부 그리고 구체적 남용행위가 경쟁제한으로 이어지는지에 관한 사후적 심사에서 관련시장의 섬세한 획정은 선결적 이슈가 되며, 기업결합 사건에서도 당해 결합이 시장구조의 악화를 어느 정도 초래하는지, 미래의 단독행위나 공동행위를 통한 경쟁제한의 개연성이 얼마나 큰지를 사전적으로 심사하는데 시장획정은 필수적 전제가 된다.

카르텔 사건은 상황이 다르다. 비록 경성카르텔에 대한 당연위법적 심사가 우리나라에서는 채용되지 않는다고 하더라도, 가격카르텔은 그 성질상 경쟁제한성이 자명하게 내포되는 것이고 사실상 입증책임의 전환이 이루어지는 것으로 풀이되어 왔다. 공정위의 공동행위 심사기준도 경성카르텔과 연성카르텔을 나누어, 전자의 경우에는 경쟁제한성에 대한 구체적 심사없이 시장상황에 대한 개략적인 분석에 그치지만 연성카르텔의 경우에는 관련시장 획정후 경쟁제한 효과를 분석하고 이를 효율성 증대효과와 엄밀하게 비교형량하도록 하고 있다. 그 동안의 판례 역시 가격공동행위 등에 대해서는 관련시장의 획정을 문제삼지 아니하거나 관련

시장의 엄밀한 획정없이 여러 가지 간접사실에 기초하여 경쟁제한성을 가볍게 판단해 왔다.[169] 그런데 2012년 무렵부터 이러한 상황을 뒤집는 판결이 연이어 선고되었고, 카르텔 사건에서도 법원은 관련시장 획정을 선결적 심사사항으로 보고 그 획정도 시장획정의 일반이론에 따라야 하는 것으로 보았다.[170]

그러나 시장획정은 개별 사안에 따라 그때 그때 개별적으로 이루어져야 하는 것이 원칙이다. 또한 카르텔 사건의 대종을 이루는 가격담합은 경쟁제한 이외의 목적으로는 설명이 되지 않는 소위 노골적 거래제한(naked restraint)인 데다가 법은 실행 이전에 합의 그 자체를 금지의 대상으로 삼는다. 그러므로 '부당한 경쟁제한성' 심사는 형식논리적인 간이심사로 가는 것이 옳고 섬세한 시장획정은 사건진행상 필요하지 않다고 할 것이다. 담합사건은 일반적으로 과징금부과로 이어지는바, 과징금산정과 관련해서도 관련시장의 섬세한 획정을 요구한다면 이는 그야말로 불필요한 분쟁을 만들어내고 사회적 비용을 증폭시키게 된다. 사견으로는 사건의 유형과 상관없이 항상 관련시장 획정을 장황하게 진술하는 공정위의 심결문의 구조를 바꿀 필요가 있으며, 경성카르텔 사건의 경우 시장획정 없이 시정조치를 내려도 좋다고 생각한다. 문제는 연성카르텔의 위법성심사이다. 연성카르텔의 경우에는 경쟁제한성 심사과정에서 피심인 측의 효율성항변이 다투어질 것이므로 관련시장의 획정이 경쟁제한성 심사의 선결과제가 될 것이다. 법원의 연성카르텔에 대한 향후의 위법성심사가 주목된다.

한편 2014년 말 이래 가격카르텔에 엄밀한 시장획정을 요구하는 법원의 태도는 반전되고 있다. 다음에서 보는 바와 같이, 2015년 10월 29일 선고 판결은 당해 사건의 지리적 시장이 서울지역이 아니라 '서울시 전체와 이에 인접한 경기도 일부 지역'으로 볼 여지가 크다고 보았지만, 원심이 제반 사항을 감안하여 경쟁제한성을 인정한 결론을 그대로 받아들였다. 한편 미국의 판례법은 가격카르텔과 같은 경성카르텔 사건에서 시장분석을 요구한 일이 없고, 셔먼법 제2조의 독점화 사건(monopolization)에서도 경쟁제한에 대한 실제적 증거가 있는 경우에는 시장획정은 필요하지 않은 것으로 본다.[171]

169) 대판 2009.3.26, 2008두21508; 대판 2008.12.24, 2007두19584 등. 정재훈, 경성카르텔 규제와 관련 시장의 문제, 경쟁저널 제179호(2015.3), 76면 이하.

170) 대판 2012.4.26, 2010두11757(렉서스 사건); 대판 2012.4.26, 2010두18703(BMW 사건); 대판 2013.2.14, 2010두28939(웅진식품 사건); 대판 2013.4.11, 2012두11829(롯데칠성 사건).

171) Eastman Kodak Co. v. Image Tech. Serv's. Inc., 504 U.S. 465(1992). Edward D. Cavanagh,

대판 2013.2.14, 2010두28939

원심은 관련상품시장의 획정을 필요로 하는 행위가 공정거래법상 규제대상에 해당하는 기업결합행위인지 또는 부당한 공동행위인지 여부 등에 따라 그 관련상품시장이 달라져야 한다고 전제한 다음, 원고를 포함한 음료제조기업들이 가격인상 합의의 대상과 목적을 전체 음료시장에서의 가격경쟁을 제한하는데 두었고 그 경쟁제한의 효과도 전체 음료시장에서 발생한 점 등을 들어 관련상품시장을 ① 과실 또는 채소를 주원료로 가공한 주스음료인 과실음료, ② 콜라·사이다·탄산수 등 탄산음료, ③ 커피· 기능성음료·스포츠음료·차류·두유류·먹는 샘물 등 기타 음료의 셋을 모두 포함하는 전체 음료시장이라고 판단하였다.

그러나 공정거래법 제2조 제8호를 비롯하여 관련상품시장 획정과 관련된 공정거래법령 및 피고 스스로 일정한 거래분야의 판단기준에 관하여 마련한 여러 심사기준 등을 종합하면, 원심과 같이 관련상품시장의 획정을 필요로 하는 행위가 무엇인지 여부에 따라 관련상품시장 획정의 기준이 본질적으로 달라진다고 볼 수 없다.

또한 이 사건 공동행위의 관련상품시장을 획정함에 있어서 원심이 기준으로 삼고 있는 합의의 대상·목적·효과 등은 주로 관련상품시장 획정 그 자체를 위한 고려요소라기보다 관련상품시장 획정을 전제로 한 부당한 공동행위의 경쟁제한성을 평가하는 요소들에 해당하므로, 만약 원심과 같은 방식으로 관련상품시장을 획정하게 되면 관련상품시장을 획정한 다음 경쟁제한성을 평가하는 것이 아니라 반대로 경쟁제한의 효과가 미치는 범위를 관련상품시장으로 보게 되는 결과가 되어 부당하다(대판 2012.4.26. 2010두18703 참조).

특히 원심이 동일한 관련상품시장에 속한다고 본 음료상품들을 살펴보면, 그 중에는 먹는 샘물부터 두유류, 기능성음료, 스포츠음료, 차류를 비롯하여 탄산음료, 과실음료, 커피까지 포함되어 있다. 그런데 이들 음료상품들은 기능과 효용 및 구매자들의 대체가능성에 대한 인식의 면 등에서 동일한 관련상품시장에 포함된다고 쉽사리 인정하기 어렵다. 그리고 거기에는 각 음료상품의 가격이 상당기간 어느 정도 의미 있는 수준으로 인상 또는 인하될 경우 그 음료상품의 대표적 구매자 또는 판매자가 이에 대응하여 구매 또는 판매를 전환할 수 있는 음료상품에 해당되는지 여부가 분명하지 아니한 여러 음료상품들이 포함되어 있음을 쉽게 알 수 있다. 따라서 원심으로서는 위에서 본 법리에 따라 이 사건 공동행위의 대상인 음료상품의 기능 및 효용의 유사성, 구매자들의 대체가능성에 대한 인식 및 그와 관련한 경영의사 결정형태 등을 종합적으로 고려하여 이 사건 공동행위 해당 여부 판단의 전제가 되는 관련상품시장이 제대로 획정되

Antitrust Law and Economic Theory: Finding a Balance, Loyola Univ. Chicago Law Journal, Vol. 45 2013, pp.150-151.

었는지 여부를 먼저 살펴보았어야 마땅하다.

그럼에도 원심은 그 판시와 같은 이유만을 들어 이와 달리 판단하였다. 이러한 원심 판결에는 부당한 공동행위 해당 여부 판단의 전제가 되는 관련상품시장의 획정에 관한 법리를 오해하고 필요한 심리를 다하지 아니하여 판결 결과에 영향을 미친 위법이 있다.

대판 2015.10.29, 2013두8233

독점규제 및 공정거래에 관한 법률 제40조 제1항 각 호에 규정된 부당한 공동행위에 해당하는지 여부를 판단하기 위해서는, 먼저 경쟁관계가 문제될 수 있는 일정한 거래분야에 관하여 거래의 객체인 관련시장을 구체적으로 정하여야 하는데, 부당한 공동행위의 다양성과 그 규제의 효율성 및 합리성 등을 고려하면 어느 공동행위의 관련시장을 획정할 때 반드시 실증적인 경제 분석을 거쳐야만 한다고 할 수는 없고, 이러한 경제 분석 없이 관련시장을 획정하였더라도 문제가 된 공동행위의 유형과 구체적 내용, 그 내용 자체에서 추론할 수 있는 경제적 효과, 공동행위의 대상인 상품이나 용역의 일반적인 거래현실 등에 근거하여 그 시장 획정의 타당성을 인정할 수 있다고 보아야 한다(대판 2014.11.27, 2013두24471, 대판 2015.6.11, 2013두1676 등 참조). 나아가 어떤 공동행위가 '경쟁제한성'을 갖는지는 당해 상품이나 용역의 특성, 소비자의 제품 선택 기준, 시장 및 사업자들의 경쟁에 미치는 영향 등 여러 사정을 고려하여, 당해 공동행위로 인하여 일정한 거래분야에서의 경쟁이 감소하여 가격·수량·품질 기타 거래조건 등의 결정에 영향을 미치거나 미칠 우려가 있는지를 살펴서 개별적으로 판단하여야 한다(대판 2013.11.14, 2012두19298 등 참조). 다만 경쟁사업자 사이에서 가격을 결정·유지 또는 변경하는 행위를 할 것을 합의하는 가격담합은 특별한 사정이 없는 한 그 합의의 내용 자체로 합의에 경쟁제한적 효과가 있다는 점이 비교적 쉽게 드러나게 되므로, 이러한 경우 관련지역시장을 획정하면서 공동행위 가담자들의 정확한 시장점유율을 계량적으로 산정하지 않았다고 하더라도 예상되는 시장점유율의 대략을 합리적으로 추론해 볼 때 경쟁을 제한하거나 제한할 우려가 있음이 인정되지 않을 정도로 그 시장점유율이 미미하다는 등의 특별한 사정이 없다면, 위에서 본 경쟁제한성 판단의 구체적 고려 요소를 종합하여 경쟁제한성을 인정할 수도 있다.

3. 공동행위의 시기·종기, 공동행위의 단위

공정거래법 위반행위는 민사적, 행정적, 형사적 구제의 대상이 되므로, 법위반의 단위나 개별화에 관한 특유의 논의가 필요하다. 특히 법위반의 유형이나 구제수단과 관련하여 개별적으로 접근할 필요가 있다. 예컨대 민사적 구제에 있어서 무효가 논란될 때에는 공정거래법 위반행태 중에서 법률행위나 준법률행위적 요소 혹은 이들의 조합(組合)이 문제가 되는 반면, 손해배상이 문제로 될 때에는 당해 행태의 불법행위적 측면이 표적이 된다. 공정거래법은 반경쟁적 행위에 대한 억제가 법의 목적이므로 법위반과 관련된 주관적 의도나 목적은 일반적으로 중요하지 않다. 그러나 시지남용행위에 관한 판례가 경쟁제한의 의도나 목적을 법위반이 성립하기 위한 요건으로 보는 것과 같이, 단독행위의 경우에도 시지남용행위나 불공정거래행위에 대해 차별적으로 접근하기도 한다.

부당공동행위의 경우에는 1992년 법개정을 통해 합의 그 자체가 공동행위의 본체가 되었고, 합의를 실행하는 행위는 더 이상 부당공동행위의 성립요건이 아니다. 따라서 시정조치나 과징금부과와 같은 행정상의 제재나 형사처벌의 대상이 되는 것은 합의 그 자체이지 합의를 실행하는 행위가 아니다.[172] 여기에서 제재의 대상인 합의를 어떻게 단위화하고, 그 존속기간을 어떻게 파악할 것인지는 매우 중요한 문제가 된다. 특히 공정거래법은 행정상의 제재와 관련한 처분기간을 7년으로 제한하고 있어(법 제80조 제4항), 공동행위의 종료가 7년의 처분기간 도과 전인지 혹은 그 후인지의 판단은 실무상으로 매우 중요하다.

이 문제는 기본적으로 사실판단에 속한다. 개별 사안에 따라 제반 정황을 종합적으로 고려하여 구체적으로 판단하되, 공정거래법의 목적과 관련 규정 그리고 합의에 가담한 사업자들이 속한 거래권의 의식과 관행이 고려되어야 한다. 예컨대 기본적 합의를 기초로 그때 그때 파생적 합의를 통해 협정체제가 유지된 경우라면 하나의 단일한 공동행위를 구성할 것이며, 반대로 구성원이나 목적에서 약간의 유사성이 있더라도 그때 그때의 단편적이거나 우발적 합의에 따른 협정체제라면 합의마다 별개의 공동행위를 구성하는 것으로 평가되어야 한다. 최초의 합의가 만료된 후 갱신하는 합의가 이어졌다면, 계약법적으로는 별개 독립의 합의로 평가되더라도 행정상의 제재와 관련해서는 다수의 합의가 합쳐져 하나의 공동행위를 이루는 것으로 볼 수 있다. 물론 갱신합의가 이루어진 시점, 합의가담자의 변화, 대

172) 관련매출액 산정의 기산점도 합의를 실행한 때가 아니라 합의를 한 시점이다. 입찰담합의 경우에는 합의에는 가담하였으나 투찰하지 아니한 사업자와 들러리로 입찰한 사업자도 과징금 부과의 대상이 된다. 담합후 낙찰받았으나 낙찰자가 계약을 체결하지 아니한 경우도 마찬가지다. 위법행위에 가담하였고, 입찰담합에 대해서는 엄정한 제재가 필요하기 때문이다.

상 품목이나 시장 등의 편차 등을 개별적으로 검토하여야 할 것이다.

이상의 논의는 공정위가 합의의 시점을 입증할 수 있는 경우에 대한 것이다. 묵시적 담합이나 합의 추정의 경우에는 구체적 합의시점에 대한 특정이 사실상 불가능하다. 합의개시 시점에 대해 공정위가 입증하지 못한 경우에는, 사업자가 합의를 구체적으로 실행한 날이 기준이 될 수밖에 없다.

위반행위의 종료시점 역시 제반 정황을 고려하여 사안별로 판단하여야 한다. 공동행위의 종료와 관련해서는 개별 사업자의 합의파기의 주관적 의도, 사업자들 사이의 파기의 합의, 파기의사의 대외적 공표, 실행행위의 개별적 혹은 전체적 중단 등의 사실들을 종합적으로 고려하여 공동행위의 종료 여부를 구체적으로 판단하게 된다. 공동행위의 본질이 합의이므로, 합의에 대한 종국적이고 회복불가능한 폐기가 필요하게 된다. 그러므로 단순한 파기의사의 대외적 표명만으로는 부족한 것이지만, 개별 사업자가 합의체제에서 종국적으로 이탈하였다면 그것으로 합의의 상호성은 무너졌다고 보아야 할 것이다. 이하에서는 그 동안 축적된 판결례를 중심으로 관련된 논의를 모은다.

3.1. 위반행위의 시기와 종기

부당한 공동행위에 대한 과징금을 부과하기 위해 관련매출액을 산정함에 있어서는 관련상품의 범위뿐만 아니라 위반행위의 기간이 먼저 결정되어야 한다. 이와 관련하여 공정거래법 시행령 제13조에 근거한 '과징금부과 세부기준 등에 관한 고시'(공정위고시 제2024-21호)는 '위반행위의 개시일부터 종료일까지의 기간'이라고 규정하면서 상세한 기준을 정하고 있다.

가. 위반행위의 시기

대법원은 합의일과 실행개시일이 다른 경우 합의일을 위반행위의 개시일로 본다(대판 2008.9.25, 2007두3756). 즉, 현대중공업의 굴삭기·휠로다 가격담합사건에서, 대법원은 "공정거래법 제40조 제1항의 부당한 공동행위는 사업자가 다른 사업자와 공동으로 부당하게 경쟁을 제한하는 같은 항 각 호의 1에 해당하는 행위를 할 것을 합의함으로써 성립하는 것이어서 합의에 따른 행위를 현실적으로 하였을 것을 요하는 것이 아니므로, 특별한 사정이 없는 한 부당한 공동행위로 인한 과징금 산정에 있어 위반행위의 개시일은 합의일을 기준으로 함이 상당하다"고 판단하였다.

그런데 구법 제40조 제 5 항의 합의추정 조항이 적용된 사안의 경우에는 사실상 합의일을 특정할 수 없어서 문제가 된다. 공정위가 제정한 구 '과징금부과 세부기준 등에 관한 고시'(2004년 4월 개정되기 전의 것)는 부당한 공동행위의 '위반기간'의 시기와 관련하여, 증거에 의해 합의가 입증되는 경우(법 제40조 제 1 항이 적용되는 경우)에는 그 합의일을 위반기간의 시기로 하고, 합의의 증거가 없어서 추정조항에 따라 합의가 인정되는 경우(법 제40조 제 5 항이 적용되는 경우)에는 '실행개시일'을 위반기간의 시기로 본다고 규정하고 있었다.

이에 대하여 대판 2003.5.27, 2002두4648은 "구법 제19조 제 5 항에 의하면 '가격을 결정·유지 또는 변경하는 행위'가 '경쟁을 실질적으로 제한하는 행위'에 해당할 때 비로소 부당한 공동행위의 합의가 추정되므로, 여기에서 말하는 '실행개시일'은 '가격을 결정·유지 또는 변경하는 행위'와 '경쟁을 실질적으로 제한하는 행위'라는 두 가지 간접사실이 모두 갖추어졌을 때를 의미하고, 그때가 언제인지에 관하여는 '가격을 결정·유지 또는 변경하는 행위'를 한 사업자의 시장점유율 및 당해 사업자가 생산·판매하는 시장의 특성과 현황 등을 종합적으로 고려하여 판단하여야 한다"고 보았고,[173][174] 마찬가지로 시멘트사업자들의 사업활동방해 담합사건에서 대법원은 구법 제19조 제 5 항을 적용하여 합의를 추정한 경우에는 공동행위의 개시일은 '행위의 외형상 일치'와 '실질적 경쟁제한성'의 두 요건을 충족하는 시점으로 보아야 한다고 하면서, "1개 회사만이 먼저 시멘트 공급제한행위를 개시한 것만으로는 실질적 경쟁제한성이 인정되지 않고 그 후 다른 회사들도 함께 공급제한행위를 개시한 시점에서야 경쟁제한성이 인정되어 위반행위의 시기로 인정할 수 있다"고 판단한 바 있다.[175]

---

173) 위 대법원 판결에 의한 환송심에서 서울고법은 '모든 사업자가 실행행위에 가담한 시점'을 위반기간의 시점으로 보아야 한다는 취지의 판결을 하였고(서울고판 2004.6.10, 2003누10512·10529), 이에 대하여 공정위가 제기한 재상고심에서 대법원은 상고를 기각하였다(대판 2004.10.15, 2004두8217).

174) 같은 취지의 판결로 대판 2006.9.22, 2004두7184; 대판 2006.10.12, 2004두9371; 대판 2006.10.27, 2004두3366. 한편 공정위는 위 대법원 판결의 취지를 반영하여 2004년 '과징금부과 세부기준 등에 관한 고시'를 개정하여 법 제40조 제 1 항을 적용하는 경우에는 참가사업자 전부에 대하여 경쟁제한적 행위를 할 것을 합의한 날을, 구법 제19조 제 5 항이 적용되는 경우에는 사업자별로 실행개시일을 위반행위의 개시일로 보되, 다만 실행을 개시한 후에 경쟁을 실질적으로 제한하는 효과가 나타나는 경우에는 그 '효과 발생일'을 위반행위의 개시일로 본다고 규정하였다. 구법 제19조 제 5 항이 적용되는 사건에서는 대법원 판결의 취지에 부합하도록 실무가 운영될 필요가 있다.

175) 대판 2008.1.31, 2006두10764; 대판 2008.2.14, 2006두10801; 대판 2008.2.15, 2006두11583; 대

한편 대판 2009.10.29, 2009두11218은 "퇴직보험 예정이율 등 담합 사건에서 "이 사건 합의는 적어도 2005.4.1. 이전에 있었다고 봄이 상당함에도 불구하고, 피고가 이 사건 합의일을 합의의 실행개시일인 2005.4.1.로 보아, 같은 날 시행된 법령을 적용하여 과징금을 산정한 것은 위법하다"고 판단하였다.176)

나. 위반행위의 종기

위반행위의 종료일은 관련 매출액 산정의 기준이 되는 위반기간을 산정하는 기준이 될 뿐만 아니라 위반행위가 종료한 날부터 7년을 경과한 경우에는 과징금을 부과하지 않으므로(법 제80조 제4항), 과징금 부과를 위한 처분기간의 기산일의 의미도 갖고 있다.

대판 2008.10.23, 2007두12774는 종전 하급심에서 인정한 기준보다 사업자에게 훨씬 엄격한 기준을 제시하였다. 즉 가성소다 담합 사건에서 "법 제40조 제1항에 따른 가격결정 등의 합의가 실행된 경우 부당한 공동행위가 종료한 날은 그 합의에 기한 실행행위가 종료한 날이므로, 첫째 합의에 참가한 일부 사업자가 부당한 공동행위를 종료하기 위해서는 다른 사업자에 대하여 합의에서 탈퇴하였음을 알리는 명시적 내지 묵시적인 의사표시를 하고 독자적인 판단에 따라 담합이 없었더라면 존재하였을 가격 수준으로 인하하는 등 합의에 반하는 행위를 하여야 하며, 둘째 합의에 참가한 사업자 전부에 대하여 부당한 공동행위가 종료되었다고 하기 위해서는 합의에 참가한 사업자들이 명시적으로 합의를 파기하고 각 사업자가 각자의 독자적인 판단에 따라 담합이 없었더라면 존재하였을 가격 수준으로 인하하는 등 합의에 반하는 행위를 하거나 또는 합의에 참가한 사업자들 사이에 반복적인 가격경쟁을 통하여 담합이 사실상 파기되었다고 인정할 수 있을 만한 행위가 일정 기간 계속되는 등 합의가 사실상 파기되었다고 볼 수 있을 만한 사정이 있어야 한다고 판단하였다.177)

즉, 부당한 공동행위 종료 사유로서 '합의 파기 의사표시 및 합의에 반하는 행위'를 요하는 점은 공통적이나, 합의 참가 사업자 전부가 종료한 경우 종기 인

판 2008.2.29, 2006두10856·10443.

176) '과징금부과 세부기준 등에 관한 고시'(2005.4.1. 공정위 고시 제2005-3호로 전문개정되어 2007.12.31. 공정위 고시 제2007-15호로 개정되기 전의 것) 부칙 제2항은 "이 고시 시행일 전의 행위로서 이 고시 시행 전에 종료되거나 이 고시 시행 후에도 위반상태가 지속되는 행위에 대하여 과징금을 부과하는 경우에는 종전의 고시(2004.4.1. 공정위 고시 제2004-7호)에 의한다"라고 규정되어 있었다.

177) 같은 취지로, 대판 2008.11.13, 2007두14602·14442; 대판 2008.11.27, 2007두12712.

정의 사유로서 '합의가 사실상 파기되었다고 볼 만한 사정이 있는 경우'가 하나 더 추가된 것이다. 이에 따르면, 합의에 참가한 사업자 전부가 부당한 공동행위 종료를 주장할 경우 합의에 참가한 사업자 일부만이 이를 주장하는 경우보다 사업자에게 더 엄격한 기준에 의하여 판단하는 것으로 볼 수 있다. 이는 합의 탈퇴를 알리는 명시적 또는 묵시적 의사표시 없이 합의에 반하는 행위를 하는 경우에 해당하는 경우 합의 파기 행위가 아니라 눈속임(cheating) 행위에 해당할 수 있어 이를 구별하기 위한 취지가 내포된 것으로 보인다.

그 밖에 대판 2008.11.13, 2007두14602는 "부당한 공동행위가 종료되었다고 하기 위해서는 합의에서 탈퇴하였음을 알리는 의사표시 외에 추가적으로 담합이 없었더라면 존재하였을 가격 수준으로 인하하는 등 합의에 반하는 행위를 하여야 한다"고 판단하였고, 대판 2008.9.25, 2007두3756은 "부당한 공동행위에 참여한 일부 사업자가 단순히 그 합의를 이행하지 아니하였다는 사정만으로는 부당한 공동행위가 종료되었다고 볼 수 없다"고 보았다.

3.2. 위법행위의 개수('기본적 원칙에 관한 합의'의 문제)

수개의 합의가 장기에 걸쳐서 불연속적으로 이루어진 경우 일련의 합의 전체를 하나의 부당한 공동행위로 볼 것인지 또는 수 개의 합의를 각각 별개의 부당한 공동행위로 볼 것인지의 문제가 있다. 이에 관한 판단에 따라서 당해 공동행위의 종기가 움직이므로 이 논의는 중요한 의미를 가진다.[178)]

종래 법원은 "사업자들 사이에 장기간에 걸쳐 여러 종류의 합의를 수회 계속한 경우 이를 개별적인 합의로 볼 것인지 전체를 하나의 합의로 볼 것인지 여부는 장기간 걸친 수회의 합의가 단일한 의사에 기하여 동일한 목적을 수행하기 위한 것으로 그것이 단절됨이 없이 계속 실행되어 왔다면 그 합의의 구체적인 내용이나 구성원에 일부 변화 또는 변경이 있었다 하더라도 이를 전체적으로 1개의 부당한 공동행위로 보아야 할 것이고, 그렇지 않다면 이를 각 별개의 부당한 공동행위로 보아야 할 것이다"[179)]라고 판단해 왔다.

---

178) 만일 각각 별개의 위법행위로 볼 경우 ① 조사개시일로부터 5년 또는 위반행위가 종료한 날부터 7년을 경과한 행위에 대해서는 제척기간이 경과하였으므로 과징금을 부과할 수 없으며(법 제80조 제5항), ② 중간에 과징금 관련 규정이 개정되어 경과규정에 따라 신·구 규정의 적용범위가 달라질 수 있고 그 결과 과징금 부과율이 달라지기 때문이다.

179) 서울고판 2004.8.19, 2002누6110; 서울고판 2004.11.24, 2003누9000.

이 원칙과 관련하여 흑연전극봉 사건에서 처음으로 참여자들 사이에 수회의 합의를 관통하는 '기본적 원칙에 대한 합의'가 있는지 여부가 중요한 고려 요소로 등장하였다. 즉, "사업자들이 경쟁을 제한할 목적으로 공동하여 향후 계속적으로 가격의 결정·유지 또는 변경행위 등을 하기로 하면서, 그 결정주체, 결정방법 등에 관한 일정한 기준을 정하고, 향후 이를 실행하기 위하여 계속적인 회합을 가지기로 하는 등의 기본적 원칙에 관한 합의를 하고, 이에 따라 위 합의를 실행하는 과정에서 수회에 걸쳐 회합을 가지고 구체적인 가격의 결정 등을 위한 합의를 계속하여 온 경우, 그 회합 또는 합의의 구체적 내용이나 구성원에 일부 변경이 있더라도, 그와 같은 일련의 합의는 전체적으로 하나의 부당한 공동행위로 봄이 상당하다"고 판단하였다.

이와 같이 기본적 원칙에 관한 합의를 요구하는 법조실무의 입장은 그 이후 하급심 판결례에서 한동안 유지되었다.[180] 예컨대 세탁 및 주방세제 가격담합 사건에서 서울고법은 이 사건 참가사업자들이 최초로 가격담합을 한 1997년 10월은 IMF 외환위기가 시작된 직후로서 당시의 가격담합은 그에 대응하는 성격이 강했을 뿐 장기적인 전망 속에서 담합을 계획하였다고 보기 어렵고 각 가격담합이 일정한 주기로 이루어지지 않았으며 가격인상을 결정한 주체도 일정하지 않았던 점 등을 근거로 이 사건 각 가격담합은 개별적인 행위라고 판단하였다(서울고판 2008.8.20, 2007누2939; 서울고판 2008.8.28, 2007누2502·15621). 또한 합성고무 가격담합 사건에서도 서울고법은 이 사건 참가사업자들이 기본적인 원칙에 관한 합의를 하고 그에 따라 매년 구체적인 가격결정 등을 위한 합의를 계속하였음을 인정할 아무런 증거가 없으므로 이들이 행한 4차례의 가격인상 합의는 각각 개별적인 행위로 보아야 한다고 판단하였다(서울고판 2008.8.28, 2007누19081·27105).

그러나 대법원은 굴삭기 및 휠로다 가격담합 사건에서 기본적 합의의 존재에 대한 언급없이 "사업자들이 장기간에 걸쳐 수회의 합의를 한 경우 그 수회의 합의가 단일한 의사에 기하여 동일한 목적을 수행하기 위한 것으로서 그것이 단절됨이 없이 계속 실행되어 왔다면, 그 합의의 구체적인 내용 등에 일부 변경이 있었다고 하더라도 그와 같은 일련의 합의는 특별한 사정이 없는 한 이를 전체적으로 1개의 부당한 공동행위로 봄이 상당하다"고 판단하였다(대판 2008.9.25, 2007두

180) 비타민 사건(서울고판 2004.11.24, 2003누9000), 밀가루 담합 사건(서울고판 2007.12.5, 2006누23007) 등.

3756·12699).

또한 합성고무 담합사건에서 대법원은 '기본적 원칙에 대한 합의'가 1개의 공동행위로 인정되기 위한 요건인지 여부에 대하여 명확한 입장을 밝혔다. 이 사건에서 서울고법은 '기본적 원칙에 관한 합의'에 따라 위 합의를 실행하는 과정에서 매년 구체적인 가격의 결정 등을 위한 합의를 계속하였음을 인정할 아무런 증거가 없다는 이유로 2000년 및 2001년 가격담합은 처분시효 경과로 처벌할 수 없다고 판단하여 과징금납부명령을 전부 취소하였으나, 대법원은 기본적 원칙에 관한 합의가 없다는 이유만으로 이 사건 4차례의 가격합의를 개별적인 행위라고 인정한 원심이 위법하다고 판단하면서, "기본적 원칙에 관한 합의 없이 장기간에 걸쳐 여러 차례의 합의를 해 온 경우에도 그 각 합의가 단일한 의사에 기하여 동일한 목적을 수행하기 위한 것으로서 단절됨이 없이 계속 실행되어 왔다면 전체적으로 1개의 부당한 공동행위로 봄이 상당하다"고 보았다(대판 2009.1.30, 2008두16179).[181)]

3.3. 관련상품의 범위획정

관련상품의 범위획정과 관련하여 대법원은 "과징금 산정의 기준이 되는 매출액을 산정함에 있어서 그 전제가 되는 부당한 공동행위와 관련된 상품 또는 용역의 범위는 부당한 공동행위를 한 사업자 간의 합의의 내용에 포함된 상품 또는 용역의 종류와 성질, 거래지역, 거래상대방, 거래단계 등을 고려하여 개별적, 구체적으로 판단하여야 한다"라고 보았다.[182)] 이 판결례는 사업자간의 합의의 내용에 포함된 상품 또는 용역으로서,[183)] 이는 구 별표 2의 기준이 정하는 '위반행위로 인해 직접 또는 간접적으로 영향을 받은 상품'과 차이가 있다(현행 별표 6 비고 1.).

또한 법원은 세탁 및 주방세제 가격담합사건에서 담합대상에 직접 포함되지 않은 품목들을 관련매출액의 범위에 포함시킨 바 있다(대판 2009.6.25, 2008두

---

181) 이러한 판단은 세탁 및 주방세제 가격담합사건에서도 재확인되는바, 대법원은 기본적 원칙에 관한 합의가 없다는 이유로 공정위의 처분과 달리 수개의 공동행위로 판단한 원심을 파기하였다(대판 2009.6.25, 2008두17035 등).

182) 대판 2003.1.10, 2001두10387.

183) (주)두원냉기가 다른 회사들과 패키지에어컨의 소비자가격을 인상하기로 합의한 사건과 관련하여 공정위는 (주)두원냉기가 소비자에 대한 매출액 뿐만 아니라 OEM방식으로 다른 회사에 납품한 것도 매출액에 포함시킨 것에 대해, 대법원은 카르텔합의가 없는 OEM공급분의 매출액을 포함시킨 것을 위법하다고 보았다.

17035). 이 판결은 "기록에 의하면, 원고가 생산하였거나 생산하고 있는 세제제품은 세탁세제 11개 브랜드 제품 및 주방세제 7개 브랜드 제품이고, 그 중 세탁세제 3개 브랜드 제품(한스푼, 테크, 수퍼타이) 및 주방세제 3개 브랜드 제품(자연퐁, 자연퐁 싹, 퐁퐁)이 이 사건 담합의 대상이 되었는데, 나머지 12개의 브랜드 제품들도 그 주요 성분 등이 담합의 대상으로 된 제품들과 같은 것으로 보이는 점, 원고를 포함한 세제 4사가 세제제품의 브랜드별로 가격을 달리 책정하고 있기는 하나, 세탁·주방세제라는 동질성으로 인하여 위와 같이 대표성 있는 브랜드 제품에 대하여 기준가격을 결정하고 나면 나머지 제품들도 그 가격의 영향을 받지 않을 수 없는 점, 통상 대형 할인점에 대한 판매가격이 원고를 포함한 세제 4사가 공급하는 제품의 최저가이므로 그 외의 유통채널들도 대형 할인점에 대한 판매가격에 영향을 받지 않을 수 없는 점 등을 알 수 있는바, 이러한 사정을 종합하여 보면 이 사건 담합의 대상에 직접적으로 포함되지 아니한 나머지 12개 브랜드 제품들의 매출액도 관련매출액의 범위에 포함되어야 할 것이다"라고 판단하였다.[184]

제 4 절 부당공동행위의 유형

1. 분류의 기준

1.1. 명시적 합의와 묵시적 합의

공동행위가 당사자간의 명시적인 합의에 의거하는지 여부를 기준으로 할 때, 명시적 공동행위(explicit collaboration)와 암묵적 공동행위(tacit collusion)로 나뉜다. 이 분류와 내용적으로 중첩될 수 있는 것은 적나라한 거래제한(naked restraints)과 부수적 거래제한(ancilliary restraints)의 구별이다. 카르텔에 대한 위법성심사에서 당연위법과 합리의 원칙을 구분하는 의미가 있다.

부당공동행위는 처벌의 강도가 높고 협정체제에 가담하는 사업자들이 당해 행위의 위법성을 충분히 인식하고 있기 때문에 서면이나 구두에 의한 명시적 합

184) 황태희, "부당한 공동행위와 기본과징금의 산정," 서울대학교 법학 제50권 제3호, 2009년 9월, 415면은 위 판결에 대하여 대법원이 '간접적인 영향'을 받은 상품까지 관련상품에 포함시킨 것으로 평가한다.

의 대신 암묵적 요해의 방식으로 나아갈 개연성이 높다. 공정거래법 제40조 제5항의 부당공동행위 추정조항 자체가 묵시적 담합(tacit collusion) 또한 금지의 대상임을 시사하고 있다. 그리하여 우리나라에서는 암묵의 요해와 같은 묵시적 합의도 가능하며, 인식있는 병행행위(conscious parallelism)도 추가적 요소가 존재한다면 묵시적 합의로서 금지의 대상이 될 수 있다.[185]

한편 묵시적 합의란 문자나 언어적 수단, 즉 서면이나 구두의 정형적 합의(formal agreement)가 아니라 몸짓과 같은 거동이나 상황을 빌려 이루어지는 비정형적인 의사의 연락이나 공감대의 형성을 말하는 것이다. 다시 말해, 사업자들 사이의 구체적이거나 명료한 합의는 존재하지 아니하나 여러 가지 간접증거를 통해 사업자들 사이의 합의가 추단되는 경우를 말한다. 반면에 합의 그 자체의 존재는 인정되나 이를 증명하는 직접증거가 존재치 않는 경우라면 개념상으로는 명시적 합의로 보아야 할 것이다. 그렇지만 직접증거가 존재하지 않는 명시적 합의는 이를 인정하기 어려운 면이 있다.

서울고판 2017.6.15, 2016누78372

"공정거래법 제40조 제1항이 금지하는 '부당하게 경쟁을 제한하는 합의'에서 '합의'는 둘 이상의 사업자 간의 의사의 연락을 본질로 하는데, 여기에는 명시적 합의뿐 아니라 묵시적인 합의도 포함된다(대판 2013.11.28. 2012두17773 등 참조), … (중략) … 산하이앤씨는 2013.2.14. 이 사건 입찰 공고 후에도 이 사건 입찰에 참여하려는 업체가 없자, 과거 원고의 대주주였던 다산티앤씨의 M 기술사를 통해 원고의 대표이사였던 I에게 입찰참가를 요청하였다. I는 산하이앤씨 부사장 K에게 '다음에 설계와 시공이 합쳐진 제안입찰 건이 나오면 양보를 해달라'는 요구를 하여 승낙을 받았고, 입찰마감일까지 기한이 촉박하니 입찰 참여를 위하여 산하이앤씨에 원고의 기술제안서와 발표자료(PPT)를 작성하는 것을 도와달라고 요청하였다.

산하이앤씨 N 이사는 2013. 2. 20. 원고 소속 직원 O에게 입찰 참가를 위해 준비해야 할 서류 목록을 메일로 보냈고, O는 원고와 원고 공동수급체 사업자들의 서류를 취합하여 2013. 2. 21. N에게 다시 메일을 보냈다. N의 지시를 받은 산하이앤씨의 J는 입찰마감일 2~3일 전에 원고의 기술제안서를 작성하여 원고에게 인쇄본을 퀵서비스를

185) 미국에서는 명시적 담합(explicit collusion)과 달리 묵시적 담합은 금지되지 않는다. 그러나 우리나라의 경우 묵시적 합의를 금지의 대상에서 제외하거나 이를 달리 취급할 법문상의 근거가 없고, 법원도 많은 판결례에서 묵시적 합의를 인정한다. 대판 2015.7.9, 2013두26804; 대판 2013.11.14, 2012두19298 참조).

통해 보냈고, PPT 발표자료는 O에게 메일로 보냈다. O는 2013. 2. 25. 위와 같이 전달받은 입찰 관련 서류를 제출하여 이 사건 입찰에 참가하였다.

이 사건 입찰에서 제안서 기술평가는 80%의 배점을 차지하여 이 사건 입찰의 낙찰여부를 결정짓는 핵심요소이고, 기술제안서에는 입찰참가자의 중요한 경쟁요소인 신기술과 공법 등에 대한 내용이 포함되어 입찰 전까지 외부에 공개하지 않는 것이 일반적이다. 그런데 원고는 경쟁업체인 산하이앤씨에 자신의 기술제안서 등을 대신 작성하여 달라고 부탁하고 산하이앤씨가 이를 수락하였다. 이는 다른 형태의 대가를 전제로 하지 않고는 경쟁사업자 사이에서 통상적으로 발생하기 어렵다."

경쟁업체에게 자신의 기술제안서 등을 대신 작성하여 달라고 부탁하여 상대방이 이를 수락하는 것은 다른 형태의 대가를 전제로 하지 않고는 통상적으로 발생하기 어려우므로, 묵시적 합의의 근거가 된다고 판단하여 부당한 공동행위의 성립을 인정한 사례

1.2. 가격합의와 비가격 합의

카르텔이 목적으로 하는 행위 또는 공동행위의 내용을 기준으로 공정거래법은 9가지를 열거하고 있고, 이를 가격카르텔(price cartel)과 비가격카르텔(non-price cartel)로 다시 나눌 수 있다. 카르텔의 궁극적 목적은 사업자의 이윤극대화다. 따라서 가격카르텔은 사업자들 사이의 담합의 기본적인 모습일 뿐만 아니라 비가격카르텔도 종당에는 가격카르텔적 기능을 보이게 된다. 그리고 비가격카르텔에는 판매조건에 관한 공동행위, 생산출고제한을 위한 공동행위, 거래지역 및 거래상대방 제한을 위한 공동행위, 설비제한 공동행위, 상품의 종류 및 규격제한에 관한 공동행위, 회사설립에 의한 공동행위, 입찰 또는 경매에 관한 공동행위, 타사업자 사업활동제한 및 정보교환 공동행위 등이 포함된다.

1.3. 수직적 담합의 문제

경쟁제한 내지 거래제한 효과를 기준으로 수평적 담합(horizontal collusion)과 수직적 담합(vertical collusion)으로 나눌 수 있다. 거래제한을 일반적으로 금지하는 셔먼법 제1조와는 달리 우리나라 공정거래법 제40조는 부당하게 경쟁을 제한하는 공동행위를 금지하는 까닭에 수평적 공동행위가 주로 문제되고, 수직적 거래제한은 재판매가격유지나 끼워팔기, 시장지배적 지위남용 금지 등의 제도를 통해 통제되고 있다.

종래 수직적 합의에 대해 공정거래법 제40조 제1항이 적용될 수 있는지 여

부가 논란되었으나, 공정위나 법원은 이를 수직적 공동행위에 대해서도 적용하는 실무를 굳히고 있다. 이에 따라 재판매가유지행위나 일반 불공정거래행위와의 관계를 어떻게 파악하고, 경쟁제한성의 평가에 있어 수평적 공동행위와 차이를 둘 것인지, 수직담합의 관련매출액은 어떻게 산정할 것인지 등의 문제가 제기되고 있다.

수직적 합의도 그 모습을 두 가지로 나눌 수 있다. 첫째 수평적 합의와 수직적 합의가 교차하는 경우이다. 즉 수직적 관계에 서는 사업자가 공동행위 교사의 정도를 넘어서 스스로 합의의 주제로 가담하는 때로서, 이를 부진정 수직담합이라고 부르기도 한다. 그 다음으로는 원재료 공급자와 완제품 생산자 사이의 합의처럼, 수직적 거래관계에 서는 사업자만이 합의의 당사자가 되는 경우로서, 순수 수직담합 혹은 진정 수직담합이라고 부른다. 다음에 인용하는 대법원판결(2012두22256)은 부진정 수직합의에 대해 제40조 제1항의 부당공동행위의 성립을 긍정하고 있다.

수평적 합의가 주가 되고 수직적 합의가 부수하는 경우라면 수평적 합의의 경쟁제한성 심사를 중심으로 하고 수직합의에 대해서는 별도의 심사를 거치지 않아도 될 것이다. 그러나 순수한 수직합의에 대해서는 수평적 경쟁제한성 심사 그 자체가 불가능하고, 또 공정거래법 제40조 제1항 제9호로 포섭되는 집단배척의 경우와도 그 성격이 다르다. 결국 순수 수직담합도 공정거래법 제40조 제1항의 규율대상으로 삼는다면, 수직결합의 경쟁제한성 심사에 관한 법리가 고려될 수 있다. 또한 재판매가격유지행위나 구속조건부 거래에 관한 불공정성 심사와 시지남용행위 중 거래단계를 달리하는 자에 대한 사업활동방해 등의 위법성 심사를 참조할 수 있을 것이다. 다만 순수 수직합의를 법 제40조 제1항의 사건으로 다룬 사례는 공정위 심결례나 판례에서 아직 찾을 수 없다.

대판 2014.9.4, 2012두22256

[1] 이러한 사실관계와 기록에 비추어 알 수 있는 다음과 같은 사정, 즉 ① 대림코퍼레이션은 원고(대림산업주식회사)가 생산한 HDPE를 판매하고 적정 판매수수료를 공제한 나머지 판매대금을 원고에게 지급하는 관계였으므로, 원고는 대림코퍼레이션 또는 베스트폴리머가 판매를 담당한 기간에도 판매위탁자로서 국내 HDPE 판매 시장에서 실질적 거래주체인 지위에 있었다고 볼 수 있는 점, ② 원고는 HDPE 판매방식을 위탁매매 형태로 전환하여 자신의 영업조직을 그대로 대림코퍼레이션에 이전하는 한편, 대

림코퍼레이션과 사이에 매월 정기적으로 임원이 모이는 경영위원회와 실무부서장이 모이는 운영협의회를 개최하여 HDPE 제품의 가격, 시황, 경쟁사 동향 등 필요한 정보를 교환하고 매월 말 그 제품의 다음 달 판매 기준가격을 심의·확정하는 과정을 거치고, 베스트폴리머에게는 원고의 영업정책 협의 등에 필요한 자료와 정보를 제공하고 원고가 대림코퍼레이션과 협의한 판매가격의 지침 등 정책결정에 따라야 할 의무를 부여함으로써, 대림코퍼레이션 또는 베스트폴리머가 1996년 10월경부터 2003년 3월경까지 대외적으로 HDPE를 판매하는 사업자로서 이 사건 공동행위에 가담할 때 이에 필요한 제반 의사결정에 적극 관여한 것으로 볼 수 있는 점, ③ 원고는 대림코퍼레이션 또는 베스트폴리머의 판매기간 직전인 1994년 4월경부터 1996년 9월경까지, 직후인 2003년 3월경부터 2005년 3월경까지 이 사건 공동행위에 직접 참여하였을 뿐만 아니라, 원고의 대표이사가 대림코퍼레이션 또는 베스트폴리머의 판매기간을 포함하여 1994년 5월경부터 2005년 4월경까지 이 사건 공동행위의 일환으로 개최된 사장단 모임에도 지속적으로 참석하였으며, 대림코퍼레이션 등이 이 사건 공동행위에 가담한 일부 기간 중에도 HDPE의 연도별 또는 매분기별 전체적인 감산방안과 각 사별 판매량을 합의하는 등의 생산량 담합에 직접 참여하여 이 사건 공동행위를 유지·강화하는 데 직접적으로 기여해 온 점 등 제반 사정을 종합하여 보면, 원고는 대림코퍼레이션과 베스트폴리머를 통하여 이 사건 담합에 참여한 것으로 보인다.

[2] 대림코퍼레이션의 주식은 원고의 대표이사인 이준용(89.8%) 등 특수관계인들이 100%를 소유하고 있고, 원고의 주식 13.02%를 대림코퍼레이션이 소유하여 대주주의 지위에 있으며, 베스트폴리머의 주식은 대림코퍼레이션(48%), 대림정보통신 주식회사(50%), 정인수(2%) 등이 소유하고 있고, 원고, 대림코퍼레이션, 베스트폴리머의 일부 임원들은 서로 겸임을 하고 있는 점 등 그 판시와 같은 사정을 들어 원고가 대림코퍼레이션 및 베스트폴리머와 사실상 하나의 사업자로서 이 사건 공동행위에 가담하였다고 본 원심의 판단은, 그 이유 설시가 적절하다고 보기는 어려우나 원고가 이 사건 공동행위에 가담하였다는 결론에 있어서 정당하다. 이러한 원심의 판단에 상고이유의 주장과 같은 채증법칙위반이나 부당한 공동행위의 성립 범위에 관한 법리오해 등으로 판결에 영향을 미친 위법이 있다고 할 수 없다.

서울고판 2012.10.11, 2012누3028
(글락소스미스클라인 및 동아제약의 부당한 공동행위 건)

"공정거래법 제40조 제1항 본문 전단은 사업자가 '다른 사업자'와 공동으로 부당하게 경쟁을 제한하는 행위를 할 것을 합의하여서는 아니 된다고 규정할 뿐, 그들 사이에 수평적 경쟁관계가 있을 것을 요건으로 하지 않고 있다. 또한 수평적 경쟁관계에 있지 않은 사업자들의 공동행위라 할지라도 그것이 시장에서 부당하게 경쟁을 제한하거나 제한할 우려가 있다면 규제의 필요성이 인정된다. 따라서 공정거래법상 부당한 공동행위가 성립하기 위해 반드시 공동행위 참여자들 사이에 수평적 경쟁관계가 있어야 한다고 볼 수는 없다."

공정거래법 상 부당한 공동행위가 성립하기 위해 반드시 공동행위 참여자들 사이에 수평적 경쟁관계가 있어야 한다고 볼 수는 없다는 취지로 판결한 사건이다.

대판 2009.5.14, 2009두1556

구 독점규제 및 공정거래에 관한 법률은 다른 사업자로 하여금 부당한 공동행위를 행하도록 한 사업자에 대해서도 같은 법을 적용할 근거를 마련하기 위하여 제40조 제1항 후단으로 '다른 사업자로 하여금 부당한 공동행위를 행하도록 하여서는 아니된다'라는 규정을 신설하였는바, 위 법률조항의 입법 취지 및 개정경위, 관련 법률조항의 체계, 이 조항이 시정명령과 과징금 납부명령 등 침익적 행정행위의 근거가 되므로 가능한 한 이를 엄격하게 해석할 필요가 있는 점 등에 비추어 보면, 위 제40조 제1항 후단의 '다른 사업자로 하여금 부당한 공동행위를 행하도록 하는 행위'는 다른 사업자로 하여금 부당한 공동행위를 하도록 교사하는 행위 또는 이에 준하는 행위를 의미하고, 다른 사업자의 부당한 공동행위를 단순히 방조하는 행위는 여기에 포함되지 않는다고 할 것이다.

이하 공정거래법 제40조 제1항이 한정적으로 열거하는 9개의 유형을 살펴본다. 협정체제 혹은 담합을 이루는 법적 형식에 관해서는 사업자간의 계약이나 협정, 사업자들의 회합에서의 집단결의 등 이를 묻지 않는다.

2. 가격 카르텔

2.1. 의 의

가격카르텔이란 '가격을 결정, 유지 또는 변경하는 행위', 즉 가격에 관한 공동행위를 목적으로 하는 것이다(법 제40조 제1항 제1호). 가격경쟁을 제한할 경우 사업자들은 경쟁제한의 안락함을 맛보면서 동시에 현 상태에서 영업을 안정시킬 수 있다. 그 결과 가격카르텔은 가장 흔히 또 상대적으로 쉽게 형성될 뿐만 아니라, 협정준수 여부도 고객을 가장하여 염탐하는 등의 시장조사를 통해 손쉽게 점검

할 수 있다. 사업자들은 이윤극대화를 궁극적 목적으로 하는 까닭에 비가격카르텔도 궁극적으로는 가격카르텔로 전화하거나 이와 유사한 기능을 보이는 일이 많다.

가격협정은 상품이나 용역 모두를 대상으로 할 수 있고, 따라서 여기의 가격이란 사업자가 상품이나 서비스를 제공하고 반대급부로서 수령하는 일체의 대가를 의미한다. 구매대금, 이용료, 수수료, 서비스대금, 차임, 임대료 등 명칭 여하를 막론하고 사업자가 수령하는 금전이나 이에 갈음하는 지급수단이 망라된다.

대법원 판결례를 보면, 공장도가격은 실제거래가격의 기준이 되는 가격으로서 공장도가격의 변경이 실제거래가격의 변경을 초래하므로, 공장도가격도 2 이상의 사업자가 공동으로 동일하게 결정하는 경우 법 제40조 제1항의 가격을 결정·유지 또는 변경하는 행위에서 말하는 '가격'에 해당된다(대판 2002.5.28, 2000두1386). 또한 신용카드사업의 경우 현금서비스수수료나 할부수수료, 또는 위 각 수수료에 대한 이행기 이후의 지연손해금은 모두 당해 신용카드의 이용계약에 따라 소비자가 부담하게 되는 금원인 점에서 다름이 없는 것이므로, 연체이자율도 법 제40조 제1항 제1호 소정의 '가격'에 해당된다(대판 2006.9.22, 2004두7184). 그리고 가격의 공동행위는 매우 다양한 방법으로 이루어져, 가격인상 및 인하, 최저가격·최고가격, 표준가격, 목표가격의 설정 등 가격 자체를 대상으로 하기도 하고 인상 인하율, 이익률이나 리베이트율 설정 등 가격의 구성요소를 대상으로 하기도 하는데, 위와 같이 가격에 직접 영향을 미치는 요소에 대한 합의 역시 제40조 제1항 제1호에서 규정하는 가격을 결정·유지 또는 변경하는 행위에 해당된다(대판 2008.4.24, 2007두2944).

가격카르텔은 카르텔 가담사업자, 즉 국내자(insider)에 대해 자신의 상품이나 용역의 가격과 관련된 의사결정자유를 제한하고 협정에 따라 가격형성을 하도록 제한을 가하는 것이다. 법문에서는 이를 '가격을 결정, 유지, 변경하는 행위'라고 정하는바, 이는 새로운 상품에 대한 가격형성을 독자적으로 하지 못하게 하고 협정에 따르도록 하는 것, 기존의 가격에 대한 변동요인이 발생하였음에도 불구하고 종전의 가격을 그대로 유지하도록 하는 것, 시장의 수급상황이나 원가요인에 변화가 없음에도 이를 올리도록 강제하거나 변화요인에 비해 큰 폭의 가격인상을 강제하는 것 등을 말한다.

가격카르텔은 경쟁제한성이 노골적이고 카르텔 중 가장 강력한 금지의 대상이 된다. 사업자로 하여금 가격과 관련된 영업판단을 제한하는 일체의 행태, 즉 가격인하의 금액을 제한하거나 그 시기를 제한하는 것, 인상의 폭이나 하한을 제한하는 것, 이윤율이나 그 폭 혹은 하한을 통제하는 것은 물론이고, 인상액의 상한, 즉 최고액을 정하거나 인상의 폭 혹은 한도를 제한하는 것, 가격인하요인이 발생하였음에도 불구하고, 현행가격을 인위적으로 유지하는 것도 금지의 대상이다. 목표가격이나 목표마진율을 책정하는 것도 마찬가지이다.

2.2. 사 례

가격에 관한 공동행위 사례는 대단히 풍부하다. 즉 은행의 수수료, 보험회사의 부가보험료, 신용카드사의 가맹점 수수료, 화장지제조사의 공장도가격, 자동차제조사의 자동차판매가격, 컨테이너 터미널의 운송비, 석도강판사의 석도강판 운송료, 커피제조사의 커피판매가, 맥주제조사의 맥주판매가, 강관제조업체의 강관판매가, 고철업체의 고철구매가, 케이블TV의 수신료와 설치료 등 대단히 많다. 상당히 논란된 판결례로는 다음의 판결례 외에도 동서식품 등 커피 제조사의 가격담합 사건(대판 2002.3.15, 99두6514·6521), 모나리자 등 화장지 제조사의 가격담합 사건(대판 2002.5.28, 2000두1386) 등이 있다.

대판 2006.3.24, 2004두11275

사업자들이 경쟁을 제한할 목적으로 공동하여 향후 계속적으로 가격의 결정, 유지 또는 변경행위 등을 하기로 하면서, 그 결정주체, 결정방법 등에 관한 일정한 기준을 정하고, 향후 이를 실행하기 위하여 계속적인 회합을 가지기로 하는 등의 기본적 원칙에 관한 합의를 하고, 이에 따라 위 합의를 실행하는 과정에서 수 회에 걸쳐 회합을 가지고 구체적인 가격의 결정 등을 위한 합의를 계속하여 온 경우, 그 회합 또는 합의의 구체적 내용이나 구성원의 일부 변경이 있다고 하더라도, 그와 같은 일련의 합의는 전체적으로 하나의 부당한 공동행위로 봄이 상당하므로, 법 제49조 제4항의 '법의 규정에 위반하는 행위가 종료한 날'을 판단함에 있어서도 각각의 회합 또는 합의를 개별적으로 분리하여 판단할 것이 아니라 그와 같은 일련의 합의를 전체적으로 하나의 행위로 보고 판단하여야 할 것이고, 또한 가격결정 등의 합의 및 그에 기한 실행행위가 있었던 경우 부당한 공동행위가 종료한 날은 그 합의가 있었던 날이 아니라 그 합의에 기한 실행행위가 종료한 날을 의미한다.

※ 위 판결은 흑연전극봉 사건에서 이루어진 것이나, 장기간 지속된 카르텔과 관련

하여 이를 하나의 공동행위로 볼 것인지 혹은 다수의 행위로 보아 이를 포괄적 일죄로 다룰 것인지 등은 과징금 산정에서 쟁점으로 부상하고 있다.

대판 2001.5.8, 2000두10212

법 제40조 제1항에서 말하는 가격은 사업자가 제공하는 상품 또는 용역의 대가, 즉 사업자가 거래의 상대방으로부터 반대급부로 받는 일체의 경제적 이익을 가리키는 것으로, 당해 상품이나 용역의 특성, 거래내용 및 방식 등에 비추어 거래의 상대방이 상품 또는 용역의 대가로서 사업자에게 현실적으로 지급하여야 하는 것이라면, 그 명칭에 구애됨이 없이 당해 상품 또는 용역의 가격에 포함된다.

사업자들 사이에 석도강판의 운송을 사업자가 담당하여 판매할 때에는 거래처까지의 운송거리에 상관없이 사업자들 중 가장 가까운 생산공장과 거래처 간의 거리에 해당하는 협정 운송비를 징수하기로 하는 운송비 합의를 한 경우, 석도강판의 가격에는 판매가격 외에 운송비가 포함되어 있고, 운송비 합의는 국내 석도강판 시장이라는 일정한 거래분야에서의 경쟁을 실질적으로 제한하는 부당한 공동행위에 해당한다.

3. 거래조건 카르텔

3.1. 의 의

거래조건 카르텔은 가격을 제외한 거래조건에 관한 공동행위를 목적으로 하는 카르텔로서, 법문은 이를 상품 또는 용역의 거래조건이나 그 대금 또는 대가의 지급조건을 정하는 행위를 할 것을 합의하는 것으로 규정한다(법 제40조 제1항 제2호).

폭넓게 말할 경우 가격은 가장 중요한 거래조건의 하나이고, 따라서 제1호의 가격카르텔은 거래조건 카르텔에 이를 포섭할 수도 있고, 거꾸로 실천적인 의미에서는 거래조건 카르텔을 가격카르텔의 파생형태로 규율할 수도 있을 것이다. 여하튼 거래조건 카르텔이 목적으로 하는 것은 가격을 제외한 일체의 거래조건인바, 예컨대 상품의 인도시기와 방법, 하자담보의 기간과 방법 그리고 내용, 하자의 보수 기타 애프터서비스에 관한 사항, 대금의 선급이나 후급 등 지급시기에 관한 사항과 일시급과 할부 등의 지급방법 그리고 관련 금융비용의 처리, 현금 이외의 대금지급수단의 인정 여부, 경품의 제공 여부와 그 한도 등 거래에 관한 일체의 조건과 내용이 이 공동행위의 표적이 될 수 있다.

3.2. 사 례

• 사고차량 긴급견인 등의 무료서비스를 유료화하기로 하는 손해보험회사들 사이의 합의186)

• 강관제조회사들의 제품대금 결제조건에 관한 합의187)

• 재무부의 행정지도에 따라서 할부구매의 최저금액을 5만원에서 20만원으로 올리고, 할부기간을 36개월에서 24개월로 단축하고, 더 나아가서 수수료율을 11.5%에서 13.5%로 인상하기로 합의하고 이를 실행한 5개 신용카드사의 공동행위188)

• 광주지역 40개 주유소가 유류를 판매하면서 일정금액 이상의 주유를 한 고객에게 제공했던 무료세차를 유료화하되, 1,000원씩 받기로 합의한 행위189)

대판 2013.11.28, 2012두18479(13개 음원유통사업자의 부당한 공동행위 건)

"원심은, 작사자·작곡자·실연자·음반제작자 등의 저작권 등을 신탁받아 관리하는 사단법인 한국음악저작권협회, 사단법인 한국음악실연자연합회, 사단법인 한국음원제작자협회(이하 '신탁 3단체'라고 한다)가 마련한 사용료 징수규정의 개정으로 곡수 무제한 월정액제 논디알엠(Non-DRM) 상품이 도입될 가능성이 커지자, 원고가 음원 사업자들의 모임인 디지털음악산업발전협의회의 회원사로 회의에 참석하면서 Non-DRM 상품에 대한 음원 공급 여부와 곡수 제한 등에 관하여 협의하였던 점, 원고를 비롯하여 음원 사업자와 온라인 음악서비스 사업자의 지위를 겸하던 주요 4개사는 'Non-DRM 상품의 경우, 곡수 무제한 월정액제 다운로드상품에 대하여는 온라인 음악서비스 사업자에게 음원을 공급하지 않고 월 40곡 5,000원, 150곡 9,000원 수준으로 곡수를 제한하는 상품에만 음원을 공급하며, 다운로드와 스트리밍을 결합한 복합상품에 대하여는 2008년 말까지 스트리밍 서비스 가격을 1,000원 할인하여 판매할 수 있다'는 조건으로 음원을 공급하기로 합의하였고 다른 음원 사업자들도 주요 4개사의 합의 내용을 그대로 받아들였던 점, 원고는 이 사건 합의 내용대로 온라인 음악서비스 사업자들과 음원공급계약을 체결하였던 점 등 그 판시와 같은 사정들을 근거로, 원고가 이 사건 합의에 가담하였다고 본 피고의 이 사건 처분을 정당하다고 판단하였다. 관련 법리와 기록에 비추어 보면, 원심의 이와 같은 판단은 정당하고, 거기에 상고이유와 같은 자유심증주의의 한계를 벗어난 위법 등이 없다."

---

186) 대판 2005.1.28, 2002두12052.

187) 서울고판 2000.12.21, 98누12688·12651.

188) 공정위권고 1988.12.21, 88-34.

189) 공정위의결 1997. 5. 23. 97-139.

원고는 디지털음악산업발전협의회의 회원사로 회의에 참여하면서 Non-DRM상품에 대한 음원 공급 여부와 곡수 제한 등에 관하여 협의하였는바, 이는 상품·용역의 거래조건이나 대금·대가의 지급조건을 정하는 행위에 해당한다는 판결이다.

4. 공급제한카르텔

4.1. 의 의

상품의 생산, 출고, 운송 또는 거래의 제한이나 용역거래를 제한하는 카르텔로서, 생산출고 등의 제한 또는 수량카르텔로 부르기도 한다(법 제40조 제1항 제3호). 이 행위는 시장의 수급관계에 인위적인 영향을 미쳐 가격변화를 끌어내는 카르텔이다. 여기에서 생산이나 출고 등을 제한하는 구체적인 방식은 매우 다양하며, 기존의 시장점유율 대비 생산량 할당이나 제한, 입찰물량을 제한하는 합의, 가동률, 가동시간, 원료구입 여부 또는 비율 등을 제한함으로써 실질적으로 생산·출고·수송을 제한하는 행위도 포함된다.

이 행위는 시장에서의 수급관계를 인위적으로 조작하여 가격을 유지하거나 인상하는 것으로서, 카르텔 가담사업자 사이에 이해가 충돌하기 쉽고 협정체제의 유지도 가격카르텔에 비해 상대적으로 어려운 면이 있다. 그러나 이는 매점매석(買占賣惜)으로 지칭되는 반사회적 행위에 해당하는 중요한 유형이다. 이 행위의 대표적 주체는 생산자 혹은 제조업자이지만, 대형양판점은 물론 도매상이나 소매상 등의 유통사업자도 이 행위의 주체가 될 수 있다. 또한 사업자들이 원재료 구매물량을 할당하고 통제하는 것도 생산제한으로 직결되는 점에서 이 행위에 포섭될 수 있다. 그리고 1994년의 법개정에서 '상품의 판매나 용역의 제공'이라는 문구를 상품과 용역의 거래로 개정하여, 공급관련 행위는 물론 구매관련 행위도 규제의 대상이 됨을 분명히 하였다.

종래 공동의 판매장이나 판매회사를 설립하여 공급물량을 간접적으로 통제하는 경우도 공급제한 카르텔로 보았으나, 이러한 경우는 2004년의 법개정의 결과 이제는 법 제40조 제1항 제7호 소정의 영업공동카르텔로 포섭하여야 할 것이다.

4.2. 사　　례

• **유공 등 6개 정유사의 판매물량 제한**[190]

유공, 호남정유, 경인에너지, 쌍용정유, 극동석유 등 6개사는 휘발유, 등유, 경유 등 국내석유제품의 대부분을 공급하고 있었다. 이들은 11개 석유제품에 대해 1981.1.부터 1982. 6.30.까지의 판매실적을 기준으로 회사별, 유종별 기준점유율을 정하고 1982.7.1부터 동 점유율에 따라 판매물량을 유지하기로 합의하였다. 이들은 매달 25일에 전월의 판매실적으로 집계하여 기준보다 많이 판매한 자는 기준에 미달하는 판매실적을 보인 자로부터 초과물량을 정산구매(buy-back)하고 그 대금을 현금지급하였고, 경질류(휘발유, 등유, 경유)의 초과판매분에 대해서는 수송비의 2배 상당액을 그리고 LPG(프로판, 부탄)의 초과판매분에 대해서는 수송비의 1배 상당액을 벌과금으로 지급하도록 하여 협정체제를 유지하였다.

• **하나로텔레콤 등 4개사의 시외전화 공동 거래제한행위**[191]

대법원은 시외전화 사전선택제 가입자 수 분할 등에 관하여 합의한 행위는 공동의 거래제한행위에 해당된다고 보았다. 즉, "KT, 하나로텔레콤, 데이콤, 온세통신 등이 시외전화 시장에서 발생될 사업자간 가입자 유치경쟁을 지양하고 시외전화시장의 안정적 유지를 위하여 2004.6.24. 기존 3사가 원고(하나로텔레콤)에게 기존 고객 리스트를 제공하고, 역마케팅을 금지하며, 시외전화 사전 선택시 신분증 첨부면제를 허용하는 방법 등을 통하여 2004년 말까지 원고가 시외전화 사전선택 가입자 수 40만 회선을 확보할 수 있도록 적극 협조하기로 합의하고, 아울러 원고의 위와 같은 가입자 확보에 따라 이탈될 가입자 부분을 데이콤, 온세통신이 만회하고, 2004년 말까지 당시 가입자 수 수준을 유지할 수 있도록 케이티가 유통망 수수료 인하 또는 폐지 등을 통해 적극 협력하기로 합의한 것은 경쟁을 통한 사업자별 가입자 수 또는 시장점유율의 결정을 임의로 억제함으로써 사업자들 간의 시외전화 서비스의 제공을 원천적으로 제한하는 행위로 제3호 소정의 공동의 거래제한행위"에 해당한다고 판단하였다.

• **석도강판업체의 시장점유율에 관한 석도강판업체 사이의 합의**(기점가격제도)[192]

대법원은 석도강판 시장점유율 합의는 석도강판의 생산, 출고 또는 거래를 제한하는 공동행위에 해당된다고 보았다. 즉, "위 4개사는 석도강판 시장점유율을 각각 포스틸, 동양석판, 동부제강 각각 28.5%, 신화실업 14.5%로 정하기로 합의하였는바, 위와 같이 시장점유율을 사전에 합의로 정할 경우에는 합의된 시장점유율을 유지하기 위해 원고 등 4개사의 석도강판 판매량이 시장점유율 수준에 맞춰 제한될 수밖에 없고 이는 결국 석도강판

---

190) 공정위의결 1988.4.13, 88-1~6.
191) 대판 2008.10.23, 2007두2586.
192) 대판 2001.5.8, 2000두10212.

시장의 가격, 품질, 서비스에 의한 경쟁을 감소시키는 결과를 초래하는 점에 비추어 볼 때 위 4개사의 이러한 시장점유율 합의행위는 석도강판의 생산, 출고 또는 거래를 제한하는 행위로서 국내 석도강판 거래분야에서의 경쟁을 실질적으로 제한하는 법 제40조 제1항 제3호 소정의 부당한 공동행위에 해당한다"고 판단하였다.

• 비타민 판매량 공동결정행위 건[193]

"원고(에프 호프만 라 로슈)는 소외 회사들과 공동하여 1989. 9.경부터 1998. 2.경까지 사이에 이 사건 비타민과 관련하여 비타민 제품별로 지속적인 회합을 통하여 전세계 시장에 대한 판매량 내지 시장점유율을 할당하고 판매가격을 합의하면서 일정한 시장규모를 가진 일본 등의 시장과는 달리 한국 시장을 별도로 명시하여 언급하지는 아니하였으나, 원고와 소외회사들 사이의 위와 같은 합의는 세계 시장을 대상으로 한 것이므로 한국 시장을 구체적, 개별적으로 특정하여 합의를 하지 아니하였다고 하더라도 이에 대한 합의도 포함되어 있는 것으로 보아야 하고, 또한 그 합의과정에서 '아시아 시장' '극동 시장', '아시아/태평양 시장' 등의 지역에 대하여는 별도로 합의를 하였는데 그 지역별 시장에 한국의 시장은 당연히 포함된 것으로 볼 수 있으며, 위와 같은 합의 이후에 이 사건 비타민에 관하여 한국 시장에서의 수입가격은 비타민 제품별로 위 합의가 이루어지기 전에 비하여 지속적으로 상승하거나 일정한 수준을 유지하다가 공동행위를 종료한 이후부터 급락한 점, 한국에 대한 비타민 수입가격의 결정은 원고 등의 아시아 지역본부와의 협상을 통하여 결정되고, 한국 내 일부 판매망들은 생산업체 또는 아시아지역본부 등으로부터 한국용 또는 아시아용 가격표(Price List)를 교부받아 이를 기초로 가격협상을 하는 점 등에 비추어 보면, 원고가 한국 시장에 직접 비타민을 판매하지 아니하고 관계회사 등을 통하여 판매가 이루어진 것이라고 하더라도 세계 시장에 대한 판매량 할당 등의 합의가 이루어진 상태에서 실제 판매과정에서도 독자적인 판단에 따라 한국 시장에서의 이 사건 비타민에 대한 가격과 수량을 결정하였다고 보기 어려우며, 비록 위 합의에서 한국 시장에 대한 구체적인 판매량이나 판매가격을 특정하지 않았고, 한국 시장과 세계 시장에 대한 각사의 점유율이 다르며, 한국 내에서의 비타민 관련 제품의 가격 상승폭도 유럽공동체의 가격 상승률에 비하여 적다는 등의 사정이 있더라도 그러한 사정만으로 한국 시장에 대한 공동행위의 합의가 없었다고 할 수는 없다."고 판단하였다. 이 사건 비타민 제품별로 지속적인 회합을 통하여 전세계시장에 대한 판매량 내지 시장점유율을 할당하고 판매가격을 합의한 것에 대해 공정거래법 제40조 제1항 제3호를 적용한 사례이다.

• 대우건설(주)의 공구배분 합의[194]

"하나의 공사에 관하여 공구별로 입찰이 실시되는 경우에 사전에 공구별 낙찰예정자를 선정함으로써 상품이나 용역의 거래 등을 제한하는 행위를 할 것을 합의('공구배분 합

193) 서울고판 2004.11.24, 2003누9000.
194) 대판 2017.4.26, 2016두32688.

의')한 경우에는 공정거래법 제40조 제1항 제3호에서 정하는 공동행위가 성립하는 외에 같은 항 제8호에서 정하는 공동행위 역시 함께 성립한다고 보아야 한다. 또한 공구배분 합의에 따라 특정 공구의 낙찰예정자로 선정되었다고 하더라도, 해당 공구에서 경쟁입찰의 외형을 만들어 유찰을 방지하는 한편 실질적인 경쟁 없이 1개 업체만이 입찰에 참가하여 낙찰되는 것과 같은 효과를 발생시키기 위해서는 다른 사업자가 형식적으로 입찰에 참여할 필요가 있으므로 이를 위한 별도의 참가 합의('들러리 합의')는 독자적인 경쟁제한성 및 고유한 위법성이 있다."

5. 시장분할 카르텔

5.1. 의 의

거래지역 또는 거래상대방을 제한하는 카르텔로서(법 제40조 제1항 제4호), 거래지역 또는 거래상대방 제한으로 부르기도 한다. 이 유형은 지역적 혹은 인적인 공급제한카르텔로 볼 수 있고 한계적 사례에서는 공급제한카르텔과의 구별이 모호한 점이 있다. 그러나 공급제한카르텔이 수급물량의 제한, 즉 생산물량 혹은 출고물량의 조절에 초점이 있는데 비해, 시장분할카르텔은 시장을 사업자별로 세분하여 할당하거나 또는 거래상대방을 업체형태나 단계 혹은 기타의 기준으로 나누어 배타적으로 관리하는데 초점이 있다.

시장분할협정은 가격형성에는 직접적인 영향을 주지 않으나 경성카르텔로 분류되기도 하며, 가격카르텔의 보조적 수단으로 활용되는 경향이 있다. 시장분할의 구체적 모습으로는 판매지역할당, 거래처의 순환할당, 사업자별 거래처 고정, 신규거래처 공동관리 등이 있다.

5.2. 사 례

• SK건설 등 6개사의 지하철 7호선 입찰담합

SK건설 등 6개사가 서울지하철 7호선 연장 701-706공구 건설공사 입찰에 참여함에 있어, 이 사건 공구를 분할하여 각자 1개 공구에만 입찰에 참여하기로 합의하고, 원고(SK건설)가 경남기업을 들러리 입찰자로 내세워 사실상 단독으로 이 사건 706공구의 입찰에 참여한 것은 공정거래법 제40조 제1항 제4호에서 정한 부당한 공동행위에 해당된다(대판 2009.1.30, 2008두21812).

- 영업용자동차보험 유지와 관련하여 원래의 보험사가 2년간을 유지하되 인수사로부터 이탈한 보험건의 경우에는 이를 새로 인수한 회사가 보험금액의 10%를 보유하고 나머지 90%는 이를 잔여 보험사가 균등하게 나누도록 한 11개 손해보험사의 합의[195]
- 기공사업체들이 입찰담합을 통해 낙찰예정자를 합의하여 거래상대방 제한[196]
- 편의점사업자들이 상대사 점포로부터 80미터 이내에 점포를 신규 개설하는 행위를 제한하는 합의(근접거리출점방지 합의)[197]
- 특정한 지역에 연고를 가진 구단이 동 지역에 소재하는 고교출신 선수에 대한 지명권을 인정하는 드래프트제도에 관한 한국야구위원회의 약정[198]
- 대동해운 외6 등 여수 · 광양항 11개 예선업체의 부당한 공동행위 건[199]

"예선사용이 자유계약제로 운영되고 있는 여수·광양항에서 예선업체들은 자율적인 경영판단에 따라 거래상대방을 결정할 수 있어야 할 것이다. 그런데 여수·광양항 예선공급시장 시장점유율이 82%에 이르는 원고들 포함 11개사는 포츠다이렉트와의 예선용역 공급조건에 대한 계약 체결과 포츠다이렉트의 중개를 받은 선주의 선박에 대한 예선지원을 금지하고, 이를 위반하는 경우 상당한 금액의 벌칙까지 부과함으로써 각자가 자율적으로 결정하여야 할 거래상대방을 제한하였다. 이로써 포츠다이렉트가 광운선박 이외의 예선업체와 예선용역 공급조건에 관하여 자유롭게 협의할 수 있는 가능성이 대폭 축소되었으며, 포츠다이렉트의 중개를 받던 광운선박도 선박에 필요한 예선을 단독으로 공급하지 못할 경우의 예선공급계약은 체결할 수 없게 되어 거래를 제한받게 되었다. 따라서 이 사건 공동행위는 예선을 비교적 저가에 공급하던 포츠다이렉트 및 포츠다이렉트의 중개를 받는 예선업체의 거래 활동으로 인한 여수·광양항 예선공급시장 내 가격경쟁을 방지하기 위한 것으로서 명백히 경쟁을 제한하는 행위에 해당한다.

이에 따라 예선 수요자인 선주 및 해운대리점으로서는 포츠다이렉트의 중개를 통해 비교적 저가로 예선을 공급받을 기회가 줄어들게 되었으므로, 결국 이 사건 공동행위는 소비자의 자유롭고 합리적인 선택권을 제한함으로써 소비자후생의 감소를 초래하므로 그 부당성도 인정된다고 할 것이다."고 판시하였다.

---

195) 공정위의결 1990.8.24, 90-48.
196) 서울고판 2001.12.11, 2000누16830.
197) 공정위의결 2000.12.22, 2000-178.
198) 서울지판 1996.5.16, 96가합3697.
199) 서울고판 2017.8.25, 2016누62100.

6. 설비제한 카르텔

생산 또는 용역의 거래를 위한 설비의 신설 또는 증설이나 장비의 도입을 방해하거나 제한하는 카르텔(법 제40조 제 1 항 제 5 호)로서, 이를 투자제한카르텔 또는 투자조정카르텔로도 부른다. 이 유형은 상품의 생산 이전의 설비투자 단계에서 공급물량을 원천적으로 조절하기 위한 것이다. 예컨대 수요가 지속적으로 감소되는 상황에서 새로운 설비에 대한 대규모 투자가 이루어질 경우 당해 산업의 불황은 심화될 것인바, 이러한 경우의 설비제한은 효율성을 제고하는 면이 있고 따라서 설비제한 카르텔의 경쟁제한성과의 형량이 필요하게 된다.

서울고판 2010.5.18, 2009누13186

사업자 간 이행합의서를 통하여 "경기고속 등의 가평군 대성리 차고지는 대성리~청량리와 대성리~잠실 운행계통으로만 국한하여 운행하고, 차후 가평군 관내 여타 지역으로의 노선연장 등 모든 사업계획 변경신청 및 운행대수 증차는 하지 않기로 한다."라는 합의는 차고지 이전을 통한 노선연장 제한뿐만 아니라 사업계획 변경신청 및 운행차량 증가 등 일체의 행위를 제한하는 합의로 공정거래법 제40조 제 1 항 제 4 호 내지 제 5 호에 해당한다고 본 사례

7. 종류·규격제한 카르텔

7.1. 의 의

상품 또는 용역의 생산 또는 거래시에 그 종류나 규격을 제한하는 카르텔이다(법 제40조 제 1 항 제 6 호). 상품이나 서비스의 규격 혹은 그 종류를 제한하는 것은 경우에 따라서는 가격유지의 수단이 될 수 있고 당해 시장에의 신규진입이나 해외경쟁의 도입에 장애요인이 될 수 있다. 생산자에 의한 종류나 규격의 제한은 물론, 생산자의 제품출하 단계 그리고 유통업자가 재판매와 관련하여 행하는 종류나 규격제한도 원칙적으로 금지의 대상이다. 2004년 개정법문은 용역을 별도로 언급하고 있다.

한편 상품의 종류나 규격의 제한은 거래대상의 규격화 또는 표준화로서 거래의 합리화·원활화에 기여하고 소비자의 편익에 기여하는 순기능이 크다. 여기에

서 종류규격에 관한 합의는 합리의 원칙에 따른 위법성심사의 대상이 된다.

7.2. 사 례

대판 2013.11.28, 2012두17773

원고들이 이 사건 합의에서 다른 사업자들과 논의한 사항은 Non-DRM 상품의 가격 및 곡수, 복합상품의 가격, 변칙상품 출시 금지 및 신규 업체의 출시에 대한 대응, 신규상품의 출시일정, 체험 프로모션의 금지 등으로서 이는 단순히 상품 구성에 관한 사항을 정한 것이라 볼 수 없고 상품의 종류와 규격 등을 제한하는 내용의 합의에 해당하며, ② 신탁 3단체의 징수규정이 가입자 수 기준 사용료와 매출액 기준 사용료 중 많은 금액을 부과 사용료로 정하고 있어서 사실상 온라인 음악서비스 사업자들이 5,000원과 9,000원을 월 정액제 Non-DRM 상품 가격으로 정할 가능성이 높지만 그와 다르게 소비자 가격을 정하는 것 역시 충분히 가능하고, ③ 이 사건 합의는 온라인 음악서비스 사업자와 음원권자가 음원사용에 관하여 서로 자신의 이익을 위하여 협상하는 것이라기보다는 온라인 음악서비스의 소비자에 대한 관계에서 온라인 음악서비스 사업자이자 음원권자인 원고들 등의 이익을 극대화하려는 논의로 해석된다는 등의 판시와 같은 이유를 들어, 원고들의 이 사건 합의가 온라인 음악서비스 사업자들 사이에서 상품의 종류와 규격을 제한하는 공정거래법 제40조 제1항 제6호의 합의에 해당한다.

- **동아출판사 등 6개 출판사의 학습부교재 가격 공동행위결정행위 건**

원고 등 6개사가 고등학교 자습서 등의 규격과 체제를 통일하기로 합의한 행위는 위 6개사가 획일적으로 규격, 판매조건 등을 결정함으로써 가격상승, 내용의 부실화, 부당한 판매조건의 강요 등 부당한 공동행위로 인한 폐해가 발생할 개연성이 매우 높아 경쟁을 실질적으로 제한한다고 할 수 있으므로 법 제40조 제1항 제6호의 상품의 생산 또는 거래시에 그 상품의 종류 또는 규격을 제한하는 행위에 해당한다(서울고판 1992.4.22. 91구3248).

- **하나로텔레콤 등 4개사의 시외전화 상품종류 제한 건**

대법원은 "이 사건 회사들이 요금경쟁 자제 등의 목적에서 2004.6.24. 번들상품(소위 결합상품) 출시를 금지하기로 합의한 것은 다양한 요금상품의 개발에 따른 사업자간 요금경쟁과 소비자 후생을 저해하는 것으로 시외전화 시장에서의 사업자간 경쟁을 부당하게 제한하는 행위로, 제6호 소정의 공동의 상품 종류 및 규격제한 행위로 인정된다"고 판단하였다(대판 2008.10.23, 2007두2586).

• 특정한 공법 및 설비를 적용하지 않기로 합의한 건[200)]

대법원은 대우건설이 다른 건설회사와 함께 사천시청 입찰에 참가하면서 공종별로 특정공법 및 설비 중 55개 항목을 기본설계에서 제외 또는 포함시키기로 합의한 사안에서 "설계시공일괄입찰에 참가하는 입찰자들이 공동으로 특정 공정 및 설비를 기본설계도서에서 제외하거나 포함시키기로 하는 행위는 그 범위 내에서 기본설계도서 작성상의 경쟁을 감소시킴으로써 그들의 의사에 따라 어느 정도 자유로이 기본설계도서에 대한 품질의 결정에 영향을 미치거나 미칠 우려가 있는 상태를 초래하게 되므로, 특별한 사정이 없는 한 그와 같은 입찰자들의 공동행위는 제40조 제1항 제6호의 부당하게 경쟁을 제한하는 행위에 해당된다"고 판단하였다.

8. 영업공동카르텔

8.1. 의 의

'영업의 주요한 부문을 공동으로 수행관리하거나 이를 수행·관리하기 위한 회사 등을 설립하는 행위'에 관한 카르텔로서, 공동회사설립이라고도 한다(법 제40조 제1항 제7호). 이 유형은 지금까지 신회사설립 혹은 회사설립 공동행위로 불리운 것으로서, 종전의 법문은 '영업의 주요부문을 공동으로 수행하거나 관리하기 위한 회사 등을 설립하는 행위'로 되어 있었다. 그러나 2004년의 법문개정으로 영업의 주요부문을 공동으로 수행하는 것이 기본요건이고, 회사설립은 이를 위한 수단의 하나로 바뀌었다. 예컨대 카르텔 당사자들이 R&D Pool의 합의, 영업공통계약 혹은 이익공통계약 등을 통해 연구기술개발, 상품의 생산이나 유통, 원자재의 구매 등을 공동으로 수행 관리하는 것, 혹은 합작회사를 설립하고 이를 통해 당해 영업부문을 공동으로 조절하는 것 등이다.

카르텔기업들이 합작하여 신회사를 설립하는 경우는 경쟁제한적 기업결합을 구성할 수도 있다. 위법성심사와 관련하여 카르텔의 경우는 생산 기타 영업활동에 대한 공동관계를 통한 부당경쟁제한이 문제되는 반면, 기업결합의 경우에는 합작회사 설립에 의하여 각각의 시장진입포기가 이루어지고 이로 인한 실질적 경쟁제한이 문제로 된다. 그리고 카르텔에 대해서는 높은 과징금이 부과되나 기업결합에 대해서는 이행강제금이 부과되는 차이가 있다.

---

200) 대판 2007.9.20, 2005두15137.

8.2. 사 례

• 7개 액화석유가스(LPG) 통합판매점이 판매점을 공동으로 관리하기로 합의하고 7개 통합판매점을 공동관리하는 본부로서 강서가스산업상사를 설립·운영한 행위[201]

• 동아출판사 등 6개 출판사가 한국영어교재발행조합을 설립하여 고등학교 영어교재 자습서와 카세트테이프 등의 포장, 운송, 유통업자와의 판매계약에 관한 사항을 처리하게 한 행위[202]

9. 입찰경매 카르텔

9.1. 의 의

입찰이나 경매 관련 담합행위는 매우 중요한 유형의 카르텔로서 경성카르텔의 하나로 분류되어 왔다. 이 유형은 종래 가격카르텔로 포섭되어 왔으나, 그 중요성과 특수성을 감안하여 2007년 법개정을 통하여 별도의 부당공동행위 유형으로 승격되었다. 입찰·경매 카르텔이라 함은 입찰 또는 경매에 있어 낙찰자, 경락자, 투찰가격, 낙찰가격 또는 경락가격, 낙찰 또는 경락의 비율, 설계 또는 시공의 방법, 그 밖에 입찰 또는 경매의 경쟁요소가 되는 사항을 공동으로 결정하는 행위를 말한다(법 제40조 제1항 제8호; 령 제44조 제1항).

건설업이나 조선업 등 도급거래에서 흔히 볼 수 있는 입찰담합은 관련업계에서 뿌리깊은 관행일 뿐만 아니라 그 시행과정도 독특한 면이 적지 않다. 구법에서는 입찰담합을 가격카르텔로 포섭하였던바, 입찰참가자들이 수주예정자를 담합을 통하여 결정하는 과정에서 입찰가격의 조정이라는 가격담합의 핵심을 가지고 있기 때문이다. 그러나 통상적인 담합이 사업자들의 동일한 행태를 요구하는데 비해, 입찰담합은 입찰자들이 서로 다른 입찰가를 적어 내되 미리 내정한 최저가 혹은 최고가 입찰자가 낙찰되도록 하는 등 독특한 시행구조를 가지고 있다. 여기에서 입찰담합은 다른 카르텔행위의 유형, 예컨대 거래상대방제한이나 사업활동방해를 구성할 수도 있다.

한편 입찰담합에서 담합의 의사가 없는 자가 진의아닌 의사표시로 담합을 하거나 심지어 담합과 다른 가격으로 입찰하여 담합을 좌초시키고 자신이 낙찰된

201) 공정위의결 2002.10.31, 2002-226.
202) 대판 1992.11.13, 92누8040.

경우에도 가격카르텔은 성립한다는 것이 공정위의 실무이자 판례의 태도이다(대판 1999.2.23, 98두15849).

9.2. 공공부문 입찰담합 방지조치

건설도급업의 경우 관급공사의 비중이 매우 크고 거대한 사업이 많다. 국가나 지방자치단체가 발주하는 공사입찰에서 부당공동행위를 방지하는 일은 향후 카르텔규제에서 중요한 위치를 점할 것으로 예측된다. 여기에서 법은 공공부문 입찰 관련 카르텔행위를 방지하기 위한 조치에 관한 규정을 도입하였다.

즉 공정위는 국가, 지방자치단체 또는 공기업이 발주하는 입찰과 관련된 부당한 공동행위를 적발하거나 방지하기 위하여 중앙행정기관, 지방자치단체 또는 공기업의 장에게 입찰 관련 자료의 제출과 그 밖의 협조를 요청할 수 있고, 이들 공공기관의 장은 입찰공고를 하거나 낙찰자가 결정된 때에는 입찰관련 정보를 공정위에 제출하여야 한다(법 제41조 제 1 항 및 제 2 항). 이때 공공기관의 장은 낙찰자 결정 후 30일 이내에 조달사업에 관한 법률에 따른 국가종합전자조달시스템을 통하여 공정위에 제출함을 원칙으로 한다(령 제48조 제 3 항).

공정거래법 제41조 제 2 항에 따른 입찰관련 정보의 제출은 해당 입찰에 참가한 사업자의 수가 20개 이하이고, 추정가격이 건설산업기본법에 따른 건설공사 입찰(일반공사)의 경우에는 50억원 그리고 정보통신공사와 물품구매 또는 용역입찰의 경우에는 5억원을 넘는 경우에 한한다(령 제48조 제 2 항). 그리고 제출하여야 하는 입찰 관련 정보로는, 발주기관과 수요기관, 입찰의 종류와 방식, 입찰공고의 일시와 내용, 추정가격, 예정가격과 낙찰하한율, 입찰참가자별 투찰내역, 낙찰자에 관한 사항, 낙찰금액, 유찰횟수와 예정가격 인상횟수, 그 밖에 입찰과 관련된 부당한 공동행위의 적발 및 방지를 위해 필요하다고 공정위가 인정하는 정보 등이다(령 제48조 제 2 항).

9.3. 사　　례

대판 1999.2.23, 98두15849

독점규제법 제40조 제 1 항의 부당한 공동행위는 사업자가 다른 사업자와 공동으로 일정한 거래분야에서 경쟁을 실질적으로 제한하는 같은 항 각호의 1에 해당하는 행위를 할 것을 합의함으로써 성립하는 것이므로, 합의에 따른 행위를 현실적으로 하였을 것을 요하는 것이 아니고, 또 어느 한 쪽의 사업자가 당초부터 합의에 따를 의사도 없이 진의 아닌 의사표시에 의하여 합의한 경우라고 하더라도 다른 쪽 사업자는 당해 사업자가 합의에 따를 것으로 신뢰하고 당해 사업자는 다른 사업자가 합의를 위와 같이 신뢰하고 행동할 것이라는 점을 이용함으로써 경쟁을 제한하는 행위가 되는 것은 마찬가지이므로 부당한 공동행위의 성립에 방해가 되지 않는다.

• 19개 감정평가사업자들의 입찰담합 사건[203]

한국지역난방공사의 민영화 관련 고정자산 감정평가 용역사업과 관련하여 18개 감정평가법인이 입찰에 응하지 않을 것을 담합한 후 입찰자격이 있는 사업자 전원인 15개 사업자가 입찰에 불응하여 입찰을 2차에 걸쳐 유찰시키고, 18개 감정평가법인과 한국감정원은 감정평가 수수료 가이드라인을 정한 후 수의계약 등 어떠한 방법으로 업무를 수주하더라도 가이드라인 기준 대비 20% 이상을 할인하지 않기로 합의한 후, 그 후 평가업무를 맡은 삼성증권에 제안서 제출을 요청받은 6개 평가법인이 수수료할인 담합을 준수하여 제안서를 제출한 사건이다.

대판 2023.8.31. 2021두41662
(외국계 은행들의 통화스왑 관련 공동행위)

대법원은 이 사건 입찰이 외형과 달리 실질적으로는 수의계약을 체결한 것으로 볼 수 있으므로 입찰담합의 경쟁제한성을 인정하지 않은 원심판결을 파기하고, 입찰의 경쟁의 실질에 대한 판단기준을 제시하였다. 입찰에서 발주자와 참가자가 구두로 합의를 했다고 하더라도 제안서 제출, 조건에 따른 낙찰 등 통상적인 입찰절차는 거쳤다면 경쟁의 실질을 갖추었다고 볼 수 있고, 이러한 입찰에서의 낙찰자 합의는 경쟁제한성이 있다고 판단한 점이 중요하다. "한국도로공사의 내부 규정인 「재무위험 관리 기준」 제13조 제3항 본문은 "파생상품의 거래는 경쟁을 통하여 가격을 결정함을 원칙으로 한다."라고 규정하고 있다. 비록 한국도로공사가 B은행과 이 사건 통화스왑거래에 관하여 이미 구두로 수의 계약을 체결하였다 하더라도, 위와 같은 내부 규정을 위반하지 않기 위하여 B은행에 다른 은행들의 견적서도 함께 제출해 줄 것을 요청함으로써 다른 은행들이 B은행과 사전에 합의한 대로 B은행보다 높은 원화 고정금리로 견적서를 작성하여 한국도로공사에 제출하고, 그중 가장 낮은 금리를 제시한 B은행이 낙찰자로 선정된 이상, 입찰을 전혀 실시하지 아니한 채 형식적인 입찰서류만을 작성하여 입찰이 있었던 것처럼 조작한 경우와는 달리 입찰이 존재하는 것으로 볼 수 있다.

203) 공정위의결 2003.6.9, 2003-101.

실질적으로는 단독입찰을 하면서 들러리를 내세워 마치 경쟁입찰을 한 것처럼 가장하거나 발주자 측이 특정인과 공모하여 그 특정인이 낙찰자로 선정될 수 있도록 예정가격을 알려주고 그 특정인은 나머지 입찰참가인들과 담합하여 입찰에 응한 경우와 같이 실제로 입찰이 실시된 사안과 이 사건 입찰을 비교해 보면, 그 구조 및 형태가 사실상 유사하고 달리 보기 어렵다.

한국도로공사와 B은행 사이에 이 사건 통화스왑거래에 관하여 체결된 수의 계약은 당사자 사이에서만 구속력이 있을 뿐 그 이후에 진행된 입찰 절차에는 아무런 영향을 미치지 않는다. 이 사건 공동행위에 가담하지 않은 다른 은행이 유효한 경쟁관계를 전제로 한국도로공사에 견적서를 제출한다거나 이 사건 공동행위에 가담한 다른 은행이 합의를 파기하고 B은행보다 더 낮은 원화 고정금리로 견적서를 작성·제출할 가능성도 배제할 수 없다.

심지어 한국도로공사가 진행한 입찰 절차에서 다른 은행이 B은행보다 좋은 조건으로 응찰하는 경우 B은행과의 수의 계약에도 불구하고 보다 나은 조건을 제시한 은행과의 통화스왑거래를 체결하는 것이 허용되지 않는다고 볼 수는 없다. 따라서 한국도로공사가 B은행과의 수의 계약 체결 이후 진행한 입찰 절차를 무용한 것으로 단정하기 어렵다.

부당한 공동행위 등을 규제하여 공정하고 자유로운 경쟁을 촉진하고자 하는 공정거래법의 입법목적에 비추어 보면, 한국도로공사가 행한 위와 같은 방식의 입찰 역시 규제할 필요가 있다."

10. 다른 사업자의 사업방해 및 정보교환

10.1. 다른 사업자의 사업활동방해

제1호 내지 제8호 이외의 행위로서 다른 사업자(그 행위를 한 사업자 포함)의 사업활동 또는 사업내용을 방해하거나 제한함으로써 일정한 거래분야에서 경쟁을 실질적으로 제한하는 행위에 관한 카르텔이다(법 제40조 제1항 제9호 전문).

법 제40조 제1항 제9호가 말하는 다른 사업자의 해석과 관련하여 논란의 여지가 있다. 즉 법 제40조를 수평적 거래제한으로 국한시키는 입장에서는 다른 사업자란 카르텔 가담사업자와 동일한 시장에서 경쟁하는 국외자(outsider)를 지칭하는 것으로 보아야 하며, 카르텔의 전후방 단계에 속하는 사업자에 대한 거래제한 기타의 법익 침해는 수직적 거래제한의 속성을 지니는 것으로서 불공정거래행위 등에 포섭되게 된다. 이러한 해석에 의하면, 이 유형은 집단배척 또는 집단보이콧(group boycott)[204]의 일부를 포섭하는 조항이 된다. 이 행위유형은 앞서의 전형적인 카르텔들이 카르텔 구성원 혹은 인사이더의 영업활동에 대한 제한을 통해 시장에서의 경쟁을 제한하는 것과 그 구조가 판이하게 다르다.

그러나 수직적 공동행위의 성립을 긍정하는 법원과 공정위의 실무는 공정거래법 제40조 소정의 '다른 사업자'를 매우 폭넓게 새겨서 합의의 주체인 사업자, 협정체제의 밖에 있는 국외자, 그리고 거래단계를 달리하는 사업자도 여기에 포함되는 것으로 본다. 특히 자신들의 전후방 거래사업자에 대하여 국외자와의 거래를 배척하도록 종용하는 행위, 소위 집단배척이 이 행위유형의 전형으로 볼 수 있다. 그러나 집단배척은 불공정거래행위와 기본적으로 중복되는 속성을 가진다. 즉 일반 불공정거래행위의 기본유형인 '거래거절과 차별취급'의 세목으로 집단적 거래거절과 집단적 차별이 포함되어 있다.

마지막으로 이 행위유형에서 요구하는 경쟁제한성은 본문과는 달리 관련시장에서 경쟁의 실질적 제한이다. 이 문언은 1999년의 본문 개정에도 불구하고 존치된 것인바, 부당경쟁제한과 경쟁의 실질적 제한을 내용적으로 구별하는 입장에서는 보충적 카르텔인 만큼 경쟁제한성의 심사를 보다 엄격하게 하겠다는 것으로 이해할 수 있다. 그러나 양자를 내용면에서 구별하지 않는 입장에서는 본문을 고치면서 제9호의 문언을 손대지 않은 것은 입법의 실수 혹은 그에 준하는 것으로 보게 될 것이다.

대판 2015.4.23, 2012두24177
(복합유선방송사업자들의 PP사업자에 대한 IPTV와의 거래배척)

원심은 그 채택 증거에 의하여, 원고 등 5개 복합유선방송사업자(종합유선방송사업자 가운데 2개 이상의 방송구역에서 영업하는 복수유선방송사업자를 의미한다. 이하 통틀어 '원고 등'이라 한다)가 인터넷멀티미디어방송사업자(이하 'IPTV사업자'라 한다)의 유료방송서비스 시장에 대한 신규 진입이 예상되자 이에 대응하여 방송채널사용사업자(이하 'PP사업자'라 한다)들로 하여금 IPTV사업자에게 방송프로그램을 공급하지

204) 보이콧은 어느 기업이 다른 기업에 대하여 특정한 제3자와의 거래관계를 중단하도록 권유 또는 요구하는 것이며, 따라서 그 구조는 배척자, 동조자, 그리고 피해자로 구성되고, 동조자와 피권유자는 동일하지 않아도 좋다(정호열, 부정경쟁법, 115-7). 그러나 우리나라에서는 엄밀한 구조론에 집착할 필요는 없고, 집단배척은 배척자가 다수인 경우는 물론 배척자와 동조자가 다수인 경우도 포함된다. 집단배척이 부당카르텔로 평가되자면, 복수의 배척자 사이 또는 배척자와 동조자 사이의 협정체제가 인정되어야 한다.

못하도록 할 의도로, 2008.11.14. PP사업자 중 IPTV사업자와 방송프로그램 공급계약을 체결한 온미디어에 대하여는 방송채널을 축소하는 방식으로 불이익을 주는 제재를 가하면서 씨제이미디어에 대하여는 IPTV사업자에게 방송프로그램을 공급하지 아니하는 것을 조건으로 250억 원을 지원하기로 하는 합의를 한 사실을 인정하였다. 나아가 원심은 유료방송서비스 시장의 구조와 특성, 복합유선방송사업자와 PP사업자 사이의 거래상 우월관계, 이 사건 합의에 참여한 원고 등과 그 직접 상대방인 온미디어, 씨제이미디어의 시장점유율, 이 사건 합의에 이르게 된 경위와 의도 및 목적, 이 사건 합의 전후의 시장 상황, IPTV사업자에게 방송프로그램을 공급하는 것에 대한 PP사업자들의 인식, 원고 등의 온미디어에 대한 채널 축소가 제재에 해당한다는 PP사업자들의 전반적인 인식, 2010년 12월 말까지 IPTV사업자에 제공되지 아니하였던 방송프로그램의 비율, 이 사건 합의 당시 IPTV사업자의 채널경쟁력 등을 종합하여, 이 사건 합의로 인하여 결국 시청점유율 상위 40개 방송채널을 보유한 PP사업자들 중 상당수가 IPTV사업자에게 방송프로그램을 공급하는 것을 포기하게 됨으로써 간접적으로 IPTV사업자의 유료방송서비스 사업이 방해되었다고 판단하였다.

원심판결 이유를 앞서 본 법률 규정과 기록에 비추어 살펴보면 원심의 판단은 정당한 것으로 수긍이 가고, 거기에 상고이유의 주장과 같은 공정거래법 제40조 제1항 제9호의 '사업활동 방해'에 관한 법리오해, 심리미진, 채증법칙 위반, 판단누락 등으로 판결 결과에 영향을 미친 위법이 없다.

대판 2015.6.11, 2013두1676

[1] 2006년 울산대학교병원의 의약품 입찰실시 다음 날인 2006.6.13. 복산약품 주식회사, 주식회사 삼원약품, 세화약품 주식회사, 주식회사 동남약품, 우정약품 주식회사, 주식회사 아남약품 등과 사이에 낙찰 받은 도매상은 기존 제약사와 거래를 해오던 다른 도매상으로부터 낙찰단가대로 의약품을 구매하고 병원으로부터 대금을 수령하면 그 도매상에게 낙찰단가대로 금액을 송금하기로 합의(도도매 거래)하고 그 무렵부터 약 1년간 이를 실행한 사실, 이러한 납품방식은 위 병원의 2007년도 및 2008년도 의약품 구매입찰에서도 큰 변동 없이 그대로 이어졌다.

[2] 이 사건 입찰과 관련한 구매자가 '울산대학교병원'으로 특정되어 있고 거래대상은 울산대학교병원이 그룹으로 묶어 지정한 의약품군에 한정되는 점, 낙찰자는 울산대학교병원이 지정한 상품을 그룹 단위로 공급하여야 하고 낙찰자가 그중 일부만 공급하는 것을 선택할 수 없으므로 개별 의약품이나 다른 의약품군과 대체할 수 없는 점, 입찰절차 내에서 울산대학교병원이 제시한 입찰참가자격, 예정인하율 등 일정한 조건하에 경쟁이 이루어지게 되어, 통상적인 의약품 거래와는 경쟁의 조건에서 본질적인

차이가 있는 점 등, 이 사건 합의의 관련시장은 위 병원이 실시하는 의약품 구매입찰 시장이다.

[3] 당해 공동행위가 경쟁제한적 효과 외에 경쟁촉진적 효과도 함께 가져오는 경우에는 양자를 비교·형량하여 경쟁제한성 여부를 판단하여야 한다. 여기에서 경쟁제한적 효과는 공동행위의 내용, 공동행위에 가담한 사업자들의 시장점유율, 공동행위 가담 사업자들 사이의 경쟁제한의 정도 등을 고려하고, 경쟁촉진적 효과는 당해 공동행위로 인한 제반 비용감소 등 효율성 증대 효과 및 소비자 후생 증가 등을 포괄적으로 감안하되 합리적인 관점에서 그러한 경쟁촉진적 효과를 발생시키는 데 당해 공동행위가 필요한지 여부 등을 종합적으로 고려하여야 한다.

[4] 이 사건 합의로 인하여 낙찰받지 못한 도매상도 낙찰도매상과 낙찰가대로 도도매 거래를 함으로써 의약품을 납품할 수 있게 되므로, 이 사건 합의에 가담한 사업자들은 모두 사실상 낙찰자로서의 지위를 가지고 입찰에 참가한다고 볼 수 있어 가격경쟁으로 결정되는 낙찰자 선정의 의미를 무색하게 할 우려가 있다는 점 등을 들어 이 사건 입찰시장에서의 경쟁제한적 효과를 인정하는 한편, 원고 등이 마진 없는 도도매 거래를 할 수밖에 없었던 불가피성을 인정하기 어려운 점, 이 사건 합의가 없었더라면 위 입찰의 예정인하율보다 더 높은 낙찰인하율이 성립할 수 있었을 것으로 보이는 점, 원고가 주장하는 낙찰가 인하 등의 사정이 이 사건 합의로 인하여 발생한 것으로 보기는 어려운 점 등의 사정을 들어, 이 사건 합의로 인한 경쟁제한적 효과보다 경쟁촉진적 효과가 더 크다고 볼 수 없으므로 이 사건 합의가 이 사건 입찰시장에서의 경쟁을 부당하게 제한하였다.

* 이 판결은 입찰담합이 아니라 공정거래법 제40조 제1항 제9호에 따라서 제약사 또는 다른 도매상들에 대한 사업활동방해 조항이 적용된 사안이다. 판결의 인용은 부분적으로 첨삭되었다.

10.2. 정보교환의 합의

이 유형은 2020년 개정을 통해 추가된 것으로, 가격이나 생산량 기타 시행령이 정하는 정보를 주고 받음으로 일정한 거래분야에서 경쟁을 실질적으로 제한하는 행위이다. 정보교환 그 자체도 부당한 공동행위로 규율할 수 있다는 의미를 갖는데, 공동행위의 종기가 신법 시행일(2021.12.30.) 이전인 사건에 대하여는 구법의 적용에 따라 판단해야 한다. 합의의 대상이 되는 정보는 가격이나 생산량 그리고 시행령이 정하는 상품 또는 용역의 가격이나 생산량, 원가, 출고량이나 재고량 또는 판매량, 거래조건이나 대금·대가의 지급조건에 관한 정보(령 제44조 제2항)로 한정된다. 여기에서의 정보교환은 직접적인 방식 외에도 온라인이나 제3자를 통한 정보교환(이른바 'Hub & Spoke'방식), 공표 등과 같은 다양한 수단을 통해 이루어질 수 있다. 이 부당공동행위의 유형은 법 제40조 제5항이 정하는 추정사유로서 부당공동행위의 각 유형에 대한 정보교환과는 별개이므로, 부당공동행위 성립에 관한 일반이론이 그대로 적용된다. 경쟁을 실질적으로 제한하는 정보교환에 대한 합의가 있고, 다시 부당한 경쟁제한성이 있어야 이 유형의 담합이 성립하는 것이다.

앞서 언급한 바와 같이, 1999년의 법개정시 경쟁제한성 입증을 가벼이 한다는 취지로 '일정한 거래분야에서 경쟁을 실질적으로 제한하는'이라는 요건을 '부당하게 경쟁을 제한하는'으로 본문에서 수정하였다. 그럼에도 불구하고 제9호의 작은 일반조항에 대해서는 종래의 경쟁제한성 요건을 그대로 두었고, 다시 정보교환이라는 행위유형을 추가하면서 이 요건을 원용한 것이다. 형식논리상으로 경쟁의 실질적 제한이 입증되었다면, 다시 부당경쟁제한성을 논란할 실익이 없다. 나아가서 정보교환을 추정사유로 인정한다면, 별도로 정보교환 합의의 행위유형을 인정할 필요가 있는지도 의심스럽다.

제5절 공동행위의 인가

1. 금지의 예외

부당하게 경쟁을 제한하는 공동행위는 금지되지만, 일정한 경우 법은 금지규정을 적용하지 아니한다. 즉 공정거래법 제40조 제2항 소정의 각호에 해당하는 사유가 있고 또 시행령이 정하는 요건을 충족하고, 다시 공정위의 인가를 받는 경우에는 당해 공동행위가 부당하게 경쟁을 제한하더라도 금지규정이 적용되지 아니한다(법 제40조 제2항 본문). 이 규정에 의한 공동행위를 일컬어 공동행위의 인가라고 말하고 있으나, 공정위가 인가한 사례는 전무한 상황이다.

우리나라 공정거래법의 공동행위 인가제도는 독일법과도 상당히 다르고, 미국 판례법의 정당화사유(defense)와는 근본적으로 다르다. 미국법의 경우 특히 연성카르텔의 정당화사유(defense)가 셔먼법 제1조의 전면적 금지규정 하에서 판례법으로서 전개되며(합리의 원칙에 따른 위법성심사), 연방거래위원회가 이를 인가하는 제도를 알지 못한다. 한편 독일 경쟁제한금지법은 제 1 조에 원칙적 금지를 정한 후, 첫째 표준화 및 조건 카르텔, 전문화 카르텔, 중소기업 카르텔, 합리화 카르텔, 구조조정 카르텔, 그리고 이 밖의 카르텔[205] 등의 예외를 인정하고(동법 제 2 조에서 제 7 조), 둘째 여기에 해당되지 않는 경우에도 연방경제장관은 국민경제 전체와 공익적 관점에서 우선적으로 필요한 경우 카르텔금지의 적용을 면제할 수 있다(동법 제 8 조. 긴급카르텔). 이들 카르텔은 모두 연방카르텔청에 신고되어야 한다. 표준화 카르텔과 전문화 카르텔은 통지로부터 3개월 이내에 카르텔청이 이의를 제기하지 아니할 경우 발효하게 되고(동법 제 9 조 제 3 항), 기타 모든 카르텔은 연방카르텔청이 신청에 대해 서면으로 승인할 때에 비로소 효력이 생긴다(동법 제10조 제 1 항).

공동행위의 인가는 카르텔법 내의 적용면제 제도라고 할 수 있는바, 경쟁제한적 속성을 지니는 카르텔이 허용되는 근거는 이 밖에 또 있다. 즉 다른 법률의 개별규정에 직접 기초한 사업자의 공동행위 내지 법정카르텔도 가능하고, 또 특정한 영업분야에 속하는 사업자의 공동행위에 대해 법령에 따라 주무감독관청이 인가한 카르텔도 있다. 이들은 공정거래법 제116조 소정의 법령에 따른 정당한 행위로서 공정거래법의 적용이 면제되는바, 종래 우리나라에는 인가카르텔이 상당히 많았다. 그리하여 OECD의 권고 하에 "독점규제 및 공정거래에 관한 법률의 적용이 면제되는 부당한 공동행위의 정비에 관한 법률"이 1999년 2월에 제정되어 이들 인가카르텔을 상당수 해체하였으나, 아직 상당수의 개별법이 예외카르텔을 존치시키고 있다.

---

205) 제 7 조의 기타 카르텔이 특히 흥미롭다. 이는 EC조약 제85조 제 3 항에 따른 1998년 GWB개정으로 도입되었다(Heidemann/Satzky/Stadler, Das Recht gegen Wettbewerbsbeschränkungen, Fritz Knapp Verlag, 1999, 26). 즉 상품이나 서비스의 개발, 생산, 유통, 구득, 회수와 폐기를 개선하기 위한 합의나 결정이 상당한 정도로 소비자의 편익제고에 기여하는 경우 동법 제 1 조의 적용을 면제받는바, 이를 위해서는 첫째 카르텔 가담자들이 다른 방법으로는 개선의 목적을 이룰 수 없어야 하고, 둘째 그로 인한 경쟁제한과 상당한 비례관계가 있어야 하고, 셋째 경쟁제한이 시장지배적지위를 형성하거나 이를 강화하지 아니하여야 한다. 본문 중에 포함된 소비자의 편익제고라는 효율성을 감안하면, 동조는 카르텔금지의 적용면제 혹은 정당화를 위한 요건을 망라적으로 언급한다.

2. 인가사유와 요건

2.1. 인가사유

법 제40조 제 2 항은 불황극복을 위한 산업구조조정, 연구기술개발, 거래조건 합리화, 중소기업경쟁력향상 등 4가지의 사유를 열거하고 있다.[206] 이들 인가카르텔과 관련하여 시행령은 인가요건을 각별로 엄격하게 규정하고 있다(령 제45조 제 1 항). 해당 공동행위가 목적 달성을 위해 필요한 정도를 초과하거나 수요자 및 관련 사업자의 이익을 부당하게 침해할 우려가 있거나 참가사업자에 대한 부당한 차별이 있거나 참가나 탈퇴를 부당하게 제한하는 경우 공정위는 인가할 수 없는데(령 제45조 제 2 항), 이는 모든 인가카르텔의 공통적 인가요건으로 볼 수 있다.

2.2. 인가의 실제

공정위에 의한 공동행위의 인가는 자유재량행위가 아니라 기속재량에 속한다. 그러므로 인가신청을 한 사업자가 예외사유의 존재와 그 내용을 증명하였을 때 공정위는 이를 인가할 의무가 있다. 그러나 이 인가제도는 사실상 유명무실하여, 지금까지 공정위가 카르텔을 인가한 실례가 존재하지 않는다.

3. 인가의 절차

공동행위의 인가를 받고자 하는 자는 참가사업자의 수와 그 명칭과 주소, 대표자와 임원의 성명과 주소, 공동행위의 사유와 그 내용, 공동행위 기간 등을 기재한 신청서를 공정위에 제출하여야 하며(령 제46조), 여기에 협정 또는 결의서 사본, 최근 2년간의 영업보고서, 대차대조표[207] 등의 재무서류와 기타 필요한 서류를 첨부하여야 한다.

공정위는 필요하다고 인정하는 경우 30일 이내의 범위에서 인가 전에 당해

---

206) 국제경쟁력강화 등 국제적 정합성이 없는 경우는 예외사유에 들어 있지 않으나, 지금까지 공정위가 인가한 카르텔은 존재하지 아니한다. 그 결과 예외사유의 비중을 가늠하기 힘들며 이러한 상황이 정상은 아니다. 한편 독일의 경우에 많은 인가카르텔 중 중소기업카르텔이 큰 비중을 점하며, 연방경제장관의 긴급카르텔은 실무상의 의미가 없다.

207) 2011년, 우리나라가 국제회계기준(IFRS)을 도입하면서, 기업회계기준상 "대차대조표" 대신 재무상태표(Statement of Financial Position)가 공식적인 문서명이다. 그럼에도 불구하고 공정거래법 시행령은 여전히 과거의 "대차대조표"라는 단어를 사용하고 있다.

신청내용을 공시하여 이해관계인의 의견을 들을 수 있는바, 인가내용을 변경하는 경우에도 같다(령 제46조 제4항·제6항).

제6절 법위반의 효과와 구제

1. 부당공동행위의 사법상 효력

부당한 공동행위를 할 것을 약정하는 계약 등은 사업자 간에 있어서는 이를 무효로 한다(법 제40조 제4항). 카르텔행위에 해당하는 계약이나 합의, 규약, 결의 등은 당사자 간에 있어서 절대무효이며, 이를 이행하기 위한 부수적 혹은 파생적 합의도 더불어 무효가 된다. 따라서 소송으로 합의의 이행을 강제할 수도 없고, 또 약정위반으로 인해 현실적인 손해가 발생하더라도 이에 대해 채무불이행 혹은 계약위반책임을 추궁할 수 없다.[208] 카르텔합의에 대한 위반은 원칙적으로 불법행위를 구성하지 아니한다고 할 것이다.

그러나 이 무효는 부당공동행위의 당사자 사이에서 당해 합의가 무효가 되는 데 그친다. 따라서 이 불법적인 합의에 기초하여 부당공동행위의 당사자가 제3자와 체결한 계약, 예컨대 협정가격으로 제3자와 체결한 계약 등은 그 효력에 영향을 받지 아니한다. 물론 이러한 경우의 제3자는 그가 사업자이든 최종소비자이든 자신이 거래한 사업자에 대해 공정거래법 제109조 소정의 손해배상청구가 가능하다.

2. 벌　　칙

부당한 공동행위를 하거나 이를 행하도록 한 자에 대하여는 3년 이하의 징역 또는 2억원 이하의 벌금에 처하며, 징역과 벌금은 병과할 수 있다(법 제124조 제1항 제9호). 그리고 법 제42조에 의한 시정조치 또는 중지명령에 응하지 아니한 자에 대하여는 2년 이하의 징역 또는 1억 5천만원 이하의 벌금에 처하는 바(법 제125조), 징역과 벌금은 병과할 수 없다.

208) 대판 1987.7.7, 86다카706.

3. 공정위의 시정조치와 과징금

3.1. 공정위의 시정조치

공정위는 부당공동행위를 스스로 한 사업자나 이를 다른 사업자에게 교사한 사업자에 대해 당해 행위의 중지, 시정명령을 받은 사실의 공표, 기타 시정을 위해 필요한 조치를 내릴 수 있다(법 제42조).

이와 관련하여 몇 가지 논점이 있다. 우선 '기타 시정을 위해 필요한 조치'로서 공정위가 카르텔당사자들에 대해 종전의 가격으로의 원상회복 혹은 가격인하명령을 내릴 수 있는지가 문제된다. 시장지배적지위 남용행위의 경우에는 명시적으로 인하명령이 언급되고 있으나 부당공동행위의 경우에는 그러하지 아니한 점 그리고 가격카르텔의 경우에도 가격인상이 규제의 표적이 되는 것이 아니라 공동의 가격형성이 문제된다는 점 등을 감안할 때, 가격인하는 이를 명할 수 없다고 하겠다. 공정위의 카르텔에 관한 심결례에서도 가격인하명령은 확인되지 않는다.

두 번째로 합의의 파기도 논란의 소지가 있다. 카르텔합의는 당사자 사이에서 처음부터 무효인데, 무효인 합의를 다시 파기하라는 명령은 일견 논리적으로 정합성이 없는 듯 보인다. 그러나 당해 합의가 사법상 당연무효라는 사실과 당해 합의의 실질적이고 종국적인 폐기는 별개의 문제다. 예컨대 당사자들이 가격협정 체제를 완전히 폐기하여 이를 실질적으로 무효화하고 독자적인 가격형성으로 되돌아가도록 하는 것은 의미가 있다.

세 번째로 시정조치 이후의 가격의 추이 등 기타 사후상황의 보고명령 및 정보교환 금지명령도 기타의 조치에 해당될 수 있다. 법원도 '기타 시정을 위해 필요한 조치'로서 정보교환금지명령을 할 수 있다고 판단하였다. 즉, 대판 2009.5. 28, 2007두24616은 대선제분(주) 등 국내 8개 제분사들의 밀가루 공급물량 및 가격 담합 사건에서 "기타 시정을 위한 필요한 조치에는 행위의 중지뿐만 아니라 그 위법을 시정하기 위하여 필요하다고 인정되는 제반 조치가 포함된다고 할 것이다. 따라서 사업자들이 상호 정보교환을 통하여 부당한 공동행위를 하기에 이른 경우에 공정위는 그것이 부당한 공동행위의 시정을 위하여 필요하다면 그 사업자들에 대하여 정보교환 금지명령을 할 수 있다. 다만 그와 같은 정보교환 금지명령이 공정거래법 제42조에서 정한 필요한 조치로서 허용되는지는 그 정보교환의 목적,

관련시장의 구조 및 특성, 정보교환의 방식, 교환된 정보의 내용, 성질 및 시간적 범위 등을 종합적으로 고려하여 판단해야 할 것인바, 이 사건 금지명령 중 "시장을 통한 정보수집의 경우를 제외하고"라는 문구 및 시정명령 전체의 취지에 비추어 보면, 현재 또는 장래에 관한 공개되지 아니한 정보의 교환만을 금지하는 것임을 알 수 있으므로 명확성과 구체성의 원칙이나 비례의 원칙에 위반되지 아니한다"고 판단하였다.[209)]

네 번째로 가격담합에 대한 시정조치로서 협정체제 이전의 가격으로 복귀하라는 원상회복명령이나 가격인하를 명할 수 있는지 여부가 논란될 수 있다. 시장지배적 사업자의 부당한 가격결정에 대해서 공정거래법 제7조가 가격인하 조치를 명문으로 규정하는데 비해, 가격담합에 대한 시정조치를 정하는 법 제42조에는 이에 관한 명문의 규정이 없다. 협정체제 이전의 시점과 담합 이후의 시장상황이 달라지는데다가, 합의에 가담한 다수의 사업자의 원가구조가 각기 다르고 그 분석이 매우 어려운 점을 감안할 때, 카르텔 사건에서 공정위가 가격원상복구나 가격인하 조치를 내리는 것은 적절하지 않다고 할 것이다.[210)]

한편 시정조치의 이행을 확보하기 위해 필요한 경우 공정위는 관계행정기관 기타 기관 또는 단체의 장에게 필요한 조치를 의뢰할 수 있다(법 제121조 제3항). 특히 입찰담합 사건에서 공정위가 사업자에 대한 시정조치와 더불어 영업정지명령을 내리거나 당해 기관이 시행하는 입찰에 참가할 수 있는 자격을 향후 제한하도록 관계 행정기관에 대해 협조를 의뢰하는 경우가 있다. 이 의뢰는 관계행정기관에 대한 것이므로 법위반사업자에 대해 행하는 '기타 시정을 위해 필요한 조치'는 아니고, 따라서 사업자가 이를 자신에 대한 공정위의 시정조치로서 다툴 수 없다. 판례도 이를 사업자가 행정소송이나 이의신청 등의 행정쟁송을 통해 다툴 수 있는

209) 공정위 시정명령 중 정보교환 금지명령의 내용: '피심인들은 시장을 통한 정보수집의 경우를 제외하고 직접 또는 협회를 통하는 방법, 기타 여하한 방법으로 상호간의 가격, 밀가루 판매량 또는 생산량에 관한 정보를 교환하여서는 아니된다'. 한편 이러한 정보교환 금지명령은 미국 및 유럽의 경쟁당국에 의해서도 널리 부과되는 시정명령 유형이다. 예컨대 미국 FTC는 '북 텍사스 내과 전문의 협회' 사건에서 거래조건들에 관한 정보의 교환 또는 정보의 교환을 조장하거나 정보를 전달하는 것을 금지하는 명령을 부과한 바 있고(Commission Opinion in the matter of North Texas Specialty Physicians, Complaint, September 16, 2003- Opinion and Final Order, November 29, 2005, Federal Trade Commission Decisions Volume 140, 715), 영국에서는 cartonboard라는 재료를 생산하는 사업자들이 Fides라는 시스템을 통하여 정보를 교환한 사건에서 정보교환금지명령을 부과하였다(Cartonboard, 13 July 1994, [1994] OJ L243/1, [1994] 5 CMLR 547, [1994] 2 CEC 2186).

210) 김형배, 공정거래법의 이론과 실제, 삼일(2019), 816-7.

대상, 즉 행정처분으로 보지 아니한다.[211]

3.2. 과징금의 부과

가. 과징금 산정의 원칙

부당공동행위자 혹은 이를 교사한 자에 대하여 과징금을 부과할 수 있다. 과징금의 부과기준은 법위반 기간 동안의 관련매출액의 20% 이내 그리고 매출액이 없는 경우에는 40억원 이내에서 부과할 수 있다(법 제43조). 종전부터 사업자들은 과징금 부과처분에 예민하게 반응하고 있고, 법원에서 다투어진 카르텔 관련 사건의 상당수가 이 과징금의 부과기준, 위반기간 혹은 관련매출액 산출의 상당성을 문제삼고 있다.

과징금 부과기준이 되는 것은 매출액이다. 매출액을 산출하기 위해서는 위반행위가 이루어진 기간[212]과 관련 상품(또는 용역)이 획정되어야 한다. 법률은 이에 관한 사항을 일괄하여 시행령에 위임하는바, 시행령은 제84조 관련 별표 6 위반행위의 과징금부과기준에서 과징금산출단계와 산출기준을 정하고 있다.

나. 임원 가중시 '이사'의 개념

구 '과징금고시'는 임의적 가중사유의 하나로 '위반사업자의 이사 또는 그 이상에 해당하는 고위 임원이 위반행위에 직접 관여한 경우(사업자단체 금지행위는 제외한다)'를 규정하고 있었는데, 동 규정에서 말하는 '고위 임원'이 등기부에 등재된 임원에 국한되는지가 재판상 다투어졌다. 이와 관련하여 대법원은 굴삭기 및 휠로다 가격담합사건에서 원고의 임원 중 특정인이 위반기간 중 일부의 기간 동안에는 부장의 지위에 있었음에도 동 직원이 이 사건 가격협의에 참가하였음을 이유로 전체 관련매출액에 대하여 일률적으로 과징금을 가중한 것은 위법하다고 판단하였다(대판 2008.9.25, 2007두12699).

빙과가격 담합사건에서도 위 고시 규정상 '이사 또는 그 이상에 해당하는 고위 임원'의 범위에 관하여 다툼이 있었는데, 대법원은 "위 고시에 규정된 처분기준은 당연히 그 상위법령인 공정거래법령에 합치되어야 하는데, 이사에 관한 상법과 공

---

211) 대판 1998.3.24, 97다33867.

212) 위반기간이 법의 개정 전후에 걸친 경우의 과징금산정이 문제된 사안도 있다. 이에 대해 법원은 "달리 법이 신구법령의 적용에 관한 경과규정을 두고 있지 아니한 이 사건에서 피고가 그 행위의 종료시에 시행되던 법과 시행령을 적용하여 과징금을 산정한 것을 위법하다고 볼 수 없다"고 보았다(대판 2001.5.8, 2000두7872).

정거래법의 규정들에 비추어 볼 때 공정거래법에 규정된 이사의 개념을 상법상의 이사와 달리 보기 어려운 점, 과징금 부과처분 등 침익적 행정처분에 있어서는 국민의 재산권 등 권리보호라는 헌법적 요청 및 법치행정의 원리에 따라 근거규정에 대한 엄격한 심사를 요하는 점 등에 비추어, 위 고시에 규정된 이사는 상법상의 이사로서 법인등기부 상에 이사로 등기된 자만을 의미한다"고 판단하였다.[213]

다. 매출액 포함 여부가 문제되는 경우

최근 대판 2009.3.26, 2008두21058은 부가가치세를 관련 매출액에 포함한 것은 위법하다고 판단하였다. 즉 "구법 시행령 제61조 제1항 [별표 2] 제2호 가목은 매출액에 관하여 사업자의 회계자료 등을 참고하여 정하는 것을 원칙으로 하고 있는데, 기업이 소비자로부터 일시적으로 수취하여 보관하였다가 세무서에 납부하는 부가가치세 등의 간접세는 기업회계상 매출액에 포함되지 않고 예수금의 일종으로서 유동부채계정으로 분류되어 기재되는 것이 일반적인 점, 구법 시행령 제4조 제1항도 '법 제2조(정의) 제7호 단서에서 연간 매출액 또는 구매액이라 함은 당해 사업자가 법 제3조의2(시장지배적 지위의 남용금지)의 규정에 위반한 혐의가 있는 행위의 종료일이 속하는 사업연도의 직전 사업연도 1년 동안에 공급하거나 구매한 상품 또는 용역의 금액(상품 또는 용역에 대한 간접세를 제외한 금액을 말한다. 이하 같다)을 말한다'고 규정하여 원칙적으로 상품 또는 용역에 대한 간접세는 매출액에서 제외하고 있는 점 등을 종합하여 보면, 위원회가 부가가치세를 포함하여 관련 매출액을 산정한 것은 위법하다"고 판단한 것이다.

이 밖에 서울고법은 ① 차별화 제품(특수규격 제품, 단독생산 제품)의 매출액을 관련매출액에 포함시키는 것이 위법하다고 판단한 바 있고,[214] ② 폐기물 부담금은 준조세로서의 성격을 가지고 있으므로 관련매출액에 포함한 것은 위법하다고 보았으며,[215] ③ 불량품에 대하여 "불량품은 전혀 상품화할 수 없는 폐기물이 아

---

213) 대판 2008.10.23, 2008두10621. 동일한 취지의 판결로서 대판 2008.10.23, 2008두8859; 참고로 공정위는 2007.12.31. 위 고시규정을 개정하여 등기부 등재 여부를 불문한다고 규정하였다[공정위 고시 제2007-15호(2007.12.31. 개정) Ⅳ.3.나.(5)].

214) 서울고판 2009.7.22, 2008누23797; 반면 서울고판 2009.7.22, 2008누23537은 차별화 제품의 매출액을 관련매출액에 포함시키는 것이 적법하다고 보았다.

215) 서울고판 2008.9.24, 2008누1810; 반면, 서울고판 2009.7.22, 2008누23797은 "폐기물부담금은 폐기물의 발생을 억제하고 자원의 낭비를 막기 위하여 그 원인 제공자인 제조업자에게 매년 부과되는 돈이므로, 기업이 소비자로부터 일시적으로 수취하여 보관하였다가 세무서에 납부하는 부가가치세 등의 간접세와는 그 성격을 달리하는 점 등에 비추어 보면, 관련매출액에 포함시킨 위원회의 처분은 정당하다"고 판단하였다.

니라 정상제품보다 품질이 떨어지는 것에 불과하므로, 제한적이라 하더라도 시장의 수요·공급의 법칙에 따라 거래가격이 결정되는 것이 일반적이라 할 것이고, 이를 관련매출액에 포함한 것은 정당하다"고 판단하였다.[216] 또한 ④ 매출할인(매출에누리)의 경우 "구법 시행령 [별표 2] 2. 가. 비고에서 매출액은 사업자의 회계자료 등을 참고하여 정하는 것을 원칙으로 한다고 규정하고 있는 점, 기업회계기준서 제 4 호 문단 7에서 수익은 재화의 판매, 용역의 제공이나 자신의 사용에 대하여 받았거나 또는 받을 대가의 공정가액으로 측정하되 매출에누리와 할인 및 환입은 수익에서 차감한다고 규정하고 있는 점 등에 비추어 보면, 관련매출액이란 매출에누리나 할인금액을 포함하지 않는 순매출액을 의미한다"고 판단하였다.[217]

라. 회사분할과 과징금

위반행위를 한 사업자가 합병으로 인하여 소멸한 경우 합병 전 위반행위에 대하여 합병 후 존속하는 회사 또는 새로 설립된 회사에게 과징금을 부과할 수 있는가 하는 문제가 있다. 공정거래법은 이 점에 관하여 "공정거래위원회는 이 법의 규정을 위반한 회사인 사업자의 합병이 있는 경우에는 당해 회사가 행한 위반행위는 합병 후 존속하거나 합병에 의해 설립된 회사가 행한 행위로 보아 과징금을 부과할 수 있다"고 규정하여(법 제102조 제 2 항) 합병 후 존속하는 회사 또는 새로 설립된 회사가 과징금 부과대상이 된다는 점을 분명히 하고 있다.

그러나 회사 분할의 경우에는 종래 명문의 규정이 없어서 문제였다. 합병의 경우에는 법인격이 합일되므로 피합병회사의 모든 채무를 신설회사 또는 존속회사가 포괄승계하나, 회사분할에는 이 같은 채무의 포괄승계가 없다.[218] 따라서, 원칙적으로는 분할되는 회사, 즉 분할회사가 분할 전에 부담하는 채무는 분할당사회사들에게 승계되지 않고, 분할로 인해 신설되는 회사, 즉 신설회사 또는 흡수분할합병의 상대방회사의 경우 분할계획 또는 분할합병계약에 의해 특정된 채무를 인수할 뿐이다(상법 제530조의10).

특히 분할회사가 분할 전에 위반행위를 행한 후 여러 회사로 분할된 경우 분할 전 위반행위로 인하여 추상적으로 발생하는, 과징금납부처분을 받을 법적 지위는 누구에게 귀속하는가 하는 점이 문제로 되었다. 이에 대하여 대법원은 지게차

216) 서울고판 2009.7.22, 2008누23797.
217) 서울고판 2008.10.23, 2007누24571; 서울고판 2008.5.29, 2007누22858; 대판 2009.1.23, 2008두10621.
218) 이철송, 회사법강의(제13판), 박영사, 2006, 884-5.

담합사건에서 "상법은 회사분할에 있어서 분할되는 회사의 채권자를 보호하기 위하여, 분할로 인하여 설립되는 신설회사와 존속회사는 분할 전의 회사채무에 관하여 연대책임을 지는 것을 원칙으로 하고 있으나(상법 제530조의9 제1항), 한편으로는 회사분할에 있어서 당사자들의 회사분할 목적에 따른 자산 및 채무 배정의 자유를 보장하기 위하여 소정의 특별의결 정족수에 따른 결의를 거친 경우에는 신설회사가 분할되는 회사의 채무 중에서 출자한 재산에 관한 채무만을 부담할 것을 정할 수 있다고 규정하고 있고(상법 제530조의9 제2항), 신설회사 또는 존속회사는 분할하는 회사의 권리와 의무를 분할계획서가 정하는 바에 따라서 승계하도록 규정하고 있다(상법 제530조의10). 그런데 이때 신설회사 또는 존속회사가 승계하는 것은 분할하는 회사의 권리와 의무라 할 것인바, 분할하는 회사의 분할 전 법 위반행위를 이유로 과징금이 부과되기 전까지는 단순한 사실행위만 존재할 뿐 그 과징금과 관련하여 분할하는 회사에게 승계의 대상이 되는 어떠한 의무가 있다고 할 수 없고, 특별한 규정이 없는 한 신설회사에 대하여 분할하는 회사의 분할 전 법 위반행위를 이유로 과징금을 부과하는 것은 허용되지 않는다"고 판단하였다(대판 2007.11.29, 2006두18928). 이러한 입장은 세제 담합사건에서도 재확인되었다(대판 2009.6.25, 2008두17035).

2012년의 개정은 이러한 상황을 입법적으로 해결하기 위한 것이다. 즉 공정위는 이 법을 위반한 회사인 사업자가 분할되거나 분할합병되는 경우 분할되는 사업자의 분할일 또는 분할합병일 이전의 위반행위를 분할되는 회사, 분할 또는 분할합병으로 설립되는 회사, 그리고 피분할회사의 일부가 다른 회사에 합병된 후 존속하는 그 다른 회사 중 어느 하나에 해당하는 회사의 행위로 보고 과징금을 부과·징수할 수 있다(법 제102조 제3항). 또한 공정거래법을 위반한 회사가 채무자회생 및 파산에 관한 법률 제215조에 따라 신회사를 설립하는 경우에는 기존 회사 또는 신회사 중 어느 하나의 행위로 보고 과징금을 부과할 수 있다(동조 제4항).

한편 과징금을 부과받은 회사인 사업자가 분할 또는 분할합병되는 경우(부과일에 분할 또는 분할합병되는 경우를 포함된다) 그 과징금은 분할되는 회사, 분할 또는 분할합병으로 인하여 설립되는 회사, 분할되는 회사의 일부가 다른 회사와 합병하여 그 다른 회사가 존속하는 경우의 그 다른 회사 등의 회사가 연대하여 납부할 책임이 있다(법 제104조 제1항). 또한 과징금을 부과받은 회사인 사업자가 분할 또는 분할합병으로 인하여 해산되는 경우 그 과징금은 분할 또는 분할합병으로 인하여 설립되는 회사, 분할되는 회사의 일부가 다른 회사와 합병하여 그 다른 회사가 존속하는 경우의 그 다른 회사가 연대하여 납부할 책임을 진다(동조 제 2 항).

4. 신고자·조사협조자 등에 대한 감경과 면제

부당한 공동행위의 사실을 신고한 자(신고자) 그리고 증거제공 등의 방법으로 조사에 협조한 자(조사협조자)에 대하여 공정위는 시정조치나 과징금을 감경 또는 면제할 수 있고 형사고발을 면제할 수 있다(법 제44조). 나아가서 부당공동행위로 인하여 과징금의 부과 또는 시정조치의 대상이 된 자가 그 부당한 공동행위 이외에 그 자가 관련되어 있는 다른 부당한 공동행위에 대하여 신고 또는 조사에 협조한 경우 그 부당한 공동행위에 대하여 다시 과징금을 감경 또는 면제하고, 시정조치를 감경할 수 있다(amnesty plus. 령 제51조 제 1 항 제 4 호).

카르텔은 위법행위로서 엄격한 규제의 대상이 된다는 사실은 산업계에 널리 알려져 있다. 그 결과 부당공동행위 기법은 더욱 교묘해지고 이를 찾아내어 증명하는 일은 매우 어렵다. 여기에서 법은 부당공동행위 당사자가 자진하여 신고를 하거나 조사에 협조한 자에 대해 시정조치나 과징금을 감면하는 제도를 도입하였다. 이 제도는 카르텔가담자들의 자중지란을 유도하고 나아가서 일반예방을 기대케 하는 면도 있다. 그러나 동종 업종에 종사하는 사업자 사이에 밀고를 조장하는 등 풍속을 해친다는 견해도 있다. 물론 조사공무원은 신고자나 조사협조자의 사전동의가 있거나 해당 사건과 관련된 소송의 제기, 수행 등에 필요한 경우를 제외하고는 그의 신원이나 제보내용 등 관련 사항을 타인에게 제공하거나 누설할 수 없다(법 제44조 제 4 항). 또한 신고자나 조사협조자의 신청이 있을 경우 이들의 신원이 공개되지 않도록 해당 사건을 분리 심리하거나 분리 의결할 수 있다(령 제51조 제 5 항).

2007년 개정 시행령은 감경면제의 사유와 정도를 더욱 상세하게 나누고 있다.[219] 이 제도를 교묘하게 이용하여 감면에 편승하는 사례를 막기 위한 것으로

219) 시행령은 감경면제의 기준을 세 가지로 나누고 있다(령 제51조 제 1 항).
첫째, 공정위의 조사개시 전의 신고가 다음 모두 해당되는 경우: 과징금과 시정조치 전부 면제
가. 증거를 단독으로 제공한 최초의 자일 것
나. 공정위가 정보를 입수하지 못했거나 증거가 충분하지 아니한 상태에서의 신고일 것
다. 관련 사실의 진술, 관련 자료의 제출 등 조사가 끝날 때까지 협조할 것
라. 부당공동행위를 중단하였을 것
둘째, 조사시작 후 조사협조자로서 다음 모두 해당되는 자: 과징금 면제, 시정조치 감경 또는

생각된다. 또한 담합강요자나 상습적 위반자에 대해서는 leniency 제도의 적용을 배제하였다. 즉 다른 사업자에게 카르텔 가담을 강요하거나 이를 중단하지 못하도록 한 강요자와 반복적으로 부당공동행위를 한 자에 대해서는 자진신고에 따른 감면혜택을 배제하였다(령 제51조 제2항). 그리고 시정조치 또는 과징금의 감면이므로 그 성질상 부당공동행위의 당사자만이 감경면제의 대상이 될 수 있다. 따라서 법 제124조 이하의 벌칙은 감면의 대상이 아니나, 공정위가 당해 행위에 관하여 재량으로 고발을 면제할 수 있다.

이 자진신고자 감면제도, 특히 과징금감면은 실무상 매우 민감한 문제여서, 그때 그때의 제도와 관련하여 많은 사례가 축적되어 있다. 예컨대 공정위가 필요한 증거를 충분히 확보하지 아니한 상태에서의 증거제공인지(대판 2008.9.25, 2007두12699), 직접증거 없이 진술서 등의 자료를 제출하는 것이 공동행위의 입증에 필요한 증거에 해당되는지(대판 2013.5.23, 2012두8724), 복수의 사업자가 공동으로 신고하여 더불어 1순위를 부여받을 수 있는지(대판 2010.1.14, 2009두15043) 등이 3심에 이르기까지 다투어졌다. 이 제도와 관련하여 공정위는 '부당한 공동행위 자진신고자 등에 대한 시정조치 등 감면제도 운영 고시'(공정위고시 제2024-3호, 2024. 1. 26. 일부개정)를 제정하여 운용하고 있다. 이 고시는 법규명령이 아니고, 공정위 내부의 리니언시 관련 사무처리 기준을 마련하기 위한 재량준칙의 성격을 가진다(대판 2013.11.14, 2011두28738).

대판 2015.9.24, 2012두1396(6개 LPG사업자 부당공동행위 사건)

독점규제 및 공정거래에 관한 법률 제22조의2 제1항·제3항의 위임을 받은 독점규제 및 공정거래에 관한 법률 시행령 제35조 제1항 제1호 (가)목 및 제3호 (가)목에 의하면, 자진신고에 따른 감면을 받는 자는 부당한 공동행위임을 입증하는 데 필요

면제
가. 증거를 단독으로 제공한 최초의 자일 것
나. 공정위가 정보를 입수하지 못했거나 증거가 충분하지 않은 상태에서의 협조일 것
다. 조사가 끝날 때까지 협조하였을 것
라. 부당공동행위를 중단하였을 것
셋째, 조사개시 전 신고자 또는 조사시작 후 협조자로서 다음 모두 해당하는 자: 과징금의 50% 감경, 시정조치 감경
가. 증거를 단독으로 제공한 두 번째의 자일 것
나. 조사가 끝날 때까지 협조하였을 것
다. 부당공동행위를 중단하였을 것

한 증거를 단독으로 제공한 최초의 자와 두 번째의 자임을 원칙으로 하되, 다만 공동행위에 참여한 2 이상의 사업자가 공동으로 증거를 제공하는 경우에도 이들이 '실질적 지배관계'에 있는 계열회사이면 필요한 증거를 단독으로 제공한 것으로 보게 되어 있다. 그 규정의 취지는, 부당공동행위에 대한 자진신고는 단독으로 하는 것이 원칙이어서 그로 인한 감면혜택도 단독으로 받게 하되, 둘 이상의 사업자가 한 공동신고를 단독으로 한 신고에 준하는 것으로 인정해 줄 필요가 있는 경우에는 자진신고의 혜택 역시 같은 순위로 받도록 하는 데에 있다.

위와 같은 법령의 내용과 공동감면제도의 취지에 비추어 볼 때, '실질적 지배관계'에 있다고 함은 각 사업자들 간 주식지분 소유의 정도, 의사결정에서 영향력의 행사 정도 및 방식, 경영상 일상적인 지시가 이루어지고 있는지 여부, 임원겸임 여부 및 정도, 사업자들의 상호 관계에 대한 인식, 회계의 통합 여부, 사업영역·방식 등에 대한 독자적 결정 가능성, 각 사업자들의 시장에서의 행태, 공동감면신청에 이르게 된 경위 등 여러 사정을 종합적으로 고려하여, 둘 이상의 사업자 간에 한 사업자가 나머지 사업자들을 실질적으로 지배하여 나머지 사업자들에게 의사결정의 자율성 및 독자성이 없고 각 사업자들이 독립적으로 운영된다고 볼 수 없는 경우를 뜻하는 것이다.

* 2 이상의 사업자가 공동으로 신고하여 더불어 1순위를 부여받을 수 있는지를 다룬 것이나, 소위 경제적 동일체 이론과도 관련이 있다. 원처분은 공정위의결 2010.4.23, 제2010-45호 및 제2010-46호, 원심은 서울고판 2012.5.24, 2010 누32091.

대판 2015.9.10, 2013두13815

원고는 2006.11.경부터 2008.9.경까지 4회에 걸쳐 경쟁사업자인 피고 보조참가인과 공동으로 건축용 판유리 제품의 가격을 인상하기로 각 합의하고 그 가격을 인상하였다가, 피고의 조사 시작 후인 2009.3.26. 피고에게 위 각 합의에 관하여 부당한 공동행위 자진신고자 등에 대한 시정조치 등 감면신청서를 제출하였다.

피고는 2009.7.6. 원고의 감면신청이 조사협조자의 감면요건 중 '부당한 공동행위를 입증하는 데 필요한 증거를 단독으로 제공한 것'에 해당하지 아니한다는 이유로 원고에게 감면불인정 통지를 하였다가, 2012.12.12. 위 감면불인정 통지를 직권으로 취소한 다음 다시 '부당한 공동행위를 입증하는 데 필요한 증거를 단독으로 제공한 것'과 '조사가 끝날 때까지 성실하게 협조한 것'에 해당하지 아니한다는 이유로 원고에게 감면불인정 통지를 하였다. 한편 피고는 2013.9.24. 종국의결로 원고에 대하여 부당한 공동행위를 이유로 시정명령 및 과징금 부과처분을 하였다.

위와 같은 사실관계를 앞서 본 법리에 비추어 보면, 원고로서는 부당한 공동행위에 관한 종국의결인 위 시정명령 및 과징금 부과처분의 위법 여부를 다투어야 하고, 더 이상 이 사건 감면불인정 통지의 취소를 구할 소의 이익이 없게 되었으므로, 결국 이 사건 소는 부적법하다.

• 제 6 장 •

불공정거래행위, 재판매가격유지행위, 특수관계인 부당이익제공 금지

제 1 절 서　　설

1. 남용적 영업행태와 불공정거래행위

사업자들이 사업활동 혹은 경쟁의 과정에서 보이는 각종의 위법 혹은 부당한 행태를 총칭하는 용어는 여러 가지다. 즉 불공정거래행위, 부정경쟁행위, 불공정거래관행 등이 대표적인데, 이들이 지칭하는 것은 대체로 기업의 경쟁수단 내지 경쟁방법이 부당하거나 불공정한 경우를 말한다. 논자에 따라서는 부정경쟁행위와 불공정거래행위를 구별하기도 하나 연혁적으로 또 실제 규제하는 내용면에서 양자를 본질적으로 구별하는 것은 어렵고, 동일한 현상을 상이한 실정법을 배경으로 달리 부르는 것이라고 하겠다.

사업자의 남용적 영업행태를 금지하는 법원(法源)으로는 독점규제 및 공정거래에 관한 법률, 부정경쟁방지법, 상법 중 상호에 관한 규정, 특허법과 상표법, 실용신안법, 의장법과 저작권법 등의 지적재산권법, 대외무역법, 금융관련법률 등 각종 영업감독법과 보건위생관련 법규나 각종 경찰법규에도 불공정경쟁을 금지하는 단편적 조항들이 산재한다. 그러나 경쟁법 차원에서 불공정거래행위 혹은 불공정경쟁을 운위할 때에는 역시 독점규제 및 공정거래에 관한 법률 제45조 소정의 불공정거래행위와 하위법령이 압도적 비중을 점하고, 이 곳의 논의도 여기에 한정된다.

2. 편제와 주요 흐름

2020년 개정법은 불공정거래행위에 관한 규율의 체계를 크게 수정하였다. 우선 재판매가격유지행위의 금지를 불공정거래행위에 관한 장으로 통합하였다. 그리고 공정거래법이 관할하는 각종 부당관행과 관련하여 불공정거래행위 금지, 재판매가격유지행위 금지, 특수관계인에 대한 부당이익제공 금지를 차례로 규정한 후, 보복조치 금지 그리고 시정조치와 과징금 등 구제조항을 두어 체계를 정돈하였다. 특히 수많은 경제법규에 담겨있는 형사엄벌주의와는 달리, 재판매가격유지행위나 상당수 불공정거래행위에 대한 형사처벌 조항을 삭제하였다. 이는 불공정거래 관련 형사처벌을 부인하는 영미나 대륙 경쟁법과 보조를 같이 하는 것이다.

우리나라는 비교법적으로 공통되는 불공정거래행위의 목록을 오랫동안 견지하고 있었고, 이를 재판매가격유지행위와는 별도의 장에서 규율하여 왔다. 1996년에 이전거래를 통한 계열회사 지원을 금지하기 위해 일반 불공정거래행위의 목록에 부당지원행위 유형을 추가하였고, 다시 2013년에 터널링을 통한 기업집단 관련 특수관계인의 사익편취를 금지하는 조항을 별도의 조문으로 신설하였다. 2020년 개정에서도 계열사간 부당지원행위 관련 과징금 상한기준을 관련 매출액 등의 10%로 상향조정하고, 사익편취 기준을 특수관계인이 발행주식 총수의 20% 이상을 보유한 회사로 규제를 강화하였고 이들 회사가 50% 이상 지분을 보유한 자회사까지 규제대상으로 추가하고 있다.

기업결합은 계열사간 거래를 통해 효율성을 제고하고 그룹화를 통해 리스크를 분산하는 순기능이 있다. 기업집단이 국민경제를 주도하는 이유는 특유의 소유지배구조를 바탕으로 리스크를 분산하고 계열사간 거래를 통한 효율성의 제고에 그 이유가 있을 것이다. 그런데 대중정서는 지배권 세습은 물론 집단 차원의 경영 그 자체에 대해서도 부정적인 듯하다. 여기에서 부당지원행위에 대한 규제는 소위 경제민주화 관련 입법에서 법기술적 틀이 되어 왔다.

자본주의 국가에서 기업집단의 그룹 차원의 경영을 부인하는 사례는 없다. 오랜 상공업의 역사를 가진 프랑스, 독일, 이탈리아 등지에서 지배주식을 보유하는 패밀리형 기업과 기업집단은 너무나 자연스럽다. 계열사간 거래 또한 기업집단의 인터널 트랙(internal track) 그 자체를 문제삼는 것은 수직계열화나 범위의 경제가 가져오는 효율성을 부정하는 결과가 된다. 유럽연합이나 대륙법계 국가들이 불공정거래에 대해 경쟁당국의 과징금 조치를 인정하지 않고 손실전보 차원의 순수한 민사문제로 다루고 있는 것도 비교법적으로 참조할 가치가 크다.

또 다른 큰 흐름은 특정한 분야의 불공정거래와 관련하여 개별 단행법이 다수 제정되고 있다는 사실이다. 예컨대, 하도급거래 공정화에 관한 법률, 가맹사업 공정화에 관한 법률, 대규모유통업에서의 거래공정화에 관한 법률, 대리점거래 공정화에 관한 법률 등이 대표적이다. 이들 법률이 금지하는 사항은 과거 공정위가 특수고시를 제정하여 특정한 거래분야나 특정한 영업행태를 표적으로 삼았던 것으로, 모든 사업자 모든 시장을 대상으로 삼는 일반적 불공정거래행위의 체계와 나란히 서 있었던 것이다.

경쟁법 소정의 불공정거래행위는 사후적 개별심사를 통해 사법적 통제의 대상이 된다. 그런데 이들 법규는 위법성심사를 소략하게 처리하면서 금지행위의 목록을 개별적으로 구체화하여 사전적으로 금지하는 행정규제법의 성향을 강하게 드러내고 있다. 산업규제법의 성격을 가지는 할부거래법(선불식할부거래에 해당하는 상조업)이나 방문판매법(통신판매업, 방문판매업과 다단계판매업)의 주무관청으로서의 지위에 더하여 공정위는 이들 불공정거래 관련 단행법규의 운영에서도 사실상의 규제기관으로 군림하는 점이 없지 않다. 경쟁당국의 규율이 오히려 공권력의 시장간섭의 수단이 되는 것이라면, 이는 불공정거래행위법의 앞날은 물론 우리나라 시장경제의 미래와 관련하여 짚어볼 대목이 아닐 수 없다.

또한 본서는 초판 이래, 재판매가격유지행위의 본질은 불공정거래행위이며, 당연위법적 법문에도 불구하고 최저가유지행위라고 하더라도 위법성심사는 합리의 원칙에 따라야 한다고 주장해 왔다. 그 동안 공정위 실무나 다수설은 최저가유지행위에 대해 당연위법으로 다루어 왔다. 그러나 2010년과 2011년 대법원은 이를 합리의 원칙에 따른 위법성심사의 대상으로 계속 판단하였고 이 해석은 확립된 것으로 보인다. 그리고 이제 다시 재판매가격유지행위에 관한 금지조항이 불공정거래행위와 같은 장으로 통합되게 된 것이다.

재판매가격유지행위의 본질을 불공정거래행위로 보는 한, 일반 불공정거래행위에 대한 부당성 심사이론이 재판매가격유지행위의 '정당한 사유'에 대해서도 원칙적으로 원용될 수 있다. 그러나 재판매가격유지행위에 관한 법 제46조 본문은 당연위법적인 문언을 유지하고 있고, 최저가지정이든 최고가지정이든 이를 금지의 예외 형태로 규정하면서 '정당한 이유'에 대한 입증을 사업자 측으로 넘기고 있다. 이는 법 제45조 소정의 고전적인 불공정거래행위에 대한 입법과 다르다. 미국에서는 수직적 거래제한의 하나로 셔먼법 제 1 조의 금지대상으로 삼으나, 약품이나 화장품 유통채널과 관련한 고용정책 혹은 산업정책적 관점에 따라 주법(state statute)은 다양한 태도를 보인다. 그러나 연방독점금지법, 즉 셔먼법 차원에서는 2007년 연방대법원 판결로 합리의 원칙이 일반화되었다.

제 2 절 일반불공정거래행위에 대한 총괄적 논의

1. 입법주의와 금지의 체계

불공정거래행위에 관한 입법주의는 법률에 일반조항을 두고 이의 구체화는 판례에 맡기는 일반조항주의와 법률이 금지하는 행위의 유형을 일일이 열거하는 한정적 열거주의의 두 갈래이다. 일반조항을 채택한 나라로는 미국(연방거래위원회법 제 5 조), 독일(불공정경쟁방지법 제 3 조 제 1 항, 불공정한 영업상의 행위), 스위스(불공정경쟁방지법 제 1 조, 신의성실이 심사기준)가 대표적이며, 한정적 열거주의 입법은 우리나라와 일본이 대표적이다.

우리나라 공정거래법은 불공정거래행위의 기본유형 10가지를 한정적으로 열거한 뒤 이의 세분화를 시행령에 위임하고 있다(공정거래법 제45조 제 1 항 및 제 3 항). 이에 따라 불공정거래행위의 세부 유형 및 기준은 중간유형을 거쳐 세부유형 30여개로 수습되고 있다. 이는 모든 시장, 모든 사업자에 공통적으로 적용되는 소위 일반적 불공정거래행위의 유형 및 기준이다.

1996년 이전에는 일반 불공정거래행위의 유형 및 기준은 공정위의 고시로 규정되어 있었다. 그러나 공정위의 고시를 통해 사업자의 영업의 자유를 제한하는 것은 법치행정의 원칙상 바람직하지 않다는 비판이 제기되었고, 이에 따라 시행령 별표 2로 수습하게 되었다(령 제52조). 그러나 그 내용은 종전의 고시체제와 크게 다를 바 없다.

한편 특정한 분야 또는 특정한 행위에 적용되는 유형 또는 기준이 필요할 경우 공정위는 관계행정기관의 장의 의견을 들은 후 세부기준을 고시해 왔다(별표 2 비고). 이에 따른 불공정거래행위의 유형을 특수 불공정거래행위라고 불러 왔는바, 현재 병행수입고시, 신문고시 등 2개가 있다.[220]

특수고시는 특정한 분야 또는 특정한 행위에 대해 제정할 수 있는바, 예컨대 신문고시는 특정한 영업분야를 표적으로 한 것이고 병행수입고시는 특정한 영업 행태와 관련된 것이다. 그러나 어느 시장의 특정한 혹은 개별사업자를 표적으로 하는 특수고시는 현행법상 허용되지 않는다고 할 것이다. 예컨대 가장 점유율이 높은 회사나 시장에 가장 먼저 진입한 회사, 혹은 지배구조 면에서 특정한 속성을 보이는 회사를 개별적 표적으로 삼는 소위 비대칭적 규제[221]는 법의 보편성과 일반성이라는 기본적 속성과 모순될 뿐만 아니라 장기적으로 경쟁제한적 효과를 유발할 소지가 크다. 또 비대칭규제가 흔해질 경우 정파적 혹은 지역적 이해가 비대칭규제로 둔갑할 가능성도 적지 않다. 그리고 현행의 특수고시들은 비대칭규제와 거리가 있는 보편적 규정이지만, 특수고시 역시 가능한 한 이를 절제하고 일반원칙으로 돌아가는 것이 바람직하다. 시행령 제52조 관련 별표 2 '비고'는 특수고시의 제정에 있어서는 공정위는 반드시 관계행정기관의 장의 의견을 듣도록 한다.

2. 일반 불공정거래행위의 기본유형과 세목

공정거래법 제45조 제 1 항은 기본유형으로 거래거절, 차별적 취급, 경쟁사업자 배제, 고객유인, 거래강제, 거래상 지위남용, 구속조건부 거래, 사업활동의 방해, 부당한 지원행위, 기타 공정거래저해행위 등 10가지를 열거한다. 법 제45조 제 1 항 본문은 불공정거래행위의 기본적 속성 혹은 핵심적 개념요소로서 '공정한 거래를 저해할 우려'를 들고 있으나, 제 1 항 각호 소정의 개별 구성요건은 모두 '부당하게'의 요건을 달고 있다.

---

220) 가맹사업 고시나 석유사업자 고시 등은 가맹사업거래의 공정화에 관한 법률과 표시광고의 공정화에 관한 법률 소관으로 이전되었다. 2011년 11월 제정된 '대규모유통업에서의 거래공정화에 관한 법률'의 시행(2012.1.1)으로 인하여 대규모소매점 고시 또한 폐지되었다.

221) 비대칭규제는 현재 통신산업의 일부 분야, 즉 유선통신분야에서 시행되고 있다. 시장의 97%를 점하는 KT의 요금은 인가제인 반면, 3%를 점하는 SK브로드밴드의 요금은 인가대상이 아니다.

한편 법 제45조 제 3 항은 불공정거래행위의 유형 및 기준의 설정을 시행령에 위임하고 있는바, 별표 2(령 제52조 관련)는 모든 시장의 모든 사업자에 대해 일반적으로 적용되는 불공정거래행위의 중간유형에 관해 거래거절, 차별적 취급, 경쟁사업자 배제, 고객유인, 거래강제, 거래상 지위의 남용, 구속조건부 거래, 사업활동 방해, 부당한 지원행위 등 9개로 나누고 있다.

이를 법 제45조 제 1 항과 대조하면, 우선 제10호의 '기타 공정거래저해행위'에 대응하는 세목이 없다. 시행령 별표는 이와 같은 중간유형 하에 다시 세부유형을 각각의 경우에 대해 두 개 이상 설정하고 있다.

3. 특수 불공정거래행위

예컨대 대규모 백화점업자가 자신에게 주로 의지해 온 납품업자에 대해 바겐세일용 물건을 정상가의 반 이하로 공급하도록 강제하는 경우, 납품업자로서는 이를 거절하기 어렵다. 이러한 행위는 종전의 대규모소매점 고시의 부당한 강요행위(동 고시 제 6 조 제 2 호. 이 고시는 현재 대규모유통업에서의 거래공정화에 관한 법률로 수습됨)에 해당되면서, 동시에 일반 불공정거래행위 중 거래상지위남용 중 이익제공강요의 요건을 충족하게 된다.

이러한 경우 적용법조의 경합이 발생하는바, 양자는 택일적 적용관계에 있는지 혹은 중복적 적용관계에 서는지가 문제된다. 특수 불공정거래행위에 대해 별도의 규정으로 규율하는 취지를 감안할 때, 양자는 원칙적으로 일반규정과 특칙의 관계에 선다고 할 것이다.[222] 여기에서 특수고시의 성격과 내용은 대체로 다음의 범주 안에 들게 된다. 첫째 당해 거래분야와 관련하여 시행령 별표상의 일반 불공정거래행위를 더욱 구체화한 경우, 둘째 당해 분야에 속하는 사업자의 영업행태 중 특수한 것만을 겨냥하고 나머지 영업행태에 대해서는 시행령 별표 2에 맡기는 경우들이다.

---

222) 이러한 문제는 공정거래법과 표시광고의 공정화에 관한 법률, 하도급거래공정화에 관한 법률, 대규모유통업에서의 거래 공정화에 관한 법률, 대리점거래의 공정화에 관한 법률, 가맹사업거래의 공정화에 관한 법률 사이에도 존재한다. 원칙적으로 공정거래법이 일반법의 속성을 지닌다고 할 것이지만, 개별법에서 이와 다른 규정을 두는 경우도 있다(예컨대 부정경쟁방지 및 영업비밀보호에 관한 법률 제15조 제 2 항). 한편 하도급법 제28조는 "하도급거래에 관하여 이 법의 적용을 받는 사항에 대하여는 독점규제 및 공정거래에 관한 법률 제45조 제 1 항 제 6 호의 규정을 적용하지 아니한다"라고 규정한다.

문제로 남는 것은 시행령 별표 2를 기준으로 위법성이 인정되지 않는 영업행태에 대해서 특수고시가 추가적으로 이를 금지하거나 혹은 시행령 별표 2에서 위법성이 인정되는 행위에 대해 특수고시가 이를 금지에서 제외하는 것이 가능할 것인가 하는 점이다. 시행령에 위임한 취지를 고려할 때 양자는 위임의 한계를 벗어난다고 할 것이며, 특히 우리나라에서는 불공정거래행위가 형사범죄를 구성할 수 있다는 점(법 제125조)도 감안할 필요가 있다.

4. 특수관계인에 대한 부당이익제공 금지

일반 불공정거래행위의 경우 서구에서는 중세부터 관련 법리가 불법행위법의 일환으로 발전해 왔고, 20세기 들어 미국 연방거래위원회법 제5조를 효시로 경쟁법의 반열에서 이 문제를 폭넓게 다루기 시작하였다. 불공정거래관행에 대한 경쟁당국의 개입은 미국법을 계수한 나라를 중심으로 확산되고 있으나, 유럽대륙법에서는 불공정거래 혹은 불공정경쟁행위를 민사법(불법행위에 관한 판례법 또는 민사특별법)의 규율에 맡기고 경쟁법의 관할에서 제외하는 것이 보통이다. 프랑스처럼 불법행위 관련 일련의 판례법으로 운영하거나 독일의 불공정경쟁방지법(UWG)처럼 민사특별법을 제정하여 관련 분쟁을 일반 법원의 민사사건으로 처리하는 것이 대륙법의 흐름이며, 유럽연합의 경우도 마찬가지다. 그리고 영미계이든 대륙계이든 불공정거래관행의 규율에 있어서는 개방적 구성요건을 가진 하나의 일반조항(예컨대 미국 연방거래위원회법 제5조, 독일의 불공정경쟁방지법 제3조)을 통하여 사후의 개별적 심사를 위한 추상적 기준(standard)을 정해 이를 제도운영의 기축으로 삼고 있다.

우리나라에서는 각종 불공정거래행위에 대한 경쟁당국의 개입이 매우 중요하였다. 1960년대 후반 급속한 산업화와 더불어 불공정경쟁이나 각종 부당관행의 문제도 그때 비로소 의식되기 시작한 것이다. 관련 법제도 없었고 유럽의 길드처럼 경쟁 관련 연성규범의 전개도 없는 상황에서, 공정거래법이 일반 불공정거래행위에 대하여 한정적 열거주의를 채용한 것은 합리적인 면이 적지 않았다. 불공정거래 관련 공정위의 적극적 법집행도 단기간에 각종 분야의 거래질서를 공정하게 다듬는데 크게 기여해 온 것도 사실이다.

다시 말해 공정거래법은 불공정거래행위 규율에 있어, 해당 관행의 불공정성 여부에 관한 사후적 개별 심사를 중심으로 하는 고전적 기준방식 대신에, 금지대상이 되는 사업자의 행태를 가능한 한 구체적으로 개별화하여 금지하는 방식으로 접근하여 온 것이다. 그리고 대규모 유통기업과 소상인 사이의 소위 갑을관계가 사회적 문제로 거듭 대두하면서, 하도급법, 가맹사업거래공정화법, 대규모유통업거래공정화법, 그리고 2015년 말의 대리점거래공정화법 등등이 속속 제정되었고, 이와 더불어 당해 분야 불공정거래행위 관련 규율은 일반 경쟁법의 관할에서 해당 특별법의 규제대상으로 넘어가는 경향이 심화되고 있다.

그리고 2013년 들어 부당지원행위 관련 소위 '경제민주화' 입법이 여러 갈래 진전되었다. 즉 공정거래법 제45조 제 1 항 제 9 호의 부당지원행위의 성립과 관련하여 종래의 법문 '현저히 유리한 조건'에서 '상당히 유리한 조건'으로 개정하여 보다 손쉽게 부당성을 인정할 수 있도록 하였고, 불필요한 거래단계를 추가하여 소위 통행세를 거두는 관행을 부당지원행위의 두 번째 기본유형으로 추가하였으며(동호 나목), 종래 지원주체의 지원행위만을 금지하던 것을 피지원자가 지원을 받는 행위도 더불어 금지하여(동조 제 2 항) 지원주체와 마찬가지의 행정상 제재의 대상으로 하였다(법 제49조, 제50조. 다만 피지원자에 대한 형사처벌 조항은 추가되지 아니함). 그리고 제47조를 신설하여, 자연인 총수가 있는 공시대상 기업집단에 속하는 계열회사가 특수관계인이나 특수관계인이 일정한 기준 이상의 주식을 보유하는 계열회사에 대하여 4가지 유형의 지원행위를 하는 것을 새로이 금지하게 되었다. 이 특수관계인에 대한 부당이익제공 금지는 일반 불공정거래행위에 관한 제 5 장에 규정되어 있음에도 불구하고, 경제력집중규제의 대상인 공시대상 기업집단, 그 중에서도 자연인 총수가 있는 좁은 의미의 재벌을 규제의 대상으로 삼고 있다. 그리고 법문이 담고 있는 '상당성' 요건과 관련하여 사후적 위법성 판단의 여지를 남기고 있으나 특정한 행태를 사전적으로 금지하는 개별적 금지규정(rule)으로서 동조 관련 시행령 별표 3에서 보는 바와 같이 행정규제적 속성이 강하게 드러난다.

5. 불공정거래행위와 다른 제도와의 관계

5.1. 불공정거래행위와 시장지배적지위 남용행위

불공정거래행위나 시장지배적지위 남용행위는 한 사업자의 단독행위 혹은 일방적 행위라는 점에서 그 속성이 같다. 그러나 시장지배적지위 남용행위의 주체는 독점력을 가진 사업자에 한하는데 비해 불공정거래행위의 주체는 그 누구나 될 수 있다. 현행법은 시장지배적지위 남용행위와 불공정거래행위를 별도로 규정하고 있다. 즉 법 제5조는 시장지배적 사업자의 부당한 가격결정, 부당한 출고조절, 부당한 사업활동의 방해, 시장진입의 제한, 기타의 경쟁제한행위 등 5가지 유형의 행위를 금지하고, 법 제45조는 모든 사업자의 불공정한 영업행태를 광범하게 금지하고 있다.

여기에서 시장지배적 사업자가 자신의 독점력 혹은 시장지배력을 남용하는 행위는 거래상의 지위남용이나 사업활동방해 등 공정거래법 제45조 소정의 불공정거래행위와 광범하게 경합할 수 있다. 독점사업자의 이러한 영업상의 행태에 대해 법 제5조와 제45조를 중복해서 적용할 것인지 혹은 선택적으로 적용할 것인지 문제된다. 현실적으로도 과징금과 형벌 등 제재의 정도에 있어서 상당한 차이가 있다.

이 문제는 독점금지와 불공정거래금지의 성격 그리고 양자의 법체계상의 지위에 따라 결정되어야 할 성질의 것이다. 비록 연혁적으로는 양자가 서로 다른 궤도에서 발전해 왔으며, 불공정거래행위는 기업이 경쟁관계에서 보이는 일반적 행태를 통제하는 기업행태법에 속하는 반면 시장지배적지위 남용에 대한 금지는 독점금지의 성격을 지니므로, 법리상 양자는 중복해서 적용될 성질의 것이라고 주장할 여지도 있다. 그러나 우리나라에서 양자는 동일한 단행법, 즉 공정거래법에서 규율되고 있고, 동일한 사안에 대해 두 규정을 중복해서 거듭 적용하는 것은 법의 취지에 어긋날 뿐만 아니라 이중처벌의 결과를 빚어낸다. 여기에서 공정거래법 제5조와 제45조가 경합하는 경우 법 제5조를 우선 적용하여야 하며, 공정거래 관련 사안에 있어서 법 제5조는 제45조에 대해 특별법의 위치가 부여되어야 한다는 주장도 있다. 그러나 양자의 관계를 획일적 배타적인 일반법과 특별법으로 정형화하는 것은 현재의 법실정상 무리스러운 면이 적지 않다. 규범의 중복현상이 다면적으로 발생하는 데다가 경쟁법 운용의 실제와 큰 차이가 있기 때문이다. 여기에서 양 법조는 선택적으로 적용되며 이는 행정구제주의의 취지에도 부합하는 면이 있다고 할 것이다. 독일 불공정경쟁방지법의 경우 일반조항과 개별규정은 경합적 그리고 선택적 관계에 있다.

공정위의결 2006.2.24, 2006-042

피심인들의 윈도우 서버 운영체제에 WMS를 결합하여 판매한 행위는 공정거래법 제5조 제1항 제3호, 같은 법 시행령 제9조 제3항 제4호에서 규정하고 있는 다른 사업자의 사업활동을 부당하게 방해하는 행위 및 같은 조항 제5호 후단의 소비자 이익을 현저히 저해할 우려가 있는 행위, 같은 법 제45조 제1항 제5호·제3항, 같은 법 시행령 제52조 관련 〔별표 2〕 불공정거래행위 유형 및 기준 제5호 가. 목의 끼워팔기 행위에 각 해당한다.

시장지배적지위 남용행위와 불공정거래행위를 금지하는 입법목적이나 보호법익이 각기 다르고, 불공정 거래행위의 행위태양이 시장지배적지위 남용행위의 행위태양에 모두 포섭될 수 있는 것은 아니므로 양 규정은 원칙적으로 경합적용될 수 있다.

다만 여러 법규정이 경합하여 적용된다 할지라도, 법위반 행위의 기초가 되는 사실이 하나인 것을 감안하여 법정 과징금 부과비율이 보다 중한 시장지배적지위 남용금지 규정에서 정한 바에 따라 과징금을 부과하기로 한다.

또한 시장지배적 사업자가 시장에 미치는 효과가 일반 사업자의 경우 보다 심대하기 때문에, 시장지배적 사업자의 영업행태에 대해서는 보다 엄격한 기준을 적용할 필요가 있다. 그 결과 어느 영업상의 관행이나 행태가 일반적으로는 불공정거래행위에 해당되지 않을 경우에도 그 주체가 시장지배적 사업자라면 당해 행위가 시장지배적지위 남용으로 평가될 여지도 있다.

5.2. 불공정거래행위와 부당공동행위

양자는 행위의 속성에 있어 근본적인 차이가 있다. 즉 불공정거래행위는 단일한 기업의 단독행위(unilateral act or single firm conduct)인데 비해, 부당공동행위는 복수의 사업자들이 합의 혹은 의사의 연락이라는 기초 위에 시장에서 동일한 행태를 보이는 공동행위(collusive act)이다.

그러나 불공정거래행위와 부당공동행위 사이에서도 규범의 중복현상이 발생할 수 있다. 특히 공정거래법 제40조 제1항 제10호의 경우 사업자들이 담합하여 전후방 단계에 있는 사업자들의 사업내용을 방해하거나 영업활동을 제한하는 경우, 이는 불공정거래행위 중 공동의 거래거절을 구성할 수 있다. 나아가 담합에 가담한 개별사업자에 대해서는 다른 사업자의 영업활동방해, 거래강제, 차별취급 등의 불공정거래행위를 구성할 수 있다.

이러한 경우에는 부당공동행위에 관한 조항이 제1차적으로 적용된다고 할 것이며, 이에 대해서는 불공정거래행위와 시장지배적지위 남용행위의 관계에 관한 논의를 유추할 수 있다. 물론 부당공동행위가 증명되지 아니한 경우라면 불공정거래행위의 척도에 따라 통제가 이루어지게 된다.

5.3. 불공정거래행위와 부정경쟁방지법의 관계

불공정경쟁 혹은 불공정거래에 관한 우리나라의 기본법규는 공정거래법과 부정경쟁방지법[223]으로 이원화되어 있다. 이 이원적 체계는 입법자가 의도한 것이 아니라 입법의 부주의에 기인한 것이다. 즉 독일의 불공정경쟁방지법(UWG)의 정신을 답습한 부정경쟁방지법이 1961년에 제정되어 있음에도 불구하고, 1980년 공정거래법 제정시 이와 무관하게 불공정거래관행을 광범하게 규율하는 조항을 도입하였기 때문이다. 그리고 현행 공정거래법 제45조는 궁극적으로 미국의 연방독점금지법의 체계, 특히 연방거래위원회법 제5조를 모방한 것으로 봄이 정설이다.

양법이 서로 다른 차원의 법이며 불공정거래행위와 부정경쟁행위는 본질적으로 다른 행위라고 보는 주장도 없지 않다. 그러나 우리나라 부정경쟁방지법이 독일의 불공정경쟁방지법을 답습하였고, 독일의 이 법이 가지는 법체계상의 위상과 운용은 미국 연방거래위원회법 제5조와 이에 기초한 판례법에 대응한다. 여기에서 두 법이 본질적으로 다른 차원의 법이라는 주장은 그릇된 것이다. 그러나 부정경쟁행위에 대하여는 부정경쟁방지법이 동법 소정의 제한된 부정경쟁행위의 유형에 대해 사법절차(司法節次)에서 주로 사법적(私法的) 구제에 의지한다는 점에서,[224] 공정거래법이 일체의 불공정거래관행에 대해 주로 공법적 수단에 의지하여 금지하는 것과 큰 차이가 있다.

그러나 양법의 경합문제는 심각한 상황은 아니다. 그 이유는 불공정거래에 관한 한 부정경쟁방지법은 영업상의 표지모용 등 극소수의 사항만을 금지하여 사실상 불구화된 상태를 계속하고 있고, 그 결과 공정거래법이 불공정거래관행에 대한

---

223) 이 법의 성격과 위상에 대한 그릇된 인식의 결과, 부정경쟁방지법이라는 명칭도 1998년 법개정에서 '부정경쟁방지 및 영업비밀보호에 관한 법률'로 바뀌었다.

224) 부정경쟁방지법은 불법행위법에 뿌리를 두고 있는 사법(私法)이다. 그 결과 독일에서는 불공정경쟁에 대해서는 연방카르텔청이 행정적으로 개입하는 일이 없고, 이에 관한 문제는 사인간의 사법절차상 권리투쟁에 전적으로 일임되어 있다. 그리고 기업행태와 관련한 불공정성 혹은 선량한 풍속위반의 판정은 전통적으로 법원의 소임이었고, 또 전문적인 경쟁당국보다 법관이 오히려 이에 대한 적임자로 평가되기도 한다.

규율을 실질적으로 전담하고 있기 때문이다. 현재 부정경쟁방지법이 규제하는 사항은 크게 세 가지다. 즉 동일 또는 유사한 영업상의 표지를 사용하여 타인의 상품이나 영업과 혼동을 초래하는 행위, 부실한 표시나 광고를 통해 타인의 오인을 유발하는 행위(원산지허위표시, 출처에 관한 오인유발, 품질이나 수량 등에 관한 오인유발 등), 그리고 타인의 영업상의 비밀을 부정하게 취득하거나 정당한 권원 없이 이를 공개하는 행위(영업비밀침해행위) 등이다. 그 결과 부정경쟁방지법은 사실상 지적재산권법의 일환으로 운용되고 있다고 할 것이고, 이 법의 주무관청도 지식재산처(구 특허청)로 되어 있다.

부정경쟁방지법에 의한 구제절차는 경쟁상의 이익을 침해당하였거나 당할 우려가 있는 사업자가 법원에 제소하는 것이며, 이를 위한 수단으로는 부정경쟁행위의 금지청구(동법 제 4 조), 손해배상청구(제 5 조), 그리고 신용회복청구(제 6 조) 등이 있다. 그러나 현행 부정경쟁방지법은 동일한 사안이 공정거래법의 규정에도 해당될 경우 기본적으로 공정거래법의 규율에 따르도록 하고 있으나(동법 제15조 제 2 항), 이 규정이 양법의 경합문제를 모두 해결하는 것은 아니다.

제 3 절 불공정성의 의미와 판정기준

1. 불공정성의 구조

법 제45조의 제목은 '불공정거래행위'이며, 동조 본문의 핵심적 문구는 '공정한 거래를 저해할 우려'이다. 그리고 법 제45조가 열거하는 개별 구성요건은 모두 '부당하게'라는 요건을 달고 있다(1호에서 9호. 그러나 10호는 공정거래저해성으로 규정함). 불공정거래행위의 위법성의 징표 혹은 판단기준과 관련하여, 공정거래저해성(공정한 거래를 저해할 우려)과 부당성(부당하게 또는 정당한 이유없이), 그리고 경쟁제한성의 관계를 어떻게 새길 것인가 하는 법기술적인 문제가 제기된다.

이에 대해서는 여러 가지 견해가 있다. 첫째는 공정거래저해성과 경쟁저해성(혹은 경쟁제한성)을 동일시하는 견해이다.[225] 둘째는 공정거래저해성과 경쟁저해성을

225) 이동규, 독점규제 및 공정거래에 관한 법률 개관, 행정경영자료사, 388. 또한 권오승/서정, 앞의 책, 152 참조.

구별하면서 전자가 후자보다 폭넓은 개념으로 보는 견해이다.[226] 셋째, 법 제45조의 경우 '공정한 경쟁을 저해할 우려'와 각호가 정하는 '부당하게'라는 요건이 별개의 요건이지만, 시행령 별표의 규정에서 '부당하게' 또는 '정당한 이유없이'의 요건에는 공정경쟁저해성이 포함되어 있다는 견해다.

먼저 공정한 거래를 저해할 우려와 경쟁을 저해할 우려의 구별문제이다. 시장지배적지위의 남용과 불공정거래행위를 구별하지 않는 일본의 경우와 달리 현행 공정거래법은 양자를 구분하여 금지하는 점을 감안할 때, 일단 경쟁저해성과 공정거래저해성을 개념적으로 차별하고 후자가 전자를 포섭하는 폭넓은 개념이라고 할 것이다. 물론 경쟁의 실질적 제한에는 이르지 아니하나, 사업자들의 경쟁저해적 속성을 내포하는 맹아적 행위(incipient acts) 혹은 독점의 전단계에서 이루어지는 남용적 행태[227]도 공정한 거래를 저해할 우려가 있는 행위로서 법 제45조의 대표적인 규제대상이라고 할 것이다.

그리고 법 제45조 제1항과 본문과 각호의 규정 그리고 하위법령의 규정이 복잡하다고 하더라도 공정거래저행성과 부당성은 실질적으로 동일한 개념으로 파악함이 옳다. 법문의 구조가 복잡한 것은 입법기술적인 문제로 인한 것이지 개념의 차별화를 의도한 것으로 보기 어렵다. 또한 공정거래저해성이라는 본문의 문언이 개별 구성요건에서 부당성으로 반복되고 있는데다가 양자를 차별화하는 것은 불필요하게 해석을 복잡하게 만드는 것이다. 결국 공정거래저해성이란 부당성을 의미하여, 부당성은 독일 불공정경쟁방지법의 불공정성 혹은 미국 연방거래위원회법 제5조의 불공정성(불공정한 경쟁방법)과 기만성과 오인유발성(기만적인 영업관행)에 대응하는 것이라고 할 것이다.

이러한 의미에서 공정거래저해성을 구성하는 구체적 항목을 살펴보면, 시장의 구조를 악화시키는 경쟁저해적인 영업행태, 우월한 지위를 바탕으로 상대방에게 현저하게 불이익한 거래를 강요하는 거래의 내용 내지 조건면의 불공정성, 소비자를 표적으로 행하는 기만적이거나 남용적 영업행태(예컨대 허위과대의 표시나 광고) 등을 모두 망라하는 것이다. 다시 말해 공정거래저해성은 경쟁수단의 경쟁제한성과 거래내용의 불공정성, 그리고 소비자의 오인을 유발하는 남용성 등을 모

---

226) 임영철/조성국, 앞의 책, 70-1.

227) 시장관계적 불공정성(marktbezogene Unlauterkeit)이라는 이름으로 경쟁제한의 전단계적인 행위를 불공정경쟁행위로 포섭하는 P. Ulmer의 전단계론(Vorfeldthese)이 대표적이다. Emmerich, 앞의 책, 51.

두 망라하는 개념이다.

2. 부당성의 실질적 의미

공정거래저해성 혹은 부당성에 관해 통일적인 정의를 내리는 것은 매우 어렵고 또 불필요한 일이기도 하다. 그러나 이를 독일법과 비교한다면, 경쟁과정에서 나타나는 기업의 행태가 불공정성(Unlauterheit)을 띠는 것, 즉 당해 업계의 정상적인 경쟁방법의 범위를 벗어났거나 경제사회의 통념상 시인될 수 없는 경쟁수법 혹은 건전한 상도의(商道義)에 위배되는 것을 말한다. 즉 독일법이나 유럽법에서의 불공정성이란 건전한 상도덕 혹은 건전한 영업윤리에 반하는 것으로서 경쟁제한성보다 훨씬 넓은 개념이다. 그리고 부당성에 관한 이러한 해석은 미국 연방대법원의 FTC v. Gratz 판결[228]에서 나타난 불공정한 경쟁방법(unfair method of competition)의 해석과 크게 다를 바 없다. 동 판결에 의하면, 불공정한 경쟁방법은 부도덕하거나 기만적이거나 억압적인 성격 때문에 선량한 도덕에 위배되는 영업관행 그리고 경쟁을 제한하고 독점을 초래할 위험으로 인해 공공정책에 반하는 관행을 망라한다.

특히 특정한 거래 혹은 영업행태의 부당성은 그 수단과 방법, 그리고 내용이 다른 경쟁자의 영업상의 이익이나 소비자의 이익 혹은 공익을 침해하는지 또 어떠한 방법으로 침해하는지를 개별적으로 검토하여 구체적으로 판정되어야 한다. 즉 불공정거래행위의 위법성판단에 있어서는 피침해자와 피침해법익의 속성과 정도 등이 매우 중요한 고려요인이라고 할 것이다. 예컨대 허위과대광고의 경우 부당성 내지 불공정성은 소비자에 대한 오인 또는 혼동유발의 가능성이, 끼워팔기의 경우에는 수요자의 의사결정의 자유에 대한 실질적 억압의 측면이, 그리고 고객유인의 경우에는 상도의상 허용되지 아니하는 수단으로 경쟁자의 고객을 횡탈하는 측면이 고려되어야 한다. 이러한 접근은 우리나라 불공정거래행위법의 위법성판단 징표가 당해 행위의 경쟁저해성[229](혹은 공정경쟁저해성)이 아니라 보다 폭넓은

228) 253 U.S. 421(1920).

229) 대법원은 '기타의 부당염매' 사건에서 시행령 별표 2가 정하는 '경쟁사업자를 배제시킬 우려'와 관련하여, 여기서 말하는 경쟁사업자는 현실적으로 경쟁관계에 있는 사업자는 물론 시장진입이 예상되는 잠재적 사업자도 포함되는 것이며, 경쟁사업자를 배제시킬 우려는 실제로 경쟁사업자를 배제할 필요는 없고 여러 사정으로부터 그러한 결과가 초래될 추상적 위험성으로 충분하다고 보았다(대판 2001.6.12, 99다4686). 여기서 배제란 당해 거래에서의 배제가 아니라 당해 거래가 이루어지는 관련시장에서의 배제를 의미한다.

공정거래저해성이라는 주장을 뒷받침하면서, 이를 구체화하는 방법이라고 생각된다.

나아가 특정한 행위의 부당성 여부를 궁극적으로 판단할 때에는 당해 행위의 목적과 동기 그리고 내용, 당해 행위가 시장과 경쟁에 미치는 영향 등 제반정황에 대한 포괄적 고려가 있어야 하며, 당해 행위로 인한 경쟁제한적 효과와 효율성 제고의 비교형량이 필요하다. 그리고 당해 업계의 평균적 사업자를 기준으로 또 당해 행위를 한 시점을 기준으로 부당성 여부를 판정하여야 한다.

대법원판결의 전형적인 표현에 의하면, 부당성의 유무는 당해 행위의 의도와 목적, 남용성의 정도, 반복가능성, 당해 시장의 상황, 행위자의 시장에서의 지위, 경쟁사업자에 대한 영향 등을 종합적으로 살펴서 그것이 공정한 거래를 저해할 우려가 있는지의 여부를 개별적으로 판단하여야 한다.[230)]

대판 2015.9.10, 2012두18325(남부C.C. 금보개발 사건)[231)]

(1) 불공정거래행위에 관한 법령의 규정 내용에 따르면, 그 문언에서 행위의 상대방을 사업자 또는 경쟁자로 규정하고 있거나 그 문언의 해석상 거래질서 또는 경쟁질서와의 관련성을 요구하고 있으므로, 이러한 규정의 체계를 고려할 때 공정거래법 제45조 제1항 제4호가 '자기의 거래상의 지위를 부당하게 이용하여 상대방과 거래하는 행위'라고 규정하여 행위의 상대방을 사업자 또는 경쟁자로 한정하고 있지는 않지만, 그 거래상 지위의 남용행위에서는 적어도 거래질서와의 관련성은 필요하다고 보아야 한다.

---

230) 대판 2001.6.12, 99다4686.

231) 거래상 지위남용 중 불이익제공과 관련하여 대법원이 '거래질서와의 관련성'이라는 기준을 새로 제시한 리딩케이스이다. 공정거래법 개입의 범위와 한계에 대한 논란을 고려한 정책적인 판단에 해당한다. 저자(안병한)는 이 사건에서 공정거래위원회측을 대리하여 서울고등법원에서 전부 승소하였고(서울고등법원 2012.7.12, 2011누26505), 원고의 상고제기에 따라 대법원 상고사건도 대리하였다. 대법원은 이 사안의 경우 골프장의 회원에 대한 거래상 지위가 인정된다는 점, 회원자격심사 변경 내용과 소멸성 연회비 부과행위가 불이익제공에 해당한다는 점을 모두 인정하였으나, 서울고등법원의 판단과는 달리 거래상대방이 일반 소비자일 경우에는 단순히 거래관계에서 문제될 수 있는 행태 그 자체만으로 공정거래법이 개입하는 것은 지양할 필요가 있다는 취지에서 거래상 지위남용행위에서는 적어도 '거래질서와의 관련성'이 추가로 인정되어야만 한다는 취지로 판단하였다. 즉, 상대방이 일반 소비자일 경우 이 요건을 결여한 경우에는 공정거래법의 개입이 불필요하다는 내용을 판시한 것이다. 행위의 상대방을 제한하여 공정거래법의 적용 범위를 신중히 고려할 필요가 있다는 법리는 앞으로 유사한 사건에서도 중요한 선례로 작용할 것이다. 상고심에서 거래질서와의 관련성에 대하여도 업계가 모두 남부c.c. 사례를 예의주시하고 있다는 점과 이 사건의 결론에 따라 골프장 이용환경에 대한 영향 범위가 작지 않다는 점을 소명하였지만, 대법원은 원심 판결을 파기하여 환송하였다.

이상과 같은 여러 사정을 종합하여 보면, 거래상 지위 남용행위의 상대방이 경쟁자 또는 사업자가 아니라 일반 소비자인 경우에는 단순히 거래관계에서 문제될 수 있는 행태 그 자체가 아니라, 널리 거래질서에 미칠 수 있는 파급효과라는 측면에서 거래상 지위를 가지는 사업자의 불이익 제공행위 등으로 인하여 불특정 다수의 소비자에게 피해를 입힐 우려가 있거나, 유사한 위반행위 유형이 계속적·반복적으로 발생할 수 있는 등 거래질서와의 관련성이 인정되는 경우에 한하여 공정한 거래를 저해할 우려가 있는 것으로 해석함이 타당하다고 할 것이다.

(2) 이러한 법리에 비추어 보면, 비록 이 사건 행위의 내용이 원고의 평일회원들에게 다소 불이익하다고 볼 수는 있지만, 평일회원들은 골프장 경영 회사인 원고에 대한 관계에서 일반 소비자에 해당하므로, 먼저 거래질서와의 관련성이 인정되어야만 이 사건 행위가 공정한 거래를 저해할 우려가 있다고 볼 수 있을 것이다.

그런데 원심이 이 사건 행위의 부당성을 인정하는 근거로 든 판시의 사정들은, 이 사건 행위의 내용이 평일회원들에게 불이익하고 그 행위가 일방적으로 이루어졌다는 점을 뒷받침하는 것으로서 원고가 특정 회원들과 사적 거래관계를 개별적으로 형성하는 과정의 잘못을 지적하는 측면이 크므로, 이 사건 행위가 널리 거래질서와 관련성이 있는 것으로서 공정거래 저해성이 인정된다는 근거로 삼기에는 부족하다. 나아가 기록을 살펴보아도, 불이익 제공의 대상이 된 위 평일회원들이 불특정 다수의 소비자에 해당한다고 보기 어렵고, 원고뿐 아니라 다른 골프장 경영 회사와 소속 회원들 사이에 이 사건 행위와 유사한 형태의 행위가 계속적·반복적으로 발생할 수 있다는 등 거래질서와의 관련성을 인정할 만한 뚜렷한 자료도 없다.

뿐만 아니라 체육시설의 설치·이용에 관한 법률 제18조, 위 법 시행령 제40조 제2호는 체육시설의 회원으로 가입한 이후 회원 권익에 관한 약정이 변경되는 경우에는 기존 회원은 탈퇴할 수 있으며, 탈퇴자가 입회금의 반환을 요구하는 경우에는 체육시설업자 등은 지체 없이 이를 반환하여야 한다고 규정하고 있어, 평일회원들은 이 사건 행위로 인하여 회원 권익에 관한 약정이 변경되었음을 들어 자유로이 탈퇴하고 입회금을 반환받을 수 있으므로, 평일회원들의 권리에 대한 사법적 보호도 불충분하다고 할 수 없다.

이와 같은 제반 사정을 종합하여 보면, 이 사건 행위는 외형상 공정거래법 시행령 제36조 제1항 [별표 1] 제6호 (라)목이 규정하는 거래상 지위 남용행위의 형식적 요건을 갖추었다고 볼 여지는 있지만, 거래질서와의 관련성이 인정되지 아니하므로 공정한 거래를 저해할 우려가 있는 것으로 보기는 어렵다.

3. 본문의 공정거래저해성과 개별규정의 위법성요소

예컨대 기타의 부당염매 사건의 예를 기초로, 여러 가지 입론이 가능하다. 공정거래법 제45조 본문의 공정거래저해성이 경쟁사업자 배제의 우려로 구체화된다는 입론[232]이나 경쟁사업자 배제 우려가 인정되면 그 상위개념인 공정거래저해 우려가 추정되는 것이지만, 이러한 추정은 여러 가지 정당화사유의 주장에 의하여 번복될 수 있다[233]는 등의 논의가 있다.

그러나 앞서 논의한 바와 같이 본문의 공정거래저해성은 법률 소정의 개별 규정에서 부당성으로 되풀이되고 있고, 다시 이것이 시행령 별표 2의 규정에서 '부당하게'와 '정당한 사유없이'로 이원화되면서 개별 규정 고유의 위법성 요소로 구체화되었다고 봄이 간명하다. 따라서 '기타의 부당염매' 사건의 경우, 경쟁사업자 배제의 우려가 있을 경우 다시 제반 정황을 포괄적으로 살펴서 최종적으로 부당성을 판단하게 되는바, 이 단계에서 다양한 정당화사유가 고려될 수 있는 것이다. 기타의 부당염매 규정 자체에서도 '부당하게 경쟁사업자를 배제할 우려가 있는 행위'로 표현하고 있기도 하다.

4. '부당하게'와 '정당한 이유없이'

시행령 별표 2가 정하는 30여개의 불공정거래행위의 세목은 '부당하게'라는 요건을 가진 것과 '정당한 이유없이'라는 요건을 가진 것으로 크게 두 가지로 나누어진다.[234] 그러나 일부의 행위유형에서는 부당성의 문구에 갈음하여 오인유발성을 정하기도 한다(위계에 의한 고객유인유형. 별표 2 4.나. 그리고 표시광고에 관한 법률 소정의 위법행위 등).

이와 관련하여 일부에서는 '부당하게'라는 문구를 가진 행위유형에 대해서는 위법성판단에 있어 합리의 원칙(rule of reason)이 적용되고, '정당한 이유없이'라는

---

232) 신영수, 부당염매의 위법성판단과 경쟁사업자, 경제법판례연구 1권, 265-6.

233) 윤준, 부당염매의 위법성판단기준, 대법원판례해설 통권 36호(법원도서관), 643.

234) 시행령 별표의 세목 중 '정상적인 거래관행에 비추어 부당하게'라는 문구를 사용하는 소수의 유형이 있다. 이 유형을 '부당하게' 그리고 '정당한 이유없이'의 문언을 가진 유형에 이은 세 번째 유형을 볼 수도 있다. 그러나 이는 부당성의 판단과 관련하여 정상적인 거래관행의 잣대가 제시된 것에 불과하다.

요건을 달고 있는 행위유형에 대해서는 당연위법의 법리(per se rule)가 적용된다고 보기도 한다.[235] 그러나 불공거래관행과 관련하여 당연위법의 방법으로 위법성을 판단하는 것은 비교법상 그 예가 없는 일이며, 공정거래법 제45조의 기본유형이나 시행령 별표 2의 중간유형들은 예외 없이 '부당하게'라는 문언을 달고 있다.

현재 공동의 거래거절, 계열회사를 위한 차별, 그리고 부당염매 등에 관한 규정에 한하여 '정당한 이유없이'라는 문구가 사용되고 있고, 또 이 행위들은 기타의 불공정거래행위에 비해 그 남용적인 성격과 비난가능성이 높다. 또한 시행령 별표 2가 위법성의 판단과 관련하여 의도적으로 양자를 차별하고 있는 것은 분명하다. 여기에서 위법성의 증명과 관련하여 양자를 차별적으로 취급할 여지가 있다. 즉 '부당하게'라는 요건을 달고 있는 행위유형은 일반적으로 당해 행위는 적법한 것이로되 특별한 정황 하에서 문제되는 것이라면, '정당한 이유없이'라는 문언을 달고 있는 행위유형은 처음부터 당해 행위의 적법성이 논란될 수 있는 것이라고 할 수 있다. 그러므로 '정당한 이유없이'라는 문구가 채용된 행위유형의 경우에는 사업자 측에서 당해 행위를 하게 된 사유, 즉 합리적인 필요나 동기를 제시하여 공정거래저해성이 없다는 사실을 실질적으로 증명할 필요가 있다고 할 것이다.[236] 그러나 이를 법률상의 형식적인 증명책임의 전환이라고 보는 것은 곤란하고, 사실상의 전환에 지나지 아니한다고 할 것이다. 법률 소정의 기본유형들은 모두 '부당하게'라는 문언을 사용하고 있으며, 이는 시행령이 정하는 중간유형에서도 되풀이되고 있기 때문이다.

대판 2001.12.11, 2000두833

시행령 별표2에서 법 제45조 제1항 제1호의 행위유형으로 다른 유형의 행위에 대하여는 '부당하게' 행하여진 경우에 한하여 불공정거래행위가 되는 것으로 규정하면서도 '계열회사를 위한 차별'의 경우만 '정당한 이유없이'라는 표현을 사용함으로써 달리 취급하고 있는 것은 취지는, 이러한 형태의 차별은 경쟁력이 없는 기업집단 소속 계열회사들을 유지시켜 경제의 효율을 떨어뜨리고 경제력집중을 심화시킬 소지가 커서 다른 차별적 취급 보다는 공정한 거래를 저해할 우려가 많으므로 외형상 그러한 행위유형에 해당하면 일단 공정한 거래를 저해할 우려가 있는 것으로 보되 공정한 거래를 저해할 우려가 없다는 점에 대한 증명책임을 행위자에게 부담하도록 하겠다는 것이다.

235) 공정위, 공정거래연보 1993년판, 111.
236) 대판 2001.6.12, 99두4686.

서울고판 2002.10.10, 2001누16073

원고는 법 제45조 제1항에 '공정한 거래를 저해할 우려가 있는'이라고 표현하고 있고 그 제1호에 '부당하게 차별하여 취급하는 행위'라고 규정함으로써 그 부당성의 증명책임을 피고에게 지우고 있음에도 하위법령인 시행령에서 부당한 행위유형의 하나로 계열회사를 위한 차별을 들면서 '정당한 이유없이'라는 표현을 사용함으로써 증명책임을 전도시키는 것은 모법의 위임의 한계를 넘은 것이므로 여전히 부당성을 피고가 입증하여야 한다고 주장하나, 법에서는 불공정거래행위의 기준으로 '부당성'이라는 기준을 설정하여 이를 하위법령에 위임하였고, 하위법령인 시행령에서는 '부당성'의 정도와 종류에 따른 행위를 유형별로 규정하였음을 알 수 있는바, 행위유형에 따라 부당성의 정도가 각 다를 것이고, 어떤 행위유형은 그 자체로 부당성을 내포하거나 부당성의 정도가 심하여 사실상 원고가 그 정당함을 입증하지 못하는 한 부당성을 면하지 못하는 경우도 있을 수 있어 이를 유형별로 분류하여 규정한데 불과하므로 행위유형에 따라 원고에게 사실상 증명책임이 전환된다고 하더라도 하위법령이 '부당성'을 기준으로 행위유형을 규정하고 있는 한에는 모법의 위임한계를 일탈하였다고 보기는 어렵다.

제4절 일반 불공정거래행위

1. 거래거절

거래거절이란 어느 사업자가 특정한 사업자에게 자신의 상품이나 서비스의 제공을 거절하거나 혹은 그로부터 상품이나 서비스의 공급을 받는 것을 거절하는 행위로서, 법문은 소비자에 대한 거래거절을 포섭하고 있지 않다. 계약자유의 원칙상 사업자는 자신의 거래상대방을 자유롭게 결정하고 그와 행할 거래의 내용이나 양에 대해서도 자유롭게 이를 정할 수 있다. 설령 계속적 거래관계가 있다고 하더라도 상대방과의 거래의 지속 여부 또는 거래의 규모나 증감 등에 대해서 시장의 수급상황이나 원재료의 구득상황 또는 자신의 영업방침에 따라 자유롭게 결정할 수 있다.

그러나 거래거절이 부당하여 공정한 거래를 저해할 우려가 있을 때에는 금지의 대상이 된다. 여기에서 거래라 함은 매매나 교환은 물론 유상적 성격의 거래를 망라하고, 거래의 대상에는 상품은 물론 서비스도 포함된다. 그리고 거절행위의 위법성 심사와 관련하여 시행령 별표 2는 공동의 거래거절과 기타의 거래거절에 대해 문언을 달리 한다.

1.1. 공동의 거래거절

가. 의 의

공동의 거래거절이란 '정당한 이유없이' 자기와 경쟁관계에 있는 다른 사업자와 공동으로 특정사업자에 대하여 거래의 개시를 거절하거나 계속적인 거래관계에 있는 특정사업자에 대하여 거래를 중단하거나 거래하는 상품 또는 용역의 수량이나 내용을 '현저히' 제한하는 행위이다(별표 2 제1호 가목).

공동의 거래거절의 행태는 특정한 사업자에 대하여 거래개시의 거절, 계속적인 거래의 중단이나 거래량의 현저한 축소 등이나, 그 핵심은 '자기와 경쟁관계에 있는 다른 사업자와 공동으로' 보이콧하는 것이다. 한편 보이콧의 경우 배척자, 동조자, 피배척자 등의 구조로 볼 수 있으나, 현행 문언상 배척자와 동조자의 구분을 엄격하게 할 필요는 없다.

공동의 거래거절은 동일한 시장의 다수의 사업자들이 특정한 사업자를 표적으로 삼아 이를 '왕따'시키는 행위이므로 그 행태가 매우 무겁다. 여기에서 공동의 거래거절은 그것이 '정당한 이유가 없는 한' 위법한 것으로 평가되는바, 상대방 사업자의 시장지배력 남용에 대항하거나 상대방에게 선량한 풍속 기타 건전한 상도의를 준수하기 위한 경우 등에 개별적으로 그 해당성 여부를 판단하여야 할 것이다.

집단배척 혹은 그룹보이콧은 법 제40조 제1항 제9호의 부당공동행위를 구성할 수 있고, 이 범위 내에서는 물론 법 제40조가 우선 적용되어야 한다. 그러나 동항 제9호의 구성요건이 충족되기 위해서는 관련시장에서의 경쟁의 실질적 제한이 있어야 하는바, 이는 배척자와 동조자가 시장지배력을 형성하여야 함은 의미한다. 그 결과 경쟁의 실질적 제한에 이르지 않는 집단배척은 불공정거래행위 중 공동의 거래거절 영역에 속하는 것이며, 특히 집단배척의 상대방이 전후방 단계의 사업자인 경우에도 법 제40조 제1항 제9호가 아니라 불공정거래행위법이 적용되어야 한다고 함은 부당공동행위에 관한 설명에서 언급한 바 있다.

나. 사 례

공정위권고 1985.7.31, 84-24(2)

민들레문화사 등 만화를 출판·판매하는 사업자 7개사가 자신들의 거래상대방인 총판에 대하여 만화출판업에 신규로 진입한 현일, 창작 등의 출판사와의 거래를 거절케 하였다. 이는 출판사가 자신이 거래하는 총판에 대해 경쟁출판사의 배척을 권유한 사건이다.

공정위권고 1985.7.31, 85-24(4)

한국총판, 연합총판, 합동총판 등은 만화나 무협지 등을 출판사로부터 공급받아 이를 인천 시내 170여 만화대본소에 공급하는 사업자로서, 이들은 공동으로 자신과 거래하는 만화대본소에 대하여 경쟁관계 있는 다른 총판과의 거래를 거절하도록 하였다. 이는 총판이 자신과 거래하는 대본소에 대하여 경쟁 총판에 대해 배척을 권유한 사건이다.

대판 2006.5.12, 2003두14253
(정당한 이유가 인정된 사안)

개별 은행과 금융결제원의 전산망을 상호 연결하여 고객이 다른 은행의 현금지급기(CD기)를 이용할 수 있게 하는 시스템인 CD공동망의 참가은행들이 공동으로, 특정 은행으로 하여금 다른 신용카드회사 고객의 가상계좌서비스와 연결된 CD공동망을 사용하지 못하게 단절한 경우, CD공동망의 운영에 있어서는 전산망 구축과 유지에 상당한 비용과 노력을 투자한 참가은행들의 의사가 존중되어야 하는 점, 신용카드회사가 CD공동망을 이용함으로써 참가은행들보다 부당하게 경쟁우위에 설 가능성이 크고, 위와 같은 공동의 거래거절로 인하여 신용카드시장에서 다른 거래처를 용이하게 찾을 수 없어 거래기회가 박탈되었다고는 할 수 없는 점 등에 비추어, 참가은행들의 위 가상계좌서비스에 대한 공동의 거래거절행위는 그 거래거절에 정당한 사유가 있으므로 독점규제 및 공정거래에 관한 법률 제45조 제1항 제1호에서 정한 공정한 경쟁을 저해할 우려가 있는 부당한 공동거래거절행위에 해당하지 않는다.

1.2. 단독의 거래거절

가. 의 의

그 밖의 거래거절(기타의 거래거절)이란 부당하게 특정사업자에 대하여 거래의 개시를 거절하거나 계속적인 거래관계에 있는 특정사업자에 대하여 거래를 중단하거나 거래하는 상품 또는 용역의 수량이나 내용을 현저히 제한하는 행위이다(별표 2 제1호 나목). 기타의 거래거절은 앞서의 공동의 거래거절에 대응하는 유형이므로 어느 사업자가 행하는 단독의 거래거절을 말한다.

거래거절과 관련하여 사업자는 광범한 의사결정의 자유를 누리며 이에 관한 판단은 원칙적으로 적법한 경영판단의 범주에 속한다. 단독의 거래거절이 위법성을 띠기 위해서는 당해 행위를 위법하게 하는 예외적인 사정, 예컨대 문제의 사업자가 시장지배력 혹은 그 직전 단계의 시장지위를 가지고 있을 때 이들이 경쟁제한을 위하여 혹은 자신의 시장지위를 유지·강화하기 위하여 거래를 거절하는 것과 같이 당해 행위의 경쟁제한성 등 추가적 사실이 필요하다. 이와 더불어 원사업자가 장기간에 걸쳐 자신에 대한 경제적 의존도가 매우 높은 협력사업자에 대하여 아무런 대안없이 또 절박하게 거래를 단절하거나, 자신의 우월적 지위를 이용하여 거래상대방에게 현저하게 불이익한 거래를 강제하는 방편으로 거래를 단절하는 경우처럼, 거래단절의 수단과 목적면에 있어서도 당해 행위의 공정거래저해성 내지 부당성이 인정될 수 있다.

한편 코카콜라 사건[237]에서 보는 바와 같이, 대법원은 일반 불공정거래행위에 속하는 이 유형의 부당성 판단에 있어 그 사유를 한정적으로 열거하면서 매우 엄격한 입장을 보이고 있다. 대기업과 중소기업 사이의 바람직한 협력관계의 달성은 한국경제의 가장 중요한 과제의 하나이며, 대기업집단에 대한 공정거래법의 규제 또한 그 실질이 이와 연계될 수 있다. 이 문제에 대해서는 하도급법의 일률적 집행을 넘어 일반 불공정거래행위법의 차원에서 이에 관한 법리가 보다 전향적으로 전개될 필요가 있다고 생각된다.

그리고 당해 행위와 관련된 제반정황, 즉 당사자들이 속한 시장의 구조, 사업자의 수와 점유율의 분포, 당해 행위를 하는 동기와 목적, 거절의 주체에 대한 상대방의 영업상의 의존도, 상대방이 거래선을 바꿀 수 있는 여지와 이로 인한 비용 등을 폭넓게 감안하여 개별적으로 그 부당성 여부를 판단하여야 한다.

나. 사 례

대판 2007. 3. 30, 2004두8514

독점규제 및 공정거래에 관한 법률(이하 '법'이라 한다) 제45조 제1항 제1호 및 법 시행령 제52조 [별표 2] 제1호 나목에서 불공정거래행위의 한 유형으로 규정하고 있는 '기타의 거래거절'은 개별 사업자가 그 거래 상대방에 대하여 하는 이른바 개별적 거래거절을 가리키는 것이나, 이러한 개별적 거래거절행위는 그 거래 상대방이 종래

237) 대판 2001.1.5, 98두17869.

계속적 거래관계에 있은 경우에도, 자유시장경제 체제하에서 일반적으로 인정되는 거래처 선택의 자유라는 원칙에서 볼 때, 또 다른 거래거절의 유형인 '공동의 거래거절'과는 달리 거래거절이라는 행위 자체로 바로 불공정거래행위에 해당하는 것은 아니고, 그 거래거절이 특정사업자의 거래기회를 배제하여 그 사업 활동을 곤란하게 할 우려가 있거나 오로지 특정사업자의 사업 활동을 곤란하게 할 의도를 가진 유력 사업자에 의하여 그 지위 남용행위로써 행하여지거나 혹은 법이 금지하고 있는 거래강제 등의 목적 달성을 위하여 그 실효성을 확보하기 위한 수단으로 부당하게 행하여진 경우라야 공정한 거래를 저해할 우려가 있는 거래거절행위로서 법이 금지하는 불공정거래행위에 해당한다고 할 수 있다(대판 2004.7.9, 2002두11059; 대판 2005.5.26, 2004두3038).

대판 2001.1.5, 98두17869(한국코카콜라의 거래거절 사건)

'기타의 거래거절'은 개별 사업자가 그 거래상대방에 대하여 하는 이른바 개별적 거래거절을 가리키는 것이나, 이러한 개별적 거래거절행위는 그 거래상대방이 종래 계속적 거래관계에 있은 경우에도, 자유시장경제 체제하에서 일방적으로 인정되는 거래처 선택의 자유라는 원칙에서 볼 때, 또 다른 거래거절 유형인 '공동의 거래거절'과는 달리, 거래거절이라는 행위 자체로 바로 불공정거래행위에 해당하는 것은 아니고, 그 거래거절이 특정 사업자의 거래기회를 배제하여 그 사업활동을 곤란하게 할 우려가 있거나 오로지 특정사업자의 사업활동을 곤란하게 할 의도를 가진 유력 사업자에 의하여 그 지위남용행위로서 행하여지거나 혹은 같은 법이 금지하고 있는 거래강제 등의 목적달성을 위하여 그 실효성을 확보하기 위한 수단으로 부당하게 행하여진 경우라야 공정한 거래를 저해할 우려가 있는 거래거절행위로서 같은 법이 금지하는 불공정거래행위에 해당한다.

대판 1996.6.25, 96누2019

한일사는 대구경북지역에서 자신과 함께 의약품 도매업을 하고 있는 자로서 동아약품과 서로 의약품거래를 해 온 사이이다. 동아약품이 경북대병원의 임상시약 총액단가 입찰에서 낙찰되어 납품계약을 체결하자, 자신이 독점취급하는 의약품에 대하여 동아약품으로부터 수차례에 걸친 요청에도 불구하고 이를 공급하지 않아 결국 동아약품과 경북대병원 사이의 납품계약이 해지된 사안이다. 이 당시 도매상들은 의약품 제조업자나 수입업자와 더불어 지역별로 독점공급계약을 체결한 후 의약품을 유통시키고 있었고, 약사법 시행규칙에서는 이들 도매상 사이의 거래도 허용하고 또 이들 사이에 현실적으로 의약품 거래가 이뤄지고 있었다. 법원은 이 사건 공급거절행위가 자유경제체제에서 거래처선택의 자유의 범위를 벗어난 행위로서 부당한 거래거절행위에 해당한다고 보았다.

2. 차별적 취급

2.1. 가격차별

가격차별이란 부당하게 거래지역 또는 거래상대방에 따라 현저하게 유리하거나 불리한 가격으로 거래하는 행위를 말한다(별표 2 제 2 호 가목). 가격 이외의 거래조건 차별은 별도의 규정으로 되어 있다.

가격차별은 현저한 것이어야 하고, 또 이것이 부당하여야 한다. 앞서의 거래거절과는 달리 차별의 대상은 사업자에 국한되지 않고 최종 소비자를 포함한 일반적 거래상대방을 의미한다. 가격차별의 주체는 모든 사업자이며 시장지배력을 전제로 하는 것이 아니다. 시장지배적지위를 가진 사업자가 행하는 가격차별은 시장지배적지위 남용행위에 해당될 수 있다.

판례는 신용카드사업자가 백화점 업종에 대한 수수료율을 할인점 업종에 비하여 1% 정도 높게 책정하여 차이를 둔 것에 대하여 공정한 경쟁을 저해하는 부당한 가격차별로 보지 않았다.

대판 2006.12.7, 2004두4703(5개 신용카드사 수수료차별 사건)

독점규제 및 공정거래에 관한 법률 제45조 제 1 항 제 2 호 및 같은 법 시행령 제52조 [별표 2] 제 2 호 가목에서 불공정거래행위의 한 유형으로 규정하고 있는 '가격차별'은 "부당하게 거래지역 또는 거래상대방에 따라 현저하게 유리하거나 불리한 가격으로 거래하는 행위"를 의미하므로 거래지역이나 거래상대방에 따라 현저한 가격의 차이가 존재하고 그러한 가격의 차이가 부당하여 시장에서의 공정한 거래를 저해할 우려가 있는 경우에 성립한다고 할 것인바, 가격차별을 규제하는 입법 취지와 위 각 규정을 종합하면, 가격차별이 부당성을 갖는지 여부를 판단함에 있어서는 가격차별의 정도, 가격차별이 경쟁사업자나 거래상대방의 사업활동 및 시장에 미치는 경쟁제한의 정도, 가격차별에 이른 경영정책상의 필요성, 가격차별의 경위 등 여러 사정을 종합적으로 고려하여 그와 같은 가격차별로 인하여 공정한 거래가 저해될 우려가 있는지 여부에 따라 판단하여야 한다.

2.2. 거래조건차별

거래조건차별이란 부당하게 특정사업자에 대하여 수량·품질 등의 거래조건이나 거래내용에 관하여 현저하게 유리하거나 불리한 취급을 하는 행위이다. 가격 이외의 일체의 거래조건, 즉 상품의 품질이나 효용, 형상, 물량, 물건의 인도시기와 방법, 대금의 지급방법과 수단 그리고 시기, 리베이트 기타 할인조건, 하자보수와 애프터 서비스에 관한 차별 등이 모두 포섭된다. 문언상 이 행위의 대상은 특정한 사업자이나 소비자를 제외할 이유는 없다고 생각된다. 예컨대 퇴직한 직원이 개설한 특약점이라는 이유로 물량이나 품질 등의 거래조건이나 내용에 대해 다른 사업자에 비해 현저하게 우대하는 것과 같다.

2.3. 계열회사를 위한 차별

정당한 이유없이 자기의 계열회사를 유리하게 하기 위하여 가격·수량·품질 등의 거래조건이나 거래내용에 관하여 현저하게 유리하거나 불리하게 하는 행위를 말한다. 예컨대 계열사에 대한 대금지급은 현금으로 하고 비계열사는 어음으로 하거나, 혹은 어음의 만기에 현저한 차이를 두거나, 비계열사에 대해서는 이행보증을 요구하면서 계열사에 대해서는 이를 면제하는 것 등이다.[238]

여기에서 계열회사라 함은 상호출자제한기업집단의 계열사뿐만 아니라, 복수의 사업체가 단일한 지휘관리체제 하에 있을 때 이에 속한 회사들은 모두 여기의 계열회사에 속한다. 이 유형의 경우 위법성 판단의 징표와 관련하여 '정당한 이유없이'라는 문귀가 사용되어 있다. 이 행위가 기업집단 소속 회사의 퇴출을 막아 시장기능을 저해하고 경제력집중을 심화시키는 등 공정한 거래를 저해할 우려가 더욱 크기 때문이다.

그리고 '자기의 계열회사를 유리하게 하기 위하여'는 행위의 목적 또는 주관적 의도에 해당되는 부분이다. 불공정거래행위의 구성요건은 위법성 관련 문언을 제외하고는 대체로 주관적 요건이 존재하지 아니하는바, 주관적 의도와는 상관없이 당해 행위가 공정거래저해성을 보이면 그 자체로서 규제의 대상이 되기 때문이다. 그러나 계열회사를 위한 차별취급에는 이례적으로 주관적 요건이 포함되어

238) 부당지원행위의 유형과 중복될 수 있으나, 부당지원행위는 자신의 계열사에 대한 지원에 초점이 있다.

있다. 따라서 사업자가 영업활동을 한 결과가 자신의 계열회사에 유리하게 귀속되었다는 결과적 사실뿐만 아니라, 이를 위한 주관적 의도 또는 목적이 있어야 한다. 이와 같은 주관적 의도는 차별행위의 동기, 그 효과의 귀속주체, 거래의 관행, 당시 계열회사의 상황 등을 종합적으로 고려하여 그 존재 여부를 판단하게 된다.

마지막으로, 자신의 계열사를 유리하게 하기 위하여 비계열사에 비해 현저하게 유리하게 하거나 비계열사에 대해 현저하게 불리하게 하여야 한다. 판례는 현저한 차별의 판단기초가 되는 거래분야와 관련하여 관련시장의 범위 내에서만 이를 고려하고 이와 관련이 없는 별도의 거래분야까지 포함할 수 없다고 보았다.

대판 2004.12.9, 2002두12076

공정거래법 시행령 제52조 관련 [별표 2]의 제2호 다목이 규정하고 있는 '계열회사를 위한 차별'에서의 차별의 현저성을 판단함에 있어서 관련 시장의 범위에 관련 없는 별도의 거래분야까지 포함할 수 없다.

령 제52조 관련 [별표 2]의 제2호 다목이 규정하고 있는 '계열회사를 위한 차별'의 요건으로서 계열회사를 유리하게 하기 위한 의도는, 특정 사업자가 자기의 이익을 위하여 영업활동을 한 결과가 계열회사에 유리하게 귀속되었다는 사실만으로는 인정하기에 부족하고, 차별행위의 동기, 그 효과의 귀속주체, 거래의 관행, 당시 계열회사의 상황 등을 종합적으로 고려하여 사업자의 주된 의도가 계열회사가 속한 일정한 거래분야에서 경쟁을 제한하고 기업집단의 경제력 집중을 강화하기 위한 것이라고 판단되는 경우에 한하여 인정된다.

령 제52조 관련 [별표 2]의 제2호 다목이 규정하고 있는 불공정거래행위의 한 유형인 '계열회사를 위한 차별'의 위법성을 평가함에 있어서 단순한 사업경영상 또는 거래상의 필요성 내지 합리성이 인정된다는 사정만으로 곧 그 위법성이 부인되는 것은 아니지만, 차별적 취급의 원인이 된 사업경영상의 필요성 등은 다른 사유와 아울러 공정한 거래질서의 관점에서 평가하여 공정거래저해성의 유무를 판단함에 있어서 고려되어야 하는 요인의 하나가 될 수 있다.

대판 2001.12.11, 2000두833

가격차별, 거래조건차별, 집단적 차별에 대하여는 그러한 행위가 '부당하게' 행하여진 경우에 한하여 불공정거래행위가 되는 것으로 규정하면서도 '계열회사를 위한 차별'의 경우에는 정당한 이유가 없는 한 불공정거래행위가 되는 것으로 문언을 달리하여 규정하는 취지는, 이러한 형태의 차별은 경쟁력이 없는 기업집단 소속 계열회사들을 유지시켜 경제의 효율을 떨어뜨리고 경제력집중을 심화시킬 소지가 커서 다른 차별적 취급보다는 공정한 거래를 저해할 우려가 많으므로 외형상 그러한 행위유형에 해당하면 일단 공정한 거래를 저해할 우려가 있는 것으로 보되 공정한 거래를 저해할 우려가 없다는 점에 대한 입증책임을 행위자에게 부담하도록 하겠다는 데에 있다.

대판 2007.2.23, 2004두14052

원고(현대자동차, 기아자동차)들과 비계열 할부금융사 사이에 오토할부약정이 체결되지 아니함으로써 원고들과 비계열 할부금융사 사이에 직접적인 거래관계는 존재하지 않는다고 하더라도 자동차 할부금융상품을 취급하는 할부금융사들은 원고들과 관련하여서는 원고들이 제조·판매하는 자동차를 할부로 구매하려고 하는 고객들을 상대로 자신들의 할부금융상품을 판매하는 것이므로 원고들과 자동차 할부금융상품을 취급하는 현대캐피탈 및 비계열 할부금융사 사이에는 위 고객들을 매개로 하는 실질적 거래관계가 존재한다고 할 것이므로 이와 같은 상황에서 원고들이 현대캐피탈과의 오토할부약정에 기하여 오토할부의 할부금리를 인하하는 것은 원고들이 제조·판매하는 자동차를 할부로 구매하려고 하는 고객들 중 현대캐피탈을 이용 또는 이용하려고 하는 고객들과 현대캐피탈이 아닌 비계열 할부금융사를 이용 또는 이용하려고 하는 고객들을 차별하는 행위라고 할 것이며, 이러한 차별로 인하여 현대캐피탈에게는 고객의 증가라는 차별효과가 귀속되게 되므로 원고들의 위 할부금리 인하행위는 일응 계열회사인 현대캐피탈을 유리하게 하는 차별적 취급행위에 해당한다.

2.4. 집단적 차별

집단으로 특정사업자를 부당하게 차별적으로 취급하여 그 사업자의 사업활동을 현저하게 유리하게 하거나 불리하게 하는 행위이다.

다수의 사업자가 집단으로 특정한 사업자를 대상으로 하는 행위라는 점에서 앞서의 공동의 거래거절과 유사한 면이 있다. 그러나 공동의 거래거절의 주체는 동일한 시장에 속하는 사업자들이 공동으로 하는 데 비해, 집단적 차별의 경우 단계를 달리하는 사업자 사이 혹은 서로 다른 시장에 속하는 사업자들이 집단을 구성할 수 있다. 또한 부당공동행위의 성립요건에서 보는 바와 같은 합의나 의사의 연락은 필요하지 않으며 집단적인 차별취급의 행태 혹은 결과가 있으면 충분하다.

3. 경쟁사업자 배제

3.1. 개 관

경쟁이란 본래 가격과 품질에 의한 능률경쟁, 즉 보다 나은 물건을 보다 싼 가격에 제공함으로서 수요자를 자기에게 이끌어내는 활동 또는 과정이다. 즉 경쟁의 핵은 가격삭감에 있다고 할 것이고, 덤핑이나 부당염매라는 명분으로 이를 규제하는 것은 경쟁 그 자체를 제한하는 속성이 있다.

즉 제조업자나 유통상인 등 사업자들은 자신의 상품에 대한 가격형성에 있어 근본적인 자율권을 누려야 한다. 우선 개별상품에 관하여 장기적 혹은 단기적으로 원가 혹은 구입가격 이하로 가격을 설정하도록 유인하는 사정이 다수 존재한다. 예컨대 신상품의 도입으로 인해 구상품을 신속하게 정리하여야 하는 경우, 경쟁적인 가격형성을 위한 경우, 상품이 부패되거나 유행에 뒤질 가능성, 그리고 신상품의 도입이나 사업장의 신규개설에 즈음하여 자신과 상품을 홍보하고 사업을 정상적인 궤도에 올리기 위해 소위 개시손해(Anlaufverluste)를 스스로 감수하는 경우 등이다.

그리고 다양한 상품을 제조하거나 취급하는 사업자, 예컨대 소매상의 경우에는 개별 상품의 구입원가를 따지는 것은 무의미한 것이다. 특정한 상품으로부터 생긴 이익을 가지고 다른 상품에 관한 손실을 전보할 수 있으면 족하기 때문이다. 그리고 수많은 품목의 가격을 편의에 따라 올리거나 내려서 시장의 상황에 최대한 탄력적으로 대응할 수 있는 가능성을 사업자로부터 빼앗는 것은 사업자의 가격형성의 자유에 대한 부당한 침해라고 아니할 수 없다. 즉 어느 품목에서 입은 손실을 다른 품목에서 커버할 수도 있고, 단기적으로 입은 손실을 장기적으로 전보하는 것도 사업자의 영업전략상의 선택의 문제에 지나지 않는다. 즉 다양한 형태의 가격할인은 근본적으로 허용되는 것이며 이를 통해 경쟁사업자가 손해를 본다든가 혹은 시장에서 축출된다든가 하는 것은 오히려 바람직한 것이고, 심지어는 모회사의 보조금을 통하여 재정지원을 받는 콘체른 소속의 기업이 행하는 염매도 문제될 것이 없다고 하는 것이 독일의 정설이다.[239]

덤핑 혹은 원가 이하의 판매라고 부르기도 하는 부당염매는 현실적으로 경쟁사업자에게 큰 타격을 가함으로써 시장구조를 단기적으로 악화시키고 소비자 후생에도 위해의 요인이 될 수 있다. 그리하여 경쟁정책이나 통상정책 차원에서 덤

239) Emmerich, 앞의 책, 58.

핑은 중대한 문제로 대두될 뿐만 아니라, 전통적인 유통망을 보호하기 위한 보수적 구조정책 차원에서 원가 이하의 판매를 강력하게 규제하기도 한다.[240] 가격형성의 자유를 일탈하여 이를 남용하는 사례로는 덤핑을 통해 경쟁사업자의 축출이나 말살을 기도하거나 독점력을 형성하고자 하는 경우, 카르텔이 공동염매를 통해 국외자를 괴롭히는 경우, 시장지배적 사업자가 가격할인을 통해 영세 경쟁자의 영업을 방해하는 경우, 가격에 관하여 소비자를 기만하거나 오인을 유발하는 경우 등이 대표적이다. 우리나라 공정거래법도 독점사업자의 약탈적 가격형성을 규제하는 이외에 일반 불공정거래행위의 주요 유형의 하나로 부당염매를 규제하면서, 특히 경제력집중억제와 관련하여 많은 함의를 보인다.

부당염매를 금지하는 취지에 대하여 대법원은 매우 제한된 해석을 내고 있다.[241] 즉 공정거래법이 금지하는 시장지배적지위의 남용을 사전에 예방하는 데 있다고 보아, 사실상 시지남용행위와 동일하게 다루거나 시장지배적지위의 전단계에 있는 사업자만이 부당염매의 통제대상이 되는 듯한 인상을 주고 있는 것이다. 불공정거래행위로서 부당염매에 대한 위법성판단은 시지남용행위 중 약탈적 가격형성 등 가격남용행위에 대한 위법성판단과 달라야 하고, 부당염매의 주체도 시장지배력을 가진 사업자 혹은 그 전 단계에 있는 사업자에 국한되는 것으로 해석되어서는 아니될 것이다.

3.2. 부당염매

가. 계속적 부당염매와 기타의 부당염매

부당염매란 자기의 상품 또는 용역을 공급함에 있어서 정당한 이유없이 그 공급에 소요되는 비용보다 현저히 낮은 대가로 계속하여 공급하거나 기타 부당하게 상품 또는 용역을 낮은 대가로 공급함으로써 자기 또는 계열회사의 경쟁사업자를 배제시킬 우려가 있는 행위이다(령 별표 2 제3호 가목).

이 규정은 실제로 두 가지 구성요건으로 되어 있다. 첫째는 정당한 이유 없이 공급에 소요되는 비용보다 현저하게 낮은 대가로 계속하여 공급함으로써 경쟁사업자를 배제시킬 우려가 있는 행위, 즉 계속적 부당염매의 유형이고,[242] 둘째는

240) 독일의 1933년의 할인법(현재 폐지), 오스트리아의 1977년의 근린배려법, 프랑스의 1986년의 경쟁령 제32조, 스위스 불공정경쟁방지법 제3조(1986년 개정) 등.

241) 대판 2001.6.12, 99다4686.

242) 종전에는 계속거래상의 부당염매와 장기거래계약상의 부당염매로 나누었다.

기타 부당하게 상품 또는 용역을 낮은 대가로 공급함으로써 경쟁사업자를 배제시킬 우려가 있는 행위, 즉 기타의 부당염매이다.

기타의 부당염매가 기본유형이라면, 계속적 부당염매는 특칙의 성격을 띤다고 할 것이다. 계속적 부당염매는 위법성의 판단징표가 '정당한 이유없이'라는 점, 공급에 소요되는 비용보다 현저히 낮은 대가로 공급하여야 한다는 점, 그리고 그와 같은 공급이 계속적이어야 한다는 점에서 기타의 부당염매와 다르다. 여기서 공급에 소용되는 비용이란 일반적으로 제조원가를 말하는 것이지만, 유통단계의 사업자가 경쟁사업자를 배제하는 경우에는 구입원가가 기준이 된다. 그러나 원가의 산정은 매우 어렵고 논란의 소지가 무척 많은 것이다.[243)]

그러나 경쟁사업자를 당해 시장에서 현실적으로 배제하여야 할 필요는 없고 배제의 우려 내지 추상적 위험의 존재로 충분하며, 표적이 된 경쟁사업자는 자신의 경쟁사업자뿐만 아니라 계열회사의 경쟁사업자를 포함하며, 현재의 경쟁자뿐만 아니라 시장진입이 예상되는 잠재적 경쟁자가 포함된다. 제조업자는 물론 유통사업자도 이 행위의 주체가 될 수 있으며 이들의 행태는 수요면이 아니라 공급상의 행태라는 점 등은 양자가 같다.

나. 사　　례

경쟁이란 경쟁사업자를 배제하는 과정 혹은 이를 위한 행태 그 자체다. 그 결과 경쟁사업자 배제를 불공정거래행위로 규제하는 것은 경쟁 그 자체를 제한하는 면이 있다. 그러나 당해 규제가 경쟁을 촉진하는 것이 아니라 경쟁제한적 요인일 될 수 있음은 불공정거래행위법 일반의 숙명이기도 하다. 특정한 기업행태가 불공정하다고 판단할 경우 그 만큼 시장에서의 경쟁이 제한되기 때문이다.

여기에서 경쟁사업자 배제행위의 위법성 판단과 관련하여 신중한 고려가 요청된다. 자칫 통상적인 경쟁과정을 부당한 경쟁사업자배제로 규제한다면 이는 경쟁을 촉진하여 할 경쟁당국이 경쟁제한의 주체가 되는 꼴이 된다. 기타의 부당염매의 경우에 특히 요청되는 바라고 할 것이다. 비교법적으로 문제가 없는 덤핑으로는 폐업 떨이판매, 재고정리 떨이판매, 계절 혹은 유행에 민감한 상품을 철이 지나 덤핑하는 것, 백화점에서 행하는 특판행사, 자신의 존재나 상품을 알리는 홍

243) 공급에 소요되는 비용이라는 개념이 모호하고, 중간상인의 상품구입가격처럼 그 조사가 객관적으로 이루어질 수 있는 경우라고 할지라도 이들의 영업에서 큰 비중을 점하는 통상적인 고정비용을 구입가격에 분산하여 포섭시켜야 하는 문제가 있다. Emmerich, 앞의 책, 58; Areeda/Kaplow/Edlin, 앞의 책, 261.

보 차원에서 한시적으로 행하는 염가판매 등이다.

대판 2001.6.12, 99두4686

공정거래법 시행령 제52조 별표 2 제3호 가목에서 말하는 경쟁사업자는 통상 현실적으로 경쟁관계에 있는 사업자를 가리킨다고 할 것이지만, 부당염매를 규제하는 취지가 같은 법이 금지하는 시장지배적지위의 남용을 사전에 예방하는데 있다고 볼 때, 시장진입이 예상되는 잠재적 사업자도 경쟁사업자의 범위에 포함된다고 보아야 할 것이고, 나아가 경쟁사업자를 배제시킬 우려는 실제로 경쟁사업자를 배제할 필요는 없고, 여러 사정으로부터 그러한 결과가 초래될 추상적 위험성이 인정되는 정도로 족하다고 할 것인바, 경쟁사업자를 배제시킬 우려는 당해 염매행위의 의도, 목적, 염가의 정도, 행위자의 사업규모 및 시장에서의 지위, 염매의 영향을 받은 사업자의 상황 등을 종합적으로 살펴 이를 개별적으로 판단하여야 한다.

공정위의결 1994.7.28, 94-205(계속적 부당염매의 사례)

한국석유공업(주)는 방수시트, 합성수지제품 등을 생산, 판매하는 자로서 이들 제품의 판매가 부진하고 경쟁이 심화되자, 방수시트 3개 제품을 시장가보다 44.0%~45.5% 낮은 가격으로 그리고 총판매원가 보다 5.2%~14.9% 낮은 가격으로 1994.2.16.부터 1994.5.31.의 기간중에 대량수요처 12개 업체와 조달청에 공급하였다. 시장점유율은 염매 이전의 18%에서 염매기간 중에는 30%로 늘어났다. 공정위는 시장가격의 절반이자 총판매원가 이하의 가격으로 염매하였고, 영세업자는 이러한 가격경쟁에 대응할 수 없고 결과적으로 당해 시장에서 배제될 수밖에 없다는 점을 고려하여 이 염매가격을 공급에 소요되는 비용보다 현저하게 낮은 대가로 인정하였다.

공정위의결 1994.11.9, 94-328(위법한 1원 입찰)

구입가격 1억8,800만원 그리고 입찰예정가격이 1억8,600만원인 품목의 입찰에서 1원으로 입찰한 사안. 원가 대비 현저한 저가공급일 뿐만 아니라 발전소 터빈용 윤활유 공급시장의 특성이 고려되어, 당해 행위의 위법성이 인정되었다. 즉 터빈용 윤활유는 처음 공급된 것이 20년 이상 계속 사용되는 속성이 있어, 최초의 입찰의 성패가 당해 시장에서 향후 20년의 독점공급으로 연결되는 것이었다. 애초부터 4개의 경쟁사업자를 완전히 배제키고 물품공급상 장기독점적 지위를 구축하게 된 점이 고려되었다.

3.3. 부당고가매입

부당고가매입이란 부당하게 상품 또는 용역을 통상거래가격에 비하여 높은 대가로 구입하여 자기 또는 계열회사의 경쟁사업자를 배제시킬 우려가 있는 행위이다.

이 행위는 공급과정에서 부당염매를 통해 경쟁사업자를 배제하는 것과는 반대로, 사업자가 자신의 수요력을 이용하여 경쟁사업자를 부당하게 배제하는 행태를 규제하기 위한 것이다. 현행 공정거래법상 수요독점도 물론 규제의 대상이나, 현실적으로는 시장지배적지위 남용행위를 구성하기는 어렵고 불공정거래행위 중 부당고가매입에 포섭되는 것은 상대적으로 쉽다.

4. 부당한 고객유인

부당한 고객유인이란 부당하게 경쟁자의 고객을 자기와 거래하도록 유인하는 행위를 말한다(법 제45조 제1항 제4호). 문언의 구조상 앞서의 경쟁사업자 배제는 경쟁사업자의 법익침해 혹은 경쟁사업자의 배제에 초점이 있는데 비해, 고객유인 유형은 거래기회 혹은 거래상대방인 고객을 자기 앞으로 끌어오는 수단과 방법의 불공정성을 문제삼는 것이라고 할 수 있다. 그러나 이 유형도 결국 경쟁사업자의 입장에서는 거래기회 혹은 고객을 횡탈당하는 것이므로, 경쟁사업자의 법익을 침해하는 유형으로 볼 여지도 있다.

4.1. 부당한 이익에 의한 고객유인

이는 정상적인 거래관행에 비추어 부당하거나 과대한 이익을 제공 또는 제공할 제의를 하여 경쟁사업자의 고객을 자기와 거래하도록 유인하는 행위이다.

이 행위와 관련하여 공정위에서 다루어진 사례로는 제약사가 자신의 약품을 채택시키기 위해 종합병원 및 병원종사자에게 약품채택비나 처방사례비 혹은 비품구입비나 학술대회비를 지원하는 행위, 특판점이나 특약대리점 등에 대해 자신과의 배타적 거래를 조건으로 판촉지원금이나 장비를 무상으로 제공하는 행위, 손해보험회사들이 보험가입자에 대해 정상적인 보험료를 받은 후 이를 일부 환급하는 소위 리베이트 제공행위, 전화회사가 고객을 확보하는 차원에서 무상임대방식으로 전화기를 무료로 제공하는 행위, 그리고 신문사 지국이 신문을 무상투입하는 행위 등이다.

오래된 공정위 심결례에서는 피라미드판매를 이 유형에 포섭시킨 예가 있고,[244] 피라미드는 부당한 이익으로 소비자를 현혹할 뿐만 아니라 조직적인 위계에 의한 고객유인으로 볼 여지도 있다. 피라미드판매는 다단계판매 혹은 네트워크판매 등으로 그 명칭을 바꾸어 왔으며, 현재 방문판매법이 이를 전문적으로 규제하고 있다. 그러나 동법의 규율대상인 행위라고 하더라도 불공정거래행위의 요건을 여전히 충족할 수 있다고 할 것이다. 양법은 법의 성격과 위상, 그리고 제재에서 다르기 때문이다.

거래기회 혹은 고객을 확보하기 위해 이익을 제공하는 것은 가격경쟁의 변형으로 볼 수 있는 점이 있고, 부당성의 판단기준으로서 정상적인 거래관행에 대해 종래 많은 논란이 있었다. 정상적인 거래관행은 당해 업계에서 폭넓게 혹은 오랫동안 정착되어 온 관행이라는 사실만으로는 부족하고, 이것이 건전한 상도덕에 부합하는 것이어야 한다. 또한 이익을 현실적으로 제공하는 것은 물론, 이익제공의 제의도 규제의 대상이다. 이익제공 혹은 그 제의를 접수하는 상대방은 반드시 거래상대방 혹은 고객 그 자신일 필요는 없으며, 여기의 고객에는 사업자는 물론 최종소비자도 포함된다.

서울고등법원은 제약회사가 의약품 판매 증진을 위해 병의원 또는 주요 의사, 의료담당자 등에게 신규랜딩과 처방에 대한 대가로 현금·상품권 등을 지원하고 골프 접대 등을 제공한 행위에 대하여 공정위가 부당한 고객유인행위로 보아 시정조치한 것은 정당하다고 판단하였다(서울고판 2008.11.5, 2008누2462).

대판 2010.11.25, 2009두9543

원고가 의약품의 판매를 촉진하기 위하여 병·의원, 약국 등에 물품·현금·상품권 등 지원, 골프 등 접대, 할증 지원, 세미나 등 행사경비 지원, 인력 지원, 시판 후 조사 등의 이익을 제공한 사실을 인정한 다음, 의약품 판매에서 정보제공활동과 설득활동은 필수불가결하다고 할 수 있으나, 의사가 의약품을 선택하는 데에 그 품질과 가격의 우위에 근거하지 않고 제약업체가 제공하는 부적절한 이익의 대소에 영향을 받게 된다면 소비자의 이익은 현저하게 침해될 수밖에 없고 의약품시장에서의 건전한 경쟁도

244) 공정위의결 1985.10.17, 85-75; 공정위의결 1990.10.17, 90-58.

기대할 수 없게 되므로, 제약회사의 판매촉진활동은 위와 같은 측면들을 종합적으로 고려하여 투명성, 비대가성, 비과다성 등의 판단 기준하에 정상적인 거래관행에 비추어 보아 부당하거나 과다한 이익의 제공에 해당되는지 여부를 가려야 할 것이고, 이러한 판단 과정에서 한국제약협회에서 제정한 보험용 의약품의 거래에 관한 공정경쟁규약은 중요한 기준이 될 수 있을 것이라고 전제한 후, 원고의 위와 같은 이익제공 행위는 위 공정경쟁규약 제 4 조 제 1 항에서 예외적으로 허용하는 금품류 제공 행위에 해당되지 아니하고, 그 금액 또는 규모도 사회통념상 정상적인 상관행 또는 정당한 영업활동으로 인정될 수 있는 범위를 초과한 것으로 보이므로, 원고의 행위는 부당한 고객유인행위에 해당한다.

서울고판 2023.2.2, 2021누75926(남양유업의 부당한 고객유인의 건)

분유 등을 제조·판매하는 사업자가 산부인과 병원 및 산후조리원에 은행 평균 대출금리 기준 0.5% 이상 낮은 이자율을 적용하여 대여금을 제공한 행위는 정상적인 거래관행에 비추어 거래상대방에 대해 부당하거나 과대한 이익을 제공함으로써 공정거래를 저해하는 행위에 해당한다고 판시하였다.

4.2. 위계에 의한 고객유인

위계에 의한 고객유인이란 표시·광고의 공정화에 관한 법률 제 3 조에 의한 부당한 표시·광고 외의 방법으로 자기가 공급하는 상품 또는 용역의 내용이나 거래조건 기타 거래에 관한 사항에 관하여 실제보다 또는 경쟁사업자의 것보다 현저히 우량 또는 유리한 것으로 고객을 오인시키거나 경쟁사업자의 것이 실제보다 또는 자기의 것보다 현저히 불량 또는 불리한 것으로 고객을 오인시켜 경쟁사업자의 고객을 자기와 거래하도록 유인하는 행위를 말한다(별표 2 제 4 호 나목).

이 유형은 표시광고 이외의 수단, 예컨대 수상사실이 없음에도 수상한 것처럼 혹은 인증기관의 인증이 없음에도 불구하고 인증받은 것처럼 혹은 EBS 방송교재가 아님에도 그 교재인 것처럼 말하는 등 교묘한 유도방법에 의해 기만적으로 경쟁자의 고객 혹은 경쟁자에게 돌아갈 거래기회를 횡탈하는 행위를 금지의 표적으로 한다.

다른 행위유형의 경우도 그러하지만, 이 행위에서도 주관적 요건은 문제되지 아니하며 고객유인 혹은 횡탈의 현실적 결과가 발생하여야 하는 것이 아니다. 그리고 오인 역시 현실적 오인이나 혼동에 국한하는 것이 아니라 오인의 추상적 위험으로 충분하다. 고객을 오인시키는 방법으로는 자신의 상품이나 거래조건을 사실과 달리 경쟁사업자의 그것에 비해 현저하게 유리한 것으로 오인케 하는 것, 반대로 경쟁사업자의 상품이나 거래조건을 사실 보다 현저하게 깎아내려서 자신의 것이 상대적으로 양호한 것으로 사실을 오인시키는 것, 그리고 전체적으로 균형을 잃게 하여 판단을 흐리게 하는 행위도 문제된다. 또한 위계에 의한 고객유인의 표적이 되는 상대방, 즉 경쟁사업자의 기존의 고객에 한정되는 것이 아니라 경쟁사업자의 고객이 될 가능성이 있는 자도 포함된다.245)

대판 2019.9.26, 2014두15047

[1] 위계에 의한 고객유인행위가 성립하기 위해서는 위계 또는 기만적인 유인행위로 인하여 고객이 오인될 우려가 있음으로 충분하고, 반드시 고객에게 오인의 결과가 발생하여야 하는 것은 아니다. 그리고 여기에서 오인이란 고객의 상품 또는 용역에 대한 선택 및 결정에 영향을 미치는 것을 말하고, 오인의 우려란 고객의 상품 또는 용역의 선택에 영향을 미칠 가능성 또는 위험성을 말한다.

[2] 위계에 의한 고객유인행위를 금지하는 취지는 위계 또는 기만행위로 소비자의 합리적인 상품선택을 침해하는 것을 방지하는 한편, 해당 업계 사업자 간의 가격 등에 관한 경쟁을 통하여 공정한 경쟁질서 내지 거래질서를 유지하기 위한 데에 있다. 따라서 사업자의 행위가 불공정거래행위로서 위계에 의한 고객유인행위에 해당하는지를 판단할 때에는, 그 행위로 보통의 거래 경험과 주의력을 가진 일반 소비자의 거래 여부에 관한 합리적인 선택이 저해되거나 다수 소비자들이 궁극적으로 피해를 볼 우려가 있게 되는 등 널리 업계 전체의 공정한 경쟁질서나 거래질서에 미치게 될 영향, 파급효과의 유무 및 정도, 문제된 행위를 영업전략으로 채택한 사업자의 수나 규모, 경쟁사업자들이 모방할 우려가 있는지 여부, 관련되는 거래의 규모, 통상적 거래의 형태, 사업자가 사용한 경쟁수단의 구체적 태양, 사업자가 해당 경쟁수단을 사용한 의도, 그와 같은 경쟁수단이 일반 상거래의 관행과 신의칙에 비추어 허용되는 정도를 넘는지, 계속적·반복적인지 여부 등을 종합적으로 살펴보아야 한다.

공정위의결 2012.7.10, 20212-106

법 제45조 제1항 및 시행령 제52조 관련 [별표 2] 제4호 나목에 따른 '위계에 의한 고객유인' 행위에 해당하기 위해서는 첫째, 자기가 공급하는 상품 또는 용역의 내용이

245) 대판 2002.12.26, 2001두4306.

나 거래조건 기타 거래에 관한 사항에 관하여, 둘째, 실제보다 현저히 우량 또는 유리한 것으로 고객을 오인시키거나 경쟁사업자의 것이 실제보다 또는 자기의 것보다 현저히 불량 또는 불리한 것으로 고객을 오인시켜, 셋째, 경쟁사업자의 고객을 자기와 거래하도록 유인하는 행위로서, 넷째, 공정한 거래를 저해할 우려가 있는 경우에 성립한다.

4.3. 기타의 부당한 고객유인

계약체결의 방해, 계약불이행의 유인 등의 방법으로 경쟁사업자와 그 고객 사이의 거래관계를 부당하게 방해함으로써 경쟁사업자의 고객을 자기 앞으로 유인하는 행위이다. 별표의 규정은 체약과정에서의 방해, 성립한 계약의 파기나 취소의 유도 등을 언급하고 있다. 상대방 회사가 장기적으로 그 전망이 불투명하다거나 혹은 제공하는 부수적 편익이 매우 미흡하다는 등 사실과 다른 주장을 통해 다른 회사와 체결한 계약을 파기하고 자신과 갈아치기 계약을 체결하도록 유도하는 행위가 여기에 속한다.

5. 거래강제

거래강제란 부당하게 경쟁자의 고객을 자기와 거래하도록 강제하는 행위를 말한다(법 제45조 제 1 항 제 5 호). 이 유형은 경쟁자의 고객을 뺏는 측면 보다는 사업자가 거래상대방인 고객의 의사결정의 자유를 제약하는데 초점이 있다. 즉 피침해자는 수요자요 그의 의사의 진성성이 침해되는데 위법성의 기초가 있다.

5.1. 끼워팔기

거래상대방에 대하여 자기의 상품 또는 용역을 공급하면서 정상적인 거래관행에 비추어 부당하게 다른 상품 또는 용역을 자기 또는 자기가 지정하는 사업자로부터 구입하도록 하는 행위이다. 종래 연계판매라고 부르기도 하였다.

끼워팔기는 독점사업자가 자신의 독점력을 다른 시장으로 레버리지하는 수단이자, 수직적 거래제한의 전형을 이루기도 한다. 비교법적으로 끼워팔기는 독점화 행위 혹은 독점력을 남용하는 행위를 구성하기도 하고 또 수직적 거래제한의 전형이 되기도 한다. 우리나라 공정거래법에서도 끼워팔기는 경우에 따라 부당공동행위를 구성할 여지도 있다.

그러나 불공정거래행위의 유형으로서의 끼워팔기는 독점력을 전제로 하는 것이 아니며, 수직적 거래제한의 측면에서 이를 바라보는 것도 아니다. 또한 물건과 다른 물건을 결부하여 제공하는 행위가 모두 끼워팔기로 금지되는 것은 아니고, 상대방이 원하지 않는 상품이 주된 상품에 끼워져서 구입이 강제되는 경우가 여기에서 문제로 되는 것이다. 즉 상품을 팔 때 서비스 차원에서 다른 상품을 얹어주거나(얹어주기) 동일한 상품 여러 개를 묶어 꾸러미로 하거나 상품과 그 부품(혹은 소모품)을 묶어서 팔기도 하는 것은 수요자의 의사결정의 자유를 침해하는 것이 아니고, 따라서 기본적으로 적법한 것이다.

문제는 부적법한 끼워팔기와 적법한 묶어팔기의 구별이다. 외국의 판례는 주된 상품(연계상품)과는 다른 종된 상품(피연계상품)에 대한 별개의 수요가 존재하는 경우, 주된 상품과 종된 상품을 일률적으로 묶어서 파는 것은 위법한 끼워팔기로 보기도 한다.[246] 그 핵심은 강제성, 즉 상대방의 의사결정의 자유가 침해되었는지 여부를 중심으로 부당성을 개별적으로 또 구체적으로 판단하여 결정할 사항이라고 생각된다. 이 과정에서 종된 상품을 별도로 구입할 수 있는지, 별도의 공급에 기술적인 어려움이 있거나 보다 많은 비용이 소요되는지 등을 고려하게 될 것이다.

공정위 심결례에서 확인되는 사례는 대단히 다양하다. 마이크로소프트사가 윈도우 서버 운영체제에 미디어 서버나 플레이어 혹은 메신저 프로그램을 끼워파는 것(공정위 의결 2006.2.24, 제2006-42호),[247] 예식장이 식장을 임대하면서 드레스, 식당 그리고 사진서비스 등의 이용을 강제한다든가, 장례식장에서 각종 장의제품의 구입을 강제한다든가, 인기소주 제조업자가 자신이 생산한 비인기 위스키의 구입을 강제하는 행위 등이다.

서울고판 2009.11.12, 2009누5635(페르마에듀의 거래강제행위 건)

오프라인 강의와 온라인 강의는 규제하는 법률규정이나 교육방식, 장소 등에서 서로 구분될 뿐만 아니라 각 분야에서 성장한 전문 학원들도 서로 다른 점, 원고도 오프라

246) 셔먼법상의 끼워팔기에 관하여는 오승한, 1998년 MS소송의 쟁점 분석, 경쟁법연구 제8권(2002.2), 413-5.

247) 이와 별도로 시지남에도 해당한다고 판단하였다(중복적용 긍정 입장). 이 사건은 서울고등법원 판결 선고를 앞두고 MS측이 소를 취하(공정위는 소취하에 동의함)하면서 법원의 본안 판단을 받지 못하였다.

인 강의와 온라인 강의를 다르게 운영하고 있는 점, 온라인 강의의 내용은 주로 오프라인에서 수업한 내용을 예습·복습하거나 비슷한 대표적 문제풀이를 하는 것에 불과하여 오프라인 강의를 충분히 이해한 학생들에게는 대체로 강의내용이 중복되는 점, 원고를 포함한 다수의 학원들은 온라인 강의를 떼어서 일반인에게도 판매하고 있는 점 등에 비추어 보면, 설령 원고가 운영하는 '온라인, 오프라인 통합 학습 교육시스템'이 그 주장과 같이 학습효과 증진을 위한 효율적인 시스템이라고 볼 여지가 있다 하더라도 온라인 강의와 오프라인 강의는 서로 밀접불가결한 관계에 있다고 볼 수 없는 서로 다른 별개의 상품이라 할 것이다(오프라인 강의를 수강하는 학생들에게 온라인 강의를 의무적으로 수강하도록 하는 행위를 끼워팔기로 인정한 사건).

서울고판 2022.12.1, 2020누69221(GTT의 LNG 화물창 기술 라이선스)

가즈트랑스포르 에 때끄니가즈(GTT)의 시장지배적지위 남용행위 사건에서, 국내조선업체를 대상으로 LNG 화물창 기술 라이선스(특허권)를 제공하면서 기술지원서비스까지 구매하도록 강제한 원고의 끼워팔기 행위의 위법성을 인정한 사건이다. 다만, 서울고등법원은 끼워팔기행위에 대한 관련매출액 산정에 있어 기준이 되는 관련상품은 특별한 사정이 없는 한 끼워팔기 대상인 종된 상품에 국한되므로, 공정위가 과징금 산정 시 관련상품에 기술지원서비스뿐만 아니라 기술 라이선스까지 포함한 것은 위법하다고 판시하였다.

대판 2006.5.26, 2004두3014

"한국토지공사가 비인기토지의 판매가 저조하자 상대적으로 분양이 양호한 인기토지를 판매하면서 비인기토지의 매입시 인기토지에 대한 매입우선권을 부여함으로써 비인기토지를 매입하지 않고서는 사실상 인기토지를 매입할 수 없게 만들어, 주된 상품인 인기토지를 매입하여 주택건설사업을 하고자 하는 주택사업자로서는 사실상 종된 상품인 비인기토지를 매입할 수밖에 없는 상황에 처하였는바, 이러한 연계판매행위는 거래상대방에 대하여 자기의 주된 상품을 공급하면서 자기의 종된 상품을 구입하도록 하는 행위로서 끼워팔기에 해당하고, 나아가 공공부문 택지개발사업의 40% 이상을 점하고 있는 한국토지공사가 위와 같은 끼워팔기에 해당하는 연계판매행위를 할 경우 거래상대방인 주택사업자들의 상품 선택의 자유를 제한하는 등 공정한 거래질서를 침해할 우려가 있으므로, 한국토지공사의 위와 같은 행위는 결국 법 제45조 제 1 항 제 3 호의 '끼워팔기'에 해당한다."

이 판결은 한국토지공사가 택지분양과정에서 공동주택지(비인기토지)의 판매가 저조하자 상대적으로 분양이 양호한 '인기토지'를 판매하면서 '비인기토지'의 매입 시 인기토지에 대한 매입우선권을 부여함으로써 비인기토지를 매입하지 않고서는 사실상 인기토지를 매입할 수 없게 만들었던 사안에 대해 대법원이 끼워팔기에 해당한다고 인정한 사례이다.

5.2. 사원판매

사원판매는 부당하게 자기 또는 계열회사의 임직원으로 하여금 자기 또는 계열회사의 상품이나 용역을 구입 또는 판매하도록 강제하는 행위를 말한다. 거래상의 지위를 이용하는 것이 아니라, 임직원에 대한 고용관계 혹은 신분관계를 배경으로 하는 거래강제다.

임직원은 자신을 고용한 기업과 사실상 공동운명체가 되며, 당해 회사를 위해 전심전력적인 충성을 보여야 할 의무(fiduciary duty)를 가지고 있다. 여기에서 자신이 속한 회사나 계열사의 제품을 가능한 한 사용하고 경쟁사의 상품을 기피하는 것은 직무상의 윤리에 속한다. 그러나 임직원의 의사에 반하여 기업이 그 제품이나 서비스의 구입을 정상적인 정도를 넘어 강제하는 것은 의사결정의 진정성을 해치고 건전한 직업윤리의 창달을 저해할 뿐만 아니라, 경우에 따라서는 당해 시장의 경쟁질서를 왜곡할 수 있다.

이에 관한 사례로는, 사원들에게 설날, 추석, 연말 등 주요 시즌별로 작성한 상품권판매계획서를 회람 또는 교육을 통해 전달하고 전체 부서별 판매목표를 부과하고 매월 판매 및 수금실적을 집계관리하는 등의 조직적 판매방법을 사용하며 판매량에 따른 포상을 통해 사원들이 판매에 부담을 느끼고 목표량의 일부는 사원들이 친지에게 선물하는 등으로 목표량을 채운 경우, 임직원에 대하여 계열회사가 생산한 차량을 이용하지 않은 경우 자사의 주차장 이용을 금지하고 계열회사에서 발행되는 신문을 구독하도록 하는 행위, 판매목표량을 할당한 후 이를 체불임금에서 상계처리한 행위 등이 있었다. 한편 신문사가 임직원 1인당 구독자 확대 목표치를 5부로 제시한 뒤 부서별로 실적을 공개하면서 목표를 달성한 임직원에게 시상한 경우에 대해 대법원은 공정위와는 달리 이의 위법성을 인정하지 않았다.[248]

248) 대판 1998.3.27, 96누18489.

대판 2001.2.9, 2000두6206

단순히 후생복리적 차원에서 원고 대우자판 임직원들에게 차량 구입기회를 제공하는 차원에서 이루어진 것 또는 원고회사 사원들이 애사심이나 일반 판매가격보다 저렴하다는 이점 때문에 자발적으로 제품을 구입하는 차원을 넘어선 것으로서 원고회사가 누적되는 재고차량의 소진을 위하여 우월한 지위를 바탕으로 임직원들의 임의적인 의사에 반하여 차량을 구입하도록 조직적으로 사원들의 차량구입 여부 및 차종에 대한 선택의 기회를 제한하여 자사 제품의 구입을 강제한 것으로 부당하게 자기 또는 계열회사의 임직원으로 하여금 자기 또는 계열회사의 상품이나 용역을 구입하도록 강제하는 행위에 해당된다.

5.3. 기타의 거래강제

그 밖의 거래강제라 함은 정상적인 거래관행에 비추어 부당한 조건 등 불이익을 거래상대방에게 제시하여 자기 또는 자기가 지정하는 사업자와 거래하도록 강제하는 행위를 말한다(별표 2 제 5 호 다목). 이 유형은 기본거래, 예컨대 납품관계를 배경으로 자신이나 자신의 계열사와의 다른 종류의 거래를 사실상 강제하는 행위를 포섭할 수 있다. 예컨대 자신에 대한 납품업체나 협력업체에 대하여 납품 기타 관계에서 발생한 자신의 지위를 이용하여 자신이나 계열회사가 생산한 차량을 구입하도록 하는 행위 등이다. 이 행위유형은 거래상지위남용행위와도 연결될 수 있다.

서울고등법원은 건설회사가 대출세대에게 등기업무대행을 위하여 특정 법무사를 지정한 것은 부당한 거래강제에 해당되지 않는다고 판단하였다(서울고판 2007.9.13, 2006누27900). 즉, 대출세대로 하여금 지정법무사에게만 등기 업무를 위임할 것을 사실상 강제하는 효과를 거두고 있으나, 원고의 위 행위로 인하여 대부분의 대출세대가 지정법무사를 선임하여 일괄하여 그 업무를 처리하게 한 결과 40%의 비율에 상당한 등기비용이 절감하게 되었으므로 이는 결국 그 업무처리의 편의성, 효율성의 제고와 소비자의 후생 증대에 기여하였으며, 나아가 원고 및 농협의 이익도 보호되는 효과가 발생하게 되었다고 할 것인 점 등에 비추어 부당성이 인정되기 어렵다고 판단하였고, 이에 대하여 대법원도 심리불속행기각으로 이를 확정하였다(대판 2007.12.13, 2007두20492).

6. 거래상 지위의 남용

거래상지위남용행위란 자기의 거래상의 지위를 부당하게 이용하여 상대방과 거래[249]하는 행위를 말하며(법 제45조 제1항 제6호), 여기에는 구입강제, 이익제공강요, 판매목표 강제, 불이익제공, 그리고 경영간섭 등 5가지 세목이 있다.

이 행위유형은 비중이 큰 불공정거래행위의 유형으로 종전에는 이를 우월적 지위의 남용으로 불렀다. 여기서 거래상의 지위라 함은 시장지배적지위에는 이르지 아니하나, 시장구조나 수급관계상 혹은 종전의 거래관계상 상대방의 의사에 반하여 거래를 강제하거나 적어도 영업활동을 방해할 수 있는 정도의 상대적 지위를 폭넓게 포섭한다(서울고판 2015.10.21, 2014누49790). 특히 독과점의 전단계적 행위 혹은 맹아적 행위를 포섭할 수 있고, 이 경우에는 경쟁저해성 혹은 거래제한성이 위법성판단의 징표가 될 것이다. 거래상지위남용이 문제될 수 있는 경우로는 하도급관계, 납품관계(대규모 유통회사와 납품업체 사이), 유통관계(제조업자와 특약대리점관계), 가맹사업관계(가맹본부와 가맹사업자 사이) 등 거래관계와 관련하여 나타나는 경제상 상대적 우월한 지위를 말하는 것이며, 사회적 혹은 신분상의 지위는 포함되지 아니한다고 할 것이다.

거래상지위남용의 인정에 있어서는 특히 거래상대방이 자신의 거래선을 쉽사리 바꿀 수 있는지 여부가 매우 중요하다. 상대방이 자신의 거래처를 용이하게 다른 곳으로 옮길 수 있다면, 상대방의 거래상지위에 영향을 받아 자신의 의사결정의 자유가 제약되었다고 보기 어렵기 때문이다. 물론 거래처의 전환이 용이한지 여부는 당사자들의 시장에서의 지위, 업종과 거래형태 등을 종합적으로 고려하여 판단되어야 한다. 이 밖에도 시장상황, 당사자의 자본력과 판매력, 신용의 정도,

---

249) 거래관계는 계약관계보다 넓은 범위의 개념으로 이해된다. 대판 2010.1.14. 2008두14739. "불공정거래행위에 관한 독점규제 및 공정거래에 관한 법률상의 관련 규정과 입법취지 등에 의하면 불공정거래행위에서의 '거래'란 통상의 매매와 같은 개별적인 계약자체를 가리키는 것이 아니라 그보다 넓은 의미로서 사업활동을 위한 수단 일반 또는 거래질서를 뜻하는 것으로 보아야 하는 점, 비록 피해차주의 보험회사에 대한 직접청구권이 피보험자의 불법행위에 의하여 발생한다고 하더라도 보험회사 및 피보험자는 바로 그러한 경우를 위하여 보험계약을 체결하는 것이고, 피해차주는 자동차손해보험의 특성상 보험계약 성립 당시에 미리 확정될 수 없을 따름이지 그 출현이 이미 예정되어 있는 것이며, 그에 따라 보험회사가 피해차주에게 대물손해를 배상하여야 할 의무도 위 보험계약에 근거하고 있는 것인 점, 불법행위로 인한 손해배상채무가 이행되는 과정에서도 채무자에 의한 불공정거래행위가 얼마든지 발생할 여지가 있는 점 등에 비추어 볼 때, 보험회사와 피해차주 사이에는 피보험자를 매개로 한 '거래관계'가 존재한다고 봄이 상당하다."

거래객체인 상품이나 서비스의 특성 등을 고려할 필요가 있다.

이 유형의 취지에 대하여, 판례는 현실의 거래관계에서 경제력에 차이가 있는 거래주체 간에서 상호 대등한 지위에서 법이 보장하고자 하는 공정한 거래를 할 수 있게 하기 위하여 사업자가 그 지위를 남용하여 상대방에게 거래상 불이익을 주는 행위를 금지시키고자 하는 것으로 보았다.[250] 이와 관련하여 1993년 대법원 판결은 한진중공업의 서울특별시지하철공사에 대한 전동차납품과 관련한 사건에서 한진중공업의 기업규모를 고려할 때 전동차의 판매시장이 반드시 국내에 한정된다고 할 수 없고, 원고가 독점적 수요자의 지위에 있었다고 할 수 없으며, 위 계약체결에 있어서 원고가 소외회사의 자유의사를 부당하게 억압하였다고 볼 자료도 없는 점에서 원고가 한진중공업에 대하여 거래상 우월적 지위에 있다고 보기 어렵다고 보았다.[251] 한국토지주택공사가 토지 매매계약 체결 시 매수인을 대상으로 거래상 지위를 남용한 사건에 대하여서는, 해당 매매가 특정 택지개발사업 시행 과정에서 발생한 일회성 거래에 불과하여 계속적인 거래가 존재하지 않는다고 보더라도, 거래상지위의 본질은 일방의 상대방에 대한 거래의존도에 있다고 할 것이고 거래관계의 계속성은 거래의존도 판단을 위한 고려요소가 될 수 있을 뿐 그 자체로 거래상 지위의 존부를 판단하는 독자적 기준이 된다고 보기 어려우므로 한국토지주택공사의 거래상 지위를 인정할 수 있다고 보았다.[252]

6.1. 구입강제

거래상대방이 구입할 의사가 없는 상품 또는 용역을 구입하도록 강제하는 행위이다. 앞서의 끼워팔기나 기타의 거래강제는 기본거래와 연계하여 종된 거래를 강제하거나(끼워팔기) 혹은 연계없이 다른 거래(기타의 끼워팔기)를 강제하는 것인데 비해, 여기의 구입강제는 단일한 거래에 관하여 자신의 거래상지위를 이용하여 이를 상대방에게 강제하는 것이다. 그러나 이러한 차별화는 시행령 별표의 세목이 지나치게 세분화되었기 때문이며, 세 유형 모두 상대방의 의사결정의 자유를 해친다는 점에서는 같다.

이 유형은 특히 '밀어내기'라는 행태를 포섭할 수 있는바, 브랜드 상품의 제조

250) 대판 2003.12.26, 2001두9646; 동 2000.6.9, 97누19427 등.
251) 대판 1993.7.27, 93누4984.
252) 서울고판 2023.8.31, 2021누75124.

업체가 신상품을 개발하면서 재고로 남아 있는 구상품을 대리점에게 할당하고 이의 대금을 완납할 때까지 신상품의 공급을 중단하는 행위가 전형적 예에 속한다. 한편 구입강제의 대상이 되는 거래는 자신과의 거래에 국한되는 것이 아니고, 자신이 지정하는 제 3 자와의 거래도 포함된다.253)

대판 2013.11.28, 2013두1188

'거래상의 지위를 부당하게 이용하였는지'는 당사자가 처한 시장 및 거래의 상황, 당사자 간의 전체적 사업능력의 격차, 거래의 대상인 상품 또는 용역의 특성, 그리고 당해 행위의 의도·목적·효과·영향 및 구체적인 태양, 해당 사업자의 시장에서 우월한 지위의 정도 및 상대방이 받게 되는 불이익의 내용과 정도 등에 비추어 볼 때 정상적인 거래관행을 벗어난 것으로서 공정한 거래를 저해할 우려가 있는지 여부를 판단하여 결정해야 한다. 그리고 공정거래법 시행령 제36조 제 1 항 [별표 1] 제 6 호 (가)목에서 정한 구입강제에서 '거래상대방이 구입할 의사가 없는 상품 또는 용역'이란 행위자가 공급하는 상품이나 역무뿐만 아니라 행위자가 지정하는 사업자가 공급하는 상품이나 역무도 포함되고, '구입하도록 강제하는 행위'란 상대방이 구입하지 않을 수 없는 객관적인 상황을 만들어내는 것도 포함된다.

6.2. 이익제공강요

거래상대방에게 자기를 위하여 금전·물품·용역 기타의 경제상 이익을 제공하도록 강요하는 행위를 말하는바, 예컨대 대학병원이 제약사 혹은 약품도매상으로부터 납품을 받으면서 기부금이나 연구비 혹은 학술회의비의 제공을 요구하는 것, 통상적인 거래관행에 비하여 무상의 하자보수기간을 지나치게 길게 설정하도록 강제하는 것 등이 여기에 포섭될 수 있다. 경제상 이익에는 금전, 유가증권, 물품, 용역을 비롯하여 경제적 가치가 있는 모든 것이 포함된다. 이익제공강요에는 거래상대방에게 경제상 이익을 제공하도록 적극적으로 요구하는 행위뿐만 아니라 자신이 부담해야 할 비용을 거래상대방에게 전가하여 소극적으로 경제적 이익을 누리는 행위도 포함된다. 이익제공강요가 부당한지 여부 등은 그 행위를 한 의도 및 목적,

253) 대판 2002.1.25, 2000두9359. 해상운송업자가 컨테이너에 의한 육상과 해상의 복합운송(multi-modal transportation)에서 화주들에게 자신이 지정한 육상운송업체를 적극적으로 권유할 뿐만 아니라, 다른 업체를 이용하려는 화주들에게 합리적인 사유없이 컨테이너를 배정하지 않음으로써 육상운송서비스의 이용을 강제한 사안이다.

거래상대방의 예측가능성(당초 계약서에 이익제공의무가 규정되어 있거나 충분히 예측가능한 경우에는 부당성이 낮은 것으로 볼 여지가 있다), 해당 업종에서의 통상적인 거래관행, 해당 이익제공의 내용과 성격, 관계법령 등을 종합적으로 고려하여 부당성 여부를 판단한다. 사업자가 실제로 이익을 제공받았을 것을 요하지 않는다.

공정위의결 1994.3.3, 94-37

천주교 서울대교구 유지재단이 약품거래와 관련하여 1991.1.~1993.6. 기간 동안 동아제약 등 13개 제약회사로부터 약 96억원의 기부금을 받아서 이를 재단에 전입하고, 동 재단 소속 8개 병원은 같은 기간 동안 보험삭감보상금 약 2억6천만원을 제공받았다. 이에 대해 공정위는 국내 제약업체의 영세성과 치열한 경쟁 그리고 이들 제약업체의 종합병원에 대한 의존성(납품액의 61.5%) 등을 들어 거래상의 우월한 지위를 인정한 후, 기부금과 보상금을 제공받은 것에 관하여 이를 정상적인 거래관행에 비추어 부당한 경제적 이익을 제공받은 행위로 보았다.

대판 2004.1.16, 2003두11537

골프장사업자가 회원권을 양수한 자에 대하여 과도한 명의개서료를 징수한 것은 회원들에 대하여 상대적으로 우월한 지위를 부당하게 이용하여 이익제공을 강요한 행위에 해당한다(삼공개발의 거래상 지위 남용행위 건)

서울고판 2010.12.15, 2009누39065

메가박스가 진열판촉사원의 실질적인 채용 및 관리를 하고 있었음에도 대리점에 대하여 거래상 우월한 지위를 이용하여 이 부분 입금을 전가한 행위는 부당한 이익제공강요행위에 해당한다고 판단(메가박스 거래상지위 남용행위 건, 서울고판 2010.12.15, 2009누39065; 대판 2011.4.28, 2011두1207 심리불속행 기각).

6.3. 판매목표강제

자기가 공급하는 상품 또는 용역과 관련하여 거래상대방의 거래에 관한 목표를 제시하고 이를 달성하도록 강제하는 행위이다. 예컨대 사업자가 자신의 특약점, 전속대리점 등의 유통망에 대해 목표치를 제시하고 이 목표를 달성하지 못한 유통망에 대해 특약관계 혹은 대리점계약의 해지, 외상공급 기타 인센티브의 제공 중단이나 축소, 공급물량의 축소, 관할지역의 축소나 관할지역을 의사에 반하여 교체하도록 강제하는 행위가 여기에 포섭될 수 있다. 판매목표의 달성에 강제성이 있는지 여부가 중요하고, 판매목표의 달성을 '강제'하기 위한 수단에는 제한이 없으며, 목표가 과다한 수준인지, 실제 거래상대방이 목표를 달성하였는지 여부는 강제성 인정에 영향을 미치지 않는다. 목표를 달성하지 못할 경우 실제로 제재수단이 사용되었을 필요는 없다.[254)]

이와 관련한 사례로는, 자신의 전속대리점들을 대상으로 대리점상벌제도를 실시하면서 판매목표 달성 순위를 포함하여 매월 대리점을 평가한 결과 하위 업체에 대해서는 경고장을 발부하고 외상매출을 제한하여 여신을 통제하고, 4회에 걸쳐 하위에 해당하는 대리점에 대해 일방적으로 거래약정을 해지한 사건, 승용차용 타이어 수입도매업자가 대리점계약을 체결하면서 대리점에게 판매목표를 설정할 수 있도록 하고 3분기에 걸쳐 대리점이 목표를 달성하지 못하면 일방적으로 또 즉시 계약을 해지할 수 있도록 하면서 하자담보책임면책, 현금 이외의 결제의 경우에 담보로서 백지어음수표의 제공강제, 원인 유무를 불문하고 30일 전의 서면통지에 의한 자유로운 계약해지 등의 조건을 붙여 거래한 사건 등이 있다.

대판 2011.6.9, 2008두13811

[1] '판매목표강제'에 해당하기 위하여는, 사업자가 자기의 거래상의 지위를 부당하게 이용하여 자기가 공급하는 상품 또는 용역과 관련하여 거래상대방의 거래에 관한 목표를 제시하고 이를 달성하도록 강제한 것으로 인정되고 그로써 공정한 거래를 저해할 우려가 있어야 하며, 거래상의 지위를 부당하게 이용하여 판매목표의 달성을 강제한 행위인지 여부는, 판매목표가 상품 또는 용역의 특성과 거래의 상황 등을 고려하여 합리적이고 차별 없이 결정·적용되었는지 여부와 해당 행위의 의도·목적·효과·영향 등 구체적 태양, 해당 사업자의 시장에서의 우월한 지위의 정도, 상대방이 받게 되는 불이익의 내용과 불이익 발생의 개연성 등에 비추어 정상적인 거래관행을 벗어난 것으로서 공정한 거래를 저해할 우려가 있는지 여부를 판단하여 결정하여야 하나, 단

---

254) 판매목표강제에 해당하는지는 당해 행위의 의도와 목적, 효과와 영향 등과 같은 구체적 태양과 상품의 특성, 거래의 상황, 해당 사업자의 시장에서 우월적 지위의 정도 및 상대방이 받게 되는 불이익의 내용과 정도 등에 비추어 볼 때 정상적인 거래관행을 벗어난 것으로서 공정한 거래를 저해할 우려가 있는지를 판단하여 결정하여야 하고, '판매목표강제'에서 '목표를 제시하고 이를 달성하도록 강제하는 행위'에는 상대방이 목표를 달성하지 않을 수 없는 객관적인 상황을 만들어 내는 것을 포함하고, 사업자가 일방적으로 상대방에게 목표를 제시하고 이를 달성하도록 강제하는 경우뿐만 아니라 사업자와 상대방의 의사가 합치된 계약 형식으로 목표가 설정되는 경우도 포함한다(씨제이헬로비젼의 판매목표강제행위 건, 대판 2011.5.13, 2009두24108).

지 자기가 공급하는 상품 또는 용역의 구매자 확대를 위하여 노력하도록 거래상대방에게 촉구 또는 독려하는 것만으로는 부족하다고 할 것이다.

[2] 불이익제공행위에서 거래상 지위를 부당하게 이용하여 상대방에게 불이익을 준 행위인지 여부는 당해 행위의 의도와 목적, 효과와 영향 등과 같은 구체적 태양과 상품의 특성, 거래의 상황, 해당 사업자의 시장에서의 우월한 지위의 정도 및 상대방이 받게 되는 불이익의 내용과 정도 등에 비추어 볼 때 정상적인 거래관행을 벗어난 것으로서 공정한 거래를 저해할 우려가 있는지 여부를 판단하여 결정하여야 한다(대법원 2009.10.29. 선고 2007두20812 판결 등 참조).

6.4. 불이익제공

구입강제, 이익제공강요, 판매목표강제 이외의 방법으로 거래상대방에게 불이익이 되도록 거래조건을 설정 또는 변경하거나 그 이행과정에서 불이익을 주는 행위이다. 불이익제공행위에 해당하기 위해서는 그 행위의 내용이 상대방에게 다소 불이익하다는 사실만으로는 충분하지 않고, 거래상지위남용의 다른 유형, 즉 구입강제나 이익제공강요 혹은 판매목표강제 등과 동일시할 수 있을 정도로 일방당사자가 자기의 거래상의 지위를 부당하게 이용하여 불이익을 준 것으로 인정되어야 한다.[255]

정상적인 거래관행에 속하는 지연배상금의 약정, 물건의 인도시기에 관한 계약조항의 해석과 관련하여 당사자 사이에 다툼이 있어 대금의 일부지급을 거절하는 행위 등은 부당하게 불이익을 주는 행위가 아닐 뿐만 아니라 나아가서 공정한 거래를 저해할 우려가 있는 행위로 볼 수 없다. 또한 계약과 관련하여 발생하는 분쟁에 대해 일방당사자의 본점소재지 법원을 관할법원으로 약정하는 것은 이를 반드시 부당한 것으로 보기 어렵고 나아가 공정거래를 저해할 우려가 있다고 보기 어렵다.[256]

그러나 시장지배적지위를 가진 사업자가 상대방과 제조위탁계약을 체결함에 있어서 준수가 불가능한 납품기한을 거래조건으로 설정하고 납품물의 하자를 수정 보완할 수 있음에도 불구하고 수정보완 및 재검사 요청의 기회를 주지 아니하고 또 상대방의 귀책사유가 아닌 납기지체에 대해 지체상금을 부과하는 행위, 의류 기타 잡화를 취급하는 대규모소매점이 자신의 매장에 입점한 업체들과 체결한

255) 대판 2002.5.31, 2000두6213.

256) 대판 1998.3.27, 96누18489.

상품거래약정 중 판매대금결제조건을 입점업체에 불이익이 되도록 일방적으로 변경하여 적용하는 행위(예컨대 월 1회 혹은 2회 현금지급 조건을 현금은 30% 내지 50%로 하고 나머지는 어음으로 함), 합리적 이유없이 준공검사를 하지 않아서 공사대금의 지급을 지연시키고 하자담보기간이 연장되도록 하여 불이익을 입도록 하는 행위, 자신의 귀책사유로 발생한 비용을 자신에게 의존하는 납품업자나 입점업자 등에게 전가하는 행위 등은 위법성이 인정될 수 있다.

대판 2005.12.8, 2003두5327

불이익제공행위에 해당하기 위해서는 당해 행위의 내용이 상대방에게 다소 불이익하다는 점만으로는 부족하고, 구입강제, 이익제공강요, 판매목표강제 등과 동일시할 수 있을 정도로 일방 당사자가 자기의 거래상의 지위를 부당하게 이용하여 그 거래조건을 설정 또는 변경하거나 그 이행과정에서 불이익을 준 것으로 인정되어야 하고, 여기에서 불이익제공이라 함은 사업자가 그 거래상의 지위를 이용하여 거래를 함에 있어서 거래상대방에게 불이익을 주는 행위를 의미하는 것이므로, 그 사업자가 제 3 자에 대한 거래조건의 설정 또는 변경이나 이행과정에서 제 3 자에게 이익을 제공함으로써 거래상대방이 제 3 자에 비하여 상대적으로 불이익한 취급을 받게 되었다고 하여 사업자가 거래상대방에게 불이익을 제공한 것으로 볼 수는 없다.

대판 2015.9.10, 2012두18325

골프장이 회칙을 개정하면서 기존 평일회원의 자격기간을 5년에서 1년으로 축소하고, 평일회원의 경우 자격연장 여부를 심사를 통하여 결정하도록 하면서 평일회원에게만 소멸성 연회비를 부과하도록 변경한 사건에 대하여 공정위는 거래상 지위남용(불이익제공)으로 시정명령과 과징금을 부과하였다. 이에 대하여 대법원은 "거래상 지위남용행위의 상대방이 경쟁자 또는 사업자가 아니라 일반 소비자인 경우에는 단순히 거래관계에서 문제될 수 있는 행태 자체가 아니라, 널리 거래질서에 미칠 수 있는 파급효과라는 측면에서 거래상 지위를 가지는 사업자의 불이익 제공행위 등으로 불특정 다수의 소비자에게 피해를 입힐 우려가 있거나, 유사한 위반행위 유형이 계속적·반복적으로 발생할 수 있는 등 거래질서와의 관련성이 인정되는 경우에 한하여 공정한 거래를 저해할 우려가 있는 것으로 해석함이 타당하다."고 하면서, 거래상 지위가 인정되고 불이익제공에 해당하더라도 이것만으로 충분하지 아니하고 추가로 '거래질서와의 관련성'도 인정되어야 한다고 판시하였다.

6.5. 경영간섭

거래상대방의 임직원을 선임·해임하는 경우에 자기의 지시 또는 승인을 얻게 하거나 거래상대방의 생산품목·시설규모·생산량·거래내용을 제한하여 경영활동을 부당하게 간섭하는 행위이다(별표 2 제6호 마목). 경영간섭이 부당한지 여부는 경영간섭의 의도 및 목적, 관계법령, 거래대상 상품 또는 용역의 특성, 경영간섭의 내용과 정도 등을 종합적으로 고려하여 판단한다.

판례는 납품업체의 매출정보를 취득한 후 매출대비율이 부진한 납품업체에 할인행사를 진행하게 하는 등으로 경쟁백화점과의 매출대비율을 일정하게 유지하도록 강요한 행위는 납품업체들의 자유로운 의사결정을 제한함으로써 경영활동을 부당하게 간섭하는 행위에 해당한다고 보았다.[257] 공정위 심결사례로는 라면 기타 면류, 대두유와 간장 등의 품목에 있어 시장지배적 사업자로 지정된 사업자가 자신의 대전지역 5개 대리점에 대해 판매차량의 증차를 요구하고 이에 응하지 아니할 경우 대리점을 교체한다면서 대리점으로부터 판매차량을 증차한다는 합의서를 받아낸 것, 한국도로공사가 고속도로 휴게소에 대해 취급상을 사전에 승인받도록 하는 것, 시설관리공단이 시민회관 내 식당과 다방을 임대하면서 품목별 가격을 승인한 것 등이 있다.

대판 2007.1.11, 2004두3304

원고는 1996년부터 17개 댐 및 하구둑의 휴게소·매점을 일반 민간업체에 임대함에 있어, '임차인은 가격 결정시 판매량이 많은 품목에 대하여는 원고와 협의하여 결정된 가격을 가격표시판에 부착하여야 한다'(임대차계약서 제5조 제2항)고 하고, '임차인이 이를 위반한 때 계약을 해지할 수 있다'고 하는 내용을 임대차계약에 명시한 사실을 인정한 다음, 원고는 수자원을 종합적으로 개발·관리하여 생활용수 등의 공급을 원활하게 하고 수질을 개선함으로써 국민생활의 향상과 공공복리의 증진에 이바지함을 목적으로 설립된 법인으로 각종 댐 및 하구둑 등을 건설·운영·관리와 이에 부대되는 사업을 행하고 있고, 원고가 임대차계약을 체결함에 있어 이 사건 조항을 둔 것은 위 휴게소·매점 등의 그 지리적 특성상 다른 경쟁자가 없는 독점적 지위에 있어 운영업체들이 부당하게 비싼 가격을 책정할 우려가 있으므로 이를 사전에 방지하여 소비

257) 대판 2011.10.13, 2010두8522.

자를 보호하기 위한 것인 점 등의 사정에 비추어 보면, 원고가 위 휴게소·매점 등에 대한 임대차계약에 이 사건 조항을 두어 운영업체의 자율적인 경영을 다소 제약하였다 하여 이를 두고 거래상 지위의 남용행위로서의 경영간섭행위에 해당한다고 볼 수 없다.

7. 구속조건부거래

구속조건부거래라 함은 거래의 상대방의 사업활동을 부당하게 구속하는 조건으로 거래하는 행위를 말한다(법 제45조 제1항 제7호).

거래 혹은 계약관계는 본질적으로 상대방을 계약의 틀 속에서 구속하는 것, 즉 계약조항에 따른 대인적 구속관계를 발생시키는 것이고, 따라서 모든 거래관계는 구속조건부라고 할 수 있다. 다만 이것이 거래상대방의 영업활동을 부당하게 구속함으로서 공정한 거래를 저해할 우려, 즉 자유롭고 공정한 경쟁을 침해할 우려가 있을 때에는 불공정거래행위로서 규제의 대상이 되는 것이다.

예컨대 브랜드상품의 제조업자나 수입업자는 자신의 상품의 성가와 신용을 제고하기 위해 대리점이나 특약점 등 자신의 유통망에 대하여 유통상의 거래조건 기타 영업활동과 관련된 사항을 제한하는 등의 방법으로 유통망을 효율적으로 관리하고 막대한 홍보비용을 투입하여 자신과 자신의 상품에 대한 이미지를 제고하며 자신의 이익을 극대화하기 위해 노력하게 된다. 여기에서 구속조건부거래에 대한 지나치게 꼼꼼하고 세밀한 규제는 기업의 효율성 추구를 방해하고, 경우에 따라서는 비용과 노력을 분담하지 아니한 자가 각종 편익에 무임승차(free ride)하는 결과를 만들 수 있다.

일반적인 의미에서 살펴볼 경우, 구속조건부 거래란 거래단계를 달리하는 사업자들이 지속적 거래관계를 맺으면서 상대방에게 가하는 일체의 구속조건을 지칭할 수 있으며, 특히 브랜드상품의 제조업자나 수입업자가 자신의 대리점이나 특약점에 대해 오로지 자신과만 거래하고 경쟁사 제품을 취급하지 아니하거나 거래지역이나 범위를 한정하거나 혹은 최저판매가격 등 재판매시의 거래조건을 제한하는 등의 행위가 표적이 될 수 있다. 이는 미국 셔먼법 제1조의 수직적 거래제한에서 포섭되는 사항과도 중첩될 수 있다. 그러나 우리나라 법은 시장지배적 사업자가 자신의 시장지위를 남용하는 행위와 재판매가격유지행위를 별도의 항목으로 규제하고 있으므로, 미국법이나 일본법의 경우와 크게 다른 규범적 상황에 놓여 있다. 게다가 불공정거래행위의 주체가 되는 데는 시장지배력이나 이에 준하는 지위를 가져야 할 필요가 없다. 현재 공정거래법 시행령 별표는 구속조건부거래행위의 세목으로서 배타조건부거래, 거래지역 또는 거래상대방 제한의 두 유형만을 두고 있다.

7.1. 배타조건부거래

부당하게 거래상대방이 자기 또는 계열회사의 경쟁사업자와 거래하지 않는 조건으로 그 거래상대방과 거래하는 행위이다(별표 2 제 7 호 가목). 배타조건부거래를 요구하는 사업자를 중심으로 살펴 볼 때, 자신의 원재료공급자와의 관계에서 배타적 거래를 요구하는 것(배타적 인수계약)과 자신으로부터 상품이나 서비스를 공급받는 대리점이나 특약점에 대하여 자신과의 거래만을 조건으로 하는 것(배타적 공급계약) 등으로 나눌 수 있다. 물론 전후방 단계의 사업자와 자신이 모두 상대방에 대해 배타적으로 거래할 것을 약정하는 상호배타조건부 거래도 있을 수 있다.

배타조건부 거래는 그 자체가 일반적으로 위법성을 추정시키는 것이 아니다. 당해 배타조건으로 말미암아 상대방이 '부당하게' 구속되는 것, 즉 공정거래저해성이 있을 때에 규제의 대상이 된다. 예컨대 배타조건을 설정하는 사업자가 전후방 단계의 유통망을 사실상 장악할 뿐만 아니라 전후방 단계 사업자들과의 거래에서 엄격한 배타조건의 설정으로 인하여, 신규로 시장에 진입하는 사업자가 원재료시장이나 유통망에 대한 접근이 불가능하거나 심하게 제한되고 이로 인해 자유롭고 공정한 경쟁이 저해될 염려가 있을 때 등이다.

대판 2013.4.25, 2010두25909

[1] 독점규제 및 공정거래에 관한 법률 제 5 조 제 1 항 제 5 호 전단, 독점규제 및 공정거래에 관한 법률 시행령 제 9 조 제 5 항 제 2 호에서 시장지배적 사업자의 지위남용행위로 규정하고 있는 배타조건부 거래행위의 '부당성'과는 달리 공정거래법 제45조 제 1 항 제 5 호 전단, 구 독점규제 및 공정거래에 관한 법률 시행령 제36조 제 1 항 [별표 1] 제 7 호 (가)목에서 불공정거래행위로 규정하고 있는 배타조건부 거래행위의 '부당성'은 당해 배타조건부 거래행위가 물품의 구입 또는 유통경로의 차단, 경쟁수단의 제한을 통하여 자기 또는 계열회사의 경쟁사업자나 잠재적 경쟁사업자를 관련시장에

서 배제하거나 배제할 우려가 있는지를 비롯한 경쟁제한성을 중심으로 그 유무를 평가하되, 거래상대방인 특정 사업자가 당해 배타조건부 거래행위로 거래처 선택의 자유 등이 제한됨으로써 자유로운 의사결정이 저해되었거나 저해될 우려가 있는지 등도 아울러 고려할 수 있다고 보는 것이 타당하다. 여기서 배타조건부 거래행위가 부당한지를 판단할 때에는 당해 배타조건부 거래행위로 인하여 대체적 물품구입처 또는 유통경로가 차단되는 정도, 경쟁사업자가 경쟁할 수 있는 수단을 침해받는지 여부, 행위자의 시장점유율 및 업계순위, 배타조건부 거래행위의 대상이 되는 상대방의 수와 시장점유율, 배타조건부 거래행위의 실시기간 및 대상이 되는 상품 또는 용역의 특성, 배타조건부 거래행위의 의도 및 목적과 아울러 배타조건부 거래계약을 체결한 거래당사자의 지위, 계약내용, 계약체결 당시의 상황 등을 종합적으로 고려하여야 한다.

[2] 독점규제 및 공정거래에 관한 법률 제45조 제1항 제4호·제2항, 구 독점규제 및 공정거래에 관한 법률 시행령 제36조 제1항 [별표 1] 제6호 (라)목의 각 규정을 종합하면, 불공정거래행위의 한 유형으로 사업자의 거래상 지위의 남용행위를 규정하고 있는 것은 현실의 거래관계에서 경제력에 차이가 있는 거래주체 간에도 상호 대등한 지위에서 법이 보장하고자 하는 공정한 거래를 할 수 있게 하기 위하여 사업자가 그 지위를 남용하여 상대방에게 거래상 불이익을 주는 행위를 금지하고자 하는 데 그 취지가 있는 것으로서, 거래상 지위의 남용행위로서 불이익제공행위에 해당한다고 하기 위해서는 당해 행위의 내용이 상대방에게 다소 불이익하다는 점만으로는 부족하고, 구입강제, 이익제공강요, 판매목표강제 등과 동일시할 수 있을 정도로 일방 당사자가 자기의 거래상 지위를 부당하게 이용하여 그 거래조건을 설정 또는 변경하거나 그 이행과정에서 불이익을 준 것으로 인정되어야 하고, 이때 부당성의 유무를 판단할 때에는 당해 행위의 의도와 목적, 효과와 영향 등과 같은 구체적 태양과 상품의 특성, 거래의 상황, 해당 사업자의 시장에서의 우월적 지위의 정도 및 상대방이 받게 되는 불이익의 내용과 정도 등에 비추어 볼 때, 정상적인 거래관행을 벗어난 것으로서 공정한 거래를 저해할 우려가 있는지를 판단하여 결정하여야 한다.

7.2. 거래지역 또는 거래상대방의 제한

상품 또는 용역을 거래하는 경우에 그 거래상대방의 거래지역 또는 거래상대방을 부당하게 구속하는 조건으로 거래하는 행위이다(별표 2 제7호 나목).

상품이나 서비스의 공급자가 자신의 유통망을 지역별로 나누는 것은 유통질서의 효율화 차원에서 흔히 이루어지는 일이며, 경우에 따라서는 택배 혹은 배달서비스의 경우 도달시간 혹은 신선도 기타의 문제로 인하여 지역제한이나 수요처

제한이 불가피한 경우도 있다. 거래지역이나 상대방을 제한하는 모습은 다양하며 제한의 강도 또한 여러 가지로 나타난다. 즉 대리점 혹은 특약점의 판매지역을 지리적으로 엄격하게 분할하고 이를 위반하였을 때 가혹한 제재를 가하거나, 기존의 고객을 할당하여 엄격하게 이를 나누고 신규의 고객도 지역별로 엄격하게 나눈 후 이를 침범하지 못하도록 하는 경우가 있는가 하면, 거래지역의 분할이 대리점 혹은 특약점의 개설지역을 일정한 행정단위를 기준으로 나누어 판매거점을 설정하거나 혹은 책임판매지역으로 삼는 정도의 가벼운 의미만 가질 수도 있다.

공정거래법상 문제가 되는 것은 판매지역이나 수요자를 엄격하게 제한하여 브랜드간 혹은 브랜드내 가격경쟁이나 서비스경쟁이 도무지 가능하지 않거나, 지역외 혹은 할당 고객 이외의 고객과 거래하였을 때 본사로부터의 제재가 현저하게 부당하여 정상적인 상거래관행으로 보기 어렵거나, 상품이나 서비스에 대한 소비자의 보다 편의로운 접근을 제약하는 등 소비자의 후생이 침해되는 경우들이다.[258]

대판 2017.5.31, 2014두4689

구속조건부 거래행위 중 '거래상대방 제한행위'와 관련하여 '공정한 거래를 저해할 우려'가 있는지 여부를 판단할 때에는, 해당 행위의 의도와 목적, 효과와 영향 등 구체적 태양과 거래의 형태, 상품 또는 용역의 특성, 시장 상황, 사업자 및 거래상대방의 시장에서의 지위, 제한의 내용과 정도, 경쟁에 미치는 영향, 공정거래법상 위법한 목적 달성을 위한 다른 행위와 함께 또는 그 수단으로 사용되는지 여부 등을 종합적으로 고려하여 판단하여야 한다(대판 2011.3.10, 2010두9976 등 참조).

원심은, 이 사건 거래대상 상품은 휴대전화 단말기로서 그 거래의 지역적 범위는 국내인 점, 원고와 삼성전자의 대리점 등에 대한 단말기 공급거래는 도매 단계에 해당하는 점, 그 거래의 주된 상대방은 원고의 대리점들인데 이들이 원고가 아닌 KT나 LGU+의 이동통신망을 이용하도록 제조된 단말기를 도매로 구입하는 것은 현실적으로 불가능한 점 등을 고려하여, 공정거래저해성이 문제되는 시장은 '국내 이동통신 단말기 중 원고용 단말기의 도매시장'이라고 전제한 후, ① 이 사건 행위는 삼성전자로 하여금 원고용 유통모델 비율을 20% 이내로 제한하도록 하고 이를 초과할 경우 초과분에 해

258) DPK인터내셔널은 자기의 가맹계약자와 체결한 도미노피자판매체인점가맹계약서에 의하여 가맹점 소재 지역 이외에서는 배달판매 및 판촉행위를 금지하면서 1999.10.9. 자기의 가맹계약자인 도미노피자 사당점과 도미노피자 방배점이 각각 자신의 배달구역을 넘어 다른 지역에 배달하였다는 이유로 가맹계약서 제13조(영업방침 준수) 제 2 항에 근거하여 서면으로 경고를 한 사실이 있다. 이에 대하여 공정위는 거래지역 및 상대방 제한으로 시정명령 및 해당 계약내용의 삭제를 명하였다(도미노피자의 구속조건부 거래행위 건, 공정위의결 제2000-163호).

당하는 단말기의 식별번호 등록을 보류한 것이어서 구속성이 매우 강한 제한으로 볼 수 있는 점, ② 원고가 이동통신서비스 시장에서는 물론 전체 단말기 수요시장에서도 높은 구매점유율을 보유한 사업자인 점, ③ 원고의 이 사건 행위로 인하여 삼성전자가 제조한 원고용 사업자모델과 유통모델 사이의 가격 경쟁 여지가 제한되었다고 볼 수 있는 점, ④ 삼성전자의 경쟁사업자인 엘지전자나 팬텍이 제조한 원고용 단말기의 공급 물량이 다소 확대될 여지가 있다 하더라도, 삼성전자의 높은 시장점유율 등을 고려하면 그로 인한 경쟁의 증대효과가 크다고 보기 어려운 점, ⑤ 원고가 이 사건 행위를 한 목적은 원고용 유통모델 공급 증가에 따른 가격 경쟁을 억제하고 원고의 대리점에 대한 장악력을 높이기 위한 것으로 보이는 점, ⑥ 이 사건 행위가 삼성전자의 단말기 도매시장에서의 무임승차를 방지하기 위한 것으로 보기 어렵고, 달리 이를 정당화할 사정도 없는 점 등에 비추어 보면, 원고의 이 사건 행위는 공정한 거래를 저해할 우려가 있는 행위로 봄이 상당하다고 판단하였다.

위와 같은 원심의 인정 사실 등에 의하면, 원고의 이 사건 행위로 인하여 원고용 사업자모델과 유통모델 사이의 가격 경쟁이 제한될 우려가 있음은 물론, 원고용 유통모델의 가격 경쟁이 저해됨으로 인하여 원고가 사업자모델에 대한 장려금을 늘리거나 공급가를 인하하는 등의 방식으로 유통모델과 가격 경쟁을 할 경제적 유인까지도 함께 줄어들게 된다고 볼 수 있다.

대판 2014.4.10, 2012두6308

원고가 품목지원센터에 특정 거래지역 내의 원고 대리점에만 순정품을 공급하도록 정해 놓고 지역별 부품사업소 등을 통해 품목지원센터가 이를 준수하는지를 감시·통제하고 이를 위반한 품목지원센터에 각종 불이익을 줌으로써 품목지원센터의 거래지역 및 거래상대방을 제한하였음을 인정한 다음, 이와 같이 거래지역 및 거래상대방을 제한하는 행위가 단순히 거래상대방의 판매책임지역을 설정한 것이라고 볼 수 없는 구속력이 매우 강한 제한행위이고, 그로 말미암아 원고의 상표 내 경쟁이 제한되어 차량 정비용 부품시장에서 경쟁제한 효과가 발생한 사정 등을 고려하면, 원고의 행위가 거래지역 및 거래상대방을 제한하는 구속조건부 거래에 해당한다.

서울고판 2013.8.22, 2012누28867

원고는 2002년경부터 전문점과의 계약서에 원고의 제품에 대하여 일체의 온라인 쇼핑몰 개설 및 판매행위를 금지하고, 타인이 운영하는 온라인 쇼핑몰에 원고 제품을 공급하거나 기타 온라인을 통한 판매알선, 통신판매 등 유사판매행위를 금지하고 이를 위반할 경우 원고가 온라인사이트를 폐쇄하고, 계약을 해지할 수 있다는 내용을 포함하였다. 또한 원고는 2004. 3.경 수차례에 걸쳐 전문점의 온라인 판매행위에 대하여 해명과 불이익 가능성을 통보하였고, 2006년경 몇 개 전문점의 온라인 할인판매에 대하여 금지조치와 재발시 강경대응 조치를 하겠다고 경고조치를 하였다(원고 제출의 경위서에는 이러한 조치가 전문점 판매가격 준수의 일환으로 이루어진 것으로 기재되어 있다).

아웃도어의류를 제조판매하는 사업자가 2002년경부터 2012. 1. 14.까지 자기의 제품을 취급하도록 하는 전문점 계약을 체결함에 있어 온라인쇼핑몰 판매 금지 조항을 설정한 행위에 대하여 공정거래법 제45조 제 1 항 본문 및 제 5 호에서 금지하는 구속조건부 거래행위 중 거래지역 또는 거래상대방의 제한에 해당한다고 판단하였다("노스페이스" 영원아웃도어 사건).

8. 사업활동방해

사업활동방해라 함은 "부당하게 다른 사업자의 사업활동을 방해하는 행위"(법 제45조 제 1 항 제 8 호)로서, 여기에는 기술의 부당이용, 인력의 부당유인채용, 거래처이전방해, 그 밖의 사업활동방해 등의 세목이 있다.

이 사업활동방해행위는 매우 폭넓은 개념이다. 표적이 되는 다른 사업자는 불공정거래행위의 주체인 사업자와 전후 단계에서 거래하는 사업자는 물론, 같은 시장에서 경쟁하는 사업자 혹은 신규진입을 원하는 사업자 등을 모두 포섭한다. 나아가서 자신의 계열회사와 거래하는 사업자나 이들의 경쟁사업자 또한 포함된다. 그리고 시장지배적 사업자가 이 행위의 주체가 될 경우, 공정거래법 제 5 조의 시장지배적지위 남용행위와 경합문제가 발생할 수 있으며, 기술의 부당이용 등의 경우는 다른 사업자의 지적재산권 혹은 영업비밀에 대한 침해를 동시적으로 구성할 수 있다.

8.1. 기술의 부당이용

다른 사업자의 기술을 부당하게 이용하여 다른 사업자의 사업활동을 상당히 곤란하게 할 정도로 방해하는 행위이다(별표 2 제 8 호 가목).

다른 사업자의 지식재산권을 정당한 권원없이 사용하는 것은 지식재산권에 대한 침해를 구성하며, 특허법이나 상표법 위반을 구성하게 된다. 지식재산권의 무단사용이나 표절이 공정한 거래를 저해할 우려가 있을 경우, 예컨대 이를 통해 경쟁상의 우위를 확보한다거나 당해 시장의 공정한 경쟁을 저해할 경우, 이는 또한 불공정거래행위로서 경쟁법의 규제대상이 되는 것이다.

여기에서 다른 사업자의 기술이라 함은 특허, 상표, 실용신안이나 의장은 물론, 특히 영업 혹은 기술상의 노하우 즉 영업비밀(trade secret)이 대상이 될 수 있다. 예컨대 산업스파이를 심어 경쟁자의 영업비밀을 뽑아낸 후, 이를 스스로 이용하여 시장에서 유력한 지위를 확보하거나 혹은 다수의 제3자에게 부당하게 유출하여, 당해 기술의 주체인 사업자에게 회복할 수 없는 타격을 주고 공정한 경쟁을 저해하는 것 등과 같다. 물론 이러한 행위는 부정경쟁방지 및 영업비밀보호에 관한 법률에 따라 중지, 손해배상 그리고 형사처벌의 대상이 된다.[259)]

8.2. 인력의 부당유인·채용

다른 사업자의 인력을 부당하게 유인·채용하여 다른 사업자의 사업활동을 상당히 곤란하게 할 정도로 방해하는 행위이다(별표 2 제8호 나목).

시장경제체제에서 사업자는 다른 사업자가 보유한 우수한 인력을 보다 높은 임금 기타 유리한 조건을 제시하여 끌어올 수 있고, 이는 당해 사업자의 사적자치 혹은 영업의 자유의 범주에 속하는 일이다. 또한 종업원이나 기술자의 입장에서도 헌법이 보장하는 직업선택의 자유를 누리며, 자신의 기술이나 기량을 보다 유리한 조건으로 제공함으로써 자신의 직업적 인격을 실현할 수 있다.

그러나 다른 사업자의 인력을 끌어오는 수단과 방법 그리고 그 정도에 따라서는 당해 행위의 불공정성이 예외적으로 인정될 수 있다. 예컨대 특정 기업의 영업과 인력을 횡탈하려는 의도를 가지고 지속적으로 하청관계를 맺어 오다가, 일시에 이를 끊어 위기에 빠진 상대방 회사의 인력을 집단으로 뽑아 오고 마지막에는 당해 기업 자체를 헐값에 인수하는 행위는 영업자유의 한계를 벗어나 공정거래를 저해하는 행위가 된다.

공정위의결 제97-181호

현대자동차(주)가 자동차 설계업체인 리빙인력개발(기존 거래업체였으며, 이 사건 직전 거래관계를 종료하였다)에 소속된 인력의 대부분을 자신의 신설회사인 현대오토엔지니어링(유)으로 유인하여 흡수, 채용하게 하였고, 현대오토엔지니어링도 현대자동

259) 이에 대해서는 공정거래법의 우선적 적용에 관한 규정이 없다.

차의 지시에 따라 리빙개발인력을 유인, 채용한 행위에 대하여 공정위는 인력의 부당 유인·채용에 해당한다고 판단하였다.

8.3. 거래처 이전 방해

다른 사업자의 거래처 이전을 부당하게 방해하여 다른 사업자의 사업활동을 심히[260] 곤란하게 할 정도로 방해하는 행위이다(별표 2 제8호 다목). 이 행위유형은 자신과 지속적 거래관계를 맺어 온 상대방이 다른 거래선으로 옮기는 것을 부당하게 방해하여 객관적 경쟁질서를 저해하는 행위를 금지하기 위한 것이다. 예컨대 자신의 전속대리점이 자신과의 관계를 끝내고 다른 사업자와 거래를 개시하는 것을 방해하기 위하여, 담보나 보증금의 반환을 정당한 이유없이 이를 지연시켜 대리점관계의 청산을 방해하거나 근거없는 악의적 소문을 퍼뜨려 당해 대리점의 신용에 타격을 주는 경우를 들 수 있다.

8.4. 그 밖의 사업활동방해

기술의 부당이용, 인력의 부당유인 및 채용, 거래처이전방해 이외의 부당한 방법으로 다른 사업자의 사업활동을 심히 곤란하게 할 정도로 방해하는 행위이다(별표 2 제8호 라목). 경쟁입찰에서 자신이 낙찰한 뒤 낙찰사업자에 관하여 경험이 없는 부적격 사업자라고 비방하면서 입찰시행사업자에게 낙찰을 재고하도록 요청하는 행위가 여기에 포섭될 수 있다.

공정위의결 2002.10.9, 2002-214.

한국케이블TV 경기방송이 자신의 영업허가구역 내에서 영업을 하고 있는 중계유선방송사업자 중 자신이 지분을 소유하고 있지 아니한 (주)내일네트워크 등의 영업허가구역에 한하여 보급형채널 상품에 신규로 가입하는 고객에게 설치비면제, 시청료 1년 무료의 고객사은행사를 하였다. 같은 기간 한국케이블TV는 자신의 다른 영업지역에 대해서는 설치비와 시청료를 받았다. 이에 대해 공정위는 부당한 방법으로 내일네트워크의 사업활동을 심히 곤란하게 할 정도로 방해한 행위로 판단하였다.

---

260) 법 시행령의 개정 과정에서 한자식 표현을 국어식으로 순화한다는 차원에서 기존 "심히"라는 법문을 "상당히"로, "기타의"를 "그 밖의"로 변경하였으나, 다목(거래처 이전 방해)과 라목(그 밖의 사업활동방해)에는 여전히 "심히"라는 법문을 혼용하여 사용하고 있다.

대판 2012.5.10, 2010두4896

[1] 불공정거래행위로서 공정거래법의 규제대상이 되기 위하여는 당해 행위가 외형적으로 공정거래법의 각 규정이 정하는 요건을 갖추는 외에 그것이 공정거래법의 목적에 비추어 부당한 것이어야 하고, 이 때 그 부당성 유무의 판단은 거래당사자의 거래상의 지위 내지 법률관계, 상대방의 선택 가능성·사업규모 등의 시장상황, 그 행위의 목적 및 효과, 관련 법규의 특성 및 내용 등 여러 사정을 고려하여 그 행위가 공정하고 자유로운 경쟁을 저해할 우려가 있는지 여부에 따라야 할 것이다(대판 1998.9.8, 96누9003, 대판 2010.8.26, 2010다28185 등 참조).

[2] 해상운송회사들로부터 지급받는 컨테이너전용장치장의 조작료와 자가운송업자들로부터 징수하는 이 사건 운송관리비가 중복되는 것이라고 보기 어렵고, 원고들이 컨테이너전용장치장의 설치에 투자된 비용과 운영·관리 비용을 회수하기 위하여 자가운송업자들로부터 이 사건 각 운송관리비를 징수한 행위는 비용 발생의 원인자가 비용을 부담하여야 한다는 시장경제의 기본원리인 수익자부담원칙에 부합하는 것으로서 공정거래법 제45조 제1항 제5호에 규정된 '부당한 사업활동방해 행위'에 해당하지 아니한다.

서울고판 2001.4.17, 2000누16472

의료기 회사가 경쟁사 및 그 대리점을 상대로 산업재산권 침해금지가처분 신청을 하여 가처분결정을 받아, 본안소송의 재판 진행 중에 경쟁사의 대리점들에게 경쟁사가 자신의 산업재산권을 침해하여 그 책임 등으로 도산에 이를 것이며, 자신과 대리점 계약체결을 원하는 경우 협의하겠다는 내용을 통보한 사안에서, 서울고등법원은 "가처분결정은 임시적 지위 확인에 불과하고 본안소송이 계속 중임에도 위와 같은 내용으로 통보한 것은 근거 없는 과장·추측이며, 나아가 자신과 대리점 계약체결을 유도한 부분은 이러한 과장·추측을 이용하여 자신의 시장지배력을 높이려는 의도가 있다고 보여 사업자 간 경쟁에 있어서 부당한 방법을 사용한 행위"라고 하면서, "특히 온열치료기 시장의 특성상 본건으로 대리점계약 해지, 판매량 감소 등 큰 손실이 예상되므로, 본건은 경쟁사업자의 사업활동을 심히 곤란하게 할 정도로 방해하는 행위에 해당한다."고 판시하였다.

9. 부당한 자금 등의 지원과 부당한 거래단계 추가

현행법이 열거하는 마지막 유형이다. 부당지원행위란 "부당하게 특수관계인 또는 다른 회사에 대하여 가지급금·대여금·인력·부동산·유가증권·상품과 용역·무체재산권 등을 제공하거나 상당히 유리한 조건으로 거래하여 특수관계인 또는 다른 회사를 지원하는 행위"를 말한다(법 제45조 제 1 항 제 9 호). 이 부당지원행위 금지조항은 1996년말 개정에서 공정거래법에 도입되었고, 이와 관련한 정보공시 차원에서 2000년 4월 대규모내부거래에 대한 이사회의결 및 공시제도를 도입하여 현재 공시대상기업집단이 이 제도의 적용을 받고 있다.[261)]

다시 2013년 8월에 부당지원행위 통제를 강화하는 차원에서 법문의 '현저히'를 '상당히'로 수정하였고, 종래 지원기업의 지원행위만을 금지하던 것을 피지원기업이 지원을 받는 행위도 추가로 금지하였다(법 제45조 제 1 항 9호 가, 나목 및 동조 제 2 항). 그러나 부당지원행위는 일반 불공정거래행위의 체제 안에 있고, 따라서 당해 행위는 기본적으로 법 제45조 소정의 공정거래저해성 혹은 불공정성을 가질 때 비로소 금지의 대상이 된다. 1996년 이 제도를 도입할 당시 경제력집중억제의 장이 아니라 일반 불공정거래행위의 한 유형으로 편입시킨 것은 이 문제에 대해 일반 불공정거래행위의 척도로 접근하겠다는 입법자의 의지가 반영된 것인데, 이는 관련 제도가 사전적 행정규제화하여 법원의 사후적 부당성 심사를 배제하는 상황을 막자는 뜻도 있다. 여기에서 종래 부당지원행위 관련 위법성판단에 신중을 기하던 법원이 '상당히'로 법문이 개정된 이후에도 공정거래저해성의 테두리를 어떻게 유지할 것인지 주목된다.

이 행위는 다른 나라에서는 찾을 수 없는 불공정거래행위의 유형이다. 다른 나라에서도 기업집단 계열사 상호간 혹은 자본적이거나 기타의 제휴관계에 들어서는 기업들 사이의 부당한 이전거래에 대한 통제는 소수주주의 보호, 주주와 집행임원 사이의 정보비대칭 해소 등과 관련하여 매우 중요한 현안이다. 그러나 이들 이전거래는 기본적으로 회사법적 관심과 통제의 대상에 머무르고 있고, 상속이나 증여 등의 세법상의 문제를 보통 수반하게 된다. 우리나라에서도 부당지원행위 일반이 공정거래법의 관심대상이 되는 것이 아니라 대규모의 기업집단에 속하는 계열사가 다른 계열사를 지원하는 행위가 사실상의 표적이다. 부당지원행위에 대한 규제는 우리나라 공정거래법의 중요한 특징의 하나가 되어 왔다.

법 제45조 제 1 항 제 9 호가 정하는 부당지원행위가 성립하기 위해서는 세 가

261) 이에 관한 하위규정으로는 '대규모 내부거래 등에 대한 이사회 의결 및 공시에 관한 규정', '대규모 내부거래 등에 대한 이사회 의결 및 공시의무 위반사건에 관한 과태료부과기준'이 있다.

지 요건이 필요하다. 첫째 제9호 가, 나목에 해당하는 지원행위가 있을 것(지원행위 요건), 둘째 지원이 상당할 것(상당성 요건), 셋째 당해 행위가 부당할 것(부당성 요건) 등이다. 첫째 요건에서는 지원자와 피지원자의 적격성이 더불어 논란될 것이며, 특히 상당성의 심사에 있어서 종래의 현저성 문언과 어떠한 차이를 두면서 이를 공정거래저해성으로 묶어낼 것인지 특히 법원의 사법심사가 중요하다.

그러나 법문의 구조상 부당지원행위의 주체, 즉 지원주체는 반드시 지원을 받는 사업자와 동일한 기업집단을 구성할 필요가 없고, 양자는 자본적으로 또 인적으로 전혀 관련이 없는 별개의 사업자이더라도 무방하다(대판 2004.10.14, 2001두2881). 부당지원행위는 일반 불공정거래행위의 하나이기 때문이다. 마찬가지로 지원을 받는 사업자, 즉 지원객체는 지원하는 사업자의 특수관계인에 국한되는 것이 아니라 비계열회사 등 '다른 회사'를 일반적으로 포괄한다. 또한 법문이 말하는 특수관계인이란 공정거래법 시행령 제14조 제1항에 따른 자로, 동일인, 동일인관련자, 동업자 등을 뜻하고,[262] 그 결과 자연인과 같은 비사업자 역시 지원의 객체가 될 수 있다.[263]

국내외의 선례가 존재하지 않는 이 부당지원행위에 관한 법운용, 특히 대법원의 부당성 판단과 그 사례들은 기업집단 혹은 결합기업 관련 사법정책(司法政策)의 매우 중요한 일부를 이루게 될 것이며, 비교법적으로도 주목의 대상이 될 것으로 생각된다. 지원행위의 부당성 여부에 관해, 구법하의 판례는 "지원주체와 지원객체와의 관계, 지원행위의 목적과 의도, 지원객체가 속한 시장의 구조와 특성, 지원성거래규모와 지원으로 인한 경제상 이익 및 지원기간, 지원행위로 인하여 지원객체가 속하는 시장에서의 경쟁제한이나 경제력집중의 효과 등은 물론 중소기업 여타 경쟁사업자의 경쟁능력과 경쟁여건의 변화정도, 지원행위 전후의 지원객체의 시장점유율 추이, 시장개방의 정도 등을 종합적으로 고려하여 당해 지원행위로 인하여 지원객체의 관련시장에서 경쟁이 저해되거나 경제력 집중이 야기되는 등으로 공정한 거래를 저해할 우려가 있는지 여부를 살펴보아야 한다"고 보고 있

262) 부당한 지원행위의 심사지침 Ⅱ.3. 2012년 무렵 대기업집단의 MRO(maintenance, repair, operation), SI(system integration) 등의 통합을 위한 회사운용이나 물량 몰아주기가 사회적 현안으로 대두되었다.

263) 특수관계인 중 사업자가 아닌 개인도 지원행위의 객체가 될 수는 있지만 부당성은 특수관계인이 당해 지원행위로 얻은 경제상 급부를 계열회사 등에 투자하는 등으로 인하여 지원객체의 관련시장에서 경쟁이 저해되거나 경제력 집중이 야기되는 등으로 공정한 거래를 저해할 우려가 있는지 여부에 따라 판단한다(부당한 지원행위의 심사지침 Ⅳ.1.나.).

다.[264] 공정거래저해성, 즉 부당성의 판단은 오로지 공정거래질서라는 관점에서 평가되어야 하고, 단순한 사업경영상의 필요 또는 거래상의 합리성에 의하여 당해 행위의 부당성이 부인되는 것이 아니며, 공익적 목적이나 소비자이익 등도 부당성 판단시에 더불어 고려할 항목이 될 수 있다.[265] 나아가 법원은 부당지원행위가 성립하기 위해서는 지원객체가 속하는 시장에서의 공정한 거래를 저해할 우려로 성립하는 것이지, 지원객체가 지원 당시에 당해 시장에 직접 참여할 필요는 없다고 본다.[266]

부당한 지원의 대상이 되는 항목은 자금(가지급금과 대여금), 자산(부동산과 유가증권, 무체재산권), 그리고 인력 등이다. 그러나 이는 예시적인 것이며 동산 등의 지원을 배제할 이유가 없다. 또한 지원의 방법으로는 계열회사 기타 지원의 대상이 되는 회사에 대하여 자금이나 자산 혹은 인력에 관한 거래조건(무상의 공여, 상당하게 낮은 가격이나 비용부담 혹은 금융조건의 우대 등)에서 우대하고 다른 회사에 대하여는 상대적으로 불이익한 거래조건을 제시하는 것은 물론이고, 거래의 유무 그 자체 혹은 거래량의 차별, 예컨대 만성적 초과수요품목에 대하여 다른 회사에 비해 상당히 많은 물량을 공급하는 것도 부당지원행위를 구성할 수 있다. 한편 부당지원행위는 지원의 주체가 객체에게 직접 또는 간접으로 제공하는 경제적 급부의 정상가격이 그에 대한 대가로 지원객체로부터 받는 경제적 반대급부의 정상가격보다 높은 경우로서, 작위나 부작위[267]의 형태로 이루어질 수 있다.

한편 부당지원행위 사건에서 형사처벌 가능성과 병존하여 과징금규정을 둔 것 그리고 지원기업의 매출액을 과징금의 상한기준으로 삼은 것의 헌법적합성이 논란되었으나 헌법재판소는 이를 비례성원칙에 위배되는 과잉제재가 아니라고 보

---

264) 대판 2004.4.9, 2001두6197. 법원의 이러한 언급은 부당지원행위 심사지침이 정하는 기준과 그 맥락이 같다. 공정위의 심사지침이 부당지원으로 예시한 경우는 다음과 같다.
- 지원객체가 지원으로 당해 시장에서 유력한 사업자의 지위를 형성·유지 또는 강화할 우려가 있는 경우
- 지원객체가 속하는 시장에서 당해 지원으로 경쟁사업자가 배제될 우려가 있는 경우
- 지원객체가 당해 지원으로 경쟁사업자에 비하여 경쟁조건이 상당히 유리하게 되는 경우
- 지원으로 인하여 지원객체의 퇴출이나 타사업자의 신규진입이 저해되는 경우
- 관련법령을 면탈 또는 회피하는 등 불공정한 방법 또는 절차를 통해 지원이 이루어지고, 이로 인하여 경쟁이 저해되거나 경제력 집중이 야기되는 등으로 공정한 거래가 저해될 우려가 있는 경우

265) 대판 2004.10.14, 2001두2881.
266) 대판 2005.5.27, 2004두6099.
267) 대판 2004.4.9, 2001두6197.

았다.

대판 2007.1.25, 2004두7610

[1] 구 독점규제 및 공정거래에 관한 법률(1999.12.28. 법률 제6043호로 개정되기 전의 것) 제23조 제1항·제2항, 같은 법 시행령(1999.3.31. 대통령령 제16221호로 개정되기 전의 것) 제36조 제1항 [별표] 제10호의 각 규정을 종합하면, 부당한 자금·자산·인력의 지원행위라 함은 '사업자가 부당하게 특수관계인 또는 다른 회사에 대하여 가지급금·대여금·인력·부동산·유가증권·무체재산권 등을 현저히 낮거나 높은 대가로 제공 또는 거래하거나 현저한 규모로 제공 또는 거래하여 과다한 경제상 이익을 제공함으로써 특수관계인 또는 다른 회사를 지원하는 행위로서 공정한 거래를 저해할 우려가 있는 행위'를 말하며, 여기서 '현저히 낮거나 높은 대가로 제공 또는 거래하거나 현저한 규모로 제공 또는 거래하여 과다한 경제상 이익을 제공'한 것인지 여부를 판단함에 있어서는 급부와 반대급부 사이의 차이는 물론 지원성 거래규모와 지원행위로 인한 경제상 이익, 지원기간, 지원횟수, 지원시기, 지원행위 당시 지원객체가 처한 경제적 상황 등을 종합적으로 고려하여 구체적·개별적으로 판단하여야 할 것인바, 지원주체가 지원객체를 지원하기 위한 목적으로서 지원행위를 하되 지원주체와 지원객체 사이의 직접적이고 현실적인 자산거래나 자금거래행위라는 형식을 회피하기 위한 방편으로 제3자를 매개하여 자산거래나 자금거래행위가 이루어지고 그로 인하여 지원객체에게 실질적으로 경제상 이익이 귀속되는 경우는 지원행위에 해당한다.

[2] 지원행위가 부당성을 갖는지 여부를 판단함에 있어서는 지원주체와 지원객체의 관계, 지원행위의 목적과 의도, 지원객체가 속한 시장의 구조와 특성, 지원성 거래규모와 지원행위로 인한 경제상 이익 및 지원기간, 지원객체가 속한 시장에서의 경쟁제한이나 경제력 집중의 효과 등을 종합적으로 고려하여 당해 지원행위로 인하여 지원객체의 관련 시장에서 경쟁이 저해되거나 경제력 집중이 야기되는 등으로 공정한 거래가 저해될 우려가 있는지 여부에 따라 판단하여야 한다.

대판 2006.12.22, 2004두1483

[1] 독점규제 및 공정거래에 관한 법률 제45조 제1항 제7호에서 정한 현저히 유리한 조건의 거래인지 여부는 급부와 반대급부 사이의 차이는 물론 지원성 거래규모와 지원행위로 인한 경제상 이익, 지원기간, 지원횟수, 지원시기, 지원행위 당시 지원객체가 처한 경제적 상황 등을 종합적으로 고려하여 구체적·개별적으로 판단하여야 한다.

[2] 모회사가 주식의 100%를 소유하고 있는 자회사(완전자회사)라 하더라도 양자는

법률적으로 별개의 독립한 거래주체라 할 것이고, 부당지원행위의 객체를 정하고 있는 독점규제 및 공정거래에 관한 법률 제45조 제 1 항 제 7 호의 '다른 회사'의 개념에서 완전자회사를 지원객체에서 배제하는 명문의 규정이 없으므로 모회사와 완전자회사 사이의 지원행위도 같은 법 제45조 제 1 항 제 7 호의 규율대상이 된다.

[3] 지원행위의 현저성 판단을 위한 정상금리 산정에 있어서 한국은행이 발표하는 시중은행의 매월 말 평균 당좌대출금리(일반정상금리)는 당좌대출계약을 기초로 한 일시적 단기성 대출금리로서 정상적인 기업어음 대출금리 등 일반대출금리보다 일반적으로 높기 때문에 개별정상금리를 산정하기 어렵다는 이유만으로 바로 일반정상금리를 정상금리로 적용할 수는 없지만 개별정상금리가 일반정상금리를 하회하지 않을 것으로 인정되는 특별한 사정이 있는 경우에는 비록 개별정상금리를 구체적으로 특정할 수 없다고 하더라도 일반정상금리를 정상금리로 적용할 수 있다.

[4] 부당지원행위의 규제대상은 지원의도에 기한 자금의 제공 또는 거래행위 그 자체이므로 자금지원의 의도로 자금의 제공 또는 거래행위가 있으면 그 즉시 자금지원행위가 성립하는 것이고 그로 인하여 지원객체가 얻게 되는 이익은 이러한 행위로 인한 경제상 효과에 불과한 것이므로, 부당지원행위에 관한 규정이 시행된 1997. 4. 1. 이전에 지원주체가 지원객체와 체결한 임대차계약을 위 규정 시행 이후에 임대차기간을 연장하는 것 등과 같이 새로운 지원행위와 동일시할 수 있는 정도의 특별한 사정 없이 단순히 원래의 계약 내용대로 유지하는 행위만으로는 위 규정이 적용되는 지원행위에 해당한다고 할 수 없다.

[5] 공정거래위원회가 부당지원행위에 대한 과징금을 부과함에 있어 여러 개의 위반행위에 대하여 하나의 과징금 납부명령을 하였으나 여러 개의 위반행위 중 일부의 위반행위만이 위법하고 소송상 그 일부의 위반행위를 기초로 한 과징금액을 산정할 수 있는 자료가 있는 경우에는, 하나의 과징금 납부명령일지라도 그 중 위법하여 그 처분을 취소하게 된 일부의 위반행위에 대한 과징금액에 해당하는 부분만을 취소할 수 있다.

9.1. 부당한 자금지원

부당하게 특수관계인 또는 다른 회사에 대하여 가지급금·대여금 등 자금을 상당히 낮거나 높은 대가로 제공 또는 거래하거나 상당한 규모로 제공 또는 거래하여 과다한 경제상 이익을 제공함으로써 특수관계인 또는 다른 회사를 지원하는 행위이다(별표 2 제 9 호 가목).

다음은 심사지침이 드는 부당한 자금지원의 예시들이다. 금융회사로부터의 차입금리보다 저리로 자금을 대여해 준 경우, 계열금융회사에게 콜자금을 시중 콜금리보다 저리로 대여해 준 경우, 상품·용역거래와 무관하게 선급금 명목으로 지원객체에게 무이자 또는 저리로 자금을 제공한 경우, 계열금융회사가 특수관계가 없는 독립된 자의 예탁금에 적용하는 금리보다 낮은 금리로 계열금융회사에 자금을 예치한 경우, 단체퇴직보험을 금융회사에 예치하고 이를 담보로 지원객체에게 저리로 대출하도록 한 경우, 주식매입을 하지 않으면서 증권예탁금 명목으로 계열증권회사에 일정기간 자금을 저리로 예탁한 경우, 보유하고 있는 지원객체 발행주식에 대한 배당금을 정당한 사유없이 회수하지 않거나 회수를 태만히 한 경우, 지원객체소유 부동산에 대해 장기로 매매계약을 체결하고 계약금 및 중도금을 지급한 뒤 잔금지급전 계약을 파기하여 계약금 및 중도금 상당액을 변칙지원한 경우, 임대료를 약정납부기한보다 지연하여 수령하면서 지연이자를 받지 않거나 적게 받는 경우 등이 열거되고 있다.

자금지원의 부당성 판단에 있어서는 지원객체에 대해 현실적으로 적용된 금리(실제적용금리)와 특수관계가 없는 자에 대해 통용되는 금리(정상금리)의 비교가 매우 중요하다. 또한 지원주체가 지원객체를 지원하려는 의도하에 제 3 자를 매개하여 자금거래를 하고 그로 인하여 지원객체에게 실질적으로 경제상 이익을 제공하는 것도 자금지원행위가 될 수 있다.

대판 2005.5.27, 2004두6099

부당한 자금지원행위의 요건으로서의 지원의도는 지원행위를 하게 된 동기와 목적, 거래의 관행, 당시 지원객체의 상황, 지원행위의 경제상 효과와 귀속 등을 종합적으로 고려하여 지원주체의 주된 의도가 지원객체가 속한 관련 시장에서의 공정한 거래를 저해할 우려가 있는 것이라고 판단되는 경우 인정되는 것이고, 이러한 지원의도는 앞서 본 바와 같은 여러 상황을 종합하여 객관적으로 추단할 수 있다고 할 것이다.

경제력 집중을 억제하고 공정한 거래질서를 확립하고자 하는 부당지원행위 금지규정의 입법 취지와 문언을 종합하면, 부당지원행위는 지원행위로 인하여 지원객체가 속한 시장에서의 공정한 거래를 저해할 우려가 있으면 성립하는 것이므로 지원객체가 지원행위 당시 일정한 거래분야의 시장에 직접 참여하고 있을 필요까지는 없다고 할 것이다.

대판 2004.10.14, 2001두2881

부당한 자금지원행위라 함은 … 자금의 제공 또는 거래방법이 직접적이든 간접적이든 묻지 아니하므로, 지원주체가 지원객체를 지원하기 위한 목적으로서 지원행위를 하되 지원주체와 지원객체 사이의 직접적이고 현실적인 상품거래나 자금거래행위라는 형식을 회피하기 위한 방편으로 제3자를 매개하여 상품거래나 자금거래행위가 이루어지고 그로 인하여 지원객체에게 실질적으로 경제상이익이 귀속되는 경우에는 자금지원행위에 해당하고, 또한 대규모기업집단 소속 계열회사들이 기업집단 전체의 이익을 위해 계속적으로 서로 지원을 주고 받으면서 계열의 유지확장을 위한 수단으로 부당지원행위를 이용함으로써 중장기적으로 볼 때 부당지원행위는 경제력집중을 통하여 결국 지원주체에게도 상당한 부당이득을 발생시키게 된다는 점에 비추어 보면, 위와 같은 경우 지원객체가 받은 경제상 이익은 지원주체가 제3자에게 준 금융상 이익과 같다.

9.2. 부당한 자산·상품 등 지원

부당하게 특수관계인 또는 다른 회사에 대하여 부동산·유가증권·상품·자산·무체재산권 등 자산 또는 상품·용역을 상당히 낮거나 높은 대가로 제공 또는 거래하거나 상당한 규모로 제공 또는 거래하는 행위이다(별표 2 제9호 나목).

즉, 지원주체가 지원객체에게 유가증권, 부동산, 상품이나 자산, 무체재산권이나 기타 자산을 무상으로 또는 정상가격보다 낮은 가격으로 제공하거나 지원주체의 재산을 높은 가격으로 인수하는 행위들이다. 후자의 경우는 자금지원과 마찬가지의 경제적 효과를 가져오고 또 법기술적으로 구별하기 어려운 면도 있으나, 심사기준은 재산권 관련 이전거래를 자산지원으로 일단 포섭하고 있다.

자산지원의 예는 매우 다양하다. 지원객체가 발행한 기업어음을 비계열사가 매입한 할인율보다 낮은 할인율로 매입한 경우(기업어음 고가매입), 역외펀드를 이용하여 특수관계인 등이 발행한 주식을 고가로 매입하는 경우(주식 고가매입), 계열투신운용회사가 특수관계인의 회사채를 저리로 매입하는 경우(회사채 고가매입), 금융회사의 특정금전신탁에 가입하고 동 금융회사는 그 자금을 이용하여 위탁자의 특수관계인 등이 발행한 사모사채를 저리로 인수하는 경우(사모사채 고가매입), 정상적이라면 인수하지 않을 정도의 낮은 금리수준으로 발행된 후순위사채를 특수관계인이 인수한 경우(후순위사채 고가매입), 금융관련 법규위반을 회피하기 위해 금융회사를 통하여 실권주를 현저히 높은 가격으로 우회인수하거나 기타 탈법적인 방법으로 인수하는 경우(주식 우회인수), 전환권행사가 불가능할 정도로 전환가격이 높고 현저히 낮은 이자율로 발행된 전환사채를 특수관계인 등이 인수한 경우(전환사채 고가매입), 경영권 방어목적 등 특별한 사유없이 전환권행사로 인해 포기되는 누적이자가 전환될 주식의 시세총액과 총 전환가액의 차액보다도 큼에도 불구하고 전환권을 행사한 경우(전환사채의 저가주식 전환), 시가보다 현저히 낮은 가격으로 신주인수권부사채를 발행하여 특수관계인 등에 매각하는 경우(신주인수권부사채 저가매각), 비계열금융회사에 후순위대출을 해주고, 동 금융회사는 특수관계인 등이 발행한 저리의 회사채를 인수하는 경우(회사채 고가매입), 부동산을 시가에 비하여 저가로 지원객체에 매도하거나, 고가로 지원객체로부터 매수한 경우(부동산 저가매도 또는 부동산 고가매수), 계열회사가 단독으로 또는 지원객체와 공동으로 연구개발한 결과를 지원객체에 무상양도하여 지원객체가 특허출원을 할 수 있도록 한 경우(무체재산권 무상양도), 계열금융회사가 지원객체가 보유한 부도난 회사채 및 기업어음 등 유가증권을 고가에 매입한 경우(부도 유가증권 고가매입) 등이다. 또한 부동산의 임대차도 부당지원을 구성할 수 있다. 즉 지원주체가 지원객체에게 당해 부동산을 무상으로 사용하도록 제공하거나, 정상임대료보다 낮은 임대료로 임대하거나(부동산 저가임대) 정상임차료보다 높은 임차료로 임차하는 것(부동산 고가임차) 등이다.

또한 상품이나 용역을 제공 또는 거래하는 행위도 부당지원행위를 구성할 수 있다. 예컨대, 지원객체에 대한 매출채권회수를 지연하거나 상각하여 회수불가능채권으로 처리함으로써 자금을 지원한 경우, 외상매출금이나 용역대금을 약정기한 내에 회수하지 아니하거나 지연하여 회수하면서 이에 대한 지연이자를 받지 아니한 경우, 지원객체가 생산판매하는 상품을 구매하는 임직원에 대해 구매대금을 대여하거나 융자금을 알선해 주고 이자의 전부 또는 일부를 임직원소속 계열회사의 자금으로 부담한 경우, 지원객체가 운영하는 광고매체에 정상적인 광고단가보다 높은 단가로 광고를 게재하는 방법으로 광고비를 과다지급한 경우, 주택관리업무를 지원객체에게 위탁하면서 해당 월의 위탁수수료 지급일보다 지원객체로부터 받는 해당 월의 임대료 등 정산금의 입금일을 유예해 주는 방법으로 지원객체로 하여금 유예된 기간만큼 정산금 운용에 따른 이자 상당의 수익을 얻게 한 경우 등이다.

대판 2007.1.25, 2004두7610

법 제45조 제1항 제7호는 '현저히 유리한 조건으로 거래'하여 특수관계인 또는 다른 회사를 지원하는 행위를 지원행위로 규정하고 있고, 같은 조 제2항의 위임에 기한 법 시행령 [별표2] 제10호는 현저히 낮거나 높은 대가로 제공 또는 거래하거나 현저한 규모로 제공 또는 거래하여 과다한 경제상 이익을 제공함으로써 특수관계인 또는 다른 회사를 지원하는 행위를 지원행위로 규정하고 있는바, 거래의 조건에는 거래되는 상품 또는 역무의 품질, 내용, 규격, 거래수량, 거래횟수, 거래시기, 운송조건, 인도조건, 결제조건, 지불조건, 보증조건 등이 포함되고 그것이 자금, 자산, 인력 거래라고 하여 달리 볼 것은 아니며, 거래규모는 거래수량에 관한 사항으로서 거래조건에 포함된다고 할 수 있고 현실적인 관점에서 경우에 따라서는 유동성의 확보 자체가 긴요한 경우가 적지 않음에 비추어 현저한 규모로 유동성을 확보할 수 있다는 것 자체가 현저히 유리한 조건의 거래가 될 수 있으므로, '현저한 규모로 제공 또는 거래하여 과다한 경제상 이익을 제공'하는 것도 법 제45조 제1항 제7호 소정의 '현저히 유리한 조건의 거래'의 하나라고 볼 수 있을 것이지만, 현저한 규모의 거래라 하여 바로 과다한 경제상 이익을 준 것이라고 할 수 없고 현저한 규모의 거래로 인하여 과다한 경제상 이익을 제공한 것인지 여부는 지원성 거래규모 및 급부와 반대급부의 차이, 지원행위로 인한 경제상 이익, 지원기간, 지원횟수, 지원시기, 지원행위 당시 지원객체가 처한 경제적 상황 등을 종합적으로 고려하여 구체적·개별적으로 판단하여야 할 것이다.

* 부당지원행위의 위법성판단과 관련하여 현저성을 요구하였던 구법하의 사건임.

9.3. 부당한 인력지원

특수관계인 또는 다른 회사에 인력을 상당히 낮거나 높은 대가로 제공 또는 거래하거나 상당한 규모로 제공 또는 거래하는 행위이다(별표 2 제9호 다목).

즉, 인력제공과 관련하여 지원객체가 지원주체 또는 당해 인력에 대하여 지급하는 일체의 급여와 수당 등(실제지급급여)이 당해 인력이 근로제공의 대가로서 지원주체와 지원객체로부터 지급받는 일체의 급여와 수당 등(정상급여)보다 적은 경우에는 부당한 인력지원이 될 수 있다. 예컨대 업무지원을 위해 인력을 제공한 후 인건비는 지원주체가 부담한 경우, 인력파견계약을 체결하고 인력을 제공하면서 퇴직충당금 등 인건비의 전부 또는 일부를 미회수한 경우 등이다.

9.4. 부당한 거래단계 추가

2013년 법개정에서 초점의 하나는 대기업집단이 소속 특정 회사로 하여금 소위 통행세를 받는 관행을 통제하는 것이었다. 예컨대, 기업집단이 소속 계열회사들이 상시적으로 필요로 하는 MRO(management, repair, operation) 관련 소모품의 조달을 특정한 계열회사를 통해 창구를 일원화하는 것은 그룹 전체 차원의 효율성을 제고한다. 그러나 종래 납품하던 중소기업의 입장에서는 개별 직거래 대신 MRO회사를 통한다면 납품과 관련된 그때 그때의 흥정기회를 잃고 경우에 따라서는 납품기회 자체를 상실할 수도 있다. 그리고 과도한 통행세 징수는 지배주주에 의한 소수주주 이익침해 등 회사법상 대리인문제(agency problem), 배임이나 세법상의 문제를 내포할 수도 있다.

여기에서 제45조 제1항 제9호 나목은 '다른 사업자와 직접 상품 용역을 거래하면 상당히 유리함에도 불구하고 거래상 실질적 역할이 없는 특수관계인이나 다른 회사를 매개로 거래하는 행위'를 부당지원행위의 두 번째 기본유형으로 규정하였다. 이 거래단계 추가행위의 경우에도 종래의 부당지원행위와 마찬가지로 세 가지 요건이 필요하다. 첫째 제9호 나목에 해당하는 행위를 통해 특수관계인이나 다른 회사를 지원할 것(지원행위 요건), 둘째 당해 거래단계를 거치지 않고 직접 거래하는 것이 상당히 유리할 것(상당성 요건), 셋째 당해 행위가 부당할 것(부당성 요건) 등이다.

이 행위유형과 관련하여 시행령 별표 2(9. 라)는 다시 두 가지로 그 세목을 나누고 있다.

첫째 다른 사업자와 직접 상품·용역을 거래하면 상당히 유리함에도 불구하고 거래상 역할이 없거나 미미한 특수관계인이나 다른 회사를 거래단계에 추가하거나 거쳐서 거래하는 행위, 즉 불필요한 거래단계 추가행위이다.

둘째 다른 사업자와 직접 상품·용역을 거래하면 상당히 유리함에도 불구하고 특수관계인이나 다른 회사를 거래단계에 추가하거나 거쳐서 거래하면서 그 특수관계인이나 다른 회사에 거래상 역할에 비하여 과도한 대가를 지급하는 행위, 즉 추가된 거래단계에 대해 과도한 대가를 지급하는 행위이다.

이 금지는 각 거래분야에서 활발하게 일어나는 사외위탁 혹은 아웃소싱 관행에 대해 공정거래법 차원에서 새로운 한계를 설정하는 것이다. 개별적 행태에 대한 구체적 부당성 판단에 있어서는, 당해 업계에 직거래관행이 있는지 또 직거래관행이 보편적인지, 추가된 거래단계가 실질적인 역할을 수행하는지, 지원주체가 당해 영업활동을 스스로 수행하기 위한 여분의 역량을 가지고 있는지, 특수관계인의 사익추구의 통로가 되고 있는지 등 제반사정을 포괄적으로 고려하여 정상적인 기업활동의 범위내의 행위인지 혹은 공정거래저해성으로 이어지는 남용적 행위인지 여부가 판단되어야 할 것이다. 아웃소싱과 직거래 사이의 비용편익 분석이 필요함은 물론이다.

10. 그 밖의 불공정거래행위

법 제45조 제 1 항 제10호는 "그 밖의 행위로서 공정한 거래를 저해할 우려가 있는 행위"를 최후의 기본유형으로 들고 있으나, 시행령 제52조나 동조 관련 별표 2에서는 이 유형을 구체화하는 규정을 두고 있지 않다.

이 유형은 현행법이 택하는 한정적 열거주의의 경직성을 보완하는 작은 일반조항으로 작용하여 새로이 출현하는 불공정거래행위나 시장여건이 바뀜에 따라 종래에는 위법성이 인정되지 아니하던 행위를 규제하는 법적 근거를 제공할 수 있다. 그러나 지금으로서는 시행령의 관련규정이 마련되어 있지 않고, 그 결과 공정위가 직접 이 조항에 의거하여 불공정거래관행을 규제하는 것은 곤란하다고 하겠다.[268]

대판 2008.2.14, 2005두1879

독점규제 및 공정거래에 관한 법률 제45조 제 1 항 제 8 호에서는 제 1 호 내지 제 7 호와 달리 기본적 행위유형이나 이를 가늠할 대강의 기준조차 전혀 제시되어 있지 않아서 수범자인 사업자의 입장에서는 구체적으로 통상의 사업활동 중에 행하여지는 어떤 행위가 위 제 8 호에서 규정한 '공정한 거래를 저해할 우려가 있는 행위'에 해당하

---

268) 마이크로소프트 사건에서 공정위는 시행령과 고시에서 구체적 규정을 두지 않는 경우에도 해당 공정거래법의 법조항(법 제 5 조 제 1 항 제 5 호)을 직접 적용하여 시지남용행위를 금지할 수 있다고 보았으나(공정위의결 2006.2.24, 2006-042), 판례는 불공정거래행위 사건에서 공정거래법 제23조 제 8 호에 직접 의율하여 금지할 수 없다고 판단하였다.
이와 관련하여 근거 법문의 차이가 있었던 점을 유의할 필요가 있다. 즉 구법 제 3 조의2 제 2 항은 "남용행위의 유형 또는 기준은 대통령령으로 정할 수 있다"라고 정하는 반면, 구법 제23조 제 2 항은 "불공정거래행위의 유형 또는 기준은 대통령령으로 정한다"라고 규정하고 있다. 여기에서 시지남용 사건에서 공정위가 법 제 5 조 제 1 항 제 5 호 후단의 "소비자의 이익을 현저히 저해할 우려가 있는 행위"에 직접 의율할 여지가 남아 있다고 할 수 있다.

는 것으로서 금지되는지 여부를 예측하기가 매우 어렵다. 더욱이 독점규제 및 공정거래에 관한 법률은 같은 법 제45조 제1항에 위반하여 불공정거래행위를 한 사업자에 대하여 행정적 제재뿐만 아니라 형사처벌까지 가능하도록 하고 있는 점을 감안하면, 위 제8호는 행위의 작용 내지 효과 등이 제1호 내지 제7호와 유사한 유형의 불공정거래행위를 규제할 필요가 있는 경우에 이를 대통령령으로 정하여 규제하도록 한 수권규정이라고 해석함이 상당하다. 따라서 같은 법 시행령에 위 제8호와 관련된 불공정거래행위의 유형 또는 기준이 정하여져 있지 아니한 이상, 문제된 행위가 공정한 거래를 저해할 우려가 있는 행위라고 하여 이를 위 제8호의 불공정거래행위로 의율하여 제재를 가할 수는 없다.

제5절 특수 불공정거래행위

1. 개 관

특수한 거래분야 혹은 특수한 행태에 관련된 불공정거래행위는 종래와 같이 공정위의 고시를 통해 금지되고 있다. 특수고시에 대해서는 시행령에 별도의 근거조항을 두고 이에 의거하여 공정위는 여러 가지 특수고시를 제정·운영하여 왔으나, 2021년 말 시행령에는 근거조항을 삭제하고 별표 2 말미의 '비고'에 그 내용을 옮겨 규정하고 있다. 매우 이례적인 일로 생각된다. 여하튼 경품고시(2016년 공정위 고시 제2016-8호로 폐지) 등 많은 특수고시가 제정된 바 있으나, 현재 운용되는 것은 다음의 두 가지다.

- 병행수입에 있어서의 불공정거래행위 유형에 관한 지침
- 신문업에 있어서의 불공정거래행위의 유형 및 기준

한편 종전의 특수고시 중 폐지된 것이 아니라 단행법이 제정되면서 법률로 그 내용이 금지되거나 혹은 소관 법률이 바뀐 경우도 있다. 즉 '주유소 등 석유판매업에 있어서의 공급자표시에 관한 불공정거래행위의 유형 및 기준'은 표시광고법이 제정되면서 동법의 소관으로 이관되었고, 그리고 '가맹사업(프랜차이즈)에 있어서의 불공정거래행위의 유형 및 기준'은 가맹사업 공정화에 관한 법률로 포섭되

었다. 대규모소매업 고시 또한 그 내용의 대부분이 대규모유통업에서의 거래공정화에 관한 법률로 포섭되었다.[269] 대규모 제조업자가 대리점 등 재판매업자에 대해 우월적 지위를 남용하는 것을 통제하기 위한 '계속적 재판매거래 등에 있어서의 거래상지위 남용행위 세부유형 지정고시(공정위 고시 제2014-6호, 2014.5.12)도 2015년 12월 들어 '대리점거래 공정화에 관한 법률'로 이관되었다. 이하에서는 별표 2 '비고'에 근거한 두 가지 고시만을 약술한다.

2. 병행수입고시

병행수입에 있어서의 불공정거래행위의 유형고시, 즉 병행수입고시는 1998년에 제정된 후 2012년과 2015년, 2021년에 개정되었는바(공정위고시 제2021-20호, 2021. 12.30. 일부개정), 이는 부당하게 병행수입을 저지하는 각종 불공정거래행위를 규제하기 위한 것이다.

병행수입(parallel import)이란 독점수입권자에 의해 당해 외국상품이 수입되는 경우 제 3 자가 다른 유통경로를 통하여 진정상품을 국내 독점수입권자의 허락없이 수입하는 것을 일컫는바, 이는 독점수입권자의 영업상의 이익과 충돌될 소지가 크다. 그러나 병행수입 역시 진정한 상표품을 수입하는 것이므로 상표권침해를 구성하지 아니하는 적법한 행위일 뿐만 아니라,[270] 일반적으로 경쟁을 촉진시키는 효과가 있다. 그러므로 병행수입을 부당하게 저해하는 독점수입권자 및 그 판매업자의 행위는 불공정거래행위를 구성하게 된다.

한편 병행수입품이 위조 혹은 모조품인 경우에는 상표권 침해를 이유로 독점수입권자가 그 판매를 중지시킬 수가 있고, 상품사양이나 품질이 다른 상표품임에

---

269) 이 법률은 시행 이후 새로이 체결되거나 갱신한 계약부터 적용되므로(동법 부칙 제 2 조), 종전에 체결한 계약관계에 대해서는 여전히 종전의 고시가 적용되고, 따라서 이 특수고시는 한시적으로 계속 운용되고 있는 셈이다.

270) 지식재산권 보호를 위한 수출입통관 사무처리에 관한 고시(관세청고시 제2025-61호) 제 5 조제 1 항. 해당 상표에 대한 권리가 없는 자가 해당 상표를 적법하게 사용할 권리를 가진 자에 의해서 생산된 물품을 수입하는 경우로서 다음의 어느 하나에 해당하는 때에는 상표권을 침해한 것으로 보지 않는다.

1. 국내외 상표권자(국내 상표권자가 전용사용권을 설정한 경우에는 전용사용권자를 말한다)가 동일인이거나 계열회사 관계(주식의 30%이상을 소유하면서 최다 출자자인 경우), 수입대리점 관계 등 동일인으로 볼 수 있는 관계가 있는 경우("동일인 관계")
2. 국내외 상표권자가 동일인 관계가 아니면서 국내 상표권자가 외국에서 생산된 진정상품(외국 상표권자의 허락을 받아 생산된 진정상품을 포함한다)을 수입하거나 판매하는 경우

도 불구하고 허위의 출처표시를 하는 등으로 해서 일반소비자에게 독점수입권자가 취급하는 상품과 동일한 것이라고 오인될 우려가 있는 경우에는 부정경쟁방지법 등에 의거한 조치의 대상이 된다.

2.1. 용어의 정의

병행수입이란 독점수입권자에 의해 당해 외국상품이 수입되는 경우 제3자가 다른 유통경로를 통하여 진정상품을 국내 독점수입권자의 허락없이 수입하는 것을 말한다(제2조 제3항). 여기에서 진정상품이란 상표가 외국에서 적법하게 사용할 수 있는 권리가 있는 자에 의하여 부착되고 배포된 상품을 말하고, 독점수입권자라고 함은 외국상표권자와 국내상표권자가 동일인이거나 계열회사관계(주식 또는 지분의 30% 이상을 소유하면서 최다출자자인 경우)이거나 수입대리점관계에 있는 자, 그리고 이들로부터 전용사용권을 설정받은 자를 말한다.

2.2. 금지사항

가. 해외유통경로로부터의 진정상품 구입방해(제5조)

독점수입권자의 다음의 행위는 시행령 별표 2 제7호 나목의 구속조건부거래 중 거래지역 또는 거래상대방의 제한 혹은 제8호 사업활동방해 중 그 밖의 사업활동방해를 구성한다.

(1) 병행수입업자가 진정상품을 구입코자 하는 경우 외국상표권자의 해외거래처에 대해 외국상표권자로 하여금 제품공급을 하지 못하게 하는 것
(2) 병행수입품의 제품번호 등을 통하여 그 구입경로를 알아내어 동제품을 취급한 외국상표권자의 해외거래처에 대하여 외국상표권자로 하여금 제품공급을 하지 못하게 하는 것

나. 판매업자에 대한 병행수입품의 취급제한(제6조)

독점수입권자가 독점수입상품을 판매함에 있어 부당하게 병행수입품을 취급하지 않는 조건으로 자기의 판매업자와 거래하는 등 판매업자에 대하여 병행수입품을 취급하지 않도록 하는 것은 시행령 별표 2 제7호 가목의 구속조건부거래 중 배타조건부거래에 해당된다.

다. 병행수입품 취급 판매업자에 대한 차별적 취급(제 7 조)

독점수입권자가 독점 수입상품을 판매함에 있어 자기의 판매업자 중 병행수입품을 취급하는 판매업자에 대하여는 타판매업자에 비하여 현저하게 불리한 가격으로 거래하거나, 수량이나 품질 등 거래조건이나 거래내용에 관하여 부당하게 차별적 취급을 하는 것은 시행령 별표 2 차별적취급 중 가격차별 및 거래조건차별에 해당된다.

라. 병행수입품 취급 판매업자에 대한 제품공급거절 및 중단(제 8 조)

독점수입권자가 독점수입상품을 판매함에 있어 병행수입품을 취급하는 사업자와는 거래개시를 거절하거나 병행수입품을 취급한 사업자에 대하여 병행수입품을 취급하였다는 이유만으로 부당하게 제품의 공급을 중단하는 것은 시행령 별표 2 거래거절 중 그 밖의 거래거절을 구성한다.

마. 병행수입품 취급 소매업자에 대한 독점수입품의 판매제한(제 9 조)

독점수입권자가 자기의 판매업자(도매업자)로 하여금 부당하게 병행수입품을 취급하는 소매업자에게는 독점수입품을 판매하지 못하게 하는 것은 시행령 별표 2 구속조건부거래 중 거래지역 또는 거래상대방의 제한을 구성하거나 시행령 별표 2 거래상지위의 남용 중 경영간섭을 구성한다.

3. 신문고시

'신문업에 있어서의 불공정거래행위 및 시장지배적지위남용행위의 유형 및 기준', 즉 신문고시는 2001년 제정된 후 2015년, 2021년 개정을 거쳐 아직까지 유지되고 있다(개정 2021.12.30, 공정위고시 제2021-22호). 이 고시는 신문을 발행하거나 판매하는 사업에 있어서 시장지배적지위남용과 각종 불공정거래행위를 규제하기 위한 것으로서, 다른 특수고시들이 불공정거래행위만을 표적으로 하는 것과 다르다. 신문업에 관한 한 이 고시는 시장지배적지위남용행위 심사기준에 우선하여 적용된다(신문고시 제12조 다른 고시와의 관계).

3.1. 용어의 정의

이 고시에서 신문이란 신문 등의 진흥에 관한 법률 제 2 조(정의) 제 1 호 가목 내지 라목에 규정된 '일반일간신문', '특수일간신문', '일반주간신문' 및 '특수주간신문'으로서 영리목적으로 발행하는 신문을 말한다. 무가지라 함은 신문발행업자 또는 신문판매업자가 신문판매업자 또는 구독자에게 공급하는 유료신문을 제외한 신문을 말하며 판촉용신문과 예비용신문 등을 포함하되, 공익목적으로 낙도, 군부대 등에 무료로 제공하는 신문이나 호외로 제공하는 신문은 제외한다. 유료신문이라 함은 신문발행업자 또는 신문판매업자가 신문대금을 받고 배포하는 호별배달신문, 우송신문, 가판신문, 기타판매신문을 말한다. 이에 관한 구체적인 사항은 (사) 한국에이비씨협회의 관련기준에 따른다. 경품류라 함은 신문발행업자 또는 신문판매업자가 자기가 발행하거나 판매하는 신문의 독자에게 직접 또는 간접적으로 제공하는 현금, 유가증권, 물품, 용역제공 등 경제상의 이익을 말한다(제 2 조).

3.2. 불공정거래행위의 금지

가. 무가지 및 경품류 제공의 제한(제 3 조)

(1) 신문발행업자가 신문판매업자에게 1개월 동안 제공하는 무가지와 경품류를 합한 가액이 같은 기간에 당해 신문판매업자로부터 받는 유료신문대금의 20%를 초과하는 경우

(2) 신문판매업자가 독자에게 1년 동안 제공하는 무가지와 경품류를 합한 가액이 같은 기간에 당해 독자로부터 받는 유료신문대금의 20%를 초과하는 경우. 이 경우는 구독기간이 1년 미만인 때에도 같다.

(3) 신문발행업자가 직접 독자에게 1년 동안 제공하는 무가지와 경품류를 합한 가액이 같은 기간에 당해 독자로부터 받는 유료신문대금의 20%를 초과하는 경우[271]

이와 관련하여 신문발행업자가 경품류 제공행위에 대한 계획을 수립하고 경

---

271) 다음의 경우에는 경품류의 제공으로 보지 아니한다.

1. 화재, 수해 기타의 재해가 발생한 경우에 이재민에게 제공하는 위문품, 의연금등 경제상 이익으로서 사회통념상 정상적인 상관행에 비추어 적당하다고 인정되는 경우
2. 자기가 발행하거나 판매하는 신문에 부수하여 제공하는, 자기 신문에 수록된 내용을 첨삭없이 담아 제작한 소형 인쇄물 등으로서 사회통념상 정상적인 상관행에 비추어 적당하다고 인정되는 경우
3. 독자투고, 독자인터뷰 등 특별한 노고의 대가로서 사회통념상 정상적인 상관행에 비추어 적당하다고 인정되는 경우
4. 구독자에 한정하지 않는 행사초대 등으로서 사회통념상 정상적인 상관행에 비추어 적당하다고 인정되는 경우

품류 비용의 전부 또는 일부를 지원하여 경품류를 일괄 구입한 후 신문판매업자에게 배정하거나, 신문판매업자에 대하여 경품류 제공의 독려, 권유 등의 행위를 하는 경우 등 신문발행업자가 신문판매업자의 경품류 제공행위에 직·간접적으로 관여한 경우에는 신문발행업자의 경품류 제공행위로 본다.

한편 '신문판매업자가 독자에게 1년 동안 제공하는 무가지와 경품류를 합한 가액이 같은 기간에 당해 독자로부터 받는 유료신문대금의 20%를 초과하여서는 아니된다'는 조항의 헌법적합성에 관하여, 헌재는 "신문고시 제 3 조 제 1 항 제 2 호는 동 수권조항을 위임받은 범위 내에서 이를 구체화하고 있을 뿐이어서 위임입법의 한계를 초과하지 아니한다. … 동 조항은 … 결국 과잉금지의 원칙에 위배되지 아니하며, 헌법 제119조 제 1 항을 포함한 우리 헌법의 경제질서조항에도 위반되지 아니한다"고 보았다.[272]

나. 부당한 고객유인행위의 금지(제 4 조)

(1) 신문판매업자가 구독계약기간이 종료된 후 구독중지의사를 표시한 자에게 신문을 7일 이상 계속 투입하는 행위

(2) 신문발행업자 또는 신문판매업자가 직접 또는 제 3 자를 통하여 경품류 제공 이외의 방법(신문대금 대신지급, 다른 간행물 끼워주기, 과도한 가격할인 등)으로 정상적인 상관행에 비추어 과도한 대가지급을 전제로 경쟁사업자의 고객을 자기와 거래하도록 유인하는 행위

(3) 신문발행업자가 실제로는 독자에게 배포되지 않고 폐기되는 신문부수도 독자에게 배포되는 신문부수에 포함·확대하여 광고주를 오인시킴으로써 자기에게 광고게재를 의뢰하도록 유인하는 행위

(4) 신문발행업자가 고객에게 자기의 신문에 그 고객에게 유리한 기사를 게재하는 등의 이익을 주겠다고 하여 광고게재의뢰를 유인하는 행위

다. 거래상지위남용행위의 금지(제 5 조)

(1) 신문발행업자가 신문판매업자에게 사전협의 없이 그의 의사에 반하여 판매목표량을 늘리도록 강요하는 행위

(2) 신문발행업자가 신문판매업자에게 공급부수, 공급단가, 판매지역 등을 사전협의 없이 부당하게 결정하거나 변경하는 행위

---

272) 헌재 2002.7.18, 2001헌마605.

(3) 신문발행업자가 원재료구입처 등 거래상대방에게 자기를 위하여 기자재 등을 제공하도록 강요하거나 특정행사에 금전·물품·용역 기타의 경제상 이익을 제공하도록 강요하는 행위

(4) 신문발행업자가 광고게재의뢰를 받지 않고 일방적으로 자기의 신문에 광고를 게재한 후 그 고객에게 광고대가의 지급을 강요하는 행위

(5) 신문발행업자가 일정기간 계속적인 거래관계에 있는 고객에게 사전협의 없이 합리적인 근거없는 높은 광고단가로 부당하게 광고대가지급을 강요하는 행위

라. 차별적 취급행위의 금지(제 6 조)

신문발행업자가 신문판매업자에게 신문을 공급함에 있어 부당하게, 합리적인 거래기준에 의하지 아니하고 거래지역 또는 거래상대방에 따라 현저하게 유리하거나 불리한 조건으로 거래하는 행위와, 신문판매업자가 신문을 판매함에 있어 광고물의 배달을 의뢰받는 경우 광고물의 배달을 의뢰하는 자에 따라 정상적인 가격이나 거래조건에 비해 부당하게 현저하게 유리하거나 불리한 조건으로 거래하는 행위는 법 제45조(불공정거래행위의 금지) 제 1 항 제 2 호에 규정하는 "부당하게 거래의 상대방을 차별하여 취급하는 행위"에 해당된다.

마. 거래강제행위의 금지(제 7 조)

(1) 신문발행업자가 정상적인 거래관행에 비추어 부당하게 자기의 임직원에게 자기, 특수관계인 또는 계열회사가 발행하는 신문, 잡지 또는 다른 출판물을 구입 또는 판매(영업사원은 대상에서 제외)하도록 강요하거나 강압적으로 권유하는 행위

(2) 신문발행업자가 사회통념에 비추어 아주 낮은 보수 또는 무보수로 사원을 채용한 뒤 그 사원이 수주한 광고대가의 일부를 보수(다만 광고영업사원에게 지급되는 사회통념상 합당한 성과급의 경우는 제외)로 지급하는 조건으로 그 사원에게 광고상품의 판매를 강요하는 행위

(3) 신문발행업자가 광고게재를 유도할 목적으로 고객에게 광고게재를 의뢰하지 않으면 자기의 신문에 그 고객에게 불리한 기사를 게재하는 등의 불이익을 주겠다는 의사를 표시하거나 불이익을 주는 행위

(4) 신문발행업자가 신문판매업자에게 신문을 공급하면서 정상적인 거래관행

에 비추어 부당하게 자기, 특수관계인 또는 계열회사가 발행하는 신문, 잡지 또는 다른 출판물을 구입하도록 하는 행위

바. 신문판매업자에 대한 배타조건부거래행위의 금지(제8조)

신문발행업자가 신문판매업자에게 부당하게, 사전계약 또는 합의에 의하지 아니하고 다른 신문발행업자의 신문을 판매하지 못하게 하는 행위는 법 제45조(불공정거래행위의 금지) 제1항 제7호에 규정하는 “거래의 상대방의 사업활동을 부당하게 구속하는 조건으로 거래하는 행위”에 해당된다.

사. 거래거절행위의 금지(제9조)

신문발행업자가 신문판매업자에 대하여 계약서상 신문공급의 제한 또는 해약사유나 사전합의에 의하지 아니하고 부당하게 신문공급을 중단 또는 현저히 제한하거나 계약을 해지하는 행위는 법 제45조 제1항 제1호에 규정하는 “부당하게 거래를 거절하는 행위”에 해당된다.

3.3. 시장지배적지위 남용의 금지(제10조)

첫째, 시장지배적 사업자인 신문발행업자가 거래상대방에 대한 신문판매가격 또는 광고대가를 원가변동요인 등에 비하여 현저하게 높은 수준으로 결정·유지 또는 변경하는 행위는 “상품의 가격이나 용역의 대가를 부당하게 결정·유지 또는 변경하는 행위”에 해당된다(법 제5조 제1항 제1호).

둘째, 시장지배적 사업자인 신문발행업자가 자기 신문판매업자들에게 지나치게 낮은 가격으로 신문을 공급함으로써 다른 신문발행업자를 배제시킬 우려가 있는 경우에는 “부당하게 경쟁사업자를 배제하기 위하여 거래하는 행위”에 해당된다(법 제5조 제1항 제5호 전단).

셋째, 시장지배적 사업자인 신문발행업자가 광고주 등 거래상대방이 다른 신문발행업자와 거래하지 아니하는 조건으로 거래하는 행위는 “부당하게 경쟁사업자를 배제하기 위하여 거래하는 행위”에 해당된다(법 제5조 제1항 제5호 전단).

넷째, 시장지배적 사업자인 신문발행업자가 허위 또는 근거 없는 내용으로 광고주 등 거래상대방을 비방하는 기사를 게재함으로써 사업활동을 어렵게 하는 행위는 “다른 사업자의 사업활동을 부당하게 방해하는 행위”에 해당된다(법 제5조 제1항 제3호).

3.4. 사업자단체의 공정경쟁규약과의 관계 등

신문고시를 집행함에 있어서 사업자단체가 공정위의 심사를 거쳐 신문고시의 내용에 저촉되지 아니하는 공정경쟁규약을 시행하는 경우에는 그 사업자단체가 동 규약을 적용하여 사건을 처리하게 할 수 있다. 다만, 공정위가 사업자단체에서 처리하는 것이 효과적이라고 인정하여 사업자단체와 협의한 경우에는 그 사업자단체가 동 규약을 적용하여 사건을 처리하도록 한다.

제6절 특수관계인에 대한 부당이익제공 등의 금지

1. 총 설

2013년 새로이 도입된 이 금지는 대기업집단이 자신의 특수관계인에게 부당하게 사익을 추구하도록 하는 이전거래 혹은 터널링(tunneling)하는 사례를 통제하기 위한 것이다. 특수관계인이 사실상 지배하는 비상장계열사의 규모를 키우고 그 후 상장을 통해 당해 기업집단의 소유지배구조의 승계를 도모하던 일부 행태와도 관련되어 있고, 지배주주의 소수주주 이익침해 등 회사법상 대리인문제(agency problem), 배임이나 세법상의 문제도 내포할 수 있다.

이 금지가 표적으로 삼는 제3자에 대한 새로운 거래기회 제공, 물량몰아주기, 아웃소싱 등은 기본적으로 민사적 사안이다. 그 결과 미국이나 독일 등의 법제에서는 기업지배구조, 소수수주 보호, 대표소송을 통한 손해배상 등 회사법이나 각종 세제(稅制)의 집행 차원에서 이 문제를 접근할 뿐 독점금지법이나 불공정거래행위법이 개입하지 않는다. 또 이 규제는 아웃소싱이나 구조조정, 수직계열화, 범위의 경제 추구, 조인트 벤처의 설립이나 합병 등 기업집단과 그 계열사의 제반 기업활동을 제한하고 계열사간 거래를 통한 효율성 추구를 저해하며 관련 거래비용을 증폭시킬 수 있다. 법기술적으로는 종래의 부당지원행위(법 제45조 제1항 제9호 가목)와 새로이 추가된 거래단계추가행위(동호 나목)와 광범하게 경합할 수 있다.

이 제도는 불공정거래행위의 일환으로 도입되었으나 일반 불공정거래행위가 아니고 그 적용범위는 대폭 제한된다. 즉 자연인 총수가 있는 공시대상 기업집단에 속하는 국내회사는 특수관계인(이 규제에서는 동일인과 그 친족으로 한정함)에 대하여 혹은 동일인이 단독으로 또는 다른 특수관계인과 합하여 20% 이상의 주식을 보유하는 국내 계열회사 또는 그 계열사가 단독으로 50% 이상의 주식을 보유한 국내 계열회사와 법 제47조 제 1 항 각호가 정하는 이익제공행위를 해서는 아니된다(법 제47조 제 1 항, 령 제54조 제 1 항 및 제 2 항). 나아가서 특수관계인 등은 해당 거래를 하거나 사업기회를 제공받는 행위, 즉 이익수령행위를 해서도 아니되며, 이들이 이익제공이나 이익수령에 해당하는 행위를 하도록 지시하거나 이에 해당하는 행위에 관여해서도 아니된다.

묘하게도 입법자는 이 금지를 경제력집중억제에 관한 장이 아니라 일반 불공정거래행위로 포섭하면서, 해당 법문에서 일반 불공정거래행위의 기본적 징표인 공정거래저해성이나 부당성 관련 문언을 사용하고 있지 않다(다만 법률과 시행령의 해당 조문에서 '상당성'이라는 문언을 공통으로 채용하여 법원에 의한 사후적 위법성심사의 징표로 삼고 있음). 그리고 사실상 대외적 구속력을 가지는 시행령 별표 3을 통해 개별적으로 구체화된 사전적 금지규정(rule)을 통해 사실상 행정규제화하는 측면도 있다.[273] 여기에서 공시대상 기업집단 소속 계열회사의 물량몰아주기, 거래기회의 제공, 아웃소싱 등의 행태와 관련하여 법 제47조는 일반적인 부당지원행위에 대해 특칙의 지위를 가진다고 할 것이다.

2. 금지행위의 세부유형

공정거래법 제47조 제 1 항은 특수관계인에 대한 부당이익제공행위와 관련하여 상당히 유리한 조건의 거래, 사업기회의 제공, 현금과 금융상품의 상당히 유리한 조건의 거래, 합리적 고려나 비교가 없는 상당한 규모의 거래 등 네 가지 유형을 열거하며, 시행령 제54조 관련 별표3(2014.2.11. 신설, 2025.3.12. 개정)은 이 네 가지 유형을 다시 세목으로 나누거나 보다 구체화하고 있다.

2.1. 상당히 유리한 조건의 거래

법 제47조 제 1 항 제 1 호에 따른 정상적인 거래에서 적용되거나 적용될 것으

273) 물론 법 제47조 제 1 항 본문상의 '부당한 이익을 귀속시키는 행위'에서의 부당성판단이나 시행령 별표 3 구성요건에 포함되어 있는 상당성 문귀를 통해 기본적 불공정성이 심사되어야 할 것이다.

로 판단되는 조건보다 상당히 유리한 조건으로 거래하는 행위는 다음 각 목의 어느 하나에 해당하는 행위로 한다(별표3 1.본문).

가. 상당히 유리한 조건의 자금거래, 즉 가지급금·대여금 등 자금을 정상적인 거래에서 적용되는 대가보다 상당히 낮거나 높은 대가로 제공하거나 거래하는 행위
나. 상당히 유리한 조건의 자산·상품·용역 거래, 즉 부동산·유가증권·무체재산권 등 자산 또는 상품·용역을 정상적인 거래에서 적용되는 대가보다 상당히 낮거나 높은 대가로 제공하거나 거래하는 행위
다. 상당히 유리한 조건의 인력거래, 즉 인력을 정상적인 거래에서 적용되는 대가보다 상당히 낮거나 높은 대가로 제공하거나 거래하는 행위

그러나 시기, 종류, 규모, 기간, 신용상태 등이 유사한 상황에서 특수관계인이 아닌 자와의 정상적인 거래에서 적용되거나 적용될 것으로 판단되는 조건과의 차이가 100분의 7 미만이고, 거래당사자간 해당 연도 거래총액이 50억원(상품·용역의 경우에는 200억원) 미만인 경우에는 상당히 유리한 조건에 해당하지 않는 것으로 간주한다(별표3 1.본문 단서).

2.2. 사업기회의 제공

법 제47조 제1항 제2호에 따른 회사가 직접 또는 자신이 지배하고 있는 회사를 통하여 수행할 때 회사에 상당한 이익이 될 사업기회를 제공하는 행위는 회사가 직접 또는 자신이 지배하고 있는 회사를 통하여 수행할 경우 회사에 상당한 이익이 될 사업기회로서 회사가 수행하고 있거나 수행할 사업과 밀접한 관계가 있는 사업기회를 제공하는 행위로 한다. 다만, 회사가 해당 사업기회를 수행할 능력이 없는 경우, 회사가 사업기회 제공에 대한 정당한 대가를 지급받은 경우, 그 밖에 회사가 합리적인 사유로 사업기회를 거부한 경우에는 그러하지 아니하다(별표3 2).

2.3. 현금, 그 밖의 금융상품의 상당히 유리한 조건의 거래

법 제47조 제1항 제3호에 따른 특수관계인과 현금, 그 밖의 금융상품을 상

당히 유리한 조건으로 거래하는 행위는 특수관계인과 현금, 그 밖의 금융상품을 정상적인 거래에서 적용되는 대가보다 상당히 낮거나 높은 대가로 제공하거나 거래하는 행위로 한다. 다만, 시기, 종류, 규모, 기간, 신용상태 등이 유사한 상황에서 법 제9조 제1항에 따른 특수관계인이 아닌 자와의 정상적인 거래에서 적용되거나 적용될 것으로 판단되는 조건과의 차이가 100분의 7 미만이고, 거래당사자간 해당 연도 거래총액이 50억원 미만인 경우에는 상당히 유리한 조건에 해당하지 않는 것으로 간주한다(별표3 3).

2.4. 합리적 고려나 비교 없는 상당한 규모의 거래

법 제47조 제1항 제4호에 따른 사업능력, 재무상태, 신용도, 기술력, 품질, 가격 또는 거래조건 등에 대한 합리적인 고려나 다른 사업자와의 비교 없이 상당한 규모로 거래하는 행위는 거래상대방 선정 및 계약체결 과정에서 사업능력, 재무상태, 신용도, 기술력, 품질, 가격, 거래규모, 거래시기 또는 거래조건 등 해당 거래의 의사결정에 필요한 정보를 충분히 수집·조사하고, 이를 객관적·합리적으로 검토하거나 다른 사업자와 비교·평가하는 등 해당 거래의 특성상 통상적으로 이루어지거나 이루어질 것으로 기대되는 거래상대방의 적합한 선정과정 없이 상당한 규모로 거래하는 행위로 한다. 다만, 거래당사자간 상품·용역의 해당 연도 거래총액(2 이상의 회사가 동일한 거래상대방과 거래하는 때에는 각 회사의 거래금액의 합계액)이 200억원 미만이고, 거래상대방의 평균매출액의 100분의 12 미만인 경우에는 상당한 규모에 해당하지 않는 것으로 본다(별표3 4).

계열사간 거래나 물량몰아주기를 규제대상으로 하는 이 조항은 수직계열화를 통한 효율성제고나 범위의 경제(economy of scope)를 통한 경제성추구와 상충할 수 있고, 단일한 법인 내에 수많은 영업부분을 두는 경우와의 규제의 형평성, 규제의 수단과 내용의 과잉금지 등의 문제도 제기될 수 있다. 여기에서 포괄적이고 탄력적인 규제의 예외사유를 둘 필요가 있고, 법 제47조 제3항은 효율성이나 보안성 또는 긴급성 등 세 가지 예외사유를 두고 있다. 그리고 시행령 별표4(2014.2.11. 신설, 2025. 3. 12. 개정)는 효율성 증대와 관련된 5가지 사유를, 보안성에 대해서는 두 가지 사유를, 그리고 긴급성과 관련해서는 경기급변, 금융위기, 천재지변, 해킹 또는 컴퓨터 바이러스로 인한 전산시스템 장애 등 긴급한 필요로 인한 불가피한 거래 등으로 구체화하고 있다.

대판 2023.3.16, 2022두38113

기업집단 태광 소속 계열회사들의 특수관계인에 대한 부당한 이익제공 행위 건에서, 대법원은 동일인(이호진)의 이 사건 행위에 대한 관여를 부정한 원심판결을 파기하고, 특수관계인의 '관여'의 의미 및 증명에 관한 법리를 제시하였다. 특히, 특수관계인은 기업집단에 대한 영향력을 이용하여 다양한 방식으로 간접적으로 관여할 수 있다고 보았으며, 특수관계인이 계열회사의 임직원 등에게 부당한 이익제공행위를 장려하는 태도를 보였거나, 해당 거래의 의사결정 또는 실행과정에서 계열회사의 임직원 등으로부터 해당 행위와 관련된 보고를 받고 이를 명시적·묵시적으로 승인하였다면 그 행위에 관여한 것으로 인정할 수 있다고 판시하였다.

대판 2022.5.12, 2017두63993

㈜대한항공과 ㈜싸이버스카이 등에 대한 부당지원행위 건에서, 대법원은 공정거래법상 사익편취 규정의 부당성 해석과 관련하여 특수관계인을 중심으로 경제력 집중이 유지·심화될 우려가 있는지 여부에 따라 판단해야 한다는 기준을 제시하였다. 즉, 공정거래법 제47조 위반 여부 판단 시 제1항 각호의 행위 충족 여부와는 별도로 특수관계인에게 부당한 이익을 귀속시키는지 여부에 대한 규범적 평가가 필요하다고 판시하였다. 구체적으로, 행위주체와 객체 및 특수관계인과의 관계, 행위의 목적과 의도, 행위의 경위와 당시 행위주체가 처한 경제적 상황, 거래규모, 특수관계인에게 귀속되는 이익의 규모, 이익제공 행위의 기간 등을 종합적으로 고려하여 판단해야 한다는 점을 명시하였다.

제7절 재판매가격유지행위 금지

1. 의의와 연혁

1.1. 의의와 유형

재판매가격유지행위(resale price maintenance. 약칭은 RPM)라 함은 사업자가 상품을 판매함에 있어 당해 상품을 재판매하는 사업자에 대하여 거래단계별 가격, 예컨대 도매가격과 소매가격을 미리 정하여 그 가격으로 판매할 것을 강제하는 행위를 말한다(법 제2조 제20호). 상품의 제조업자는 물론, 유통사업자 혹은 판매업자도 재판매가격유지행위의 주체가 될 수 있다. 즉 유통업자가 자신의 거래상대방에 대해 하위 단계의 거래가격을 지정하고 이를 지키도록 강제하는 것도 금지의 대상이다.

한편 재판매가격유지행위는 이를 여러 가지로 나눌 수 있다. 첫째, 재판매가격유지의 근거를 기준으로 직접적 강제와 간접적 강제로 분류할 수 있다. 직접적 강제는 재판매업자에 대해 직접적으로 판매가격을 지정하고 이의 준수를 강제하는 경우로서 재판매가격유지의 전형적 모습이다. 간접적 강제는 재판매가격을 간접적으로 강제하는 경우로서, 예컨대 재판매가격을 유지하기 위해 구속조건을 붙여 거래하는 경우와 같다. 법적용에 있어 직접강제와 간접강제의 차이는 없다.

사업자가 하위 단계의 거래상대방에게 일방적으로 재판매가격을 지시하거나 통보하여 이를 강제하는 경우도 있고, 상대방과의 독립적 혹은 파생적 합의를 통해 판매가격에 관한 구속이 이루어질 수도 있다. 합의나 계약은 명시적인 것은 물론 가격표의 배포와 수령과 같은 묵시적인 양태도 가능하며, 사실상 일방적인 지시나 통보의 경우에도 계속적 거래관계를 설정하는 계약조항에서 이를 파생적 합의의 형태로 반영할 수도 있다.

둘째, 재판매가격의 구체적인 모습을 기준으로 최저가격제, 지정가격제, 최고가격제 등으로 나뉘어진다. 최저가격제는 재판매가격유지체제가 가동하는 일반적인 모습이고, 지정가격제는 구체적으로 특정한 가격을 재판매업자에게 제시하는 유형이다. 또한 일정한 가격대를 설정하여 최저판매가와 최고판매가를 동시에 제시할 수도 있고, 판매가격의 제시에 갈음하여 마진율이나 할인율을 제시하는 것도 이에 준한다.

위법성판단과 관련하여 가장 문제가 되는 것은 최고가격제이다. 지정된 최고가격이 균형가격 이하인 경우 소비자의 후생증대와 사업자의 판매촉진에 모두 기여하는 긍정적 측면이 있기 때문이다. 그러나 최고가격이 은폐된 최저가격이고 경쟁사업자에 대해 약탈성이 있다면 경쟁제한성이 인정될 수 있다.

1.2. 순기능과 역기능

상표 내지 영업상의 표지 제도의 일반화를 배경으로, 특히 장기간의 홍보와 유통관리를 통해 명성과 신용을 얻은 고가의 상표품이나 명품으로 불리우는 신변잡화의 경우 재판매가격유지 체제를 도입하여 판매업자의 판촉활동에 대한 투자와 고객에 대한 양질의 서비스를 유도할 수 있다. 특히 재판매가격체제는 유인염매(loss leader)[274]를 통한 상표품의 명성과 신용에 대한 무임승차와 브랜드가치의 희석화 위험에 대한 대항수단이 되기도 하다.

재판매가격유지행위가 경쟁에 미치는 효과는 복합적이다. 첫째, 상표품 내의 가격경쟁은 제한하지만 상표품 상호간의 경쟁은 이를 촉발하는 면이 있다. 또한 브랜드내의 경쟁이 전면적으로 휴지되는 것은 아니고, 동일 상표품을 취급하는 점포 혹은 사업자 사이에서 가격경쟁에 갈음하여 서비스 혹은 홍보경쟁을 야기할 수 있다. 특히 브랜드 사이의 경쟁촉진 효과가 브랜드내의 경쟁제한 효과를 상쇄하는 면이 있고, 브랜드간 경쟁이 보다 근본적이다. 여기에서 구체적인 경우의 재판매가격유지행위의 위법성 판단이 어렵게 된다. 둘째, 제조업자의 입장에서는 재판매가격유지체제가 유통체계를 효율적으로 조직하는 순기능이 있다. 동일한 상품을 다루는 소매업자 사이에서 가격경쟁이 심화될 경우 유통질서의 교란과 상표품의 이미지 손상이라는 위험이 초래될 수 있는 것이다. 또한 도매업자나 소매업자 등 유통사업자의 입장에서는 취급상품의 가격과 고객관계의 안정을 도모할 수 있는바, 이는 영세상인 내지 중산층 보호라는 정치적 요청과도 결부될 수 있다.

그러나 재판매가격유지행위는 재화의 흐름에서 상위의 사업자가 하위의 사업자에 대해 일방적으로 가격제한을 가하는 단독행위인바, 공정거래법 제46조의 기본적 관심은 바로 이것이다. 즉 재판매가격유지행위는 수직적 거래제한의 가장 대표적인 유형으로서, 수직적 거래제한에는 이 밖에 비가격제한, 끼워팔기, 배타적 거래 등이 있다. 재판매가격유지 체제를 고안하여 이를 관철할 수 있는 사업자는 시장지배력을 가진 경우가 많고, 이 경우 재판매가격유지는 제조업자의 유통경로의 확립이나 시장지배력의 확대를 위한 수단으로 작용하게 된다.

또한 재판매가격유지체제는 제조업자와 도매업자 그리고 소매업자 사이에 이루어지는 종적 가격협정(수직적 카르텔)의 성격을 가질 수 있고, 이것이 나아가서 도매업자 사이 혹은 소매업자 사이의 횡적 가격협정(수평적 카르텔)으로 이어질 개연성도 있다. 특히 소매상 등이 제조업자나 제조업자의 사업자단체에 대해 재판매가격유지를 요구하는 경우는 은폐된 수평적 가격협정이 될 수 있다.

274) 유인염매란 양판점 등의 판매업자가 이름난 상표품을 시중가격보다 현저하게 낮은 가격에 판매함으로써 소비자를 자신의 점포에 유인한 후 다른 상품의 판매를 통해 총체적인 수익증대를 꾀하는 판매촉진방법이다. 상표권자의 입장에서는 브랜드가치의 희석화라는 피해를 입고, 유인염매를 행하는 사업자는 상표권자의 명성과 신용에 무임승차하는 면이 있다.

1.3. 금지의 연혁

미국에서 재판매가격유지행위에 대한 금지는 변화가 많았다. 전반적인 경향은 연방거래위원회나 연방법무부 등 연방 독점금지법을 집행하는 기관은 이에 대한 금지에 적극적인 반면, 사업자들을 유치하고 이를 보호하고자 하는 주 의회에서는 금지에 소극적이고, 특히 주의 감독당국은 자신의 감독권에 대한 연방의 개입을 꺼리는 경향이 짙다.

즉 연방대법원은 1911년의 Dr. Miles 판결에서 재판매가격유지행위에 대해 당연위법의 법리를 채용하면서 소매업자 상호간의 공동행위를 통한 가격경쟁 제한행위가 당연위법인 것과 마찬가지로 제조업자가 소매업자들 사이의 경쟁을 제한하는 것을 허용할 수 없다고 판단하였다.[275] 이 금지에 대해 약품과 화장품을 다루는 소매업자들이나 그 단체는 반대하였다. 그 결과 20세기 중반 대다수의 주법, 예컨대 1931년의 캘리포니아의 Fair Trade Act 등에서 재판매가제도를 허용하였고, 연방 차원에서도 1937년의 Miller Tydings Act를 통해 주간거래(州間去來)에 있어서 재판매가격유지행위를 허용하였다. 한편 1960년대 이후 재판매가격유지행위나 끼워팔기 혹은 배타적 거래약정 등의 수직적 거래제한에 대한 통제가 전반적으로 강화되었으나, 1977년의 GTE Sylvania 판결[276] 이래 수직적 거래제한에 대한 통제가 대폭적으로 후퇴하였다. 이 당시 RPM에 관한 한 연방대법원은 기본적으로 당연위법적 전통을 따르지만 독점피해 등에 관한 엄격한 증거법적 요건을 부과함으로써 이를 상당부분 완화하는 방식[277]을 채택하여 왔으나, 2007년 이른바 Leegin 판결[278]에서 최저가격 재판매가격유지행위에 대한 당연위법적 전통을 포기하고 합리의 원칙을 적용하겠다는 입장을 밝혔다. 그러나 미국에서 재판매가격유지행위의 위법성심사를 둘러싼 논란은 여전히 계속되고 있다.

한편 카르텔에 대해 우호적이었던 연혁을 가진 독일에서는 20세기 중반부터 유통상인과 중소기업 등의 중산층 보호를 위한 보수적 구조정책이 본격화하였고, 할인법을 통해 원가 이하의 판매가 금지되고 경품령에 따라 경품이 엄격하게 통제됨에 따라 가격경쟁의 여지가 크게 제약되었다. 나치 시대에도 유통사업자들은

275) Dr. Miles Medical Co. v. John D. Park & Sons Co.(S.Ct. 1911).
276) Continental T.V., Inc. v. GTE Sylvania, Inc.(S.Ct. 1977).
277) Gellhorn/Kovacic, 앞의 책(제 4 판), 286-7.
278) Leegin Creative Leather Products v. PSKS(2007).

제조업자가 제시한 표준가격을 준수하여야 하는 관계로 재판매가격유지행위에 대한 금지는 사실상 문제될 여지가 없었다. 그러나 1957년에 경쟁제한금지법이 제정됨으로써 재판매가격유지행위에 대한 원칙적 금지와 카르텔청 등록을 통한 예외적 허용이라는 틀이 마련되었으나, 상표품에 대한 권장가격을 허용하면서 예외제도는 폐지되었다. 한편 재판매가격유지행위에 대한 원칙적 금지는 여전하다.

우리나라 공정거래법은 재판매가격유지행위에 대한 원칙적 금지와 예외적 허용의 틀을 유지해 왔다. 즉 구법 제29조 제 1 항은 "사업자는 재판매가격유지행위를 해서는 아니된다. 다만 상품이나 용역을 일정한 가격 이상으로 거래하지 못하도록 하는 최고가격유지행위로서 정당한 이유가 있는 경우에는 그러하지 아니하다"라고 규정하여 원칙적 금지를 정하고, 동조 제 2 항은 법령 규정에 의한 예외와 공정위의 지정에 의한 예외 두 가지를 규정하고 있었다.

2020년 개정법은 재판매가격유지행위에 관한 판례와 예외운영의 실제를 감안하여 조문체제와 문언을 바꾸었으나, 원칙 금지와 예외적 허용이라는 틀은 그대로 유지하고 있다. 즉 본문은 재판매가격유지행위를 원칙적으로 금지하면서, 정당한 사유가 있는 경우와 일정한 저작물의 두 가지 예외를 규정하고 있다. 최고가와 최저가 유지를 구분하던 법문구조를 버렸고, 실제 운영되지 아니하던 상표품에 대한 공정위 지정에 의한 예외제도를 폐지한 것이다. 한편 사업자단체가 구성사업자에게 재판매가격유지행위를 하도록 하는 것은 사업자단체의 행위로서 금지된다(법 제51조 제 1 항 제 4 호).

2. 원칙적 금지

2.1. 성질과 위법성판단

법 제46조가 재판매가격유지행위를 금지하는 까닭은 당해 행위가 기본적으로 유통단계에서 브랜드내의 경쟁, 특히 가격경쟁을 제한하기 때문이다. 나아가 이 행위의 주체가 재판매가격의 지정을 통하여 하위 유통사업자의 영업활동의 자유를 침해하는 것도 고려의 대상이다.

앞에서 언급한 바와 같이 미국법은 재판매가격유지행위를 수직적 거래제한(vertical restraints)의 전형으로 다루고 있으며, 수직적 거래제한에는 이 밖에 끼워팔기, 배타적 거래약정, 판매지역 제한 등이 포함된다. 우리나라에서도 재판매가격유지행위의 본질을 불공정거래행위의 일환으로 볼 것인지 혹은 부당공동행위의 일종으로 볼 것인지 여부가 여전히 논란될 수 있다. 그러나 재판매가격유지행위는 명성과 신용이 화체된 브랜드제품의 제조업자가 대리점 또는 특약점 등에 대하여 강제하는 일방적 행위(unilateral acts)가 기본이라고 할 것이다. 현행법상 부당공동행위는 기본적으로 동일 시장에서 경쟁하는 사업자들 사이의 공동행위(collusive acts)를 표적으로 하며, 끼워팔기나 배타적 거래 등 수직적 거래제한에 해당되는 기타의 항목들은 우리나라에서는 불공정거래행위의 항목, 예컨대 구속조건부 거래행위로서 다루어지고 있다. 이러한 점을 감안할 때, 재판매가격유지행위는 그 본질이 불공정거래행위이거나 이에 가까운 것이다.

법 제46조는 일체의 재판매가격유지행위를 원칙적으로 금지하되, 단서가 정하는 두 가지 사항을 예외로 허용하는 조문구조를 가지고 있다. 그러나 본문과 단서를 묶어서 볼 때, 재판매가격유지에 정당한 사유가 있으면 허용되고 정당한 사유가 없으면 금지되는 것이다. 다시 말해 부당하지 않은 재판매가격유지행위는 일반적으로 허용되는 것이지만, 예외사유에 해당되어 부당하지 않다는 사실에 대한 입증책임을 사업자가 부담하게 된다. 결국 법 제46조가 정하는 예외는 실질적으로 저작물 하나가 된다.

이러한 해석은 구법 시절부터 본서가 견지해 온 일관된 해석방법이다. 당연위법적 태도를 고수하던 공정위의 실무나 통설과는 달리, 사견은 구법의 문언 하에서도 합리의 원칙에 따른 위법성심사가 일반적으로 이루어져야 한다고 보았다. 그 이유는 다음과 같다. 첫째 시장지배적지위 남용, 기업결합, 부당공동행위 및 불공정거래행위 등 우리나라 공정거래법의 모든 실체조항들은 당연위법적 금지와는 거리가 있다. 특히 당연위법의 법리가 가장 대표적으로 타당하여야 할 수평적 가격카르텔에 대해서도 현행법은 부당한 경쟁제한성을 요구하고 있다(법 제40조 제 1 항). 둘째 재판매가격유지행위의 본질이 불공정거래행위 혹은 이에 가까운 것이라면, 이에 대해서는 합리의 원칙이 적용되어야 한다. 즉 당해 행위와 관련된 제반 정황을 감안하여 부당성 여부를 판단하여야 하고 특히 불공정거래행위에 대한 당연위법론은 다른 나라에서도 그 예가 없다. 셋째 미국 셔먼법 제 1 조와 제 2 조의 법문은 당연위법적인 구조를 가지고 있으나, 합리의 원칙이 기본이고 당연위법은 소위 경성카르텔에 국한되고 있다. 다만 현행 공정거래법 제46조의 원칙 금지와 예외적 허용이라는 문언구조상 이례적으로 재판매가격유지에 정당한 사유가 있다는 사실에 대한 주장과 증명은 당해 행위를 한 사업자의 몫이라고 할 것이다.

구법하의 판례 또한 사견과 같은 태도를 취하게 되었다. 즉 최저가유지행위도 구체적 상황에 따라 당해 행위가 관련 상품시장의 경쟁을 촉진하여 소비자후생을 증대하는 때에는 예외적으로 허용되며(대판 2011.3.10, 2010두9976), 이 경우 사업자는 정당한 사유에 대한 입증책임을 부담한다고 본 것이다.

대판 2010.11.25, 2009두9543

최저재판매가격유지행위가 해당 상표 내의 경쟁을 제한하는 것으로 보이는 경우라고 할지라도 시장의 구체적 상황에 따라 그 행위가 관련 상품시장에서의 상표간 경쟁을 촉진하여 결과적으로 소비자후생을 증대하는 등 정당한 이유가 있는 경우에는 이를 예외적으로 허용하여야 할 필요가 있다. 그리고 그와 같은 정당한 이유가 있는지 여부는, 관련시장에서 상표간 경쟁이 활성화되어 있는지 여부, 그 행위로 인하여 유통업자들이 소비자에 대한 가격 이외의 서비스경쟁이 촉진되는지 여부, 소비자의 상품 선택이 다양화되는지 여부, 신규사업자로 하여금 유통망을 원활히 확보함으로써 관련 상품시장에 쉽게 진입할 수 있도록 하는지 여부를 종합적으로 고려할 것이며, 이에 관한 증명책임은 관련 규정의 취지상 사업자에게 있다고 보아야 한다.

2.2. 성립요건

첫째 재판매가격유지의 당사자는 별개 독립의 사업자로서 자신의 계산으로 거래하여야 한다. 즉 재판매가격유지 체제는 재화의 유통을 전제로 최소한 두 당사자, 즉 가격체제를 고안하여 통용시키는 사업자와 이를 수용하고 따르는 사업자가 필요하다. 재판매가격유지의 주체는 제조업자는 물론 도매업자 등의 유통사업자도 그 주체가 될 수 있다. 즉 제조업자와 유통사업자, 유통업자와 유통업자(예컨대 도매업자와 소매업자) 사이에서도 가능하나, 하위 단계의 사업자를 거느리지 아니하는 소매업자는 재판매가격유지의 능동적 주체가 될 수 없다.

이와 관련하여 논란되는 것은 사업자가 상품의 매각을 위탁매매인이나 대리상에게 위탁하면서 매도가액을 지정하거나 제한하는 경우이다. 즉 위탁자 본인과 대리상 혹은 위탁매매인 사이에서 재판매가격유지 체제가 성립할 수 있는가 하는 문제이다. 이 문제는 대리상 등의 위임계약 준수의무 혹은 위탁매매인의 지정가액 준수의무(상법 제106조)와도 관련이 있다.

대리상이나 위탁매매인은 위탁자 본인과는 별개 독립의 사업자이나, 이들은 본인의 상행위를 대행하고 그 수수료를 얻는 것을 목적으로 하는 자에 지나지 아니한다. 대리상은 위탁자 본인을 위해 체약대리 혹은 중개대리를 하는 것이며, 체약대리상은 위탁자 본인을 위하여 또 그를 위한 것임을 현명하여 거래를 할 따름이다. 한편 위탁매매인은 자신의 이름으로 그러나 위탁자의 계산으로 매도위탁을 실행하고 매매의 법적 효과는 위탁매매인에게 일단 귀속한다. 그러나 매도위탁의 경우에도 위탁자, 위탁매매인, 거래상대방의 순서로 재화가 단계적으로 유통되는 것이 아니라, 실질적으로는 위탁자로부터 위탁매매인의 상대방에게 바로 이전되는 것이다. 위탁매매는 위탁자의 계산으로 하는 것이기 때문이다. 여기에 상법상의 대리상이나 위탁매매인은 원칙적으로 재판매가격유지행위의 타방당사자로서의 적격성을 갖추지 못하였다고 할 것이다. 물론 실질적으로는 별개의 유통단계를 구성함에도 불구하고 대리상이나 위탁매매인의 형식을 취하는 경우는 재판매가격유지행위의 금지규정의 적용대상이 된다. 예컨대 우리나라의 유통시장에서 나타나는 대리점이나 특약점 등은 재판매사업자로서 전형적인 상법상의 매매상이다.

한편 방문판매법상 방문판매원이나 다단계조직의 판매원에 대해서도 이것이 별개 독립의 유통단계를 구성하는지 여부를 개별적으로 검토할 필요가 있다. 방문판매원은 소속 사업자의 판매조직의 일부로서 당해 사업자를 대리하여 혹은 이의 판매보조자로서 거래에 개입하는 경우도 있을 것이나, 경우에 따라서는 독립한 재판매사업자의 실질을 가질 수 있다. 반대로 다단계조직의 판매원은 그 자체 독립한 사업자로서의 법적 지위를 가지는 것이 보통이지만, 스스로 거래상의 위험을 부담하는 독립한 사업자가 아니라 다단계판매업자의 판매보조자에 지나지 아니하는 경우도 가능하다.

둘째 재판매가격의 제시가 있고 또 이 제시가 상대방에 대한 구속력이 있어야 한다.[279] 재판매가격체제의 구속력은 여러 가지 수단을 통해 확보될 수 있다. 예컨대 지정된 재판매가격을 위반할 경우의 계속적 거래관계의 전부 또는 일부의 해지, 공급물량의 감축이나 거래거절, 다른 상품의 공급중단이나 제한, 공급가격의 인상이나 리베이트의 축소 등의 제재는 물론, 이를 준수하는 자에 대한 리베이트의 증액이나 추가, 물량의 추가공급, 기타 우호적 거래조건 등 각종 경제적 인센티브도 여기에 포함된다.

279) 대판 2001.12.24, 99두11141.

그러나 재판매가격유지행위의 실효성은 거래거절과 리베이트 조작 등의 수단에 의함이 통례이지만, 반드시 이에 국한되는 것도 아니고 또 제재가 계약적 혹은 법적 배경을 가져야 하는 것도 아니다. 지정된 재판매가격이 하위의 유통사업자에 대하여 사실상의 구속력이 있으면 충분하다. 즉 제재의 종류와 내용에 관한 통보나 약정이 없더라도, 상대방이 행위자와의 계속적 거래관계의 유지에 있어 사실상 여러 가지 불이익이 예상된다면 이로써 사실상의 구속력이 인정될 수 있다.

한편 제조업자나 판매업자가 재판매사업자에 대해 제시하는 권장가격, 추천가격, 표준가격, 희망소매가격, 소비자가격 등이 전혀 구속력이 없다면 이는 위법하지 아니하다. 그러나 소비자가격 통보 등이 재판매가격유지행위에 대한 탈법수단으로서 직간접적인 강제수단, 예컨대 조직적인 감시·감독활동 내지 공급중단 등의 통지·시사라는 실효성 확보수단을 통해 사실상의 구속력을 가진다면, 물론 이는 금지의 대상이 된다.

대판 2001.12.24, 99두11141

사업자가 재판매업자에게 상품을 판매함에 있어서 일방적으로 재판매가격을 지정하여 그 가격대로 판매할 것을 지시, 통지하는 행위는, 그것이 단지 참고가격 내지 희망가격으로 제시되어 있는 것에 그치는 정도인 경우에는 이를 위법하다고 할 수 없고, 거기에서 그치지 아니하고 재판매업자로 하여금 그 지시·통지에 따르도록 하는 것에 대하여 현실로 그 실효성을 확보할 수 있는 수단이 부수되어 있는 경우에만, 공정거래법 제2조 제6호에서 '그 가격대로 판매할 것을 강제하거나 이를 위하여 규약 기타 구속조건을 붙여 거래하는 행위'로서 법 제46조 제1항에 의하여 금지되는 재판매가격유지행위에 해당한다(대판 2011.5.13, 2010두28120도 같은 취지).

셋째로 재판매가격유지행위를 하는데 정당한 이유가 없어야 한다. 불공정거래행위의 일반적인 위법성 징표는 부당성이나 시행령은 이를 다시 '부당하게'와 '정당한 사유없이'를 가진 금지유형으로 나누고 있다. 그리하여 통설과 판례는 '정당한 사유없이'라는 문언을 가진 경우에는 피심인이 사실상의 입증책임을 부담하는 것으로 풀이한다. 그러나 법 제46조의 조문체계는 원칙 금지와 예외적 허용의 구조로 되어 있는 까닭에, 재판매가격유지와 관련하여 피심인 측이 당해 행위에 부당성이 없다는 것 또는 정당한 사유가 있다는 사실을 입증할 법률상의 책임을 부담하게 된다.

재판매가격유지행위가 정당한지 여부는 개별 경우의 제반사정을 종합적으로 고려하여 판단한다. 당해 시장의 구조와 재판매가격유지자의 시장지위, 유력한 경쟁브랜드의 존재 여부, 당해 행위로 인한 브랜드간 경쟁의 촉진과 브랜드내 경쟁제한의 비교형량, 재판매가격유지로 인한 신인도 증가와 무임승차의 배제, 재판매가격유지로 인한 당사자간의 편익 배분, 소비자후생에 미치는 효과 등 당해 행위와 관련된 일체의 제반사정을 고려하여 그 비용과 편익을 분석하여야 한다.

3. 적용제외

3.1. 저 작 물

저작물에 대한 저작권의 정당한 행사는 보장되며 이에 대한 공정거래법의 적용은 문제되지 않는다(법 제117조). 그러나 저작출판물에 대한 재판매가격유지행위는 저작권법에 따른 권리행사에 해당되지 않고, 원칙적으로 재판매가격유지행위 금지의 대상이 된다.

저작물은 다품종 소량생산의 경우가 많고, 개성이 강하여 가격경쟁에 익숙하지 아니한 문화상품의 속성을 지니며, 나아가 서적 등 저작물을 출판하고 이의 유통을 담당하는 영세한 출판업자와 서적상들을 보호할 필요가 있다고 논의된다.[280] 여기에서 법은 저작권법 제 2 조의 저작물[281] 중 관계중앙행정기관의 장과의 협의를 거쳐 공정위가 정하는 전자출판물을 포함하는 출판된 저작물에 대해서는 재판매가격유지행위를 허용하는바(법 제46조 제 2 호), 이를 법정재판품으로 부르기도 한다.

---

280) 1970년대 이래 출판업계와 서점업계의 협정으로 운영되던 도서정가제는 2003년 이후 출판문화산업진흥법을 통해 법제화되었다. 2014년 11월 개정된 도서정가제에 따르면, 모든 종이책과 전자책에는 정가를 표시하여 정가대로 판매함을 원칙으로 하되, 간행후 1년 6개월 이내의 신간에 대해서는 가격할인의 상한을 10%로 제한한다(동법 제22조). 도서정가제의 적용대상도 실용서, 초등참고서, 도서관 구입도서 등으로 확대되었고, 오프라인 서점은 물론 온라인 서점도 이 제도의 적용대상이다. 법문상으로는 직접적 가격할인이 10%까지 가능하도록 되어 있으나, 현재 도서유통의 실제에서는 일체의 할인이 통제되고 있다. 즉 동법 소정의 도서류에 대해서는 공정거래법 제46조의 집행이 사실상 면제되고 있는 상황이다. 정호열/홍탁균, 도서정가제에 대한 법적 연구, 비교사법 23권 2호(2016.5), 500.

281) 저작권법 제 2 조 제 1 호는 저작물을 문학, 학술 또는 예술의 범위에 속하는 창작물로 규정한다. 동법 제 4 조는 소설, 시, 논문, 강연, 연술, 각본 등의 어문저작물은 물론, 음악저작물, 연극저작물, 미술저작물, 건축저작물, 사진저작물, 영상저작물, 도형저작물, 그리고 컴퓨터프로그램저작물 등을 저작물로서 예시하고 있다.

법 제46조 제2호의 규정에 의하여 공정위가 고시[282]하는 저작물의 범위는 첫째 출판문화산업 진흥법의 적용대상인 간행물, 둘째는 신문 등의 진흥에 관한 법률 소정의 일반일간신문과 특수일간신문이다.

대판 1997.6.13, 96누5834

같은 법(공정거래법) 제51조 제1항 제4호에서 사업자단체가 사업자에게 같은 법 제46조에 의한 재판매가격유지행위를 하게 하는 행위를 금지하는 취지는 사업자의 재판매가격유지행위를 규제하는 같은 법 제46조의 그것과는 전혀 별개의 것이므로, 개개의 사업자 사이에 저작물에 관한 재판매가격유지행위를 할 수 있다고 하더라도 사업자단체가 자유경쟁가격제도를 택하려는 사업자에게 재판매가격유지행위를 하게 하는 행위는 같은 법 제51조 제1항 제4호에 위반되는 것이고, 따라서 출판사의 사업자단체가 출판물의 재판매가격유지계약 체결권한을 위임하지 아니한 출판사들에 대하여 도서정가제가 더욱 공고히 확립될 수 있도록 최대한 협조하여 줄 것을 요구하는 공문을 발송한 행위는 위법한 것이다.

3.2. 법령에 의한 가격표시

개별 단행법령이 공산품이나 의약품 등의 용기나 포장에 각종 표시를 강제하면서 공장도가격, 최종소매가격 등의 가격표시를 요구하는 경우가 종래 있었다. 이는 가격형성 그 자체에 대한 규제가 아니라, 소비자에게 가격에 관한 기본적 정보를 제공함으로써 소비자의 혼동이나 오인을 막기 위한 것이다.

대표적인 것이 과거의 공산품 가격표시제도이다. 이는 특정한 공산품을 생산하는 제조업자에게 공장도가격의 표시를 의무화하고, 일정한 규모 이상의 소매상에게는 최종소매가격을 표시하도록 하였던 것이다. 법령에 따른 이러한 가격표시제도는 재판매사업자에 대하여 당해 상품의 판매가격을 구속하는 사실상의 힘을 가지더라도 이는 법령에 의한 정당한 행위로 보아야 할 것이다(법 제116조). 그러므로 이에 대해서는 공정거래법 소정의 재판매가격유지행위 금지가 적용될 여지가 없다.

개별 법령에 의한 각종 가격표시제도는 유통단계에서의 가격경쟁을 제한하는 반경쟁적 기능을 보일 수 있어 종래 존재하던 각종 법령에 의한 가격표시제도가

282) 재판매가격유지행위가 허용되는 저작물의 범위(개정 2021.12.30. 공정위 고시 2021-21).

대폭 정비되었다. 예컨대 의약품의 경우 표준소매가를 약품의 용기나 포장에 명기하도록 한 약사법의 규제가 제거되었고(약사법 제56조, 제57조 참조).[283] 식품위생법이나 전기용품 및 생활용품 안전관리법의 경우에도 더 이상 가격표시에 관한 규제 혹은 근거가 존재하지 않는다. 그 대신에 개별 판매업자가 자신의 판매가격을 표시하는 오픈 프라이스 혹은 개별 판매자 가격표시에 의하고 있다.

제 8 절 법위반의 효과와 구제

1. 사법상 효력

불공정거래행위의 전부 혹은 일부가 법률행위의 속성을 지니고 있는 경우, 당해 행위의 사법상의 효력이 당연히 부인되는 것은 아니며 유효성 심사는 별개의 문제이다. 다만 불공정거래행위로 인한 피해자는 공정거래법 제109조에 의거하여 손해배상을 청구할 수 있고, 따라서 이는 불법행위의 성립요건으로서 위법성을 원칙적으로 충족시킨다고 할 것이다.

2. 형벌과 보복조치의 금지

일체의 불공정거래행위에 대하여 형벌규정을 두었던 구법과는 달리, 2020년 개정법은 일부 불공정거래행위와 재판매가격유지행위 그리고 불공정거래 관련 사업자단체의 금지행위에 대해 형벌조항을 삭제하였다. 그리하여 형사처벌이 가능한 행위로는, 첫째 부당지원행위와 특수관계인에 대한 부당이익 제공행위(3년 이하의 징역이나 2억원 이하의 벌금, 법 제124조 제10호), 두 번째로 고객유인, 거래강제, 거래상지위남용, 사업활동방해, 기타의 행위(2년 이하의 징역이나 1억5천만원 이하의 벌금, 법 제125조 제 4 호)의 두 갈래가 있다.

그리고 불공정거래행위나 재판매가격유지행위의 피해자 등이 분쟁조정을 신청하거나 공정위에 신고나 조사 협조를 한 것에 대하여 거래의 정지나 물량축소

283) 의약외품이나 의료용구의 경우에는 약국 등 판매자가 용기 등에 그 가격을 기재하여야 한다(약사법 제65조 제 2 항).

등 스스로 불이익을 주거나 계열회사나 다른 사업자에게 이와 같은 보복조치를 하도록 한 사업자(법 제48조)는 시정명령이나 과징금처분의 대상이 될 뿐만 아니라, 3년 이하의 징역 또는 2억원 이하의 벌금이 부과될 수 있다(법 제124조 제1항 제11호).

3. 시정조치 기타

3.1. 사업자준수지침

공정위는 불공정거래행위를 예방하기 위해 필요한 경우 사업자가 준수하여야 할 지침을 제정하여 이를 고시할 수 있다(법 제45조 제4항). 이에 따라 제정된 지침으로는 계속적 재판매거래등에 있어서의 거래상 지위 남용행위 세부유형 지정고시(공정위고시 제2021-23호)가 있다.

3.2. 공정경쟁규약

사업자 또는 사업자단체는 부당한 고객유인을 방지하기 위하여 자율적 규약, 즉 공정경쟁규약을 제정할 수 있다. 공정경쟁규약은 사업자들 스스로에 의한 윤리장전(code of ethics)의 하나로서 수범자의 협조를 통해 원활하게 행정목적을 달성할 수 있고 또 시장의 자율적 정서(整序)라는 측면에서 바람직한 면이 크다.

그러나 공정경쟁규약이라는 미명하에 고객유인이나 거래강제의 온상을 만들 수도 있다. 여기에서 사업자나 사업자단체는 이 규약이 공정거래법 제45조 제1항 제4호에 위반되는지 여부에 대해 공정위에 심사를 요청할 수 있고(법 제45조 제6항), 공정위는 심사의 요청을 받은 날부터 60일 이내에 심사결과를 신청인에게 통보하여야 한다(령 제53조). 한편 공정경쟁규약의 제정과 관련하여 법은 사업자나 사업자단체에 대해 공정위에 대한 사전 신고나 사후 보고에 관한 의무조항을 두고 있지 아니하며, 심사요청도 의무적인 것이 아니다.

3.3. 시정조치와 과징금 부과

공정위는 불공정거래행위, 특수관계인 부당이익 제공, 재판매가격유지행위, 보복조치 등을 행한 사업자(법 제45조제2항 및 제47조의 경우에는 해당 특수관계인 또는 회사를 말한다)에 대하여 해당 행위의 중지 및 재발방지를 위한 조치, 해당 보복조치의 중지, 계약조항의 삭제, 시정명령을 받은 사실의 공표 그 밖에 시정을 위해 필요한 조치를 명할 수 있다(법 제49조).

또한 공정위는 불공정거래행위를 한 사업자에 대하여 매출액의 4%(부당지원행위의 경우에는 10%)를 초과하지 않는 범위 내에서 과징금을 부과할 수 있고, 매출액이 없는 경우 등에는 10억원(부당지원행위의 경우에는 40억원)을 초과하지 않는 범위 안에서 부과할 수 있다(법 제50조).

• 제 7 장 •

사업자단체와 역외적용

제 1 절 사업자단체

1. 사업자단체의 의의

1.1. 사업자단체의 개념

사업자단체라 함은 그 형태 여하를 불문하고 2 이상의 사업자가 공동의 이익을 증진할 목적으로 조직한 결합체 또는 그 연합체를 말한다(법 제 2 조 제2 호).

첫째, 복수의 사업자로 구성되어야 한다. 사업자들의 단체이므로 구성원인 사업자는 최소한 2 이상이어야 하나, 이들이 동종의 업종에 종사할 필요는 없다. 따라서 갈포수출조합, 서적상연합회, 혹은 보험협회나 은행연합회처럼 동종 업종에 종사하는 자들 사이의 단체는 물론, 상공회의소나 전국경제인연합회 등 다양한 업종을 영위하는 사업자들의 단체도 무방하다. 다양한 업종의 사업자로 구성된 단체가 특정 시장에서 경쟁제한행위의 주체가 되거나 소속 사업자들에게 경쟁제한행위를 하도록 할 수 있기 때문이다. 그리고 단체 구성사업자들이 동일한 지리적 권역에 있는 경우는 물론 전국적으로 포진하여도 좋고, 구성원의 사업규모도 중소기업이든 대기업이든 상관이 없다. 그러므로 광장시장상인연합회 등 특정 상가번영회는 물론, 전국적인 망을 가진 중소기업연합회나 전국경제인연합회 등도 사업자단체에 포함된다. 그리고 단체의 모든 구성원이 사업자이어야 할 필요도 없고, 그 일부가 사업자가 아닌 자, 예컨대 대학생이어도 무방하다(서울고판 2017.7.6, 2017누31516).

둘째, 공동의 이익증진을 그 목적으로 하여야 한다. 국내외 시장의 조사, 시장정보의 공유, 행정관청이나 입법부에 대한 로비, 시장의 자율규제 혹은 공정경쟁규약의 집행, 과당경쟁의 억제 등 사업과 관련된 경제상의 이익을 폭넓게 증진하기 위한 것으로 충분하다. 즉 공동의 이익이란 사업상 혹은 경제상의 이익을 말하며, 공동의 이익증진을 위한 것인지 여부는 당해 단체의 정관이나 규약 규정에 따르는 것이 아니라 실질적·구체적으로 판단한다. 경쟁법적 관점에서 문제가 되는 것은 가격조정이나 시장분할 등 반경쟁적인 목적을 가진 사업자단체들이며, 순수하게 상호부조나 경조사 참여, 혹은 학술연구를 위한 단체는 공정거래법 소정의 사업자단체가 아니다. 그러나 이들이 사업상 혹은 경제상의 공동이익을 위해 활동한다면 물론 통제 대상이 된다.

대판 2008.2.14, 2005두1879

구 독점규제 및 공정거래에 관한 법률은 그 제2조 제4호에서 사업자단체를 그 형태 여하를 불문하고 2 이상의 사업자가 공동의 이익을 증진할 목적으로 조직한 결합체 또는 그 연합체를 말한다고 규정하고 있는바, 여기서 '공동의 이익'이라 함은 구성사업자의 경제활동상의 이익을 말하고, 단지 친목, 종교, 학술, 조사, 연구, 사회활동만을 목적으로 하는 단체는 이에 해당되지 않는다. 또한, 사업자단체에 참가하는 개별 구성사업자는 독립된 사업자이어야 하므로, 개별 사업자가 그 단체에 흡수되어 독자적인 활동을 하지 않는 경우에는 사업자단체라고 할 수 없고, 사업자단체로 되기 위해서는 개별 구성사업자와는 구별되는 단체성, 조직성을 갖추어야 할 것이다.

원고는 부동산중개업자인 회원 상호간의 친목도모와 부동산거래질서 확립 및 부동산중개업자 회원의 공동이익 증진 등을 목적으로 하여 성남시 분당구의 동 또는 마을 단위로 1998년 2월경부터 1999년 사이에 설립된 부동산중개업자들의 결합체로서, 독자적인 명칭을 갖고 그 대표자로 회장과 그 아래 부회장, 총무 등의 조직을 갖추고 있으며, 총회 및 임시총회에서 주요 의사결정을 하는 등 의사결정절차를 두고 있고, 분당지역 13개 부동산중개업자친목회 전·현직 회장 등이 중심이 되어 결성된 점, 원고 친목회들은 그 연합체 성격의 소외회에서 윤리규정을 제정하고, 그 산하 단체로 볼 수 있는 각 회에서 그 회원들에 대한 강제력을 갖는 윤리규정을 시행한 점, 원고 12 등의 경우에는 위 윤리규정 시행 전에 자체 회칙과 윤리규정을 갖추고 있었던 점 등에 비추어 보면 원고 2 등이 공정거래법 제 2 조 제 4 호 소정의 사업자단체에 해당된다.

공정위의결 1992.5.12, 9204단143

대한소아과학회 서울특별시지회는 소아과학에 관한 학술연구 및 소아보건의 향상 등을 주목적으로 하여 설립된 단체이나, 동 단체의 회원은 소아과 병의원을 개원하고 있는 사업자들이 대부분을 차지하고 있고, 수년간에 걸쳐 구성사업자인 소아과 개원의들의 공동의 이익을 도모하는 행위를 사실상 수행하여 왔다는 점 등을 감안할 때 구성사업자들의 공동의 이익을 증진할 목적으로 조직된 결합체로 보아야 할 것이므로 공정거래법 제 2 조 제 4 호의 규정에 의한 사업자단체로 인정된다.

셋째, 사업자들의 결합체 혹은 그 연합체로서 그 법적형태는 묻지 아니한다. 즉 단체의 명칭, 설립의 근거나 과정, 조직형태, 법적 실체 등에 대해서는 전혀 제한이 없으며, 당해 단체의 설립에 법적 근거가 있는 법정단체이든 혹은 순수한 임의단체이든 상관이 없다. 사업자단체의 명칭은 조합, 공제, 협동조합, 공제조합, 협회, 협의회, 회의소, 연합, 연합회, 연맹, 공제회, 복지회, 친목회 등 매우 다양하며, 또한 법인이든 법인격이 없는 사단이든 혹은 조합이든 상관이 없다. 즉 민법상의 사단이나 조합, 상법상의 익명조합 혹은 합명회사나 주식회사 등 각종 회사의 형태를 취하더라도 무방하다.

사업자단체에 참가하는 개별 구성사업자는 독립된 사업자이어야 하므로 개별 사업자가 그 단체에 흡수되어 독자적인 활동을 하지 않는 경우에는 사업자단체성이 부인될 수 있고, 또 사업자단체로 인정되기 위해서는 개별 구성사업자와는 구별되는 단체성과 조직을 갖추어야 하므로 단체로서의 명칭, 내부규약, 대표자 등이 필요하다(대판 2008.2.14, 2005두1879).

문제가 되는 것은 사업자단체가 지회나 지부 등의 망을 거느리고 있는 경우인바, 지회, 지방분회, 지역회의소나 지소 등이 그 자체 독자적인 사업자단체가 될 것인가 혹은 본회 혹은 전국 단위의 단체의 구성부분이 되는데 그치는가 하는 점이다. 본회에 대한 분회의 종속성 혹은 독립성을 기준으로 구체적, 개별적으로 판단하여야 할 것이다.

1.2. 의제사업자

사업자의 이익을 위하여 행위를 하는 임원, 종업원(계속하여 회사의 업무에 종사하는 사람으로서 임원 외의 사람을 말한다), 대리인 기타의 자는 사업자단체에 관한 규정의 적용에 있어서는 이를 사업자로 본다(법 제 2 조 제 1 호 단서). 그 결과 사업자로 보임을 당하는 임원, 종업원, 대리인 기타의 자를 일컬어 의제사업자라고 한다.

사업자의 기관이나 대리인 혹은 종업원이 사업자의 명의나 대리인으로서가 아니라 자기 개인의 자격으로 각종 단체를 구성하여 활동하는 경우, 이들로 구성된 단체를 바로 사업자단체로 보기는 어렵다. 또 종업원이나 기관, 대리인 등은 개별적 자연인으로서 공정거래법 소정의 사업자가 아니기 때문이다. 그러나 이를 방치할 경우 사업자단체에 관한 규정이 회피되고, 기관이나 종업원 등이 단체를 꾸며 행하는 반경쟁적 행위는 이를 금지할 수 없게 된다.

여기에서 공정거래법은 사업자의 이익을 위하여 행위하는 임원, 종업원, 대리인 등을 사업자로 의제하고, 이들로 구성된 단체에 대해 사업자단체에 관한 규정을 적용할 수 있도록 한 것이다. 그러나 이들은 사업자단체에 관한 규정의 적용에 있어서만 사업자로 의제되고, 기타의 공정거래법 규정의 적용에 있어서는 사업자로 의제되지 아니한다.

공정위의결 1995.6.5, 9505단체416

건설회사자재직원협의회는 건설회사들의 과장급 이상이 건설자재 구매, 관리정보의 교환, 관련업무의 원활한 수행 등 공동의 이익을 증진할 목적으로 1991.4.19 조직한 결합체로서(엄밀히 사업자로 구성된 사업자단체는 아니지만) 그 구성원은 건설회사의 구매과장들로서 사업자인 소속회사의 이익을 위한 행위를 하는 종업원으로 볼 수 있으므로 피심인은 사업자들의 조직체로서 법 제 2 조 제 4 호의 규정에 의한 사업자단체에 해당된다.

1.3. 사업자단체의 경쟁법적 의의

국민경제를 구성하는 대다수 거래분야에서 사업자단체가 결성되어 있다. 이들 중 상당수는 보험협회나 은행연합회, 중소기업연합회처럼 근거법에 의거한 법정기구이다. 법정기구인 사업자단체 중에는 관련 법규에 의거하여 소속 사업자들에 대한 감독적 기능을 제한적으로 가지는 경우도 있다. 일반적으로 사업자단체는 당해 시장과 사업자에 대한 감독행정의 완충대이자 감독보조기관으로 작용하기도 한다. 특히 현대적 행정수단으로 광범하게 활용되는 행정지도의 경우 행정관청의 의도가 사업자단체를 통해 일선 사업자에게 전달될 수 있고 또 이것이 행정목적 달성과 관련하여 상당히 효율적인 면도 있다. 또 자율규제의 주체로 등장하기도 한다.

사업자단체는 여러 가지 순기능을 보일 수 있다. 예컨대 당해 시장과 구성사업자에 관한 각종 통계자료와 현황 정보를 집대성하고, 소비자의 민원이나 고충을 처리하는 통합서비스센터로서 기능하기도 하고, 국내외 시장동향이나 생산공정 기타 기술동향에 관한 정보를 수집하여 제공하는 것, 구성사업자들의 종업원 연수나 평가기능의 제공, 법령의 개폐나 정책입안과 관련된 의견수렴창구이자 행정관청이나 입법부에 대한 로비스트로서의 기능, 당해 산업에 관한 대국민홍보창구이자 당해 산업종사자의 복리후생 기타 문화공간으로서의 기능 등이다.

한편 구성사업자들의 공동의 이익을 위해 존재하는 사업자단체는 각종 반경쟁적인 활동의 온상이 되기 쉽다. 특히 과당경쟁의 방지라는 명목 하에 가격담합이나 시장분할 등 카르텔행위의 원천이 될 소지가 있으며, 감독관청이나 전후방관계와의 조율을 통해 당해 시장의 기존질서를 유지하고 신규진입을 통제하는 방향으로 작동할 수 있다. 경쟁정책적 관점에서는 사업자단체의 결사의 자유보다는 각종 경쟁제한행위의 개연성에 더 큰 무게가 실려 있는 셈이다.

2. 사업자단체의 금지행위

개별 사업자 혹은 사업자들이 직접 담합하여 각종 반경쟁적인 행위를 하는 경우에는 이들에 대해 시장지배적지위 남용행위 금지, 부당공동행위 금지 또는 불공정거래행위 등에 관한 공정거래법의 규정이 적용된다. 그러나 사업자단체가 각종 반경쟁적 행위의 주체가 되는 경우, 즉 부당공동행위에 해당되는 행위를 통해 경쟁을 제한하거나, 일정한 거래분야에서 사업자의 수를 제한하거나, 구성사업자의 사업내용 또는 활동을 제한하거나, 구성사업자에게 불공정거래행위나 재판매가격유지행위를 하도록 하거나 이를 방조한 때에는 당해 사업자단체가 공정거래법의 기본적 수범자가 되고 이에 참가한 개별 사업자에 대해서는 과징금을 부과할 수 있다(법 제52조, 제53조).

한편 공정거래법상의 사업자단체라고 하더라도 정부조달계약이나 단체수의계약과 같은 거래와 관련하여 사업자단체가 스스로 사업자등록을 하고 입찰에 참여하는 등 직접 거래의 당사자로 나서는 경우에는 공정거래법 제51조가 아니라 공정거래법 제40조 제 1 항의 합의의 당사자가 될 수 있다.[284)]

2.1. 경쟁을 실질적으로 제한하는 행위

사업자단체는 법 제40조 제 1 항 각호의 행위에 의하여 부당하게 경쟁을 제한하는 행위를 해서는 아니된다(법 제51조 제 1 항 제 1 호). 이 행위는 사업자단체가 부당하게 경쟁을 제한하는 법 제45조 제 1 항 각호에 규정된 행위를 할 것을 결정하고 사업자단체 구성원 사이에 이 결정을 준수하여야 한다는 공동인식이 형성됨으로써 성립하는 것이며, 구성원이 사업자단체의 의사결정에 따른 행위를 현실적으로 할 필요는 없다(대판 2006.11.24, 2004두10319).

이는 사업자들이 사업자단체를 내세워 행하는 카르텔행위를 금지하기 위한 것이다. 사업자단체가 소정의 절차, 예컨대 임원회의나 이사회 혹은 대의원회의 결의 등을 거쳐 구성원들의 뜻을 사전에 모아 실행하는 경우는 물론이고, 사업자단체가 경쟁을 제한하는 행위를 사실상 행하는 것으로 충분하다.

사업자단체의 부당한 경쟁제한행위는 카르텔행위의 유형에 수반한다. 첫째, 가격 관련 행위로는 구성사업자로 하여금 가격을 일정한 수준으로 올리거나 유지하도록 하거나 인하율 또는 그 폭을 제한하거나 이윤율의 한도를 설정하거나 정부고시가격 혹은 표준소매가격 등을 준수하도록 강제하거나 요청, 권유하는 행위 등이 있다. 둘째, 생산, 출고, 판매량 등에 관한 행위로는 구성사업자별로 생산량, 출고량, 판매량을 할당하거나 그 수준을 제한하거나 재고량이나 가동률 혹은 원료구입을 제한하여 생산이나 출고를 제한하는 행위 등이다. 셋째, 판매조건 기타 거래조건 관련행위로는 대금지급방법과 기간의 제한, 신용거래기간의 제한, 어음만기일의 제한, 상품인도장소나 방법의 제한 등이 있고, 넷째, 거래지역 혹은 상대방 제한으로는 구성사업자들 사이에 거래지역 또는 거래처를 할당하여 서로 침범하지 않도록 하거나 입찰에서 수주순서를 할당하거나 그 규모를 제한하는 것 등이다. 다섯째, 상품의 종류규격 등의 제한에는 구성사업자별로 종류나 규격이 다른

284) 옥수수기름 군납입찰 참가 2 사업자의 부당한 공동행위 건. 대판 2007.11.15, 2007두18079.

생산품목을 할당하거나 이를 공동으로 생산케 하는 것이 있고, 여섯째, 사업의 내용이나 방법의 제한에는 영업장소의 수나 위치를 제한하거나 각종 증명서의 교부나 추천을 부당하게 거부하거나 지연시키는 것 또는 단체에서 부당하게 제명하거나 그 탈퇴를 거부하는 행위 등이 있다. 일곱째, 구성사업자 이외의 사업자의 사업활동에 관한 것으로는 구성사업자로 하여금 비구성사업자와 거래하는 자에게 공동으로 거래를 거절케 하거나 차별적 취급을 하거나 각종 불이익한 조건을 부가케 하는 행위 혹은 비구성사업자의 고객에 대하여 유리한 조건으로 거래하여 비구성사업자를 방해하는 행위 등이다.

관련 사례는 진입장벽이 높고 결속력이 강한 의약업 관련 분야에서 많이 발생한다. 예컨대 대한약사회 및 서울특별시 지부가 정부의 약사법개정안에 대한 항의의사를 집단적으로 표시하기 위하여 전국의 약국을 무기한 폐쇄하기로 결의하고 이를 실행한 행위가 대표적이다.

대판 2005.8.19, 2003두9251

광역시의 치과의사회가 같은 광역시의 치과기공사회 사이에 각 실무협의회 소속 회원을 통하여 치과기공물의 가격에 관한 가이드라인을 정한 다음 대표자의 추인을 받아 대표자 명의로 회원들에게 위 가이드라인에 대한 안내문을 발송한 것이, 그 안내문에 위 가이드라인을 자율적으로 참고하라는 취지가 기재되어 있기는 하나, 이전의 치과기공물의 가격결정에 관한 관행, 위 가이드라인이 작성경위 및 통보과정 등에 비추어 공정거래법 제51조 제1항 제1호에서 정한 '사업자단체에 의한 가격결정행위'에 해당한다.

대판 2006.11.24, 2004두10319

독점규제 및 공정거래에 관한 법률 제51조 제1항 제1호 소정의 '사업자단체의 금지행위'는 사업자단체가 부당하게 경쟁을 제한하는 법 제40조 제1항 각 호에 규정된 행위를 할 것을 결정하고 사업자단체의 구성원 간에 그 사업자단체의 의사결정을 준수하여야 한다는 공동인식이 형성됨으로써 성립한다고 할 것이고, 사업자단체의 구성원이 사업자단체의 의사결정에 따른 행위를 현실적으로 하였을 것을 요하는 것은 아니다.

대판 2005.9.9, 2003두11841

사업자단체에 의한 가격결정행위가 일정한 거래분야의 경쟁이 감소하여 사업자단체의 의사에 따라 어느 정도 자유로이 가격의 결정에 영향을 미치거나 미칠 우려가 있는 상태를 초래하는 행위, 즉 법 제51조 제 1 항 제 1 호, 제40조 제 1 항 제 1 호의 '사업자단체의 가격을 결정·유지 또는 변경하는 행위에 의하여 일정한 거래분야의 경쟁을 실질적으로 제한하는 행위'에 해당하더라도, 이로 인하여 경쟁이 제한되는 정도에 비하여 법 제40조 제 2 항 각 호에 정해진 목적 등에 이바지하는 효과가 상당히 커서 소비자를 보호함과 아울러 국민경제의 균형 있는 발전을 도모한다는 법의 궁극적인 목적에 실질적으로 반하지 아니하는 예외적인 경우에 해당한다면, 부당한 가격제한행위라고 할 수 없다.

원심이 적법하게 채택한 증거 및 기록에 의하면, 원고는 1997. 12. 10. 원심판결 별지 '판매가격 및 송객수수료율 협약 현황' 기재와 같이 관광상품 및 용역의 판매가격 및 송객수수료가 관광상품 판매가격에서 차지하는 비율(이하 '송객수수료율'이라고 한다)을 하향조정하기로 결의하는 행위를 하고 이를 준수하도록 구성원인 사업자들에게 통보하였는바, (1) 이 사건 가격결정행위는 제주지역의 농원, 성읍, 유람선업, 승마장업, 기념품업, 관광지업, 사진업, 비디오업 등의 분야에서 관광사업을 영위하는 원고의 구성사업자가 관광객을 유치·안내해 주는 여행사·안내원·운전사에게 지급하는 송객수수료율을 하향조정하여 최고가격을 설정함과 동시에 이로 인하여 판매비용이 절약되는 점을 감안하여 관광상품의 판매가격도 하향조정하여 최고가격을 설정하는 것을 내용으로 하는 행위로서, 관광객을 관광사업자에게 유치·안내해 주는 용역(이하 '관광객 유치용역'이라고 한다)을 제공하고 그 대가를 지급받는 거래분야(이하 '관광객 유치시장'이라고 한다) 및 관광상품을 판매하는 거래분야(이하 '관광상품 판매시장'이라고 한다)에서 구성사업자들에게 위와 같이 설정된 가격보다 높은 가격으로 관광객 유치용역의 대가를 지급하거나 관광상품을 판매하지 못하도록 제한함으로써 관광객 유치시장 및 관광상품 판매시장에서 경쟁이 감소하여 원고의 의사에 따라 어느 정도 자유로이 가격의 결정에 영향을 미치거나 미칠 우려가 있는 상태를 초래하는 행위에 해당하지만, (2) 원고는 관광진흥법 제43조에 근거하여 제주지역의 450개 관광사업자로 구성된 단체로서 구성사업자가 제주지역 내의 전체 관광산업(2,000여 사업자로 구성되어 있음)에서 차지하는 비중이 높지 아니할 뿐 아니라, 구성사업자의 탈퇴에 특별한 제한이 없고, 구성사업자가 원고의 결의사항을 위반하였을 경우에도 효과적인 제재수단이 없는 점 등에 비추어 보면, 이로 인하여 관련시장에서 경쟁이 제한되는 정도가 그리 크다고 볼 수 없고, (3) 위 가격결정행위는 제주지방검찰청 및 경찰청, 제주도와 제주시 등 지방자치단체 및 원고의 관계자들로 구성된 제주도 관광사범수사지도협의회의 수수료 지급실태에 대한 조사 및 협의에 따라 지나치게 과다한 송객수수료의 지급으로 인한 관광의 부실화 및 바가지요금, 물품강매 등 관광부조리를 방지하고 관광상품 판매가격의 인하를 유도하기 위하여 행하여진 행위로서, 과다한 송객수수료의 인하를 통하여 거래조건을 합리화함으로써 관광부조리를 방지하여 관광질서를 확립하고 관광상품 판매가격이 인하되도록 유도하는 등의 효과가 적지 아니하고, 그로 인한 혜택이 최종소비자인 관광객들에게 귀속될 뿐 아니라 제주도의 관광산업 발전에도 이바지하는 것이므로, 결국 이 사건 가격결정행위는 경쟁제한행위에 해당하지만 소비자를 보호함과 아울러 국민경제의 균형 있는 발전을 도모한다는 법의 궁극적인 목적에 실질적으로 반하지 아니하는 예외적인 경우에 해당한다고 볼 수 있어 부당한 가격제한행위라고 할 수 없다.

대판 2022.9.29, 2021두33722

한국감정평가사협회가 구성원 감정평가업자에 대해 문서탁상자문을 제공하는 행위를 금지한 건에서, 해당 행위가 공정거래법에서 금지하는 '용역의 거래를 제한하는 행위'에 해당하려면 용역의 제공이나 구매 등 거래의 일부 또는 전부 제한하는 행위면 족하고, 일정한 거래분야에서 제한의 대상이 되는 용역과 대체 가능한 용역이 존재하는지 등을 고려하여 위 규정의 적용 여부를 가릴 것은 아니라고 판시하였다.

2.2. 현재 또는 장래의 사업자 수의 제한

사업자단체는 일정한 거래분야에 있어서 현재 또는 장래의 사업자의 수를 제한하는 행위를 해서는 아니된다(법 제51조 제1항 제2호).

사업자단체는 구성사업자의 이익을 위해 존재하는 것이며, 이들이 납입하는 회비나 분담금을 그 존립의 경제적 기초로 한다. 그 결과 사업자단체가 구성원들의 기득권을 보호하기 위해 과당경쟁의 억제 혹은 적정이윤의 보장 등의 명분을 내걸고 기존의 시장구조와 점유율을 유지하는데 관심을 기울이는 경우가 있다. 여기에서 법은 사업자단체가 신규진입의 방해를 통해 사업자 수의 증대를 막거나 기존 사업자의 수를 인위적으로 줄이거나 장차 그 수를 줄이는 행위를 금지한다. 예컨대 신규가입의 전제로 기존 조합원 절대다수의 동의를 요구하거나 지나치게 높은 입회비를 요구하여 입회를 불가능케 하여 결과적으로 시장진입을 방해하는 행위, 기존의 회원이 영업을 양도한 후 동일한 권역에서 다시 개업하는 것 혹은 영업의 일부양도를 제한하여 사업자의 수가 늘어나는 것을 부당하게 통제하는 경우 등이다.

사업자 수의 제한금지와 관련하여 법문은 '부당하게' 혹은 '정당한 사유없이' 라는 문언을 사용하고 있지 않다. 그러나 사업자단체의 사업자 수 제한행위에 대해 당연위법의 법리가 적용되는 것은 아니라고 할 것이다. 공정거래법 제46조 재판매가격유지행위의 금지에서도 유보없는 금지를 선언하고 있으나, 이를 당연위법으로 받아들이기 어려운 것과 마찬가지이다. 다만 유보를 두지 아니한 금지문언은 법률상 증명책임의 전환으로 해석될 수 있다. 즉 사업자단체가 사업자의 수를 제한하는 행위를 한 경우, 사업자단체는 당해 행위가 위법하지 않다는 사실에 대하여 증명책임을 져야 한다.[285]

대판 1991.2.12, 90누6248

원고 조합으로부터 제명되는 경우 졸업사진앨범에 대한 단체수의계약에 따른 물량배정의 대상과 정부조달물자 구매의 대상에서 제외되어 앞으로의 사업활동에 있어서 큰 불이익을 입게 되는 사실이 인정되는 사정을 감안하면, 원고 조합이 오만재의 앞서 인정된 바와 같은 행위만으로 그를 제명한 조치는 위 오만재에게 너무나 가혹하여 부당하다.

2.3. 구성사업자의 사업내용 또는 활동의 부당한 제한

사업자단체는 구성사업자, 즉 사업자단체의 구성원인 사업자의 사업내용 또는 그 활동을 부당하게 제한해서는 아니된다(법 제51조 제1항 제3호). 즉 당해 단체의 목적달성을 위해 필요한 범위 내에서 구성사업자의 사업활동에 대해 합리적인 제한을 가하는 것은 가능하나, 이를 과도하게 제한하여 자유롭고 공정한 경쟁을 저해하는 것은 금지된다.

사업활동제한의 모습으로는, 사업의 종류나 내용 혹은 그 방법을 제한하거나, 영업일이나 영업시간 혹은 영업점포의 수나 영업의 공간적 범위를 제한하거나, 지점이나 지소 혹은 분사의 설치나 이전에 대해 사업자단체의 사전승인을 얻도록 하거나, 원재료 공급원이나 유통망에의 접근을 사업자별로 혹은 지역별로 제한하거나 혹은 일정한 우선순위를 정하는 것, 구성사업자의 광고나 선전을 금지하거나

285) 대판 2009.9.10, 2009두9888과 대판 2014.10.30, 2014두39524 판결례 참조.

그 내용이나 매체, 회수 등을 제한하는 것, 원재료의 강제배분이나 점포설비의 규격제한 등도 여기에 포섭될 수 있다.

대법원판결례에서 확인된 사례로는 대한법무사협회가 소속 법무사로 하여금 순차적으로 집단등기사건을 수임하도록 하고 지방법무사회가 운영경비조달의 범위를 넘어 집단등기사건의 보수액 중 일부를 징수하여 공동분배하도록 한 것,[286] 대한약사회 및 서울시지부가 소속 약국을 집단으로 문을 닫도록 결의하여 이를 시행한 것[287] 등이 있다. 한편 대한의사협회가 정부의 의약분업정책에 항의하는 차원에서 일제 휴업을 결의하여 시행한 사건에서 다수의견은 위법성을 인정하였는데, 그 요지는 다음과 같다.

대판 2003.2.20, 2001두5347

[다수의견] 원고가 비록 구성사업자인 의사들 모두의 이익을 증진하기 위한 목적에서라고 하더라도 구성사업자들에게 본인의 의사 여하를 불문하고 일제히 휴업하도록 요구하였고 그 요구에 어느 정도 강제성이 있었다고 한다면, 이는 구성사업자인 의사들의 자유의 영역에 속하는 휴업 여부 판단에 사업자단체가 간섭한 것이고, 그 결과 사업자 각각의 판단에 의하지 아니한 사유로 집단휴업 사태를 발생시키고 소비자 입장에 있는 일반 국민들의 의료기관 이용에 큰 지장을 초래하였으니, 그와 같은 집단휴업 조치는 의사들 사이의 공정하고 자유로운 경쟁을 저해하는 것이라고 보지 않을 수 없고, 따라서 원고의 행위는 위 법 제51조 제1항 제3호 소정의 '부당한 제한행위'에 해당한다고 할 것이다.

[반대의견] 대한의사협회의 행위의 목적은 정부의 의료정책에 대한 항의에 있는 것이지 구성사업자인 의사들 사이의 경쟁을 제한하여 이윤을 더 얻겠다는 데 있는 것이 아님이 분명하므로, 위 '부당성'의 판단 기준에 비추어 볼 때 대한의사협회가 정부의 정책에 대하여 항의의사를 표시하는 과정에서 구성사업자 상당수로 하여금 영업의 기회를 포기하게 하였다는 점을 들어 바로 대한의사협회의 행위를 구성사업자 사이의 공정하고 자유로운 경쟁을 저해하는 행위로서 허용될 수 없는 행위라고 단정하기는 어렵다 할 것이고, 나아가 이는 사업자단체에 의하여 행하여지는 가격, 고객, 설비, 개업, 영업방법 등에 대한 제한 등에도 해당하지 아니한다 할 것이어서, 대한의사협회의 행위는 같은 법 제51조 제1항 제3호에 의하여 금지되는 사업자단체의 행위에 해당한다고 할 수 없다.

---

286) 대판 1997.5.16, 96누150.
287) 대판 1995.5.12, 94누13794.

공정위의결 2014.4.24, 2013구사2134

삼육식품총판선교협의회는 구성사업자의 삼육식품 주식회사 제품의 판매가격을 결정한 결의내용을 즉시 파기하고 향후 이와 같이 구성사업자의 판매가격을 결정함으로써 국내 두유시장에서의 경쟁을 부당하게 제한하는 행위를 다시 하여서는 아니된다. 피심인은 구성사업자에 대하여 영업지역을 한정하고 대형유통업체로의 공급 및 소비자를 대상으로 한 인터넷-카탈로그 판매 등을 금지한 정관내용을 즉시 수정하고, 향후 이와 같이 구성사업자의 거래지역 또는 거래상대방을 제한함으로써 국내 두유시장에서의 경쟁을 부당하게 제한하는 행위를 하여서는 아니된다.

2.4. 사업자에게 불공정거래행위 및 재판매가격유지행위를 하게 하는 행위

사업자단체는 사업자에게 불공정거래행위 또는 재판매가격유지행위를 하게 하거나 이를 방조하는 행위를 해서는 아니된다(법 제51조 제 1 항 제 4 호).

여기의 사업자에는 사업자단체의 구성원은 물론이고 구성원이 아닌 자도 포함된다. 그리고 불공정거래행위 등을 하게 하는 것에는 부탁이나 권고, 사주나 교사 등을 통해 사업자들의 임의적 위법행위를 유도하는 것 그리고 폭력이나 기타 강제수단을 통해 위법행위를 강제로 이끌어내는 것이 망라된다. 방조행위란 사업자들의 위법행위를 직간접으로 돕는 일체의 행위로서 '하게 하는 행위'를 제외한 것을 말한다.

여기에서 적용법조와 관련된 사항을 살펴 보면, 사업자단체가 사업자들에게 불공정거래행위나 재판매가격유지행위를 하게 하는 것에 대해서는 법 제51조가 적용되고, 사업자단체가 스스로 불공정거래행위나 재판매가격유지행위를 한 때에는 법 제45조와 제46조가 각각 적용된다. 또한 출판사나 그 사업자단체는 저작물에 대해 재판매가격유지행위를 할 수 있으나(법 제46조 제 2 항), 재판매가격유지를 원하지 아니하는 출판사에 대하여 그 사업자단체가 재판매가격유지행위를 권유하는 행위도 법 제51조 제 1 항 제 4 호에 위반된다.

대판 1997.6.13, 96누5834

독점규제 및 공정거래에 관한 법률 제51조 제 1 항 제 4 호에서 사업자단체가 사업자에게 동법 제46조에 의한 재판매가격유지행위를 하게 하는 행위를 금지하는 취지는 사업자의 재판매가격유지행위를 규제하는 법 제46조의 그것과는 전혀 별개의 것이므로, 개개의 사업자 사이에 저작물에 관한 재판매가격유지행위를 할 수 있다고 하더라도 사업자단체가 자유경쟁가격제도를 택하려는 사업자에게 재판매가격유지행위를 하게 하는 행위는 법 제51조 제1항 제4호에 위반되는 것이고, 따라서 '출판사의 사업자단체가 출판물의 재판매가격유지계약 체결권한을 위임하지 아니한 출판사들에게 대하여 도서정가제가 더욱 공고히 확립될 수 있도록 최대한 협조하여 줄 것을 요청하는 공문을 발송한 행위"는 위법한 것이다.

3. 경쟁제한행위의 인가, 사업자단체의 준수지침

3.1. 사업자단체의 경쟁제한행위의 인가

공정거래법 제51조 제2항은 동 제1항 제1호의 경우에 대하여 법 제40조 제2항 및 제3항의 규정을 준용한다. 그 결과 법 제40조 제1항 각호의 행위에 의하여 부당하게 경쟁을 제한하는 행위에 관해 공정위의 인가를 얻은 경우 이에 대해서는 사업자단체에 대한 금지가 적용되지 아니한다. 이 적용예외는 법 제51조 제1항 제1호에 한하여 인정되고, 사업자의 수를 제한하는 행위나 구성사업자의 사업활동을 제한하는 행위 혹은 불공정거래행위나 재판매가격유지행위의 교사나 방조에 대해서는 인정되지 아니한다.

3.2. 사업자단체의 준수지침의 제정, 고시

공정위는 사업자단체가 법 제51조 제1항 소정의 법위반행위를 예방하기 위해 필요한 경우 사업자단체가 준수하여야 할 지침을 제정, 고시할 수 있고, 이 때 공정위는 관계행정기관의 장의 의견을 들어야 한다(법 제51조 제3항·제4항).

이에 따라 제정된 사업자단체활동지침(공정위고시 제2021-35호)이 마련되어 있는바, 이는 모든 종류의 사업자단체 일반에 대한 활동지침이다. 이 지침은 목적, 용어정의, 사업자단체활동에 관한 일반지침, 공정거래법의 적용특례 등 4항목으로 구성되어 있으며, 일반지침은 금지행위와 금지되지 아니하는 행위의 예를 제시하고 있다.

4. 시정조치와 벌칙

4.1. 시정조치

공정위는 법 제51조를 위반한 사업자단체에 대하여 당해 행위의 중지, 시정명령을 받은 사실의 공표, 기타 시정을 위해 필요한 조치를 명할 수 있고, 필요한 경우에는 당해 사업자단체의 구성사업자에 대해서도 이러한 조치를 명할 수 있다(법 제52조).

4.2. 과 징 금

공정위는 사업자단체의 금지행위가 있을 때에는 당해사업자단체에 대하여 10억원의 범위안에서 과징금을 부과할 수 있다(법 제53조 제1항). 그리고 사업자단체의 금지행위 중 법 제51조 제1항 제1호를 위반하는 행위에 참가한 사업자에 대하여는 관련 매출액에 100분의 20을 곱한 금액을 초과하지 아니하는 범위안에서 과징금을 부과할 수 있고, 매출액이 없는 경우 등에는 40억원을 초과하지 아니하는 범위안에서 과징금을 부과할 수 있다(동 제2항). 그리고 법 제51조 제1항 제2호부터 제4호까지의 규정을 위반하는 행위에 참가한 사업자에 대하여는 관련 매출액의 10%를 초과하지 아니하는 범위에서 과징금을 부과할 수 있고, 매출액이 없는 경우에는 20억원을 초과하지 아니하는 범위에서 과징금을 부과할 수 있다(동 제3항).

4.3. 벌 칙

법 제51조 제1항 제1호에 위반하여 사업자단체의 금지행위를 한 자에 대하여는 3년 이하의 징역 또는 2억원 이하의 벌금에 처하며, 이 징역형과 벌금형은 병과할 수 있다(법 제124조 제1항 제12호, 동조 제2항). 또한 구성사업자에게 사업활동을 부당하게 제한하는 행위를 한 경우에는 2년 이하의 징역 또는 1억5천만원 이하의 벌금에 처한다(법 제125조 제5호).

제 2 절 공정거래법의 역외적용

1. 의 의

독점금지법의 역외적용(域外適用)이란 외국의 사업자가 외국에서 행한 행위에 대해서도 일정한 요건 하에 자국의 독점금지법을 적용하는 법리로서 관할권 인정 문제와도 결부되어 있다. 역외적용론은 앞에서 살펴본 부당한 국제계약에 대한 규제와 부분적으로 중복될 여지가 있으나, 부당국제계약에 대한 규제와는 그 관점이 근본적으로 다르다. 부당국제계약 규제가 외국사업자와 일정한 국제계약을 체결한 내국사업자를 규제하는 데 목적을 두는 반면, 역외적용은 외국에서 행위를 한 외국의 사업자에 대해 우리나라 법원이 우리나라 공정거래법을 적용하는 것이기 때문이다. 그리고 부당국제계약의 경우 한국법원의 사항적 혹은 대인적 관할권은 또한 의심의 여지가 없는 반면, 역외적용의 경우 외국사업자에 대한 한국법원의 관할권에 대해서는 그 동안 논란이 있었던 것이다.

역외적용 법리의 등장과 세계적 파급은 세계화 현상과 맞물려 있다. 특히 다국적 혹은 초국적 기업의 등장, 그리고 상품과 자본이 국경의 제한을 넘어 자유롭게 넘나드는 지구촌경제(global market)의 등장과 관련이 깊다. 세계시장을 대상으로 영업을 수행하는 기업의 입장에서는 본국 밖에서 이루어지는 기업간의 담합이나 시장진입장벽 등 경쟁제한행위는 단순히 당해 시장의 문제로 끝나는 것이 아니라, 이로 인해 자국시장에서의 경쟁여건이 왜곡되는 결과를 초래하게 된다. 여기에서 자국 경쟁법을 자국의 주권이 미치는 영역 밖으로 확장하여야 할 요청이 발생하게 된다.

그러나 역외적용법리는 국민국가를 전제로 한 종전의 국제질서에 대한 새로운 도전이자, 특정국가가 자국의 법을 다른 나라의 영역에까지 적용하는 것이므로 자연히 상대국으로부터 주권침해, 자주입법권의 침해라는 반발을 초래하게 된다.[288] 여기에서 역외적용법리의 전개는 국제예양과 전통적 국제질서를 고려하여 어떠한 기준 하에서 이를 인정하고 또 상대국과의 충돌을 어떻게 조율할 것인가 하는 중대한 문제를 남기게 된다. 또한 역외적용은 결과적으로 관련시장, 특히 관

288) 고영한, 독점규제법의 역외적용, 경쟁법강의Ⅱ (법문사, 2002), 690.

련지역시장의 범위를 사실상 세계화하는 면이 있다.

2. 역외적용에 관한 이론

2.1. 역외적용의 기준

가장 앞서 경쟁법의 역외적용법리를 발전시켜 왔고 이 법리의 적용에 있어서도 가장 적극적인 나라는 미국이다. 특히 1980년 이후 미국경제가 가장 먼저 세계화되면서 시장개방에 편승하여 외국 사업자의 부당관행이나 국제카르텔이 번창하였기 때문이다. 1980년대 이후 외국기업들에 대한 미국 독점금지법의 적용은 더욱 강화되었다. 미국 판례법에서 전개된 역외적용 이론 혹은 기준은 다음과 같이 정리할 수 있다.

첫째는 독금법의 역외적용을 부인하는 속지주의 이론이다. 1909년의 American Banana Co. v. United Fruit Co. 사건[289]의 원·피고는 모두 미국을 준거법으로 하는 회사이었으나, 문제의 행위는 코스타리카에서 일어났고 그 피해도 셔먼법의 사법관할권이 미치는 영역 밖에서 일어났다. 이 사건에서 연방대법원은 미국 영토 밖에서 이루어진 반경쟁적 행위에 대해 미국 독금법은 적용되지 않는다고 판단하였다. 이는 역외적용과 관련된 원칙을 최초로 정립한 케이스였으며 1945년의 Alcoa 판결에 이르기까지 통용되었다.

두 번째는 효과주의 혹은 영향이론(effect test)이다. 이 이론은 1945년의 Alcoa 사건[290]에서 나타난 후, 2004년 Hoffman-LaRoche 사건에서 재확인되었다. Alcoa 사건은 알코아의 캐나다 소재 자회사와 유럽의 알루미늄 제조업체 사이의 카르텔 협정이 문제된 사안으로서, 외국인에 의해 외국에서 이루어진 행위라고 하더라도 그 행위가 미국내 거래에 영향을 미칠 의도(intent)가 있었고 또 미국 내에서 현실적으로 영향을 미친 경우라면 이에 대해 셔먼법의 적용이 가능하다고 보았다. 효과이론이라고도 부르는 이 기준은 역외적용에 대해 가장 적극적이며, 현재에도 통용되는 기본원칙이다.

세 번째는 국가예양론(comity) 또는 이익형량 이론이다. 이 기준은 1976년 판

289) S.Ct. 1909.

290) U.S. v. Aluminum Co. of America(2nd Cir. 1945). F. Hoffman-LaRoche, Ltd. v. Emparagan S.A. 124 S.Ct. 2359, 2368(2004).

결[291]에서 제시되었다. 법원은 국제적 반독점사건의 경우 외국사업자가 속하는 국가의 법을 존중하여야 하며 또 국가간의 예양을 고려하여야 한다고 보아, 소위 관할상의 합리의 원칙(jurisdictional rule of reason)이 추가적 기준으로 제시되었다. 이 기준은 이익형량 이론이라고 부르는바, 외국에서의 행위가 국내에 미치는 반경쟁적 효과와 역외적용으로 인해 외국의 주권이 침해되는 정도를 비교하기 때문이다. 이익형량론은 국제예양이라는 기준을 통해 영향이론의 적용을 제한하면서 관할권에 관한 합리의 원칙을 발전시켰다.

네 번째는 진정한 충돌이론이다. 미국 연방대법원은 1993년 판결[292]에서 역외적용에서 고려할 국가예양을 매우 제한적으로 이해한다. 즉 국제예양 혹은 이익형량은 국내법과 외국법 사이에 진정한 충돌이 있는 경우에만 고려될 수 있으며, 진정한 충돌이란 외국정부의 명령이나 자국법의 강제적 집행 등으로 인해 외국법과 미국법의 동시적 준수가 불가능한 경우에 한해 존재한다고 보았다. 영국재보험자들이 사용하는 약관은 영국정부의 강제나 법의 준수와는 관계가 없고, 피고는 두 나라의 법을 모두 준수할 수 있기 때문에 미국법과 영국법의 진정한 충돌은 존재하지 않으므로 국제예양을 위해 관할권행사를 포기하여야 하는지의 문제는 고려의 여지가 없다고 보았다. 이 판결은 법무부와 연방거래위원회가 작성한 1995년의 지침에 영향을 주었다.

2.2. 역외적용의 현황

이제 역외적용론은 주요국들이 구사하는 보편적인 법이론으로 정착되고 있다. 독일 경쟁제한금지법 제98조 제 2 항도 효과주의에 입각하여 역외적용의 근거를 마련하고 있고, 유럽연합에서도 1980년대 중반 이래 역외적용 법리를 채택하고 있다. 특히 미국에서 외국기업에 대한 자국 독금법의 역외적용 사례가 많고 1990년대 말부터 벌금액이 급증하고 있다. 우리나라 기업에 대한 역외적용도 1996년에 두 건[293]이 있었다. 한편 유럽연합도 1998년 삼성전자(주)가 미국의 컴퓨터 관련회사인 AST Research사 인수시 사전 승인신청을 지체하였다는 이유로

291) Timberlane Lumber Co. v. Bank of America(9th Cir. 1976).

292) Hartford Fire Insurance Co. v. California(S.Ct. 1993).

293) 사료첨가제인 라이신 가격을 담합한 혐의로 제일제당(주)와 세원아메리카(주식회사 세원의 미국 현지법인)의 회사와 임원이 기소되어 제일제당이 125만 달러, 세원아메리카가 30만 달러의 벌금을 부과받았다.

벌금을 부과한 바 있고, IMF 구제금융 이후 현대전자와 LG반도체의 합병이나 현대자동차와 기아자동차의 기업결합 사건 등과 관련해서도 미국과 유럽연합의 역외적용가능성을 고려하여 해당 경쟁당국에 기업결합 신고절차를 밟았다.

3. 우리나라에서의 역외적용법리

3.1. 공정거래법 제 3 조

우리나라도 역외적용론에 대한 논란이 거듭되었고, 2004년말 공정거래법 개정에서 역외적용에 관한 근거조항을 도입하였다. 즉 법 제 3 조는 "국외에서 이루어진 행위라도 그 행위가 국내 시장에 영향을 미치는 경우에는 이 법을 적용한다"라고 규정하는바, 이는 역외적용의 기준과 관련하여 원칙적으로 효과주의를 채택하고 있음을 보여 준다. 그러나 역외적용이 외국의 법률이나 정책에 충돌되어 사업자가 적법한 행위를 선택할 수 없다면, 우리 법의 역외적용은 제한될 수 있다.

역외적용의 핵심은 외국사업자의 외국에서의 행위에 대해 한국 경쟁당국의 관할권 인정과 한국 경쟁법의 적용에 있는 것이지, 경쟁법의 법리 자체가 역내적용과 역외적용에 있어 차이가 있는 것이 아니다. 그러므로 한국법원의 관할과 한국법 적용의 준거가 되는 '국내시장에 대한 영향'의 심사는 해당 사안별, 예컨대 카르텔행위나 기업결합의 경쟁제한성 심사와 실질적으로 중복되는 면이 있다.

이와 더불어 독점금지법의 집행과 관련하여 국제협력이 강화되고 또 이를 위해 국제협정이 체결되는 추세에도 대비하고 있다. 즉 법 제56조는 공정위의 국제협력에 관한 근거를 또한 마련하고 있다. 즉 정부는 한국의 법률 및 국익에 반하지 않는 범위 안에서 외국정부와 공정거래법의 집행을 위한 협정을 체결할 수 있고(동조 제 1 항), 이와 같이 체결된 협정에 따라 공정위는 외국정부의 법집행을 지원할 수 있으며(동조 제 2 항), 이러한 협정이 체결되지 않은 경우에도 외국정부의 법집행 요청시 동일 또는 유사한 사항에 관하여 한국의 지원요청에 응한다는 요청국의 보증이 있는 경우 이를 지원할 수 있다(동조 제 3 항).

대판 2014.5.16, 2012두5466

[1] 공정거래법 제2조의2가 국외행위에 관하여 공정거래법을 적용하기 위한 요건으로 '국내시장에 영향을 미치는 경우'라고만 규정하고 있으나, 국가 간의 교역이 활발하게 이루어지는 현대 사회에서는 국외에서의 행위라도 그 행위가 이루어진 국가와 직·간접적인 교역이 있는 이상 국내시장에 어떠한 형태로든 어느 정도의 영향을 미치게 되고, 국외에서의 행위로 인하여 국내시장에 영향이 미친다고 하여 그러한 모든 국외행위에 대하여 국내의 공정거래법을 적용할 수 있다고 해석할 경우 국외행위에 대한 공정거래법의 적용범위를 지나치게 확장시켜 부당한 결과를 초래할 수 있는 점 등을 고려하면, 공정거래법 제2조의2에서 말하는 '국내시장에 영향을 미치는 경우'는 문제된 국외행위로 인하여 국내시장에 직접적이고 상당하며 합리적으로 예측 가능한 영향을 미치는 경우로 제한 해석해야 하고, 그 해당 여부는 문제된 행위의 내용·의도, 행위의 대상인 재화 또는 용역의 특성, 거래 구조 및 그로 인하여 국내시장에 미치는 영향의 내용과 정도 등을 종합적으로 고려하여 구체적·개별적으로 판단하여야 할 것이다. 다만 국외에서 사업자들이 공동으로 한 경쟁을 제한하는 합의의 대상에 국내시장이 포함되어 있다면, 특별한 사정이 없는 한 그 합의가 국내시장에 영향을 미친다고 할 것이어서 이러한 국외행위에 대하여는 공정거래법 제40조 제1항 등을 적용할 수 있다(대법원 2006.3.24. 선고 2004두11275 판결 등 참조).

[2] 국외에서 이루어진 외국 사업자의 행위가 국내시장에 영향을 미치는 경우에는 공정거래법 제2조의2의 요건을 충족하므로, 당해 행위에 대한 외국 법률 또는 외국 정부의 정책이 국내 법률과 상이하여 외국 법률 등에 따라 허용되는 행위라고 하더라도 그러한 사정만으로 당연히 공정거래법의 적용이 제한된다고 볼 수는 없다. 다만 동일한 행위에 대하여 국내 법률과 외국의 법률 등이 충돌되어 사업자에게 적법한 행위를 선택할 수 없게 하는 정도에 이른다면 그러한 경우에도 국내 법률의 적용만을 강제할 수는 없으므로, 당해 행위에 대하여 공정거래법 적용에 의한 규제의 요청에 비하여 외국 법률 등을 존중해야 할 요청이 현저히 우월한 경우에는 공정거래법의 적용이 제한될 수 있다고 보아야 할 것이고, 그러한 경우에 해당하는지는 당해 행위가 국내시장에 미치는 영향, 당해 행위에 대한 외국 정부의 관여 정도, 국내 법률과 외국 법률 등이 상충되는 정도, 이로 인하여 당해 행위에 대하여 국내 법률을 적용할 경우 외국 사업자에게 미치는 불이익 및 외국 정부가 가지는 정당한 이익을 저해하는 정도 등을 종합적으로 고려하여 판단하여야 한다.

3.2. 역외적용 사례

역외적용 이론은 이제 세계 주요국에서 시행되는 보편적 법리가 되었고, 우리나라는 아시아에서 역외적용 이론을 가장 먼저 채용하여 적극적으로 집행하여 왔다. 2006년 2월의 MS사건, 2008년 11월의 인텔사건, 2009년 12월의 퀄컴사건과 같은 시장지배력 남용사건, 2010년 11월의 26개 항공사의 유류할증료 담합사건[294]과 같은 부당공동행위 사건은 물론이고, 호주의 세계적 철광석회사인 BHPB와 Rio Tinto사의 합작회사 설립, 즉 기업결합 시도에 대해 공정위는 2010년 10월 일본과 EU 경쟁당국과의 공조 하에 사전심사를 통해 이를 좌절시킨 바 있다. 또 2015년 8월에는 MS와 노키아의 이동통신 단말기 부문의 영업양수 건에 관하여 공정위는 동의의결로 심의한 바 있다.

대판 2006.3.24, 2004두11275

공정거래법 제55조 제 2 항 및 이에 근거한 '공정거래위원회 회의운영 및 사건절차 등에 관한 규칙'(공정위고시 제2001-8호) 제 3 조 제 2 항에 의하여 준용되는 구 행정절차법(2002.12.30에 개정되기 전의 것) 제14조 제 1 항은 문서의 송달방법의 하나로 우편송달을 규정하고 있고, 같은 법 제16조 제 2 항은 외국에 거주 또는 체류하는 자에 대한 기간 및 기한은 행정청이 그 우편이나 통신에 소요되는 일수를 감안하여 정하여야 한다고 규정하고 있는 점 등에 비추어 보면, 공정거래위원회는 국내에 주소, 거소, 영업소 또는 사무소가 없는 외국사업자에 대하여도 우편송달의 방법으로 문서를 송달할 수 있다.

※ 1992년부터 1998년까지 미국, 일본, 독일 국적의 6개 흑연전극봉 제조업체들이 국외에서 수차례 모여 한국시장에 대한 공급가격을 담합한 사건으로서 공정위는 시정명령과 더불어 88억1,200만원의 과징금을 부과하였다(이의신청에 대해서는 공정위재결 2002. 8.23, 2002-26). 피심인 중 일본의 Showa Denko, Tokai Carbon, SEC 등 3개사와 독일계인 SGL Carbon사가 제기한 행정소송에서 3개사는 전부 패소, 1개사는 일부승소하였고(서울고판 2003.8.26, 2002누6127), 대법원에서도 다투어졌다(대판 2006.3.23, 2003두11124·11155; 대판 2006.3.24, 2004두11275). 이 흑연전극봉국제카르텔 사건은 우리나라 최초의 역외적용 사건이다.

294) 공정위의결 2010.11.29, 2010-143호 등.

3.3. 향후 과제

우선 카르텔이나 M&A 등 사항별로 역외적용의 요건, 즉 한국시장에 미치는 영향에 대한 해석이 전개되어야 할 것이고, 이와 더불어 역외적용의 효과와 한계 등에 관한 논의가 이루어질 필요가 있다. 그리고 통상법과의 입법정책적 조율도 필요할 것으로 생각된다. 반독점법이 제조업자 사이의 경쟁촉진은 물론 해외경쟁의 도입촉진을 통해 소비자 후생을 증대하는데 목적을 두는 것과는 달리, 통상법은 불공정한 국제교역으로부터 내국산업을 보호하는 것이 주안점이어서 소비자이익의 침해는 물론 저렴한 원자재나 부품의 수입을 막아 내국 제조업자들의 경쟁력을 또한 위협할 수 있다. 여기에서 양법이 공통으로 규제하는 가격차별이나 덤핑, 약탈행위 등에 관한 위법성 판단기준 등과 관련하여 양자를 조화시킬 필요가 있다.[295)]

295) Ronald A. Cass, Price Discrimination and Predation Analysis in Antitrust and International Trade, 61 U.Cin.L.Rev., 1993, 877.

• 제 8 장 •

공정거래법의 집행기관과 그 절차

제 1 절 공정거래위원회

1. 공정거래법 집행 전담기구

공정거래법은 동법에 의한 사무를 독립적으로 수행하기 위하여 정부조직법상의 중앙행정기관으로서 국무총리 소속으로 공정거래위원회를 두고 있다(법 제54조). 공정위는 경쟁정책 전담기구로서, i) 시장지배적지위의 남용행위, ii) 기업결합의 제한 및 경제력집중의 억제, iii) 부당한 공동행위 및 사업자단체의 경쟁제한행위, iv) 불공정거래행위와 재판매가격유지행위 그리고 특수관계인 부당이익제공, v) 경쟁제한적인 법령 및 행정처분의 협의·조정 등 경쟁촉진정책, vi) 다른 법령에 의하여 공정위의 소관으로 규정된 사항을 그 소관사무로서 담당한다(법 제55조).

이러한 공정위는 합의제 행정기관으로서 전술한 소관사무를 담당하는 독립규제위원회의 성격을 가진다. 또한 공정위는 각종 고시, 지침, 규정, 규칙 등을 제정할 수 있는 준입법기관의 성격과 이의신청에 대한 재결권, 과징금부과권, 이행강제금부과권, 과태료부과권 등의 업무를 수행하는 준사법기관의 성격을 동시에 가진다.

2. 공정거래위원회의 조직

2.1. 위원회의 구성

공정위는 위원장 1인 및 부위원장 1인을 포함한 9인의 위원으로 구성되며, 이 중 5인은 상임위원, 4인은 비상임위원으로 구성된다.296) 위원장(장관급, 정무직)과 부위원장(차관급, 정무직)은 국무총리의 제청으로 대통령이 임명하고, 기타 위원은 위원장의 제청으로 대통령이 임명 또는 위촉한다(법 제57조 제2항 본문). 위원장, 부위원장 및 다른 위원의 임기는 3년이고, 1차에 한하여 연임할 수 있다. 위원장은 국회의 인사청문을 거쳐야 한다.

위원이 될 수 있는 자는 i) 2급 이상의 공무원의 직에 있던 자, ii) 판사·검사 또는 변호사의 직에 15년 이상 있던 자, iii) 법률학, 경제학 또는 경영학을 전공한 자로서 대학이나 공인된 연구기관에서 15년 이상 근무한 자로서 부교수 이상 또는 이에 상당하는 직에 있던 자, iv) 기업경영 및 소비자보호활동에 15년 이상 종사한 경력이 있는 자에 한한다(법 제57조 제2항).

2.2. 위원장의 직무 및 위원의 신분보장 등

위원장은 공정위를 대표하며 국무회의에 출석하여 발언할 수 있다. 위원장이 사고로 인하여 직무를 수행할 수 없을 때에는 부위원장이 그 직무를 대행하며, 위원장과 부위원장이 모두 사고로 인하여 직무를 수행할 수 없을 때에는 선임상임위원 순으로 그 직무를 대행한다(법 제60조).

위원은 금고 이상의 형의 선고를 받은 경우나 장기간의 심신쇠약으로 직무를 수행할 수 없는 경우를 제외하고는 그 의사에 반하여 면직되거나 해촉되지 아니하고(법 제62조), 정당에 가입하거나 정치활동에 관여할 수 없다(법 제63조). 또한 위원 중 공무원이 아닌 위원도 형법 기타의 법률에 의한 벌칙의 적용에 있어서는 이를 공무원으로 본다(법 제123조).

2.3. 사무처의 설치

공정위의 사무를 처리하기 위하여 공정위에 사무처를 둔다(법 제70조). 또한

---

296) 위원장, 부위원장은 정부위원이다. 그리고 사무처장은 상임 혹은 비상임위원은 아니나 정부위원이 된다(법 제57조 제4항).

지방에 있어서 공정거래에 관한 사무를 처리하기 위하여 서울(정부과천청사), 부산, 광주, 대구, 대전에 지방공정거래사무소를 두고 있다.

3. 공정거래위원회의 회의

3.1. 전원회의와 소회의

공정위의 회의는 전원회의와 소회의로 구분된다. 전원회의는 위원 전원으로 구성되는 회의로서 i) 공정위 소관의 법령이나 규칙·고시 등의 해석적용에 관한 사항, ii) 이의신청, iii) 소회의에서 의결되지 아니하거나 소회의가 전원회의에서 처리하도록 결정한 사항, iv) 규칙 또는 고시의 제정 또는 변경, v) 경제적 파급효과가 중대한 사항 그 밖에 전원회의에서 스스로 처리하는 것이 필요하다고 인정하는 사항을 심의·의결한다(법 제59조).

소회의는 상임위원 1인을 포함한 위원 3인으로 구성되며, 전원회의 소관사항 이외의 사항을 심의·의결한다(법 제58조 및 제59조 제 2 항).

3.2. 회의의 운영

전원회의는 위원장이 주재하며 재적의원 과반수의 찬성으로 의결한다. 소회의는 상임위원이 주재하며 구성위원 전원의 출석과 출석위원 전원의 찬성으로 의결한다(법 제64조).

공정위의 심리와 의결은 공개를 원칙으로 한다. 다만 사업자 또는 사업자단체의 사업상의 비밀을 보호할 필요가 있다고 인정할 때에는 공개하지 않는다(법 제65조 제 1 항). 그리고 심리는 구술심리를 원칙으로 하되 필요한 경우 서면심리를 할 수 있고, 사건에 관한 의결의 합의는 공개하지 않는다(동조 제 2 항 및 제 3 항).

전원회의 및 소회의의 의장은 심판정에 출석하는 당사자·이해관계인·참고인 및 참관인 등에 대하여 심판정의 질서유지를 위하여 필요한 조치를 명할 수 있다(법 제66조). 질서유지 명령에 불응하는 자에 대하여는 100만원 이하의 과태료에 처한다(법 제130조 제 2 항). 심판정의 질서유지를 위하여 '공정거래위원회 심판정의 질서유지를 위한 규칙'(공정위예규 제467호)이 제정되어 시행 중이다.

제 2 절 공정거래위원회의 사건처리절차

사건처리절차라 함은 공정거래법 위반사건을 처리하기 위하여 이루어지는 행정적·준사법적 절차로서, 법 위반사건은 심사·심의·의결의 3단계의 절차에 따라서 진행된다. 공정거래법 제10장과 시행령의 관련 규정에 의거하여 「공정거래위원회의 회의운영 및 사건절차에 관한 규칙」(공정위고시 2024-20호, 이하 "절차규칙"이라 함)을 운용하고 있다.

1. 심사절차

1.1. 심사절차의 개시

가. 인지방법 및 조사결과의 통보

공정위는 공정거래법의 규정에 위반되는 혐의가 있다고 인정할 때에는 직권으로 필요한 조사를 할 수 있고(법 제80조 제1항), 누구든지 공정거래법의 규정에 위반되는 사실이 있다고 인정할 때에는 그 사실을 공정위에 신고할 수 있다(법 제80조 제2항). 두 가지 인지방법 중 신고에 의한 방법이 일반적이다.

직권 또는 신고 사건에 대한 조사결과 공정거래법에 따른 처분을 하거나 처분을 하지 않는 때에도 그 근거, 내용 및 사유 등을 기재한 서면을 사건 당사자에게 통지하여야 한다. 다만, 공정위의 심의·의결에 따라 의결서를 작성한 경우에는 해당 의결서 정본을 송부한다(법 제80조 제3항).

나. 신고인의 지위

신고인의 범위에는 제한이 없으므로 이해관계가 없는 자는 물론 외국인도 신고할 수 있다. 신고의 방법은 서면신고를 원칙으로 한다. 다만, 신고사항이 긴급을 요하거나 부득이한 경우에는 전화 또는 구두로 신고할 수 있다(령 제71조). 신고인의 지위와 관련하여 공정위가 신고에 따른 조사의무를 부담하는지 문제될 수 있다. 판례[297]에 의하면 신고에 따른 적당한 조치를 취해줄 것을 요구하는 구체적인 청구권까지 있다고는 볼 수 없고, 또한 신고내용상의 조치를 취하지 않고 이를 거부하는 취지로 무혐의 또는 각하처리를 하여도 신고인의 권리의무에는 아무런 영

297) 대판 2000.4.11, 98두5682; 대판 1989.5.9, 88누4515.

향이 없다. 즉, 신고에 대한 공정위의 무혐의 조치에 대하여 이의신청, 행정소송을 제기할 수 없다. 다만 신고사항에 대한 조치는 공권력의 행사에 해당하므로 헌법소원의 대상은 된다.298)

대판 2000.4.11, 98두5682

신고는 공정거래위원회에 대하여 같은 법에 위반되는 사실에 대한 조사의 직권발동을 촉구하는 단서를 제공하는 것에 불과하고 신고인에게 그 신고내용에 따른 적당한 조치를 취하여 줄 것을 요구할 수 있는 구체적 청구권까지 있다고 할 수 없고, … 공정거래위원회가 신고내용에 따른 조치를 취하지 아니하고 이를 거부하는 취지로 무혐의 또는 각하 처리한다는 내용의 회신을 하였다 하더라도 이는 그 신고인의 권리의무에 아무런 영향을 미치지 아니하는 것이어서 그러한 조치를 가리켜 항고소송의 대상이 되는 행정처분에 해당한다고는 할 수 없다.

헌재 2004.3.25, 2003헌마404(전원재판부)

공정거래위원회의 무혐의 조치가 헌법소원의 대상이 된다고 판단하였는바(헌재 2002.6.27, 2001헌마381, 판례집 14-1, 679, 683-684), 동 위원회의 심사불개시결정 역시 공권력의 행사에 해당되며 자의적일 경우 법(독점규제 및 공정거래에 관한 법률) 위반행위로 인한 피해자(신고인)의 평등권을 침해할 수 있으므로 헌법소원의 대상이 된다.

다. 시정조치 등의 처분기간

법위반행위로부터 오랜 시간이 흐른 후 시정조치나 과징금을 새삼스럽게 부과하는 것이 적절치 않을 수 있다. 종래 5년의 처분기간을 운영해 왔으나, 특히 국제카르텔에 대한 조사기간 연장의 필요성이 제기되었다. 그 결과 공정위가 법위반행위에 대하여 조사를 개시한 경우는 조사 개시일부터 5년, 그리고 조사를 개시하지 아니한 경우 그 행위의 종료일부터 7년으로 그 기간이 연장되었다(법 제80조 제 4 항 및 제 5 항). 다만 법원의 판결에 의하여 시정조치 또는 과징금부과처분이 취소된 경우로서 그 판결이유에 따라 새로운 처분을 하는 경우에는 위의 기간제한이 적용되지 않는다(동조 제 6 항).

298) 헌재 2002.6.27, 2001헌마381; 헌재 2004.3.25, 2003헌마404.

1.2. 심사절차의 진행

가. 위반행위의 조사

공정위는 공정거래법의 시행을 위하여 필요하다고 인정할 때에는 시행령이 정하는 바에 따라서 i) 당사자, 이해관계인 또는 참고인의 출석 및 의견의 청취, ii) 감정인의 지정 및 감정의 위촉, iii) 사업자, 사업자단체 또는 이들의 임직원에 대하여 원가 및 경영상황에 관한 보고, 그 밖에 필요한 자료나 물건의 제출을 명하거나 제출된 자료나 물건을 일시 보관(영치)하는 처분을 할 수 있다(법 제81조 제1항).

공정위는 공정거래법 시행을 위하여 필요하다고 인정할 경우에는 소속공무원(법 제122조에 따른 위임을 받은 기관의 소속 공무원을 포함한다)으로 하여금 사업자 또는 사업자단체의 사무소 또는 사업장에 출입하여 업무 및 경영상황, 장부·서류, 전산자료·음성기록자료·영상자료 그 밖에 시행령이 정하는 자료나 물건을 조사하게 할 수 있으며, 지정된 장소에서 당사자, 이해관계인 또는 참고인의 진술을 들을 수 있다(법 제81조 제2항 및 제3항). 이 경우 조사를 하는 공무원은 사업자, 사업자단체 또는 이들의 임직원에 대하여 조사에 필요한 자료나 물건의 제출을 명하거나 제출된 자료나 물건을 일시 보관할 수 있다(법 제81조 제6항). 다만 자료나 물건의 제출명령이나 일시 보관은 증거인멸의 우려가 있는 경우에 한한다(령 제75조 제3항).

나. 조사에 대한 제한

공정위의 사건 조사는 조사를 받는 사업자 또는 사업자단체의 정규 근무시간 내에 하는 것을 원칙으로 하되, 근무시간 내의 조사로는 조사목적을 달성할 수 없는 경우에는 피조사업체와의 협의를 거친 후에 시간 외에 조사를 할 수 있고, 또 조사 공무원이 교부한 조사문서에 기재된 조사시간 내에 조사를 종료하여야 한다(법 제82조). 그리고 조사를 받는 사업자는 변호사의 조력을 받을 수 있는 권리가 있다. 즉 공정위의 조사나 심의를 받는 사업자나 그 임직원은 변호사 등 변호인으로 하여금 조사 및 심의에 참여케 하여 그 의견을 진술하게 할 수 있다(법 제83조).

특정한 시장에 대한 서면실태 조사를 위해서도 공정위는 조사의 범위, 조사기간, 조사내용, 조사의 방법과 절차, 조사결과의 공표 범위 등에 대한 계획을 수립하여야 하고, 사업자에게 거래실태 등에 대한 조사에 필요한 자료의 제출을 요구하는 경우에도 조사대상자에게 자료의 범위와 내용, 요구사유, 제출기한 등을 분명하게 밝혀 서면으로 통보하여야 한다(법 제87조). 피조사자가 영문을 모르는 깜깜이 조사를 방지하기 위한 절차적 통제이다.

조사공무원은 공정거래법의 시행을 위하여 필요한 최소한의 범위 안에서 조사를 행하여야 하며, 다른 목적 등을 위하여 조사권을 남용하여서는 아니된다(법 제84조). 공정위가 하도급거래의 실태조사를 위해 사내통신망에 대한 열람을 요구하자 사업자가 회사기밀 및 개인정보 보호를 이유로 이를 거부한 사안에서, 법원은 법위반의 단서가 되는 서류 내지 전산자료에 대한 제출을 요구하여 이를 조사하는 것은 가능하나 공정위 스스로 그 서류를 찾기 위해 내부전산망에 대한 접근권을 얻어서 무제한으로 열람할 수는 없다고 보았다(대법원결정 2014.10.30, 2010마1362).

공정위로부터 처분 또는 조사를 받게 된 사업자 또는 사업자단체가 천재·지변 그 밖에 일정한 사유[299]로 인하여 처분을 이행하거나 조사를 받기가 곤란한 경우에는 공정위에 처분 또는 조사를 연기하여 줄 것을 신청할 수 있다. 공정위가 연기신청을 받은 때에는 그 사유를 검토하여 타당하다고 인정되는 경우에는 처분 또는 조사를 연기할 수 있다(법 제85조).

다. 심사보고

공정위는 위반행위를 조사한 경우에 그 결과(조사결과 시정조치명령 등의 처분을 하고자 하는 경우에는 그 처분의 내용을 포함한다)를 서면으로 당해사건의 당사자에게 통지하여야 한다(법 제80조 제 3 항). 절차규칙에 따르면 심사관은 i) 사건의 개요, ii) 시장구조 및 실태, iii) 제도개선사항의 유무, iv) 사실의 인정, v) 위법성 판단 및 법령의 적용, vi) 자율준수 프로그램 운용상황의 조사여부, vii) 심사관의 조치의견(공표명령이 있는 경우에는 공표문안을 포함), viii) 피심인 수락 여부(전원회의 소관사건은 제외) 등을 기재한 심사보고서를 작성하여 각 회의에 제출하여야 한다(절차규칙 제25조 제 1 항).

이 중 심사관의 조치의견에는 당해 사건 심사결과 필요하다고 인정되는 조치의 내용을 기재한다. 다만, 과징금 납부명령이 포함되는 경우에는 관련 상품의 범

299) 령 제76조 제 1 항
1. 합병·인수, 화의 또는 법정관리신청, 파산, 그 밖에 이에 준하는 절차의 진행
2. 권한 있는 기관에 장부·증거서류가 압수 또는 일시보관
3. 화재 또는 재난 등으로 인하여 사업자 및 사업자단체의 사업수행의 중대한 장애 발생

위·위반행위의 시기·종기 등 관련매출액 산정기준 및 그 금액, 위반행위의 중대성 정도, 부당이득액을 의무적 조정과징금으로 하는 경우에는 그 부당이득액, 과거 3년간 법위반 횟수 등 가중·감경 사유 및 기타 과징금 산정의 기초가 된 사실은 적시하되, 부과기준율, 부과기준금액, 가중·감경비율 및 최종 부과금액 등은 그러하지 아니하다(절차규칙 제25조 제8항).

2. 심의절차

2.1. 개 설

심의절차라 함은 심사관이 공정거래법 위반 사건을 안건으로 상정하면 심사보고를 받은 위원회가 법위반 여부에 대하여 심리하는 과정을 말한다. 공정위의 심의절차는 직권주의 구조를 원칙으로 하면서도 현행 절차규칙에서 대심적인 구조를 도입하여 절차의 준사법적 성격을 보완하고 있다.

2.2. 심의절차의 진행

가. 심의의 사전절차

심의의 사전절차로써 먼저 심사관은 심사보고서를 작성하여 각 회의에 이를 제출하고, 동시에 피심인에게 심의절차의 개시 사실을 고지하고 심사보고서와 그 첨부자료의 목록 및 첨부자료를 송부하며, 이에 대한 의견을 4주(소회의는 3주)의 기간 내에 심판관리관에게 문서로 제출할 것을 통지하여야 한다(절차규칙 제25조 제1항·제10항).[300] 심사보고서 및 첨부자료 등에 대한 열람·복사의 방법 및 절차는 「자료의 열람·복사 업무 지침」(공정위 예규 제471호)을 따른다. 피심인의 대리인이 심판정에서 「자료의 열람·복사 업무지침」 제11조 제6항에 따른 비공개 열람보고서에 기재된 영업비밀과 관련된 사항에 대해 발언하고자 하는 경우에는 회의 개최 5일 전까지 그 사실을 심판관리관에게 통지하여야 한다. 이 경우 의장은 피심인 퇴정 등 기타 필요한 조치를 할 수 있다(동 규칙 제26조 제2항). 두 번

---

300) 다만, 긴급히 심의에 부쳐야 하는 경우, 피심인의 모기업이 외국에 소재하거나 사건의 내용이 복잡하여 의견제출에 4주(소회의에 제출되는 심사보고서의 경우 3주) 이상의 시간이 소요된다고 인정되는 경우 및 기타 이에 준하는 사유가 있을 경우에는 피심인 의견서 제출기간을 달리 정할 수 있다. 피심인의 방어권 보장을 위해 사안의 특성에 따른 충분한 반박 준비기간을 부여하는 것이 바람직하다.

째, 심사관의 심사보고서를 제출받은 전원회의 의장은 주심의원을 지정하고, 전원회의 및 소회의의 의장(이하 '의장'이라고 한다)은 피심인의 의견서가 제출된 날(의견청취절차를 종료한 날부터 그리고 의견서가 제출되지 않은 경우에는 그 정한 기간이 경과한 날)로부터 30일 이내에 당해 사건을 부의하여야 한다(절차규칙 제35조, 제28조). 다만, 심사관의 요청 또는 의장 직권으로 사정변경이 있는 경우에 심의부의를 연기·철회할 수 있다(절차규칙 제36조). 세 번째, 의장은 심의개최 10일 전까지 해당 회의 구성위원 및 피심인에게 각 회의 심의개최의 일시, 장소 및 사건명, 심리 공개 여부 등을 서면("전송"을 포함한다)으로 통지하여야 한다. 다만, 긴급을 요하거나, 당사자·이해관계인 등과의 기일 조정에 있어 기타 부득이한 경우에는 그러하지 아니하다(절차규칙 제37조 제 1 항). 또한 신고인에 대하여도 심의지정일시, 장소 및 사건명을 통지하여야 하고(동조 제 4 항),[301] 의장이 필요하다고 인정할 때에는 심사보고서(사건의 단서, 심사경위, 심사관의 조치의견 및 첨부자료는 제외)를 송부할 수 있도록 하고 있다(동조 제 5 항).

나. 심의절차

(1) 참가주체

심의기일에 당해 사건의 심사관 및 피심인이 출석하며(절차규칙 제40조), 또한 의안의 상정자를 제외한 위원회 직원(심판관리관실 소속 직원 제외)은 심사관을 보조하여 심의에 참가하여 의안에 대한 설명 또는 의견을 진술할 수 있다(동 규칙 제40조 제 1 항). 사안의 특성을 고려 조사 내용 관련 세부 진술이 가능한 직원의 의견진술 근거를 명확히 한 것이다.

(2) 대 리 인

피심인의 대리인이 될 수 있는 자는 i) 변호사, ii) 피심인인 법인의 임원, iii) 기타 각 회의의 허가를 얻은 자 등이다(절차규칙 제42조 제 1 항). 이 중 세 번째에 해당하는 자는 대리인으로서 적당한지 여부를 알 수 있는 사항을 위원회에 문서로 제출하여야 한다(절차규칙 제42조 제 3 항). 의장은 피심인의 책임 있는 답변이나 법위반 재발방지 등을 위한 의견청취가 필요한 때에는 피심인 본인(피심인이 법인인 경우에는 그 대표자)에게 심의에 출석할 것을 명할 수 있다(절차규칙 제42조 제 4 항).

---

301) 다만, 신고인이 익명을 요구한 경우나 심사관이 사전에 신고인의 심의참관이 필요하지 아니함을 각 회의 간사에게 문서로 통보한 경우에는 그러하지 아니하다.

(3) 심의절차의 순서

심의절차는 피심인 또는 참고인의 본인 여부를 확인하는 인정심문, 심사관의 심사보고서 보고와 피심인의 의견진술절차인 모두(冒頭)절차, 위원회의 심의, 피심인의 최후의견진술의 순서로 이루어진다.

① 의견진술기회의 부여

심의절차상 공정위는 공정거래법에 위반되는 사항에 대하여 시정조치 또는 과징금 납부명령을 하기 전에 당사자 또는 이해관계인에게 의견을 진술할 기회를 주어야 한다(법 제93조 제1항). 그러나 신고인에게까지 의견진술기회를 부여할 의무는 없다. 또한 의견진술기회는 시정조치 또는 과징금납부명령에 한하므로 시정권고, 경고, 주의촉구, 고발 등의 조치에는 의견진술기회를 부여할 의무가 없다.

법 제93조 소정의 당사자 의견진술권은 공정위의 준사법기관적 지위 그리고 공정위 절차의 준사법적 성격을 고려할 때 이를 최대한으로 보장하는 방향으로 해석되어야 한다. 법원도 "절차적 요건을 갖추지 못한 공정위의 시정조치 또는 과징금납부명령은 설령 실체법적 사유를 갖추고 있다고 하더라도 위법하여 취소를 면할 수 없다"라고 판단하고 있다.[302]

② 당사자 등의 출석·의견진술 및 자료제출권

공정거래법 제93조 제2항에 의하면 당사자 또는 이해관계인은 공정위 회의에 출석하여 그 의견을 진술하거나 필요한 자료를 제출할 수 있다.

③ 법위반행위의 판단시점

공정위가 법위반행위에 대해 의결하는 경우 그 사항에 관한 심리를 종결하는 날까지 발생한 사실을 기초로 판단한다(법 제69조). 소송의 경우 사실심변론종결시점을 기준으로 하는 취지와 유사하다.

④ 기 타

각 회의는 신청 또는 직권으로 심의결과에 대한 이해관계인, 자문위원, 관계행정기관, 공공기관·단체, 전문적인 지식이나 경험이 있는 개인이나 단체, 감정인 등을 참고인으로 하여 심의에 참가시켜 의안에 대한 설명·의견을 듣고 신문할 수 있고, 의안에 관하여 참고인에게 의견서를 제출하게 할 수 있다. 국가기관과 지방자치단체는 공공의 이익과 관련하여 위원회 사건처리과정에서 고려할 수 있는 정책적 의견이 있는 경우 각 회의에 해당 사건에 관한 의견서를 제출할 수 있다. 필

302) 대판 2001.5.8, 2000두10212.

요한 경우 각 회의는 일시 및 장소를 정하여 담당공무원을 출석하게 하여 의견을 들을 수 있다(절차규칙 제43조).

3. 의결절차

3.1. 의결의 성립 및 방법

의결이란 상정된 안건에 대한 심리절차를 끝내면서 당해 행위의 법위반 여부와 관련된 결정을 하는 것이다. 공정거래법은 회의의 의결정족수에 대하여 전원회의와 소회의로 구분하여 규정하고 있고, 전자는 재적위원 과반수의 찬성, 후자는 재적위원 전원의 찬성으로 의결이 성립한다(법 제64조). 의결의 방법은 의결서를 작성하고 위원이 서명·날인하는 방법으로 한다(절차규칙 제62조). 의결서의 작성은 심의절차종료, 무혐의, 종결처리, 심의중지, 경고, 시정조치, 과징금납부명령, 고발, 과태료납부 등을 의결할 때에는 반드시 필요하다(절차규칙 제62조). 그러나 시정권고의 경우에는 절차규칙 제58조 제 3 항 소정의 서면에 의한다.

3.2. 의결의 내용

공정위는 심의결과에 따라 다음과 같은 내용의 의결을 할 수 있다.

가. 재심사명령

공정위 각 회의는 i) 사실의 오인이 있는 경우, ii) 법령의 해석 또는 적용에 착오가 있는 경우, iii) 심사관의 심사종결이 있은 후 심사종결 사유와 관련이 있는 새로운 사실 또는 증거가 발견된 경우, iv) 기타 위의 i) 내지 iii)에 준하는 사유가 있는 경우에는 심사관에게 당해 사건에 대한 재심사를 명할 수 있다(절차규칙 제52조).

나. 심의절차의 종료

공정위 각 회의는 i) 절차규칙 제20조(심사절차를 개시하지 아니할 수 있는 경우) 제 1 항 각호의 1에 해당하는 경우, ii) 약관법 위반행위를 한 피심인이 사건의 조사 또는 심사과정에서 당해 위반약관을 스스로 시정하여 시정조치의 실익이 없다고 인정하는 경우, iii) 재신고 사건으로 원사건에 대한 조치와 같은 내용의 조치를 하는 경우, iv) 사건의 사실관계에 대한 확인이 곤란하여 법위반 여부의 판단이 불가능한 경우, 새로운 시장에서 시장상황의 향방을 가늠하기가 매우 어렵거나 다른 정부기관에서 처리함이 바람직하여 위원회 판단을 유보할 필요가 있는 등 심의절차종료가 합리적이고 타당하다고 인정하는 경우에는 심의절차의 종료를 의결할 수 있다(절차규칙 제53조).

다. 무 혐 의

공정위 각 회의는 피심인의 행위가 공정거래법, 표시광고법, 방문판매법, 약관법, 전자상거래법, 할부거래법, 하도급법, 가맹사업법, 대규모유통업법 또는 대리점법 위반행위로 인정되지 아니하거나 위반행위에 대한 증거가 없는 경우에는 무혐의를 의결할 수 있다(절차규칙 제54조 제1항). 그러나 법 위반행위에 해당하지 않더라도 장래의 법위반 예방 등 필요한 경우에는 주의촉구를 할 수 있다. 이 경우 해당 행위는 공정거래법, 표시광고법, 방문판매법, 약관법, 전자상거래법, 할부거래법, 하도급법, 가맹사업법, 대규모유통업법 또는 대리점법에 위반되지는 아니함을 명백히 하는 문언을 함께 기재하여야 한다(동조 제2항).

라. 종결처리

공정위 각 회의는 피심인에게 사망·해산·파산·폐업 또는 이에 준하는 사유가 발생함으로서 시정조치 등의 이행을 확보하기가 사실상 불가능하다고 인정될 경우나 피심인이 채무자회생 및 파산에 관한 법률에 의하여 보전처분 또는 회생절차개시 결정을 받았고 법위반혐의가 재산상의 청구권과 관련된 경우에는 종결처리를 의결할 수 있다(절차규칙 제55조 제1항). 다만, 후자에 의하여 종결처리된 사건에 있어서 피심인이 채무자회생 및 파산에 관한 법률 등에 의하지 아니한 방법으로 정상적인 사업활동을 영위하는 경우에는 사건절차를 재개할 수 있다(동조 제2항).

마. 심의중지

공정위 각 회의는 피심인, 신고인 또는 이해관계인 등에게 부도 등으로 인한 영업중단, ii) 일시적 폐업이라고 인정되는 경우, iii) 법인의 실체가 없는 경우, iv) 도피 등에 의한 소재불명, v) 국외에 소재하는 외국인 사업자를 신고한 경우로서 조사 등이 현저히 곤란한 경우, vi) 기타 위의 i) 내지 v)에 준하는 경우의 사유가 발생하여 심의를 계속하기가 곤란한 경우에는 그 사유가 해소될 때까지 심의중지를 의결할 수 있다(절차규칙 제56조 제1항). 심의중지가 의결된 때에는 해당 사건 심사관은 심의중지자 명부에 해당 사항을 기재하고 점검·관리하여야 한다. 이 경우 의결된 날부터 6개월 경과 후 종결처리할 수 있고, 종결처리한 사실과 피심인의 영업재개 등 심사개시사유가 발생한 때에는 재신고할 수 있다는 사실을 신고인등에게 통지해야 한다(동조 제2항 및 제3항).

바. 경 고

공정위 각 회의는 법위반 정도가 경미한 경우이거나 위반행위를 한 피심인이 사건의 심사 또는 심의과정에서 당해 위반행위를 스스로 시정하여 시정조치의 실익이 없다고 인정하는 경우, 법위반행위를 한 피심인이 위원회의 시정조치 또는 금지명령에 응하지 않아 심사관이 심사절차를 개시하였으나 사건의 심사 또는 심의과정에서 시정조치 또는 금지명령을 이행한 경우 등에는 경고를 의결할 수 있다(절차규칙 제57조). 경고의 기준은 절차규칙 별표에서 상세히 정하고 있다.

사. 시정권고

공정위 각 회의는 i) 위원회의 심결을 거쳐 위반행위를 시정하기에는 시간적 여유가 없거나 시간이 경과되어 위반행위로 인한 피해가 크게 될 우려가 있는 경우, ii) 위반행위자가 위반사실을 인정하고 당해 위반행위를 즉시 시정할 의사를 명백히 밝힌 경우, iii) 위반행위의 내용이 경미하거나 일정한 거래분야에서 경쟁을 제한하는 효과가 크지 않은 경우, iv) 공정거래 자율준수 프로그램(compliance program, 즉 CP)을 실질적으로 도입·운용하고 있는 사업자가 동 제도 도입 이후 최초 법위반행위를 한 경우에는 위반행위를 한 사업자에게 시정방안을 정하여 이에 따를 것을 권고할 수 있다(절차규칙 제58조 제1항).

시정권고는 권고사항을 기재한 시정권고서의 방법으로 이루어지고(령 제78조), 시정권고를 받은 자는 통지를 받은 날로부터 10일 이내에 시정권고의 수락 여부를 공정위에 통지하여야 한다(법 제88조 제2항).

시정권고를 받은 자가 당해 권고를 수락한 때에는 공정거래법의 규정에 의한 시정조치가 명하여진 것으로 본다(법 제88조 제3항).

시정권고를 받은 자가 이를 수락하지 아니할 때에는 심사관은 심사보고서를 작성하여 각 회의에 제출하여야 한다. 시정권고에 대한 수락 여부를 10일 이내에 서면으로 통지하지 아니한 경우에도 불수락과 같은 효과가 발생한다(절차규칙 제58조 제4항).

아. 시정명령 등

공정위의 각 회의는 심의절차를 거쳐 시정명령, 시정요청(약관법 위반의 경우에 한함), 과징금납부명령 또는 과태료납부명령의 의결을 할 수 있다(절차규칙 제59조

제1항). 이러한 시정명령 등을 할 것인가의 여부, 조치의 수준 및 내용 등은 공정위의 재량에 달려 있다. 그러나 시정명령, 과징금 납부명령 등은 반드시 위원회의 심의절차를 거쳐야 한다. 또한 각 회의는 법위반 상태가 이미 소멸된 경우에도 법위반행위의 재발방지에 필요하다고 인정하는 경우에는 시정에 필요한 조치 등을 의결할 수 있다(동조 제2항).

자. 고 발

공정위 각 회의는 심의절차를 거쳐 고발, 입찰참가자격제한요청 또는 영업정지요청의 결정을 할 수 있다(절차규칙 제60조). 다만, 필요하다고 인정할 때에는 서면으로 심의·결정할 수 있다.

3.3. 동의의결의 절차

동의의결 절차는 신청인의 서면신청, 심사관과 신청인 사이의 협의절차, 그리고 이해관계인의 의견수렴을 거쳐 마련된 협의안을 공정위가 심의·의결하는 순서로 진행된다.

즉 공정위의 조사나 심의를 받고 있는 사업자 또는 사업자단체, 즉 신청인은 당해 조사나 심의의 대상이 되는 행위로 인한 경쟁제한상태 등의 자발적 해소, 소비자 피해구제, 거래질서의 개선 등을 위하여 동의의결을 하여 줄 것을 서면으로 신청할 수 있다. 이 신청서에는 해당 행위를 특정할 수 있는 사실관계, 해당 행위의 중지, 원상회복 등 경쟁질서의 회복이나 거래질서의 적극적 개선을 위하여 필요한 시정방안, 그리고 소비자와 다른 사업자 등의 피해를 구제하거나 예방하기 위하여 필요한 시정방안을 담아야 한다(법 제89조 제2항).

신청을 받은 공정위는 신속한 조치의 필요성, 소비자 피해의 직접 보상 필요성 등을 종합적으로 고려하여 동의의결 절차의 개시 여부를 결정하여야 한다(법 제90조 제1항). 그리고 의결하기 전에 30일 이상의 기간을 정하여 일정한 사항을 신고인 등 이해관계인에게 통지하는 등의 방법으로 의견을 제출할 기회를 주어야 하고, 관계 행정기관의 장으로부터는 의견을 들어야 하며, 제124조부터 제127조까지의 규정(벌칙)이 적용되는 행위에 대해서는 검찰총장과 협의절차를 거쳐야 한다(법 제90조 제3항).

공정위가 동의의결을 하거나 이를 취소하는 경우에는 전원회의 및 소회의의 구분에 따른 회의의 심의·의결을 거쳐야 하고, 의결을 받은 신청인은 동의의결의 이행계획과 이행결과를 공정위에 제출하여야 한다(법 제90조 제 4 항·제 5 항). 그러나 동의의결이 신청인의 법위반을 확정하는 것은 아니며, 누구도 동의의결을 원용하여 해당 행위가 공정거래법 위반이라고 주장할 수 없다(법 제89조 제 4 항).

동의의결의 취소는 다음과 같은 사유가 있을 때 가능하다(법 제91조 제1 항). 즉, 첫째 의결의 기초가 된 사실의 현저한 변경으로 인해 시정방안이 적정하지 아니하게 된 경우, 둘째 신청인이 제공한 불완전하거나 부정확한 정보로 인한 의결 또는 신청인이 거짓 또는 그 밖의 부정한 방법으로 의결을 받은 경우, 셋째 신청인이 정당한 이유 없이 동의의결을 이행하지 아니하는 경우 등이다.

기초사실의 변화로 인해 의결이 취소된 경우 신청인은 다시 동의의결을 신청할 수 있고, 신청인이 부정한 방법으로 의결을 취득하거나 의결을 이행하지 아니하여 동의의결이 취소된 경우 공정위는 중단된 해당 행위 관련 심의절차를 계속하여 진행할 수 있다(법 제91조 제 2 항·제 3 항).

3.4. 처리결과의 통지

심판관리관은 시정명령, 고발 등의 의결이 있는 경우 부득이한 경우[303]를 제외하고는 그 의결 등의 합의가 있은 날부터 40일(과징금 부과금액의 확정을 위해 필요한 자료의 제출을 명하는 경우 75일) 이내에 피심인 또는 권한 있는 기관의 장에게 의결서 등의 정본(과징금 또는 과태료가 부과되는 경우 그 고지서를 포함하며 의결서가 생산되지 아니한 경우에는 그 의결취지, 내용을 의미한다)을 송부하고 해당 심사관에게 그 사본을 송부한다. 해당 심사관은 신고인 등에게 그 요지를 통지하는 등 기타 각 회의 의결 등에 따른 조치를 하여야 하고, 필요하다고 인정하는 경우에는 이해관계인 등에게도 의결서 등의 요지를 통지할 수 있다(절차규칙 제64조 제 2 항).

한편, 문서의 송달은 행정절차법 제14조 내지 제16조의 규정을 준용한다(법 제98조 제 1 항). 공정거래법은 제98조의2(전자정보처리조직을 통한 문서의 제출 및 송달)를 신설(시행일 2027.2.7.)하여, ① 당사자 등 대통령령으로 정하는 자는 이 법에 따른 심의에 필요한 문서와 그 밖에 대통령령으로 정하는 자료를 전자문서화하고 이를 정보통신망을 이용하여 공정위가 지정·운영하는 전자정보처리조직(이 법에 따른 심의에 필요한 전자문서를 작성·제출·송달할 수 있도록 하는 하드웨어, 소프트웨어,

---

303) 절차규칙 제62조 제 3 항은 부득이한 사유로 인하여 작성기간의 연장이 필요한 경우 주심위원 또는 소회의 의장의 허가를 얻도록 하고, 이 조항을 처리결과의 통지에서 따르고 있다.

데이터베이스, 네트워크, 보안요소 등을 결합하여 구축한 정보처리능력을 갖춘 전자적 장치를 말한다)을 통하여 제출할 수 있도록 하여 편의를 도모하였고, 이에 따라 제출된 전자문서는 그 문서를 제출한 당사자등이 정보통신망을 통하여 전자정보처리조직에서 제공하는 접수번호를 확인하였을 때 전자정보처리조직에 기록된 내용으로 접수된 것으로 본다. 공정위는 당사자등에게 전자정보처리조직과 그와 연계된 정보통신망을 이용하여 의결서 및 재결서와 그 밖에 이 법에 따른 심의에 필요한 문서를 송달할 수 있다(당사자등이 동의하지 아니하는 경우에는 그러하지 아니하다). 공정위는 전자정보처리조직과 그와 연계된 정보통신망을 통해 문서를 송달하는 경우 해당 문서를 전자정보처리조직에 입력하여 등재한 후 그 등재 사실을 전자우편 등 대통령령으로 정하는 방법으로 당사자등에게 통지하여야 한다. 이와 같은 문서의 송달은 당사자등이 위의 등재된 전자문서를 확인하였을 때 전자정보처리조직에 기록된 내용으로 도달한 것으로 본다. 다만, 등재 사실이 통지된 날부터 2주 이내(의결서 및 재결서 외의 서류는 7일 이내)에 확인하지 아니하였을 때에는 그 등재 사실이 통지된 날부터 2주가 지난 날(의결서 및 재결서 외의 서류는 7일이 지난 날)에 도달한 것으로 본다. 전자정보처리조직의 장애로 송달 또는 통지를 받을 자가 전자문서를 확인할 수 없는 기간은 위의 단서의 기간에 산입하지 아니한다. 이 경우 전자문서를 확인할 수 없는 기간의 계산 방법은 대통령령으로 정한다.

국외에 주소·영업소 또는 사무소를 두고 있는 사업자 또는 사업자단체에 대해서는 국내에 대리인을 지정하도록 하여 그 대리인에게 송달한다. 국내에 대리인을 지정하여야 하는 사업자 또는 사업자단체가 국내에 대리인을 지정하지 아니한 경우 문서의 송달에 관하여는 법 제98조 및 제98조의2 제3항부터 제6항까지에 따른다(법 제98조의3).

4. 불복절차

4.1. 이의신청

가. 이의신청의 대상

공정위의 처분에 불복이 있는 자는 처분의 통지를 받은 날부터 30일 이내에 사유를 갖추어 동 위원회에 이의신청을 할 수 있다(법 제96조 제1항).

이의신청의 대상은 공정위의 처분으로서 당사자의 법률관계에 종국적인 영향을 미치는 것이어야 한다. 따라서 공정위의 의결 중 시정명령, 과징금 납부명령 등이 해당한다. 시정권고는 어디까지나 권고이며 권고를 받은 자가 이를 수락하지 않으면 시정명령 절차가 진행될 것이고, 또 시정권고를 수락하였다면 수락한 이상 더 이상 이의신청의 여지는 존재하지 않는다. 그러므로 시정권고에 대해서는 이의신청을 할 수 없다. 한편 무혐의, 주의촉구, 고발, 경고 등은 이의신청의 대상이 될 수 없고, 과태료 납부명령에 대한 이의신청은 법 제130조 소정의 별도 불복절차에 의한다.

나. 이의신청 절차 및 처리기간

이의신청을 하고자 하는 자는 그 처분의 통지를 받은 날로부터 30일 이내에 이의신청의 대상 및 내용, 사유 등을 기재한 신청서에 이의신청의 사유나 내용을 증명하는 데 필요한 서류를 첨부하여 공정위에 제출하여야 한다(령 제82조 제 1 항). 이의신청사건을 처리함에 있어서 심사관은 심판관리관이 된다(절차규칙 제75조 제 1 항). 그러나 위원장은 필요하다고 인정하는 경우 이의신청의 심사관을 다르게 지정할 수 있다(절차규칙 제75조 제 3 항). 심판관리관은 법 소정의 기간을 경과하여 제기된 이의신청에 대하여는 그 이의신청을 각하할 수 있다(동조 제 2 항). 이의신청에 대한 심사보고서에는 신청경위, 신청취지 및 이유를 기재하고, 심사관은 심사보고서를 전원회의(집행정지신청에 대한 심사보고서는 소회의에 제출할 수 있다)에 제출하고, 이의신청인에게 심의기일의 통지를 할 경우에는 이를 함께 송부한다(절차규칙 제76조).

다. 이의신청에 대한 재결

이의신청에 대하여는 60일 이내에 재결하여야 한다. 다만, 부득이한 사정으로 그 기간 내에 재결을 할 수 없을 경우에는 30일의 범위에서 결정으로 그 기간을 연장할 수 있다(법 제96조 제 2 항). 재결의 종류에는 공정거래법 제96조 제 1 항에 위반하여 제기된 이의신청의 경우에는 각하, 이유 없다고 인정되는 경우에는 기각, 이유 있다고 인정되는 경우에는 처분의 취소 또는 변경이 있다(절차규칙 제79조).

라. 시정조치명령에 대한 집행정지

공정위는 시정조치명령을 받은 자가 이의신청을 제기한 경우로서 그 명령의 이행 또는 절차의 속행으로 인하여 발생할 수 있는 회복하기 어려운 손해를 예방하기 위하여 필요하다고 인정하는 경우에 집행정지결정을 할 수 있다(법 제97조 제 1 항). 이러한 집행정지결정은 당사자의 신청 또는 직권에 의하나 결정의 여부는 공정위의 재량사항이며, 시정조치의 내용을 일시적으로 정지하는 것이므로 효력자체를 무효로 하는 것은 아니다. 또한 집행정지 결정을 한 후 집행정지의 사유가 없어진 경우에는 당사자의 신청 또는 직권에 의하여 집행정지의 결정을 취소할 수 있다(동조 제2항).

4.2. 불복의 소

공정위의 처분에 대해 불복의 소를 제기하고자 할 때에는 처분의 통지를 받은 날 또는 이의신청에 대한 재결서의 정본을 송달받은 날로부터 30일 이내에 소를 제기하여야 하고, 이 기간은 불변기간이다(법 제99조). 종래에는 소를 제기하여 위해서는 이의신청 절차를 반드시 거치도록 되어 있었으나 1999년 개정을 통하여 공정위에 대한 이의신청과 법원에 대한 행정소송의 제기를 병렬적으로 규정하였다. 즉, 이의신청절차는 임의적 전치절차로서, 피심인은 이를 거치지 않고 원처분에 대해 바로 불복의 소를 제기하거나 이의신청 대한 재결을 거친 후에 이에 대해 불복의 소를 제기할 수도 있다. 불복의 소는 공정위의 소재지를 관할하는 서울고등법원의 전속관할이다(법 제100조).[304]

4.3. 자료열람청구권

당사자 또는 이해관계인은 공정위에 대하여 공정거래법의 규정에 의한 처분과 관련된 자료의 열람 또는 복사를 요구할 수 있고, 이 경우 공정위는 자료를 제출한 자의 동의가 있거나 공익상 필요하다고 인정할 때에는 이에 응하여야 한다(법 제95조). 이 제도는 당사자 및 이해관계인의 법적 지위를 강화하고 사건처리의 투명성을 제고하기 위하여 1999년 도입된 것이다. 법문상 열람청구의 대상이 되는 자료는 공정위의 처분과 관련된 자료로써 시정조치, 과징금 납부명령, 과태료 납부명령 등이 대표적이다. 이 경우 공정위는 부정경쟁방지 및 영업비밀보호에 관한 법률 제2조 제2호에 따른 영업비밀 자료나 법 제44조 제4항에 따른 자진신고 등과 관련된 자료, 다른 법률에 따른 비공개 자료를 제외할 수 있다(법 제95조 후문).

304) 공정거래 행정사건의 심급제는 입법정책적인 문제이다. 대부분 국가들은 2심제를 채택(미국, 독일, 프랑스, 이탈리아, 호주, 스페인, 캐나다, 멕시코, 아일랜드)하고 있는데, 이는 경쟁 당국의 준사법기관으로서의 지위, 공정거래 사건처리의 신속성 확보 우선, 경쟁 당국의 독립성 및 전문성 존중 등을 고려한 결과이다. 재판청구권 보장 및 대부분의 행정사건의 제1심 관할법원을 행정법원으로 하고 있다는 점 등을 들어 전속관할 내용의 법 개정을 요구하는 목소리도 있다.

서울고판 2022.10.19, 2021누48573

구글LLC 등이 비공개 처리된 심사보고서 첨부자료에 대해 열람·복사를 신청한 건에서 공정위는 부분적으로 제한적 자료열람을 결정하며 자료열람실에 입실할 인원을 1인으로 제한하였다. 이에 대해 원고들이 열람복사 거부처분 등 취소 청구의 소송을 제기한 사안이다. 서울고등법원은 이 사건 인원 제한을 통해 얻을 수 있는 영업비밀의 보호의 실효성 확보라는 공익적 필요성이 원고들의 방어권 보장에 비해 작다고 할 수 없으므로 공정위의 재량권 일탈·남용으로 볼 수 없다고 판시하였다. 즉, 열람·복사가 허용되지 않던 상황에서 피심인의 방어권이 최대한 보장될 수 있도록 해당 자료의 제한적 열람이 가능하게 된 점을 고려하면, 공정위는 제한적 자료열람 허용 여부, 열람인원 및 기한 등 제한에 대해 재량권을 가지고 있다고 본 것이다.

제 3 절 과징금의 부과와 징수

과징금은 원래 경제적 동기 하에서 각종 행정법규를 위반한 자에 대해 과하는 금전적 제재로써 공정위가 내리는 시정조치의 이행을 확보하기 위한 것이 아니라 별도의 독립적 행정제재로서의 성격을 가진다. 과징금의 본질에 대해서는 부당이득을 환수하는 것이라는 부당이득환수설과 공법상의 의무이행을 확보하기 위한 제재수단의 일종이라는 행정제재설, 양자의 성격을 겸한다는 견해로 나뉘어져 있다. 공정거래법과 하위법령의 규정에 미루어 볼 때 겸병설이 타당하며, 다수설과 판례의 입장이기도 하다.

1. 과징금의 부과

공정위는 과징금을 부과함에 있어서 i) 위반행위의 내용 및 정도, ii) 위반행위의 기간 및 회수, iii) 위반행위로 인해 취득한 이익의 규모 등을 참작하여야 한다(법 제102조). 또한 공정거래법을 위반한 회사인 사업자의 합병이 있는 경우에는 당해 회사가 행한 위반행위는 합병 후 존속하거나 합병에 의해 설립된 회사가 행한 행위로 보아 과징금을 부과·징수할 수 있다(동조 제 2 항). 위반행위에 대한 과징금 부과기준은 대통령령으로 정하는데 시행령 별표 6[305]에서 상세히 규정하고 있다.

과징금을 부과하고자 하는 때에는 그 위반행위의 종별과 당해 과징금의 금액 등을 명시하여 이를 납부할 것을 서면으로 통지하여야 한다(령 제85조 제1항). 과징금 납부통지를 받은 자는 납부통지가 있은 날로부터 60일 이내에 공정위가 정하는 수납기관에 납부하여야 한다(령 제85조 제2항).

2. 과징금 납부기한의 연장 및 분할납부

2.1. 요 건

공정위는 과징금의 금액이 대통령령이 정하는 기준을 초과하는 경우[306]로서 i) 재해 또는 도난 등으로 재산에 현저한 손실이 생긴 경우, ii) 사업 여건의 악화로 사업이 중대한 위기에 처한 경우, iii) 과징금의 일시납부에 따라 자금사정에 현저한 어려움이 예상되는 경우, vi) 그 밖에 위 i) 내지 iii)에 준하는 사유로 인하여 과징금을 부과받은 자(이하 '과징금납부의무자'라 한다)가 과징금의 전액을 일시에 납부하기가 어렵다고 인정되는 때에는 그 납부기한을 연장하거나 분할납부하게 할 수 있다. 이 경우 필요하다고 인정하는 때에는 담보를 제공하게 할 수 있다(법 제103조 제1항). 공정위는 '과징금 납부기한 연장 및 분할납부 기준에 관한 고시'(공정위고시 제2016-4호)를 제정하여 시행 중에 있다.

2.2. 신 청

과징금납부의무자가 과징금 납부기간의 연장 또는 분할납부를 신청하고자 하는 경우, 과징금 납부를 통지받은 날부터 30일 이내에 공정위에 신청하여야 한다(법 제103조 제2항). 납부기한의 연장은 그 납부기한의 다음날로부터 2년 이내(령 제86조 제2항), 분할납부의 경우에는 분할납부기한간의 간격은 6개월, 분할횟수는

---

305) 시행령 별표 6(개정 2025.3.12.)에 따르면 과징금은 위반행위의 내용 및 정도를 우선적으로 고려하고 시장상황 등을 종합적으로 참작하여 그 부과 여부를 결정하되, i) 자유롭고 공정한 경쟁질서를 크게 저해하는 경우, ii) 소비자 등에게 미치는 영향이 큰 경우, iii) 위반행위로 부당이득이 발생한 경우, vi) 그 밖에 앞의 세 가지 사유에 준하는 경우로서 공정위가 정하여 고시하는 경우에는 원칙적으로 과징금을 부과한다. 그리고 과징금의 부과는 위반행위 유형에 따른 기본과징금, 의무적 조정과징금, 임의적 조정과징금, 부과과징금의 순서에 따라 단계적으로 산정하여야 한다(동 기준 1, 2).

306) 즉 과징금이 매출액의 1% 또는 10억원을 초과하는 경우(시행령 제86조 제1항).

6회를 초과할 수 없다(령 제86조 제 3 항).

3. 과징금의 연대납부의무

과징금을 부과받은 회사인 사업자가 분할 또는 분할합병되는 경우(부과일에 분할 또는 분할합병되는 경우를 포함), i) 분할되는 회사, ii) 분할 또는 분할합병으로 인하여 설립되는 회사, iii) 분할되는 회사의 일부가 다른 회사와 합병하여 그 다른 회사가 존속하는 경우의 그 다른 회사가 연대하여 납부할 책임을 진다(법 제104조 제 1 항).

또한 과징금을 부과받은 회사인 사업자가 분할 또는 분할합병으로 인하여 해산되는 경우(부과일에 해산되는 경우를 포함), i) 분할되는 회사, ii) 분할 또는 분할합병으로 인하여 설립되는 회사, iii) 분할되는 회사의 일부가 다른 회사에 합병된 후 그 다른 회사가 존속하는 경우 그 다른 회사가 연대하여 납부할 책임을 진다(동조 제 2 항).

4. 과징금의 징수 및 체납처분

4.1. 가산금의 징수

과징금납부의무자가 납부기한 내에 과징금을 납부하지 아니한 경우에는 납부기한의 다음 날부터 납부한 날까지의 기간에 대하여 가산금을 징수한다. 가산금은 연 100분의 40의 범위 안에서 은행법 제 2 조의 규정에 의한 금융기관의 연체이자율을 참작하여 대통령령[307]이 정하는 바에 따른다(법 제105조 제 1 항).

4.2. 국세체납처분에 의한 징수

과징금납부의무자가 납부기한 내에 과징금을 납부하지 아니한 때에는 기간을 정하여 독촉을 하고, 그 기정한 기간 안에 과징금 및 가산금을 납부하지 아니한 때에는 국세체납처분의 예에 따라 이를 징수할 수 있다(법 제105조 제 2 항).

---

307) 과징금의 가산금은 체납된 과징금에 연 1천분의 75를 곱하여 계산한 금액으로 한다(령 제87조 제 1 항).

4.3. 업무의 위탁 및 정보요청

공정위는 과징금 및 가산금의 징수 또는 체납처분에 관한 업무를 국세청장에게 위탁할 수 있고(동조 제3항), 체납된 과징금의 징수를 위하여 필요하다고 인정되는 경우에는 국세청장에 대하여 과징금을 체납한 자에 대한 국세과세에 관한 정보를 요청할 수 있다(동조 제4항). 국세청장은 공정위의 요청을 받은 후 특별한 사정이 없는 한 30일 이내에 서면으로 국세과세에 관한 정보를 제공하여야 한다(령 제88조 제2항). 또한 과징금 업무를 담당하는 공무원이 과징금의 징수를 위하여 필요한 때에는 등기소 기타 관계행정기관의 장에게 무료로 필요한 서류의 열람이나 등사 또는 그 등본이나 사본의 교부를 청구할 수 있다(법 105조 제5항).

5. 과징금의 환급가산금

공정위가 이의신청의 재결 또는 법원의 판결 등의 사유로 과징금을 환급하는 경우에는 과징금을 납부한 날부터 환급한 날까지의 기간에 대하여 대통령령이 정하는 바(국세기본법 시행령 제43조의3 제2항 본문에 따른 기본이자율)에 따라 환급가산금을 지급하여야 한다(법 제106조).

6. 결손처분

공정위는 과징금과 과태료, 그 밖의 징수금의 납부의무자에게 일정한 사유가 있는 경우에는 결손처분을 할 수 있다. 그 사유로는 첫째 체납처분이 끝나고 체납액에 충당된 배분금액이 체납액에 못미치는 경우, 둘째 징수금 등의 징수권에 대한 소멸시효가 완성된 경우, 셋째 체납자의 행방이 분명하지 아니하거나 재산이 없다는 것이 판명된 경우, 넷째 체납처분의 목적물인 총재산의 추산가액이 체납처분비에 충당하고 남을 여지가 없음이 확인된 경우, 다섯째 체납처분의 목적물인 총재산이 징수금 등 보다 우선하는 국세, 지방세, 전세권·질권 또는 저당권에 의하여 담보된 채권 등의 변제에 충당하고 남을 여지가 없음이 확인된 경우, 그리고 여섯째 징수할 가망이 없는 경우로서 대통령령으로 정하는 사유[308]에 해당되는

308) 령 제90조는 「채무자 회생 및 파산에 관한 법률」 제251조에 따라 면책된 경우와 불가피한 사유

경우 등이 있다(법 제107조 제 1 항).

제 4 절 한국공정거래조정원

1. 한국공정거래조정원의 설립과 기능

한국공정거래조정원은 공정거래법 제45조 제 1 항 소정의 불공정거래행위와 관련된 분쟁 및 다른 법률에 따른 조정원 담당 분쟁의 조정, 시장·산업의 동향에 관한 조사 및 분석, 공정경쟁에 관한 조사 및 분석, 사업자의 거래관행과 행태의 조사·분석, 그리고 기타 공정위로부터 위탁받은 사업을 수행하기 위하여 설립된 무자본 특수공법인으로서, 공정거래법에 정하는 사항 이외의 것에 대하여는 민법의 재단법인에 관한 규정을 준용한다(법 제72조). 그리고 정부는 조정원의 설립과 운영에 필요한 경비를 예산의 범위 안에서 출연하거나 보조할 수 있다.

2007년의 법개정을 통하여 설립된 공정거래조정원은 현재 불공정거래행위와 가맹사업 관련 분쟁조정, 공정위로부터 위탁받은 동의의결, 시정조치의 이행관리, 공정거래와 관련된 제도와 정책의 연구 등이 주된 기능으로 되어 있다. 조정원의 기능 중 시장과 산업의 분석 그리고 사업자의 거래관행과 행태에 대한 조사분석 기능은 독점금지 기타 경쟁관련 포괄적 연구기관으로서의 역할과 지위와 관련된 것으로 더욱 강화될 필요가 있다.

조정원의 장은 공정거래 또는 소비자분야에 전문지식이 있고 공정위의 위원 자격을 갖춘 자 중에서 공정거래위원장이 임명한다(법 제72조 제 3항). 조정원 내에 공정거래분쟁조정협의회를 설치하도록 규정을 두고 있다(법 제73조 제 1 항).

2. 공정거래분쟁조정협의회와 그 회의

협의회는 협의회 위원장 1명을 포함하여 9명 이내의 협의회 위원으로 구성하며, 위원장은 상임으로 한다. 협의회 위원장은 위원 중에서 조정원의 장의 제청으로 공정위 위원장이 위촉한다. 협의회 위원은 독점규제 및 공정거래 또는 소비자분야에 경험 또는 전문지식이 있는 사람으로서 일정한 요건을 갖춘 사람[309] 중에

로 환수가 불가능하다고 인정되는 경우로서 공정위가 정하여 고시한 경우를 들고 있다.

서 조정원의 장의 제청으로 공정위 위원장이 임명하거나 위촉한다. 이 경우 법률이 정하는 각 요건의 어느 하나에 해당하는 사람이 1명 이상 포함되어야 한다. 협의회 위원의 임기는 3년이며, 위원 중 결원이 생긴 때에는 보궐위원을 위촉하여야 하며, 그 보궐위원의 임기는 전임자의 남은 임기로 한다. 공정위 위원장은 협의회 위원이 직무와 관련된 비위사실이 있거나 직무태만, 품위손상 또는 그 밖의 사유로 위원으로 적합하지 아니하다고 인정되는 경우 그 직에서 해임 또는 해촉할 수 있다. 협의회 위원장은 그 직무 외에 영리를 목적으로 하는 업무에 종사하지 못한다(법 제73조).

공정거래분쟁조정협의회의 회의는 협의회 위원장이 이를 소집하고 그 의장이 되며, 회의는 재적위원 과반수의 출석으로 개의하고, 출석위원 과반수의 찬성으로 의결한다(법 제74조 제 2 항). 협의회 위원장이 사고로 직무를 수행할 수 없는 때에는 공정위 위원장이 지명하는 협의회 위원이 그 직무를 대행한다. 그리고 조정의 대상이 된 분쟁의 당사자인 사업자는 협의회에 출석하여 의견을 진술할 수 있다.

3. 협의회의 분쟁조정

3.1. 조정신청

불공정거래행위로 인하여 피해를 입은 사업자는 소정의 분쟁조정신청서를 협의회에 제출하여 분쟁조정을 신청할 수 있고 피해신고를 받은 공정위도 직권으로 분쟁조정을 의뢰할 수 있다(법 제76조). 협의회가 피해사업자 또는 공정위로부터 분쟁조정신청서를 접수 또는 의뢰받은 때에는 즉시 그 접수사실 등을 공정위 또는 분쟁당사자에게 통지하여야 한다.

이 분쟁조정의 신청은 시효중단의 효력이 있으나, 신청이 취하되거나 각하된 경우에는 그러하지 않다(동조 제 4 항). 다만 취하 후 6개월 내에 재판상 청구나 압류 등을 한 때에는 최초의 분쟁조정의 신청으로 시효가 중단된다(동조 제 5 항). 분쟁조정의 신청에 따라 중단된 시효는 분쟁조정이 이루어져 조정조서를 작성한 때 또

309) 1. 4급 이상의 공무원의 직에 있었던 사람
2. 판사·검사 또는 변호사의 직에 7년 이상 기간 이상 있었던 사람
3. 법률·경제·경영 또는 소비자 관련 분야 학문을 전공하고 대학이나 공인된 연구기관에서 7년 이상 근무한 사람으로서 부교수 이상 또는 이에 상당하는 직에 있었던 사람
4. 기업경영, 소비자보호활동 및 분쟁조정활동에 7년 이상 기간 종사한 경력이 있는 사람

는 분쟁조정이 이루어지지 아니하고 조정절차가 종료된 때부터 새로이 진행한다.

3.2. 조정 등

협의회는 분쟁당사자에게 분쟁조정사항에 대하여 스스로 합의하도록 권고하거나 조정안을 작성하여 제시할 수 있으며, 협의회는 해당 분쟁조정사항에 관한 사실을 확인하기 위하여 필요한 경우 조사를 하거나 분쟁당사자에 대하여 관련 자료의 제출이나 출석을 요구할 수 있다(법 제77조).

협의회는 조정신청의 내용과 직접적인 이해관계가 없는 자가 조정신청을 한 경우 또는 법의 적용대상이 아닌 사안에 관하여 조정신청을 한 경우, 위반혐의가 있는 행위의 내용·성격 및 정도 등을 고려하여 공정위가 직접 처리하는 것이 적합한 경우로서 대통령령으로 정하는 기준에 해당하는 행위의 경우, 조정신청이 있기 전에 공정위가 제80조에 따라 조사를 개시한 사건에 대하여 조정신청을 한 경우(다만, 공정위로부터 시정조치 등의 처분을 받은 후 분쟁조정을 신청한 경우에는 그러하지 아니하다)의 어느 하나에 해당하는 행위 또는 사건에 대해서는 조정신청을 각하하여야 한다. 이 경우 협의회는 분쟁조정이 신청된 행위 또는 사건이 법 제77조 제 3 항 제 4 호에 해당하는지에 대하여 공정위의 확인을 받아야 한다.

그리고 분쟁당사자가 협의회의 권고 또는 조정안을 수락하거나 스스로 조정하는 등 조정이 성립된 경우, 분쟁조정의 신청을 받은 날 또는 분쟁조정신청서를 공정위로부터 의뢰받은 날부터 60일(분쟁당사자 양쪽이 기간 연장에 동의한 경우에는 90일)이 경과하여도 조정이 성립하지 아니한 경우, 분쟁당사자의 어느 한쪽이 조정을 거부하는 등 조정절차를 진행할 실익이 없는 경우에는 조정절차를 종료하여야 한다(동조 제 4 항). 협의회는 조정신청을 각하하거나 조정절차를 종료한 경우에는 대통령령으로 정하는 바에 따라 공정위에 조정의 경위, 조정신청 각하 또는 조정절차 종료의 사유 등을 관계 서류와 함께 지체 없이 서면으로 보고하여야 하고, 분쟁당사자에게 그 사실을 통보하여야 한다.

공정위는 조정절차 개시 전에 시정조치 등의 처분을 하지 아니한 분쟁조정사항에 관하여 조정절차가 종료될 때까지 해당 분쟁당사자에게 시정조치 및 시정권고를 하여서는 아니된다(동조 제 6 항).

분쟁조정이 신청된 사건에 대하여 신청 전 또는 신청 후 소가 제기되어 소송이 진행 중일 때에는 수소법원은 조정이 있을 때까지 소송절차를 중지할 수 있다.

협의회는 위와 같은 절차에 따라 소송절차가 중지되지 아니하는 경우에는 해당 사건의 조정절차를 중지하여야 한다. 협의회는 조정이 신청된 사건과 동일한 원인으로 다수인이 관련되는 동종·유사 사건에 대한 소송이 진행 중인 경우에는 협의회의 결정으로 조정절차를 중지할 수 있다(법 제77조의2).

3.3. 조정조서의 작성과 그 효력

협의회는 분쟁조정사항에 대하여 조정이 성립된 경우 조정에 참가한 위원과 분쟁당사자가 기명날인하거나 서명한 조정조서를 작성하며, 이 조정조서는 재판상 화해와 동일한 효력이 있다(법 제78조). 또한 협의회는 분쟁당사자가 조정절차를 개시하기 전에 분쟁조정사항을 스스로 조정하고 조정조서의 작성을 요청하는 경우에는 그 조정조서를 작성하여야 한다. 재판상화해와 동일한 효력이 있다는 것은 민사소송법 제220조에 따라 확정판결과 같은 효력을 갖는다는 의미이며, 기판력이 인정된다. 따라서 당사자는 조정조서의 취지에 반하는 주장을 할 수 없으며, 법원도 이에 저촉되는 판단을 할 수 없다. 조정조서의 작성에 따라 종전의 법률관계를 바탕으로 한 권리의무 관계는 소멸하고, 당사자가 서로 양보하여 확정하기로 합의한 사항에 대해 창설적 효력이 발생한다. 조정조서는 그 자체로 집행권원이 되므로, 채권자는 집행문을 부여받아 강제집행절차를 진행할 수 있다.

공정위는 조정절차 개시 전에 시정조치 등의 처분을 하지 아니한 분쟁조정사항에 대하여 조정이 성립되고, 그 합의된 사항을 이행한 경우에는 공정거래법에 따른 시정조치나 시정권고를 하지 아니한다. 분쟁당사자는 조정에서 합의된 사항을 이행하여야 하고, 이행결과를 공정위에 제출하여야 한다(동조 제3항·제4항).

제5절 보 칙

1. 비밀준수의무

공정거래법에 의한 직무에 종사하거나 종사하였던 위원, 공무원 또는 협의회에서 분쟁조정을 담당하거나 담당하였던 사람, 동의의결 이행관리 업무를 담당하거나 담당하였던 사람, 시정조치 이행관리 업무를 담당하거나 담당하였던 사람은 그 직무상 알게 된 사업자 또는 사업자단체의 비밀을 누설하거나, 동법의 시행을 위한 목적 외에 이를 이용하여서는 아니된다(법 제119조). 이를 위반한 자에 대하여는 2년 이하의 징역 또는 200만원 이하의 벌금에 처한다(법 제127조 제 3 항).

2. 경쟁제한적인 법령제도의 협의

관계행정기관의 장은 당사자의 가격·거래조건의 결정, 시장진입 또는 사업활동의 제한, 부당한 공동행위 또는 사업자단체의 금지행위등 경쟁제한사항을 내용으로 하는 법령을 제정 또는 개정하거나, 사업자 또는 사업자단체에 대하여 경쟁제한사항을 내용으로 하는 승인 기타의 처분을 하고자 하는 때에는 미리 공정위와 협의하여야 한다(법 제120조 제 1 항). 또한 관계행정기관의 장은 경쟁제한사항을 내용으로 하는 예규·고시 등을 제정 또는 개정하고자 하는 때에는 미리 공정위에 통보하여야 하며(동조 제 2 항), 법 제120조 제 1 항에 의한 경쟁제한사항을 내용으로 하는 승인 기타의 처분을 행한 경우에는 당해 승인 기타의 처분의 내용을 공정위에 통보하여야 한다(동조 제 3 항).

공정위는 전술한 통보를 받은 경우에 당해 제정 또는 개정하고자 하는 예규·고시 등에 경쟁제한사항이 포함되어 있다고 인정되는 경우에는 관계행정기관의 장에게 당해 경쟁제한사항의 시정에 관한 의견을 제시할 수 있다(동조 제 4 항). 또한 공정위와 협의없이 제정 또는 개정된 법령과 통보 없이 제정 또는 개정된 예규·고시 등이나 통보 없이 행하여진 승인 기타의 처분에 경쟁제한사항이 포함되어 있다고 인정되는 경우에는 관계 행정기관의 장에게 해당 경쟁제한사항의 시정에 관한 의견을 제시할 수 있다(동조 제 5 항).

3. 공정거래 자율준수 프로그램

3.1. 의의

공정거래 자율준수 프로그램(compliance program, CP)이란 공정위 소관 법령을 자율적으로 준수하기 위해 사업자가 운영하는 내부 준법시스템을 말한다. 공정위는 경쟁촉진의 일환으로 공정거래 자율준수 문화를 확산시키기 위한 시책을 마련하고 추진할 수 있으며, 공정위 소관 법령을 자율적으로 준수하기 위하여 내부준

법제도(공정거래 자율준수제도)를 운영하는 사업자를 대상으로 그 운영상황에 대하여 평가(공정거래 자율준수평가)를 할 수 있다(법 제120조의2 제 1 항 및 제 2 항). 공정거래 자율준수 프로그램은 현행법 상 내부관리회계제도, 준법감시인제도, 준법지원인제도와 같은 유사제도와는 구별된다. 이와 같은 내부통제제도 또는 준법관리제도는 법에서 구체적인 내용을 정하고 도입을 강제하고 있는 것에 반하여 공정거래 CP는 공정거래법 상 도입을 강제하지는 않고, 공정위의 자체 운영 규정을 통해 CP도입을 용이하도록 하는 지침만을 기업에게 제공한다. CP의 도입 여부는 기업의 자율적 판단에 따르며, 공정위는 CP 확산을 위해 여러 유인 정책을 마련하고, 기업은 스스로 효과적인 CP를 구축하는 방향으로 유도하고 있다. 효과적이고 실효성 있는 CP를 구축하는 것은 사실 많은 비용이 들어가는 일이고, 일방적 강제를 통하여 획일적으로 달성할 수 있는 목표가 아니다. 법률이 경직된 기준에 따라 CP 도입을 강제할 경우 기업은 법에서 요구하는 형식적인 준법관리프로그램을 '보여주기'식으로만 도입하는 정도에 그칠 수 있다. 이는 CP 제도의 본질에도 반하고, 그 실효성을 스스로 약화시키는 결과만을 초래할 수 있다.[310)]

3.2. 자율준수평가

공정위는 공정위 소관 법령을 자율적으로 준수하기 위하여 공정거래 자율준수제도를 운영하는 사업자를 대상으로 그 운영상황에 대하여 자율준수평가를 할 수 있다. 공정거래 자율준수평가를 받으려는 사업자는 대통령령으로 정하는 바에 따라 공정위에 신청하여야 한다. 공정위는 공정거래 자율준수제도를 활성화하기 위하여 공정거래 자율준수평가를 받은 사업자를 대상으로 대통령령으로 정하는 바에 따라 그 평가 결과 등에 근거하여 시정조치 또는 과징금 감경이나 포상 또는 지원 등을 할 수 있다. 공정위는 공정거래 자율준수평가를 신청한 사업자에 대하여 대통령령으로 정하는 바에 따라 그 평가에 소요되는 비용을 부담하게 할 수 있으며, 공정거래 자율준수평가의 기준 및 절차 등에 필요한 사항은 대통령령으로 정한다. 공정거래 자율준수평가의 결과는 사업자에 대한 각종 인센티브와 밀접하게 연관되어 있으므로, 평가업무는 객관적이고 합리적인 기준에 따라 공정하게 이

310) 공정거래 자율준수프로그램 제도에 대한 전반적인 법적 연구로는, 배종군, "공정거래 자율준수 프로그램 제도 개선에 대한 법적 연구", 성균관대학교 법학전문대학원 박사학위 청구논문, 2021.

루어져야 한다.

3.3. 자율준수평가기관의 지정

공정위는 공정거래 관련 분야에 대하여 전문성이 있는 기관 또는 단체를 대통령령으로 정하는 바에 따라 공정거래 자율준수평가기관으로 지정하여 공정거래 자율준수평가에 관한 업무를 수행하게 할 수 있다. 평가기관에 대한 관리 감독 차원에서 공정위는 평가기관의 신뢰성과 평가업무의 공정성을 확보하기 위해 평가기관이 일정한 사유[311]에 해당하는 경우에는 평가기관의 지정을 취소하거나 1년 이내의 기간을 정하여 업무의 정지를 명할 수 있다(다만, 법 제120조의3 제 2 항 제 1 호 또는 제 5 호에 해당하면 그 지정을 취소하여야 한다).

공정위는 ① 한국공정거래조정원이나 ② 공정거래 자율준수평가 업무를 수행할 수 있는 전담조직 및 전문인력을 갖추고 공정거래 관련 인증·평가업무를 수행한 실적이 있는 등 공정거래 관련 분야에 대한 전문성을 갖추어 공정거래 자율준수평가 업무를 수행하기에 적합하다고 인정되는 기관 또는 단체를 평가기관으로 지정할 수 있다. 이에 따라 평가기관을 지정한 경우에는 그 사실을 고시해야 한다(령 제90조의3). 공정위는 '공정거래 자율준수제도(CP) 운영·평가에 관한 규정'(공정위고시 제2025-3호)을 제정하여 시행 중에 있다.

3.4. 자율준수평가 결과에 대한 인센티브

공정위는 공정거래 자율준수제도를 활성화하기 위하여 공정거래 자율준수평가를 받은 사업자를 대상으로 대통령령으로 정하는 바에 따라 그 평가 결과 등에 근거하여 시정조치 또는 과징금 감경이나 포상 또는 지원 등을 할 수 있다. 즉, 공정위는 법 제120조의2 제 4 항에 따라 법 제 7 조 제 1 항, 제14조 제 1 항 제 5 호, 제37조 제 1 항 제 6 호, 제42조 제 1 항, 제49조 제 1 항 및 제52조 제 1 항에 따른 시정명령 받은 사실의 공표에 대하여 위반행위의 내용 및 정도, 공정거래 자율준

311) 1. 거짓이나 부정한 방법으로 지정을 받은 경우
2. 업무정지명령을 위반하여 그 정지 기간 중 평가업무를 행한 경우
3. 고의 또는 중대한 과실로 제120조의2 제 6 항에 따른 공정거래 자율준수평가의 기준 및 절차를 위반한 경우
4. 정당한 사유 없이 평가업무를 거부한 경우
5. 파산 또는 폐업한 경우
6. 그 밖에 휴업 또는 부도 등으로 인하여 평가업무를 수행하기 어려운 경우

수평가 결과 등을 고려하여 공표 매체 수, 공표 기간 및 지면크기를 줄일 수 있다. 또한 공정위는 법 제120조의2 제4항에 따라 공정거래 자율준수평가 결과가 우수한 자에 대하여 포상을 실시할 수 있다.

공정거래 자율준수제도(CP) 운영·평가에 관한 규정(공정위고시 제2025-3호)에는 시정조치 또는 과징금 감경, 직권조사 면제 등과 같은 CP 모범 운영 기업 등에 대한 혜택의 세부 기준이 상세히 규정되어 있다.

4. 업무협조 및 권한의 위임

공정위는 공정거래법의 시행을 위하여 필요하다고 인정할 때에는 관계행정기관 기타 기관 또는 단체의 장의 의견을 들을 수 있고, 필요한 조사를 의뢰하거나 필요한 자료를 요청할 수 있다(법 제121조 제1항·제2항). 그리고 시정조치의 이행을 확보하기 위하여 필요하다고 인정하는 경우에는 관계행정기관 기타 기관 또는 단체의 장에게 필요한 협조를 의뢰할 수 있다(동조 제3항).

또한 공정위는 그 권한의 일부를 대통령령이 정하는 바에 따라 소속기관의 장, 특별시장·광역시장 또는 도지사에게 위임하거나 다른 행정기관의 장에게 위탁할 수 있다(법 제122조). 현재 시행령에서는 권한의 위임과 관련된 규정이 없고, 현재 공정위가 그 권한의 일부를 위임하거나 위탁하고 있는 업무도 없다.

5. 포상금의 지급

공정위는 공정거래법의 위반행위를 신고 또는 제보하고 이를 입증할 수 있는 증거자료를 최초로 제출한 자에 대하여 포상금을 지급할 수 있다(령 제91조 제1항). 공정거래법 위반행위에 대한 국민의 신고를 적극적으로 유도하기 위하여 위반행위를 신고 또는 제보하고 이를 입증할 수 있는 증거자료를 제출한 자에 대하여 포상금을 지급할 수 있도록 시행령에 근거규정을 마련한 것이다.

지급대상이 되는 법위반행위에는 자료 제출을 요청받은 특수관계인이 정당한 이유 없이 기업집단에 속하는 회사를 누락하여 자료를 제출하는 행위, 부당한 공동행위, 신문업에 있어서의 불공정거래행위, 불공정거래행위 중 고객유인과 사원판매 행위, 대규모소매점업의 불공정거래행위, 부당지원행위, 특수관계인에 대한 부당이익제공 행위, 사업자단체 금지행위의 9가지가 있다.

공정위는 특별한 사정이 있는 경우를 제외하고 신고 또는 제보된 행위를 법 위반행위로 의결한 날로부터 3월 이내에 포상금을 지급한다(령 제91조 제2항). 포상금의 지급에 관한 사항을 심의하기 위하여 공정위에 신고포상금심의위원회를 둘 수 있고(동조 제3항), 심의위원회의 설치·운영에 관한 사항과 그 밖의 포상금 지급에 관하여 필요한 사항은 공정위가 정하여 고시한다(동조 제5항).[312]

312) 공정위는 '공정거래법 등 위반행위 신고자에 대한 포상금 지급에 관한 규정'(공정위고시 제2023-19호)를 제정하여 시행 중이다.

제 3 편
소비자법

• 제 1 장 •

소비자기본법

제 1 절 서　　설

서구에서 소비자문제가 본격적으로 등장한 것은 1960년대 들어서부터이다. 기존질서에 대한 전반적 비판의 분위기 속에서 대자본을 표적으로 하는 소비자보호운동은 여성이나 기타 소수자 보호와 그 맥을 같이하는 정치사회적 흐름의 한 줄거리를 구성하였다. 법적인 차원에서도 구체적이고 개별적인 소비자권익 보호를 핵으로 하는 단행법규들이 대거 등장하고, 이들을 묶어 소비자법(consumer law) 혹은 소비자보호법(consumer protection law)이라는 독자적 법영역으로 인식하게 된 것이다.

우리나라의 경우에도 농업이나 가내수공업을 중심으로 하는 산업화의 초기에는 대중적 소비자의 개념이 들어설 여지도 없었고 입법정책적 차원에서 소비자보호를 문제삼을 겨를도 없었다. 그러나 산업화가 급속하게 진전되고 가계의 생존 자체가 기업과의 거래에 의존하게 되면서, 특히 1980년대 이후 최종소비자들에 대한 법적 배려가 중요한 정책적 과제로 등장하였던 것이다.

소비자들은 필연적으로 기업들로부터 재화나 용역 등을 공급받고 있는바, 이 과정에서 재화나 용역의 결함, 하자 등으로 인하여 피해가 발생하는 경우가 빈번하게 발생한다. 그러나 전통적인 시민법(civil law) 제도와 법기술을 통해서는 소비자에 대한 보호가 어렵거나 불충분할 뿐만 아니라, 종래의 제도를 통해 구제를 얻는데는 많은 비용과 시간이 소요되는 비효율이 있다. 특히 소비자는 상품이나 용역에 관한 정보에 대해서도 거의 전적으로 사업자의 표시나 광고에 의존하고 있고, 기술적 측면에서도 소비자는 사업자에 비하여 상품이나 용역의 제조과정과 기능에 대하여 전문적인 정보를 가질 수 없다. 또한 원가, 생산비 및 유통비를 포함한 비용 등의 전가에 있어서도 소비자는 최종부담자의 지위에 있으므로 다른 곳으로 더 이상의 전가가 불가능하다. 그리고 대기업이 자신의 경제력을 바탕으로 한 막강한 조직력과 사회적 영향력을 가지는 데 비해, 소비자는 개별적으로 고립되어 있어 상호간의 연대도 부족하다.

요컨대 기업과 소비자 사이의 거래에서는 정보의 비대칭이 현저하고, 구체적 혹은 추상적 의미의 소비자들은 기업에 비해 법적, 경제적으로 열악한 지위에 있는 것이다. 이에 따라 우리나라에서도 1980년대 들어 중요한 단행 소비자법이 다수 제정되었는바, 특히 1980년 1월의 소비자보호법 제정은 우리나라 소비자법의 본격적 탄생을 상징한다.

소비자보호법은 제정 이래 1986년 전부개정 이후 여러 차례의 일부개정이 있었다. 그리고 2006년 9월 소비생활의 환경 변화, 소비자의 의식향상·지위변화, 새로운 정책수요에 대한 대응 등 전면적 개정수요가 발생하여 「소비자보호법」을 「소비자기본법」으로 개칭하면서 소비자안전의 강화, 집단분쟁조정제도와 소비자단체소송 제도를 도입하였다. 그 이후의 개정 방향은 2008년~2011년 인터넷·전자상거래 증가 및 다양한 거래방식의 확산 등에 대응하기 위한 제도 정비 및 소비자 보호 범위 확대를 위한 소비자 정의 및 사업자의 범위 정비, 소비자단체 등록요건, 약관의 표준화 유도, 행정 절차 정비가 이루어졌고, 2016년~2018년 개정을 통해 소비자정책 추진 체계, 지방자치단체의 역할, 국가 및 지자체의 책무, 소비자 안전에 관한 규정이 강화되었다. 최근의 2020년 개정(법률 제 17290호, 17799호)은 4차 산업혁명, 플랫폼·디지털 경제 확산, 소비 형태의 다양화 등에 맞춘 소비자 보호 강화와 행정·분쟁 해결 절차의 현대화를 중시한 내용이고, 2023년(법률 제 19511호) 및 2024년(법률 제 20301호) 개정은 소비자 정책의 국제화, 전자상거래 및 디지털 거래 증가, 새로운 위험(안전, 개인정보, 소비자 권리 침해) 대응을 위한 제도 보완이라는 차원으로 평가할 수 있다.

제 2 절 총　　칙

1. 소비자기본법의 목적

소비자기본법은 소비자의 기본권익을 증진하기 위하여 소비자의 권리와 책무, 국가·지방자치단체 및 사업자의 책무, 소비자단체의 역할 및 자유시장경제에서 소비자와 사업자 사이의 관계를 규정함과 아울러 소비자정책의 종합적 추진을 위한 기본적 사항을 규정함으로써 소비생활의 향상과 국민경제의 발전에 이바지함을 목적으로 한다(법 제 1 조).

2. 소비자의 개념

소비자는 사업자[1]가 제공하는 물품 및 용역을 소비생활을 위하여 사용하거나 이용하는 자 또는 생산활동을 위하여 사용하는 자로서 대통령령에서 정하는 자를 말한다(법 제 2 조 제 1 항 제 1 호). 대통령령 제 2 조에 따르면 소비자는 다음의 경우에 해당하는 자를 의미한다. 첫째, 제공된 물품이나 용역을 최종적으로 사용하거나 이용하는 자이다. 다만 제공된 물품을 원재료나 중간재 및 자본재 또는 이에 준하는 용도로 생산활동에 사용하는 자는 제외한다. 둘째, 제공된 물품을 농업(축산업 포함) 및 어업활동을 위하여 사용하는 자이다. 다만 원양산업발전법 제 6 조 제 1 항에 의하여 허가를 받은 원양어업자는 제외한다.

소비자기본법의 소비자개념은 다른 소비자법규의 그것과 일치하는 것은 아니다. 예컨대 약관법에서는 소비자라는 용어 자체가 없고 약관 거래의 상대방을 널리 고객으로 부른다. 약관법의 고객이란 약관거래의 수동적 상대방을 의미할 뿐 물품이나 서비스의 최종사용자를 의미하는 것이 아니다. 한편 할부거래법, 방문판매법, 전자상거래법의 경우에는 소비자의 개념을 정의규정에서 각각 정하고 있는바, 문언형식에 있어 약간의 차이는 있으나 기본적으로 소비자기본법의 소비자개

---

1) 사업자라 함은 물품을 제조(가공 또는 포장을 포함한다)·수입·판매하거나 용역을 제공하는 자를 말한다(법 제 2 조 제 2 호). 사업자단체라 함은 2 이상의 사업자가 공동의 이익을 증진할 목적으로 조직한 단체를 말한다(법 제 2 조 제 4 호).

념과 유사하다(할부거래법 제2조 5호 참조). 다만 당해 법규의 보호대상을 구체적으로 획정하는 차원에서 소비자의 개념이 개별화되어 있다(방판법 제2조 12호, 동 시행령 제4조 참조).

3. 소비자의 권리와 역할

3.1. 소비자의 권리

가. 안전의 권리

소비자는 모든 물품 및 용역으로 인한 생명·신체 및 재산상의 위해로부터 보호받을 권리를 가진다(법 제4조 제1호). 소비자의 안전할 권리는 인간다운 생활을 영위하기 위해 필수 불가결한 전제라고 할 수 있는 생명·신체의 안전을 보호하기 위한 것으로 이는 다른 어떠한 이익과도 비교할 수 없는 가장 기본적인 권리이다. 국가는 사업자가 소비자에게 제공하는 물품등으로 인한 소비자의 생명·신체 또는 재산에 대한 위해를 방지하기 위하여 일정한 사항에 관하여 사업자가 지켜야 할 기준을 정하여야 한다(법 제8조). 사업자는 물품등으로 인하여 소비자에게 생명·신체 또는 재산에 대한 위해가 발생하지 아니하도록 필요한 조치를 강구하여야 한다(법 제19조 사업자의 책무). 소비자는 물품 또는 용역의 위해로부터 안전을 보장받기 위하여 국가 또는 지방자치단체에 건의 및 시정요구를 할 수 있으며, 공정위 또는 시·도지사는 사업자가 제공한 물품등으로 인하여 소비자에게 위해발생이 우려되는 경우에는 관계중앙행정기관의 장에게 위해 물품의 수거·파기 등의 권고 또는 명령, 과태료 처분이나 그 밖에 위해방지 대책의 강구 조치를 요청할 수 있다(법 제46조 시정요청 등). 소비자기본법은 소비자안전을 위하여 결함상품을 리콜(수거·파기)할 수 있도록 규정하고 있다(법 제47조 내지 제50조).

나. 알 권리(정보를 제공받을 권리)

소비자는 물품 및 용역을 선택함에 있어서 필요한 지식 및 정보를 제공받을 권리을 가진다(법 제4조 제2호). 즉, 소비자는 허위·과장광고의 거짓정보로부터 보호되어야 하며, 사업자가 제공하는 정보에 대하여 구매욕구를 충족하는데 충분하고 정확한 정보를 제공받을 수 있어야 한다. 이 권리는 소비자주권을 회복하기 위한 기본적 전제가 된다. 소비자기본법에서는 소비자의 알권리 보장을 위하여 국가의 표시기준의 제정의무(법 제10조), 국가 및 지방자치단체의 소비자에 대한 정보제공의무(법 제13조), 사업자의 표시기준 준수의무(법 제20조 제 2 항)를 규정하고 있다. 또한 사업자의 소비자단체 또는 한국소비자원에 대한 자료 및 정보제공 협력의무(법 제18조 제 2 항)를 부담하며, 이에 상응하여 소비자단체와 한국소비자원은 사업자 또는 사업자단체에 대한 자료 및 정보제공요청권(법 제78조)을 갖는다. 한편 표시광고법에서는 소비자가 상품등의 중대한 결함이나 기능상의 한계 등을 정확히 알지 못하여 구매 선택을 하는 데에 결정적인 영향을 미치게 되는 경우, 소비자의 생명·신체 또는 재산에 위해를 끼칠 가능성이 있는 경우, 그 밖에 소비자의 합리적인 선택을 현저히 그르칠 가능성이 있거나 공정한 거래질서를 현저히 해치는 경우에는 중요한 표시·광고사항 고시(공정위고시 제2025-9호)를 통하여 공개하도록 하고 있다(법 제 4 조 제 5 항).

다. 선택할 권리

소비자는 물품 및 용역을 사용 또는 이용함에 있어서 거래의 상대방·구입장소·가격·거래조건 등을 자유로이 선택할 권리를 가진다(동조 제 3 호). 이 권리의 실질적 보장을 위해서는 시장이 투명하고 기업과 상품에 관한 정보에 대한 소비자의 접근이 충분히 보장되고, 시장기능이 원활하게 작동하여야 한다. 특히 사업자들의 경쟁제한행위와 각종 불공정거래행위에 대한 규제가 필요함은 물론이다. 국가는 소비자의 합리적인 선택을 방해하고 소비자에게 손해를 끼칠 우려가 있다고 인정되는 사업자의 부당한 행위를 지정·고시할 수 있으며(법 제12조 제 2 항), 이에 따라 공정위는 '사업자의 부당한 소비자거래행위 지정 고시'(공정위고시 제2024-7호)를 제정하여 시행하고 있다. 사업자는 물품등을 공급함에 있어서 소비자의 합리적인 선택이나 이익을 침해할 우려가 있는 거래조건이나 거래방법을 사용하여서는 아니된다(법 제19조 제 2 항).

라. 의견을 반영할 권리

소비자는 소비생활에 영향을 주는 국가 및 지방자치단체의 정책과 사업자의 사업활동 등에 대하여 의견을 반영시킬 권리를 가진다(동조 제 4 호). 이 권리의 실현을 위해서는 국가나 지방자치단체가 소비자의 의견을 정책결정과정에 적극적으로 반영하도록 배려하여야 하며, 의견수렴기구의 보완도 필요하다. 소비자기본법은 법 제24조에 근거한 소비자정책위원회에 소비자대표가 참여하여 소비자의 의견을 소비자정책에 반영할 수 있도록 하고 있다(법 제24조 제 3 항 제 2 호). 또한 소비자단체는 국가 및 지방자치단체의 소비자의 권익과 관련된 시책에 대한 건의를 할 수 있다(법 제28조 제 1 항제 1 호).

마. 피해보상을 받을 권리

소비자는 물품 및 용역의 사용 또는 이용으로 인하여 입은 피해에 대하여 신속·공정한 절차에 의하여 적절한 보상을 받을 권리를 가진다(동조 제 5 호). 국가나 지방자치단체는 소비자의 신체·재산상의 손해가 발생하지 않도록 보호하는 것도 중요하지만, 발생한 손해에 대하여는 신속하고 공정한 절차에 의하여 보상받도록 배려하여야 한다. 이를 위하여 소액다수 피해의 저렴하고 신속한 구제를 확보하기 위한 절차, 즉 단체소송의 보완이나 현재 증권피해에 한정되어 있는 집단소송의 확대, 소액사건 심판의 실질화, 그리고 대안적 분쟁해결절차의 확충 등이 거론되고 있다. 국가는 소비자와 사업자 사이에 발생하는 분쟁을 원활하게 해결하기 위하여 대통령령이 정하는 바에 따라 소비자분쟁해결기준을 제정할 수 있다(법 제16조 제 2 항). 이에 따른 소비자분쟁해결기준은 일반적 소비자분쟁해결기준과 품목별 소비자분쟁해결기준으로 구분한다(령 제 8 조 제 1 항). 일반적 소비자분쟁해결기준은 시행령 별표1에서 정하고 있으며, 품목별 소비자분쟁해결기준으로 공정위는 '소비자분쟁해결기준'(공정위고시 제2024-32호)[2)]을 제정하여 시행 중에 있다. 사업자는 물품등의 하자로 인한 소비자의 불만이나 피해를 해결하거나 보상하여야 하며, 채무불이행 등으로 인한 소비자의 손해를 배상하여야 한다(법 제19조 제 5 항).

바. 교육을 받을 권리

소비자는 합리적인 소비생활을 영위하기 위하여 필요한 교육을 받을 권리를 가진다(동조 제 6 호). 국가 및 지방자치단체는 소비자의 올바른 권리행사를 이끌고, 물품등과 관련된 판단능력을 높이며, 소비자가 자신의 선택에 책임을 지는 소비생활을 할 수 있도록 필요한 교육을 하여야 한다(법 제14조 제 1 항). 국가 및 지방자치단체는 경제 및 사회의 발전에 따라 소비자의 능력 향상을 위한 프로그램을 개발하여야 한다(동조 제 2 항). 국가 및 지방자치단체는 소비자교육과 학교교육·평생교육을 연계하여 교육적 효과를 높이기 위한 시책을 수립·시행하여야 한다(동조 제 3 항).

---

2) 대부분 우리가 소비하는 공산품 뒷면 제품정보 표시 부분에는 "본 제품은 소비자분쟁해결기준(공정위 고시)에 의거 제품교환 또는 보상 받을 수 있습니다"라는 문구가 함께 인쇄되어 있다. 따라서 소비자가 이에 동의한다면 사업자와 소비자는 소비자분쟁해결기준에 따라 해당 분쟁을 신속하게 처리할 수 있게 된다.

사. 단결권 및 단체행동권

소비자는 소비자 스스로의 권익을 증진하기 위하여 단체를 조직하고 이를 통하여 활동할 수 있는 권리를 가진다(동조 제 7 호). 소비자기본법은 일정한 요건을 갖추면 소비자단체를 설립할 수 있도록 근거 규정을 마련하고 있으며(법 제29조), 국가 또는 지방자치단체는 등록소비자단체의 건전한 육성·발전을 위하여 필요하다고 인정될 때에는 보조금을 지급할 수 있다고 규정한다(법 제32조).

아. 소비생활환경권

소비자는 안전하고 쾌적한 소비생활 환경에서 소비할 권리를 가진다(동조 제 8 호). 이 권리는 2001년 제 4 차 개정을 통하여 도입된 것으로서 '지속가능한 소비'를 강조하는 1999년의 국제연합 소비자 보호지침의 핵심내용을 반영한 것이다. 이 권리를 환경친화적 소비권이라고 부르기도 한다. 소비자기본법 제18조 제 3 항은 소비자권익 증진시책에 대한 협력 취지로 사업자는 안전하고 쾌적한 소비생활 환경을 조성하기 위하여 물품등을 제공함에 있어서 환경친화적인 기술의 개발과 자원의 재활용을 위하여 노력하여야 한다는 내용을 규정하고 있다.

3.2. 소비자의 책무

소비자는 사업자 등과 더불어 자유시장경제를 구성하는 주체임을 인식하여 물품 등을 올바르게 선택하고, 제 4 조의 규정에 따른 소비자의 기본적 권리를 정당하게 행사하여야 하며, 스스로의 권익을 증진하기 위하여 필요한 지식과 정보를 습득하도록 노력하여야 한다. 소비자는 자주적이고 합리적인 행동과 자원절약적이고 환경친화적인 소비생활을 함으로써 소비생활의 향상과 국민경제의 발전에 적극적인 역할을 다하여야 한다(법 제 5 조).

제 3 절 주요 실체규정

1. 국가 및 지방자치단체의 책무

국가 및 지방자치단체는 소비자의 기본적 권리가 실현되도록 하기 위하여 i) 관계법령 및 조례의 제정 및 개폐, ii) 필요한 행정조직의 정비 및 운영개선, iii)

필요한 시책의 수립 및 실시, iv) 소비자의 건전하고 자주적인 조직활동을 지원·육성할 의무를 진다(법 제6조).

다시 말해 중앙정부와 지방자치단체는 소비자권익 증진을 위한 입법 및 정책개발, 관련 행정기구의 설치와 운영, 그리고 소비자의 역량육성 등 크게 세 가지의 책무를 진다.

1.1. 입법 및 정책개발

입법 및 정책개발에서 가장 대표적인 책무는 소비자보호 관련 법령을 정비하는 것이지만, 각종 연성규범을 개발하여 보급하는 것도 이에 못지않게 중요하다. 사업자단체의 소비자보호 자율규약을 유도하고 개별 사업자의 영업이나 피해구제 관련 모범관행이나 기준의 제정과 보급을 위해 정부는 중요한 역할을 수행할 수 있다.

지방자치단체 역시 관할 지역의 소비자문제에 능동적으로 대처하여야 한다. 그 대표적인 수단이 관련 조례의 개폐이다. 즉 지방자치단체는 i) 소비자안전에 관한 시책, ii) 소비자와 관련된 주요 시책이나 정책결정사항에 관한 정보의 제공, iii) 사업자의 표시 및 거래 등의 적정화 유도를 위한 조사·권고·공표, iv) 소비자단체·소비자생활협동조합 등 소비자의 조직활동의 지원, v) 소비자피해구제기구의 설치·운영, vi) 소비자의 능력향상을 위한 교육 및 프로그램, vii) 그 밖에 지역소비자의 권익 증진에 필요한 사항을 포함하는 조례를 제정할 수 있다(령 제3조). 이하 소비자기본법이 정하는 입법 및 정책 개발사항은 다음과 같다.

가. 위해방지 기준

국가는 사업자가 제공하는 물품 또는 용역으로 인한 소비자의 생명·신체 및 재산상의 위해를 방지하기 위하여, 물품 및 용역의 성분·함량·구조 등 그 중요한 내용, 물품 및 용역의 사용 또는 이용상의 지시사항이나 경고등 표시할 내용과 방법, 기타 위해를 방지하기 위하여 필요하다고 인정되는 사항에 관하여 사업자가 지켜야 할 기준을 정하여야 한다(법 제8조 제1항).

중앙행정기관의 장은 국가가 정한 기준을 사업자가 준수하는지 여부를 정기적으로 시험·검사 또는 조사하여야 한다.

나. 계량·규격 적정화 기준

국가 및 지방자치단체는 소비자가 사업자와의 거래에 있어서 계량으로 인하여 손해를 보는 일이 없도록 하기 위하여 물품 및 용역의 계량에 관하여 필요한 시책을 강구하여야 하며, 물품의 품질개선 및 소비생활의 합리화를 기하기 위하여 물품 및 용역의 규격을 정하고 이를 보급하기 위한 시책을 강구하여야 한다(법 제9조).

계량에 관하여는 「계량에관한법률」이 제정되어 있는데, 이 법은 계량기준을 설정하고 적정한 계량의 실시확보를 위한 제반조치를 강구하고 있다. 또한 측정표준과 계량기준 등 각종 국가표준제도의 확립을 위한 「국가표준기본법」 그리고 규격의 적정화를 위한 「산업표준화법」 등이 있다.

다. 표시기준

국가는 소비자가 물품의 사용이나 용역의 이용에 있어서 표시나 포장 등으로 인하여 선택이 잘못되는 일이 없도록 필요한 경우에는 그 주관하는 물품 또는 용역에 대하여 다음 사항에 관하여 표시기준을 정하여야 한다(법 제10조).

1) 상품명·용도·성분·재질·성능·규격·가격·용량·허가번호 및 용역의 내용
2) 물품을 제조·수입·판매하거나 용역을 제공한 사업자명(주소 및 전화번호를 포함한다) 및 물품의 원산지
3) 사용방법, 사용 및 보관상의 주의사항 및 경고사항
4) 제조년월일, 품질보증기간 또는 식품이나 의약품 등 유통과정에서 변질되기 쉬운 물품은 그 유효기간
5) 표시의 크기·위치·방법
6) 물품 또는 용역에 대한 불만 및 소비자피해가 있는 경우의 처리기구(주소 및 전화번호를 포함한다) 및 처리방법
7) 장애인차별금지법에 따른 시각장애인을 위한 표시방법

현재 특별법에 의한 표시규제로는 부당한 표시행위 등의 금지(표시·광고의 공정화에 관한 법률 제3조 내지 제6조), 안전인증표시규제(전기용품 및 생활용품 안전관리법 제9조), 가격표시규제(물가안정법 제3조) 등이 있다.

라. 광고기준

국가는 물품 또는 용역의 잘못된 소비 또는 과다한 소비로 인하여 소비자의 생명·신체 및 재산상의 위해를 방지하기 위하여 다음의 하나에 해당하는 경우에

는 광고의 내용 및 방법에 관한 기준을 정하여야 한다(법 제11조).

1) 용도·성분·성능·규격·원산지 등의 광고에 있어서 허가 또는 공인된 내용만으로 광고를 제한할 필요가 있거나 광고함에 있어서 특정내용을 반드시 소비자에게 알려야 할 필요가 있는 경우
2) 광고함에 있어서 소비자가 오인할 우려가 있는 특정용어 및 특정표현의 사용을 제한할 필요가 있는 경우
3) 광고의 매체 및 시간대에 대하여 제한이 필요한 경우

광고에 대한 현행법상 규제로는 허위·과장광고를 금지하는「표시·광고의 공정화에 관한 법률」과 과대광고를 금지하는「약사법」,「식품위생법」등이 존재한다.

마. 거래적정화 기준

국가는 사업자의 불공정한 거래조건이나 방법으로 인하여 소비자가 부당한 피해를 입지 아니하도록 필요한 시책을 수립·실시하여야 한다(법 제12조 제 1 항). 또한 소비자의 합리적인 선택을 방해하고 소비자에게 손해를 끼칠 우려가 있다고 인정되는 사업자의 부당한 행위를 지정·고시할 수 있다(법 제12조 제 2 항).

한편, 국가 및 지방자치단체는 약관에 의한 거래 및 방문판매·다단계판매·할부판매·통신판매·전자거래 등 특수한 형태의 거래에 대하여는 소비자권익을 위하여 필요한 시책을 강구하여야 하는데(법 제12조 제 3 항), 이를 위하여「약관의 규제에 관한 법률」,「할부거래에 관한 법률」,「방문판매 등에 관한 법률」,「전자문서 및 전자거래기본법」,「전자상거래 등에서의 소비자보호에 관한 법률」등의 법률을 제정하여 운용하고 있다.

바. 개인정보보호 기준

국가 및 지방자치단체는 소비자가 사업자와의 거래에서 개인정보의 분실·도난·누출·변조 또는 훼손으로 인하여 부당한 피해를 입지 아니하도록 필요한 시책을 강구하여야 하며, 국가는 소비자의 개인정보를 보호하기 위한 기준을 정하여야 한다(법 제15조). 소비자의 개인정보보호와 관련된 소비자기본법의 규정은 필요한 시책을 강구해야 한다는 원칙 규정에 그치고 있으며, 개인정보의 보호 문제는 직접적으로 별도의 개인정보보호법에 따라 민감정보를 포함한 소비자의 개인정보를 보호하기 위한 안정성 확보조치 등의 의무를 마련하고 있다. 온라인 디지털 소

비환경 및 USIM 등 개인의 민감정보 매체 등이 연계되어 소비자의 개인정보는 금융을 비롯한 중요 생활 전반에 중대한 영향을 미치게 된다. 개인정보의 유출 사고가 빈번한 상황인데, 해킹이나 외부 공격에 따른 유출 침해도 있지만, 내부자의 비위행위에 따른 고의적 유출, 개인정보처리 담당자의 관리소홀로 인한 피해 발생의 경우도 많다. 최근의 소비자 피해상황을 고려하여 실질적인 내용의 개인정보 보호 관리 지침 및 기준을 정돈해야 할 필요가 크다.

1.2. 소비자역량의 제고

가. 조직활동의 지원

국가 및 지방자치단체는 소비자단체의 업무와 소비자단체 외의 소비자생활협동조합 등이 행하는 교육·홍보·공동이용시설·공동구매 및 판매사업 그리고 기타 소비자의 권익증진을 위하여 필요하다고 인정하는 소비자의 조직활동을 지원·육성하여야 한다(령 제 4 조 제 1 항). 또한 국가 및 지방자치단체는 소비자단체·소비자생활협동조합 등에 대하여 예산의 범위 안에서 필요한 자금을 지원할 수 있다(령 제 4 조 제 2 항).

국가는 지방자치단체가 소비자의 권익증진에 관한 업무를 효율적으로 수행하기 위하여 소비자단체나 한국소비자원의 장에게 그 단체나 법인에 소속된 직원의 파견을 요청한 경우에는 파견에 드는 경비 등을 지원할 수 있다(령 제 5 조).

나. 소비자에의 정보제공

국가 및 지방자치단체는 소비자의 기본적인 권리가 실현될 수 있도록 소비자 권익과 관련된 주요시책 및 주요결정사항을 소비자에게 제공하여야 하고, 소비자가 물품 및 용역을 합리적으로 선택할 수 있도록 하기 위하여 물품 및 용역의 거래조건·거래방법·품질·안전성 및 환경성 등에 관련되는 사업자의 정보가 소비자에게 제공될 수 있도록 필요한 시책을 강구하여야 한다(법 제13조).

다. 소비자의 능력향상

국가 및 지방자치단체는 소비자의 올바른 권리행사를 이끌고, 물품 등과 관련된 판단능력을 높이며, 소비자가 자신의 선택에 책임을 지는 소비생활을 할 수 있도록 필요한 교육을 하여야 하며(법 제14조 제 1 항), 경제 및 사회의 발전에 따라 소비자의 능력향상을 위한 프로그램을 개발하여야 한다. 또한 소비자교육과 학교교육·평생교육을 연계하여 교육적 효과를 높이기 위한 시책을 수립·시행하여야 하며, 소비자의 능력을 효과적으로 향상시키기 위한 방법으로 「방송법」에 따른 방송사업을 할 수 있다.

소비자교육은 i) 정보통신매체를 이용하는 방법, ii) 현장실습 등 체험위주의 방법, iii) 「평생교육법」 제2조 제2호에 따른 평생교육시설을 활용하는 방법, iv) 「방송법」 제73조 제4항에 따른 비상업적 공익광고 등 다양한 매체를 활용하는 방법으로 실시할 수 있다(령 제6조).

1.3. 행정기구의 설치·운영

가. 소비자분쟁조정위원회와 소비자피해보상기준

국가 및 지방자치단체는 소비자의 불만 및 피해를 신속·공정하게 처리할 수 있도록 필요한 조치를 강구하여야 한다(법 제16조 제1항). 이를 위하여 국가에서는 한국소비자원 산하에 소비자분쟁조정위원회를 설치·운영하고 있으며(법 제60조), 특별시장·광역시장·특별자치시장·도지사 또는 특별자치도지사(시·도지사)는 소비자의 불만 및 피해를 처리하기 위하여 전담기구의 설치 등 필요한 행정조직을 정비하여야 한다(령 제7조).

그리고 국가는 소비자와 사업자간의 분쟁의 원활한 해결을 위하여 대통령령이 정하는 일반적 소비자피해보상기준에 따라 품목별로 소비자피해보상기준을 제정할 수 있다(법 제16조 제2항). 시행령에 의하면 공정위는 품목별 소비자피해보상기준을 제정·고시하도록 되어 있고, 이를 제정하는 경우 품목별로 당해 물품 또는 용역을 주관하는 중앙행정기관의 장과 협의하여야 하고, 소비자대표·사업자대표 및 대학교수 등 관계전문가의 의견을 듣도록 하고 있다(령 제8조 제4항). 이러한 품목별보상기준은 분쟁당사자간에 별도의 의사표시가 없는 경우에 한하여 합의 또는 권고의 기준이 된다(법 제16조 제3항). 품목별보상기준에서 해당 품목에 대한 보상기준을 정하고 있지 아니한 경우에는 동 기준에서 정한 유사제품에 대한 보상기준을 준용할 수 있고(령 제9조 제2항), 동일한 피해에 대한 보상방법이 두 가지 이상 있는 경우에는 소비자의 선택에 의한다(령 제9조 제3항).

대판 2008.2.28, 2007다52287

합성 교감신경흥분제인 페닐프로판올아민(phenylprophanolamine) 함유 일반의약품인 감기약 "콘택600"의 포장지에 제조자가 기재한 보상 관련 문구인 "본 제품은 재정경제부 고시에 의거 보상을 받을 수 있습니다"는, 위 감기약의 소비자와 제조자 사이에 보상합의가 이루어지지 않을 경우 구 소비자보호법(2006.9.7. 법률 제7988호 소비자기본법으로 전문 개정되기 전의 것) 및 그 하위 법령 등에서 정한 절차와 보상기준에 따라 피해구제를 청구할 수 있음을 안내하는 의미를 가질 뿐, 그 제조자가 소비자들에게 위 감기약을 정상적으로 사용할 경우 아무런 해를 끼치지 않는다는 것을 보증하고 사고 발생시 무과실책임을 부담하겠다는 의사표시로 볼 수 없다.

나. 시험·검사시설의 설치

국가 및 지방자치단체는 물품 및 용역의 규격·품질·안전성 등에 관하여 시험·검사 또는 조사를 실시할 수 있는 기구와 시설을 갖추어야 한다(법 제17조 제 1 항). 국가·지방자치단체 또는 소비자나 소비자단체는 필요하다고 인정될 때 또는 소비자의 요청이 있는 때에는 국가 및 지방자치단체에 의하여 설치된 검사기관이나 한국소비자원에 시험·검사 또는 조사를 의뢰하여 시험 등을 실시할 수 있다(법 제17조 제 2 항). 국가 및 지방자치단체는 시험 등을 실시한 경우에는 그 결과를 공표하고 소비자권익을 위하여 필요한 조치를 하여야 하고(법 제17조 제 3 항), 소비자단체가 물품 및 용역의 규격·품질·안전성 등에 관하여 시험·검사를 실시할 수 있는 시설을 갖출 수 있도록 지원할 수 있다. 또한 국가 및 지방자치단체는 제 8 조, 제10조 내지 제13조 또는 제15조의 규정에 따라 기준을 정하거나 소비자의 권익과 관련된 시책을 수립하기 위하여 필요한 경우에는 한국소비자원, 국립 또는 공립의 시험·검사기관 등의 기관에 조사·연구를 의뢰할 수 있다.

다. 소비자종합지원시스템의 구축과 운영

공정위는 소비자에게 물품등의 선택, 피해의 예방 또는 구제에 필요한 정보의 제공 및 이 법 또는 다른 법률에 따른 소비자 피해구제(분쟁조정 포함)를 신청하는 창구의 통합 제공 등을 위하여 소비자종합지원시스템을 구축·운영하여야 한다(법 제16조의2). 공정위는 이 종합지원시스템을 통해 소비자에게 ① 물품의 유통이력, 결함, 피해사례, 품질인증 등 소비자의 선택, 피해의 예방 또는 구제와 관련된 정보를 제공하고, ② 소비자 피해구제기관 및 절차 안내, 피해구제를 신청하는 창구의 통합 제공, 피해구제신청에 대한 처리결과 안내하여야 한다.

공정위는 종합지원시스템의 운영과 관련하여 중앙행정기관, 지방자치단체, 기타 관련 기관이나 단체의 장에게 관련 자료나 정보의 제공을 요청하고 그 자료나 정보를 보유하고 이용할 수 있다(동조 제3항). 또한 공정위는 사업자가 물품등에 관한 정보를 종합지원시스템에 등록한 경우 그 등록 사실을 나타내는 표지, 즉 등록표지를 부여할 수 있다(동조 제6항). 공정위는 종합지원시스템 운영사무의 전부 또는 일부를 시행령이 정하는 적합한 기관 또는 단체에 위탁할 수 있다.

2. 사업자의 책무

2.1. 소비자권익 증진시책에 대한 협력

사업자가 소비자에게 상품이나 용역을 제공하는 과정에서 소비자의 합리적인 선택을 방해하거나 불공정한 거래조건·방법을 사용하여 소비자의 이익을 침해할 위험은 항상 존재한다. 여기에서 사업자는 국가 및 지방자치단체의 소비자권익 증진시책에 적극 협력하여야 하며(법 제18조), 사업자는 소비자단체 또는 한국소비자원의 소비자권익증진업무의 추진에 필요한 자료 및 정보제공요청에 적극 협력하여야 하고, 안전하고 쾌적한 소비생활 환경을 조성하기 위하여 물품 및 용역을 제공함에 있어서 환경친화적인 기술의 개발과 자원의 재활용을 위하여 노력하여야 한다. 또한 국가와 지자체 및 한국소비자원의 위해방지조치에 협력하여야 한다.

2.2. 소비자보호 책무

사업자는 물품 등으로 인하여 소비자에게 생명·신체 또는 재산에 대한 위해가 발생하지 아니하도록 필요한 조치를 강구하여야 하며(법 제19조), 물품 등을 공급함에 있어서 소비자의 합리적인 선택이나 이익을 침해할 우려가 있는 거래조건이나 거래방법을 사용하여서는 아니된다. 또한 사업자는 소비자에게 물품 등에 대한 정보를 성실하고 정확하게 제공하여야 하며, 소비자의 개인정보가 분실·도난·누출·변조 또는 훼손되지 아니하도록 그 개인정보를 성실하게 취급하여야 하고, 물품 등의 하자로 인한 소비자의 불만이나 피해를 해결하거나 보상하여야 하며, 채무불이행 등으로 인한 소비자의 손해를 배상하여야 한다(동조 제5항).

2.3. 소비자 관련 법령의 준수

사업자는 소비자기본법 제 8 조(위해의 방지) 제 1 항의 규정에 따라 국가가 정한 기준에 위반되는 물품 등을 제조·수입·판매하거나 제공하여서는 아니되며(법 제20조), 제10조(표시의 기준)의 규정에 따라 국가가 정한 표시의 기준을 위반하여서는 아니되고, 제11조(광고의 기준)의 규정에 따라 국가가 정한 광고의 기준을 위반하여서는 아니된다. 또한 사업자는 제12조(거래의 적정화) 제 2 항의 규정에 따라 국가가 지정·고시한 행위를 하여서는 아니되며, 제15조(개인정보의 보호) 제 2 항의 규정에 따라 국가가 정한 개인정보의 보호기준을 위반하여서는 아니된다.

2.4. 소비자중심경영의 인증

공정위는 물품의 제조·수입·판매 또는 용역 제공의 모든 과정이 소비자 중심으로 이루어지는 경영을 하는 사업자에 대하여 소비자중심경영(CCM, consumer centered management)에 대한 인증,[3] 즉 소비자중심경영인증을 할 수 있다(법 제20조의2). 이를 통해 소비자는 상품 및 서비스의 선택기준이 되는 정보를 제공받고, 인증기업과 소비자문제 발생 시 CCM 운영 체계에 따라 신속하고 합리적인 해결이 가능하다. 소비자중심경영인증을 받은 사업자는 그 인증의 표시를 할 수 있으며, 인증의 유효기간은 3년이다(법제20조의2 제 4 항).

공정위는 소비자중심경영에 관하여 전문성이 있는 기관 또는 단체를 소비자중심경영인증기관으로 지정하여 인증업무를 수행하게 할 수 있다(법 제20조의3 제 1 항).

3. 소비자정책의 추진

3.1. 소비자정책의 수립

공정위는 제23조의 규정에 따른 소비자정책위원회의 심의·의결을 거쳐 소비

3) 소비자중심경영(CCM) 인증 마크

자 정책에 관한 기본계획을 3년마다 수립하여야 한다(법 제21조 제1항). 동 계획을 수립할 때에는 관계 중앙행정기관의 장 및 시·도지사에게 기본계획에 반영되어야 할 정책과 사업에 관한 자료의 제출을 요청할 수 있으며(령 제12조), 제출된 정책과 사업 외에 기본계획에 포함되는 것이 타당하다고 인정되는 사항은 관계 중앙행정기관의 장 및 시·도지사와 협의하여 기본계획안에 반영할 수 있다.

기본계획에는 다음의 사항이 포함되어야 한다(법 제12조 제2항).

1) 소비자정책과 관련된 경제·사회 환경의 변화
2) 소비자정책의 기본방향
3) 다음 사항이 포함된 소비자정책의 목표
   가) 소비자안전의 강화
   나) 소비자와 사업자 사이의 거래의 공정화 및 적정화
   다) 소비자교육 및 정보제공의 촉진
   라) 소비자피해의 원활한 구제
   마) 국제소비자문제에 대한 대응
   바) 기타 소비자의 권익과 관련된 주요한 사항
4) 소비자정책의 추진과 관련된 재원의 조달방법
5) 어린이 위해방지를 위한 연령별 안전기준의 작성
6) 기타 소비자정책의 수립 및 추진에 필요한 사항

공정위는 제23조의 규정에 따른 소비자정책위원회의 심의·의결을 거쳐 기본계획을 변경할 수 있다(동조 제3항).

관계행정기관의 장은 기본계획에 따라 매년 10월 31일까지 소관업무에 관하여 다음 연도의 소비자정책에 관한 시행계획을 수립하여야 하며(법 제22조 제1항), 시·도지사는 기본계획과 중앙행정기관별 시행계획에 따라 매년 11월 30일까지 소비자정책에 관한 다음 연도의 시·도별 시행계획을 수립하여야 한다(동조 제2항). 또한 공정위는 매년 12월 31일까지 중앙행정기관별 시행계획 및 시·도별 시행계획을 취합·조정하여 제23조의 규정에 따른 소비자정책위원회의 심의·의결을 거쳐 종합적인 시행계획을 수립하여야 하며(동조 제3항), 관계 중앙행정기관의 장 및 시·도지사는 종합시행계획이 실효성있게 추진될 수 있도록 매년 소요비용에 대한 예산편성 등 필요한 재정조치를 강구하여야 한다.

3.2. 소비자정책위원회

소비자의 권익증진 및 소비생활의 향상에 관한 기본적인 정책을 심의·의결하기 위하여 공정위에 소비자정책위원회를 둔다(법 제23조). 이 위원회는 위원장 2명을 포함한 25명 이내의 위원으로 구성되고, 위원장은 국무총리와 소비자문제에 관하여 학식과 경험이 풍부한 자 중에서 대통령이 위촉하는 자가 되며, 공정거래위원장은 간사위원이 된다(법 제24조). 위원은 관계 중앙행정기관의 장 및 한국소비자원의 원장과 국무총리가 위촉하는 자(소비자문제에 관한 학식과 경험이 풍부한 자 그리고 소비자단체 및 경제단체에서 추천하는 소비자대표 및 경제계 대표) 등으로 구성된다. 위원장과 위원의 임기는 3년이다.

소비자정책위원회는 i) 기본계획 및 종합시행계획, ii) 소비자정책의 종합적 추진 및 조정에 관한 사항, iii) 소비자 보호 및 안전확보를 위하여 필요한 조치에 관한 사항, iv) 소비자정책의 평가 및 제도개선 및 권고 등에 관한 사항, v) 그 밖에 위원장이 소비자의 권익증진 및 소비생활의 향상을 위하여 토의에 부치는 사항을 종합·조정하고 심의·의결한다(법 제25조 제 1 항). 동 위원회는 업무를 효율적으로 수행하기 위하여 정책위원회에 실무위원회와 분야별 전문위원회를 둘 수 있으며, 회의는 재적위원 과반수의 출석으로 열고, 출석위원 과반수의 찬성으로 의결한다.

위원회는 안건들을 심의하기 위하여 필요한 경우에는 소비자문제에 관하여 전문지식이 있는 자, 소비자 또는 관계사업자의 의견을 들을 수 있고, 공정위는 소비자권익증진, 정책위원회의 운영 등을 위하여 필요한 경우 중앙행정기관의 장 및 지방자치단체의 장 등 관계 행정기관에 의견제시 및 자료제출을 요청할 수 있다(법 제26조).

정책위원회는 소비자의 기본적인 권리를 제한하거나 제한할 우려가 있다고 평가한 법령·고시·예규·조례 등에 대하여 중앙행정기관의 장 및 지방자치단체의 장에게 법령의 개선 등 필요한 조치를 권고할 수 있다(법 제25조). 이 권고를 받은 중앙행정기관의 장 및 지방자치단체의 장은 권고를 받은 날부터 3개월 내에 필요한 조치의 이행계획을 수립하여 정책위원회에 통보하여야 하고, 정책위원회는 제 4 항에 따라 통보받은 이행계획을 검토하여 그 결과를 공표할 수 있다.

또한 위원장은 긴급회의를 소집할 수 있다(법 제25조의2). 즉 사업자가 제공하는 물품등으로 인하여 소비자의 생명 또는 신체에 대한 소정의 위해가 발생하거나 이 위해의 발생 또는 확산을 방지하기 위하여 복수의 중앙행정기관에 의한 종합적인 대책 마련이 필요한 경우 위원장은 간사위원 및 관계 중앙행정기관장으로 구성되는 긴급회의를 소집하여 종합대책을 마련할 수 있다.

중앙행정기관의 장은 마련된 종합대책에 필요한 세부계획을 즉시 수립하고, 해당 세부계획의 이행 상황 및 결과를 정책위원회에 보고하여야 한다. 중앙행정기관의 장 및 지방자치단체의 장은 해당 위해가 신고 또는 보고되거나 이러한 위해를 인지한 경우에는 즉시 정책위원회에 해당 내용을 통보하여야 하고, 정책위원회는 종합대책을 마련하기 위하여 필요한 경우 중앙행정기관 및 그 소속기관, 기타 공공기관에 자료를 요청하거나 피해의 발생원인·범위 등의 조사·분석·검사를 요청할 수 있다(동조 제 5 항·제 6 항).

3.3. 국제협력

국가는 소비자문제의 국제화에 대응하기 위하여 국가 사이의 상호협력방안을 마련하는 등 필요한 대책을 강구하여야 하며, 공정위는 관계 중앙행정기관의 장과 협의하여 국제적인 소비자문제에 대응하기 위한 정보의 공유, 국제협력창구 또는 협의체의 구성·운영 등 관련시책을 수립·시행하여야 한다(법 제27조). 또한 공정위는 국제협력창구 또는 협의체를 구성하는 경우에는 정책위원회의 심의·의결을 거쳐야 하며, 공정위는 구성된 국제협력창구 또는 협의체의 운영비용을 예산의 범위 안에서 지원할 수 있다(령 제21조).

4. 소비자단체

비정부조직(NGO)으로서 전국 규모는 물론 지방에서도 수많은 소비자 관련 단체들이 조직되어 있다. 그리고 소비자단체의 연합회로서 소비자단체협의회, 즉 소단협이 결성되어 있고, 그 구성단체로는 녹색소비자연대, 전국주부교실중앙회, 한국소비자연맹, 소비자시민모임, 한국여성소비자연합, 한국부인회, 한국소비생활연구원, 한국소비자교육원, 한국여성소비자연맹, YMCA전국연맹, 한국YMCA연합회 등이 있다.

소비자단체는 i) 국가 및 지방자치단체의 소비자의 권익과 관련된 시책에 대한 건의, ⅱ) 물품 및 용역의 규격·품질·안전성·환경성에 대한 시험·검사 및 가격 등을 포함한 거래조건이나 거래방법에 대한 조사·분석, ⅲ) 소비자문제에 관한 조사·연구, ⅳ) 소비자의 교육, ⅴ) 소비자의 불만 및 피해를 처리하기 위한 상담·정보제공 및 당사자간 합의의 권고 등의 업무를 수행한다(법 제28조 제 1 항).

소비자단체는 소비자보호활동과 관련하여 다음과 같은 권한을 가진다.

첫째, 조사·분석 등의 결과를 공표할 수 있다(법 제28조 제 2 항).[4] 다만 시험·검사결과를 공표하는 경우에는 공표예정일 7일 전까지 해당사업자의 의견을 들어야 한다(령 제22조 제 3 항).

둘째, 등록된 소비자단체가 자료 및 정보의 제공을 요청하였음에도 불구하고 사업자 또는 사업자단체가 정당한 사유없이 이를 거부·방해·기피하거나 허위로 제출한 경우에는 당해 사업자 또는 사업자단체의 이름(상호 기타 명칭 포함), 거부 등의 사실과 사유를 '신문 등의 진흥에 관한 법률'에 의한 일반 일간신문에 게재할 수 있다(법 제28조 제 3 항).

셋째, 소비자단체협의체(등록된 소비자단체를 구성원으로 하여 공정위에 등록된 소비자단체)는 소비자피해 및 불만의 처리를 위하여 자율적 분쟁조정을 할 수 있다. 다만, 다른 법률의 규정에 의하여 설치된 전문성이 요구되는 분쟁조정기구로서 대통령령이 정하는 기구에서 관장하는 사항에 대하여는 권한이 없다(법 제31조 제 1 항). 대통령령이 정하는 분쟁조정기구로는 금융분쟁조정위원회, 한국의료분쟁조정중재원, 환경분쟁조정피해구제위원회, 한국저작권위원회, 개인정보분쟁조정위원회, 전기위원회, 우체국예금·보험분쟁조정위원회, 그 밖에 다른 법령에 따라 설치된 분쟁조정기구로서 공정위가 필요하다고 인정하여 지정·고시하는 분쟁조정기구 등이 있다(령 제25조). 자율적 분쟁조정은 당사자가 이를 수락한 경우 당사자 사이에 자율적 분쟁조정의 내용과 동일한 합의가 성립된 것으로 본다(법 제31조 제 2 항).

소비자단체는 이러한 권한들을 가지지만, 업무상 알게 된 정보를 소비자권익 증진 목적 이외의 용도에 사용할 수 없고(법 제28조 제 4 항), 사업자 또는 사업자단

4) 다만, 공표되는 사항 중 물품 등의 품질·성능 및 성분 등에 관한 시험·검사로서 전문적인 인력과 설비를 필요로 하는 시험·검사인 경우에는 일정한 시험·검사기관의 시험·검사를 거친 후 공표하여야 한다(동조 동항 단서). 시험검사내용은 ① 역학시험, ② 화학시험, ③ 전기시험, ④ 열 및 온도시험, ⑤ 비파괴시험, ⑥ 음향 및 진동시험, ⑦ 광학 및 광도시험, ⑧ 의학시험, ⑨ 생물학적 시험이며(령 제22조 제 1 항), 시험·검사기관은 국공립검사기관, 한국소비자원 기타 중앙행정기관의 장이 시험·검사를 행할 능력이 있다고 인정하는 시험·검사기관이다(령 제22조 제 2 항). 서울고판 1990.6.8, 90나8536 참조.

체로부터 제공받은 자료 및 정보를 소비자권익증진 목적 외의 용도로 사용함으로써 사업자 또는 사업자단체에 손해를 끼친 때에는 그 손해에 관하여 배상할 책임을 부담한다(동조 제5항).

한편 소비자들은 자유롭게 소비자단체를 조직, 결성하고 이를 통하여 자신의 권익을 옹호하기 위한 조직적 활동을 지속적으로 전개할 수 있다. 기본적으로 결사의 자유의 범주에 속하는 이러한 조직적 활동의 보호와 관련하여 헌법은 국가의 책무를 정한다. 즉 국가는 건전한 소비활동을 계도하고 생산품의 품질향상을 촉구하기 위한 소비자보호운동을 법률로 보호하여야 하는 것이다(헌법 제124조).

여기에서 소비자기본법은 소비자단체의 활동을 촉진하고 보호하기 위해 소비자단체로서 등록하게 한 후 이를 지원하고 있다. 즉 물품 및 용역의 규격·품질·안전성·환경성에 대한 시험·검사 및 가격 등을 포함한 거래조건이나 거래방법에 대한 조사·분석과 소비자피해 및 불만처리를 위한 상담·정보제공 및 당사자간 합의의 권고를 하고자 하는 단체는 공정위 또는 지방자치단체에 등록할 수 있다(법 제29조 제1항).[5] 그러나 등록은 법률상 강제되는 의무사항이 아니라 해당 단체의 임의적 판단에 맡겨져 있다. 하지만 등록을 신청한 경우 관련 단체가 소비자의 권익을 옹호하거나 증진하기 위하여 조직된 소비자단체라기보다는 서비스 제공의 대가로 회원들로부터 회비를 받는 영리단체에 가깝고, '물품 및 용역' 전반에 대한 시험·검사, 거래조건이나 거래방법에 대한 조사·분석 업무를 하기에 적합한 설비와 인력도 갖추지 못한 경우 공정위 또는 지방자치단체의 장은 그 등록을 거부할 수 있다.[6] 소비자단체의 결성이나 그 활동은 시민사회의 자발적 사항이므로, 소비자단체로서 등록하지 않더라도 법 제28조 제1항 제2호의 업무와 제5호의 업무를 자유롭게 수행할 수 있음은 물론이다. 또한 국가 또는 지방자치단체는 필요한 경우에 등록된 소비자단체에 대해서 보조금(상담수수료, 상담실비 지원 등)을 지급할 수 있다(법 제32조).

5) 령 제23조 제2항에 의하면 전국적 규모의 소비자단체 협의체, 3개 이상의 시·도에 지부를 설치한 소비자단체는 공정위에 등록할 수 있고, 그 밖의 단체는 주된 사무소가 위치한 시·도에 등록할 수 있다.

6) 대판 2008.6.12, 2005두1978.

5. 한국소비자원

5.1. 설립과 구성

한국소비자원은 소비자권익증진시책의 효과적인 추진을 위하여 정부의 출연으로 설립된 특수공익법인(법 제33조)이다. 한국소비자원은 원장과 부원장을 포함한 10인 이내의 이사와 감사 1인으로 구성된다. 원장은 「공공기관의 운영에 관한 법률」 제29조에 따른 임원추천위원회가 복수로 추천한 사람 중에서 공정위 위원장의 제청으로 대통령이 임명하고, 부원장, 소장 및 상임이사는 원장이 임명하고, 비상임이사는 임원추천위원회가 복수로 추천한 사람 중에서 공정위 위원장이 임명하며, 감사는 임원추천위원회가 복수로 추천하여 「공공기관의 운영에 관한 법률」 제 8 조에 따른 공공기관운영위원회의 심의·의결을 거친 사람 중에서 재정경제부장관의 제청으로 대통령이 임명한다. 원장의 임기는 3년으로 하고, 부원장, 소장, 이사 및 감사의 임기는 2년으로 한다(법 제38조). 소비자원의 중요사항은 이사회에서 심의·의결하며, 이사회는 원장·부원장·소장 그 밖의 이사로 구성된다(법 제40조).

5.2. 업 무

한국소비자원은 기본적인 업무로서 다음의 업무를 담당한다(법 제35조 제 1 항).

1) 소비자의 권익과 관련된 제도와 정책의 연구 및 건의
2) 소비자의 권익증진을 위하여 필요한 경우 물품 등의 규격·품질·안전성·환경성에 대한 시험·검사 및 가격 등을 포함한 거래조건이나 거래방법에 대한 조사·분석의 실시
3) 소비자의 권익증진·안전 및 소비생활의 향상을 위한 정보의 수집제공 및 국제협력
4) 소비자의 권익증진·안전 및 능력개발과 관련된 교육·홍보 및 방송사업
5) 소비자의 불만처리 및 피해구제
6) 소비자의 권익증진 및 소비생활의 합리화를 위한 종합적인 조사·연구
7) 국가 또는 지방자치단체가 소비자보호를 위하여 관계법령의 규정에 의하여 의뢰한 조사 등의 업무

8)「독점규제 및 공정거래에 관한 법률」제90조 제 7 항에 따라 공정위로부터 위탁받은 동의의결의 이행관리
9) 그 밖에 소비자의 권익증진 및 안전에 관한 업무

소비자원은 이상의 업무를 수행함에 있어서 국가 또는 지방자치단체의 물품 또는 용역의 제공으로 인하여 발생한 피해구제나 그 밖에 다른 법률의 규정에 따라 설치된 전문성이 요구되는 분야의 분쟁조정기구에 신청된 피해구제 등으로서 대통령령[7]이 정하는 피해구제는 그 업무로 하지 않는다(법 제35조 제 2 항). 한편 한국소비자원은 소비자권익의 보호 및 증진을 위하여 그 업무의 결과를 공표하여야 하나, 사업자 또는 사업자단체의 사업상의 비밀을 보호할 필요가 있다고 인정되거나 공익상 필요하다고 인정할 때에는 이를 공표하지 않을 수도 있다(법 제35조 제 3 항).[8] 또한 소비자원장은 긴급하다고 인정되는 경우 사업자로부터 최소한의 시료를 수거할 수 있고, 이 때 원장은 시료수거일로부터 30일 이내에 공정위 및 주무관청의 장에게 그 사실과 결과를 보고하여야 한다(동조 제 4 항 · 제 5 항). 또한 원장은 소비자의 불만처리와 피해구제 등 업무를 수행함에 있어서 필요하다고 인정될 때에는 국립 또는 공립검사기관에 관계물품에 대한 시험 · 검사를 의뢰할 수 있고, 시험 · 검사를 의뢰받은 기관은 특별한 사유가 없는 한 우선하여 이에 응하여야 한다(법 제36조). 시험 · 검사에 소요되는 비용은 한국소비자원이 부담한다(령 제29조 제 2 항).

소비자원 원장은 물품의 시험, 검사나 소비자 피해구제 업무를 수행함에 있어서 다수의 피해가 우려되는 등 긴급하다고 인정되는 때에는 사업자로부터 필요한 최소한의 시료를 수거할 수 있다. 이 경우 그 사업자는 정당한 사유가 없는 한 이에 따라야 한다(법 제35조 제 4 항). 시료를 수거한 경우 원장은 수거일로부터 30일 이내에 공정위 및 관계 중앙행정기관의 장에게 그 시료수거 사실과 결과를 보고하여야 한다(동조 제 5 항).

---

7) 다른 법률에 따라 소비자분쟁조정위원회에 준하는 분쟁조정기구가 설치되어 있는 경우 그 분쟁조정기구에 피해구제가 신청되어 있거나 이미 그 피해구제절차를 거친 사항과 동일한 내용의 피해구제와 소비자가 한국소비자원에 피해구제를 신청한 후 이와 동일한 내용으로 다른 분쟁조정기구에 피해구제를 신청한 경우 그 피해구제(령 제28조).

8) 소비자원과 소비자단체의 공표와 관련하여 공표의 대상 및 범위에 있어 차이가 있다. 즉 소비자원의 경우는 업무전반에 대해 공표하도록 규정되어 있는 반면, 소비자단체의 경우는 소비자기본법 제28조 제 1 항 제 2 호의 조사분석의 결과에 한해 이를 공표하도록 규정되어 있다.

대판 1998.5.22, 97다57689

소비자기본법 및 동 시행령이 물품의 품질과 안전성 등을 검사하고, 그 결과를 공표하여 소비자보호를 위하여 필요한 조치를 취하는 것은 원칙적으로 국가나 지방자치단체의 직무로 규정하면서 그와 같은 소비자보호시책의 효과적인 추진을 위하여 피고 법인을 설립하고 국가나 지방자치단체로 하여금 그와 같은 시험, 검사 등을 피고 법인에 의뢰하도록 하는 일방, 피고 법인의 업무에 위와 같은 물품의 품질 등에 관한 검사와 그 결과의 공표를 포함시키고 있는 점에 비추어 보면, 피고의 이 사건 공표의 성질은 국가나 지방자치단체의 검사결과 공표와 마찬가지로 행정상의 공표에 해당한다.

일정한 행정목적 달성을 위하여 언론에 보도자료를 제공하는 등 이른바 행정상의 공표의 방법으로 실명을 공개함으로써 타인의 명예를 훼손한 경우, 그 대상자에 관하여 적시된 사실의 내용이 진실이라는 증명이 없더라도 그 공표의 주체가 공표 당시 이를 진실이라고 믿었고 또 그렇게 믿을 만한 상당한 이유가 있다면 위법성이 없는 것이고, 이 점은 언론을 포함한 사인에 의한 명예훼손의 경우와 다를 바가 없다.

상당한 이유가 있는지 여부의 판단에 있어서는 실명공표 자체가 매우 신중하게 이루어져야 한다는 요청에서 비롯되는 무거운 주의의무와 공권력을 행사하는 공표 주체의 광범한 사실조사 능력, 그리고 공표된 사실이 진실하리라는 점에 대한 국민의 강한 기대와 신뢰 등에 비추어 볼 때 사인의 행위에 의한 경우보다는 훨씬 더 엄격한 기준이 요구되므로, 그 공표사실이 의심의 여지없이 확실히 진실이라고 믿을 만한 객관적이고도 타당한 확증과 근거가 있는 경우가 아니라면 그러한 상당한 이유가 있다고 할 수 없다.

5.3. 소비자정보요청협의회

소비자단체가 자료 및 정보요청을 하는 경우 일정한 사항을 협의·조정하기 위하여 한국소비자원에 소비자정보요청협의회를 둔다(법 제79조 제 1 항). 협의·조정하는 사항은 소비자단체가 요청하는 자료 및 정보의 범위·사용목적·사용절차에 관한 사항과 동 자료 및 정보의 제공여부, 사업자 또는 사업자단체가 요청받은 자료 및 정보를 제공하여야 할 시한에 관한 것이다(법 제79조 제 2 항, 령 제66조). 협의회는 협의회장 1인을 포함한 7인 이내의 위원으로 구성되며, 협의회장은 소비자원의 상임이사 중에서 원장의 제청으로 공정위 위원장이 위촉하고, 나머지 위원은 원장의 제청으로 공정위 위원장이 임명하되 위원 중 각 2인씩은 소비자단체와 사업자단체가 추천하는 자 중에서 제청한다(령 제67조).

5.4. 회계와 감독

국가 및 지방자치단체는 예산의 범위 안에서 한국소비자원의 설립·시설·운영 및 업무에 필요한 경비를 충당하기 위하여 한국소비자원에 출연할 수 있다(법 제41조).

공정위 위원장은 한국소비자원(법 제51조의 규정에 따른 소비자안전센터를 포함한다)을 지도·감독하며 필요하다고 인정할 때에는 한국소비자원에 대하여 그 사업에 관한 지시·명령을 할 수 있고, 한국소비자원은 매년 업무계획서와 예산서, 매년의 결산보고서와 이에 대한 감사의 의견서를 작성하여 공정위의 승인을 얻어야 한다(법 제42조). 또한 공정위는 필요하다고 인정될 때에는 한국소비자원에 대하여 그 업무·회계 및 재산에 관한 사항을 보고하게 하거나 감사할 수 있다. 그리고 공정위 위원장은 검사 및 자료제출요구 권한을 한국소비자원의 소속직원에게 위탁할 수 있고, 중앙행정기관의 장은 그 권한의 일부를 시·도지사에게 위임할 수 있다(법 제83조).

한국소비자원의 임원, 조정위원회 위원 및 법률이 정하는 직원은 형법 제129조부터 제132조까지의 규정에 따른 벌칙을 적용할 때에는 공무원으로 보고(법 제43조), 소비자기본법 및 「공공기관의 운영에 관한 법률」에서 규정되지 않은 사항에 관하여는 민법상의 재단법인 규정을 준용한다(법 제44조).

6. 소비자안전

6.1. 국가 및 지방자치단체의 의무

국가 및 지방자치단체는 어린이·노약자·장애인 및 결혼이민자 등 안전취약계층에 대하여 우선적으로 보호시책을 강구하여야 하며(법 제45조), 사업자는 이들 안전취약계층에 대하여 물품 등을 판매·광고 또는 제공하는 경우에는 그 취약계층에게 위해가 발생하지 아니하도록 필요한 예방조치를 취하여야 한다.

공정위 또는 시·도지사는 사업자가 제공한 물품 등으로 인하여 소비자에게 위해발생이 우려되는 경우에는 관계 중앙행정기관의 장에게 다음의 조치를 요청할 수 있다(법 제46조 제1항).

- 사업자가 다른 법령에서 정한 안전조치를 취하지 아니하는 경우에는 그 법령의 규정에 따른 조치
- 다른 법령에서 안전기준이나 규격을 정하고 있지 아니하는 경우에는 수거·파기 등의 권고·명령, 동법의 규정에 따른 과태료 처분
- 기타 물품 등에 대한 위해방지대책의 강구

이 요청을 받은 주무관청의 장은 조치 여부 및 그 내용을 신속하게 공정위 또는 해당 시·도지사에게 통보할 의무가 있다(법 제46조 제 2 항).

6.2. 결함물품의 신고, 수거, 파기

결함물품의 수거는 소비자안전을 미리 담보하는 매우 중요한 제도로서 흔히 리콜로 통칭된다. 리콜의 유형으로는 사업자의 자진리콜, 중앙행정기관의 장 또는 시도지사가 행하는 리콜명령과 리콜권고 등이 있다. 리콜의 법적 근거도 다양해서 현재 소비자기본법 등 13개의 법률이 존재하는바, 이 중 위해 의약품과 식품의 회수를 정하는 약사법과 식품위생법, 공산품의 회수에 관한 제품안전기본법, 자동차관리법 등의 비중이 크다. 공정위는 소비자기본법 제46조에 따라 소관 부처에 리콜 요청을 하는 등 리콜 제도의 총괄부처로서 기능하고 있다. 리콜의 실제를 보면, 평균 년 1,000건을 하회하던 리콜 건수가 매년 대폭 증가하여 2024년 기준 총 리콜 건수는 2,537건에 이르고 있다.[9)]

가. 자진신고

사업자는 제조·수입·판매 또는 제공한 물품등에 소비자의 생명·신체 또는 재산에 위해를 끼치거나 끼칠 우려가 있는 제조·설계 또는 표시 등의 중대한 결함이 있다는 사실을 알게 된 경우, 제조·수입·판매 또는 제공한 물품등과 동일한 물품등에 대하여 외국에서 결함이 발견되어 사업자가 외국 정부로부터 수거·파기 등의 권고 또는 명령을 받고 한 수거·파기등, 자발적으로 한 수거·파기등에 해당하는 조치를 한 경우 또는 외국의 다른 사업자가 해당 조치를 한 사실을 알게 된 경우에는 제조·수입·판매 또는 제공한 물품등의 결함을 소관 중앙행정기관의 장에게 보고(전자적 보고 포함)하여야 한다(법 제47조 제 1 항).

여기서 중대한 결함이란 물품 등의 제조·설계·표시·유통 또는 제공에 있어

---

9) 공정위 2024년 결함보상·리콜 실적 보고서.

서 통상적으로 기대할 수 있는 안전성이 결여된 결함으로써 소비자에게 사망 또는 「의료법」에 따른 의료기관에서 3주 이상의 치료가 필요한 골절·질식·화상·감전 등 신체적 부상이나 질병, 2명 이상의 식중독 그리고 관계법령에서 정하는 안전기준을 위반한 결함을 야기하거나 야기할 우려가 있는 결함을 말한다(령 제34조 제 1 항).

결함내용을 보고하여야 할 사업자는 ① 물품 등을 제조·수입 또는 제공하는 자, ② 물품에 성명·상호 그 밖에 식별 가능한 기호 등을 부착함으로써 자신을 제조자로 표시한 자, ③ 「유통산업발전법」의 규정에 따른 대규모점포 중 대형마트·전문점·백화점·쇼핑센터·복합쇼핑몰 등을 설치하여 운영하는 자, ④ 그 밖에 소비자의 생명·신체 및 재산에 위해를 끼치거나 끼칠 우려가 있는 물품 등을 제조·수입·판매 또는 제공하는 자다(법 제47조 제 3 항, 령 제34조 제 3 항). 또한 사업자는 자신이 제공한 물품 등에 중대한 결함이 있다는 사실을 알게 되면 그 날부터 5일 이내에 서면(전자문서 포함)으로 소관 중앙행정기관에 그 결함사실을 보고하여야 하고, 긴급한 경우에는 구술보고를 하여야 하고 구술보고를 한 경우에는 24시간 이내에 서면으로 보고하여야 한다(법 제47조 제 4 항, 령 제35조 제 1 항 및 제 2 항).

사업자는 소비자에게 제공한 물품 등의 결함으로 인하여 소비자의 생명·신체 또는 재산에 위해를 끼치거나 끼칠 우려가 있는 경우에는 당해 물품 등의 수거·파기·수리·교환·환급 또는 제조·수입·판매·제공의 금지 기타 필요한 조치를 취하여야 한다(법 제48조). 필요한 조치를 하려는 경우에는 시정계획서를 소관 중앙행정기관의 장에게 제출하여야 하며, 자진시정조치를 마친 후에는 그 결과를 소관 중앙행정기관에게 보고하여야 한다(령 제36조).

나. 수거·파기권고

사업자로부터 결함을 보고받은 중앙행정기관의 장은 사업자가 보고한 결함의 내용에 관하여 공인시험검사기관 또는 한국소비자원 등에 시험·검사를 의뢰하고, 시험·검사의 결과 그 물품 등이 소비자에게 위해한 경우에는 사업자에게 필요한 조치를 취하여야 한다(법 제47조 제 2 항).

중앙행정기관의 장은 사업자가 제공한 물품 등의 결함으로 인하여 소비자의 생명·신체 또는 재산에 위해를 끼치거나 끼칠 우려가 있다고 인정되는 경우에는 그 사업자에 대하여 당해 물품 등의 수거·파기·수리·교환·환급 또는 제조·수입·판매·제공의 금지 기타 필요한 조치를 권고할 수 있으며(법 제49조), 권고를 받은 사업자는 그 권고의 수락 여부를 소관 중앙행정기관의 장에게 통지하여야 하고, 권고를 수락한 사업자는 자진수거 등의 조치를 취하여야 한다. 또한 중앙행정기관의 장은 권고를 받은 사업자가 정당한 사유없이 그 권고를 따르지 아니하는 때에는 사업자가 권고를 받은 사실을 공표할 수 있다(동조 제 4 항).

중앙행정기관의 장은 시정권고를 하려는 경우 서면으로 하여야 한다(령 제37조 제 2 항). 시정권고를 받은 사업자는 7일 이내에 소관 중앙행정기관의 장에게 서면으로 시정권고의 수락 여부를 통지하여야 한다(령 제37조 제 3 항).

또한 중앙행정기관의 장은 시정권고를 받은 사업자가 정당한 사유없이 시정권고를 따르지 아니하면 관련 사실을 신문·방송 등을 통하여 공표할 수 있다.

다. 수거·파기명령

중앙행정기관의 장은 사업자가 제공한 물품 등의 결함으로 인하여 소비자의 생명·신체 또는 재산에 위해를 끼치거나 끼칠 우려가 있다고 인정되는 경우에는 그 물품 등의 수거·파기·수리·교환·환급을 명하거나 제조·수입·판매 또는 제공의 금지를 명할 수 있고, 그 물품 등과 관련된 시설의 개수(改修) 기타 필요한 조치를 명할 수 있다. 다만 긴급하고 현저한 위해를 끼치거나 끼칠 우려가 있다고 인정되는 경우에는 그 절차를 생략할 수 있다(법 제50조 제 1 항). 또한 사업자가 위 명령에 따르지 아니하는 경우에는 직접 그 물품 등의 수거·파기 또는 제공금지 등 필요한 조치를 취할 수 있다(동조 제 2 항).

중앙행정기관의 장은 일정한 시정조치를 명할 때 위해정보가 필요하다고 인정되면 소비자안전센터에 위해정보의 제출을 요청할 수 있다. 이 경우 소비자안전센터는 특별한 사유가 없으면 요청에 따라야 한다(령 제38조 제 1 항).

또한 중앙행정기관은 시정조치를 명할 때에는 그 사유와 의무사항 및 이행에 필요한 상당한 기간을 정하여 서면으로 알려야 하며(령 제38조 제 2 항), 시정명령을 받은 사업자는 7일 이내에 다음의 사항이 포함된 시정계획서를 소관 중앙행정기관의 장에게 제출하고 시정조치를 하여야 하며, 이 경우 중앙행정기관의 장은 소비자의 안전에 긴급하고 현저한 위해를 끼칠 우려가 있는 경우에는 시정계획서의 제출기한을 단축할 수 있다(령 제38조 제 3 항).

중앙행정기관의 장은 제출받은 시정계획서가 소비자의 생명·신체 또는 재산에 끼치거나 끼칠 우려가 있는 위해를 제거하는데 미흡하다고 인정되면 그 시정계획서의 보완을 요구할 수 있으며(령 제38조 제 4 항), 시정조치를 제출한 사업자가 소비자에게 시정조치계획을 알리는 경우에는 결함물품에 대한 정보, 사업자의 이름·주소 및 연락처가 포함되어야 하고(령 제38조 제5항), 시정계획서를 제출한 사업자는 지체없이 시정조치를 이행하여야 하며, 시정조치를 마치면 서면으로 시정조치의 결과를 소관 중앙행정기관의 장에게 보고하여야 한다(령 제38조 제6항).

또한 중앙행정기관의 장은 사업자가 시정계획서상의 시정조치기간 이내에 그 물품 등을 수거하여 파기하지 아니하면 소속 공무원에게 이를 수거하여 파기하게 할 수 있으며(령 제38조 제7항), 소속 공무원은 물품 등을 수거하여 파기할 때에는 사업자를 참여시켜야 하며, 사업자가 이에 따르지 아니하거나 상당한 기간 사업자의 소재를 알 수 없는 경우에는 공무원 외에 관계 공무원을 1명 이상 참여시켜야 하고, 수거·파기에 드는 비용은 사업자가 부담하되, 사업자가 파산 등으로 비용을 부담할 수 없으면 그 물품 등을 수거·파기하는 중앙행정기관이 부담한다(령 제38조 제9항).

중앙행정기관의 장은 사업자에게 명령을 하는 경우 그 사실을 공표할 수 있다(동조 제3항).

6.3. 위해정보의 수집

소비자안전시책을 지원하기 위해 한국소비자원에 소비자안전센터를 두며(법 제51조 제1항), 소비자안전센터에 소장 1인을 두고, 그 조직에 관한 사항은 정관으로 정한다. 동 센터의 업무는 i) 위해정보의 수집 및 처리, ii) 소비자안전을 확보하기 위한 조사 및 연구, iii) 소비자안전과 관련된 교육 및 홍보, iv) 위해 물품 등에 대한 시정건의, v) 소비자안전에 관한 국제협력, vi) 그 밖에 소비자안전에 관한 업무이다(동조 제3항).

소비자안전센터는 물품 등으로 인하여 소비자의 생명·신체 또는 재산에 위해가 발생하였거나 발생할 우려가 있는 사안에 대한 정보를 수집할 수 있으며, 소장은 수집한 위해정보를 분석하여 그 결과를 원장에게 보고하여야 하며, 원장은 위해정보의 분석결과에 따라 필요한 경우에는 다음의 조치를 할 수 있다(법 제52조).

- 위해방지 및 사고예방을 위한 소비자안전경보의 발령
- 물품 등의 안전성에 관한 사실의 공표
- 위해물품 등을 제공하는 사업자에 대한 시정 권고

- 국가 또는 지방자치단체에의 시정조치·제도개선 건의
- 기타 소비자안전을 확보하기 위하여 필요한 조치

원장은 위해 물품등에 따라 시정 권고를 받은 사업자에게 수락 여부 및 시정 권고에 따른 이행 내용과 실적, 시정 권고를 이행하지 못한 물품등에 대한 조치계획, 위해의 재발방지를 위한 대책 사항을 포함한 이행 결과 등의 제출을 요청할 수 있다(동조 제 3 항). 또한 원장은 물품등으로 인하여 소비자의 생명·신체 또는 재산에 위해가 발생하거나 발생할 우려가 높다고 판단되는 경우로서 위해 물품등을 제공하는 사업자에 대한 시정 권고를 이행하지 않는 경우에는 공정위에 제46조 제 1 항에 따른 시정요청을 해 줄 것을 건의할 수 있다(동조 제 4 항).

위해정보를 수집·처리하는 자는 물품 등의 위해성이 판명되어 공표되기 전까지 사업자명·상품명·피해정도·사건경위에 관한 사항을 누설하여서는 아니된다(동조 제 5 항). 또한 공정위는 소비자안전센터가 위해정보를 효율적으로 수집할 수 있도록 하기 위하여 필요한 경우에는 행정기관·병원·학교·소비자단체 등을 위해정보 제출기관으로 지정·운영할 수 있다(동조 제 6 항). 위의 위해정보 제출기관으로 지정된 기관은 업무상 위해정보를 취득한 경우에는 일정한 사항을 적은 서면을 소비자안전센터에 제출하여야 한다(령 제39조 제 2 항).

또한 소비자안전센터는 제출받은 위해정보의 내용 보완이 필요하다고 인정되면 위해정보 제출기관에 그 보완을 요구할 수 있으며, 위해정보 제출기관은 위해정보를 제출한 후 그 내용을 변경하려는 경우에는 그 내용과 사유를 소비자안전센터에 제출하여야 한다. 아울러 소비자안전센터는 위해정보 제출기관으로부터 제출받은 위해정보를 분기별로 해당 물품 등이 소관 중앙행정기관의 장에게 보고하여야 하고, 긴급한 경우에는 즉시 보고하여야 한다(령 제39조).

소비자안전센터는 위해정보 제출기관이 제출한 위해정보를 유형별로 분류하여 3년 이상 보관하여야 하고(령 제40조), 위해정보 제출기관에 대하여 한국소비자원 예산의 범위 안에서 경비를 지원할 수 있다. 한국소비자원의 원장은 소비자안전경보의 발령이나 물품 등의 안전성에 관한 사실을 공표하려면 소비자안전센터의 소장으로 하여금 해당 물품 등에 대하여 위해정보의 발생빈도, 소비자의 위해정도, 기타 소비자원의 원장이 정하는 평가요소에 대한 평가를 실시할 수 있고, 소비자안전센터에 위해정보평가위원회를 두고 제출된 위해정보는 동 위원회의 심의를 거쳐야 한다(령 제42조).

제4절 구 제

1. 소비자분쟁의 해결

1.1. 사업자의 불만처리

사업자 및 사업자단체는 소비자로부터 제기되는 의견이나 불만 등을 기업경영에 반영하고, 소비자의 피해를 신속하게 처리하기 위한 기구의 설치·운영에 적극 노력하여야 하고, 소비자의 불만 또는 피해의 상담을 위하여 「국가기술자격법」에 따른 관련자격이 있는 자 등 전담직원을 고용·배치하도록 적극 노력하여야 한다(법 제53조).

중앙행정기관의 장 또는 시·도지사는 사업자 또는 사업자단체에게 소비자상담기구의 설치·운영을 권장하거나 그 설치·운영에 필요한 지원을 할 수 있으며, 공정위는 소비자상담기구의 설치·운영에 관한 권장기준을 정하여 고시할 수 있다(법 제54조).

1.2. 한국소비자원의 피해구제

소비자는 물품 등의 사용으로 인한 피해의 구제를 한국소비자원에 신청할 수 있으며(법 제55조), 국가·지방자치단체 또는 소비자단체도 소비자로부터 피해구제의 신청을 받은 때에는 한국소비자원에 그 처리를 의뢰할 수 있고, 사업자는 소비자로부터 피해구제의 신청을 받은 날부터 30일이 경과하여도 합의에 이르지 못하는 경우나 한국소비자원에 피해구제의 처리를 의뢰하기로 소비자와 합의한 경우에 한하여 한국소비자원에 그 처리를 의뢰할 수 있다. 피해구제 청구는 서면으로 하여야 하나 긴급을 요하거나 부득이한 사유가 있는 경우에는 구술이나 전화 등으로 할 수 있으며, 한국소비자원은 피해구제의 신청이나 의뢰를 받은 경우에는 지체없이 그 피해구제의 신청이나 의뢰에 관련된 피해구제 신청사건의 당사자와 의뢰인에게 서면으로 그 사실을 통보하여야 한다(령 제43조). 또한 원장은 피해구제의 신청을 받은 경우 그 내용이 한국소비자원에서 처리하는 것이 부적합하다고 판단되는 때에는 신청인에게 그 사유를 통보하고 그 사건의 처리를 중지할 수 있다(법 제55조 제4항).

원장은 피해구제 신청사건을 처리함에 있어서 당사자 또는 관계인이 법령을 위반한 것으로 판단되는 때에는 관계기관에 이를 통보하고 적절한 조치를 의뢰하여야 하고(법 제56조), 피해구제신청의 당사자에 대하여 피해보상에 관한 합의를 권고할 수 있으며(법 제57조), 피해구제의 신청을 받은 날부터 30일 이내에 합의가 이루어지지 아니하는 때에는 지체없이 소비자분쟁위원회에 분쟁조정을 신청하여야 한다. 다만, 피해의 원인규명 등에 상당한 시일이 요구되는 피해구제 신청사건으로서 의료·보험·농업 및 어업 사건, 기타 피해의 원인규명에 시험·검사 또는 조사가 필요한 사건에 대하여는 60일 이내의 범위에서 처리기간을 연장할 수 있다(법 제58조, 령 제44조).

한국소비자원의 피해구제 처리절차 중에 법원에 소를 제기한 당사자는 그 사실을 한국소비자원에 통보하여야 하고, 한국소비자원은 당사자의 소제기 사실을 알게 된 때에는 지체없이 피해구제절차를 중지하고, 당사자에게 이를 통지하여야 한다(법 제59조).

1.3. 소비자분쟁의 조정

가. 소비자분쟁조정위원회

소비자의 권리의식이 강화되면서 다양한 분야의 품목에서 소비자분쟁이 증가하는 추세이다. 한국소비자원의 분쟁조정 업무는 소비자기본법에 근거한 대체적 분쟁해결제도(Alternative Dispute Resolution, ADR)로, '상담-피해구제-분쟁조정이라는 3단계 분쟁해결제도의 일환으로 이루어지고 있다. 분쟁조정절차를 통하여 소비자는 별도의 비용을 부담하지 않으면서 소송보다 짧은 시간에 분쟁을 해결할 수 있으며, 당사자의 의사를 최대한 반영한 조정방안을 유연하게 도출할 수 있다는 점은 판결의 경직성 대비 장점이라고 하겠다. 소비자와 사업자 사이에 발생한 분쟁을 조정하기 위하여 한국소비자원에 소비자분쟁조정위원회를 두며(법 제60조 제1항), 소비자분쟁조정위원회 위원장은 조정위원회의 회의를 소집하고 그 의장이 되고, 조정위원장은 조정위원회의 회의를 소집하는 때에는 소비자 및 사업자를 대표하는 조정위원을 각 1명 이상 균등하게 포함하여야 하고, 회의의 일시·장소 및 부의사항을 정하여 부득이한 사유가 있는 경우 외에는 회의 시작 3일 전까지 각 위원에게 서면으로 알려야 한다(령 제45조).

조정위원회는 필요하다고 인정하는 경우에는 분쟁당사자나 참고인을 조정위원회에 출석하게 하여 의견을 들을 수 있다. 조정위원회의 회의는 위원, 분쟁당사자 또는 참고인("위원등")이 동영상과 음성이 동시에 송수신되는 장치가 갖추어진 서로 다른 장소에 출석하여 진행하는 원격영상회의방식으로 할 수 있다. 이 경우 해당 위원등은 같은 회의장에 출석한 것으로 본다.

조정위원회는 i) 소비자분쟁에 대한 조정결정, ii) 조정위원회의 의사에 관한 규칙의 제정 및 개정·폐지, iii) 기타 조정위원회의 위원장이 토의에 부치는 사항을 심의·의결한다(법 제60조 제2항). 조정위원회는 분쟁조정을 효율적으로 하기 위하여 필요하다고 인정하면 분쟁조정절차를 분리하거나 병합할 수 있으며, 분쟁조정절차를 분리하거나 병합한 때에는 분쟁조정의 신청인 및 분쟁당사자에게 지체없이 서면으로 그 뜻을 알려야 한다(령 제46조).

조정위원회는 위원장 1인을 포함한 150인 이내의 위원으로 구성하며, 위원장을 포함한 5인은 상임으로 하고, 나머지는 비상임으로 한다(법 제61조).[10] 위원은 소정의 자격을 갖춘 자 중에서 원장의 제청에 의하여 공정위 위원장이 임명 또는 위촉한다.

위원장은 상임위원 중에서 공정위 위원장이 임명하며, 위원장이 부득이한 사유로 직무를 수행할 수 없을 경우 상임위원이 직무를 대행하고, 상임위원이 부득이한 사유로 위원장의 직무를 대행할 수 없을 경우에는 공정위 위원장이 지정하는 위원이 그 직무를 대행한다. 위원의 임기는 3년이고 연임할 수 있으며, 조정위원회의 업무를 효율적으로 수행하기 위하여 조정위원회에 분야별 전문위원회를 둘 수 있고, 전문위원회는 분야별로 10명 이내의 위원으로 구성하며 위원은 해당분야에 관한 학식과 경험이 풍부한 자 중에서 조정위원장이 위촉한다(령 제50조). 조정위원회 위원은 자격정지 이상의 형을 받거나 신체 또는 정신의 장애로 직무를 수행할 수 없는 경우를 제외하고는 그의 의사와 다르게 면직되지 아

---

10) 2025. 12. 기준 소비자분쟁조정위원회에는 위원장을 포함한 5명의 상임위원과 145명의 비상임위원으로 구성되어 있으며, 의료·건축·금융·자동차 등 각종 분야별 사건처리를 효율적으로 수행하기 위하여 약 200명의 전문위원들로 구성된 분야별 자문기구를 두고 있다. 분쟁조정위원회에 접수된 사건 수와 처리 건수는 매년 증가하고 있는 추세이며, 2022년까지 4천여 건 수준이었던 접수 건수가 2023년 6천 건, 2024년 9천 건을 넘어 2025년에는 사상 처음으로 1만 건을 돌파했다.

니한다(법 제62조).

조정위원회의 회의는 분쟁조정회의와 조정부로 나뉘어진다. 분쟁조정회의는 위원장, 상임위원과 위원장이 회의마다 지명하는 5명 이상 9명 이하의 위원으로 구성하여 위원장이 주재하며, 조정부는 위원장 또는 상임위원과 위원장이 회의마다 지명하는 2명 이상 4명 이하의 위원으로 구성하고 위원장 또는 상임위원이 주재한다(법 제63조 제1항). 조정위원회의 회의는 위원 과반수 출석과 출석위원 과반수의 찬성으로 의결하며, 조정위원회의 회의에는 소비자 및 사업자를 대표하는 위원이 각 1명 이상 균등하게 포함되어야 한다.

한편 분쟁조정회의와 조정부는 관장사항을 달리하여 심의·의결한다. 분쟁조정회의는 소비자분쟁 중 소비자원장 또는 소비자단체의 합의권고 금액이 200만원 이상인 소비자분쟁에 대한 조정(령 제45조의2), 조정위원회의 의사에 관한 규칙의 제정 및 개정·폐지, 법 제68조 제1항에 따라 조정위원회에 의뢰 또는 신청된 분쟁조정, 그리고 조정부가 분쟁조정회의에서 처리하도록 결정한 사항을 관장하며, 조정부는 조정위원회 관장사항을 제외한 사항을 심의·의결한다(법 제63조의2).

조정위원회의 위원은 일정한 사유가 있는 경우 그 분쟁조정사건의 심의·의결에서 제척된다(법 제64조 제1항). 당사자는 위원에게 심의·의결의 공정을 기대하기 어려운 사정이 있는 경우에는 원장에게 기피신청을 할 수 있다. 이 경우 원장은 기피신청에 대하여 조정위원회의 의결을 거치지 아니하고 결정한다(동조 제2항). 위원은 또한 위 사유에 해당하는 경우에는 스스로 그 사건의 심의·의결에서 회피할 수 있다(동조 제3항).

나. 개별적 분쟁조정

소비자와 사업자 사이에 발생한 분쟁에 관하여 국가·지방자체단체에서 소비자분쟁이 해결되지 아니하거나 소비자단체의 합의권고[11]에 따른 합의가 이루어지지 아니한 경우 당사자나 그 기구 또는 단체의 장은 조정위원회에 분쟁조정을 신청할 수 있으며(법 제65조), 조정위원회는 분쟁조정을 신청받은 경우에는 지체없이 분쟁조정절차를 개시하여야 한다. 조정위원회는 필요한 경우 전문위원회의 자문을 구할 수 있고, 이해관계인·소비자단체 또는 관계기관의 의견을 들을 수 있다.

조정위원회는 분쟁조정을 신청받은 경우에는 그 분쟁조정을 위하여 필요하다고 인정되면 그 신청인이나 분쟁당사자에게 증거서류 등 관련 자료의 제출을 요

11) 한국소비자원에 접수된 피해구제신청사건의 90% 이상이 합의권고 단계에서 종결된다.

청할 수 있고(령 제53조), 분쟁조정 업무의 효율적 수행을 위하여 10일 이내의 기간을 정하여 분쟁당사자에게 보상방법에 대한 합의를 권고할 수 있다(령 제54조).

조정위원회는 분쟁조정을 신청받은 때에는 그 신청을 받은 날부터 30일 이내에 그 분쟁조정을 마쳐야 하며, 정당한 사유가 있는 경우로서 30일 이내에 분쟁조정을 마칠 수 없는 때에는 그 기간을 연장할 수 있고, 이 경우 그 사유와 기한을 명시하여 당사자 및 그 대리인에게 통지하여야 한다(법 제66조).

조정위원회의 위원장은 분쟁조정을 마친 때에는 지체없이 당사자에게 그 분쟁조정의 내용을 통지하여야 하며(법 제67조 제 1 항), 통지를 받은 당사자는 그 통지를 받은 날부터 15일 이내에 분쟁조정의 내용에 대한 수락 여부를 조정위원회에 통보하여야 한다. 이 경우 15일 이내에 의사표시가 없는 때에는 수락한 것으로 본다(동조 제 2 항). 당사자가 분쟁조정의 내용을 수락하거나 수락한 것으로 보는 경우 조정위원회는 조정조서를 작성하고, 조정위원회의 위원장 및 각 당사자가 기명날인하거나 서명하여야 한다. 다만, 수락한 것으로 보는 경우에는 각 당사자의 기명날인 또는 서명을 생략할 수 있다. 또한 당사자가 분쟁조정의 내용을 수락하거나 수락한 것으로 보는 때에는 그 분쟁조정의 내용은 재판상 화해와 동일한 효력을 갖는다(동조 제 4 항).

소비자기본법에 따른 개별적 분쟁조정의 신청 그리고 집단분쟁조정의 의뢰 또는 신청은 시효중단의 효력이 있다. 다만 분쟁조정절차 또는 집단분쟁조정절차가 종료된 경우에는 그 조정절차가 종료된 날부터 1개월 이내에 소를 제기하지 아니하면 시효중단의 효력이 없다(법 제68조의3).

다. 집단분쟁조정

국가 · 지방자치단체 · 한국소비자원 또는 소비자단체 · 사업자는 소비자의 피해가 다수의 소비자에게 같거나 비슷한 유형으로 발생하는 사건에 대하여는 조정위원회에 일괄적인 분쟁조정을 의뢰 또는 신청할 수 있다(법 제68조).[12]

12) 집단분쟁조정은 2007년 도입 이래 활발하게 운용되고 있다. 2024년 티몬·위메프 모바일 상품권 환불 분쟁, 넥슨 메이플스토리 큐브 확률 조작 관련 분쟁, 2025년 SKT 유심해킹사건 등 사회적 이슈가 된 중요 소비자 피해 분쟁이 집단분쟁조정 절차로 진행되었다. 2024년 9월 넥슨코리아의 메이플스토리 게임 확률형 아이템 집단분쟁사건(신청인 5,804명)은 조정성립으로 이용자 약 80만명이 219억원을 보상받았고, 티몬·위메프의 판매대금 미정산 사태 관련 사건(신청인 9,004명)에 대해서는 티몬·위메프, 상품판매사, 결제대행사(PG)가 연대하여 결제대금을 환급하도록 했던 조정 결정이 일부 성립되어 1,745명이 16.5억원을 환급받았다. 티몬·위메프에서 판매된 상품권 관련 집단분쟁조정사건(신청인 2,748명)에 대해서도 티몬·위메프, 상품권발행사의 환급책임을 인정하는 조정 결정이 일부 성립되었으며, 이 가운데 2개 발행판매사는 집단분쟁조정 당

집단분쟁조정의 요건으로는 i) 물품 등으로 인한 피해가 같거나 비슷한 유형으로 발생한 소비자의 수가 50명 이상일 것, ii) 사건의 중요한 쟁점이 사실상 또는 법률상 공통될 것 등이다. 다만, 소비자 중에 이미 사업자와 합의된 소비자나 다른 분쟁조정기구에서 분쟁조정이 진행중인 소비자, 법원에 소를 제기한 소비자는 제외된다(령 제56조). 일괄적인 분쟁조정의 의뢰나 신청은 서면으로 하여야 하고, 집단분쟁조정 절차의 분리·병합은 효율적인 분쟁조정절차를 위해 가능하며 동 내용은 당사자에게 통보하여야 한다(령 제57조).

제 1 항의 규정에 따라 집단분쟁조정을 의뢰받거나 신청받은 조정위원회는 조정위원회의 의결로써 의뢰받거나 신청받은 날부터 60일 이내에 집단분쟁조정의 절차를 개시하여야 한다. 이 경우 14일 이상 그 절차의 개시를 공고하여야 하며, 개시공고는 한국소비자원 인터넷 홈페이지 및 전국을 보급지역으로 하는 일간신문에 게재하는 방법으로 한다(법 제68조 제 2 항 및 령 58조). 제 2 항에도 불구하고 조정위원회는 피해의 원인규명에 시험, 검사 또는 조사가 필요한 사건, 피해의 원인규명을 위하여 제68조의2에 따른 대표당사자가 집단분쟁조정 절차개시 결정의 보류를 신청하는 사건에 해당하는 사건에 대하여는 제 2 항에 따른 개시결정기간 내에 조정위원회의 의결로써 집단분쟁조정 절차개시의 결정을 보류할 수 있다. 이 경우 그 사유와 기한을 명시하여 의뢰 또는 신청한 자에게 통지하여야 하고, 그 보류기간은 제 2 항에 따른 개시결정기간이 경과한 날부터 60일을 넘을 수 없다(법 제68조 제 3 항). 또한 소비자 또는 사업자로부터 분쟁조정의 당사자에 추가로 포함될 수 있도록 하는 신청을 받을 수 있고, 조정위원회는 참가신청을 받으면 10일 이내에 참가인정여부를 서면으로 알려야 한다(법 제68조 제 4 항 및 령 제59조).

집단분쟁조정에 이해관계가 있는 당사자들은 그 중 3명 이하를 대표당사자로 선임할 수 있고, 당사자들이 대표당사자를 선임하지 아니한 경우에 조정위원회는 필요하다고 인정하는 때에는 당사자들에게 대표당사자를 선임할 것을 권고할 수 있다(법 제68조의2 제 1 항·제 2 항). 대표당사자로 선임된 자는 자기를 선임한 당사자들을 위하여 그 사건의 조정에 관한 모든 행위를 할 수 있으나, 조정신청의 철회 및 조정안의 수락·거부는 자기를 선임한 당사자들의 서면에 의한 동의를 받아야 한다(법 제68조의2 제 3 항). 그리고 대표당사자를 선임한 당사자들은 대표당사자를 통하여서만 그 사건의 조정에 관한 행위를 할 수 있으나, 필요하다고

사자 이외의 소비자들에 대한 보상계획 권고를 수락하기도 했다.

인정하는 경우에는 대표당사자를 해임하거나 변경할 수 있다(법 제68조의2 제 4 항 · 제 5 항).

조정위원회는 사업자가 조정위원회의 집단분쟁조정의 내용을 수락한 경우에는 집단분쟁조정의 당사자가 아닌 자로서 피해를 입은 소비자에 대한 보상계획서를 작성하여 조정위원회에 제출하도록 권고할 수 있고, 제출을 권고받은 사업자는 그 권고를 받은 날부터 15일 이내에 권고의 수락 여부를 조정위원회에 알려야 한다(법 제68조 제 5 항 및 령 제60조). 그런데 집단분쟁조정의 당사자인 다수의 소비자 중 일부의 소비자가 법원에 소를 제기한 경우에는 그 절차를 중지하지 아니하고, 소를 제기한 일부의 소비자를 그 절차에서 제외한다(법 제68조 제 6 항).

집단분쟁조정은 제 2 항에 따른 공고가 종료된 날의 다음 날부터 30일 이내에 마쳐야 하되, 부득이한 사유가 있는 때에는 2회에 한하여 각각 30일의 범위에서 그 기간을 연장할 수 있다(법 제68조 제 7 항).

집단분쟁조정의 기한은 집단분쟁조정 개시공고가 종료된 날의 다음 날부터 기산하고(동조 제 7 항), 조정위원회의 운영 및 조정절차에 관하여 소비자기본법에서 규정하지 아니한 사항에 대해서는 「민사조정법」을 준용한다.

법 제58조 또는 제65조 제 1 항에 따라 분쟁조정이 신청된 사건에 대하여 신청 전 또는 신청 후 소가 제기되어 소송이 진행 중일 때에는 수소법원은 조정이 있을 때까지 소송절차를 중지할 수 있다. 이에 따라 소송절차가 중지된 경우 조정위원회는 해당 사건의 조정절차를 재개한다. 조정위원회는 조정이 신청된 사건과 동일한 원인으로 다수인이 관련되는 동종·유사 사건에 대한 소송이 진행 중인 경우에는 조정위원회의 결정으로 조정절차를 중지할 수 있다(법 제68조의4 소송과의 관계).

1.4. 소비자단체소송

가. 제소권자와 관할법원

사업자가 소비자기본법에서 정한 위해방지기준·표시기준·광고기준·개인정보보호기준을 위반하여 소비자의 생명·신체 또는 재산에 대한 권익을 직접적으로 침해하고 그 침해가 계속되는 경우 법원에 소비자권익침해행위의 금지·중지를 구하는 소송을 제기할 수 있다.[13] 소구의 대상은 사업자의 부작위를 청구하는 것에 한하

13) 소비자기본법의 단체소송(Verbandklage)은 독일 불공정경쟁방지법(UWG)에 그 뿌리를 두고 있

고, 손해배상이나 법위반으로 조성된 결과에 대한 제거청구는 포함되지 않는다.

소송제기권자는 ① 공정위에 등록한 소비자단체로서 상시적으로 일반 또는 특정 분야의 소비자의 권익증진을 주된 목적으로 하는 단체이고, 단체의 정회원수가 1천명 이상이며, 등록 후 3년이 경과한 소비자단체, ② 한국소비자원, ③「상공회의소법」에 따른 대한상공회의소,「중소기업협동조합법」에 따른 중소기업협동조합중앙회 및 전국 단위의 경제단체로서 ⅰ) 사업자 등을 회원으로 하여「민법」에 따라 설립된 사단법인으로서 정관에 따라 기업경영의 합리화 또는 건전한 기업문화조성에 관한 사업을 수행하는 법인 중 공정위가 정하여 고시하는 법인이거나(전국경제인연합회) ⅱ) 사업자 등을 회원으로 하여「민법」에 따라 설립된 사단법인으로서 정관에 따라 무역진흥업무를 수행하는 법인 중 공정위가 정하여 고시하는 법인(무역협회), ④「비영리민간단체지원법」에 따른 비영리민간단체로서 ⅰ) 법률상 또는 사실상 동일한 침해를 입은 50인 이상의 소비자로부터 단체소송의 제기를 요청받아야 하고, ⅱ) 정관에 소비자의 권익증진을 단체의 목적으로 명시한 후 최근 3년 이상 이를 위한 활동실적이 있어야 하며, ⅲ) 단체의 상시 구성원수가 5천명 이상이어야 하고, 마지막으로 ⅳ) 중앙행정기관에 등록되어 있는 비영리민간단체 등이다(법 제70조, 령 제63조).

단체소송의 소는 피고의 주된 사무소 또는 영업소가 있는 곳, 주된 사무소나 영업소가 없는 경우에는 주된 업무담당자의 주소가 있는 곳의 지방법원 본원 합의부의 관할에 전속되며, 외국사업자에 적용하는 경우 대한민국에 있는 이들의 주된 사무소·영업소 또는 업무담당자의 주소에 따라 정하고(법 제71조), 단체소송의 원고는 변호사를 소송대리인으로 선임하여야 한다(법 제72조).

나. 단체소송의 허가

단체소송을 제기하는 단체는 소장(訴狀)과 함께 ⅰ) 원고 및 그 소송대리인, ⅱ) 피고, ⅲ) 금지·중지를 구하는 사업자의 소비자권익침해행위의 범위를 기재한 소송허가신청서를 법원에 제출하여야 한다(법 제73조 제 1 항). 소송허가신청서에는 ⅰ) 소제기단체가 청구적격이 있음을 소명하는 자료, ⅱ) 소제기단체가 사업자에게 소비자권익 침해행위를 금지·중지할 것을 요청한 서면 및 이에 대한 사업자의 의견서(사업자의 응답이 없을 경우 생략가능)를 첨부하여야 한다(법 제73조 제 2 항).

다. 독일에서 불공정경쟁 관련 소송의 반 이상을 점하는 것이 바로 이 단체소송이다. Emmerich 저/정호열 역, 부정경쟁법, 삼지원, 385-395.

법원은 다음의 요건을 갖춘 경우에 한하여 결정으로 단체소송을 허가한다(법 제74조 제1항).

1) 물품 등의 사용으로 인하여 소비자의 생명·신체 또는 재산에 피해가 발생하거나 발생할 우려가 있는 등 다수 소비자의 권익보호 및 피해예방을 위한 공익상의 필요가 있을 것
2) 소송허가신청서의 기재사항에 흠결이 없을 것
3) 소제기단체가 사업자에게 소비자권익 침해행위를 금지·중지할 것을 서면으로 요청한 후 14일이 경과할 것

그리고 단체소송을 허가하거나 불허가하는 결정에 대하여는 즉시항고할 수 있다(동조 제2항).

소비자단체소송으로는 경실련 등 4개 소비자단체가 SK브로드밴드(구 하나로텔레콤)를 상대로 제기(2008.7)하여 법원의 허가(2009.10)를 받은 건이 대표적이다. SK브로드밴드가 가입자로부터 개인정보 제3자 제공동의를 받을 때 이용목적을 구분하지 않고 일괄 동의를 받고 있어 개인정보가 침해되므로 이를 중지하도록 하기 위한 소송이었으나, 2009.1. SK브로드밴드가 문제되는 약관을 자진 시정함에 따라 소송을 취하한 바 있다. 그 외에도 사단법인 한국소비자연맹이 SKT를 상대로 제기한 소비자에 대한 청약철회권 행사 제한 행위에 대한 금지 또는 중지청구 사건이 있다(대판 2023. 6. 15, 2018다214746 소비자권익침해행위금지및중지).

다. 판결의 효력

원고의 청구를 기각하는 판결이 확정된 경우 이와 동일한 사안에 관하여는 다른 단체는 단체소송을 제기할 수 없다. 다만 아래의 경우의 하나에 해당하는 경우에는 그러하지 아니하다(법 제75조).

1) 판결이 확정된 후 그 사안과 관련하여 국가 또는 지방자치단체가 설립한 기관에 의하여 새로운 연구결과나 증거가 나타난 경우
2) 기각판결이 원고의 고의로 인한 것임이 밝혀진 경우

원고 패소판결이 확정되기 이전까지는 다른 단체의 금지청구가 물론 허용된

다. 단체소송에 관하여 이 법에 특별한 규정이 없는 경우에는 「민사소송법」을 적용하며, 단체소송의 허가결정이 있는 경우에는 「민사집행법」의 규정에 따른 보전처분을 할 수 있고, 단체소송의 절차에 관하여 필요한 사항은 대법원규칙으로 정한다(법 제76조).

라. 소비자단체소송제도에 대한 평가

소비자기본법이 마련한 소비자단체소송제도는 여러 이유로 사실상 활성화되지 못하고 있다. 지속적인 소비자피해가 발생하는 상황임에도 불구하고 단체소송제도가 제 역할을 다하지 못하는 이유를 면밀히 살펴 제도를 개선해야 할 필요가 있다고 하겠다.[14] 물론 남소의 방지와 공익상 필요성과 같은 요건을 조화롭게 살펴야 할 중요한 사안일 것이며, 사업자에게만 지나친 부담을 가중하는 급진적인 방향은 남소의 확대와 이에 따른 비용의 소비자 전가 결과로 이어질 수도 있을 것이다. 현행 소비자단체소송제도는 다음과 같은 문제점이 있다. ① 사전 서면요청 절차와 소송허가 절차라는 이중 절차 구조는 소송의 제기를 지연시키고 관련 비용을 증가시키는 장벽으로 기능한다. ② 법 제72조가 정하는 변호사 강제주의는 소비자단체소송의 특성을 고려한 내용이기는 하나, 소비자단체의 입장에서는 법률비용의 부담이라는 점을 무시할 수는 없다. ③ 현행 소비자단체소송은 소비자권익 침해행위의 "금지·중지"만을 구할 수 있고, 손해배상이나 부당이득반환 등은 청구할 수 없다. 또한 사업자의 권익 침해행위가 "계속되는 경우"에만 소송을 제기할 수 있어, 일회적이거나 이미 종료된 침해행위에 대해서는 소송을 제기할 수 없다는 한계를 갖는다. 결국 원고들의 소 제기 목적에 제한이 가해진다는 점을 부인하기 어렵다. ④ 소송결과 원고가 패소할 경우 민사소송법 제98조에 따른 소송비용 부담 책임을 피할 수 없다. 공익적 차원의 소송의 경우 별도의 특례 규정을 마련하는 등의 방법을 고려할 수 있을 것이다.[15]

한편, 프랑스와 일본은 소비자단체가 소비자피해에 대한 2단계의 집단소송을

14) 증권관련 집단소송의 경우에도, 증권관련 집단소송법이 2004년 제정되어, 자본시장법 위반행위에 대한 집단손해배상소송제도가 2005년부터 시행되었지만, 실제로 소제기가 이루어진 사건은 지금까지 12건에 불과하고, 소송허가결정이 내려진 것은 9건, 이중 화해가 이루어지거나 주주가 승소한 사건은 6건에 불과할 정도로 활성화되지 못하고 있다.

15) 공익소송의 경우 미국은 편면적 패소자 부담주의(one-way fee shifting; 원고 승소 시 상대방에게 변호사비용을 청구할 수 있고, 패소시 상대방 변호사 비용을 부담하지 않음), 영국은 보호적 비용명령제도(protective cost order; 공익소송 원고가 패소해도 법원의 재량으로 소송비용 지불 의무를 면제하거나, 지불할 소송비용의 상한을 설정할 수 있음)를 운용 중인바, 입법적 개선 방향을 정함에 있어 참고할 수 있을 것이다.

제기할 수 있는 특별 제도를 도입하고 있는바, 이 또한 참고할 수 있다. 프랑스는 2014. 소비자법(Code de la consommation)16)에 집단소송제도(action de groupe)를 도입하였고, 일본도 소비자계약법 상 단체소송 외에, 2013년 제정된 소비자재판절차특례법(特定適格消費者団体による消費者裁判手続特例法)에 따라, 2단계의 집단소송 제도를 두고 있다. 프랑스의 집단소송제도는 1단계에서 일정요건을 갖춘 사전 승인을 받은 소비자단체가 다수의 소비자에게 공통된 소비자피해에 대해 사업자가 계약상 채무불이행이 있음을 확인하는 소송을 제기하고, 2단계에서 참가의사표시를 한 소비자의 개별적 권리구제를 위한 손해배상소송이 이루어지는 방식이다(opt-in 방식). 일본의 경우 1단계에서 내각총리대신의 인정을 받은 특정적격소비자단체가 공통의무확인소송을 수행하고, 2단계에서 피해회복을 위해 대상채권 확정절차로서 간이확정절차와 이후의 소송이 있고, 이 과정에서 소비자도 참가가 가능한 제도이다. 우리의 경우 금지 청구 외에 금전적 피해에 대한 집단적 손해배상청구의 확대 방안 논의 과정에서 입법적 개선을 고려함에 있어 참고할 수 있을 것이다.

2. 행정조사와 시정명령

2.1. 검사·시료수거·자료제출, 영업장출입

중앙행정기관의 장은 국가가 정한 기준을 사업자가 준수하는지 여부를 시험·검사 또는 조사하기 위하여 필요한 경우, 소비자에게 정보제공을 하기 위하여 필요한 경우나 소비자의 불만 및 피해를 처리하기 위하여 필요한 경우, 이 법에 대한 위반 여부를 확인하기 위하여 필요한 경우에는 소속공무원으로 하여금 사업자의 물품·시설 및 물품제조공정 기타 물건의 검사 또는 필요한 최소한의 시료수거를 하게 하거나 당해 사업자에게 그 업무에 관한 보고 또는 관계물품·서류 등의 제출을 명할 수 있다(법 제77조 제 1 항). 중앙행정기관의 장은 물품 등의 안전성을 의심할 만한 정당한 이유가 있는 경우로서 대통령령17)이 정하는 사유가 있는 때에는 소속공무원으로 하여금 사업자의 영업장소, 제조장소, 창고 등 저장소, 사무소

16) 집단소송 관련 규정은 주로 L. 623-1 이하 조문에 규정되어 있다.

17) 소비자기본법 제49조(수거·파기 등의 권고 등) 제 1 항에 따라 시정권고를 하기 위하여 사실확인이 필요한 경우, 동법 제50조(수거·파기 등의 명령 등) 제 1 항에 따라 시정조치를 명하기 위하여 사실확인이 필요한 경우, 령 제39조(위해정보 제출기관의 지정·운영 등) 제 5 항에 따라 보고받은 위해정보의 사실확인이 필요한 경우(령 제64조 제 3 항) 등.

그 밖의 이와 유사한 장소에 출입하여 규정에 따른 검사 등을 할 수 있다(동조 제 3 항). 검사를 하는 공무원은 그 권한을 나타내는 증표를 지니고 이를 관계인에게 내보여야 하며, 검사나 제출된 물품 또는 서류 등에 의하여 알게 된 내용을 이 법의 시행을 위한 목적 외에는 사용하여서는 안 된다. 또한 중앙행정기관의 장은 소관 소비자권익증진시책을 추진하기 위하여 필요한 경우에는 한국소비자원장에게 소비자피해에 관한 정보 및 각종 실태조사 결과 등 소비자의 권익과 관련된 정보의 제공을 요청할 수 있다(법 제77조 제 6 항).

2.2. 한국소비자원 등의 자료 및 정보제공요청

소비자단체 및 한국소비자원은 그 업무를 추진함에 있어서 필요한 자료 및 정보의 제공을 사업자 또는 사업자단체에 요청할 수 있고, 이 경우 당해 사업자 또는 사업자단체는 정당한 사유가 없는 한 이에 응하여야 한다(법 제78조 제 1 항). 자료 및 정보의 제공을 요청하는 소비자단체 및 한국소비자원은 그 자료 및 정보의 사용목적·사용절차 등을 미리 사업자 또는 사업자단체에 알려야 하고(법 제78조 제 2 항), 소비자단체는 소비자정보요청협의회의 협의·조정을 거쳐야 한다(법 제78조 제 3 항). 또한 사업자 또는 사업자단체로부터 소비자단체에 제공된 자료 및 정보는 미리 사업자 또는 사업자단체에 알린 사용목적·사용절차 외의 용도로 사용하여서는 안 된다.

2.3. 주무관청의 시정명령

사업자가 소비자기본법 제20조를 위반하는 경우, 해당 중앙행정기관의 장은 당해 사업자에게 그 행위의 중지를 명하고 기타 시정을 위하여 필요한 조치를 부과할 수 있다(법 제80조 제 1 항). 시정명령을 부과하는 주체는 공정위가 아니라 소비자보호 관련 각종 기준을 제정하고 운용하는 중앙행정기관이다. 시정을 명할 수 있는 사유는 소비자기본법 제20조 위반, 즉 사업자가 국가가 정하는 위해방지기준에 위배되는 물품을 제조 수입 판매하거나, 국가가 정하는 표시나 광고 개인정보보호 기준을 위배하거나, 거래적정화 관련 각종 고시를 위반하는 행위에 한한다. 여기서 말하는 국가가 정하는 기준은 사업자를 규범적으로 구속하는 각종 강행규정을 말하는 것이므로, 해당 기준을 담거나 고시의 근거가 되는 법규에서 주무관청에 대해 시정명령권을 부여하는 규정을 두는 경우가 일반적이다. 그러므로 소비자기본법 제80조 소정의 시정명령권은 보충적인 성격을 가지게 된다.

공정위가 사업자의 소비자기본법 제20조 위반 사실을 알게 되는 경우 해당 중앙행정기관의 장에게 시정을 위해 필요한 조치를 행하도록 요청할 수 있고, 사업자의 위반사실을 확인하기 위해 필요한 경우 국가나 지방자치단체는 한국소비자원이나 등록소비자단체에게 조사를 의뢰할 수 있다(법 제81조).

주무관청이 소비자기본법 제80조에 의거한 시정명령을 내리기 위해서는 이에 앞서 청문을 실시하여야 하며, 이 청문절차는 소비자중심경영인증기관의 지정취소나 영업정지 명령(법 제20조의3 제 3 항, 법 제20조의4 제 1 항), 소비자단체의 등록취소(법 제30조), 리콜명령(법 제50조) 등의 경우에도 필요하다.

공정위는 소비자의 권익증진이나 소비자정책의 효율적 추진을 위하여 필요하다고 인정하는 경우 실태조사를 실시하고, 그 결과를 공표할 수 있다. 공정위는 실태조사를 위하여 필요한 경우에는 관계 소비자단체·사업자·사업자단체와 관계 행정기관·공공기관에 필요한 자료 또는 의견의 제출을 요청할 수 있으며, 이 경우 해당 요청을 받은 자는 정당한 사유가 없으면 그 요청에 따라야 한다(법 제81조의2 실태조사). 공정위는 실태조사의 효율적 추진을 위하여 필요한 경우에는 해당 실태조사 업무를 한국소비자원이나 관계 법인·단체에 위탁할 수 있다.

3. 벌칙과 과태료

3.1. 벌 칙

다음에 해당하는 자는 3년 이하의 징역 또는 5천만원 이하의 벌금에 처한다(법 제84조 제 1 항).

- 사업자가 리콜명령 또는 주무관청의 시정명령을 위반한 때
- 공무원이 검사 등으로 알게 된 내용을 이 법의 시행을 위한 목적 아닌 용도로 사용한 때
- 소비자단체가 제공된 자료 및 정보를 사용목적 아닌 용도 또는 사용절차 아닌 방법으로 사용한 때

그리고 제52조 제 3 항의 규정을 위반하여 위해정보에 관한 사항을 누설한 공

무원은 1년 이하의 징역 또는 3천만원 이하의 벌금에 처하며, 제84조 제 1 항의 경우 징역형과 벌금형은 병과할 수 있다. 법인의 대표자 또는 법인이나 개인의 대리인, 사용인 기타 종업원이 그 법인 또는 개인의 업무에 관하여 제84조의 위반행위를 한 때에는 행위자를 벌하는 외에 그 법인 또는 개인에 대하여도 해당조항의 벌금형을 과한다(법 제85조). 다만, 법인 또는 개인이 그 위반행위를 방지하기 위하여 해당 업무에 관하여 상당한 주의와 감독을 게을리하지 않은 경우에는 그러하지 아니하다.

3.2. 과 태 료

다음에 해당하는 사업자는 3천만원 이하의 과태료에 처한다(법 제86조 제 1 항).

- 제20조의 규정을 위반한 자
- 제37조의 규정을 위반하여 동일 또는 유사명칭을 사용한 자
- 제47조 제 1 항의 규정을 위반하여 물품 등의 결함의 내용을 보고하지 아니하거나 허위로 보고한 자
- 제77조 제 1 항 또는 제 3 항의 규정에 따른 검사·시료수거·출입을 거부·방해·기피한 자, 업무에 관한 보고를 하지 아니하거나 허위로 보고한 자 또는 관계물품·서류 등을 제출하지 아니하거나 허위로 제출한 자

과태료는 중앙행정기관의 장 또는 특별시장·광역시장 또는 도지사가 부과·징수한다(법 제86조 제 2 항).

• 제 2 장 •

약 관 법

제 1 절 총　　설

1. 약관법의 제정과 그 성격

약관은 거래계에서 자생적으로 나타나는 보편적 현상이다. 약관은 계약체결 비용과 시간을 절약하고, 거래관계를 명료하게 드러내어 이를 상세하게 규율하는 순기능이 있다. 그러나 사업자가 자신의 거래상의 지위를 남용하여 불공정한 약관을 작성하거나 고객이 미처 예상하지 못한 불리한 조항이 은폐되어 약관에 포함될 수 있다. 특히 최종소비자가 약관거래의 상대방인 경우 이들의 교섭력은 상대적으로 열후할 뿐만 아니라, 약관을 통해 제시된 거래조건을 수동적으로 받아들일 뿐 약관의 구체적 조항을 변경하는 개별적 교섭과 흥정은 사실상 불가능한 것이 현실이다. 여기에서 약관과 관련된 제반현상을 합리적으로 규율하고 소비자를 보호할 필요가 있는 것이다.

우리나라의 약관법, 즉 '약관의 규제에 관한 법률'은 1986.12.31. 법률 제3922호로 공포되어 1987. 7. 1. 시행되었으며, 그 후 제도 정비와 소비자 보호 강화, 약관 분쟁조정제도 도입, 문장의 평이화 등을 내용으로 하여 지속적으로 개정이 이루어졌다. 우리나라 약관법의 정신과 주요한 내용은 1976년에 제정된 독일의 '보통거래약관의 규율에 관한 법률'(Gesetz zur Regelung des Rechts der Allgemeinen Geschäftsbedingungen; AGBG)을 계수한 것이다. 그러나 독일의 이 법은 2002년에 독일 민법전 제305조 이하 등으로 흡수통합되었다. 하여튼 약관법은 사업자가 그 거래상의 지위를 남용하여 불공정한 내용의 약관을 작성·통용하는 것을 방지하고 불공정한 내용의 약관을 규제하여 건전한 거래질서를 확립함으로써 소비자를 보호하고 국민생활의 균형 있는 향상을 도모함을 목적으로 한다(동법 제1조).

한편 약관법의 성격과 위상을 몇 가지 살펴보면, 첫째 약관법은 소비자법 혹은 소비자보호법의 갈래에 속한다. 현행 소비자기본법 제12조 제3항은 "국가 및 지방자치단체는 약관에 의한 거래 및 방문판매·다단계판매·할부판매·통신판매·전자거래 등 특수한 형태의 거래에 대하여는 소비자의 권익을 위하여 필요한 시책을 강구하여야 한다"라고 정하고 있는바, 약관법은 이에 따라 제정되었을 뿐만 아니라 동법 제1조가 소비자보호를 입법목적의 하나로 밝히고 있는 것이다.

둘째 약관법은 사업자가 작성하여 사용하는 약관에 대한 통제를 통하여 경제적 약자인 소비자를 보호하기 위한 입법의 속성을 지닌다고 할 수 있다. 여기에서 약관법은 약관 방식에 의한 사적자치의 한계를 설정하는 강행법규로서 당사자들의 의사나 합의에 의하여 그 적용을 배제할 수는 없다.

셋째 약관에 의한 계약에서 적용되는 약관법의 실체조항들, 예컨대 동법 제3조 내지 제16조는 민법의 특별규정이 된다. 따라서 약관을 이용한 계약에서는 민법 보다 약관법을 우선하여 적용하게 된다.

2. 적용범위

약관법은 원칙적으로 모든 종류의 약관을 규율하는 약관에 관한 일반법 내지 기본법의 지위에 있으므로, 기업과 개인간의 거래는 물론 기업과 기업간의 거래에도 적용이 있다. 다만 다음과 같은 예외가 있다.

첫째 약관법에 의해 동법의 적용이 제외되는 약관이 있다. 즉 상법 제3편(회사의 주식청약서나 사채청약서 등), 근로기준법의 적용을 받는 단체협약이나 기타 대통령령이 정하는 비영리사업의 분야[18]에 속하는 계약에 관한 약관에는 적용되지 않

18) 특례에 관하여 대통령령은 아직 정하는 바 없다.

는다(법 제30조 제 1 항).

둘째 다른 법률에 특별한 규정이 있는 약관이 있다. 즉 특정한 거래분야의 약관에 대하여 다른 법률에 특별한 규정이 있는 경우에는 다른 법률을 우선 적용한다(법 제30조 제 2 항).

대판 1998.11.27, 98다32564

일반적으로 특별법이 일반법에 우선한다는 원칙은 동일한 형식의 성문법규인 법률이 상호 모순·저촉되는 경우에 적용되는 것이고 법률이 상호 모순·저촉되는지 여부는 법률의 입법목적, 적용범위 및 규정사항 등을 종합적으로 검토하여 판단하여야 하는데, 약관의 규제에 관한 법률 제30조 제 3 항에서 다른 법률에 특별한 규정이 있는 경우에 그 규정이 우선 적용되는 것으로 규정하고 있는 것도 위와 같은 법률의 상호 모순·저촉시의 특별법 우선 적용의 원칙이 약관에 관하여도 적용됨을 밝히고 있는 것이라고 할 것이다.

3. 약관, 사업자, 고객의 개념

3.1. 약 관

약관이라 함은 명칭이나 형태 또는 범위를 불문하고 계약의 일방 당사자(사업자)가 다수의 상대방(고객)과 계약을 체결하기 위하여 일정한 형식에 의하여 미리 마련한 계약의 내용이 되는 것을 말한다(법 제 2 조 제 1 호). 당해 조항이 외형상 별개의 구성부분으로 되어 있는지 혹은 계약서 자체에 포함되어 있는지, 그 범위가 어떠한지, 어떠한 기재방법으로 작성되어 있는지, 계약이 어떠한 방식으로 행하여지는지 등은 문제되지 않는다. 그러나 계약당사자들이 계약조항을 개별적으로 교섭하여 정한 경우에는 약관이 아니다.

상기와 같은 약관의 정의에 의하면 "계약서," "규정" 등 약관이 아닌 다른 명칭을 사용하여도 그 실질이 약관에 해당하는 경우에는 약관법의 적용을 받으며, 또한 약관은 반드시 조문 형태를 취할 필요가 없고 정형계약서에 의하지 않아도 무방하다. 또한 계약의 전체 내용을 약관에서 규정해야 하는 것도 아니며, 일방 당사자가 직접 약관을 작성할 필요는 없고 미리 마련한 것이면 족하다. 아울러 '다수'의 상대방과의 계약체결을 위한 것이므로 그 상대방이 불특정이든 특정된

다수이든 상관이 없다.

법원이나 공정위에서 약관으로 인정한 사례로는, 대리점 계약서, 상가·아파트 분양계약서, 사립대학 입시요강 중 등록금 반환에 관한 조항,[19] 체육시설업체의 회칙 및 세칙, 지방자치단체와 건설업체간의 택지공급계약에 관한 운영규정,[20] 백화점 임대차계약서, 텔레비전방송사의 방송각본 집필위촉 계약서 등이 있다.

또한 목욕탕이나 음식점과 같은 공중접객업소에서 "물건 분실시 책임 지지 않는다"는 안내문도 사업자가 손해배상책임을 제한하기 위해 다수의 고객을 상대로 미리 마련한 것이므로 약관으로 보아야 한다. 반면에 조례와 같이 불특정 다수인에 대하여 구속력을 갖는 법규범이나 주택조합규약과 같이 합동행위의 성격을 갖는 것은 약관이 아니다.

대판 2013.9.26, 2011다53683 전원합의체(키코판결)[21]

[1] 계약의 일방 당사자가 일정한 형식에 의하여 미리 계약서를 마련하여 두었다가 이를 상대방에게 제시하여 그 내용대로 계약을 체결하는 경우에도 특정 조항에 관하여 상대방과 개별적인 교섭을 거침으로써 상대방이 자신의 이익을 조정할 기회를 가졌다면, 그 조항은 '약관의 규제에 관한 법률'의 규율대상이 아닌 개별약정이 된다고 보아야 한다. 이때 개별적인 교섭이 있었다고 하기 위하여는 그 교섭의 결과가 반드시 특정 조항의 내용을 변경하는 형태로 나타나야 하는 것은 아니고, 계약 상대방이 그 특정 조항을 미리 마련한 당사자와 대등한 지위에서 당해 조항에 대하여 충분한 검토와 고려를 한 뒤 그 내용을 변경할 가능성이 있었다고 인정되면 된다.

[2] 갑 주식회사가 을 은행 등과 체결한 키코(KIKO) 통화옵션계약이 약관의 규제에 관한 법률의 규율대상인지 문제 된 사안에서, 위 통화옵션계약의 구조는 다른 장외파

19) 대판 1997.12.26, 96다51714.

20) 대판 1998.12.23, 96다38704.

21) 'KIKO사건'이라고도 불리운다. 키코(KIKO)란 환율이 일정한 범위 안에서 변동할 경우, 미리 약정한 환율에 약정금액을 팔 수 있도록 한 파생금융상품을 말하는 것으로, 넉인, 넉아웃(Knock-In, Knock-Out)의 영문 첫 글자에서 따온 말이다. KIKO는 환율변동에 따른 위험을 피하기 위한 환헤지(hedge)상품으로, 약정환율과 변동의 상한(Knock-In) 및 하한(Knock-Out)을 정해놓고 환율이 일정한 구간 안에서 변동한다면 약정환율을 적용받는 대신, 하한 이하로 떨어지면 계약을 무효로 하고, 상한 이상으로 올라가면 약정액의 1~2배를 약정환율에 매도하는 방식을 말한다. 2008년 외환위기시 수많은 중소기업들이 KIKO거래와 엔화대출로 인해 큰 피해를 입었다. 키코 관련 약 60여건의 소송이 대법원에 계류되었고, 이 중 4건에 대해 2013.9.26. 전원합의체 판결이 선고되었다. 인용된 판결은 그 중의 하나로 판결요지 부분을 축약해서 전재하였다. 전반적으로 약관법상의 분쟁이 아니라 민법 신의칙 사건으로 흘러갔고, 사건에 따라서는 은행의 불완전판매를 인정하고 거래적합성 원칙에 따른 신의칙상의 설명의무 위반이 인정되었다.

생상품들과 마찬가지로 을 은행 등이 고객의 필요에 따라 구조나 조건을 적절히 변경하여 사용하기 편하도록 표준화하여 미리 마련해 놓은 것으로 구조만으로는 거래당사자 사이에 아무런 권리의무가 발생하지 않고 거기에 계약금액, 행사환율 등 구체적 계약조건들이 결부됨으로써 비로소 전체 계약의 내용으로 완결되는 것이므로, 그 구조 자체는 따로 약관에 해당하지 않는다.

[3] 은행은 환 헤지(hedge) 목적을 가진 기업과 통화옵션계약을 체결함에 있어서 해당 기업의 예상 외화유입액, 자산 및 매출 규모를 포함한 재산상태, 환 헤지의 필요 여부, 거래 목적, 거래 경험, 당해 계약에 대한 지식 또는 이해 정도, 다른 환 헤지 계약 체결 여부 등의 경영상황을 미리 파악한 다음, 그에 비추어 해당 기업에 적합하지 아니한 통화옵션계약의 체결을 권유하여서는 아니된다. 만약 은행이 이러한 의무를 위반하여 해당 기업의 경영상황에 비추어 과대한 위험을 초래하는 통화옵션계약을 적극적으로 권유하여 이를 체결하게 한 때에는, 이러한 권유행위는 이른바 적합성의 원칙을 위반하여 고객에 대한 보호의무를 저버리는 위법한 것으로서 불법행위를 구성한다. 특히 장외파생상품은 손실이 과도하게 확대될 위험성이 내재되어 있고, 다른 한편 은행은 투자를 전문으로 하는 금융기관 등에 비하여 더 큰 공신력을 가지고 있어 은행의 권유는 기업의 의사결정에 강한 영향을 미칠 수 있으므로, 은행으로서는 위와 같이 위험성이 큰 장외파생상품의 거래를 권유할 때에는 다른 금융기관에 비하여 더 무거운 고객보호 의무를 부담한다.

[4] 금융기관이 일반 고객과 사이에 전문적인 지식과 분석능력이 요구되는 장외파생상품 거래를 할 때에는, 고객이 당해 장외파생상품에 대하여 이미 잘 알고 있는 경우가 아닌 이상, 그 거래의 구조와 위험성을 정확하게 평가할 수 있도록 거래에 내재된 위험요소 및 잠재적 손실에 영향을 미치는 중요인자 등 거래상 주요 정보를 적합한 방법으로 명확하게 설명하여야 할 신의칙상 의무가 있다. 이때 금융기관이 고객에게 설명하여야 하는 거래상 주요 정보에는 당해 장외파생상품 계약의 구조와 주요 내용, 고객이 그 거래를 통하여 얻을 수 있는 이익과 발생 가능한 손실의 구체적 내용, 특히 손실발생의 위험요소 등이 모두 포함된다. 그러나 당해 장외파생상품의 상세한 금융공학적 구조나 다른 금융상품에 투자할 경우와 비교하여 손익에 있어서 어떠한 차이가 있는지까지 설명하여야 한다고 볼 것은 아니고, 또한 금융기관과 고객이 제로 코스트(zero cost) 구조의 장외파생상품 거래를 하는 경우에도 수수료의 액수 등은 그 거래의 위험성을 평가하는 데 중요한 고려요소가 된다고 보기 어렵다 할 것이므로, 수수료가 시장의 관행에 비하여 현저하게 높지 아니한 이상 그 상품구조 속에 포함된 수수료 및 그로 인하여 발생하는 마이너스 시장가치에 대하여까지 설명할 의무는 없다고 보는 것이 타당하다. 그리고 장외파생상품 거래도 일반적인 계약과 마찬가지로 중도에 임의

로 해지할 수 없는 것이 원칙이고, 설령 중도에 해지할 수 있다고 하더라도 금융기관과 고객이 중도청산금까지 포함하여 합의하여야 가능한 것이므로, 특별한 사정이 없는 한 금융기관이 고객과 장외파생상품 거래를 하면서 그 거래를 중도에 해지할 수 있는지와 그 경우 중도청산금의 개략적인 규모와 산정방법에 대하여도 설명할 의무가 있다고 할 수 없다. 한편 금융기관은 고객이 당해 파생상품거래의 구조와 위험성을 정확히 평가할 수 있도록 그 금융상품의 특성 및 위험의 수준, 고객의 거래목적, 투자경험 및 능력 등을 종합적으로 고려하여 고객이 앞서 살펴본 거래상 주요 정보를 충분히 이해할 수 있을 정도로 설명하여야 한다.

대판 2002.4.12, 98다57099

전기사업법은 다수의 일반 수요자에게 생활에 필수적인 전기를 공급하는 공익사업인 전기사업의 합리적 운용과 사용자의 이익보호를 위하여 계약자유의 원칙을 일부 배제하여 일반 전기사업자와 일반 수요자 사이의 공급계약조건을 당사자가 개별적으로 협정하는 것을 금지하고 오로지 공급규정의 정함에 따를 것을 규정하고 있는바, 이러한 공급규정은 일반 전기사업자와 그 공급구역 내의 현재 및 장래의 불특정 다수의 수요자 사이에 이루어지는 모든 전기공급계약에 적용되는 보통계약약관으로서의 성질을 가진다.

대판 2001.11.27, 99다8353

약관규제법의 규제 대상인 약관이라 함은 그 명칭이나 형태 또는 범위를 불문하고 계약당사자가 다수의 상대방과 계약을 체결하기 위하여 일정한 형식에 의하여 미리 마련한 계약의 내용이 되는 것으로서 구체적인 계약에서의 개별적 합의는 그 형태에 관계없이 약관에 해당한다고 할 수 없으므로, 어음거래약정서와 같이 일반적으로 약관을 포함하고 있는 정형적인 계약서 중 계약기간이나 거래금액 등에 관한 조항이라고 하더라도 그 존속기간과 거래금액을 보충하여 기재할 수 있는 난을 마련하여 두어 당사자의 구체적 합의에 의하여 그 내용이 결정될 것이 예정되어 있는 경우에는 이를 바로 무기한의 존속기간 및 무한도의 거래한도를 정한 약관에 해당한다고 볼 수는 없다 할 것이고, 따라서 합의에 의해 보충예정된 연대보증의 보증기간이나 보증한도액의 정함이 없다 하여 약관 형식의 어음거래약정이 같은 법 제6조, 제9조 제5호에 위반되어 무효라고 볼 것은 아니다.

대판 1990.5.25, 89다카8290

약관의 용어풀이란도 본문과 결합하여 전체로서 약관의 내용을 구성하는 것이므로 그것은 본문에서 사용된 용어 중 그 의미가 불명확한 것을 명확하게 한다든지 그 풀이에 혼란이 없도록 하는데 그쳐야 할 것이고 본문의 의미를 임의로 제한하거나 본문과 모순되는 내용을 규정할 수는 없다.

대판 2000.12.22, 99다4634

사업자와 고객 사이에 교섭이 이루어진 약관 조항은 약관 작성상의 일방성이 없으므로 약관의규제에관한법률 소정의 약관에 해당하지 않는다고 할 것이나, 이 경우 원칙적으로 개개의 조항별로 교섭의 존재 여부를 살펴야 하며, 약관 조항 중 일부의 조항이 교섭되었음을 이유로 그 조항에 대하여는 같은 법의 적용이 배제되더라도 교섭되지 아니한 나머지 조항들에 대하여는 여전히 같은 법이 적용되어야 한다.

동일한 약관집 내의 대다수의 조항들이 교섭되고 변경된 사정이 있다면, 변경되지 아니한 나머지 소수의 조항들에 대해서도 교섭이 이루어진 것으로 추정할 수 있다.

대판 2000.3.10, 99다70884

회원 가입시에 일정 금액을 예탁하였다가 탈퇴 등의 경우에 그 예탁금을 반환받는 이른바 예탁금 회원제로 운영되는 골프클럽의 운영에 관한 법률관계는 회원과 클럽을 운영하는 골프장 경영회사 사이의 계약상 권리·의무관계이고, 그 운영에 관한 회칙은 불특정 다수의 입회자에게 획일적으로 적용하기 위하여 골프장을 경영하는 회사가 제정한 것으로서 이를 승인하고 클럽에 가입하려는 회원과 회사와의 계약상 권리·의무의 내용을 구성하며, 그 중 회원권의 양도·양수 절차와 같은 당사자의 권리·의무에 관한 규정은 약관으로서의 성질을 가진다.

3.2. 사업자와 고객

사업자란 계약의 일방 당사자로서 타방 당사자에게 약관을 계약의 내용으로 할 것을 제안하는 자를 말한다(법 제2조 제2호). 약관을 계약의 내용으로 할 것을 제안하는 자이면 회사는 물론 법인이 아니어도 무방하며, 대리인 기타의 자로 하여금 약관을 제시하게 할 수 있다.

이에 반해 고객이란 계약의 일방 당사자로서 사업자로부터 약관을 계약의 내용으로 할 것을 제안받은 자를 말한다(법 제2조 제3호). 따라서 아직 계약체결 전의 단계에서도 약관법상 고객에 해당한다.

서울고판 2023.9.21, 2020두41399(부킹닷컴 환불불가 약관 사건)

부킹닷컴 비브이의 환불불가 불공정약관 건에서, 환불불가 조항은 숙박계약에 포함되는 내용으로, 숙박계약의 당사자는 숙박업체와 고객이므로 원고는 중개인일뿐 숙박계약의 한쪽 당사자가 아니라는 점, 원고는 중개인으로서 숙박조건을 실질적으로 변경하지 않는 점, 고객에게 환불불가 조항이 숙박업체의 정책임을 알리고 있는 점 등을 고려할 때 원고는 환불불가 조항을 제안한 약관법상 '사업자'에 해당하지 않고, 따라서 약관법 적용 대상이 아니라고 판시하였다.[22)]

4. 약관의 본질[23)]

약관의 본질론은 이를 구속력의 근거론이라고도 한다. 그 이유는 고객이 약관의 존재를 인식하고 그것에 따른다는 동의를 한 경우에만 약관의 구속력을 인정할 것인지 혹은 약관의 법규범성을 전제로 당사자의 동의와 상관없이 규범적 구속력을 가지는지 여부와 관련되어 있기 때문이다. 이에 관한 학설은 크게 고객

22) 해당 판례에 대한 비판적 입장으로 약관규제법 제17조의2 시정조치 이하의 규정은 침익적 행정행위의 근거 규정임에도 목적론적 확장해석이 필요해 보인다는 이유로, 약관을 작성하고 계약의 한쪽 당사자의 배후에서 그 당사자를 이용하여 상대방에게 이 약관을 계약의 내용으로 할 것을 실질적으로 제안하는 자도 사업자의 개념에 포함할 필요가 있다는 주장도 있다. 그러나, 행정소송의 특성상 '목적론적 확장해석'을 통해 권익의 침익 범위를 확대하는 해석은 무리라고 할 것이다. 특히 매칭플랫폼을 통하여 3당사자 간의 관계가 서로 연속된다는 계약체결 과정상의 특징은 분명하지만, 엄연히 3당사자 간의 계약관계와 각 계약내용은 구분되는 것이라 하겠다. 목적론적 확장해석으로 사업자의 범위를 확대하는 논의는 입법론적 시각에서 고려하는 정도가 타당하다(한국사법학회, 한국경쟁법학회 2024년 동계학술대회, '약관법리의 본질 : 자율과 규제의 조화가 가능한가', 제1주제 플랫폼환불불가 조항의 불공정성 발표에 대한 안병한 토론문).

23) 약관에 대한 법이론적 논의는 크게 ① 약관이 고객에 대하여 구속력을 갖는 근거를 규명하고자 하는 '약관본질론'과, ② 불공정한 약관으로부터 고객을 보호하기 위한 '부당약관통제론'으로 나누어 볼 수 있다. 약관본질론은 이미 1980년대에 정돈되었고, 논의의 핵심은 부당약관에 대한 통제라고 할 수 있다. 현행 약관규제법 제3조를 계약설에 입각한 규정으로 해석하는 것이 통설의 입장이자 판례이므로(대판 2004.11.11. 2003다30807: "보통보험약관을 포함한 이른바 일반거래약관이 계약의 내용으로 되어 계약당사자에게 구속력을 갖게 되는 근거는 그 자체가 법규범 또는 법규범적 성질을 갖기 때문은 아니며 계약당사자가 이를 계약의 내용으로 하기로 하는 명시적 또는 묵시적 합의를 하였기 때문이다"), 우리의 경우는 약관본질론은 학설사적 의미 정도에 불과하다. 따라서 그 논의의 중심은 약관규제론에 있다. 즉 약관규제법의 주된 논의는 불공정한 약관을 무효화하고 규제하는 법리적 근거를 찾는 부분에 있다.

의 동의가 있어야 약관의 구속력이 생긴다는 계약설과 고객의 동의가 없더라도 구속력이 인정된다는 규범설로 대별된다. 전자가 계약법의 일반원리를 생각하는 견해라면, 후자는 약관거래의 실제를 중시하는 견해이다.

4.1. 규 범 설

약관을 법규범의 하나로 보는 입장이나, 그 갈래는 여러 가지다. 이 견해에 의하면 약관을 고객에게 설명하였는지 여부 등을 논할 필요 없이 당해 약관이 갖는 법률과 유사한 규범력에 근거하여 고객이 약관의 존재나 내용을 알고 있는지를 묻지 아니하고 그 구속력이 인정된다고 본다.[24] 규범설은 다시 자치법설과 상관습법설로 구별되는데, 전자는 약관을 기업가와 소비자, 기업가단체와 거래상대방 단체가 자주적으로 제정한 법규로 파악하고 있으며, 후자는 특정한 거래에서는 '약관에 의한다'는 상관습법 내지 상관습이 존재한다고 본다.

4.2. 계 약 설

사업자가 일방적으로 작성한 약관에 구속력이 인정되기 위해서는 고객이 약관에 따르기로 하는 동의를 한 경우, 즉 합의가 이루어진 경우에 한하여 법적 구속력을 갖게 된다고 보는 입장이다. 결국 사업자는 약관에 의하여 계약이 체결된다는 점을 미리 고객에게 밝혀야 하고, 약관을 명시한 경우에 한해서 계약내용을 구성하는 것으로 본다. 이 견해는 약관적용에 대하여 고객의 동의라는 의사표시를 필요로 하기 때문에 의사설 또는 법률행위이론이라고도 한다. 우리나라의 통설이자 판례이다.

4.3. 약관법의 태도

약관법은 약관이 계약에 편입되기 위한 전제로 사업자에게 약관 명시·설명의무를 부과하고 이를 위반하여 계약을 체결한 때에는 사업자가 당해 약관을 계약의 내용으로 주장할 수 없다고 규정하고(법 제3조), 불공정한 약관을 무효로 하는 등(법 제6조 내지 제14조) 전반적으로 계약설에 근거하여 약관을 규율하고 있다. 참

24) 독일 연방대법원(Bundesgerichtshof, BGH)은 1950년대까지 약관을 "계약 당사자가 개개의 계약에서 따르는, 이미 마련되어 있는 법질서"로 이해하는 입장을 견지하였다(BGHZ 1, 83, 86; BGH NJW 1951, 402).

고로 독일 민법에서는 사업자가 고객에게 약관에 의한 거래라는 사실을 알려서 그 내용을 알 수 있도록 하고, 나아가서 상대방이 약관의 구속력을 받아들인 경우에 한하여 계약의 구성부분이 된다고 규정한다(동법 제305조 제 2 항).

4.4. 판　　례

대법원은 약관법 시행 전의 판결례[25]에서 "보통보험약관이 계약당사자에 대하여 구속력을 갖는 것은 그 자체가 법규범 또는 법규범적 성질을 가진 계약이기 때문이 아니라 보험계약당사자 사이에서 계약내용에 포함시키기로 합의하였기 때문이라고 볼 것인바, 일반적으로 당사자 사이에서 보통보험약관을 계약내용에 포함시킨 보험계약서가 작성된 경우에는 계약자가 그 보험약관의 내용을 알지 못하는 경우에도 그 약관의 구속력을 배제할 수 없는 것이 원칙이나 다만 당사자 사이에서 명시적으로 약관에 관하여 달리 약정한 경우에는 위 약관의 구속력은 배제된다"고 판단한 이래, 약관법 시행 후에도 계약설을 일관되게 견지하고 있다.

대판 2007.6.29, 2007다9160

보통보험약관이 계약당사자에 대하여 구속력을 갖는 것은 그 자체가 법규범 또는 법규범적 성질을 가진 계약이기 때문이 아니라 보험계약당사자 사이에서 계약내용에 포함시키기로 합의하였기 때문이라고 볼 것인바, 구 약관의 규제에 관한 법률(1992. 12.8. 법률 제4515호로 개정되기 전의 것)이 시행되기 전에 보통보험약관에 의하여 보험계약이 체결된 경우 당사자 사이에서 보통보험약관을 계약내용에 포함시킨 보험계약서가 작성된 때에는 계약자가 그 보험약관의 내용을 알지 못하더라도 그 약관의 구속력을 배제할 수 없는 것이 원칙이고, 다만 당사자 사이에서 명시적으로 약관에 관하여 달리 약정한 경우에는 위 약관의 구속력이 배제된다.

대판 2004.11.11, 2003다30807

보통보험약관을 포함한 이른바 일반거래약관이 계약의 내용으로 되어 계약당사자에게 구속력을 갖게 되는 근거는 그 자체가 법규범 또는 법규범적 성질을 갖기 때문은 아니며 계약당사자가 이를 계약의 내용으로 하기로 하는 명시적 또는 묵시적 합의를 하였기 때문이다.

---

25) 대판 1985.11.26, 84다카2543.

제 2 절 편입통제와 약관해석

1. 약관통제의 체제

약관법상 약관규율의 줄거리는 크게 다음과 같다. 즉 약관이 계약에 편입되자면 사업자가 이를 고객에게 명시·설명하여야 하고, 개별약정은 약관보다 우선한다(편입통제). 또한 약관조항의 해석에 있어서는 신의성실, 통일적 해석 등의 원칙 등에 따르도록 하며(해석통제), 불공정한 약관조항의 효력 부인을 통해 약관조항에 대한 내용통제(또는 불공정성 통제)가 이루어진다.

또한 약관의 통제는 구체적 통제와 추상적 통제로 나눌 수 있다. 즉 구체적 통제라 함은 구체적인 계약을 배경으로 당사자의 권리와 의무를 확정하기 위한 전제로서 약관조항의 효력을 심사하는 것이고, 추상적 통제라 함은 구체적 계약에서 당사자의 권리나 의무의 확정과는 상관없이 약관조항이 효력이 있는지 여부를 심사하는 것을 말한다. 우리나라의 경우 구체적 약관통제는 법원이 담당하고, 추상적 통제는 공정위가 이를 담당한다.[26] 법원의 구체적 통제에서는 당해 약관의 편입, 약관의 해석, 유효성 통제 전체가 문제될 수 있는 반면, 추상적 통제의 경우는 구체적 계약을 배경으로 하지 않으므로 약관의 계약편입은 문제될 여지가 없다.

약관의 내용통제를 직접적 통제와 간접적 통제로 나누기도 한다. 직접적 통제라 함은 약관조항이 고객에게 부당하게 불이익을 주는지 여부를 심사하여 당해 조항의 유효 여부를 직접적으로 판단하며, 이를 효력통제라고도 한다. 반대로 간접적 내용통제라 함은 약관조항 그 자체의 효력 유무를 심사하는 것이 아니라 그 밖의 방법으로 약관조항의 적용을 통제하는 것, 즉 편입통제 혹은 해석통제 등을 지칭하는 것이다.

---

26) 법원의 구체적 판단은 다시 공정위를 통한 행정적 통제절차에서 반영된다는 점에서 서로 보완적으로 작용할 수 있다. 그러나 법원은 구체적으로 계약에 편입된 개별 약관조항의 유효성 여부를 사법적(私法的)으로 판단하는 것이고, 공정위의 추상적 심사는 당해 약관을 사용하는 사업자에 대한 행정적 통제 내지 규제를 본질로 하는 것이고 문제의 약관조항의 유무효를 선언하는 것이 아니다.

대결 2008.12.16, 2007마1328

법원이 약관의 규제에 관한 법률에 근거하여 사업자가 미리 마련한 약관에 대하여 행하는 구체적 내용통제는 개별 계약관계에서 당사자의 권리·의무를 확정하기 위한 선결문제로서 약관조항의 효력 유무를 심사하는 것이므로, 법원은 약관에 대한 단계적 통제과정, 즉 약관이 사업자와 고객 사이에 체결한 계약에 편입되었는지의 여부를 심사하는 편입통제와 편입된 약관의 객관적 의미를 확정하는 해석통제 및 이러한 약관의 내용이 고객에게 부당하게 불이익을 주는 불공정한 것인지를 살펴보는 불공정성통제의 과정에서, 개별사안에 따른 당사자들의 구체적인 사정을 고려해야 한다.

2. 편입통제

2.1. 약관의 명시·설명의무[27)]

사업자에게 약관의 명시·설명의무가 부과되는 것은 고객이 알지 못하는 가운데 약관에 정하여진 중요한 사항이 계약내용으로 되어 고객이 예측하지 못한 불이익을 받게 되는 것을 피하고자 하는데 그 뜻이 있다. 이 의무는 두 가지의 기능이 있다. 하나는 명시설명이 있어야 약관이 계약에 편입된다는 것이고, 다른 하나는 계약체결 단계에서 고객에게 당해 거래에 관한 중요한 정보를 제공하는 것이다.

가. 명시의무

사업자는 계약체결에 있어서 고객에게 약관의 내용을 계약의 종류에 따라 일반적으로 예상되는 방법으로 명시하고(명시의무), 고객이 요구할 때에는 당해 약관의 사본을 고객에게 교부하여(교부의무) 이를 알 수 있도록 하여야 한다(법 제3조 제2항 본문).[28)] 다만, 여객운송업, 전기·가스·수도사업, 우편업, 그리고 공중전화 서비스 제공 통신업 등에 해당하는 약관은 명시·설명의무의 적용에서 제외되나(법 제3조 제2항 단서), 이때에도 영업소에 약관을 비치하여 고객이 볼 수 있어야 한다(령 제2조).

27) 명시 및 교부의무와 설명의무는 서로 별개의 의무이다. 이 의미는 명시 및 교부의무가 면제된다고 설명의무까지 면제되는 것은 아니며, 설명의무가 면제된다고 명시 및 교부의무가 면제되는 것은 아니라는 것이다.

28) 따라서 약관조항의 글자를 지나치게 작게 함으로써 고객이 약관내용을 인지하는 데 현저하게 어려움을 준 경우에는 사업자가 고객에게 약관의 내용을 일반적으로 예상되는 방법으로 명시한 것으로 볼 수 없다.

나. 설명의무

사업자는 약관에 있는 중요한 내용을 고객이 이해할 수 있도록 설명해야 하되(법 제3조 제3항), 평균적 이해가능성을 고려하여 설명하면 충분하다. 설명의무는 법률상의 의무이므로, 당사자 사이의 약정으로 면제하더라도 이는 강행법규 위반에 해당한다. 또한 약관을 통하여 설명의무이행을 간주하는 내용도 불공정약관에 해당하여 무효라는 것이 공정위의 판단이다.29) 설명의무의 이행 여부에 관하여 다툼이 있을 경우 설명의무를 이행하였다는 점에 대한 입증책임은 사업자에게 있다.30)

(1) 중요한 내용

중요한 내용이란 일반적으로 고객의 이해관계에 중대한 영향을 미치는 사항으로 사회통념상 그 사항의 지·부지(知·不知)가 계약체결 여부 및 대가결정에 영향을 줄 수 있는 사항을 말한다.31) 중요한 내용에 관한 판례의 유형은 크게 3가지 유형으로 분류할 수 있는데 중요한 내용에 해당하므로 설명할 대상으로 본 경우, 중요한 내용이지만 설명의무가 인정되지 않는 경우, 그리고 문제가 된 약관조항이 중요한 내용이 아니라고 판단한 경우이다.

① 중요한 내용으로서 설명하여야 할 경우

여기에 속하는 판결례를 소개하면 다음과 같다.

대판 2004.11.25, 2004다28245

일반적으로 보험자 및 보험계약의 체결 또는 모집에 종사하는 자는 보험계약의 체결에 있어서 보험계약자 또는 피보험자에게 보험약관에 기재되어 있는 보험상품의 내용, 보험료율의 체계 및 보험청약서상 기재사항의 변동사항, 보험자의 면책사유 등 보험계약의 중요한 내용에 대하여 구체적이고 상세한 명시·설명의무를 지고 있고, …"보험약관에 정한 보험금에서 상대방 차량이 가입한 자동차보험 등의 대인배상으로 보상

---

29) 공정위의결 제2004-046호 ~ 071호(26개 여행사의 여행약관상 불공정약관조항에 대한 건). "본 계약이 체결됨과 동시에 약관설명의무를 다한 것으로 본다."는 내용을 계약서 하단에 기재한 부분에 대하여 공정위는 약관법 제7조 제1호 및 제6조 제2항 제1호에 해당한다는 판단을 내렸다.

30) 대판 1998.9.8, 98다17688

31) 여기서 설명의무의 대상이 되는 '중요한 내용'이라 함은 사회통념에 비추어 고객이 계약체결의 여부나 대가를 결정하는 데 직접적인 영향을 미칠 수 있는 사항을 말하고, 약관조항 중에서 무엇이 중요한 내용에 해당하는지에 관하여는 일률적으로 말할 수 없으며, 구체적인 사건에서 개별적 사정을 고려하여 판단하여야 한다(대결 2008.12.16, 2007마1328).

받을 수 있는 금액을 공제한 액수만을 자기신체사고 보험금으로 지급한다"는 약관 조항은 자기신체사고보험에 있어서 구체적인 보험금 산정방식에 관한 사항이 아니라 다른 차량과의 보험사고에 있어서 보험금의 지급 여부 및 지급 내용에 관한 사항으로서, 그 다른 차량의 대인배상에서 지급받을 수 있는 보상금이 약정 보험금액을 초과하는 경우에는 피보험자의 실제 손해액이 잔존하고 있는 경우에도 보험금을 지급받지 못하는 것을 내용으로 하고 있으므로 이러한 사항은 보험계약의 체결 여부에 영향을 미칠 수 있는 보험계약의 중요한 내용이 되는 사항이고, 보험계약자가 별도의 설명이 없더라도 충분히 예상할 수 있었던 사항이라고는 볼 수 없으므로 보험자가 보험계약 체결시에 위 약관 조항에 관하여 설명하지 않았다면 보험자로서는 위 약관 조항에 의한 보험금의 공제를 주장할 수 없다.

서울고판 2008.2.26, 2007나1748[32)]

피고는 이 사건 신용카드 회원가입계약의 유효기간(2009.9.30) 이내에 항공마일리지 제공기준을 변경하였는바, 이러한 마일리지 제공기준 변경에 관한 권한이 이 사건 신용카드 회원가입계약상 피고에게 미리 유보되어 있었는지에 관하여 살펴보건대, 을 제11, 12호증의 각 기재에 변론 전체의 취지를 보태어 보면, 이 사건 신용카드 회원가입계약 체결 당시의 이 사건 신용카드 개인회원규약 제24조 제1항에 이 규약을 변경할 경우 카드사는 그 내용을 서면으로 작성하여 적용예정일로부터 14일 이전까지 회원에게 통지하는 것으로 하며 회원이 적용 예정일까지 이의를 제기하지 아니하였을 때에는 변경된 규약을 승인한 것으로 간주하고, 그 제24조 제2항에 카드사는 각종 요율, 수수료, 결제 방법, 할부기간 및 횟수와 관련하여 규약에 규정된 조항의 변경시 제1항의 통지 외에 일간신문에 공고 또는 카드사 및 제휴사의 본·지점에 게시하는 방법을 병행하여야 한다고 각 규정되어 있었던 사실, 그런데 피고가 이 사건 신용카드 회원가입계약 체결 이후에 이 사건 신용카드 개인회원규약을 제24조 제3항을 추가하는 것으로 변경하였는데, 이 사건 신용카드 개인회원규약 제24조 제3항에 이 사건 신용카드 회원에게 제공되는 연회비 면제, 보너스포인트 제공 등 카드관련 제반 서비스나

32) 신한카드 주식회사(구 엘지카드)가 신용카드 회원가입계약 체결시 회원에게 신용카드 사용액에 비례하여 (아시아나) 항공마일리지를 제공하기로 하였다가 후에 그 제공비율을 회원에게 불리하게 변경한 사안이다. 카드사측은 이 사건 항공마일리지 제공서비스의 변경에 관하여 미리 설명하였다거나 이는 신용카드서비스의 부가적인 서비스에 불과하여 계약상 중요사항으로 볼 수 없다는 취지와 함께 설사 중요한 사항이라 할지라도 제휴서비스의 변경은 거래상 일반적이고 공통된 것이어서 계약자가 별도의 설명 없이도 이를 충분히 예상할 수 있었던 것으로 보아야 한다는 취지로 다투었다. 특히 항공사마일리지의 제공에 관한 변경권한이 과연 미리 신용카드 회사에게 유보되었는지의 여부를 중심으로 신용카드 회원가입계약의 체결 이후에 새롭게 추가된 개인회원규약의 효력과 관련된 약관법상의 쟁점에 대한 판단을 했던 사안이다.

기능은 카드사의 영업정책이나 제휴업체의 사정에 따라 변경 또는 중단될 수 있으며, 그 내용을 사전에 고지한다고 규정되어 있는 사실을 인정할 수 있는바, 위 인정 사실에 의하면 이 사건 신용카드 회원가입계약 당시 이 사건 신용카드 개인회원규약 제24조 제3항은 존재하지 아니하여 이 사건 신용카드 회원가입계약의 내용으로 될 수 없었다 할 것이고, 또한 피고가 이 사건 신용카드 회원가입계약 체결 당시 이 사건 항공마일리지 제공기준 변경 가능성에 관하여 원고에 대하여 이를 설명하였다든가 피고가 2005.3.1. 이후 이 사건 항공마일리지 제공기준을 변경·적용하기에 앞서 원고에 대하여 위와 같이 변경된 이 사건 신용카드 개인회원규약을 제시·설명하고 원고가 그 적용에 동의하였다는 점을 인정할 아무런 증거가 없는 이상, 이 사건 신용카드 개인회원규약 제24조 제3항이 이 사건 신용카드 회원가입계약의 내용으로 되었다고 볼 수 없어, 이 사건 신용카드 회원가입계약에 의하여 피고에게 이러한 마일리지 제공기준 변경에 관한 권한이 미리 유보되었다고 볼 수 없으므로, 피고는 원고에 대하여 이 사건 신용카드 개인회원규약 제24조 제3항에 기하여 이 사건 항공마일리지 제공기준이 변경되었음을 주장할 수 없다 할 것이어서, 피고는 특별한 사정이 없는 한 원고에게 당초의 이 사건 신용카드 회원가입계약에 따라 신용카드 사용액 1,000원당 2마일로 계산한 이 사건 항공마일리지를 제공할 의무가 있다.

대판 2005.12.9, 2004다26164

보험자의 책임은 당사자 간에 다른 약정이 없으면 최초의 보험료의 지급을 받은 때로부터 개시한다고 규정하고 있는 상법의 일반조항과 다른 내용으로 보험자의 책임개시시기를 정한 경우, 그 약관 내용은 보험자가 구체적이고 상세한 명시·설명의무를 지는 보험계약의 중요한 내용이라 할 것이고, 그 약관의 내용이 거래상 일반적이고 공통된 것이어서 보험계약자가 별도의 설명 없이도 충분히 예상할 수 있었던 내용이라 할 수 없다.

대판 2003.8.22, 2003다27054

자동차종합보험계약상 가족운전자 한정운전특약은 보험자의 면책과 관련되는 중요한 내용에 해당하는 사항으로서 일반적으로 보험자의 구체적이고 상세한 명시·설명의무의 대상이 되는 약관이다.

대판 1998.11.10, 98다20059

예금채권은 금전채권의 일종으로서 일반거래상 자유롭게 양도될 필요성이 큰 재산이므로, 은행거래약관에서 예금채권에 관한 양도금지의 특약을 정하고 있는 경우, 이러한 특약은 예금주의 이해관계와 밀접하게 관련되어 있는 중요한 내용에 해당하므로, 은행으로서는 고객과 예금계약을 체결함에 있어서 이러한 약관의 내용에 대하여 구체적이고 상세한 명시·설명의무를 지게 된다.

② 중요한 내용이지만 설명의무가 인정되지 않는 경우

비록 중요한 내용이라 하여도 고객이나 그 대리인이 그 내용을 충분히 알고 있는 사항(대판 1999.3.9, 98다43342)이나 거래상 일반적이고 공통된 것이어서 별도의 설명 없이도 고객이 충분히 예상할 수 있는 사항(대판 1998.11.27, 98다32564), 법령에서 정한 것을 되풀이하거나 부연하는 정도에 불과한 사항(대판 2007.4.27, 2006다87453)에 관해서는 설명의무가 인정되지 않는다.

대판 2008.5.8, 2006다57193

사업자에게 약관의 명시·설명의무가 인정되는 것은 어디까지나 고객이 알지 못하는 가운데 약관에 정하여진 중요한 사항이 계약 내용으로 되어 고객이 예측하지 못한 불이익을 받게 되는 것을 피하고자 하는 데 그 근거가 있다고 할 것이므로, 약관에 정하여진 사항이라고 하더라도 거래상 일반적이고 공통된 것이어서 고객이 별도의 설명 없이도 충분히 예상할 수 있었던 사항인 경우에는 그러한 사항에 대하여까지 사업자에게 설명의무가 있다고는 할 수 없다 … B은행의 여신업무취급기준의 규정, 여신규모에 비해 부족한 물적 담보를 보충하기 위해 인적 담보를 요구하는 후취담보취득 조건부 시설자금대출의 특성, 금융거래의 일반적인 관행 및 피고들의 이해가능성 등에 비추어 볼 때, B은행이 이 사건 후취담보취득 조건부 시설자금대출채무에 대한 연대보증계약 체결 당시 피고들에게 '귀행의 담보취득가격'의 의미에 관하여 설명하지 아니하였다고 하더라도 약관의 규제에 관한 법률에 위반되는 것으로 볼 수 없다는 취지로 판단한 것은 정당하다.

대판 2007.4.27, 2006다87453

상법 제726조의4는 "피보험자가 보험기간 중에 자동차를 양도한 때에는 양수인은 보험자의 승낙을 얻은 경우에 한하여 보험계약으로 인하여 생긴 권리와 의무를 승계한다(제 1 항). 보험자가 양수인으로부터 양수사실을 통지받은 때에는 지체없이 낙부를 통지하여야 하고 통지받은 날부터 10일 내에 낙부의 통지가 없을 때에는 승낙한 것으로 본다(제 2 항)"라고 규정하고 있고, 이 사건 약관[33]은 위 상법규정을 풀어서 규정한 것에 지나지 아니하는 것으로서 거래상 일반인들이 보험자의 개별적인 설명 없이도 충분히 예상할 수 있었던 사항이라고 볼 수 있는 점, 자동차보험계약에 있어서 '주운전자'는 보험료율의 체계 등을 좌우하는 중요한 내용이라는 점, 피보험 자동차의 양도는 해당 자동차보험계약에 운전자를 한정하는 특별약관이 붙어 있는지 여부와 관계없이 그 보험료의 산정기준에 직접적인 영향을 미치는 점 등에 비추어 보면, 이 사건 약관은 보험자인 원고가 보험계약자에게 개별적으로 명시·설명해야 하는 사항에 해당하지 아니하는 것으로 보아야 할 것이다.

대판 2003.8.22, 2003다27054

보험약관의 중요한 내용에 해당하는 사항이라 하더라도 보험계약자나 그 대리인이 그 내용을 충분히 잘 알고 있는 경우에는 당해 약관이 바로 계약 내용이 되어 당사자에 대하여 구속력을 가지므로 보험자로서는 보험계약자 또는 그 대리인에게 약관의 내용을 따로 설명할 필요가 없으며, 이 경우 보험계약자나 그 대리인이 그 약관의 내용을 충분히 잘 알고 있다는 점은 이를 주장하는 보험자 측에서 입증하여야 한다.

대판 2003.5.30, 2003다15556

보험약관에 정하여진 사항이라고 하더라도 거래상 일반적이고 공통된 것이어서 보험계약자가 별도의 설명 없이도 충분히 예상할 수 있었던 사항이거나 이미 법령에 의하여 정하여진 것을 되풀이하거나 부연하는 정도에 불과한 사항이라면 그러한 사항에 대하여서까지 보험자에게 명시·설명의무가 인정된다고 할 수 없다.

③ 중요한 내용이 아니라고 본 경우

'중요한 내용'에 해당되지 않는다고 판단된 사례를 소개하면 다음과 같다.

---

33) "보험계약자 또는 기명피보험자가 보험기간 중에 피보험자동차를 양도한 경우에는 이 보험계약으로 인하여 생긴 보험계약자 및 피보험자의 권리와 의무는 피보험자동차의 양수인에게 승계되지 아니한다. 그러나 보험계약자가 이 권리와 의무를 양수인에게 이전하고자 한다는 뜻을 서면으로 보험회사에 통지하여 이에 대한 승인을 청구하고 보험회사가 승인한 경우에는 그 승인한 때로부터 양수인에 대하여 이 보험계약을 적용한다. 보험회사가 위 승인을 하지 않은 경우에는 피보험자동차가 양도된 후에 발생한 사고에 대하여는 보험금을 지급하지 아니한다."

대판 1998.2.27, 96다8277

어느 약관 조항이 당사자 사이의 약정의 취지를 명백히 하기 위한 확인적 규정에 불과한 경우에는 상대방이 이해할 수 있도록 별도로 설명하지 아니하였다고 하여 그것이 약관의 규제에 관한 법률 제3조 제2항(현행법 제3조 제3항)에 위반된 것이라고는 할 수 없다.

대판 2003.5.30, 2003다15556

"계약자 또는 피보험자가 손해의 통지 또는 보험금청구에 관한 서류에 고의로 사실과 다른 것을 기재하였거나 그 서류 또는 증거를 위조하거나 변조한 경우"를 보험금청구권의 상실사유로 정한 보험약관은 설명의무의 대상이 아니다.

대판 2004.4.27, 2003다7302

무보험자동차에 의한 상해보상특약의 보험자는 피보험자의 실제 손해액을 기준으로 위험을 인수한 것이 아니라 보통약관에서 정한 보험금 지급기준에 따라 산정된 금액만을 제한적으로 인수하였을 뿐이어서(대판 2001.12.27, 2001다55284 참조) 그 특약에 따른 보험료도 대인배상Ⅱ에 비하여 현저히 저액으로 책정되어 있고, 이 사건 보험금 산정기준이 급부의 변경, 계약의 해제사유, 피고의 면책, 원고측의 책임 가중, 보험사고의 내용 등에 해당한다고 보기 어려울 뿐만 아니라 보험자에게 허용된 재량을 일탈하여 사회통념상 용인할 수 있는 한도를 넘어섰다고 보기도 어려우며, 만약 원고 A가 이 사건 보험계약 체결 당시 그 구체적인 산정기준이나 방법에 관한 명시·설명을 받아서 알았다고 하더라도 이 사건 특약을 체결하지 않았을 것으로는 보이지 않고, 나아가 이러한 산정기준이 모든 자동차 보험회사에서 일률적으로 적용되는 것이어서 거래상 일반인들이 보험자의 설명 없이도 충분히 예상할 수 있었던 사항이라고도 볼 수 있는 점 등에 비추어 보면, 위의 무보험자동차에 의한 상해보상특약에 있어서 그 보험금액의 산정기준이나 방법은 약관의 중요한 내용이 아니어서 명시·설명의무의 대상이 아니라고 보는 것이 옳다.

대판 2005.10.7, 2005다28808

복합화물운송주선업자들이 통상 체결하는 복합화물운송 배상책임보험계약의 보상한계 또는 별도의 부보위험을 담보하는 특약의 구체적인 담보 내용은, 보험모집인이 그에 관하여 구체적이고 상세하게 명시·설명하였다고 하더라도 보험계약자가 거액의 보험료를 추가로 지출하면서까지 위 특약에 가입하였을 것으로는 볼 수 없는 점 등에 비추어 명시·설명의무의 대상이 되는 약관의 중요한 내용에 해당한다고 볼 수 없다.

(2) 설명의 정도, 방법과 상대방

설명은 구체적이고 상세하게 그리고 고객에게 직접 구두로 하는 것이 원칙이지만, 약관 이외의 별도의 설명문의 교부를 통해 알려주는 경우도 있을 수 있다(인터넷 사이트 회원가입시 약관을 팝업창 형태로 제시하는 것). 설명의 구체적 방법과 정도는 당해 거래의 종류와 실태, 그리고 기타 제반사항을 종합적으로 고려하여 결정되어야 할 것이다. 고객의 대리인에게 설명하였다면 별도로 이를 다시 고객에게 설명할 필요는 물론 없다.

대판 1998.11.27, 98다32564

일반적으로 보험자 및 보험계약의 체결 또는 모집에 종사하는 자는 보험계약의 체결에 있어서 보험계약자 또는 피보험자에게 보험약관에 기재되어 있는 보험상품의 내용, 보험요율의 체계 및 보험청약서상 기재사항의 변동사항 등 보험계약의 중요한 내용에 대하여 구체적이고 상세한 명시·설명의무를 지고 있으므로 보험자가 이러한 보험약관의 명시·설명의무에 위반하여 보험계약을 체결한 때에는 그 약관의 내용을 보험계약의 내용으로 주장할 수 없다.

대판 2006.5.11, 2003다51057

투자신탁회사의 임직원이 고객에게 투자신탁상품의 매입을 권유할 때에는 그 투자에 따르는 위험을 포함하여 당해 투자신탁의 특성과 주요 내용을 설명함으로써 고객이 그 정보를 바탕으로 합리적인 투자판단을 할 수 있도록 고객을 보호하여야 할 주의의무가 있고, 이때 고객에게 어느 정도의 설명을 하여야 하는지는 투자대상인 상품의 특성 및 위험도의 수준, 고객의 투자 경험과 능력 및 기관투자자인지 여부 등을 종합적으로 고려하여야 하는데, 상품안내서 등의 교부를 통하여 투자신탁의 운용개념 및 방법과 신탁약관에서 정하는 사항에 대한 개략적인 정보를 제공한 경우에는 투자신탁 설명서나 약관 등을 직접 제시하거나 교부하지 않았다고 하여 설명의무 위반이 된다고 단정할 수 없다.

대판 2001.7.27, 2001다23973

보험자가 보험계약자의 대리인과 보험계약을 체결할 경우에는 그 대리인에게 보험약관을 설명함으로써 족하다.

(3) 설명의무의 예외

계약의 성질상 설명이 현저히 곤란한 경우에는 비록 당해 약관조항이 중요한 내용이라 하여도 설명의무가 면제된다(법 제3조 제3항 단서). 여기서 '현저히 곤란한 경우'에 해당하는지 여부를 판단할 때에는 계약의 성질에 따라 객관적으로 판단해야 하며 체약시의 사업자의 주관적 사정을 기준으로 해서는 안된다.

계약의 성질상 설명이 현저하게 곤란한 경우로서 인터넷 쇼핑몰 거래를 드는 견해가 있다.[34] 인터넷 거래가 비대면성과 신속성을 특징으로 하는 점이 있으나, 인터넷 상거래의 경우에도 약관을 화면으로 제시하고 고객이 이에 대한 열람을 단계적으로 확인(클릭)하는 방법으로 설명할 수 있다. 따라서 특정한 상황이 아닌 인터넷 상거래 일반에 대해 설명의무를 면제한다는 것은 적절하지 않다.

(4) 위반의 효과

사업자가 약관의 명시·설명의무를 위반하여 계약을 체결한 때에는 당해 약관을 계약의 내용으로 주장할 수 없다(법 제3조 제4항).[35] 즉 약관에 의한 거래라는 사실조차 명시하지 아니한 경우에는 약관 전체가 계약내용에 편입되지 아니할 것이고, 개별 중요조항이 충분히 설명되지 아니하였다면 당해 조항이 편입되지 아니한다. 이 경우 약관법 제16조의 일부무효의 특칙 법리의 적용이 있고, 다시 흠결된 의사의 보충에 대해서는 민법 106조의 일반원칙이 적용된다. 그리고 약관법 소정의 명시설명의무는 공법상의 규제의 측면이 있다. 사업자가 약관의 명시·설명의무를 위반한 경우 위와 같은 사법상의 효력과 별개로, 공정위가 500만원 이하의 과태료를 부과·징수할 수 있다(법 제34조 제3항).

34) 이호영, 소비자보호법, 2010, 131.

35) 일본 소비자계약법(消費者契約法)에서는 사업자가 소비자계약 체결을 권유할 때 중요사항 중 소비자에게 불이익으로 되는 사실을 고의로 알리지 않음에 따라 소비자가 당해 사실이 존재하지 않는다고 오인하고 그로 인하여 소비자계약의 청약이나 승낙의 의사표시를 한 때에는 이를 취소할 수 있다고 규정하여(동법 제4조 제2항), 계약 전체를 취소할 수 있도록 한다. 또한 사업자가 중요사항을 사실과 다르게 알리거나 장래에 소비자가 수취할 금액 등이 불확실함에도 이에 대한 단정적인 판단을 제공한 경우에도 소비자에게 취소권이 인정된다(동법 제4조 제1항).

(5) 상법 제638조의3(보험약관의 교부·명시의무)과의 관계

약관법은 고객이 제대로 알지 못하는 가운데 약관에 정해진 중요한 사항이 계약내용으로 편입되어 고객이 예상하지 못한 불이익을 받게 되는 것을 피하고자 사업자에 대해 약관을 명시 및 교부하고 설명할 의무를 부과하고 있다. 그리고 사업자가 설명의무를 위반하여 계약을 체결한 경우 당해 약관을 계약으로 주장할 수 없도록 하고 있다(법 제3조 제4항). 이러한 약관법은 일반법으로서 모든 거래에 일률적으로 적용됨이 원칙이나, 약관법 제30조 제2항은 특정한 거래분야의 약관에 대하여 다른 법률에 특별한 규정이 있는 경우에는 이 법의 규정에 우선한다는 규정을 두고 있다. 이에 관하여 상법 제638조의3은 보험계약을 체결할 때에 보험계약자에게 보험약관을 교부하고 그 약관의 중요한 내용을 설명하여야 한다는 보험약관의 교부·명시의무를 규정하고 있으며, 보험자가 동 의무를 위반한 때에는 보험계약자는 보험계약이 성립한 날부터 3월 내에 그 계약을 취소할 수 있다고 규정한다. 이 경우 보험계약자가 3월 내에 취소하지 않은 경우 당해 보험계약의 효력을 어떻게 보아야 하는지 문제된다.

이는 결국 상법 제638조의3이 약관법 제30조 제2항에서 말하는 특별규정인가의 여부에 관한 논의라 할 수 있는데, 보험계약자가 보험자로부터 약관을 교부받지 않고, 또 그 계약조항에 대하여 설명을 들은 바도 없이 보험계약을 체결하고 1월이 경과하도록 취소권을 행사하지 않은 경우, 상법 제638조의3을 약관규제법에서 말하는 특별한 규정으로 볼 경우 약관법의 적용이 배제되어 보험자는 1개월 내에 계약취소권만을 주장할 수 있으나, 상법 제638조의3이 약관법의 적용을 배제하지 않는다고 볼 경우 보험계약자가 상법상의 취소권과 약관법상의 계약편입 배제효과를 모두 주장할 수 있게 되는 것이다.

이에 관해서는 보험약관의 교부·명시의무를 위반한 경우 보험계약자의 취소권은 1월의 경과로 소멸하고 보험계약은 유지된다는 상법규정 단독적용설과 보험계약자는 1월 내에 계약을 취소하지 않았더라도 다시 약관법을 근거로 설명을 듣지 아니한 약관의 효력을 다툴 수 있다는 약관법 중복적용설이 있다(판례).

소위 중복적용설을 취하는 판례는 두 가지 문제점을 안고 있다. 첫째 고지의무는 보험거래상 일반적인 제도일 뿐만 아니라 상법 제651조가 명문으로 정하는 제도이기 때문에 통상적인 고지사항에 대한 불설명이 문제되는 것이라면 당해 조항은 기본적으로 명시설명의 대상이 되는 의의조항이 아닐 것이며, 두 번째로 약

관 소정의 고지조항이 계약에 편입되지 못하더라도 일부 무효가 된 당해 보험계약에 관한 의사표시의 보충 차원에서 고지의무를 정하는 상법 제651조가 당해 계약에 의당 적용되어야 한다는 점이다.

대판 1998.11.27, 98다32564

[1] 상법 제638조의3 제 2 항은 보험자의 설명의무 위반의 효과를 보험계약의 효력과 관련하여 보험계약자에게 계약의 취소권을 부여하는 것으로 규정하고 있으나, 나아가 보험계약자가 그 취소권을 행사하지 아니한 경우에 설명의무를 다하지 아니한 약관이 계약의 내용으로 되는지 여부에 관하여는 아무런 규정도 하지 않고 있을 뿐만 아니라 일반적으로 계약의 취소권을 행사하지 아니하였다고 바로 계약의 내용으로 되지 아니한 약관 내지 약관 조항의 적용을 추인 또는 승인하였다고 볼 근거는 없다고 할 것이므로, 결국 상법 제638조의3 제 2 항은 약관규제법 제16조에서 약관의 설명의무를 다하지 아니한 경우에도 원칙적으로 계약의 효력이 유지되는 것으로 하되 소정의 사유가 있는 경우에는 예외적으로 계약 전체가 무효가 되는 것으로 규정하고 있는 것과 모순·저촉이 있다고 할 수 있음은 별론으로 하고, 약관에 대한 설명의무를 위반한 경우에 그 약관을 계약의 내용으로 주장할 수 없는 것으로 규정하고 있는 약관규제법 제 3 조 제 3 항(현행법 제 3 조 제 4 항. 이하 같음)과의 사이에는 아무런 모순·저촉이 없으므로, 따라서 상법 제638조의3 제 2 항은 약관규제법 제 3 조 제 3 항과의 관계에서는 그 적용을 배제하는 특별규정이라고 할 수가 없으므로 보험약관이 상법 제638조의3 제 2 항의 적용 대상이라 하더라도 약관규제법 제 3 조 제 3 항 역시 적용이 된다.

[2] 보험자에게 보험약관의 명시·설명의무가 인정되는 것은 어디까지나 보험계약자가 알지 못하는 가운데 약관에 정하여진 중요한 사항이 계약 내용으로 되어 보험계약자가 예측하지 못한 불이익을 받게 되는 것을 피하고자 하는 데 그 근거가 있다고 할 것이므로, 보험약관에 정하여진 사항이라고 하더라도 거래상 일반적이고 공통된 것이어서 보험계약자가 별도의 설명 없이도 충분히 예상할 수 있었던 사항이거나 이미 법령에 의하여 정하여진 것을 되풀이하거나 부연하는 정도에 불과한 사항이라면 그러한 사항에 대하여서까지 보험자에게 명시·설명의무가 인정된다고 할 수 없다.

2.2. 약관작성 단계에서의 의무

사업자는 고객이 약관의 내용을 쉽게 알 수 있도록 한글 및 표준화·체계화된 용어를 사용하고, 약관의 중요한 내용을 굵고 큰 글자·부호·색채 등으로 명확하게 표시하여 약관을 작성하여야 한다(법 제3조 제1항). 이는 2007년 약관규제법 개정시 신설된 것으로 계약의 상대방인 고객이 약관의 중요내용을 쉽게 알 수 있도록 하여 예상치 못한 손해를 방지하고자 하는 데 그 취지가 있으며, 이 의무를 위반했을 때의 제재 내지 효과에 관해서는 법에서 정한 바 없다.

또한 이는 사업자가 고객에게 약관을 명시설명하기 이전 단계에서 준수해야 하는 의무로, 약관의 편입통제에 관한 사항은 아니다. 따라서 명시설명의무와 달리 사업자가 이를 위반한 경우라 하여도 당해 약관을 계약의 내용으로 주장할 수 있다(법 제3조 제4항).

3. 개별약정의 우선

3.1. 의　　의

약관에서 정하고 있는 사항에 관하여 사업자와 고객이 약관의 내용과 다르게 합의한 사항이 있을 때에는 당해 합의사항은 약관에 우선한다(법 제4조). 따라서 개별약정과 내용적으로 양립할 수 없는 약관조항의 효력은 제한되고 개별약정이 우선하여 적용된다. 이와 같은 개별약정은 약관의 본질에 비추어, 규제해야 할 약관이 아니기 때문에 약관규제법이 적용되지 않는 것이고, 이 경우 개별약정에 대하여는 결국 민법이나 상법이 적용된다. 이 원칙의 이론적 근거는 묶어서 계약내용에 편입되는 약관보다 개별적 흥정의 결과인 개별 약정에 당사자의 진의가 실려 있다고 볼 수 있는 점을 들 수 있다. 다수의 개별 약정이 내용적으로 서로 충돌한다면, 일차적으로는 당사자의 진의가 무엇인지 여부에 따르겠지만 그러한 판단이 어려울 경우에는 가장 나중에 이루어진 약정이 통용력을 가진다. 개별 약정의 모습은 원칙적으로 제한이 없으며, 손으로 쓴 약정(手記文言)은 물론 구두의 합의나 확약(確約) 등도 가능하다.

대판 2008.7.10, 2008다16950

계약의 일방 당사자가 약관 형식의 계약서를 미리 마련하여 두었으나 계약서상의 특정조항에 관하여 개별적인 교섭(또는 흥정)을 거침으로써 상대방이 자신의 이익을 조정할 기회를 가졌다면, 그 특정조항은 약관의 규제에 관한 법률의 규율대상이 아닌 개별약정이 된다고 보아야 하고, 이때 개별적인 교섭이 있었다고 하기 위해서는 비록 그 교섭의 결과가 반드시 특정 조항을 변경하는 형태로 나타나야 하는 것은 아니라 하더라도, 적어도 계약의 상대방이 그 특정조항을 미리 마련한 당사자와 거의 대등한 지위에서 당해 특정조항에 대하여 충분한 검토와 고려를 한 뒤 영향력을 행사함으로써 그 내용을 변경할 가능성은 있어야 한다.

대판 2007.9.6, 2004다53197

증권투자신탁에서 투자자인 고객에게 약관의 내용과 다른 투자신탁운용계획서를 교부한 경우에 투자신탁운용계획서의 내용이 개별약정으로서 구속력이 있는지 여부는 투자신탁운용계획서의 내용, 그와 같은 서류가 교부되게 된 동기와 경위, 당사자의 진정한 의사 등을 종합적으로 고찰하여 논리와 경험칙에 따라 합리적으로 판단하여야 한다. 원심이 그 판결에서 들고 있는 증거들을 종합하여 그 판시와 같은 사실을 인정한 후, 이 사건 운용계획서가 투자자모집을 위한 참고자료로 활용되도록 하기 위하여 작성된 문서로서, 그 내용도 투자대상을 일정 등급 이상의 회사채와 기업어음에 한정한다는 명시적인 내용이 아니고, 단지 작성 당시의 예상수익률을 제시하고 그 예상수익률의 산출 근거로서 일정 등급 이상의 회사채와 기업어음 위주로 편입시킨다는 것을 예시적으로 설명한 것으로 보이므로, 위와 같은 작성 목적과 명의, 형식 및 내용 등에 비추어 보면 이 사건 운용계획서는 작성 당시 예견할 수 있었던 제반 경제상황을 바탕으로 향후의 펀드 운용에 대한 계획을 나타내는 문서에 지나지 않는다고 할 것이므로, 그것이 판매회사인 제1심 공동피고 A증권을 통하여 수익자인 원고에게 전달되었다고 하더라도 곧바로 피고인 B투자신탁운용과 수익자 간의 개별약정의 내용이 되어 피고에게 구속력을 가진다고 볼 수는 없다고 판단한 것은 수긍할 수 있고, 거기에 의사해석에 관한 법리오해나 대법원판례 위반 등의 위법이 있다고 할 수 없다.

3.2. 개별약정의 존재에 관한 증명책임

약관과 상이한 개별약정의 존재 여부는 이를 주장하는 자가 그 존재를 증명해야 한다. 문제가 되는 개별약정이 사업자와 고객 중 누구에게 유리한가에 따라 이를 주장·증명하는 자도 상이하게 된다.

3.3. 약관의 본질론과의 관계

개별약정우선의 원칙을 정하는 약관법 제4조는 약관의 본질에 대하여 이를 계약의 예문으로 풀이하는 계약설에 대한 실정법적 근거를 제공하는 것이다. 즉 계약설에 의할 경우 사업자 측에서 약관과 다른 설명을 하고 고객이 이에 동의하였다면 별도로 합의한 내용이 계약의 내용이 되고, 이와 충돌하는 약관이 적용될 여지는 없게 된다.

그러나 규범설을 채용할 때에도 약관을 임의법규로 보는 한 약관과 다른 개별적 합의는 당연히 약관에 우선하게 된다. 설령 개별약정의 내용이 약관조항보다 고객에게 불리하더라도 민법 제104조 등에서 규정하는 불공정한 법률행위에 해당하지 않는 한 유효한 것이다.

대판 2001.3.9, 2000다67235

금융기관의 여신거래기본약관에서 금융사정의 변화 등을 이유로 사업자에게 일방적 이율 변경권을 부여하는 규정을 두고 있으나, 개별약정서에서는 약정 당시 정해진 이율은 당해 거래기간 동안 일방 당사자가 임의로 변경하지 않는다는 조항이 있는 경우, 위 약관조항과 약정서의 내용은 서로 상충된다 할 것이고, 약관규제법 제4조의 개별약정우선의 원칙 및 위 약정서에서 정한 개별약정 우선적용 조항에 따라 개별약정은 약관조항에 우선하므로 대출 이후 당해 거래기간이 지나기 전에 금융기관이 한 일방적 이율인상은 그 효력이 없다.

대판 1998.11.27, 98다32564

일반적으로 당사자 사이에서 보통보험약관을 계약내용에 포함시킨 보험계약서가 작성된 경우에는 계약자가 그 보험약관의 내용을 알지 못하는 경우에도 그 약관의 구속력을 배제할 수 없는 것이 원칙이나, 당사자 사이에서 명시적으로 약관의 내용과 달리 약정한 경우에는 위 약관의 구속력은 배제된다.

3.4. 무효인 약관과 동일한 내용의 개별합의

무효인 약관조항에 의거하여 계약이 체결되었다면 그 후 상대방이 계약의 이행을 지체하는 과정에서 약관작성자로부터 채무의 이행을 독촉받고 종전 약관에 따른 계약내용의 이행 및 약정내용을 재차 확인하는 취지의 각서를 작성하여 교부하였다 하여 무효인 약관조항이 유효한 것으로 된다거나, 위 각서의 내용을 새로운 개별약정으로 보아 약관의 유·무효와는 상관없이 위 각서에 따라 채무의 이행 및 원상회복의 범위 등이 정하여진다고 할 수 없다.[36]

4. 약관의 해석

약관의 해석은 본질론과도 관련된다. 약관을 법규범으로 볼 경우에는 기본적으로 법규해석의 원칙을 적용해야 할 것이고, 계약설에 의하면 그 해석방법도 법률행위 내지 계약의 해석원칙에 따르게 된다.

약관법은 약관의 해석과 관련하여 몇 가지 원칙을 제시하고 있다. 약관이 사적자치의 소산이기는 하나 약관이 계약에 편입되는 과정에서 계약자의 구체적 의사가 흠결되는 경향이 있고, 약관은 특정한 고객과의 일회적인 법률관계를 위한 것이 아니라 불특정 다수의 고객에 대한 법률관계 형성을 위해 사업자가 일방적으로 미리 작성한다는 점을 감안한 것이다. 신의성실의 원칙, 통일적 해석원칙 및 작성자불이익의 원칙은 약관법에서 규정하는 해석원칙이다. 이 밖에 면책조항과 같이 사업자의 책임을 한정하는 조항 등은 그 의미를 좁게 또는 엄격하게 해석하고 면책사유를 확장하거나 유추해서는 아니된다는 엄격해석, 그리고 약관조항 중 문제가 있는 부분만을 무효처리하고 나머지는 그 효력을 유지하도록 해야 한다는 소위 효력유지적 축소해석, 목적론적 해석 등이 주장되기도 한다. 그러나 약관법이 정하는 세 가지 해석원칙 외에 이들을 별도로 거론할 근거나 실익이 있는지는 의심스럽다.

4.1. 신의성실의 원칙

법률행위의 해석원칙으로서 약관의 성질과 배치되지 않는 것은 약관해석의 원칙으로 수용되어야 하는바, 그 중에서 가장 중요한 것이 신의성실의 원칙이라 할 수 있다. 약관규제법도 약관은 신의성실의 원칙에 따라 공정하게 해석되어야 한다고 규정한다(제5조 제1항 전단). 이는 사업자의 이익뿐만 아니라 고객의 정당한 이익이 적절하게 조정되도록 해석하여야 함을 의미하며, 약관에 의하지 않은 계약에서도 적용되는 기준이므로 약관 해석에 특유한 원칙이라고는 할 수 없다.

또한 약관법 제6조 제1항은 약관의 정당성 내지 유효성을 심사하는 일반적 기준으로 신의성실의 원칙을 제시하고 신의성실에 반하여 공정성을 잃은 약관은 무효로 한다고 규정하고 있다.[37] 따라서 약관의 해석통제와 효력통제에 있어 신의

36) 대판 2000.1.18, 98다18506.

37) 약관법 제6조는 민법 제2조의 신의칙과 이념이나 연혁 면에서 관련이 있음은 주지의 사실이

성실은 기본원칙으로 작용한다.

4.2. 통일적 해석 원칙

약관은 고객에 따라 다르게 해석되어서는 아니된다(법 제5조 제1항 후단). 약관이란 다수의 고객을 상대로 반복되는 거래의 정형적인 처리를 위해 사용하는 것이다. 그러므로 동일한 약관으로 계약을 체결한 고객들의 주관적 사정을 일일이 고려하여 고객마다 다르게 해석한다면 약관은 본래의 기능을 다할 수 없을 뿐만 아니라 경우에 따라서는 계약자군을 부당하게 차별하는 결과로 귀착할 수 있다. 즉 약관의 내용은 개개 계약체결자의 의사나 구체적 사정을 고려함이 없이 평균적 고객의 이해가능성을 기준으로 하여 객관적·획일적으로 해석하여야 한다. 여기에서 통일적 해석원칙은 객관적 해석원칙이라고도 한다.

결국 약관의 구속력의 근거는 개별적 법률행위에 있다고 하여도 계약의 내용으로 편입되는 약관내용의 해석에 있어서는 객관적 해석의 원칙이 작용하는 것이다. 통일적 해석이란 약관작성자인 사업자의 의도를 고객에게 강제하는 것이 아니라 객관적 기준에 의해서 개별사례의 우연한 사정 및 당사자 간의 개별적인 생각이나 특별한 사정으로부터 벗어나서 약관을 해석하는 것을 의미한다. 그러므로 약관에서 사용되는 용어는 이를 학문적 또는 전문적인 의미로 해석될 것이 아니라 당해 거래권의 평균인을 기준으로 그 용어가 가지는 통상적이고 일반적인 의미로 자연스럽게 풀이되어야 한다.

대판 1995.5.26, 94다36704

보통보험약관 및 보험제도의 특성에 비추어 볼 때에 약관의 해석은 일반 법률행위와는 달리 개개 계약당사자가 기도한 목적이나 의사를 기준으로 하지 않고 평균적 고객의 이해가능성을 기준으로 하여 객관적·획일적으로 해석하여야 한다.

4.3. 작성자 불이익의 원칙

약관의 뜻이 명백하지 아니한 경우에는 고객에게 유리하게 해석되어야 한다

다. 그러나 약관법 제6조의 신의성실은 합의나 법규정에 의해 발생한 권리의 행사와 의무의 이행에 국한되는 것이 아니라, 거래내용의 형성에 있어서의 공정성 내지 당사자 사이의 이익조정에 비중을 두는 면에서 뚜렷한 특색이 있다.

(법 제5조 제2항). 약관에서 사용되는 용어의 의미나 내용이 명백하고 한가지로 풀이될 때에는 해석상의 문제가 생기지 않는다. 그러나 약관의 내용이 평균적 수준의 이해력을 가진 계약자들에게 여러 갈래로 풀이된다면, 즉 다의적(多義的)으로 전달된다면, 그 조항은 애매하고 명백하지 아니한 것이다. 이처럼 약관내용이 여러 가지 뜻으로 해석될 수 있는 경우에는 이를 약관작성자에게 불리하게 그리고 상대방에 대해서는 유리하게 해석해야 한다는 것이 바로 작성자불이익의 원칙 혹은 불명확성의 원칙이다. 그러나 이는 약관의 특유한 해석방식이 아니라, "의심스러울 때는 작성자에게 불리하게"라는 일반적인 해석원칙을 약관에 적용한 것에 불과하다. 즉 명확하게 해석하기 어려운 조항은 그 원인을 제공한 자가 그에 따른 위험을 부담해야 하는 것이다.

대판 2007.12.27, 2006다29105

약관조항을 문자 그대로 엄격하게 해석하여 조금이라도 약관에 위배하기만 하면 보험자가 면책되는 것으로 보는 것은 본래 피해자 다중을 보호하고자 하는 보험의 사회적 효용과 경제적 기능에 배치될 뿐만 아니라 고객에 대하여 부당하게 불리한 조항이 된다는 점에서 이를 합리적으로 제한하여 해석할 필요가 있으므로, 이 사건 약관조항에 의한 보험금청구권의 상실 여부는 이 사건 약관조항을 둔 취지를 감안하여 보험금청구권자의 청구와 관련한 부당행위의 정도 등과 보험의 사회적 효용 내지 경제적 기능을 종합적으로 비교·교량하여 결정하여야 할 것이다. 따라서 피보험자가 보험금을 청구하면서 실손해액에 관한 증빙서류 구비의 어려움 때문에 구체적인 내용이 일부 사실과 다른 서류를 제출하거나 보험목적물의 가치에 대한 견해 차이 등으로 보험목적물의 가치를 다소 높게 신고한 경우 등까지 이 사건 약관조항에 의하여 보험금청구권이 상실되는 것은 아니라고 해석함이 상당하다 할 것이다.

대판 1996.6.25, 96다12009

보통거래약관의 내용은 개개 계약체결자의 의사나 구체적인 사정을 고려함이 없이 평균적 고객의 이해가능성을 기준으로 하되 보험단체 전체의 이해관계를 고려하여 객관적, 획일적으로 해석하여야 하고, 고객 보호의 측면에서 약관내용이 명백하지 못하거나 의심스러운 때에는 약관작성자에게 불리하게 제한해석하여야 한다.

4.4. 기타의 사례들

대판 2006.9.8, 2006다24131(소위 엄격해석의 원칙)

법률행위는 당사자의 내심적 의사에 관계없이 당사자가 그 표시행위에 부여한 객관적 의미를 합리적으로 해석하여야 하며, 특히 당사자 일방이 작성한 약관이 계약의 일부로서 상대방의 법률상 지위에 중대한 영향을 미치게 되는 경우에는 약관의 규제에 관한 법률 제6조 제1항, 제7조 제2호의 규정 취지에 비추어 더욱 엄격하게 해석하여야 한다. … 신용보증기관의 대출보증약관 중 신용보증사고의 통지를 지연함으로써 채권보전에 장애를 초래한 경우에 보증채무가 면책된다는 조항은, 채권자가 신용보증사고의 통지기한 내에 통지를 하지 아니함으로 인하여 신용보증기관의 채권보전조치에 실질적인 장애를 초래한 경우에 한하여 면책된다는 취지로 해석하여야 한다.

대판 2002.4.12, 98다57099(소위 효력유지적 축소해석)

한국전력공사의 전기공급규정 제51조 제3호, 제49조 제1항 제3호는 한국전력공사의 전기설비에 고장이 발생하거나 발생할 우려가 있는 때 한국전력공사는 전기의 공급을 중지하거나 그 사용을 제한할 수 있고, 이 경우 한국전력공사는 수용가가 받는 손해에 대하여 배상책임을 지지 않는다고 규정하고 있는바, 이는 면책약관의 성질을 가지는 것으로서 한국전력공사의 고의 또는 중대한 과실로 인한 경우까지 적용된다고 보는 경우에는 약관규제법 제7조 제1호에 위반되어 무효이나, 그 외의 경우에 한하여 한국전력공사의 면책을 정한 규정이라고 해석하는 한도에서는 유효하다고 보아야 한다.

대판 1997.2.25, 96다37589

이 사건과 같이 원고와 피고 사이에 체결한 용역경비계약의 특약사항으로 각종 금제품 및 기타 보석류 전량과 시계류 중 사용자 매입단가 기준 150,000원 이상의 모든 손목시계는 사용중인 금고에 보관하여야 하며, 사용자가 위 사항을 준수하지 아니하여 발생한 사고에 대하여는 회사가 책임을 지지 아니한다는 면책조항이 포함되어 있는 경우, 위 면책조항이 피고의 고의·중과실이 있는 경우에까지 적용되는 것은 아니므로 (당원 1996.5.14, 선고 94다2169 판결; 1996.9.6, 선고 96다17707 판결 등 참조), 원심이 피고의 피용자인 위 소외인들의 중과실을 인정하여 피고의 손해배상책임을 인정한 것은 정당하다.

제 3 절 불공정성 통제

1. 개 설

약관법은 다수의 규정을 통하여 불공정한 약관조항을 무효로 규정하여 약관내용을 통제하고 있는바, 이를 효력통제 혹은 불공정성 통제라고 한다. 약관법 제 6 조는 일반원칙으로서 신의성실의 원칙에 반하는 조항을 무효로 선언하는 일반규정이고, 제 7 조(면책조항의 금지) 내지 제14조(소송제기의 금지 등)는 불공정약관조항의 유형을 구체적으로 열거하는 개별금지규정이다. 약관의 효력을 판단함에 있어서는 개별금지규정을 우선하여 적용해야 한다(일반규정은 보충적으로 적용한다). 약관법 제 6 조 이하에 저촉되는 불공정 약관조항은 법률의 규정에 의하여 당연히 무효가 되며, 법원의 무효판결에 따라 비로소 무효가 되는 것이 아니다. 즉 법원의 판결은 확인적인 것에 불과하고 형성적인 것이 아니며, 공정위의 의결은 행정적 통제에 지나지 아니한다.

2. 신의성실의 원칙

2.1. 의 의

신의성실의 원칙에 반하여 공정을 잃은 약관조항은 무효이다(법 제 6 조 제 1 항). 약관내용의 통제원리로 작용하는 신의성실의 원칙은 당해 약관이 사업자에 의하여 일방적으로 작성되고 상대방인 고객으로서는 그 구체적 조항 내용을 검토하거나 확인할 충분한 기회가 없이 계약을 체결하게 되는 계약성립의 과정에 비추어 약관작성자로서는 반드시 계약상대방의 정당한 이익과 합리적인 기대에 반하지 않고 형평에 맞게끔 약관조항을 작성하여야 한다는 행위원칙을 의미하기도 한다.[38)]

신의성실의 원칙을 약관의 불공정성 통제의 기준으로 삼는 것은 독일의 입법례에서 확인된다. 그러나 1976년 독일의 약관법 제정 당시 내용통제의 기준에 대

38) 대판 1994.12.9, 93다43873.

해 상당한 논란이 있었다. 일부 논자는 선량한 풍속(die gute Sitte)을 주장하고, 일부는 계약자유의 내재적 한계를 거론하였으나, 신의성실(Treu und Glauben)이 내용통제의 대원칙으로 채택되었다. 그리하여 약관의 작성이나 그 내용이 신의성실에 반하여 고객에게 불리한 경우 당해 약관조항은 처음부터 당연무효가 되는 것이다. 2002년 약관법을 흡수한 독일 민법 제307조 제 1 항은 "약관조항이 신의성실의 요청에 반하여 약관사용자의 계약상대방을 부당하게 불리하게 하는 경우에는 그 효력이 없다"고 정한다. 또한 영국의 '소비자계약의 불공정조항에 관한 규칙'[39]도 개별적으로 협상되지 아니한 계약조항이 신의성실(the requirement of good faith)에 반하여 소비자를 불리하게 하거나 계약당사자들의 권리와 의무에 현저한 불균형을 야기하는 경우에는 이를 불공정한 것으로 보고 있다(동 규칙 제 5 조 제 1 항).

다시 말해 약관법 제 6 조 제 1 항에 따른 불공정성 심사기준은 신의성실의 원칙이다. 여기에서 약관조항의 유효성 통제기준으로서 신의성실이 민법 제103조의 선량한 풍속과 동일한 것인지, 만일 다르다면 어떻게 다른 것인지가 문제된다. 약관법 제 6 조 소정의 신의성실이 선량한 풍속보다 엄격한 심사기준이라거나, 혹은 기본적으로 계약사항에 대한 심사로서 동일한 척도이지만 개별적 합의없이 부합거래 방식으로 편입되는 약관조항이라는 규율대상의 특색을 반영한 것에 지나지 않는다는 견해가 제시되고 있다.

2.2. 공정성을 잃은 것으로 추정되는 경우

고객에 대하여 부당하게 불리한 조항이나 고객이 거래형태 등 제반사정에 비추어 예상하기 어려운 조항, 계약의 목적을 달성할 수 없을 정도로 계약에 따르는 본질적 권리를 제한하는 조항들은 공정성을 잃은 것으로 추정한다(법 제 6 조 제 2 항). 신의성실의 원칙은 매우 추상적이어서 구체적인 사례에 바로 적용하기가 어렵다. 여기에서 대표적인 유형들을 구체화, 개별화한 것이다.

가. 고객에 대하여 부당하게 불리한 조항

여기서의 부당성 심사는 고객이 입은 불이익만을 편면적으로 심사하는 것이라는 극단적 주장이 있다(소위 편면적 심사설). 그러나 고객이 입은 불이익은 물론

39) 영국의 소비자계약의 불공정조항에 관한 규칙(The Unfair Terms in Consumer Contracts Regulations 1999)은 1994년 제정 후 유럽공동체 지침(EC Directive on Unfair Terms in Consumer Contracts, 93/13 EEC)을 국내에서 시행하기 위해 1999년에 개정한 것이다.

사업자의 편익 기타 당해 약관거래와 관련된 제반정황을 종합적으로 심사하는 것이 정도이다. 이런 제반정황을 살펴보아야, 고객이 불이익을 입었는지 또 그 정도는 어떠한지를 알 수 있을 것이기 때문이다. 즉 당해 조항으로 인한 고객의 불이익과 그 정도, 당해 조항을 통한 사업자의 편익과 고객의 불이익에 관한 비교형량, 그 거래의 구체적 모습과 당해 거래권의 일반적 혹은 통상적 관행 등을 종합적으로 고려한 위에 당해 사안에 있어서 개별적으로 판단하게 되는 것이다. 그리고 이때 불이익은 구체적인 고객을 기준으로 판단할 것이 아니라 특정한 거래에 임하는 평균적 고객집단의 표준적인 이익을 기준으로 삼아야 한다.

대판 2005.3.17, 2003다2802

업무용 자동차종합보험약관 중 대인배상 II에서 "배상책임 있는 피보험자의 피용자로서 산업재해보상보험법(이하 '산재보험법'이라 한다)에 의한 재해보상을 받을 수 있는 사람에 대하여는 보상하지 아니한다"는 면책조항을 규정한 취지는, 사용자와 근로자의 노사관계에서 발생한 업무상 재해로 인한 손해에 대하여는 노사관계를 규율하는 근로기준법에서 사용자의 각종 보상책임을 규정하는 한편, 이러한 보상책임을 담보하기 위하여 산재보험법으로 산재보험제도를 설정하고 있으므로, 산재보험 대상인 업무상 자동차사고에 의한 피해 근로자의 손해에 대하여도 산재보험에 의하여 전보 받도록 하고, 이처럼 산재보험에 의한 전보가 가능한 범위에서는 제3자에 대한 배상책임을 전보하는 것을 목적으로 하는 자동차보험의 대인배상 범위에서 이를 제외하려는 데 있는 것으로 해석함이 상당하며, 그렇지 아니하고 업무상 자동차사고에 의한 피해 근로자의 손해가 산재보험법에 의한 보상범위를 넘어서는 경우에도 면책조항에 의하여 보험자가 면책된다고 한다면 자동차보험의 피보험자인 사업주의 피해 근로자에 대한 자동차손해배상보장법 또는 민법 등에 의한 손해배상책임이 남아 있음에도 불구하고 보험자의 면책을 인정하여 피보험자에게 실질적으로 손해배상책임을 부담하게 하는 것이 되는바, 이는 피보험자동차의 사고로 인하여 피보험자가 타인에 대하여 부담하는 손해배상책임을 담보하기 위한 자동차보험의 취지에 어긋나는 것으로서, 약관규제법 제6조 제1항·제2항 제1호 및 제7조 제2호 소정의, 고객인 보험계약자 및 피보험자에게 부당하게 불리할 뿐만 아니라, 사업자인 보험자가 부담하여야 할 위험을 고객에게 이전시키는 것이 되므로, "산재보험법에 의한 보상범위를 넘어서는 손해가 발생한 경우에도 보상하지 아니한다"는 면책조항의 '괄호 안 기재 부분'은 위 같은 법률의 각 조항에 의하여 효력이 없다.

대판 2003.7.8, 2002다64551

은행이 상계를 하는 경우 이자나 지연손해금 등의 계산의 종기를 임의로 정할 수 있도록 한 은행여신거래기본약관 조항은 고객인 채무자에게 부당하게 불리하고 신의성실의 원칙에 반하여 공정을 잃은 조항으로서 약관의 규제에 관한 법률 제6조 제1항·제2항 제1호에 의하여 무효이다.

대판 2003.1.10, 2001두1604

사업자가 시장상황을 고려하여 필요한 경우 판매대리점의 판매지역 내에 사업자의 판매대리인을 추가로 선정할 수 있다고 한 약관 조항에 대하여, 비록 사업자에게 고객인 판매대리점들에 대한 판매지역권 보장의무가 당연히 인정되는 것은 아니라고 하더라도, 사업자가 소속 대리점에게 사실상 인정되는 판매지역권을 부당하게 침해하는 것은 허용되지 않는다고 할 것인바, 위 약관 조항은 상호 협의 없이 사업자가 일방적으로 판매대리점의 판매지역 내에 자기의 판매대리인을 추가로 선정할 수 있도록 하고 있으므로, 이는 결국 고객인 판매대리점의 판매지역을 사업자가 일방적으로 축소 조정할 수 있도록 허용함으로써 판매대리점의 판매지역권을 부당하게 침해하는 것으로, 구 약관규제법(2001.3.28. 법률 제6459호로 개정되기 전의 것) 제6조 제2항 제1호 소정의 '고객에 대하여 부당하게 불리한 조항'으로서 불공정한 약관으로 추정된다.

사업자와 판매대리점 중 어느 일방의 당사자가 대리점계약을 해지하고자 할 경우에는 상대방에게 그 뜻을 계약해지 예정일로부터 2개월 전에 서면으로 예고하여야 한다고 한 약관에 대하여, 형식적으로는 당사자 쌍방에게 동등하게 해지권을 유보한 것처럼 보이나, 판매대리점은 투하자본 때문에 계약을 임의로 해지하기가 어려운 반면, 사업자는 필요에 따라 2개월의 유예기간만 두면 언제든지 계약의 해지가 가능하므로, 실질적으로는 사업자의 이익을 위하여 기능하는 조항이라고 할 수 있는바, 당사자간의 신뢰관계의 파괴, 부득이한 사유의 발생, 채무불이행 등 특별한 사정의 발생 유무를 불문하고 사업자가 2개월 전에 서면예고만 하면 언제든지 계약을 해지할 수 있도록 규정하고 있으므로, 구 약관규제법(2001.3.28. 법률 제6459호로 개정되기 전의 것) 제6조 제2항 제1호 소정의 '고객에 대하여 부당하게 불리한 조항'으로서 불공정한 약관으로 추정된다.

나. 의외조항

계약의 거래행태 등 제반사정에 비추어 고객이 예상하기 어려운 조항, 즉 의외조항(意外條項)의 예로서는 고객에게 새로운 주의의무를 부과하는 조항, 계약의 쌍무적 성격을 해치는 조항, 전형계약에서 전형적인 내용에서 벗어나는 변칙적 조항 등을 들 수 있다.

우리나라 약관법은 의외조항을 효력통제에서 규율하지만, 편입통제가 먼저 작용할 여지가 열려 있다. 의외조항은 그 내용상 고객을 경악시키는 중요조항이므로 설명의무의 대상이 되고, 사업자의 설명과정에서 당해 조항은 개별약정이 되거나 계약편입에서 제외될 수 있다. 여기에서 의외조항이 효력통제의 대상이 될 가능성은 매우 낮게 된다. 그리하여 독일 민법은 편입통제에서 이를 규율한다. 즉 동법 제305조의C 제1항은 '극히 이례적이어서 고객들이 이를 계약내용에 포함시켰다고 예상하기 어려운 약관조항'은 이를 계약의 구성부분이 되지 않는 것으로 정한다.

대판 1998.12.22, 97다15715

상가임대분양계약서에 "기부체납에 대한 부가가치세액은 별도"라고 기재되어 있는 경우, 위 상가임대분양계약서의 대량성이나 계약서의 작성 방식과 계약체결 경위 등에 비추어 보면 위 부가가치세 부담에 관한 약정은 약관규제법 제2조 제1항 소정의 '약관'에 해당하는데, 분양자가 위 상가를 기부채납하고 그 대가로 무상사용권을 부여받은 행위가 부가가치세법상의 '재화의 공급'에 해당되어 부가가치세가 부과된다는 것은 일반인은 잘 알지 못하는 것이고, 부과가 된다고 하더라도 그 액수가 얼마인지 미리 알기도 어려우며, 특히 수분양자들이 임대분양계약서에서 정한 임대보증금을 납부할 당시 부가가치세가 포함된 금액을 공급가액과 구분하여 납부하였으므로, 위 약정 당시 기부채납에 따른 부가가치세를 위 부가가치세와 혼동할 우려가 있음에도 불구하고 분양자 측에서 이 점에 관한 명백한 고지나 설명이 없었고, 부동문자로 인쇄된 계약조항 제2조의 임대보증금 납부란에 수분양자에게 상당한 부담이 되고 중요한 위 부가가치세 부담조항을 기재해 넣은 점, 또한 수분양자가 이중으로 부가가치세를 부담하게 되는 것은 형평에 어긋나고 불측의 손해를 입게 된다는 점 등을 감안할 때 위 계약서 제2조 중 기부채납에 대한 부가가치세 부담에 관한 부분은 위 법률 제6조 제2항 제2호 소정의 "고객이 계약의 거래 형태 등 제반 사정에 비추어 예상하기 어려운 조항"에 해당하여 공정을 잃은 것으로 추정되므로, 위 법률 제6조 제1항에 의하여 무효이다.

다. 본질적 권리의 제한

계약의 목적을 달성할 수 없을 정도로 계약에 따르는 본질적 권리를 제한하는 조항은 공정성을 잃은 것으로 추정된다. 본질적 권리가 제한됨으로써 당사자가 의도한 계약이 다른 유형의 거래로 변질되는 것을 막는 의미도 있다. 주채무에 대한 이행청구권을 배제하는 조항이 그 예가 될 수 있다.

3. 개별적 무효사유

약관법은 무효사유를 개별적으로 열거하고 있는바(법 제7조 내지 제14조), 이는 신의성실의 원칙을 구체화한 것이다. 일반원칙으로서의 신의성실은 개별적인 무효사유를 판단함에 있어 보충적인 역할을 한다. 이와 관련하여 일반조항인 법 제6조와 개별적 무효조항인 제7조 내지 제14조의 적용에 있어 개별금지조항의 적용결과 무효가 아닌 경우, 이를 다시 일반조항에 의해 평가해 무효로 할 수 있는가에 대한 문제에서 개별적 무효조항은 일반조항의 평가기준을 구체화한 것에 지나지 않으므로 이를 다시 중복해 평가할 필요가 없다는 입장도 있으나, 개별적 무효조항만으로 약관조항이 남용될 수 있는 모든 경우를 포섭할 수 있다고 단정할 수 없다 할 것이므로 개별적 무효사유에 해당하지 않는 경우라 할지라도 일반규정, 즉 약관법 제6조는 여전히 적용될 여지가 있다고 할 것이다. 그러나 개별적 무효사유의 유형에 포섭되어 부당성심사를 거쳤고 여기에서 유효하다고 판단되었다면 이 때에는 법 제6조에 의한 심사가 사실상 무의미하다.

개별적 무효사유는 절대적 무효조항과 상대적 무효조항으로 나눌 수 있다. 절대적 무효조항이란 약관법 소정의 요건에 해당하면 바로 무효가 되는 것으로서 이를 당연무효조항으로 부르기도 한다. 약관법 제7조 제1호, 제9조 제1호, 제13조 등이 여기에 속한다. 한편 상대적 무효조항은 상당한 이유가 있거나 부당성이 없는 경우에는 그 효력이 인정되는 조항으로서 제7조 내지 제12조 중에서 제7조 제1호와 제9조 제1호를 제외한 나머지 조항들이다. 상대적 무효조항은 법문 자체가 '상당한 이유없이' 혹은 '부당하게'라는 문언을 가지고 있으며, 경우에 따라서는 '정당한 이유없이'라는 문언도 있다(법 제11항 제4호).

그러나 위법성 심사징표로서 '부당하게'와 '상당한 이유없이' 혹은 '정당한 이유없이' 사이에 내용적 차별이 있는 것으로 보기는 어렵다. 입증책임과 관련해서도 차별적이지 아니하고, 모두 사업자측이 책임을 지는 것으로 봄이 보통이다.

3.1. 사업자 면책조항의 금지

다음의 면책조항 중 법률상 책임을 배제하는 조항은 언제나 무효이나(절대적 무효조항), 손해배상범위를 제한하거나 담보책임을 배제하는 등의 경우에는 제반 사정을 고려하여 상당한 이유가 존재하지 않는 때에 한하여 무효로 된다(상대적 무효조항).

가. 법률상 책임의 배제

사업자, 이행보조자 또는 피용자의 고의 또는 중대한 과실로 인한 법률상의 책임을 배제하는 조항은 무효이다(법 제7조 제1호). 면책조항이란 현재 또는 장래에 손해배상책임을 부담할 자가 법률상 손해배상책임의 발생원인과 범위에 대하여 유리한 법적 취급을 받을 것을 정한 약관조항을 말한다. 법률상 책임이란 채무불이행책임(법정채권발생사유)뿐만 아니라 계약체결상의 의무위반 책임, 불법행위 책임도 모두 포함하는 의미이다. 사업자 등의 경과실로 인한 책임을 배제하는 조항은 신의성실의 원칙에 반하여 공정을 잃은 것이 아닌 한 유효하다.

나. 손해배상범위의 제한 등

상당한 이유 없이 사업자의 손해배상범위를 제한하거나 사업자가 부담하여야 할 위험을 고객에게 이전시키는 조항은 무효이다(법 제7조 제2호). 사업자가 불법행위나 채무불이행으로 인한 손해배상책임을 상당한 이유 없이 제한하거나, 위험부담에 관한 원칙에 반하여 사업자가 부담해야 할 위험을 고객에게 부당하게 전가하는 조항은 무효이다. '상당한 이유'가 있는지의 여부는 당해 약관을 설정한 의도 및 목적, 당해 업종에서의 통상적인 거래관행, 관계법령, 거래대상 상품 또는 용역의 특성, 사업자의 영업상의 필요 및 고객이 입을 불이익의 내용과 정도 등을 종합적으로 고려하여 판단한다. 예컨대, 운송약관에서 손해배상범위를 일정액으로 제한하는 대신 통상의 운임보다 특별히 싼 운임으로 운송해 주기로 하는 조항은 거래단계에서 이미 이해관계의 조정이 존재했다고 볼 수 있어 상당한 이유가 있다고 평가할 수 있다. 위험의 분담은 채권의 목적이 양 당사자의 책임 없는 사유로 이행할 수 없게 된 경우(급부불능) 그로 인한 불이익을 누구에게 부담시키는 것이 계약의 취지에 비추어 '더 합리적인가'라는 고려에 따른다. 위험부담에 관한 일반원칙에 대하여는 민법 제537조(채무자위험부담주의), 제538조(채권자귀책사유로 인한 이행불능), 상법 제134조(운송물 멸실과 운임) 등에서 규정하고 있다. 민법에서는 채무자가 자기의 채무를 모두 이행할 때까지 위험을 부담한다. 매매 등 물건의 소유권을 이전하는 계약의 경우에는 매도인(채무자)이 동산의 인도 또는 부동산의 등기를 완료할 때까지 위험을 부담한다. 그러나 채권자지체가 있는 경우에는 그때부터 위험은 매수인(채권자)에게 이전한다.

대판 2006.4.14, 2003다41746

노외주차장 관리자가 그 이용자에게 주차권의 의미로 발행·교부한 '차고회비합의서'의 뒷면에 부동문자로 기재된 "차량의 파손 및 도난은 본 차고에 민·형사상의 책임이 없다"라는 문구는 주차장법 제17조 제3항[40]의 규정 등에 비추어 볼 때 고객에 대하여 부당하게 불리한 약관이거나 주차장 관리자가 고의 또는 중대한 과실로 선량한 관리자의 주의의무를 다하지 않음으로써 발생한 손해에 대한 배상까지도 정당한 이유 없이 배제하는 약관으로서 무효이다.

대판 2005.2.18, 2003두3734

약관은 사업자가 다수의 고객과 계약을 체결하기 위하여 일방적으로 작성한 것으로서 고객이 그 구체적인 조항내용을 검토하거나 확인할 충분한 기회를 가지지 못한 채 계약의 내용으로 되는 것이므로, 그 약관의 내용이 사적자치의 영역에 속하는 채무자위험부담주의에 관한 민법 제537조의 규정에 관한 것이라고 하더라도, 사업자가 상당한 이유 없이 자신이 부담하여야 할 위험을 고객에게 이전하는 내용의 약관조항은 고객의 정당한 이익과 합리적인 기대에 반할 뿐 아니라 사적자치의 한계를 벗어나는 것이라고 할 것이고, 따라서 이러한 사적자치의 한계를 벗어나는 약관조항을 무효로 한다고 하여 사적자치의 원칙에 반한다고 할 수는 없다.

대판 2003.4.22, 2000다55775·55782

원심은 그 채용한 증거에 의하여, 이 사건 계약에 의하면 원고 회사는 중장비 판매시 원칙적으로 피고가 정한 판매가격과 조건을 준수하여야 하고(제13조 제1항), 원고

40) 주차장법 제17조(노외주차장관리자의 책임 등) ③ 노외주차장관리자는 주차장에 주차하는 자동차의 보관에 관하여 선량한 관리자의 주의의무를 태만히 하지 아니하였음을 증명한 경우를 제외하고는 그 자동차의 멸실 또는 훼손으로 인한 손해배상의 책임을 면하지 못한다.

회사의 판매행위로 중장비를 구입한 고객이 대금을 납부할 수 없게 된 경우에는 피고에 대하여 그 매매대금의 지급책임을 부담하며, 이 사건 계약이 해지되더라도 해지 이전의 판매행위에 대하여는 계속 이행담보책임을 부담하기로 약정하였는데(제43조), 이와 같은 원고 회사의 이행담보책임에 관한 조항은 피고가 미리 작성하여 놓은 표준계약서의 내용을 그대로 따라 작성된 사실을 인정한 다음, 이 사건 계약 중 원고 회사에게 미회수대금에 대한 이행담보책임을 지우는 조항은, 피고가 동종의 법률관계를 설정하는 계약을 체결하는 데에 사용하기 위하여 미리 만들어 둔 약관으로서 원고 회사에게 부당하게 불리하여 공정성을 잃은 것이거나, 피고가 부담하여야 할 위험을 상당한 이유 없이 원고 회사에게 이전시키는 것이므로, 약관규제법 제6조 제1항·제2항 제1호 또는 같은 법 제7조 제2호에 의하여 무효라고 판단하였다. 원심의 위와 같은 판단은 정당하고, 거기에 대리상의 일종인 이른바 딜러제도의 본질 및 약관규제법에 관한 법리를 오해한 위법이 없다.

대판 2009.8.20, 2009다20475

임차인의 월차임 연체에 대하여 월 5%(연 60%)의 연체료를 부담시킨 계약조항 및 임차인의 월차임 연체 등을 이유로 계약을 해지한 경우 임차인에게 임대차보증금의 10%를 위약금으로 지급하도록 한 계약조항은 임차인에게 부당하게 불리한 조항으로서 공정을 잃은 것으로 추정되어 신의성실에 반하거나 부당하게 과중한 지연손해금 등의 손해배상의무를 부담시키는 약관조항으로서 약관의 규제에 관한 법률 제6조, 제8조에 의하여 무효라고 볼 수 있다.

다. 담보책임의 배제 등

상당한 이유 없이 사업자의 담보책임을 배제 또는 제한하거나 그 담보책임에 따르는 고객의 권리행사의 요건을 가중하는 조항 또는 계약목적물에 관하여 견본이 제시되거나 품질·성능 등에 관한 표시가 있는 경우 그 보장된 내용에 대한 책임을 배제 또는 제한하는 조항은 무효이다(법 제7조 제4호). 매매계약 기타 유상계약에서 사업자가 부담하여야 하는 하자담보책임을 배제 또는 제한하거나 그 청구요건을 가중하는 조항은 무효이다. 하자담보책임의 특수한 사례로서 견본매매, 품질 및 성능보증부매매 또는 상품의 중량·성분 등에 관한 상품표시가 되어 있는 경우 상당한 이유 없이 그를 믿은 고객의 신뢰에 반하여 책임을 배제 또는 제한하는 경우에는 무효이다. 제공한 물품(급부)이 본래의 견본이나 보장된 내용과 상이

한 경우에는 하자담보책임이 생기며, 상이한지 여부는 사회통념 내지 거래관행에 따라 판단한다.

3.2. 부당한 손해배상액의 예정

고객에 대하여 부당하게 과중한 지연손해금 등의 손해배상의무를 부담시키는 약관조항은 무효이다(법 제8조). 손해배상액의 예정이란 장래에 발생할 수 있는 채무불이행으로 인한 손해배상액을 예정하는 것으로서, 손해배상액에는 채무불이행에 따른 지연손해의 배상이나 전보배상, 위약벌을 비롯하여 불법행위에 기한 손해배상금 그 밖에 그 명칭 여하를 불문하고 손해배상금의 성질을 갖는 것이면 모두 포함된다. 부당하게 과중한지의 여부는 거래유형에 따라 계약당사자의 경제적 지위, 계약의 목적과 내용, 손해배상액을 예정한 동기, 채무액에 대한 예정액의 비율, 예상 손해액의 크기, 그 당시의 거래관행과 경제상태 등 종합적으로 고려하여 판단한다.

손해배상액의 예정이 부당하게 과중하여 무효가 된 경우 적정한 금액을 초과하는 부분만 무효로 되는 것이 아니라 당해 약관조항 자체가 무효가 된다. 이 경우에는 손해배상의 일반원칙에 따라 배상액이 결정된다. 그리하여 약관법 제8조는 손해배상액 예정이 부당하게 과중한 경우 법원이 이를 적당하게 감액할 수 있다고 규정한 민법 제398조의 특칙으로 작용하게 된다.

대판 2006.11.9, 2006다27000

구 액화석유가스의 안전관리 및 사업법 시행규칙(2001.10.31. 산업자원부령 제143호로 개정되기 전의 것) [별표 17] 제2호 바목 (3)이 '가스사용자는 가스공급자가 설치비를 부담한 경우에 가스공급자가 가스공급을 중단하거나 안전관리의무를 이행하지 않는 등의 사유가 아닌 다른 사유로 계약을 해지하고자 하는 때에는 가스공급자가 설치한 시설의 설치비용을 보상하여야 한다'는 취지로 규정하고 있었던 점(그 후 2002.12.30. 위 시행규칙이 개정되면서 가스공급자가 설치한 설비의 '철거비용'을 보상하여야 하는 것으로 변경되었다), 가스공급자로서는 당해 가스사용시설을 철거하여 재활용하거나 또는 철거하지 아니한 상태에서 새로운 가스공급자에게 시설을 양도함으로써 시설비의 일부를 회수할 수 있을 것으로 보이는 점 등을 종합해 보면, 액화석유가스(LPG) 사용자가 가스공급기간을 지키지 않은 경우에 가스공급자가 부담한 시설비의 2배에 해당하는 금액을 가스공급자에게 배상하여야 한다고 정한 LPG 공급 및 사용계약서의 손해배상액 예정 조항은 약관의 규제에 관한 법률 제8조의 '고객에 대하여 부당하게 과중한 손해배상의무를 부담시키는 약관조항'에 해당하여 무효이다.

대판 2000.9.22, 99다53759 · 53766

약관상 매매계약 해제시 매도인을 위한 손해배상액의 예정조항은 있는 반면 매수인을 위한 손해배상액의 예정조항은 없는 경우, 매도인 일방만을 위한 손해배상액의 예정조항을 두었다고 하여 곧 그 조항이 약관규제법에 위배되어 무효라 할 수 없을 뿐만 아니라 그러한 사정만으로는 그 약관조항이 매수인에 대하여 부당하게 불리하다거나 신의성실의 원칙에 반하여 불공정하다고 볼 수 없다.

대판 1999.9.17, 99다19926

한국토지공사의 개정된 용지매매계약서상 매매대금 잔금의 분할지급을 3개월 이상 지연하였을 때에는 계약을 해제할 수 있고, 계약을 해제하는 경우에는 매매대금의 10%에 해당하는 계약보증금을 한국토지공사에 귀속시키기로 되어 있는 경우 보통의 부동산 매매계약시 매매대금의 10% 정도가 위약금으로 되는 거래관습에 비추어 그 손해배상액의 예정이 고객에 대하여 부당하게 불리한 약관조항으로 무효라고 볼 수 없다.

대판 1996.9.10, 96다19758

약관조항이 무효인 이상 그것이 유효함을 전제로 민법 제398조 제2항을 적용하여 적당한 한도로 손해배상예정액을 감액하거나, 과중한 손해배상의무를 부담시키는 부분을 감액한 나머지 부분만으로 그 효력을 유지시킬 수는 없다.

3.3. 계약의 해제·해지

계약의 해제·해지에 관하여 정하고 있는 약관의 내용 중 다음에 해당하는 내용을 정하는 약관조항은 이를 무효로 한다(법 제9조). 제1호는 절대적 무효조항이고 제2호 내지 제5호는 상대적 무효조항이다.

가. 고객의 법률상 해제·해지권 제한

법률의 규정에 의한 고객의 해제권 또는 해지권을 배제하거나 그 행사를 제한하는 조항은 무효이다(제1호). 원칙적으로 채무자의 채무불이행이 있으면 채권자는 계약을 해제하거나 해지할 수 있다(민법 제543조 내지 제553조 등). 민법이나 기타 법률이 고객에게 부여하고 있는 해제권·해지권을 배제하거나 그 행사요건 및 행사방법을 제한하는 조항은 무효이다. 기업과 고객 사이의 거래에서 고객의 이러한 권리를 배제하는 것은 고객의 의사에 반하여 계약을 강제로 유지하도록 하는 속성을 가질 수 있다. 이 규정은 법정해제권 또는 법정해지권을 대상으로 하므로 약정해제권 또는 약정해지권에는 적용되지 않는다.

나. 사업자의 해제·해지권 확대

사업자에게 법률에서 규정하고 있지 아니한 해제권·해지권을 부여하거나 법률의 규정에 의한 해제권·해지권의 행사요건을 완화하여 고객에 대하여 부당하게 불이익을 줄 우려가 있는 조항은 무효이다(제 2 호 및 제 3 호). 해제권·해지권이 발생하기 위해서는 원칙적으로 채무불이행이 있고 상당한 기간을 정하여 이행을 최고하고, 그 기간 내에 이행 또는 이행의 제공이 없을 것이라는 요건을 충족시켜야 한다. 이러한 요건을 충족한 후에 해제권자·해지권자가 해제·해지의 의사표시를 하여야 그 효과가 발생한다. 약관상 해제권·해지권의 발생 사유로 규정된 조항이 민법 규정이나 계약의 취지에 비추어 채무불이행 사유에 해당하며, 다만 그것을 구체적으로 열거한 것인 때에는 유효한 조항이 될 수 있을 것이다.

다. 고객의 원상회복의무 가중 등

계약의 해제·해지로 인한 고객의 원상회복의무를 상당한 이유없이 과중하게 부담시키거나 원상회복청구권을 부당하게 포기하도록 하는 조항은 무효이다(제 4 호). 계약의 해제·해지로 인한 법률효과 중의 하나인 원상회복의무 또는 청산의무의 내용을 고객에게 불리하게 정하는 조항은 무효이다. 금전의 경우에는 받은 날부터 반환할 때까지의 이자를 가산하여 반환하여야 하고, 반환의무자가 반환하여야 할 물건에 관하여 필요비를 지출한 때에는 상대방에게 그 상환을 청구할 수 있고, 유익비를 지출한 때에는 가액의 증가가 현존한 경우에 한하여 상대방의 선택에 따라 임차인이 지출한 금액이나 그 증가액의 상환을 청구할 수 있다.

대판 1998.12.23, 97다40131

원심판결 이유에 의하면, 원심은 이 사건 위약금 조항은 피고가 택지개발지구의 토지에 관하여 다수당사자인 입찰자와 계약을 체결하기 위하여 내부 규정에 의거하여 미리 마련한 분양계약의 내용으로서 약관규제법 제 2 조 제 1 항 소정의 약관에 해당한다고 보아야 할 것인데, 이 사건 계약보증금은 매매대금의 1할로서 통상적인 거래의 손해배상액의 예정으로 정하는 금액에 상당하여, 손해배상과 별도로 부가되는 위약벌로서는 과다한 점, 이 사건 계약 제16조 제2항·제4항과 제5항의 규정 형식을 문언 그대로 비교 검토하여 보면, 제2항·제4항의 경우에는 매수인의 귀책사유로 계약이 해제될 경우의 효과에 대하여 규정하고 있음에 비하여, 제5항은 원고의 귀책사유로 인한 해제 여부를 불문하고 계약이 해제되는 모든 경우에 계약보증금이 피고에게 귀속되는 것처럼 규정되어 있고, 더욱이 이 사건 위약금 조항을 제12조의 담보책임 규정과 제14조의 위험부담 규정의 취지와 관련시켜 보면, 목적용지의 수량부족, 내용의 불일치가 있거나 또는 계약 후 천재지변 기타 불가항력인 사유로 인하여 목적용지의 전부가 유실된 경우에는 물론, 공용징수 등 부담이 부과된 경우에도 매수인이 모든 책임을 부담하고 매도인에게 계약의 해제 또는 기타 책임을 물을 수 없게 되어 있어, 그러한 경우에조차 위 계약보증금은 당연히 매도인에게 귀속되는 것처럼 규정되어 있는 결과로, 귀책사유 유무를 불문하고 계약이 해제되는 모든 경우 및 그 밖의 사유로 계약 목적 달성이 불가능한 모든 경우에 매수인으로서는 적어도 계약보증금에 대한 원상회복청구권을 사실상 포기하도록 되어 있는 점, 또한 매수인은 채무불이행으로 인하여 계약보증금을 몰취당하는 외에 매도인이 입은 손해를 배상하여야 하는 반면, 매도인의 귀책으로 인하여 계약이 해제될 경우에는 손해배상액의 예정 또는 위약벌에 관한 규정이 전혀 없을 뿐만 아니라, 계약 해제시 매도인이 매수인에게 반환하는 금액에 대하여는 이자를 지급하지 아니한다고 되어 있는 점 등에 비추어 보면, 이 사건 위약금 조항은 고객인 원고에 대하여 일방적으로 부당하게 불리한 것으로서 공정을 잃은 것으로 추정되어 신의성실의 원칙에 반하거나, 또는 계약 해제시 고객의 원상회복청구권을 부당하게 포기하도록 하는 약관으로서, 약관규제법 제6조 제1항·제2항 제1호 또는 제9조 제3호에 위반되어 무효라고 봄이 상당하다고 판단하였다. … 위에서 본 법리와 기록에 비추어 살펴보면, 원심의 위 사실인정과 판단은 정당한 것으로 수긍할 수 있고, 거기에 상고이유로 주장하는 바와 같은 약관규제법, 약관해석의 법리 등에 관한 법리를 오해한 위법이 있다고 할 수 없다.

라. 사업자의 원상회복의무 경감 등

계약의 해제·해지로 인한 사업자의 원상회복의무나 손해배상의무를 부당하게 경감하는 조항은 무효이다(제5호). 계약이 해제·해지되면 쌍방당사자는 계약의 존속을 전제로 하여 상대방으로부터 받은 급부를 원상회복함으로써 계약관계를 청산하여야 한다. 이러한 원칙에 반하여 사업자가 고객의 원상회복의무를 엄격하게 주장하면서도 자기의 원상회복의무나 손해배상의무를 경감하는 조항은 무효이다. 계약의 해제·해지로 인하여 계약상 채무의 소멸과 이에 따른 원상회복을 하고도 상대방에게 책임 있는 해제·해지사유로 인하여 손해가 발생한 경우에는 그 배상을 청구할 수 있다. 채무불이행으로 인한 손해배상은 통상의 손해를 그 한도로 하고, 특별한 사정으로 인한 손해는 채무자가 그 사정을 알았거나 알 수 있었을 때에 한하여 배상의 책임이 있다.

대판 1996.7.30, 95다16011

임의법규인 민법 제548조 제 2 항의 규정에 의하면 계약이 해제된 경우에 반환할 금전에는 이자를 가하여야 하도록 되어 있다는 점, 사업자가 시행하고 있는 전라북도 지방공업단지조성및분양에관한조례 제19조 제 1 항 및 제 2 항은 사업자가 계약 상대방의 귀책사유로 인하여 공업용지 분양계약을 해제하였을 때에는 납입한 계약보증금을 제외한 납입액에 대하여는 기간 중 법정이자를 가산하여 반환하도록 규정하고 있다는 점 등에 비추어 보면, 공장용지 분양계약서 제16조 제 5 항의 규정 내용 중 반환할 금전에 대한 이자의 지급을 배제하고 있는 부분은 사업자의 원상회복의무를 부당하게 경감하는 조항으로서 약관규제법 제 9 조 제 4 호의 규정에 위반되어 무효이다.

마. 계속적 채권관계에서 계약기간의 단축 또는 연기

계속적인 채권관계의 발생을 목적으로 하는 계약에서 그 존속기간을 부당하게 단기 또는 장기로 하거나 묵시의 기간연장 또는 갱신이 가능하도록 정하여 고객에게 부당하게 불이익을 줄 우려가 있는 조항은 무효이다(제 6 호). 계속적인 계약에 있어서는 존속기간을 부당하게 장기로 하는 것이 마치 고객의 계약해지권을 제한하는 것과 유사한 효과를 발생시키므로 그와 같은 조항은 무효이다. 법률상 존속기간의 정함이 있는 경우에 그보다 장기의 존속기간을 정하거나 법률상의 기간 연장 또는 갱신의 요건을 완화하는 경우에는 상당한 이유가 있어야 한다.

대판 2006.11.9, 2006다27000

구 액화석유가스의 안전관리 및 사업법 시행규칙(2001.10.31. 산업자원부령 제143호로 개정되기 전의 것) [별표 17] 제 2 호 바목 (2)에서 "액화석유가스의 공급계약기간에 관하여 가스사용자가 모든 가스사용시설의 설치비를 부담하는 경우에는 6월 이상, 가스공급자가 모든 가스사용시설(연소기를 제외한다)의 설치비를 부담하는 경우에는 4년 이상, 가스공급자가 용기집합설비의 설치비를 부담하는 경우에는 2년 이상으로 하여야 한다"고 규정하고 있었던 점, 가스공급자로서는 가스배관 및 부대시설 설치비용 등을 회수하기 위하여 상당한 기간 동안 계속적으로 가스를 공급할 필요가 있으므로 가스사용자에게 일정 기간 이상의 계약기간 준수의무를 부과할 수 있다고 보아야 하는 점 등에 비추어 볼 때, 액화석유가스(LPG) 공급자가 자신의 부담으로 가스시설 및 부대시설을 설치한 경우, 가스공급자의 가스공급기간을 계약체결일로부터 5년으로 정한 LPG 공급 및 사용계약서의 계약기간 조항이 약관의 규제에 관한 법률 제9조 제5호의 '계속적인 채권관계의 발생을 목적으로 하는 계약에서 그 존속기간을 부당하게 장기로 하여 고객에게 부당하게 불이익을 줄 우려가 있는 조항'에 해당한다고 보기는 어렵다.

대판 1998.1.23, 96다19413

약관규제법 제9조 제5호의 규정 취지에 비추어, 연대보증기간 자동연장 조항에 계약기간 종료시 이의 통지 등에 의해 보증인의 지위에서 벗어날 수 있다는 규정이 없고, 새로운 계약기간을 정하여 계약 갱신의 통지를 하거나, 그것이 없으면 자동적으로 1년 단위로 계약기간이 연장되도록 규정하고 있다면, 이는 계속적인 채권관계의 발생을 목적으로 하는 계약에서 묵시의 기간 연장 또는 갱신이 가능하도록 규정하여 고객인 연대보증인에게 부당하게 불이익을 줄 우려가 있다고 보여지므로 연대보증기간 자동연장 조항은 약관규제법 제9조 제5호에 위반되어 무효라고 봄이 상당하다.

3.4. 채무의 이행

채무의 이행에 관하여 정하고 있는 약관의 내용 중 상당한 이유 없이 약정한 채무를 변경하여 이행함을 정한 내용이 포함되어 있으면 그 약관조항은 무효이다(법 제10조).

가. 급부내용의 일방적 결정·변경

상당한 이유 없이 급부의 내용을 사업자가 일방적으로 결정하거나 변경할 수 있도록 권한을 부여하는 조항은 무효이다(제1호). 급부는 계약의 핵심적인 내용으로서 계약당사자 상호 간의 합의 및 판정을 통하여 결정되어야 할 것이며, 당사자 일방이 독단적으로 결정하거나 변경할 수는 없는 것이다. 급부내용의 변경에는 약속한 급부의 수량이나 성질을 변경하는 것을 비롯하여 이행방법이나 이행시기, 이행장소의 변경을 포함한다. 사업자의 일방적인 급부변경권은 급부의 질, 수량, 기타 조건과 관련된 하자담보책임을 배제하고, 원래의 계약에 따른 의무이행 여부에 대한 고객의 항변을 배제하기 위한 수법이 될 수 있다.

대판 2008.2.14, 2005다47106

택배회사의 위탁영업소계약에서 운송수수료율은 영업소가 운송행위에 대한 대가로 어떠한 이득을 취득할 것인가라는 주된 급부에 관한 사항이고, 이러한 급부내용을 변경할 사정변경이 있는 경우에는 당사자 간의 합의에 따라 조정하는 것이 기본 법리이므로, 위 계약에서 사정변경에 따라 운송수수료율을 택배회사측이 일방적으로 변경할 수 있도록 규정한 경우, 이는 상당한 이유 없이 급부의 내용을 사업자가 일방적으로 결정하거나 변경할 수 있도록 권한을 부여한 조항으로 약관의 규제에 관한 법률 제10조 제1호에 해당하거나, 고객에 대하여 부당하게 불리한 조항으로 공정을 잃은 것으로 추정되는 경우에 해당하여 같은 법 제6조 제2항 제1호에 의하여 무효이다.

나. 급부이행의 중지·대행

상당한 이유없이 사업자가 이행하여야 할 급부를 일방적으로 중지할 수 있게 하거나 제3자로 하여금 대행할 수 있게 하는 조항은 무효이다(제2호). 사업자는 약정된 내용에 따라 급부를 이행할 의무가 있으므로 일방적으로 급부를 중지하거나 제3자에게 대행하게 할 수 없다. 이 경우 사업자에게는 채무불이행 책임이 발생한다. 급부의 중지는 일시적 중지와 영구적 중지를 모두 포함한다. 채무자는 이행과정에서 자신의 책임 하에 이행보조자를 사용할 수 있으므로, 이행보조자의 사용은 이행대행에 해당하지 않는다. 이해관계 있는 제3자는 채무자의 의사에 반하여서도 변제할 수 있는 것이므로 여기에서 금지되는 대행은 이해관계 없는 제3자에 대한 업무위탁에 한한다.

대판 1998.1.23, 97다37210

컴퓨터통신 정보서비스 이용약관상 이용자가 게재하는 내용물이 공공질서 및 미풍양속에 위반되는 등 일정한 사유가 있는 경우, 회사가 이용자에게 사전통지 없이 게시물을 삭제할 수 있다고 규정한 것은 약관규제법 제10조 제2호에 해당한다고 볼 수는 없어 유효하다.

3.5. 고객의 권익 침해

고객의 권익에 관한 약관 중 다음에 해당하는 내용을 정하고 있는 조항은 무효이다(법 제11조). 여기의 권익에는 법적 권리, 관습법상의 권리, 보호이익, 반사적 이익, 기타 보호가치 있는 일체의 사회적 이익이 포함된다.

가. 고객의 항변권 등 권리의 제한

법률의 규정에 의한 고객의 항변권·상계권 등의 권리를 상당한 이유 없이 배제하거나 제한하는 조항은 무효이다(제 1 호). 고객이 직접 계약에 의하여 취득하거나 법률의 규정 등에 의하여 향유할 수 있는 권리 및 이익을 사업자가 약관으로 제한할 수는 없으므로 상당한 이유 없이 권리 및 이익을 배제 또는 제한하는 조항은 무효이다. 기타의 권리는 항변권, 상계권 등에 준하여 공평의 원리에 기하여 부여되는 권리로서 유치권, 필요비·유익비의 상환청구권, 채무충당지정권 등을 말한다.

나. 기한의 이익 박탈

고객에게 부여된 기한의 이익을 상당한 이유 없이 박탈하는 조항은 무효이다(제 2 호). 기한의 이익이란 기한이 도래하지 않음에 따라 얻게 되는 이익을 의미하는데, 이와 관련된 대표적인 경우가 할부거래 또는 은행여신거래 등에서 할부금 또는 이자의 연체사실이 있을 경우 잔여채무액 전부를 일시에 완납토록 함으로써 기한의 이익을 박탈하는 경우이다. 기한의 이익 상실조항은 계약의 해지와 같이 중도에 법률관계를 종료시키는 중대한 법률요건이므로 기한의 이익을 상당한 이유 없이 박탈할 수는 없다. 특히 할부거래에 대하여는 할부거래에 관한 법률에서 별도의 특별규정을 두고 있다(할부거래에 관한 법률 제10조, 제13조).

대판 2002.11.26, 2000다52042

사업주체가 당초 주택을 공급받고자 하는 자들과 주택공급계약을 체결함에 있어서 약관에 해당하는 주택공급계약서에서 예상 건축공정에 따라 계약금 납부일 이후 입주예정일까지 사이의 기간에 대하여 3개월 또는 4개월 단위로 6회에 나누어 정기의 중도금 지급기일을 지정하고 이를 계약의 내용으로 삼은 것은 거래통념상 합당하다고 여겨지고, 이러한 약관조항이 사업주체측의 신용불안이나 재산상태의 악화, 건축공정의 부당한 지연 등 사정으로 인하여 사업주체의 주택공급계약상의 의무이행이 곤란할 현저한 사유가 발생하였음에도 불구하고 주택을 공급받고자 하는 자들에 대하여 당초 약정된 중도금의 이행의무가 선이행의무라는 이유만으로 민법 제536조 제 2 항 등 계약법의 일반원칙에 따른 주택을 공급받고자 하는 자들의 이행거절이나 지체책임면책

등에 관한 일체의 항변권 등을 모두 배제시킨 채 그 이행을 일방적으로 강요하는 것이라고 해석되지 아니하는 한 그 자체로 신의성실의 원칙에 비추어 공정을 잃은 것이라거나 고객에 대하여 부당하게 불리한 것이라거나 또는 법률의 규정에 의한 고객의 항변권, 상계권 등의 권리를 상당한 이유 없이 배제 또는 제한하거나 고객에게 부여된 기한의 이익을 상당한 이유 없이 박탈하는 것이라고 판단되지 아니하므로, 이러한 주택공급계약서의 중도금 납부기일에 관한 조항이 약관규제법 제11조 제 2 호, 제 6 조 제 1 항·제 2 항 제 1 호·제 2 호 등에 해당하여 무효라고 볼 수 없다.

다. 제 3 자와의 계약체결 제한

고객이 제 3 자와 계약을 체결하는 것을 부당하게 제한하는 조항은 무효이다(제 3 호). 고객이 제 3 자와 계약을 체결하는 것을 제한하는 것은 고객의 경제활동의 자유를 제약할 뿐만 아니라 사업자에게 독과점적 지위를 제공, 강화하거나 기타 공정한 거래를 저해할 가능성이 있다. 공정거래법에서 금지하는 부당한 배타조건부거래가 여기에 속한다고 할 것이다.

라. 고객의 비밀누설 허용

사업자가 업무상 알게 된 고객의 비밀을 정당한 이유 없이 누설하는 것을 허용하는 조항은 무효이다(제 4 호). 사업자는 고객과의 거래관계에서 고객의 여러 정보를 알게 되는데 이를 업무 이외의 목적으로 사용하거나 특히 외부에 누설하는 것을 허용하는 조항은 고객의 사생활의 비밀과 자유의 보호라는 헌법상 기본권을 침해하는 것으로 무효이다. 고객의 정보를 제공할 정당한 이유가 있는 경우에는 고객의 신용정보제공을 허용하고 있으나 그러한 경우에도 허용요건은 채무불이행·최고·고객의 동의 등으로 구체화되어야 하며 제공 가능한 정보의 범위도 최소화되어야 한다.

3.6. 의사표시의 의제

의사표시에 관하여 정하고 있는 약관의 내용 중 일정한 작위 또는 부작위가 있을 때 고객의 의사표시가 표명되거나 표명되지 아니한 것으로 보거나 의사표시의 형식이나 요건을 부당하게 제한하는 내용이 포함되어 있으면 그 약관조항은 무효로 하고 있다(법 제12조).

가. 의사표시 표명의 의제

일정한 작위·부작위가 있을 때 고객의 의사표시가 표명되거나 표명되지 아니한 것으로 보는 조항은 무효이다(제 1 호 본문). 다만, 고객에게 상당한 기간 내에 의사표시를 하지 아니하면 의사표시가 표명되거나 표명되지 아니한 것으로 본다는 뜻을 명확하게 따로 고지하거나 부득이한 사유로 그러한 고지를 할 수 없는 경우에는 무효로 되지 않는다(제 1 호 단서). 계약당사자가 상호 합의하여 결정할 사항에 대하여 사업자의 일방적 의사만을 앞세우고 고객에게 의사표시를 할 수 있는 실질적 기회를 주지 않는 것을 방지하기 위한 조항이다. 고객의 어떠한 작위나 부작위의 행태가 고객의 진정한 의사와는 관계없이 일정한 의사표시의 가치를 가진 것으로 간주하는 경우에는 고객이 알지 못하는 사이에 자기의 행위로 인하여 자신이 불리해지거나 원하지 않는 효과가 발생될 수 있다는 위험을 부담하게 되는 것은 고객에게 부당하게 불리하다. 어떠한 작위나 부작위가 사회통념상 특정한 의사를 표시하는 것으로 인식되고 있는 경우에는 당연히 그에 따른 법률효과가 인정되지만 도저히 특정한 의사를 표시하는 것으로 볼 수 없는 경우에도 약관상 그 의사를 표시한 것으로 간주하는 것은 무효이다.

나. 의사표시의 형식이나 요건의 제한

고객의 의사표시의 형식이나 요건에 대하여 부당하게 엄격한 제한을 가하는 조항은 무효이다(제 2 호). 고객의 의사표시에 부당하게 엄격한 형식이나 요건을 요구함으로써 고객의 의사표시 기회를 사실상 박탈하는 것을 막기 위한 조항이다. 법률·관습·계약에 의하여 특별한 방식이 요구되거나 또는 방식을 요구할 특별한 필요가 있는 경우 외에 의사표시의 형식이나 요건을 엄격히 제한하는 조항은 무효이다. 고객에게는 원칙적으로 자신이 원하는 방식에 따라 의사표시를 할 자유가 인정되므로, 당사자에게 신중하게 행위를 하게 하거나 또는 법률관계를 명확하게 하기 위하여 일정한 방식이 필요한 특별한 경우를 제외하고는 의사표시의 방식에 엄격한 제한을 가하여 의사표시 자체를 사실상 곤란하게 하여서는 아니된다. '의사표시'에는 본래적 의미의 의사표시 외에 민법상 의사의 통지나 관념의 통지도 포함된다. 또한 '요건'이란 의사표시의 효력을 발생시키기 위한 실체법상의 요건을 가리키는 것이 아니라 의사표시의 형식과 관련된 요건을 말한다. '부당'한지의 여부는 당해 약관을 설정한 의도 및 목적, 당해 업종에서의 통상적인 거래관행, 관계법령, 거래대상 상품 또는 용역의 특성, 의사표시의 성격, 사업자의 영업상의 필요 및 고객이 입을 불이익의 내용과 정도 등을 종합적으로 고려하여 판단한다.

대판 1996.5.31, 96다10454

피보험자가 보험기간 중 자동차를 양도한 때에는 보험계약으로 인하여 생긴 보험계약자 및 피보험자의 권리와 의무는 양수인에게 승계되지 아니하나 보험계약으로 인하여 생긴 권리와 의무를 승계한다는 것을 약정하고 피보험자 또는 양수인이 그 뜻을 회사에 서면으로 통지하여 회사의 승인을 받은 때에는 그 때로부터 양수인에 대하여 보험계약을 적용한다고 규정한 자동차종합보험보통약관 제42조가 상법 제663조의 보험계약자 등의 불이익변경금지조항에 위배된다거나 약관규제법 제6조에 정한 신의칙에 반한 불공정한 약관조항 또는 같은 법 제12조 제2호에 정한 고객의 의사표시의 형식이나 요건에 대하여 부당하게 엄격한 제한을 가하는 조항으로서 무효라고 할 수는 없다.

다. 의사표시의 도달 의제

고객의 이익에 중대한 영향을 미치는 사업자의 의사표시가 상당한 이유 없이 고객에게 도달된 것으로 보는 조항은 무효이다(제3호). 상대방 있는 의사표시는 상대방에게 도달한 때에 그 효력이 생긴다(민법 제111조 제1항). 이때 '도달'이란 의사표시가 상대방의 사회적 지배 범위 내에 들어가 상대방이 일반적·객관적으로 의사표시의 내용을 알 수 있는 상태에 놓이는 것을 말한다(요지할 수 있는 상태). 실제로 통지가 전달된 바 없음에도 전달된 것으로 의제하여 의사표시의 효력을 발생시킨다면 고객이 알지도 못하는 사이에 고객에게 불리한 효과가 발생할 위험을 지게 되므로 무효이다. 계약의 취소나 해제, 급부변경의 청약, 이행지체를 발생시키거나 시효중단사유가 되는 이행의 청구 등은 고객의 계약상 지위와 급부내용에 중대한 영향을 미치는 의사표시로 볼 수 있다. 반면 거래상황 등 각종 정보의 고지, 상계의 통지, 고객의 요청사항에 대한 승인 등은 고객의 이익에 중대한 영향을 미치는 것은 아니다. '상당한 이유'가 있는지의 여부는 당해 약관을 설정한 의도 및 목적, 당해 업종에서의 통상적인 거래관행, 관계법령, 거래대상 상품 또는 용역의 특성, 사업자의 영업상의 필요 및 고객이 입을 불이익의 내용과 정도 등을 종합적으로 고려하여 판단한다.

대판 2007.9.21, 2006다26021

약관의 규제에 관한 법률 제12조 제3호는 의사표시에 관하여 정하고 있는 약관의 내용 중 고객의 이익에 중대한 영향을 미치는 사업자의 의사표시가 상당한 이유 없이 고객에게 도달된 것으로 보는 조항은 무효로 한다고 규정하고 있는데, 채권양도통지 당시 A회사는 이미 해산되고 그 신고한 최종 주소에서도 이사하여 소재가 불명할 뿐 아니라 그 대표자의 주민등록도 말소된 상황이어서, 위 통지를 위임받은 원고로서는 A회사의 변경된 주소 등 소재를 알 수 없어 그 신고된 최종 주소로 위 통지를 발송하였던 것임을 알 수 있고, 이와 같이 원고가 A회사의 소재를 알지 못한 데에 어떠한 과실이 있었다고 보기도 어려운바, 위 채권양도의 통지는 위 약관조항에 따라 보통의 우송기간이 경과한 때에 주채무자인 A회사에 도달한 것으로 간주할 수 있다.[41]

대판 2000.10.10, 99다35379

보험회사가 보험계약자 또는 피보험자의 변경된 주소 등 소재를 알았거나 혹은 보통 일반인의 주의만 하였더라면 그 변경된 주소 등 소재를 알 수 있었음에도 불구하고 이를 게을리한 과실이 있어 알지 못한 경우에도 보험계약자 또는 피보험자가 주소변경을 통보하지 않는 한 보험증권에 기재된 종전 주소를 보험회사의 의사표시를 수령할 지정장소로 하여 보험계약의 해지나 보험료의 납입최고를 할 수 있다고 해석하게 되는 이 특별약관조항은 약관규제법 제12조 제3호의 규정에 따라 무효이다.

라. 사업자의 의사표시 기한의 장기화

고객의 이익에 중대한 영향을 미치는 사업자의 의사표시에 부당하게 장기의 기한 또는 불확정한 기한을 정하는 조항은 무효이다(제4호). 고객이 사업자의 의사표시를 지나치게 오래 기다리게 하는 등 고객의 계약상 지위를 불안정하게 만드는 것을 방지하기 위하여 사업자가 어떤 의사표시를 할 수 있는 기한을 부당하게 장기 또는 불확정적으로 정하는 조항은 무효이다.

3.7. 대리인의 책임가중

고객의 대리인에 의하여 계약이 체결된 경우 고객이 그 의무를 이행하지 아니

41) 의사표시의 의제와 관련하여 고객의 이익에 중대한 영향을 미치는 사업자의 의사표시가 상당한 이유 없이 고객에게 도달된 것으로 보는 조항은 무효라 할 것인데(법 제12조 제3호), 위 사안은 위와 같은 기본원칙 아래에서 검토한 결과 '도달간주의 상당한 이유'가 있다는 이유로 그 효력을 긍정한 사례이다.

하는 때에는 대리인에게 그 의무의 전부 또는 일부를 이행할 책임을 지우는 내용의 약관조항은 무효이다(법 제13조). 소위 절대적 무효사항에 속하는바, 대리인은 본인과 상대방 사이에서 법률관계를 매개하는 역할만 할 뿐 자신은 아무런 권리도 취득하지 않고 의무도 부담하지 않기 때문이다. 여기서 대리인이라 함은 본인을 위하여 계약체결을 대리하는 민법 및 상법상의 일체의 대리인을 의미한다.[42] 단순히 계약체결의 대리인이 아니라 계약이행자로서의 지위도 겸하고 있는 경우에는 법 제13조의 대리인에 해당되지 않는다. 대리권 없이 행한 무권대리의 경우에도 그 무권대리인의 사업자에 대한 책임을 법률이 정한 책임범위(민법 제135조)보다 가중할 수 없다.

대판 1999.3.9, 98두17494

약관의 규제에 관한 법률 제13조 소정의 '대리인'이라 함은 같은 법 제 1 조 및 제 6 조 제 1 항의 취지를 종합하여 살펴볼 때 단순히 '본인을 위하여 계약체결을 대리하는 민법상 및 상법상의 대리인'을 뜻한다.

입찰안내서의 수입조건 제12조 에프(F)항은 소정의 국내대리점은 약관규제법 제13조 소정의 단순한 '계약체결의 대리인'의 지위를 넘어 '이행보조자'의 지위, 즉 계약이행자로서의 지위도 겸하고 있다고 보여지므로 위 조항은 약관규제법 제13조에 위반되지 않는다.

3.8. 소제기의 금지 등

고객에 대하여 부당하게 불리한 소송제기의 금지(부제소약관) 또는 재판관할의 합의조항(전속관할 약관)이나 상당한 이유 없이 고객에게 입증책임을 부담시키는 내용의 약관조항(입증책임 전환약관)은 무효이다(법 제14조). 부제소의 합의란 당사자가 소를 제기하지 않겠다고 합의하는 것을 말하고, 소제기라 함은 본안소송과 보전소송 등 강제집행절차에 있어서의 신청까지를 모두 포함한 소송절차상의 일체의 행위를 의미한다. 관할이란 재판권을 행사하는 여러 법원 사이에서 재판권의 분장관계를 정해놓은 것을 말한다. 이러한 관할제도는 법원 간에 재판사무의 공평한 분배를 참작하는 외에 주로 당사자의 편의를 고려하여 정하여진 것이다. 당사자 간의 개별적이고 명백한 합의에 의하여 법정 관할법원과 다른 법원을 관할법

42) 대판 1999.3.9, 98두17494.

원으로 정할 수 있으나(합의관할), 약관으로 고객에게 불리한 관할합의조항을 정하는 것은 사업자에게만 유리하고 고객에게는 소제기 또는 응소에 큰 불편을 초래하여 소송을 포기하게 하는 결과를 초래할 수도 있으므로 무효이다. 입증책임이라 함은 소송상 어느 사실의 존부가 확인되지 않은 때에 당해 사실이 존재하지 않는 것으로 취급하고 법률판단을 받게 되는 당사자 일방의 위험 또는 불이익을 말한다. 입증이 곤란한 사실에 대해서는 누가 입증책임을 부담하는가에 따라 소송의 승패가 결정적으로 좌우되므로 약관에 의하여 사업자의 영역 내에 속하는 사항을 고객에게 입증하도록 책임을 전가하는 것은 무효이다.

대결 1998.6.29, 98마863

아파트의 공급계약서 제15조 제6항의 '본 계약에 관한 소송은 서울민사지방법원을 관할법원으로 한다'는 관할합의조항은 원거리에 사는 경제적 약자인 고객에게는 제소 및 응소에 큰 불편을 초래할 우려가 있는 불리한 조항으로 약관규제법 제14조의 규정에 따라 무효이다.

대판 1994.12.9, 93다43873

보증의뢰인이 보증은행의 보증금 지급을 저지시키기 위하여 행사할 수 있는 가처분 신청권을 포함한 일체 소송절차에 있어서의 신청을 배제시키는 의미의 부제소특약조항은 그 직접적인 이해당사자인 보증의뢰인으로 하여금 사법상의 권리구제 조치를 취할 수 없도록 하여 그에게 일방적인 희생을 강요하는 결과가 되어 매우 부당하여 약관규제법 제14조의 규정에 따라 무효이다.

4. 무효조항의 적용제한

국제적으로 통용되는 약관 기타 특별한 사정이 있는 약관으로서 대통령령이 정하는 경우에는 제7조 내지 제14조의 규정의 적용을 조항별·업종별로 제한할 수 있다(법 제15조). 시행령 제3조에서는 ① 국제적으로 통용되는 운송업 약관, ② 국제적으로 통용되는 금융업 및 보험업 약관, ③ 무역보험법에 의한 무역보험약관을 제7조 내지 제14조의 적용을 제한하는 약관으로 규정하고 있다.

약관법에 의한 규제는 우리나라에 특유한 현상이다. 또 개별적 무효조항들은 국내의 약관거래에서 불공정한 약관조항의 사례를 집대성하여 열거한 것이어서, 이를 섭외적 요소를 가지거나 영미법을 준거법으로 하는 거래에 대해서는 이의 적용을 배제할 필요가 있기 때문이다.

약관법 제15조는 개별적 무효조항, 즉 동법 제7조 내지 제14조에 대하여 이의 적용을 제한할 수 있다고 규정하고 있으나, 판례는 법 제15조의 취지를 살리기 위해서는 일반적 무효조항, 즉 법 제6조까지 적용제한되는 것으로 본다.[43)]

5. 일부무효의 특칙

약관의 전부 또는 일부의 조항이 제3조 제3항의 규정에 의하여 계약의 내용이 되지 못하는 경우나 제6조 내지 제14조의 규정에 의하여 무효인 경우 계약은 나머지 부분만으로 유효하게 존속한다. 다만, 유효한 부분만으로는 계약의 목적달성이 불가능하거나 일방 당사자에게 부당하게 불리한 때에는 당해 계약을 무효로 한다(법 제16조).

민법 제137조는 법률행위의 일부분이 무효인 때에는 원칙적으로 그 전부가 무효이고, 그 무효부분이 없더라도 법률행위를 하였을 것이라고 인정될 때에만 나머지 부분이 무효로 되지 않는다고 규정한다. 즉 약관규제법 제16조는 민법 제137조의 특칙에 해당된다.

한편 약관의 전부 혹은 일부조항이 편입통제 혹은 부당성 통제에 의하여 계약에 편입되지 아니하였거나 무효가 되었을 경우 당해 계약에 대한 의사표시의 보충 문제가 남게 된다. 민법 제137조의 일부무효의 원칙을 수정하는 약관법의 기본취지는 고객보호에 있다. 따라서 불편입 혹은 무효로 된 부분이 계약의 본질적 요소에 해당한다면, 계약의 나머지 부분만으로 계약의 목적달성이 불가능하다거나 일방당사자에게 부당하게 불리하다고 판단하기에 앞서 당사자의 합리적 의사

43) 약관의 규제에 관한 법률은 제15조에서 "국제적으로 통용되는 약관 기타 특별한 사정이 있는 약관으로서 대통령령이 정하는 경우에는 제7조 내지 제14조의 규정의 적용을 조항별, 업종별로 제한할 수 있다"고 규정하고 있는바, 위 제15조의 문리해석상으로는 같은 법 제6조의 적용은 배제되지 않는다고 볼 수 있으나, 약관이 구체적으로 무효가 되는 경우들을 규정한 같은 법 제7조 내지 제14조에 대하여 약관이 일반적으로 무효가 되는 경우를 포괄적으로 규정하고 있는 제6조가 적용되게 되면 구체적 무효조항들의 적용을 배제하는 제15조의 규정 취지가 거의 완전히 몰각되는 불합리한 결과를 가져오게 되므로, 제6조 역시 대통령령으로 정하는 특정 업종들의 약관에는 적용이 없다고 보아야 한다(대판 1999.12.10, 98다9038).

를 적극적으로 보충하여 고객의 권익을 보호하여야 할 것이다. 의사표시 보충의 순서는 사실인 관습, 임의법규, 그리고 조리의 순서가 된다(민법 제106조).

대판 1991.12.24, 90다카23899

약관규제법 제6조 제1항·제2항, 제7조 제2·3호가 규정하는 바와 같은 약관의 내용통제원리로 작용하는 신의성실의 원칙은 보험약관이 보험사업자에 의하여 일방적으로 작성되고 보험계약자로서는 그 구체적 조항내용을 검토하거나 확인할 충분한 기회가 없이 보험계약을 체결하게 되는 계약 성립의 과정에 비추어, 약관 작성자는 계약 상대방의 정당한 이익과 합리적인 기대 즉 보험의 손해전보에 대한 합리적인 신뢰에 반하지 않고 형평에 맞게끔 약관조항을 작성하여야 한다는 행위원칙을 가리키는 것이며, 보통거래약관의 작성이 아무리 사적자치의 영역에 속하는 것이라고 하여도 위와 같은 행위원칙에 반하는 약관조항은 사적자치의 한계를 벗어나는 것으로서 법원에 의한 내용통제 즉 수정해석의 대상이 되는 것은 당연하며, 이러한 수정해석은 조항 전체가 무효사유에 해당하는 경우뿐만 아니라 조항 일부가 무효사유에 해당하고 그 무효부분을 추출배제하여 잔존부분만으로 유효하게 존속시킬 수 있는 경우에도 가능하다.

제4절 행정적 통제와 벌칙

1. 약관에 대한 행정규제

1.1. 불공정약관의 사용금지

2001년 3월 약관법 제2차 개정에서 불공정한 약관에 대한 통제의 실효성을 높이기 위하여, 사업자로 하여금 제6조 내지 제14조의 규정에 해당하는 불공정한 약관조항을 계약의 내용으로 하는 것을 금지하는 불공정약관 사용금지의무를 신설하였다. 즉 사업자는 시정명령의 대상이 되는 경우 여부를 묻지 않고 법에서 무효로 선언하고 있는 불공정약관조항을 계약의 내용으로 하여서는 아니되며(법 제17조), 이를 위반한 사업자에 대하여 공정위는 해당 불공정약관조항의 삭제·수정 등 시정권고나 시정명령 등의 조치를 명할 수 있다(법 제17조의2).

1.2. 시정조치

공정위는 불공정약관조항을 사용한 사업자를 대상으로 해당 약관조항을 삭제·수정 등 시정조치를 권고하거나 시정조치를 명할 수 있다(법 제17조의2). 공정위가 시정권고나 시정명령을 할 때 해당 사업자와 같은 종류의 사업을 하는 다른 사업자에게도 같은 내용의 불공정약관을 사용하지 않도록 권고할 수 있다(동조 제 3 항). 또한 행정관청이 작성한 약관 또는 다른 법률에 의하여 인가를 받은 약관이 불공정할 때 당해 행정관청에 대해 그 사실을 통보하고 그 시정에 필요한 조치를 요청할 수 있다(법 제18조). 이러한 시정조치의 권고 또는 명령을 위해 필요한 경우 공정위는 약관이 약관법에 위반된 사실이 있는지 여부를 확인하기 위하여 필요한 조사를 할 수 있다(법 제20조).

가. 시정권고

사업자가 법 제17조의 불공정약관조항 사용금지에 위반한 경우에 공정위는 사업자에게 해당 약관조항의 삭제·수정 등 필요한 조치를 권고할 수 있다(법 제17조의2 제 1 항). 시정권고의 경우 사업자가 이에 따르지 않더라도 바로 사업자에게 제재를 가할 수는 없다. 그러나 시정권고를 정당한 사유 없이 따르지 아니하여 다수 고객의 피해가 발생하거나 발생할 우려가 현저할 경우에는 공정위는 시정명령을 발할 수 있고 시정명령에 위반한 사업자는 2년 이하의 징역이나 1억원 이하의 벌금에 처해질 수 있다(법 제17조의2 제 2 항 제 6 호, 법 제32조).

나. 시정명령

법 제17조의 규정을 위반한 사업자가 다음 여섯 가지 경우 중 하나에 해당하는 경우 공정위는 약관조항의 삭제·수정, 시정명령을 받은 사실의 공표, 그 밖에 시정에 필요한 조치를 명할 수 있다(법 제17조의2 제 2 항). 시정명령에 위반한 사업자에 대하여는 2년 이하 징역이나 1억원 이하 벌금에 처하고 있다(법 제32조).

① 사업자가 공정거래법 제 2 조 제 7 호의 시장지배적 사업자인 경우

② 사업자가 자기의 거래상 지위를 부당하게 이용하여 체결한 경우

③ 일반공중에게 물품·용역을 공급하는 계약으로서 계약체결의 긴급성·신속성으로 인하여 고객이 계약을 체결할 때에 약관조항의 내용을 변경하기 곤란한 경우

④ 사업자의 계약당사자로서의 우월적 지위가 현저하거나 고객이 다른 사업

자를 선택할 범위가 제한되어 있어 약관을 계약의 내용으로 하는 것이 사실상 강제되는 경우

⑤ 계약의 성질 또는 목적상 계약의 취소·해제 또는 해지가 불가능하거나 계약을 취소·해제 또는 해지하면 고객에게 현저한 재산상의 손해가 발생하는 경우

⑥ 사업자가 제 1 항의 규정에 의한 권고를 정당한 사유 없이 따르지 아니하여 다수 고객의 피해가 발생하거나 발생할 우려가 현저한 경우

대판 2004.1.10, 2001두1604

일반적으로 약관은 계약의 일부로 편입되는 것이고, 계약의 내용은 계약당사자가 정하는 것이므로, 피고(공정위)로서는 약관법 제17조의2 제 1 항에 따라 불공정한 약관 조항에 대하여 소극적으로 그 불공정성을 제거하는 방향으로 삭제 또는 수정할 것을 명할 수 있을 뿐, 그 약관 조항을 어떠한 내용으로 수정할 것을 명하는 등으로 적극적으로 계약당사자의 계약내용에 개입할 수 없다.

다. 관청인가약관에 대한 시정요청

공정위는 행정관청이 작성한 약관 또는 다른 법률의 규정에 의하여 행정관청의 인가를 받은 약관[44]이 제 6 조 내지 제14조 불공정약관조항에 위반한 사실이 있다고 인정될 때에는 당해 행정관청에 그 사실을 통보하고 시정에 필요한 조치를 요청할 수 있다(법 제18조 제 1 항 전단).[45] 그리고 시정요청을 한 경우 공정위는 법 제17조의2 제 1 항 및 제 2 항에 의한 시정명령이나 시정권고는 하지 아니한다(법 제18조 제 3 항).

라. 시정조치의 예외

'은행법'에 따른 은행의 약관이 제 6 조부터 제14조까지의 규정에 해당된다고 인정할 때에는 '금융위원회의 설치 등에 관한 법률'에 따라 설립된 금융감독원에

44) 인가약관과 관련하여 몇 가지 사항이 논란이 되고 있다. 첫째로 무인가 약관을 이용하여 계약을 체결한 경우에 그 계약이 무효가 되는지 여부이다. 행정상의 제재는 별론으로 하고 당해 약관에 의한 거래가 사법상 당연히 무효로 되는 것은 아니다. 공법과 사법은 구분되기 때문이다. 둘째로 주무관청의 인가를 받은 약관이 사법상 유효한 것인가의 문제제기가 있다. 통설, 판례에 의하면 약관이란 계약의 전형적 예문에 불과하므로 약관 자체에 대해 효력을 논하는 것은 의미가 없다. 물론 주무관청의 인가와 인가부약관을 사용한 거래에서 약관조항에 대한 법원의 유효성 심사는 별개이다.

45) 행정관청이 시정요청을 거부할 경우 그 이행을 강제할 현실적 방법은 없다.

그 사실을 통보하고 이를 시정하기 위하여 필요한 조치를 권고할 수 있다(법 제18조 제 2 항).

또한 '자본시장과 금융투자업에 관한 법률' 제56조 제 6 항에서는 금융위원회가 금융투자업자로부터 신고 또는 보고받은 금융투자상품의 약관이나 표준약관은 이를 공정위에 통보하도록 하고 있다. 이 경우 공정위는 통보받은 약관 또는 표준약관이 약관법 제 6 조 내지 제14조에 위반된 사실이 있다고 인정될 때에는 금융위원회에 그 사실을 통보하고 그 시정에 필요한 조치를 취하도록 요청할 수 있으며, 금융위원회는 특별한 사유가 없는 한 이에 응하여야 한다.[46]

1.3. 공정위의 약관심사업무

가. 개별사건 심사와 표준약관 승인

공정위의 약관심사업무는 크게 '개별사건의 심사'와 '표준약관의 보급'으로 나눌 수 있다. 개별사건의 심사는 약관조항과 관련하여 법률상 이익이 있는 자나 소비자기본법에 의하여 등록된 소비자단체, 한국소비자원 및 사업자단체 등이 심사청구한 사건을 약관법에 위반되는지 여부를 심사하여 사후적・개별적으로 수정 또는 삭제하는 것이다(법 제19조).[47] 그리고 공정위는 심사대상인 약관 조항이 변경된 때에는 직권 또는 청구인의 신청으로 심사대상을 변경할 수 있다(법 제19조의2).

표준약관의 보급은 사업자(단체)가 일정한 거래분야에서 표준이 되는 약관으로 작성한 것을 승인함으로써 불공정약관의 작성·통용을 사전에 예방하기 위한 것이다(법 제19조의3).[48] 표준약관을 사용할 경우 사업자는 스스로 약관을 작성하는데 소요되는 비용과 노력을 절약하고 약관분쟁의 위험을 줄이는 반면, 소비자는 표준약관을 통하여 안심하고 거래를 할 수 있음은 물론 계약서에 따른 권리 주장을 보다 쉽게 할 수 있다. 공정위는 표준약관의 사용을 활성화하기 위하여 표준약관 표지(標識)를 정할 수 있고, 사업자 및 사업자단체는 표준약관을 사용하는 경우

46) 여신전문금융업법에도 이와 동일한 취지의 규정(제54조의3)이 신설되었다(2009.2.6). 그러나 보험업법에는 관련조항이 없다.

47) 현재 공정위는 별도로 약관심사지침(개정 2015.9.22)을 마련하여 이를 해석의 명확한 기준으로 사용하고 있다.

48) 공정위는 심사청구를 받은 날로부터 60일 내에 심사결과를 신청인에게 통보해야 하며, 표준약관에 대하여는 지속적으로 감시·감독할 의무가 있다. 즉 공정위는 필요하다고 인정하는 경우에는 표준약관을 사용하고 있는 사업자 또는 사업자단체에 대하여 당해 약관의 운용상황을 제출하게 할 수 있다(시행령 제 7 조 제 2 항).

공정위가 고시하는 바에 따라 표준약관 표지를 사용할 수 있다. 이에 따라 공정위는 '표준약관표지의 사용에 관한 고시'(공정위고시 제2016-14호)를 제정하여 운용 중이다.

그런데 이들은 모두 소비자나 사업자의 심사청구가 전제되어야 한다는 본질적인 한계가 있으므로, 이를 보완하기 위하여 공정위는 다수의 국민생활과 밀접하거나 소비자피해가 빈번한 분야의 약관에 대하여는 약관법 제20조에 근거해 직권조사를 실시하기도 한다.

나. 개별사건의 심사절차

공정위의 심사는 서면심리를 원칙으로 하지만, 필요한 경우에는 청구인과 피청구인을 소환하여 구두심리를 병행할 수 있다. 심사절차는 다음과 같이 진행된다.

① 심사청구서의 제출: 심사청구는 공정위에 서면 또는 전자문서로 제출하여야 한다(법 제19조 제2항).

② 조사: 법 제17조의2 제1항 또는 제2항에 따른 시정권고 또는 시정명령을 하기 위하여 필요하다고 인정되는 경우 또는 법 제19조에 따라 약관의 심사청구를 받은 경우 공정위는 약관의 법 위반 여부를 확인하기 위해 필요한 조사를 할 수 있다(법 제20조 제1항).

③ 의견진술: 공정위는 심의 전에 당해 약관에 의하여 거래를 한 사업자 또는 이해관계인에 대하여 당해 약관이 심사대상이 되었다는 사실을 통지하고(동법 제22조 제1항), 위의 통지를 받은 당사자 또는 이해관계인은 회의에 출석하여 의견을 진술하거나 필요한 자료를 제출할 수 있다(제2항). 또한 공정위는 심사대상약관이 다른 법률에 의하여 행정관청의 인가를 받았거나 받아야 할 것인 때에는 심의에 앞서 그 행정관청에 의견의 제출을 요구할 수 있다(제3항).

다. 표준약관의 심사절차

① 심사청구 등: 사업자 및 사업자단체는 건전한 거래질서를 확립하고 불공정한 내용의 약관이 통용되는 것을 방지하기 위하여 일정한 거래 분야에서 표준이 될 약관의 제정·개정안을 마련하여 그 내용이 이 법에 위반되는지 여부에 관하여 공정위에 심사를 청구할 수 있으며, 소비자기본법 제29조의 규정에 의하여 등록된 소비자단체 또는 제33조의 규정에 따라 설치된 한국소비자원은 소비자피해가 자주 일어나는 거래분야의 표준이 될 약관의 제정을 공정위에 요청할 수 있다(법 제19조의3 제1항 및 제2항).

② 심사청구 권고: 공정위는 제 2 항의 규정에 따른 소비자단체 등의 요청이 있는 경우 또는 일정한 거래 분야에서 여러 고객에게 피해가 발생하거나 발생할 우려가 있는 경우에 관련 상황을 조사하여 약관이 없거나 불공정약관조항이 있는 경우이거나 법률의 제정·개정·폐지 등으로 약관을 정비할 필요가 발생한 경우에는 사업자 및 사업자단체에 대하여 표준이 될 약관을 마련하여 심사청구할 것을 권고할 수 있다(법 제19조의3 제 3 항).

③ 표준약관 제정: 공정위는 사업자 및 사업자단체가 제 3 항의 권고를 받은 날부터 4개월 이내에 필요한 조치를 하지 아니하는 경우 관련분야의 거래당사자 및 소비자단체 등의 의견을 듣고 관계부처의 협의를 거쳐 표준이 될 약관을 마련할 수 있다(법 제19조의3 제 4 항).

④ 공시 및 사용권장: 제 1 항, 제 3 항 및 제 4 항의 규정에 따라 심사하거나 마련한 약관을 공시하고 사업자 및 사업자단체에 대하여 그 사용을 권장할 수 있다(법 제19조의3 제 5 항). 공정위의 표준약관 사용권장행위는 사업자의 권리·의무에 직접 영향을 미치는 행정처분으로서 항고소송의 대상이다.

대판 2010.10.14, 2008두23184

[1] 공정거래위원회의 '표준약관 사용권장행위'는 그 통지를 받은 해당 사업자 등에게 표준약관과 다른 약관을 사용할 경우 표준약관과 다르게 정한 주요내용을 고객이 알기 쉽게 표시하여야 할 의무를 부과하고, 그 불이행에 대해서는 과태료에 처하도록 되어 있으므로, 이는 사업자 등의 권리·의무에 직접 영향을 미치는 행정처분으로서 항고소송의 대상이 된다.

[2] 구 약관의 규제에 관한 법률 제19조의2 제 3 항 규정의 문언 내용을 표준약관제도의 취지 및 위 법의 목적 등에 비추어 살펴보면, 공정거래위원회는 일정한 거래분야에 관하여 약관이 없거나 불공정 약관조항이 있는 경우 사업자 등에게 표준약관을 마련하여 심사청구할 것을 권고할 수 있고, 이는 다수의 고객에게 피해가 발생하는 경우는 물론 소비자단체 등의 요청이 있는 경우에도 마찬가지이다.

[3] 구 약관의 규제에 관한 법률 제19조의2 제 3 항에서 규정한 불공정 약관조항에 해당하는지 여부를 심사할 때에는 문제되는 조항만을 따로 떼어서 볼 것이 아니라 전체 약관 내용을 종합적으로 고찰한 후에 판단하여야 하고, 그 약관이 사용되는 거래분야의 통상적인 거래관행, 거래대상인 상품이나 용역의 특성 등을 함께 고려하여 판단하여야 한다.

⑤ 표준약관 표지사용: 사업자 및 사업자단체는 표준약관을 사용하는 경우 공정위가 고시하는 바에 따라 표준약관표지를 사용할 수 있다. 다만, 표준약관과 다른 내용을 약관으로 사용한 경우 표준약관표지를 사용하여서는 아니되고 사업자 및 사업자단체가 이를 위반하여 표준약관 표지를 사용하는 경우 표준약관의 내용보다 고객에게 더 불리한 약관의 내용은 무효로 한다(법 제19조의3 제7항 내지 제9항).[49]

라. 직권조사와 심사결과의 공개

공정위는 약관법 제17조의2 제1항 및 제2항의 규정에 의한 시정을 위한 조치를 명하거나 권고하기 위하여 필요하다고 인정되는 경우 및 제19조의 규정(약관의 심사청구 등)에 의하여 청구를 받은 경우에는 약관이 약관법에 위반된 사실이 있는지 여부를 확인하기 위하여 필요한 조사를 할 수 있다. 공정위의 조사를 거부·방해 또는 기피한 자는 5천만원 이하의 과태료에 처한다(법 제34조 제1항제2호). 공정위는 약관법 위반으로 심의·의결된 약관조항의 목록을 인터넷 홈페이지에 공개하여야 한다(법 제23조).

2. 약관 관련 분쟁조정

2.1. 제도의 취지

2011년 12월 28일 약관법의 개정을 통해 한국공정거래조정원에 약관분쟁조정협의회를 설치하고 사업자와 사업자 사이에 사용되는 약관 관련 분쟁을 조정하는 제도가 도입되었다.

공정위의 추상적 약관통제는 불공정한 약관조항을 행정적으로 시정하기 위한 것으로서, 이를 통해 소비자 또는 사업자들의 개별적 피해가 직접 구제되는 것이 아니다. 또 한국소비자원에 의한 분쟁조정은 그 성질상 사업자와 소비자 사이의 거래에 대해서만 적용된다. 그리하여 사업자와 사업자간 거래(소위 B2B)에서 약관 관련 피해자가 사업자인 경우에는 그동안 민사소송에 의존할 수밖에 없었다. 또한 약관은 대량거래를 위해 사용하는 것이므로, 어느 약관조항이 불공정하다면 이로 인해 피해를 입는 사업자 또한 대량으로 발생하는 문제가 있었다.

여기에서 약관을 통해 거래가 이루어지는 대리점·가맹점 등 중소상공인이 한

49) 공정위는 2009년 10월 '표준약관표지의 사용에 관한 고시'를 제정하였다.

국공정거래조정원에 약관 관련 분쟁조정을 신청할 수 있도록 하고 또 다수의 사업자에게 비슷한 유형의 피해가 발생할 경우 집단분쟁조정의 길도 열게 된 것이다. 특히 중소상공인 중 대리점이나 가맹점 등은 다른 대리점·가맹점과 동일 또는 유사한 분쟁을 가지는 경우가 많으므로 공정위의 약관 심사결과를 분쟁조정에 연계하여 활용한다면 신속하고 대량적인 피해구제가 가능하게 된다.

2.2. 약관분쟁조정협의회의 설치와 구성, 회의

약관분쟁조정협의회는 불공정약관 또는 이와 비슷한 유형의 약관과 관련된 분쟁을 조정하기 위하여 한국공정거래조정원 내에 설치하며, 협의회는 위원장 1명을 포함한 9명의 위원으로 구성하며, 위원장은 상임으로 한다(법 제24조 제 1 항·제 2 항). 동 협의회의 위원은 약관규제·소비자분야에 전문적 지식과 경험을 가지고 법률 소정의 요건[50]을 갖춘 자 중에서 조정원의 장의 제청으로 공정위 위원장이 임명하거나 위촉하고, 위원장은 조정원의 장의 제청으로 공정위 위원장이 위촉한다. 그리고 분쟁조정협의회의 회의 등 업무지원을 위하여 별도의 사무지원 조직을 조정원 내에 두어야 한다(법 제24조 제 8 항). 협의회 위원장은 그 직무 외에 영리를 목적으로 하는 업무에 종사하지 못한다. 이 경우 영리를 목적으로 하는 업무의 범위에 관하여는 「공공기관의 운영에 관한 법률」 제37조 제 3 항을 준용한다(협의회 위원장은 제10항에 따른 영리를 목적으로 하는 업무에 해당하는지에 대한 공정위 위원장의 심사를 거쳐 비영리 목적의 업무를 겸할 수 있다).

협의회의 회의는 위원 전원으로 구성되는 전체회의와 위원장이 지명하는 3인의 위원(위원장을 포함할 수 있다)으로 구성되는 분과회의가 있고, 분과회의는 전체회의로부터 위임받은 사항에 관하여 심의·의결한다(법 제25조). 전체회의는 위원장이 주재하며 재적위원 과반수의 출석으로 개의하고 출석위원 과반수의 찬성으로 의결하며, 분과회의는 위원장이 지명하는 위원이 주재하며 구성위원 전원의 출석과 출석위원 전원의 찬성으로 의결한다. 이 경우 분과회의의 의결은 협의회의 의결

---

50) 1. 공정거래 및 소비자보호 업무에 관한 경험이 있는 4급 이상 공무원(고위공무원단에 속하는 일반직공무원을 포함한다)의 직에 있거나 있었던 사람
2. 판사·검사 직에 있거나 있었던 사람 또는 변호사의 자격이 있는 사람
3. 대학에서 법률학·경제학·경영학 또는 소비자 관련 분야 학문을 전공한 사람으로서 「고등교육법」 제 2 조 제 1 호·제 2 호·제 4 호 또는 제 5 호에 따른 학교나 공인된 연구기관에서 부교수 이상의 직 또는 이에 상당하는 직에 있거나 있었던 사람
4. 그 밖에 기업경영, 소비자권익 및 분쟁조정과 관련된 업무에 관한 학식과 경험이 풍부한 사람

로 보되, 회의의 결과를 전체회의에 보고하여야 한다. 협의회 위원에 대하여는 절차의 공정성을 확보하기 위하여 제척, 기피, 회피 제도가 적용되며(법 제26조), 조정의 대상이 된 분쟁의 당사자인 고객(소비자는 제외)과 사업자는 협의회의 회의에 출석하여 의견을 진술하거나 관계자료를 제출할 수 있다(법 제25조 제5항).

2.3. 조정의 절차와 효력

불공정약관으로 인하여 피해를 입은 사업자는 일정한 사항을 기재한 서면으로 분쟁조정을 신청할 수 있고 공정위 또한 분쟁조정을 의뢰할 수 있다(법 제27조 제1항·제2항). 조정의 대상은 약관법 위반으로 판단된 사업자와 사업자간 불공정약관 관련 분쟁 및 이와 비슷한 유형의 약관 관련 분쟁이나, 다만 다음의 어느 하나에 해당하는 경우에는 조정을 하지 않고 그 신청을 각하하여야 한다(법 제27조 제1항 단서, 제27조의2 제2항).

- 신청 이전에 공정위가 조사 중인 사건
- 신청내용이 약관의 해석이나 그 이행을 요구하는 사건
- 약관의 무효판정을 요구하는 사건
- 그 밖에 분쟁조정에 적합지 않아 시행령[51]이 정하는 사건

당사자의 신청 혹은 공정위의 의뢰를 받은 분쟁조정협의회는 당사자에게 분쟁조정사항을 스스로 조정하도록 권고하거나 조정안을 작성하여 이를 제시할 수 있으며, 협의회는 해당 분쟁조정사항에 관한 사실을 확인하기 위하여 필요한 경우 조사를 하거나 분쟁당사자에게 관련 자료의 제출이나 출석을 요구할 수 있다(법 제27조의2 제1항·제2항).

그러나 다음의 경우에는 분쟁조정절차를 종료하여야 한다(법 제27조의2 제4항).

- 분쟁당사자가 협의회의 권고 또는 조정안을 수락하거나 스스로 조정하는 등 조정이 성립된 경우
- 조정을 신청 또는 의뢰받은 날부터 60일(분쟁당사자 쌍방이 기간연장에 동의한

51) 1. 고객과 사업자 간에 분쟁해결이나 피해보상에 관한 합의가 이루어진 사건
2. 「중재법」에 따라 중재가 진행 중이거나 신청된 사건

경우에는 90일로 한다)이 경과하여도 조정이 성립되지 아니한 경우
- 분쟁당사자의 일방이 조정을 거부하는 등 조정절차를 진행할 실익이 없는 경우

법 제27조 제1항에 따라 분쟁조정이 신청된 사건에 대하여 신청 전 또는 신청 후 소가 제기되어 소송이 진행 중일 때에는 수소법원(受訴法院)은 조정이 있을 때까지 소송절차를 중지할 수 있다. 협의회는 법원의 소송절차가 중지되지 아니하는 경우에는 해당 사건의 조정절차를 중지하여야 한다. 협의회는 조정이 신청된 사건과 동일한 원인으로 다수인이 관련되는 동종·유사 사건에 대한 소송이 진행 중인 경우에는 협의회의 결정으로 조정절차를 중지할 수 있다(법 제27조의3 소송과의 관계).

분쟁조정협의회는 분쟁조정사항의 조정이 성립된 경우 조정에 참가한 위원과 분쟁당사자가 기명날인하거나 서명한 조정조서를 작성하고, 이 경우 분쟁당사자 간에 조정조서와 동일한 내용의 합의가 성립된 것으로 본다(법 제28조 제1항). 또한 협의회는 조정절차를 개시하기 전에 분쟁당사자가 분쟁조정사항을 스스로 조정하고 조정조서의 작성을 요청하는 경우에는 그 조정조서를 작성한다.

2.4. 집단분쟁조정

공정위, 고객 또는 사업자는 약관분쟁 조정이 성립된 사항과 같거나 비슷한 유형의 피해가 다수 고객에게 발생할 가능성이 크다고 판단된 경우로서 시행령이 정하는 사건에 대하여는 분쟁조정협의회에 일괄적인 분쟁조정, 즉 집단분쟁조정을 의뢰하거나 신청할 수 있다(법 제28조의2 제1항). 집단조정을 의뢰받거나 신청받은 협의회는 의결로서 집단분쟁조정 절차를 개시할 수 있고, 이 경우 소정 방법에 따라 이를 공표하고 시행령이 정하는 기간 동안 절차의 개시를 공고하여야 한다.

분쟁조정협의회는 집단분쟁조정의 당사자가 아닌 고객으로부터 그 분쟁조정의 당사자에 추가로 포함될 수 있도록 하는 신청을 받을 수 있고, 또 협의회의 의결로써 공동의 이익을 대표하기에 가장 적합한 1인 또는 수인을 대표당사자로 선임할 수 있다(법 제28조의2 제3항·제4항). 당사자인 다수의 고객 중 일부의 고객이 법원에 소를 제기한 경우에는 그 절차를 중지하지 아니하고 소를 제기한 일부의 고객을 그 절차에서 제외한다(동조 제6항).

분쟁조정협의회는 사업자가 협의회의 집단분쟁조정의 내용을 수락한 경우에는 집단분쟁조정의 당사자가 아닌 자로서 피해를 입은 고객에 대한 보상계획서를 작성하여 협의회에 제출하도록 권고할 수 있다(동조 제5항).[52]

3. 그 밖의 사항

3.1. 공정거래법의 준용

이 법에 따른 공정위의 심의·의결에 관하여는 '독점규제 및 공정거래에 관한 법률' 제64조부터 제68조까지의 규정을 준용한다. 그리고 공정위의 처분에 대한 이의신청, 소송 제기 및 불복 소송의 전속관할에 대하여는 '독점규제 및 공정거래에 관한 법률' 제96조부터 제98조까지, 제98조의2, 제98조의3 및 제99조부터 제101조까지를 준용한다(법 제30조의2). 따라서 공정위의 처분에 대하여 불복이 있는 자는 그 처분의 고지를 받은 날로부터 30일 이내에 그 사유를 갖추어 공정위에 이의신청을 할 수 있고, 공정위의 처분에 대하여 불복의 소를 제기하고자 할 때에는 처분 또는 이의신청에 대한 재결서의 정본을 송달 받은 날로부터 30일 이내에 이의를 제기해야 한다. 그리고 이 불복의 소는 공정위의 소재지를 관할하는 서울고등법원의 전속관할로 한다.

3.2. 약관 인가의 기준

행정관청이 다른 법률에 의하여 약관을 인가하거나 다른 법률에 의하여 특정한 거래분야에 대하여 설치된 심사기구에서 약관을 심사하는 경우에는 제6조 내지 제14조의 규정을 심사의 기준으로 하여야 한다(법 제31조).

3.3. 자문위원

공정위는 약관규제법에 의한 약관심사업무를 수행하기 위해 필요하다고 인정하는 때에는 자문위원을 위촉할 수 있다(법 제31조의2 제1항).[53] 현행 제도는 1992

52) 이 집단분쟁조정은 실제 사례를 찾기 어렵다. 피신청인인 대형유통업자가 자신의 거래상지위를 이용하여 거래상대방으로 하여금 조정신청인 집단에서 탈퇴하도록 유도하여 20인의 신청인 수를 끝내 유지하지 못한 경우도 있다.

53) 공정위는 약관에 관한 학식과 경험이 풍부한 자를 자문위원으로 위촉할 수 있으며, 자문위원은 공정위의 요청을 받아 약관의 심사에 관하여 공정위의 회의에 출석하여 의견을 진술하거나 서

년 법 개정으로 경제기획원의 약관심사위원회가 폐지되고 자문제도로 변경된 것이다.

3.4. 벌 칙

가. 행정형벌

약관규제법 제17조의2 제 2 항의 시정명령에 위반한 자에 대해서는 2년 이하의 징역이나 1억원 이하의 벌금을 부과하며(법 제32조), 행위자를 벌하는 외에 법인에 대해서도 동조의 벌금형이 과해지는 양벌규정이다(법 제33조).

나. 과태료(법 제34조)

(1) 5천만원 이하의 과태료

① 사업자·사업자단체가 표준약관과 다른 내용을 약관으로 사용하면서 표준약관 표지를 사용한 자, ② 공정위의 약관심사를 위한 조사를 거부·방해 또는 기피한 사업자 또는 사업자단체

(2) 1천만원 이하의 과태료

사업자 또는 사업자단체의 임원 또는 종업원, 그 밖의 이해관계인이 조사를 거부·방해 또는 기피한 경우

(3) 5백만원 이하의 과태료

① 고객에게 약관의 내용을 밝히지 아니하거나 그 약관의 사본을 내주지 아니한 자, ② 고객에게 약관의 중요한 내용을 설명하지 아니한 자, ③ 공정위로부터 표준약관의 사용을 권장받은 사업자 및 사업자단체가 표준약관과 다른 약관을 사용하면서 표준약관과 다르게 정한 주요내용을 고객이 알기 쉽게 표시하지 않은 경우

(4) 과태료의 부과·징수

과태료의 부과·징수는 공정위가 담당하며 시행령 별표에서 과태료의 부과기준을 정하고 있다.

면(전자문서를 포함한다)으로 의견을 제출할 수 있다(시행령 제13조의2). 공정위 고시로 '약관심사 자문위원의 위촉 및 운영에 관한 규정'(공정위고시 제2023-6호)이 제정되어 운용 중이다.

제 3 장

할부거래법

제 1 절 총 설

1. 할부거래의 의의

본래 할부거래란 구매자가 상품을 인도받은 후에 그 대금을 일정기간 동안 분할해서 지급하는 특수한 거래형태를 말하며, 대금분할지급과 이로 인한 신용공여라는 특수성에서 야기되는 소비자문제에 대처하기 위해 할부거래법이 제정되었다. 동법에 의하면, 할부계약이란 계약의 명칭·형식이 어떠하든 재화나 용역(일정한 시설을 이용하거나 용역을 제공받을 수 있는 권리를 포함)의 소비자가 할부거래업자 또는 신용제공자[54]에게 2개월 이상이 기간에 걸쳐 3회 이상 분할하여 지급하고 그 대금의 완납 전에 목적물을 인도받는 거래형태를 말한다(법 제 2 조 제 1 호 가목 및 나목).

할부거래는 그 뿌리가 로마시대에 이르기까지 소급한다는 봄이 정설이다. 그러나 이 형태의 거래가 본격화한 것은 산업혁명 이후 자본주의가 고도화하여 상

54) "신용제공자"란 소비자·할부거래업자와의 약정에 따라 재화등의 대금에 충당하기 위하여 신용을 제공하는 자를 말한다(법 제 2 조 제 6 호). 여신전문금융업법에 의하여 신용을 제공할 수 있는 신용카드사 혹은 할부금융사 등이 여기에 속한다.

품이 대량으로 생산되고 기업들의 판매경쟁이 격화되면서부터이다. 기업들이 새로운 수요를 발굴하는 노력을 펼치는 와중에 다양한 형태의 특수거래가 발달하게 된 것이다. 할부거래는 상품의 대금을 분할하여 지급하도록 함으로써 일반대중이나 저소득층도 고가의 상품에 쉽사리 접근할 수 있도록 하는 판매촉진수단으로 사용되고 있다. 오늘날 다양한 종류의 상품과 용역의 거래에서 할부거래는 널리 이용되고 있으며, 할부거래 형태는 상당한 비중을 점하는 전형적 소비자계약의 하나이다.

이상과 같이 소비자가 상품을 외상으로 구입하고 그 대금을 나누어서 지급하는 전형적 할부거래와 달리, 개정법은 2010년 개정을 통해 상조업에 대한 규제를 도입하고 이를 선불식 할부거래로 부르고 있다. 즉 선불식 할부거래란 선불식 할부계약에 의한 거래를 말하는데(법 제2조 제4호), "선불식 할부계약"이란 계약의 명칭·형식이 어떠하든 소비자가 사업자로부터 ① 장례 또는 혼례를 위한 용역(제공시기가 확정된 경우는 제외한다) 및 이에 부수한 재화 또는 ② 이에 준하는 소비자피해가 발생하는 재화등으로서 소비자의 피해를 방지하기 위하여 대통령령으로 정하는 재화등의 대금을 2개월 이상의 기간에 걸쳐 2회 이상 나누어 지급하고 재화등의 공급은 대금의 전부 또는 일부를 지급한 후에 받기로 하는 계약을 말한다(법 제2조 제2호).

선불식 할부거래는 대금을 분할 납부한다는 점에서 할부거래와 유사하지만, 용역의 제공시기가 불확정한 장래인 점(예: 경조사서비스)은 소비자신용을 기초로 한 일반 할부거래와는 다른 특질을 갖는다. 특히 영세한 사업자들의 난립과 방만한 운영에 따른 소비자피해를 예방하기 위한 규제로 다단계판매와 더불어 강한 규제가 필요한 업종이라고 하겠다. 이는 경제적 기능면에서 전통적인 할부거래와 근본적으로 달라서, 사업자들이 재화나 서비스에 대한 사전적 제공이 없고 그 결과 소비자에 대한 신용제공이라는 할부거래의 본질적 특성이 존재하지 않는다. 그리하여 선불식 할부거래에서는 거꾸로 고객이 미리 맡긴 할부금, 즉 선수금에 대한 적절한 보전이 큰 과제가 된다.

2. 할부거래의 특징과 문제점

전형적 할부거래는 그 본질이 매매계약이다. 그러나 매도인이 거래의 목적물을 매수인에게 인도한 후 그 대금을 일정한 기간에 걸쳐 분할하여 지급하는 점에 할부거래의 기본적 특징이 있다. 즉 목적물에 대한 선인도, 대금의 후지급의 특성이 있다. 즉 목적물의 인도는 대금의 지급전에 이루어지며, 대금의 지급은 그 전부 또는 일부가 장래로 연기 혹은 유예되어 매수인은 계약에서 정하는 바에 따라 이를 분할하여 지급한다. 민사매매나 상사매매의 경우 목적물인도와 대금지급의무가 동시이행의 관계에 있는 것과 크게 다르다.

그 다음으로 할부거래는 소유권유보부로 이루어지는 경우가 대부분이다. 매매의 목적물은 계약체결 후 매수인에게 즉시 인도되나, 그 소유권은 대금이 완납될 때까지 매도인에게 유보되며, 그때까지 매도인은 매수인이나 제 3 자에 대하여 유보된 목적물의 소유권을 주장할 수 있다. 이는 매수인의 할부채무 체납으로 인한 매도인의 피해를 방지하고 매수인의 대금지급을 간접적으로 강제·담보하는 기능을 보이게 된다.

이처럼 할부거래는 일회적인 대금지급이 어려운 서민들도 생활에 필요한 상품이나 서비스를 용이하게 구입할 수 있고, 기업의 입장에서도 상품의 판매를 촉진하는 장점이 있다. 그러나 할부거래사업자의 판촉에 밀려 소비자들이 고가의 상품을 충동적으로 구매하거나 심지어 원하지 아니하는 상품을 구매하여, 경우에 따라서는 소비자파산 혹은 신용불량의 원인이 되기도 한다. 또한 소비자들은 할부거래에 수반되는 소유권유보 기타 대금채권의 확보와 관련하여 각종 부당한 거래조항에 노출되어 불이익을 입을 위험도 있다. 무엇보다도 소비자신용의 한 갈래로서 판매신용에 부수하는 과다한 할부수수료에 대한 통제가 필요하다.[55]

한편 할부거래에 대한 주요국가의 입법정책은 포괄적 규제주의와 개별적 규제주의의 두 가지로 나눌 수 있다. 포괄적 규제주의란 별도의 단행법을 제정하지 않고 소비자신용 혹은 소비자보호와 관련되는 일반 법제에서 할부거래를 규제하는 입법주의로서, 미국과 영국 그리고 독일[56]의 입법례가 이에 속한다. 이에 반해 개별적 규제주의란 할부거래를 규율하는 별도의 특별법을 제정하는 입법주의로서 스위스, 일본과 더불어 우리나라의 할부거래법이 이에 해당된다.[57]

---

55) 국내 여신시장은 은행, 보험 기타 제 2 금융권, 저축은행, 대부업 등으로 이루어진다. 2024년 금융감독원이 발표한 2024년 하반기 대부업실태조사에 따르면 2024년 말 기준 전국 등록 대부업자의 수는 8,182개에 이른다.

56) 독일은 1990년 소비자신용법의 제정에 따라 종전의 할부거래법을 폐지하였고, 다시 2002년에 민법을 개정하여 소비자신용법의 규정을 흡수하였다.

3. 할부거래법의 연혁

우리나라의 경우에는 1970년대 후반부터 소비자단체를 중심으로 할부거래를 규제하는 법률을 제정하기 위한 논의가 있었다. 그 후 1986년에 도·소매업자를 규제하기 위해 도소매업진흥법에 할부계약을 규율하는 몇 가지의 조문을 삽입하였으나, 이 규정들은 단속규정에 불과한 것이어서 할부거래에 대한 종합적 규제에는 미치지 못하였다. 게다가 도소매업진흥법은 그 입법목적이 도소매업의 진흥에 있는 것이어서 할부거래의 소비자보호와는 법정신 면에서 부합하지 않는 면이 있었다.

여기에서 학계와 각종 소비자단체 등은 할부거래를 개별적으로 규율하기 위한 독립된 법률의 제정을 주장하였다. 특히 1990년대 들어 가전제품을 대상으로 하는 특수 할부거래로 인한 소비자피해가 사회문제화 하였다. 여기에서 할부거래 소비자의 이익을 보호하고 국민경제의 건전한 발전에 이바지함을 목적으로 1991년 12월 31일 '할부거래에 관한 법률'을 제정하게 되었고, 이 법은 1992년 7월 1일부터 시행되기에 이르렀다.

할부거래법은 할부거래와 관련된 소비자보호 문제를 종합적으로 대비하고 있으나, 철회권을 제한할 수 있는 범위에 소비자의 피해가 큰 자동차, 냉장고, 세탁기 등을 포함시켜 소비자보호에 미흡하다는 문제점이 지적된다. 한편 기업의 판촉활동의 격화와 이에 수반되는 소비자피해에 전문적으로 대처하기 위해 1999년 동법의 주무관청을 통상산업부에서 공정위로 변경하였다. 그리고 2008년 3월에 할부거래법은 전문개정의 형식으로 할부거래법이 개정(동년 9월 시행)되었으나, 그 핵심은 철회권행사기간에 관한 사항을 보다 명료하게 하여 소비자를 보호하고 과태료 부과권을 시·도지사로부터 시장·군수·구청장으로 이양하는 것이었다.

그리고 적절한 법적 규제가 없어 사회적 물의를 야기해 왔던 상조업에 대한 규제와 소비자보호를 위한 수단들을 대폭적으로 도입한 동법 개정이 다시 2010년 5월에 이루어지게 되었다. 2012년 6월에는 전자문서 유통의 안전성을 확보하고 전자문서 이용을 활성화하기 위하여 공인전자주소제도를 도입하고, 전자문서중계자제도를 새로 도입하는 개정이 이루어졌다. 그 이후 2015년 7월에 상조업에 관한 규제를 강화하는 큰 폭의 개정이 있었다. 2023년 개정에서는 선불식 할부거래업자에게 선수금액, 납입횟수 등 선수금 관련 정보를 소비자에게 통지하도록 의무

57) 이은영, 약관규제법, 박영사, 1994, 458 이하.

화하고 의무 위반 시 시정조치 및 과태료를 부과하도록 하며, 부실 회계로 인한 소비자 피해를 줄이기 위하여 감사인이 작성하지 아니한 회계감사 보고서를 공정위에 제출하거나 공시한 자에게 과태료를 부과하도록 하고, 이미 등록한 선불식 할부거래업자의 자본금 기준 미달 시 등록을 취소할 수 있도록 하는 한편, 신고민원의 투명하고 신속한 처리를 위하여 신고수리 여부 또는 처리기간 연장 통지기간을 법률에 명확하게 규정하고 선불식 할부거래업자의 지위승계 시 승계 효과의 기산점을 구체화하며, 과징금 징수 절차 및 과태료 기준을 정비하는 등 현행 제도의 운영상 나타난 일부 미비점을 개선·보완하였다.

제 2 절 법의 성격과 적용범위

1. 목적 및 성격

할부거래법 제 1 조는 할부계약에 의한 거래를 공정하게 함으로써 소비자 등의 이익을 보호하고 국민경제의 건전한 발전에 이바지하는 것을 동법의 목적으로 하고 있다. 즉 직접적으로는 할부거래질서의 공정화를 목적으로 하고, 이를 통하여 소비자 등의 이익을 보호하고 국민경제의 발전에 이바지함을 궁극적인 목적으로 하는 것이다. 이 법은 할부거래와 관련한 거래질서법의 성격과 아울러 소비자보호법의 성격을 동시에 가지고 있다. 또한 이 법은 특수매매에 관한 사법규정을 마련하고 이를 상대적 강행법규로 하는데 초점이 있으나, 이 밖에 사업자에 대한 행정적 단속규정이 또한 포함되어 있다.

2. 적용범위

할부거래법은 계약의 명칭·형식 여하를 불구하고 재화 또는 용역(일정한 시설을 이용하거나 용역의 제공을 받을 권리를 포함한다)에 관한 할부계약에 적용된다(법 제 2 조 제 1 호).

현행법은 할부계약에 관하여 이를 할부계약(전형적 할부계약)과 선불식 할부계약으로 크게 나누고 있고, 전형적 할부계약은 다시 직접(혹은 자체)할부계약과 간접할부계약으로 나뉘어지게 된다.

직접할부계약이란 소비자가 사업자에게 동산의 대금 또는 용역의 대가를 2월 이상의 기간에 걸쳐 3회 이상 분할하여 지급하고, 목적물의 대금의 완납 전에 동산의 인도 또는 용역의 제공을 받기로 하는 계약을 말한다(법 제2조 제1호 가목).

한편 간접할부계약이란 소비자가 신용제공자에게 목적물의 대금을 2월 이상의 기간에 걸쳐 3회 이상 분할하여 지급하고, 그 대금의 완납 전에 매도인으로부터 목적물의 인도 등을 받기로 하는 계약을 말한다(법 제2조 제1호 나목).

3. 적용제외

3.1. 법기술적 적용제외

기간이 2월 미만인 할부거래 혹은 할부 회수가 3회 미만인 할부거래(법 제2조 제1호), 기간이 2월 미만이거나 일시지급 선불식 할부거래(법 제2조 제2호), 일시불거래 및 선불거래(법 제2조 제1호·제2호) 등은 할부거래법의 적용대상이 아니다.

3.2. 영리목적 할부거래

또한 사업자가 상행위를 목적으로 할부계약을 체결하는 경우에는 이 법이 적용되지 않는다(법 제3조 제1호). 이 법의 제정목적은 소비자보호에 있으므로 상인은 보호의 대상이 아니다. 다만 상인이라도 자신의 소비를 목적으로 할부거래를 하는 경우에는 적용대상이 된다.

대판 2001.8.21, 2000다8397

할부거래에 관한 법률 제2조 제2항 소정의 '매수인이 상행위를 목적으로 할부계약을 체결하는 경우'라 함은, 매수인이 신용제공자의 여신으로 매수한 물건을 다른 소비자에게 판매할 목적으로 물건을 할부로 구입한 경우만을 의미하는 것이 아니라, 자신의 소비만을 목적으로 한 경우가 아닌 영리를 목적으로 할부계약을 체결하는 경우를 의미하기도 한다.

3.3. 성질상의 적용제외

성질상 이 법을 적용하는 것이 적당하지 아니하여 대통령령(령 제 4 조)이 정하는 다음 목적물의 거래에는 할부거래법이 적용되지 않는다(법 제 3 조 제 2 호).

- 농·수·축·임·광산물로서 통계법 제22조의 규정에 의하여 작성한 한국표준산업분류표상의 제조업에 의하여 생산되지 아니한 것
- 약사법 제 2 조 제 4 항의 규정에 의한 의약품
- 보험업법에 의한 보험
- 자본시장과 금융투자업에 관한 법률 제 4 조의 규정에 의한 증권 및 동법 제336조 제 1 항 제 1 호에 따른 어음
- 부동산

제 3 절 할부거래의 법률관계

1. 할부거래업자의 권리와 의무

1.1. 할부거래업자의 의무

가. 체약전 정보제공의무

일종의 정보제공 규제로서 할부거래업자는 할부계약을 체결하기 전에 매수인이 할부계약의 내용을 이해할 수 있도록 다음 사항을 표시하여야 한다(법 제 5 조).[58)]

- 재화 등의 종류 및 내용
- 현금가격(할부계약에 의하지 아니하고 매수인이 목적물의 인도 등을 받은 때에 매도인에게 지급해야 할 대금전액)
- 할부가격(매수인이 매도인 또는 신용제공자에게 지급해야 할 할부금의 총합계액)

---

58) 다만, 여신전문금융업법에 의한 신용카드가맹점과 신용카드회원간의 간접할부계약의 경우에는 할부가격 및 계약금의 사항을 표시하지 아니할 수 있다(법 제 5 조 단서). 그 밖에 할부매매계약이 약관으로 명시되어 있는 경우에는 매도인은 매수인에게 할부매매약관을 명시·교부 또는 설명해야 한다(약관규제법 제 3 조).

- 각 할부금의 금액·지급회수 및 시기
- 할부수수료의 실제연간요율
- 계약금(최초지급금·선수금 등 명칭 여하를 불구하고 할부계약을 체결하는 때에 소비자가 사업자에게 지급하는 금액)
- 법 제12조 제1항에 따른 지연손해금 산정시 적용률

한편 표시방법으로서 계약내용을 사업소에 게시하는 방법과 서면으로 제시하는 방법이 있는데, 전자의 경우 매수인이 보기 쉬운 장소에 붙여야 하며, 후자의 경우 9호 이상의 큰 활자를 사용하여야 한다. 그리고 할부수수료의 실제연간요율[59]은 적어도 소수점 이하 1단위 이상까지 표시하여야 한다(시행규칙 제2조).

나. 서면계약 및 계약서 교부의무

할부거래계약은 총리령이 정하는 바에 의하여 다음의 사항을 기재한 서면으로 체결하여야 하며(법 제6조 제1항), 할부거래업자는 할부계약을 체결할 경우에는 그 계약서를 소비자에게 발급하여야 한다(법 제6조 제2항).

- 할부거래업자·소비자 및 신용제공자의 성명 및 주소
- 재화등의 종류·내용 및 재화등의 공급 시기
- 현금가격
- 할부가격[60]
- 각 할부금의 금액, 지급회수 및 시기(직접할부계약에 한함)
- 할부수수료의 실제연간요율(이자제한법의 최고한도 내)
- 계약금
- 재화의 소유권 유보에 관한 사항
- 법 제8조에 따른 청약철회의 기한·행사방법·효과에 관한 사항
- 법 제11조 제1항에 의한 할부거래업자의 할부계약의 해제에 관한 사항

59) 금리, 신용조사비, 사무관리비 기타 명목 여하를 불문하고 매수인이 매도인 또는 신용제공자에게 지급하는 총액이 현금가격에 대하여 차지하는 비율을 말한다(시행령 별표 1 '할부수수료의 실제연간요율의 계산방법' 제1호).

60) 여신전문금융업법에 의한 신용카드가맹점과 신용카드회원간의 간접할부계약의 경우에는 할부가격과 각 할부금 지급시기, 지연손해금 산정시 적용비율 등을 기재하지 아니할 수 있다(법 제6조 단서).

- 법 제13조에 따른 소비자의 기한의 이익 상실에 관한 사항
- 법 제16조에 따른 소비자의 항변권과 그 행사방법에 관한 사항

할부계약이 위의 요건을 갖추지 못하거나 그 내용이 불확실한 경우에는 할부거래업자와 소비자간의 특약이 없는 한, 그 계약내용은 어떠한 경우에도 소비자에게 불리하게 해석되어서는 아니된다(법 제 6 조 제 4 항).

그러나 서면계약의무를 위반한 경우 당해 계약이 사법상 무효로 되는 것은 아니고, 따라서 할부거래계약이 요식계약인 것은 아니다.

물론 할부거래법 소정의 제재와 효과는 발생한다. 즉 계약서를 교부하지 아니하거나 계약서에 사업자의 주소가 기재되지 아니한 경우에는 청약철회기간의 기산점이 사업자의 주소를 안 날 또는 알 수 있었던 날이 되며(법 제 8 조 제 1 항 제 2 호), 시장·군수·구청장은 당해 사업자에게 500만원 이하의 과태료를 부과할 수 있다(법 제53조 제 4 항).

다. 계약해제시 원상회복의무

소비자의 할부금 지급의무 불이행으로 매도인이 할부계약을 해제한 경우에는 소비자에 대하여 원상회복의 의무를 진다. 다만, 이 경우 소비자가 그 목적물을 반환할 때까지 자기의 의무이행을 거절할 수 있다(법 제11조 제 2 항). 할부거래업자는 소비자의 목적물 반환이 있을 때까지 할부금의 반환을 거절할 수 있는 것이다.

1.2. 할부거래업자의 권리

할부거래업자는 고객과의 할부거래계약에 따르는 여러 가지 계약상의 권리를 취득한다. 할부금지급청구권이 대표적이며, 이 밖에 동산매매 또는 공중접객업 계약 등 당해 할부거래에 고유한 계약상의 권리도 따른다. 이하에서는 할부거래법이 정하는 권리를 중심으로 설명한다.

가. 소유권유보

동산할부거래는 일반거래와 달리 대금이 전부 지급되기 전에 목적물이 소비자에게 인도되는 관계로 할부거래업자는 대금전액의 회수 여부에 위험을 가지고 있다. 여기에서 할부거래업자는 목적물에 대한 소유권을 즉시 이전하지 않고 자신에게 유보해 두었다가 대금이 전액 회수된 경우에 비로소 소유권을 이전하는 특약을 체결할 수 있다. 이 경우 할부거래업자는 목적물의 인도에도 불구하고 대금완납시

까지 목적물에 대한 소유권을 여전히 가지게 된다. 이 소유권유보는 소비자가 대금지급을 지체하거나 기타 신용불안 등의 사태가 발생하면 유보된 소유권에 기하여 매매의 목적물을 회수함으로써 대금지급을 강제하는 강력한 수단이다.

한편 할부거래법은 할부계약시 목적물의 소유권유보에 관한 사항을 서면으로 체결할 것을 요구한다(법 제6조 제1항 제8호). 소유권유보부 할부거래의 법적 성질에 대해서는 논란이 있으며,[61] 이에 관한 판례도 특별하다.

첫째 판례는 소유권유보부 할부거래를 일종의 대금의 완급을 정지조건으로 하는 물권적 합의로 본다. 소비자가 점유권 및 사용수익권을, 할부거래업자는 소유권이전의 유보에 근거한 소유권을 갖게 된다고 한다. 이 경우 대금의 완납에 따른 소유권이전은 별도의 물권적 합의 없이 당연히 이루어지는, 즉 정지조건의 실현에 따른 결과로 보아 할부거래업자의 소유권이전의무가 존재하지 않는다. 이에 의하면 목적물과 관련된 공과금 혹은 수선비의 부담자는 사용수익의 권능과 물권적 기대권을 갖고 있는 소비자이다.

둘째는 양도담보권설이다. 이 견해는 할부거래는 대금완납을 정지조건으로 하는 계약이 아니라 목적물의 인도로써 소비자는 완전한 소유권을 취득한다고 본다. 그 결과 소비자는 소유권자로서 당연히 사용수익권을 가지고, 할부거래업자는 미지급대금을 피담보채권으로 하는 담보물권을 취득하는 것으로 본다. 소비자가 대금을 모두 지급할 때 할부거래업자가 소유권을 이전하여야 할 별도의 의무는 필요하지 않으며, 공과금 혹은 수선비의 부담에 있어서는 소유자인 소비자가 부담함을 원칙으로 하게 된다.

한편 판례는 목적물의 소유권을 인도한다는 당사자 사이의 물권적 합의는 매매계약을 체결하고 목적물을 인도한 때에 이미 성립하지만 대금이 모두 지급되는 것을 정지조건으로 하는 것으로 입론한다.

---

61) 소유권유보의 특약 없이 목적물이 인도된 경우의 법률관계도 논란거리다. 즉 묵시적 혹은 관행적 소유권유보를 인정하여 소비자가 대금을 완급할 때까지는 할부거래업자에게 소유권이 남아있다는 견해와 목적물의 인도로서 소비자에게 바로 소유권이 이전된다는 주장으로 나뉜다. 당사자의 추정적 의사를 가려낼 수 없고 특별한 사정이 없다면, 물권변동의 일반원칙에 따라 소유권이 이전되는 것으로 봄이 합리적이다.

대판 2010.2.11, 2009다93671

[1] 동산의 매매에서 그 대금을 모두 지급할 때까지는 목적물의 소유권을 매도인이 그대로 보유하기로 하면서 목적물을 미리 매수인에게 인도하는 이른바 소유권유보약정이 있는 경우에, 다른 특별한 사정이 없는 한 매수인 앞으로의 소유권이전에 관한 당사자 사이의 물권적 합의는 대금이 모두 지급되는 것을 정지조건으로 하여 행하여진다고 해석된다. 따라서 그 대금이 모두 지급되지 아니하고 있는 동안에는 비록 매수인이 목적물을 인도받았어도 목적물의 소유권은 위 약정대로 여전히 매도인이 이를 가지고, 대금이 모두 지급됨으로써 그 정지조건이 완성되어 별도의 의사표시 없이 바로 목적물의 소유권이 매수인에게 이전된다. 그리고 이는 매수인이 매매대금의 상당 부분을 지급하였다고 하여도 다를 바 없다. 그러므로 대금이 모두 지급되지 아니한 상태에서 매수인이 목적물을 다른 사람에게 양도하더라도, 양수인이 선의취득의 요건을 갖추거나 소유자인 소유권유보매도인이 후에 처분을 추인하는 등의 특별한 사정이 없는 한 그 양도는 목적물의 소유자가 아닌 사람이 행한 것으로서 효력이 없어서, 그 양도로써 목적물의 소유권이 매수인에게 이전되지 아니한다.

[2] 소유권유보약정이 있는 동산 매매계약의 매수인이 대금을 모두 지급하지 않은 상태에서 목적물을 다른 사람에게 양도한 사안에서, 위 목적물의 양수 당시 양도인이 매매계약의 할부금 중 일부를 원래의 매도인에게 지급하지 못하고 있음을 알았으면서, 소유권이 유보되어 있는지에 관하여 조사하는 등 양수인에게 통상적으로 요구되는 양도인의 양도권원에 관한 주의의무를 다하지 아니한 과실이 있음을 이유로 선의취득이 인정되지 않는다.

나. 계약해제권

할부거래업자는 소비자가 할부금 지급의무를 이행하지 아니하는 경우에는 할부계약을 해제할 수 있다. 이 경우 할부거래업자는 계약을 해제하기 전에 14일 이상의 기간을 정하여 소비자에게 그 이행을 서면으로 최고하여야 한다(법 제11조 제 1 항). 계약의 해제시 각 당사자는 상대방에 대하여 원상회복의 의무를 지며, 이 경우 상대방이 그 이행의 제공을 할 때까지는 자기의 의무이행을 거절할 수 있다(법 제11조 제 2 항).

한편 목적물의 소유권이 할부거래업자에게 유보된 경우 할부거래업자는 그 계약을 해제하지 아니하고는 그 반환을 청구할 수 없다(법 제11조 제 3 항).[62] 소비자

62) 소비자가 할부금의 지급을 지체하는 경우에도 할부거래업자가 매매계약을 해지하지 않고 바로 목적물의 반환을 청구할 수 없다.

의 사소한 계약위반이 있는 경우에도 할부거래업자가 바로 계약을 파기하고 목적물을 회수하여 소비자 피해가 발생하는 것을 막기 위한 것이다.

다. 각종 손해배상청구권

할부거래업자(또는 신용제공자)는 손해배상액의 예정·위약금 기타 명칭·형식을 불구하고 다음에 규정된 금액을 초과하여 손해배상액을 청구할 수 없으며(법 제12조 제 3 항), 손해배상을 청구함에 있어 입은 손해가 최소화되도록 신의에 따라 성실히 하여야 한다(동조 제 4 항). 계약해제로 인하여 할부거래업자가 입은 손해는 할부거래업자의 신속하고 적극적인 조치로 인하여 감소될 수 있으며, 할부거래업자의 노력으로 손해가 감소될 수 있다면(반품된 물건의 처분 등) 할부거래업자는 그러한 노력을 게을리하지 말아야 하고 자신의 부주의나 게으름으로 확대된 손해를 소비자에게 전가하지 말아야 한다.

(1) 지연 손해배상금

할부계약을 해제함이 없이 할부거래업자(또는 신용제공자)가 할부금 지급의무의 불이행을 이유로 소비자에게 청구하는 손해배상액은 지연된 할부금에 이자제한법이 정한 최고 이자의 범위에서 대통령령이 정한 율을 곱하여 산정한 지연손해금을 초과하지 못한다(법 제12조 제 1 항). 여기서 '대통령령으로 정한 율'이라 함은 이자제한법의 상한 내에서 다시 시행령이 정하는 최고이율의 범위 안에서 할부거래업자 또는 신용제공자가 소비자와 약정한 이율을 말한다(령 제 9 조).

(2) 계약해제 손해배상금

할부금 지급의무의 불이행을 이유로 할부거래업자(또는 신용제공자)가 할부계약을 해제함에 따라 소비자에게 청구하는 손해배상액은 다음의 금액과 지연손해배상금에 관한 규정에 의한 손해배상금의 합계액을 초과하지 못한다.

첫째 재화등의 반환 등 원상회복이 된 경우에는 통상적인 사용료와 계약 체결 및 그 이행을 위하여 통상 필요한 비용의 합계액. 다만, 할부가격에서 재화등이 반환된 당시의 가액을 공제한 금액이 그 사용료와 비용의 합계액을 초과하는 경우에는 그 공제한 금액(법 제12조 제 2 항 제 1 호).

둘째 재화등의 반환 등 원상회복이 되지 아니한 경우에는 할부가격에 상당한 금액. 다만, 용역이 제공된 경우에는 이미 제공된 용역의 대가 또는 그 용역에 의하여 얻어진 이익에 상당하는 금액(제 2 호).

셋째 재화등의 공급이 되기 전인 경우에는 계약체결 및 그 이행을 위하여 통상 필요한 금액(제3호).

2. 소비자의 권리와 의무

2.1. 소비자의 권리

가. 철 회 권

(1) 의의와 특성

일반적으로 계약은 청약과 그에 대한 승낙으로 성립하는데, 일단 계약이 성립하게 되면 일정한 철회사유가 없는 한 계약당사자는 자기의 청약 혹은 승낙의 의사표시를 철회할 수 없는 것이 원칙이다(민법 제527조 계약의 청약의 구속력). 한편 할부거래는 거래의 특성상 소비자의 충동구매가 많을 수밖에 없어 위와 같은 민법의 일반원칙을 적용할 경우 소비자에게 지나치게 가혹한 부담을 지울 수 있다. 할부거래법은 이를 예방하기 위하여 소비자에게 할부계약의 의사표시에 아무런 하자가 없는 경우에도 계약서 교부일 또는 목적물 인도일로부터 7일 이내의 숙고기간 또는 냉각기간(cooling-off period) 내이기만 하면 할부계약을 철회할 수 있는 권리를 부여하고 있다.

청약철회권은 계약법 일반원칙에 대한 중대한 예외를 구성하는바, 그 특징은 다음과 같다. 첫째, 철회사유는 이를 불문으로 한다. 즉 계약의 체결과정에서 소비자에게 과실이 있는 경우뿐만 아니라 숙고기간 내에는 의사표시에 하자가 없더라도 사유를 묻지 않고 철회권을 행사할 수 있고, 철회에 따른 손해배상의무를 지지 않는다. 둘째, 철회권에 관한 규정은 편면적 강행규정이다. 할부거래업자는 할부매매계약 체결시 계약서에 소비자의 철회권과 행사방법에 관한 사항을 기재하여 그 계약서를 소비자에게 교부함으로써 철회권제도를 고지하여야 한다. 그리고 할부거래업자와 소비자가 개별약정이나 약관을 통해 할부거래법 제8조 이하의 철회권을 포기하거나 제한하도록 정한 경우 할부거래법의 규정보다 소비자에게 불리한 것으로서 무효이다(법 제43조). 셋째, 철회권 자체는 형성권에 속한다. 소비자의 일방적 의사표시로 할부계약은 그 효력을 상실한다.

계약법의 일반원칙에 의하면, 상대방의 승낙으로 계약이 성립하기 이전이라고 하더라도 청약자는 자신이 행한 청약의 의사표시를 임의로 철회할 수 없는 것인데, 소비자법상의 청약철회는 소비자로 하여금 일단 유효하게 발효한 계약의 효력을 일방적 의사표시로 소급하여 부인할 수 있도록 한 것이다. 청약철회의 효과면에 있어서는 민법상의 취소와 유사하나, 취소는 의사표시의 하자를 이유로 하는데 비해 청약철회는 특별한 사유를 요하지 않는다는 점에서 다르다.

(2) 철회권 행사기간 및 행사방법

철회권의 행사기간은 다음과 같다(법 제 8 조 제 1 항 본문). 즉 계약서를 교부한 경우에는 계약서를 교부받은 날로부터 7일(다만, 그 계약서를 받은 날보다 재화등의 공급이 늦게 이루어진 경우에는 재화등을 공급받은 날부터 7일) 이내에 행사하여야 하고, 계약서를 교부하지 않은 경우, 할부거래업자의 주소 등이 기재되지 아니한 계약서를 교부받은 경우 또는 할부거래업자의 주소변경 등의 사유로 제 1 호의 기간 이내에 청약을 철회할 수 없는 경우에는 그 주소를 안 날 또는 알 수 있었던 날 등 철회권을 행사할 수 있는 날로부터 7일 이내에 행사하여야 한다. 그리고 계약서 교부일 또는 재화등을 공급받은 날로부터 7일이 지나지 않았다고 하더라도 소비자에게 책임 있는 사유로 목적물이 멸실 또는 훼손된 경우(다만, 재화등의 내용을 확인하기 위하여 포장 등을 훼손한 경우는 제외한다), 사용 또는 소비에 의하여 그 가치가 현저히 낮아질 우려가 있는 것으로서 대통령령[63]으로 정하는 재화등을 사용 또는 소비한 경우, 시간이 지남으로써 다시 판매하기 어려울 정도로 재화등의 가치가 현저히 낮아진 경우, 복제할 수 있는 재화등의 포장을 훼손한 경우, 그 밖에 거래의 안전을 위하여 대통령령[64]으로 정하는 경우 소비자의 철회권 행사는 제한된다(법 제 8 조 제 2 항).[65]

---

63) 1. 「선박법」에 따른 선박
2. 「항공안전법」에 따른 항공기
3. 「철도사업법」 및 「도시철도법」에 따른 궤도를 운행하는 차량
4. 「건설기계관리법」에 따른 건설기계
5. 「자동차관리법」에 따른 자동차
6. 설치에 전문인력 및 부속자재 등이 요구되는 것으로서 다음 각 목에 해당하는 재화를 설치한 경우
가. 「고압가스 안전관리법」 제 3 조제 4 호에 따른 냉동기
나. 전기 냉방기(난방 겸용인 것을 포함한다)
다. 보일러

64) 1. 할부가격이 10만원 미만인 할부계약. 다만, 「여신전문금융업법」에 따른 신용카드를 사용하여 할부거래를 하는 경우에는 할부가격이 20만원 미만인 할부계약을 말한다.
2. 소비자의 주문에 따라 개별적으로 제조되는 재화등의 공급을 목적으로 하는 할부계약

65) 다만, 할부거래업자가 청약의 철회를 승낙하거나 법 제 8 조 제 6 항에 따른 조치(할부거래업자는 제 2 항제 2 호부터 제 4 호까지의 규정에 따라 청약을 철회할 수 없는 재화등에 대하여는 그 사실을 재화등의 포장이나 그 밖에 소비자가 쉽게 알 수 있는 곳에 분명하게 표시하거나 시용

철회권의 행사는 서면에 의한다. 즉 청약을 철회하고자 하는 때에는 철회의 의사표시가 기재된 서면을 계약서의 교부일 혹은 목적물의 인도일로부터 7일의 기간 내에 할부거래업자에게 발송하여야 한다(서면주의. 법 제8조 제3항). 그리고 청약의 철회는 서면을 발송한 날에 그 효력이 발생한 것으로 본다(발신주의. 법 제8조 제4항). 계약서의 교부사실 및 그 시기, 목적물의 인도 등의 사실 및 그 시기에 관하여 다툼이 있는 경우에는 할부거래업자가 이를 입증하여야 한다(법 제8조 제5항).

한편 신용제공자가 있는 경우, 즉 간접할부계약의 철회권 행사방법은 다음과 같다. 즉, 소비자가 간접할부계약의 청약을 철회한 경우 법 제8조 제1항에 따른 기간 이내에 신용제공자에게 철회의 의사표시가 기재된 서면을 발송하여야 한다(법 제9조 제1항). 신용제공자에게 서면을 발송하지 아니한 경우에는 신용제공자의 할부금지급청구에 대항하지 못한다. 다만, 신용제공자가 위 7일의 기간 내에 할부거래업자에게 목적물의 대금을 지급한 경우에는 소비자가 그 서면을 발송하지 아니한 경우라도 신용제공자의 할부금지급청구에 대항할 수 있다(법 제9조 제2항).

(3) 철회의 효과

철회의 의사표시가 서면으로 발송되면 청약철회는 발송한 날에 그 효력을 발하는바(법 제8조 제4항), 이에 따라 법률관계는 계약체결 이전의 상태로 복귀하는 것이 원칙이다.

첫째, 소비자는 공급받은 재화를 반환하여야 한다(법 제10조 제1항). 용역(일정한 시설을 이용하거나 용역을 제공받을 권리는 제외)이 이미 제공된 때에는 할부거래업자는 그 제공된 용역과 동일한 용역의 반환을 청구할 수 없다(동조 제3항). 이미 재화등이 사용되었거나 일부 소비된 경우 할부거래업자는 그 재화등을 사용하거나 일부 소비하여 소비자가 얻은 이익 또는 그 재화등의 공급에 든 비용에 상당하는 금액으로서 대통령령으로 정하는 범위를 초과하여 소비자에게 청구할 수 없다(동조 제9항).

둘째, 할부거래업자(소비자로부터 계약금 또는 할부금을 지급받은 자 또는 소비자와 할부계약을 체결한 자를 포함함)는 지급받은 계약금 및 할부금을 환급하여야 한다

(試用) 상품을 제공하는 등의 방법으로 소비자가 청약을 철회하는 것이 방해받지 아니하도록 조치하여야 한다)를 하지 아니한 경우에는 법 제8조 제2항 제2호부터 제4호까지에 해당하는 경우에도 청약을 철회할 수 있다.

(동조 제2항). 환급기한은 소비자가 재화를 반환한 날로부터 3영업일 그리고 사업자가 서비스를 제공한 때에는 철회서면 수령일로부터 3영업일 이내이고, 할부거래업자가 계약금 및 할부금의 환급을 지연한 때에는 그 지연기간에 따른 지연이자, 즉 지연배상금을 또한 지급하여야 한다. 청약철회로 인한 재화등의 반환비용은 할부거래업자가 부담하며, 소비자에게 청약의 철회를 이유로 위약금 또는 손해배상을 청구할 수 없다(동조 제10항).

셋째, 간접할부계약의 경우 할부거래업자가 청약철회 서면을 수령한 때에는 지체 없이 신용제공자에게 할부금의 청구를 중지 또는 취소하도록 요청하여야 하고, 이 때 할부거래업자가 신용제공자로부터 해당 재화등의 대금을 이미 지급받은 때에는 지체 없이 이를 신용제공자에게 환급하여야 한다(동조 제4항). 신용제공자가 할부거래업자로부터 할부금의 청구를 중지 또는 취소하도록 요청받은 경우 지체 없이 이에 필요한 조치를 취하여야 하고, 이 때 소비자가 지급한 할부금이 있는 때에는 지체 없이 이를 환급하여야 한다(동조 제5항). 신용제공자가 제5항에 따른 환급을 지연한 경우 그 지연기간에 따른 지연배상금을 소비자에게 지급하여야 한다(동조 제7항).

넷째, 할부거래업자 또는 신용제공자는 소비자가 청약을 철회함에 따라 소비자와 분쟁이 발생한 경우 분쟁이 해결될 때까지 할부금 지급거절을 이유로 해당 소비자를 약정한 기일 이내에 채무를 변제하지 아니한 자로 처리하는 등 소비자에게 불이익을 주는 행위를 하여서는 아니된다(동조 제8항).

(4) 철회제한사유

다음의 경우 소비자는 할부계약에 대한 청약을 철회할 수 없다. 다만, 할부거래업자가 청약의 철회를 승낙하거나 청약철회제한에 관한 사실을 재화등의 포장에 표시하지 않은 때에는 소비자의 책임으로 멸실·훼손된 경우와 할부가격이 10만원 미만인 할부계약(다만, 「여신전문금융업법」에 따른 신용카드를 사용하여 할부거래를 하는 경우에는 할부가격이 20만원 미만인 할부계약을 말한다), 소비자의 주문에 따라 개별적으로 제조되는 재화등의 공급을 목적으로 하는 할부계약을 제외하고 여전히 청약을 철회할 수 있다(법 제8조 제2항, 령 제6조).

첫째, 소비자에게 책임있는 사유로 재화등이 멸실되거나 훼손된 경우(다만 소비자가 재화등의 내용을 확인하기 위하여 포장을 훼손한 경우는 제외)이다.

둘째, 사용 또는 소비에 의하여 그 가치가 현저히 낮아질 우려가 있는 것으로서 대통령령으로 정하는 재화등을 사용 또는 소비한 경우이다. 즉 선박, 항공기, 철도차량, 건설기계, 자동차, 설치에 전문인력과 부속자재가 요구되는 냉동기, 전기냉방기와 보일러 등이 여기에 속한다.

셋째, 시간이 지남으로써 다시 판매하기 어려울 정도로 가치가 현저히 낮아지는 재화등이다.

넷째, 복제할 수 있는 재화등의 포장을 훼손한 경우이다. 예컨대 날개로 밀봉된 음반·비디오물 및 소프트웨어 등이다.

다섯째, 할부가격이 10만원 미만인 할부계약(다만, 여신전문금융업법에 따른 신용카드를 사용하여 할부거래를 하는 경우에는 할부가격이 20만원 미만인 할부계약), 소비자의 주문에 따라 개별적으로 제조되는 재화등의 공급을 목적으로 하는 할부계약 등이다.

나. 항 변 권

소비자는 다음에 해당하는 사유가 있는 경우에는 할부거래업자에게 할부금의 지급을 거절할 수 있다(법 제16조 제 1 항).[66] 즉 할부계약이 무효·취소 또는 해제된 경우, 재화등의 전부 또는 일부가 제 6 조 제 1 항 제 2 호에 따른 재화등의 공급 시기까지 소비자에게 공급되지 아니한 경우, 할부거래업자가 하자담보책임을 이행하지 아니한 경우, 그 밖에 할부거래업자의 채무불이행으로 인하여 할부계약의 목적을 달성할 수 없는 경우, 다른 법률에 따라 정당하게 청약을 철회한 경우 등이다.

다. 신용제공자가 있는 경우의 항변권

소비자는 할부가격이 10만원 이상(신용카드의 경우 20만원 이상)인 경우에 한하여 지급거절의사를 신용제공자에게 통지한 후 할부금의 지급을 거절할 수 있다(법 제16조 제 2 항). 이때 소비자가 신용제공자에게 지급을 거절할 수 있는 금액은 지급거절 당시 지급하지 아니한 나머지 할부금이다(법 제16조 제 3 항).

즉 간접할부계약의 경우 소비자는 할부거래업자에 대한 항변사유로 신용제공자에게 대항할 수 있다. 또한 신용제공자가 매매계약 해제의 원인이 된 약정내용을 알지 못한 경우에도 소비자는 할부거래업자와의 매매계약을 해제하면서 신용제공자에게 지급거절의사를 통지한 후 할부금의 지급을 거절할 수 있다(다음 판결

---

66) 소비자가 할부금을 담보하기 위하여 어음이나 수표를 발행하여 이것이 제 3 자에게 전전유통된 경우 할부거래업자나 신용제공자에 대한 소비자의 항변은 어음법 제17조나 수표법 제22조에 의하여 절단되는 것은 물론이다.

참조).

대판 2006.7.28, 2004다54633

할부거래에 관한 법률 제12조 제 2 항에서 매수인의 신용제공자에 대한 할부금의 지급거절권을 인정한 취지는, 할부거래에서 할부금융약정이 물품매매계약의 자금조달에 기여하고 두 계약이 경제적으로 일체를 이루는 경우에 그 물품매매계약이 해제되어 더 이상 매매대금채무가 존재하지 아니하는데도 할부거래의 일방 당사자인 매수인에게 그 할부금의 지급을 강제하는 것이 형평의 이념에 반하므로, 매수인으로 하여금 매도인에 대한 항변사유를 들어 신용제공자에 대하여 할부금의 지급을 거절할 수 있는 권능을 부여한 것이라고 볼 것이다. 그러므로 이른바 간접할부계약에서 신용제공자가 물품매매계약상의 해제의 원인이 된 약정 내용을 알지 못하였다고 하더라도, 매수인은 매도인과 체결한 물품매매계약을 해제하면서 신용제공자에게도 할부거래에 관한 법률 제12조 제 2 항에 따라 지급거절의사를 통지한 후 그 할부금의 지급을 거절할 수 있다.

라. 기한전에 지급할 권리

소비자는 기한이 도래하기 전이라도 나머지 할부금을 일시에 지급할 수 있다(법 제14조 제 1 항). 이때 소비자가 일시에 지급하는 금액은 나머지 할부금에서 나머지 기간에 대한 할부수수료를 공제한 금액으로 하되, 그 할부수수료는 일단위로 계산한다(법 제14조 제 2 항).[67]

마. 기한이익 상실사유의 제한

민법은 기한이익상실사유로서, 채무자가 담보를 손상, 감소 또는 멸실하게 한 때(제388조 제 1 항 제 1 호), 채무자가 담보제공의 의무를 이행하지 아니한 때(동조 동항 제 2 호)를 규정하고 있으며, 그 밖의 기한이익상실의 사유로서 파산법 제16조의 채무자의 파산의 경우가 있다. 또한 당사자 사이에 개별약정으로 기한이익상실의 조항을 약정하는 것도 원칙적으로 자유이다.

할부거래법에 의하면 소비자는 다음의 경우 할부금의 지급에 대한 기한의 이익을 주장하지 못하며(법 제13조 제 1 항 제 1 · 2 호),[68] 소비자에게 부여된 기한의 이익을 정당한 이유 없이 박탈하는 약관조항은 약관규제법 제11조 제 2 호에 의하여

67) 이 조항에 대해서는 할부거래법 제13조의 적용이 없으므로, 개별적 약정으로 기한전 지급시 할부수수료를 공제하지 않을 수 있다.

68) 할부거래업자는 이 밖의 사유로 인하여 소비자의 기한의 이익을 상실시킬 수는 없다.

무효가 된다.

첫째, 할부금을 다음 지급기일까지 연속하여 2회 이상 지급하지 아니하고 그 지급하지 아니한 금액이 할부가격의 100분의 10을 초과하는 경우이다. 소비자가 연속하여 2회 이상 할부금의 지급을 지체하고 있어도 그 지체된 할부금이 매매대금의 1/10이 되지 않으면 할부거래업자는 기한이익을 상실시킬 수 없고, 또한 소비자가 지체하고 있는 할부금이 1/10이 넘는다 해도 계속해서 2회 이상 지체하지 않으면 기한이익을 상실시킬 수 없다. 둘째, 국내에서 할부금 채무이행 보증이 어려운 경우로서 대통령령으로 정하는 경우인데. 시행령 제10조는 생업에 종사하기 위하여 외국에 이주하는 경우와 외국인과의 결혼 및 연고관계로 인하여 이주하는 경우를 규정하고 있다.

2.2. 소비자의 의무

가. 할부금지급의무

소비자는 동산의 인수 또는 용역의 사용·수익에 따라 할부거래업자 또는 신용제공자에 대하여 2월 이상의 기간에 걸쳐 3회 이상으로 분할하여 대금 또는 용역의 대가를 지급할 의무를 진다(법 제 2 조 제 1 호).

나. 철회통보 및 목적물 반환의무

철회권을 행사하여 청약을 철회하는 경우에는 소비자는 철회의 의사표시가 기재된 서면을 할부거래업자와 신용제공자에게 발송하여야 하며(법 제 8 조 제 3 항, 제 9 조 제 1 항), 이미 인도받은 재화 등을 반환하여야 한다(법 제10조 제 1 항).

다. 원상회복의무

소비자의 할부금 지급의무 미이행으로 인하여 계약이 해제된 경우 소비자는 할부거래업자에 대하여 원상회복의 의무를 진다. 이 경우 상대방이 그 이행의 제공을 할 때까지 자기의 의무이행을 거절할 수 있다(법 제11조 제2 항).

3. 간접할부거래에서 신용제공자의 권리와 의무

간접할부계약이란 할부거래업자와 소비자 이외에 신용제공자가 존재하는 할부거래를 말한다. 그러나 이 거래가 소비자, 할부거래업자 그리고 신용제공자 사이의 단일한 3면계약으로 이루어질 필요는 없다. 할부거래업자와 소비자 사이의 매매, 소비자와 신용제공자 사이의 할부금 지급관계, 그리고 할부거래업자와 신용제공자 사이의 채권양도나 추심위임 혹은 보증 등의 법률관계로 구성되는 복합적 법률관계이더라도 무방하다. 그러나 할부거래법의 규정상 소비자와 신용제공자 사이에 2개월 이상의 기간에 걸친 3회 이상의 분납약정이 수반되는 대금분할 지급관계는 반드시 필요하다(법 제2조 제1호 나목).

간접할부거래에서 소비자, 할부거래업자, 신용제공자 사이의 권리나 의무는 기본적으로 당사자 사이의 개별약정이나 약관이 정한 바에 따르게 된다. 이와 별도로 할부거래법은 몇 가지 특례조항을 다음과 같이 두고 있다.

간접할부계약의 경우에도 소비자는 할부거래업자에 대해 청약철회권을 행사하여야 한다. 그러나 신용제공자에게도 철회기간 내에 철회의 의사를 담은 서면을 발송한 경우에 한해 신용제공자의 할부금지급청구를 거절할 수 있다(법 제9조 제1항·제2항). 한편 할부거래업자가 소비자로부터 청약철회의 서면을 수령한 때에는 신용제공자에게 소비자에 대한 할부금지급청구를 중지하거나 취소하도록 하여야 하고, 이와 더불어 할부거래업자가 신용제공자로부터 수령한 재화의 대금 등을 지체없이 반환하여야 한다(법 제10조 제4항). 할부거래업자로부터 할부금의 청구를 중지하도록 요청받은 경우 신용제공자는 물론 이에 따라야 하고, 소비자로부터 수령한 할부금도 지체없이 반환하여야 한다(동조 제5항). 신용제공자가 할부금채무의 체납과 관련하여 소비자에 대해 가지는 손해배상청구에 대해서는 할부거래업자에 준한 제한이 따른다(동법 제12조).

제4절 선불식 할부거래

1. 진입 등 규제

상조업은 촌락이나 지역공동체가 전통적으로 담당해 온 경조사에 대한 상호부조가 영리사업화된 점이 있다. 장례 관련 서비스를 그 사업내용으로 한다는 점에서 사회복지적 측면이 있고, 할부금 형태로 불확정한 장례서비스 등을 장기간에 걸쳐 구매한다는 점에서 보험 내지 금융유사업의 요소가 있다.

1982년 무렵 부산지역에서 시작되어 전국적으로 그 사업이 퍼져나간 상조업은 그 동안 영세한 사업자가 난립하고 사업자들이 고객이 납부한 선수금을 방만히 운용하는 등 많은 사회적 물의를 야기하였다.[69] 상조거래의 소비자를 보호하고 사업자에 대해 합리적 규제를 도입하는 입법조치가 요구되었으나, 이에 관한 입법은 사업의 본질이나 주무관청의 불명 등의 사유로 여러 가지 어려움을 겪었다.

결국 할부금의 형태로 그 대금을 분할납부한다는 점에 착안하여 이를 선불식 할부거래로 명명하고, 할부거래법 안에 하나의 장을 두어 포괄적 규제를 가하게 된 것이다. 그러나 고유의 할부거래가 재화 등을 미리 인도받고 그 대금을 나누어 지급하는 것인 데 비해, 상조업의 경우에는 거꾸로 소비자가 발생시기가 불확정한 장래의 경조사 서비스를 받기 위해 그 대금을 미리 분납형태로 지급한다는 점에서 금융업에 준하는 성격을 가지며 소비자신용을 수반하는 일반 할부거래와 본질적으로 다르다.

현행 할부거래법은 선불식 할부거래에 대하여 각종 규제산업에 대한 공적규제에 준하는 강력한 규제를 가하게 되었고, 개별 소비자법상의 사업자에 대한 규제 중 방문판매법의 다단계거래에 대한 규제와 더불어 규제의 강도가 가장 높다. 예컨대 사업자의 법적 형태에 대한 제한, 최저자본금 15억원의 요구, 진입규제로서 등록제 도입, 고객이 납부한 선수금을 보전하기 위한 제도의 강제, 그리고 법위반행위에 대한 행정적 구제조치로서 공정위는 시정명령은 물론, 영업정지명령이나 과징금 부과 등이 가능하도록 되어 있다. 이 밖에 개별 소비자법에서 소비자를 보호하기 위한 제도들, 즉 거래의 서면주의, 청약철회, 선불식 할부계약의 임의해제 등의 장치도 또한 마련되어 있다.

1.1. 사업자의 법적 형태와 자본금

선불식 할부거래업자는 상법상의 회사여야 하고, 자본금이 15억원 이상이어야 한다(법 제19조). 은행이나 보험회사와는 달리 상조업자의 법적 형태는 주식회사로 한정되지 아니하고, 유한회사나 인적회사도 가능하다. 그리하여 법 제19조가 말하는 자본금은 설립 당시의 사원들의 총 출연금을 의미하는 것이지만, 주식회사의

69) 지속적인 구조조정의 결과 상조업체의 수는 2013년 293개에서 2016년 197개로 크게 줄었다. 2020년 9월 기준 사업자의 수는 총 78개사이며, 선수금 규모는 6조 2천억원, 계약 건수는 약 666만 건이다. 선수금 보전방법을 보면, 31개사가 은행예치, 5개사가 은행 지급보증, 공제조합 가입이 37개사이다. 2021년 공정거래백서, 422-3.

경우에는 납입자본금으로 풀이된다. 이 자본금은 선불식 할부거래업을 영위하는 회사의 설립요건이자 시장진입요건, 즉 등록요건이 된다(법 제18조 제1항 제2호).

1.2. 진입규제

가. 영업등록

선불식 할부거래업자는 대통령령으로 정하는 바에 따라 다음 서류를 갖추어 시도지사에게 등록하여야 한다(법 제18조 제1항).

- 상호·주소·전화번호·전자우편주소·대표자의 이름·주민등록번호·주소 등을 적은 신청서
- 자본금이 15억원 이상임을 증명하는 서류
- 법 제27조에 따른 소비자피해보상보험계약등의 체결 증명 서류
- 그 밖에 선불식 할부거래업자의 신원을 확인하기 위하여 필요한 사항으로서 총리령으로 정하는 서류[70]

이 등록이 이루어지면 시도지사는 지체없이 선불식 할부거래업 등록증을 교부하여야 한다(법 제18조 제2항).

나. 변경신고·휴폐업신고·등록취소의제

선불식 할부거래업자는 등록한 사항이 변경된 경우 시도지사에게 이를 신고하여야 한다. 시·도지사는 변경신고를 받은 날부터 7일 이내에 신고수리 여부 또는 민원 처리 관련 법령에 따른 처리기간의 연장을 신고인에게 통지하여야 한다. 또한 사업자가 휴업 또는 폐업을 하거나 휴업 후 영업을 다시 시작할 때에도 시도지사에게 신고하여야 하고, 폐업신고를 받은 시도지사는 그 등록을 말소하여야 한다. 다만, 폐업신고 전 등록취소 요건에 해당되는 경우에는 폐업신고일에 등록이 취소된 것으로 본다(법 제18조 제3항·제4항·제5항).

다. 등록·신고사항의 공개

공정위는 선불식 할부거래업자에 대한 등록 및 신고사항, 기타 공정거래 및

70) 시행규칙 제4조 제3항에서 정하는 내용은 다음과 같다.
1. 회사의 영업일을 기재한 서류
2. 주주명부

소비자호보를 위해 필요한 사항을 공개하여야 한다(법 제18조 제6항). 다만, 선불식 할부거래업자의 경영·영업상 비밀에 관한 사항으로서 공개될 경우 선불식 할부거래업자의 정당한 이익을 현저히 해칠 우려가 있다고 인정되는 사항과 개인에 관한 사항으로서 사생활의 비밀 또는 자유를 침해할 우려가 있다고 인정되는 사항에 대하여는 공개하지 아니한다. 공정위는 법 제18조 제6항에 따른 공개를 위하여 필요한 경우에는 선불식 할부거래업자에게 관련 자료의 제출을 요구할 수 있다. 이 경우 선불식 할부거래업자는 정당한 사유가 없으면 관련 자료를 제출하여야 한다. 공정위는 이 법을 효율적으로 집행하기 위하여 법 제18조 제6항에 따른 선불식 할부거래업자에 관한 정보의 공개 등 대통령령으로 정하는 사무의 일부를 제45조에 따라 등록한 사업자단체에 위탁할 수 있다. 이에 따라 위탁한 사무에 대한 감독, 처리·보고, 조사·확인, 자료의 제출 또는 시정에 필요한 조치의 요구 등에 관하여 필요한 사항은 대통령령으로 정한다. 사무를 위탁받은 사업자단체의 임직원은 「형법」 제129조부터 제132조까지의 규정에 따른 벌칙을 적용할 때에는 공무원으로 본다(법 제46조).

라. 등록결격사유

선불식 할부거래업의 등록결격사유는 다음과 같고, 방문판매업의 등록결격사유와 비슷하다(법 제20조).

(1) 다음 하나에 해당하는 자가 임원인 회사

- 미성년자
- 피한정후견인 또는 피성년후견인
- 파산선고를 받고 복권되지 아니한 사람
- 금고 이상의 실형을 선고받고 그 집행이 끝나거나(집행이 끝난 것으로 보는 경우를 포함한다) 집행이 면제된 날로부터 5년이 지나지 아니한 사람
- 금고 이상의 형의 집행유예를 선고받고 그 유예기간 중에 있는 사람
- 이 법을 위반하여 벌금형을 선고받고 3년이 지나지 아니한 사람

(2) 다음 하나에 해당하는 자가 지배주주인 회사

- 금고 이상의 실형을 선고받고 그 집행이 끝나거나(집행이 끝난 것으로 보는 경우를 포함한다) 집행이 면제된 날부터 5년이 지나지 아니한 사람
- 금고 이상의 형의 집행유예를 선고받고 그 유예기간 중에 있는 사람

(3) 법 제40조에 따라 등록이 취소된 후 5년이 지나지 아니한 회사

(4) 법 제40조에 따른 등록취소 당시 임원 또는 지배주주였던 사람이 임원 또는 지배주주인 회사

마. 등록의 직권말소

선불식 할부거래업자가 파산선고를 받거나 관할 세무서에 폐업신고를 한 경우 또는 6개월을 초과하여 영업을 하지 아니하는 등 실질적으로 영업을 할 수 없다고 판단되는 경우 시·도지사는 직권으로 그 등록을 말소할 수 있다(법 제21조).

1.3. 구조조정 규제

가. 지위의 승계

선불식 할부거래업자가 사업의 전부를 양도한 경우 또는 다른 회사와 합병하거나 회사를 분할한 경우 해당 사업의 전부를 양수한 회사, 합병 후 존속하는 회사, 합병에 따라 설립된 회사 또는 분할에 따라 해당 사업의 전부를 승계한 회사는 그 양도일, 합병일 또는 분할일부터 15일 이내에 대통령령으로 정하는 바에 따라 시·도지사에게 신고하여야 한다(법 제22조 제 1 항).

합병, 분할 또는 사업의 전부를 양도하는 선불식 할부거래업자는 대통령령으로 정하는 날[71]부터 14일 이내에 총리령으로 정하는 방법[72]에 따라 다음 각호의

71) 시행령 제14조 제 3 항
1. 흡수합병(분할합병을 포함한다)의 경우: 합병되는 회사의 주주총회나 사원총회에서 합병을 결의한 날 또는 총사원이 합병에 동의한 날. 다만, 다음 각 목의 어느 하나에 해당하는 경우에는 각 목의 구분에 따른 날로 한다.
   가. 「상법」 제527조의2 제 1 항에 따라 주주총회의 승인을 이사회의 승인으로 갈음하는 경우: 합병에 대하여 이사회에서 승인결의를 한 날
   나. 「상법」 제600조 제 1 항에 따라 합병 후 존속하는 회사가 주식회사인 경우: 법원의 인가를 받은 날
2. 신설합병(분할합병을 포함한다)의 경우: 합병하는 각 회사의 주주총회나 사원총회에서 합병을 결의한 날 또는 총사원이 합병에 동의한 날. 다만, 「상법」 제600조제 1 항에 따라 합병으로 설립되는 회사가 주식회사인 경우에는 법원의 인가를 받은 날로 한다.
3. 분할(「상법」 제530조의12에 따른 물적 분할을 포함한다)의 경우: 분할하는 회사의 주주총회에서 분할을 결의한 날
4. 사업의 전부를 양도하는 경우: 양도하는 회사의 주주총회 또는 사원총회에서 영업양도를 결의한 날. 다만, 「상법」 제374조의3 제 1 항에 따라 주주총회의 승인을 이사회의 승인으로 갈음하는 경우에는 영업양도에 대하여 이사회에서 승인결의를 한 날로 한다.

72) 시행규칙 제 8 조(선불식 할부거래업자의 지위승계 공고 및 신고) ① 법 제22조 제 2 항에 따른 선불식 할부거래업자 지위의 승계 공고는 다음 각 호의 모두에 해당하는 방법으로 한다.
1. 「신문 등의 진흥에 관한 법률」 제 2 조 제 1 호 가목에 따른 일반일간신문 중 전국을 대상으로 발행되는 신문에 1회 이상 공정거래위원회가 정하여 고시하는 방법으로 게재할 것
2. 선불식 할부거래업자의 인터넷 홈페이지에 2주일 이상 공정거래위원회가 정하여 고시하는

사항을 공고해야 한다.

1. 다음 각 목의 어느 하나에 해당하는 회사의 상호, 주소 등 제18조 제6항에 따른 정보공개 사항
   가. 합병하는 회사, 합병 후 존속하는 회사 및 합병에 의하여 설립된 회사
   나. 분할하는 회사 및 분할에 의하여 해당 사업의 전부를 승계한 회사
   다. 사업의 전부를 양도하는 회사 및 양수하는 회사
2. 합병, 분할 또는 사업의 전부 양도를 통하여 이전되는 선불식 할부계약의 회원수 및 선수금 규모
3. 합병, 분할 또는 사업의 전부 양도의 내용 및 절차
4. 그 밖에 소비자의 권리를 보호하기 위하여 필요한 사항으로서 총리령으로 정하는 사항

시·도지사는 위의 경우 신고를 한 회사가 법 제20조에 따른 결격사유에 해당하면 그 신고를 수리해서는 아니되며, 신고를 받은 날부터 7일 이내에 신고수리 여부 또는 민원 처리 관련 법령에 따른 처리기간의 연장을 신고인에게 통지하여야 한다. 법 제22조 제1항에 따른 신고를 한 회사는 그 신고가 수리된 경우 그 양도일, 합병일 또는 분할일부터 종전의 선불식 할부거래업자의 지위를 승계한다.

나. 선불식 할부계약의 이전(법 제22조의2)

상조업 분야는 수많은 사업자들이 난립하여 합병, 영업양도 등의 구조조정이 진행되어 왔고, 계약이전도 이와 관련된 법적 수단의 하나로서 2015년 7월 추가되었다. 선불식 할부계약의 이전이란 명칭·형식이 어떠하든 선불식 할부거래업자가 합병, 분할 또는 사업의 전부 양도 이외의 방식으로 소비자와 체결한 선불식 할부계약에 대한 권리·의무를 다른 선불식 할부거래업자에게 이전하는 것을 말한다(법 제2조 제8호).

선불식 할부계약을 이전하는 선불식 할부거래업자는 선불식 할부계약의 이전

방법으로 게시할 것

② 법 제22조제1항 및 영 제14조 제1항에 따라 지위승계 신고를 하려는 선불식 할부거래업자는 별지 제5호서식의 선불식 할부거래업 지위승계신고서를 시·도지사에게 제출하여야 한다.
③ 제2항에 따라 지위승계신고서를 제출하는 경우 합병, 분할 또는 사업의 전부를 양도하는 선불식 할부거래업자로부터 선불식 할부거래업 등록증을 받아 첨부하여야 한다.

계약을 체결한 날부터 14일 이내에 총리령으로 정하는 방법에 따라 다음 각 호의 사항을 공고하여야 한다.

1. 이전하는 선불식 할부거래업자 및 선불식 할부계약을 이전받은 선불식 할부거래업자의 상호·주소 등 법 제18조 제 6 항에 따른 정보공개 사항
2. 이전하는 선불식 할부계약의 회원수 및 선수금 규모
3. 이전계약의 내용 및 절차
4. 그 밖에 소비자의 권리를 보호하기 위하여 필요한 사항으로서 총리령으로 정하는 사항

이전하는 선불식 할부거래업자는 이전계약을 체결한 날부터 30일 이내에 선불식 할부계약을 체결한 소비자가 이전계약의 내용을 이해할 수 있도록 총리령으로 정하는 방법에 따라 다음 각 호의 사항을 설명하고, 설명한 날부터 7일 이내에 소비자로부터 이전계약에 대한 동의를 받아야 한다. 다만, 해당 기간 내에 이전계약에 부동의 의사를 표시하지 아니한 소비자는 이전계약에 동의를 한 것으로 본다.

1. 법 제22조의2 제 1 항 각 호의 사항
2. 소비자가 7일 이내에 이전계약에 부동의 의사표시가 없는 경우 이전계약에 동의한 것으로 본다는 내용

이전하는 선불식 할부거래업자는 소비자로부터 법 제22조의2 제 2 항 본문에 따라 설명한 내용을 이해하고 동의하였다는 사실을 서명, 기명날인, 녹취 또는 그 밖에 대통령령으로 정하는 방법으로 확인받아야 한다. 다만, 같은 조 제 2 항 단서에 해당하는 경우에는 연락시간, 연락방법, 연락횟수 등을 기재하는 등 총리령으로 정하는 방법에 따라 해당 소비자에게 같은 조 제 2 항 본문에 따른 설명 등을 이행하였다는 사실을 확인할 수 있도록 하여야 한다. 이전하는 선불식 할부거래업자가 가진 선불식 할부계약에 관한 권리와 의무는 그 계약을 이전받은 선불식 할부거래업자가 승계한다. 이전계약에서 이전하기로 한 자산에 관하여도 또한 같다. 이전계약을 체결하는 경우 대통령령으로 정하는 선불식 할부계약과 관련된 자산은 이전하는 선불식 할부거래업자와 이전받은 선불식 할부거래업자에게 다음 각

호의 기준에 따라 배분하여 귀속한다.

1. 이전하는 선불식 할부거래업자: 선불식 할부계약을 체결한 소비자가 납입한 총선수금에서 선불식 할부계약의 이전에 동의하지 아니하는 소비자가 납입한 선수금이 차지하는 비율로 배분한 금액
2. 이전받은 선불식 할부거래업자: 선불식 할부계약을 체결한 소비자가 납입한 총선수금에서 선불식 할부계약 이전에 동의하는 소비자가 납입한 선수금이 차지하는 비율로 배분한 금액

이전하는 선불식 할부거래업자와 이전받은 선불식 할부거래업자는 법 제22조의2 제3항에 따라 확인받은 자료를 소비자에게 설명하고 동의를 받도록 한 같은 조 제2항 본문의 기간이 경과한 날("동의기간 경과일")부터 5년간 보존하여야 한다. 이전받은 선불식 할부거래업자는 동의기간 경과일부터 2개월 이내에 대통령령으로 정하는 방법에 따라 이전계약을 증명하는 서류를 첨부하여 시·도지사에게 신고하여야 한다. 시·도지사는 제7항에 따른 이전계약 신고를 받은 날부터 5일 이내에 신고수리 여부 또는 민원 처리 관련 법령에 따른 처리기간의 연장을 신고인에게 통지하여야 한다.

1.4. 외부감사와 보고

상조업은 금융업에 준하는 성격이 있고, 그 결과 선불식 할부거래업자는 외부감사에 따른 회계감사를 받아야 한다. 즉 선불식 할부거래업자는 매 회계연도가 종료한 후 3개월 이내에 대통령령으로 정하는 절차 및 방법에 따라 주식회사 등의 외부감사에 관한 법률 제2조 제7호 및 제9조에 따른 감사인이 작성한 회계감사 보고서를 공정위에 제출하여야 한다(법 제18조의2 제1항). 공정위와 선불식 할부거래업자는 제1항에 따른 회계감사 보고서를 대통령령으로 정하는 절차 및 방법[73]에 따라 공시하여야 한다(동조 제2항).

73) 법 시행령 제13조의2(회계감사 보고서의 제출 및 공시의 절차와 방법) ① 선불식 할부거래업자는 법 제18조의2 제1항에 따라 회계감사 보고서(「주식회사 등의 외부감사에 관한 법률」 제2조 제7호에 따른 감사인이 작성하는 같은 조 제8호에 따른 감사보고서를 말한다. 이하 이 조에서 같다)를 공정거래위원회에 문서[전자문서(「전자문서 및 전자거래 기본법」 제2조 제1호에 따른 전자문서를 말한다. 이하 같다)를 포함한다]로 제출해야 한다.

2. 거래상 특례

2.1. 계약체결전 정보제공 및 계약서교부 의무

선불식 할부거래업자는 선불식 할부계약을 체결하기 전에 소비자가 거래의 내용을 이해할 수 있도록 사업자와 모집인의 상호와 주소, 서비스의 종류와 내용 및 지급방법과 시기, 가격의 지급방법과 시기, 계약금이나 청약철회 및 분쟁처리, 소비자피해보상, 총선수금 수령액 중 보전금액 비율, 약관 등에 관한 사항을 설명하여야 하고(법 제23조 제1항), 나아가서 이 설명을 소비자가 이해하였다는 사실을 서명, 기명날인, 녹취 등의 수단으로 소비자의 확인을 받아야 한다(동조 제2항). 계약체결전 설명의무에 관한 규제가 2015년 대폭 강화된 것이다.

또한 선불식 할부거래업자가 할부계약을 체결할 경우에는 소정의 사항을 적은 계약서를 소비자에게 발급하여야 한다(동조 제3항). 그리고 체약전의 설명, 소비자의 이해확인, 계약서발급 등의 규제는 할부계약의 이전절차에 따라 이전받은 선불식 할부거래업자에 대해서도 적용되고, 이전받은 사업자는 소비자의 동의기간 경과일로부터 30일 이내에 설명하고 계약서를 발급하여야 한다(동조 제4항).

그러나 선불식 할부계약은 요식계약이 아니므로, 계약서를 교부하지 않았거나 위의 사항을 전부 혹은 일부 누락하거나 부실기재한 경우에도 당해 계약의 효력에는 영향이 없다. 다만 할부거래법 소정의 효과, 예컨대 청약철회 기산점의 구별(법 제24조 제1항 제2호·제3호) 그리고 동법 소정의 제재, 예컨대 시정명령이나 과태료 부과의 대상이 된다(법 제39조 제1항 제1호, 법 제53조).

2.2. 소비자의 청약철회

선불식 할부거래의 소비자도 청약을 철회할 수 있으며, 이 청약철회권은 법정권리로서 형성권의 성질을 가진다. 청약철회에 관한 할부거래법의 규정은 상대적

---

② 공정거래위원회는 법 제18조의2 제2항에 따라 회계연도 말일부터 4개월 이내에 회계감사 보고서를 인터넷 홈페이지에 게시하여야 한다.
③ 선불식 할부거래업자는 법 제18조의2 제2항에 따라 회계연도가 종료한 후 3개월이 경과한 날부터 3년 동안 회계감사 보고서를 다음 각 호의 모든 방법으로 공시하여야 한다.
1. 선불식 할부거래업자의 본점에 일반인이 열람할 수 있도록 갖추어 두는 방법
2. 선불식 할부거래업자의 인터넷 홈페이지에 일반인이 접근 가능하도록 게시하는 방법
④ 제1항부터 제3항까지에서 규정한 사항 외에 회계감사 보고서의 제출 및 공시의 절차와 방법에 관하여 필요한 사항은 공정거래위원회가 정하여 고시한다.

강행규정이므로(법 제23조), 이에 위배되는 합의나 선불식 할부거래약관은 무효가 되며, 특히 약관조항의 경우에는 약관법의 내용통제의 대상이 된다(약관법 제11조 제1호, 제9조 제1호·제3호·제4호).

선불식 할부거래의 청약철회기간은 일정한 기산점(적법한 계약서의 교부가 있었을 때에는 계약서를 수령한 날, 사업자의 주소 등이 기재되지 아니한 경우 등에는 사업자의 주소를 안날 또는 알 수 있었던 날, 계약서에 청약철회조항이 없는 경우에는 청약을 철회할 수 있음을 알았거나 알 수 있었던 날)으로부터 14일, 사업자가 청약철회를 방해한 경우에는 방해행위가 종료한 날부터 14일이 기산된다(법 제24조 제1항). 소비자의 청약철회의 의사표시는 위의 청약철회 기간 내에 철회의 의사표시가 담긴 서면을 발송하여야 하고(서면주의), 철회는 발송시에 그 효력을 발생한다(법 제24조 제2항·제3항). 청약철회가 이루어진 경우 사업자는 3영업일 이내에 지급받은 계약금과 할부금을 환급하여야 하며, 환급을 지연할 경우 지연배상금을 지급하여야 한다(법 제24조 제5항).

2.3. 선불식 할부계약의 해제

가. 소비자의 임의해제

선불식 할부계약에 따라 재화나 서비스를 공급받지 아니한 한 소비자는 사유를 묻지않고 자유롭게 당해 계약을 해제할 수 있다. 이와 같은 소비자의 임의해제에 대해 사업자는 해제로 인한 손실을 초과하는 위약금을 청구할 수 없고, 이에 반하는 개별약정이나 약관은 무효가 된다(법 제25조 제1항·제2항 및 법 제43조).

특히 사업자의 휴폐업, 영업정지처분, 등록 취소나 말소, 은행의 당좌거래 정지처분, 파산 또는 화의 개시의 신청, 계약이전에 대한 동의거절 등을 이유로 소비자가 해제한 경우에는 사업자의 소비자에 대한 위약금의 청구 자체가 금지된다(법 제25조 제3항).

소비자의 임의해제시 사업자는 위약금을 공제한 잔액을 3영업일 이내에 소비자에게 환급하여야 하고, 환급을 지연할 경우에는 지연배상금을 추가하여야 한다(법 제25조 제4항).

나. 할부거래업자의 해제

사업자도 소비자가 대금을 지급하지 아니하거나 대금지급을 지체하는 경우 계약을 해제할 수 있다. 그러나 소비자의 해제가 임의의 즉시해제인 반면, 사업자의 해제는 대금불지급 등 법정해제사유가 있어야 하고 또 계약해제 전에 14일 이상의 기간을 정하여 소비자에게 이행할 것을 서면으로 최고하여야 한다(법 제26조).

2.4. 할부거래에 관한 규정의 준용

선불식 할부거래에 관하여는 할부거래법에서 다르게 정하거나 상충되지 아니하는 한 전형적 할부거래에 관한 할부거래법의 조항들, 즉 할부거래업자의 손해배상청구금액의 제한, 소비자의 기한의 이익 상실, 소비자의 기한전 지급, 할부대금채권의 소멸시효, 소비자의 항변권 등에 관한 할부거래법 제12조부터 제16조까지의 규정이 준용된다(법 제42조의2).

3. 선수금 관련 규제

3.1. 사업자의 선수금보전의무(소비자피해보상보험계약등)

사업자는 선불식 할부계약과 관련하여 소비자로부터 미리 수령한 금액, 즉 선수금 보전을 위한 조치, 즉 보험계약, 금융기관의 채무지급보증계약, 예치기관의 예치계약, 공제조합과의 공제계약 중의 어느 하나를 체결하여야 한다(법 제27조 제1 항).

선수금보전을 위한 계약의 체결은 선불식 할부거래업의 등록요건이기도 한 바, 사업자가 보전하여야 할 금액과 그 산정기준은 선수금 합계액의 50% 이내이다(법 제27조 제2 항). 선불식 할부거래업자가 법 제18조에 따라 등록할 경우 소비자로부터 선불식 할부계약과 관련되는 재화등의 대금으로서 미리 수령한 금액("선수금")을 보전하기 위하여 다음 각 호의 어느 하나에 해당하는 계약("소비자피해보상보험계약등")을 체결하여야 한다.

1. 소비자피해보상을 위한 보험계약
2. 소비자피해보상금의 지급을 확보하기 위한 「은행법」에 따른 은행과의 채무지급보증계약
3. 소비자피해보상금의 지급을 확보하기 위한 대통령령으로 정하는 기관("예치기관")과의 예치계약
4. 법 제28조에 따라 설립된 공제조합과의 공제계약

위와 같은 내용에 따라 선불식 할부거래업자가 소비자피해보상보험계약등에 따라 보전하여야 할 금액(제1항 각 호 중 둘 이상의 계약을 체결한 경우에는 각 계약에 따라 보전되는 금액을 합산한다) 및 그 산정기준은 선수금 합계액의 100분의 50을 초과하지 아니하는 범위에서 대통령령으로 정한다. 누구든지 법 제27조 제1항 제3호에 따른 예치금을 상계·압류(가압류를 포함한다)하지 못하며, 선불식 할부거래업자는 대통령령으로 정하는 경우 외에는 예치금을 양도하거나 담보로 제공하여서는 아니된다. 소비자피해보상보험계약등에 따라 소비자피해보상금을 지급할 의무가 있는 자("지급의무자")는 다음 각 호의 어느 하나에 해당하는 지급사유가 발생한 경우에는 지체 없이 이를 지급하여야 한다. 정당한 사유 없이 이를 지연한 경우에는 지연배상금을 지급하여야 한다.

1. 선불식 할부거래업자가 폐업한 경우
2. 선불식 할부거래업자가 「은행법」에 따른 은행으로부터 당좌거래의 정지처분을 받은 경우
3. 법 제21조에 따라 등록이 말소된 경우 및 법 제40조에 따라 등록이 취소된 경우
4. 그 밖에 선불식 할부거래업자의 채무불이행 등으로 인한 소비자피해보상을 위하여 대통령령으로 정하는 경우

예치기관은 위와 같은 지급사유가 발생한 경우에는 예치금을 인출하여 해당 선불식 할부거래업자와 선불식 할부계약을 체결한 소비자에게 우선하여 지급하여야 하며, 예치 및 예치금의 지급 등에 대한 구체적인 절차 및 방법에 대하여는 총리령으로 정한다. 선불식 할부거래업자는 소비자와 선불식 할부계약을 체결한 경우 계약체결일부터 7일 이내에 계약체결 사실 및 내용을 지급의무자에게 통지하여야 한다. 이에 따라 선불식 할부거래업자로부터 계약 사실 등을 통지 받은 지급의무자는 통지받은 날부터 30일 이내에 소비자에게 소비자피해보상 증서를 발급하여야 하며, 그 구체적인 절차·발급방법 및 내용 등에 대하여는 총리령으로 정한다. 공정위는 소비자피해보상업무의 감독을 위하여 필요한 경우 지급의무자에게 선수금 보전과 관련된 자료의 제출을 요구할 수 있고, 지급의무자의 업무집행 등이 법령에 적합하지 아니한 경우 이의 시정을 명할 수 있으며, 그 밖에 소비자의

피해구제 등과 관련하여 필요한 경우에는 적합한 조치를 요구할 수 있다.

선불식 할부거래업자는 소비자피해보상보험계약등을 체결 또는 유지하는 경우 선수금 등의 자료를 제출함에 있어 거짓의 자료를 제출하여서는 아니된다.

선불식 할부거래업자는 예치기관에 예치금을 입금하거나 예치금의 반환을 요청하는 경우에는 총리령으로 정하는 바에 따라 선수금의 증가 또는 감소를 증명하는 서류를 예치기관에 제출하여야 하며, 예치기관은 해당 서류를 확인한 후에 예치금을 반환하여야 한다(법 제27조).

3.2. 공제조합의 설립, 정관, 공제규정

현재 운용되는 가장 대표적인 선수금 보전수단은 공제조합과의 공제계약이다. 공제조합은 선불식 할부거래업자들이 공정위의 인가를 얻어 설립한 민법상의 사단법인으로서 조합원은 공제사업의 수행에 필요한 출자금을 납입하여야 한다(법 제28조). 조합의 기본재산은 조합원의 출자금 등으로 조성하되 출자금은 200억원 이상이어야 한다.

공제조합의 주된 사업은 선불식 할부거래의 소비자피해보상을 위한 공제사업이다. 이 밖에 소비자보호 관련 출판 및 교육사업, 선불식 할부거래시장의 자율정화사업, 공정위 위탁사업 등이 포함된다(법 제29조).

공제조합의 정관의 제정과 개정은 공정위의 인가를 얻어야 하며, 정관에는 조합원, 임원, 출자금, 이사회, 이사장선임 등에 관한 사항을 기재하여야 한다(법 제30조 제1항). 한편 공제사업의 범위와 방식에 대해서는 별도의 공제규정을 제정하여야 하며, 이 역시 공정위 인가사항이다(법 제30조 제2항). 공정위는 필요하다고 인정하면 공제조합에 대하여 업무 및 회계에 관한 보고서의 제출 또는 그 밖에 필요한 조치를 명하거나 소속 공무원으로 하여금 공제조합의 업무 및 회계 상황을 조사하거나 장부 또는 그 밖의 서류를 검사하게 할 수 있고(조사 또는 검사를 하는 공무원은 그 권한을 표시하는 증표를 지니고 이를 관계인에게 보여 주어야 한다), 공제조합의 운영 및 업무 집행 등이 법령이나 정관 등에 적합하지 아니한 경우 그 시정을 명하거나 그 밖에 소비자의 피해구제 등과 관련하여 필요한 경우에는 적합한 조치를 요구할 수 있다. 공정위는 공제조합의 임직원이 다음 각 호의 어느 하나에 해당하는 경우에는 관련 임직원에 대한 징계·해임을 요구하거나 해당 위반행위를 시정하도록 명할 수 있다.

1. 법 제30조 제2항에 따른 공제규정을 위반하여 업무를 처리한 경우
2. 법 제30조 제2항에 따른 시정명령이나 조치를 이행하지 아니한 경우

4. 사업자의 금지행위

선불식 할부거래업자는 다음의 행위를 하여서는 아니된다(법 제34조).

- 계약체결을 강요하거나 청약철회 또는 계약해제를 방해하기 위해 상대방을 위협하는 행위
- 거짓·과장된 사실을 알리거나 기만적 방법을 사용하여 거래를 유도하거나 청약철회 또는 계약해제를 방해하는 행위
- 청약철회나 계약해제를 방해하기 위해 주소나 전화번호를 변경하는 행위
- 분쟁이나 불만처리에 필요한 인력이나 설비의 부족을 방치하는 행위
- 상대방의 청약이 없음에도 재화 등의 대금을 청구하는 행위
- 소비자가 체약의사가 없음을 밝혔는데도 전화, 팩스, 컴퓨터통신 등을 통해 체약을 강요하는 행위
- 소비자피해보상보험계약 등을 체결하지 않고 영업하는 행위
- 소비자피해보상보험계약 등을 체결하지 않았음에도 이를 체결한 듯한 표지를 제작 또는 사용하는 행위
- 소비자피해보상보험계약 등에 따라 보전하여야 할 금액을 보전하지 않고 영업하는 행위
- 소비자에 관한 정보를 허락없이 또는 허락범위를 넘어 이용하는 행위
- 소비자의 계약해제에 따른 조치를 지연하거나 거부하는 행위
- 청약철회 또는 계약해제 관련 분쟁이 발생한 경우 대금을 지급받기 위해 소비자에게 위계를 사용하거나 위력을 가하는 행위
- 공급재화를 소비자가 양도·양수하는 것을 부당하게 제한하거나 이에 대해 과다한 비용을 부과하는 행위
- 다른 사람에게 자신의 명의나 상호, 할부거래업 등록증을 대여하는 행위
- 방문판매법 제2조 제5호에 따른 다단계판매 방식으로 선불식 할부계약을 체결하거나 선불식 할부계약의 체결을 대리 또는 중개하는 행위

- 금전대차 관계를 이용하여 선불식 할부계약의 체결을 요구하는 행위
- 소비자와 체결한 선불식 할부계약 중 일부에 대하여 이전계약을 체결하는 행위
- 이전계약을 체결한 선불식 할부거래업자가 해당 이전계약에 대한 소비자의 동의를 받지 아니하고 소비자의 예금 등에서 금원을 인출하는 행위

5. 조사 및 감독

5.1. 위반행위의 신고, 조사, 결과의 통보

선불식 할부거래업자가 할부거래법을 위반한 사실이 있다고 인정할 경우 누구든지 이를 공정위, 시·도지자 또는 시장·군수·구청장에 신고할 수 있다(법 제35조 제 4 항).

신고사건에 대한 조사는 물론, 공정위, 시·도지사, 시장·군수·구청장 등은 법위반혐의를 스스로 인지한 경우에도 직권으로 필요한 조사를 할 수 있다(동조 제 1 항). 시·도지사, 시장·군수·구청장이 조사를 하는 경우 미리 공정위에 이를 통보하여야 하고, 조사중복의 우려가 있는 경우 공정위는 시·도지사, 시장·군수·구청장에게 조사의 중지를 요청할 수 있고 또 요청을 받은 기관은 상당한 이유가 없는 한 조사를 중지하여야 한다(동조 제 2 항).

조사의 결과는 이를 해당 사건의 당사자에게 문서로 알려주어야 한다(법 제35조 제 4 호).

한편 위반행위의 조사와 이에 대한 시정조치에는 기간의 제한이 있다. 즉 공정위는 법위반행위가 끝난 날로부터 5년이 지난 경우에는 이에 대해 시정조치를 명하거나 과징금을 부과할 수 없다. 다만 시정조치 또는 과징금부과처분이 판결에 따라 취소된 경우로서 그 판결이유에 따라 새로운 처분을 하는 경우에는 예외이다(법 제35조 제 5 항).

5.2. 부당행위에 대한 정보공개

공정위는 선불식 할부거래업자의 법위반행위에 대한 조사결과 등 부당행위에 관한 정보를 공개할 수 있다(법 제36조).

사업자들의 상습적이거나 악의적인 법위반행위를 공정위가 불특정 다수인에

게 널리 알릴 수 있는 법적 근거를 제공하여 상조업 분야에서의 공정거래질서를 확립하고 소비자피해를 사전에 예방하기 위한 것이다. 시장기능을 통한 간접적 제재를 기대하는 것이지만, 단편적인 시정조치나 과징금부과에 비해 지속적이고 궁극적인 구제수단이 될 수 있다.

5.3. 보고와 감독

시·도지사, 시장·군수·구청장이 사업자에 대해 시정권고를 하는 경우 이를 공정위에 보고하여야 하고, 공정위는 선불식 할부거래 관련 법규정의 효율적 집행을 위해 시·도지사, 시장·군수·구청장 등에 대해 조사나 확인 또는 자료의 제출을 요구하고 기타 법위반행위 시정에 필요한 조치를 하도록 요구할 수 있다. 그리고 특별한 사유가 없는 한 시·도지사, 시장·군수·구청장 등은 이 요구에 따라야 한다(법 제37조).

6. 법위반에 대한 행정적 구제

6.1. 시정권고

시정권고의 주체는 공정위와 시·도지사, 그리고 시장·군수·구청장 등의 행정청이다. 시정권고의 요건은 두 가지다. 첫째, 사업자가 할부거래법에 위반되는 행위를 하거나 동법 소정의 의무를 이행하지 아니하여야 하고, 둘째, 법 제39조에 따른 시정조치를 하기 전이어야 한다. 시정권고의 내용은 법위반행위의 중지, 법 소정의 의무이행, 소비자 피해예방 및 구제에 필요한 조치 등이며, 행정청은 이러한 시정방안을 마련하여 할부거래업자에게 이에 따를 것을 권고할 수 있고, 사업자가 이 권고를 수락한 경우 할부거래법 제39조에 따른 시정조치가 내려진 것으로 본다(법 제38조).

6.2. 시정명령

공정위는 선불식 할부거래업자의 위법행위에 대하여 시정을 위해 필요한 조치를 명할 수 있다(법 제39조). 시·도지사나 시장·군수·구청장은 시정조치를 명할 수 없으며, 공정위는 할부거래업자 일반이 아니라 선불식 할부거래업자의 위법행위에 대해서만 시정조치를 명할 수 있다.

시정조치의 사유로는, 첫째는 영업등록, 최저자본금, 등록결격사유, 지위승계와 계약이전, 체약전 정보제공 및 계약서교부, 청약철회와 계약해제, 선수금보전, 선수금 관련 통지의무, 휴업기간중의 청약철회업무, 거래기록 등의 열람과 관련된 법규위반행위, 둘째 할부거래법 제34조 소정의 금지행위를 행한 경우, 셋째 할부거래법에 따른 사업자의 의무를 이행하지 아니하는 경우 등이다.

시정조치에 담을 수 있는 것은 당해 법위반행위의 중지, 법정의무의 이행, 시정조치를 받은 사실의 공표, 소비자피해예방 및 구제에 필요한 조치, 기타 시정을 위해 필요한 조치 등이다.

6.3. 영업정지와 등록취소

공정위는 선불식 할부거래업자가 다음 각 호의 어느 하나에 해당하는 경우에는 대통령령으로 정하는 바에 따라 1년 이내의 기간을 정하여 그 영업의 전부 또는 일부의 정지를 명할 수 있다.

1. 다음 각 목의 어느 하나에 해당하는 경우로서 법 제39조에 따른 시정조치명령에도 불구하고 위반행위를 대통령령으로 정하는 기준(시정조치명령일 이후 3년 이내에 같은 위반행위를 한 번 이상 반복하는 경우) 이상으로 반복하거나 시정조치를 이행하지 아니하는 경우
   가. 법 제18조 제3항 또는 제5항에 따른 신고를 하지 아니하거나 거짓으로 신고한 경우
   나. 법 제34조 제1호부터 제3호까지, 제7호부터 제9호까지 또는 제12호에 해당하는 금지행위를 한 경우
2. 위의 제1호 각 목의 어느 하나에 해당하는 경우로서 시정조치만으로는 소비자의 피해를 방지하기 어렵거나 소비자에 대한 피해보상이 불가능하다고 판단되는 경우

한편 시·도지사는 선불식 할부거래업자가 다음 각 호의 어느 하나에 해당하는 경우 그 등록을 취소할 수 있다(재량취소). 다만, 제1호 및 제2호에 해당하는 경우에는 그 등록을 취소하여야 한다(의무취소).

1. 거짓이나 그 밖의 부정한 방법으로 법 제18조 제 1 항에 따른 등록을 한 경우
1의2. 법 제19조의 요건을 갖추지 못하게 된 경우
2. 법 제20조 각 호의 결격사유에 해당하게 된 경우
3. 소비자피해보상보험계약등이 해지된 경우
4. 영업정지기간 중에 영업을 하는 경우
5. 최근 5년간 제 1 항에 따른 영업정지 명령을 3회 이상 받은 경우(법 제42조에 따라 영업정지에 갈음하여 과징금을 부과받은 경우도 포함한다)

시·도지사가 위 제 2 항에 따라 선불식 할부거래업자의 등록을 취소하려면 청문을 하여야 한다.

6.4. 과징금부과

공정위는 영업정지를 명하여야 할 경우로서 영업정지가 소비자에게 심한 불편을 주거나 공익을 해할 우려가 있는 때에는 당해 사업자에 대하여 영업정지에 갈음하여 과징금을 부과할 수 있다. 이 때의 과징금부과는 영업정지에 갈음하는 것이므로 공정위가 양자를 병과할 수는 없다.

과징금의 부과한도는 위반행위 관련 매출액의 범위내, 즉 위반행위가 개시된 때로부터 종료시까지의 기간 동안 선불식 할부계약과 관련하여 소비자로부터 지급받은 재화 등의 대금의 100분의 30으로 하며, 관련매출액이 없거나 산정이 어려운 경우에는 5천만원을 상한으로 한다(법 제42조 제 1 항). 공정위는 위반행위로 인한 소비자피해, 사업자의 보상노력, 법위반으로 사업자가 얻은 이익, 위반행위의 내용·기간·횟수 등을 종합적으로 고려하여 과징금을 부과하게 된다(동조 제 2 항). 공정위는 이 법을 위반한 선불식 할부거래업자인 회사의 합병이 있는 경우에는 그 회사가 행한 위반행위를 합병 후 존속하거나 합병으로 새로 설립된 회사가 한 행위로 보아 과징금을 부과·징수할 수 있다. 과징금의 부과기준은 시행령 별표3에 규정되어 있다.

6.5. 분쟁조정의 요청

선불식 할부거래업자의 법위반행위와 관련하여 소비자의 피해구제신청이 있을 경우 관련 행정청은 시정권고나 시정조치를 하기 전에 소비자보호 관련 업무를

수행하는 기관 또는 단체 등 시행령이 정하는 소비자피해분쟁조정기구에 분쟁의 조정을 의뢰할 수 있다(법 제41조 제 1 항). 조정안을 당사자가 수락하고 이행하는 경우 공정위는 할부거래법에 따른 시정조치를 하지 아니하며, 행정관청은 이와 같은 뜻을 분쟁조정 의뢰시 당사자에게 미리 알려야 한다(법 제41조 제 2 항).

제 5 절 기타의 규정들

1. 편면적 강행규정

할부계약의 서면주의(제 6 조), 할부수수료의 연간요율 제한(제 7 조), 청약철회와 그 효과(제 8 조, 제 9 조), 간접할부계약에서 청약철회통보(제 9 조), 할부거래업자의 계약해제(제11조), 할부거래업자의 손해배상청구제한(제12조), 소비자의 기한이익의 상실(제13조), 할부대금채권의 시효(제15조), 소비자의 항변권(제16조), 선불식 할부계약의 이전(제22조의2), 선불식 할부거래업자의 체약전 정보제공 및 계약서교부의무(제23조), 소비자의 선불식 할부계약 청약철회와 계약해제(제24조, 제25조), 할부거래업자의 선불식 할부계약 해제(제26조) 등의 규정을 위반한 약정으로서 소비자에게 불리한 것은 효력이 없다(법 제43조). 이와 같은 규정의 상대적 강행법성은 간접할부계약에도 당연히 적용된다(대판 2006.7.28, 2004다54633 참조).

2. 형벌과 과태료

2.1. 벌 칙

2010년 3월의 상조업규제를 위한 개정을 통하여 할부거래법에 형사처벌 조항이 도입된 후, 다시 2015년에 제재가 강화되었다. 다시 말해 할부거래법 중 선불식 할부거래에 관한 법위반행위에 한해 형사소추를 통한 징역이나 벌금형의 부과가 이루어지는바, 위반행위의 유형에 따라 3년 이하의 징역 또는 1억원 이하의 벌금, 1년 이하의 징역 또는 3천만원 이하의 벌금, 1천만원 이하의 벌금으로 나누어진다.

법인의 대표자나 법인 또는 개인의 대리인, 사용인, 그 밖의 종업원이 법인이나 개인의 업무에 관하여 이러한 행위를 한 경우 그 행위자를 벌하는 이와에 그 법인 또는 개인에게도 해당 조문의 벌금 병과한다(양벌규정, 법 제52조). 다만 당해 법인이나 개인이 상당한 주의와 감독을 게을리하지 아니한 경우에는 그러하지 않다.

• 3년 이하의 징역 또는 1억원 이하의 벌금(법 제48조 제 1 항)

등록 없이 영업을 한 자, 거짓이나 그 밖의 부정한 방법으로 등록한 후 영업을 한 자, 일부에 대한 이전계약을 체결한 자, 공정위의 시정명령에 응하지 아니한 자, 공정위의 영업정지명령을 위반하여 영업을 한 자 등이며, 이 때 징역형과 벌금형은 병과할 수 있다.

그러나 이상의 위법행위와 관련하여 판매 또는 거래한 대금총액의 3배에 상당하는 금액이 1억원을 초과하는 때에는 3년 이하의 징역 또는 판매하거나 거래한 대금총액의 3배에 상당하는 금액까지 상한액이 조정된다(법 제48조 제 1 항 단서). 선불식 할부거래 관련 가장 기본적인 규제의 준수를 확보하기 위한 이례적 조치이다.

• 1년 이하의 징역 또는 3천만원 이하의 벌금(법 제50조)

소비자피해보상보험계약등을 체결 또는 유지함에 있어 거짓으로 선수금 등의 자료를 제출하는 행위, 중대한 금지행위 위반 등이 이에 속하며, 징역형과 벌금형은 병과할 수 있다.

• 1천만원 이하의 벌금(법 제51조)

금지행위 중 상대방의 청약이 없음에도 재화등의 대금을 청구하거나, 계약해제에도 불구하고 이에 따른 조치를 지연하거나 거부하는 행위가 이에 속한다. 징역형가 벌금형의 병과는 문제되지 아니하나, 행위자의 법인의 양벌조항은 여전히 적용된다.

2.2. 과 태 료

다음 각 호의 어느 하나에 해당하는 자에게는 5천만원 이하의 과태료를 부과한다.

1. 제18조 제 3 항 또는 제 5 항에 따른 신고를 거짓으로 한 자
1의2. 제18조의2 제 1 항을 위반하여 감사인이 작성하지 아니한 회계감사 보고서를 제출한 자

2. 제22조 제1항 또는 제22조의2 제7항에 따른 신고를 거짓으로 한 자
3. 제47조 제2항에 따라 준용되는 「독점규제 및 공정거래에 관한 법률」 제81조 제2항에 따른 조사를 거부·방해하거나 기피한 자

다음 각 호의 어느 하나에 해당하는 자에게는 3천만원 이하의 과태료를 부과한다.

1. 제18조 제3항 또는 제5항에 따른 신고를 하지 아니한 자
2. 제18조 제7항을 위반하여 자료를 제출하지 아니하거나 거짓 자료를 제출한 자
3. 제18조의2 제1항에 따른 회계감사 보고서를 제출하지 아니한 자

3의2. 제18조의2 제2항을 위반하여 감사인이 작성하지 아니한 회계감사 보고서를 공시한 자

4. 제22조 제1항 또는 제22조의2 제7항에 따른 신고를 하지 아니한 자
5. 거짓이나 그 밖의 부정한 방법으로 제22조의2 제2항에 따른 설명을 하거나 동의를 받은 자
6. 모집인이 제23조 제1항 또는 제2항을 위반한 경우 해당 선불식 할부거래업자. 다만, 선불식 할부거래업자가 그 위반행위를 막기 위하여 해당 업무에 관하여 상당한 주의와 감독을 게을리하지 아니한 경우에는 그러하지 아니하다.
7. 거짓이나 그 밖의 부정한 방법으로 제23조 제1항·제2항 또는 제4항에 따른 설명을 하거나 확인을 받은 자
8. 거짓이나 그 밖의 부정한 방법으로 제23조 제3항·제4항에 따른 계약서를 발급한 자
9. 제27조 제12항에 따른 서류를 제출하지 아니한 자
10. 제33조에 따른 소비자의 열람에 제공하는 재화등의 거래기록·소비자피해보상보험계약등의 체결내용을 거짓으로 작성한 자
11. 제47조 제2항에 따라 준용되는 「독점규제 및 공정거래에 관한 법률」 제81조 제1항 제1호를 위반하여 정당한 사유 없이 출석하지 아니한 자
12. 제47조 제2항에 따라 준용되는 「독점규제 및 공정거래에 관한 법률」 제

81조 제1항 제3호 또는 같은 조 제6항에 따른 보고 또는 제출을 하지 아니하거나 거짓으로 보고 또는 제출을 한 자

다음 각 호의 어느 하나에 해당하는 자에게는 1천만원 이하의 과태료를 부과한다.

1. 제18조의2 제2항에 따라 회계감사 보고서를 공시하지 아니한 자
2. 제22조 제2항 및 제22조의2 제1항에 따른 공고를 하지 아니하거나 거짓으로 공고한 자
3. 제22조의2 제2항 또는 제3항을 위반한 자
4. 제22조의2 제6항을 위반하여 자료를 보존하지 아니한 자
5. 제23조 제1항 또는 제2항을 위반하여 설명 또는 확인을 받지 아니한 자
6. 제23조 제3항 또는 제4항에 따른 계약서를 발급하지 아니한 자
7. 제23조 제5항 및 제32조 제2항을 위반하여 대통령령으로 정하는 사항을 소비자에게 알리지 아니한 자
8. 제24조 제5항을 위반하여 계약금, 할부금 또는 지연배상금을 환급하지 아니한 자
9. 제25조를 위반하여 대금 또는 지연배상금을 환급하지 아니하거나 과다한 위약금을 청구한 자

9의2. 제27조의2 제1항을 위반하여 총리령으로 정하는 내용을 소비자에게 통지하지 아니하거나 거짓으로 통지한 자

10. 제32조 제1항을 위반하여 휴업기간 또는 영업정지기간 중에 청약의 철회 등에 관한 업무를 계속하지 아니한 자
11. 제33조에 따른 재화등의 거래기록·소비자피해보상보험계약등의 체결내용을 소비자가 열람할 수 있도록 하지 아니한 자

다음 각 호의 어느 하나에 해당하는 자(간접할부계약의 경우 신용제공자를 포함한다)에게는 500만원 이하의 과태료를 부과한다.

1. 제5조를 위반하여 표시를 하지 아니하거나 거짓 표시를 한 자

2. 제 6 조 제 2 항에 따른 계약서를 발급하지 아니하거나 거짓으로 적은 계약서를 발급한 자
3. 제 6 조 제 3 항에 따른 서면을 발급하지 아니한 자
4. 제 7 조에 따른 할부수수료의 실제연간요율의 최고한도를 위반하여 할부수수료를 받은 자
5. 제10조를 위반하여 계약금, 할부금 또는 지연배상금을 환급하지 아니하거나 환급에 필요한 조치를 취하지 아니한 자
6. 제10조 제 8 항 또는 제16조 제 7 항을 위반하여 소비자에게 불이익을 주는 행위를 한 자
7. 제12조 제 1 항에 따른 지연손해금 산정 시 적용하는 이율의 최고한도를 위반하여 지연손해금을 받은 자
8. 제17조를 위반하여 휴업기간 또는 영업정지기간 중에 청약의 철회에 관한 업무를 계속하지 아니한 자

법 제47조 제 1 항에 따라 준용되는 「독점규제 및 공정거래에 관한 법률」 제66조에 따른 질서유지명령에 따르지 아니한 자에게는 100만원 이하의 과태료를 부과한다.

법 제53조 제 1 항부터 제 3 항까지 및 제 5 항에 따른 과태료는 공정위, 시·도지사 또는 시장·군수·구청장이 부과·징수한다. 법 제53조 제 4 항에 따른 과태료는 특별자치도지사·특별자치시장 또는 시장·군수·구청장이 부과·징수한다.

3. 전속관할

할부계약에 관한 소송은 제소 당시 소비자의 주소를, 주소가 없는 경우에는 거소를 관할하는 지방법원의 전속관할로 하지만(법 제44조), 제소 당시 소비자의 주소 또는 거소가 분명하지 아니한 경우에는 민사소송법의 관련 규정을 준용한다. 할부거래업자의 주소나 영업소를 관할하는 지방법원을 관할법원으로 지정할 경우 소비자에게 불이익하게 될 것을 우려한 것이다. 이 조항은 관할합의에 관한 약관법 제14조에 대한 특칙이라고 하겠다.

• 제 4 장 •

방문판매법

제 1 절 총　　설

1. 취지와 연혁

방문판매 등에 관한 법률은 방문판매, 전화권유판매, 다단계판매, 후원방문판매, 계속거래 및 사업권유거래 등에 의한 재화 또는 용역의 공정한 거래에 관한 사항을 규정함으로써 소비자의 권익을 보호하고 시장의 신뢰도를 높여 국민경제의 건전한 발전에 이바지함을 목적으로 한다(법 제 1 조).

방문판매, 전화권유판매, 다단계판매 등은 구매의사를 가진 소비자가 사업자의 매장 혹은 영업소를 찾아 실제의 상품을 살펴보면서 물품을 구매하는 고전적인 점두판매(店頭販賣)와 크게 다르다. 이들 판매방식은 사업자 측이 소비자에게 적극적으로 접근하거나, 소비자가 자신의 집 문전(門前)에서 거래에 노출되거나, 사업자나 판매원과 직접 대면함이 없이 혹은 실제의 상품을 보지 못하고 거래에 임하는 등의 문제점을 가지게 된다. 이들 판매방법은 사업자로서는 유력한 판촉방법으로서 나름대로의 효율성이 없지 않으나, 판매자와 소비자와의 직접적 대면성에 기인한 심리적 강압, 혈연이나 학연 등에 기인한 연고판매, 거래관계의 계속성,

다단계거래의 경우에는 아마추어 판매원의 대량투입과 시장고갈 등의 특징으로 인하여 소비자 피해가 빈발하는 역기능이 있다.

우리나라에서 방문판매와 관련한 법규는 1991.12.31. '방문판매 등에 관한 법률'로 제정되어 1992년 7월 1일부터 시행되었다.[74] 이 법의 제정 목적은 방문판매, 통신판매 및 다단계판매에 의한 거래를 공정하게 함으로써 소비자들의 이익을 보호하고 건전한 거래질서를 확립하기 위함이었다. 이후 다단계판매 규제에 대한 대폭적인 개정이 있었으며(1995.1.5), 통신판매에서 소비자보호 규정의 신설 및 방문판매에 대한 규제강화(1995.12.29) 등이 이루어졌다. 다시 2002년 3월 30일 이 법 중 통신판매에 관한 규정을 보완하여 '전자상거래 등에서의 소비자보호에 관한 법률'로 제정함에 따라 이 법은 방문판매 및 다단계판매 중심으로 재편하였고, 전화권유판매와 계속거래 등의 영업행태도 동법의 적용대상에 포함되었다.

그리고 2011년 12월 29일 방문판매법을 전면개정하였다. 개정의 주된 내용으로는 다단계판매의 정의규정을 단순화하여 변종 다단계를 규제대상에 포함하고, 후원수당을 지급하는 방문판매업, 즉 후원방문판매업체를 다단계에 준하여 규제하는 한편, 불법 피라미드에 대한 규제를 강화하고 신고포상금제를 도입하였다. 이후에도 시장 변화에 대응하여 여러 차례 개정이 있었고, 2023년 3월 21일 개정에서는 후원방문판매와 전화권유판매, 계속거래, 사업권유거래 등을 포함한 '예외 없는 포괄 적용 범위'가 명확히 규정되었다. 최근에는 2024년 시행령 개정을 통하여 다단계판매 및 후원방문판매의 개별재화 가격 상한을 160만 원에서 200만 원으로 상향하였고, 후원방문판매의 최종소비자 판매비중 산정 시 전자거래 매출을 제외하는 등 후원방문판매의 실제 소비자 거래 비중을 정확히 산정할 수 있도록 기준이 정비되었다. 디지털 전자거래의 증가, 후원판매의 구조 변화, 고가 상품 유통에 대한 우려 등을 반영하여, 가격 제한 및 판매비중 기준, 보상(후원수당) 구조, 신고·등록 의무, 소비자 정보 보호, 환불 및 철회 제도 등을 보완한 것이다. 이와 같은 변화는, 고가상품을 이용한 다단계판매 또는 후원방문판매가 불법 피라미드 판매로 둔갑하는 것을 방지하고, 소비자 보호와 거래 투명성 확보를 위해 이루어

74) 원래 1986년 12월 제정된 도·소매업진흥법에서 이미 방문판매에서의 성명 등의 명시와 계약서의 교부의무, 통신판매의 광고 등이 규정되어 있었다. 그러나 1980년대 말에 다단계판매 내지 피라미드 판매가 국내에 유입됨에 따라 소비자피해가 급증하면서 방문판매, 통신판매 및 다단계판매를 포괄적으로 규제할 수 있는 방문판매법이 1991년 12월 31일에 제정되게 되었다. 김성천, 소비자보호법제의 개선방안, 법제연구(한국법제연구원, 1994), 107.

진 것이다.

2. 적용제외

방문판매법 제3조가 열거하는 적용제외 거래는 다음의 세 가지다. 첫째, 사업자(다단계판매원, 후원방문판매원 또는 사업권유거래의 상대방은 제외한다)가 상행위를 목적으로 재화등을 구입하는 거래. 다만, 사업자가 사실상 소비자와 같은 지위에서 다른 소비자와 같은 거래조건으로 거래하는 경우는 제외한다. 둘째, 「금융소비자 보호에 관한 법률」 제2조 제3호에 따른 금융상품판매업자와 같은 법 제3조에 따른 예금성 상품, 대출성 상품, 투자성 상품 및 보장성 상품에 관한 계약을 체결하기 위한 거래에는 방문판매법이 적용되지 아니한다. 셋째, 개인이 독립된 자격으로 공급하는 재화등의 거래로서 대통령령으로 정하는 거래이다. 이에 따라 시행령 제6조는 방문판매원을 두지 아니하는 방문판매업자가 가공되지 아니한 농산물·수산물·축산물·임산물이나 방문판매자가 직접 생산한 재화 등을 방문판매하는 거래에도 적용이 면제되도록 하고 있다.

3. 다른 법률과의 관계

방문판매·전화권유판매·다단계판매·후원방문판매·계속거래 및 사업권유거래에서의 소비자보호와 관련하여 이 법과 다른 법률의 적용이 경합하는 경우에는 이 법을 우선 적용하되, 다른 법률을 적용하는 것이 소비자에게 유리한 경우에는 그 법을 적용한다(법 제4조 제1항).

다른 법률에 방문판매법과는 다른 방법에 따른 계약서 발급의무 등이 규정되어 있는 거래에 대하여는 방문판매자, 다단계판매자, 계속거래업자 등의 계약서 발급의무에 관한 규정(법 제7조, 제16조 및 제30조)을 적용하지 아니한다(법 제4조 제2항).

계속거래에 관하여 이 법에서 규정하고 있는 사항을 다른 법률에서 따로 정하고 있는 경우에는 그 법률을 적용하며(법 제4조 제3항), 할부거래법 제2조 제4호에 따른 선불식 할부거래 및 선불식 할부거래업자에 대해서는 제8조, 제9조, 제17조, 제18조 및 제37조의 규정을 적용하지 아니한다(법 제4조 제4항).

제 2 절 방문판매 및 전화권유판매

1. 용어의 정의

1.1. 방문판매

방문판매라 함은 재화 또는 용역(일정한 시설을 이용하거나 용역의 제공을 받을 수 있는 권리 포함)의 판매(위탁 및 중개 포함)를 업으로 하는 자(이하 "판매업자"라 함)가 방문의 방법으로 그의 영업소·대리점 기타 총리령이 정하는 영업장소(이하 "사업장"이라 함) 외의 장소에서 소비자에게 권유하여 계약의 청약을 받거나 계약을 체결(사업장 외의 장소에서 권유 등 총리령이 정하는 방법에 의하여 소비자를 유인하여 사업장에서 계약의 청약을 받거나 계약을 체결하는 경우를 포함함[75])하여 재화 또는 용역(이하 "재화등"이라 함)을 판매하는 것을 말한다(법 제 2 조 제 1 호).

방문판매법이 정하는 방문판매의 요건은 크게 두 가지다.

첫째 사업자가 재화 또는 용역을 판매하여야 한다. 판매의 대상은 동산이나 부동산과 같은 물건과 각종 서비스 그리고 재화와 서비스를 묶은 거래가 모두 포함된다. 그리고 법문이 말하는 판매는 매우 넓은 개념이어서 민·상법상의 매매는 물론, 댓가를 받고 행하는 위탁판매, 체약대리, 중개대리, 중개나 알선을 모두 포섭한다.

둘째 사업자가 '방문의 방법으로' 판매하여야 한다. 방문판매를 특별하게 다루는 까닭은 사업자 측이 방문의 방법으로 적극적으로 접근하는 반면 소비자는 피동적으로 거래에 임하기 때문이다. 원래 방문판매는 사업자 측의 판매원이 소비자의 집이나 영업소를 찾아 문전에서 판매하는 것(door to door sale)을 가리키는 것이었으나, 사업자가 주도권을 쥐고 자신의 영업장 밖에서 소비자의 실질적 구매를 유도한 경우라면 이를 방문판매에 포섭시켜서 소비자를 보호하는 것이 바람직하다. 여기에서 사업자가 영업장 밖에서 소비자의 실질적 구매의사를 유도한 후, 자신의 영업장에서 형식적으로 계약을 체결하는 경우도 모두 방문판매로 규제할 필요가 있다.

75) 최종적인 계약체결만을 사업장에서 함으로써 동법의 적용을 회피하는 탈법적 행태를 방지하기 위한 것이다.

이러한 까닭에 방판법과 시행령은 방문의 방법과 사업자의 영업소의 개념에 대하여 구체적으로 또 탄력적으로 규정하고 있다. 즉 총리령으로 정하는 영업장소란 영업소, 대리점, 지점, 출장소 등 명칭에 관계없이 다음 각 호의 요건을 모두 갖춘 장소(이하 "사업장"이라 한다)를 말한다(시행규칙 제2조).

- 소유 또는 임차하거나 점용허가를 받은 고정된 장소에서 3개월 이상 계속적으로 영업할 것. 다만, 천재지변 등 불가피한 사유로 영업을 계속할 수 없는 기간은 산입하지 아니한다.
- 판매에 필요한 시설을 갖출 것
- 영업 중에는 소비자가 자유의사에 따라 출입할 수 있을 것
- 영업장소 내에서 소비자가 자유의사에 따라 재화 또는 용역("재화등")을 선택할 수 있는 상태를 유지할 것

또한 "총리령으로 정하는 방법"이란 다음 각 호의 어느 하나에 해당하는 방법을 말한다(시행규칙 제3조).

- 사업장 외의 장소에서 권유 등의 방법으로 소비자를 유인하여 함께 사업장으로 이동하는 것
- 주된 재화 등의 판매 목적을 숨기고 다른 재화 등의 무료·염가 공급 또는 소득 기회 제공 등의 방법으로 유인하여 소비자가 사업장에 방문하게 하는 것
- 다른 소비자에 비하여 현저하게 유리한 조건으로 재화 등을 판매·공급한다고 권유하여 소비자를 사업장에 방문하도록 하는 것

1.2. 전화권유판매

전화권유판매[76]란 전화를 이용하여 소비자에게 권유하거나 전화회신을 유도하는 방법으로 재화 등을 판매하는 것을 말한다(법 제2조 제3호). 전화권유판매와

76) 전화권유판매와 전화를 이용한 통신판매의 구별은 특정 상품에 대한 소비자의 구매의사가 당초에 존재하였는지, 아니면 판매업자의 권유에 의하여 구매가 유도된 것인지에 따라 판단된다. 즉 통신판매에 있어 전화는 단지 상품정보를 제공하는 수단임에 비해 전화권유판매에 있어서 전화는 정보제공은 물론이고 소비자에게 접근하여 계약체결을 하는데 적극적으로 사용되는 매체이다(공정위, '특수판매에서의 소비자보호 지침' 2025.6.17, 공정위 예규 제486호).

구별하여야 할 것은 전자상거래법상의 통신판매이다. 전상법상의 통신판매는 소비자가 적극적으로 전화를 걸어와서 구매하는 인바운드 형태의 텔레마케팅을 규율한다(전상법 제2조 제2호). 이처럼 전화권유판매 혹은 통신판매의 구별은 기술적임에도 불구하고, 적용법조, 청약철회기간(14일 혹은 7일), 청약철회시의 원상회복비용 부담(사업자 혹은 소비자) 등의 규율에서 실질적인 차이가 있다. 전화권유 방법의 은밀성과 소비자에게로의 직접 접근 형태에 따른 특성을 반영하여 법적 규제를 달리하고 있는 것이다. 전상법상의 통신판매에는 광고물·광고시설물·전단지·방송·신문 및 잡지 등을 이용하는 방법과 판매자와 직접 대면하지 아니하고 우편환·우편대체·지로 및 계좌이체 등을 이용하는 방법이 포함되지만, 방문판매 등에 관한 법률 제2조 제3호에 따른 전화권유판매는 통신판매의 범위에서 제외하고 있다(전상법 제2조 제2호 단서).

1.3. 방문판매자와 전화권유판매자

방문판매자[77]라 함은 방문판매를 업으로 하기 위하여 방문판매조직을 개설 또는 관리·운영하는 자(이하 "방문판매업자"라 함)와 방문판매업자를 대신하여 방문판매업무를 수행하는 자(이하 "방문판매원"이라 함)를 말한다(법 제2조 제2호).

전화권유판매자라 함은 전화권유판매를 업으로 하기 위하여 전화권유판매조직을 개설 또는 관리·운영하는 자(이하 "전화권유판매업자"라 함)와 전화권유판매업자를 대신하여 전화권유판매업무를 수행하는 자(이하 "전화권유판매원"이라 함)를 말한다(법 제2조 제4호).

2. 진입규제

2.1. 방문판매업자등의 신고

가. 신고사항

방문판매업자등은 상호·주소·전화번호·전자우편주소(법인인 경우에는 대표자의 성명, 주민등록번호 및 주소 포함) 및 자산·부채·자본금을 공정위 또는 특별자치시

77) 2015.10.26. 현재 공정위 홈피에 등재된 통계를 살펴보면, 방문판매업체는 79,741개사, 전화권유판매업체 15,238개사, 다단계판매업자 1,124개사, 후원방문판매업자 3,493개사 등이다. 공정위 홈페이지 www.ftc.go.kr 참조.

장·특별자치도지사·시장·군수·구청장(자치구의 구청장을 말한다)에게 신고하여야 한다.[78] 다만, 방문판매원을 두지 아니하는 소규모 방문판매업자와 전화권유판매원을 두지 아니하는 전화권유판매업자, 법 제13조 제 1 항에 따라 등록한 다단계판매업자와 법 제29조 제 3 항에 따라 등록한 후원방문판매업자는 그러하지 아니하다(법 제 5 조 제 1 항 및 령 제 9 조).

신고한 사항에 변경이 있는 때에는 변경사항이 발생한 날(자산·부채 및 자본금의 변동에 관한 사항은 결산이 확정된 날)부터 15일 이내에, 휴업 또는 폐업을 하거나 휴업한 후 영업을 다시 시작하려는 경우에는 미리 공정위 또는 특별자치시장·특별자치도지사·시장·군수·구청장에게 신고하여야 한다(령 제 8 조 제 4 항). 폐업을 신고할 때에는 신고증을 첨부하되, 분실·훼손 등의 사유로 신고증을 첨부할 수 없는 경우에는 폐업신고서에 그 사유를 기재해야 한다.

방문판매업을 영위하는 자가 이상의 신고를 행하지 아니한 채 영업을 수행하였을 경우 당해 영업행위, 특히 소비자와의 거래 그 자체는 유효한 것으로 풀이된다. 방문판매법에서 당해 행위의 효력을 부인하는 조항이 없고, 동법 소정의 신고는 일종의 진입규제로서 단속법상의 규제에 속하기 때문이다. 물론 신고없이 영업을 수행하는 것은 방판법상 중대한 범법행위로서 시정조치와 벌칙의 대상이 된다(법 제49조 제 1 항 제 1 호, 제62조 제 1 호).

한편 방문판매업자등이 파산선고를 받거나 관할 세무서에 폐업신고를 한 경우 또는 6개월을 초과하여 영업을 하지 아니하는 등 실질적으로 영업을 할 수 없다고 판단되는 경우에는 공정위 또는 특별자치시장·특별자치도지사·시장·군수·구청장은 직권으로 해당 방문판매업등의 신고 사항을 말소할 수 있다(법 제12조 제 2 항).

나. 신고 절차

방문판매업자등은 주된 사무소의 소재지를 관할하는 특별자치시장·특별자치도지사·시장·군수·구청장에게 신고서에 자산·부채 및 자본금을 증명할 수 있는 서류(상법상의 회사에 한하며, 전자문서를 포함)를 첨부하여 제출하여야 하며 주된 사무소의 소재지가 외국인 경우에는 공정위에 제출하여야 한다(령 제 8 조 제 1 항). 이에 따라 신고서를 제출받은 공정위 또는 특별자치시장·특별자치도지사·시장·군

78) 주된 사무소의 소재지를 관할하는 특별자치시장·특별자치도지사·시장·군수·구청장에게 신고하되, 소재지가 외국인 경우에는 공정위에 신고한다(령 제 8 조).

수·구청장은 「전자정부법」 제36조 제 1 항에 따른 행정정보의 공동이용을 통하여 다음 각 호의 서류를 확인하여야 한다. 다만, 신고인이 법인설립을 위한 발기인의 주민등록표 초본 서류 또는 사업자등록증명 서류 확인에 동의하지 아니하거나 확인이 불가능한 경우에는 해당 서류(사업자등록증명의 경우에는 사업자등록증 사본을 말한다)를 제출하게 하여야 한다.

- 법인 등기사항증명서(법인인 경우만 해당한다). 다만, 해당 법인의 설립등기 전에 신고를 하는 경우에는 법인 설립을 위한 발기인의 주민등록표 초본으로 한다.
- 사업자등록증명(주민등록번호가 제외된 사업자등록증명을 말한다)

신고를 받은 공정위 또는 특별자치시장·특별자치도지사·시장·군수·구청장은 총리령으로 정하는 신고증을 발급하여야 한다. 신고를 「전자문서 및 전자거래 기본법」 제 2 조 제 1 호에 따른 전자문서로 하는 경우에는 공정위가 정한 정보처리시스템을 이용하여 신고할 수 있다. 전자문서로 신고를 할 경우 전자문서에 의한 자료의 제출이 곤란한 사항은 1개월 내에 우편 등을 통하여 보완할 수 있으며, 보완한 경우에는 전자문서로 신고한 날에 신고한 것으로 본다. 전자문서에 의한 신고의 처리에 필요한 사항은 시행규칙 제 8 조에서 추가로 규정하고 있다.

다. 신고사항의 공개

공정위는 신고한 방문판매업자등의 정보를 공개할 수 있으며,[79] 이 경우 해당 방문판매업자등에게 정보 공개의 내용 및 방법을 미리 통지하여야 하고, 공개될 내용 중 사실과 다른 내용이 있는 경우에는 정정할 수 있는 기회를 주어야 한다 (법 제 5 조 제 4 항 및 령 제10조).

2.2. 방문판매원등의 명부 비치

방문판매업자등은 총리령으로 정하는 바에 따라 방문판매원등의 명부를 작성하여야 하고, 방문판매업자등은 소비자피해를 방지하거나 구제하기 위하여 소비

79) 공정위는 홈페이지(www.ftc.go.kr)를 통해 방문판매업자등에 관한 정보를 공개하고 있다(공정위 공식 홈페이지에서 「정보공개 → 사업자정보공개 → 방문판매사업자 → 등록현황」 경로로 들어가면 사업자별 정보를 조회할 수 있다).

자가 요청하면 언제든지 소비자로 하여금 방문판매원등의 신원을 확인할 수 있도록 하여야 한다(법 제6조 제1항 및 제2항).

방문판매자등이 재화 등을 판매하고자 하는 경우에는 소비자에게 미리 해당 방문 또는 전화가 판매의 권유를 위한 것이라는 점과 방문판매자등의 성명 또는 명칭, 판매하는 재화 등의 종류 및 내용을 밝혀야 한다(동조 제3항). 판매자가 설문조사 등 다른 구실을 내세워 방문의 실제 목적을 숨기고 접근하는 행위를 막기 위한 것이다.

3. 거래상 특례

3.1. 체약전 정보제공 및 계약서 교부의무, 통화내용 보존의무

방문판매자등은 재화 등의 판매에 관한 계약을 체결하기 전에 소비자가 계약의 내용을 이해할 수 있도록 다음 각호의 사항을 설명하여야 한다(법 제7조 제1항). 또한 계약을 체결한 때에는 각호의 사항을 기재한 계약서를 소비자에게 교부하여야 한다(동조 제2항).

- 방문판매업자등의 성명(법인인 경우에는 대표자의 성명)·상호·주소·전화번호·전자우편주소
- 방문판매원등의 성명·주소·전화번호·전자우편주소. 다만, 방문판매업자등이 소지자와 직접 계약을 체결하는 경우는 면제한다.
- 재화 등의 명칭·종류 및 내용
- 재화 등의 가격과 그 지급 방법 및 시기
- 재화 등의 공급 방법 및 시기
- 청약의 철회 및 계약의 해제(이하 "청약철회 등"이라 함)의 기한·행사방법·효과에 관한 사항 및 청약철회 등의 권리행사에 필요한 서식(시행규칙 별지 제6호서식)
- 재화 등의 교환·반품·수리보증 및 그 대금 환불의 조건과 절차
- 전자매체로 공급이 가능한 재화 등의 설치·전송 등과 관련하여 요구되는 기술적 사항
- 소비자피해보상·재화 등에 대한 불만 및 소비자와 사업자 사이의 분쟁처리

에 관한 사항
- 거래에 관한 약관
- 그 밖에 소비자의 구매 여부 판단에 영향을 주는 거래조건 또는 소비자의 피해구제에 필요한 사항으로서 대통령령이 정하는 사항[80]

방문판매자등은 재화 등의 계약을 미성년자와 체결하고자 하는 경우에는 법정대리인의 동의를 얻어야 하며, 이 경우 법정대리인의 동의를 얻지 못하는 경우에는 미성년자 본인 또는 법정대리인이 계약을 취소할 수 있음을 알려야 한다(동조 제 3 항).

또한 전화권유판매에 관한 계약서의 경우에는 소비자의 동의를 얻어 당해 계약의 내용을 팩스나 전자문서(전자문서 및 전자거래기본법 제 2 조 제 1 호의 규정에 의한 전자문서)로 송부하는 것으로 갈음할 수 있으며, 팩스 또는 전자문서에 의하여 송부한 계약의 내용이나 도달에 관하여 다툼이 있는 경우에는 전화권유판매자가 이를 증명해야 한다(동조 제 4 항).

전화권유판매의 경우 전화권유판매업자는 소비자의 동의를 받아 통화내용 중 계약에 관한 사항을 계약일부터 3개월 이상 보존하여야 하고, 소비자는 전화권유판매업자가 보존하는 통화내용에 대하여 방문·전화·팩스 또는 전자우편 등의 방법으로 열람을 요청할 수 있으며, 전화권유판매업자는 그 요청에 따라야 한다(법 제 7 조의2).

3.2. 청약철회

가. 철회권의 행사기간

방문판매 등의 방법으로 재화 등의 구매에 관한 계약을 체결한 소비자는 일정한 기간 내에 당해 계약에 관한 청약철회 등을 할 수 있다(법 제 8 조 제 1 항).

소비자가 계약서를 교부받은 경우 교부받은 날부터 14일 이내에 행사할 수 있으나, 다만 그 계약서를 교부받은 때보다 재화 등의 공급이 늦게 이루어진 경우에는 재화 등을 공급받거나 공급이 개시된 날부터 14일 이내에 청약철회 등[81]을

80) 재화 등의 가격 외에 소비자가 추가로 부담하여야 할 사항이 있는 경우 그 내용 및 금액 그리고 판매일시·판매지역·판매수량·인도지역 등 판매조건과 관련하여 제한이 있는 경우 그 내용(령 제11조).

81) 청약철회의 방법은 반드시 서면이어야 한다는 견해도 있으나, 구두로 할 수 있다고 본다. 고형

할 수 있다(법 제 8 조 제 1 항 제 1 호). 청약철회 등을 서면으로 하는 경우에는 청약철회 등의 의사표시가 기재된 서면을 발송한 날에 그 효력이 발생한다(법 제 8 조 제 4 항). 이러한 발신주의는 소비자보호를 강화하기 위해 민법상 의사표시의 효력발생시기에 대한 일반원칙인 도달주의(민법 제111조 제 1 항)의 예외를 인정하고 있는 것이다.

그리고 계약서를 교부받지 아니한 경우, 방문판매자등의 주소 등이 기재되지 아니한 계약서를 교부받은 경우, 또는 방문판매자등의 주소 변경 등의 사유로 14일 이내에 청약철회 등을 할 수 없는 경우에는 그 주소를 안 날 또는 알 수 있었던 날부터 14일 이내에 청약철회 등을 할 수 있다(동항 제 2 호). 또한 교부된 계약서에 청약철회등에 관한 사항이 적혀 있지 아니한 경우에는 청약철회등을 할 수 있음을 안 날 또는 알 수 있었던 날로부터 14일 그리고 방문판매업자등이 청약철회를 방해한 경우에는 그 방해행위가 종료한 날로부터 14일이 철회기간이 된다(동항 제 3 호·제 4 호).

소비자는 법 제 8 조 제 1 항 또는 후술하는 제 2 항의 규정에 불구하고 재화등의 내용이 표시광고의 내용과 다르거나 계약내용과 다르게 이행된 경우에는 당해 재화 등을 공급받은 날부터 3월 이내, 그 사실을 안 날 또는 알 수 있었던 날부터 30일 이내에 청약철회 등을 할 수 있다(동조 제 3 항).

나. 철회권 행사의 제한

소비자는 각호의 경우에는 방문판매자등의 의사에 반하여 청약철회 등을 할 수 없다(동조 제 2 항). 다만, 방문판매자등이 법 제 8 조 제 5 항에 따른 조치(방문판매자등은 법 제 8 조 제 2 항 제 2 호부터 제 4 호까지의 규정에 따라 청약철회등을 할 수 없는 재화등의 경우에는 그 사실을 재화등의 포장이나 그 밖에 소비자가 쉽게 알 수 있는 곳에 분명하게 표시하거나 시용(試用) 상품을 제공하는 등의 방법으로 청약철회등의 권리행사가 방해받지 아니하도록 조치하여야 한다)를 하지 아니한 경우에는 제 2 호부터 제 4 호까지의 규정[82]에 해당하더라도 청약철회등을 할 수 있다.

• 소비자에게 책임있는 사유로 재화 등이 멸실 또는 훼손된 경우. 다만, 재화

석, 소비자보호법, 세창출판사, 2003, 125; 공정거래위원회, 앞의 편람.

82) 소비자가 재화등을 사용하거나 일부 소비하여 그 가치가 현저히 낮아진 경우(2호), 시간이 지남으로써 다시 판매하기 어려울 정도로 재화등의 가치가 현저히 낮아진 경우(3호), 복제할 수 있는 재화등의 포장을 훼손한 경우(4호)

등의 내용을 확인하기 위하여 포장 등을 훼손한 경우를 제외한다.

- 소비자가 재화등을 사용하거나 일부 소비하여 그 가치가 현저히 낮아진 경우
- 시간이 지남으로써 다시 판매하기 어려울 정도로 재화등의 가치가 현저히 낮아진 경우
- 복제할 수 있는 재화등의 포장을 훼손한 경우
- 그 밖에 거래의 안전을 위하여 대통령령으로 정하는 경우로, 시행령 제12조는 소비자의 주문에 의하여 개별적으로 생산되는 재화 등에 대하여 청약철회 및 계약의 해제를 인정하는 경우 방문판매자등에게 회복할 수 없는 중대한 피해가 예상되는 경우로서 사전에 당해 거래에 대하여 별도로 그 사실을 고지하고 소비자의 서면(전자문서 포함)에 의한 동의를 얻은 경우(령 제12조)를 들고 있다.

방문 판매자 등은 법 제 8 조 제 2 항 제 2 호부터 제 4 호까지의 규정에 따라 청약철회등을 할 수 없는 재화등의 경우에는 그 사실을 재화 등의 포장 기타 소비자가 쉽게 알 수 있는 곳에 명기하거나 시용(試用)상품을 제공하는 등의 방법으로 청약철회 등의 권리의 행사가 방해받지 않도록 조치하여야 한다(동조 제 5 항).

다. 철회권 행사의 효과

(1) 원상회복 의무

소비자는 청약철회 등을 한 경우에는 이미 공급받은 재화 등을 반환하여야 한다(법 제 9 조 제 1 항). 방문판매자등(소비자로부터 재화 등의 대금을 지급받은 자 또는 소비자와 방문판매 등에 관한 계약을 체결한 자 포함)은 재화 등을 반환받은 날부터 3 영업일 이내에 이미 지급받은 재화 등의 대금을 환급하여야 하며, 이 경우 방문판매자 등이 소비자에게 재화 등의 대금의 환급을 지연한 때에는 그 지연기간에 따라 연 100분의 40 이내의 범위에서 「은행법」에 따른 금융기관이 적용하는 연체금리 등 경제사정을 고려하여 대통령령이 정하는 이율[83]을 곱하여 산정한 지연이자(이하 "지연배상금"이라 한다)를 지급하여야 한다(동조 제 2 항).

그러나 방문판매자등은 이미 재화 등이 사용 또는 일부 소비된 경우에는 그 재화 등의 사용 또는 일부 소비에 의하여 소비자가 얻은 이익 또는 그 재화 등의

83) 연 100분의 15를 말한다(시행령 제13조).

공급에 소요된 비용에 상당하는 금액으로써 대통령령이 정하는 범위의 금액[84]의 지급을 소비자에게 청구할 수 있다(동조 제8항).

(2) 신용카드 등으로 대금을 지불한 경우

방문판매자 등은 재화 등의 대금을 환급함에 있어 소비자가 여신전문금융업 제2조 제3호의 규정에 의한 신용카드 그 밖에 대통령령이 정하는 결제수단(이하 "신용카드 등"이라 함)으로 재화 등의 대금을 지급한 때에는 지체 없이 당해 신용카드 등 대금결제수단을 제공한 사업자(이하 "결제업자"라 함)로 하여금 재화 등의 대금의 청구를 정지 또는 취소하도록 요청하여야 한다. 다만 방문판매자등이 결제업자로부터 당해 재화 등의 대금을 이미 지급받은 때에는 지체없이 이를 결제업자에게 환급하고 그 사실을 소비자에게 통지하여야 한다(법 제9조 제3항).

제3항 단서의 규정에 의하여 방문판매자등으로부터 재화 등의 대금을 환급받은 결제업자는 지체없이 소비자에게 이를 환급하거나 환급에 필요한 조치를 취하여야 하며, 동항 단서의 규정에 해당하는 방문판매자등 중 환급의 지연으로 소비자로 하여금 대금을 결제하게 한 방문판매자등은 그 지연기간에 대한 지연배상금을 소비자에게 지급하여야 한다(동조 제4항 및 제5항).

(3) 소비자의 상계 요구권

소비자는 방문판매자 등이 정당한 사유없이 결제업자에게 대금을 환급하지 아니하는 경우에는 환급받을 금액에 대하여 결제업자에게 당해 방문판매자등에 대한 다른 채무와 상계할 것을 요청할 수 있으며, 이 경우 결제업자는 대통령령이 정하는 바(령 제15조)에 따라 당해 방문판매자등에 대한 다른 채무와 상계할 수 있다(동조 제6항).

소비자는 결제업자가 제6항의 규정에 의한 상계를 정당한 사유없이 게을리한 경우 결제업자에 대해 대금의 결제를 거부할 수 있으며, 이 경우 방문판매자등과 결제업자는 그 결제의 거부를 이유로 당해 소비자를 약정한 기일 이내에 채무를 변제하지 아니한 자로 처리하는 등 소비자에게 불이익을 주는 행위를 하여서는 아니된다(동조 제7항).

---

84) 재화 등의 사용으로 인하여 소모성 부품의 재판매가 곤란하거나 재판매가격이 현저히 하락하는 경우에는 당해 소모성 부품의 공급에 소요된 비용 및 다수의 동일한 가분물로 구성된 재화 등의 경우에는 소비자의 일부 소비로 인하여 소비된 부분의 공급에 소요된 비용(령 제16조 제1항).

(4) 위약금 또는 손해배상청구의 금지

방문판매자등은 청약철회 등의 경우 공급받은 재화 등의 반환에 필요한 비용은 방문판매자등이 부담하며 방문판매자등은 소비자에게 청약철회 등을 이유로 위약금 또는 손해배상을 청구할 수 없다(동조 제9항). 전자상거래나 통신판매는 소비자가 주도적으로 행한 거래임을 감안하여 청약철회시 물품반환에 소요되는 비용은 소비자가 부담하도록 되어 있다(전상법 제18조 제9항).[85] 그러나 방문판매나 전화권유판매 그리고 다단계판매의 경우에는 사업자가 공격적인 판매방식을 사용하여 계약을 체결하게 되므로 사업자에게 반환비용을 부담토록 한 것이다.

(5) 방문판매자등의 연대책임

방문판매자등, 재화 등의 대금을 지급받은 자 또는 소비자와 방문판매 등에 관한 계약을 체결한 자가 동일인이 아닌 경우 각자는 청약철회 등에 따른 재화 등의 환급과 관련한 의무의 이행에 있어서 연대하여 책임을 진다(동조 제10항). 소비자보호를 위한 특별규정에 해당한다. 결제업자는 연대책임이 없다.

3.3. 손해배상청구금액의 제한 등

소비자에게 책임 있는 사유로 인하여 재화 등의 판매에 관한 계약이 해제된 경우 방문판매자등이 소비자에게 청구하는 손해배상액은 다음 각호에서 정한 금액에 대금미납에 따른 지연배상금을 더한 금액을 초과할 수 없다(법 제10조 제1항).

• 공급받은 재화 등이 반환된 경우에는 반환된 재화 등의 통상 사용료액 또는 그 사용에 의하여 통상 얻어지는 이익에 상당하는 금액과 반환된 재화 등의 판매가액에서 그 재화 등이 반환된 당시의 가액을 공제한 금액 중 큰 금액

• 공급받은 재화 등이 반환되지 아니한 경우에는 그 재화 등의 판매가액에 상당하는 금액

공정위는 방문판매자등과 소비자 간의 손해배상청구에 따른 분쟁을 원활하게 해결하기 위하여 필요한 경우 손해배상액의 산정기준을 정하여 고시할 수 있다.

---

85) 물론 사업자들은 반품비용에 대한 전 상법의 규정에도 불구하고, 실제로는 반품 및 환불 비용을 소비자에게 청구하지 않는 무료 반품 제도를 시행하는 경우가 많다. 이는 고객에 대한 서비스 경쟁의 한 모습이라 하겠다.

4. 금지행위 기타

4.1. 방문판매자등의 금지행위

방문판매자등은 다음의 행위를 하여서는 아니된다(법 제11조 제1항).

- 재화등의 판매에 관한 계약의 체결을 강요하거나 청약철회등 또는 계약 해지를 방해할 목적으로 소비자를 위협하는 행위
- 거짓 또는 과장된 사실을 알리거나 기만적 방법을 사용하여 소비자를 유인 또는 거래하거나 청약철회 등 또는 계약의 해지를 방해하는 행위
- 방문판매원등이 되기 위한 조건 또는 방문판매원등의 자격을 유지하기 위한 조건으로서 방문판매원등 또는 방문판매원등이 되려는 자에게 가입비, 판매 보조 물품, 개인 할당 판매액, 교육비 등 그 명칭이나 형태와 상관없이 대통령령으로 정하는 수준[86]을 초과한 비용 또는 그 밖의 금품을 징수하거나 재화 등을 구매하게 하는 등 의무를 지게 하는 행위
- 방문판매원 등에게 다른 방문판매원 등을 모집하도록 의무를 지게 하는 행위(방문판매가 변종다단계화하는 것을 방지하는 의미)
- 청약철회 등이나 계약의 해지를 방해할 목적으로 주소·전화번호 등을 변경하는 행위
- 분쟁이나 불만 처리에 필요한 인력 또는 설비가 부족한 상태를 상당 기간 방치하여 소비자에게 피해를 주는 행위
- 소비자의 청약이 없는 데도 일방적으로 재화 등을 공급하고 재화 등의 대금을 청구하는 행위
- 소비자가 재화를 구매하거나 용역을 제공받을 의사가 없음을 밝혔음에도 불구하고 전화, 팩스, 컴퓨터통신 등을 통하여 재화를 구매하거나 용역을 제공받도록 강요하는 행위
- 본인의 허락을 받지 아니하거나 허락받은 범위를 넘어 소비자에 관한 정보를 이용(제3자에게 제공하는 경우 포함)하는 행위. 다만, 다음의 어느 하나에 해당하는 경우는 제외한다.

86) "대통령령으로 정하는 수준"이란 방문판매원등이 되려는 자 또는 방문판매원등 1인당 연간 2만원을 말한다(시행령 제17조).

◦ 재화등의 배송 등 소비자와의 계약을 이행하기 위하여 불가피한 경우로서 대통령령[87]으로 정하는 경우
◦ 재화등의 거래에 따른 대금을 정산하기 위하여 필요한 경우
◦ 도용을 방지하기 위하여 본인임을 확인할 때 필요한 경우로서 대통령령[88]으로 정하는 경우
◦ 법률의 규정 또는 법률에 따라 필요한 불가피한 사유가 있는 경우

4.2. 휴업중의 업무처리

방문판매자등은 그 휴업기간 또는 영업정지기간 중에도 청약철회 등의 업무와 법 제 9 조 제 1 항부터 제 9 항까지의 규정에 의한 청약철회 등에 따른 업무를 계속하여야 한다(법 제12조 제 1 항). 이는 방문판매업자등이 청약철회 의무를 회피할 목적으로 휴업하는 사례를 방지하여 소비자의 청약철회권을 보호하기 위한 규정이다.

한편 방문판매업자등이 파산선고를 받거나 관할 세무서에 폐업신고를 한 경우 또는 6개월을 초과하여 영업을 하지 아니하는 등 실질적으로 영업을 할 수 없다고 판단되는 경우에는 공정위 또는 특별자치시장·특별자치도지사·시장·군수·구청장은 직권으로 해당 방문판매업등의 신고 사항을 말소할 수 있다(법 제12조 제 2 항).

---

87) 1. 재화등의 배송 또는 전송을 업으로 하는 자 중 해당 재화등의 배송 또는 전송을 위탁받은 자에게 소비자에 관한 정보를 제공하는 경우
2. 재화등의 설치, 사후 서비스, 그 밖에 약정한 서비스의 제공을 업으로 하는 자 중 해당 서비스의 제공을 위탁받은 자에게 소비자에 관한 정보를 제공하는 경우

88) 1. 소비자의 신원 및 실명이나 본인의 진의를 확인하기 위하여 다음 각 목의 어느 하나에 해당하는 자에게 소비자에 관한 정보를 제공하는 경우
가. 「전기통신사업법」 제 5 조제 3 항제 1 호에 따른 기간통신사업자
나. 「신용정보의 이용 및 보호에 관한 법률」에 따른 개인신용평가회사, 개인사업자신용평가회사 및 본인신용정보관리회사
다. 해당 거래에 따른 대금결제와 직접 관련된 결제업자
라. 법령에 따라 또는 법령에 따른 인가·허가를 받아 도용 방지를 위한 실명 확인을 업으로 하는 자
2. 미성년자와의 거래 시 법정대리인의 동의 여부를 확인하기 위하여 이용하는 경우

제3절 다단계판매

1. 용어의 정의

1.1. 다단계판매

방문판매법 소정의 다단계판매는 법기술적 개념이다. 즉 동법이 규제하는 다단계판매는 다단계판매조직을 통하여 재화등을 판매하는 것이며, 다단계로 거래되는 상품들로는 건강보조식품, 식품, 화장품, 그리고 세제 등 주방용품이 많다. 동법 소정의 다단계판매조직은 세 가지 요건을 갖추어야 한다(법 제2조 제5호). 첫째, 판매업자에 속한 판매원이 특정인을 해당 판매원의 하위 판매원으로 가입하도록 권유하는 모집방식이 있어야 한다. 둘째, 판매원의 가입이 3단계(다른 판매원의 권유를 통하지 아니하고 가입한 판매원을 1단계 판매원으로 함) 이상 단계적으로 이루어져야 하나, 판매원의 단계가 2단계 이하라고 하더라도 사실상 3단계 이상으로 관리·운영되는 경우로서 시행령[89]이 정하는 경우를 포함한다. 셋째, 판매업자가 판매원에게 방판법 제2조 제9호 나목 또는 다목에 해당하는 후원수당을 지급하는 방식을 가지고 있어야 한다.

요컨대 방판법은 첫째 판매원이 판매원을 모집하고, 둘째 3단계 이상의 조직을 갖추고, 셋째 본인이 아닌 다른 판매원의 실적에 따라 수당을 받는 영업행태를 모두 다단계판매로 규제할 수 있도록 한 것이다. 현행법은 구법에서 요구하던 소비자요건과 소매이익 요건을 삭제하여 신종·변형 다단계 내지 유사다단계를 모두 포섭할 수 있도록 정의규정을 단순화한 것이다. 종래 판매원 가입 이후에 물품을 구매하여 소비자요건을 회피하거나 판매원에게 구입·재판매에 따른 차익이 발생하지 않고 그 결과 소매이익 요건이 충족되지 않아서 다단계로 규제할 수 없었던 규제의 사각지대를 제거할 수 있게 된 것이다.[90]

---

89) 1. 판매원에 대한 후원수당의 지급방법이 사실상 판매원의 단계가 3단계 이상인 경우와 같거나 유사한 경우

2. 다른 자로부터 판매 또는 조직관리를 위탁받은 자(법 제13조 및 제29조제3항에 따라 다단계판매업자 또는 후원방문판매업자로 등록한 자는 제외한다)가 자신의 하위판매원을 모집하여 관리·운영하는 경우로서 위탁한 자와 위탁받은 자의 하위판매조직을 하나의 판매조직으로 볼 때 사실상 3단계 이상인 판매조직이거나 이와 유사하게 관리·운영되는 경우

다단계조직이 실제로 운영되는 모습은 상위 판매원이 하위 판매원을 모집 혹은 추천하여 판매조직이 단계적으로 팽창하는 것이지만, 상위판매원이든 하위판매원이든 모두 다단계판매업자와 직접적인 관계를 맺고 당해 다단계업자가 공급한 물품을 판매한다는 점에서는 같다. 그리고 방문판매법의 규제를 준수하지 않는 소위 불법다단계의 경우 취급상품이 조악할 뿐만 아니라 법정 한도를 초과하는 고액의 수당을 내걸고 판매원을 현혹하는 일이 많았다.

2011년 12월의 법개정에서는 다단계판매 개념의 확대와 더불어 후원방문판매 개념을 또한 도입하였다. 이는 특정 판매원의 실적이 직근 상위판매원 1인의 후원수당에만 영향을 미치는 후원수당 지급방식을 가진 방문판매를 의미하여, 이에 대해 다단계판매에 준하는 규제를 부과한 것이다(법 제2조 제7호 및 제29조). 이에 대해서는 관련 항목에서 다시 상론한다.

1.2. 후원수당

후원수당이라 함은 판매수당·알선수수료·장려금·후원금 등 그 명칭 및 지급형태를 불문하고 판매업자가 다음 각목의 사항과 관련하여 소속 판매원에게 지급하는 경제적 이익을 말한다(법 제2조 제9호).

- 판매원 자신의 재화등의 거래실적
- 판매원의 수당에 영향을 미치는 다른 판매원들의 재화등의 거래실적
- 판매원의 수당에 영향을 미치는 다른 판매원들의 조직관리 및 교육훈련 실적
- 그 밖에 가목부터 다목까지의 규정 외에 판매원들의 판매활동을 장려하거나 보상하기 위하여 지급되는 일체의 경제적 이익

---

90) 한편 구법상의 다단계판매는 판매업자가 특정인에게 다음 각호에 해당하는 판매를 하면 일정한 이익(다단계판매에 있어서 다단계판매원이 소비자에게 재화 등을 판매하여 얻는 소매이익과 다단계판매업자가 그 다단계판매원에게 지급하는 후원수당을 말함)을 얻을 수 있다고 권유하여 판매원의 가입이 단계적(판매조직에 가입한 판매원의 단계가 3단계 이상인 경우를 말함)으로 이루어지는 다단계판매조직(판매조직에 가입한 판매원의 단계가 2단계 이하인 판매조직 중 사실상 3단계 이상인 판매조직으로 관리·운영되는 판매조직을 포함함)을 통하여 재화 등을 판매하는 것을 말하였다(구법 제2조 제5호).
(1) 당해 판매업자가 공급하는 재화 등을 소비자에게 판매할 것
(2) 소비자의 전부 또는 일부를 당해 특정인의 하위판매원으로 가입하도록 하여 그 하위판매원이 당해 특정인의 활동과 같은 활동을 할 것

대법원은 자신의 재화등의 판매실적에 의해서만 경제적 이익을 얻고 하위판매원들의 재화등의 판매실적에 의해 재산상의 이익을 받지 못하는 자는 다단계판매원이 아니라고 보았다.[91]

1.3. 다단계판매자

다단계판매자라 함은 다단계판매업을 업으로 하기 위하여 다단계판매조직을 개설 또는 관리·운영하는 자, 즉 다단계판매업자와 다단계판매조직에 판매원으로 가입한 자, 즉 다단계판매원을 말한다(법 제2조 제6호).

다단계판매원은 근로기준법상의 근로자가 아니고, 유통 관련 독립사업자의 지위를 갖는다(대판 2002.7.12, 2001도5995).

2. 진입 및 공시 규제

2.1. 다단계판매업자의 진입규제

가. 영업등록

다단계판매업자의 법적 형태에 대해서는 이를 제한하는 규제가 없으나, 5억원 이상의 최저자본금을 요구하여 사실상의 진입장벽을 설정하고 있다. 물론 다단계판매업자들은 대부분 주식회사의 법적 형태를 취하고 있다.[92]

다단계판매업자는 다음 각호의 서류를 갖추어서 공정위에 등록하거나 특별시장·광역시장·특별자치시장·도지사·특별자치도지사(이하 "시·도지사"라 함)에게 등록하여야 한다(법 제13조 제1항).

• 상호 및 주소·전화번호·전자우편주소(법인인 경우에는 대표자의 성명·주민등

91) 만일 방문판매 등에 관한 법률 제2조 제7호 소정의 후원수당 중에서 '자신의 재화 등의 판매실적에 따른 후원수당'만을 지급받을 수 있고 하위판매원을 모집하여 후원활동을 하는 데 대한 후원수당이나 하위판매원들의 재화 등의 판매실적에 따른 후원수당을 지급받지 못한다면, 이러한 사람은 하위판매원을 가입시키더라도 그 판매에 의하여 이익을 얻는 것이 허용되지 않게 되는바 그러한 방식으로는 순차적·단계적으로 조직을 확장해 가는 다단계판매가 성립할 수 없다 할 것이므로, 이러한 사람은 위 법 소정의 다단계판매원이라고 할 수 없다(대판 2007.1.25, 2006도7470).

92) 공정위 홈페이지 https://www.ftc.go.kr 정보공개-사업자정보공개 화면을 통해 다단계판매업자의 명칭, 소재지, 등록번호, 대표자, 등록일, 매출액, 최근 3년간 변경내역, 후원수당 관련 세부정보(판매원 구간별 후원수당 지급분포 포함)를 확인할 수 있다.

록번호 및 주소를 포함) 등을 기재한 신청서

- 자본금이 5억원(자본잠식이 있는 경우에는 그 금액을 제외하고, 법정준비금이 있는 경우에는 그 금액을 더한다)이상임을 증명하는 서류
- 제37조의 규정에 의한 소비자피해보상보험계약 등의 체결증명서류
- 후원수당의 산정 및 지급기준에 관한 서류
- 재고관리·후원수당 지급 등 판매의 방법에 관한 사항을 기재한 서류
- 그 밖에 다단계판매자의 신원확인을 위하여 필요한 사항으로서 총리령이 정하는 서류(회사의 영업일을 적은 서류)

그리고 다단계판매업자는 등록사항에 변경이 있는 경우 15일 이내에 공정위 또는 시·도지사에게 신고하여야 하며, 그 영업을 휴업 또는 폐업하거나 휴업 후 영업을 재개하는 때에는 미리 총리령이 정하는 신고서를 공정위 또는 시·도지사에게 제출하여야 한다(령 제20조). 변경신고를 받은 공정위는 10일 이내에 수리 여부를 통보하여야 하고, 통보 없이 10일을 도과하면 그 기간이 끝난 날의 다음 날에 신고를 수리한 것으로 본다(법 제13조 제4항·제5항). 폐업을 신고하면 다단계판매업 등록은 그 효력을 잃고, 폐업신고 전 등록취소 요건에 해당되는 경우는 폐업신고일에 등록이 취소된 것으로 간주된다.

한편 공정위는 등록한 다단계판매업자의 정보, 즉 법 제13조 제1항 각호의 등록사항과 그 밖에 소비자보호 및 거래질서를 유지하기 위하여 필요한 사항으로서 공정위가 정하는 사항에 관한 것을 공개하여야 하며(동조 제6항 및 령 제22조 제1항), 정보공개를 위해 필요한 경우 다단계판매업자에게 관련 자료의 제출을 요구할 수 있다. 이 경우 다단계판매업자는 정당한 사유가 없으면 이에 따라야 한다(법 제13조 제7항). 공정위는 법 제13조제6항 및 제29조 제3항에 따라 정보를 공개하는 경우 해당 사업자에게 정보 공개의 내용 및 방법을 미리 통지하여야 하고, 공개될 내용 중 사실과 다른 내용이 있는 경우에는 정정할 수 있는 기회를 주어야 한다(령 제22조 제2항).

다단계판매업자의 경영·영업상 비밀에 관한 사항으로서 공개될 경우 다단계판매업자의 정당한 이익을 현저히 해할 우려가 있다고 인정되는 정보와 개인에 관한 사항으로서 공개될 경우 개인의 사생활의 비밀 또는 자유를 침해할 우려가 있다고 인정되는 정보에 대해서는 공개의무의 범위에서 제외하고 있다(동조 제6

항 단서). 공정위는 홈페이지(www.ftc.go.kr)를 통해 다단계판매업자의 매출액, 후원수당 지급액 등에 관한 중요정보를 공개하고 있다.

나. 등록의 결격사유

다단계판매업을 영위하고자 하는 자는 누구든지 다단계판매업자로 등록할 수 있지만, 다음 각호에 해당하는 개인이나 법인은 다단계판매업자로 등록할 수 없다(법 제14조).

- 다음 각 목의 어느 하나에 해당하는 개인 또는 그 개인이 임원으로 있는 법인
  - ◦ 미성년자·피한정후견인 또는 피성년후견인
  - ◦ 파산선고를 받고 복권되지 아니한 자
  - ◦ 방판법을 위반하여 징역형의 선고를 받고 그 집행이 끝나거나(집행이 끝난 것으로 보는 경우를 포함한다) 집행이 면제된 날부터 5년이 지나지 아니한 자
  - ◦ 방판법을 위반하여 징역형의 집행유예를 선고받고 그 유예기간 중에 있는 자

- 다음 각 목의 어느 하나에 해당하는 자가 지배주주로 있는 법인
  - ◦ 방판법을 위반하여 징역의 실형을 선고받고 그 집행이 끝나거나(집행이 끝난 것으로 보는 경우를 포함한다) 집행이 면제된 날부터 5년이 지나지 아니한 자
  - ◦ 방판법을 위반하여 징역형의 집행유예를 선고받고 그 유예기간 중에 있는 자
  - ◦ 등록이 취소된 후 5년이 경과되지 아니한 개인 또는 법인
  - ◦ 등록취소 당시의 임원 또는 지배주주이었던 자가 임원 또는 지배주주로 있는 법인

2.2. 다단계판매원의 진입규제

가. 다단계판매원의 등록

다단계판매조직에 다단계판매원으로 가입하고자 하는 자는 그 조직을 관리·운영하는 다단계판매업자에게 총리령으로 정하는 바[93]에 따라 등록하여야 한다

(법 제15조 제1항). 다단계판매업자는 다단계판매조직에 가입한 다단계판매원에게 다단계판매원등록증을 발급하여야 하며(동조 제3항), 다단계판매원 등록부를 작성하고 소비자피해의 방지 또는 구제를 위하여 소비자가 요청하는 경우 소비자로 하여금 등록된 다단계판매원의 신원을 확인할 수 있도록 하여야 한다(동조 제4항). 이를 위해 다단계판매업자가 홈페이지를 운용하는 경우 소비자가 그 홈페이지를 통하여 특정 다단계판매원이 등록되어 있음을 쉽게 확인할 수 있도록 하여야 한다(시행규칙 제17조 제2항).

그리고 다단계판매업자는 등록한 다단계판매원에게 다음 각호의 사항에 대하여 확인이 가능한 다단계판매원 수첩(전자문서와 전자기기로 된 것을 포함)을 발급하여야 한다(동조 제5항).

- 후원수당의 산정 및 지급기준
- 하위판매원의 모집 및 후원에 관한 사항
- 재화 등의 반환 및 다단계판매원의 탈퇴에 관한 사항
- 다단계판매원이 지켜야 할 사항
- 그 밖에 총리령이 정하는 사항[94]

나. 등록의 결격사유

다음 각호에 해당하는 자는 다단계판매원으로 등록할 수 없다(동조 제2항).

---

93) 시행규칙 제15조(다단계판매원의 등록신청) ① 법 제15조 제1항에 따라 다단계판매원의 등록을 하려는 사람은 성명·생년월일·주소·전화번호(전자우편주소가 있는 경우 이를 포함한다) 및 다단계판매업자명을 적고, 서명·날인한 다단계판매원 등록신청서를 다단계판매업자에게 제출하여야 한다.
② 제1항의 다단계판매원 등록신청서는 전자문서로 제출할 수 있다. 이 경우 「전자서명법」 제2조 제2호에 따른 전자서명(서명자의 실지명의를 확인할 수 있는 것으로 한정한다) 또는 이에 준하는 암호화 및 전자서명 기술을 사용한 인증시스템을 통한 전자서명을 이용할 수 있다.
③ 제2항에 따른 전자서명의 요건을 충족하지 못한 경우에는 2개월 내에 직접 자료를 제출하거나 우편 등을 통하여 보완할 수 있으며, 보완한 경우에는 다단계판매원 등록신청서를 전자문서로 제출한 날에 등록신청한 것으로 본다.

94) 시행규칙 제18조(다단계판매원 수첩) 법 제15조 제5항 제5호에서 "총리령으로 정하는 사항"이란 다음 각 호의 사항을 말한다.
1. 공정거래위원회가 정하여 고시하는 다단계판매에 관한 해설자료
2. 다단계판매원 수첩이라는 문구, 제작시기 및 다단계판매업자명(수첩의 표지에 표시할 것)

- 국가공무원, 지방공무원, 교육공무원 및 사립학교법에 따른 교원(고등교육법 제14조제2항에 따른 강사를 포함한다)
- 미성년자. 다만, 제4호 또는 제5호에 해당하지 아니하는 법정대리인의 동의를 받은 경우는 제외한다.
- 법인
- 다단계판매업자의 지배주주 또는 임직원
- 이 법에 위반하는 행위를 한 자로서 동법에 의한 시정조치를 2회 이상 받은 자(다만 마지막 시정조치에 대한 이행을 완료한 날부터 3년이 지난 자는 제외한다)
- 이 법을 위반하여 징역의 실형을 선고받고 그 집행이 종료되거나(집행이 종료된 것으로 보는 경우를 포함한다) 집행이 면제된 날부터 5년이 지나지 아니한 자
- 이 법을 위반하여 징역형의 집행유예를 선고받고 그 유예기간 중에 있는 자

다. 다단계판매원의 탈퇴

다단계판매원은 언제든지 다단계판매업자에게 탈퇴의사를 표시하고 탈퇴할 수 있으며, 다단계판매업자는 다단계판매원의 탈퇴에 조건을 부과하여서는 아니된다(법 제22조 제4항). 또한 법 제15조 제2항 각 호의 어느 하나에 해당하는 자가 다단계판매원으로 등록한 경우 당해 다단계판매원을 탈퇴시켜야 하며(법 제22조 제3항), 이때 다단계판매업자는 탈퇴한 다단계판매원의 판매행위 등으로 인하여 소비자의 피해가 발생하지 아니하도록 판매원수첩의 회수 등 필요한 조치를 하여야 한다(법 제22조 제5항).

3. 청약철회 등 거래상 특례

3.1. 철회권의 행사

가. 청약철회 일반

다단계판매에 있어서의 청약철회 등을 할 수 있는 등 철회기간,[95] 철회권행사

95) 구법에서는 다단계판매자로부터 재화등을 구매한 소비자의 철회권 행사기간이 계약서를 교부받은

의 제한, 철회기간의 특례 및 효력발생시기 등은 방문판매 및 전화권유판매에 있어서와 동일하다(법 제17조 제1항 본문).

나. 소비자의 철회

다단계판매원과 계약을 체결한 소비자는 다단계판매원에게 우선적으로 청약철회 등을 하고, 다단계판매원의 주소·전화번호 또는 전자우편주소 등 연락처의 변경이나 소재불명 등의 사유로 청약철회 등을 할 수 없거나, 해당 다단계판매원에게 청약철회 등을 하더라도 대금환급 등의 효과를 기대하기 어려운 경우에 한하여 소비자는 당해 재화 등을 공급한 다단계판매업자에게 청약철회 등을 할 수 있다(법 제17조 제1항 단서). 소비자는 서면은 물론 구두·전화로 철회할 수 있다.

다. 다단계판매원의 철회

다단계판매의 방법으로 재화 등의 구매에 관한 계약을 체결한 다단계판매원은 다단계판매업자에게 재고의 보유를 허위로 알리는 등의 방법으로 재화 등의 재고를 과다하게 보유한 경우, 재판매가 곤란한 정도로 재화 등을 훼손한 경우 그 밖에 다음의 각 경우(령 제25조)를 제외하고는 계약을 체결한 날부터 3월 이내에 서면(전자문서를 포함한다)으로 당해 계약에 관한 청약철회 등을 할 수 있다(법 제17조 제2항).

다음의 경우 다단계판매원은 청약철회를 할 수 없다.

- 재고 보유에 관하여 다단계판매업자에게 거짓으로 보고하는 등의 방법으로 과다하게 재화등의 재고를 보유한 경우
- 다시 판매하기 어려울 정도로 재화등을 훼손한 경우
- 다단계판매원에게 책임있는 사유로 재화등이 멸실되거나 훼손된 경우. 다만, 재화등의 내용을 확인하기 위하여 포장 등을 훼손한 경우는 제외한다.
- 재화등을 일부 사용하거나 소비하여 그 가치가 현저히 낮아진 경우. 다만, 청약철회등이 불가능하다는 사실을 재화등의 포장이나 그 밖에 쉽게 알 수 있는 곳에 분명하게 표시하거나 시용 상품을 제공하는 등의 방법으로 재화등의 일부 사용 등에 의하여 청약철회등의 권리행사가 방해받지 아니하도록 조치한 경우로 한정한다.

날부터 20일 이내로 방문판매 소비자보다 길었으나, 2002년 개정에서 모두 14일로 통일되었다.

- 복제할 수 있는 재화등의 포장을 훼손한 경우
- 소비자 또는 다단계판매원·후원방문판매원의 주문에 의하여 개별적으로 생산되는 재화등에 대한 것으로서 청약철회등을 인정하면 다단계판매업자 또는 후원방문판매업자에게 회복할 수 없는 중대한 피해가 예상되는 경우로서 사전에 해당 거래에 대하여 별도로 그 사실을 고지하고 소비자 또는 다단계판매원·후원방문판매원의 서면(전자문서를 포함) 동의를 받은 경우

3.2. 청약철회의 효과

가. 원상회복의무

다단계판매의 상대방(다단계판매자가 다단계판매원 또는 소비자에게 판매한 때에는 다단계판매원 또는 소비자, 다단계판매원이 소비자에게 판매한 때에는 소비자)이 계약에 관한 청약철회 등을 한 경우에는 이미 공급받은 재화 등을 반환하여야 하며(법 제18조 제1항), 다단계판매자(상대방으로부터 재화 등의 대금을 지급받은 자 또는 상대방과 다단계판매에 관한 계약을 체결한 자를 포함함)는 재화 등을 반환받은 날부터 3영업일 이내에 이미 지급받은 재화 등의 대금을 환급하여야 한다(동조 제2항 본문).

나. 비용공제

다단계판매자가 다단계판매원에게 재화 등의 대금을 환급함에 있어 비용을 공제할 수 있는 경우는 다단계판매원이 재화 등을 공급받은 날부터 1월이 경과하여 반환한 경우에 한하되, 그 공제할 수 있는 비용의 한도는 다음 각호와 같다. 다만 다단계판매업자의 등록이 취소되어 반환하는 경우에는 다음 각호에 규정된 금액의 2분의 1에 해당하는 금액을 한도로 한다(령 제26조).

- 공급일부터 1월 경과 후 2월 이내에 반환하는 경우에는 그 재화 등의 대금의 5퍼센트 이내로서 당사자간 약정한 금액
- 공급일부터 2월 경과 후 3월 이내에 반환하는 경우에는 그 재화 등의 대금의 7퍼센트 이내로서 당사자간 약정한 금액

다. 다단계판매자의 의무

신용카드 등으로 대금을 지급한 경우의 조치 및 결제업자의 의무, 소비자의 상계요구권 및 연대책임에 관한 것은 방문판매 및 전화권유판매에 있어서와 동일

하다(법 제18조 제 3 항 내지 제 9 항).

3.3. 소비자에 대한 정보제공 및 계약서발급

계약체결 전의 정보제공 및 계약체결에 따른 계약서 발급의무는 방문판매 및 전화권유판매에 있어서와 동일하다(법 제16조).

3.4. 소비자피해보상보험계약등 체약강제

다단계판매업자로 등록하기 위해서는 소비자 및 다단계판매원의 청약철회등에 따른 대금환급의무과 재화등의 공급의무의 불이행 등으로 인한 소비자피해를 보상하는 것을 내용으로 하는 소비자피해보상보험계약등을 체결하여야 한다(법 제37조, 법 제13조 제 1 항 제 3 호, 제23조 제 1 항 제 8 호). 다단계판매업자가 체결할 수 있는 소비자피해보상보험계약의 종류로는 1. 소비자피해보상을 위한 보험계약, 2. 소비자피해보상금의 지급을 확보하기 위한 금융기관과의 채무지급보증계약, 3. 공제조합과의 공제계약 등이 있다. 현재까지 등록된 모든 다단계판매업자는 공제조합[96]과 공제계약을 체결하고 있다. 한편 다단계판매를 제외한 방문판매, 전화권유판매 및 계속거래등에서 소비자피해보상보험계약등의 체결은 사업자의 선택사항이다.

3.5. 손해배상 청구금액의 제한

소비자에게 책임있는 사유로 인하여 재화 등의 판매에 관한 계약이 해제된 경우 다단계판매업자등이 소비자에게 청구하는 손해배상액은 방문판매 및 전화권유판매에 있어서와 동일하다(법 제19조).

4. 영업 관련 규제

4.1. 후원수당 규제

가. 후원수당의 지급기준 등

다단계판매업자는 다단계판매원에게 고지한 후원수당의 산정 및 지급기준과 다르게 후원수당을 산정·지급하거나 그 밖의 부당한 방법으로 다단계판매원을 차

96) 직접판매공제조합, 한국특수판매공제조합이 있다.

별하여 대우해서는 아니된다(법 제20조 제1항). 다단계판매업자는 후원수당의 산정 및 지급기준을 객관적이고 명확하게 정하여야 하며, 후원수당의 산정 및 지급기준을 변경하고자 하는 경우에는 그 적용일로부터 3월 이전에 다단계판매원에게 통지하여야 한다(동조 제2항 및 령 제28조 제1항).

한편 다단계판매업자가 다단계판매원에게 후원수당으로 지급할 수 있는 총액은 다단계판매업자가 개별 다단계판매원에게 1년 동안 공급한 재화 등의 가격(부가가치세를 포함함)의 합계액의 35% 범위 이내이어야 하며(동조 제3항), 일정수의 하위판매원을 모집 또는 후원하는 것을 조건으로 하위판매원 또는 그 하위판매원의 판매실적에 관계없이 후원수당을 차등하여 지급하여서는 아니된다(법 동조 제5항). 후원수당에 대한 엄격한 총액규제는 후원수당의 과다한 지급에 따른 사행심 조장을 방지하기 위한 것이다. 다단계판매업자는 다단계판매원이 요구하는 경우 후원수당의 산정·지급 명세 등의 열람을 허용하여야 한다.

나. 후원수당의 표시·광고 등

다단계판매업자는 다단계판매원이 되고자 하는 자 또는 다단계판매원에게 그들이 받게 될 후원수당이나 소매이익에 관하여 거짓 또는 과장된 정보를 제공하여서는 아니되고(법 제21조 제1항), 전체 다단계판매원에 대한 평균 후원수당 등 후원수당의 지급현황에 관한 정보를 고지하여야 하며(동조 제2항), 다단계판매조직의 운영방식 또는 활동내용에 관하여 거짓 또는 과장된 사실을 유포하여서는 아니된다(동조 제3항).

4.2. 다단계판매업자의 금지행위

다단계판매업자는 다음 각호의 행위를 하여서는 아니되며, 다단계판매원으로 하여금 이러한 금지행위를 교사하거나 방조하여서도 아니된다(법 제23조 제1항 및 제2항).

- 재화등의 판매에 관한 계약의 체결을 강요하거나 청약철회등 또는 계약 해지를 방해할 목적으로 상대방을 위협하는 행위
- 거짓 또는 과장된 사실을 알리거나 기만적 방법을 사용하여 상대방과의 거래를 유도하거나 청약철회등 또는 계약 해지를 방해하는 행위 또는 재화등의 가격·품질 등에 대하여 거짓 사실을 알리거나 실제보다도 현저히 우량하거

나 유리한 것으로 오인시킬 수 있는 행위97)

- 청약철회 등이나 계약의 해지를 방해할 목적으로 주소·전화번호 등을 변경하는 행위
- 분쟁이나 불만처리에 필요한 인력 또는 설비의 부족을 상당기간 방치하여 상대방에게 피해를 주는 행위
- 상대방의 청약이 없는데도 일방적으로 재화 등을 공급하고 재화 등의 대금을 청구하는 등 상대방에게 재화 등을 강매하거나 하위판매원에게 재화 등을 판매하는 행위98)
- 소비자가 재화를 구매하거나 용역을 제공받을 의사가 없음을 밝혔음에도 불구하고 전화, 팩스, 컴퓨터통신 등을 통하여 재화를 구매하거나 용역을 제공받도록 강요하는 행위
- 다단계판매업자에게 고용되지 아니한 다단계판매원을 다단계판매업자에게 고용된 사람으로 오인하게 하거나 다단계판매원으로 등록하지 아니한 사람을 다단계판매원으로 활동하게 하는 행위
- 제37조의 규정에 의한 소비자피해보상보험계약 등을 체결하지 아니하고 영업하는 행위
- 다단계판매자가 거래의 상대방에게 판매하는 개별 재화 등의 가격을 200만원(부가가치세를 포함한다) 초과하도록 정하여 판매하는 행위(거래가 상한 규제)
- 본인의 허락을 받지 아니하거나 허락받은 범위를 넘어 소비자에 관한 정보를 이용하는 행위. 다만, 다음 각 목의 어느 하나에 해당하는 경우는 제외한다.
  - 재화등의 배송 등 소비자와의 계약을 이행하기 위하여 불가피한 경우로서 대통령령으로 정하는 경우
  - 재화등의 거래에 따른 대금을 정산하기 위하여 필요한 경우

---

97) 법원은 "위 규정에서의 상품의 품질 등이란 상품의 효능뿐만 아니라, 상품의 성질·상태·재료·성분 등을 포괄하는 의미이므로 피고인이 다수의 체험사례 등을 통하여 상품의 의학적 효능에 관하여 확신하고 이를 판매함으로써 사기죄의 범의는 없었다고 하더라도 상품의 성질, 상태 등에 관하여 허위사실을 알린 경우에는 방문판매 등에 관한 법률 위반죄에 해당한다"고 보았다(대판 2002.9.6, 2000도1233).

98) 법원은 "다단계판매원들에게 지급한 금원이 하위판매원을 가입하는 자가 상품을 구입하거나 판매한 경우 다단계판매원들에게 직급에 따라 일정한 비율로 분해하여 준 것인 경우 이는 다단계판매원에게 지급이 허용된 후원수당의 범위 내에 포함된다"고 보았다(대판 1998.8.21, 98도882).

◦ 도용을 방지하기 위하여 본인임을 확인할 때 필요한 경우로서 대통령령으로 정하는 경우
◦ 법률의 규정 또는 법률에 따라 필요한 불가피한 사유가 있는 경우

• 다단계판매조직 및 다단계판매원의 지위를 양도·양수하는 행위. 다만 다단계판매원의 지위를 상속하는 경우 또는 사업의 양도·양수·합병의 경우에는 그러하지 아니하다.

4.3. 사행적 판매원 확장행위 등의 금지

이 금지는 2011년 12월의 법개정을 통해 불법적 피라미드를 하나로 묶어 이를 별도의 금지행위로 신설한 것이다. 재화의 거래를 전면적으로 혹은 사실상 수반하지 않는 고도로 위험한 금융피라미드는 물론, 취업알선 등의 거짓명목으로 대학생이나 실업자를 유인하는 행위, 방판법상의 다단계나 후원방판과 유사한 단계적 조직을 통한 탈법행위가 포괄적으로 금지되며, 이에 대해 신고포상금제가 도입되었다. 신설된 사행적 판매원확장행위에 관한 방판법의 규제는 다음과 같다.

즉 누구든지 다단계판매조직 또는 이와 비슷하게 단계적으로 가입한 자로 구성된 조직을 이용하여 다음의 어느 하나에 해당하는 행위를 하여서는 아니되며, 다단계판매업자는 다단계판매원에게 이러한 행위를 하도록 교사하거나 방조해서도 아니된다(법 제24조 제 1 항·제 2 항).

(1) 재화등의 거래 없이 금전거래를 하거나 재화등의 거래를 가장하여 사실상 금전거래만을 하는 행위로서 다음의 어느 하나에 해당하는 행위

• 판매원에게 재화등을 그 취득가격이나 시장가격보다 10배 이상과 같이 현저히 높은 가격으로 판매하면서 후원수당을 지급하는 행위(거래가장 금융피라미드 등)
• 판매원과 재화등의 판매계약을 체결한 후 그에 상당하는 재화등을 정당한 사유 없이 공급하지 아니하면서 후원수당을 지급하는 행위(공매매유치수수료 지급 등)
• 그 밖에 판매업자의 재화등의 공급능력, 소비자에 대한 재화등의 공급실적, 판매업자와 소비자 사이의 재화등의 공급계약이나 판매계약, 후원수당의 지급조건 등에 비추어 그 거래의 실질이 사실상 금전거래인 행위

(2) 판매원 또는 판매원이 되려는 자에게 하위판매원 모집 자체에 대하여 경제적 이익을 지급하거나 정당한 사유 없이 후원수당 외의 경제적 이익을 지급하는 행위

(3) 후원수당에 대한 총액규제(법 제20조 제 3 항, 제29조 제 3 항)에 위반되는 수당의 지급을 약속하여 판매원을 모집하거나 가입을 권유하는 행위

(4) 판매원 또는 판매원이 되려는 자에게 가입비, 판매 보조물품, 개인 할당 판매액, 교육비 등 그 명칭이나 형태와 상관없이 10만원 이하로서 대통령령으로 정하는 수준[99]을 초과한 비용 또는 그 밖의 금품을 징수하는 등 의무를 부과하는 행위

(5) 판매원에 대하여 상품권(명칭이나 형태와 상관없이 발행자가 일정한 금액이나 재화등의 수량이 기재된 무기명증표를 발행하고 그 소지자가 발행자 또는 발행자가 지정하는 자에게 이를 제시 또는 교부하거나 그 밖의 방법으로 사용함으로써 그 증표에 기재된 내용에 따라 발행자등으로부터 재화등을 제공받을 수 있는 유가증권)을 판매하는 행위로서 다음의 어느 하나에 해당하는 행위(상품권구매 유치 등)

- 판매업자가 소비자에게 판매한 상품권을 다시 매입하거나 다른 자로 하여금 매입하도록 하는 행위
- 발행자등의 재화등의 공급능력, 소비자에 대한 재화등의 공급실적, 상품권의 발행규모 등에 비추어 그 실질이 재화등의 거래를 위한 것으로 볼

---

99) 시행령 제33조(의무 부과 수준) 법 제24조 제 1 항 제 4 호(법 제29조 제 3 항에 따라 준용되는 경우를 포함한다)에서 "대통령령으로 정하는 수준"이란 다음 각 호의 어느 하나에 해당하는 금액 또는 각 호의 구분에 따른 금액의 연간 총합계 5만원을 말한다.

1. 다단계판매원 또는 후원방문판매원의 가입비 또는 회원자격 갱신의 경우: 1만원. 이 경우 가입비 및 갱신회비는 가입 및 갱신을 위하여 다단계판매업자 또는 후원방문판매업자가 지출하는 실제 비용을 초과할 수 없다.
2. 판매 보조 물품을 구입하도록 의무를 부과하는 경우: 다단계판매원 또는 후원방문판매원 1인당 연간 3만원. 이 경우 판매 보조 물품의 공급대가로 다단계판매원 또는 후원방문판매원으로부터 징수하는 금액은 다단계판매업자 또는 후원방문판매업자가 그 판매 보조 물품을 공급하는 데 드는 비용(그 비용이 판매 보조 물품의 시장가격 상당액을 초과하는 경우에는 시장가격을 말한다)을 초과할 수 없다.
3. 교육을 받도록 의무를 부과하는 경우: 소비자보호 등을 위한 법령 준수에 관한 교육 등 공정거래위원회가 정하는 내용의 교육으로 한정하며, 다단계판매원 또는 후원방문판매원 1인당 연간 3만원. 이 경우 징수하는 교육비는 실제 비용을 초과할 수 없다.
4. 제 1 호부터 제 3 호까지 외의 것으로서 명칭이나 형태에 상관없이 비용 또는 그 밖의 금품을 징수하는 등 의무를 부과하는 경우: 1인당 연간 3만원

수 없는 수준의 후원수당을 지급하는 행위

(6) 사회적인 관계 등을 이용하여 다른 사람에게 자신의 하위판매원으로 등록하도록 강요하거나 그 하위판매원에게 재화등을 구매하도록 강요하는 행위

(7) 판매원 또는 판매원이 되려는 자에게 그 의사에 반해 교육·합숙 등을 강요하는 행위

(8) 판매원을 모집하기 위한 것이라는 목적을 명확하게 밝히지 아니하고 취업·부업 알선, 설명회, 교육회 등을 거짓 명목으로 내세워 유인하는 행위

4.4. 소비자 등의 침해정지요청

금지행위 및 사행적 판매원 확장행위 금지에 관한 규정을 위반한 다단계판매업자의 행위로 인하여 이익을 침해받거나 침해받을 우려가 있는 자 또는 다음 각 호의 소비자단체 등은 당해 행위가 현저한 손해를 주거나 줄 우려가 있는 경우에는 그 행위에 대하여 공정위에 침해의 정지에 필요한 조치를 요청할 수 있다(법 제25조 및 령 제34조 제1항).

- 소비자기본법 제29조에 따라 등록한 소비자단체
- 소비자기본법 제33조에 따라 설립된 한국소비자원
- 민법 제32조의 규정에 의하여 다단계판매 또는 후원방문판매업자와 관련한 소비자보호를 목적으로 설립한 비영리법인

침해의 정지에 필요한 조치를 요청하려는 자는 다음 각 호의 사항을 적은 서면을 공정위에 제출하여야 한다(령 제34조 제2항).

- 침해의 정지에 필요한 조치 요청의 대상이 되는 다단계판매업자·후원방문판매업자 또는 다단계판매원·후원방문판매원 및 위법행위의 내용
- 위법행위로 인하여 침해받거나 침해받을 우려가 있는 이익이나 피해의 내용
- 침해의 정지에 필요한 조치의 내용

[표 4] 다단계판매와 방문판매 규제 비교

구 분	다단계판매업	방문판매업
등록방식	등록	신고
소비자피해보상보험	의무	선택
최저 자본금	5억원	해당 없음
수당 지급 제한	총 매출액의 35% 이내	해당 없음
수당 관련 정보공개	자료제출 및 정보공개 의무화	해당 없음
판매상품 가격제한	200만원	해당 없음
청약철회 기간	소비자 14일, 판매원 3개월	소비자 14일, 판매원 해당 없음

4.5. 휴업기간 등에서의 청약철회 업무처리

다단계판매업자는 휴업기간 또는 영업정지기간 중에도 청약철회 등의 업무와 청약철회 등에 따른 업무를 계속해야 하며(법 제26조 제1항), 다단계판매원은 다단계판매업자가 폐업하거나 등록이 취소된 경우 폐업 또는 등록취소 당시 판매하지 못한 재화 등을 다른 사람에게 판매한 때에는 그 다단계판매원이 청약철회 등에 따라 반환되는 재화 등을 반환받고 재화 등을 반환받은 날부터 3영업일 이내에 재화 등의 대금을 환급받아야 한다(동조 제2항).

그리고 공정위에 등록하거나 시·도지사에 등록한 다단계판매업자가 파산선고를 받거나 관할 세무서에 폐업신고를 한 경우 또는 6개월을 초과하여 영업을 하지 아니하는 등 실질적으로 영업을 할 수 없는 것으로 판단되는 경우에는 등록을 받은 행정기관의 장은 그 등록을 직권으로 말소할 수 있다(동조 제3항).

4.6. 다단계판매업자의 책임

다단계판매업자는 다단계판매원이 그의 하위판매원을 모집하거나 다단계판매업자의 재화 등을 소비자에게 판매함에 있어서 당해 다단계판매원이 금지규정들을 위반하지 아니하도록 다단계판매원에게 당해 규정의 내용을 서면이나 전자우편으로 고지하여야 한다(법 제28조 제1항).

다단계판매업자가 고지의무를 게을리한 경우에는 금지규정들을 위반한 다단계판매원의 행위에 의하여 다른 다단계판매원 또는 소비자에게 가한 재산상 손해에 대하여 이를 배상할 책임을 지며(동조 제2항), 그 배상책임의 기준은 다단계판매원의 위반행위와 상당인과관계가 있는 손해액을 그 기준으로 하되 위반행위 관련 매출액을 한도로 한다(령 제35조).

그러나 이 경우에도 다단계판매원에 대한 다단계판매업자의 구상권행사는 방해받지 아니한다(동조 제 2 항).

5. 후원방문판매

5.1. 규제의 취지

후원방문판매에 대한 규제는 2011년 12월의 방문판매법 개정을 통해 도입되었다. 당시 화장품업계 등에서 방문판매업으로 신고한 후 다단계방식으로 영업을 수행하는 행태, 즉 판매원에게 직하위 판매원의 판매실적에 따라 후원수당을 지급하는 다단계형 방문판매가 등장함에 따라 이를 전통적인 방문판매와 구분하여 후원방문판매로 규정하고, 이에 대해 다단계판매에 준한 규제를 도입한 것이다.

구체적으로, 후원방문판매는 영업 개시 전에 반드시 등록해야 하며, 다단계판매와 동일하게 취급제품의 가격상한 규정, 금지행위, 소비자 피해 보상보험 가입 의무 등이 적용된다. 다만 후원수당에 대해서는 총액제한 기준이 다단계판매보다 다소 완화된 38% 수준이었다.

또한, 판매원에 대한 매출을 제외하고 최종소비자에 대한 매출 비중이 70% 이상인 후원방문판매업체에 대해서는 후원수당 총액 규제, 제품 가격상한 규제, 소비자피해보상보험 가입 의무 등의 규제 적용을 제외하는 예외 규정이 두어졌다.

이처럼 후원방문판매 제도는, 다단계판매로 위장한 방문판매 관행을 제도적으로 차단하고, 소비자 보호를 강화하려는 취지에서 처음 설계되었다.

2023년과 2024년의 개정을 통해, 후원방문판매 관련 규제가 다음과 같이 조정되었다. 우선 개별 재화의 가격 상한이 기존 160만 원에서 200만 원으로 상향되었다. 또한, 최종소비자 판매비중 산정에 필요한 기준과 절차가 구체화되어, 영업 개시 후 6개월 이상인 경우 실제 영업 기간을 기준으로 산정할 수 있도록 하였고, 등록 이전의 일반 방문판매 매출 자료는 산정에 사용할 수 없도록 하였다. 아울러, 2023년 3월 개정된 법령에 따라 전자거래 매출은 비중 산정에서 제외되도록 명확히 규정되었다.

이러한 개정은, 후원방문판매가 단순 유통구조나 리쿠르팅 중심의 다단계형

구조로 변질되는 것을 방지하고, 실제 소비자 대상 판매가 일정 비중 이상인 경우에만 예외를 인정함으로써 소비자 보호를 강화하고 규제의 실효성을 확보하고자 한 것이다.

5.2. 후원방문판매 및 후원방문판매자

후원방문판매라고 함은 제 1 호(방문판매, 다음 각 목의 어느 하나에 해당하는 자가 개설·운영하는 사이버몰에서 「전자문서 및 전자거래 기본법」 제 2 조제 5 호에 따른 전자거래의 방법으로 소비자에게 판매하는 경우를 포함한다) 및 제 5 호(다단계판매)의 요건에 해당하되, 대통령령으로 정하는 바[100]에 따라 특정 판매원의 구매·판매 등의 실적이 그 직근 상위판매원 1인의 후원수당에만 영향을 미치는 후원수당 지급방식을 가진 경우를 말한다. 이 경우 제 1 호의 방문판매 및 제 5 호의 다단계판매에는 해당하지 아니하는 것으로 한다.

- 재화등을 생산하는 제 8 호에 따른 후원방문판매업자
- 제 8 호에 따른 후원방문판매업자가 판매하는 재화등의 주된 공급자

"후원방문판매자"란 후원방문판매를 업으로 하기 위한 조직("후원방문판매조직")을 개설하거나 관리·운영하는 자("후원방문판매업자")와 후원방문판매조직에 판매원으로 가입한 자("후원방문판매원")를 말한다.

5.3. 후원방문판매자의 의무

후원방문판매는 하위판매원의 실적이 직근 상위판매원의 후원수당에만 영향을 미치는 판매조직이므로, 후원방문판매자는 후원방문판매원에게 판매원 자신의 직근 하위판매원이 아닌 다른 후원방문판매원의 구매·판매 등의 실적과 관련하여

100) 시행령 제 3 조(후원방문판매의 후원수당 지급방식) 법 제 2 조 제 7 호 전단에 따른 후원수당 지급방식은 특정 판매원의 구매·판매 실적 및 이에 직접적으로 영향을 미치는 교육훈련·조직관리 활동이 그 직근 상위판매원 1인의 후원수당에만 영향을 미치는 지급방식으로 한다. 다만, 다음 각 호의 어느 하나에 해당하는 후원수당을 지급하는 것은 법 제 2 조 제 7 호 전단에 따른 후원수당 지급방식에 포함되지 아니한다.
1. 시간당 교육비 등 구매·판매 실적과 관계없이 미리 마련한 기준에 따라 부정기적으로 지급되는 교육훈련비
2. 모든 판매원에게 똑같이 지급되는 상여금 또는 시용(試用) 제품
3. 실제 지출된 비용을 기준으로 지원하는 사업장 운영지원비

후원수당을 지급하거나 이러한 지급을 약속하여 후원방문판매원을 모집하는 행위를 하여서는 아니된다(법 제29조 제1항). 후원방문판매의 다단계화를 막으면서 후원방문판매의 건전성을 확보하기 위한 것이다.

5.4. 규정의 준용

후원방문판매자에 대하여 다음의 규정들이 대거 준용된다(법 제29조 제3항).

첫째, 방문판매원의 명부작성(법 제6조), 다단계판매업자의 등록(법 제13조), 다단계판매업자의 등록결격사유(법 제14조), 다단계판매원의 등록결격사유(법 제15조 제2항) 등이다. 다만, 최저자본금 조항(법 제13조 제1항 제2호)은 준용되지 아니하며, 제13조 제1항 제3호는 "제37조에 따른 소비자피해보상보험계약등의 체결 증명서류 또는 제29조 제2항(최종소비자 판매가 70% 이상인 경우의 규제면제)에 해당함을 증명하는 서류"로 본다.

둘째, 소비자에 대한 정보제공(법 제16조), 청약철회와 그 효과(법 제17조, 제18조), 손해배상청구금액의 제한(법 제19조), 후원수당의 지급기준(법 제20조, 다만 후원수당 총액규제 비율은 100분의 38로 함), 후원수당 관련 표시·광고(법 제21조), 다단계판매원의 등록과 탈퇴(법 제22조), 금지행위(법 제23조), 사행적 판매원 확장행위 금지(법 제24조), 소비자의 침해정지 요청(법 제25조), 휴업기간 중 업무처리(법 제26조), 주소변경 등의 공고(법 제27조), 그리고 다단계판매업자의 책임(법 제28조) 등이다.

다만 후원방문판매업자가 후원방문판매원에게 공급한 재화등의 100분의 70 이상을 판매원이 아닌 소비자에게 판매한 경우에는 후원수당에 대한 총액규제(법 제20조 제3항), 소비자피해보상보험 가입강제와 취급제품 가격상한 규제(법 제23조 제1항 제8호·제9호) 및 소비자피해보상보험계약 등에 관한 법 제37조의 적용이 면제된다(법 제29조 제2항). 다만, 전자거래의 방법으로 판매하는 경우에는 해당 규정을 적용한다.[101] 상대적으로 건전한 이들 후원방문판매업체의 경우 판매원의 재고(在庫)가 낮아 사재기 피해의 우려가 적다는 점을 감안하여 일부 사전규제의 적용을 배제한 것이다.

---

101) 2023.3.21. 법 개정을 통해 추가된 내용이다.

제4절 계속거래와 사업권유거래

1. 용어의 정의

계속거래[102]라 함은 1월 이상 계속하여 재화 등을 공급하는 계약으로서 중도에 해지할 경우 대금환급의 제한 또는 위약금에 관한 약정이 있는 거래를 말한다(법 제2조 제10호).

또한 사업권유거래[103]라 함은 사업자가 소득기회를 알선·제공하는 방법으로 거래상대방을 유인하여 재화 등을 구입하게 하는 거래를 말한다(법 제2조 제11호). 사업권유거래는 계약이 계속될 가능성이 크기 때문에 방문판매법은 사업권유거래와 계속거래를 함께 규율하고 있다. 이들은 장기간의 계속거래 또는 고액투자가입비를 요구하는 등 고전적 판매유형보다 소비자 피해의 위험이 높고, 환불제한, 과도한 위약금, 과장된 수익 약속, 계약 강요, 기습적 폐업 등과 관련된 피해가 반복되는 형태이기도 하다. "초기비용을 내면 누구나 월○○만원 가능", "지인을 모집하면 수익 발생" 등 후원방문판매나 다단계의 형태와 혼합되는 변칙적 영업사례도 발생하고 있으며, 거래가 지속되는 과정에서 소비자가 쉽게 계약을 해지하지 못하는 피해도 빈번하다.

2. 계속거래자 등의 의무

2.1. 체약전 정보제공 및 체약후 계약서 발급의무

계속거래 또는 사업권유거래(이하 "계속거래 등"이라 함)를 업으로 하는 자(이하 "계속거래업자 등"이라 함)는 10만원 및 3개월 이상을 거래조건(다만, 사업권유거래의 경우에는 기간에 관계없이 30만원 이상 거래)으로 하는 계속거래 등에 관한 계약을 체

---

102) 잡지구독, 레저·스포츠시설 이용권 판매 등 대부분의 회원제 거래가 계속거래의 형태를 취하고 있다.

103) 소비자와 유사하게 정보력, 협상력 등의 측면에서 열악한 지위에 있는 영세상인, 소규모 자영업자, 아르바이트 개념의 부업희망자 등을 새로운 소득기회로 유인하는 기만적인 판매업자로부터 보호하자는 것이 그 취지이다. 예컨대 새로 도입된 자격증제도를 빌미로 교재나 연수프로그램을 지나치게 고가로 판매하거나 서비스를 부실하게 제공하는 행위 등이 그 대상이다.

결하는 경우에는 계약을 체결하기 전에 소비자(사업권유거래에서 재화 등을 구매하는 자를 포함함)가 계약의 내용을 이해할 수 있도록 다음 각호의 사항을 설명하고 계약을 체결하는 때는 계약서를 소비자에게 발급하여야 한다(법 제30조 제2항 및 령 제37조). 그리고 계속거래사업자등은 소비자에게 표시 또는 고지한 거래조건을 신의에 좇아 성실하게 이행하여야 한다(동조 제5항).

- 계속거래업자 등의 성명(법인인 경우에는 대표자의 성명)·상호·주소·전화번호·전자우편주소
- 계속거래를 통하여 판매하는 재화 등(계속거래와 관련하여 따로 구입할 필요가 있는 다른 재화 등이 있는 경우에는 그 재화 등을 포함함)이나 사업권유거래를 통하여 판매하는 재화 등의 명칭, 종류 및 내용
- 재화 등의 대금(가입비, 설치비 등 명칭여하를 불문하고 재화 등의 거래와 관련하여 지급하는 금액을 포함함)과 그 지급시기 및 방법
- 재화 등의 거래방법과 거래기간 및 시기
- 사업권유거래의 경우에는 제공되는 사업에 관한 거래조건으로서 재화 등을 구매하는 경우 사업자가 제공하는 사업기회에 의하여 얻게 되는 이익이나 그 보장에 관한 조건(령 제38조)
- 법 제31조에 따른 계약의 해지와 그 행사방법·효과에 관한 사항 및 해지권의 행사에 필요한 서식
- 소비자 피해보상, 재화 등에 대한 불만 및 소비자와 사업자 사이의 분쟁처리에 관한 사항
- 거래에 관한 약관
- 그 밖에 거래 여부의 판단에 영향을 주는 거래조건 또는 소비자의 피해구제에 필요한 사항으로서 판매일시, 판매지역, 판매수량, 인도지역 등 판매조건과 관련하여 제한이 있는 경우 그 내용에 관한 사항(령 제39조)

계속거래를 업으로 하는 자는 소비자에게 용역을 공급하는 계약으로서 소비자의 별도 의사표시가 없는 한 자동으로 갱신되는 계약을 체결한 경우에는 그 계약 종료일의 50일 전부터 20일 전까지의 기간에 소비자에게 종료일이 다가오고 있음을 서면이나 전자우편으로 통지하여야 한다. 다만, 거래기간이 2개월 이내의

계약인 경우나 소비자가 재계약 체결 또는 계약 갱신의 의사를 표시한 경우에는 그 통지를 생략할 수 있다.

2.2. 법정대리인의 동의

계속거래업자 등이 미성년자의 계약을 체결할 때 법정대리인의 동의가 필요하며, 이는 방문판매 및 전화권유판매에 있어서와 동일하다(법 제30조 제 4 항).

2.3. 거래기록의 열람

계속거래업자 등은 재화 등의 거래기록 등을 방문·전화 또는 인터넷 등을 통하여 즉시 소비자가 열람할 수 있도록 필요한 조치를 하여야 하고, 소비자가 우편 등에 의하여 열람요청을 하는 경우 3 영업일 이내에 관련자료를 발송하여야 한다(법 제33조 및 령 제42조).

2.4. 금지행위

계속거래업자 등은 다음의 행위를 하여서는 아니된다(법 제34조 제 1 항).

- 계속거래 등의 계약을 체결하게 하거나 계약의 해지 또는 해제를 방해하기 위하여 소비자를 위협하는 행위
- 거짓 또는 과장된 사실을 알리거나 그 밖의 기만적인 방법으로 소비자를 유인 또는 거래하거나 계약의 해지 또는 해제를 방해하는 행위
- 계속거래 등에 필요한 재화 등을 통상 거래가격보다 현저히 비싼 가격으로 구입하게 하는 행위
- 소비자가 계속거래 등의 계약을 해지 또는 해제하였음에도 불구하고 정당한 사유 없이 이에 따른 조치를 지연하거나 거부하는 행위
- 해지·해제를 방해할 목적으로 주소·전화번호 등을 변경하는 행위
- 분쟁이나 불만처리에 필요한 인력 또는 설비의 부족을 상당기간 방치하여 소비자에게 피해를 주는 행위
- 소비자의 청약이 없는데도 일방적으로 재화 등을 공급하고 재화 등의 대금을 청구하는 행위
- 소비자가 재화를 구매하거나 용역을 제공받을 의사가 없음을 밝혔음에도

불구하고 전화, 팩스, 컴퓨터통신 등을 통하여 재화를 구매하거나 용역을 제공받도록 강요하는 행위

공정위는 이 법 위반행위의 방지 및 소비자피해의 예방을 위하여 계속거래업자등이 지켜야 할 기준을 정하여 고시할 수 있다.[104]

3. 계약의 해지 등

3.1. 계약의 해지

계속거래업자등과 계속거래 등의 계약을 체결한 소비자는 언제든지 계약 기간 중 계약을 해지할 수 있다(법 제31조 본문). 계속거래에 있어 소비자의 계약해지권은 계약법 일반원칙의 중요한 예외이다. 다만 다른 법률에 별도의 규정이 있거나 소비자(사업권유거래의 상대방 포함)의 주문에 의하여 개별적으로 생산되는 재화 등의 계약해지를 인정하면 계속거래업자 또는 사업권유거래업자에게 회복할 수 없는 중대한 피해가 예상되는 경우로서 사전에 당해 거래에 대하여 별도로 그 사실을 고지하고 소비자의 서면(전자문서 포함)에 의한 동의를 얻은 경우에는 계약을 해지할 수 없다(법 제31조 단서 및 령 제40조).

3.2. 계약해지 또는 해제의 효과와 위약금 등

가. 부당한 위약금 청구 등 금지

계속거래업자 등은 자신의 귀책사유 없이 계속거래 등의 계약이 해지 또는 해제된 경우(제8조 및 제17조의 규정에 의하여 청약이 철회된 경우를 제외함) 소비자에게 해지 또는 해제로 인해 발생하는 손실을 현저하게 초과하는 위약금을 청구하거나 가입비 그 밖의 명칭 여하를 불문하고 실제 공급된 재화 등의 대가를 초과하여 수령한 대금의 반환을 부당하게 거부하여서는 아니된다(법 제32조 제1항).

나. 소비자의 재화 등의 반환

계속거래 등의 계약이 해지 또는 해제된 경우 소비자는 반환할 수 있는 재화 등을 계속거래업자 등에게 반환할 수 있으며, 계속거래업자 등은 반환받은 재화

104) 공정위고시 제2021-23호 '계속적 재판매거래등에 있어서의 거래상 지위 남용행위 세부유형 지정고시'

등의 가치에 상당하는 금액을 계약의 해지 또는 해제에 따라 지급하여야 할 환급금에 더하거나, 청구할 수 있는 위약금에서 감액하여야 한다(법 제32조 제 2 항 및 령 제41조 제 1 항).

다. 차액의 환급 등

계속거래업자 등은 자신의 귀책사유 없이 계약이 해지 또는 해제된 때에 소비자로부터 받은 재화 등의 대금(재화 등이 반환된 경우 환급하여야 할 금액 포함)이 이미 공급한 재화 등의 대금에 위약금을 더한 금액보다 많은 경우 그 차액을 소비자에게 환급하여야 하며, 이 경우 환급이 지연되는 때에는 지연기간에 대한 지연배상금을 더하여 환급하여야 한다(법 제32조 제 3 항).

공정위는 위와 같은 위약금 청구와 대금 환급 또는 위약금 경감과 관련된 분쟁을 방지하기 위하여 필요한 경우 위약금 및 대금의 환급에 관한 산정기준을 정하여 고시할 수 있다.[105]

제 5 절 소비자의 권익보호

1. 소비자의 권익보호

1.1. 서 설

가. 소비자보호규정 강화

2002년 개정된 방문판매법에서는 '소비자권익의 보호'라는 제목의 제 5 장을 신설하였다. 신설된 규정에 의하면 공정위가 거래당사자, 관계기관 및 단체의 의견을 들어 소비자보호지침을 마련하도록 하고, 다단계판매자가 등록하고자 할 때에는 소비자피해보상보험계약의 체결을 의무화하였다. 이 보험제도는 소비자의 청약철회 등의 권리행사에 따라 발생하는 대금환급의무의 불이행 또는 재화 등의 공급의무 불이행으로 인한 소비자피해보상을 보장하기 위한 것이다.

나. 소비자의 범위

소비자라 함은 사업자가 제공하는 재화 등을 소비생활을 위하여 사용하거나

105) 공정위고시 2019-9호 '계속거래 등의 해지·해제에 따른 위약금 및 대금의 환급에 관한 산정기준'

이용하는 자 또는 대통령령이 정하는 자를 말한다(법 제2조 제12호). 여기서 대통령령이 정하는 자라 함은 사업자가 제공하는 재화 또는 용역(이하 "재화 등"이라 함)을 소비생활외의 목적에 사용하거나 이용하는 자로서 다음 각호에 해당하는 자를 말한다(령 제4조).

- 재화 등을 최종적으로 사용하거나 이용하는 자. 다만 재화 등을 원재료(중간재를 포함) 및 자본재로 사용하는 자를 제외한다.
- 법 제3조 제1항 단서의 규정에 해당하는 사업자로서 재화 등을 구매하는 자(당해 재화 등을 판매한 자에 대한 관계에 한함)
- 다단계판매원 또는 후원방문판매원이 되기 위하여 다단계판매업자 또는 후원방문판매업자로부터 재화 등을 최초로 구매하는 자
- 방문판매업자 또는 전화권유판매업자("방문판매업자 등"이라 함)와 거래하는 경우의 방문판매원 또는 전화권유판매원("방문판매원 등"이라 함)
- 재화 등을 농업(축산업 포함) 및 어업활동을 위하여 구입한 자(「원양산업발전법」 제6조 제1항에 따라 허가를 받은 원양어업자는 제외함)

1.2. 소비자보호지침 제정

공정위는 방문판매, 전화권유판매, 다단계판매 및 후원방문판매, 계속거래 등(이하 "특수판매"라 함)을 행함에 있어서 건전한 거래질서의 확립 및 소비자(다단계판매원이나 사업권유거래의 상대방 포함)의 보호를 위하여 사업자의 자율적 준수를 유도하기 위한 지침[106](이하 "소비자보호지침"이라 함)을 관련분야의 거래당사자. 기관 및 단체의 의견을 들어 정할 수 있다(법 제35조 제1항). 그리고 특수판매를 업으로 하는 자(이하 "특수판매업자"라 함)는 그가 사용하는 약관이 소비자보호지침의 내용보다 소비자에게 불리한 경우 소비자보호지침과 다르게 정한 약관의 내용을 소비자가 알기 쉽게 표시 또는 고지하여야 한다(동조 제2항).

1.3. 특수판매업자의 입증책임

특수판매업자와 계약 상대방과 다툼이 있는 경우 다음의 사실에 관해서는 특수판매업자가 이를 증명하여야 한다(법 제36조 제1항).

106) 공정위예규 '특수판매에서의 소비자보호 지침'(2025.6.17. 일부개정).

- 재화등의 훼손에 대한 소비자의 책임 유무
- 계약이 체결된 사실 및 그 시기
- 재화등의 공급 사실 및 그 시기
- 계약서의 발급 사실 및 그 시기
- 입증책임에 관한 별도의 약정이 없는 그 밖의 거래 사실

그리고 특수판매업자는 위의 사실에 관한 증명에 필요한 통화내용 등 거래기록을 미리 보존할 수 있으며, 이 경우 특수판매업자는 거래기록을 그 대상·범위·기간 및 열람 방법 등에 관하여 시행령이 정하는 바[107]에 따라 보존하여야 한다(동조 제 2 항).

1.4. 소비자피해보상보험계약 등

법령에 따라 등록하고자 하는 다단계판매업자와 후원방문판매업자는 (1) 소비자피해 보상을 위한 보험계약, (2) 소비자피해 보상금의 지급을 확보하기 위한 채무지급보증계약, (3) 법 제38조에 따라 설립된 공제조합과의 공제계약 중 어느 하나에 해당하는 계약, 즉 소비자피해보상보험계약등을 체결하여야 한다(법 제37조 제 1 항). 이 보험계약은 소비자피해의 보상에 적절한 수준이어야 하며, 그 구체적 기준은 다음 각호의 내용[108]과 같다(동조 제 3 항 및 령 제44조 제 1 항). 그리고 소비

---

107) 제43조(특수판매업자가 보관·보존하는 거래기록 등) ① 법 제36조제 1 항 및 제 2 항에 따라 특수판매업자가 보관하거나 보존할 수 있는 거래기록은 다음 각 호와 같다.
1. 표시·광고에 관한 기록
2. 계약 또는 청약철회등에 관한 기록
3. 대금결제 및 재화등의 공급에 관한 기록
4. 소비자의 불만 또는 분쟁처리에 관한 기록
② 특수판매업자가 법 제36조제 1 항에 따른 증명에 필요한 통화내용 등 거래기록을 법 제36조제 2 항에 따라 보존하는 경우에는 보존기간을 계약일부터 3개월 이상으로 한다.
③ 소비자는 특수판매업자가 제 1 항과 제 2 항에 따라 보관하거나 보존하는 거래기록에 대하여 방문·전화·팩스 또는 전자우편 등의 방법으로 열람을 요청할 수 있으며, 특수판매업자는 그 요청에 따라야 한다.

108) 1. 청약철회등의 권리행사에 따라 발생하는 대금 환급의무의 불이행 또는 재화등의 공급의무 불이행 등으로 인한 소비자피해를 보상하는 것을 그 내용으로 할 것
2. 피보험자 또는 수혜자는 해당 소비자피해보상보험계약등을 체결한 자가 판매하는 재화등의 구매자로 할 것
3. 계약금액은 재화등의 매매대금을 한도로 공정거래위원회가 정하여 고시하는 규모 이상으로 할 것
4. 소비자(다단계판매원 또는 후원방문판매원을 포함한다. 이하 이 조에서 같다)가 신속하고 쉽

자피해보상금을 지급할 의무가 있는 자는 그 지급사유가 발생한 경우 지체없이 이를 지급하여야 하며, 이를 지연한 경우에는 지연배상금을 지급하여야 한다(동조 제4항).

그리고 소비자피해보상보험계약 등을 체결 또는 유지하는 사업자는 이를 체결 또는 유지하는 경우 매출액 등의 자료를 제출함에 있어 거짓 자료를 제출하여서는 아니된다(법 제34조 제5항). 그리고 소비자피해보상계약 등을 체결한 사업자는 그 사실을 나타내는 표지를 사용할 수 있으나(동조 제6항), 체결하지 아니한 사업자는 그러한 표지를 사용하거나 유사한 표지를 제작 또는 사용하여서는 아니된다(동조 제7항).

1.5. 공제조합의 설립과 감독

방문판매법에 의해 신고한 방문판매업자나 등록한 다단계판매업자 또는 후원방문판매업자는 소비자피해보상으로 인한 보상금지급책임의 보험사업 등 공제사업을 영위하기 위하여 10인 이상이 발기하고 조합원 중 2분의 1 이상의 동의를 얻어 창립총회에서 정관을 작성한 후 공정위의 인가를 받아 공제조합을 설립할 수 있다(법 제38조 제1항 및 령 제45조). 이 공제조합은 법인으로 하며 주된 사무소의 소재지에 설립등기를 함으로써 성립한다(법 제38조 제2항).

공제조합에 가입한 자는 공제사업의 수행에 필요한 출자금 등을 조합에 납부하여야 하며, 조합의 기본재산은 조합원의 출자금 등으로 조성한다. 조합원의 자

게 피해보상을 받을 수 있도록 하고, 보상이 지연되는 경우 지연배상금이 지급되도록 할 것
5. 정당한 사유 없이 소비자의 의사표시 방법을 제한하거나 소비자에게 지나친 입증책임의 부담을 부과하지 아니할 것
6. 정당한 사유 없이 피해보상의 범위나 보험자 또는 재화등의 판매자의 책임을 한정하지 아니할 것
7. 소비자에게 예상하기 어려운 위험이나 손해를 줄 우려가 있거나 부당하게 불리한 약정을 두지 아니할 것
8. 소비자피해보상보험계약등의 계약을 체결하여 거래하는 기간은 1년 이상으로 하고, 정당한 사유 없이 계약 해지의 요건을 쉽게 정하여 소비자에게 불이익을 주지 아니할 것
9. 보험계약 또는 채무지급보증계약의 경우에는 「보험업법」 제2조제6호에 따른 보험회사 또는 「은행법」 제2조제1항제2호에 따른 은행(이하 이 호에서 "보험회사등"이라 한다)과 체결할 것. 다만, 후원방문판매업자는 다음 각 목의 요건을 모두 충족하는 다른 후원방문판매업자와 제1호부터 제8호까지의 요건을 충족하는 채무지급보증계약을 체결할 수 있다.
   가. 재화등의 매매·위탁판매 등 계속적 거래관계가 있는 다른 후원방문판매업자
   나. 계속적 거래관계가 있는 후원방문판매업자를 위하여 보험회사등 또는 법 제38조에 따라 설립된 공제조합(이하 "공제조합"이라 한다)과 소비자피해보상보험계약등을 체결한 다른 후원방문판매업자

격, 임원에 관한 사항 및 출자금의 부담기준에 필요한 사항은 정관으로 정한다(동조 제3항 내지 제5항).

그리고 공제조합이 공제사업을 하고자 하는 때에는 공제규정을 정하여 공정위의 인가를 받아야 하며 변경하고자 하는 때에도 또한 같다. 그리고 공제규정에는 공제사업의 범위, 공제료, 공제사업에 충당하기 위한 책임준비금 등 공제사업의 운영에 관하여 필요한 사항을 정하여야 한다(동조 제7항 및 제8항).

공제조합에 관하여 이 법에 규정된 것을 제외하고는 민법 중 사단법인에 관한 규정을 적용하며 보험업법을 적용하지 아니한다(동조 제9항 및 제10항).

공정위는 필요하다고 인정되는 때에는 공제조합에 대하여 업무에 관한 보고서의 제출 그 밖에 필요한 조치를 명하거나 소속 공무원으로 하여금 공제조합의 업무상황을 조사하거나 장부 그 밖의 서류를 검사하게 할 수 있다(법 제39조 제1항). 공정위는 공제조합의 운영 및 업무집행 등이 법령이나 정관 등에 적합하지 아니하는 경우 이의 시정을 명할 수 있고 그 밖에 소비자의 피해구제 등과 관련하여 필요한 경우에는 적절한 조치를 요구할 수 있다(동조 제2항).

공정위는 공제조합의 임직원이 공제규정을 위반하여 업무를 처리하거나 공정위의 시정명령이나 조치를 이행하지 아니하는 때에는 관련 임직원에 대한 징계·해임을 요구하거나 해당 위반행위를 시정하도록 명할 수 있다(법 제39조 제3항).

공제조합은 소비자피해보상을 위한 공제사업 및 소비자의 권익보호를 위한 공익사업, 소비자피해예방과 홍보를 위한 출판 및 교육사업, 시장의 건전한 발전을 위한 자율정화사업, 공정위로부터 위탁받은 사업, 기타 정관으로 정하는 사업을 수행할 수 있다(법 제40조).

1.6. 전화권유판매 수신거부의사 등록시스템의 구축과 운용

2011년 12월의 법개정으로 도입된 제도로서 소비자에게 성가시게 접근하는 전화권유판매를 거부할 수 있는 시스템을 운용하기 위한 것이다. 이를 통해 소비자가 수신거부의사를 명시적으로 표시·등록할 수 있는 등록시스템을 공정위가 구축할 수 있는 법적 근거가 마련되었다.

즉 공정위는 전화권유판매자의 행위로부터 소비자를 보호하기 위하여 소비자가 수신거부의사를 명시적으로 표시하여 등록할 수 있는 수신거부의사 등록시스템을 구축할 수 있다(법 제42조 제1항). 이 경우 전화권유판매자가 전화권유판매를 하려면 등록시스템에서 소비자의 수신거부의사 등록 여부를 확인하여야 하며, 전화권유판매 수신거부의사를 등록한 소비자에게 전화권유판매를 하여서는 아니된다. 다만, 전화권유판매업자가 소비자로부터 개별적인 동의를 받은 경우에는 그러하지 아니하다(동조 제2항).

공정위는 등록시스템의 운용을 소비자기본법에 따라 설립된 기관이나 등록 소비자단체, 방판법에 따라 등록된 특수판매 사업자단체, 또는 다른 법률에 따라 소비자보호를 위해 설립된 기관이나 단체 중 하나에 위탁할 수 있으며, 해당 기관 또는 단체에 그 원활한 운용에 필요한 비용의 일부 또는 전부를 지원할 수 있다(동조 제3항). 공정위는 위탁사업자로 선정된 자가 거짓 또는 부정한 방법으로 선정되거나 시스템을 다른 목적으로 사용하거나 제3자의 이용에 제공한 경우에는 그 선정을 반드시 취소하여야 하며, 선정기준을 유지하지 못하거나 선정목적을 달성하기 어렵다고 생각되는 경우에는 그 선정을 취소할 수 있다(동조 제6항).

2. 조사 및 감독

2.1. 위반행위의 조사 등

가. 위반행위 조사와 실태조사

공정위, 시·도지사 또는 시장·군수·구청장은 이 법의 규정을 위반한 사실이 있다고 인정할 때에는 직권으로 필요한 조사를 할 수 있다. 다만 다단계판매 및 후원방문판매와 관련한 규정의 위반사실에 대해서는 공정위 또는 시·도지사가 조사를 할 수 있다(법 제43조 제1항). 시·도지사 또는 시장·군수·구청장이 조사를 하고자 하는 경우에는 공정위에 통보하여야 하며, 공정위는 조사 등이 중복될 우려가 있는 경우에는 당해 조사의 중지를 명할 수 있다(동조 제2항). 제1항 및 제2항의 규정에 의하여 조사를 한 경우에는 그 결과(조사결과 시정조치명령 등의 처분을 하고자 하는 경우에는 그 처분의 내용을 포함한다)를 당해 사건의 당사자에게 서면으로 통지하여야 한다(동조 제3항).

그리고 공정위는 특수판매에서의 건전한 거래질서 확립 및 소비자 보호를 위하여 특수판매에 대한 실태조사와 교육을 실시할 수 있다(법 제43조의2).

나. 위반행위의 신고

누구든지 이 법의 규정에 위반되는 사실이 있다고 인정할 때에는 그 사실을 공정위, 시·도지사 또는 시장·군수·구청장에게 신고할 수 있다. 다만 다단계판매와 관련한 규정에 위반되는 사실에 대하여는 공정위 또는 시·도지사에게 신고할 수 있다(법 제43조 제7항).

다. 제재조치의 처분기간

공정위는 이 법의 규정에 위반하는 행위가 종료한 날부터 5년을 경과한 경우에는 당해 위반행위에 대하여 시정조치를 명하지 아니하거나 과징금 등을 부과하지 아니한다(법 제43조 제8항).

2.2. 신고포상금 제도

공정위는 등록을 하지 아니하고 다단계판매조직 또는 후원방문판매조직을 개설·관리 또는 운영하는 행위 혹은 사행적 판매원확장행위 금지(법 제24조)를 위반한 행위를 신고 또는 제보하고 이를 입증할 수 있는 증거자료를 제출한 자에 대하여 포상금을 지급할 수 있다(법 제44조 제1항). 이는 미등록 다단계나 후원방문판매, 그리고 사행적 판매원확장행위를 규제의 실효성을 더하기 위해 2011년 12월 법개정으로 도입한 것이다.

포상금 제도의 구체적 시행, 즉 지급대상이 되는 법위반행위, 포상금 지급대상자의 범위, 포상금 지급의 기준·절차 등에 관하여 필요한 사항은 시행령이 정하는 바에 따른다(동조 제2항).

2.3. 부당행위에 대한 정보공개 등

공정위는 특수판매의 공정거래 질서확립과 소비자피해예방을 위하여 필요한 경우에는 특수판매업자의 이 법 위반행위사실 등 부당행위에 대한 정보를 공개할 수 있다. 이 경우 사전에 당해 사업자에게 공개되는 정보의 내용을 통보하여 소명기회를 주어야 한다(법 제45조 및 령 제52조).

2.4. 평가·인증사업의 공정화

특수판매의 공정거래질서확립 및 소비자 보호를 위하여 관련사업자의 평가·인증 등의 업무를 수행하는 자(이하 "평가·인증사업자"라 함)는 그 명칭 여하를 불문하고 그 평가·인증에 관한 기준·방법 등을 공시하고, 그에 따라 공정하게 평가·인증하여야 하며(법 제46조 제1항), 그 기준 및 방법은 사업자가 거래의 공정화 및 소비자보호를 위하여 행한 노력과 성과에 관한 정보를 전달하는데 적절한 것이어야 한다(동조 제2항).

2.5. 보고 및 감독

시·도지사 또는 시장·군수·구청장이 시정권고를 하는 경우에는 공정위에 보고하여야 하며, 공정위는 이 법의 효율적인 시행을 위하여 필요하다고 인정할 때에는 그 소관사항에 관하여 시·도지사 또는 시장·군수·구청장 등에 대하여 조사·확인 또는 자료의 제출을 요구하거나 기타 시정에 필요한 조치를 요구할 수 있다. 이 경우 시·도지사 또는 시장·군수·구청장은 특별한 사유가 없는 한 이에 응하여야 한다(법 제47조).

3. 시정조치 및 과징금 부과

3.1. 위반행위의 시정

가. 시정권고

공정위, 시·도지사 또는 시장·군수·구청장은 사업자가 이 법의 규정에 위반되는 행위를 하거나 이 법의 규정에 의한 의무를 이행하지 아니하는 경우 시정조치에 앞서 당해 행위를 중지하거나 이 법에 규정된 의무를 이행하도록 당해 사업자에 대하여 시정방안을 정하여 이에 따를 것을 권고할 수 있다. 이 경우 당해 권고를 수락한 때에는 시정조치가 명하여진 것으로 본다는 뜻을 함께 통지하여야 한다(법 제48조 제1항). 그리고 시정권고를 받은 사업자는 그 통지를 받은 날부터 10일 이내에 당해 권고를 수락하는지의 여부에 관하여 이를 행한 행정청에 통지하여야 한다(동조 제2항).

나. 시정조치, 영업정지와 등록취소

공정위는 사업자가 이 법이 정하는 일정한 조항에 저촉되는 행위를 하거나 의무, 즉 신고의무 또는 등록의무, 명부비치의무, 계약체결전 정보제공 및 계약서 교부의무, 청약철회후 대금환급의무 등을 이행하지 않는 경우에는 그 시정을 위한 조치를 명할 수 있다(법 제49조 제1항).

이러한 시정을 위한 조치에는 당해 위반행위의 중지, 이 법에 규정된 의무의 이행, 시정조치를 받은 사실의 공표, 소비자피해 예방 및 구제에 필요한 조치 그리고 그 밖에 시정을 위하여 필요한 조치를 포함한다(동조 제2 항).

공정위는 사업자가 다음의 어느 하나에 해당하는 경우에는 1년 이내의 기간을 정하여 그 영업의 전부 또는 일부의 정지를 명할 수 있다(법 제49조 제4항).

- 시정조치에도 최근 3년간 같은 위반행위가 2회 이상 반복되는 경우
- 시정조치를 이행하지 아니한 경우
- 시정조치만으로는 소비자피해를 방지하기 어렵거나 소비자에 대한 피해보상이 불가능하다고 판단되는 경우

또한 공정위 또는 시·도지사는 사업자가 속임수나 부정한 방법으로 다단계판매업 혹은 후원방문판매업을 등록을 한 때에는 그 등록을 반드시 취소하여야 하고, 다음의 어느 하나에 해당하는 경우 그 등록을 취소할 수 있다(법 제49조 제5항).

- 속임수나 그 밖의 부정한 방법으로 제13조 제1항에 따른 등록을 한 경우
- 다단계 등록결격사유에 해당하게 된 경우
- 소비자피해보상보험계약등이 해지된 경우
- 영업정지기간 중에 영업을 하는 경우

3.2. 소비자피해분쟁조정의 요청

공정위, 시·도지사 또는 시장·군수·구청장은 특수판매에 있어 이 법 위반행위와 관련하여 소비자의 피해구제 신청이 있는 경우 시정권고 또는 시정조치를 행하기 전에 특수판매에 있어 소비자보호 관련업무를 수행하는 기관 또는 단체 등 소비자피해분쟁조정기구에 그 조정을 의뢰할 수 있으며(법 제50조 제1항), 의뢰된 권고안 또는 조정안을 당사자가 수락하고 이를 이행하는 경우에는 시정조치를 하지 아니한다는 뜻을 당사자에게 통지하여야 한다(동조 제2항). 공정위는 의뢰된 조정안을 당사자가 수락하고 이행한 경우에는 대통령령으로 정하는 바에 따라 제49조에 따른 시정조치를 하지 아니한다. 이 경우 법 제43조 제8항은 적용하지 아니한다.

3.3. 과 징 금

가. 과징금 부과

공정위는 영업정지에 갈음하여 해당 사업자에 대하여 위반행위 관련 매출액을 초과하지 않는 범위 안에서 과징금을 부과할 수 있다. 이 경우 매출액이 없거나 이를 산정할 수 없는 경우 등에는 5천만원을 초과하지 아니하는 범위 안에서 과징금을 부과할 수 있다(법 제51조 제1항). 또한 이 법의 규정을 위반한 특수판매업자인 회사의 합병이 있는 경우에는 해당 회사가 행한 위반행위는 합병 후 존속하거나 합병에 의하여 새로 설립된 회사가 행한 행위로 보아 과징금을 부과·징수할 수 있다(동조 제3항).

공정위는 과징금을 부과함에 있어서 위반행위로 인한 소비자 피해정도, 소비자 피해에 대한 사업자의 보상노력 정도, 위반행위로 인하여 취득한 이익의 규모, 위반행위의 내용·기간 및 횟수 등을 참작하여야 한다(동조 제2항).

나. 과징금 부과절차

공정위가 과징금을 부과하고자 하는 때에는 그 위반행위의 종별과 당해 과징금의 금액 등을 명시하여 이를 납부할 것을 서면으로 통지하여야 하며, 통지를 받은 자는 통지가 있은 날부터 60일 이내에 과징금을 공정위가 정하는 수납기관에 납부하여야 한다. 다만 천재·지변 그 밖에 부득이한 사유로 인하여 그 기간 내에 과징금을 납부할 수 없는 때에는 그 사유가 없어진 날부터 30일 이내에 납부하여야 한다(령 제59조 제1항 및 제2항).

제6절 보칙 및 벌칙

1. 보 칙

1.1. 소비자 등에 불리한 계약의 금지

법 제7조(방문판매자의 정보제공 및 계약서 발급의무), 제8조(청약철회 등), 제9조(청약철회 등의 효과), 제10조(손해배상청구금액의 제한 등), 제16조(다단계판매자의 정보제공 및 계약서발급의무), 제17조(청약철회 등), 제18조(청약철회 등의 효과), 제19조

(손해배상청구금액의 제한 등), 제30조(계속거래업자의 정보제공 및 계약서발급의무), 제31조(계약의 해지), 제32조(계약의 해지 또는 해제의 효과와 위약금 등)의 규정에 위반한 약정으로 소비자에게 불리한 것은 그 효력이 없다(법 제52조).

1.2. 전속관할

이 법 적용대상인 특수판매업자와의 거래에 관련된 소는 제소 당시의 소비자의 주소를, 주소가 없는 경우에는 거소를 관할하는 지방법원의 전속관할로 한다. 다만 제소 당시 소비자의 주소 또는 거소가 분명하지 아니한 경우에는 민사소송법의 관계규정을 준용한다(법 제53조).

1.3. 권한의 위임·위탁

이 법의 규정에 의한 공정위의 권한은 그 일부를 소속기관의 장 또는 시·도지사에게 위임하거나 다른 행정기관의 장에게 위탁할 수 있으며, 시·도지사의 권한은 그 일부를 시장·군수·구청장에게 위임할 수 있다(법 제56조 제1항 및 제2항).

또한 공정위는 이 법의 효율적인 집행을 위하여 필요한 경우 사무의 일부를 공정위에 등록한 소비자단체에 위탁할 수 있으며, 사무를 위탁받은 사업자 단체의 임원 및 직원은 벌칙의 적용에 있어서는 이를 공무원으로 본다(동조 제3항 및 제5항).

1.4. 공정거래법의 준용

이 법에 의한 공정위의 심의·의결에 관하여는 공정거래법 제64조 이하 관련 규정을 준용한다. 또한 이 법 위반행위에 대한 공정위, 시·도지사 또는 시장·군수·구청장의 조사 등에 관하여 공정거래법 제81조의 규정을 준용한다. 그리고 이 법에 의한 공정위의 처분 및 시·도지사의 처분에 대한 이의신청·시정조치 명령의 집행정지·소의 제기 및 불복의 소의 전속관할에 관해서도 공정거래법 제96조에서 제101조까지의 규정을 준용한다(법 제57조).

2. 벌 칙

2.1. 원 칙

다음의 어느 하나에 해당하는 자(후원방문판매에 준용되는 경우 포함)는 7년 이하의 징역 또는 2억원 이하의 벌금에 처한다. 이 경우 해당 법 위반행위와 관련하여 판매하거나 거래한 대금 총액의 3배에 해당하는 금액이 2억원을 초과할 때에는 7년 이하의 징역 또는 판매하거나 거래한 대금 총액의 3배에 해당하는 금액 이하의 벌금에 처한다(법 제58조 제 1 항).

- 등록을 하지 아니하고(등록 취소 포함) 다단계판매조직이나 후원방문판매조직을 개설·관리 또는 운영한 자
- 거짓이나 그 밖의 부정한 방법으로 등록한 후 다단계판매조직이나 후원방문판매조직을 개설·관리 또는 운영한 자
- 소비자피해보상보험계약의 체결없이 영업행위를 한 자
- 금융다단계 또는 사실상의 금융다단계 행위를 한 자(법 제24조 제 1 항 또는 제 2 항)

이외 이 법의 규정을 위반한 경우 5년 이하의 징역 또는 1억5천만원 이하의 벌금, 3년 이하의 징역 또는 1억원 이하의 벌금, 2년 이하의 징역 또는 5천만원 이하의 벌금, 1년 이하의 징역 또는 3천만원 이하의 벌금, 1천만원 이하의 벌금이나 1천만원 이하 또는 500만원 이하의 과태료에 처해질 수 있다(법 제59조 내지 제63조 및 제66조).

또한 이 법에 의해 벌칙이 부과되는 경우 징역형과 벌금형은 이를 병과할 수 있다(제62조, 제63조의 경우는 제외).

2.2. 양벌규정 등

법인의 대표자나 법인 또는 개인의 대리인·사용인 그 밖의 종업원이 그 법인 또는 개인의 업무에 관하여 제58조 내지 제63조의 위반행위를 한 때에는 행위자를 벌하는 외에 그 법인 또는 개인에 대하여도 각 해당조의 벌금형을 과한다(법 제65조 제 1 항). 대법원은 다단계판매원이 양벌규정상의 다단계판매업자의 사용인에

해당한다고 판단한 바 있다(대판 2006.2.24, 2003도4966).

2.3. 과태료 부과와 징수

공정위, 시·도지사 또는 시장·군수·구청장이 방문판매법에 따른 과태료를 부과·징수하나, 다단계판매 및 후원방문판매와 관련된 규정에 따른 과태료는 공정위 또는 시·도지사가 부과·징수하고, 과태료의 구체적 부과기준은 시행령에서 정하는 바에 따른다(법 제66조 제4항·제5항).

• 제 5 장 •

전자상거래소비자보호법

제 1 절 총　　설

1. 법의 목적

인터넷은 정보화, 세계화의 물결을 주도하는 대표적 수단이자 이를 상징하는 인프라 그 자체다. 정보전달을 위한 매체로 출발한 인터넷은 이제 국경과 민족 그리고 언어적 장벽을 뛰어넘어 각종 재화나 용역을 거래하는 주요한 장으로 떠오르고 있다. 인터넷상의 다양한 온라인 플랫폼과 각종의 웹사이트는 시간과 공간의 제약을 받지 않고, 공급자와 수요자, 이들을 매개하는 자, 그리고 허다한 구경꾼들을 모으고 있다. 지난 20여년간 국내 전자상거래 규모는 폭발적으로 증가했다. 도서, 옷, 식품, 일상생활용품, 각종 공산품과 농수산품 등 모든 재화를 커버하고, 이와 더불어 택배사업도 번창하고 있다. 최근 들어서는 관세장벽의 인하와 더불어 해외직구와 역직구 등 국경간 전자상거래도 급증하여 국제적 요소를 포함한 법적 문제도 야기하고 있다.

이와 더불어 전자적 수단에 의한 재화나 용역을 거래하는데 따른 소비자보호의 필요성이 대두됨은 당연하다. 과거 통신판매의 경우에는 종래 방문판매법에 의해 규제가 이루어졌으나, 이 법은 인터넷의 등장과 사이버거래를 예상하지 못한 차원의 법이었다. 여기에서 방문판매법에서 통신판매를 옮기고 인터넷거래와 관련된 소비자보호의 특수한 쟁점들을 아우르기 위해 2002년 3월 30일 「전자상거래 등에서의 소비자보호에 관한 법률」이 제정되었다. 전자상거래법은 제정 이후 전자상거래 거래구조의 급격한 변화에 대응하여 여러 차례 개정되었으며, 2020년대 들어 특히 플랫폼 사업자의 책임 강화, 해외구매대행·판매중개 구조에서의 분쟁해결, 표시·광고 규제, 리셀·중고거래 플랫폼의 안전성, 디지털 콘텐츠와 구독경제에 대한 소비자권익 보장 등이 중요한 입법 이슈로 대두되었다. 2023~2025년 개정은 플랫폼 기반 거래의 실질적 영향력과 알고리즘·추천 서비스의 중요성을 반영하여, 플랫폼 운영자에게 일정한 '중개자 책임'을 부여하고 소비자피해 예방 조치를 강화하는 방향으로 이루어졌다.

현행 전자상거래법은 전자상거래 및 통신판매 등(온라인 플랫폼을 포함)에 의한 재화 또는 용역의 공정한 거래 질서 확립, 소비자 권익 보호, 플랫폼 이용자 간 분쟁 예방, 그리고 디지털 시장의 신뢰도 제고를 주요 목적(법 제 1 조)으로 규정하고 있다. 이러한 법정책적 목표는 온라인 시장의 급속한 성장과 글로벌화 속에서 국민경제의 건전한 발전에 기여하기 위한 규범적 기반을 제공한다.

2. 용어의 정의

2.1. 전자상거래

"전자상거래"란 전자거래(「전자문서 및 전자거래 기본법」 제 2 조제 5 호에 따른 전자거래를 말한다. 이하 같다)의 방법으로 상행위(商行爲)를 하는 것을 말한다(법 제 2 조 제 1 호).

2.2. 통신판매

우편·전기통신 그 밖에 총리령이 정하는 방법[109]에 따라 재화 또는 용역(일정한 시설을 이용하거나 용역의 제공을 받을 수 있는 권리 포함)의 판매에 관한 정보를 제

109) 시행규칙 제 2 조(통신판매에 관한 정보의 제공방법 등)
1. 광고물·광고시설물·전단지·방송·신문 및 잡지 등을 이용하는 방법
2. 판매자와 직접 대면치 않고 우편환·우편대체·지로 및 계좌이체 등을 이용하는 방법

공하고 소비자의 청약을 받아 재화 또는 용역(이하 "재화 등"이라 함)을 판매하는 것을 말한다(법 제 2 조 제 2 호). 다만 방문판매 등에 관한 법률 제 2 조 제 3 호의 규정에 의한 전화권유판매를 제외한다. 이는 정보제공 및 소비자의 청약이 판매업자와의 대면 없이 이루어지는 거래형태로서 TV홈쇼핑, 카탈로그 쇼핑 및 인터넷쇼핑 등이 해당된다. 전자상거래 또는 인터넷 상거래는 통신판매의 한 유형이지만 그 비중은 날로 커지고 있으며, 전자상거래 사업자는 통신판매업자로 신고하게 된다.

2.3. 통신판매업자와 전자상거래사업자

통신판매업자란 통신판매를 업으로 하는 자 또는 그와의 약정에 따라 통신판매업무를 수행하는 자를 말한다(법 제 2 조 제 3 호). 통신판매업자와 전자상거래사업자(법 제21조 제 1항은 '전자상거래를 하는 사업자'라는 표현을 사용함)는 서로 다른 개념이다. 통신판매업자에는 우편, 인바운드 전화, TV홈쇼핑, 전자상거래 방식으로 판매를 행하는 자가 모두 포섭된다. 또한 전자상거래소비자법은 통신판매업자와 통신판매중개업자의 개념을 구별하는데, 이는 방문판매법의 태도와 다르다. 그리하여 전자상거래의 방식으로 재화나 서비스를 판매하는 자는 통신판매업자이자 전자상거래사업자가 되지만, 전자거래의 방식으로 상거래를 알선하는 사이버 오픈 몰은 전자상거래를 하는 사업자로서 통신판매중개업자가 된다. 통신판매업자는 시장진입에 앞서 신고를 하여야 하는데, 전자상거래사업자 중 오픈 몰(통신판매중개업자)에 대해서는 별도의 신고규정이 존재하지 않고, 법 제 2 조 제 3 호의 통신판매업자로 신고하여야 한다.

전자상거래가 폭발적으로 늘어나면서 일반 블로거들 중 경제적 대가를 받고 상품에 관한 추천, 인증글을 게재하는 사례가 있다. 특히 우호적인 추천과 더불어 특정 판매업자의 사이버몰로 이동시키는 창을 열어주고 알선 횟수 또는 판매실적에 따른 수수료를 지급받는 파워블로거들이 등장하고 있으며, 최근에는 유명 유튜버들을 통한 직간접적인 광고와 연계되거나 직접 쇼핑몰을 운영하는 경우도 흔히 볼 수 있다. 상업적 파워블로거나 유명 유튜버들이 위와 같은 행위를 할 경우 그들이 공정거래법 소정의 사업자가 되는데는 문제가 없으나 이들을 전자상거래법상의 통신판매업자로 볼 수 있는지 여부는 구체적 영업활동에 따라 판단해야 한다. 만일 스스로 판매하는 자가 아니라면, 이들에게 통신판매업자로서 신고를 강제하는 것도 인터넷상 표현의 자유 차원에서 적절하지 않다. 물론 이들에게 우호적 추천을 의뢰하고 이 사실을 묵비한 판매업자들에 대해서는 기만적 광고 등을 이유로 전자상거래법 제21조 제 1 항 제 1 호의 적용이 가능하다(공정위 의결 2015.1.13, 제2015-010호).

2.4. 통신판매중개

사이버몰(컴퓨터 등과 정보통신설비를 이용하여 재화 등을 거래할 수 있도록 설정된 가상의 영업장을 말함)의 이용을 허락하거나 그 밖에 총리령이 정하는 방법[110]에 의하여 거래 당사자간의 통신판매를 알선하는 행위를 말한다(법 제 2 조 제 4 호).

2.5. 소 비 자

사업자가 제공하는 재화 등을 소비생활을 위하여 사용(이용을 포함함)하는 자이거나 사실상 위와 동일한 지위 및 거래조건으로 거래하는 자 등 대통령령이 정하는 자[111]를 말한다(법 제 2 조 제 5 호).

2.6. 사 업 자

물품을 제조(가공 또는 포장 포함)·수입·판매하거나 용역을 제공하는 자를 말한다(법 제 2 조 제 6 호).

3. 적용범위와 적용제외

전자상거래소비자법은 모든 재화, 용역에 대해 적용되는 것이 원칙이고 영업

---

110) 시행규칙 제 3 조(통신판매 거래의 알선방법) 자신의 명의로 통신판매를 위한 광고수단을 제공하거나 그러한 광고수단에 자신의 이름을 표시하여 통신판매에 관한 정보의 제공이나 청약의 접수 등 통신판매의 일부를 수행하는 것을 말한다.

111) 시행령 제 2 조(소비자의 범위)

1. 재화 등을 최종적으로 사용하거나 이용하는 자. 다만 재화등을 원재료(중간재를 포함한다) 및 자본재로 사용하는 자를 제외한다.
2. 법 제 3 조 제 1 항 단서의 규정에 해당하는 사업자로서 재화 등을 구매하는 자(당해 재화 등을 판매한 자에 대한 관계에 한한다)
3. 다단계판매원이 되고자 다단계판매업자로부터 재화 등을 최초로 구매하는 자
4. 재화 등을 농업(축산업 포함) 및 어업활동을 위해 구입한 자로서 축산법 제21조 제 1 항의 규정에 의하여 농림수산식품부령이 정하는 사육규모 이상의 축산업을 영위하는 자. 다만, 「원양산업발전법」 제 6 조 제 1 항에 따라 농림수산식품부장관의 허가를 받은 원양어업자는 제외한다.

유형에는 전자상거래와 통신판매 등이 포함된다. 한편 이 법의 적용제외사항은 다음과 같다.

3.1. 사업자의 상행위 목적 거래

사업자(방문판매법 제2조 제6호의 다단계판매원은 제외)가 상행위를 목적으로 구입하는 거래에 대하여는 이를 적용하지 아니한다(법 제3조 제1항). 다만 사업자라고 하더라도 사실상 소비자와 같은 지위에서 다른 소비자와 같은 거래조건으로 거래하는 경우에는 그러하지 아니하다.

3.2. 계약내용 서면교부의무의 적용제외

계약내용에 관한 서면(전자문서 포함)의 교부의무에 관한 규정은 다음의 거래에는 적용하지 아니한다. 다만 약관거래 등의 경우에는 계약내용에 관한 서면의 내용이나 교부의 방법을 다르게 할 수 있다(법 제3조 제2항).

- 소비자가 이미 잘 알고 있는 약관 또는 정형화된 거래방법에 따라 수시 거래하는 경우로서 총리령[112]이 정하는 거래
- 다른 법률(민법 및 방문판매 등에 관한 법률 제외)에 이 법의 규정과 다른 방법에 의한 계약서 교부의무 등이 규정되어 있는 거래

3.3. 일부 통신판매업자와 특정거래에 대한 적용제외

통신판매업자가 아닌 자 사이의 통신판매중개를 하는 통신판매업자에 대하여는 제13조부터 제15조까지, 제17조부터 제19조의 규정[113]을 적용하지 아니한다(법 제3조 제3항). 또한 일부 특정 거래에 대해서도 적용이 없다. 즉 자본시장과 금융투자업에 관한 법률의 투자매매업자·투자중개업자에 의한 증권거래, 대통령령이

---

112) 시행규칙 제4조(정형화된 거래방법에 따른 거래) ① 법 제3조 제2항 제1호에서 "총리령이 정하는 거래"라 함은 유·무선전화기 등을 이용하여 전화정보서비스를 이용하는 경우와 같이 법 제13조 제2항 본문의 규정에 의한 계약내용에 관한 서면 또는 법 제16조 제1항의 규정에 의한 공급서 교부가 곤란한 거래를 말한다. ② 제1항의 규정에 의한 거래의 경우에는 거래 전에 미리 재화 등의 제공자의 성명·연락처 및 재화 등의 내용·이용요금 등을 밝히고, 거래 후에 거래대금의 결제내역을 통보하여야 한다.

113) 제13조(신원 및 거래조건에 대한 정보제공), 제14조(청약확인), 제15조(재화 등의 공급), 제17조(청약철회), 제18조(청약철회의 효과), 제19조(손해배상청구금액의 제한).

정하는 금융기관에 의한 금융상품의 거래[114] 및 일상 생활용품, 음식료 등의 인접 지역에의 판매를 위한 거래에 대하여는 제12조부터 제15조까지, 제17조부터 제20조까지 및 제20조의2[115]를 적용하지 아니한다(법 제3조 제4항).

4. 다른 법률과의 관계

전자상거래 또는 통신판매에서의 소비자보호에 관하여 다른 법률의 규정이 경합하는 경우에는 전자상거래소비자보호법을 우선 적용하되 다른 법률을 적용하는 것이 소비자에게 유리한 경우에는 그 법을 적용한다(법 제4조).

제2절 전자거래 관련 기술적 규제

1. 전자문서 및 전자서명 규제

전자상거래소비자법 제5조는 사전 미약정의 주소로 송신된 전자문서의 효력과 그 제한에 관한 규정을 둔다. 즉 「전자문서 및 전자거래기본법」 제6조 제2항 제2호의 규정에 불구하고 사업자가 소비자와 사전에 전자문서로 거래할 것을 약정하여 지정한 주소(전자문서 및 전자거래기본법 제2조 제2호의 정보처리시스템)로 전자문서(전자문서 및 전자거래기본법 제2조 제1호의 규정에 의한 전자문서)를 송신하지 아니한 경우에는 그 사업자는 당해 전자문서에 의한 권리를 주장할 수 없다(동조 제1항 본문). 그러나 긴급성을 요하는 경우, 소비자도 이미 전자문서로 거래할

114) 금융감독기구의설치등에관한법률 제38조 제1호 내지 제12호(1. 은행법 또는 장기신용은행법에 의한 인가를 받아 설립된 금융기관 2. 자본시장과 금융투자업에 관한 법률에 따른 금융투자업자, 증권금융회사 및 명의개서대행회사 4. 보험업법에 의한 보험사업자 6. 상호저축은행법에 의한 상호저축은행과 그 중앙회 7. 신용협동조합법에 의한 신용협동조합 및 그 중앙회 9. 여신전문금융업법에 의한 여신전문금융회사 및 겸영여신업자 11. 농업협동조합법에 의한 농업협동조합중앙회의 신용사업부문 12. 수산업협동조합법에 의한 수산업협동조합중앙회의 신용사업부문)에 해당하는 금융기관, 다른 법령에 의하여 설립된 금융기관 또는 중앙행정기관의 인가·허가 등을 받아 설립된 금융기관이 직접 취급하는 금융상품의 거래를 말한다.

115) 제12조(통신판매업자의 신고 등), 제13조(신원 및 거래조건에 대한 정보의 제공), 제14조(청약확인 등), 제15조(재화 등의 공급 등), 제17조(청약철회 등), 제18조(청약철회 등의 효과), 제19조(손해배상청구금액의 제한 등), 제20조(통신판매중개자의 책임).

것을 예정하고 있는 경우, 소비자가 전자문서를 출력한 경우 등 대통령령이 정하는 경우[116]에는 그러하지 아니하다.

한편 전자서명의 효력 등에 대해 이를 소비자에게 고지할 의무가 있다(법 제 5 조 제 2 항). 즉 사업자는 전자서명(전자서명법 제 2 조 제 2 호의 규정에 의한 전자서명)을 한 전자문서를 사용하고자 하는 경우에는 대통령령이 정하는 바[117]에 따라 당해 전자문서의 효력 및 수령에 필요한 절차와 방법 등에 관하여 소비자에게 고지하여야 한다.

또한 소비자에게 특정한 전자서명 방법의 이용을 강요하거나 제한해서는 아니된다(법 제 5 조 제 3 항). 즉 사업자는 전자문서를 사용함에 있어 소비자에게 특정한 전자서명 방법의 이용을 강요(특수한 표준 등의 이용으로 사실상 강제되는 경우 포함)하여서는 아니되고, 소비자가 선택한 전자서명 방법의 사용을 부당하게 제한하여서는 아니된다.

전자문서의 사용과 관련한 규제는 2011년 12월의 법개정으로 강화되었다.

즉 전자상거래를 하는 사업자는 소비자의 회원 가입, 계약의 청약, 소비자 관련 정보의 제공 등을 전자문서를 통하여 할 수 있도록 하는 경우에는 회원탈퇴, 청약의 철회, 계약의 해지·해제·변경, 정보의 제공 및 이용에 관한 동의의 철회 등도 전자문서를 통하여 할 수 있도록 하여야 하며, 소비자가 재화등의 거래와 관련한 확인·증명을 전자문서로 제공하여 줄 것을 요청한 경우 이에 따라야 한다. 다만 사업자가 전자문서로 제공하기 어려운 기술적 이유나 보안상 이유가 명백하여 이를 소비자에게 미리 고지한 경우에는 그러하지 아니하다(법 제 5 조 제 4 항·제 5 항·제 6 항). 그리고 사업자가 위의 의무를 이행할 때 해당 사이버몰의 구축 및 운영과 관련된 사업자들은 그 의무 이행에 필요한 조치를 하는 등 협력하여야 한다

116) 시행령 제 4 조(약정하지 아니한 주소로 송부된 전자문서의 효력인정) 1. 소비자와 특정한 전자우편주소로 2회 이상 거래한 경우에 그 전자우편주소로 전자문서 및 전자거래기본법 제 2 조 제 1 호의 규정에 의한 전자문서(이하 "전자문서"라 한다)를 송신한 경우 2. 소비자가 전자문서를 출력한 경우 3. 소비자의 이익에 반하지 아니하고 당해 소비자도 해당 전자문서의 효력을 부인하지 아니하는 경우 4. 긴급하게 연락할 필요성이 있고 전자우편 외에 다른 수단을 활용할 수 없는 경우

117) 시행령 제 5 조(전자서명의 효력 등 고지절차) 사업자는 법 제 5 조 제 2 항의 규정에 의하여 다음 각호의 사항을 전자서명법 제 2 조 제 2 호의 규정에 의한 전자서명을 한 전자문서가 포함된 전자우편의 본문에 표시하거나 미리 소비자에게 고지하여야 한다.

1. 전자서명을 한 전자문서의 효력
2. 전자서명을 한 전자문서의 출력방법

(동조 제7항).

2. 전자상거래 관련 규제

2.1. 거래기록 보존

우선 사업자는 거래기록의 보존의무가 있다(법 제6조 제1항·제3항). 즉 사업자는 전자상거래 및 통신판매에서의 표시·광고, 계약내용 및 그 이행 등 거래에 관한 기록을 상당한 기간 보존하여야 한다. 이 경우 소비자가 쉽게 거래기록을 열람·보존할 수 있는 방법을 제공하여야 하며 필요한 사항은 대통령령으로 정한다.[118)]

나아가서 정보이용 동의 철회 후 보존의무에 대해서는 동법 제6조 제2항이 정한다. 즉 사업자가 보존하여야 할 거래의 기록 및 그와 관련된 개인정보(성명·주소·주민등록번호 등 거래의 주체를 식별할 수 있는 정보에 한한다)는 소비자가 개인정보의 이용에 관한 동의를 철회하는 경우에도 「정보통신망 이용촉진 및 정보보호 등에 관한 법률」 등 대통령령으로 정하는 개인정보보호와 관련된 법률의 규정[119)]

118) 시행령 제6조(사업자가 보존하는 거래기록의 대상 등) ① 사업자가 보존하여야 할 거래기록의 대상·범위 및 기간은 다음 각호와 같다. 다만 통신판매중개자는 자신의 정보처리시스템을 통하여 처리한 기록의 범위 내에서 다음 각호의 거래기록을 보존하여야 한다.
1. 표시·광고에 관한 기록: 6월
2. 계약 또는 청약철회 등에 관한 기록: 5년
3. 대금결제 및 재화 등의 공급에 관한 기록: 5년
4. 소비자의 불만 또는 분쟁처리에 관한 기록: 3년
② 법 제6조 제3항의 규정에 의하여 사업자가 소비자에게 제공하여야 할 거래기록의 열람·보존의 방법은 다음 각호와 같다.
1. 거래가 이루어진 해당 사이버몰(법 제2조 제4호의 사이버몰을 말한다)에서 거래당사자인 소비자가 거래정보를 열람·확인할 수 있도록 하고, 전자문서의 형태로 정보처리시스템 등에 저장할 수 있도록 할 것
2. 거래당사자인 소비자와의 거래기록을 그 소비자의 희망에 따라 방문·전화·모사전송 또는 전자우편 등의 방법으로 열람하거나 복사할 수 있도록 할 것
3. 사업자가 법 제6조 제2항의 규정에 따라 개인정보의 이용에 관한 동의를 철회한 소비자의 거래기록 및 개인정보를 보존하는 경우에는 개인정보의 이용에 관한 동의를 철회하지 아니한 소비자의 거래기록 및 개인정보와 별도로 보존할 것

119) 시행령 제5조의2(개인정보 보호와 관련된 법률의 예외적 적용) 대통령령으로 정하는 개인정보보호와 관련된 법률의 규정이란 다음 각 호의 규정을 말한다.
1. 정보통신망 이용촉진 및 정보보호 등에 관한 법률 제30조 제3항
2. 개인정보 보호법 제21조 제1항 본문, 제36조 제2항 및 제37조 제4항
3. 신용정보의 이용 및 보호에 관한 법률 제37조 제1항 본문

에도 불구하고 이를 보존할 수 있다.

2.2. 조작실수 등의 방지

사업자는 전자상거래에서 소비자의 조작실수 등으로 인한 의사표시의 착오 등으로 발생하는 피해를 예방할 수 있도록 거래대금이 부과되는 시점 또는 청약에 앞서 그 내용의 확인 및 정정에 필요한 절차를 마련하여야 한다(법 제 7 조).

2.3. 전자적 대금지급의 신뢰확보

가. 보안유지

사업자가 대통령령이 정하는 전자적 수단에 의한 거래대금의 지급[120](이하 "전자적 대금지급"이라 한다)방법을 이용하는 경우 사업자와 전자결제수단 발행자·전자결제서비스 제공자 등 대통령령이 정하는 전자적 대금지급 관련자[121](이하 "전자결제업자 등"이라 한다)는 관련 정보의 보안 유지에 필요한 조치를 취하여야 한다(법 제 8 조 제 1 항).

나. 소비자 의사표시의 진정성 확인

사업자와 전자결제업자 등은 전자적 대금지급이 이루어지는 경우 소비자의 청약이 진정한 의사에 의한 것인지를 확인하기 위해 재화등의 내용과 종류, 가격, 용역의 제공기간 등에 대해 명확하게 고지하고 고지사항에 대한 소비자의 확인절차를 마련하여야 한다(제 2 항).

이는 통신판매업자가 상품대금을 청구할 때 청구내역 등을 소비자에게 미리 알리고 이에 동의하는지 여부를 확인하도록 하여, 소비자가 알지 못하는 사이에

---

120) 시행령 제 7 조(전자적 대금지급) "대통령령이 정하는 전자적 수단에 의한 거래대금의 지급"이라 함은 전자문서의 형태로 이루어지는 대금결제를 말한다. 다만, 대면하여 본인여부를 확인한 경우를 제외한다.

121) 시행령 제 8 조(전자결제업자 등) 다음 각호의 1에 해당하는 자를 말한다.
1. 은행법 등 법령의 규정에 의한 금융기관으로서 계좌이체업무를 수행하는 금융기관
2. 여신전문금융업법 제 2 조 제 2 호의2에 따른 신용카드업자
3. 전자적 매체 또는 정보처리시스템에 화폐가치 또는 그에 상응한 가치를 기록·저장하였다가 재화등의 구매시 지급하는 결제수단의 발행자
4. 정보통신망 이용촉진 및 정보보호 등에 관한 법률 제 2 조 제 3 호에 따른 정보통신서비스 제공자
5. 정보통신망 이용촉진 및 정보보호 등에 관한 법률 제 2 조 제11호에 따른 통신과금서비스 제공자
6. 전자결제 대행 또는 중개서비스 사업자

대금이 자동결제되는 일을 막기 위한 것이다. 이와 관련되는 사업자들의 종래의 비행으로는, 무료이벤트 가입을 위한 본인 인증절차를 가장하여 실제로는 결제를 진행하는 것, 무료이벤트 후 자동 유료결제절차로 전환된다는 사실을 사전에 고지하더라도 소비자의 구체적 확인이나 동의를 구하지 않고 결제처리하는 행위, 자동 연장결제 사실을 고지하지 않거나 확인하는 것을 어렵게 만드는 행태 등이 있었다.

다. 사실통지 및 자료열람 허용의무

사업자와 전자결제업자 등은 전자적 대금지급이 이루어진 경우 전자문서의 송신 등 총리령[122]이 정하는 방법에 따라 소비자에게 그 사실을 통지하고, 언제든지 소비자가 전자적 대금지급과 관련한 자료를 열람할 수 있도록 하여야 한다(제3항).

라. 결제수단 발행자의 표시·고지의무

사이버몰에서 사용되는 전자적 대금지급방법으로서 재화등을 구입·이용하기 위하여 미리 대가를 지급하는 방식의 결제수단의 발행자는 총리령이 정하는 바[123]에 따라 당해 결제수단의 신뢰도의 확인과 관련된 사항, 사용상의 제한이나 그 밖의 주의 사항 등을 표시 또는 고지하여야 한다(제4항).

마. 분쟁해결 협조의무

사업자와 소비자 사이에 전자적 대금지급과 관련하여 다툼이 있는 경우 전자결제업자 등은 대금지급 관련 정보의 열람을 허용하는 등 대통령령이 정하는

---

122) 시행규칙 제5조(소비자에 대한 전자적 대금지급 사실의 통지) 법 제8조 제3항에서 "총리령이 정하는 방법"이라 함은 전화·팩스·휴대전화 등을 이용하여 소비자에게 신속하게 전자적 대금지급 사실을 통지하고, 매월 일정기일에 이용요금을 고지함에 있어 재화 등을 공급한 사업자별로 거래내역과 이용요금을 표시하는 것을 말한다. 다만, 소비자의 동의를 얻은 경우에는 통지 또는 표시를 생략할 수 있다.

123) 시행규칙 제6조(결제수단 발행자의 고지) 법 제8조 제4항에 따른 결제수단의 발행자는 다음 각호의 사항을 소비자에게 고지하여야 한다.

1. 대표자 성명, 주된 사무소 주소, 전화번호, 전자우편 주소, 자본금 규모 및 자기자본 현황 등
2. 법 제24조 제1항에 따른 소비자피해보상보험계약등(이하 "소비자피해보상보험계약등"이라 한다)의 체결사실 및 계약내용(채무지급보증 범위를 포함한다)과 그 확인에 필요한 사항
3. 잔여금의 현금환불과 관련된 사항
4. 반품시 처리기준 및 현금화와 관련된 사항
5. 당해 결제수단을 사용할 수 있는 사이버몰 현황
6. 당해 결제수단 사용상 제한 및 주의사항
7. 그 밖에 소비자에게 표시 또는 고지를 하지 아니하는 경우 당해 결제수단을 사용하는 소비자에게 피해를 줄 우려가 있는 것으로 인정되는 사항

바[124]에 따라 당해 분쟁의 해결에 협조하여야 한다(제5항).

2.4. 배송사업자 및 호스팅사업자의 의무

전자상거래나 통신판매에 따른 재화 등의 배송(정보통신망 이용촉진 및 정보보호 등에 관한 법률 제2조 제1항 제1호의 정보통신망을 통한 전송을 포함한다)을 행하는 사업자는 배송 과정의 사고·장애 등으로 인하여 분쟁이 발생하는 경우에는 대통령령이 정하는 바[125]에 따라 당해 분쟁의 해결에 협조하여야 한다(법 제9조 제1항).

사업자가 전자상거래를 할 수 있도록 사이버몰 구축 및 서버 관리 등을 해주는 서비스, 즉 호스팅서비스를 제공하는 자는 사업자와 호스팅서비스에 관한 이용계약을 체결할 때 사업자의 신원을 확인하기 위한 조치를 취하여야 한다(법 제9조 제2항).

오픈마켓 호스팅서비스 사업자에게 개별 판매자의 신원정보를 확인하고 이를 소비자에게 제공하도록 의무를 부여하는 규제를 도입한 것이다. 그리고 호스팅 서비스를 제공하는 사업자는 사업자와 소비자 사이에 분쟁이 발생하면 공정위, 시·도지사, 수사기관, 소비자 등의 요청에 따라 사업자의 신원정보 등 자료를 제공하여 분쟁해결에 협조하여야 한다(법 제9조 제3항).

2.5. 전자게시판서비스 제공자의 책임

정보통신망 이용촉진 및 정보보호 등에 관한 법률 제2조 제1항 제9호의 게시판을 운영하는 정보통신서비스 제공자, 즉 전자게시판서비스 제공자는 해당 게시판을 이용한 통신판매 또는 통신판매중개와 관련하여 소비자보호 책무를 진

124) 시행령 제10조(전자적 대금지급 관련분쟁의 해결) 법 제8조 제5항의 규정에 의하여 전자결제업자 등은 분쟁해결을 위하여 사업자나 소비자가 분쟁발생사실을 소명하여 요청하는 경우 분쟁해결에 필요한 범위 내에서 다음 각호의 사항에 대하여 지체 없이 협조하여야 한다.
1. 분쟁원인이 된 대금지급과 관련된 정보(고객인증 관련 정보 포함)의 열람·복사 허용
2. 분쟁원인이 된 대금지급에 대한 전자결제업자 등의 보안유지 조치관련 정보의 열람·복사 허용. 다만, 공개할 경우 보안유지에 장애가 발생할 우려가 있는 정보에 대하여는 공개를 거부할 수 있다.

125) 시행령 제11조(배송사업자 등의 분쟁해결 협조) 재화 등의 배송을 행하는 사업자는 법 제9조 제1항에 따라 소비자가 분쟁의 발생사실을 소명하여 요청하는 경우 분쟁해결에 필요한 범위 내에서 다음 각호의 사항에 대하여 지체없이 협조하여야한다.
1. 배송관련 기록의 열람제공
2. 사고 또는 장애관련 사실의 확인을 위한 기록 열람

다(법 제9조의2). 우선 게시판 이용 통신판매업자등이 전자상거래소비자법에 따른 의무를 준수하도록 안내하고, 이들과 소비자 사이에 분쟁이 발생한 경우 소비자피해 분쟁조정기구에 피해구제신청을 대행하는 장치를 마련하여 운영하여야 하고, 게시판 이용 통신판매업자등의 신원정보를 확인하기 위한 조치를 취하여야 한다. 또한 게시판 이용 통신판매업자등과 소비자 사이에 분쟁이 발생하는 경우 분쟁조정기구나 공정위, 시도지사 등의 요청에 따라 통신판매업자등의 신원정보를 제공하여 그 분쟁해결에 협조하여야 한다(법 제9조의2 제3항).

2.6. 사이버몰 운영자의 의무

가. 표시의무

전자상거래를 행하는 사이버몰의 운영자는 소비자가 사업자의 신원 등에 관하여 쉽게 알 수 있도록 다음의 사항을 총리령이 정하는 바[126]에 따라 표시하여야 한다(법 제10조 제1항).

- 상호 및 대표자 성명
- 영업소 소재지 주소(소비자불만을 처리할 수 있는 곳의 주소 포함)
- 전화번호·전자우편주소
- 사업자등록번호
- 사이버몰의 이용약관
- 그 밖에 소비자보호를 위해 필요한 사항으로 시행령이 정하는 사항

나. 위반행위 시정조치 협력의무

사이버몰의 운영자는 당해 사이버몰에서 이 법의 규정에 위반한 행위가 이루어지는 경우 운영자가 조치하여야 할 부분에 대하여는 시정에 필요한 조치에 협

126) 시행규칙 제7조(사이버몰 운영자의 표시방법) ① 전자상거래를 행하는 사이버몰의 운영자는 법 제10조 제1항 제1호 내지 제5호에 규정된 사항을 소비자가 알아보기 쉽도록 사이버몰의 초기화면에 표시하여야 한다. 다만, 법 제10조 제1항 제5호의 사항은 소비자가 연결화면을 통하여 볼 수 있도록 할 수 있다.
② 전자상거래를 행하는 사이버몰의 운영자로서 이동통신단말기 등 출력에 제한이 있는 기기를 이용하여 거래하는 사업자는 법 제10조 제1항 제1호 내지 제5호의 사항이 사이버몰의 화면에 순차적으로 나타나도록 할 수 있다. 이 경우 대표자성명·모사전송번호·사업자등록번호 및 사이버몰이용약관은 그 내용을 확인할 수 있는 방법을 화면에 나타나게 하는 것으로 대신할 수 있다.

력하여야 한다(법 제10조 제 2 항).

2.7. 소비자정보의 공정한 수집·이용

첫째, 공정한 수집 또는 이용의무가 있다(법 제11조 제 1 항). 즉 사업자는 전자상거래 또는 통신판매를 위하여 소비자에 관한 정보를 수집 또는 이용(제 3 자에게 제공하는 경우 포함)하고자 하는 경우에는 정보통신망 이용촉진 및 정보보호 등에 관한 법률 등 관련 규정에 따라 이를 공정하게 수집 또는 이용하여야 한다. 둘째, 정보 도용시 필요한 조치를 할 의무가 있다(동조 제 2 항). 즉 사업자는 재화 등을 거래함에 있어서 소비자에 관한 정보가 도용되어 당해 소비자가 재산상의 손해가 발생하였거나 발생할 우려가 있는 특별한 사유가 있는 경우에는 본인 확인이나 피해의 회복 등 대통령령이 정하는 필요한 조치[127]를 취하여야 한다.

대법원은 가입고객의 정보를 동의를 받지 않고 자사 제휴신용카드 판매에 이용하기 위해 고객 정보를 도용하여 공정위로부터 시정명령을 받은 초고속인터넷서비스 사업자가 제 3 자가 타인의 개인정보를 몰래 취득하는 경우만 도용으로 보아야 한다는 취지로 행정소송을 제기한 건에 대하여 정보의 도용이란 개인정보가 정보주체의 의사에 반하여 부당하게 이용되는 모든 경우를 포함하는 개념으로 보아야 한다고 판단한 바 있다(대판 2009.11.12, 2009두12549).

제 3 절 통신판매 규제와 거래상의 특례

1. 통신판매업자의 의무

통신판매는 소비자의 구매에 관한 의사결정이 전적으로 판매업자의 광고나 선전에 의존한다. 따라서 사업자의 과대광고나 선전 그리고 부당표시의 폐해가 더욱 부각된다. TV홈쇼핑의 경우 쇼호스트가 허위과장적인 선전을 통해 소비자들의

127) 시행령 제12조(소비자에 관한 정보의 확인 등) 법 제11조 제 2 항에서 "대통령령이 정하는 필요한 조치"라 함은 다음 각호의 1을 말한다.
1. 소비자 본인이 요청하는 경우 도용여부의 확인 및 당해 소비자에 대한 관련거래 기록의 제공
2. 도용에 의하여 변조된 소비자에 관한 정보의 원상회복
3. 도용에 의한 피해의 회복

상품구입에 관한 의사결정을 오도하거나, 제품의 효능이나 원산지, 성분 등에 관해 비객관적이고 불확실한 표현으로 소비자의 오인을 유발하는 등 표시광고와 관련되는 제반 문제가 집중될 수 있다.

1.1. 영업신고

가. 신고사항

통신판매업자는 대통령령이 정하는 바[128]에 따라 다음의 사항을 공정위나 또는 특별자치도지사·시장·군수·구청장에게 신고하여야 한다(법 제12조 제 1 항).

- 상호(법인의 경우 대표자의 성명 및 주민등록번호 포함), 주소, 전화번호
- 전자우편주소, 인터넷도메인 이름, 호스트서버의 소재지
- 그 밖에 사업자의 신원확인을 위하여 필요한 사항으로서 대통령령이 정하는 사항[129]

나. 변경신고

통신판매업자가 법 제12조 제 1 항의 규정에 의하여 신고한 사항을 변경하고자 하는 경우에는 대통령령이 정하는 바에 따라 이를 신고하여야 한다(법 제12조

128) 시행령 제13조(통신판매업자의 신고절차)
① 법 제12조 제 1 항에 따라 신고를 하려는 통신판매업자는 총리령으로 정하는 신고서(전자문서로 된 신고서를 포함한다)를 주된 사무소의 소재지를 관할하는 특별자치도지사·시장·군수·구청장(자치구의 구청장을 말한다. 이와 같다)에게 제출(주된 사무소의 소재지가 외국인 경우에는 공정거래위원회에 제출)하여야 한다. 이 경우 해당 통신판매업자가 법 제15조 제 1 항 본문에 따른 선지급식 통신판매를 하려는 경우에는 다음 각 호의 서류를 함께 제출하여야 한다.
1. 법 제13조 제 2 항 제10호에 따른 결제대금예치의 이용 또는 법 제24조 제 1 항 각 호에 따른 소비자피해보상보험계약 등의 체결을 증명하기 위하여 총리령으로 정하는 양식의 서류
2. 법 제24조 제 3 항 각 호에 따른 거래의 경우에는 이에 대한 소명자료
② 제 1 항에 따라 신고서를 제출받은 공정거래위원회 또는 특별자치도지사·시장·군수·구청장은 「전자정부법」 제36조 제 1 항에 따른 행정정보의 공동이용을 통하여 다음 각 호의 서류를 확인하여야 하며, 신고인이 제 1 호 단서 또는 제 2 호의 확인에 동의하지 아니하는 경우에는 해당 서류(제 2 호의 경우에는 그 사본을 말한다)를 제출하도록 하여야 한다.
1. 법인 등기사항증명서(법인인 경우만 해당한다). 다만, 그 법인의 설립 등기 전에 신고를 하는 경우에는 법인 설립을 위한 발기인의 주민등록표 등본을 말한다.
2. 사업자등록증
③ 제 1 항의 신고를 받은 공정거래위원회 또는 특별자치도지사·시장·군수·구청장은 총리령으로 정하는 신고증을 교부하여야 한다.

129) 시행령 제15조(통신판매업자의 신고사항) 법 제12조 제 1 항 제 3 호에서 "대통령령이 정하는 사항"이라 함은 사업자의 성명 및 주민등록번호(개인인 경우에 한한다)를 말한다.

제 2 항). 변경신고를 하고자 하는 자는 당해 변경사항이 발생한 날부터 15일 이내에 총리령이 정하는 신고서에 그 변경사항을 증명하는 서류를 첨부하여 공정위 또는 특별자치도지사·시장·군수·구청장에게 이를 제출하여야 하고 신고를 받은 공정위 또는 특별자치도지사·시장·군수·구청장은 변경사항을 확인하고 변경사항이 기재된 신고증을 다시 교부하여야 한다(령 제16조 제 1 항 및 제 2 항).

다. 영업의 휴폐업 또는 영업재개시 신고의무

법 제12조 제 1 항의 규정에 의하여 신고한 통신판매업자는 그 영업을 휴업 또는 폐지하거나 휴업한 후 영업을 재개하는 때에는 대통령령이 정하는 바에 따라 이를 신고하여야 한다(법 제12조 제 3 항). 이 때에는 미리 총리령이 정하는 신고서를 공정위 또는 특별자치도지사·시장·군수·구청장에게 제출하여야 한다. 다만 영업의 폐지를 신고하는 경우에는 종전의 신고증을 첨부하여야 한다(령 제17조).

라. 기 타

공정위는 신고한 통신판매업자의 정보를 대통령령이 정하는 바[130]에 따라 공개할 수 있다(법 제12조 제 4 항). 또한 신고를 전자문서로 하는 경우에는 공정위가 정한 정보처리시스템에 의하여 신고할 수 있으며 전자문서에 의한 자료의 제출이 곤란한 사항은 1월 내에 우편 등을 통하여 보완할 수 있으며, 보완한 경우에는 전자문서에 의하여 신고한 날에 신고한 것으로 본다(령 제18조).

1.2. 신원 및 거래조건에 대한 정보의 제공

가. 표시광고의 포함사항

통신판매업자가 재화 등의 거래에 관한 청약을 받을 목적으로 표시·광고를 행하는 경우 다음의 사항이 포함되어야 한다(법 제13조 제 1 항).

- 상호 및 대표자 성명
- 주소·전화번호·전자우편주소
- 공정위나 특별자치도지사·시장·군수·구청장에게 한 신고번호·신고를 받은 기관 등 신고를 확인할 수 있는 사항

130) 시행령 제19조(통신판매업자에 대한 정보의 공개) 공정거래위원회는 법 제12조 제 4 항의 규정에 따라 통신판매업자의 정보를 공개하는 경우 당해 통신판매업자에게 공개하는 내용과 방법을 미리 통지하여야 하고, 사실과 다른 내용을 정정할 수 있는 기회를 주어야 한다.

나. 계약전 표시광고 또는 고지사항 및 계약내용 서면교부의무

통신판매업자는 소비자가 계약체결 전에 재화 등에 대한 거래조건을 정확하게 이해하고 실수 또는 착오 없이 거래할 수 있도록 다음 각호의 사항을 적절한 방법으로 표시·광고 또는 고지하고, 계약이 체결된 경우에는 계약자에게 다음의 사항이 기재된 계약내용에 관한 서면을 재화 등을 공급할 때까지 교부하여야 한다(법 제13조 제 2 항).[131)]

- 재화 등의 공급자 및 판매자의 상호, 대표자의 성명과 주소, 전화번호 등
- 재화 등의 명칭·종류 및 내용
- 재화 등의 정보에 관한 사항. 다만 제품에 표시된 기재로 계약내용에 관한 서면에의 기재를 갈음할 수 있음
- 재화 등의 가격(가격이 결정되어 있지 아니한 경우에는 그 결정의 구체적인 방법)과 그 지급 방법 및 시기
- 재화 등의 공급 방법 및 시기
- 청약의 철회 및 계약의 해제의 기한·행사방법 및 효과에 관한 사항(청약철회 등의 권리를 행사함에 필요한 서식 포함)
- 재화 등의 교환·반품·보증과 그 대금 환불의 조건 및 절차, 환불지연에 따른 배상금
- 전자매체로 공급이 가능한 재화 등의 전송·설치 등과 관련하여 요구되는 기술적 사항
- 소비자피해보상, 재화 등에 대한 불만 및 소비자와 사업자간 분쟁처리에 관한 사항
- 거래에 관한 약관(그 약관의 내용을 확인할 수 있는 방법 포함)
- 소비자가 구매의 안전을 위하여 원하는 경우에는 재화 등을 공급받을 때까지 대통령령이 정하는 제 3 자에게 그 재화 등의 결제대금을 예치하는 것의 이용을 선택할 수 있다는 사항 또는 통신판매업자의 제24조 제 1 항의 규정에 따른 소비자피해보상보험계약 등의 체결을 선택할 수 있다는 사항(제15조 제 1 항의 규정에 따른 선지급식 통신판매에 한하며, 제24조 제 3 항의 규정에 따

131) 시행령이 정하는 사유가 있는 경우 계약자 대신에 재화등을 공급받는 자에게 이 서면을 교부할 수 있다(법 제13조 제 2 항 단서).

른 거래를 하는 경우를 제외함)

- 그 밖에 소비자의 구매 여부 판단에 영향을 주는 거래조건 또는 소비자의 피해 구제에 필요한 사항으로서 대통령령이 정하는 사항[132]

통신판매업자는 재화등의 정기결제 대금이 증액되거나 재화등이 무상으로 공급된 후 유료 정기결제로 전환되는 경우에는 그 증액 또는 전환이 이루어지기 전 대통령령으로 정하는 기간[133] 내에 그 증액 또는 전환의 일시, 변동 전후의 가격 및 결제방법에 대하여 소비자의 동의를 받고, 증액 또는 전환을 취소하거나 해지하기 위한 조건·방법과 그 효과를 소비자에게 고지하여야 한다(2024. 2. 13. 신설).

1.3. 통지의무와 청약확인의무

통신판매업자는 소비자로부터 재화 등의 거래에 관한 청약을 받은 경우 청약의 의사표시의 수신확인 및 판매가능 여부에 관한 정보를 소비자에게 신속하게 통지하여야 한다(법 제14조 제1항). 또한 통신판매업자는 계약체결 전에 소비자가 청약의 내용을 확인하고, 정정 또는 취소할 수 있도록 적절한 절차를 갖추어야 한다(법 제14조 제2항).

1.4. 재화 등의 공급의무

가. 공급에 필요한 조치

통신판매업자는 소비자가 청약을 한 날부터 7일 이내에 재화 등의 공급에 필요한 조치를 하여야 하고, 소비자가 재화 등을 공급받기 전에 미리 재화 등의 대금의 전부 또는 일부를 지급하는 경우(이하 "선지급식 통신판매"라 한다)에는 소비자가 그 대금의 전부 또는 일부를 지급한 날부터 3영업일 이내에 재화 등의 공급을 위하여 필요한 조치를 하여야 한다. 다만 소비자와 통신판매업자간에 재화 등의 공급시기에 관하여 별도의 약정이 있는 경우에는 그러하지 아니하다(법 제15조 제

132) 시행령 제20조(계약서의 기재사항) "대통령령이 정하는 사항"이라 함은 다음 각호와 같다.
1. 재화 등의 가격 외에 소비자가 추가로 부담하여야 할 사항이 있는 경우 그 내용 및 금액
2. 판매일시·판매지역·판매수량·인도지역 등 판매조건과 관련하여 제한이 있는 경우 그 내용

133) 시행령 제20조의2(정기결제 대금이 증액되거나 유료 정기결제로 전환되는 경우 소비자 동의·고지 기간) 법 제13조 제6항에서 "대통령령으로 정하는 기간"이란 정기결제 대금이 증액되거나 유료 정기결제로 전환되기 전 30일을 말한다(2025.2.11. 신설).

1 항).

나. 공급 곤란의 경우

통신판매업자는 청약을 받은 재화 등을 공급하기 곤란하다는 것을 알았을 때에는 그 사유를 소비자에게 지체없이 알려야 하고, 선지급식 통신판매의 경우에는 소비자가 그 대금의 전부 또는 일부를 지급한 날부터 3영업일 이내에 환급하거나 환급에 필요한 조치를 하여야 한다(법 제15조 제2항).

다. 공급절차 및 진행상황의 확인

통신판매업자는 소비자가 재화 등의 공급절차 및 진행상황을 확인할 수 있도록 적절한 조치를 하여야 한다. 이 경우 공정위는 그 조치에 필요한 사항을 정하여 고시할 수 있다(동조 제3항).

라. 청약철회 효과규정의 준용

제18조(청약철회 등의 효과) 제1항 내지 제5항의 규정은 법 제15조 제2항의 선지급식 통신판매에 있어서 환급하거나 환급에 필요한 조치를 하여야 하는 경우에 이를 준용한다(동조 제4항).

2. 소비자의 권리

2.1. 청약의 철회

가. 숙려기간

통신판매업자와 재화 등의 구매에 관한 계약을 체결한 소비자는 다음의 기간(거래당사자가 다음의 기간보다 긴 기간으로 약정한 경우에는 그 기간) 이내에 당해 계약에 관한 청약철회 등을 할 수 있다(법 제17조 제1항).

- 제13조 제2항의 규정에 의한 계약내용에 관한 서면을 교부받은 날부터 7일. 다만 그 서면을 교부받은 때보다 재화 등의 공급이 늦게 이루어진 경우에는 재화 등의 공급을 받거나 공급이 개시된 날부터 7일
- 제13조 제2항의 규정에 의한 계약내용에 관한 서면을 교부받지 아니한 경우, 통신판매업자의 주소 등이 기재되지 아니한 서면을 교부받은 경우 또는 통신판매업자의 주소변경 등의 사유로 위의 기간 이내에 청약철회 등을 할 수 없는 경우에는 그 주소를 안 날 또는 알 수 있었던 날부터 7일

나. 철회의 제한

소비자는 다음의 각 내용에 해당하는 경우에는 통신판매업자의 의사에 반하여 제 1 항의 규정에 의한 청약철회 등을 할 수 없다(동조 제 2 항). 다만 통신판매업자가 제 6 항의 규정에 따른 조치를 하지 아니하는 때에는 멸실·훼손 등의 경우를 제외하고 청약철회 등을 할 수 있다.

- 소비자에게 책임 있는 사유로 재화 등이 멸실 또는 훼손된 경우. 다만 재화 등의 내용을 확인하기 위하여 포장 등을 훼손한 경우를 제외한다.
- 소비자의 사용 또는 일부 소비에 의하여 재화 등의 가치가 현저히 감소한 경우
- 시간이 지나 다시 판매하기 곤란할 정도로 재화 등의 가치가 현저히 감소한 경우
- 복제가 가능한 재화 등의 포장을 훼손한 경우
- 용역 또는 문화산업진흥 기본법 제 2 조 제 5 호의 디지털콘텐츠의 제공이 개시된 경우
- 그 밖에 거래의 안전을 위하여 대통령령이 정하는 경우[134)]

다. 철회의 특례

소비자는 위의 규정에 불구하고 재화 등의 내용이 표시·광고 내용과 다르거나 계약내용과 다르게 이행된 경우에는 당해 재화 등을 공급받은 날부터 3월 이내, 그 사실을 안 날 또는 알 수 있었던 날부터 30일 이내에 청약철회 등을 할 수 있다(동조 제 3 항).

라. 효력발생시기와 증명책임

청약철회 등을 서면으로 하는 경우에는 그 의사표시가 기재된 서면을 발송한 날에 그 효력이 발생한다(동조 제 4 항). 재화 등의 훼손에 대하여 소비자의 책임이 있는지의 여부, 재화 등의 구매에 관한 계약이 체결된 사실 및 그 시기, 재화 등의 공급사실 및 그 시기 등에 관하여 다툼이 있는 경우에는 통신판매업자가 이를 증

134) 시행령 제21조(청약철회 등의 제한) 법 제17조 제 2 항 제 5 호에서 "대통령령이 정하는 경우"라 함은 소비자의 주문에 의하여 개별적으로 생산되는 재화 등 청약철회 등을 인정하는 경우 통신판매업자에게 회복할 수 없는 중대한 피해가 예상되는 경우로서 사전에 당해 거래에 대하여 별도로 그 사실을 고지하고 소비자의 서면(전자문서 포함)에 의한 동의를 얻은 경우를 말한다.

명해야 한다(동조 제5항).

또한 통신판매업자는 법 제17조 제2항 제2호 내지 제4호의 규정에 의하여 청약철회 등이 불가능한 재화 등의 경우에는 그 사실을 재화 등의 포장 기타 소비자가 쉽게 알 수 있는 곳에 명기하거나 시험사용 상품을 제공하는 등의 방법으로 청약철회 등의 권리 행사가 방해받지 아니하도록 조치하여야 한다(동조 제6항).

2.2. 철회권 행사효과

가. 물품반환 및 대금환급의무

우선 소비자는 이미 공급받은 물품(용역이나 디지털콘텐츠의 경우는 제외)의 반환의무를 지고(법 제18조 제1항), 통신판매업자는 대금환급 및 지연배상의무를 진다(동조 제2항). 즉 통신판매업자(소비자로부터 재화 등의 대금을 지급 받은 자 또는 소비자와 통신판매에 관한 계약을 체결한 자를 포함)는 재화 등을 반환 받은 날부터 3영업일 이내에 이미 지급받은 재화 등의 대금을 환급하여야 한다(동조 제2항). 이 경우 통신판매업자가 소비자에게 재화 등의 대금의 환급을 지연한 때에는 그 지연기간에 대하여 연 100분의 40 이내의 범위에서 대통령령으로 정하는 이율(24%, 시행령 제21조의2)을 곱하여 산정한 지연이자(지연배상금)를 지급하여야 한다.

나. 청구정지 또는 취소요청의무

통신판매업자는 재화 등의 대금을 환급함에 있어 소비자가 여신전문금융업법 제2조 제3호의 규정에 의한 신용카드 그 밖에 대통령령이 정하는 결제수단으로 재화 등의 대금을 지급한 때에는 지체 없이 당해 결제수단을 제공한 사업자(결제업자)로 하여금 재화 등의 대금의 청구를 정지 또는 취소하도록 요청하여야 한다. 다만 통신판매업자가 결제업자로부터 해당 재화 등의 대금을 이미 지급받은 때에는 지체없이 이를 결제업자에게 환급하고, 그 사실을 소비자에게 통지하여야 한다(동조 제3항).

다. 결제업자의 환급의무 및 지연배상의무

제3항 단서에 의하여 통신판매업자로부터 재화 등의 대금을 환급받은 결제업자는 지체없이 소비자에게 이를 환급하거나 환급에 필요한 조치를 취하여야 하고 환급의 지연으로 소비자로 하여금 대금을 결제하게 한 통신판매업자는 그 지연기간에 대한 지연배상금을 소비자에게 지급하여야 한다(동조 제4항·제5항).

라. 상계요청권

소비자는 통신판매업자가 제3항 단서의 규정에 불구하고 정당한 사유 없이 결제업자에게 대금을 환급하지 아니하는 경우에는 환급받을 금액에 대하여 결제업자에게 당해 통신판매업자에 대한 다른 채무와 상계할 것을 요청할 수 있다(동조 제6항). 이 경우 결제업자는 대통령령이 정하는 바[135]에 따라 당해 통신판매업자에 대한 다른 채무와 상계할 수 있다.

마. 대금결제거부권

소비자는 결제업자가 상계를 정당한 사유없이 게을리한 경우 결제업자에 대하여 대금의 결제를 거부할 수 있다. 이 경우 통신판매업자와 결제업자는 그 결제의 거부를 이유로 당해 소비자를 약정한 기일 이내에 채무를 변제하지 아니한 자로 처리하는 등 소비자에게 불이익을 주는 행위를 하여서는 아니된다(동조 제7항).

바. 비용 등 상환청구권

통신판매업자는 이미 재화 등이 일부 사용 또는 일부 소비된 경우에는 그 재화 등의 사용 또는 일부 소비에 의하여 소비자가 얻은 이익 또는 그 재화 등의 공급에 소요된 비용에 상당하는 금액으로서 대통령령이 정하는 범위의 금액[136]의 지급을 소비자에게 청구할 수 있다(동조 제8항).

사. 반환비용부담자 및 위약금·손해배상청구금지 등

청약철회 등의 경우 공급받은 재화 등의 반환에 필요한 비용은 소비자가 이를 부담하며 통신판매업자는 소비자에게 청약철회 등을 이유로 위약금 또는 손해배상을 청구할 수 없다(동조 제9항). 즉 청약철회의 특례에 의한 청약철회 등의 경

---

135) 시행령 제23조(채무의 상계) ① 결제업자는 소비자가 다음 각호의 방법에 의하여 상계를 요청할 경우 법 제18조 제6항 후단의 규정에 의하여 즉시 상계할 수 있다.

1. 환급금액등을 기재한 서면(전자문서를 포함한다)에 의할 것
2. 법 제17조 제1항 각호 또는 제3항의 기간 내에 청약철회 등을 한 사실 및 법 제18조 제1항에 의하여 재화 등을 반환하였음을 입증하는 자료(소비자가 재화 등을 계약서에 명시된 통신판매업자의 주소로 반환하였으나 수취거절된 경우에는 그 입증자료)를 첨부할 것

② 결제업자는 제1항의 규정에 의하여 상계한 경우 그 사실 및 금액내역 등을 기재한 서면(전자문서를 포함한다)을 당해 통신판매업자 및 소비자에게 지체없이 송부하여야 한다.

136) 시행령 제24조(재화 등이 일부 소비된 경우의 비용청구범위) 법 제18조 제8항에서 "대통령령이 정하는 범위의 금액"이라 함은 다음 각호의 비용을 말한다.

1. 재화 등의 사용으로 인하여 소모성부품의 재판매가 곤란하거나 재판매가격이 현저히 하락하는 경우에는 당해 소모성부품의 공급에 소요된 비용
2. 다수의 동일한 가분물로 구성된 재화 등의 경우에는 소비자의 일부소비로 인하여 소비된 부분의 공급에 소요된 비용

우(법 제17조 제3항) 재화 등의 반환에 필요한 비용은 통신판매업자가 이를 부담한다(동조 제10항).

또한 통신판매업자, 재화 등의 대금을 지급받은 자 또는 소비자와 통신판매에 관한 계약을 체결한 자가 동일인이 아닌 경우에 각 자는 청약철회 등에 따른 재화 등의 대금환급과 관련한 의무(법 제17조 제1항 내지 제7항)의 이행에 있어서 연대하여 책임을 진다(동조 제11항).

3. 거래 관련 기타의 특례

3.1. 손해배상청구금액의 제한

소비자에게 책임있는 사유로 재화 등의 판매에 관한 계약이 해제된 경우 통신판매업자가 소비자에게 청구하는 손해배상액은 다음에서 정한 금액에 대금미납에 따른 지연배상금을 더한 금액을 초과할 수 없다(법 제19조 제1항).

(1) 재화 등이 반환된 경우에는 반환된 재화 등의 통상 사용료액 또는 그 사용에 의하여 통상 얻어지는 이익에 상당하는 금액과 반환된 재화 등의 판매가액에서 그 재화 등이 반환된 당시의 가액을 공제한 금액 중 큰 금액
(2) 공급받은 재화 등이 반환되지 아니한 경우에는 재화 등의 판매가액에 해당하는 금액

한편 공정위는 통신판매업자와 소비자 사이의 손해배상청구에 따른 분쟁의 원활한 해결을 위하여 필요한 경우 제1항의 규정에 의한 손해배상액을 산정하기 위한 기준을 정하여 고시할 수 있다(동조 제2항).

3.2. 통신판매중개자의 고지 및 정보제공의무

오픈마켓과 같은 통신판매중개자는 자신이 통신판매의 당사자가 아니라는 사실을 소비자가 쉽게 알 수 있도록 미리 고지하여야 한다(고지의무. 법 제20조 제1항). 또 통신판매중개를 업으로 하는 자, 즉 통신판매중개업자는 통신판매중개를 의뢰한 자, 즉 통신판매중개의뢰자가 사업자인 경우에는 그 성명(사업자가 법인인 경우에는 그 명칭과 대표자의 성명)·주소·전화번호 등 대통령령으로 정하는 사항을

확인하여 청약이 이루어지기 전까지 소비자에게 제공하여야 하고, 통신판매중개의뢰자가 사업자가 아닌 경우에는 그 성명·전화번호 등 대통령령으로 정하는 사항을 확인하여 거래의 당사자들에게 상대방에 관한 정보를 열람할 수 있는 방법을 제공하여야 한다(정보제공의무. 법 제20조 제2항).

이러한 정보제공은 오픈마켓이나 호스팅사업자로 하여금 자신이 매도인이 아니라는 사실을 소비자에게 알릴 뿐만 아니라, 판매의뢰자의 동일성을 식별시키는 기본정보, 특히 사업자가 아닌 개별 판매의뢰자의 신원정보까지 확인하여 이를 소비자에게 제공할 의무를 부과한 것이다. 이 의무는 사업자정보를 도용하거나 허위의 신원정보를 올리는 등 사기 사이트에 의한 피해를 예방하는 데 도움을 줄 수 있다.

그리고 통신판매중개자는 사이버몰 등을 이용함으로써 발생하는 불만이나 분쟁의 해결을 위하여 그 원인 및 피해의 파악 등 필요한 조치를 신속히 시행하여야 한다(법 제20조 제3항). 이는 입점사업자의 연락두절 등으로 소비자피해가 발생한 경우 통신판매중개업자에게 직접 필요한 조치를 강구하도록 의무를 부과할 수 있는 법적 근거가 될 수 있다.

3.3. 통신판매중개자의 연대책임

통신판매중개자가 자신이 판매자가 아니라는 사실을 고지하지 아니한 경우 통신판매중개의뢰자의 고의 또는 과실로 소비자에게 발생한 재산상 손해에 대하여 통신판매중개의뢰자와 연대하여 배상할 책임을 지고(법 제20조의2 제1항), 판매의뢰자의 동일성에 관한 기본정보 또는 정보를 열람할 수 있는 방법을 제공하지 않거나 제공한 정보가 사실과 달라 소비자에게 발생한 재산상 손해에 대하여 통신판매중개의뢰자와 연대하여 배상할 책임을 진다(법 제20조의2 제2항).

고지에도 불구하고 통신판매업자인 통신판매중개자는 제12조부터 제15조, 제17조 및 제18조에 따른 통신판매업자의 책임[137]을 면하지 못한다. 다만, 통신판매업자의 의뢰를 받아 통신판매의 중개를 함에 있어 의뢰자가 책임을 지는 것으로 약정하여 소비자에게 고지한 부분에 대하여는 의뢰자가 책임을 진다.

통신판매중개자에게 통신판매의 중개를 의뢰한 사업자는 통신판매중개자

---

137) 제12조(통신판매업자의 신고 등), 제13조(신원 및 거래조건에 대한 정보의 제공), 제14조(청약확인 등), 제15조(재화 등의 공급 등), 제17조(청약철회 등), 제18조(청약철회의 효과).

의 고의 또는 과실로 인하여 소비자에게 발생한 재산상 손해에 대하여 중개자의 행위라는 이유로 면책되지 아니한다. 다만 소비자에게 피해가 가지 아니하도록 상당한 주의를 기울인 경우에는 그러하지 아니하다(동조 제4항).

3.4. 통신판매업무의 일부를 수행한 통신판매중개업자의 책임

통신판매에 관한 거래과정에서 중요한 업무를 담당한 통신판매중개업자는 통신판매업자가 이 법 소정의 의무를 이행하지 아니하는 경우에는 이를 대신하여 스스로 이행할 책임을 진다(법 제20조의3). 즉 통신판매 중개업자가 청약의 접수를 받는 경우 이 법 제13조 제2항 제5호에 따른 정보의 제공 그리고 제14조 제1항에 따른 청약의 확인을 행하여야 하고, 재화등의 대금을 지급받는 경우에는 이 법 제7조에 따른 조작 실수의 방지와 제8조에 따른 전자적 대금지급의 신뢰 확보조치를 스스로 행하여야 한다.

4. 전자상거래사업자 또는 통신판매업자의 금지행위

4.1. 금지의 내용

전자상거래를 하는 사업자 또는 통신판매업자는 다음의 행위를 해서는 아니된다(법 제21조 제1항).

(1) 허위 또는 과장된 사실을 알리거나 기만적 방법을 사용하여 소비자를 유인 또는 거래하거나 청약철회 등 또는 계약의 해지를 방해하는 행위
(2) 청약철회 등을 방해할 목적으로 주소·전화번호·인터넷도메인 이름 등을 변경 또는 폐지하는 행위
(3) 분쟁이나 불만처리에 필요한 인력 또는 설비의 부족을 상당기간 방치하여 소비자에게 피해를 주는 행위
(4) 소비자의 청약이 없음에도 불구하고 일방적으로 재화 등을 공급하고 그 대금을 청구하거나 재화 등의 공급없이 대금만을 청구하는 행위
(5) 소비자가 재화를 구매하거나 용역을 제공받을 의사가 없음을 밝혔음에도 불구하고 전화, 팩스, 컴퓨터통신 또는 전자우편 등을 통하여 재화를 구매하거나 용역을 제공받도록 강요하는 행위

(6) 본인의 허락을 받지 아니하거나 허락받은 범위를 넘어 소비자에 관한 정보를 이용하는 행위. 다만 다음에 해당하는 경우를 제외한다.
- 재화 등의 배송 등 소비자와의 계약의 이행에 불가피한 경우로서 대통령령이 정하는 경우138)
- 재화 등의 거래에 따른 대금정산을 위하여 필요한 경우
- 도용방지를 위하여 본인확인에 필요한 경우로서 대통령령이 정하는 경우139)
- 법률의 규정 또는 법률에 의하여 필요한 불가피한 사유가 있는 경우

(7) 소비자의 동의를 받지 아니하거나 소비자에게 쉽고 명확하게 설명·고지하지 아니하고 컴퓨터프로그램 등이 설치되게 하는 행위

4.2. 온라인 인터페이스 운영에 있어서 금지되는 행위(법 제21조의2)

전자상거래를 하는 사업자 또는 통신판매업자는 온라인 인터페이스(웹사이트 또는 모바일 앱 등의 소프트웨어로서 소비자와 사업자 사이의 매개체를 말한다)를 운영하는 경우 다음 각 호의 어느 하나에 해당하는 행위를 하여서는 아니된다. 최근 전자상거래에서 소비자의 착각·부주의를 유발하기 위한 사전의 교묘한 계획에 따라 불필요한 지출 또는 서비스가입 등을 유도하여 소비자피해를 유발하는 눈속임 상술(일명 "다크패턴")이 증가하고 있다는 점을 고려하여 관련 금지규정을 세분화하여

---

138) 시행령 제26조(재화 등의 배송 등을 위한 소비자정보의 이용) "대통령령이 정하는 경우"라 함은 다음 각호의 경우를 말한다.
1. 재화 등의 배송 또는 전송을 업으로 하는 자로서 당해 배송 또는 전송을 위탁받은 자에게 제공하는 경우
2. 재화 등의 설치, 사후 서비스 그 밖에 약정한 서비스의 제공을 업으로 하는 자로서 당해 서비스의 제공을 위탁받은 자에게 제공하는 경우

139) 시행령 제27조(도용방지를 위한 소비자정보의 이용) "대통령령이 정하는 경우"라 함은 다음 각호의 경우를 말한다.
1. 소비자의 신원 및 실명여부나 본인의 진의여부의 확인을 위하여 다음 각목의 1에 해당하는 자에게 제공하는 경우
   가. 전기통신사업법 제4조 제3항 제1호의 규정에 의한 기간통신사업자
   나. 신용정보의이용및보호에관한법률 제2조 제4호 및 제5호의 규정에 의한 신용정보업자 및 신용정보 집중기관
   다. 당해 거래에 따른 대금결제와 직접 관련된 전자결제업자 등
   라. 법령 또는 법령의 규정에 의한 인·허가에 의하여 도용방지를 위한 실명확인을 업으로 하는 자
2. 미성년자와의 거래에 있어 법정대리인의 동의 여부를 확인하기 위하여 이용하는 경우

명시한 것이다(2024. 2. 13. 신설).[140]

- 사이버몰을 통하여 소비자에게 재화등의 가격을 알리는 표시·광고의 첫 화면에서 소비자가 그 재화등을 구매·이용하기 위하여 필수적으로 지급하여야 하는 총금액(재화등의 가격 외에 재화등의 제공을 위하여 필수적으로 수반되는 비용까지 포함한 것을 말한다. 이하 같다) 중 일부 금액만을 표시·광고하는 방법으로 소비자를 유인하거나 소비자와 거래하는 행위. 다만, 총금액을 표시·광고할 수 없는 정당한 사유가 있고 그 사유를 총리령으로 정하는 바에 따라 소비자에게 알린 경우는 제외한다.
- 재화등의 구매·이용, 회원가입, 계약체결 등이 진행되는 중에 소비자에게 다른 재화등의 구매·이용, 회원가입, 계약체결 등에 관한 청약의사가 있는지 여부를 묻는 선택항목을 제공하는 경우 소비자가 직접 청약의사 여부를 선택하기 전에 미리 청약의사가 있다는 표시를 하여 선택항목을 제공하는 방법으로 소비자의 다른 재화등의 거래에 관한 청약을 유인하는 행위
- 소비자에게 재화등의 구매·이용, 회원가입, 계약체결 또는 구매취소, 회원탈퇴, 계약해지(이하 "구매등"이라 한다)에 관한 선택항목을 제시하는 경우 그 선택항목들 사이에 크기·모양·색깔 등 시각적으로 현저한 차이를 두어 표시하는 행위로서 다음 각 목의 어느 하나에 해당하는 경우
  - 소비자가 특정 항목만을 선택할 수 있는 것처럼 잘못 알게 할 우려가 있는 행위
  - 소비자가 구매등을 하기 위한 조건으로서 특정 항목을 반드시 선택하여

140) 공정위는 온라인 화면배치(인터페이스)를 통해 이루어지는 눈속임 거래와 관련하여 사업자의 관리사항 및 소비자 유의사항을 포함한 '온라인 다크패턴 자율관리 가이드라인'을 마련하여 공표하였다(공정위 보도자료 2023. 7. 31.). 법적 강제력이 있는 형식은 아니지만, 관련 법위반 여부가 문제될 경우 참고 기준으로 사실상 작용할 수 있을 것이다. 표시광고법 위반 및 위계에 의한 고객유인의 문제와도 경합될 수 있는 문제이기 때문이다. 가이드라인에서는 다크패턴을 크게 ① 소비자가 알아채기 어려운 인터페이스의 작은 조작 등을 통해 비합리적이거나 예상치 못한 지출을 유도하는 '편취형'(숨은 갱신, 순차공개 가격책정, 몰래 장바구니 추가), ② 거짓을 알리거나 통상적인 기대와 전혀 다르게 화면·문장 등을 구성해 소비자의 착각·실수를 유도하는 '오도형'(거짓으로 할인, 추천하거나 유인판매, 위장광고, 속임수 질문, 잘못된 계층구조, 특정옵션의 사전선택), ③ 의사결정에 필요한 정보수집·분석 등에 과도한 시간·노력·비용이 들게 만들어 합리적인 선택을 불가능하게 유도하는 '방해형'(취소·탈퇴 등의 방해, 숨겨진 정보, 가격비교 방해, 클릭 피로감 유발), ④ 소비자에게 심리적인 압박을 가해 특정 행위를 하거나 하지 않도록 유도하는 '압박형'(반복간섭, 감정적 언어사용, 시간제한 알림, 낮은 재고 알림, 다른 소비자의 활동 알림)으로 구분하고, 세부 유형별 사업자 관리사항 및 소비자 유의사항을 안내하고 있다.

야만 하는 것으로 잘못 알게 할 우려가 있는 행위

- 정당한 사유 없이 다음 각 목의 어느 하나에 해당하는 방법으로 소비자의 구매취소, 회원탈퇴, 계약해지 등을 방해하는 행위
  - ◦ 재화등의 구매, 회원가입, 계약체결 등의 절차보다 그 취소, 탈퇴, 해지 등의 절차를 복잡하게 설계하는 방법
  - ◦ 재화등의 구매, 회원가입, 계약체결 등의 방법과는 다른 방법으로만 그 취소, 탈퇴, 해지 등을 할 수 있도록 제한하는 방법
- 소비자가 이미 선택·결정한 내용에 관하여 그 선택·결정을 변경할 것을 팝업창 등을 통하여 반복적으로 요구하는 방법으로 소비자의 자유로운 의사결정을 방해하는 행위. 다만, 그 선택·결정의 변경을 요구할 때 소비자가 대통령령으로 정하는 기간 이상 동안 그러한 요구를 받지 아니하도록 선택할 수 있게 한 경우는 제외한다.

공정위는 위와 같은 행위의 예방 및 소비자보호를 위하여 사업자의 자율적 준수를 유도하기 위한 지침을 관련 분야의 거래당사자, 기관 및 단체의 의견을 들어 정할 수 있다.[141] 사업자 및 사업자단체는 법 제21조의2 제 1 항 각 호를 위반하는 행위를 예방하기 위하여 자율적으로 규약을 정할 수 있다(온라인 인터페이스 관련 자율규약).

4.3. 공정위의 고시제정권

공정위는 이 법 위반행위의 방지 및 소비자피해의 예방을 위하여 전자상거래를 행하는 사업자 또는 통신판매업자가 준수하여야 할 기준을 정하여 고시할 수 있다(동조 제 2 항).

141) 공정위고시 제2025-8호 '전자상거래 등에서의 소비자보호 지침'

제 4 절 소비자권익의 보호

1. 소비자권익의 보호

1.1. 소비자보호지침의 제정

공정위는 전자상거래 또는 통신판매를 행함에 있어서 건전한 거래질서의 확립 및 소비자의 보호를 위하여 사업자의 자율적 준수를 유도하기 위한 지침 즉 소비자보호지침을 관련분야의 거래당사자, 기관 및 단체의 의견을 들어 제정할 수 있다(법 제23조 제 1 항).

그리고 사업자는 그가 사용하는 약관이 소비자보호지침의 내용보다 소비자에게 불리한 경우 소비자보호지침과 다르게 정한 약관의 내용을 소비자가 알기 쉽게 표시 또는 고지하여야 한다(동조 제 2 항).

1.2. 소비자피해보상보험계약 등의 체결

가. 계약체결권고

공정위는 전자상거래 또는 통신판매에서의 소비자 보호를 위하여 관련 사업자에게 다음에 해당하는 계약,[142) 즉 소비자피해보상보험계약 등을 체결하도

---

142) 시행령 제28조(소비자피해보상보험계약 등) ① 법 제24조 제 1 항 각 호 외의 부분 본문에 따라 공정거래위원회가 체결하도록 권장하는 소비자피해보상보험계약 등은 다음 각 호의 사항을 충족하여야 한다.

1. 청약철회 등의 권리행사에 따라 발생하는 대금환급의무의 불이행 또는 재화 등의 공급의무의 불이행 등으로 인한 소비자피해를 보상하는 것을 그 내용으로 할 것
2. 피보험자 또는 수혜자는 당해 소비자피해보상보험계약 등을 체결한 자가 판매하는 재화 등의 구매자로 할 것
3. 계약금액은 재화 등의 매매대금을 한도로 공정위가 정한 규모 이상으로 할 것
4. 정당한 사유없이 피해보상의 범위나 보험자 또는 재화 등의 판매자의 책임을 한정하지 아니할 것
5. 제19조의3 제 2 항 제 5 호부터 제 8 호까지의 사항(i) 소비자가 쉽고 신속하게 피해보상을 받을 수 있도록 하고, 보상이 지연되는 경우에는 지연배상금이 지급되도록 할 것, ii) 정당한 사유 없이 소비자의 의사표시 방법을 제한하거나 소비자에게 과도한 입증책임의 부담을 부과하지 아니할 것, iii) 그 밖에 소비자에게 예상하기 어려운 위험이나 손해를 줄 우려가 있거나 부당하게 불리한 약정을 두지 아니할 것, iv) 보험계약 또는 채무지급보증계약은 「보험업법」 제 2 조 제 6 호에 따른 보험회사 또는 「은행법」 제 2 조 제 1 항 제 2 호에 따른 은행과 체결할 것)

시행규칙 제12조(소비자피해보상보험계약 등) ① 법 제24조 제 1 항 각 호 외의 부분 본문에 따

록 권장할 수 있다(법 제24조 제 1 항). 다만 제 8 조 제 4 항의 규정에 의한 결제수단의 발행자는 소비자피해보상보험계약[143] 등을 체결하여야 한다.

- 보험업법에 의한 보험계약
- 소비자피해보상금의 지급을 확보하기 위한 「금융위원회의 설치 등에 관한 법률」 제38조의 규정에 따른 기관과의 채무지급보증계약
- 제10항의 규정에 따라 설립된 공제조합과의 공제계약

라 공정거래위원회가 체결하도록 권장하는 소비자피해보상보험계약 등의 구체적인 기준은 다음 각 호와 같다.

1. 보험금은 당해 소비자피해보상보험계약 등을 체결한 자가 판매하는 재화 등의 구매자가 직접 수령할 수 있도록 할 것
2. 소비자피해보상보험계약 등을 체결한 자는 보험계약 성립 후 재화 등의 구매자가 지체없이 보험계약 등을 체결한 사실 및 그 내용을 쉽게 알 수 있도록 할 것

143) 시행령 제28조(소비자피해보상보험계약 등) ③ 법 제24조 제 5 항에 따라 소비자피해보상보험계약 등은 다음 각 호의 요건을 모두 충족하여야 한다.

1. 전자결제수단을 구매한 소비자가 당해 결제수단에서 정한 권리를 행사할 수 없게 됨에 따른 소비자피해를 보상하는 것을 그 내용으로 할 것
2. 피보험자 또는 수혜자가 전자결제수단의 구매자일 것

시행규칙 제12조(소비자피해보상보험계약 등) ② 법 제24조 제 1 항 각 호 외의 부분 단서에 따라 전자결제수단의 발행자가 체결하여야 하는 소비자피해보상보험계약 등의 구체적인 기준은 다음 각 호와 같다.

1. 전자결제수단 발행잔액의 변동으로 령 제28조 제 3 항 제 3 호에 따른 계약금액의 변경이 필요한 경우에 보험계약을 지체없이 조정할 것. 다만, 전자결제수단 발행잔고의 변동이 잦는 등의 이유로 계약금액을 수시로 변경하는 것이 현실적으로 곤란한 경우에는 매월 말일의 전자결제수단 발행잔고를 기준으로 보험계약을 지체없이 조정할 것
2. 보험금은 당해 소비자피해보상보험계약 등을 체결한 자가 발행하는 전자결제수단의 구매자(전자결제수단이 전자결제수단의 구매자로부터 다른 소비자에게 권리 이전된 경우에는 최종적으로 권리 이전된 소비자를 말한다)가 직접 수령할 수 있도록 할 것

③ 법 제24조 제 1 항 각 호 외의 부분 단서에 따라 전자결제수단의 발행자가 체결하여야 하는 소비자피해보상보험계약 등의 피해보상의 내용 및 절차는 다음 각 호와 같다.

1. 전자결제수단 발행자가 소비자에 대한 대금 환급의무를 이행하지 아니하거나 이행할 수 없어서 해당 전자결제수단을 소지한 소비자가 결제수단에서 정한 권리를 행사할 수 없게 된 경우에 그 전자결제수단 발행자와 소비자피해보상보험계약 등을 체결한 「보험업법」 제 2 조 제 6 호에 따른 보험회사 또는 「은행법」 제 2 조 제 1 항 제 2 호에 따른 은행(이하 이 항에서 "보험회사 또는 은행"이라 한다)은 30일 이상의 채권 신고기간을 두어 소비자로 하여금 채권 신고를 할 수 있도록 할 것
2. 제 1 호의 규정에 의한 채권신고기간 중 접수된 정당한 소비자의 채권신고금액이 소비자피해보상보험계약 등의 계약금액을 초과하는 경우에 보험회사 또는 은행은 계약금액을 한도로 각 소비자의 정당한 채권신고금액을 기준으로 비례균분하여 소비자의 피해를 보상할 것

나. 통신판매업자의 의무

통신판매업자는 제 1 항의 규정에 불구하고 선지급식 통신판매에 있어서 소비자가 제13조 제 2 항 제10호의 규정에 따른 결제대금예치(에스크로)의 이용 또는 통신판매업자의 소비자피해보상보험계약 등의 체결을 선택한 경우에는 소비자가 결제대금예치를 이용하도록 하거나 제 1 항의 규정에 따른 소비자피해보상보험계약 등을 체결하여야 한다(법 제24조 제 2 항).

다. 의무사항의 적용제외

법 제24조 제 2 항의 규정은 소비자가 다음의 어느 하나에 해당하는 거래를 하는 경우에는 이를 적용하지 아니한다(동조 제 3 항).

- 「여신전문금융업법」 제 2 조 제 3 호의 규정에 따른 신용카드로 재화 등의 대금을 지급하는 거래. 이 경우 소비자가 재화 등을 배송받지 못한 때에는 「여신전문금융업법」 제 2 조 제 2 호의2에 따른 신용카드업자는 구매대금 결제 취소 등 소비자피해의 예방 및 회복을 위하여 협력하여야 한다.
- 정보통신망에 의하여 전송되거나 제13조 제 2 항 제10호의 규정에 따른 제 3 자가 배송을 확인할 수 없는 재화 등을 구매하는 거래
- 일정기간에 걸쳐 분할되어 공급되는 재화 등을 구매하는 거래
- 다른 법률에 따라 소비자의 구매안전이 충분히 갖추어진 경우 또는 제 1 호 내지 제 4 호와 유사한 사유로 결제대금예치 또는 소비자피해보상보험계약 등의 체결이 필요하지 아니하거나 곤란하다고 공정위가 정하여 고시하는 거래

라. 보상금 지급시기

소비자피해보상보험계약 등에 의하여 소비자 피해보상금을 지급할 의무가 있는 자는 그 지급사유가 발생한 경우 지체없이 이를 지급하여야 한다. 이를 지연한 경우에는 지연배상금을 지급하여야 한다(동조 제 6 항).

마. 표시사용금지

소비자피해보상보험계약 등을 체결하는 사업자는 그 사실을 나타내는 표지를 사용할 수 있으나, 소비자피해보상보험계약 등을 체결하지 아니하는 사업자는 전단의 규정에 따른 표지를 사용하거나 이와 유사한 표지를 제작 또는 사용하여서

는 아니된다(동조 제 8 항). 그리고 법 제24조 제 2 항에 따른 결제대금예치의 이용에 관하여는 제 8 항을 준용한다(동조 제 9 항).

바. 공제조합설립

전자상거래를 행하는 사업자 또는 통신판매업자는 제 1 항의 규정에 따른 소비자보호를 위하여 공제조합을 설립할 수 있다(법 제24조 제10항). 이 경우 공제조합의 설립 및 운영에 관하여는 방문판매법 제38조를 준용하되, 같은 조 제 1 항 중 "제 5 조 제 1 항에 따라 신고하거나 제13조 제 1 항 또는 제29조 제 3 항에 따라 등록한 사업자"는 "전자상거래를 하는 사업자 또는 통신판매업자"로, "제37조 제 1 항 제 3 호"는 "전자상거래소비자보호법 제24조 제 1 항 제 3 호"로 보고, 같은 조 제 9 항 및 제10항 중 "이 법"은 각각 전자상거래소비자보호법으로 본다.

1.3. 구매권유광고시 준수사항

전자상거래를 하는 사업자 또는 통신판매업자가 전화, 팩스, 컴퓨터통신 또는 전자우편 등을 이용하여 재화를 구매하거나 용역을 제공받도록 권유하는 행위, 즉 구매권유광고를 할 때에는 전자상거래소비자법은 물론「정보통신망 이용촉진 및 정보보호 등에 관한 법률」등 관련 법률의 규정을 준수하여야 한다(법 제24조의2 제 1 항).

그리고 공정위는 법령을 위반하여 구매권유광고를 행한 전자상거래 사업자 또는 통신판매업자에 대한 시정조치를 하기 위하여 방송미디어통신위원회 등 관련 기관에 위반자의 신원정보를 요청할 수 있고, 이 경우 신원정보의 요청은 공정위가 위반자의 신원정보를 확보하기 곤란한 경우로 한정하며, 방송미디어통신위원회 등 관련 기관은「정보통신망 이용촉진 및 정보보호 등에 관한 법률」제64조의2 제 1 항에도 불구하고 공정위에 위반자의 신원정보를 제공할 수 있다(법 제24조의2 제 2 항).

1.4. 전자상거래소비자단체 등의 지원

공정위는 전자상거래 및 통신판매에 있어서 공정거래질서를 확립하고 소비자의 권익을 보호하기 위한 사업을 시행하는 기관 또는 단체에 대하여 예산의 범위 안에서 필요한 지원 등을 할 수 있다(법 제25조).

2. 조사 및 감독

2.1. 위반행위의 조사

공정위, 시·도지사 또는 시장·군수·구청장은 이 법의 규정에 위반한 사실이 있다고 인정할 때에는 직권으로 필요한 조사를 할 수 있다(법 제26조 제 1 항). 시·도지사 또는 시장·군수·구청장이 조사를 하려면 미리 시·도지사는 공정위에, 그리고 시장·군수·구청장은 공정위와 시·도지사에게 통보하여야 하며, 공정위는 조사 등이 중복될 우려가 있는 경우에는 시·도지사 등에게 조사의 중지를 요청할 수 있다(동 제 2 항). 이 경우 중지의 요청을 받은 시·도지사 등은 상당한 이유가 없는 한 그 조사를 중지하여야 한다. 공정위 또는 시·도지사 등은 위의 규정에 의하여 조사를 한 경우에는 그 결과를 당해 사건의 당사자에게 서면으로 통지하여야 하는바, 조사결과 시정조치명령 등의 처분을 하고자 하는 경우에는 그 처분의 내용을 포함한다(동조 제 3 항).

또한 누구든지 이 법의 규정에 위반되는 사실이 있다고 인정할 때에는 그 사실을 공정위 또는 시·도지사 등에게 신고할 수 있다(동조 제 4 항).

2.2. 제재조치의 처분기간

공정위는 이 법의 규정에 위반하는 행위가 종료한 날부터 5년을 경과한 경우에는 당해 위반행위에 대하여 제32조의 규정에 의한 시정조치를 명하지 아니하거나 제34조의 규정에 의한 과징금 등을 부과하지 아니한다(법 제26조 제 5 항). 다만, 다음에 해당하는 경우에는 그러하지 아니하다.

- 제33조 제 1 항에 따른 소비자피해 분쟁조정기구의 권고안이나 조정안을 당사자가 수락하고도 이를 이행하지 아니하는 경우
- 법원의 판결에 따라 시정조치 또는 과징금 부과처분이 취소된 경우로서 그 판결이유에 따라 새로운 처분을 하는 경우

2.3. 공개정보의 검색과 자료공유

공정위, 시·도지사 또는 시장·군수·구청장은 전자상거래 및 통신판매의 공정거래질서를 확립하고 소비자피해를 예방하기 위하여 필요하면 전자적인 방법

등을 이용하여 사업자나 전자상거래 또는 통신판매에서의 소비자보호 관련 법인·단체가 정보통신망에 공개한 공개정보를 검색할 수 있다(공개정보의 검색, 법 제27조 제 1 항). 사업자 또는 관련 법인·단체는 제 1 항에 따른 공정위, 시·도지사 또는 시장·군수·구청장의 정보검색을 정당한 사유 없이 거부하거나 방해하여서는 아니된다(동조 제 2 항).

공정위, 시·도지사 또는 시장·군수·구청장은 소비자피해에 관한 정보를 효율적으로 수집하고 이용하기 위하여 필요하면 대통령령으로 정하는 바[144]에 따라 전자상거래나 통신판매에서의 소비자보호 관련 업무를 수행하는 기관(공공기관의 운영에 관한 법률 제 4 조에 따른 공공기관으로 한정한다)이나 법인·단체에 관련 자료를 제출하거나 공유하도록 요구할 수 있다(법 제27조 제 3 항). 공정위, 시·도지사 또는 시장·군수·구청장으로부터 자료 요구를 받은 기관이나 법인·단체는 정당한 사유가 없으면 자료 제출이나 자료 공유를 거부하여서는 아니된다(법 제27조 제 4 항).

2.4. 위법행위 정보공개

공정위는 전자상거래 및 통신판매의 공정거래질서확립과 소비자피해예방을 위하여 검색된 정보 중 사업자가 이 법을 위반한 행위 그 밖에 소비자피해 예방을 위하여 필요한 관련정보를 대통령령이 정하는 바[145]에 따라 공개할 수 있다(법 제28조).

---

144) 시행령 제29조(소비자보호 관련 기관 등에 대한 자료제출 요구 등) ① 법 제27조제 3 항에 따른 자료의 제출 또는 공유의 요구는 다음 각 호의 사항을 적은 서면(전자문서를 포함한다)으로 하여야 한다.
 1. 목적
 2. 사용 용도
 3. 제출 또는 공유 대상 자료의 구체적인 범위
 ② 공정거래위원회, 특별시장·광역시장·특별자치시장·도지사·특별자치도지사(이하 "시·도지사"라 한다) 또는 시장·군수·구청장은 법 제27조제 3 항에 따라 전자상거래나 통신판매에서의 소비자보호 관련 업무를 수행하는 기관(「공공기관의 운영에 관한 법률」 제 4 조에 따른 공공기관으로 한정한다)이나 법인·단체로부터 받거나 공유하게 된 자료를 제 1 항에 따라 미리 알린 목적, 용도 외에 사용해서는 아니 된다.

145) 시행령 제30조(위법행위 등에 대한 정보공개 등) ① 공정거래위원회는 법 제28조의 규정에 의하여 정보를 공개하고자 하는 경우에는 사전에 당해 사업자에게 공개되는 정보의 내용을 통보하여 소명의 기회를 주어야 한다.
 ② 공정거래위원회는 제 1 항에 따른 정보 및 소명사실 등을 소비자가 널리 알 수 있도록 공정거래위원회 홈페이지 등에 공개할 수 있다.
 ③ 제 1 항 및 제 2 항에서 규정한 사항 외에 위법행위 등에 대한 정보공개의 구체적인 방법 및 절차 등에 관하여 필요한 사항은 공정거래위원회가 정하여 고시한다. 〈신설 2025.2.11.〉

2.5. 평가인증의 기준과 방법

전자상거래 및 통신판매의 공정화와 소비자보호를 위하여 관련 사업자의 평가·인증 등의 업무를 수행하는 자, 즉 평가·인증사업자는 그 명칭 여하를 불문하고 대통령령이 정하는 바146)에 따라 그 평가·인증에 관한 기준, 방법 등을 공시하고, 그에 따라 공정하게 평가·인증하여야 한다(법 제29조 제1항). 평가·인증의 기준 및 방법은 사업자가 거래의 공정화 및 소비자보호를 위하여 행한 노력과 성과에 관한 정보를 전달하는데 적절한 것이어야 한다. 또한 공정위는 평가·인증사업자에 대하여 운용상황 등에 관한 자료를 제출하게 할 수 있다.

2.6. 보고와 감독

시정권고를 하는 경우 시·도지사는 공정위에 그리고 시장·군수·구청장은 공정위와 시·도지사에게 그 결과를 보고하여야 한다(법 제30조 제1항). 또한 공정위는 이 법의 효율적인 시행을 위하여 필요하다고 인정할 때에는 그 소관사항에 관하여 시·도지사 등으로 하여금 조사·확인 또는 자료의 제출을 요구하거나 그 밖에 시정에 필요한 조치를 요구할 수 있다(동조 제2항). 이 경우 해당 시·도지사 등은 특별한 사유가 없는 한 이에 응하여야 한다.

3. 공정위의 시정조치와 과징금 부과 등

3.1. 시정권고

공정위, 시·도지사 또는 시장·군수·구청장은 사업자가 이 법의 규정에 위반하는 행위를 하거나 이 법의 규정에 의한 의무를 이행하지 아니하는 경우 시정조치에 앞서 당해 행위를 중지하거나 이 법에 규정된 의무 또는 시정을 위하여 필요

146) 시행령 제31조(평가·인증사업의 공정화) ① 법 제29조 제1항의 규정에 의한 평가·인증사업자는 다음 각호의 사항을 공정거래위원회가 정하는 바에 따라 공시하여야 한다.
1. 평가·인증사업자의 명칭
2. 주소 또는 사업소의 소재지
3. 평가·인증 범위
4. 평가·인증 업무 개시일
5. 평가·인증의 기준·절차 및 방법에 관한 사항
② 제1항 각호의 사항은 소비자가 이를 용이하게 열람·확인할 수 있는 방법으로 공시하여야 한다.

한 조치를 이행하도록 당해 사업자에 대하여 시정방안을 정하여 이에 따를 것을 권고할 수 있다(법 제31조 제 1 항). 이 경우 당해 권고를 수락한 때에는 제 3 항의 규정에 의하여 시정조치가 명하여진 것으로 본다는 뜻을 함께 통지하여야 한다. 한편 시정권고를 받은 사업자는 그 통지를 받은 날부터 10일 이내에 해당 권고를 수락하는지의 여부에 관하여 이를 행한 행정청에 통지하여야 하고, 시정권고를 받은 자가 당해 권고를 수락한 때에는 시정조치가 명하여진 것으로 본다.

3.2. 시정조치와 영업정지

공정위는 사업자가 전자상거래소비자보호법에 위반하거나 동법의 규정에 의한 의무를 이행하지 아니하는 경우 해당 사업자에 대하여 그 시정을 위한 조치를 명할 수 있다(법 제32조 제 1 항). 시정조치의 내용에는 당해 위반행위의 중지, 이 법에 규정된 의무의 이행, 시정조치를 받은 사실의 공표, 소비자피해 예방 및 구제에 필요한 조치, 그 밖에 시정을 위하여 필요한 조치 등이 포함될 수 있다.

공정위가 사업자에 대하여 시정조치를 받은 사실의 공표를 명하고자 하는 경우에는, 위반행위의 내용 및 정도, 위반행위의 기간 및 횟수, 위반행위로 인하여 발생한 소비자피해의 범위 및 정도 등을 참작하여 공표의 내용 및 그 횟수 등을 정하여 이를 명하여야 한다(령 제33조).

시정조치에도 불구하고 위반행위가 반복되거나 시정조치명령에 따른 이행을 하지 아니한 경우 또는 시정조치만으로는 소비자피해의 방지가 현저하게 어려운 경우 등에는 공정위는 대통령령이 정하는 바에 따라 1년 이내의 기간을 정하여 그 영업의 전부 또는 일부의 정지를 명할 수 있다(법 제32조 제 4 항).

3.3. 임시중지명령

전자상거래 또는 통신판매가 기만적 혹은 오인유발적이거나 청약철회 기타 해제권행사를 방해하는 사실이 명백하고 또 다수 소비자에게 회복하기 어려운 손해가 확산될 우려가 있어 예방조치의 긴급한 필요성이 있을 경우, 공정위는 전자상거래를 하는 사업자 또는 통신판매업자에 대하여 해당 전자상거래 또는 통신판매의 전부 또는 일부를 일시 중지할 것을 명할 수 있다(법 제32조의2 제 1 항).

이 명령과 관련하여 공정위는 호스팅서비스를 제공하는 자, 통신판매중개자, 전자게시판서비스 제공자 등에게 해당 역무제공의 중단 등의 조치를 취할 것을 요청할 수 있다(동조 제 2 항). 그리고 등록 소비자단체 기타 시행령이 정하는 기관·단체는 서면이나 전자문서로 공정위에 그 전자상거래 또는 통신판매의 전부 또는 일부에 대하여 일시 중지를 명하도록 요청할 수 있다(동조 제 3 항).

3.4. 소비자피해분쟁조정의 의뢰

공정위, 시·도지사 또는 시장·군수·구청장은 전자상거래 또는 통신판매를 함에 있어서 이 법 위반행위와 관련하여 소비자의 피해구제신청이 있는 경우에는 시정권고 또는 시정조치 등을 행하기 전에 전자상거래 또는 통신판매에서 소비자보호 관련 업무를 수행하는 기관 또는 단체 등 대통령령이 정하는 소비자피해분쟁 조정기구[147]에 그 조정을 의뢰할 수 있다(법 제33조 제 1 항). 소비자피해분쟁조정기구의 권고안 또는 조정안에 대하여 당사자가 수락하고 이행한 경우에는 대통령령이 정하는 바[148]에 따라 시정조치를 하지 아니한다(동조 제 3 항).

소비자피해 분쟁조정기구는 분쟁의 조정이 이루어진 경우에는 그 결과를, 조정이 이루어지지 아니한 경우에는 그 경위를 지체 없이 조정을 의뢰한 공정위, 시·도지사 또는 시장·군수·구청장에게 보고하여야 한다(동조 제 5 항).

3.5. 과 징 금

공정위는 영업정지가 소비자 등에게 심한 불편을 줄 우려가 있다고 인정되는 경우에는 제32조 제 4 항의 규정에 따른 영업의 전부 또는 일부의 정지에 갈음하여 해당 사업자에 대하여 위반행위 관련 매출액을 초과하지 아니하는 범위[149] 안

---

147) 시행령 제35조(소비자피해 분쟁조정기구) 법 제33조 제 1 항에서 "대통령령이 정하는 소비자피해분쟁조정기구"라 함은 다음 각호의 기구를 말한다.
1. 소비자분쟁조정위원회
2. 전자거래분쟁조정위원회
3. 콘텐츠분쟁조정위원회
4. 그 밖에 소비자보호관련 법령에 따라 설치·운영되는 분쟁조정기구

148) 시행령 제36조(분쟁조정안 수락 및 이행시 시정조치를 하지 아니하는 절차 등)
① 법 제33조의 규정에 의한 분쟁조정의 당사자는 분쟁조정기구의 권고안 또는 조정안을 이행하였음을 확인하는 서류를 그 이행한 날부터 10일 이내에 공정거래위원회에 제출하고, 법 제32조의 규정에 의한 시정조치를 하지 아니한다는 확인을 요청할 수 있다.
② 제 1 항의 요청을 받은 공정거래위원회는 시정조치를 하지 아니하는 대상 등을 사업자에게 통지하여야 한다.

149) 시행령 제38조(과징금부과를 위한 위반행위 관련매출액 산정) ① 법 제34조 제 1 항에서 "대통령령이 정하는 위반행위 관련매출액을 초과하지 아니하는 범위"라 함은 다음 각호의 1에 해당하는 금액을 말한다. 다만, 당해 위반행위가 제 1 호 내지 제 3 호 가운데 둘 이상에 해당되는 경우

에서 과징금을 부과할 수 있다(법 제34조). 2011년 말의 법개정으로 시정조치만으로 소비자피해의 방지가 곤란한 경우 시정조치와 함께 영업정지 명령을 내리거나 과징금을 부과할 수 있게 된 것이다. 이리하여 특정 상품에 대해 파워블로거가 해당 기업으로부터 거액의 대가를 받고 거짓으로 평가하여 소비자를 오도하는 경우에 대해서도 고액의 과징금 부과를 통해 이러한 행태를 억제할 수 있고, 사기쇼핑몰의 경우 신속하게 접근경로를 차단하거나 사이트 자체를 폐쇄하여 소비자피해의 확산을 막을 수 있게 되었다.

이 경우 관련 매출액이 없거나 산정할 수 없는 경우 등에는 5천만원을 초과하지 아니하는 범위 안에서 이를 부과할 수 있다. 공정위는 과징금을 부과함에 있어서는, 위반행위로 인한 소비자 피해정도, 소비자 피해에 대한 사업자의 보상노력 정도, 위반행위로 인하여 취득한 이익의 규모, 위반행위의 내용·기간 및 횟수 등을 참작하여야 한다.

공정위가 과징금을 부과하고자 하는 때에는 그 위반행위의 종별과 당해 과징금의 금액 등을 명시하여 이를 납부할 것을 서면으로 통지하여야 한다. 통지를 받은 자는 통지가 있은 날부터 60일 이내에 과징금을 공정위가 정하는 수납기관에 납부하여야 한다(령 제37조). 다만 천재·지변 기타 부득이한 사유로 인하여 그 기간 내에 과징금을 납부할 수 없는 때에는 그 사유가 없어진 날부터 30일 이내에 납부하여야 한다.

즉 공정위는 이 법의 규정을 위반한 사업자인 회사의 합병이 있는 경우에는 해당 회사가 행한 위반행위는 합병 후 존속하거나 합병에 의하여 설립된 회사가 행한 행위로 보아 과징금을 부과·징수할 수 있는바(동조 제 4 항), 이는 위반행위의

에는 그 중 큰 금액을 말한다.

1. 당해 위반행위가 매출이나 소비자피해 발생의 직접적인 원인이 아닌 경우에는 당해 위반행위의 발생시점으로부터 그 종료시점(당해 행위가 과징금부과 처분시까지 종료되지 아니한 경우에는 과징금 부과처분을 명하는 공정거래위원회의 의결일을 당해 행위의 종료일로 본다)까지의 매출액의 10퍼센트에 해당하는 금액. 다만, 위반행위가 특정 분야에 한정된 경우에는 당해 분야 매출액을 기준으로 한다.
2. 당해 위반행위가 매출이 일어난 직접적 원인이 된 경우에는 당해 위반행위와 상당인과관계가 있는 매출액 전액에 해당하는 금액
3. 당해 위반행위가 소비자피해에 직접적 원인이 된 경우에는 당해 위반행위로 인하여 피해가 발생한 매출액 전액에 해당하는 금액

② 법 제34조 제 1 항에 따른 과징금의 부과기준은 별표 2와 같다.

③ 공정거래위원회는 이 영에서 규정한 사항 외에 과징금의 부과에 필요한 세부 기준을 정하여 고시할 수 있다.

승계와 관련된 것이다.

4. 보 칙

4.1. 편면적 강행규정, 전속관할, 사업자단체의 등록

법 제17조(청약철회 등), 제18조(청약철회의 효과), 제19조(손해배상청구금액의 제한)의 규정에 위반한 약정으로서 소비자에게 불리한 것은 그 효력이 없다(법 제35조). 이들 규정은 편면적 강행규정이다.

통신판매업자와의 거래에 관련된 소의 관할은 제소 당시의 소비자의 주소에 의하고, 주소가 없는 경우에는 거소를 관할하는 지방법원의 전속관할로 한다(법 제36조). 다만, 제소 당시 소비자의 주소 또는 거소가 분명하지 아니한 경우에는 그러하지 아니하다.

그리고 전자상거래와 통신판매업의 건전한 발전과 소비자에 대한 신뢰도의 제고 기타 공동의 이익을 증진하기 위한 목적으로 설립된 사업자단체는 대통령령이 정하는 바[150]에 따라 공정위에 등록할 수 있다(법 제37조).

4.2. 권한의 위임·위탁

공정위는 이 법의 규정에 의한 권한의 일부를 소속기관의 장 또는 시·도지사에게 위임하거나 다른 행정기관의 장에게 위탁할 수 있다(법 제38조 제1항). 이 법이 정하는 시·도지사의 권한의 일부를 시행령으로 시장·군수·구청장에게 위임할

---

150) 시행령 제39조(사업자단체의 등록) ① 법 제37조 제1항의 규정에 의하여 등록하고자 하는 사업자단체는 다음 각 호의 사항을 기재한 신청서를 공정거래위원회에 제출하여야 한다.
1. 설립목적
2. 명칭
3. 주된 사무소·지부의 주소 및 홈페이지 주소
4. 대표자의 성명·주민등록번호와 주소 및 전화번호, 전자우편주소
5. 설립연월일
6. 회원의 수(지부의 수를 포함한다)
7. 사업내용
② 제1항의 신청서에는 정관과 다음 각호에 관한 자료를 첨부하여야 한다.
1. 인력·재정상황 및 재원확보방안
2. 주요설비의 목록 및 성능
③ 법 제37조 제1항의 규정에 의하여 등록한 사업자단체는 제1항 제1호 내지 제4호, 제6호 및 제7호와 제2항 각호에 규정된 사항의 변경이 있는 때에는 그 변경이 있는 날부터 20일 이내에 공정거래위원회에 통보하여야 한다.

수 있다(법 제38조 제 2 항). 또한 공정위는 이 법의 효율적인 집행을 위하여 필요한 경우 사무의 일부를 제37조 제 1 항의 규정에 의하여 등록된 사업자단체에 위탁할 수 있고, 사무를 위탁받아 해당 업무를 수행하거나 수행하였던 자에 대하여는 「형법」 제127조, 제129조부터 제132조까지의 규정에 따른 벌칙을 적용할 때에는 이를 공무원으로 본다(법 제38조 제 3 항·제 5 항).

4.3. 공정거래법의 준용

전자상거래소비자법에 의한 공정위의 심의·의결에 관해서는 공정거래법 제64조 이하의 관련 규정이 준용되고, 이 법 위반행위에 대한 공정위 또는 시·도지사 등의 조사 등에 관하여는 공정거래법 제81조를 준용한다(법 제39조).

또한 이 법에 따른 공정위의 처분 및 제38조에 따라 위임된 시·도지사의 처분에 대한 이의신청, 시정조치명령의 집행정지, 소의 제기 및 불복의 소의 전속관할에 관하여는 공정거래법 제96조 이하 관련 규정을 준용하고, 공정거래법 제119조의 규정은 이 법에 의한 직무에 종사하거나 종사하였던 공정위의 위원 또는 공무원의 비밀준수의무에 대하여 준용한다.

5. 벌 칙

5.1. 벌 칙

가. 3년 이하의 징역 또는 1억원 이하의 벌금(제40조)

- 제26조 제 1 항에 따른 조사시 폭언·폭행, 고의적인 현장진입 저지·지연 등을 통하여 조사를 거부·방해 또는 기피한 자
- 제32조 제 1 항에 따른 시정조치명령에 따르지 아니한 자
- 제32조 제 4 항에 따른 영업의 정지 명령을 위반하여 영업을 계속한 자

나. 3천만원 이하의 벌금(제42조)

- 제12조 제 1 항에 의한 신고를 하지 않거나 허위로 신고한 자
- 제24조 제 8 항 및 제 9 항의 규정을 위반하여 소비자피해보상보험계약 등을 체결하는 사실 또는 결제대금예치를 이용하도록 하는 사실을 나타내는 표지를 사용하거나 이와 유사한 표지를 제작 또는 사용한 자

다. 1천만원 이하의 벌금(제43조)

- 제13조 제 1 항에 따른 사업자의 신원정보에 관하여 거짓정보를 제공한 자
- 제13조 제 2 항에 의한 거래조건에 관하여 허위정보를 제공한 자

5.2. 양벌규정

법인의 대표자, 법인 또는 개인의 대리인·사용인 그 밖의 종업원이 그 법인 또는 개인의 업무에 관하여 제40조부터 제43조까지의 어느 하나에 해당하는 위반행위를 한 때에는 행위자를 벌하는 외에 그 법인 또는 개인에 대하여도 각 해당조의 벌금형을 과한다. 다만 법인 또는 개인이 그 위반행위를 방지하기 위하여 해당 업무에 관하여 상당한 주의와 감독을 게을리하지 아니한 경우에는 그러하지 않다(법 제44조).

5.3. 과 태 료

공정위, 시·도시자, 또는 시장·군수·구청장이 부과하고 징수하는 과태료의 부과기준은 위반행위의 구체적인 태양과 경중에 따라 1억원, 5천만원, 3천만원, 1천만원, 500만원으로 차별화되어 있다(법 제45조). 소속 임원 또는 종업원, 그 밖의 이해관계인 등 구체적 행위자에 대해서는 법 소정의 제한된 사안에 한해 1천만원 혹은 500만원 이하의 과태료를 부과한다(법 제45조 제 2 항). 그리고 법 제39조 제 1 항에 의거한 질서유지 명령을 따르지 아니한 자에 대해 공정위는 100만원 이하의 과태료를 부과할 수 있다(동조 제 5 항).

판결례 찾기

주요어 찾기

[ㅂ]

[ㅈ]

[ㅊ]

[ㅋ]

[ㅌ]

표 색 인

공저자 소개

▪ 정 호 열

법학박사(서울대학교)
한국경쟁법학회 회장
제15대 공정거래위원회 위원장
성균관대학교 법대/법전원 교수
현재 성균관대학교 법학전문대학원 명예교수
현재 건국대학교 법학전문대학원 석좌교수

주요 저서
경제법 제 7 판(박영사, 2022)
한국의 시장경제 다시 생각한다(박영사, 2019)
지배구조 개편의 후속입법(대한상의, 2005)
부정경쟁방지법론(삼지원, 1993)

▪ 안 병 한

법학박사(성균관대학교)
변호사(제34기 사법연수원 수료)
성균관대학교 법학전문대학원 겸임교수
공정거래위원회 규제개혁심의위원 및 송무 담당 변호사
현재 법무법인(유한)한별 파트너 변호사
현재 단국대학교 법과대학 겸임교수(경제법)

주요 저서
로이어스 경제법 제 6 판(박영사, 2026)
안병한 변호사가 들려주는 생활법률상식(부광출판사, 2013)

전정 제 8 판
경 제 법

초판발행 2006년 3월 20일
전정 제 8 판발행 2026년 1월 30일

저 자 정호열 · 안병한
펴낸이 안종만 · 안상준

편 집 김선민
기획/마케팅 조성호
표지디자인 벤스토리
제 작 고철민 · 김원표

펴낸곳 (주) 박영사
서울특별시 금천구 가산디지털2로 53, 210호(가산동, 한라시그마밸리)
등록 1959. 3. 11. 제300-1959-1호(倫)
전 화 02)733-6771
f a x 02)736-4818
e-mail pys@pybook.co.kr
homepage www.pybook.co.kr
ISBN 979-11-303-9935-5 93360

정 가 48,000원